Friedrich Schleiermacher
Kritische Gesamtausgabe
III. Abt. Band 3

Friedrich Daniel Ernst

Schleiermacher

Kritische Gesamtausgabe

Im Auftrag
der Berlin-Brandenburgischen Akademie der Wissenschaften
und der Akademie der Wissenschaften zu Göttingen

herausgegeben von
Günter Meckenstock
und
Andreas Arndt, Ulrich Barth,
Lutz Käppel, Notger Slenczka

Dritte Abteilung
Predigten
Band 3

De Gruyter

Friedrich Daniel Ernst

Schleiermacher

Predigten 1790–1808

Herausgegeben von
Günter Meckenstock

De Gruyter

ISBN 978-3-11-026546-0
e-ISBN 978-3-11-026680-1

Library of Congress Cataloging-in-Publication Data
A CIP catalog record for this book has been applied for at the Library of Congress.

Bibliografische Information der Deutschen Nationalbibliothek
Die Deutsche Nationalbibliothek verzeichnet diese Publikation in der Deutschen
Nationalbibliografie; detaillierte bibliografische Daten sind im Internet
über http://dnb.dnb.de abrufbar.

© 2013 Walter de Gruyter GmbH, Berlin/Boston
Umschlaggestaltung: Rudolf Hübler, Berlin
Satz: Meta Systems, Wustermark
Druck und buchbinderische Verarbeitung: Strauss GmbH, Mörlenbach
∞ Printed on acid-free paper
Printed in Germany
www.degruyter.com

Inhaltsverzeichnis

Einleitung des Bandherausgebers   VII

I. Historische Einführung   VIII
  1. Frühe Predigten 1790–1797   IX
  2. Predigtentwürfe in Landsberg (1794–1796)   XV
  3. Predigtentwürfe 1797   XVII
  4. Erste gedruckte Predigt: Die Gerechtigkeit ist die
     unentbehrliche Grundlage des allgemeinen Wohl-
     ergehens (1799)   XIX
  5. Predigtentwürfe 1800–1801 und 1807–1808 . . .   XXI
  6. Einzeln überlieferte Predigtentwürfe 1802–1808   XXIII
  7. Predigtentwürfe Stolp 1802   XXVII
  8. Predigtentwürfe Stolp 1803   XXIX
  9. Predigt bei Eröffnung des Akademischen Gottes-
     dienstes der Friedrichs-Universität (1806)   XXIX
 10. Predigtentwürfe beim Akademischen Gottesdienst
     1806   XXXIV
 11. Predigtentwürfe und Predigten 1806–1808   XXXV
 12. Anhang mit vier agendarischen Texten (1720–
     1829)   XXXVII

II. Editorischer Bericht   XXXVIII
  1. Textgestaltung und zugehörige editorische Infor-
     mationen   XXXVIII
  2. Druckgestaltung   XLIV
  3. Spezifische Verfahrensweisen   XLVI

Predigten 1790–1808

Frühe Predigten 1790–1797   1
Predigtentwürfe in Landsberg (1794–1796)   341
Predigtentwürfe 1797   527
Erste gedruckte Predigt: Die Gerechtigkeit ist die unent-
behrliche Grundlage des allgemeinen Wohlergehens (1799)   591
Predigtentwürfe 1800–1801 und 1807–1808   607
Einzeln überlieferte Predigtentwürfe 1802–1808   753
Predigtentwürfe Stolp 1802   773

Predigtentwürfe Stolp 1803   853
Predigt bei Eröffnung des Akademischen Gottesdienstes
der Friedrichs-Universität (1806)   859
Predigtentwürfe beim Akademischen Gottesdienst 1806 .   873
Predigtentwürfe und Predigten 1806–1808   887

Anhang

Kirchen-Agenda (ca. 1720)   917
   Register   972
Kirchen-Gebethe (1741)   973
   Register   999
Unierte Agende der Dreifaltigkeitskirche zu Berlin (1822)
zusammengestellt von Friedrich Schleiermacher   1000
Agende für die evangelische Kirche in den Königlich Preu-
ßischen Landen; Nachtrag zu der erneuerten Kirchen-
Agende, insbesondere für die Provinz Brandenburg (1829)   1017
   Inhalt   1022

Verzeichnisse

Editionszeichen und Abkürzungen   1143
Literatur   1149
Namen   1154
Bibelstellen   1156
Predigten (in zeitlicher Anordnung)   1165

Einleitung des Bandherausgebers

Die Kritische Gesamtausgabe der Schriften, des Nachlasses und des Briefwechsels Friedrich Schleiermachers, die seit 1980 erscheint, ist gemäß den Allgemeinen Editionsgrundsätzen in die folgenden Abteilungen gegliedert: I. Schriften und Entwürfe, II. Vorlesungen, III. Predigten, IV. Übersetzungen, V. Briefwechsel und biographische Dokumente. Die III. Abteilung dokumentiert Schleiermachers gesamte Predigttätigkeit vom Ersten Examen 1790 bis zu seinem Tod 1834. Die Predigten werden chronologisch nach ihrem Vortragstermin angeordnet. Nur die von Schleiermacher absichtsvoll geordneten sieben „Sammlungen", alle im Verlag der Berliner Realschulbuchhandlung bzw. im Verlag von G. Reimer erschienen (Berlin 1801–1833), bleiben in dieser Anordnung erhalten und stehen am Anfang der Abteilung. Demnach ergibt sich für die Abteilung „Predigten" folgende Gliederung:

1. Predigten. Erste bis Vierte Sammlung (1801–1820)
2. Predigten. Fünfte bis Siebente Sammlung (1826–1833)
3. Predigten 1790–1808
4. Predigten 1809–1815
5. Predigten 1816–1819
6. Predigten 1820–1821
7. Predigten 1822–1823
8. Predigten 1824
9. Predigten 1825
10. Predigten 1826–1827
11. Predigten 1828–1829
12. Predigten 1830–1831
13. Predigten 1832
14. Predigten 1833–1834 sowie Gesamtregister

Der vorliegende dritte Band[1] dokumentiert Schleiermachers Predigttätigkeit der Jahre 1790–1808. Aus diesen Jahren sind 405 eigenhändige Manuskripte Schleiermachers im Nachlass sowie zwei von Schleiermacher in den Druck gegebene Predigten überliefert. Für diesen Zeitraum liegen keine Predigtnachschriften von fremder Hand vor.

Schleiermachers eigenhändige nachgelassene Manuskripte enthalten insgesamt 364 für den Predigtvortrag entworfene Dispositionen

---

[1] Zitatnachweise und Belegverweise ohne Angabe des Autors beziehen sich auf Friedrich Schleiermacher.

(*„Entwürfe"*) *und 41 vollständige oder partielle nachträgliche Verschriftungen der gehaltenen Predigten (*„Concepte"*). Von den insgesamt 407 Texten des vorliegenden Bandes waren bisher 92 Dispositionen und 32 Predigten bekannt.*

*Schleiermachers Predigttätigkeit insbesondere als reformierter
Prediger in Landsberg an der Warthe, an der Berliner Charité und in
Stolp wird durch die starke Erweiterung der Quellenbasis um 283
Texte in ein neues Licht gestellt. Die Vielzahl der vorgetragenen The-
men und die Art der Berücksichtigung biblischer Texte laden zu einer
neuen Wahrnehmung der Entwicklung Schleiermachers in den Jahren
vor seiner großen Wirksamkeit an der Berliner Dreifaltigkeitskirche
ein.*

*Im Anhang des Bandes werden vier Texte mitgeteilt, die für die
gottesdienstliche Ordnung, innerhalb deren Schleiermacher predigte,
amtlich maßgeblich waren: die „Kirchen-Agenda"[2] und die „Kirchen-
Gebethe"[3] aus der ersten Hälfte des 18. Jahrhunderts sowie die
„Agende für die evangelische Kirche"[4] von 1829. Erstmals vollständig veröffentlicht wird hier die „Unierte Agende der Dreifaltigkeitskirche zu Berlin"[5], die, von Schleiermacher zusammengestellt, im
Zuge der Gemeindevereinigung 1822 behördlich genehmigt wurde.*

I. Historische Einführung

*Schleiermacher predigte von seiner Ersten theologischen Prüfung
1790 bis zum Antritt der reformierten Predigerstelle an der Berliner*

---

[2] *Kirchen-Agenda, Das ist: Gebeth, und andere Formulen, Welche bey denen Evangelisch-Reformirten Gemeinden, in Sr. Königl. Majestät in Preussen Königreich, und
andern Landen gebrauchet werden, Samt beygefügten Symbolis, oder Glaubens-
Bekänntnissen der alten Christlichen Kirchen, Berlin o.J. [von Schleiermacher auf
1713 angesetzt; in der Staatsbibliothek Berlin mit Kirchen-Gebethe 1741 zusammengebunden und im Katalog auf 1720–1722 vermutet]; vgl. unten S. 917–972*

[3] *Kirchen-Gebethe, Welche Von Seiner Königlichen Majestät in Preussen, in allen
Evangelisch-Reformirten und Evangelisch-Lutherischen Gemeinen Dero Königreichs und anderen Landen; Und zwar An denen Sonn- und hohen Fest-Tagen vor
und nach der Predigt, So dann Bey denen Wochen-Predigten, und In denen Beth-
stunden und Bußtagen, vorzubethen verordnet seynd, Neuaufl. [= 3. Aufl.], Berlin
1741; vgl. unten S. 973–999*

[4] *Agende für die evangelische Kirche in den Königlich Preußischen Landen. Mit besonderen Bestimmungen und Zusätzen für die Provinz Brandenburg; Nachtrag zu
der erneuerten Kirchen-Agende, insbesondere für die Provinz Brandenburg, Berlin
1829; vgl. unten S. 1017–1140*

[5] *Vgl. unten S. 1000–1016; Auszüge sind veröffentlicht bei Bernhard Schmidt: Lied –
Kirchenmusik – Predigt im Festgottesdienst Friedrich Schleiermachers. Zur Rekonstruktion seiner liturgischen Praxis, Schleiermacher-Archiv 20, Berlin / New York
2002, S. 507–515.*

*Dreifaltigkeitskirche 1809 an einer Vielzahl von Orten und in sehr
verschiedenen beruflichen Stellungen.*[6] *Auch wenn er seit seinen Anfängen seine Predigten frei vortrug, arbeitete er zahlreiche Predigten
nachträglich aus, um sie Personen mitzuteilen, die beim mündlichen
Predigtvortrag nicht anwesend waren.*[7] *Bald nach Antritt seiner ersten
Predigerstelle in Landsberg an der Warthe begann Schleiermacher damit, seine Predigtentwürfe zu sammeln und in Heften aufzubewahren,
auch um dadurch eine Grundlage für Wiederholung des Predigtvor-
trags an anderen Orten zu bekommen.*

*Die Predigtdispositionen sind fast ausschließlich in nachträglich
hergestellten zumeist heftartig zusammengefassten Reinschriften überliefert. Deren Entstehung war offensichtlich stark von Schleiermachers Lebenslage und seinen literarischen Plänen abhängig. Block-
weise erhalten sind Predigtentwürfe für die Zeit von Juli 1794 bis
November 1797, für das Jahr 1800 und den Jahresanfang 1801 sowie
für die ersten Monate in Stolp ab Juni 1802 bis Januar 1803. Eher
rhapsodisch folgen noch Predigtentwürfe aus der Umbruchszeit von
August 1806 bis in das Jahr 1808. Schleiermachers Predigtverschriftungen und Entwürfe sind teilweise verknüpft mit den in seiner Ersten
Sammlung von 1801 und seiner Zweiten Sammlung von 1808 publizierten Predigten.*[8] *Von den eigenhändigen Manuskripten Schleiermachers dürften nur wenige verloren gegangen sein.*

1. Frühe Predigten 1790–1797

*Schleiermacher erhielt für die brandenburgisch-preußische reformierte
Kirche im Juli 1790 mit dem Ersten Examen die Erlaubnis zum öffentlichen Predigtvortrag und Ende März 1794 mit dem Zweiten
Examen die Befähigung zum Predigtamt. Mit der Ordination am
6. April 1794 wurde ihm das reformierte Predigtamt übertragen, das
er am 18. April 1794 in Landsberg an der Warthe antrat. Die nach
dem Ersten Examen pro licentia concionandi erteilte amtliche Erlaubnis zum öffentlichen Predigen enthielt ausdrücklich die ernstliche Anweisung zur Predigtpraxis, getragen von der Hoffnung, Schleiermacher werde „dereinst der Kirche ersprießliche Dienste leisten"*[9]. *Im*

---

6 *Vgl. KGA III/1, Anhang: Günter Meckenstock, Kalendarium der überlieferten Predigttermine Schleiermachers, S. 769–1034, hier 787–834*

7 *Vgl. KGA III/1, S. XV–XVI*

8 *Vgl. KGA III/1, S. 1–417*

9 *Schreiben des Reformierten Kirchendirektoriums vom 31. Juli 1790, Schleiermacher-Nachlass im Archiv der Berlin-Brandenburgischen Akademie der Wissenschaften zu Berlin, Nr. 641/4*

Zeugnis zum Zweiten Examen pro ministerio wurde lobend die geschehene und bewährte Predigtpraxis erwähnt.[10] *In der Zeit vom Sommer 1790 bis zum ersten Amtsantritt 1794 hat Schleiermacher unregelmäßig bei wechselnden Gelegenheiten, ab Amtsantritt dann regelmäßig und häufig gepredigt.*

Bereits seine Adventspredigt vom 12. Dezember 1790 in Schlobitten, wo Schleiermacher seit Oktober 1790 als Hofmeister (Hauslehrer) bei der Grafenfamilie Dohna angestellt und zum Predigen aufgefordert worden war, hielt er in freiem Vortrag[11] *nach einer genau durchgearbeiteten Disposition; er fertigte die ausformulierte schriftliche Textfassung erst im Nachhinein erinnernd an.*[12]

Seinem Vater teilte er im Mai 1793 mit: „Ich habe nämlich schon seit einiger Zeit aufgehört meine Predigten wörtlich zu concipiren; ich mache eine vollständige Disposition, worin kein Gedanke und kein Uebergang ausgelassen ist; die Diction aber schreibe ich nur bei solchen Stellen auf, die mir schwierig scheinen, bei den übrigen wird sie nur auf mannigfaltige Weise durchgedacht und dann höchstens die Art des Satzes bestimmt. Aus diesen Angaben habe ich die Predigt, die Sie verlangten, hergestellt und so werde ich auch die andern herstellen müssen."[13] *Diese an seinen Vater gesandte Predigt ist nicht erhalten.*

Aus Schleiermachers früher Predigttätigkeit von seiner Probepredigt im Ersten theologischen Examen am 15. Juli 1790 bis zum 8. Januar 1797 in den Anfängen seiner reformierten Predigerstelle an der

---

[10] *Das Zeugnis bescheinigte Schleiermacher: „Im Hebräischen gut, auch grammatische Kenntnisse, im Griechischen vorzüglich gut, im Lateinischen sowohl im Sprechen als im Schreiben geübt, im Deutsch-Schreiben sehr gut, in Kenntnis der Bibel recht gut, in der Dogmatik hinlängliche Kenntnis, in der Kirchengeschichte sehr gut, in der Übung im Predigen und äußerlichen Gaben: hat oft gepredigt und sehr gute Kanzelgaben; im Katechisieren hat er im Waisenhause Übung erlangt; in der Kenntnis theologischer Bücher sehr gut; in den Wissenschaften hat er sich vorzüglich auf die Philosophie gelegt, auch in mathematischen und in historischen Wissenschaften gute Kenntnisse. In Verhalten und Sitten ist durchaus nichts, was in dieser Rücksicht Tadel verdiente, bekannt geworden." (Zitat bei Heinrich Meisner: Schleiermachers Lehrjahre, ed. Hermann Mulert, Berlin / Leipzig 1934, S. 66; die im Geheimen Preußischen Staatsarchiv gelagerten Prüfungsakten sind durch Kriegseinwirkung nicht mehr erhalten).*

[11] *Im Barockschloss Schlobitten, knapp 30 km östlich von Elbing, fanden die Gottesdienste im Gartensaal des Ostflügels statt (vgl. Carl Grommelt / Christine von Mertens: Das Dohnasche Schloß Schlobitten in Ostpreußen, 2. Aufl., Stuttgart 1965, S. 45–46. 413).*

[12] *Von der Adventspredigt 1790 über Mt 11,3 erhielt Schleiermachers Onkel Stubenrauch zunächst den Entwurf und erbat sich dann die ganze Predigt (vgl. KGA V/1, Nr. 161,4–6).*

[13] *KGA V/1, Nr. 216,11–18; diese für Johann Gottlieb Adolph Schleyermacher aufgeschriebene Predigt ist in der Liste der von Ostern bis zum Jahresende 1792 gehaltenen Predigten ohne weitere Angaben genannt (vgl. Nr. 209,71).*

Berliner Charité sind 40 eigenhändige Manuskripte mit vollständigen oder partiellen Predigtverschriftungen sowie ein Manuskript in sekundärer Textzeugenschaft überliefert. Von den insgesamt 41 Manuskripten gehören bis auf eins alle zu dem Konvolut, das Adolf Sydow nach Schleiermachers Tod für die Herausgabe des Predigtnachlasses vorlag, von ihm durchgesehen und editorisch bearbeitet worden ist. In dem insgesamt 192 Blatt starken Konvolut, das seit 1999 im Schleiermacher-Archiv (Depositum 42a) der Staatsbibliothek zu Berlin aufbewahrt wird[14], fehlt die ursprünglich zugehörige und durch Sydow edierte Charité-Antrittspredigt vom 18. September 1796. Die eine nicht im Konvolut befindliche undatierte partielle Predigtverschriftung ist eine Einzelblattüberlieferung, die durch einen parallelen Predigtentwurf auf den 8. Januar 1797 datiert werden kann.[15]

Sydow hat in der Ausgabe „Sämmtliche Werke" zwei Sammlungen mit jeweils 15 gezählten Predigten publiziert.[16] Die zugehörigen Manuskripte in losen Lagen hat Sydow textlich bearbeitet und jeweils mit einem Umschlagblatt versehen, auf denen er Überschriften, Bibeltext und Erläuterungen vermerkte. Die Aufteilung des Konvoluts in Kandidatenzeit und Landsberger Zeit dürfte Sydow nicht vorgefunden, sondern sekundär vorgenommen haben. Diese beiden Sammlung waren wohl nicht jeweils „sorgfältig zusammengeheftet"[17], denn die Blätter zeigen davon keine Spuren; die Umschlagblätter der beiden Packen und die Umschlagblätter der Einzelpredigten stammen alle von Sydow.

Sydows biographisch orientierte Aufteilung mag veranlasst gewesen sein durch den dem Konvolut lose beigegebenen Zettel mit der Aufschrift „Predigten 1789–1794"[18]. Zwar lässt sich die Autorschaft für die in lateinischen Buchstaben geschriebene Zettelnotiz nicht eindeutig bestimmen, doch die rückseitige fragmentarische Briefanschrift „....rs Schumann ...rwürden in ...ndsberg an der Warthe" macht es wahrscheinlich, dass die Aufschrift 1794 oder 1795 in Landsberg an

---

14 Mappe 9: Predigten aus der Kandidatenzeit (1790–1794); Mappe 10: Predigten in Landsberg 1794; Mappe 11: Predigtanfänge in Landsberg 1794–1795; Mappe 12: Predigten in Landsberg 1795

15 Vgl. unten S. 337–340

16 Vgl. Sämmtliche Werke, Abt. II. Predigten, Bd. 7 [Zweittitel: Literarischer Nachlass, Predigten, Bd. 3]. Predigten in den Jahren 1789 bis 1810 gehalten, ed. Adolf Sydow, Berlin 1836, Erste Sammlung. Aus Schleiermachers Candidatenjahren 1789 bis 1794, S. 1–202; Zweite Sammlung. Vom Amtsantritt in Landsberg a. d. W. bis zum Amtsantritt im Charité-Hause zu Berlin 1794 bis 1796, S. 203–380

17 Sydow: Vorwort, in: SW II/7, S. XIII. Sydow hält irrtümlich Stubenrauch für den Prediger, den Schleiermacher in Landsberg unterstützte (vgl. S. XIV–XV); von Schumann scheint er keine Kenntnis gehabt zu haben.

18 Schleiermacher-Archiv, Mappe 9, Bl. IIr

der Warthe geschrieben worden ist, weil der altersschwache 1719 geborene reformierte Prediger Johann Lorenz Schumann, zu dessen Unterstützung Schleiermacher sein Hilfspredigeramt bekommen hatte, am 6. Juni 1795 starb.[19] Die Zettelnotiz, falls sie von Schleiermachers Hand ist, gibt keine eindeutige Terminbestimmung für das jetzige Konvolut. Es muss völlig offen bleiben, zu welchem genauen Zeitpunkt für welche lose Sammlung von Predigtmanuskripten die Zettelnotiz geschrieben worden ist.[20]

In der Anordnung der beiden Sammlungen und der Datierung der einzelnen Predigten stützte sich Sydow auf die ihm vorliegende Reihenfolge; von dieser Ordnung nahm er an, Schleiermacher habe sie gemäß der zeitlichen Abfolge der Predigttermine hergestellt.[21] Für die auch Sydow vielfach ungewiss erscheinende Datierung zog er keine Briefzeugnisse heran, sondern argumentierte allein mit der Zettelnotiz, mit der unterstellten Maxime Schleiermachers, die Predigten chronologisch zu sammeln, und der unterstellten Zuverlässigkeit des Ergebnisses. In der ersten Sammlung (Kandidatenzeit) gab Sydow den Predigten, bezogen auf die im vorliegenden Band vorgenommene Nummerierung, folgende Anordnung : FP 2 (1789), FP 15, FP 14, FP 1 (Examen), FP 3, FP 4, FP 12, FP 16, FP 17, FP 5, FP 6, FP 7, FP 18, FP 9, FP 10 (Ordination). Die zweite Sammlung (Landsberger Zeit) hat folgende Predigtanordnung: FP 11 (Amtsantritt Landsberg), FP 13, FP 19, FP 24, FP 25, FP 26, FP 27, FP 28, FP 21, FP 30, FP 33, FP 23, FP 38, FP 39, FP 40 (Amtsantritt Charité).

Die 39 im Konvolut erhaltenen Predigtverschriftungen, von Schleiermacher „Concepte" genannt, überwiegend nicht datiert und zumeist ohne Ortsangabe, liegen in Lagen loser Doppelblätter und Einzelblätter im Quartformat vor. Allein die Weihnachtspredigt über Gal 4,4 ist auf Blätter im Oktavformat geschrieben. Brieflich belegt ist, dass Schleiermacher 1790 zu Weihnachten in Schlobitten gepredigt hat.[22] Da an den anderen beiden Weihnachtsfesten in Schlobitten Schleiermacher 1791 eine identifizierte Predigt und 1792 keine Predigt gehalten hat, bleibt nur das Jahr 1790 als Termin übrig. Für die Datierung in die Schlobittener Anfänge spricht auch, dass Manuskripte Schleiermachers im seltenen Oktavformat aus dem Jahr 1789 in Drossen überliefert sind.

---

[19] *Vgl. KGA III/1, S. XXIV*
[20] *Wohl wegen der Zettelnotiz hat Sydow drei Predigten terminlich vor der Examenspredigt angesetzt. Seine Datierung von Frühe Predigt Nr. 2 auf 1789 ist nachweislich falsch; die Datierung von Nr. 14 und 15 muss ungewiss bleiben.*
[21] *Vgl. Sydow: Vorwort, in: SW II/7, S. XV*
[22] *Vgl. KGA V/1, Nr. 149,202–203; 154,3*

Durch explizite Manuskripthinweise, durch inhaltliche Besonderheiten, durch klare Briefaussagen oder eindeutige Rückschlüsse aus datierten Predigten können insgesamt 11 Manuskripte einem Termin zwischen Juli 1790 und April 1794 zugeordnet werden. Ab 26. Juli 1794 lässt sich der Vortragstermin für 15 Manuskripte (Predigten und Predigteinleitungen) durch die parallelen Predigtentwürfe (Dispositionen) ermitteln. Für die Jahre 1790–1794 lassen sich 13 Predigten keinem Vortragstermin genau zuordnen, auch wenn zwei davon inhaltlich als Osterpredigten (aber ohne Jahres- und Feiertagszuordnung) erkennbar sind. Zwar weist Schleiermacher in seiner „Selbstbiographie" vom 10. April 1794 auf eine oder mehrere Predigten hin, die er wohl im Sommer 1793 nach seiner Schlobittener Hauslehrerzeit zwischenzeitlich in der Landsberger Konkordienkirche gehalten hat, doch ist dieser Hinweis nicht konkret genug, um eine der vorliegenden Predigten dadurch datieren zu können.[23] *Die ermittelten Wasserzeichen des von Schleiermacher verwendeten Papiers geben nur bei der Predigt Nr. 24 einen Datierungshinweis, der im dortigen Predigtkopf formuliert ist.*

Erkennbar hat Schleiermacher die Predigtverschriftungen nicht immer einzeln für jeden Termin vorgenommen. Auf demselben Doppelblatt 70/71 endet die datierte Sexagesimae-Predigt (FP 7) vom 12. Februar 1792 über Lk 8,4–15 und beginnt die datierte Karfreitag-Predigt (FP 8) vom 29. März 1793 über 2Kor 5,12. Die leere Vorderseite von Blatt 71 war für den Abschluss der unvollendeten Sexagesimae-Predigt vorgesehen.

Erkennbar sind die Doppelblätter nicht immer zunächst geschnitten und dann beschrieben worden. Die undatierte Frühe Predigt Nr. 19 über 1Joh 5,4 beginnt mit dem Wort „Viele", das zwar inhaltlich zu Blatt 17r gehört, aber archivalisch auf einer umgeklappten Seitenecke steht, die an Blatt 19r hängt. Die Predigt ist also auf einem zweimal gefalteten Quartgroßblatt geschrieben und erst nachträglich in die beiden Doppelblätter getrennt worden.

---

[23] *Schleiermacher schrieb kurz nach seiner Ordination noch in Berlin und vor Antritt seiner Hilfspredigerstelle in Landsberg (anknüpfend an seinen ersten Aufenthalt in Drossen 1789/90): „Der Prediger Schumann zu Landsberg an der Warthe, ein Verwandter von mir, der mich während meines Aufenthalts in Drossen kennen gelernt, und den ich seitdem öfters auf einige Zeit besucht, auch für ihn gepredigt hatte, sah sich seiner Gesundheitsumstände wegen genöthigt, um die Loszählung von seinen Geschäften und um einen Gehülfen, der sie an seiner Stelle verrichten könnte, zu bitten, und er wünschte aus Freundschaft für mich diese Hülfe am liebsten von mir geleistet zu erhalten." (Aus Schleiermacher's Leben. In Briefen, Bd. 1–2, 2. Aufl., Berlin 1860; Bd. 3–4, edd. Ludwig Jonas / Wilhelm Dilthey, Berlin 1861–1863; Selbstbiographie, Bd. 1, S. 3–15, Zitat S. 15).*

Schwierig einzuschätzen ist die Überlieferungslage bei der Antrittspredigt, die Schleiermacher am Karfreitag 1794 in Landsberg gehalten hat. Diese Predigt (FP 11) vom 18. April 1794 liegt in zwei Manuskripten vor, die nicht textidentisch sind. Das erste Manuskript auf Papier ohne Wasserzeichen besteht aus zwei beschriebenen Einzelblättern, denen ein beschriebenes Doppelblatt und dann ein beschriebenes und ein unbeschriebenes Einzelblatt folgen. Das zweite Manuskript auf Papier mit Wasserzeichen umfasst drei ineinander gelegte Doppelblätter, wobei das erste Blatt unbeschrieben ist. Das zweite Manuskript hat deutlich weniger direkte Anreden an die Hörenden und weniger Ausrufezeichen. Das erste Manuskript ist ausführlicher und gemeindenäher. Bestimmte Korrekturen sprechen dafür, dass das zweite Manuskript die Vorlage für das erste ist.[24] Das erste Manuskript ist von Sydow für den Druck bearbeitet, das zweite nicht.

Besondere Erklärungsanstrengungen erfordert die folgende Sachlage bei zwei unvollständigen Verschriftungen: Die undatierte Predigt über Lk 12,15 (Frühe Predigt Nr. 20) bricht in ihrem ersten Hauptteil ab und auf derselben Seite[25] beginnt ohne Zwischenraum und ohne Überschrift eine neue undatierte Predigt über einen nicht ausgewiesenen Bibelabschnitt (Frühe Predigt Nr. 21). Zur Datierung der Predigt über Lk 12,15, die mit den Worten „Die Fortsezung fehlt." endet, bietet sich auf den ersten Blick ein Predigtentwurf vom 31. August 1794 an, der über denselben Bibelvers handelt und deshalb auf inhaltliche Parallelität geprüft werden muss. Während das Thema und der ausformulierte erste Teil der Predigtverschriftung inhaltlich dem Entwurf ähnlich sind, sollte der angekündigte zweite Predigtteil die richtige Begrenzung des Güterstrebens behandeln, während der Entwurf im zweiten Teil die Schadenswirkungen schildert. Dies macht wahrscheinlich, dass die Frühe Predigt Nr. 20 die Verschriftung einer früheren Predigt vor dem 26. Juli 1794 ist und dass der Entwurf vom 31. August 1794 einer veränderten Wiederholung zugehört. Diese Einschätzung wird durch den Blick auf die Frühe Predigt Nr. 21 gestützt. Sydow hat Joh 5,5–16 als Bibeltext identifiziert. Diese Einschätzung ist falsch. Die Predigt legt, so muss aus den biblischen Bezugnahmen geschlossen werden, Mk 1,40–45 aus. Unabhängig von der Bibeltextidentifizierung lässt sich die Feststellung treffen, dass diese Frühe Predigt Nr. 21 an keinem der folgenden Sonntage nach

---

[24] *Beispielsweise ist im ersten Manuskript auf Bl. 4v das Wort „das" (freudige Bekenntniß) korrigiert aus „die", veranlasst wohl durch die Formulierung des zweiten Manuskripts auf Bl. 11r „die freudige Anerkennung" (Bl. 11r).*
[25] *Vgl. Schleiermacher-Archiv, Mappe 10, Bl. 52r.*

dem 31. August 1794 gehalten worden sein kann, weil alle diese Termine durch Predigtentwürfe dokumentiert sind und keiner davon zur vorliegenden Predigt passt. So muss also angenommen werden, dass die Predigt über Mk 1,40–45 (Sydow: Joh 5,5–16) in der Zeit vor dem 26. Juli 1794 gehalten worden ist.

Nicht zu dem im Schleiermacher-Archiv befindlichen Konvolut gehört die unvollendete Predigtverschriftung „Ueber den Leichtsinn". Dieses im Schleiermacher-Nachlass (Nr. 58) aufbewahrte lose Einzelblatt im Quartformat ist etwa 17,3 cm breit und 21,9 cm hoch. Die Blattränder sind eingerissen; das fleckige Papier ist mit Tinte beschrieben. Die von fremder Hand mit Bleistift geschriebene Blattzahl steht unten mittig. Der nicht ausgewiesene Bibeltext ist durch die inhaltliche Anknüpfung eindeutig als Lk 8,12 identifizierbar. Die Datierung dieser Predigtverschriftung wird ermöglicht durch einen Predigtentwurf, der ebenfalls im Schleiermacher-Nachlass (Nr. 58) erhalten ist. Das Blatt, etwa 23 cm breit und 19 cm hoch, ist mittig auf eine Breite von 11,5 cm gefaltet und war ursprünglich ein Brief. Alexander zu Dohna lud am 30. Dezember 1796 auftragsgemäß Schleiermacher ein „zum Thee und Abendessen bey Professor Herz"[26]. Rückseitig zum Brieftext hat Schleiermacher auf die linke Seite (Bl. 17) seinen Predigtentwurf zum „Leichtsinn" geschrieben, während auf der rechten Seite (Bl. 18) rückseitig zur Adresse eine sekundäre Notiz von fremder Hand steht. Da angenommen werden kann, dass Schleiermacher diesen Einladungsbrief bald nach Erhalt zum Notieren seines Predigtentwurfs nutzte, dürften sich Entwurf und Verschriftung auf die Predigt vom 8. Januar 1797 beziehen, weil dieser Termin durch das Berliner Intelligenzblatt für Schleiermacher nachgewiesen, aber in den ansonsten lückenlos vorliegenden Predigtentwürfe des Jahres 1797 nicht belegt ist.

2. Predigtentwürfe in Landsberg (1794–1796)

Seine erste amtliche Stellung hatte Schleiermacher von April 1794 bis Ende August 1796 als Hilfsprediger der reformierten Gemeinde an der Konkordienkirche in Landsberg an der Warthe, um den ihm familiär verbundenen Prediger Johann Lorenz Schumann zu unterstützen. Aus dieser Zeit liegt ein umfängliches Heft mit 128 Predigtentwürfen vom 26. Juli 1794 bis 28. August 1796 vor. Davon waren bisher

---

[26] KGA V/2, Nr. 356,1–2

durch Friedrich Zimmer 1882 zehn Entwürfe[27] sowie durch Johannes Bauer 1908 fünf Entwürfe[28] und 1909 sieben Entwürfe[29] publiziert.
    Schleiermachers eigenhändiges Manuskript mit der Titelseitenaufschrift „Predigt-Entwürfe in Landsberg", aufbewahrt im Archiv der Berlin-Brandenburgischen Akademie der Wissenschaften unter der Nummer 51 des Schleiermacher-Nachlasses, umfasst 77 Blätter im Quartformat mit beschnittenen Rändern in gehefteten Lagen eines Bandes, wobei Blatt 15 lose ist. Die Seiten sind etwa 17,1 bis 17,8 cm breit und etwa 20,4 bis 21,2 cm hoch. Die mit Bleistift mittig am Fuß der vorderen Seite vorgenommene Blattzählung stammt von fremder archivarischer Hand. Ein Einbanddeckel fehlt; statt dessen dient ein Doppelblatt als Rückenumfassung des Heftes. Die mit Tinte beschriebenen Blätter sind bei den Jahrgangstitelblättern für 1794 und 1795 sowie beim letzten Blatt des Jahrgangs 1795 rückseitig (1v, 18v und 49v) vacat. Ab Blatt 43v ist oben die Jahreszahl 1795 bzw. 1796 auf jeder Seite notiert. Anders als in den Jahren 1795 und 1796 sind die Predigten des Jahres 1794 nicht nummeriert; wohl aber hat Schleiermacher in seinen vergleichenden Hinweisen, die er bei den Stolper Predigtentwürfen 1802 auf Predigten des Jahres 1794 gibt, eine solche Nummerierung vorgenommen. Umgekehrt ist bei den Predigten des Jahres 1794 zumeist nur die Jahreszahl der Vergleichspredigt angegeben und nur selten die dort vorhandene Nummerierung notiert.
    Schleiermacher wollte ab 26. Juli 1794 seine homiletische Tätigkeit gezielt dokumentieren.[30] Der Entschluss dazu könnte während der vorangegangenen wohl über zweimonatigen Erkrankung (Mai bis Juli) gefasst worden sein.[31] Schleiermacher fertigte gedanklich genau gegliederte Entwürfe (Dispositionen) an, die er nachträglich in einem Reinschriftheft sammelte. Dessen Entstehungstermin lässt sich durch Bemerkungen im Manuskript feststellen. Am Ende des Jahrgangs

---

[27] Vgl. *Predigtentwürfe aus Friedrich Schleiermacher's erster Amtsthätigkeit, ed. Friedrich Zimmer, in: Zeitschrift für Praktische Theologie, Bd. 4, Frankfurt am Main 1882, S. 281–290 und 369–378, hier S. 283–290. 369–374*

[28] Vgl. *Johannes Bauer: Schleiermacher als patriotischer Prediger. Mit einem Anhang von bisher ungedruckten Predigtentwürfen Schleiermachers, Studien zur Geschichte des neueren Protestantismus, Bd. 4, Gießen 1908, S. 307–310. 339–340. 349–351. 353–354*

[29] Vgl. *Ungedruckte Predigten Schleiermachers aus den Jahren 1820–1828, ed. Johannes Bauer, Leipzig 1909, S. 31–33. 82–85. 94–95. 104–106*

[30] Vgl. Notiz zum 21. Juni 1795: „Vorstehende Predigt ist schon im vorigen Jahr gehalten worden, aber unaufgeschrieben vor der Zeit der Dispositionen. Ich habe sie also noch einmal gehalten, um sie zu disponieren und zu concipieren." (SN 51, Bl. 36v; unten S. 435)

[31] Vgl. KGA V/1, Nr. 271,6–11

1795 steht auf Blatt 49r die Notiz „mundirt den 15. October 96"[32]; der Jahrgang 1796 beginnt auf Blatt 50r ohne Zwischentitelblatt. Da die Blätter 49 und 50 ein Doppelblatt sind, dürfte das ganze Reinschriftheft mit allen Landsberger Dispositionen ohne größere zeitliche Unterbrechung fortlaufend im Oktober 1796 entstanden sein. Dafür spricht auch, dass die Anmerkung zur vollständigen Verschriftung der am 20. April 1796 gehaltenen Bußtagspredigt als Termin den 28. Oktober angibt, diese Anmerkung aber ersichtlich in den Freiraum zwischen den Entwürfen Nr. 22 und Nr. 23 nachträglich eingefügt worden ist.[33]

Schleiermacher überblickte bei seiner reinschriftlichen Zusammenfassung ein umfängliches Manuskriptkorpus.[34] Nicht alle Textteile gehören zur ursprünglichen Reinschrift. Einige Randbemerkungen belegen eine spätere Nutzung und Auswertung. So verweisen einige Randnotizen[35] auf Predigten im Jahr 1802 und geben andere[36] den Hinweis, dass eine Predigt gedruckt vorliegt. Ob diese Randnotizen zur selben Zeit bei einer einmaligen Heftrevision entstanden sind oder ob sie gestreut bei gelegentlich wiederholter Lektüre notiert wurden, kann nicht ermittelt werden.

3. Predigtentwürfe 1797

Seine zweite amtliche Stellung hatte Schleiermacher als reformierter Prediger an der Charité (und beigeordnet am Invalidenhaus) in Berlin von September 1796 bis Ende Mai 1802.[37] Seine Praxis, die Entwürfe (Dispositionen) seiner Predigten schriftlich zu fixieren, behielt er zunächst bei. Das Heft mit den Predigtentwürfen der Monate September bis Dezember 1796 ist nicht erhalten.[38] Für das Jahr 1797 liegt ein

---

[32] *Unten S. 469*

[33] *Vgl. SN 51, Bl. 63v; unten S. 499*

[34] *Vgl. Notiz zum 19. Juli 1795: „Am siebenten nach Trin. über die Epistel, nach der concipirten Predigt des nemlichen Sonntags vor dem Jahr, mit geringen Abänderungen im zweiten Theil, welche nicht erst angeführt zu werden brauchen." (SN 51, Bl. 38r; unten S. 440,30–33). Außerdem die Notiz zum 30. August 1795: „Von der Nächstenliebe nach einer vorjährigen Disposition [am 14. September 1794 über Mk 12,31] aber verändert. Die Predigt ist aufgeschrieben und die Abänderung der Disposition braucht also nicht hier ausgeführt zu werden." (SN 51, Bl. 40r; unten S. 446,28–30).*

[35] *Vgl. SN 51, Bl. 2r–5r. 8v. 12r. 13v. 38r–39r. 40r. 42r. 43v; unten S. 343–456*

[36] *Vgl. SN 51, Bl. 13r. 17v. 36r. 41r; unten S. 373. 386. 433. 448*

[37] *Vgl. KGA III/1, S. XXIX–XXXIII*

[38] *Die Existenz dieses Heftes ist durch die Notiz zur Predigt vom 10. Mai 1797 belegt: „s. Charité 1796. VIII." (SM-SN 52, Nr. XXXVI, S. 26; unten S. 555).*

*reinschriftliches Heft mit 66 Predigtentwürfen vom 1. Januar bis
14. November vor. Davon waren bisher 1882 durch Friedrich Zimmer zwei Entwürfe[39], 1908 durch Johannes Bauer fünf Entwürfe[40]
und 2009 durch Simon Gerber ein Entwurf[41] publiziert.*

*Schleiermacher wollte, das belegt die doppelte Predigtzählung, in
diesem Heft seine Predigttätigkeit vollständig dokumentieren. Entgegen dieser Absicht nahm er einen Entwurf aus unbekanntem Grund
nicht auf. Vermutlich hat Schleiermacher diese undatierte Disposition,
die auf einem Einzelblatt völlig getrennt vom Heft überliefert ist und
die deshalb (zusammen mit der zugehörigen Predigtverschriftung) editorisch dem Konvolut der frühen Predigten als Nachklapp hinzugefügt wird[42], beim Erstellen der Reinschrift vergessen, weil sie auf der
Rückseite eines Briefes notiert ist. Dieser Entwurf kann begründet
dem 8. Januar 1797 zugewiesen werden.*

*Schleiermachers eigenhändiges Manuskript mit der Titelseitenauf-
schrift „Predigt-Entwürfe 1797.", aufbewahrt im Archiv der Berlin-
Brandenburgischen Akademie der Wissenschaften unter der Nummer
52 des Schleiermacher-Nachlasses, besteht aus gehefteten Lagen von
24 Quartblättern in drei Bogen zu je vier Doppelblättern als ein Band
ohne Einbanddeckel. Der Heftung dient ein unbeschriebenes und un-
gezähltes Doppelblatt, das durch unhälftige Faltung das erste Text-
blatt schmal und das letzte Blatt vollständig umgreift. Die Seiten sind
etwa 17,5 cm breit und 21,3 cm hoch. Die ungeraden Seiten sind
archivarisch mit Bleistift unten rechts von fremder Hand paginiert.
Seite 2 ist vacat. Die Jahreszahl 1797 ist auf jeder Seite als Kolumnentitel notiert. In römischen Ziffern sind die Predigttermine gezählt, in
arabischen Ziffern die formulierten Predigtentwürfe.*

*Das Manuskript hat den Charakter einer Reinschrift. Wann es
entstanden ist, darüber lässt sich dem Heft nichts entnehmen. Der
letzte Predigttermin ist der 14. November 1797. Die Predigtentwürfe
des Jahres 1797 dokumentieren Schleiermachers vielfältige Predigttätigkeit in Berlin an der Charité und in der Invalidenhauskirche.*

---

[39] *Vgl. Predigtentwürfe aus Friedrich Schleiermacher's erster Amtsthätigkeit, ed.
Friedrich Zimmer, in: Zeitschrift für Praktische Theologie 4, 1882, S. 374–375*

[40] *Vgl. Bauer: Schleiermacher als patriotischer Prediger, 1908, S. 323. 328–330. 334–
335. 340–343*

[41] *Vgl. Simon Gerber: Seelsorge ganz unten – Schleiermacher, der Charité-Prediger,
in: Wissenschaft und Geselligkeit. Friedrich Schleiermacher in Berlin 1796–1802,
ed. Andreas Arndt, Berlin / New York 2009, S. 15–41, hier 30–31*

[42] *Vgl. unten S. 337–340*

4. Erste gedruckte Predigt: Die Gerechtigkeit ist die unentbehrliche Grundlage des allgemeinen Wohlergehens

In dem 1799 von Philipp Karl Buttmann anonym herausgegebenen Sammelband „Auswahl noch ungedruckter Predigten von Ammon, Bartels, Diterich, Löffler, Marezoll, Sack, Schleiermacher, Spalding, Teller, Zöllner, Zollikofer" im Verlag der Myliusschen Buchhandlung Berlin ist unter Nr. 13 Schleiermachers Predigt „Die Gerechtigkeit ist die unentbehrliche Grundlage des allgemeinen Wohlergehens" mitgeteilt. Dies ist Schleiermachers erste Predigt, die im Druck erschien. Der Sammelband ist gemäß Zweittitel die siebente Sammlung der Reihe „Predigten von protestantischen Gottesgelehrten", wobei die Publikation der vorangegangenen Bände[43] deutlich früher erfolgt war.

Schleiermachers erster gedruckter Predigt, ausweislich der Überschrift „An einem allgemeinen Bettage" gehalten, liegt die Landsberger Predigt vom 20. April 1796 zugrunde, von der ein reinschriftlicher Entwurf überliefert ist.[44] Zu diesem Entwurf[45] hat Schleiermacher nachträglich im Zwischenraum zum nächsten Entwurf des Reinschrifteheftes notiert, dass er vom 24. bis 27. Oktober 1796 die Predigt ausführlich-wörtlich verschriftet und am 28. Oktober 1796 verändert ins Reine geschrieben habe. Diese in Berlin hergestellte Reinschrift ist nicht erhalten. Wie sie sich inhaltlich zur 1799 publizierten Druckfassung verhält, ist unklar.

Die erste gedruckte Predigt umfasst 26 Seiten im Oktavformat, die alle paginiert sind. Die normale Seite hat 30 Zeilen von 8,5 cm Breite mit einer Gesamthöhe von 15,3 cm.

Das Erscheinen des Sammelbandes wurde am 11. April 1799 durch eine Anzeige der Myliusschen Buchhandlung in der Vossischen Zeitung öffentlich bekannt gemacht; dabei wurde allerdings nur der Buchtitel genannt.[46] Vermutlich diese Anzeige las Stubenrauch und äußerte darüber familiäre Freude in seinem April-Brief.[47]

Schleiermacher, der den Sammelband Mitte April in Händen hatte, berichtete an Henriette Herz brieflich aus Potsdam am 16. April 1799 vom Erscheinen der Predigt. „Daß zugleich mit der Religion eine Predigt von mir erscheint ist wunderlich genug; mein

---

[43] *Vgl. Predigten von protestantischen Gottesgelehrten, Bd. 1–6, [ed. Johann Peter Bamberger], Berlin 1771–1776*

[44] *Vgl. die inhaltliche Analyse von Entwurf und Drucktext bei Bauer: Schleiermacher als patriotischer Prediger, 1908, S. 309–313*

[45] *Vgl. SN 51, 1796, Nr. 22, Bl. 63r–v; unten S. 498–499*

[46] *Vgl. Königlich privilegirte Berlinische Zeitung von Staats- und gelehrten Sachen. Vossische Zeitungs-Expedition Berlin, Nr. 44 vom 11. April 1799, [S. 7]*

[47] *Vgl. KGA V/3, Nr. 622,58–61*

Name steht da zwischen lauter großen Theologen und Kanzelrednern,
und der Buttmann hat sich, um das zu entschuldigen erdreistet in der
Vorrede zu sagen: ,ich sei in Berlin meiner Talente und Kenntnisse
wegen allgemein geschätzt.' Die Fragmente, die Predigt, die Religion
und der Kalender machen zusammen eine wunderliche Entrée in die
literarische Welt. Was doch noch aus mir werden wird in diesem zeitli-
chen Leben."[48]
    Im Vorbericht, unterzeichnet „Die Myliusische Buchhandlung",
wird von den Autoren des Sammelbandes besonders Schleiermacher
aufgeführt, um die Aufnahme von dessen Predigt in den Kreis bekann-
ter Prediger zu rechtfertigen. „Wegen der mehrmaligen Nachfrage die
bei der unterzeichneten Handlung geschehen ist, ob die von ihr einige
Jahre hintereinander besorgte Ausgabe, der Predigten von protestanti-
schen Gottesgelehrten in 6 Sammlungen, nicht werde fortgesetzt wer-
den, liefert sie hier statt dessen, als einen Anhang dazu, diese Auswahl
(die daher auch unter jenem Titel als siebente Sammlung ausgegeben
wird.) Bloß der Name der Verfasser der hier gelieferten Predigten,
wird für ihren Gehalt bürgen, und am wenigsten würde es dem Verle-
ger geziemen ihn würdigen zu wollen. Auch Herr Schleiermacher,
evangelisch-reformirter Prediger bei der hiesigen Charité-Kirche, ist
dem größern Publikum durch die von dem Herrn Hofprediger Sack
empfohlene Uebersetzung der Predigten von J. Fawcett rühmlichst be-
kannt, und in Berlin wegen seiner Talente und Einsichten so geschätzt,
daß er auch in einer solchen Gesellschaft, von ihr selbst wie vom
Publikum, nicht ungern wird gesehen werden."[49]
    Die „Staats- und Gelehrte Zeitung des Hamburgischen unpar-
theyischen Correspondenten" gab in der Rubrik „Von gelehrten Sa-
chen" am 17. April 1799 nach den bibliographischen Angaben eine
den Vorbericht abwandelnde Darstellung des Sammelbandes: „Die
Myliussche Buchhandlung hatte vor mehreren Jahren ,Predigten von
protestantischen Gottesgelehrten' in 6 Sammlungen herausgegeben,
worin die Freunde einer vernünftigen und im ächten Sinne auferbauli-
chen Lesung reichen Stoff fanden. Hier erscheint ein Band von glei-
chem Zweck und Gehalt, und zum Theil von denselbigen Verfassern
(welcher daher auch für die Besitzer jener sechs Bände mit demselben
Titel, als siebente Sammlung, versehen ist.) Die auf dem Titel genann-
ten Namen, welche größtentheils in ganz Deutschland bekannt, und
wo sie bekannt, auch so geschätzt sind, machen alle Anpreisung über-
flüßig. Herr Schleiermacher, von welchem hier auch eine geistvolle
Rede erscheint, ist derselbe, der durch seine treffliche Uebersetzung

---

[48] *KGA* V/3, Nr. 633,35–42
[49] *Auswahl noch ungedruckter Predigten von Ammon u.a.*, S. I–II; *ohne Hervorhe-*
    bungen

von Fawcett's Predigten dem Publicum schon vortheilhaft bekannt,
und der in Berlin als denkender Kopf und einnehmender Kanzelredner
geschätzt ist. Durch die Auswahl der Gegenstände ist für die Anlok-
kung auch des Aufgeklärten, und für Belehrung und Besserung aller
gesorgt. (Ist hier bey Perthes zu haben.)"[50]
Schleiermachers Predigt wurde 1800 bei der Rezension des Sam-
melbandes in der ‚Allgemeinen Literatur-Zeitung' durchaus wahrge-
nommen und mit verhaltenem Lob knapp charakterisiert. Die Rezen-
sion, mit dem Kürzel „Leip-" unterzeichnet, lobt zunächst das
Gesamtunternehmen: „Der Gedanke, von mehrern angesehenen und
geschätzten Predigern, die in dieser oder jener Hinsicht als Muster
anerkannt sind, Sammlungen von Predigten zu veranstalten, die noch
nicht im Publico bekannt waren, verdient allerdings Beyfall, und eine
solche Sammlung kann angehenden Kanzelrednern mancherley Nut-
zen gewähren. Rec. selbst bekennt, daß ihm das aufmerksame Durch-
lesen und Vergleichen derselben sehr interessant und unterrichtend
gewesen ist."[51] *Eine genauere Darstellung der zumeist schon bekann-*
ten Prediger und ihrer zumeist musterhaften Predigten hält der Rezen-
sent für überflüssig. Er begnügt sich überwiegend lobend mit einige
knappe Hinweisen auf Charakteristisches. Allein die Predigt von Dite-
rich wird scharf getadelt und dieser Tadel durch Zitate belegt. Schlei-
ermachers Predigt wird etwas genauer gewürdigt. „Hr. Schleyerma-
cher, von dem bisher noch keine Predigten im Drucke erschienen
waren, schließt sich in dieser Sammlung an die Reihe guter Kanzelred-
ner an. In der hier mitgetheilten Predigt ist der Vortrag deutlich und
verständlich; die Gedanken sind zwar nicht neu, aber in guter Ord-
nung aufgestellt; die Sprache ziemlich richtig und rein; die ganze Be-
handlung zwar ohne Beredsamkeit, doch nicht ohne alle Wärme."[52]
Zum Schluss listet der Rezensent die vorzüglichen Predigten auf;
Schleiermachers wird dabei nicht genannt.

5. *Predigtentwürfe 1800–1801 und 1807–1808*

Während seiner Predigerzeit an der Berliner Charité hat Schleierma-
cher wohl für die Jahre 1798 und 1799 keine Predigtentwürfe gesam-
melt. Ende 1799 wurde der Predigtdienst an der Charité neu organi-

---

[50] *Staats- und Gelehrte Zeitung des Hamburgischen unpartheyischen Corresponden-*
ten, 1799, Nr. 62, am 17. April, [Sp. 9]; ohne Hervorhebungen
[51] *Allgemeine Literatur-Zeitung 1800, Nr. 235, Samstag 16. August, Bd. 3, Sp. 396–*
398, hier 396–397
[52] *Allgemeine Literatur-Zeitung 1800, Nr. 235, Sp. 398; ohne Hervorhebungen*

siert.[53] *Für das Jahr 1800 und den Jahresbeginn 1801 liegt ein umfängliches Heft mit 93 Predigtentwürfen vom 1. Januar bis 4. November 1800 und vier Predigtentwürfen vom 4. bis 17. Januar 1801 vor. Dieses Heft nutzte Schleiermacher bei seiner Rückkehr nach Berlin Ende 1807, um fünf Predigtentwürfe vom 7. Februar bis 20. März 1808 zu formulieren und sich weitere Termine seit 26. Dezember 1807 zu notieren. Aus diesem Heft publizierte Friedrich Zimmer 1882 vier Entwürfe[54] und 1887 neu 48 Entwürfe[55].*

Schleiermachers eigenhändiges Manuskript mit der Titelseitenaufschrift „Predigt Entwürfe 1800.", aufbewahrt im Archiv der Berlin-Brandenburgischen Akademie der Wissenschaften unter der Nummer 53 des Schleiermacher-Nachlasses, besteht aus einem Band von insgesamt 60 Blättern im Quartformat (Wasserzeichen „IGEbart Spechthausen"), die zwischen graumelierten Einbanddeckeln in Halbleder gebunden sind. Beschrieben sind 52 Blätter; die letzten acht Blätter sind unbeschrieben. Die Seiten sind ca. 17,5 cm breit und 20,6 cm hoch. Auf dem breiten Außenrand jeder Seite sind die selten unterstrichenen Wörter „Eingang", „Thema" und „Schluß" deutlich aus der ca. 9 bis 11 cm breiten Textsäule herausgestellt. Die zumeist einzeiligen Überschriften zu jeder Predigt bestehen aus römisch geschriebener Zählung, Angaben zu Termin (Kalendertag und Tagesabschnitt), Kasus (Predigt oder Betstunde), Ort und Bibelstelle. Die Themaformulierung ist häufig unterstrichen. Die Bibelstellenangabe ist auf dem Rand neben dem Themasatz häufig in großer Schrift unterstrichen wiederholt. Die Seitenzählung hat eine fremde Hand mit Bleistift nur auf den Blattvorderseiten am unteren Außenrand vorgenommen; zusätzlich ist die Seite 104 gezählt. Der rote Eigentümerstempel „Litteraturarchiv Berlin" befindet sich auf den Seiten 1, 3 und 104. Fast alle beschriebenen Seiten haben eine Kopfzeile, wo jeweils der Monatsname und zusätzlich am oberen Außenrand häufig die Nummer der Predigt bzw. der Predigten dieser Seite notiert sind; diese Kolumnentitel werden nicht wiedergegeben. Die Predigtüberschriften sind zumeist einzeilig. Daneben sind auf dem Rand die Abkürzungen AGsB. und NGsB. jeweils mit einer zumeist dreistelligen Zahl notiert; diese Liedangaben aus dem Alten Gesangbuch von Porst[56] und dem

---

[53] Vgl. KGA III/1, S. XXXI–XXXII

[54] Vgl. *Predigtentwürfe aus Friedrich Schleiermacher's erster Amtsthätigkeit*, ed. Friedrich Zimmer, in: Zeitschrift für Praktische Theologie 4, 1882, S. 375–378

[55] Vgl. *Predigtentwürfe aus dem Jahre 1800*, ed. Friedrich Zimmer, Gotha 1887, Nr. 1–51, S. 1–75. Zimmer hatte drei dieser Predigtentwürfe bereits im Jahr 1882 veröffentlicht auf S. 375–377.

[56] Vgl. *Geistliche und Liebliche Lieder*, ed. Johann Porst, 1711; 21. Aufl., Berlin 1798

Neuen Gesangbuch bei Mylius[57] *werden als Fußnoten wiedergegeben und im Sachapparat nachgewiesen. Die Themaformulierung ist häufig unterstrichen, die Bibelstellenangabe auf dem Rand neben dem Thema häufig in großer Schrift unterstrichen wiederholt. Da Unterstreichung und Wiederholung vermutlich sekundär sind, wurden sie editorisch nicht berücksichtigt.*

Die Seiten 1–87 bieten Predigtentwürfe oder Notizen aus dem Jahr 1800. Auf den Seiten 88 und 89 befinden sich die Predigtüberschriften für den 2. Weihnachtstag 1807 und den Neujahrstag 1808, ohne weiteren Text. Nach der leeren Seite 90 folgt auf Seite 91 die Titelangabe „Predigt Entwürfe 1801“, gefolgt auf den Seiten 93–95 von 13 Predigtterminen bis 10. Februar 1801 (vier Entwürfe und neun Terminangaben). Auf den Seiten 96 und 97 sind die beiden Überschriften von Seite 88 und 89 ohne Text wiederholt. Schleiermacher hat wohl seinen Irrtum bemerkt, dass er die im Jahr 1801 unbeschrieben gelassenen Seiten, die für die Vervollständigung der Eintragungen zum Jahr 1800 gedacht waren, für die neuen Entwürfe der Jahre 1807/1808 genutzt hatte. Die Seiten 98, 99 und 101 bieten Predigtüberschriften des Jahres 1808 ohne Text. Auf den Seiten 100 und 102–104 finden sich fünf Entwürfe bis zum 20. März 1808, die schwer lesbar sind. Der ab Seite 98 notierte Kolumnentitel „Berlin 1808“ fehlt auf Seite 104.

Die genaue Abfassungszeit, wann das Manuskript entstanden ist, ob in einem längeren Prozess oder in größeren Partien zeitlich gedrängt, lässt sich nicht ermitteln. Ein Hinweis kann wohl in Schleiermachers Randnotiz zur Predigt vom 13. Juli 1800 vormittags Betstunde gefunden werden.[58] *Diese Randnotiz steht wohl im Zusammenhang mit Schleiermachers Durchsicht seiner Entwürfe auf der Suche nach geeigneten Predigten für seine Erste Sammlung. Da Schleiermacher seine Predigten zwischen Oktober und Dezember 1800 verschriftete und der Predigtentwurf aus dem Juli 1800 ihm dann schon reinschriftlich vorgelegen haben muss, kann vermutet werden, dass diese Reinschrift spätestens im November 1800 entstanden ist.*

6. Einzeln überlieferte Predigtentwürfe 1802–1808

Aus den Jahren 1802–1808 sind zehn datierbare Predigtentwürfe erhalten, die zumeist auf einzelnen Blättern und Zetteln sehr unter-

---

[57] *Vgl. Gesangbuch zum gottesdienstlichen Gebrauch in den königlich-preußischen Landen, [edd. Johann Samuel Diterich / Johann Joachim Spalding / Wilhelm Abraham Teller], Berlin (bei August Mylius) 1781 (SB 756: Magdeburg)*
[58] *Vgl. SN 53, S. 49; unten S. 682,36–37*

*schiedlichen Formats überliefert sind. Im editorischen Kopftext zu
diesen Predigtentwürfen sind jeweils der Textzeuge und der Datie-
rungsgrund angegeben. Die Entwürfe Nr. 2–9 sind in einem Archiv-
stück versammelt, Nr. 1 und Nr. 10 an anderen Orten.*

*Der in Schleiermachers fünftes Gedankenheft eingestreute Ent-
wurf Nr. 1 gehört den letzten Monaten an der Berliner Charité (Januar bis Mai 1802) zu.*[59] *Die Entwürfe Nr. 2–8 stammen aus der Zeit
Sommer 1802 bis Sommer 1804 in Stolp, die Entwürfe Nr. 9–10 aus
dem Jahr 1808 in Berlin.*

*Der Predigtentwurf Nr. 10 über Mt 18,23–35 wird im Schleier-
macher-Archiv (Depositum 42a) der Staatsbibliothek zu Berlin aufbewahrt.*[60] *Er trägt zwar die Überschrift „Am 22. p. Trin.", doch finden
sich keine Angaben zum Jahr und zum Ort. Das Blatt ist offensichtlich der untere Streifen eines größeren Blattes, das auf der jetzigen
Rückseite (Bl. 2v) die im Querformat geschriebene Ergebnisfeststel-
lung „bleibt 14 rth." zeigt. Auf der jetzigen Blattvorderseite, die etwa
5,7 cm breit und 19,9 cm hoch ist, hat Schleiermacher im Hochformat
den Predigtentwurf notiert. Der Entwurf ließe sich den Jahren 1808,
1809, 1812, 1814 oder 1816 zuweisen. Das Jahr 1808 wird vermutet
wegen Schleiermachers biographischer Situation.*

*Im Archiv der Berlin-Brandenburgischen Akademie der Wissen-
schaften wird unter der Nummer 58 des Schleiermacher-Nachlasses
eine Sammlung von losen Blättern und Zetteln aufbewahrt, die nach
Größe und Art sehr verschieden sind. Die häufig auf Rückseiten von
fremden Schriftstücken (beispielsweise von Briefen, Quittungen, Aufgeboten) notierten Predigtentwürfe sind von Schleiermacher eigenhändig mit Tinte geschrieben. Die undatierbaren Predigtentwürfe sollen im letzten Band der Abteilung „Predigten" publiziert werden.
Acht zumeist undatierte Predigtentwürfe können teilweise durch parallele Predigtzeugen oder durch Informationen des Blattes, auf dem
sie geschrieben stehen, einem Termin zugeordnet werden. Diese Predigtentwürfe Nr. 2–9 werden hier zeitlich geordnet mitgeteilt.*

*Der undatierte Predigtentwurf Nr. 2 (Bl. 9r) gibt als Bibelab-
schnitt Mt 10,14 an und kann wegen eines parallelen Textzeugen dem
11. Juli 1802 vormittags zugeordnet werden. Der Entwurf befindet
sich auf der Rückseite einer Kollektenaufstellung der Pfarrwitwe Krüger vom 30. März 1802. Diese Kollektenaufstellung war ein einseitig
beschriebenes Blatt im Quartformat (17,4 cm breit, 20,3 cm hoch),
von dem unten links ein Stück von etwa 6,9 cm und 7 cm Kantenlänge
weggeschnitten wurde. Entlang der Schnittkante wurde das Restblatt*

---

[59] *Vgl. KGA I/3, S. 313,12–18*
[60] *Vgl. SAr 14, Bl. 2r*

gefaltet und für die neue Beschriftung um 90 Grad im Uhrzeigersinn gedreht. Auf die volle Seite, die ca. 13,4 cm breit und 17,4 cm hoch ist, schrieb Schleiermacher eigenhändig den Predigtentwurf. Auf der durch das Ausschneiden reduzierten anderen Seite (Bl. 10r), die 6,9 cm breit und 10,4 cm hoch ist, steht schräg das Wort „Teller".

Für den undatierten Predigtentwurf Nr. 3 (Bl. 13r) kann als zugrunde liegender Bibelabschnitt Lk 11,31–32 erschlossen werden. Der Entwurf kann wegen eines parallelen Textzeugen dem 1. August 1802 nachmittags zugewiesen werden. Er steht auf der Rückseite eines Briefs von fremder Hand, der nur noch fragmentarisch erhalten ist. Das Blatt, ursprünglich Quartformat, ist jetzt 7,4 cm breit und 20,3 cm hoch.

Für den undatierten Predigtentwurf Nr. 4 (Bl. 12r) kann der Bibeltext 2Petr 1,5 erschlossen werden. Das Blatt, ursprünglich wohl Quartformat, jetzt 8,7 cm breit und 12,5 cm hoch, trägt rückseitig den fragmentarisierten Abkündigungstext zum 11., 12., 13. Sonntag nach Trinitatis für das Aufgebot einer Trauung. Inhaltlich parallel sind Randnotizen zum Predigtentwurf vom 12. Januar 1800 (Nr. 5), die bei der Predigtwiederholung verfasst wurden. Da andere mögliche Jahre ausgeschlossen werden können, dürfte der Predigtentwurf dem Jahr 1803 zugehören, mithin der Zeit nach dem 4. September 1803.

Der undatierte Predigtentwurf Nr. 5 (Bl. 6r) hat „Die Nichtachtung der Gottlosen" zum Thema. Er steht auf der Vorderseite eines Blattes, das 7,6 cm breit und 14,6 cm hoch ist. Die Blattrückseite und das zweite Blatt des Doppelblattes sind nicht beschrieben. Als Bibeltext kann Ps 15,4 erschlossen werden. Über diesen Bibelvers hat Schleiermacher am 23. April 1800 gepredigt und am Rand des dortigen Entwurfs notiert, er habe diese Predigt am 4. Dezember 1803 wiederholt.[61] Der vorliegende Predigtentwurf ist eine Erweiterung desjenigen von 1800 und dürfte also der notierten Wiederholung zugehören. Der hier unter Nr. 9 mitgeteilte Entwurf über Ps 15,1–4 vom 14. Februar 1808 weicht dagegen inhaltlich deutlich ab.

Für den undatierten Predigtentwurf Nr. 6 (Bl. 1r) kann als ausgelegter Bibelabschnitt Joh 1,43–51 erschlossen werden. Der Entwurf steht auf der Rückseite eines bisher unveröffentlichten Briefs an Schleiermacher. Das Blatt ist etwa 11,4 breit und 15,9 cm hoch. Der Brief ist im Querformat, der Predigtentwurf im Hochformat geschrieben.

Der Brief, unterschrieben mit „Haken" und „S., den 21. Jan. 04.", lautet:

---

[61] Vgl. *Predigtentwürfe 1800,* Nr. 33; unten S. 648

*„Mit hochverbundenstem Danke remittir ich, nach gemachtem
Gebrauche, beikommendes Werkchen. Wegen der Verbindlichkeit, deren ich mich gegen die Güte des Hrn. Pr. Spalding schuldig erkenne,
kann ich mich bloß auf Ihre freundschaftliche Stellvertretung repli-
ren. Vale, qui valere dignus es!"*[62]

*Johann Christian Ludwig Haken (1767–1835) war damals luthe-
rischer Pfarrer in Symbow (polnisch: Zębowo) etwa 12 Kilometer
westlich von Stolp. Diese Kirchengemeinde gehörte bis 1814 zum Kir-
chenkreis Rügenwalde. Schleiermacher nahm Haken, der auch als
Schriftsteller hervorgetreten war, im Sommer 1802 nach Antritt seiner
Stolper Stelle persönlich wahr und besuchte ihn.*[63] *Beide liehen sich
offensichtlich, veranlasst durch ihre belletristischen Interessen, gegenseitig Literaturwerke aus.*[64]

*Der Predigtentwurf Nr. 7 (Bl. 5r) trägt als Überschrift das Datum
„Septuag." Weder das Jahr noch der Ort sind angegeben. Da die
Jahre 1805–1809 ausscheiden, wird wegen des Schriftbildes die Amts-
zeit in Stolp vermutet. Da sind der 6. Februar 1803 oder der
29. Januar 1804 möglich. Wegen der Kalenderbelegung wird der
29. Januar 1804 vermutet. Der Entwurf steht auf einer Blattvorderseite, die 8,3 cm breit und 13,9 cm hoch ist. Die Blattrückseite und
das zweite Blatt des Doppelblattes sind nicht beschrieben.*

*Der undatierte Predigtentwurf Nr. 8 (Bl. 8r) ohne Überschrift ent-
hält keine Angabe zum ausgelegten Bibelabschnitt, der sich auch nicht
ermitteln lässt. Einen Hinweis auf Ort und Termin gibt die ursprüngliche Blattnutzung. Der Entwurf steht nämlich auf der Innenseite eines Briefumschlags, der die Aufschrift trägt: „An den Herrn Hofprediger Schleiermacher zu Stolpe in Hinter-Pommern. den 11. Febr. zur
reitenden Post". Es sind also die Jahre 1803 oder 1804 möglich. Die
Briefanschrift weist den Absender als in der Ferne weilend aus. Da
Schleiermacher zum angegebenen Datum einen nicht mehr vorliegenden Brief von Heinrich Eberhard Gottlob Paulus (1761–1851) wegen
des Rufs auf eine Professur in Würzburg erhalten hat*[65], *wird für den
Brief das Jahr 1804 angenommen und der Predigtentwurf einem Termin in Stolp nach dem 11. Februar 1804 zugewiesen.*

*Der undatierte Predigtentwurf Nr. 9 (Bl. 11r) über Ps 15,1–4 ist
auf die Vorderseite eines Blattes geschrieben, das 11,3 breit und 18,5
hoch ist. Auf der Rückseite dieses Blattes steht ein Brief vom 9. Fe-*

---

[62] *Haken, SN 58, Bl. 1v. Der Brief kann in KGA V/7 unter Nr. 1642a eingeordnet
werden.*
[63] *Vgl. KGA V/6, Nr. 1254,75–77; 1269,38–44*
[64] *Vgl. KGA V/6, Nr. 1319,23–24*
[65] *Vgl. KGA V/7, Nr. 1655*

bruar 1808, der Geldgeschäfte zum Inhalt hat. Eine genauere Termin-
vermutung ist möglich, weil im Heft „PredigtEntwürfe 1800" für das
Jahr 1808 unter Nr. 5 ein Predigtentwurf zum Sonntag Septuagesimae
am 14. Februar 1808 in der Neuen Kirche zu Berlin durch eine Über-
schrift vorgesehen, aber nicht zur Ausführung gekommen ist. Zwar
ist in dieser Überschrift der ausgelegte Bibelabschnitt nicht angege-
ben, doch wird die Zuordnung durch den Überlieferungskontext
wahrscheinlich gemacht.

Von den zehn einzeln überlieferten Predigtentwürfen war bisher
nur der Entwurf Nr. 1 (aus dem fünften Gedankenheft) publiziert.

7. *Predigtentwürfe Stolp 1802*

Seine dritte amtliche Stellung hatte Schleiermacher als reformierter
Hofprediger an der Schloßkirche (Johanniskirche) im pommerschen
Stolp (polnisch: Słupsk) von Anfang Juni 1802 bis Ende August 1804.
Zu seinem Amtsbereich, in dem er Gottesdienst halten musste, gehör-
ten auch die Filialgemeinden Rügenwalde samt Stemnitz (westlich von
Stolp) und Marienfelde samt Tuchel (südlich von Stolp).[66] Für das
Jahr 1802 liegt ein Manuskript mit 41 Predigtentwürfen vom 6. Juni
bis 26. Dezember vor. Daraus waren bisher publiziert 1882 durch
Friedrich Zimmer ein Entwurf[67], 1908 durch Johannes Bauer fünf
Entwürfe[68] und 1909 durch denselben weitere zwei Entwürfe[69].

Schleiermachers eigenhändiges Manuskript mit der Titelseitenauf-
schrift „Predigt Entwürfe. Stolpe. 1802.", aufbewahrt im Archiv der
Berlin-Brandenburgischen Akademie der Wissenschaften unter der
Nummer 54 des Schleiermacher-Nachlasses, umfasst vier lose Lagen
von 32 Blättern im Quartformat (Wasserzeichen „FWMunchin Ho-
henkrug"). Die Seiten sind etwa 18,5 cm breit und 22,5 cm hoch, die
Ränder teilweise geriffelt. Die Blattvorderseiten tragen zumeist unten
rechts mit Bleistift von fremder Hand notierte ungerade Seitenzahlen;
die Rückseiten der Blätter sind nicht paginiert. Die Seiten 2, 58, 59
und 64 sind vacat. Der mit Tinte geschriebene Text geht von Seite 57
weiter auf Seite 60; die Seiten 58 und 59 sind also wohl wegen eines
Fehlers beim Umblättern während der Reinschrift unbeschrieben ge-

[66] Vgl. KGA III/1, Einleitung in die Abteilung, S. XXXIV–XXXV
[67] Vgl. Predigtentwürfe aus Friedrich Schleiermacher's erster Amtsthätigkeit, ed.
Friedrich Zimmer, in: Zeitschrift für Praktische Theologie 4, 1882, S. 377
[68] Vgl. Bauer: Schleiermacher als patriotischer Prediger, 1908, S. 315–319. 323–324.
330–332. 335–337. 344–346
[69] Vgl. Ungedruckte Predigten Schleiermachers aus den Jahren 1820–1828, ed. Bauer,
1909, S. 86–87

blieben. Das nach dem Stichwort „Text" jeweils wiedergegebene Bi-
belzitat ist im Manuskript unterstrichen und wird hier ohne Sperrung
durch Zitationszeichen wiedergegeben. Die darauf häufig folgende
knappe Überleitung zum Thema ist entweder durch ein deutliches
Spatium vom Bibelzitat abgesetzt oder beginnt in einer neuen Zeile
mit Einzug. Auf der Titelseite findet sich die Notiz „fertig".
    Bei fünf Predigtdispositionen (Nr. 20. 23. 24. 28. 31) sind am
Rand nach der Abkürzung „No." dreistellige Zahlen notiert. Die Ver-
mutung liegt nahe, dass dies wie bei den Predigtentwürfen aus dem
Jahr 1800 Liednummern sind. Das Gesangbuch zu identifizieren, auf
das sich die Liednummern beziehen, erfordert größere Nachforschun-
gen, deren Ergebnis nur eine Vermutung sein kann.
    Schleiermacher betont, dass an den Simultankirchen, an denen er
Prediger war, jeweils dasselbe Gesangbuch genutzt wurde.[70] In Stolp
müsste folglich das von Laurend David Bollhagen herausgegebene
Gesangbuch „Heiliges Lippen- und Herzensopfer einer gläubigen
Seele, oder vollständiges Gesangbuch, enthält in sich die neuesten und
alten Lieder des sel. Dr. Luther und anderer erleuchteten Lehrer unse-
rer Zeit, zur Beförderung der Gottseligkeit, bei öffentl. Gottesdienst
in Pommern und anderen Orten zu gebrauchen eingerichtet" in Ge-
brauch gewesen sein. Dieses Gesangbuch war auch in Schleiermachers
Bibliothek.[71] Doch die Lieder der angegebenen Nummern passen
nicht zum Inhalt der zugehörigen Predigtdispositionen. Beispielsweise
ist Bollhagen Nr. 204 ein Weihnachtslied und lässt sich dem 14. Sonn-
tag nach Trinitatis nicht zuordnen.
    Aber auch die Annahme, Schleiermacher habe in Stolp auf das
Alte (von Porst herausgegebene) Gesangbuch oder das Neue (bei My-
lius erschienene) Gesangbuch aus Berlin zurückgegriffen, lässt sich
nicht erhärten. Beispielsweise Nr. 144 zum 18. Sonntag nach Trinita-
tis thematisiert im Alten Gesangbuch die Auferstehung und im Neuen
Gesangbuch den Jahreswechsel.
    Da nur fünf Predigtdispositionen mit Liednummern versehen
sind, dürfte es sich um Abweichungen von der Regelpraxis handeln,
die doch wohl auf das von Bollhagen herausgegebene Pommersche
Gesangbuch bezogen war. Lieder aus einem nicht eingeführten Ge-
sangbuch mussten der Gemeinde ja besonders zur Kenntnis gebracht
werden, hatten also einen Sonderstatus. Es kann daran gedacht wer-

---

[70] *Vgl. Zwei unvorgreifliche Gutachten in Sachen des protestantischen Kirchenwe-*
    sens, Berlin 1804, S. 44, KGA I/4, S. 390,27–31
[71] *Vgl. Günter Meckenstock: Schleiermachers Bibliothek nach den Angaben des*
    Rauchschen Auktionskatalogs und der Hauptbücher des Verlages G. Reimer,
    Zweite Auflage, in: Schleiermacher, Kritische Gesamtausgabe, Abt. I, Bd. 15,
    S. 637–912, hier S. 722 Nr. 758 (vermutlich die Ausgabe von 1791)

den, dass Schleiermacher ein neues Gesangbuch ausprobieren wollte.
Neu war damals das Gesangbuch „Sammlung neuer geistlicher Lieder. Ein Anhang zu Freylinghausens Gesangbuch", das in Halle 1801
erschienen war und auch in Schleiermachers Bibliothek[72] vorhanden
war. Die fünf heranzuziehenden Lieder dieses Gesangbuchs lassen
sich inhaltlich ohne Beschwer den Predigtdispositionen zuordnen.

8. *Predigtentwürfe Stolp 1803*

Im Jahr 1803 hat Schleiermacher nur noch wenige Predigtentwürfe
in Reinschrift gebracht. Es liegt ein Manuskript mit drei Predigtentwürfen vom Neujahrstag bis zum 9. Januar vor. Von diesen war bisher
nur der Entwurf vom 2. Januar 1803 durch Friedrich Zimmer 1887
publiziert.[73] Schleiermacher hat im Jahr 1803 sehr häufig ältere schon
vorliegende Predigten wiederholt.[74] Neben dem Reinschriftmanu-
skript sind für das Jahr 1803 drei Entwürfe als Randnotizen zu Entwürfen des Jahres 1800 überliefert[75], außerdem auf Einzelblättern[76]
zwei Entwürfe für 1803 und drei Entwürfe für 1804.

Schleiermachers eigenhändiges Manuskript mit der Titelseitenaufschrift „PredigtEntwürfe Stolpe 1803.", aufbewahrt im Archiv der
Berlin-Brandenburgischen Akademie der Wissenschaften unter der
Nummer 55 des Schleiermacher-Nachlasses, besteht aus drei lose ineinander gelegten Doppelblättern im Quartformat (Wasserzeichen
„FWMunchin Hohenkrug"). Die Seiten sind ca. 18,3 cm breit und
22,1 cm hoch. Mit Tinte beschrieben sind die Seiten 1, 3, 4 und das
obere Viertel von 5; unbeschrieben die Seiten 2 sowie 6–12. Mit Bleistift sind von fremder Hand unten die Seiten 1–5 sowie die folgenden
Blattvorderseiten gezählt.

9. *Predigt bei Eröffnung des Akademischen Gottesdienstes*
der Friedrichs-Universität (1806)

Seine vierte amtliche Stellung hatte Schleiermacher an der Friedrichs-
Universität in Halle an der Saale seit Oktober 1804. Er war Professor

---

[72] Vgl. Meckenstock: Schleiermachers Bibliothek, in: KGA I/15, S. 722, Nr. 761
[73] Vgl. Predigtentwürfe aus dem Jahre 1800, ed. Friedrich Zimmer, Gotha 1887, S. 3–
      4 Fußnote
[74] Vgl. Meckenstock: Kalendarium, in: KGA III/1, Anhang
[75] Vgl. Predigtentwürfe 1800, Nr. 5. 38. 62; unten S. 613. 653. 685
[76] Vgl. Einzeln überlieferte Predigtentwürfe 1802–1808, Nr. 4–8; unten S. 760–767

und Universitätsprediger. Im neuen Amt des Universitätspredigers musste Schleiermacher, indem er die gemeinsamen Bemühungen von Theologischer Fakultät und Universität zu unterstützen und zu leiten suchte, allererst einen geeigneten Gottesdienstraum finden und herrichten lassen.[77] Nach langen Verhandlungen und Baumaßnahmen wurde am 3. August 1806 der neue Universitätsgottesdienst in der restaurierten Hallenser Schulkirche eröffnet.[78] Diese Eröffnungspredigt war zugleich Schleiermachers Antrittspredigt[79], auch wenn er 1805 in der Domkirche bereits fünfmal[80] gepredigt hatte.

Den Plan, seine Antrittspredigt als Einzeldruck zu veröffentlichen, um die Gottesdiensterneuerung ins helle Licht der literarischen Öffentlichkeit zu stellen und die von ihm angenommenen entsprechenden Erwartungen zu erfüllen, hatte Schleiermacher bereits im Oktober 1805 gefasst, als er damit rechnete, der Eröffnungsgottesdienst werde bald stattfinden.[81] Als nach den eingetretenen erheblichen Verzögerungen das Generalkonzil der Universität am 5. Juli 1806 den Termin 3. August beschlossen hatte[82], wiederholte Schleiermacher am 25. Juli seine Anfrage bei Reimer, ob dieser den Verlag des Einzeldrucks übernehmen wolle, wobei der Druck in Halle erfolgen

---

[77] *Vgl. KGA III/1, Einleitung in die Abteilung, S. XXXV–XLI*

[78] *Vgl. das gedruckte Einladungsschreiben der Universität an die Studenten vom 30. Juli 1806: „Sr. Königl. Majestät Allerhöchst eigenen huldvollen Fürsorge für das Wohl und den Flor unserer Universität, von welcher wir die ausgezeichnetsten Beweise verehrungsvoll erhalten haben, verdanken wir auch die Errichtung eines Universitäts-Gottesdienstes, durch die Anstellung eines Universitäts-Predigers in der Person des Herrn Professor Schleiermacher, und durch die Wiederherstellung der Kirche, welche zu diesem Gottesdienste, samt der Allergnädigst verliehenen, bis jetzt aber erst zum Theil in Stand gesetzten Orgel, nächsten Sonntag, also den 3ten August an dem Geburtsfeste unseres verehrtesten Monarchen eingeweiht werden soll. Der Gottesdienst wird daselbst diesen und alle folgenden Sonn- und Fest-Tage von 11–12 Uhr gehalten, und dabei aus dem in der hiesigen Waisenhaus-Buchhandlung 1801 erschienenen Gesangbuche: Sammlung neuer geistlicher Lieder zum Gebrauche öffentlicher und häuslicher Andachtsübungen, gesungen werden. Wir ermuntern unsere Studirenden, die Huld unseres Königs an diesem festlichen Tage dankbar zu feiern, und den heiligen Zweck dieses ersprießlichen Instituts durch eine fleißige und angemessene Benutzung der Religionsvorträge zu erfüllen." (Zitat nach Hering: Der akademische Gottesdienst, Dokumente, S. 83; ohne Hervorhebungen und Absatz). Am 25. Juli 1806 hatte die Universitätsleitung die Theologische Fakultät um einen einladenden „Aufsatz" (Universitätsarchiv Halle an der Saale, Rep. 27, Nr. 1004, Bl. 77r) gebeten, dessen Entwurf der Dekan Vater der Fakultät am 28. Juli 1806 in einem Rundschreiben mitteilte (vgl. Bl. 78r–79v).*

[79] *Vgl. Predigt bei Eröffnung, S. 18–19; unten S. 869*

[80] *Vgl. Meckenstock: Kalendarium, in: KGA III/1, Anhang*

[81] *Vgl. KGA V/8, Nr. 2045,45–49; 2072,120–127*

[82] *Vgl. Universitätsarchiv Halle an der Saale, Rep. 4, Nr. 691, Bl. 23r in Ergänzung zu KGA V/9, Nr. 2223*

müsse[83]. *Reimer stimmte am 30. Juli umgehend zu und verwies ihn wegen seiner Ausführungswünsche an den Halleschen Drucker Christian Karl Friedrich Grunert.*[84] *Schleiermacher hat seine Eröffnungspredigt wohl binnen Wochenfrist an den Drucker geliefert*[85], *denn bereits am 16. August beschwerte er sich brieflich bei Reimer über die Verzögerung des Drucks*[86]. *Am 23. August hatte Reimer in Berlin die Eröffnungspredigt noch nicht in Händen, aber am 26. August lag sie ihm vor mit Schleiermachers Bitte, Exemplare der Predigt an Behörden und Freunde zu verteilen.*[87]

Die Druckschrift „Predigt bei Eröffnung des akademischen Gottesdienstes der Friedrichs-Universität" umfasst 24 Seiten im Oktavformat, von denen die ersten drei Seiten nicht paginiert sind. Die normale Seite hat 28 Zeilen von 8,4 cm Breite mit einer Gesamthöhe von 15,7 cm.

Obwohl Schleiermacher einen generellen Vorbehalt gegenüber seinen Predigten, die er bei repräsentativen Gelegenheiten halten musste, formuliert hatte[88], *war die private Aufnahme in seinem Familien- und Freundeskreis*[89] *sehr lobend.*

In der Zeitschrift „Neue homiletisch-kritische Blätter" erschien in Stendal bei Franzen und Große im ersten Quartalheft für 1807 eine Rezension von Schleiermachers akademischer Eröffnungspredigt in Halle. Für den Rezensenten „H." ist es fraglos, dass Schleiermacher aufgrund seiner philosophischen Analyse der Moralsysteme würdig sei des akademischen Lehramts; doch ob er auch zum Prediger einer Universität geeignet sei, „nicht nur den religiösen Sinn ihrer Mitglieder zu wecken und zu bewahren, sondern auch (denn auch das sollte wenigstens ein Mitzweck des Universitätsgottesdienstes seyn!) den angehenden Predigern an seinem Muster zu zeigen, wie der Gemeindeprediger das Wort der Wahrheit zu verkündigen, und die Erbauung Anderer zu besorgen habe"[90], *dies fragend will der Rezensent anhand der Eröffnungspredigt nicht entscheiden.*

Bei großem Lob für die Gedankenschärfe und den Gedankenreichtum des Predigers tadelt der Rezensent doch insbesondere die Sprachgestalt. Das beginnt bei dem der Predigt vorangestellten Altar-

---

83 *Vgl. KGA V/9, Nr. 2226,7–14*
84 *Vgl. KGA V/9, Nr. 2231,2–10*
85 *Vgl. KGA V/9, Nr. 2237,15–16; 2238,14–16*
86 *Vgl. KGA V/9, Nr. 2242,16–25*
87 *Vgl. KGA V/9, Nr. 2244,47–53; 2248,9–14; 2249,38*
88 *Vgl. KGA V/8, Nr. 2072,122–127; KGA V/9, Nr. 2247,101–104; 2286,3–11*
89 *Vgl. KGA V/9, Nr. 2271,13-18; 2275,67–68*
90 *Neue homiletisch-kritische Blätter, Stendal 1807, Quartalheft 1, Bd. 17, S. 166–178, hier 167*

gebet. „*Herr Schleiermacher betet zu kalt, fällt, gewiß ohne es zu wollen, in den Ton der Belehrung und Betrachtung, und nimmt sich auch selbst bey dem Gebete nicht gehörig in Acht, in eine mysteriöse Sprache zu fallen, und doch zugleich durch einen etwas gedehnten Schlußperioden voll Gedanken und Beschreibungen die Empfindung der Mitbetenden vielleicht ganz zu verdrängen.*"[91] *Der Eingang der Predigt und die Verknüpfung von Bibeltext und Predigtthema erhalten ein ausgezeichnetes Lob.* „*Der zweckmäßig gewählte, bedeutungsvolle Text: Röm. 1, 16 wird darauf von dem Hrn. Verf. musterhaft und meisterhaft für die Feier des Tages benutzt.*"[92] *Dieses Lob wird wiederholt für die feste Bestimmtheit in der Ausführung des angekündigten Predigtgangs. Nach dessen zitatreicher Darstellung trägt der Rezensent zwei kritische Bedenken, zunächst gegen Schleiermachers Sprache, sodann gegen dessen Religionsauffassung vor. Für die unbestritten gedankenreiche Predigt wäre es wünschenswert gewesen,* „*auf der Einen Seite jene Manier im Ausdrucke und im Periodenbau zu verleugnen, welche bey aller Klarheit und Leichtigkeit, die sie für das rechte Verständniß geben soll, das Nach- und Mitdenken vielmehr erschwert, und schon dem Leser bey manchen Stellen ein mehrmaliges Wiederlesen annöthigt, den Hörer also gewiß nicht selten in Verlegenheit läßt, was er eigentlich gehört haben möge; auf der andern Seite aber den Hang zu einer mysteriösen Umhüllung und Verschleierung dessen, was als Gemeingut allen gegeben werden, auch dem schlichtesten Verstande klar vorgelegt, auch dem Ungebildetsten deutlich, faßlich, und auf seine Art begreiflich gemacht werden sollte, damit es an eines Jeden Gewissen und Gefühl ansprechen könne, nicht so häufig vorwalten zu lassen.*"[93] *Die als Beleg beigebrachten Zitate führen den Rezensenten zu der ihm unwidersprechlich scheinenden Vermutung,* „*daß Hrn. Schl. die ganze Religion Sache des bloßen Gefühls, und die öffentliche Erbauungsanstalt lediglich eine Gelegenheit zu andächtiger Erhebung, zu Anregung religiöser Empfindungen; und daß eben deshalb das Einhüllen dessen, was dabei – nicht gedacht, sondern gefühlt werden soll, in eine dunkle Sprache, das Andeuten innerer Gefühle, über welche dem Verstande so wenig ein Urtheil, als eine Leitung zustehe – nach seiner Meinung und Weise, von der heiligen Rede unzertrennlich sey.*"[94] *Daraus ergebe sich die grundsätzliche Streitfrage, ob die Religion allein in dunklen Gefühlen und Stimmungen bestehe, die dann und wann anzuregen seien, oder ob sie in der mit dem Gefühl verbundenen Überzeugung vom Heiligen gründe, die*

---

91 *Neue homiletisch-kritische Blätter,* Bd. 17, S. 168
92 *Neue homiletisch-kritische Blätter,* Bd. 17, S. 169
93 *Neue homiletisch-kritische Blätter,* Bd. 17, S. 173–174
94 *Neue homiletisch-kritische Blätter,* Bd. 17, S. 175–176

Verstand und Willen, Geist und Herz in einem beständigen Lebens-
wandel zusammenbringe. Der Rezensent vermutet Schleiermacher
wohl auf der Seite der Poetisierung und Ästhetisierung der christlichen
Religion; die Entscheidung der Streitfrage gibt er allen auf, die mit
dem Lehramt in der Kirche betraut sind.

Im Rezensionsorgan „Jenaische Allgemeine Literatur-Zeitung"
wurde am 3. Februar 1808 zusammen mit anderen Predigttiteln die
Eröffnungspredigt Schleiermachers (neben der zweite Auflage seiner
ersten Predigtsammlung) zwar bibliographisch in den Kopfzeilen aufgeführt, aber im Text nicht eigenständig besprochen. Der durch die
Signatur „- rf -" identifizierbare Rezensent Johann Friedrich Haberfeldt (1770–1816), Prediger in „Neukirch im Meißenischen"[95], for-
mulierte, Schleiermachers erste Predigtsammlung und die Eröffnungspredigt zusammenfassend, deutliche Vorbehalte gegen diese von ihm
so identifizierten philosophischen Predigten. Im Blick auf diese beiden
Predigttitel „muß Rec., bey der wahrhaftesten Hochachtung, welche
er gegen den philosophischen Geist und die Genialität des trefflichen
Vfs. hegt, frey und offenherzig das Bekenntniß ablegen: daß sein Urtheil über philosophische Predigten auch durch die Schleiermacher-
schen noch nicht hat können umgestimmt werden. So nöthig er es
auch findet, daß jeder Materie, die der Redner behandelt, tiefere Untersuchungen vorhergehen, wodurch er in ihr Inneres eindringt, und
selbst zu den lichtvollen Begriffen von dem gelangt, was er Anderen
deutlich zu machen sucht: so fest ist er überzeugt, daß nur die Resul-
tate solcher Untersuchungen auf die Kanzel gehören, die Darstellung
der Art und Weise aber, wie man dazu gelangt ist, für ein Compen-
dium der Religionsphilosophie, oder für das Katheder aufgespart werden muß."[96]

Das Rezensionsorgan „Heidelbergische Jahrbücher der Literatur" veröffentlichte 1809 in der Überblicksdarstellung „Predigten der
vorzüglichsten Gottesgelehrten Deutschlands" eine knappe Bespre-
chung der Halleschen Eröffnungspredigt, angeknüpft an die der ersten
und zweiten Predigtsammlung Schleiermachers. „Die einzelne Predigt, bey Eröffnung des academischen Gottesdienstes in Halle, über
den schönen, freygewählten Text: Röm. 1, 16. ist des Texts, des Mannes und der Gelegenheit werth. Das, was darin gesagt wird, steht in
schönem Contrast mit dem, was Herr Ammon bey Aufhebung eines

---

[95] Karl Bulling: Die Rezensenten der Jenaischen Allgemeinen Literaturzeitung im ersten Jahrzehnt ihres Bestehens 1804–1813, Claves Jenenses 11, Weimar 1962,
S. 351; vgl. auch S. 179

[96] Jenaische Allgemeine Literatur-Zeitung 1808, Nr. 28, Sp. 217–218

*academischen Gottesdienstes sagen zu müssen glaubte. Es zeigt, wie
nöthig auch gebildeten Academikern Belebung zur Religiosität ist.*"[97]

10. *Predigtentwürfe beim Akademischen Gottesdienst 1806*

*Mit der Eröffnung der Halleschen Schulkirche am 3. August 1806 be-
gann Schleiermachers öffentliche regelmäßige Predigttätigkeit als Universitätsprediger. Diese Tätigkeit nahm durch den Krieg Preußens gegen das napoleonische Frankreich ein baldiges Ende. Das schmale
Manuskript spiegelt diese Situation. Es bricht zunächst Ende August
1806 ab; später notierte Texte dienen der Vorbereitung der zweiten Predigtsammlung. Insbesondere die vielen Randnotizen sind schwer
lesbar.*

*Schleiermacher war vom Krieg direkt betroffen. Die Schulkirche
wurde am 5. September von den preußischen Militärbehörden als
Kornlager requiriert*[98]*, die Stadt Halle am 17. Oktober durch französische Truppen erobert, die Universität am 20. Oktober 1806 geschlossen. Während der französischen Besatzung predigte Schleiermacher, wie schon vor der Eröffnung der Schulkirche, vertretungsweise
in der Domkirche.*

*Schleiermachers eigenhändiges Manuskript mit der Titelseitenauf-
schrift „Predigt Entwürfe beim Akademischen Gottesdienst. 1806.",
aufbewahrt im Archiv der Berlin-Brandenburgischen Akademie der
Wissenschaften unter der Nummer 56 des Schleiermacher-Nachlasses,
umfasst vier lose ineinandergelegte Doppelblätter im Quartformat.
Die Seiten sind etwa 17 cm breit und 21 cm hoch. Das fleckige Papier
mit Wasserzeichen ist von Schleiermacher auf den Seiten 1–9 mit Tinte
beschrieben. Dabei weist die wohl ursprünglich leere Titelblattrück-
seite nun auf dem Rand eine Predigtliste in kleinen Schriftzügen auf.
Die beschriebenen Seiten sind mit Bleistift von fremder Hand unten
mittig gezählt. Die Seiten 10–16 sind leer. Die Predigtnotiz und die
drei Predigtentwürfe zu akademischen Gottesdiensten, allesamt vom
August 1806, sind römisch gezählt. Auf Seite 8 folgt ein Predigtentwurf mit der Überschrift „Berlin d. 14. Jun. 7.", unter dessen letzter
Zeile schräg das Wort „Wieso" steht. Auf Seite 9 ist ohne Angabe zu*

---

[97] *Heidelbergische Jahrbücher der Literatur, Jg. 2, Heidelberg 1809, Erste Abteilung.
Theologie, Philosophie und Pädagogik, Bd. 2, Heft 7, S. 33–34 [gesamte Schleier-
macher-Rezension S. 28–34]*

[98] *Vgl. Schleiermachers am 6. September 1806 um 9 Uhr erstatteten Bericht in einer
Stellungnahme an die Theologische Fakultät: „Ich komme in diesem Augenblick
aus der Univ. Kirche zurük welche ich schon occupirt und voller Getreide gefunden
habe ohne daß ich bis jezt irgend officiell benachrichtiget worden wäre." (Universitätsarchiv Halle an der Saale, Rep. 27, Nr. 1004, Bl. 107v)*

Termin und Ort und ohne Überschrift ein Predigtentwurf notiert, der schon im Eingangsteil abbricht; aus inhaltlichen Gründen lässt sich dieser Entwurf der vierten Predigt der zweiten Sammlung zuordnen und somit vermutungsweise auf den 7. Dezember 1806 datieren.

Die drei Predigtentwürfe vom 10., 17. und 24. August 1806 sind mit zahlreichen Randnotizen versehen. Diese dürften bei der Vorbereitung der zweiten Predigtsammlung entstanden sein. Dies gilt auch für die Liste von Predigten, die am Rand auf der Rückseite des Titelblatts notiert ist. Von den insgesamt fünf Predigtentwürfen, die das Manuskript enthält, war bisher keiner publiziert.

11. Predigtentwürfe und Predigten 1806–1808

In der Staatsbibliothek zu Berlin werden unter der Signatur Autogr. I/4573 drei gemeinsam überlieferte eigenhändige Manuskripte Schleiermachers aufbewahrt, die bis Herbst 2010 in Privatbesitz waren. Nach Schleiermachers Tod waren sie Bestandteile der umfänglichen Manuskriptsammlungen, die 1835 Adolf Sydow zur Publikationsprüfung übergeben worden waren[99]. Die Stücke sind in Berliner Predigerfamilien, ausgehend von Peter Wilhelm Hoßbach (1784–1846), vererbt bzw. verschenkt und nun von der Staatsbibliothek angekauft worden. Die erst durch diesen Erwerb öffentlich bekannt gewordenen Manuskripte stammen aus den Jahren 1806 bis 1808. Sie sind überwiegend schwer lesbar.

Das erste eigenhändige Manuskript Schleiermachers umfasst zwei ineinander gelegte Doppelblätter aus gedunkeltem Papier mit teilweise leicht geriffelten Blattkanten. Die Seiten sind 21,2 cm hoch und 17,3 cm breit. Bei einem Außenrand von etwa 7 cm und einem Innenrand von etwa 1 cm, beide durch Faltung markiert, sind die Blätter 1–3 mit Tinte beschrieben; Blatt 4 ist vacat. Die Blätter sind archivarisch mit Bleistift foliiert.

Dieses Manuskript enthält vier Predigtentwürfe. Die ersten drei Predigtentwürfe geben nur den Tag der Predigt („Am Neujahrstage", „Am lezten Sonntage des Jahres", „Am lezten Trinitatis"), nicht aber das Jahr und auch nicht den Ort an. Durch inhaltlich parallele ausführliche Predigtverschriftungen in der zweiten Sammlung Predigten können Jahr und Ort eindeutig bestimmt werden: die drei Entwürfe stammen aus Halle; sie beginnen mit dem Neujahrstag 1807 und gehen zurück zum letzten Sonntag nach Trinitatis am 23. November 1806. Der vierte Entwurf gibt den Termin, aber nicht den Ort an;

---

[99] Vgl. Adolf Sydow: Verzeichnis C, Pack XIII, Nr. 8 [Osterpredigt 1807], Nr. 16 [Osterpredigt 1808] sowie Verzeichnis D, Nr. 2 [Predigtentwürfe], in: Schleiermacher-Archiv, Mappe 121, Bl. 6v sowie 7r

er stammt vom 2. Weihnachtstag 1807 in Berlin. Von diesen Entwür-
fen war bisher keiner publiziert.

    Das zweite eigenhändige Manuskript Schleiermachers ist eine un-
vollendete nachträgliche Predigtverschriftung. Es umfasst zwei inein-
ander gelegten Doppelblätter aus gedunkeltem Papier mit glatt ge-
schnittenen Blattkanten. Die Seiten sind 20,9 cm hoch und 17,2 cm
breit. Die Blätter, archivarisch als 5–8 mit Bleistift foliiert, sind mit
Tinte beschrieben, wobei durch Faltung ein Außenrand von 7,5 cm
und ein Innenrand von 1 cm abgeteilt ist. Auf Blatt 5v ist nur die
obere Hälfte beschrieben, Blatt 8v weist nur eine Schriftzeile auf. An
beiden Stellen bricht der Text ab.

    Das Predigtmanuskript gibt in der Überschrift nur den Tag („Er-
ster Ostertag"), nicht aber Jahr und Ort an. Einen parallelen Predigt-
zeugen gibt es nicht, auch nicht einen anderen Terminzeugen. Durch
Schriftbild und Überlieferungskontext kann die Predigt dem Osterfest
1807 in Halle zugewiesen werden.

    Das dritte eigenhändige Manuskript Schleiermachers ist die voll-
ständige nachträgliche Verschriftung einer Predigt über Röm 6,3–5.
Das Manuskript besteht aus drei ineinander gelegten Doppelblättern
mit glatt geschnittenen Blattkanten. Die Seiten sind 20,3 cm hoch und
16,8 cm breit. Die archivalische Zählung der Blätter 9–16 ist mit
Bleistift vorgenommen. Das gedunkelte Papier ist am unteren Rand
stockfleckig. Die Blätter, die durch Faltung einen Außenrand von 7,5
cm und einen Innenrand von 1 cm haben, sind mit Tinte beschrieben.
Blatt 16v weist nur fünf Schriftzeilen auf.

    Das Predigtmanuskript nennt in der Überschrift nach dem Thema
„Wo unser Leben dem Leben der Auferstehung Jesu gleichen soll"
nur den Tag „Am Osterfeste". Neben der Überschrift hat wohl Schlei-
ermacher in der linken oberen Ecke Zeichen notiert, die vermutlich
als Jahresangabe „/8." gelesen werden können. Unter der Überschrift
stand wohl die Angabe zum Bibelabschnitt, die aber bis zur Unleser-
lichkeit durchgestrichen worden ist. Einen parallelen Predigtzeugen
gibt es nicht. Schleiermachers Tageskalender und das Berliner Intelli-
genz-Blatt belegen den Predigttermin Ostersonntag und den Predigt-
ort Dreifaltigkeitskirche, machen aber keine Angaben zum Bibelab-
schnitt. Die Fertigstellung der zweiten Sammlung Predigten im Fe-
bruar 1808 und Schleiermachers Vokation auf die reformierte Predi-
gerstelle der Dreifaltigkeitskirche im Mai 1808 machen es plausibel,
die Predigt dem Osterfest 1808 (17. April) in Berlin zuzuweisen. Auf
dem Außenrand von Blatt 9r hat Sydow neben der Überschrift ver-
merkt „Noch nicht gedruckt. S.". Die Gründe, warum Sydow diese
Predigt nicht in der Ausgabe „Sämmtliche Werke" publiziert hat, sind
unbekannt.

12. Anhang mit vier agendarischen Texten (1720–1829)

Im Anhang werden vier agendarische Texte mitgeteilt, die für Schlei-
ermachers Predigtpraxis belangvoll waren. Die ersten beiden Texte
gehören in die Zeit, als die Religionspolitik in Brandenburg-Preußen
darauf gerichtet war, den zwischen den beiden reformatorischen Kon-
fessionskirchen bestehenden Gegensatz zu mäßigen und zu bändigen.
Die letzten beiden Texte sind markante Zeugnisse für den in Preußen
kirchlich-theologisch und staatlich-politisch gewollten Prozess der
Vereinigung der lutherischen und reformierten Kirche. Schleiermacher
hat den dritten Text zusammengestellt und formuliert; überliefert ist
kein eigenhändiges Manuskript, sondern die behördliche Abschrift
durch eine unbekannte Person. An den anderen drei Texten war
Schleiermacher nicht beteiligt.

Schleiermacher war seit 1794 ordinierter reformierter Prediger
und somit an die agendarischen Formulare gebunden, die in seinen
Gemeinden für die Gottesdienstgestaltung in Geltung waren. Die re-
formierte Gemeinde der Konkordienkirche zu Landsberg an der War-
the war 1704, die der Berliner Charité 1739 und die der Berliner
Dreifaltigkeitskirche ebenfalls 1739 gegründet.[100] *Nach Schleierma-*
chers eigenem Zeugnis[101] *waren an der Dreifaltigkeitskirche einge-*
führt die „Kirchen-Agenda, Das ist: Gebeth, und andere Formulen,
Welche bey denen Evangelisch-Reformirten Gemeinden, in Sr. Königl.
Majestät in Preussen Königreich, und andern Landen gebrauchet wer-
den" (ca. 1720) und „Kirchen-Gebethe, Welche Von Seiner Königli-
chen Majestät in Preussen, in allen Evangelischen-Reformierten und
in Evangelisch-Lutherischen Gemeinen Dero Königreichs und ande-
ren Landen ... vorzubethen verordnet seynd" (1741) .

Als auf Schleiermachers Initiative die reformierte und lutherische
Gemeinde der Dreifaltigkeitskirche ihre Vereinigung beschlossen,
stellte Schleiermacher eine unierte Agende zusammen, die in den Ak-
ten des Geheimen Staatsarchivs erhalten ist. Das Begleitschreiben der
Superintendenten Samuel Christian Gottfried Küster und Samuel Ma-
rot an das Konsistorium der Provinz Brandenburg lautet:

„Berlin den 23. Februar 1822. Die Unterschriebenen überreichen
die für die hiesige DreifaltigkeitsKirche bestimmte und entworfene
Agende.

Einem Hochwürdigen Consistorium der Provinz Brandenburg
überreichen wir ehrfurchtsvoll zur hochgeneigten Prüfung und Ge-
nehmigung diverse Formulare zu den geistlichen Amtshandlungen,

---

[100] Vgl. *Evangelisches Pfarrerbuch für die Mark Brandenburg seit der Reformation,*
bearbeitet von Otto Fischer, Bd. 1–2 in 3, Berlin 1941, hier Bd. 1, S. 260. 13. 22
[101] Vgl. KGA I/9, S. 290

*wie sie in der Dreifaltigkeitskirche nach vollendeter Union der darin
eingepfarrten beiden evangelischen Gemeinden gebraucht werden sollen. Der Pastor D. Schleiermacher hat sie aus den bisher bei diesen
Gemeinden gebrauchten, sowohl lutherischen als reformirten Agenden so zusammengesetzt, daß jede Gemeinde in sämtlichen Formularen etwas von dem findet, woran sie gewöhnt ist. Zugleich müssen
wir aber noch bemerken, daß diese unierte Agende nur interimistisch
und so lange gebraucht werden soll, bis die allgemeine, woran jetzt
eine besondere Commission im Auftrag der ProvincialSynode des Ber-
linschen und Potsdamschen Regierungsbezirks arbeitet, erschienen
sein wird."*[102] *Mit der am 31. März 1822 festlich begangenen Gemeindevereinigung trat diese unierte Agende in Kraft. Im Zuge des
heftig ausgetragenen Agendenstreits gab diese Sachlage Schleiermacher eine starke Basis gegen die Veränderungsbestrebungen des Königs Friedrich Wilhelm III.*

*Der erbittert geführte Kampf brachte als Ergebnis 1829 die
„Agende für die evangelische Kirche in den Königlich Preußischen
Landen". Diese primär von den königlichen Intentionen bestimmte
Agende wurde modifiziert durch den gedruckt beigefügten „Nachtrag
zu der erneuerten Kirchen-Agende, insbesondere für die Provinz Brandenburg". Schleiermachers amtlich und öffentlich vorgetragener Pro-
test*[103] *gegen die rechtliche Einführung und inhaltliche Formulierung
der Agende durch König Friedrich Wilhelm III. fand im „Nachtrag"
einige Berücksichtigung.*

II. Editorischer Bericht

*Der editorische Bericht informiert über die einheitlich für alle Bände
der III. Abteilung geltenden editorischen Grundsätze*[104] *der Textgestaltung und der Druckgestaltung, außerdem über die spezifischen
Verfahrensweisen angesichts der Quellentextbeschaffenheit des vorliegenden Bandes.*

1. Textgestaltung und zugehörige editorische Informationen

*Die allgemeinen Regeln der Textgestaltung für alle Textzeugen wer-
den für Manuskripte spezifiziert und zwar in einem abgestuften Ver-*

---

[102] *Geheimes Staatsarchiv Preußischer Kulturbesitz, Hauptabteilung X, Rep. 40,
Nr. 876. Vereinigung der beiden Gemeinden der DreifaltigkeitsKirche 1820–22,
Bl. 91r*

[103] *Vgl. KGA I/9, S. 211–472*

[104] *Vgl. KGA III/1, S. IX–XX*

fahren. Die von Schleiermachers Hand geschriebenen Predigtentwürfe und Predigtverschriftungen werden mit ausführlichen Nachweisen zum Entstehungsprozess versehen. Die Nachschriften von fremder Hand erhalten in einem vereinfachten Editionsverfahren nur knappe Apparatbelege.

A.   Allgemeine Regeln

Für die Edition aller Gattungen von Textzeugen (Drucke und Manuskripte) gelten folgende Regeln:

a.   Alle Textzeugen werden in ihrer letztgültigen Gestalt wiedergegeben.

b.   Wortlaut, Schreibweise und Zeichensetzung des zu edierenden Textzeugen werden grundsätzlich beibehalten. Dies gilt auch für Schwankungen in der Schreibweise und Zeichensetzung, wo häufig nicht entschieden werden kann, ob eine Eigentümlichkeit oder ein Irrtum vorliegt. Hingegen werden Verschiedenheiten in der Verwendung und Abfolge von Zeichen (z. B. für Abkürzungen oder Ordnungsangaben), soweit sie willkürlich und sachlich ohne Bedeutung sind, in der Regel stillschweigend vereinheitlicht. Verweiszeichen für Anmerkungen (Ziffern, Sterne, Kreuze etc.) werden einheitlich durch Ziffern wiedergegeben. Nach Ziffern und Buchstaben, die in einer Aufzählung die Reihenfolge markieren, wird immer ein Punkt gesetzt. Sekundäre Bibelstellennachweise, editorische Notizen und Anweisungen an den Setzer werden stillschweigend übergangen. Dasselbe gilt für Kustoden, es sei denn, dass sie für die Textkonstitution unverzichtbar sind.

c.   Offenkundige Druck- oder Schreibfehler und Versehen werden im Text korrigiert. Im textkritischen Apparat wird – ohne weitere Angabe – der Textbestand des Originals angeführt. Die Anweisungen von Druckfehlerverzeichnissen werden bei der Textkonstitution berücksichtigt und am Ort im textkritischen Apparat mitgeteilt. Für Schleiermachers Überarbeitung von Predigtnachschriften fremder Hand formuliert die Regel B.n. einige Sonderfälle. Bei den Predigtnachschriften fremder Hand gilt generell die Regel C.g.

d.   Wo der Zustand des Textes eine Konjektur nahelegt, wird diese mit der Angabe „Kj ..." im textkritischen Apparat vorgeschlagen. Liegt in anderen Texteditionen bereits eine Konjektur vor, so werden deren Urheber und die Seitenzahl seiner Ausgabe genannt.

e.   Sofern beim Leittext ein Überlieferungsverlust vorliegt, wird nach Möglichkeit ein sekundärer Textzeuge (Edition, Wiederabdruck) oder zusätzlich ein weiterer Zeuge unter Mitteilung der Verfahrensweise herangezogen.

f. Liegt ein gedruckter Quellentext in zwei oder mehr von Schleiermacher autorisierten Fassungen (Auflagen) vor, so werden die Textabweichungen in einem Variantenapparat mitgeteilt. Dessen Mitteilungen sollen in der Regel allein aus sich heraus ohne Augenkontakt mit dem Text verständlich sein. Zusammengehörige Textveränderungen sollen möglichst in einer Notiz erfasst werden. Leichte Ersichtlichkeit von einzelnen Textveränderungen und deutliche Verständlichkeit von neuen Sinnprofilierungen sind für den Zuschnitt der Notizen maßgeblich. Der Variantenapparat wird technisch wie der textkritische Apparat gestaltet und möglichst markant mit dem Text verknüpft.

g. Hat Schleiermacher für die Ausarbeitung eines Drucktextes eine Predigtnachschrift genutzt, so wird diese Nachschrift, falls sie im Textbestand deutlich abweicht, zusätzlich geboten. Für die beiden Textzeugen gelten die jeweiligen Editionsregeln.

B. Manuskripte Schleiermachers

Für die Edition der eigenhändigen Manuskripte Schleiermachers gelten folgende Regeln:

a. Abbreviaturen (Kontraktionen, Kürzel, Chiffren, Ziffern für Silben), deren Sinn eindeutig ist, werden unter Weglassung eines evtl. vorhandenen Abkürzungszeichens (Punkt, Abkürzungsschleife usw.) in der üblichen Schreibweise ausgeschrieben. Die Abbreviaturen mit ihren Auflösungen werden im textkritischen Apparat oder im Editorischen Bericht mitgeteilt. Die durch Überstreichung bezeichnete Verdoppelung von m und n, auch wenn diese Überstreichung mit einem U-Bogen zusammenfällt, wird stillschweigend vorgenommen. Abbreviaturen, deren Auflösung unsicher ist, werden im Text belassen; für sie wird gegebenenfalls im textkritischen Apparat ein Vorschlag mit der Formel „Abk. wohl für ...“ gemacht. In allen Fällen, wo (z. B. bei nicht ausgeformten Buchstaben, auch bei verkürzten Endsilben) aufgrund von Flüchtigkeit der Schrift nicht eindeutig ein Schreibversehen oder eine gewollte Abbreviatur zu erkennen ist, wird das betreffende Wort ohne weitere Kennzeichnung in der üblichen Schreibweise vollständig wiedergegeben.

b. Geläufige Abkürzungen einschließlich der unterschiedlichen Abkürzungen für die biblischen Bücher werden im Text belassen und im Abkürzungsverzeichnis aufgelöst. Für die Abkürzungen in Predigt-

überschriften (zu Ort und Zeit) erfolgt die Auflösung im editorischen Kopftext der Predigt, in den Apparaten oder im Abkürzungsverzeichnis. Der oftmals fehlende Punkt nach Abkürzungen wird einheitlich immer gesetzt.

c. Unsichere Lesarten werden in unvollständige eckige Klammern (Beispiel: ⌊noch⌋) eingeschlossen. Gegebenenfalls wird eine mögliche andere Lesart mit der Formel „oder" (Beispiel: ⌊auch⌋⌋ oder ⌊noch⌋) vorgeschlagen.

d. Ein nicht entziffertes Wort wird durch ein in unvollständige eckige Klammern gesetztes Spatium gekennzeichnet; bei zwei oder mehr unleserlichen Wörtern wird dieses Zeichen doppelt gesetzt und eine genauere Beschreibung im textkritischen Apparat gegeben.

e. Überlieferungslücken. Weist ein Manuskript Lücken im Text oder im Überlieferungsbestand auf und kann die Überlieferungslücke nicht durch einen sekundären Textzeugen gefüllt werden (vgl. oben A.e.), so wird die Lücke innerhalb eines Absatzes durch ein in kursive eckige Klammern eingeschlossenes Spatium gekennzeichnet. Eine größere Lücke wird durch ein in kursive eckige Klammern gesetztes Spatium gekennzeichnet, das auf einer gesonderten Zeile wie ein Absatz eingerückt wird. Eine Beschreibung erfolgt im textkritischen Apparat.

f. Auffällige Textgestaltung wird im Editorischen Bericht oder bei Bedarf im textkritischen Apparat beschrieben (beispielsweise Lücken in einem fortlaufenden Satz oder Absatz).

g. Belege für den Entstehungsprozess (wie Zusätze, Umstellungen, Streichungen, Wortkorrekturen, Entstehungsstufen) werden im textkritischen Apparat – nach Möglichkeit gebündelt – mitgeteilt. Wortkorrekturen, Streichungen und Hinzufügungen werden, wenn sie zusammen eine komplexe Textänderung ausmachen, durch die Formel „geändert aus" zusammengefasst.

h. Zusätze, die Schleiermacher eindeutig in den ursprünglichen Text eingewiesen hat, werden im Text platziert und im textkritischen Apparat unter Angabe des ursprünglichen Ortes und der Formel „mit Einfügungszeichen" nachgewiesen.

Ist ein Zusatz von Schleiermacher nicht eingewiesen, aber seine eindeutige Einordnung in den Grundtext durch Sinn oder Position möglich, so wird im textkritischen Apparat nur der ursprüngliche Ort angegeben.

Zusätze, die sich nicht eindeutig in den Grundtext einfügen lassen, werden auf den jeweiligen Seiten – vom übrigen Text deutlich abgesetzt – unter Angabe des Ortes im Manuskript wiedergegeben.

i. Sind im Manuskript Umstellungen von benachbarten Wörtern oder Satzteilen vorgenommen worden, so wird im Apparat mit der Formel „umgestellt aus" die Vorstufe angegeben. Bei Umstellungen von Sätzen und Satzteilen über einen größeren Zwischenraum wird der ursprüngliche Ort unter Verwendung der Formel „mit Umstellungszeichen" angegeben.

j. Streichungen. Sind im Manuskript Wörter, Buchstaben oder Zeichen gestrichen worden, so wird das Gestrichene im Apparat in Winkelklammern mitgeteilt und dabei der Ort im Manuskript relativ zum Bezugswort angegeben (z. B. durch die Formel „folgt"). Wurden Streichungen vorgenommen, aber nicht vollständig durchgeführt, so werden die versehentlich nicht gestrichenen Partien in doppelte Winkelklammern eingeschlossen.

k. Korrekturen Schleiermachers an Wörtern, Wortteilen oder Zeichen werden durch die Formel „korr. aus" angezeigt (Beispiel: klein] *korr. aus* mein*).*

l. Liegen bei einer Handschriftenstelle mehrere deutlich unterscheidbare Entstehungsstufen vor, so werden sie in der Regel jeweils vollständig aufgeführt.

m. Fehlende Wörter und Zeichen werden in der Regel im Text nicht ergänzt. Fehlende Wörter, die für das Textverständnis unentbehrlich sind, werden im textkritischen Apparat mit der Formel „zu ergänzen wohl" vorgeschlagen. Fehlende Satzzeichen, die für das Textverständnis unentbehrlich sind, werden im Text in eckigen Klammern hinzugefügt.

Sofern das besonders gestaltete Wortende, das Zeilenende, das Absatzende oder ein Spatium innerhalb der Wortfolge offensichtlich ein bestimmtes Interpunktionszeichen (Punkt, Komma, Semikolon, Gedankenstrich, Doppelpunkt) vertritt, werden solche Zeichen stillschweigend ergänzt. Genauso ergänzt werden fehlende Umlautzeichen sowie bei vorhandener Anfangsklammer die fehlende Schlussklammer.

n. Sofern Schleiermacher bei seiner Überarbeitung von Predigtnachschriften fremder Hand vereinzelt offenkundige Schreibfehler und Versehen der Nachschrift nicht korrigiert oder irrtümlich eine Streichung falsch vorgenommen hat, wird stillschweigend der intendierte Textbestand geboten. Anweisungen zur Textgestaltung, die Schleiermacher bei der Überarbeitung notiert hat, werden stillschweigend berücksichtigt.

C. Predigtnachschriften

Im vorliegenden Band gibt es keine Predigtnachschriften fremder Hand.

D. Sachapparat

Der Sachapparat gibt die für das Textverständnis notwendigen Erläuterungen.

a. **Zitate und Verweise** *werden im Sachapparat nachgewiesen. Für die von Schleiermacher benutzten Ausgaben werden vorrangig die seiner Bibliothek zugehörigen Titel berücksichtigt.*[105]

b. **Zu Anspielungen** *Schleiermachers werden Nachweise oder Erläuterungen nur dann gegeben, wenn die Anspielung als solche deutlich, der fragliche Sachverhalt eng umgrenzt und eine Erläuterung zum Verständnis des Textes nötig ist.*

c. **Bei Bibelstellen** *wird ein Nachweis nur gegeben, wenn ein wortgetreues bzw. Worttreue intendierendes Zitat gegeben wird, eine paraphrasierende Anführung von biblischen Aussagen vorliegt oder auf biblische Textstellen förmlich (z. B. „Johannes sagt in seinem Bericht ...") Bezug genommen wird. Geläufige biblische Wendungen werden nicht nachgewiesen. Für den einer Predigt zugrunde liegenden Bibelabschnitt werden in dieser Predigt keine Einzelnachweise gegeben. Andere Bibelstellen, auf die in einer Predigt häufiger Bezug genommen wird, werden nach Möglichkeit gebündelt nachgewiesen. Weicht ein ausgewiesenes Bibelzitat vom üblichen Wortlaut ab, so wird auf diesen Sachverhalt durch die Nachweisformel „vgl." hingewiesen.*

E. Editorischer Kopftext

Jeder Predigt – ausgenommen sind die gedruckten ‚Sammlungen' (vgl. KGA III/1–2) und die Manuskripthefte ‚Entwürfe' im vorliegenden Band – wird ein editorischer Kopftext vorangestellt.

a. **Bestandteile.** *Der editorische Kopftext informiert über den Termin, den Ort, die ausgelegten Bibelverse, den Textzeugen sowie gegebenenfalls über Parallelzeugen und Besonderheiten. Die Textzeugen werden durch das Genus, die Archivalienangabe und gegebenenfalls den Namen der Autoren/Tradenten von Nachschriften charakterisiert.*

---

[105] *Vgl. Günter Meckenstock: Schleiermachers Bibliothek nach den Angaben des Rauchschen Auktionskatalogs und der Hauptbücher des Verlages G. Reimer, in: Schleiermacher, KGA I/15, S. 637–912*

Sind Autoren und Tradenten verschiedene Personen und namentlich bekannt, werden beide mitgeteilt.

b. Verfahrenshinweise. Bei Nachschriften wird gegebenenfalls über vorhandene Editionen des vorliegenden Textzeugen, bei Druck-texten gegebenenfalls über Wiederabdrucke Auskunft gegeben. Bei Wiederabdrucken von Druckpredigten werden keine Auszüge oder Referate berücksichtigt, sondern nur vollständige Textwiedergaben bibliographisch mitgeteilt. Wenn von einer in der jetzigen Publikation als Textzeuge genutzten Predigtnachschrift bereits eine leicht abwei-chende Version desselben Tradenten ediert worden ist, so wird diese frühere Publikation unter dem Stichwort „Texteditionen" aufgeführt und als „Textzeugenparallele" charakterisiert. Wird zu einem Druck-text Schleiermachers eine vorhandene Predigtnachschrift nicht als Textzeuge ediert, so wird diese Nachschrift unter dem Stichwort „An-dere Zeugen" genannt. Die Angaben zum editorisch ermittelten Bibel-abschnitt können von den Angaben des Textzeugen abweichen.

2. Druckgestaltung

Die Druckgestaltung soll die editorische Sachlage bei den unterschied-lichen Gattungen von Textzeugen möglichst augenfällig machen.

A. Seitenaufbau

a. Satzspiegel. Es werden untereinander angeordnet: Text des Originals gegebenenfalls mit Fußnoten, gegebenenfalls Variantenap-parat, textkritischer Apparat, Sachapparat. Text, Fußnoten und Vari-antenapparat erhalten eine Zeilenzählung auf dem Rand.

b. Die Beziehung der Apparate auf den Text erfolgt beim textkritischen Apparat und beim Variantenapparat dadurch, dass un-ter Angabe der Seitenzeile die Bezugswörter aufgeführt und durch eine eckige Klammer (Lemmazeichen) von der folgenden Mitteilung abge-grenzt werden. Beim Sachapparat wird die Bezugsstelle durch Zeilen-angabe bezeichnet; der editorische Kopftext samt vorangestellter Überschrift wird als Zeile Null gezählt.

B. Gestaltungsregeln

a. Schrift. Um die Predigtnachschriften fremder Hand graphisch von den Drucktexten Schleiermachers sowie von seinen eigenhändi-gen Manuskripten abzuheben, werden erstere in einer serifenlosen Schrift (Myriad) mitgeteilt. Dies gilt auch für die Fälle, in denen eine

Predigtnachschrift nur in Gestalt eines nicht von Schleiermacher auto-
risierten Drucktextes als sekundärer Quelle vorliegt.

Der Text des Originals wird einheitlich recte wiedergegeben. Bei
der Wiedergabe von Manuskripten wird deutsche und lateinische
Schrift nicht unterschieden. Graphische Varianten von Zeichen (wie
doppelte Bindestriche, verschiedene Formen von Abkürzungszeichen
oder Klammern) werden stillschweigend vereinheitlicht. Ordinalzah-
len, die durch Ziffern und zumeist hochgestellten Schnörkel oder En-
dung „ter" (samt Flexionen) geschrieben sind, werden einheitlich
durch Ziffern und folgenden Punkt wiedergegeben. Sämtliche Zutaten
des Herausgebers werden kursiv gesetzt.

b.   Die Seitenzählung des Textzeugen wird auf dem Außenrand
angegeben. Stammt die Zählung nicht vom Autor, so wird sie kursiv
gesetzt. Der Seitenwechsel des zugrundeliegenden Textzeugen wird im
Text durch einen senkrechten Strich (|) markiert; im Lemma des text-
kritischen Apparats und des Variantenapparats wird diese Markie-
rung nicht ausgewiesen. Müssen bei Textzeugenvarianten zu derselben
Zeile zwei oder mehr Seitenzahlen notiert werden, so werden sie nach
der Position der Markierungsstriche gereiht. Wenn bei poetischen
Texten die Angabe des Zeilenbruchs sinnvoll erscheint, erfolgt sie
durch einen Schrägstrich (/) im fortlaufenden Zitat.

c.   Unterschiedliche Kennzeichnung von Absätzen (Leerzeile,
Einrücken, großer Abstand in der Zeile) wird einheitlich durch Ein-
rücken der ersten Zeile eines neuen Absatzes wiedergegeben. Ab-
grenzungsstriche werden – außer bei den gedruckten ‚Sammlun-
gen' und ‚Reihen' – nur wiedergegeben, wenn sie den Schluss
markieren; versehentlich fehlende Schlussstriche werden ergänzt. Die
Gestaltung der Titelblätter wird nicht reproduziert.

d.   Hervorhebungen Schleiermachers (in Manuskripten zumeist
durch Unterstreichung, in Drucktexten zumeist durch Sperrung oder
Kursivierung) werden einheitlich durch Sperrung kenntlich gemacht.

e.   Der zitierte Bibelabschnitt einer Predigt, der samt Stellenan-
gabe in den Drucken und Manuskripten vielfältig und unterschiedlich
gestaltet ist, wird einheitlich als eingerückter Block mitgeteilt, wobei
die Bibelstellenangabe mittig darüber gesetzt und in derselben Zeile
das Wort „Text", falls vorhanden, gesperrt und mit Punkt versehen
wird. Ist die Predigt verbunden mit Gebet, Kanzelgruß oder Ein-
gangsvotum, so werden diese Begleittexte als Block eingerückt wie-
dergegeben.

f.   In Predigtentwürfen Schleiermachers und Dispositionen fremder
Hand werden die Gliederungsstufen, die optisch unterschiedlich

ausgewiesen sind, einheitlich durch Zeileneinrückung kenntlich gemacht.

3. *Spezifische Verfahrensweisen*

Die zusätzlichen Regeln werden durch gesperrt gedruckte Stichworte und Positionsangaben auf die Grundsätze bezogen.

Abbreviaturen (zu Regel 1.B.a.). In Schleiermachers Manuskripten sind Wörter und Wortbestandteile häufig durch Kurzformen geschrieben, die auch kombiniert vorliegen können. Folgende Kurzformen werden stillschweigend ohne textkritischen Einzelnachweis am Ort aufgelöst:

Abendmahl	Aml	darauf	df
aber	ab	daraus	ds.
Advent	Adv.	das	d.
allgemein	allg. / allgem.	daß	dß
		davon	dav.
Altes Gesangbuch	AGsB	den, der	d.
		derselbe	ders.
Anmerkung	Anm.	die	d.
Antwort	Antw.	diese	dse
Anwendung	Anwend.	dieses	dss
Apostel	Ap.	drittens	dr.
auch	â	durch	dh
auf	f	Eingang	Eing.
aus	s.	Empfindung	Empf. / Empfing
-bar	-b.		
Begrif / Begriff	B	empfohlen	empf.
bei	b.	-en	ꝛ
Beschreibung	Beschr / Beschreib.	entweder	entw.
		Epiphanias	Epiph. / Epiphan.
besonders	bes.		
Bewußtsein	BW	Erklärung	Erkl.
Brüder	Brr	Evangelium	Evang.
Christen	Ch^n / Xn	Frage	Fr.
Christenthum	Chth / Chrth	gegen	geg.
		Gegenstand	Ggnstd
christlich	χl	gegenwärtig	gegenw.
Christus	Ch. / Chr. / χ	Gemeine	Gem.
		Gesinnung	Gesing
dadurch	dadh	Gott / gött-	θ

Grundsäze	GSäze / GrSäze	positiv	pos.
Hauptgegenstand	HGegenstand	Predigt	Pred. / Pr.
Hauptsache	HSache	religiös	rel. / relig.
Hauptsaz	Hsaz	Religion	Rel
heilig	h. / heil.	scheinbar	scheinb.
-heit	-ht	Schikungen	Schik^n
Herr	H.	sein	s.
-ig	)	selig	sel
Kapitel	Kap.	sich	s.
Kirche	K.	sind	sd
keine, keinen	k^e, k^n	seiner	s^r
-keit	-kt	sondern	sond.
Leidensch.	Leidenschaft	-t.	-tisch
-lich	-l	Theil	Th.
-lig	-l	-tung	-tg
-ling	-l	über	üb
-lung	-l	Uebergang	Ueberg.
man	m	unabhängig	unabhäng.
Mensch	M	und	u
Menschen	Mn	-ung	-g /)
menschlich	ml	unserer	uns.
moralisch	moral.	ver-	v-
muß	ß	Vernunft	Vnft
nach	n.	von	v
negativ	neg.	Vorbereitung	Vorbereit.
Neues Gesang-buch	NGsB	Verheißungen	Verheiß^n
		Vorstellungen	Vorstell^n
nicht	ô	Weisheit	Wsht
oder	od	worüber	worüb
Offenbarung	Offenb.	zer-	z-
Paulus	P.	zu	z
Petrus	Petr.	zweitens	zw. / zweit.
		zwischen	zw^n

Umstellungen und Einfügungen (zu Regel 1.B.g. und 1.B.i.). Wird im textkritischen Apparat mitgeteilt, wo die von Schleiermacher vorgenommenen Umstellungen oder Einfügungen ihren ursprünglich Ort (höher oder tiefer) im Manuskript haben, so beschreiben die angegebenen Zeilenzahlen immer das Manuskript und nicht den jetzigen Editionstext.

Zeichensetzung (zu Regel 1.B.m.). Die Sparsamkeit, mit der Schleiermacher auch ausgedehnte Satzperioden nur durch wenige In-

*terpunktionszeichen gliedert, ist durchaus programmatisch ge-
wollt.*[106] *Dementsprechend sind im Text Kommata nur dann ergänzt,
wo es um der Verständlichkeit willen geboten ist.*

Zählung der Predigtentwürfe *(zu Regel 1.D.a.). Schleiermacher hat innerhalb eines Jahrgangs seine Predigtentwürfe häufig mit
einer römischen Zählung versehen. In den Nachweisen des Sachappa-
rats wird diese römische Zählung nicht wiedergegeben, sondern es
werden arabische Ziffern verwendet. Ausgenommen sind die Predigtentwürfe 1797, in denen Schleiermacher parallel eine arabische und
römische Zählung vorgenommen hat, um zwei unterschiedliche Zähl-
weisen zu markieren.*

Seitenzählung *(zu Regel 2.B.b.). Liegt in derselben Zeile zweimal ein Seitenwechsel vor, so werden die zugehörigen Randzahlen
durch Doppelpunkt getrennt.*

Absätze und Abgrenzungsstriche *(zu Regel 2.B.c.). Schleiermacher hat zwischen den Predigtentwürfen fast immer (allerdings
mit unterschiedlicher Länge) waagerechte Abgrenzungsstriche gezogen; diese werden regelmäßig und in normierter Länge geboten. Für
die graphisch vereinfacht gestalteten Drucktexte des Anhangs gilt,
dass in den Fußnoten vorhandene Absätze nicht wiedergegeben werden.*

Hervorhebungen *(zu Regel 2.B.d.). In den Predigtentwürfen
der Landsberger und Berliner Zeit ist neben den Stichworten „Eingang", „Thema" und „Schluß" zumeist auch die inhaltliche Formulierung des Themas unterstrichen. Da unsicher ist, ob diese Hervorhe-
bung ursprünglich ist, wird die Themaformulierung nicht gesperrt
wiedergegeben.*

*In den Predigtentwürfen der Stolper Zeit sind die Stichworte
„Eingang", „Text", „Thema" und „Schluß" bzw. „Gebet" auf den
schmalen linken Rand hinausgerückt; sie werden durch Sperrung her-
vorgehoben. Nach der Themenangabe folgt eine Übersicht; die zumeist unterstrichenen Inhaltsangaben der Hauptteile werden generell
nicht gesperrt, dagegen die nur sporadisch hervorgehobenen Ordinal-
wörter (erstlich, zweitens, drittens) generell gesperrt wiedergegeben.*

Gliederungsstufen *(zu Regel 2.B.f.). Sind in einem Predigtentwurf der Landsberger Zeit zu einem Gliederungspunkt einzelne For-
mulierungen auf einer neuen Zeile eingerückt, ohne dass dadurch eine
neue Gliederungsstufung vorgenommen ist, so wird diese graphische*

---

[106] *Vgl. KGA V/7, Nr. 1574,25–32; Nr. 1663,38–44*

Betonung im fortlaufend gebotenen Text durch einen Gedankenstrich wiedergegeben. In den Predigtentwürfen ab 1802 sind die Gliederungsstufen teilweise nur graphisch durch Einrückung angezeigt; hier werden in eckigen Klammern explizit die sonst üblichen Ziffern und Buchstaben hinzugefügt.

Die Predigtentwürfe ab 1800 haben deutlich längere Ausführungen zum Eingang und zum Schluß. Die Sätze beginnen häufig jeweils am Zeilenanfang und sind in den folgenden Zeilen zumeist eingezogen. Da diese graphische Einzelstellung der Sätze keine argumentative Stufung kenntlich macht, werden Eingang und Schluß in der Regel als Fließtext geboten. Bei den durch das Zeilenende markierten Satzabschlüssen, die häufig ohne Punkt sind, wird im Fließtext der fehlende Punkt stillschweigend ergänzt; dies gilt nicht für das Ende des Absatzes.

✶ ✶ ✶ ✶ ✶

Der vorliegende Band ist in enger zeitlicher und sachlicher Verbindung mit dem Predigtband „Erste bis Vierte Sammlung" (KGA III/1) entstanden. Nachdem bis 2007 die bisherigen Publikationen von Schleiermachers Predigtmanuskripten digital erfasst worden waren, begann ich 2008 mit der Transkription und editorischen Erschließung aller einschlägigen Manuskripte. In den Archiven fand ich bei meinen Forschungen und meiner autoptischen Manuskriptlektüre die Unterstützung, ohne die eine solche Edition nicht gelingen kann; dafür danke ich allen Beteiligten. Wolfgang Virmond (Berlin), Eva-Maria Meckenstock und die Kieler Schleiermacher-Editoren gaben mir bei der oft schwierigen Manuskriptentzifferung wertvolle Lesehinweise: ihnen gilt mein besonderer Dank sowie Rolf Langfeldt, dem Leiter der Fachbibliothek der Theologischen Fakultät Kiel, der alle Literaturwünsche wieder und wieder erfüllte. Für ihr Engagement beim Korrekturlesen und beim Registrieren der Bibelstellen und Namen danke ich insbesondere Merten Biehl, Tobias Götze, Tobias Heymann, Judith Ibrügger und Christoph Karn.

Kiel, 28. November 2012   *Günter Meckenstock*

Friedrich Schleiermacher
Kupferstich von Johann Heinrich Lips aus dem Jahr 1811
nach einer Vorlage von etwa 1800

Frühe Predigten
1790–1797

Manuskript der Predigt vom 25. Dezember 1791 über Lk 2,25–32
SAr 9, Bl. 56v; Faksimile (verkleinert auf 65 %); vgl. unten S. 43–44

Nr. 1
Am 15. Juli 1790

Termin:	*Donnerstag*
Ort:	*Berlin, Dom*
Bibeltext:	*Lk 5,29–32*
Textzeuge:	*Autograph Schleiermachers; SAr 9, Bl. 17r–22v*
Texteditionen:	*SW II/7, 1836, S. 42–53*
Andere Zeugen:	*Keine*
Besonderheiten:	*Probepredigt zur Ersten theologischen Prüfung (Examen pro licentia concionandi)*

Eingang. 17r

Es giebt wol für den aufmerksamen Beobachter der Menschen keine
traurigere Bemerkung, als wenn er sieht, wie weit es ein großer Theil
von ihnen in der verderblichen Kunst gebracht hat, sich selbst sogar
5 in den wichtigsten Angelegenheiten eines vernünftigen Geschöpfs, in
ihrem Urtheil über ihren eigenen Werth und über ihr Verhältniß gegen
Gott zu täuschen und zu betrügen. Ich will nicht von jenen seltneren
Unglüklichen reden, die alle Kräfte des Verstandes und Wizes dazu
anwenden, mit thörigter Spizfindigkeit sich selbst zu überreden, daß
10 jeder Begrif von Tugend und Religion nur ein nichtiges Vorurtheil,
jedes Gefühl für das sittlich gute und schöne nur eine Wirkung der
Einbildungskraft, der Gewohnheit und der Erziehung sei. Ich will
nicht an jene vermeinten Glüklichen erinnern, die jeden ernsthaften
Gedanken an höhere Bestimmung als einen Störer der Freude zu ver-
15 scheuchen und in einem ewigen Strudel berauschender Vergnügungen
zu ertränken bemüht sind; sondern auf die weit größere Anzahl derer
will ich aufmerksam machen, welche, ob sie gleich die Nothwendigkeit der Tugend einsehn, dennoch nicht wagen einen aufrichtigen tiefen Blik in den moralischen Zustand ihres Herzens zu thun, sondern
20 immer emsig drauf denken den Anblik ihrer Fehler vor sich selbst zu
verbergen und sich selbst für beßer halten, als sie wirklich sind. Ohne
Zweifel entsteht dies verkehrte und doch so allgemeine Verfahren aus
einer sehr gewöhnlichen Weichlichkeit der Seele, die jede auch die
heilsamste unangenehme Empfindung scheut, und nicht selten geneigt

---

18 einsehn,] sehn *über* ⟨nehmen⟩   23 Seele] *über* ⟨Menschen⟩

ist einem kurzen Augenblik scheinbarer Ruhe das wahre Wolseyn einer ganzen Zukunft aufzuopfern. Denn dies Geständniß unserer Unvollkommenheit, unsrer geringen Fortschritte in der Tugend ist freilich für eine feinere gebildetere Seele das allerschmerzlichste und
17v peinlichste Gefühl. Es zeigt uns das größte Uebel, welches uns | treffen   5
kann, dasjenige nemlich, welches im innern unserer Seele seinen Siz
hat; es treibt uns an beständig danach zu streben, daß wir diesem
gefühlten Mangel abhelfen mögen, und ach! indem es unsre Selbstkenntniß befördert, so läßt es uns nicht die geringste Hofnung dieses
Ziel jemals vollkommen zu erreichen. Dahingegen bringt jene leicht-   10
sinnige Selbstzufriedenheit ein angenehmes behagliches Gefühl des
Wolgefallens und Beifalls hervor, welches dem trägen Menschen noch
um desto willkomner ist, weil es nichts von ihm fordert, sondern sich
immer an den geringen Vollkomenheiten zu ergözen weiß, welche er
schon zu besizen glaubt. Aber dies Uebergewicht des Vergnügens auf   15
dieser Seite ist nur scheinbar und es wäre thörigt sich dadurch verführen zu laßen. Diese erkünstelte Beruhigung wird nicht die Stimme der
Vernunft auf immer übertäuben; diese eitle Freude flieht in der Stunde
ernsthafter Betrachtung, welche doch immer einmal einbricht, und
wir sehn dann unsere Fehler, unsere Untugenden nur desto stärker,   20
desto schreklicher. Aber noch mehr; diese kurzsichtigen betrügen sich
zugleich um die wahrsten und edelsten Freuden; um jene seligen Augenblike, wo wir uns selbst das Zeugniß geben können beßer, tugendhafter geworden zu seyn. Sie legen ihrer eignen Beßerung das größte
Hinderniß in den Weg; denn es ist unläugbar, daß dies unangenehme   25
Gefühl unsrer Unvollkommenheit der erste Schritt zur christlichen
Vollkommenheit, die erste nothwendige Bedingung für alle diejenigen
ist, welche den wolthätigen Einfluß der Lehre Jesu auf ihren Charakter erfahren wollen. Dies ist es wovon wir in gegenwärtiger Stunde
uns noch näher überzeugen wollen.   30

Text.

Und der Levis richtete ihm ein großes Mahl zu in seinem Hause;
und viel Zöllner und andre saßen mit ihm zu Tisch. Und die
Schriftgelehrten und Pharisäer murrten wider seine Jünger und
sprachen: Warum esset und trinket ihr mit den Zöllnern und Sün-   35
dern? Und Jesus antwortete und sprach zu ihnen: Die Gesunden
18r bedürfen des Arztes nicht, sondern die | Kranken; ich bin kom-
men zu rufen den Sündern zur Buße und nicht den gerechten.

---

37 bedürfen] dürfen   38 rufen] *zum Dativ vgl. Adelung: Wörterbuch 3,1517*

32–38 *Lk 5,29–32*

Obgleich Christus niemanden von seinem Unterricht ausschloß, so
beobachtete er doch einen großen Unterschied in seinem Betragen gegen zwei verschiedene Klaßen von Menschen. Er begegnete nemlich
denen aus seiner Nation, die sich ausschließend weise und gut zu seyn
5 dünkten mit einer ausgezeichneten Strenge, und achtete sie fast gar
nicht seines engeren vertrauteren Umgangs werth, da er im Gegentheil
die niedrige, besonders in Rüksicht auf Sittlichkeit und Religiosität
gering geschäzte Volksklaße sehr herablassend, gütig und gelind behandelte, und sie gleichsam zu seiner näheren Bekanntschaft einlud.
10 Oft machte ihm der beleidigte Stolz der Pharisäer hierüber Vorwürfe,
und gegen diese vertheidigt er sich in den lezten verlesenen Worten,
indem er zu ihnen sagt, daß nicht sie sondern grade jene verachteten
Menschen, in der Verfassung des Gemüths wären, wo seine Lehre und
sein Unterricht ihnen wahrhaft nüzlich seyn könne. Ich bin kommen
15 zu rufen den Sündern zur Buße und nicht den gerechten. Es versteht
sich wol von selbst, daß wenn Christus diese Menschen nicht zur Buße
rufen konnte die Schuld davon nicht an seinem guten Willen, sondern
an ihnen selbst lag, und da die Lehre Jesu noch jezt auf keine andre
Weise wirksam ist, als damals sein mündlicher Unterricht war, so liegt
20 in diesen Worten ein noch immer gültiges Kennzeichen, wie derjenige
beschaffen seyn müße, bei dem die hauptsächliche Wirkung des Christenthums, nemlich wahre Beßerung und Sinnesänderung möglich
seyn soll. Dies soll der Gegenstand unserer weitern Betrachtung seyn,
und zwar so, daß wir e r s t l i c h sehen, worin diese Beschaffenheit ei-
25 gentlich bestehe, z w e i t e n s aber den Grund in Erwägung ziehn,
warum sie so unumgänglich nothwendig sei. |

Erster Theil.   18*v*

Es könnte sonderbar scheinen, daß Christus diejenigen, welche Er
doch selbst Sünder nennt, denen vorzieht, die er mit dem Namen der
30 Gerechten bezeichnet; aber laßt uns einmal sehen, wer diese Gerechten waren, und in welcher Rüksicht sie ihren Namen verdienen. Es
waren ja eben die Schriftgelehrten und Pharisäer, die Christus so oft
der größten Unreinigkeit des Herzens und der Gesinnungen beschul-
digt, die er mit geschmükten Gräbern vergleicht, deren äußres zwar
35 reizend, ihr innres aber voller Verwesung und Unrath sei. Christus
aber redet mit diesen Leuten hier ihre eigene Sprache, er nennt sie
gerecht, weil sie sich selbst dafür ausgaben. Ihr Herz freilich war voller Fleken, aber sie hatten einen dichten Schleier von selbsterdachten

---

15–16 versteht sich] versteht   34 äußres] *über* ⟨innres⟩

34–35 Vgl. Mt 23,27

guten Werken darüber hinweggezogen. Sie rühmten sich einer richtigen Kenntniß und genauen Erfüllung des Gesezes, und stolz auf diesen
armseligen Vorzug glaubten sie Gott dadurch so wolgefällig zu werden, daß sie keiner Besserung weiter bedürften. Diese grundlose Zufriedenheit mit sich selbst war es, welche alle Wirksamkeit des Unter-   5
richts Jesu bei ihnen verhinderte, und in diesem wesentlichen Fehler
sind ihnen noch immer viele Menschen auf mancherlei Weise ähnlich,
es ist nur gar zu leicht in dieselbe Krankheit zu verfallen. Wenn in
dem Herzen des Menschen ein gewisser Widerwille verborgen ist, das
Werk seiner Beßerung mit vollem Ernst zu beginnen, so scheut er sich   10
seinen Blik bis zu der höchsten steilsten Höhe der Tugend zu erheben,
und das ganze derselben zu umfassen, er bleibt nur bei einzelnen niedrigern Theilen derselben stehn, sieht nur manche leichte Vorschriften
der Religion und wenn er denn glaubt dasjenige wirklich erreicht zu
haben, was er so eigenmächtig zum einzigen Ziel aller seiner Bemü-   15
hungen sezte, so ruft er sich selbst einen eitlen Glükwunsch über seine
eingebildete Vollkommenheit zu. So gibt es eine Menge von Christen,
die eben wie jene Zeitgenossen Jesu weit entfernt auf wahre Tugend
bedacht zu seyn, nur den äußern Schein derselben, nur eine gewiße
Enthaltung von groben Ausbrüchen ihrer Leidenschaften suchen wel-   20
che weit entfernt wahre Religion zu üben und sich von ihren Empfindungen zu allen Handlungen der Gottseligkeit und Menschenliebe
be|seelen zu laßen, zufrieden sind, wenn sie die äußern Pflichten der-
selben mit einer Pünktlichkeit erfüllen, die dem strengsten Tadel die
Spize bietet. Wie manche sehen wir nicht, die sich gerecht preisen und   25
glauben, daß ihre Tugend und Religiosität außer Streit sei, blos weil
sie die Fähigkeit besizen leicht und in einem hohen Grad gerührt zu
werden, wenn man ihnen die Wahrheiten der Religion darlegt, die
Schönheit der Tugend abmahlt, oder sie mit Erzählung edler Handlungen unterhält, ohne daß dennoch diese Empfindungen auf ihr eignes   30
Betragen einen bleibenden Einfluß hätten. Andre sehn von der Tugend
nur das, was eine Sache des Verstandes ist, sie beruhigen sich vollkommen, wenn sie ihre Vernunft angebaut und dadurch gewiße Ansprüche
auf Weisheit, auf Kentniß der Religion, der Sittenlehre und des
menschlichen Herzens erworben haben, aber sie überlegen nicht, wie   35
nothwendig es sei mit diesen Schäzen zu unserm eignen und andrer
Besten Wucher zu treiben. Wie manche sind in Rüksicht auf ihre Beßerung ganz ruhig, weil sie sich dann und wann bei einer Vergleichung
mit andern überreden können, irgend eine einzelne gute Eigenschaft
in einem hohen Grade zu besizen ob sie gleich vielleicht ohne ihr   40
Zuthun bei ihnen entstanden ist, oder weil sie bisweilen irgend eine
einzelne Handlung verrichteten, die zwar den Anschein der Tugend
hat, aber oft aus verborgenen, weniger edlen Beweggründen entsprang. Alle diese Menschen nun – und wie viele gibt es ihrer nicht,

19r

sind solche gerechte, welche Christus für ungeschikt erklärt, von ihm
zur Buße gerufen und gebeßert zu werden. Aber wer waren denn die,
denen Christus einen so sichtbaren Vorzug vor jenen beilegt? Es waren
im ganzen wol eben so sittlich verdorbene Menschen, als jene, ja es
5 gab sogar unter ihnen manche Leute von schlechtem Ruf, die einen
großen Theil ihres Lebens in auffallenden Lastern, Ausschweifungen
und Ungerechtigkeiten verbracht hatten. Dies kann nun freilich nicht
die Ursach ihres Vorzugs sein. Die Sünde an und für sich kan uns
unmöglich geschikter zum Reich Gottes machen, wol aber das leb-
10 hafte Bewußtseyn, das traurige Gefühl derselben, und das konnte da-
mals fast nur auf solche in die Augen fallenden | Ausbrüche der in-   *19v*
nern Untugenden erfolgen. Der große Haufe des jüdischen Volks hatte
nemlich keine andern deutlichen Begriffe von Tugend, als die, welche
aus dem mosaischen Gesez geschöpft waren, und da sich dieses größ-
15 tentheils nur auf die äußern Handlungen bezog, so übersah man leicht
diejenigen Stellen, wo es Reinigkeit der Gesinnungen so dringend
empfiehlt. Wenn also die Verehrer desselben dieses äußere treu beob-
achteten, so konnte sie alles das wenig beunruhigen, was nur im innern ihres Herzens vorging. Diejenigen aber, denen das Joch des Gese-
20 zes zu drükend war, bei denen niedrige Eigenschaften des Eigennuzes
oder der Wollust zu stark waren, als daß sie diesen Zaum nicht hätten
zerreißen sollen, die die Vorschriften des Gesezes übertreten hatten,
und aus einer schändlichen verbotnen Handlung in die andre verfallen
waren, bei diesen erwachte dafür auch desto leichter, wenn sie noch
25 nicht ganz unter die Menschheit hinabgesunken waren, die leisere
Stimme des innern Gefühls, sie konnten leichter den genauen Zusammenhang zwischen Verdorbenheit der Gesinnungen und äußern
Schandthaten finden, leichter das ganze Maaß ihres Unglüks und die
Nothwendigkeit einer solchen gänzlichen Aenderung der Denkungsart
30 und der Grundsäze einsehn, welche Jesus forderte. Diese richtigere
Erkentniß ihres eigentlichen Zustandes, welche leichter in ihnen erzeugt werden konnte, diese war es um derentwillen sie Christus auf-
suchte und vorzog, diese ist es, welche er noch jezt von einem jeden
fordert, der sich durch seine Lehre zur Seligkeit will führen laßen.
35 Hierin müßen wir ihnen also ähnlich werden, und wir haben den un-
streitigen Vorzug vor ihnen, daß wir nicht erst so tief gesunken zu
seyn brauchen um diese Selbstkentniß zu erlangen. Wir haben das
ganze Beispiel Jesu, den hohen Geist, den alle seine Vorschriften ath-
men vor Augen, und in diesen und den Geboten unsrer eignen aufs
40 neue belebten und erwekten Vernunft, erbliken wir deutlich das Ziel
dem wir uns bis in Ewigkeit nähern sollen, das erhabene Bild aller
Vollkommenheiten, deren ein menschliches Wesen empfänglich ist.
Wenn wir von diesem fleißig herab auf uns selbst schauen, wenn wir

20r hie|mit oft unsern eignen Zustand vergleichen, so werden wir niemals
in jene verderbliche Selbstzufriedenheit gerathen, sondern immer ein
lebhaftes Bewußtseyn unsrer Fehler behalten. Laßt uns nun noch im
zweiten Theil unserer Betrachtung mit wenigem erwägen, welches die
Früchte desselben sind, und warum es also so nothwendig sei.   5

Zweiter Theil.

Christus selbst beantwortet uns diese Frage in unserm Text auf die
verständlichste Weise. Die Gesunden sagt er bedürfen des Arztes nicht
sondern die Kranken. Es gibt gewisse Krankheiten, welche ohne gerade empfindliche Schmerzen zu verursachen den Menschen durch ein   10
allmähliges Verderbniß aller wesentlichen Theile seines Körpers oder
durch die Abnahme aller Kräfte an den Rand des Grabes bringen;
wenn sich nun jemand einen falschen Maaßstab der Gesundheit gemacht hat; wenn er glaubt sich im besten Wolseyn zu befinden, so
lange ihn nicht peinliche Schmerzen das Gegentheil fühlen laßen;   15
wenn er auf die Trägheit zu allen Bewegungen, auf die Mattigkeit, die
sich immer mehr über einen solchen Körper verbreitet, nicht merkt
oder sie nicht achtet – ja, ein solcher Kranker kann nicht geheilt werden, wenn auch der beste Arzt mit dem besten Willen und den besten
Mitteln versehen zu ihm gesandt würde, er wird alle Vorschriften des-   20
selben desto weniger befolgen, je mehr sie ihn von seiner gewöhnlichen Lebensweise abführen würden, kühn geht er seinen unbesorgten
Gang weiter fort, und bringt sich eben dadurch, daß er seinen Körper
als einen gesunden behandelt, mit jedem Schritt einem schleunigen
Tode näher. Gerade so geht es denen, die in blinder träger Zufrieden-   25
heit kein Bedürfniß nach einem Arzt wie Jesus für ihre kranke Seele
ist fühlen. Je größer die Aenderung in ihren Grundsäzen, in ihrer ganzen Denk- und Handelweise ist, die er von ihnen fordert, desto mehr
verschmähen sie seine Hülfe. Je kühner sie sich in gutem Vertrauen
auf sich selbst allen Gefahren der Verführung, allen Reizungen der   30
20v Sinnlich|keit, blos stellen, je weniger sie auf die Folgen eines jeden
unrechten Schritts sehn, welchen sie wagen, desto schleuniger nähern
sie sich dem Tode des Geistes, dem gänzlichen moralischen Verderben,
welches das schrekliche Ziel ihres betrügerischen Weges ist. Ein fürch-
terlicher Zustand, bei deßen Vorstellung ein jeder zurükbeben muß.   35
Laßet uns aber auch unsere Augen auf das entgegengesezte Bild desjenigen werfen, welcher beßer bekannt mit seiner gefahrvollen Lage
keine größere Sorge kennt als die, daß er den sicheren Weg der Rettung nicht verfehlen möge, welcher tief das Bedürfniß eines helfenden
Arztes empfindet. Wenn diesem ein solcher erscheint, deßen Charak-   40
ter Wolwollen und Liebe selbst ist, deßen Urtheile über ihn ganz mit
seinen eignen Empfindungen übereinstimmen, deßen Vorschriften so

ganz der Natur der Krankheit gemäß scheinen – o! wie voll Vertrauen wird er sich da an ihn anschmiegen! wie werden ihm alle seine
Geseze, alle seine Worte gleich den Winken der Gottheit selbst heilig
seyn. Kein verführerisches Gefühl zunehmender Kräfte wird ihn zu
5 Uebertretung derselben verleiten und so wird er nach und nach, eben
durch die Empfindung seiner Schwachheit und Hülfsbedürftigkeit, der
Genesung näher kommen. Aber der leiblich Kranke wird doch einmal
gesund, er gewinnt endlich so viel daß er sich der Leitung des Arztes
entziehn und dann, freilich mit Behutsamkeit aber doch selbständig,
10 voll des frohen Gefühls der Gesundheit seinen eignen Weg gehen
kann. Sollte es mit uns wol auch so seyn? Sollte es jemals in diesem
Leben einen Zeitpunkt geben, wo wir uns mit Recht für gesund halten, wo wir dieses Gefühl unsrer Schwäche und Krankheit entbehren
könnten? Leicht könnte man durch einen Mißverstand der Worte Jesu
15 in diesen Irrthum geführt werden. Er sagt nemlich, daß er nur solche
Sünder zur Buße rufen könne, und da man gemeiniglich unter der
Buße nur die ersten Schritte des rük|kehrenden Sünders versteht, so   *21r*
könnte man glauben daß sich auch diese Beschaffenheit nur auf die
vorübergehende Zeit einer solchen Buße bezöge. Allein dies ist ein viel
20 zu eingeschränkter Sinn dieses Wortes. Christus versteht darunter die
ganze Aenderung unsrer Grundsäze und Gesinnungen, die Ablegung
alles deßen, was darin den richtigen Begriffen von Tugend und Religion nicht gemäß ist; und diese Aenderung wird ja hier niemals vollkommen; immer bleibt ja nicht nur in unsern einzelnen Handlungen,
25 sondern auch in den Gesezen, welche wir dabei befolgen, unrichtiges
und unvollkomnes genug übrig; ja selbst der, welcher sich zu den erhabensten heldenmüthigsten Thaten emporschwingt, die dem Menschen
möglich sind, wird wenn er den Augenblick drauf den ganzen Zustand
seiner Seele unpartheiisch untersucht, noch Spuren von Schwachheit,
30 von Mangelhaftigkeit darin finden. Der Kranz der Genesung wird uns
also erst jenseits des Grabes zu Theil; hier aber vollenden wir diese
Buße niemals und so lange wir noch auf irgend eine Art Fortschritte
darin machen wollen, ist uns auch das lebhafte Bewußtseyn unsrer
noch übrigen Fehler unentbehrlich. Wenn aber dies Gefühl ein so we-
35 sentliches Stük ist, welches zu unserer wahren sittlichen Beßerung
überhaupt gehört, so ist es noch in besonderer Rüksicht nothwendig
für den, welcher einsieht, daß diese Besserung bei ihm allein durch
Hülfe der Religion, und vermittelst der Empfindungen, welche sie einflößt, bewerkstelligt werden kann. Denn diese Empfindungen ent-
40 springen aus der Erkentniß unsrer Verhältniße gegen Gott und den
Stifter der Religion, und beide stehn in Absicht auf ihre Stärke und
Richtigkeit im genausten Verhältniß mit der Lebhaftigkeit jenes Gefühls. Die äußern Wolthaten Gottes nemlich, welche sich auf Erhal-

tung unsres Lebens und Regierung unsrer Schiksale beziehn, sind mei-
stentheils zu alltäglich; fließen uns durch zu viel kleine Kanäle zu, als
daß die Dankbarkeit dafür so wiederholte, so lebhafte Empfindungen |
21v erzeugen sollte, welche einen wichtigen Einfluß auf unsre Handlungen   5
hätten. Diese entstehn nur aus richtiger Schäzung der unendlichen
Wolthaten, welche Gott unsrer unsterblichen Seele erzeigt, der väterlichen Güte womit er für ihre Erziehung gesorgt hat. Wer also diese
nicht erkennt, oder nicht nöthig zu haben glaubt, wer sich einbildet,
daß er ohne dies vollkommen genug sei, oder wenigstens, daß er den
Grad der moralischen Güte, welchen er erreicht hat, ganz sich selbst,   10
allein seinen Bemühungen zu danken habe, wer es nicht überlegt, wie
viel noch an ihm zu beßern sei, und wie viel Hülfe ihm die Vorsehung
dazu darbieten muß, wie oft das Gelingen der besten, festesten Vorsäze nur von einem einzigen in der Hand Gottes ruhenden Umstand
abhängt – o! der versinkt in jene Kälte gegen das höchste Wesen, die   15
wir leider an so vielen Menschen bemerken. Sein Gebet – wenn er
anders betet – gleicht dem fühllosen Gebet jenes Pharisäers, deßen
stolzes Herz seine kleinen, eingebildeten Vorzüge vor Gott zur Schau
stellte, ohne von der geringsten Empfindung wahrer Dankbarkeit ergriffen zu seyn. Derjenige aber, der sich zu schwach fühlt, um ohne   20
einen höhern Beistand eine merkliche Stufe der Tugend zu ersteigen,
diesem ist das öftere Andenken an ein helfendes Wesen Bedürfniß des
Herzens, deßen Gebet um neue Stärke zur Vollendung guter Werke
dringt zum Herrn, deßen kürzester Seufzer faßt alle die fruchtbarsten
Empfindungen der Religion in sich und seine Handlungen werden   25
denselben gemäß seyn. Er wird mit inniger Liebe dem Stifter der Religion anhangen, bei deren Vorschriften und Verheißungen er sich so
wol befindet. Er ist es von dem Christus sagt: Wem viel vergeben
ist, d. h. wer es erkent, wie groß seine Fehler sind, und wie groß das
nachsichtige Mitleiden Gottes mit ihnen seyn muß: der liebt auch viel,   30
deßen Seele steht allen wirklich frommen Empfindungen offen und
genießt die Früchte derselben. |

22r   Schluß.
Von diesen guten Folgen überzeugt, laßt uns also die richtigere Einsicht in unsern Zustand nicht scheun, laßt uns vielmehr jene schädli-   35
che Unbekanntschaft mit uns selbst fliehn, hinter welcher allein sich
der menschliche Stolz verbergen kann. Aber laßt uns auch auf der
andern Seite eine gefährliche Klippe vermeiden an welcher schon so

---

23 Vollendung] Voll *über* ⟨Erf⟩

17–26 *Vgl. Lk 18,11–13*   **28–30** *Vgl. Lk 7,47*

mancher gutmeinende Christ gescheitert ist. Je mehr Ueberwindung
es kostet unser eignes Herz zu erforschen und zu einer genauen Selbstkentniß zu gelangen, und je mehr hernach die religiösen Empfindungen dadurch befördert werden, desto leichter wird man geneigt auf
5 dieser Stufe stehn zu bleiben, man fühlt daß man auf dem Wege ist
beßer zu werden, aber man geht auf diesem Wege nicht weiter fort;
man weiß die Erkentniß der eignen Schwäche zu einem angenehmen
Gefühl zu machen, und indem man es übertreibt, indem man glaubt
zu jeder guten Handlung unmittelbar einer höhern Hülfe zu bedürfen,
10 so versinkt man in eine schlaffe Unthätigkeit, welche nach und nach
ebenfalls alle Kräfte der Seele schwächt. Nein, alles was wir erkennen
und empfinden, muß zu unserer Besserung genuzt werden, je mehr
Unvollkomenheit wir an uns entdeken, desto emsiger laßt uns der
Verbindlichkeit nachkommen sie abzulegen, je mehr wir des Arztes
15 bedürfen, desto eifriger laßt uns seine Vorschriften befolgen, je krän-
ker wir uns fühlen, desto rastloser laßt uns nach Genesung streben
und mit hofnungsvoller Sehnsucht den endlichen Zeitpunkt derselben
in der Ewigkeit abwarten.

Dich aber o Gott und Vater aller Menschen, deßen Beistand wir
20 zu allem Guten so nothwendig brauchen, Dich rufen wir jezt einmüthig an: hilf uns! daß wir vor der Gefahr jener stolzen Selbst-
täuschung bewahrt werden, bei welcher für Tugend und wahre
Glükseligkeit so viel verloren wird. hilf uns! daß wir alle bei jener
demüthigern Gemüthsverfassung erhalten werden, wobei wir al-
25 lein die Früchte der Sendung Deines Sohnes zu unserer Besserung
vollkommen genießen können. Hilf uns! daß wir in der richtigen
Kenntniß deßen, was wir seyn sollten und was wir sind immer
zunehmen, hilf uns! daß | dann auch unser ganzes Bestreben da-   *22v*
hin gerichtet sei, uns der Vollkommenheit zu nähern, die wir zwar
30 hier nie erreichen, die Du uns aber dort in einem beßern Leben beschieden hast um Deines Sohnes unsers Erlösers willen.   Amen.

––––––––––

8 man es] m. es

Nr. 2
Am 12. Dezember 1790

Termin:	*3. Sonntag im Advent*
Ort:	*Schlobitten*
Bibeltext:	*Mt 11,3*
Textzeuge:	*Autograph Schleiermachers; SAr 9, Bl. 1r–4r*
Texteditionen:	*SW II/7, 1836, S. 3–12*
Andere Zeugen:	*Keine*
Besonderheiten:	*Die Datierung basiert auf den Briefzeugnissen KGA V/1, Nr. 154,19–20 und 161,4–6.*

1r   Ueber Matth. 11, 3.

Je näher wir der Zeit kommen, wo das fröliche Fest der Geburt Christi
unter uns gefeiert wird desto mehr ist es unsre Pflicht, wenn wir es
würdig begehn wollen, uns lebhaft an alle die Wolthaten zu erinnern,
die wir Ihm zu danken haben, unsern ganzen Zustand zu untersuchen, 5
und es tief zu empfinden, wie groß der Schaz sei, den uns Gott in
ihm gegeben hat. Es ist wahr, wir sind alle Christen, und da läßt sich
voraussezen, daß wir auch alle von der Wahrheit Seiner Lehre und
der Wichtigkeit seiner Sendung hinlänglich überzeugt sind, aber dennoch wird eine solche Zusammenstellung auch für uns vielleicht nicht 10
ohne Nuzen seyn. Denn in unserm gewöhnlichen Zustand fühlen wir
den Einfluß der Religion nur einzeln, nur unmerklich; sie hilft uns oft
zum Guten, sie leitet uns oft ohne daß wir uns ihrer unmittelbar bewußt sind, wir werden nicht immer gewahr, was von ihr herrührt,
und schreiben wol so manches Gute uns selbst, oder unsern Umstän- 15
den zu, was sie allein im stillen gezeugt und genährt hat. Wenn wir
uns also nicht bisweilen aus dieser zu ruhigen Lage auf eine höhere
Stufe hinaufschwingen wollten, wo wir inniger von ihr durchdrungen
sind, so geriethen wir bei alle dem in Gefahr nach und nach ohne es
zu merken in einen Mangel an Dankbarkeit für diese Wohlthat zu 20
fallen, und dadurch in den Zustand einer kalten Gleichgültigkeit zu
versinken, worin wir so manche Menschen ihr Leben verträumen
sehn. Und sind wir erst da, so sind wir für nichts mehr sicher. Es gibt
in unsern Tagen so viele Menschen, die uns den Werth Christi und
seiner Lehre abstreiten, seinen hohen Beruf und seine göttliche Ab- 25
sicht verkennen und weder durch seine Lehre noch durch seine Wol-

thaten zur Verehrung zu bewegen sind, ja die nicht wißen, was sie mit
der Religion überhaupt anfangen sollen, und sich Mühe geben ihre
Wichtigkeit wegzuklügeln, um den Menschen, wie sie meinen, größer
und selbstständiger zu machen – und wären wir auch ihren Verlei-
5 tungen weniger ausgesezt als viele unsrer Brüder, so müßen wir dennoch auch schon um deswillen uns desto fester an die Religion anschmiegen, sie desto öfter ganz fühlen und uns ihr ganz widmen,
damit nicht irgend einmal in jenem Zustand der Gleichgültigkeit, wo
die Seele dem | Irrthum so gut als der Wahrheit offen steht, ihre Reden   *1v*
10 eine verstimmte Saite unsres Herzens treffen, welche ihre unreinen
Töne nachhallt und so Mißklang und Verwirrung anrichte. Darum
wollen wir auch diese Stunde dazu benuzen, uns aufs neue für die
Wahrheit zu erwärmen, daß Christus allein unser Seligmacher ist, daß
durch Ihn alle unsre Hofnungen erfüllt, alle Bedürfniße unsres Geistes
15 befriedigt sind.

Text.

Bist du es, der da kommen soll, oder sollen wir eines andern
warten.

Johannes deßen Bestimmung es war das Volk auf die Lehre Jesu vor-
20 zubereiten, und der so gern jede Gelegenheit hervorsuchte, wo er seine
Schüler und andre auf Ihn aufmerksam machen und zu Ihm hinweisen
konnte[,] hatte auch jezt noch in seinen lezten Tagen zwei seiner
Freunde abgeschikt um zu ihrer eignen Beruhigung Christo eine Frage
zu thun auf die er für sich keiner Antwort mehr bedurfte: Ob er es
25 sei, fragten sie ihn, von dem die Welt ihr Glük erwarte, der die verirrte
Menschheit aus ihrer Ungewißheit und ihrem Elend herausreißen
würde? Ob in Ihm das Heil zu finden sei, oder ob sie noch auf etwas
andres warten müßten? Und diese Frage wollen auch wir uns zu unsrer Befestigung in der Wahrheit und unserm Trost zu beantworten
30 suchen. Aber wir wollen davon ganz menschlich reden, uns nicht auf
die Weissagungen der Vorwelt, nicht auf das Zusammentreffen so vieler merkwürdigen Umstände, nicht auf so manche wundervolle That
berufen, die Christus ausführte, sondern wir wollen bei solchen Gründen stehn bleiben, die sich näher auf uns selbst beziehn und die Chri-
35 stus selbst hier den Jüngern Johannis vorhält um sie aus ihrem Zweifel
zu reißen. Und was waren denn diese: Geht hin, sagte er zu ihnen,
und sagt, was ihr seht: die Blinden sehn, die Tauben hören, die Lah-
men gehn, die Todten stehen auf und den Armen wird das Evangelium

---

17–18 *Mt 11,3*   36–1 *Vgl. Mt 11,4–5*

gepredigt. Das waren also Gründe, die erstlich aus seinem Leben,
zweitens aus seiner Lehre hergenommen sind.

I. Wenn uns ein Gesandter Gottes verheißen wird, um uns über
unsre ganze Bestimmung aufzuklären, was erwarten wir wol von ihm?
Zuerst gewiß eine feste Anleitung zur Tugend; gut zu seyn ist der   5
erste Wunsch eines jeden noch unverdorbenen Herzens, aber um es
zu werden brauchen wir ein durchgängig sicheres Vorbild im Guten,
das ist das erste Bedürfniß welches sich in unsrer Seele regen muß,
sobald wir uns der Liebe zur Tugend und des Wunsches nach ihr deutlich bewußt zu werden anfangen, weil wir sie ohne dasselbe niemals   10
erlangen könnten. Wir haben freilich ein leises Gefühl in uns von dem,
was recht ist; aber wie unsicher wie leicht schieben uns bald unsre
Begierden, bald unsre Einbildungskraft, bald unsre Empfindungen ein
falsches Bild des guten unter! Wir können aus unsrer Vernunft Vorschriften für unsre Handlungen ziehn, die vielleicht nicht so trüglich   15
sind; aber dagegen so kalt, so kraftlos! sie überzeugen uns, aber ohne
uns zu rühren, sie weisen uns den Weg den wir gehn sollen, aber ohne
uns darauf fortzuführen, und so würden | wir immer schwanken,
zwischen einem betrügerischen Gefühl, das wir lieben, und einer richtigen Vernunft, die wir nur hochschäzen und fürchten. Aber ein voll-   20
komnes Beispiel reißt uns aus aller Verlegenheit; es berichtigt unser
Gefühl durch seine Schönheit und Größe; es belebt die Vorschriften
der Vernunft, indem es sie alle in einem liebenswürdigen Bild vereinigt. Und es ist Christus, der uns dieses erhabne Beispiel gibt. Sein
ganzer Wandel war nichts andres, als eine ununterbrochene Reihe von   25
Handlungen zum Besten der Menschheit, so weit der Wirkungskreis
reichte, in den ihn seine Lage gesezt hatte; er brachte die schönsten
Jahre seines Lebens hin, um unter gesunkenen und größtentheils un-
dankbaren Menschen herumzugehn, ihnen die Wahrheit zu predigen,
und die Tugend unter ihnen auszuüben; niemals abgeschrekt durch   30
Spott, durch Verachtung, durch Verfolgung, durch Misdeutung seiner
reinsten Absichten blieb seine Tugend sich immer gleich; er suchte
überall das Elend auf, um es mit sanfter heilender Hand zu lindern,
wo er nur immer konnte. Ach wie gern verweilen wir nicht bei den
rührenden Auftritten, wenn er abermals einen unglüklichen gefunden   35
und seinem Uebel abgeholfen hat; wenn er einer trauernden Familie
ihr Mitglied wieder gegeben, betrübte Eltern wieder beglükt, niedergeschlagene Geschwister zur Freude zurükgerufen hat, und er sich dann
mit stiller Zufriedenheit unter der Menge verliert, um sich den Dank-
Ergießungen ihres Herzens und der wilden Bewunderung des Volks   40

2r

zu entziehn, oder seine Wolthat mit einem vertraulichen Wort der Ermahnung an diejenigen beschließt die selbst Schuld an ihrem Unglük
waren, oder sich zu ihnen herabläßt und sie öffentlich als seine
Freunde erkennt, wcnn sie verkannt und verachtet wurden. Wenn wir
5 diese Denkmale seines Lebens lesen und immer bedauern daß es nur
so wenige sind, brennt da nicht unser Herz in uns? Fühlen wir uns da
nicht gewaltig hingezogen zu dem, der alle unsre Vorstellungen von
Güte und Größe der Seele so reichlich erfüllt? Können wir da noch
einen Augenblick zweifeln, daß Er es sei, den uns Gott gesandt hat?
10 Aber wenn wir uns dabei allein beruhigen, nur unserer Empfindung
folgen wollen, so könnte leicht diese Gewißheit verschwinden wenn
einer von uns einmal in die Lage kommt, wo alle Empfindungen vor
den kalten Untersuchungen des argwöhnischen Verstandes zurüktre-
ten; wenn einem eine traurige gefährliche Stunde der Anfechtung und
15 des Zweifels bevorsteht. Darum wollen wir nicht unser Herz allein
sprechen laßen, sondern auch unsern Verstand fragen – und ich
fürchte nicht, daß er uns anders antworten möchte, als wir wünschen.
Freilich wird er uns warnen, unserm Gefühl nicht zu viel zu traun,
uns nicht zu bereitwillig durch den Schein des Guten fortreißen zu
20 laßen; er wird uns eine Menge von Beispielen zeigen, wo die Menschen durch eine gefärbte Tugend bestochen ihr Heil einem Unwürdigen anvertrauten und von ihm in Labyrinthe des Irrthums und der
Abweichung gestürzt wurden – aber gewiß wird er sich selbst wei-
gern, dies auf Christum anzuwenden. | Nein es ist nicht möglich, daß   *2v*
25 wir hier irren sollten. Wenn ein Mensch aus unreinen Absichten nur
den Schein der Tugend annimmt, so muß man doch irgend eine Spur
von dem Plan entdeken um dessentwillen er das alles thut, wovon
diese schönglänzenden Handlungen nur fremde eingeschobne Theile
sind, aber bei Jesu findet sich nichts als nur der einzige Zwek, der aus
30 jeder Rede aus jeder That hervorleuchtet, den Menschen zu helfen,
und sie zu bessern. Wenn jemand nur darum tugendhaft scheint, weil
die Handlungen, die bei ihm aus andern Bewegungsgründen geschehn[,] zufälliger Weise mit den Gesezen der Rechtschaffenheit
übereinkommen[,] so müßen doch wol hie und da beide Wege von
35 einander abweichen, so muß doch irgendwo eine Lüke zu finden seyn,
durch die man in seinen wahren Charakter hineinsehn kann. Aber bei
Christo finden wir auch in den schwersten Lagen, wo sich der Beste
sonst hinreißen läßt, in den schleunigsten Abwechslungen die man erfahren kann[,] in allen Theilen seines Lebens den öffentlichen und den

---

23 Abweichung] *über* ⟨Verzweiflung⟩

---

6 *Vgl. Lk 24,32*

geheimen, im Volk und unter seinen Freunden überall die nemliche
immer große Denkungsart. Wenn jemand nur von Natur eine glükliche Mischung der Geisteskräfte besizt die dem Guten günstig ist,
wenn das was wahre Tugend zu seyn scheint nur natürliche Wirkung
seiner Anlagen und seines Temperamentes ist, so werden wir ihn we-   5
nigstens da fehlerhaft finden, wo eine andere Seelenstimmung der Tugend vortheilhafter wäre, wo die seinige entweder nicht stark, oder
nicht sanft, entweder nicht fest oder nicht biegsam genug ist, aber
auch hier ist Christus ohne Tadel. Wie stark gegen die Feinde der
bessern Religion, deren Stolz seinen ganzen Ernst foderte um gedemü-   10
thigt zu werden, wie sanft gegen die schwächern irrenden, und gegen
die gefallnen Freunde! wie fest vor seinen Anklägern und Richtern;
wie biegsam um sich zwischen denen hindurchzuwinden, die ihm
heimliche Fallen legten. Dies ist eine Tugend nicht aus Heuchelei,
nicht aus Temperament sondern aus unerschütterlich festen Grundsä-   15
zen und eine solche brauchten wir. Was wollen wir eines andern warten? Christus ist uns dazu gesandt, daß wir nachfolgen sollen seinen
Fußstapfen! Ihm gehört ein Herz, welches Er allein ausfüllen kann.

II.   Aber dadurch sind noch nicht alle unsre Erwartungen erfüllt.
Auch der beste Mensch wäre noch unglüklich, wenn er nichts hätte   20
als dieses erhabne Beispiel. Wir werden oft von schmerzlichen und
traurigen Empfindungen getroffen, die uns schwächen, sind oft niedergeschlagen und nach Stärkung und Trost verlangend die wir in uns
selbst umsonst suchen würden. Unsre Seele sieht daß sie sich jenem
Vorbild nicht nachbilden kann, daß sie nicht einmal ihre eignen For-   25
derungen an sich selbst zu erfüllen vermag. Der Gedanke schlägt sie
nieder, daß der Mensch so ganz sich selbst und allen | den Irrthümern
und Fehlern überlaßen sei, die aus seiner natürlichen Schwachheit folgen. Sie fühlt oft, daß sie abgewichen ist von der Regel des Guten; sie
erschrikt vor dieser Zukunft wenn sie die Unordnung sieht die ihre   30
unrechten Handlungen in ihr selbst und um sie her angerichtet haben,
noch mehr zittert sie vor der Ewigkeit, wenn sie auf die richterliche
Gerechtigkeit des Höchsten hinblikt; der Verstand dürstet nach Wahrheit, und sieht sich immer in Finsterniß, Zweifel und Ungewißheit
verstrikt, bald wird er von außen zurükgehalten, bald zerstört er   35
selbst wieder seine eignen Bemühungen; er sieht sich um nach Ordnung in der geistigen Welt die er betrachtet und vermag sie nirgends
zu finden; da ist kein Verhältniß zwischen Tugend und Glükseligkeit,
Laster und Elend; das Gelingen unsrer Unternehmungen richtet sich
nicht nach der Güte der Absichten, die Größe der Seele ist nicht das   40

---

19 II. Aber] Aber   **38** Glükseligkeit,] *davor* ⟨Laster,⟩

_{3r}

Maaß ihrer richtigen Denkungsart, die gefundene Wahrheit nicht
gleich der Stärke des Verstandes; alles scheint verwirrt und die weise
Hand die es lenkt verbirgt alle Spuren ihrer Bewegungen. Die Sinnlichkeit des Menschen dürstet nach Ruhe, nach Zufriedenheit, nach
5 Glük und Freude, und wenn sie es nun immer umsonst thut? wenn
wir vergeblich uns auf unser gutes Gewissen berufen bei diesem Bestreben? – Der Mensch strebt nach Erhaltung; so verwirrt, so voll
Kummer auch das Leben ist, so lieben wir es doch. Und wenn wir
uns nun dem Ende desselben nahe fühlen? wenn nun der Zerstörer
10 herannaht? Welch ein Zustand, wenn wir nur das kennen, was wir
verlaßen müßen, aber nicht das, was auf uns wartet! Da beschäftigt
die Seele ihre lezten Kräfte mit wechselnden Muthmaßungen, sie läßt
ihre Einbildungskraft die lezten Farben mischen, um schwankende
Bilder der Ewigkeit zu entwerfen, und ermattet sinkt sie dann in den
15 lezten Augenbliken des Lebens doppelt so tief in Ungewißheit zurük.
Das wäre das traurige Schiksal aller Menschen, wäre auch unser
Schiksal, wenn uns bei jenem göttlichen Beispiel doch noch die Erkenntniß der Wahrheiten fehlte, welche uns allein über unser Verhältniß gegen Gott und über die Ordnung der Welt beruhigen können!
20 Das ist das zweite große Bedürfniß des Geistes, deßen Befriedigung
der Mensch von einem Gesandten Gottes erwartet und Christus
kommt auch dieses zu heben. Er bietet uns Trost und Ruhe an, er
ladet zu sich ein alle, die unter der Last des Kummers ermatten; er
hat Lehren, welche schon seinen ersten Freunden Worte des Lebens
25 waren. Sollten wir Ihm nicht auch ohne Untersuchung unsern Verstand unterwerfen, und mit vollem Glauben an seinen Reden und Verheißungen hängen? O Ja, meine Freunde! was könnte uns hindern die
Grundsäze dessen anzunehmen, deßen ruhige Gleichmüthigkeit bei allem Unglük wir nachahmen möchten? Aber seine Lehre spricht auch
30 für sich selbst. Das war der lezte, stärkste Beweis, den er den Jüngern
Johannis gab: seht den Armen | wird eine tröstliche Lehre verkündigt.   *3v*
Wenn wir bei unserer Schwachheit den Trost kennen, daß Gott in den
Schwachen mächtig ist, daß Er uns auf mannigfache Weise beisteht
und das Heil unserer Seele befördert, so ist es die Religion Jesu, die
35 ihn uns giebt; wenn wir bei unserer Reue doch wißen, daß Gott alles
zum Besten wenden kann, wenn wir wißen, daß seine Gerechtigkeit
mit seiner Liebe verbunden ist, daß die Folgsamkeit gegen den Willen
des Vaters und der Glaube an den, den Er gesandt hat, Verzeihung

---

6 wir vergeblich ... berufen] *geändert aus* sie vergeblich auf ihr gutes Gewissen harrt

---

22–23 *Vgl. Mt 11,28–29*   **24–25** *Vgl. Joh 6,68*   **31** *Vgl. Mt 11,5*   **32–33** *Vgl.*
2Kor 12,9   **35–36** *Vgl. Röm 8,28*

für unsere Fehler bewirkt, so ist Er es, der es uns verkündigt. Wenn
wir unsern Verstand mit dem Gedanken beruhigen können, daß eine
Zeit bevorsteht, wo die Ungleichheiten dieser Welt sollen ausgeglichen
werden, wo jeder empfahen wird nach seinen Werken, wo auch das
in Anschlag kommt, was in dem Herzen eines jeden verschloßen ge-   5
wesen, so ist es Christus, dem wir die ersten würdigen Vorstellungen
von den Ordnungen und Gerichten Gottes verdanken; Wenn wir bei
allen Leiden und Mühseligkeiten des Lebens noch Stunden der Beruhigung genießen, noch Glükseligkeit fühlen und mit einer hofnungsvol-
len Zufriedenheit auf die schönen Werke Gottes hinsehn können, so   10
kommt das nur aus der Ueberzeugung her, daß alles bis auf das Kleinste an sich selbst ein Gegenstand seiner immer liebevollen Vorsehung
ist, daß das Maaß unsrer irrdischen Glükseligkeit nicht nur dem Wohl
des Ganzen, welches uns fremd ist, sondern unserm eignen wahren
und ewigen Besten untergeordnet ist, und diese Ueberzeugung sind   15
wir Christo schuldig. Wenn wir endlich dem Ende unsres Lebens ruhig
entgegensehn können, so verdanken wir das dem Trost, den Er uns
gegeben hat, daß wir da seyn werden, wohin Er vorangegangen ist,
daß sein Vater noch ein großes Reich hat, worin er alle die seinigen
aufnehmen wird. Welcher Arme kann bei dieser Lehre wol ungetrö-   20
stet, welcher zweifelnde unberuhigt bleiben? Hier haben wir Beispiel
und Erkenntniß und Trost und Hofnung und Ruhe für unsre Seele.
Hier sind alle Bedürfniße unseres Herzens gestillt, alle unsere Wünsche befriedigt. Und da wir das alles Christo und Ihm allein verdanken, da Er es ist in deßen Namen den Menschen Heil und Seligkeit   25
verheißen ist, mit was für einem dankbaren und freudigen Gemüth
werden wir nicht der frohen Feier Seiner Geburt entgegensehn! wie
fest wird nicht der Vorsaz bei uns seyn die Früchte derselben auch so
viel als möglich zu genießen, und Ihm allein troz der gewöhnlichen
Denkungsart unserer Tage die Ehre davon zu geben. Viele Menschen   30
schämen sich jezt des Christenthums; manche eigenthümliche Lehren
desselben sind aus der helldenkenden Welt verbannt und es gilt fast
für das Zeichen eines schwachen Verstandes, Trost und Beruhigung
in der Gewißheit derselben zu finden – ach! laßt uns doch fest stehn
mitten in diesem Strom! laßt uns nichts wegwerfen von dem, was   35
in den Worten und Lehren Jesu gegründet ist. – Viele verlachen das
Unbegreifliche, das von seiner Religion unzertrennlich zu seyn
4r   scheint – ach! laßt uns diesen Leichtsinn | fliehen! laßt uns doch so
viel dankbares Zutraun zu Jesu haben, daß wir das nicht verachten,
was wir nicht verstehn, daß wir nicht glauben dasjenige ohne Ihn   40
beßer zu verstehn, was Er selbst uns weislich verborgen gelaßen hat.

18–20 *Vgl. Joh 14,2*

Viele unsrer Mitbrüder haben sich außer dem Gebiet unserer Religion
ein kleineres Gebäude von wenigeren Wahrheiten errichtet, unter dem
sie Schuz und Ruhe genug finden; wohl ihnen, wenn sie glüklich seyn
können; aber laßt uns doch nicht von dem stolzen Wahn derselben
hingerissen werden, als wenn sie nun gar keine Verbindlichkeiten gegen Christum mehr hätten – auch das schwächere Licht, das ihnen
leuchtet, haben sie von ihm geborgt; nur durch das Christenthum sind
die Wahrheiten allgemein worden, die sie dem eignen Nachdenken
der Vernunft zuschreiben. Vielen ist die Religion Jesu zu eng; ihr Herz
will sich dadurch nicht sättigen laßen, sie dürsten noch nach mehrerem. Aber indem sie auf neue Erkenntnisse oder neue Offenbarungen
harren, so warten sie ja noch auf etwas andres, als auf Jesum, so
rauben sie ihm ja den Ruhm daß Seine Lehre hinlänglich sei das Herz
zu beglüken, und dennoch kann ihre Seele keine wahren Bedürfniße
aufweisen, die Er nicht gestillt hätte. Ach! laßt uns doch alle diese
Abwege fliehn, alle thun unserm Glauben und unsrer Denkungsart
Schaden. Laßt uns Ihm allein anhängen, Seinen Fußtapfen allein folgen, Seiner Lehre allein beitreten und Ihn allein preisen für alles Heil
und alle Seligkeit die wir genießen und hoffen.   Amen.

Gebet.

---

9 eng] *davor* ⟨klein⟩

Nr. 3
Am 25. Dezember wohl im Jahr 1790

Termin:	*Weihnachten*
Ort:	*Schlobitten*
Bibeltext:	*Gal 4,4*
Textzeuge:	*Autograph Schleiermachers; SAr 9, Bl. 23r–30v*
Texteditionen:	*SW II/7, 1836, S. 54–64*
Andere Zeugen:	*Keine*
Besonderheiten:	*Der Text ist unvollendet. Die Briefzeugnisse KGA V/1, Nr. 149,202; 154,3 belegen Termin und Ort einer Predigt; die Terminzuordnung der vorliegenden undatierten Predigt erfolgt durch Berücksichtigung der anderen überlieferten frühen Weihnachtspredigten.*

23r
Gebet.

Dank und Anbetung vor Dich zu bringen, barmherziger und gnädiger Gott ist immer unser erstes Geschäft, wenn wir uns versammeln um aus der Quelle Deiner Offenbarungen himmlische Weisheit zu schöpfen und Deiner Wolthaten mit einander zu gedenken. 5
Aber besonders heute muß uns nichts dringender seyn, als dieses; es ist nicht das, was uns täglich Deine Güte zufließen läßt wofür wir Dich preisen wollen, es ist die Erinnerung an die größte und köstlichste Gabe deren Du unser Geschlecht gewürdigt hast weswegen wir uns hier versammeln. Preis und Dank Deinem Sohn 10 daß er Mensch geworden ist, daß er sich zu uns herabgelaßen hat, daß er es nicht für einen Raub hielt Gott gleich seyn, sondern entäußerte sich selbst und nahm Knechtsgestalt an und ward uns in allen Stüken gleich um uns zu erretten. Preis und Dank Dir o Vater, daß Du uns Ihn geschenkt hast ohne den wir verloren waren, und erfülle auch den Wunsch unsres Herzens, daß auch dieses Fest uns gereichen möge zur Stärkung im Glauben an Christum,
23v
in der | Liebe zum Guten, und in der Hofnung auf Deine fernere Barmherzigkeit.   Amen.

---

13 entäußerte] ent *über der Zeile mit Einfügungszeichen*

12–14 *Vgl.* Phil 2,6–7

Eingang.

Es ist fast überall eingeführt den Jahrestag derjenigen, die uns auf irgend eine Weise theuer sind, feierlich zu begehn, und dies ist eins von den schönen und unschuldigen Mitteln um sich einen Tag mehr
5 zu verschaffen, welcher der wahren menschlichen Freude gewidmet ist. Wie frölich sehn wir nicht alles wenn eine Familie den Festtag eines Vaters oder einer Mutter begeht, wie durch eine geheimnißvolle Wirkung der Natur ist jedes Gemüth der Heiterkeit und Freude weit mehr offen als sonst, jeder bestrebt sich glüklich zu seyn und glüklich
10 zu machen, und indem man danach strebt so ist man es schon, man fühlt sich von Liebe durchdrungen, aber man liebt weit wärmer, weit inniger als gewöhnlich; ohne daß man sich deßen bewußt ist drängt sich die Erinnerung an allen bisherigen Genuß in der Seele zusammen, und so empfinden wir auch die Liebe, die uns an diesen Gegenstand
15 bindet, lebhafter und stärker, nur an seinem Daseyn haben wir unsre Freude. Mit wenigstens eben so großem Recht hat die ganze Christen- heit einen Tag dazu angesezt, um das Gedächtniß der Geburt Christi eben so herzlich und eben so freudenvoll zu feiern. Wir machen als Christen alle eine große Familie aus und Christus | ist das Haupt *24r*
20 derselben, wir sind durch die Religion auf eine wol nicht so sinnliche, aber eben so feste Art verbunden[,] als Glieder einer Familie es durch die Bande des Blutes nur seyn können, e i n e Erkenntniß der Wahrheit, e i n Weg zum Guten und zur Glükseligkeit, e i n e Hofnung zu Gott und zur Ewigkeit, das ist es, was uns verbindet, und was wir gemein-
25 schaftlich Ihm dem Stifter unsrer Seligkeit verdanken. Unser Endzwek ist jezt uns über seinen Eintritt in die Welt zu freun, aber aufrichtig gesprochen: empfinden wir wol an diesem Tage verhältnißmäßig eben das und eben so warm, was wir als Kinder am Geburtstag eines Vaters oder einer Mutter fühlen würden? Ich glaube daß nur wenige unter
30 uns das werden sagen können. Wenn wir daran denken, daß derjenige den wir so hülflos in einem so unbehaglichen Zustand das Licht der Welt erbliken sehn, der uns in allen Schwachheiten des irrdischen Zu- standes gleicht, eben der ist, mit dem sich die Gottheit auf eine so wundervolle Weise vereinigt hat, daß Gott in diesem Kind den Men-
35 schen so ganz still und unbemerkt ihren größten und einzigen Wolthä- ter geschenkt hat; daß in diesem nächtlichen Augenblik sein Gnaden- blik gleichsam aufs neue die Erde anlächelte, daß in diesem Augenblik | das Urtheil der Barmherzigkeit an einer ganzen Welt vollzogen wird, *24v* so muß das Empfindungen einer dankbaren Freude erregen. Aber sie
40 werden immer verwirrt bleiben, wenn wir eine Begebenheit die so weit von uns entfernt ist, als diese, nur im Ganzen betrachten, sie werden

---

12 gewöhnlich;] gewöhnlich,   39 Aber] aber

mehr unsere Einbildungskraft als unser Herz beschäftigen und eben
darum manchen Täuschungen unterworfen seyn, besonders hier, wo
die Erinnerung an alle die kleinen Freuden, die man in den Jahren der
Kindheit mit diesem Fest verbindet[,] leicht den Gefühlen des Herzens
einen sinnlichen Zusaz gibt. Laßt uns also diese Stunde dazu anwen-   5
den uns der Empfindungen zu versichern die wir heute in uns entstehn
sehn, laßt uns diese große Begebenheit unserm Herzen näher bringen,
indem wir alle Theile derselben betrachten und uns von dem großen
Einfluß überzeugen den ein jeder Umstand derselben auch auf uns
und unser Wohl hat. Gott der uns so gern beisteht, wenn es uns um   10
Empfindungen zu thun ist, die uns so nothwendig sind[,] wird uns
seinen Segen dazu nicht versagen, wenn wir ihn darum anrufen.

Text. Gal. 4, 4.

Und als die Zeit erfüllet war, sandte Gott seinen Sohn geboren
von einem Weib und unter das Gesez gethan.| 15

25r   Paulus, der in diesem Theil seines Briefes von der Geschichte der
Menschheit in Absicht auf die Religion redet, bestätigt uns sehr deutlich in dem, was wir eben sagten. Da er auf die große Veränderung
kommt, welche die Erscheinung Christi in dem Gang des menschlichen Geistes hervorgebracht hat, so begnügt er sich nicht dabei die   20
Sache selbst anzudeuten[,] er macht sie ausdrüklich darauf aufmerksam, daß alle diese Wirkungen nur erfolgen konnten, wenn in dem
Lauf der Dinge alle dazu erforderlichen Umstände gerade in der Zeit
der Erscheinung Christi zusammengeleitet wurden, daß er unter gewißen Verhältnißen geboren werden mußte welche sich auf die bisherige   25
Leitung der Menschen und auf die späteren Früchte seiner Sendung
beziehn. Laßt uns also nach Anleitung dieser Worte das Interesse erwägen, welches alle Umstände der Geburt Jesu für uns haben müßen,
und dann auch bei den Empfindungen und Gesinnungen stehn bleiben, welche durch diese Betrachtungen in uns erzeugt werden.   30

Erster Theil.

Jeder Mensch ist dazu bestimmt etwas in seinem Leben zur Erfüllung
der Absichten Gottes beizutragen und bei jedem liegt der Keim zu alle
dem was er für die Welt seyn wird[,] in der Lage worein er bei seinem
25v   ersten Schritt | in die Welt versezt wird in dem Land das ihn erzieht,   35
der Zeit in die er fällt und den Verhältnißen, die ihn umgeben. Alle
diese Umstände sind bei Christo nicht reizend aber sie waren alle nö-

---

23 Dinge] *über* ⟨Zeit⟩   24 Erscheinung] Ersch. *über* ⟨Geburt⟩

thig wenn der Zwek seiner Sendung ganz, und s o erfüllt werden
sollte, daß auch wir Theil daran hätten.

Wir sehn Jesum unter einem Volke geboren werden, das wir niemals recht lieben können, dessen Herz verstokt, deßen Sinnesart ver-
5 kehrt ist, das von allen niedrigen Leidenschaften immer regiert wird
und mit Christi Geist und Christi Art zu denken in dem größten Widerspruch stand. Er mußte das Leiden haben, unter Menschen zu leben die ihn von Kindheit an unaufhörlich zurükstießen und schon in
seinen ersten Tagen mit Verfolgung anfingen. Gott hatte diesem Volk
10 seine Zusagen gegeben aber diese waren höheren Absichten untergeordnet gewesen, es war das Volk des Herrn, aber dem Herrn waren
alle Völker gleich und nur seine Weisheit konnte bestimmen, wo Christus leben sollte. Aber dieses Volk war e r s t l i c h das einzige, von welchem aus es möglich war auf das Ganze der Menschheit zu wirken.
15 War auch die Religion unter demselben verderbt und mißverstanden[,] so hatte sie doch einen richtigen Grund, sie war einem jeden
wichtig, es war möglich viele zu belehren und für die beßre Wahrheit
zu gewinnen; | nur hier konnte Christus der Volkslehrer seyn den wir   *26r*
lieben, der die Menschen Scharenweise um sich her versamlet, von
20 der Wahrheit ausgeht welche sie alle mit ihm gemein haben, und so
auf dem Wege derselben sie weiter fortgeleitet, hier konnte seine Lehre
Wurzel schlagen und sich erhalten. Unter allen andern Völkern war
die Religion fast nur eine Sammlung von Aberglauben und wenigstens
überall von dem Herzen und Leben der Menschen abgesondert, da
25 wäre es unmöglich gewesen alle Trägheit und alle eingewurzelten Irrthümer dazu in einem Leben hinwegzuräumen und mit reiner Wahrheit in so verschrobene Menschenseelen einzudringen, da wäre die
Lehre Jesu – eben wie die geringere Weisheit so vieler Lichter des
Alterthums – mit einem kleinen Kreis besserer Freunde abgestorben
30 und nichts davon bis auf uns gekommen. Aber man sieht auch an dem
Beispiel der ersten Christen in was für eine Verlegenheit diejenigen
gekommen wären die die Lehre Jesu angenommen hatten, wenn sie
nachher eine Kenntniß der älteren Offenbarungen Gottes bekommen
hätten. Sollten sie eine um der andern willen verwerfen, oder beide
35 mit einander vereinigen. Hier Freiheit, dort Sklaverei, hier sanfte
Weisheit, | dort harte, aber majestätische Strenge, hier Liebe die uns   *26v*
zu sich zieht, dort Furcht und Schreken, die den Menschen so leicht
unter ihr Joch zu beugen wißen. Welch eine harte Wahl für den zweifelhaften Menschen der immer fürchtet sich den Weg zum Guten zu
40 leicht zu machen und lieber alles glauben und thun will um ihn nicht

---

13 e r s t l i c h] *über der Zeile*   **21–22** hier konnte seine Lehre … erhalten.] *mit Umstellungszeichen sechs Zeilen höher* v*or* nur hier

zu verfehlen, aber Christus in Juda geboren ließ uns keinen Zweifel
übrig; er zeigte uns, was wir von dieser Religion zu halten haben,
er lehrte uns die Geseze der menschlichen Seele von der besondern
Regierung eines rohen unverständigen Volks unterscheiden. Das ist
es, was Paulus in den Worten nach unserm Text zu den Galatern sagt   5
die hierüber noch nicht ganz mit sich einverstanden waren. Darum
mußte Christus unter das Gesez gethan werden, daß er diejenigen erlöste, die unter dem Fluch des Gesezes waren auf daß sie die Kindschaft empfingen. Wir würden immer geschwankt haben in unserer
Erkenntniß, unser Glaube würde getheilt gewesen seyn zwischen 2   10
verschiednen Offenbarungen Gottes. Um uns darüber zu beruhigen
und weise zu machen, um diesen Widerstreit zu heben der aus der
Kenntniß zweier Offenbarungen entsteht[,] mußte unser Heil aus |
27r   Israel kommen, nur so können wir alle Wege des Herrn in einer Reihe,
in einem ununterbrochenen Zusamenhang übersehn. Aber dieses Volk   15
hatte auch seine besseren Zeiten, Zeiten der Ruhe wo die Befolgung
des Gesezes eine Quelle des Glüks und der Zufriedenheit für dasselbe
wurde, Zeiten der Größe wo es in Verfolgung mit muthigem Eifer für
dasselbe zu sterben wußte, aber keine von beiden wurde durch die
Geburt Christi verherrlicht. Ihm der seine Brüder so innig liebte, der   20
nur wünschte sie gut und glüklich zu sehn war nur vorbehalten ihr
Verderben zu fühlen und ihre nahe Zerstörung vor Augen zu sehn; es
war ihm nicht vergönnt Zeuge ihres Glüks und ihrer Tugend zu seyn.
Auch diesen Wunsch mußte er vom ersten Augenblik seines Lebens
an dem sichern Erfolg der Lehre aufopfern, die er verkündigen sollte;   25
nur in diesen lezten Jahren seiner Nation war die Zeit seiner Erscheinung erfüllt. Würde er wol Glauben funden haben in Israel, wenn er
die Unvollständigkeit des mosaischen Gesezes gezeigt hätte zu einer
Zeit wo das Volk dabei ruhig und glüklich war? oder würde man die
Mängel derselben recht eingesehn haben, zu einer Zeit, wo es der   30
größte Ruhm war das Leben dafür hinzugeben. Die ersten Christen
aus dem Stamm Israels hingen auch jezt immer noch am vaterländi-
schen Gesez und wenn sie ihren Namen mit Recht verdienen sollten,
27v   so mußte auch die lezte Hofnung von einem ausschlie|ßenden Vorzug
ihrer Nation in ihnen verschwinden, sie mußten ihren Staat zerrüttet,   35
ihre geselligen Bande aufgelöst und ihr Heiligthum unwiderbringlich
verloren sehn. Auch durfte das Christenthum zu deßen hauptsächlich-
sten Vorzügen es gehörte eine allgemeine Religion für alle Menschen
zu seyn und dafür erkannt zu werden nicht lange in den engen Zirkel

---

13 zweier] 2er   19 wußte,] wuße   30 zu einer] *korr. aus Unleserlichem*

5–9 *Vgl. Gal 4,5*   8 *Vgl. Gal 3,13*

dieses kleinen Volks eingeschränkt werden, und es konnte auch aus
dem Grund nicht eher gestiftet werden, als kurz vor der Zerstreuung
der Nation, zu einer Zeit, wo sie schon durch alle Umstände gezwungen war der bisherigen Absonderung von allen andern Menschen ein
5 Ende zu machen. Also nur unter diesem Volk, nur zu dieser Zeit
mußte Christus erscheinen wenn er seine Absicht vollkommen erreichen wollte.

Aber in was für einer Lage sehn wir ihn seinen Eintritt in die Welt
machen. Das herrliche Geschlecht Davids aus welchem er entsprossen
10 war, war zur tiefsten unbekanntesten Dunkelheit hinabgesunken, und
Jesus in einem Stande geboren und erzogen, der wol nur wenige seines
Volks unter ihm ließ. Sein erster Augenblik war ein Bild seines künftigen Lebens; ohne Vermögen, ohne Eigenthum, ohne Heimath ward
er geboren, und so lebte er auch; kein Schimmer von äußerer Hoheit
15 zeichnete ihn aus, keine Aussicht auf Gemächlichkeit und Wolstand
versüßte seine ersten Tage. Aber m. Fr. auch das war nothwendig zum |
Besten aller derer, die an Seinen Namen gläubig werden sollten. Chri-   *28r*
stus konnte und wollte nicht zunächst auf die reichen und angesehenen der Erde wirken, weil sie nicht fähig waren ihm zu folgen, darum
20 ward er kein reicher und vornehmer; er dankte vielmehr Gott, daß er
seine Weisheit fürs erste den unmündigen offenbart habe, er wollte
auf das Herz der größeren Menge Eindruk machen, darum mußte er
sich herablassen derselben gleich zu werden, denn wir sehn es ja täglich, daß die Menschen weder Zutrauen noch Liebe gegen diejenigen
25 fühlen können, die allzuviel äußre Vorzüge vor ihnen voraus haben;
nur Neid Bewunderung oder Gleichgültigkeit haben sie für sie, und
was für Entschuldigungen findet nicht der Mensch in seinem Herzen,
wenn derjenige ihm Vorschriften der Tugend gibt, dem bei äußerer
Glükseligkeit und Kummerlosigkeit die Tugend selbst weniger schwer
30 zu seyn scheint. Ach! nur wenige würden geglaubt haben wenn Christus eine glänzende Stelle in der Welt eingenommen hätte, darum
wollte er lieber vom ersten Augenblik seines Lebens an arm niedrig
und leidend seyn; wollte von allem menschlichen Elend versucht werden, damit er uns desto vollkomner und überführender zeigen konnte,
35 wie man alle Versuchung überwinden könne durch Wachsamkeit und
Gebet. Laßt uns noch eine | Betrachtung hinzufügen. Wenn Christus   *28v*
ein wahrer Mensch seyn mußte um uns zu erlösen, so müssen wir uns
auch seine Seele eben so denken, als die unsrige, auch unterworfen in
Absicht auf Bildung und Richtung der Erziehung und allen Umstän-

---

6 vollkommen] *folgt* ⟨fürchtete⟩   12 Volks] *über* ⟨Sohnes⟩

20–21 *Vgl. Mt 11,25*

den, welche sonst noch auf sie wirken können. Unter jedem andern
Volk, zu jeder andern Zeit, unter allen andern Verhältnißen würde
also Christus nicht der nemliche gewesen seyn der er ist, und konnte
er wol irgend größer und liebenswürdiger seyn als wir ihn sehen. Nirgends konnten die treflichen Anlagen seines Geistes, der die höchsten
Stufen der Vollkomenheit nur durch Anhänglichkeit und Liebe zur
Gottheit und ihren Geboten ersteigen sollte[,] besser und glänzender
ausgebildet werden, als hier unter einem Volk wo troz seiner Verdorbenheit doch alle Einrichtungen darauf abzielten der Religion Eingang
in ein junges Herz zu verschaffen, und ihre Bewegungsgründe mächtiger zu machen, als alles übrige; zu einer Z e i t wo der Widerspruch
zwischen dem Gesez und dem Verhalten derer, die es annahmen, seiner schnellen Urtheilskraft zeitig alle die Mängel und Irrthümer,
woran die Menschheit krank lag[,] aufdeken und ihn so immer fester
zu der wahren und einfachen Weisheit und Erkentniß hinziehn mußte;
in einer Lage endlich wo tausend wundervolle Umstände das Herz
einer zärtlichen und frommen Mutter gespannt | hatten alle Aufmerk-
samkeit auf die zarte Pflanze zu richten, welche ihr anvertraut war;
wo keine Stürme von außen seine Jugend störten, sondern ruhige Stille
und häusliche Eingezogenheit seiner Seele Zeit ließen sich zu entwikeln und der großen Bestimmung entgegen zu reifen, welche sie erfüllen sollte.

II. Theil.

Und was folgt aus diesem allen für uns? Nur dies m. Fr. daß jeder
Umstand uns äußerst wichtig ist, der sich auf die Geburt Jesu bezieht,
daß sie alle nothwendig waren zur Erreichung seiner Bestimmung –
und wie sehr muß diese Ueberlegung unsre Theilnahme an alle dem
vermehren, was mit dem Gegenstand unsers heutigen Festes zusammenhängt; alles auch das geringste hört auf uns gleichgültig zu seyn.
Das Land welches eigentlich der Glükseligkeit einer frommen Ruhe
gewidmet war, worin er von Kindheit auf alle die Orte sah und
kannte, wo Gott seine Wunder an dem Volk Israel bewiesen hatte, wo
er von Kindheit an unter den stillen Wohnsizen der frommen Väter
wandelte, deren entartete Nachkommen er wieder auf den Weg der
einfachen Weisheit zurükbringen wollte, die Geburtsstadt seines großen Stammvaters, die auch seine Geburtsstadt war; diese Zeit worin
er zum ersten Mal die Augen aufschlägt, eine Zeit des Irrthums, der
allgemeinen Verdorbenheit und schreklicher Laster deren Opfer Er
selbst fast als | ein schuldloses Kind geworden wäre, eine Zeit wo
Troz und Ohnmacht eines uneinigen Volks nahes Unglük weissagte

29r

29v

---

23 Theil.] Th.   36 worin] *davor* ⟨des Irrthums⟩

und die junge Seele aufmunterte zu eilen und Gutes zu wirken ehe
dem es Nacht würde; alle Besonderheiten seiner eignen Lage, diese
nächtliche Stille, diese unruhige Verlegenheit der reisenden Mutter,
welche so viel Eindruk auf ihr Herz machen und ihre Liebe und Sorg-
5 falt so sehr vermehren mußte; die Ehrerbietung der Weisen, die Bewunderung der Hirten, die ihn anbeteten, ohne ihn zu kennen, die
Nachstellung des boshaften Fürsten, die Entzükung des alten Simeon;
alles das was Maria in treuem Herzen bewahrte, wird uns wichtig
weil es mittelbar oder unmittelbar auf Jesum und seinen Charakter
10 wirkt, weil es alles zusammenkommen mußte, um ihn zu dem zu machen, was er werden sollte. In meiner Seele, m. Fr. entsteht daraus ein
großer Zuwachs meiner Liebe zu Jesu und ich glaube daß das bei uns
allen der Fall seyn wird; denn es scheint so natürlich. Eine Sache die
uns recht wichtig ist, lieben wir immer desto mehr, je mehr wir fühlen,
15 wie leicht wir sie hätten verfehlen können und das ist gerade der Fall
bei Jesu. Je wichtiger er für uns ist, je leichter irgend ein Umstand
anders ausfallen konnte, der ihm einen ganz andern Gang gegeben
haben würde[,] je mehr außerordentliche Leitung der Vorsehung also
von seinem ersten Augenblik an nöthig waren[,] desto theurer wird
20 er uns, desto mehr steigt unsre Liebe und Zuneigung zu ihm, desto
mehr Antheil | nehmen wir auch an dem ersten Theil seines Lebens,   *30r*
desto voller und inniger freun wir uns daß er ist und daß er grade so
da ist. Wir fühlen die Bedürfniße, die wir und unser ganzes Geschlecht
hatten und freun uns nach dieser Betrachtung doppelt alle unsre Wün-
25 sche in ihm so reichlich befriedigt zu sehn. Und was für Wünsche!
Der gefallene Mensch hat auch den Maaßstab der Kräfte verloren,
welche er nicht mehr brauchte; er wußte nicht mehr was er sollte, er
fühlte nicht mehr was er kann, da sehnt er sich nach einem aus seiner
eignen Gattung an dem er deutlich gewahr werden könne wie weit
30 der Mensch mit dem Beistand Gottes auf dem Weg der Vollkomenheit
kommen könne, hier ist uns Christus geboren, der auch als Mensch
die uns vorgezeichnet ist; da liegt er zum Beweis wie völlig er uns
gleich ist, er hat Fleisch und Blut wie sie[,] ist schwach und hülflos
und ohnmächtig, er durchläuft die Bahn eines jeden Menschen in Ent-
35 wiklung und Wachsthum der Kräfte und stellt uns sein Beispiel als
den höchsten Triumph der menschlichen Natur dar. Der unglükliche
Mensch hatte auch seinen Zusamenhang mit Gott verloren; seine
Liebe und Güte war ihm verschwunden und er bedurfte eines neuen
glänzenden Beweises derselben um aus diesem tödtenden Traum zu
40 erwachen. Da schenkt uns Gott Christum, der uns alles wiederbringt,
was wir verloren haben, der uns einen stärkenden Blik in die Gesin-

---

21 Theil] Antheil   **31** als Mensch] *zu ergänzen wohl* die Vollkommenheit hat

nung Gottes thun läßt[,] und zum Zeichen daß wir ihm traun können,
daß Gott mit ihm ist und seine Reden Wahrheit sind[,] begleiten die
30v   ausgezeichnetsten | Beweise göttlicher Mitwirkung sein ganzes Leben
von seiner ersten Entstehung an. – Wie sollten wir uns seiner nicht
freun, der die Ehre Gottes wiederherstellt, den Menschen Friede vom   5
Himmel bringt und ein sanftes Wolgefallen über die ganze Erde verbreitet. – Aber laßt uns auch diese schöne Empfindung der Freude,
welche der auszeichnende Charakter dieses Festes ist, nicht umsonst
verhauchen. Wenn wir etwas gutes in uns und für uns gewahr werden
d. h. wenn wir uns freun, so sind wir immer am geneigtesten etwas   10
beizutragen, um dieses Gute uns noch mehr zu eigen zu machen und
zu benuzen. Christus ist da und wir freun uns deßen, aber laßt uns
auch sorgen, daß er so viel als möglich für uns da sei. *[Der Text
endet hier.]*

5–7 *Vgl. Lk 2,14*

Nr. 4
Am 1. Januar wohl im Jahr 1791

Termin:	*Neujahrstag*
Ort:	*Schlobitten*
Bibeltext:	*Mt 7,11*
Textzeuge:	*Autograph Schleiermachers; SAr 9, Bl. 32r–36r*
Texteditionen:	*SW II/7, 1836, S. 65–76*
Andere Zeugen:	*Keine*
Besonderheiten:	*Der Text ist unvollendet. Die Briefzeugnisse KGA V/1, Nr. 154,17–19; 161,2–4 belegen Termin und Ort einer Predigt; die Zuordnung der vorliegenden undatierten Predigt ist vermutet.*

Gebet.

Könnten wir Dich doch recht loben, Herr Gott, und Deinen Namen würdig preisen! für den allmächtigen Schuz unter dem wir abermals ein Jahr unseres irrdischen Lebens zurükgelegt haben.
5 Nur Deiner Gnade sind wir den glüklichen Ausgang desselben schuldig. Wie leicht hätte nicht so mancher Verführung zum Bösen unser schwaches Herz unterliegen können, der es glüklich entgangen ist, wie leicht; wie leicht hätte so mancher Unfall unsre zufriedene Ruhe stören können; wie leicht hätte das allgemeine
10 Unglük welches uns drohte und welches Deine Vorsicht bis jezt gnädig abgewandt hat uns in den traurigen Zustand der Angst und des Kleinmuths versezen können[,] aber Du hast uns nicht nur vor Uebel bewahrt, sondern unzähliges Gute genießen laßen im mannigfaltigen Vergnügen des Lebens, in der Liebe und der
15 Gemeinschaft mit guten Menschen und den Freuden der Religion. O nimm gnädig das Opfer eines frohen Herzens hin, das sich dankvoll der vergangenen Zeit erinnert und auch durch diese Erinnerung Hofnung und Vertrauen für die Zukunft schöpfen möchte und Glauben an Dich und Deine Güte. Amen.

---

3 für den allmächtigen] *über* ⟨Das ist der aufrichtige Wunsch unsres Herzens vor Dir an dem heutigen Tag da wir abermal unter Deinem⟩ **3–4** unter dem wir abermals] *über der Zeile mit Einfügungszeichen* **12–15** aber Du hast ... der Religion] *am Rand mit Einfügungszeichen*

Eingang.

Ich fürchte nicht, daß ich Unrecht gethan habe die dankbaren Empfindungen meines Herzens für unsre gemeinschaftlichen Gesinnungen an
dem heutigen Tage anzusehn; ich fürchte nicht, daß an dem Schluß
eines Jahres Mißmuth und Unzufriedenheit sich irgend einer Seele unter uns bemächtigen und jene besseren Gefühle daraus verdrängen
möchte. Wenn wir uns von einem Menschen trennen sollen, der eine
lange Zeit hindurch der Gefährte unsres Lebens gewesen, der uns in
so vielen Lagen gesehn, und so viele derselben selbst veranlaßt hat,
werden wir dem wol noch beim lezten Lebewol die unangenehmen
Stunden anrechnen, die er uns hie und da gemacht zu haben scheint?
Eben so ist es mit dem Jahr welches uns jezt verläßt und das vielleicht
neben vielen glüklichen Tagen auch einige Stunden des Leidens und
des Kummers hervorgebracht hat. Wenn das unangenehme vorbei
ist[,] so vermehrt die Erinnerung daran die Freude über den Ausgang,
32v so sind das grade die Stellen, wo wir die göttliche Führung | am deut-
lichsten erkennen, ja selbst wenn noch jezt am Schluß des Jahres ein
Schmerz eine Sorge in uns verborgen liegen sollte, so ist bei dieser
Erinnerung die lezte Stunde des Jahres uns nicht näher als die erste,
wir müßen uns bemühen die Empfindung des Augenbliks zu verleugnen und nur bei dem Eindruk stehn zu bleiben, den das Ganze auf uns
macht. Wenn also heute nur das vergangene auf unsre Seele wirkte, so
würde dieser Tag gewiß ein Tag froher Heiterkeit, oder wenigstens
gelaßner Zufriedenheit seyn; aber nichts ist so fest verbunden, als
eben an diesem Tag Vergangenheit und Zukunft sind[,] und die Erinnerung an das was wir gewesen, ist immer nur die Vorbereitung auf
die Frage, was wir wol seyn werden, und wenn wir die Begebenheiten
in der Welt nur als Wirkungen von einer Menge einzelner unabhängiger Zufälle ansehn, so wird uns dieser Gedanke desto trauriger machen, je mehr wir auf die verfloßene Zeit Achtung gegeben haben.
Was kann uns wol deutlicher zeigen als unsre eigne Erfahrung wie
leicht der Mensch aus unbedeutenden Anfängen durch mancherlei
kleine Veranlassungen, die uns im gemeinen Leben nur allzu nahe
liegen, aus einem Fehltritt in den andern gestürzt wird[,] und wir haben kein Recht zu hoffen daß wir a l l e i n davon frei seyn oder daß

5 Mißmuth] *korr. aus Unleserlichem*   15–16 vermehrt die Erinnerung … so sind das
grade] *geändert aus* fliehn wir nicht die Erinnerung daran, welche die Freude über den
Ausgang so sehr vermehrt, dies sind grade   17 Jahres] *folgt* ⟨noch⟩   18–19 bei
dieser Erinnerung] *geändert aus* in diesen Stunden der Erinnerung   20 müßen uns
bemühen] *über* ⟨verleugnen⟩   20–21 zu verleugnen] *am Rand*   21 nur bei] *davor*
⟨bleiben⟩   21 zu bleiben] *über der Zeile mit Einfügungszeichen*   29 Zufälle] *über*
⟨Mensch ⌊ ⌋⟩   30 haben] *über* ⟨machen⟩   33 im gemeinen] *über* ⟨unangenehm⟩
35 daß wir] daß *über* ⟨seht⟩

ein glükliches Ohngefähr uns noch zu rechter Zeit aufhalten werde.
Von nichts können wir lebhafter überzeugt seyn durch das Andenken
an vorige Zeiten als davon daß an sich die Stüzen der menschlichen
Glükseligkeit äußerst unsicher sind, daß die Schwachheit unsrer Na-
5 tur, die Unvollkommenheit unsres Zustandes und die Fehler der Menschen mit vereinten Kräften daran arbeiten sie zu vernichten, daß
selbst unser Leben ohne Schuz durch Kleinigkeiten die aller Aufmerksamkeit und aller Vorsicht Troz bieten in einem Hauch aufgerieben
werden kann. Was gibt uns das für eine Aussicht, wenn unser Herz
10 nicht an der Religion hängt, wenn sie uns nicht mit einer Gesinnung
anfüllt von der man viel spricht aber die gerade dann wenn sie Noth
ist am ersten zu fehlen pflegt, nemlich mit dem kindlichen Zutrauen
zu Gott welches sich seiner Führung gelaßen überläßt und sich bei
seinem Willen gern und leicht beruhigt. Dazu wollen wir uns in dieser
15 Stunde durch Betrachtung Seines Wortes zu stärken suchen. |

Text. Matth. 7, 11.

So denn ihr die ihr arg seid könnet euern Kindern gute Gaben
geben, wie viel mehr wird euer Vater im Himmel Gutes geben
denen die auf ihn trauen.

20 Es ist Christo beständig eigen m. Th. und es ist ganz in den Geist
seiner Lehre verwebt daß er uns Gott als unsern Vater, uns als seine
Kinder vorstellt, und das thut er auch in diesem Theil seiner Bergpre-
digt, wo er die Gesinnungen Gottes mit den Gesinnungen eines Vaters
vergleicht, seine Jünger zur Heiterkeit und Zufriedenheit zur Liebe
25 und zum Glauben aufzumuntern sucht, bei allem was ihnen in ihrer
Lage begegnen könnte – und alles das gilt auch uns, ihren Nachfol-
gern. Kindlich sollen wir Gott fürchten, kindlich ihn lieben, kindlich
unsre ganze Hofnung auf ihn sezen. Nach diesem Maaßstab wollen
auch wir sehn, was wir bei dem Blik den wir am Anfang eines Jahres
30 in die Zukunft thun, von Gott unserm Vater in Absicht auf die beiden
großen Angelegenheiten des Menschen; seine Glükseligkeit und seine
Besserung erwarten dürfen.

Erster Theil.

Der Mensch, m. Th. ist ein so kleines so abhängiges Geschöpf wenn
35 man ihn gegen das Ganze betrachtet, daß es in der That gar nicht
scheint, als ob sein Wolbefinden bei der Regierung der Welt mit in

33r

---

2 lebhafter] *über* ⟨deutlicher⟩   4 unsicher] *über* ⟨schwach⟩   7 die aller] aller *korr.*
aus Unleserlichem   9 das für] daß für   23–24 die Gesinnungen ... vergleicht,] *am*
Rand mit Einfügungszeichen   29 Jahres] *folgt* ⟨thun⟩   36 der Welt] *geändert aus*
des Ganzen

Anschlag käme. Jeder Theil des großen Weltgebäudes wird nach ewigen Gesezen regiert, jedes Ding in der Natur um uns herum hat seine
beständigen Regeln nach denen es wirkt und auf sich wirken läßt und
von diesen Verhältnißen hängt die Gedeihlichkeit der Witterung, die
Gesundheit der Luft und mit ihnen der ganze äußre Wolstand des   5
Menschen ab, die beßere oder üblere Stimmung seines Gemüths die
oft auf ganze Familien ganze Gesellschaften ganze Völker einen großen und schnellen Einfluß hat. So scheint bei allen solchen Ueberlegungen die Natur die Hauptsache der Mensch ein unbedeutendes Ne-
bending, ein Spiel ihrer Kräfte zu seyn und wenn man auch von selbst   10
auf den Gedanken kommt daß diese ganze Welt mit allen ihren Gesezen, und allen Zufällen die kein Gesez zu haben scheinen dem Willen
eines höchsten Wesens dient, ach so wird man doch immer glauben,
daß der Mensch nur ein kleiner Bestimmungsgrund seines Verfahrens
33v   ist, daß es vielleicht auf das Wol der Menschheit im Ganzen | und auf   15
ihre großen allgemeinen Veränderungen, aber nicht auf das Wol des
einzelnen, auf eines jeden Glük, eines jeden Ruhe Rüksicht genommen
habe; das bleibt immer dem Zufall, dem unbeabsichtigten Zusammenfluß der Umstände überlaßen. So weit bleibt der Mensch für sich
selbst in dem Zutrauen zurük welches er auf den Herrn der Welt sezen   20
sollte; seine Weisheit ist so hoch, so weit umfassend, seine Liebe so
groß und allgemein, daß er sie nicht begreifen kann, daß er immer
über sein Schiksal mehr Angst, weniger Zuversicht weniger Hofnung
hat, als er sollte und könnte. Nicht so wir, die wir Christen und Christi Brüder sind; denen es so oft gesagt ist, daß der höchste Gott gegen   25
einen jeden von uns die Gesinnungen eines zärtlichen und weisen Vaters hat. Ein Vater mag noch so viel Sorgen haben, seine Geschäfte
mögen ausgebreitet, seine Besizungen groß seyn, nie wird er über allen
diesen Dingen auch nur ein Bedürfniß, einen Wunsch eines seiner Kinder vergeßen; nie wird er allen diesen Dingen das Glük eines seiner   30
Geliebten aufopfern, nur für sie lebt er, nur für sie handelt er, nur für
sie braucht er seine Kräfte und sein Vermögen. Und so auch ein Vater – so spricht der Herr – so auch eine Mutter ihrer Kinder vergäße,
so will ich doch euer nicht vergeßen, noch euch verlaßen. Ein Vater
kann nicht immer wie er will und muß manches Gute unausgeführt   35
laßen weil es nicht in seiner Macht steht. Gottes Macht ist so groß
als seine Liebe. Wir brauchen uns nicht mit dem immer doch traurigen
Gedanken zu trösten, daß es nicht anders seyn kann. Der einzelne

---

34–36 Ein Vater ... Macht steht.] *am Rand mit Einfügungszeichen*   38 anders] *über
der Zeile mit Einfügungszeichen*

33–34 Vgl. Jes 49,15

müße dem Ganzen geopfert werden; wir dürfen nicht seufzend erwarten was für Leiden auch in dem kommenden Jahr zum Besten andrer
über uns ergehn werden; vielmehr können wir uns an dem gleich erhabnen und rührenden Gedanken erlaben, daß um uns herum nichts
5 geschehen, daß uns selbst nichts betreffen wird, was nicht auch zu
unserm eignen Wohl gereichen werde; das Zutrauen laßt uns zu Gott
haben, daß schon in der ersten Einrichtung der Dinge väterlich für
uns gesorgt ist und daß der Herr alles seinen Kindern zum Besten
gereichen laße. Ein Vater hört mit zärtlichem Vergnügen die Wünsche
10 seiner Kinder und stößt sie nicht von sich[,] er erfüllt sie vielmehr so
gern; nach seiner besten Einsicht, nach seinem besten Vermögen gibt
er ihnen alle guten Gaben, die sie von ihm bitten und die ihr Herz in
den Zustand der Ruhe und Zufriedenheit versezen können. Wie viel
mehr unser Vater im Himmel. Laßt es uns gestehn[,] | wir sind alle   *34r*
15 und bleiben alle so lange wir auf Erden leben Kinder deren Herz sich
immer mit Träumen und Wünschen beschäftigt, wir alle nehmen von
dem ersten Tage an ein Bild von Glükseligkeit in das neue Jahr hinüber von dem wir glauben, daß es uns zufrieden stellen werde. Wir
brauchen uns aber deßen nicht zu schämen. Wir haben im Himmel
20 einen liebevollen Vater, der nicht nur weiß was wir bedürfen e h e wir
ihn darum bitten, sondern der es auch gern sieht daß wir ihn darum
bitten daß wir unsre Wünsche und Hofnungen zu seinen Füßen nie-
derlegen; einen Vater der gewiß in alle Wahrheit gute und vollkomne
Gaben geben wird, wenn er uns auch nicht a l l e s gibt, was wir wün-
25 schen. Und das gehört in der That mit zu dem Zutrauen, welches wir
zu Gott haben müßen, daß wir gewiß überzeugt sind[,] er werde uns
nicht alles gewähren, was wir wünschen; wer würde sich wol getrauen
etwas zu bitten, wenn alle Begehren des getäuschten Herzens und des
kurzsichtigen Verstandes gleich erfüllt werden sollten. Nein meine
30 Freunde wir alle kennen weder unser Bestes noch unser eignes Herz,
wir alle urtheilen oft unrichtig über unsre Glükseligkeit und suchen
oft mit aller Kraft und Lebhaftigkeit unsres Gemüths Befriedigung in
einem Gegenstand in einer Empfindung die uns weder ausfüllen noch
unser Wohl wirklich befördern würde. Laßt uns dennoch getrost sein:
35 w i r kennen unsre Glükseligkeit nicht, aber Gott kennt sie; er wird
aus der Samlung unsrer Wünsche so viel herausheben als uns gut ist
und wird es uns grade zu der Zeit geben, wenn es die beste Wirkung
auf uns zu thun im Stande ist. Aber ein Vater thut seinen Kindern
bisweilen wehe, er sieht sich bisweilen genöthigt ihnen Schmerz und
40 Kummer zu machen, und wehe ihnen wenn sie das von ihm zurük-

---

23 in] *korr. aus Unleserlichem*   34 Laßt] laßt *davor* ⟨Aber⟩   34 dennoch] *über*
der Zeile mit Einfügungszeichen

schrekt, wenn das nicht ihre Liebe vermehrt, wenn sie nicht dennoch
fest überzeugt bleiben, daß nur ihre Glükseligkeit gemeint sei, und
daß diese selbst aus ihrem Leiden desto schöner und herrlicher hervorgehn werde. Ach das laßt uns doch ja wol in Acht nehmen; das Leiden
ist ein Theil unsrer Glükseligkeit, den wir nie wünschen und der doch   5
sehr nothwendig ist. Wen Gott liebt den züchtigt er und er liebt uns
alle darum züchtigt er uns alle. Wir müßen den Wahn ausrotten, und
es ist nicht einmal ein schöner Wahn daß wir dieses Jahr ohne Unan-
nehmlichkeit ohne mehr oder weniger von der bittern Würze des Le-
bens verbringen würden und ich will das keinem von uns wünschen. | 10
Der Mensch ist einmal so, daß ihm die reinsten Freuden unschmak-
haft werden wenn sie alt sind, und wir irren uns, wenn wir glauben,
dieses durch beständige Abwechslung zu ersezen; die kann wol betäuben aber die Empfindlichkeit des Herzens, die Fähigkeit alles Gute so
sehr als möglich zu genießen die kann nur durch Beraubung durch   15
irgend eine Art des Leidens erhalten werden. Wenn wir diese Wahrheit
an dem Leitfaden unsrer eigenen Erfahrung verfolgen so werden wir
einsehn wie wichtig sie sind, wir werden auch Leiden groß oder klein
von Gott erwarten und sehn, daß das der höchste Punkt sei auf den
unser kindliches Vertrauen zu ihm in Absicht auf unsre Glükseligkeit   20
steigen könne wenn wir mit frommer Ruhe und Ergebung über unsern
verkehrten Eigenwillen triumphiren und es dem über alles guten Vater
im Himmel überlaßen wie er uns in dem künftigen Jahr durch schöne
und öde Gegend hindurchführen und unsre Glükseligkeit aus Freuden
und Leiden zusammensezen wolle.   25

Aus diesem wahren und eines Christen so würdigen Vertrauen auf
die Vatergüte Gottes wird in uns eine Gesinnung entstehn die uns
äußerst vortheilhaft ist. Der Mensch der allein sein eignes Herz bei
den Fragen über seine Glükseligkeit zu rathe zieht, sieht die falschen
Bilder derselben so lebhaft, daß er außer ihnen nichts gewahr wird,   30
sein Wolseyn ist das höchste was er sich denken, sein Uebelseyn das
schlimmste, wovor er erschreken kann; er ordnet sein Bestreben nach
Tugend unter seinem Bestreben nach Glükseligkeit. Der Christ aber,
der voll Vertrauen auf Gott ihm die Art sein Glük zu machen überläßt[,] deßen Wünsche alle sanft und gemäßigt sind[,] wird desto eher   35
gewahr daß es für sein Herz einen höhern Gegenstand der Beschäftigung gibt als blos seiner Empfindung eine angenehme und dauerhafte

34v

31–32 Uebelseyn das schlimmste,] Uebelseyn, das schlimmste   33 unter] *über der
Zeile mit Einfügungszeichen*   35 deßen Wünsche … gemäßigt sind] *am Rand mit
Einfügungszeichen*

---

6 *Hebr 12,6*

Nahrung zu geben; er stimt mit David überein, der nachdem er in
einer Fürbitte für sein Volk alle Wünsche irrdischer Zufriedenheit aus-
gelaßen so endigt: Wol dem Volk das so glüklich ist; aber noch weit
mehr wol d e m Volk, deß der Herr sein Gott ist und Wolgefallen hat
5 an seinen Werken; er versteht und übt den Ausspruch: Trachtet am
ersten nach dem Reiche Gottes und nach der Rechtschaffenheit des
Herzens, so wird euch das andre alles zufällig und weniger wichtig
scheinen ; das ist die schönste Frucht dieses kindlichen Zutrauens daß
das Herz gelaßen wird und lernt Tugend und Besserung höher zu ach-
10 ten als Glükseligkeit und Vergnügen. Ich wünsche und warum sollt'
ich es nicht hoffen, daß wir alle, die wir hier sind[,] von dieser Gesinnung durchdrungen seyn mögen, desto wichtiger und erfreulicher
wird uns der zweite Theil unserer Betrachtung seyn. |

II. Theil. 35r

15 Wenn wir schon in Absicht auf unsre Glükseligkeit und Lebensfreude
in dem neu angetretenen Jahr ein so ungemessenes Zutrauen auf Gott
sezen können und sezen müssen, wie heilsam und nöthig wird es uns
nicht erst sein wenn wir an unsere eigentliche Bestimmung denken,
an die Veredelung unseres Geistes die wir auch in diesem Zeitraum
20 aus allen unsern Kräften befördern sollen. Jeder dem sein innerer
Werth und die Vermehrung desselben am Herzen liegt, jeder der am
Schluß des Jahres über die Fehler der verfloßenen Zeit geweint, oder
sich dankbar über so manches gute gefreut hat, welches in seiner Seele
entstanden ist[,] hat sich auch gewiß ein neues lebhaftes Bild von der
25 wahren Größe und Vollkommenheit eines Nachfolgers Jesu gemacht,
dem er nachzustreben entschloßen ist; jeder der seine Mängel fühlt
hat das Jahr mit den besten Vorsäzen angefangen, wie er durch Ueberwindung und Arbeit diesen und jenen hervorstechenden Fehler ablegen, wie er durch Fleiß und Uebung dies oder jenes gute erreichen will
30 das ihm noch gebricht; aber wenn wir mit unsern Vorsäzen allein
stehn[,] so sind wir viel zu schwach sie auszuführen; äußre Umstände
bestimmen unaufhörlich unsere Handlungen, Verhältniße haben den
größten Einfluß auf unsern Charakter, und nun noch die feinen Fall-
strike die uns oft die Verführung legt, die Schwachheit unsers eignen

---

1 stimt] *davor* ⟨versteht⟩   1–2 in einer Fürbitte für sein Volk] *am Rand mit Einfü-*
gungszeichen   14 II. T h e i l.] *fehlt im Manuskript*   15–16 Lebensfreude in dem
neu] *geändert aus* die Freude unsers Leb   20 dem] *korr. aus* der   29 gute] *korr.*
aus Unleserlichem; über ⟨erth⟩   31 äußre] *davor* ⟨Wie viel⟩   32 bestimmen] *folgt*
⟨nicht⟩

3–4 *Vgl. Ps 144,15*   5–8 *Vgl. Mt 6,33*

Herzens, welches sich zu leicht den Eindrüken von außen überläßt;
wenn alle diese Dinge, die so stark auf uns wirken nur von Ohngefähr
zusammentreffen, oder unter der Regierung eines Wesens stehn, deßen
Absichten mit unserer Verbeßerung nichts zu schaffen haben, so ist
uns nur eine traurige Aussicht auf die Zukunft offen, so können wir   5
eher auf Verschlimmerung, als auf Verbeßerung rechnen. Aber wir
haben einen Vater im Himmel dem nichts mehr am Herzen liegt als
die Veredlung aller vernünftigen Geschöpfe die nach seinem Bilde geschaffen sind, der alle welche sich als seine Kinder ansehn wollen
auf das sorgfältigste führt und leitet, und alle ihre Verhältniße und   10
Begebenheiten mit den Bedürfnißen ihres Geistes in Einstimmung
bringt. Ein Vater, der auf das wahre Wohl seiner Kinder bedacht ist[,]
sucht alle ihre schwachen Seiten alle gefährlichen Neigungen alle kei-
menden Leidenschaften sorgfältig zu erforschen, und hält es für das
erste Zeichen eines guten Gemüthes wenn sie selbst sie fühlen und   15
35v ihm | ihre Entwürfe sie abzulegen anvertraun und seinen Rath und
Beistand erbitten. Gott braucht nichts zu erforschen, er kennt alle
unsere Gedanken von ferne und sieht die geheimste Falte unsers Herzens, wenn wir also unsre Fehler fühlen, wenn uns beim Antritt eines
neuen Jahrs das Bewußtseyn noch einmal so schwer drükt sie mit uns   20
hinüber zu nehmen, so können wir voller Zutrauen zu dem Vaterher-
zen Gottes hinzutreten ihm uns darstellen, und gewiß versichert seyn,
daß Er uns Seinen Beistand nicht versagen wird um uns dem Ziel zu
nähern, welches uns gestekt ist. Gewiß wird er unsre Bemühungen
segnen; gewiß wird es uns gelingen beßer und des Namens seiner Kin-   25
der würdiger zu werden, wir werden oft siegen über uns selbst, oft in
Verhältniße kommen, wo mancher zarte Keim des guten zur schönen
Pflanze herangepflegt, manches um sich greifende Unkraut leise ausgerottet werden wird, wenn nur diese Wünsche ernstlich sind und
wirklich aus dem Grund unsrer Seele herrühren. Aber dies Zutrauen   30
kann uns weder sicher noch stolz machen. Denn auch in diesem Stük
können nicht alle unsre Wünsche erfüllt werden, nur nach und nach
kann eine menschliche Seele reifen und niemals hier zur Vollkommenheit gelangen welche nur das Ziel der Ewigkeit ist; unser Bestreben
sei noch so redlich unser Leben noch so gut so wird dennoch die   35
menschliche Schwachheit einen großen Theil daran behalten, unser
Vertrauen bleibt auf der Linie stehn, daß er uns immer fühlen laßen

---

2 alle diese] *korr. aus* alles das   17 alle] *über der Zeile*   18 unsers] *folgt* ⟨Glük⟩
24 Gewiß] *korr. aus Unleserlichem*   27 mancher] *korr. aus Unleserlichem*   32 erfüllt werden,] erfüllt,

---

8–9 *Vgl. Gen* 1,27   17–18 *Vgl. Ps* 139,2

wird daß wir Menschen sind. Gott kann uns nicht alle unsre Fehler
nehmen, aber wird er uns wol vor aller Gelegenheit bewahren sie in
Handlungen zu äußern? wird das wahres Vertrauen seyn, wenn wir
hoffen wollten, er werde uns keiner Versuchung aussezen? Ein weiser
5 Vater geht nicht so zu Werk; er führt bisweilen seine Kinder an solche
Stellen, wo sie den ganzen Grad ihrer Schwachheit inne werden, wo
sich eine neue verstimmte Saite ihres Herzens entdeken kann; aber
mit wachsamer Sorgfalt sieht er darauf daß seine gute Absicht nicht
zum Bösen gelenkt werde, daß es sich dem Bösen nicht dahingebe
10 welches ihm nur dargestellt werden sollte. So auch unser Vater im
Himmel – wir können nicht anders gebessert werden, als wenn wir
uns erst selbst kennen und da ist es wol nöthig daß wir dann und
wann in Verhältniße kommen, wo wir die Grenzen unsrer erworbenen
Kräfte deutlich gewahr werden, wo wir uns selbst von mancher neuen
15 noch unentwikelten Seite kennen lernen; aber eben so gewiß ist es: er
wird dafür sorgen, daß wir der Versuchung nicht unterliegen, daß
neue Fehler nicht | in unserer Seele Wurzel faßen dürfen, daß wir nicht   *36r*
muthlos und abgeschrekt durch die richtigere Kenntniß unsrer selbst
den guten Weg verlaßen den wir eingeschlagen hatten. Eben so also
20 wie unsre unvollkomne Glükseligkeit aus Freude und Leid zu unserm
Besten zusammengesezt wird von einem Gott der uns wol will und
Freude hat an unserer Freude, eben so fest können wir ihm auch bei
allen Schwierigkeiten die dem Menschen im Wege stehn in Absicht
auf unsre Fortschritte im Guten vertrauen. Auch hier wird ein Wechsel
25 sein zwischen Freude und Leid des Geistes, zwischen Gelingen und
Mißlingen, zwischen dem Bewußtseyn erlangter Kräfte und dem Gefühl entdekter Schwachheiten, aber das ganze wird immer unser Bestes fördern und uns dem Zwek unsres Daseyns näher bringen: er
wird erreicht durch süße und bittere[,] angenehme und unangenehme
30 Mittel deren Mischung wir mit kindlicher Ergebenheit aus der Hand
eines weisen Vaters annehmen. Ihm wollen wir auch in dem neuen
Jahr unser Glük unsere Tugend und unser Leben überlassen. Ja auch
unser Leben; der Tod ist uns nach dem Lauf der Natur immer gleich
nahe[,] aber auch er wird uns nicht eher treffen bis *[Der Text*
35 *endet hier.]*

---

7 verstimmte] *über* ⟨schwache⟩   7 Saite] *korr. aus Unleserlichem*   31 Ihm] *folgt*
⟨überlassen⟩   31 wollen] *korr. aus* wir

Nr. 5
Am 25. Dezember 1791

Termin: 1. Weihnachtstag
Ort: Schlobitten
Bibeltext: Lk 2,25–32
Textzeuge: Autograph Schleiermachers; SAr 9, Bl. 54r–59v
Texteditionen: SW II/7, 1836, S. 117–134
Andere Zeugen: Keine
Besonderheiten: Die Datierung basiert auf den Briefzeugnissen KGA V/1,
                Nr. 172,4 und 206,1–29.

54r   Am ersten Weihnachtstag

Eingang. Wenn die Apostel Jesu den Christen die unmittelbar ihrem
Unterricht anvertraut waren einen recht starken Eindruk von den
Wolthaten ihres Erlösers geben wollten, so sagten sie zu ihnen: Niemand hat größere Liebe denn die, daß er sein Leben läßt für seine   5
Freunde, er aber ist gestorben für uns da wir noch Feinde waren, da
unsere Seele noch ganz entfernt war von den Gesinnungen worin Er
uns vorgegangen ist; und für uns m. th. hat er gelitten da wir noch
gar nicht waren. Wir brauchen aber nicht bei seinem Leiden stehn zu
bleiben; sein ganzes Leben war ein Leben für andere, denn weit ent-   10
fernt für seine eigne Glükseligkeit zu sorgen war der ganze Gang desselben nur für den Zwek berechnet die göttliche Wahrheit die ihm
vom Himmel anvertraut war unter den Menschen auszubreiten[;] dabei genoß er nicht einmal die Freude das Gelingen seiner Bemühungen
unter guten Menschen zu sehn da er fast durchgängig mißverstanden   15
und verkannt wurde und ein gutes Gedeihen des Samens, den er ausgesäet hatte nicht eher zu erwarten war als in der Zeit wo er nicht
mehr lebte und unter denen Menschen, die ihm nie gegenwärtig waren
und von denen er nichts wußte als daß sie Menschen wären wie er.
Was hätte ihn also zu dem standhaften Beharren bei einem solchen   20
Leben vermögen können, wenn er nicht immer von dem erhabenen
Gefühl der wärmsten allgemeinsten Menschenliebe, des ausgebreitet-
sten Wohlwollens gegen alle die der menschlichen Natur theilhaftig
sind beseelt gewesen wäre. Dies Gefühl ruhte als sein Erbtheil auf

---

4–6 *Joh 15,13*   6 *Vgl. Röm 5,10*

seinen ersten Jüngern, welche zu den entferntesten Nationen gingen,
ohne in irgend einem nähern Verhältniß mit ihnen zu stehn, ohne ihre
Unbekanntschaft und ihren Widerwillen zu scheuen, um nur Menschen die Wahrheiten die Christus gelehrt, und die Gebote, die Er
5 gegeben zu verkündigen; und eben dieses Gefühl hat Er auch uns mit
den Worten empfohlen, daß wir uns unter einander lieben sollen wie
Er uns geliebt hat. So kann es also bei uns denen dies Gebot und diese
Beispiele heilig sind nicht die Frage seyn[,] ob dies Gefühl nicht etwa
nur eine Träumerei desjenigen sei der das menschliche Leben nicht
10 kennt, eine übertriebene Spannung der Seele, worin sie sich höchstens
nur auf Augenblike erhalten kann; aber das ist | wol ein Wunsch den   54v
wir bei dieser Betrachtung fühlen, daß es recht viele Mittel geben
möge uns diese Gesinnung zu erhalten und zu beleben, da sie in dem
Kreise des gewöhnlichen Lebens wenig Aufmunterung findet. Denn
15 die verschiedenen Verhältniße desselben dienen wol dazu durch gegenseitige Bedürfniße die Menschen einander näher zu bringen, mancherlei Verbindungen der Freundschaft, des Wolwollens und der
Theilnahme zu stiften, und so den geselligen Neigungen des menschlichen Herzens Nahrung zu geben. Allein je näher wir uns auf diese
20 Weise mit einer größern oder kleineren Anzahl unsres gleichen verbinden, desto fremder werden uns die übrigen, desto weniger Herz behalten wir für die übrigen, mit denen wir in keinem besondern Verhältniß
stehn, und so geht über den freilich guten und edlen Gefühlen für
einige dasjenige verloren, was wir gegen alle haben sollten, die Emp-
25 findung des allgemeinsten und unbegränzten Wolwollens gegen die
Menschen. Aber wie werden wir uns nicht bestreben beides mit ein-
der zu vereinigen, wie lieb wird uns nicht die Menschenliebe werden,
wenn wir ihren Werth und ihr Wesen näher betrachten, und was kann
uns zu dieser Betrachtung mehr auffodern und uns mehr dazu ge-
30 schikt machen, als der heutige Tag! Alles außerordentliche und allgemeine macht uns geneigt, uns über das[,] was sich nur auf unsere
besondern Verhältniße bezieht, zu einer größeren Ansicht zu erheben;
und wo ist wol etwas außerordentlicher und allgemeiner als die Wolthaten die durch die Sendung Jesu über die Menschen ausgegossen
35 wurden. So werden wir also das Fest seiner Geburt in den Gottesdienstlichen Stunden desselben gewiß nüzlich anwenden, wenn wir
uns zu der Gesinnung ermuntern, die beständig in ihm herrschte, und
durch die er uns alles geworden ist.

33–34 Wolthaten] *folgt* ⟨und⟩

6–7 *Vgl. Joh 13,34*

Text. Luc. 2, – .

Wenn wir über die Triebfedern nachdenken, welche wol den frommen
Greis zu den starken Ergießungen der Freude und zu der ausnehmen-
den Rührung des Herzens brachten, als er den jungen Erlöser der Welt
in seinen Armen hielt, so sehn wir leicht, daß es nicht sein eignes   5
Bedürfniß gewesen seyn kann. Er war einer von den wenigen Weisen[,] die zu den Zeiten des Alten Bundes sich über ihr Zeitalter erhoben, die wirklich from und gottselig über die Irrthümer hinweg waren,
welche das Volk Israel fesselten, die den Grund derjenigen Erkenntniß
besaßen, welche Christus unter den Menschen allgemeiner zu machen   10
bestimmt war und durch sie getröstet wurden; da konnte es ihm selbst
55r   wol wenig helfen, | daß er dieses Kind in seinen Armen hielt, denn
ach er fühlte wol daß sein Alter ihm die Hoffnung raubte in den Tagen
der Männlichkeit und des Lehramts Jesu sein Freund zu seyn und
beglükende Lehren und Aussprüche aus seinem Munde zu hören, aber   15
in allem was er sagt zielt er auf die Wolthaten welche die ganze
Menschheit durch Christum genießen würde, das war seine Freude
daß er den noch sah der das alles bewerkstelligen sollte, daß er bei
seinem Hinscheiden von der Erde mit den freudigsten Hofnungen auf
seine Mitbewohner derselben bliken könne. Wir reden   20
      Von der Theilnahme des guten Menschen an dem wah-
      ren Wohl der Menschheit
und da sehn wir I. Worin diese Gesinnung besteht. II. Was sie in der
Seele voraussezt, und III. Was für Gutes sie in derselben hervorbringt.

      Erster Theil. Wenn wir nun die Frage untersuchen: worin die-   25
ses allgemeine Wolwollen sich zeige, da müßen wir zuerst bemerken,
daß wir demselben oft manches zuschreiben, was aus ganz andern
Quellen herrührt. Nicht jede gute Erweisung die wir einem Menschen
bezeigen, mit dem wir in keinem nähern Verhältniß stehn ist aus dieser Gesinnung abzuleiten; entweder geben wir überhaupt dem Gefühl   30
nach etwas gutes zu thun, das sich uns darbietet, oder einer wolwol-
lenden Stimmung in der wir uns befinden, oft auch wollen wir nur
das Mißvergnügen vermeiden, das uns der Anblik gewißer Leiden
gibt. Eben so wenig gehören gewiße andre Empfindungen hieher, ob
sie sich gleich über eine große Anzahl von Menschen verbreiten. So   35

---

2 Wenn] *davor kein Absatz*   2 über] *über der Zeile mit Einfügungszeichen*   7 Alten Bundes] A. B.   11 ihm] ihn   33 gewißer] *korr. aus Unleserlichem*   34 andre]
über der Zeile mit Einfügungszeichen

---

1 *Die Predigt legt Lk 2,25–32 aus.*

ist wol eine oft untadelhafte und gute Empfindung die Vorliebe welche
die meisten Menschen haben für das Land worin sie geboren und
erzogen sind, für das Volk unter dem sie leben, und in deßen Schuz
sie alle Annehmlichkeiten ihres Zustandes genießen. Andere haben
5 wieder auch ohne die Rüksicht auf die näheren geselligen Verbindungen besondere Wünsche und vorzüglichen Eifer für diejenigen die
durch Erkenntnißart gewißer religiöser Wahrheiten, durch Anhänglichkeit an einerlei Meinungen ihnen ähnlich sind. Auch das ist natürlich und ob es gleich zu vielen Mißbräuchen Raum gibt, so ist es doch
10 nicht an sich zu verwerfen. Aber beides gehört keinesweges zu unserm
allgemeinen Wolwollen gegen die Menschen überhaupt; denn diese
Gefühle beziehn sich auf eine Anzahl Menschen, die wir ohnehin
schon für beßer und glüklicher ansehn, und streben immer dahin ih-
nen noch mehr Vorzüge vor den übrigen zu | verschaffen, so werden   *55v*
15 ja natürlich diese uns immer fremder und ihr Antheil an unserm Wolwollen wird geringer, dahingegen die wahre Menschenliebe immer
von dem Wunsch voll ist, daß diejenigen unserer Brüder die noch im
Genuß mancherlei Wohls das ihnen möglich wäre, und in mancherlei
Vollkommenheit des Geistes hinter den übrigen zurükbleiben, ihnen
20 so viel wie möglich mögen näher gebracht und so auch unsere freudige Theilnahme an ihnen möge vermehrt werden. Wenn Simeon Gott
nur für die Erhebung seines Volks gedankt hätte so wäre seine Empfindung wol immer noch schön, aber keinesweges mehr ein Muster
dieser Gesinnung gewesen, aber im Gegentheil äußert er seine Freude
25 über die Erleuchtung der Heiden, die ja noch unglüklicher und hülfs-
bedürftiger waren eher und stärker als seine Freude über den Preis des
Volkes Israel. – Dazu komt noch dieses, daß Liebe zum Vaterland, zu
Glaubensgenoßen und dgl. Gefühle immer einen großen Bezug auf
unser eignes Wohl haben; denn der Glanz des Volkes zu dem wir
30 gehören, und das Ansehn und der Ruhm derer die eines Sinnes mit uns
sind fällt gewißermaßen auf uns zurük, vermehrt unmittelbar unsere
Annehmlichkeit[,] befriedigt unsere Eigenliebe, schmeichelt unserm
Stolz. Jenes allgemeine Wolwollen aber ist eine Empfindung wobei es
gar nicht auf die Befriedigung einer unserer Neigungen auf die Beför-
35 derung unserer eigenen Glükseligkeit ankommt, sondern die das Herz
mit dem uneigennüzigen aber dennoch lebhaften und fast ununterbrochenen Wunsch erfüllt: daß alles was Mensch heißt und an unserer
Natur Theil hat, immer mehr und mehr seiner Bestimmung nachkommen möchte. Das war es also was den Grund seiner Gedanken aus-
40 macht, wenn er auf die Welt um sich her sieht, das ist der Gesichts-

---

4 genießen] *korr. aus Unleserlichem*   9 Raum] *korr. aus Unleserlichem*   **40** das
ist] *korr. aus* daß ist

punkt worauf er alle Begebenheiten und alle Handlungen der
Menschen bezieht[,] daß doch das Reich der Leidenschaften und der
schädlichen Irrthümer unter den Menschen vermindert, daß das Gute
ihnen leichter und gewöhnlicher und die Erkenntniß der erhabenen
Wahrheiten die sich auf Religion und Tugend beziehn unter ihnen   5
ausgebreiteter werden möchte. | Und wie so ganz nahe liegen ihm
nicht in dieser Rüksicht seine Brüder am Herzen; er braucht nicht
einmal außer sich herauszugehn um sich der Gesinnungen der Menschenliebe bewußt zu werden: Wenn irgend eine von den schönen
Empfindungen oder eine fruchtbare Ueberlegung der kalten Vernunft   10
ihn in einem sonst schweren Guten gestärkt hat, und es ihm glüklich
vollbringen half, o wie warm wünscht er da dies Hülfsmittel allen die
mit ihm in dem nemlichen Fall sind mittheilen zu können; wenn es
ihm einmal gelungen ist einer Versuchung der er oft unterlegen durch
irgend eine fromme oder gute Wendung der Gedanken, durch das   15
Aufweken irgend einer Kraft der Seele zu widerstehn, einen sonst gewohnten Fehler zu vermeiden, wie erbittet gleich das menschen-
freundliche Herz den nemlichen Segen des Himmels für alle Kranke
derselbigen Art; wenn ein vorher nicht erblikter Zusammenhang ihm
eine Wahrheit deutlich machte oder einen Irrthum entlarvte, worüber   20
ihn bisher Zweifel und Ungewißheit gequält und manche trübe Stunde
in seine Seele, manche schiefe Handlung in sein Leben gebracht hatte,
wie wäre er so gern die Stimme[,] alle die er erreichen kann ebenfalls
darauf aufmerksam zu machen und durch einen neuen Stral einen
bisher dunkeln Winkel ihrer Seele zu erhellen. | Was für Freude ge-   25
währt ihm nicht jede Nachricht auch nur von einem einzelnen Guten
und edeln Frommen der ihm bisher unbekannt gewesen; auch ohne
seine Freundschaft zu genießen, auch ohne die Hofnung ihn zu kennen, freut er sich innig weil er ihn als einen Schaz der Menschheit
ansieht der an seinem Theil zu ihrer Besserung thätig ist; wie freut er 30
sich nicht einer jeden menschenfreundlichen Handlung die sich ihm
darstellt, sein gutes Herz zeigt ihm immer weit ausgebreitet alle schö-
nen | Folgen derselben; wie entzükt ihn jeder Funke von Licht und
Wahrheit den er irgendwo aufgehn sieht; denn schon im voraus sieht
er immer den hellen Schein den er einst um sich verbreiten wird. Wie   35
triumphirt er, wenn sich unter irgend einer Gesellschaft von Menschen, die bisher von anderen Trieben regiert wurde Liebe und Eifer
zum Guten zeigen[,] wie frohlokt er über jede Vereinigung guter Menschen zur Beförderung des Guten. Und wenn er gewahr wird, wie der
Ausbreitung desselben noch in vielen Stüken so ganz allgemeine weit   40

6–25 Und wie ... zu erhellen.] *mit Umstellungszeichen auf Bl. 56r hinter* verbreiten
wird.

um sich greifende Ursachen im Wege stehn, wie falscher Schimmer
irrdischer Güter und der zu große allgemein darauf gelegte Werth die
Menschen ihr wahres Wol verkennen macht und sie selbst den klein-
lichsten Leidenschaften Preis gibt, wie eine vom Verstand nicht be-
5 herrschte Fantasie den Menschen so häufig von den einfachen Wahrheiten der Religion zu den Träumen der Schwärmerei hinleit, wie
niedriger Eigennuz auf der einen und sträfliche Unthätigkeit auf der
andern Seite immer noch die Finsterniß des Aberglaubens erhalten; o
wie sehnt er sich da nach großen Hülfsmitteln die der Tiefe und dem
10 Umfang so allgemeiner Uebel angemessen sind; wie müht sich sein
Geist nicht um nur eine mögliche Wendung im Gang der Vorsicht zu
finden wodurch denselben begegnet werden könnte! Wie wünscht er
sich den Tag zu sehen da ein solcher Stern des Heils aufgeht und was
für Entzükung fühlt er nicht wenn er sei es auch nur am Rande |
15 des Grabes die ersten Strahlen desselben erblikt. So war Simeon, so   *56v*
müßen wir nach dem was wir von ihm wißen schließen daß er auch
im übrigen gewesen sei. Wenn er sich bei seiner Art zu denken, bei
seiner redlichen Uebung der Tugend so wohl fühlte, o wie oft mag er
gewünscht haben doch diesen Sinn unter den Menschen verbreiten zu
20 können; wenn er eine Schwachheit nach der andern mit den Jahren
überwand, wie oft mag er da gebetet haben, daß doch auch die die er
in mehr als Schwachheit um sich her wandeln sah bald dieser großen
Hülfe im menschlichen Elend, der Unterstüzung einer reinen und wahren Religion möchten empfänglich gemacht werden. Wie mag er sich

---

1–4 wie falscher ... Preis gibt,] *mit Umstellungszeichen vier Zeilen tiefer hinter* Aberglaubens erhalten;   8 Finsterniß des Aberglaubens] *korr. aus Unleserlichem*   15–
13 So war ... alle die großen Wolthaten] *umgestellt und geändert aus* So war Simeon.
Derjenige, der jezt mit solcher Inbrunst dem Herrn für die Erscheinung Christi dankte,
wie oft mag er in dem nemlichen Tempel gewesen seyn um sie zu erflehn! so müßen
wir nach dem was wir von ihm wißen schließen daß er auch im übrigen gewesen sei.
Wie mag er sich gefreut haben wenn er hie und da, aber freilich konnte ihm das nur
selten begegnen[,] einen gleichgesinnten Menschen antraf von den nemlichen GrundSäzen der Tugend und Frömmigkeit erfüllt, wie froh mag er sich die Nachkommen gedacht haben, die von ihm zu der nemlichen Denkungsart erzogen würden. Wenn er sich
bei seiner Art zu denken, bei seiner redlichen Uebung der Tugend so wohl fühlte, o wie
oft mag er gewünscht haben doch diesen Sinn unter den Menschen verbreiten zu können; wenn er eine Schwachheit nach der andern mit den Jahren überwand, wie oft mag
er da gebetet haben, daß doch auch die die er in mehr als Schwachheit um sich her
wandeln sah bald dieser großen Hülfe im menschlichen Elend, der Unterstüzung einer
reinen und wahren Religion möchten empfänglich gemacht werden. Was für eine Empfindung mag es ihm gewesen seyn, wenn er etwa von einem der Pilger die aus fernen
Landen kamen um die hohen Feste des Volks in Jerusalem zu feiern, hörte, daß auch
unter den Heiden deren Unglük ihm so beklagenswerth schien [es] Menschen gab die
wenigstens ihrem bessern natürlichen Gefühl folgten und das Gute liebten, so weit sie
es kannten, und alle die großen Wolthaten

gefreut haben wenn er hie und da, aber freilich konnte ihm das nur
selten begegnen[,] einen gleichgesinnten Menschen antraf von den
nemlichen GrundSäzen der Tugend und Frömmigkeit erfüllt, wie froh
mag er sich die Nachkommen gedacht haben, die von ihm zu der
nemlichen Denkungsart erzogen würden. Was für eine Empfindung   5
mag es ihm gewesen seyn, wenn er etwa von einem der Pilger die aus
fernen Landen kamen um die hohen Feste des Volks in Jerusalem zu
feiern, hörte, daß auch unter den Heiden deren Unglük ihm so beklagenswerth schien es Menschen gab die wenigstens ihrem bessern natürlichen Gefühl folgten und das Gute liebten, so weit sie es kannten.   10
Derjenige, der jezt mit solcher Inbrunst dem Herrn für die Erscheinung Christi dankte, wie oft mag er in dem nemlichen Tempel gewesen seyn um sie zu erflehn und alle die großen Wolthaten auf die
Menschheit herabzubeten, die er nur durch ihn möglich glaubte. Wie
entfernt war auch noch in dem Augenblik da er Christum in seinen   15
Armen hielt die Erfüllung dieser Hofnungen[,] aber wie nahe war sie
dem Gläubigen und wie lebhaft wirkte sie auf das Herz voll Menschenliebe.

Nur auf dies Verlangen nach der wahren Geistigen Verbeßerung
der Menschen bezieht sich dann alles übrige Gute was der Menschen-   20
freund für sie auf seinem Herzen trägt. Es ist wahr man kann für die
Glükseligkeit des Ganzen keine so bestimten Wünsche thun wie für
das Wohlseyn der einzelnen, deren ganze Lage man genauer kennt,
und es kann auch kein so unmöglicher Wunsch in uns entstehn daß
die ganze Menschheit ohne Leiden und Unglük seyn könnte; irdische   25
Glükseligkeit kann auch überdem nicht der höchste unbedingte
Wunsch eines guten Menschen weder für sich noch für andere seyn.
Aber dennoch wenn man es selbst erfährt was für eine zufriedne Ruhe
die Seele durch einen gewißen Grad eines verhältnißmäßigen Wolergehns genießt und was für schöne Früchte diese Ruhe auch für ihr   30
wahres Glük trägt, wie sie die schönen Gefühle des thätigen Danks
gegen Gott lebendig erhält, wie sie das Herz erheitert und mit frohem
Muth erfüllt, wie sie es zu allem Guten geschmeidig und emsig macht,
57r   o so ist es ja natürlich zu wün|schen, daß diese Ruhe unter den Men-
schen verbreitet werde; wenn wir es selbst fühlen oder an anderen   35
sehn, was für traurige Folgen gewiße Arten drükender Leiden zu haben pflegen: wie sie die Seele niederschlagen, sie einer dumpfen Ver-
zagtheit hingeben und alle ihre Kräfte abstumpfen, o wie wünscht
man da daß doch der größere Theil dieses Leidens den die Menschen

---

sich selbst oder einander zuziehen möge gemindert werden. Willkommen ist uns da jede Erfindung des Menschlichen Geistes die neue Quellen des Wolseyns hervorbringt. Gesegnet jeder dem es gelingt neue Wege zu finden wie die Menschen mehr Mittel ihres Bestehens
5 und mehr Früchte aus ihrem Fleiß ziehn können um drükender Dürftigkeit zu wehren; neue Heilkräfte der Natur um sich von bisher unwiderstehlichen Uebeln zu befreien; gesegnet jeder der so viel möglich in seinem Kreise thut um auf alle Weise mehr Wolseyn unter den Menschen zu verbreiten. Und wenn man sieht wie es noch so viel traurige
10 allgemeine Quellen des irdischen Uebelseyns unter den Menschen gibt[,] wie sie hier durch eine sorglose Unwissenheit sich selbst an den Fortschritten in ihrem Glük hindern, da durch ungerechte Unterdrükung anderer das Vermögen dazu ihnen genommen wird[,] o da sollte man sich nicht sehnen in der Regierung Gottes bald Mittel erscheinen
15 zu sehn um diese der Menschheit so unwürdigen Uebel zu vertreiben?

Z w e i t e r T h e i l. So zeigt sich m. A. Z. in allen Stüken diese schöne Gesinnung der allgemeinen Menschenliebe, allein da könnte man wol denken, daß manches zu der Aeußerung derselben gehöre was nicht das Eigenthum eines jeden Menschen seyn kann, eine ge-
20 wiße eigene Sorglosigkeit um sich so genau um das was außer uns selbst und unsern nächsten Verhältnißen ist bekümmern zu können; ein gewißer bequemer Standpunkt auf dem man einen Theil der Begebenheiten der Welt übersieht und der doch nur gewißen Ständen eigen ist; eine gewiße Bildung der Seele durch Kenntniße um über das Wohl
25 und Uebel der Menschen nach gewißen Grundsäzen zu urtheilen. Allein das ist nur ein bloßer Schein. Waren wol die Jünger Jesu frei von Sorge für sich selbst da sie so oft nicht nur des nöthigsten mangelten sondern auch verfolgt und in Gefahr ihres Lebens lebten? Waren sie nicht aus der zahlreichsten geringsten Klaße des Volkes? und wo hat-
30 ten sie andere Kenntniße hergenommen als die welche der natürliche Verstand und die Erfahrung des gewöhnlichen Lebens einem jeden Menschen gewährt? Eben so war auch der Greis von dem unser Text redet nur durch die Eigenschaften seiner Seele ausgezeichnet. Es komt ja auch bei dieser Theilnahme an dem Wohl der Menschheit nicht
35 darauf an, daß alles was dasselbe irgendwo betrift zu unserer Kenntniß komme, sondern nur darauf mit was für einem | Sinn wir an dem *57v* was wir erfahren Theil nehmen und wie uns das was wir von unserm Standpunkt aus gewahr werden rührt. Ein jeder Mensch also kann an

---

4 Wege] *korr. aus Unleserlichem* 11 an den] den *korr. aus* ihren 23 der doch] der *korr. aus* das 28 auch] *über der Zeile* 38 rührt.] *folgt* ⟨Aber dennoch ist diese Hofnung der Menschen nicht eine Empfindung die unbedingt ein Jeder Mensch haben könnte, sie sezt schon viel Gutes in unserer Seele voraus.⟩

der Empfindung Theil haben, wenn nur in seiner Seele das anzutreffen
ist, worauf sich diese Denkungsart allein gründen kann. Was ist
denn das?

Erstlich. Vor allen Dingen ein überhaupt wolwollendes Herz,
eine Seele die der Empfindungen fähig ist die den Menschen so vor-   5
züglich eigen sind, fähig sich auch über das Gute außer ihm selbst zu
freun, und es gern zu befördern. Sollte wol irgend ein Mensch so mit
Sorgen beladen seyn, sollte es wol so ungünstige Verhältniße geben,
wodurch dieses Gefühl erstikt werden könnte? ich glaube wir können
uns so etwas kaum denken. Vielmehr ist jeder Zustand geschikt es zu   10
unterhalten weil ein jeder uns auf seine eigne Weise mannigfaltig an
die Menschen bindet. Nein Wolwollen ist der Grund der Menschlichen Seele und nichts kann ihn umwerfen wenn wir ihn nicht selbst
zerstören und wer wolwollend ist, in dem liegt auch die Fähigkeit
sich wenn er dies köstliche Gefühl unterhält und wachsen läßt durch   15
Ausbreitung seines Bliks bis zu jenem allgemeinen Wolwollen zu erheben. Aber freilich, wen nichts anzieht als was in ihm selbst ist, wer
zu jenem unglüklichen Grad der Verhärtung gekommen ist nur an
seinem eigensten Vergnügen Freude zu finden nur über seinen eigenen
Schmerz zu klagen und bei allem übrigen gleichgültig zu seyn, für den   20
ist auch der Name Menschheit nichts, der liebt nur sein kleines i c h
und wird noch weniger fähig seyn etwas bei dem Wohl oder Weh des
Ganzen zu empfinden, das er nicht sieht, da er sich nicht einmal um
die einzelnen bekümmert die nahe um ihn her sind.

Z w e i t e n s gehört auch dazu ein richtiges Urtheil über das, was   25
den Menschen allgemein gut ist; wem dieses fehlt der kann selbst bei
dem wolwollendsten Herzen zu keiner wahren Menschenliebe gelangen. Wenn er das Wolsein derselben in äußern Vorzügen und irrdischen Freuden sucht, so muß er nothwendig Vielen übles wünschen
indem er einigen gutes wünscht, und so kann also seine Empfindung   30
niemals allgemein werden; sucht er das Wohl der Menschen in Befolgung eingeschränkter einseitiger irriger Grundsäze und Lebensregeln
so wird er sich nicht nur oft in seinen Wünschen für ihr Wohl widersprechen sondern er wird auch nothwendig die größte Anzahl derselben für dieses Glüks unfähig halten. Aber auch ohne dieses würde   35
seine Menschenliebe bald aus Mangel an Nahrung, denn indem seine
Berechnungen für das Wohl der Menschen ganz von den Absichten
und Wegen des Höchsten verschieden sind, so wird nur sehr selten

---

1 der Empfindung] derselben *[vgl. vorangehende Streichung]*   6 sind,] ist,   7 Sollte
wol] sollte wol   10–12 Vielmehr ... bindet.] *mit Umstellungszeichen vier Zeilen tiefer
hinter* zu erheben.   17 Aber] aber   28 Wenn] wenn   29 Vielen] *über* ⟨einigen⟩
33 seinen] *korr. aus* ihren   36 Nahrung] *zu ergänzen wohl* absterben

zufäl|liger Weise etwas von dem geschehen was er für nothwendig
hält, und eine Empfindung von der Art muß bald unterliegen wenn
sie nicht durch glüklichen Erfolg, und durch Freuden die sie gewährt
unterhalten wird. Aber sollte es wol irgend jemandem unmöglich seyn
5 diese zur Menschenliebe so nothwendige Kenntniß zu erlangen? sollte
sich wenigstens ein Christ darüber beklagen können, daß es schwer
sei, er[,] dem so deutlich das was dem Menschen nothwendig ist vorgezeichnet steht?

Aber freilich ist das Dasein dieser Erkenntniß noch nicht hinläng-
10 lich; wir sehen es in der täglichen Erfahrung so oft, daß der Wille des
Menschen sich nach etwas ganz anderm hinneigt als nach dem was er
als gut erkannt hat, daß die besten Vorschriften dem Verstand eingedrükt sind und das Herz dennoch in unruhiger Bewegung denenselben
entgegenstrebt: darum müßen wir noch hinzusezen: Um zu dieser Ge-
15 sinnung der Menschenliebe zu gelangen muß die Erkenntniß dessen
was das wesentliche und wahre Wohl der Menschen betrifft, nicht nur
im Kopf bestehn, sie muß vielmehr in das Herz übergegangen seyn,
tüchtig in demselben gewirkt und ihm eine gewiße Ruhe mitgetheilt
haben. Es kann seyn, daß bei der richtigsten Erkentniß von dem was
20 das wahre Gut der menschlichen Seele ist dennoch das Herz voll irrdischer Wünsche ist, die den ersten Plaz in demselben einnehmen, dann
ist es zu sehr in seinem eignen Kreise beschäftigt, als daß es sich so
weit außer sich sezen könnte, dann sind ihm überall zu viele Menschen im Wege, als daß es sie um ihrer selbst willen so im allgemeinen
25 lieben sollte; es kan seyn daß dennoch das Herz von mancherlei Leidenschaften umhergetrieben wird, und dann ist es in einer zu unsteten
unruhigen Bewegung als daß eine so ruhige Gesinnung in demselben
statt finden sollte. Ist aber diese Kenntniß in dem Herzen so lebendig
wie sie in dem Verstande deutlich ist, ist nur das Interesse für Tugend
30 und Religion dasjenige worauf alles sich in demselben bezieht: so gehn
auch die allgemeinen Wünsche für andere welche daraus entstehn
über die kleinen Wünsche des irrdischen Vergnügens für sich selbst,
und diese wenn sie auch das liebste betreffen was wir im irrdischen
kennen laßen innere Ruhe genug in der Seele um mit der lebhaftesten
35 Theilnahme das Beste der Menschheit welches sich auf Religion und
Tugend bezieht zu umfassen. So war der fromme Greis unsers Textes:
weit davon entfernt gleichgültig gegen alles um ihn her nur alles auf
sich selbst zu beziehn, nur für sich zu empfinden und zu wünschen[,]
hatte er vielmehr eine gewiße Gleichgültigkeit gegen sich und das was
40 ihn noch erwarten konnte, nur für andre brannte sein Herz: Wolwollen erfüllte seine ganze Seele. Weit entfernt das Beste der Menschen

---

18 tüchtig] *korr. aus Unleserlichem*   **25** von] *korr. aus Unleserlichem*

58v die er liebte in irdischen Dingen zu suchen wartete er nicht wie vie-
le | seiner Zeit auf einen Messias, der das irdische Glük seines Volkes
aufrichten und es zu einer der ersten Nationen der Erde machen
würde, sondern auf den der alle Völker erleuchten durch den vieler
Menschen Gedanken offenbar und geläutert werden würden. Weit   5
entfernt noch ein Spiel heftiger Wünsche und Leidenschaften zu seyn
hatte vielmehr eben dieses Glük eines über die wichtigsten Gegenstände richtig urtheilenden Verstandes und eines zu Gott freudigen
Herzens eine beneidenswerthe Ruhe über seine Seele verbreitet. Keine
Begierde störte dieselbe nur ein Wunsch hatte ihn jezt noch erfüllt   10
deßen Gewährung er erst genoß und der nichts anderes war als der
schönste Ausbruch seiner durch Festigkeit und Ruhe des eigenen Herzens gestärkten Menschenliebe.

So sehn wir also daß jeder Christ dieser uns von Christo empfoh-
lenen Gesinnung fähig ist, daß sie keinen gewißen äußern Zustand   15
voraussezt, aber wol eine allgemeine und feste Richtung des Herzens
zum Guten und so ist der Grad in dem wir diese Menschenliebe in
uns finden der Maaßstab für einige sehr wesentliche Eigenschaften
eines christlichen Gemüths[:] je öfter und wärmer Du Dich von ihr
hingerissen fühlst desto mehr Einsicht des Guten ist in Deinem Ver-   20
stand, desto mehr Wolwollen überhaupt, desto mehr Liebe und Eifer
für die gute Sache in Deinem Herzen. Je kälter und gleichgültiger Du
an den Zustand der Menschen im allgemeinen denkst desto mehr fehlt
es dir gewiß noch an einem von diesen drei Stüken.

Dritter Theil.   Und eine Gesinnung welche schon so viel Gutes   25
erfodert die kann auch unmöglich unfruchtbar seyn, die muß auch
nothwendig in dem Herzen desjenigen der ihr Raum gibt mannigfalti-
ges Gute hervorbringen; und das ist auch so.

Zuerst hat sie gewiß den wolthätigen Einfluß auf uns, der alle
Empfindung begleitet, welche uns in etwas über unsere engen Verhält-   30
niße emporhebt; sie gibt der Seele eine stärkende Spannung, wodurch
sie aller ängstlichen Sorge und Kummers so wie aller jauchzenden und
übertriebenen Freude über irrdische Dinge nach und nach unfähig
wird, und eine gewiße Gelaßenheit gegen alle Begegniße erhält. Wenn
man einen so großen die Seele so oft und stark beschäftigenden Ge-   35
genstand der Theilnahme hat, so erträgt man es leichter daß die kleineren minder wichtigen uns entzogen werden oder den Wechsel alles
59r irrdischen erfahren. | So war Simeon, man sieht es der Ruhe womit

---

4 alle] *korr. aus Unleserlichem*   31 wodurch] *über* ⟨welche⟩   38 erfahren.] *folgt*
⟨So wie derjenige der die bewundernswürdige Schönheit des Himmels betrachtet den
Stich eines Insekts weniger achtet, als der, der sorglos ohne einen herrschenden Gedan-
ken im | Grase spielt.⟩

er dem Tode entgegensieht an, wie gelassen er auch das Leben mit
seinen Abwechslungen zu tragen wußte.

    Aber weit entfernt daß uns diese Gesinnung mit dem Leben zu-
gleich auch die Pflichten desselben minder wichtig machen sollte gibt
5 sie uns vielmehr neue Antriebe auch die kleinsten mit dem größten
Fleiß zu erfüllen. Wenn viele Menschen die das Gute wirklich wollen
dennoch in der Uebung desselben gegen andere so träge und läßig
sind, so komt es nur daher weil sie nicht alles das was in dieser Rüksicht gut und pflichtmäßig ist, dafür erkennen. Wenn sie in dem Fall
10 sind jemandem mit dem sie in keinem Verhältniß stehn oder dessen
Verhältniß mit ihnen grade dieses nicht erfodert einen Dienst leisten
zu können eine Pflicht der Liebe gegen ihn zu üben, vielleicht grade
eine solche welche den wenigsten Dank hervorzubringen pflegt[:] so
hält sie der Gedanke ab, daß es ihre Sache nicht sei sich so genau um
15 ihn zu kümmern. Derjenige hingegen deßen Herz mit Menschenliebe
erfüllt ist fühlt auch das beständige Bestreben so viel ihm immer möglich ist wirklich für die Menschen zu thun. Diesen Stempel drükt er
allen seinen Handlungen ein; er sucht immer welche auf wodurch er
in seinem Kreis etwas für andere schaffen kann; es ist nicht nöthig
20 daß jemand mit ihm verbunden sei um alle Pflichten des Menschen
und des Christen gegen ihn zu erfüllen, er eilt ihm zu dienen weil er
ein Mensch ist, und denkt bei jeder Gelegenheit wie gut würde es
um die Menschheit stehn wenn ich immer wenn jedermann immer
so handelt.

25   Diese edle Gesinnung vermehrt ferner unsre Dankbarkeit und Ergebung gegen Gott, und gibt uns unzählige Gelegenheit ihn zu loben
und zu preisen. Warum scheint es vielen als ob gute Menschen etwas
so seltenes wären? warum finden sie gute Handlungen so selten? weil
sie sich so selten danach umsehn, weil sie von andern Dingen angezo-
30 gen gleichgültig dabei vorübergehn, und dann wenn sie etwas erinnert
den Zustand der Welt in dieser Rüksicht zu untersuchen[,] so besinnen
sie sich nicht dergleichen etwas gesehen zu haben. Derjenige hingegen,
dessen Herz von Menschenliebe durchdrungen ist, hat nichts angeleg-
neres als dem Guten nachzufragen, was in der Welt vorhanden ist,
35 dieses ist überall der erste Gegenstand seiner Untersuchung; er weiß
daß das Gute nicht sucht Aufsehn zu machen, daß es oft verborgen
bleibt, desto eifriger geht er ihm nach und wie viel gute Menschen,
wieviel Saamen der Tugend und Gottesfurcht, wieviel Strahlen der
Wahrheit entdekt er nicht; er findet immer den Zustand der Welt be-
40 ßer als andre, und lobt und sagt Dank wo andere nur Klagen hören

---

27 vielen] *folgt* ⟨Mens⟩   29 von andern] *über* ⟨gleichgül⟩   30 dabei] db *über der*
Zeile mit Einfügungszeichen   35 Gegenstand] *korr. aus Unleserlichem*

59v laßen. Warum sind die Menschen immer voller bösen Urtheile von ihren Brüdern? warum wird soviel | wirklich gutes derselben verkannt und für böse gehalten? weil sie nicht aufmerksam genug ihr Urtheil nach dem ersten Schein einrichten und sich aus der Neigung das Böse als wahr anzunehmen besonders dann mit diesem Schein begnügen,   5
wenn er ihnen etwas nachtheiliges zeigt. Eben dieser Mangel an Aufmerksamkeit führt sie auf eben die Weise in ihren Urtheilen von den Wegen Gottes irre die ihnen oft nachtheilig für die Menschen zu seyn scheinen weil sie ihren Zusamenhang nicht übersehn. Der wahre Menschenfreund hingegen nimmt an allen diesen einen viel zu großen An-   10
theil als daß er sich mit einem flüchtigen Blik begnügen sollte und so findet er oft das gut und nüzlich was andre für böse und unvollkommen hielten. Daraus entsteht denn auch eine besondere Beruhigung für solche Fälle, wo sich wirklich die Göttliche Weisheit vor menschlichen Augen verbirgt, und wo wir das Gute was sie damit beabsichtigt   15
nicht gewahr werden können; wo andere bei unläugbarer Unvollkommenheit des einzelnen stehn bleiben da tröstet sich der Menschenfreund mit einer gewiß vorhandenen wenn auch von ihm nicht bemerkten vortheilhaften Beziehung aufs Ganze; so wie Simeon ohne in seiner Ruhe gestört zu werden der Maria voraussagte daß Christus   20
auch zum Fall und zum Aergerniß vieler in Israel seyn würde.

Dies sind die schönen Früchte, die wir zu erwarten haben, wenn wir den zarten Keim der Menschenliebe in unserm Herzen pflegen und nähren, und dazu haben wir heute die schönste Ermunterung. Wenn wir mit unserm eignen Herzen fertig sind, wenn wir die Unter-   25
suchung was von allem dem guten in uns wir wol seiner Erscheinung verdanken, und was auch unsre Seele wol ohne ihn geworden seyn würde mit gutem Vorsaz und dankbarem Lobe beschloßen haben; dann laßt uns unsern Blik auch weiter auf das richten was die ganze Menschheit dadurch gewonnen hat: Ehre ist dadurch geworden Gott   30
in der Höhe, Friede auf Erden und den Menschen ein Wohlgefallen. Wie ist die wahre Erkenntniß des Höchsten dadurch unter einem großen Theil der Menschen ausgebreitet; wie ist nicht Gesinnung der Liebe so fest in sie gepflanzt, wie sind sie nicht glüklicher und zufriedener geworden! Dies ist das Fest der Menschenliebe. Diese Begeben-   35
heit ist es, die uns am lautesten dazu aufruft und uns durch sie erhebt! Wie sollten wir uns noch irrdisch ängstigen; der uns ihn gab wird uns mit ihm auch alles andere geben! Wie sollten wir noch an Seiner Weis-

---

32 Wie ist] *über der Zeile mit Einfügungszeichen*   32 die wahre] Die wahre
32 Höchsten] *folgt* ⟨ist⟩   38–1 an Seiner Weisheit] *über* ⟨träge sagen⟩

30–31 *Vgl. Lk* 2,14

heit zweifeln, wenn uns bisweilen die Lehre Jesu verkant scheint? Wir rufen vielmehr immer aus: welche Tiefe der Weisheit und der Liebe Gottes! Der diese Anstalt traf wird auch so viel Seligkeit als möglich dadurch hervorbringen! Wie sollten wir noch trage seyn im Guten?
5 Unsere Seele hebt sich den Fußstapfen deßen zu folgen der die Menschen so hoch geliebt hat. Am Tage Seiner Geburt laßt es uns geloben wenigstens in unserm Kreis immer mit seiner würdigen Gesinnungen zu handeln; laßt uns mit Freuden sein liebstes Gebot erfüllen daß wir uns unter einander lieben gleichwie er uns geliebt hat.   Amen.

[————————]

2–3 *Vgl. Röm 11,33*   8–9 *Vgl. Joh 13,34; 15,12*

Nr. 6
Am 1. Januar 1792

Termin:	*Neujahrstag*
Ort:	*Schlobitten*
Bibeltext:	*Ps 90,10*
Textzeuge:	*Autograph Schleiermachers; SAr 9, Bl. 60r–65v*
Texteditionen:	*SW II/7, 1836, S. 135–152*
Andere Zeugen:	*Keine*
Besonderheiten:	*Die Datierung basiert auf den Briefzeugnissen KGA V/1, Nr. 179,20 und 183,23.*

60r   Am Neujahrstage.

Eingang. Der Uebergang in ein neues Jahr des Lebens ist ein Zeitpunkt, wo sich der Mensch gemeiniglich aus dem bloßen Genuß der
Gegenwart herausreißt und sich wenigstens auf einige Stunden der
Ueberlegung zwischen der Vergangenheit und Zukunft theilt; er um- 5
faßt in seiner Erinnerung einen großen Zeitraum mit allen seinen
Freuden und Genüßen, Leiden und Widerwärtigkeiten, mit allen gu-
ten Handlungen die er hervorbrachte und allen Beweisen menschlicher Schwachheit die er darin abgelegt hat. So rechnet er mit der
Vergangenheit ab und macht sich auch schon wieder seine Vorstellun- 10
gen von der Zukunft. Etwas scheinen fast alle Menschen bei diesen
Betrachtungen mit einander gemein zu haben: ein ruhiges Gefühl der
Dankbarkeit über das vergangene und eine frohe Hofnung über die
Zukunft. Nur der, dem der Stachel des eben jezt quälenden Leidens
nicht Ruhe und Unpartheilichkeit läßt, nur der, der den Gram auf- 15
sucht[,] kann von diesen Empfindungen ausgeschlossen seyn. Aber
bei aller dieser Allgemeinheit wie verschieden sehn nicht dennoch die
Menschen das vergangene und künftige in diesem Zeitpunkt an. Der
eine sieht auf alle vergangenen Freuden ohne sich der damit verbund-
nen Widerwärtigkeiten zu erinnern mit einem tiefen Bedauern zurük; 20
er seufzt über den raschen Gang der Zeit und darüber daß er am
Ende eines jeden Jahres den nemlichen Seufzer werde thun müßen bis
endlich zu schnell das lezte herbeikomt. Ein andrer freut sich mißmu-

---

19 vergangenen] *über der Zeile mit Einfügungszeichen*   19 ohne] *korr. aus Unleserlichem* chem

thig nur über das was er ausgehalten, was er überstanden hat. Nur
an die Sorgen und Mühseligkeiten denkt er zurük, sich der Freuden
zu erinnern lohnt ihm der Mühe nicht, um ihrentwillen würde er
nichts von dem übernommen haben, was er that um sich durchs Le-
5 ben durchzuschlagen; froh so weit gekomen zu seyn sieht er mit angestrengten Kräften einer neuen eben so mühevollen und langweiligen
Zukunft entgegen. Derjenige der wirklich viel gelitten hat läßt doch
den Freuden die er dabei genoßen wenn er sie auch nicht ganz vergißt
selten Gerechtigkeit widerfahren, und glaubt sich immer vollkomen
10 berechtigt von der beginnenden Zukunft einen vollen großen Ersaz
für die vergangene Duldungs|zeit zu erwarten. – Von einer andern *60v*
Seite betrachtet sind viele sehr leicht mit ihren Thaten in der vergangenen Zeit zufrieden; ihre Fehler und unrichtigen Handlungen bleiben
im Schatten, nur das Gute erleuchtet sich ihrem Blik, nur in der richti-
15 gen Stimmung und den Vollkomenheiten ihrer Seele finden sie den
Grund davon, und so fühlen sie sich stark und sehn mit einer gewißen
Vermeßenheit in die Zukunft, die wie sie meinen, nichts ihren Kräften
gefährliches darbieten kann. Auf andere machen zwar ihre fehlerhaften Handlungen einen größeren Eindruk, aber eben das Gedächtniß,
20 was sie ihnen zurükruft[,] bringt ihnen auch alle begleitenden Umstände ins Andenken, und überall sehen sie wie hier ihre Verhältniße
sie eingeschränkt, da ein unvermutheter Zufall sie aus der Fassung
gebracht und dort eine sonderbare Verwiklung sie zu falschen Maaßregeln verleitet hat. So schieben sie alle Schuld auf die Umstände der
25 vergangenen Zeit und fodern zur Entschädigung günstigere von der
Zukunft. So einseitig schließen die meisten Menschen ihre Rechnung
mit ihrem Leben ab, wenige laßen der Vergangenheit Gerechtigkeit
widerfahren; wenige gehn der Zukunft mit Gleichmüthigkeit und ge-
faßtem Geist entgegen. Alles das scheint daher zu kommen, weil die
30 Menschen jeder durch seinen Zustand verleitet den Werth und den
Einfluß des Lebens nur von der Seite betrachten die sich ihnen zuerst
darbietet und sich nicht Mühe genug geben die übrigen ans Licht zu
ziehn, und wir werden also unsere Empfindungen hierüber am richtigsten leiten, wenn wir suchen das menschliche Leben so gut als möglich
35 von allen Seiten zu betrachten und seinen Werth und Einfluß richtig
zu schäzen.

Text. Ps. 90, 10.

Die heilige Schrift enthält mehrere Aussprüche, welche diesem an Inhalt gleich sind, aber sie werden gemeiniglich von allen Theilen ge-
40 mißbraucht; einige rechtfertigen damit ihren Unmuth und legen es als

---

24 schieben] *korr. aus Unleserlichem*   38 Die heilige] *davor kein Absatz*

eine allgemeine Geringschäzung alles dessen aus, was uns das Leben
darbietet; andere welche das Gute desselben vielleicht zu hoch schäzen, wollen sie nicht als das Ende einer ruhigen Ueberlegung sondern
als den Ausbruch einer unmuthigen Empfindung von Männern ansehn, welche entweder durch Alter oder Kummer niedergedrükt den   5
Beschwerden des Lebens nicht mehr gewachsen sind und vor denen
sich die Freuden desselben desto mehr verschließen, je mehr schnelle
Abwechslungen des Lebens die Kräfte ihrer Seele abgenuzt haben.
Von beiden vorgefaßten Meinungen frei wollen wir ganz ruhig diesem
biblischen Ausspruch nachgehn um seinen Sinn zu erforschen. Da   10
werden wir Erstlich darauf geführt werden, wie überhaupt das
menschliche Leben zu beurtheilen sei, und dann auch leicht sehn was |
61r   das Ende dieser Untersuchung unsern Empfindungen am heutigen Tag
für eine Richtung gibt?

      Erster Theil. Wenn wir da zuerst die Frage untersuchen, was   15
das menschliche Leben zu schäzen sei, so laßen wir uns hier gar nicht
darauf ein über den Werth der menschlichen Seele, und des menschlichen Daseins überhaupt zu sprechen, denn der kan niemand unter uns
zweifelhaft seyn; wir wollen nur sehn, wie die Verfassung, in welche
wir auf dieser Erde gesezt sind[,] der Natur unserer Seele angemessen,   20
in wie fern sie im Stande sei unsern natürlichen Trieb nach Wolseyn
und Glük zu befriedigen und uns unsrer großen Bestimmung zu nähern, denn das ist es eigentlich worüber die Menschen unter einander
und oft auch mit sich selbst uneins sind. Da ist unstreitig unser erster
Gedanke daß es doch wahre Freuden und Glükseligkeit für uns gibt   25
in der Ordnung der Dinge, in welche wir zum Anfang unserer Laufbahn gesezt sind, daß wir nicht nur darin die Freuden schmeken können die unmittelbar aus unserm innern entspringen, sondern daß auch
eben die Einrichtungen der irrdischen Welt, die Art des geselligen Lebens mit andern unsres gleichen, selbst die leblose Welt um uns her   30
und unsre Verbindung mit einem irdischen Körper eine reiche unver-
siegende Quelle von mancherlei Freuden sind, denen wir ihren wolthätigen Einfluß nicht absprechen können. Es ist wol möglich, daß
sich uns das alles bisweilen ganz anders darstellt, und wir dann nur
die Unvollkomenheiten des Lebens erbliken; aber, diese finstere Emp-   35
findungsart zu billigen, sie zur herrschenden zu machen und unsern
irdischen Wohnplaz nur als ein Jammerthal zu beschreiben das gar
keinen Genuß dem bessern Menschen gewähre, unterdeß man doch
immerfort durch den Einfluß desselben gewinnt, auch wo man es
nicht bemerkt, das ist doch eine Undankbarkeit, wofür uns Gott be-   40

---

12 dann] dann   **22–23** zu nähern] zu *über der Zeile mit Einfügungszeichen*

wahren wolle, und das liegt auch gewiß nicht in den Worten unsers
Textes und in dem Ton wie darin von der Schnelligkeit des Lebens
gesprochen wird. – Aber eben so wenig läßt es sich läugnen daß es
auch wahre Leiden gibt; alles was Quelle von Freuden ist, ist
5 nicht nur durch seine Vergänglichkeit auch Ursach von ihrer Zerstörung, sondern durch andre natürliche Unvollkomenheiten auch Ursach mancher entgegengesezten eben so wirklichen Leiden: die Fehler
des geselligen Lebens legen uns mancherlei Bürden auf, die Natur
führt uns bisweilen große Beschwerden zu und unser Körper hält oft
10 den Geist zurük und quält uns durch Schwäche und Krankheit. –
Warum sollten wir auch das nicht eingestehn? wißen wir doch, daß
wir hier nur Pilger sind, und daß unser Vaterland droben ist. – Nun
aber entsteht die Frage: wie ungleich diese Freuden und Leiden
vertheilt sind? Da scheint mancher mit den ersten so gesegnet, daß
15 er von den meisten der leztern kaum eine Vorstellung hat, und wiederum mancher mit den lezten so überhäuft, daß ihm eine Freude
noch etwas seltneres scheint. Rechnen wir | aber von dieser Ungleich-   *61v*
heit das ab, was nur in der Stimmung der Seele, in der größern oder
geringern Fertigkeit das Gute zu finden und zu erhöhn, und das Uebel
20 zu vermeiden oder sich zu erleichtern gegründet ist, bleiben wir nur
bei dem stehn wovon die verschiednen Verhältniße des Lebens Ursach
seyn sollen, so werden wir diese Ungleichheit nicht sehr in Anschlag
bringen dürfen, wenigstens nicht wenn wir unserm Text folgen. Was
für verschiedne Verhältniße desselben war nicht Moses von der Erzie-
25 hung im königlichen Hause bis zum einfachen Schäferleben und von
da wieder bis zum Führer eines ganzen Volks durchgegangen – aber
es ist als wenn das nicht wäre, als wenn er da gar keinen Unterschied
fände; er spricht nicht das Leben des Hirten, nicht das Leben des
Königs sondern das Leben des Menschen überhaupt. Und in der That
30 ist es auch so: Nur die Gestalt der Freuden und Leiden die uns die
verschiednen Verhältniße des Lebens gewähren ist verschieden, aber
das Verhältniß derselben findet sich überall als das nemliche. – Wenn
Reichthum und Ansehn den Genuß des Lebens vervielfältigt und erleichtert, so legen sie auch manchen drükenden Zwang auf, der man-
35 ches Vergnügen entfernt. Wenn ein geringerer Wolstand die Wünsche
einschränkt, so befreit er zugleich von dem Aufsehn und von der Zudringlichkeit eigennüziger Menschen; wenn Macht und Gewalt über
andre dem Menschen mehr Freiheit für seine Kräfte läßt, so sind sie
auch mit tausend Sorgen und Unruhen verbunden, dahingegen das

---

4 alles] *korr. aus* nichts

24–26 *Vgl.* Ex 2,10; 3,1.10

Verhältniß des Gehorsams wenn es auch manche Entsagung fodert
wiederum eine gewiße Ruhe hervorbringt, weil man nur einem vorge-
schriebnen Weg zu folgen braucht; wenn ausgebreitete Kenntniße die
gewißen Ständen nöthig sind dem Geist manche edle Beschäftigung
geben, so erfodert die Erwekung und Unterhaltung derselben viele   5
mühsam und freudenlos vollbrachte Zeit, die für den Genuß und thätigen Gebrauch des Lebens verloren ist. So werden wir von allen Verhältnißen des Lebens finden, daß sie sich in allen mannigfaltigen Abänderungen und mit allen jeden einzelnen begleitenden zufälligen
Umständen in Absicht des Glüks das sie möglich machen, und des   10
Leidens, das sie herbeiführen[,] so ziemlich das Gleichgewicht halten.
Aber diese Ueberzeugung genügt uns noch nicht für die Schäzung, die
wir vorhaben; wenn jedem das Leben fast gleich viel trägt, was trägt
es nun einem jeden? sind der Früchte oder der Disteln mehr? ist das
gute oder das üble überwiegend? So natürlich diese Frage ist so   15
schwer ist sie doch zu beantworten. Das was auf einander folgt ist zu
verschieden um sich vergleichen zu laßen, und wenn wir einen neuen
frisch empfundnen Schmerz gegen alte lange vergangne Freuden oder
eine Menge kleiner Annehmlichkeiten gegen ein großes Leid und umgekehrt halten wollen, so haben wir keinen rechten Maaßstab zu die-   20
ser Vergleichung; oft schäzen wir auch in der Erinnerung ein vergangenes Gut oder Uebel nach unserer jezigen Empfindung ohne es zu
62r   wißen ganz anders als zur | Zeit des Genußes. So fährt unser Leben
dahin, wie ein Strom: so wenig wir an seiner Mündung noch jeden
Tropfen erkennen können den wir in seinem Lauf fließen sahn, so   25
wenig können wir jeden Theil unseres Lebens genau unterscheiden,
wenn er vorbei ist – das ist gewiß wenn es vorbei ist so ist es Mühe
und Arbeit gewesen, beständiges Streben und Widerstreben, Niederschlagen und aufrichten der Seele; aber das Uebergewicht des einen
über das andere mag so gar groß nicht seyn weil die Schäzung dessel-   30
ben so allein von der Art abhängt wie wir es ansehn: zum deutlichsten
Beweise, daß das Verhältniß des Lebens zu unserm Trieb nach Glüks-
ligkeit nicht den ganzen Werth desselben ausmache. Vielmehr komt
es bei unserer Schäzung vornemlich darauf an: wie fern die Einrichtung desselben der Erreichung unserer Bestimmung   35
förderlich ist. Da ist es denn gewiß eben so falsch, wenn viele Men-

---

5 geben] gibt   10 Glüks das] Glüks daß   27–31 das ist gewiß … ansehn:]
umgestellt und geändert aus und so mag denn wol das Uebergewicht des einen über
das andere so gar groß nicht seyn weil die Schäzung desselben so allein von der Art
abhängt wie wir es ansehn: das ist aber gewiß wenn es vorbei ist so ist es Mühe und
Arbeit gewesen, beständiges Streben und Widerstreben, Niederschlagen und aufrichten
der Seele.

23–24 *Vgl.* Ps 90,10.5

schen glauben dieses Leben sei für den menschlichen Geist ein Zustand der Verbannung nach dessen Ende er immer schmachte, wo es
ihm nicht möglich sei einen Grad der Vollkomenheit zu erlangen.
Nein, die Einrichtung dieses Lebens ist voll von Gelegenheiten unsere
5 Kräfte zu äußern und zu üben, zu erhöhen und zu veredeln! Oder
wie? Kann nicht ein jeder in seiner Sphäre nach den Gesezen der Religion und Tugend thätig seyn und darin zunehmen? Wird nicht jeder
täglich an seine Fehler gemahnt und hat er nicht Gelegenheit genug
sie durch Achtsamkeit und Widerstand zu besiegen? Wie hoch kan
10 sich nicht der Mensch emporschwingen! Welche Leichtigkeit das Gute
zu üben; welche Freiheit von Leidenschaft; welche Ruhe der Seele;
welche Liebe zu Gott; welche lebendige Erkentniß heiliger Wahrheiten
ist ihm nicht möglich. Was ist es doch daß man klagt, das Leben zöge
uns zu sehr zur Erde zurük? Macht uns die Einrichtung desselben
15 irgend eine Tugend unmöglich? Wir sehn ja überall die erhabensten
Beispiele, wie sie der Mensch auch unter den ungünstigsten Umständen durch beständigen Streit und Kampf dennoch erringt! Zwingt sie
uns etwa zum Bösen? Alles ist ja voll von Beweisen was für Kraft in
dem Menschen und denen ihm zugegebnen Hülfsmitteln liegt, auch
20 der größten Verführung auszuweichen und dem erkannten Guten treu
zu bleiben! Aber das ist es, daß sie die Schranken der menschlichen
Natur nicht übersteigen, und die eiteln Wünsche eines thörigten Herzens nicht erfüllen können. Sie möchten Tugend haben ohne Kampf,
was keine Tugend wäre; sie möchten auf der höheren Stufe stehn ohne
25 die niedrigere durchgangen zu seyn. Sie möchten Mittel haben unfehlbar auf die Menschen zu würken und alle ihre Absichten zu erreichen,
ohne ihre Absicht selbst vollkommen gereinigt zu haben. Sie möchten
Kenntniß und Hülfe haben von fremden Welten, von fremden Geschöpfen Gottes weil sie meinen die Weisheit sei auf jedem andern
30 Wege leichter zu erlangen als auf dem, den ihnen die Führung Gottes
vorgezeichnet hat. So wollen sie über dieses Leben hinaus; aber haben
sie schon alles erreicht was ihnen in demselben möglich wäre? Keiner
steht am Ziel! Jeder hat noch viele Kronen vor sich die er im Kampf
irrdischen Kampf erreichen kan. Wer noch athmet hat in der Schule
35 des Lebens noch nicht ausgelernt. | Aber auch hier ist alles voller   *62v*
Klagen über die Ungleichheit des menschlichen Zustandes, die Möglichkeit des Guten theilhaftig zu werden meint man sei
eben so ungleich vertheilt wie das irrdische Glük. Der eine
heißt es hat gar keinen Wirkungskreis hienieden, seine Kräfte sind
40 entweder ganz gehemmt oder er kann sie doch nur als ein Gut ansehn
das er für andere und nach ihrem Willen verwaltet, nicht als etwas,

---

2 er] *folgt* ⟨sich⟩   17 erringt!] *korr. aus* erringt?   22 und die eiteln] *über* ⟨| |⟩
28 Welten] *korr. aus Unleserlichem*   40 ansehn] *korr. aus Unleserlichem*

das ihm eigenthümlich gehörte; wie mag er den niedergedrükten Geist
erheben und durch Thätigkeit seine Bestimmung erreichen? Ein anderer hat einen großen Kreis um sich her, den er gleichsam nach seinem
Willen bewegt, nicht nur seine eigenen auch anderer Kräfte stehn ihm
völlig zu Gebot, in jedem Fall ist ihm die Handlung möglich die ihn   5
durch ihre Schönheit reizt und so kann er alle Art der Thätigkeit üben
und unzählig Gutes um sich her verbreiten, indeß jener kaum sein
eignes Bestehen zu sichern vermag. So wird der menschliche Zustand
geschildert, aber geschieht es nicht blos um sich selbst zu entschuldigen daß man nicht mehr Gutes wirkte? man will seinen eignen Fehler   10
als einen Fehler der Führung Gottes darstellen, man will sich glauben
machen, daß die Gelegenheiten Gutes zu thun nicht da gewesen seyen
die man übersehn hat. Und ist etwa der Glanz und die Größe der
äußern Folgen ein wahrer Maaßstab für die menschlichen Handlungen und nicht vielmehr das was in der Seele vorgeht und die Kraft die   15
sie anwendet? Ein jedes denkbares Verhältniß des menschlichen Lebens legt uns Pflichten auf, durch die wir nüzlich sind, deren Ausübung uns Mühe kostet, Fehler zeigt und uns also auf Gott führt und
im Guten weiterbringt. Je emsiger und treuer wir diese erfüllen desto
thätiger sind wir. O es mag mancher große Veränderungen in der Welt   20
hervorgebracht haben, wovon die Geschichte noch nach Jahrhunderten spricht und dabei weniger thätig gewesen seyn, als viele die unbemerkt im verborgenen ihren stillen Beruf in der Welt mit Treue erfüllten. Eben so ungegründet ist die Beschwerde, daß das Leben gar
zu partheiisch die Beförderungen und Hinderungen der   25
Besserung des Menschen austheile. Wenn es auch scheint, als
ob einigen der Weg zur Gottseligkeit und Tugend mit Blumen bestreut
wäre, als ob sie keine Hinderniße bei allen ihren Bemühungen fänden
und leicht zum Guten gelangten, weil sie vom Bösen nicht versucht
werden, wenn es auch scheint als ob bei manchen andern gleichsam   30
alles zu der Absicht verschworen wäre sie im Bösen zu erhalten und
ihnen alle Rükwege daraus zu versperren, sie gleich noch einmal so
tief zurükzustürzen wenn sie ein wenig hinangeklimmt sind – so ist
doch auch das nur Schein. Es giebt nur ein Böses wozu der Mensch
versucht wird, nemlich daß er irgend etwas das seiner Neigung   35
63r   schmeichelt | demjenigen vorziehn möchte, was er als gut und dem
Willen Gottes gemäß erkannt hat. Dieses verfolgt ihn in tausend verschiedenen Gestalten, aber müßen wir nicht gestehn, daß diese Versuchung allen Verhältnißen des Lebens in gleichem Maaß beiwohnt?

---

5 ist] *über* ⟨steht⟩   15–16 und nicht ... anwendet] *mit Einfügungszeichen drei Zeilen
tiefer hinter* sind wir.   17 Pflichten auf,] Pflichten,   32–33 so tief] *über der Zeile
mit Einfügungszeichen*

aber ein jedes gibt uns auch Mittel an die Hand uns herauszuziehn.
Das wird jeder bei einer unpartheiischen Untersuchung unter allen
Ständen und Umständen wahr finden.

5 So ist es also wenn man alles zusammennimmt mit dem menschlichen Leben beschaffen. Es ist ein Zustand deßen Zwek nicht der Genuß der Annehmlichkeiten ist die er darbietet, ein Zustand der wirklich nicht Freuden genug hat das ganze Herz an sich zu ziehn, aber
doch genug um mit Wolgefallen darin zu verbleiben, und das auszurichten, wozu man da ist; ein Uebungsplaz, wo bei allen scheinbaren
10 Verschiedenheiten jeder mit gleichen Vortheilen und Nachtheilen auftritt, jeder dasselbe Maaß von Kraft findet sich zu stärken, dasselbe
Maaß von Arbeit seine Kräfte zu brauchen und durch Ueberwindung
von Schwierigkeiten zu üben; so ist das Menschenleben, eines wie das
andere, und wie unser Text sagt Mühe und Arbeit ist es und soll es
15 seyn durch und durch: Mühe in der Erduldung seiner Beschwerlichkeiten und in dem natürlichen Bestreben, sie so viel es mit höhern
Pflichten bestehn kann zu entfernen; Mühe in dem Trachten nach
mancherlei Freuden; Arbeit in allen seinen Geschäften, Arbeit in der
Ueberwindung aller innern und äußern Reizungen, Arbeit in den
20 schweren und mühsamen Fortschritten zum Guten. Das ist es ohngefähr was die Worte unsers Texts über das irrdische Leben des Menschen sagen wollten. Nun laßt uns uns fragen:

Zweiter Theil. Was diese Schäzung desselben unsrer
heutigen Empfindung für eine Richtung gibt? Was denken
25 wir nun bei der Rükerinnerung an das Vergangene? Wenn
wir das Gute was wir auch in dem verfloßnen Jahr genoßen haben
schäzen und gegen das unangenehme abwägen wollen[,] so
laßt uns nicht die Freuden desselben, welche vorüber sind[,] mit Undankbarkeit für nichts erklären, für Kleinigkeiten, die unserer Theil-
30 nahme und unseres Dankes unwerth wären; nein mit Freuden laßt uns
zurükdenken an sie alle als an süße Erquikungen die uns Gott auf
unserm Wege geschenkt hat, und ohne neidische Seitenblike. Nie werden wir dem verkehrten Gedanken Raum geben unsre Verhältniße
und Schiksale mit den Begegnißen anderer zu vergleichen, die uns viel-
35 leicht günstiger zu seyn scheinen. Wie oft geschieht es nicht daß Menschen als glüklich beneidet werden, die heimlich über ihr Unglük seufzen, und sich über diejenigen wundern, die nicht durch den äußern
Schein durchzusehn vermögen, und so würde es uns bei allen solchen
Urtheilen gehn. Wir sind im voraus überzeugt daß bei andern eine

---

4 also] *folgt* ⟨bei genauer⟩   16 mit höhern] *über* ⟨seyn kann⟩   37 den] *korr. aus*
die

63v ähnliche Mischung von Freuden und Leiden | stattgefunden habe.
Vielmehr vergleichen wir unsere eignen Begebenheiten nur mit der
Bestimmung des Lebens und der allgemeinen Regel desselben die wir
uns eben vor Augen gelegt haben, und so werden wir desto zufriedner
seyn je weniger wir große Ansprüche auf reine unvermischte Glükse- 5
ligkeit machen zu dürfen uns bewußt sind – oder sollten wir nicht
immer gestehn müßen, daß wir Annehmlichkeiten genug genoßen haben um unsre Seele in Thätigkeit zu erhalten und wo es nöthig war
aufs neue zu beleben? daß wir den Tribut von Leiden und Widerwärtigkeiten den wir diesem unvollkomnen Zustand schuldig sind immer 10
haben überstehn können? – Stellt sich uns auf diese Weise der größere angenehme Theil des vergangenen Jahres vornemlich dar, so laßt
uns dennoch nicht zu sehr klagen, daß es so schnell verfloßen ist. Von
jedem Genuß so kurz er uns gewesen zu seyn scheint ist uns aller
Schnellikeit ohngeachtet dennoch so viel geworden als uns bestimmt 15
war, um diejenige Masse von Vergnügen hervorzubringen, welche
überhaupt das irrdische Antheil der Menschen ist. Scheinen uns alle
Freuden mit raschen Schritten geeilt zu seyn so sind ihnen die Leiden
in dem nemlichen Zuge gefolgt. Wenn wir freilich ein vergangenes
Jahr nur nach Maaßgabe des Vergnügens schäzen müßten, was uns 20
als Ueberschuß über die Leiden zu theil worden ist, so wären wir
immer berechtigt es kurz und arm an Inhalt zu nennen, aber wir kennen ja eine andere Bestimmung desselben; laßt uns doch nicht nur
nach dem sehn, was wir empfunden haben, was an uns geschehn ist,
sondern vornemlich nach dem was wir gethan haben; und finden wir 25
viel Thätigkeit der Seele, viel Fleiß im Guten, viel woleingerichtete
nüzliche Handlungen darin, so wollen wir nicht sagen, daß es leer
und schnell vergangen ist, und wenn uns auch alle Glükseligkeiten
desselben jezt nur noch als ein Traum erscheinen. Erwägen wir
aber diese Handlungen selbst, welche im verfloßnen Jahr unser 30
Werk waren, so wird auch diese Erinnerung durch unsre vorhergegangene Ueberlegung richtiger und fruchtbarer gemacht werden. I.) Wir
werden uns nun nicht, wenn uns die Summe der guten Thaten zu
klein scheint[,] täuschen, nicht glauben daß wir allein hinter unseren
Brüdern stehn, daß unsre Lage uns weniger Gelegenheit gegeben im 35
Guten thätig zu seyn als irgend einem Menschen der Erde. Und wenn
wir uns nun diese Täuschung nicht erlauben so werden wir es bei
genauer Aufmerksamkeit wol entdeken wo unsere Nachläßigkeit das
Gute, das auf unserm Wege lag[,] übersehn, wo unsre Trägheit auch
das, was wir sahn[,] unausgeübt gelassen. Haben wir uns aber diesen 40

---

17 das irrdische Antheil] *vgl. Adelung: Wörterbuch 1,353* **20** schäzen] *folgt* 〈woll-
ten〉

Vorwurf weniger zu machen, gibt es Stellen in dem Vergangnen wo
wir es uns gestehn dürfen daß unsre Seele mit Munterkeit und Lust
ausgerüstet gern thätig war, so viel sie es vermochte, so laßt uns unsre
Dankbarkeit und Zufriedenheit darüber nicht durch ein vergebliches
5　Mißvergnügen über die Art | dieser Thätigkeit stören; haben es uns　　64r
Vernunft und eigene Erfahrung einmal versichert, daß unter keinen
Umständen des Lebens ein Tag unthätig und ungenuzt vorbeistreichen
darf, so laßt uns doch uns daran genügen; laßt uns unsern Beruf ehren
und lieben, wenn er auch still und unbemerkt ist, laßt uns mit der
10　schönen Seite desselben uns vertraut machen, daß nicht der Glanz und
die Größe der äußern Folgen, die wir in den Handlungen anderer
bemerken, uns verblende und falsche Triebfedern in unsere Seele
bringe. II.) Richten wir unser Auge auf die Güte unserer Handlungen
so werden wir vielleicht viele erbliken, deren wir uns als unrecht und
15　fehlerhaft schämen, und wenn wir den ganzen Zusammenhang und
die Umstände unter denen wir handelten bedenken, so werden wir
vielleicht manches darin finden was diese Fehler ganz natürlich herbeigeführt zu haben scheint, aber wir sind gewiß weit entfernt diese
Entdekung zu mißbrauchen um einen gewißen Leichtsinn in der Be-
20　urtheilung unserer selbst zu beschönigen und die Schuld des Bösen
nicht auf uns sondern auf unsere Zustände zu schieben. Wir haben
uns fest überzeugt daß es kein Verhältniß des Lebens gibt, wo man
zum Bösen gezwungen es nicht vermeiden könnte. Sind wir es uns
nicht selbst bewust, daß selbst zu der Zeit, da wir fehlten, Kräfte
25　genug in uns lagen, um alle dem zu widerstehn, wenn wir nur den
Willen gehabt hätten sie zu brauchen – und die immer bereite Hülfe
der Religion – war sie uns denn unerreichbar? Nein! wären wir nur
beßer gewesen, so könnten wir nicht nur unter diesen, auch unter
noch weit ungünstigern Umständen beßer gehandelt haben. Sehn wir
30　also andre neben uns die von diesen Fehlern frei sind werden wir
unserm Stolz die armselige Zuflucht erlauben ihr Leben für beßer eingerichtet zu preisen um sie selbst nicht für beßer halten zu dürfen?
Keines Menschen Leben wißen wir ist leer an Versuchung, und wenn
auch die Handlungen wozu sie verleitet werden nicht alle den nemli-
35　chen Schein haben, so werden sie doch alle in gleichem Maaß versucht
vom Guten abzuweichen. Kennst Du die innern Kämpfe die derjenige hat durchstreiten müßen den Du als einen begünstigten Liebling
ansiehst, weil Du die äußern Versuchungen in seinem Leben nicht
sahst, denen Du unterlegen bist? Aber gehe in Dich und bekenne:

9–10 mit der schönen] *geändert aus* die schöne　　**19** mißbrauchen] *davor* ⟨brauch⟩
21 Zustände] *korr. aus Unleserlichem*　　**28** könnten wir nicht nur] *geändert aus*
würden wir

keiner wird versucht über sein Vermögen und Dein ist die Schuld
wenn Du nicht obgesiegt hast. – Eben diese Ueberlegung, welche uns
unsre unvollkomnen Handlungen in dem rechten Licht zeigt, macht
uns auch bescheiden bei der Freude über das Gute was wir in der
vergangenen Zeit von uns gethan finden. Ja wir freun uns darüber, mit   5
dankbarer Rührung erinnern wir uns der liebevollen Führung Gottes
welche uns auf dem Weg des Lebens so vielen Veranlaßungen begeg-
nen ließ, bald durch richtigere Erkenntniße unsern | Verstand aufzu-
hellen, bald durch tiefere Blike in uns selbst uns neue Ziele nach denen
wir ringen aufzusteken, bald durch besonders segensvolle Eindrüke   10
von der Liebe und Hoheit Gottes unsre Seele zu erheben, bald mancherlei Handlungen der Liebe und des Wolwollens gegen andre zu üben –
aber werden wir uns nun vermeßen, daß zu alle diesem Guten unbedingt die Kräfte immer in unserer Gewalt stehn? Wie nun wenn alle
diese Gelegenheiten mit den stärksten Versuchungen auf die schwache   15
Seite unseres Herzens begleitet gewesen wären, würden wir immer
stark und fest genug gewesen seyn zu überwinden? Daß uns manche
gute Handlung leicht wurde, daß wir sie grade dann thun konnten
als irgend etwas unsre Seele besonders gestärkt und des Guten fähig
gemacht hatte, alle diese größeren und kleineren Hülfsleistungen die   20
uns von außen gekomen sind, weßen Werk sind sie als deßen der so
viele Beförderungsmittel des Guten in das irrdische Leben überhaupt
legte, und der den besondern Gang eines jeden mit der liebevollsten
Weisheit leitet? So können wir mit einem ruhigen Wolgefallen in die
Vergangenheit bliken. Seine Führung hat uns in nichts vernachläßigt,   25
sie hat uns an Gelegenheit zur Freude und zum Guten unsern Brüdern
gleich und sehr weise bedacht, und u n s r e A u s s i c h t i n d i e Z u -
k u n f t sollte sie nicht die nemliche seyn? Gewiß wenn wir unsre V o r -
s t e l l u n g e n v o n d e m , w a s u n s e t w a b e v o r s t e h t [,] nach den Begriffen einrichten, die wir uns eben jezt auseinander gesezt haben. Wer   30
der Vergangenheit hat Gerechtigkeit widerfahren laßen, dem bietet
auch die Zukunft kein Schrekbild dar, das ihm lauter Unglük darstellte, aber eben so wenig werden wir auch leiden, daß eine trügende
Einbildungskraft ihrem Bilde glänzendere Farben unterlege als sie
wirklich hat, wir werden uns nicht etwa erlauben träumerische eitle   35
Hofnungen auf sie zu bauen, wie es ein leichter Sinn zu thun pflegt.
Soll etwa nun alles anders werden, als es bisher gewesen ist? Laßen
wir nun alle Sorgen und Kümmerniße der Vergangenheit dahinten?

10–11 bald durch besonders segensvolle Eindrüke von der] *mit Umstellungszeichen
eine Zeile höher hinter* aufzuhellen;   20 alle] *davor* ⟨daß⟩   24 leitet?] *folgt* ⟨Ihm
gebührt die Ehre; Er geb uns das Vollbringen.⟩

---

1 *Vgl. 1Kor 10,13*

Wird dieses Jahr ein neues Schiksal für uns schmieden aus der Erfüllung unserer liebsten Wünsche zusammengesezt? Werden wir nun
ohnfehlbar dies oder jenes irrdische Gut erlangen das wir bisher nicht
erreichen konnten? Ist es diese oder jene bestimte Freude des Lebens,
5 diese oder jene bestimte Art des Wohlseyns auf die wir Rechnung
machen können? Nein, so unähnlich der Vergangenheit wird die Zukunft nicht seyn; es geschieht nichts neues unter der Sonne, und wird
auch nichts geschehn, die Zukunft wächst aus dem Keim der Vergangenheit hervor und ist ihr ähnlich; auch dies angehende Jahr wird
10 seinen vorigen Brüdern | in dem Stük ähnlich seyn. Und so heißen   *65r*
wir Dich willkommen Du neues Jahr, wir kennen die mancherlei lebhaften und sanften, starken und lieblichen, erhabenen und unschuldigen Menschenfreuden, die Du mit Dir führst; wir sind ihrer Begleitung
gewohnt und froh gehn wir ihnen aufs neue entgegen; wie uns eine
15 jede derselben erscheinen, wo sie uns die Hand reichen, wie lange sie
bei uns weilen wird, das überlaßen wir der Macht die uns führt, aber
treffen werden wir sie alle, des sind wir gewiß. Freundlich wollen wir
eine jede derselben aufnehmen, dankbar jeden Schritt segnen, den sie
mit uns geht und auch freundlich sie entlassen wenn sie von uns schei-
20 det. Doch auch ihr werdet nicht zurükbleiben, ihr größeren und kleinern Leiden des Erdenlebens, manche Freude werdet ihr unterbrechen, manche Stunde werdet ihr uns trüben, manche Seufzer unserer
Brust erpressen; aber kommt auch ihr, ihr seid unser beschiedenes
Antheil, wir können euer Recht an uns nicht abläugnen, so lange wir
25 noch den Stempel des irrdischen tragen; wir werden mit euch streiten,
wir werden unsre Kräfte an euch üben, wir werden unsere Abneigung
besiegen wenn wir euch nicht vertreiben können, wir werden uns an
die Gesinnungen der Religion stüzen, wenn ihr uns zu mächtig werdet, und so wird auch diesem Jahr das allgemeine Kennzeichen einge-
30 drükt seyn, daß es Mühe und Arbeit seyn muß. Sollte bei diesem Loos
irgend jemand um uns seyn, den wir beneiden werden? es fällt auch
einem jeden unserer Brüder schwer an dem nemlichen Joch und nur
der ist am besten dran, der es am besten zu tragen weiß.
   Und was hoffen wir nun von uns selbst in dieser neuen
35 Zukunft? was wird sie zu unserer Besserung, zu unserer Veredlung
beitragen? O! da brauche ich es wol nicht erst zu erwähnen, daß niemand von uns sich der kleinmüthigen Meinung überläßt, als ob wir
dazu hier weder Gelegenheit noch Kräfte hätten und immer auf dem
nemlichen Flek des Elends und der Unvollkommenheit stehn blieben?

17–20 Freundlich wollen ... scheidet.] *mit Umstellungszeichen acht Zeilen tiefer hinter*
seyn muß.

---

7 *PredSal 1,9*

Selbst wenn jemand unter uns seyn sollte dem entweder eine neuerliche Demüthigung seiner selbst, oder der große Abstand dessen, was er ist gegen das was er zu seyn wünscht, oder auch ein wirklicher Mangel an Fortschritten im Guten Veranlaßung zu einer merklichen Unzufriedenheit mit dem Vergangenen in diesem Stük gegeben hätte, selbst dieser kann nicht einen so verzagten Begrif faßen. Das Nachdenken über das vergangne zeigt ihm die Möglichkeit des Besseren, das Mißvergnügen über seine Fehler erfüllt ihn mit einem edlen Muth und die Anhänglichkeit an die Religion gibt ihm die Stärke, die diesem Muth angemessen ist. Wir alle sind wir nicht jezt voll eines heiligen Eifers gegen die Schwäche, deren wir uns bewust sind? haben wir nicht aus der Ueberlegung des vergangnen nüzliche Lehren in dieser Rüksicht gezogen? Sind wir nicht eben jezt beschäftigt unsre besten Maaßregeln für alle Fälle festzusezen wo wir versucht werden könnten? brennt nicht in uns eine heiße Begierde nach dem Guten was wir bis | jezt noch verfehlten? sehn wir nicht schon im Geiste leichtere und sicherere Mittel dazu? wie spannen wir nicht unsre Kräfte! wie wollen wir nicht danach ringen! Aber freilich so schön wird nicht alles gehn, wie wir es jezt wünschen oder uns vornehmen. Auf einmal werden wir uns nicht von nun an zu Mustern alles Guten erheben und alle Schwachheiten hinter uns laßen. Selbst dieser jezt gefühlte Eifer wird oft erkalten in unsrer Seele, oft werden wir ihn vergeblich hervorrufen wollen, aber dessen können wir uns getrösten wir werden alle unsre Wünsche von der Art in so fern erreichen als wir sie immer recht ernstlich wollen werden. Laßt uns getrost in unser Leben hinaussehn, sollten wir etwa grade in dieser Rüksicht vor den Einschränkungen desselben zittern? O wir mögen es uns denken wie wir wollen überall wird es reich seyn an Aufforderungen Gutes zu thun, es wird keine Gewalt da seyn, die uns zurükzwingt, alle diese Schäze sind unser wenn wir Eifer haben sie zu suchen und Stärke sie zu heben! Laßt uns Freude haben: fühlen wir einen guten Willen und ein demüthiges Herz so werden wir wirklich manche davon besizen. Frömmigkeit und Tugend werden uns selige segensreiche Augenblike bereiten, reicher werden wir uns durch Thätigkeit an manchem guten finden, und manche schweren Handlungen werden die wolthätigen Einwirkungen unsres Lebens freundlich erleichtern. Aber irrdische Unvollkommenheit wird uns oft schwach und läßig machen und dann wird vielleicht das Böse uns zur übelsten Stunde versuchen. O! wir müßen nicht unterliegen – wer darf sagen, daß er müßte? Aber laßt uns wachen und beten daß wir nicht in der Anfechtung fallen, laßt uns tapfer seyn als die Streiter Gottes, angethan mit allen Waffen, die er uns

65v

39–40 *Vgl. Mt 26,41*

verliehen! So sehn wir auch hier Mühe und Arbeit voraus, kämpfen und ringen, steigen und fallen. Laßt uns nicht klagen! Es ist die Bestimmung unsers Lebens. Laßt uns nicht wähnen nur auf uns ruhe dieses Schiksal! Es ist das Loos aller immer dasselbe unter tausend

5 Gestalten und thörigt der der die, die ihm geworden ist[,] mit einer andern vertauschen möchte! Denn wenn er nicht da siegt, wo ihn Erfahrung klug gemacht haben sollte, wie wird er sich da nehmen wo er noch unbekannt ist. Aber schnell, schnell wird auch dieses Jahr vergehn wie ein Strom, darum laßt uns eilen von nun an jeden Augen-

10 blik anzulegen; immer sei unser Herz ruhig bei der Führung Gottes, immer unsre Seele des Guten und der Liebe zu ihm voll, immer unser Geist demüthig mit Flehen zu dem gerichtet der den Demüthigen Gnade gibt und der auch uns geben wird das Wollen und das Vollbringen. Amen.

15 Gebet.

———————

13–14 *Vgl. Phil 2,13*

Nr. 7
Am 12. Februar 1792

Termin:	*Sexagesimae*
Ort:	*Schlobitten*
Bibeltext:	*Lk 8,4–15*
Textzeuge:	*Autograph Schleiermachers; SAr 9, Bl. 66r–70v*
Texteditionen:	*SW II/7, 1836, S. 65–76*
Andere Zeugen:	*Keine*
Besonderheiten:	*Der Text ist unvollendet. Die Datierung basiert auf dem Briefzeugnis KGA V/1, Nr. 183,20–31.*

66r   Am Sonntag Sexages.

Eingang. Es ist nichts seltenes zu hören, daß solche Menschen welche Gott mit Gefühl und Liebe zum Guten gesegnet hat, deren aufrichtiges Bestreben dahin geht auf dem Wege der Gottseligkeit zu
wandeln, und die sich mancher guten Fortschritte darin bewußt sind,   5
sich sehr über die verkehrte Richtung wundern, worin sie die Seelen
anderer ihrer Mitbrüder sehn, über die bösen Fertigkeiten, welche sie
angenommen haben, über die Leichtigkeit sich durch schlechte Bewegungsgründe fortreißen zu laßen, so daß es bisweilen scheint, als ob
sie gar keine Aehnlichkeit zwischen sich und diesen ihren unglükli-   10
chen Nebenmenschen finden könnten. Sie würden sich ohne Zweifel
weniger wundern, wenn sie in solchen Augenbliken gehörig bedäch-
ten, daß im Grunde alles das Böse, worüber sie bei andern erstaunen,
nur eine öftere Wiederholung, eine größere Verstärkung deßen ist,
was sie seltner und in einem geringern Grad an sich selbst bei einiger   15
Aufmerksamkeit gewahr werden müßen, daß die nemlichen Anlagen
der menschlichen Seele, welche dort eine gänzliche Verdorbenheit und
Schwäche eine gänzliche Entfernung vom Guten bewirken, auch bei
ihnen selbst mit einer geringern, sich seltner zeigenden Gewalt über
die Seele dennoch Ursach aller einzelnen Fehler und Mängel sind die   20
sie sich noch gestehn müßen. Und das ist doch ganz gewiß: wenn der
gute Mensch fehlt so ist es nicht etwas andres, sondern das nemliche,
was den Bösen zu dem Laster was diesem Fehler ähnlich ist verleitet.

---

3 hat,] hat *folgt* ⟨und⟩   11 finden] *korr. aus* fänden   15 an] *korr. aus* bei

Wenn sich zum Beispiel der Beßere fragt, was ist es das mich zu dieser
Handlung hinriß die ich als meiner und der Gnade die Gott bisher an
mir gethan hat unwürdig erkenne, so ist es die nemliche Schwierigkeit
starken Gemüthsbewegungen zu widerstehn welche den einen zu einem verachtungswürdigen Sklaven seiner Neigungen macht. Wenn er
sich fragt: wie kommt es, daß diese heilsame Wahrheit die ich nun so
lebendig erkannte, dies erneute Bewußtseyn irgend einer verborgenen
Pflicht das ich nun so lebhaft fühlte, dennoch den Einfluß nicht auf
mich gehabt hat, den ich mir davon versprach, so kann er es nicht
läugnen: es ist irgend eine von den vielen Ursachen, welche bei andern
noch schwächeren Menschen den Einfluß des Guten ganz zerstören,
und machen, daß auch die Erkenntniß ihrer Pflichten und ihrer Er-
war|tungen, die nicht bloß auf ihren Lippen und in ihrem Verstande   66v
war, sondern wirklich ihr Herz rührte dennoch ohne Frucht blieb. –
Leider ist diese Erfahrung von der öftern Unfruchtbarkeit des lebhaft
erkannten und gefühlten Guten eine solche welche auch derjenige der
dem Guten nachgeht öfters an sich selbst zu machen Gelegenheit hat,
und es mag auch hier die Bewandniß haben, daß wir die Ursachen
davon in einzelnen Fällen ihrer Wichtigkeit und ihren Folgen nach
nicht so leicht erkennen als wenn wir sie in dem Spiegel solcher bedau-
rungswürdigen Menschen betrachten welche die traurige Gewalt derselben in einem noch weit höhern Grad erfahren haben. Das hat unser
Erlöser zu unserm Nuzen bedacht als er bei einer vorkommenden Gelegenheit seinen Jüngern und durch sie auch uns einen nicht genug zu
schäzenden Unterricht über dies wichtige Stük der Selbsterkenntniß
gab, und diesen Unterricht wollen wir zum Grund unserer heutigen
Betrachtung legen.

    Text. Luc. 8.

Die große Menge Volks welche um Christum versammelt war, deren
größten Theil zwar nur Neugierde trieb ihn anzuhören, auf die aber
doch die große Kraft womit er zu dem menschlichen Herzen redete
ihre erste Wirkung nicht verfehlen konnte, brachte Christum natürlicher Weise auf die Betrachtung warum doch ohnerachtet der Ueberzeugung von der Wahrheit der Lehren, die er ihnen gab, ohnerachtet

---

1–5 Wenn sich ... Neigungen macht.] *geändert aus* Die nemliche Unfähigkeit z. B. starken Gemüthsbewegungen zu widerstehn welche den einen zu einem verachtungswürdigen Sklaven seiner Neigungen macht reizt auch hie und da den Beßeren   1 Wenn
sich] wenn sich   8 fühlte] *über der Zeile mit Einfügungszeichen*   12 ihrer Pflichten]
korr. aus des Guten   29 Die große] *davor kein Absatz*

---

28 *Die Predigt legt Lk 8,4–15 aus.*

ihres Eindruks von der Verbindlichkeit der Pflichten, die er ihnen vor-
legte, das gehörte Gute bei den meisten von ihnen ohne dauerhafte
und beträchtliche Wirkung bliebe. Darüber theilt er ihnen nun seine
Gedanken in einem Gleichniß mit worin er unter den verlesenen sehr
passenden Bildern von den vornehmsten Ursachen redet, warum die   5
meisten Menschen ohnerachtet ihrer wirklich zu Herzen gegangenen
Erkenntniß des Guten dennoch von demselben entfernt blieben. Indem er aber seinen Jüngern dieses Gleichniß erklärt, so sagt er selbst
zu ihnen, die doch vom Guten nicht mehr entfernt waren: Darum
sehet zu, wie ihr höret; und das erinnert uns auch unsrerseits von   10
diesem Unterricht eine Anwendung zu machen welche sich näher auf
uns bezieht. Nicht nur in der Menschheit überhaupt sondern in jedem
selbst dem besten Herzen findet der Wolthätige Säemann, der immerfort bestrebt ist den Samen des Guten auszustreuen zu verschiedenen
Zeiten einen solchen dem Fortgang dieses Samens auf verschiedene   15
Weise hinderlichen Boden. Wir werden also diese von Christo angegebnen allgemeinen Ursachen von der Unfruchtbarkeit des Guten im
menschlichen Herzen auch als die Ursach von den einzelnen Fehlern
ansehn welche sich ein jeder von uns hierin zu Schulden kommen läßt,
und jede derselben einzeln so betrachten daß wir nicht nur sehen was   20
darunter gemeint ist und wie sie in der menschlichen Seele wirken,
sondern daß wir auch zugleich untersuchen, wie wir uns dafür durch
die göttliche Gnade hüten können. |

67r   I. Was für Menschen mag wol Christus unter denjenigen verstehn, über die er sich gegen seine Jünger so ausdrükt, daß sie das   25
gute zwar mit Freuden annehmen, aber ehe sie es sich versehen, so
käme der Teufel und nehme es von ihren Herzen? Wir wissen wol daß
es eine allgemeine Redensart unter dem Volk Christi war, alle wichtigen Begebenheiten deren Ursachen man nicht erkennen konnte nach
ihrer Beschaffenheit entweder einem guten oder bösen Geiste zuzu-   30
schreiben – aber was waren nun diese verborgenen von ihnen selbst
unerkannten Ursachen des fruchtlosen verschwindens guter Eindrüke?
O! sie sind schon dadurch genug bezeichnet daß sie als unerkannt
angegeben werden! Oder sollte es möglich seyn daß derjenige der auf
sich selbst achtet das Gute aus seiner Seele verlieren könne, ohne we-   35

---

12 bezieht.] bezieht,   12–16 Nicht nur ... Boden.] *mit Umstellungszeichen vier*
Zeilen tiefer hinter können.   16 Wir werden also] *geändert aus* indem wir   16–
17 von Christo angegebnen] *über der Zeile mit Einfügungszeichen*   19 läßt,] läßt. ;
folgt gestrichenes Einfügungszeichen   20 und jede derselben] *über* ⟨Wir werden also
diese von Christo angegebnen Ursachen⟩

9–10 *Vgl.* Lk 8,18

nigstens zu wißen, wie es geschehen sei? Wenn also das möglich ist,
so ist es immer durch den unverantwortlichen, aber bei so vielen Menschen eingewurzelten Leichtsinn, welcher macht daß sie alles was in
Absicht ihres geistigen Zustandes um sie und in ihnen vorgeht über-
5　sehn ohne einige Aufmerksamkeit zu verwenden. Was könnte auch
einem, der nach den Ursachen der Unfruchtbarkeit des Guten sucht[,]
eher einfallen als dieser Leichtsinn und wie ließe sich ein paßenderes
Bild dafür denken als das deßen sich Christus bediente! Der Saame
fällt auf den Weg. Ja das ist kein Erdreich welches dazu bereitet ist
10　ihn einzunehmen; man hat den Zustand desselben dem Zufall überlaßen, bald ist er weich und alle Spuren dessen was darüber hergeht
graben sich tief in denselben ein, bald ist er hart und es scheint als ob
die größte Gewalt nicht fähig wäre einen Eindruk auf ihn zu machen,
aber in jedem Zustand scheint er nicht bestimmt irgend etwas hervor-
15　zubringen, sondern nur ohne einen Zwek für ihn selbst eine unzählige
Menge auf einander folgender sich durchkreuzender Eindrüke von außen zu empfangen, die ohne Zusammenhang neben einander bestehn
und wenn sie eine Zeitlang sichtbar gewesen sind von andern verdrängt und verlöscht werden. So fällt denn auch der Saame darauf;
20　es scheint sich bisweilen tief genug ins Erdreich zu senken, aber dann
wird es absichtlos von dem der darüber hergeht niedergetreten und
jede neue Gewalt welche darauf drükt verhindert noch mehr das Keimen desselben bis es endlich erstirbt. Bald liegt er oben auf dem harten Boden sichtbar vor aller Augen und bedauert von allen die es
25　gewahr werden und die Vögel des Himmels die davon leben jedes
Saamenkörnlein das sie erbliken dem Erdreich zu rauben worein es
gesäet war, kommen und verzehren es ohne Widerstand. Das ist das
Bild eines Menschen der unachtsam und leichtsinnig ist über alles was
die Führung seiner Seele betrifft; sein Herz ist nicht bearbeitet und
30　zum Gedeihen des guten Saamens geschikt gemacht; es hat überhaupt
keine Kraft selbst etwas zu seyn oder zu thun sondern es hängt ganz
von den äußern Umständen ab deren Einwirkung es sich mit soviel
Sorglosigkeit überläßt, und so versucht denn auch ohne Scheu alles
was ein menschliches Herz rüh|ren kann seine Kraft darauf; es lebt　　*67v*
35　ohne eine bestimte Richtung aller Veränderungen auf einen Punkt weder zum Guten noch zum Bösen, sondern in einem verwirrten gesezlo-
sen Wechsel von Gedanken und Empfindungen, Neigungen und Begierden, bei denen es am Ende immer bleibt, was es gewesen ist. Wie
soll es nun den guten Eindrüken darin ergehn? Sie empfinden das
40　Gute und wahre, wie sie alles empfinden, bisweilen scheinen sie es
sogar tief zu fühlen, scheinen es zu einem guten Zwek in dem innern

---

12 es scheint als] *über* ⟨alle Eindrüke⟩　　**15** nur] *oder* immer　　**40–41** es sogar] es
korr. aus sie　　**41** scheinen es zu] *über* ⟨aber das ist dann⟩

ihres Herzens zu verschließen, aber dieses tiefe Gefühl ist dann kein
Vorzug d i e s e r Eindrüke; es ist die natürliche Folge von dem Zustand
in dem sie sind, und der allem was sonst wo auf sie einwirkt eben so
zu statten kommt; alle nichtige eitle sinnliche oder böse Eindrüke
dringen dann eben so tief und da ist es ja unvermeidlich daß irgend   5
einer darunter ist der jenem aufgefaßten Guten gerade entgegengesezt
ist und also alle Wirksamkeit desselben aufhebt – erholt es sich wieder, will es dennoch etwas in der Seele schaffen – o es kann nicht fehlen
in dem beständigen Wechsel von Gemüthsbewegungen komt bald ein
neuer Feind der es ganz vernichtet so daß die Seele auch das Bewust-   10
seyn davon verliert, daß niemand denken solle es sei jemals da gewesen. Oft ist auch die unerwartete Empfindung des Guten in einer solchen Seele nur oberflächlich[,] statt innerlich verschloßen zu werden
wird sie äußerlich zur Schau getragen, der Eindruk ist in allen Reden
und Bezeigungen sichtbar, man spricht mit Wärme von der neu er-   15
kannten Wahrheit, von der neu gefühlten Verbindlichkeit, man ist voller Gefühl über die bisherige Unwißenheit und Unrecht – aber wer
den Menschen kennt der bedauert schon im voraus das Schiksal dieser
jezt so hervorglänzenden Empfindung – und diejenigen die sich eine
Freude daraus machen, das Gute, wo sie es sehn zu vertilgen[,] richten   20
ihre Waffen gegen solches Herz; bald ist es Spott, bald ein Blendwerk
von Ueberredung, bald Warnung vor Gott weiß was für Schaden, bald
Reizung[,] kurz das Gute wird unausbleiblich ihre Beute denn es lag
ja nur oben auf. Dann komt wol bei Gelegenheit die Erinnerung in
die Seele zurük, daß dieses Gute doch da gewesen sei und dann soll   25
es irgend eine geheime übernatürliche Kraft gewesen seyn, die es so
unversehens geraubt hat. Es gibt leider Menschen genug bei denen
das so fortwährt und die sich auf diese Weise für einen großen Theil
ihres irrdischen Lebens das Glük ihrer Seele verscherzen, aber auch
andre sind für einzelne Fälle wenigstens in dem nemlichen verderbli-   30
chen Zustande. Es müßte wol ein jeder weiter im Guten seyn, wenn
jedes Saamenkorn das in sein Herz gesäet ward gediehen wäre, wenn
jeder gute Eindruk seine volle Wirkung gethan hätte. Ich denke wol
daß sich die meisten Menschen solcher Fälle werden erinnern können;
irgend eine nüzliche Betrachtung hatte sie besonders gerührt, sie hät-   35
ten sie sich zu Nuzen machen können, aber wie ist es doch zugegangen, ehe sie sich versehn haben sie dennoch das gethan was sie sich
was sie dadurch hätten vermeiden können, und das Bewußtseyn jenes
Guten ist verschwunden ohne daß sich eine erhebliche Ursach davon
anführen ließe; irgend eine gute Lehre ist ihnen zugekommen die ih-   40
nen eine heilsame Wahrheit vollständiger wichtiger deutlicher vor-

---

11 da] *korr. aus* in ihr   **29–30** auch andre sind] *geändert aus* sind nicht auch andre

stellte, aber sobald es darauf | ankam die Wirkung davon zu zeigen,   68r
so stellt sich nur der nemliche unvollständige verwirrte gleichgültige
Gang der Gedanken dar, wie er vorher gewesen war – was ist also
aus diesem Saamenkorn geworden. Es ist uns gegangen wie dem leichtsinnigen und wir haben nicht einmal gemerkt, daß wir in einem ver-
werflichen Zustand waren. Wenn wir lange in dem Zustand leben,
den man den gewöhnlichen Gang der Dinge nennt wo nichts neues
nichts außerordentliches unsere Aufmerksamkeit bisweilen schärft, da
kann es geschehn daß die Gewohnheit nach und nach den Eindruk
dessen was in uns vorgeht schwächt und daß wir so unsre Achtsamkeit auf uns selbst verlieren. Von keinem besondern Uebel bedroht
nicht in der Lage uns ein besondres neues Gutes zum Augenmerk
machen zu können scheint uns alles von selbst seinen gehörigen Gang
zu gehn und wir verlieren die Spannung alles was in uns geschieht auf
einen Zwek auf einen Punkt zu beziehn. Dadurch geben wir nun die
Aufsicht und Gewalt über unsre Gedanken und Empfindungen auf,
wir kommen gewißermaßen wieder unter die Herrschaft unseres Tem-
peraments und sind wenigstens in einigem Grade in dem Zustand des
leichtsinnigen und werden es nicht gewahr so lange uns nichts auffallendes daran erinnert. Da gibt es vielerlei Dinge die wir weil wir uns
so dem Zufall hingegeben haben eben so lebhaft empfinden als das
Gute; da kreuzen sich ungehindert so viele nicht zu unserer Besserung
gehörige Ideen daß das Gute darüber in Vergessenheit kommt und
seine Wirksamkeit durch Mangel an Stätigkeit der Seele verliert. Oder
es entsteht eine solche Gleichgültige Kaltblütigkeit bei der uns alles
nur schwach rührt und eben so faßen wir denn auch das Gute auf.
Aber so wie das Gute überhaupt seine Feinde hat so hat auch jedes
einzelne Gute und jede einzelne Wahrheit Menschen die ihr aus mancherlei Gründen entgegen arbeiten – können wir uns da wol wundern wenn es ihnen in diesem lenksamen unbewachten Zustand der
Seele gelingt es uns durch mancherlei Umwege unbemerkt wieder zu
rauben? Laßt uns nicht die Schuld davon auf irgend eine unsichtbare
Macht schieben, das hält die Anwendung unserer Kräfte nur zurük,
laßt uns vielmehr sehn wie wir uns vor diesem leicht entstehenden
gefährlichen Seelenzustand hüten können. Der erste Schritt dazu ist
geschehn sobald wir glauben ohne Achtsamkeit auf uns selbst in dem
rechten Gang eines Menschen, der auf den Wegen des Herrn wandeln
will, bleiben zu können. Auch der gewöhnlichste Gang des Lebens –
so muß derjenige denken, der die Schwachheit des menschlichen Herzens kennt und dabei seine Seele bewahren will – ja ein jeder Tag
mit seinen kleinen Begegnißen ist nicht so leer, daß er nicht manches

---

3 vorher] *über* ⟨ohne⟩   36 sobald] *korr. aus* wenn

enthalten sollte was unsre Aufmerksamkeit verdient; verabsäumen
wir das so wird beständig etwas vorgehn was die Seele in Unordnung
bringt, und in dieser Verwirrung wird manches schädliche ungestört
vorgehn, manches gute Samenkorn ohne Keimen ersterben – wenn
wir dagegen nicht unaufhörlich arbeiten, wenn wir uns nicht jedes   5
68v Beispiel zur kräftigen | Warnung dienen laßen, so müßen sich diese
traurigen Fälle immer mehren, so müßen wir immer weiter in der
Fertigkeit das Gute zu benuzen zurükgesezt werden.

II. Eine andere Gattung von Menschen bei denen sich dem Fortgang im Guten schädliche Hinderniße entgegensezen, ob sie gleich   10
noch einen Schritt weiter darin gethan haben, als jene, vergleicht Christus in seiner Rede mit einem felsigen Boden der gleichsam nur auf
der Oberfläche mit einer dünnen Erdlage bedekt ist. Da können wol
kleine Gewächse gedeihen deren Wurzeln nur auf der Oberfläche liegen bleiben, aber nichts was tiefer hinunter seine Wurzeln schlagen   15
muß um Festigkeit zu bekommen. Das Saamenkorn das auf ein solches Land fällt keimt also, es fängt an zu grünen, es wächst unter dem
sanften Einfluß einer milden Witterung so lange seine zarten Würzel-
chen diese Erdlage noch nicht ganz durchdrungen haben; es gibt eine
trügliche Hofnung des Gedeihens; aber bald bleibt es stehn; seine   20
Wurzeln suchen tiefer zu dringen da finden sie den undurchdringli-
chen Felsen und das Wachsthum hört auf. Kommt nun die Hize des
Sommers, eben die Hize, welche die Reife anderer Gewächse befördert, so hat es nicht Kraft genug ihre Wirkung auszuhalten, sein Boden liefert ihm viel zu wenig Saft, es erliegt der Gewalt der Sonne, es   25
welkt, es steht noch lange da, aber nur seine kümmerliche Gestalt
ohne Leben, endlich verdorrt es. So sind diejenigen welche das Wort
zwar mit Freuden annehmen aber in der Zeit der Anfechtung fallen
sie ab. Das Gute was sie erkannt und empfunden haben bleibt nicht
ganz unthätig in ihrer Seele; es zeigen sich mancherlei kleine Folgen   30
davon, es scheint anzuschlagen, es scheint sich zu vermehren; es giebt
einen guten Anschein aber weiter auch nichts. Alle diese Folgen sind
gleichsam nur auf der Oberfläche der Seele, es sind lauter leichte
Handlungen welche sich verrichten laßen, ohne daß das Gute eine
große hinlängliche Macht über die Seele erlangt hat, und bei denen   35
noch viel Böses, viel dem Guten widerstehendes im Grunde des Herzens vorhanden seyn kann, und dabei hören denn auch alle Fortschritte auf, welche das Gute in ihrer Seele macht. So tief ist es nicht

---

17 fällt] *korr. aus Unleserlichem*   19 haben] hat   27 verdorrt es.] *mit Umstellungs-*
zeichen eine Zeile höher hinter welkt, ; *geändert aus* es verdorrt.   29 erkannt und
empfunden haben] *umgestellt mit Zeichen aus* erkannt haben und empfunden

eingedrungen, daß es in alle Theile der Seele eingegriffen hätte, daß
es aus allen unaufhörlich Nahrung zöge, daß es nicht mehr ausgerißen
werden könne ohne die ganze Seele zu zerreißen, daß es nicht eher
untergehn könnte bis auch alle Kraft des Geistes sich erschöpft hätte
5 um es zu unterhalten. Danach ist das Herz nicht bearbeitet, es wirkt
unter günstigen Umständen als der Mensch leicht über sich gewinnt,
nur so viel als er immer von seinen äußern Bezeigungen nach Verhältnißen einrichtet, die ihn nicht tief rühren, als er immer eben diesen
Verhältnißen von seinen Neigungen zu opfern gewohnt ist. Aber im
10 innern des Herzens da sind noch so viele unbesiegte Neigungen, so
viele heftige Begierden, so viel schwere Trägheit, so viele blinde Vorurtheile; auf Unkosten von diesen kann das Gute nicht wachsen, es
zeigt sich ohne Kraft so bald es eine Auf|opferung von diesen gilt, | *69r*
es bleibt also bloß bei jenen äußern Bezeigungen stehn, | so ist es   *68v : 69r*
15 immer noch sichtbar in der Seele, aber jeder wahre Kenner sieht auf
den ersten Blik, daß es ohne wahre Kraft und Leben ist. Wie wird es
nun bestehn wenn eben die Prüfungen kommen, welche bei andern
Menschen das fest und reif werden im Guten befördern indem sie uns
nöthigen die Gewalt anzuwenden, die das Gute über uns hat. O da
20 hat es keine Gewalt, keine große erworbene Fertigkeit, kein großer
Sieg über Neigungen unterstüzt es, und es verdorrt gänzlich. So geht
es in diesen Seelen einem Saamenkorn des Guten nach dem andern;
weil der wolthätige Säemann nicht unterläßt immer neue auszustreun
so sind sie nie ganz ohne äußere gute Handlungen aber es bleibt alles
25 so matt so fade so welk und reift nicht. Wenn bei andern nicht die
ganze Seele auf eine so unglükliche Weise verhärtet ist, so haben doch
so viele davon irgend einen großen Hauptfehler über den das Gute
schlechterdings nichts gewinnen kann, an dem seine Kraft immer zu-
rükprallt, der alle Wirkungen desselben hemt, sobald es mit ihm in
30 Streit kommt. Aber selbst auf die von denen sich das nicht einmal
sagen läßt paßt doch dieses Bild Christi immer in so mancher Rüksicht, und seine Warnung gilt auch sie! Mancher Mensch hat wirklich
alle seine großen Neigungen und Vorurtheile aufgeopfert, sie haben
alle seiner Liebe zum Guten und wahren weichen müßen: wie kommt
35 es, daß dennoch so viel angefangenes Gutes zu keiner Vollendung in
ihm gedeiht? daß er an einzelnen Stüken seiner Besserung so lange
vergeblich arbeitet. Es ist noch irgend etwas in ihm, was dem Guten
hartnäkig widersteht, nicht etwas großes, das durch seine Stärke siegt,

---

5 unterhalten.] unterhalten,   5 Danach ist ... bearbeitet,] *drei Zeilen tiefer hinter*
Herzens   **12–13** es zeigt ... gilt,] *eine Zeile tiefer mit Umstellungszeichen hinter* stehn,
17 kommen,] *folgt* ⟨die⟩   **17–18** welche ... indem sie] *mit Umstellungszeichen eine*
Zeile tiefer vor O da hat   **32** gilt auch sie] *vgl. Adelung: Wörterbuch* 2,536

das hat er alles hingegeben; etwas an sich kleines was ihn durch seine
Verborgenheit oder durch die Macht der Gewohnheit beherrscht.
Denken wir uns z. B. einen recht guten Menschen; er findet daß er oft
die Menschen zu strenge behandelt, er will sich wahrer Nachsicht und
Gelindigkeit befleißigen; das gute Samenkorn wächst: es gelingt ihm   5
in den schwersten Fällen, das Unrecht der Menschen mag nun ihn
oder andre betreffen, aber laßt ihm nur die kleinste Beleidigung zugefügt werden auf eine solche Art daß das was man in der Welt seine
Ehre nennt dadurch angegriffen wird – wo ist seine Nachsicht? wo
seine Gelindigkeit? Dieser kleine Anstoß ist ihm unüberwindlich, da   10
scheitert sein Vorsaz jedesmal, da kann er das Gute nie durchsezen,
was er ihm gebietet. Und so wird jeder in seiner Nähe und an sich
selbst etwas finden, eine eingewurzelte Gewohnheit, einen alten Ue-
berrest eines sonst überwundenen Temperamentsfehlers, eine falsche
Art die Dinge anzusehn, eine Vorliebe für gewiße Dinge, einen Wider-   15
willen gegen andre, die sie nicht nur hie und da zu einem Fehler verleiten, sondern jedesmal wenn sie in Streit damit kommen unbezwinglich
widerstehn und das Gute zu Grunde gehn machen. Das ist die felsige
Gegend ihres Herzens, auf der viele wohlthätig ausgestreute Samen-
körner des Guten vertreten waren. – Aber wie wenn es Menschen   20
gelingt Felsen zu sprengen und auszuhauen und da wo sie standen
fruchtbare Felder und Gärten zu schaffen, warum sollte uns nicht mit
einem hohem Beistand in unsrer Seele das nemliche glüken? Die mei-
69*v*   sten Menschen können sich | einer Zeit entsinnen wo die Erfüllung
der Gebote Gottes und das Fortschreiten im Guten bei weitem nicht   25
das einzige Ziel war, worauf sie alle ihre Schritte hinrichten wollten.
Denn damals war ihr Herz eigentlich für das Gute eine Wüstenei,
unbebaut und bloß dem Ohngefähr überlassen, ob etwas nüzliches
daraus wachsen wollte. Ist es ihnen gelungen es urbar zu machen und
anzubaun, sollten sie daran verzweifeln die großen Steine des Ansto-   30
ßes wegzubringen die darauf noch zurükgeblieben? Haben wir das
schwere überwunden, so müßten wir uns vor uns selbst schämen das
beschwerliche zu scheuen. Nein, laßt uns diesem Kampf entgegen
gehn, der nichts als Ausdauer erfodert, tägliche Aufmerksamkeit, tägliches Widerstehn in den ⌊ersten⌋ Kleinigkeiten werden uns dahin brin-   35
gen wohin wir wollen und tägliches Gebet.

     III.   Laßt uns aber nun Christo noch zu dem dritten Bilde folgen
was uns unser Text vorstellt. Da fällt der Saame in einen guten frucht-
baren Boden, er gewinnt Kraft und wächst heran, aber im besten

---

15 die Dinge] die *korr. aus* gewiße   **31–33** Haben ... scheuen.] *mit Umstellungszei-*
chen eine Zeile tiefer hinter erfodert,   **37** zu] *korr. aus* nach

Wachsthum der Pflanzen schießen um sie her die Dornen hervor;
schnell wachsen die in Menge heran, sie nähren sich noch einmal so
schnell, das gute verbirgt sich unter ihnen; endlich ziehn sie allen Saft
an sich und das Gute vertroknet, nicht weil etwa der Saame schlecht
5 gewesen, nicht weil es etwa dem Boden an Bearbeitung Kraft und
Fruchtbarkeit fehle, sondern nur weil diese Dornen ihn gänzlich aus-
saugen, so daß nichts für die jungen Pflanzen übrig bleibt. Das sind
die, die unter den Sorgen, Vergnügen und Scherzen dieses Lebens hin-
gehn und das Gute dadurch erstiken; das ist die allgemeine so oft
10 gehörte Klage von dem Verderbniß der besten Herzen wenn sie aus
eingeschränktern Verhältnißen in eine größere Welt kommen wo alle
Neigungen gereizt werden wo alle Gegenstände derselben mit voller
Kraft auf sie würken. Zu dem schnellen Gedeihen des Guten gehört
ein Herz voll Gefühl, mit einem festen Willen, mit Anlage zu einer
15 Stärke der Seele die viele Schwierigkeiten überwinden kann. Wenn
eine solche Seele in eine Lage kommt, wo alle Neigungen Gelegenheit
ihrer Befriedigung finden, so wird diese Stärke wol hinreichen diejenigen zurükzustoßen, welche sich als offenbar böse und mit dem guten
unverträglich zeigen; aber wie leicht wird nicht ein junges Herz durch
20 sich selbst oder durch andre bethört: viele derselben zeigen sich Anfangs so unschuldig oder können wenigstens so dargestellt werden,
bald als Genuß erlaubter Freuden, bald gar als Pflicht die man in
einem gewißen Grade sich selbst oder andern schuldig und die man
also suchen muß mit höhern Pflichten zu reimen, und das macht, daß
25 diese Gegenstände nach und nach wünschenswerth erscheinen. Was
unternimmt ein solches Herz nicht alles wenn es erst Geschmak an
einer von ihnen gefunden hat; es strebt nun mit eben der Kraft nach
der Befriedigung derselben womit es vorher dem Guten nachging;
bald werden alle Kräfte | der Seele nur dazu gebraucht; es geräth ganz   *70r*
30 in die Verwirrung der Leidenschaft, und glaubt vielleicht dennoch daß
das Gute in ihm sei weil es noch hie und da die Spur davon erblikt
bis es endlich ganz vergeht, weil sich die Seele nicht mehr damit beschäftigt, weil es keine Nahrung mehr aus der Seele ziehn kann, ja
bald fehlt auch das Vermögen es auszuüben weil die Richtung des
35 Willens nach der entgegengesezten Seite die Anhänglichkeit an das
böse schon zu groß und allgemein ist. – Aber auch da, wo nicht die
ganze Erndte durch diese Dornen vernichtet wird, verhindern sie doch
in vielen einzelnen Fällen, daß das Gute nicht reif wird und zur Vollkommenheit kommt. Oft wird ein neues Saamenkorn in die Seele ge-
40 säet, sie fühlt das Bedürfniß irgend einer Vollkommenheit, die ihr

---

7 sind] *korr. aus* ist   34 es auszuüben] *korr. aus* sich [ ]   37 Dornen] *korr. aus*
Hofnung

noch fehlte. Man hoft für das Gedeihen desselben, und es wächst zur
Freude heran; aber plözlich entsteht irgend eine neue vielleicht an sich
unschuldige Neigung, sie erlangt schnell einen gewißen Grad der Heftigkeit; man verzeiht sie sich weil sie nicht böse in ihrem Ursprung ist
und weil man nicht sieht, daß das in der Seele schon ganz befestigte   5
Gute darunter litte, aber die Bewegung in welche sie das Gemüth sezt
ist doch stark genug unsere Aufmerksamkeit von dem neu zu erlan-
genden Guten abzuziehn, es bleibt zurük weil es nicht mehr gepflegt
wird und die Fertigkeit die wir etwa schon darin erworben hatten
geht verloren. – Oft macht man schon die besten Fortschritte in der   10
Uebung irgend eines Guten, in der Ausübung eines guten Vorsazes
aber man ist schon seit langer Zeit sehr von einem Vergnügen eingenommen, das man lange hat entbehren müßen, man hegt schon lange
einen sehnlichen Wunsch zu deßen Erfüllung es noch keine Möglichkeit gab. Auf einmal zeigt sich eine Gelegenheit jenes Vergnügens zu   15
genießen, diesen Wunsch zu erfüllen; die alte Neigung erwacht; das
wird nun das vornehmste Bestreben der Seele dahin treibt sie ihre
ganze Kraft, das gute hingegen erstikt und alle vorher darauf ge-
wandte Mühe ist verloren. – Oft hütet man mit der größten Sorgfalt
die kürzlich erlangte Freiheit von einem Fehler, Fertigkeit in einer Tu-   20
gend[,] man hat einen Entwurf gemacht sie noch mehr zu befestigen,
man fängt an ihn in allen Handlungen zu befolgen, er erfodert aber
Anstrengung um die Seele in derselben Spannung zu erhalten. Da entsteht eine vielleicht gute edle Empfindung die sich auf irrdische Verhältniße bezieht, sie zieht eine Menge anderer nach sich, die Stärke   25
derselben sezt uns aus unserm Bestreben heraus und da die Richtung
70v der Seele so plözlich verändert worden, so | ist es uns auch hernach
schwer ja oft unmöglich uns ganz in die vorige Lage zurükzusezen und
unsern guten Entwurf da wieder aufzunehmen wo wir ihn gelaßen
hatten. – Ja möchte man denken, wenn es so beschaffen ist, wenn   30
nicht nur die bösen, wenn auch die unschuldigen, erlaubten ja selbst
für gut gehaltene Neigungen und Freuden dem Wachsthum des Guten
so nachtheilig werden können: wie sollen wir es denn machen: die
Erde ist verdammt Dornen hervorzubringen, und das menschliche
Herz ist bestimt durch die Empfindungen die sein irrdischer Zustand   35
verursacht vorzüglich gerührt zu werden; wir könen uns nicht davon
losmachen! Und wir sollen auch nicht[,] aber wenn diese Empfindungen so mannigfaltig sind, daß wir ohne etwas zu entbehren die bösen
zurükweisen könen, sollten wir nicht auch von der Liebe zu den an
sich unschuldigen jeden zu hohen Grad überwinden könen jeden nem-   40

---

1 Man hoft] *korr. aus Unleserlichem*   **14–15** Möglichkeit] *über* ⟨Gelegenheit⟩
39 von der Liebe zu den] *geändert aus* von den

lich der durch seine Heftigkeit dem Guten schaden kann? und sollten
wir dies Verhältniß nicht durch Erfahrung und Beobachtung finden
könen? Das laßt uns unternehmen, dann gleicht unser Herz einem
guten Aker auf dem, neben der eigentlichen Saat, noch manches hüb-
sche angenehme Pflänzchen wächst, man läßt es stehn – wird es aber
übermächtig[,] droht es aber über die Saat hinauszuwachsen, dann
reißt man es ohne Zaudern heraus.

Das sind die von Christo angegebnen Hinderniße der Fruchtbarkeit des Guten in der menschlichen Seele. Möchte doch die Betrachtung derselben einem jeden so wichtig werden wie es nach der Absicht
Christi seyn sollte. Auch derjenige, dem sein Gewißen hierüber das
beste Zeugniß gibt, der sich jezt höchstens einzelner kleiner Verschuldungen in diesem Stük bewußt ist, achte auch diese einzelnen kleinen
Fehler nicht für Kleinigkeiten, die seiner Aufmerksamkeit und seiner
Anstrengung nicht werth wären. O wir können uns irren, unser Gedächtniß ist uns nicht immer treu genug, und wenn er sich auch nicht
irrte, erinnere er sich welches der Grund derselben ist und was für
Folgen daraus entstehn können, wenn er sie überhand nehmen läßt.
Er beherzige die ernsten Worte die Christus nach seiner Erklärung zu
seinen Jüngern sagt. Wie? sagt er, schikt euch Gott die Gelegenheit
immer aufs neue Gutes zu erkennen darum zu, damit ihr sie untergehn
laßen sollt? oder nicht vielmehr darum daß ihr selbst die guten Folgen
davon genießen und andre sie auch zu ihrer Belehrung anschauen sollen? Je weniger ihr über die Anwendung jedes einzelnen Guten nachdenkt und euch bestrebt, desto mehr Verabsäumungen davon werden
dann euch selbst offenbar werden an jenem Tage, wo alles offenbar
wird. Und überdem: wer jedes Gute benuzt und gedeihen läßt, dem
wird eben deswegen eines   *[Der Text endet hier.]*

---

15 wären.] wären,   **15–17** O wie … irrte,] *mit Umstellungszeichen eine Zeile tiefer*
hinter läßt.   **17** erinnere er] *geändert aus* er erinnere   **19** Er] er   **20** Gott] *korr.*
aus Unleserlichem

Nr. 8
Am 29. März 1793

Termin:	Karfreitag
Ort:	Schlodien
Bibeltext:	2Kor 5,12
Textzeuge:	Autograph Schleiermachers; SAr 9, Bl. 71v–72v
Texteditionen:	Keine
Andere Zeugen:	Keine
Besonderheiten:	Die Predigt ist vermutlich fragmentarisch durch Textverlust.

den 29. Merz 93.
Charfreitag Schlodien.

Gebet. Herrlicher Gott, barmherzig gnädig und von großer Güte und Treue, der Du nicht Gefallen hast am Tode des Sünders sondern daß er sich bekehre und lebe, der Du also die Welt geliebet hast, daß Du Deinen eingebornen Sohn gabst auf daß alle die an ihn glauben die seine Lehre annehmen und seine Gebote halten würden nicht verloren werden sondern das ewige Leben haben, wir die wir ohne diese Veranstaltung Deiner ewigen Liebe in alles Elend der entehrten und gefallenen Menschheit versunken seyn würden, nun aber in dem Bewußtseyn Deiner Gnade und in der Hofnung des ewigen Lebens uns mit getrostem Muth Deine Kinder nennen, wir die wir mit der ganzen Christenheit zur heiligen Feier des Todes Jesu Christi versammelt sind, fangen sie damit an, daß wir Dir Lob und Dank sagen für diese größte unter allen Deinen Wolthaten. Ja dafür erkennen wir sie, denn was hülfe uns alles was wir täglich von Deiner Vaterhand empfangen, so wir nicht Theil hätten an dem was uns Jesus Christus allein durch Leben und Sterben erwerben konnte, was hülfe uns Himmel und Erde mit all ihren Schäzen, mit allen Beweisen Deiner allumfassenden Güte die wir darin finden, so Du uns nicht dieses Mittel gegeben hättest um den Schaden gut zu machen den Du an unse-

5

10

15

20

---

8 das] *korr. aus* daß   12 Hofnung] *davor* ⟨froh⟩   17 so] *korr. aus* wenn   18 Jesus Christus] J. Ch.

4–5 Vgl. Ez 33,11   5–8 Vgl. Joh 3,16

rer Seele gelitten hattest? Aber auch so Herr bedürfen wir noch
Deines Beistandes und Deiner Gnade, Du hast das gute Werk unserer Begnadigung angefangen durch die Sendung und den Tod
Deines Sohns, Du mußt es auch vollenden durch den Geist der
5　Heiligung, diesen laß immer reichlicher wohnen in uns und gewähre ihn allen die seiner bedürfen, auf daß wir und alle erlösten
Jesu Christi würdig wandeln des hohen Berufs zu dem sie erwählt
sind und um dessentwillen er den Tod des Kreuzes gestorben
ist.　Amen.

10　Mit voller Ueberzeugung seze ich voraus, daß keiner unter uns ist, der
nicht schon an dem heutigen Tage sich auf Augenblike wenigstens
aller übrigen Gedanken entschlagen hätte um im Geist ein Zuschauer
des Leidens Jesu zu seyn, keiner der nicht die Empfindung die das in
jeder nicht verstokten Seele hervorbringen muß in vollem Maaß ge-
15　nossen hätte. Schon das Leid eines gewöhnlichen Menschen hat etwas
ehrfurchterwekendes wenn er unschuldig, wenn er mit Muth und
Stärke der Seele es trägt, noch mehr wenn er es um des Guten selbst
willen leidet, das ist ein | Anblik der den größten Eindruk auf jedes　*72r*
menschlich fühlende Herz machen muß, wie könnte das Leiden Jesu
20　wol diesen Eindruk verfehlen? Hier ist nicht nur Unschuld sondern
eine göttliche Tugend die auch von den geringsten Fleken nichts weiß;
hier ist nicht nur ein Muth der auch die geringste Spur von Schwachheit vertrieben hat, sondern eine Freudigkeit der Seele welche das Leiden selbst wählt und noch von Liebe und Mitleid gegen diejenigen
25　überfließt die es selbst verursachen; hier ist nicht nur ein Leiden um
des Guten willen, sondern das Leiden selbst ist das Gute, ist das lezte
größte Verdienst aus welchem himmlische Wolthat für ein ganzes Geschlecht entsprießt. Und dann neben diesem Bilde wir, die wir die
Ursach aller dieser Schmerzen und dieses Todes sind – Hier komt
30　alles zusammen, Ehrfurcht, Liebe, Dankbarkeit, Wemuth und
Schaam, um eine Empfindung hervorzubringen, der gewiß nichts anders gleich kommen kann. Wenn wir nun das in vollem Maaß genossen hätten, und glaubten nun eine recht christliche Feier dieses heiligen Tages begangen zu haben, und rühmten uns aus der Fülle Jesu
35　Gnade um Gnade genommen zu haben und gingen nun hin und handelten nach diesem Tage doch nicht anders als vorher, liessen unsern
Neigungen doch nicht weniger Gewalt als vorher, alle diese Empfindungen hätten auf Dauer kein neues Leben, keinen neuen Eifer, keine
neue Kraft in unsre Seele gebracht, so wäre troz aller jener Empfin-
40　dungen dieser Tag verloren, so hätte Christi Tod wieder eine Frucht

---

1 hattest] hatten　　**17** Seele] *folgt* ⟨dulde⟩

vergeblich für uns getragen, ja so hätten wir ihn wie der Apostel sagt
zum zweitenmal gekreuzigt. So schreklich das klingt, so ist es dennoch
ein Ausgang vor dem auch wir uns zu fürchten haben, unsre Erfahrung wird uns sagen daß das gar kein seltnes Schiksal der Menschen
ist. Eine jede menschliche Weisheit steht je höher sie sich über alles　5
andre zu erheben scheint auf dem Punkt eine unfruchtbare Grübelei
zu werden, eine jede menschliche Empfindung je ausserordentlicher
sie sich zeigt, je mehr sie die ganze Seele einzunehmen und zu beherrschen scheint, steht in Gefahr sich am Ende als eine vergebliche Anstrengung der Seele zu zeigen die keinen bleibenden Eindruk und kei-　10
nen dauernden Nuzen zurükläßt. So laßt uns Gott bitten daß Er selbst
mit seinem Geist unsre heutigen Gedanken und Empfindungen heilige
und auf einen bessern Weg leite, daß er sie zu dem nun hinführe was
uns Noth ist wenn Jesus nicht vergeblich für uns gestorben seyn soll.
Wir bitten ihn daß er dergleichen die gegenwärtige Betrachtung　15
segne p.

　　　Text. 2. Cor. 5, 12.

Diese Worte Herr verklär in unserer Seele und gib uns Liebe und Kraft
ihnen gemäß uns als wahre Erlöste des Gekreuzigten zu beweisen.
Segne dazu auch die gegenwärtige Betrachtung mit dem Geist der　20
Wahrheit und der Heiligung.　　Amen. |

72*v*　　　Paulus vertheidigt sich an der Stelle seines Briefes aus welcher die
Textesworte genommen sind gegen gewisse Vorwürfe, die ihm von
einigen in der Gemeine zu Korinth gemacht wurden. Indem er denen
Christen welche ehemals zum jüdischen Volk gehörten keinen Vorzug　25
gab vor denen die aus den Heiden genommen waren und ihnen ihre
ehemaligen Irrthümer zu keinem Verdienst anrechnete, so wurde ihm
aber diese Unpartheilichkeit für Ungerechtigkeit und Zurüksezung an-
gerechnet. Indem er nun zeigen will, daß unter den Christen in der
That kein auf solchen Vorzügen gegründeter Unterschied Statt finden　30
könne, so führt er unter anderm auch die Worte unsers Textes an.
Diese sind nun kein besonderer Saz der sich nur auf jenen Fall bezöge,
sondern eine allgemeine zu allen Zeiten für alle Christen gültige Wahrheit von welcher Paulus die Anwendung so macht wie es die damaligen Umstände erfoderten und von welcher sie jeder von uns so ma-　35
chen muß, wie es die seinigen erfodern. So wollen wir sie also auch
jezt näher betrachten und dabei zuerst sehn, was die Verpflichtung

---

1 Apostel] Ap.　　17 Text. 2. Cor. 5, 12.] 2. Cor. 5, 12. ; *es folgen mehrere Striche,*
wohl für das Zitat des Bibelverses　　18 Diese] *davor kein Absatz*　　25 ehemals]
korr. aus Unleserlichem　　25 jüdischen] jüd.

1–2 *Vgl.* Hebr 6,6

von welcher Paulus spricht eigentlich in sich begreift, und dann, wie
sie mit dem Grunde, welchen er davon angibt, nemlich dem Tode
Jesu, zusammenhängt.

Erster Theil. Wenn wir den Zustand des Menschen vor und
5 ausser dem Christenthum und ehe die Religion Jesu recht Wurzel in
ihrer Seele gefaßt hat[,] gar nicht kennten, sondern nur von der glüklichen Lage desjenigen unterrichtet wären, welcher unter die wahren
Nachfolger Jesu gehört, so könnte uns die Gegeneinandersezung welche Paulus hier macht nicht anders als sehr sonderbar scheinen. Wir
10 sollen nicht uns selbst leben, sondern Christo leben; er hat ja aber für
uns gelebt, alles was er gethan hat hat er für uns gethan; alle seine
Gebote und Vorschriften sind zu unserm Heile gegeben und weder bei
seinem Leben auf Erden noch jezt in dem Zustand seiner Erhöhung
zu der Rechten Gottes hat er nie Absichten die von unserm wahren
15 Wohl und unserer eigentlichen Glükseligkeit verschieden wären, was
ist es also für ein Unterschied ihm leben und uns selbst leben? Wer so
fragen kann bei dem ist die grosse Veränderung schon vorgegangen,
auf welche es hier ankomt, aber er besinne sich nur auf die Zeiten
zurük wo das noch nicht war: hat nicht erst die Kraft der Lehre Jesu
20 ihn seine wahre Seligkeit und die Mittel dazu einsehen lassen? hat er
nicht erst durch sie sein eigentliches besseres Selbst gefunden? Hatte
er nicht vorher ein ganz anderes Ziel ganz andere Wege, ein ganz
anderes Wesen? Solche Menschen hatte denn auch Paulus hier vor
sich welche zwar die Religion Jesu angenomen hatten und bekannten,
25 aber dennoch ihre vorige Art über den Werth der Dinge zu urtheilen
nicht aufgeben wollten, noch immer hingen an ihrem alten Eigendünkel auf eingebildete Vorzüge, an ihrem Stolz auf [erworbene] Vorzüge.
Darauf kam es also an daß sie nicht mehr diesem alten Selbst leben
sollten welches ihnen noch anklebte, dem alten Menschen einem Ge-
30 bäude aus irrdischen Neigungen und sinnlichen Irrthümern. Ich halte
dafür sagt Paulus so Christus für sie gestorben ist so sind sie alle
gestorben. Hat Er sich aus Liebe für sie dahingegeben, so sollten sie
auch aus Liebe zu ihm sterben, nemlich was diesen alten Menschen
betrift welcher nichts gemein hat mit Christo, [stärken] den neuen
35 Menschen, der aber noch nicht in ihnen war, und den sie also nur in
Christo suchen konnten. Ist aber erst jemand in Christo wahrhaft und
vollkomen in ihm, der ist als der eine   *[Der Text endet hier.]*

---

6 sondern] s.   **11** gelebt] *korr. aus* gelehrt   **35** in ihnen] in *korr. aus* ihr

---

9–10 *Vgl. Röm 14,7–8*   **30–32** *Vgl. 2Kor 5,14*

Nr. 9
Am 29. Dezember 1793

Termin:	*Sonntag nach Weihnachten*
Ort:	*Berlin, Domkirche*
Bibeltext:	*Mt 12,19–20*
Textzeuge:	*Autograph Schleiermachers; SAr 9, Bl. 78r–81r*
Texteditionen:	*SW II/7, 1836, S. 182–192*
Andere Zeugen:	*Keine*
Besonderheiten:	*Der Text ist unvollendet. Die Datierung auf das Jahr 1793 basiert auf der Ortsangabe.*

78r　　　　　　　　　Am lezten Sonntag des Jahrs. Dom.

M. A. Z. Wir sehn gewiß alle oft auf die vergangene Zeit zurük und auf das was wir während derselben gethan haben. Wir finden alle, ja alle, dabei mancherlei, was wir jezt mißbilligen und tadeln, und unsere erste Entschuldigung ist immer die: wenn ich doch daran hätte denken können, wenn ich doch das damals so gewußt hätte. Damit wollen wir also sagen, daß wir immer Belehrung und Erinnerung darüber bedürfen was für eine Tugend uns noch fehlt, welcher Fehler uns noch oft übereilt, welche unserer Handlungen wir zu günstig beurtheilen. Aber eben weil Belehrung und Erinnerung so große und wichtige Hülfsmittel sind, so sollten wir uns auch fragen, wie wir denn dasjenige, was uns davon zu Theil geworden ist benutzt haben, und auch da wird die Antwort wol selten befriedigend lauten. Wenn unsre Gedanken sich nicht von selbst unter einander verklagen, so sind sie nur gar zu geneigt sich einander gegen die Klagen anderer zu rechtfertigen, und wir schieben die Schuld unsrer Unfolgsamkeit gegen gute Lehren auf den zurük, der sie uns gab. Da finden wir seine Foderungen zu streng und seine Begriffe von den Pflichten des Menschen überspannt. Da glauben wir daß er unsre Handlungen gar zu genau untersuchen will, daß er sich ordentlich Mühe gibt auch an der unschuldigsten und besten noch etwas böses zu finden weil er das gern ans Licht bringen will. Freilich mögen wol manche Menschen ihr Urtheil über andre auf die Art übertreiben, aber uns scheint das auch wol oft nur der Fall zu seyn weil wir unsere Trägheit beschönigen, unsern ungegründeten

---

13–14 *Vgl. Röm 2,15*

Eigendünkel rechtfertigen wollen. Mit aller menschlichen Lehre und
Zucht die wir hätten benuzen können werden wir auf diese Weise
bald fertig, und dann wollen wir wol gar das nemliche auch auf die
göttliche Lehre und auf den Lehrer anwenden, den Gott zu unser aller
5 ewigem Wohl auf diese Welt gesandt hat, und ihn auch für ein solches
finsteres, menschenfeindliches überspanntes Wesen halten, deßen
Lehre für uns gar nicht gemacht sei. Davor wollen wir uns hüten und
uns in dieser Stunde aufs neue davon überzeugen, daß Christus selbst
durch seine Lehre und sein ganzes Betragen uns jeden Vorwand zu
10 einem solchen Urtheil über ihn benommen habe.

    T e x t .   Matth. 12, 19–20.

Diese Worte sind eigentlich aus dem Propheten Jesaias genommen und
der Evangelist bedient sich ihrer um uns eine gewiß sehr | einladende   *78v*
Beschreibung von Jesu zu machen; wenn wir sie lesen, so fühlen wir
15 uns gewiß mit Liebe und Zutrauen zu einem solchen Lehrer der Weisheit hingezogen, geneigt seinen Ermahnungen Raum zu geben, innerlich gedrungen seine Foderungen für recht und billig zu erkennen.
Gewiß aus keinem andern Grunde, als weil wir aus dieser Beschreibung sehn, daß er alles das nicht hat, was uns gewöhnlich einen Vor-
20 wand gibt denen nicht zu folgen, welche sonst das Amt der Belehrung
auf sich nehmen. Das wollen wir also jezt noch näher erwägen, daß
nemlich die ganze Lehre und Betragen Jesu uns jeden Vorwand ab-
schneide unter dem wir uns seinen Foderungen entziehn könnten. Dahin gehören vornemlich zwei Eigenschaften desselben[:] E r s t l i c h er
25 ist uns nicht so unähnlich, er erhebt sich nicht so über uns, daß wir
glauben könnten seine Lehre gehöre nicht für uns. Z w e i t e n s er demüthigt uns nicht so, daß wir die Hofnung aufgeben müßten seinen
Foderungen Genüge zu leisten.

    E r s t e r T h e i l .   Ich sage Christus stellte sich uns nicht so unähn-
30 lich dar, erhob sich nicht so über uns, daß er uns dadurch von sich
und seiner Lehre abschreken könnte wie das so oft bei denen der Fall
ist die sich mit einem besondern Ansehn zu Lehrern der Tugend und
zu Vorbildern ihrer Nebenmenschen aufwerfen. Wir verlangen von
einem solchen nicht nur, daß er uns nichts auflege, als was unserer
35 Natur und den Absichten Gottes mit uns gemäß ist, nicht nur daß er
alles das an sich beweise, was er uns auflegt, wir wollen auch in seinem Betragen sehn, wie wir zu der Vollkommenheit kommen können

---

20 denen nicht zu folgen,] *geändert aus* uns denen zu entziehn,

---

12 *Jes* 42,2–4

die er uns anpreist. Wir sind uns bewußt daß unsre Fehler nicht grade
von einer Feindschaft gegen das Gute, von einer thierischen Uebermacht der Sinnlichkeit herrühren, sondern davon daß wir natürliche
Neigungen, und Empfindungen, die wir an sich nicht mißbilligen können[,] nicht genug zu mäßigen wißen, und da wollen wir an unserm   5
Lehrer sehn, wie er denn den Streit mit eben diesen Anlagen, Bedürfnißen und Neigungen geführt hat. Wenn er nun das, was in uns den
Fortschritten des Guten entgegensteht[,] nicht mit Schonung unterscheidet; wenn er selbst gar keine Empfänglichkeit für unschuldige
Freuden zeigt und sie uns ganz verbietet, weil es allerdings schädlich 10
ist eine leidenschaftliche Liebe zu denselben zu haben; wenn er jeden
hohen Grad der zärtlichen Gefühle der Geselligkeit der Freundschaft,
der Sorge für die unsrigen eben so in sich unterdrükt als den Hang
zur niedern Sinnlichkeit, weil sie uns doch bisweilen zu unrechten
Handlungen verführen | können; wenn er um diejenigen zu widerle-   15
gen, welche alle Fehler mit der Schwachheit des menschlichen Herzens
entschuldigen uns eine ganz andere Gestalt der menschlichen Natur
zeigen will und seine Besonnenheit und Gleichmüthigkeit so weit ausdehnt, daß nichts sein Herz bewegen kann, daß keine warme lebhafte
Empfindung in ihm sichtbar wird, dann gehört er zu denen, von wel- 20
chen es in unserm Text heißt: sie zanken und schreien, man hört ihr
Geschrei auf der Straße, sie streiten und rechten mit der ganzen Welt
indem sie das verwerfen und verachten, was überall als edle Anlage
des menschlichen Herzens geliebt, geachtet geduldet wird; sie stellen
sich zur Schau mit einer natürlichen oder erkünstelten Fühllosigkeit   25
und rühmen sich deswegen einer außerordentlichen Stärke des Geistes
und Herrschaft der Vernunft. Aber eben deswegen können sie auch
nichts gutes stiften. Der nachsichtige gegen sich selbst findet einen
gewünschten Vorwand um sich von ihnen los zu machen. Dieser
spricht er kann mich weder belehren noch beurtheilen, in seinem Bu- 30
sen schlägt kein solches Herz wie das meinige, wir haben nichts mit
einander gemein, also kann ich auch nicht handeln wie er. Die beßer
gesinnten die gern jedes vortreffliche Vorbild ergreifen um sich selbst
zu beschämen und anzufeuern können doch auch einen solchen Lehrer wenn sie auch keinen Verdacht der Heuchelei auf ihn werfen,   35
wenn sie auch die Kraft bewundern mit der er das alles ausführt, nicht
annehmen, nicht lieben, sie können ihm das strenge Urtheil über alle
Freuden des Lebens und alle unschuldigen Ergießungen des Herzens
nicht nachsprechen. Gott sei gelobt daß unser göttlicher Lehrer nicht
so gedacht und gehandelt hat. Er stellte sich uns auch zum Vorbild, 40

79r

---

11 jeden] *davor* ⟨uns⟩   **13** in sich unterdrükt] *geändert aus* zu unterdrüken befiehlt
32 Die] *korr. aus* Der   **33** vortreffliche] *über* ⟨heilsame⟩

aber ohne Verachtung und Härte; es lag so viel Freundlichkeit in der
Art wie er uns einlud sein Joch auf uns zu nehmen, so viel liebreiche
Versicherung daß wir dadurch das Glük unseres eignen Herzens befestigen. Er warf keinen so verächtlichen Blik auf das Herz in welchem
5 so mancherlei Wünsche und Neigungen emporkeimen, und weit entfernt sie zu verdammen zeigte er, daß auch sein Herz so beschaffen
sei wie das unsrige. Er sezte keinen Vorzug darein alle dargebotenen
unschuldigen Freuden des Lebens von sich zu stoßen, er nahm selbst
Theil an allerlei geselligen Ergözungen und freute sich der Freude an-
10 derer. Er wußte nichts von der harten Lehre daß Schmerz und Leiden
der Mühe nicht werth sei dadurch gerührt zu werden, denn er selbst
ging nicht gleichgültig dabei vorüber sondern half und linderte wo er
konnte; ja er selbst wünschte, daß der Kelch des Leidens vor ihm
vorüber gehn könnte. | Er war weit entfernt alle Anlagen zum Mitge-   *79v*
15 fühl zur Zärtlichkeit zu unterdrüken, er hatte selbst Freunde die er
innig liebte, ob er gleich tausend Schwächen an ihnen bemerkte, er
gab sich gar keine Mühe es zu überwinden oder zu verbergen, daß es
ihm schwer werde sich von ihnen zu trennen. So war er in allen Dingen ganz menschlich, wußte nichts von dem eiteln Ruhm daß er über
20 alles irrdische hinweg sei, daß sein Herz an nichts hänge. Aber eben
deswegen dürfen wir nun desto weniger irgend eins von seinen Geboten von uns weisen. Wo hätte wol der, der sich so gern entschuldigt
wenn ihm seine Pflichten und Fehler vorgehalten werden, wol irgend
einen Vorwand sich der strengsten Beurtheilung nach der Lehre Jesu
25 und seinen Foderungen zu entziehn? Sie sind ja alle für das menschliche Herz und das menschliche Leben berechnet; er selbst hat sie mit
eben dem Herzen und in eben den Verhältnißen aufs strengste erfüllt,
ist in allen Dingen als ein Mensch erfunden worden, hat so gefühlt
und gehandelt und doch ohne Sünde bestanden. Seine Lehre, die Dir
30 auch gegeben ist, muß es seyn, wonach Du Dich prüfst. Hast Du ihren
Ermahnungen kein Gehör gegeben, hast Du ihr nicht gemäß gelebt,
so ist es Deine Schuld und Deine Sünde. Wo könnte der gutgesinnte
aber kleinmüthige auf dem Gedanken bestehn, daß doch etwas in uns
der Lehre Jesu widerstehe was wir gar nicht unterdrüken können, und
35 daß eben um deswillen das Beispiel Jesu doch nicht unsre Richtschnur
sein könne. Freilich sind auf dem Wege der Tugend Augenblike des
Unmuths und der Zaghaftigkeit unvermeidlich und besonders bei dem
Blik aufs vergangene, wo wir so manche Aufopferungen uns gefallen
laßen, so manche Beschwerde erduldet, und doch so wenig Fort-

---

1 es lag] es

---

2 *Vgl. Mt 11,29*   28 *Phil 2,7*

schritte gemacht, so viele Fehler begangen haben, doch immer wieder
unser Herz mit seinen Wünschen und seinem Wolgefallen an den Reizen des Lebens als ein unüberstiegenes Hinderniß finden. Das kann
uns nicht von der Lehre Jesu trennen. Faße sie nur fest ins Auge, und
Du wirst auch Muth faßen. Gieb hin was Du mußt und es bleibt Dir   5
doch noch Freude genug übrig zur Stärkung bei dem ernsten Geschäft
der Heiligung mehr wol als des Menschen Sohn auf Erden genoß. Sieh
zurük wo Du gefehlt hast, Du konntest gewiß auch da der Lehre Jesu
nachkommen, auch da Dein Herz besiegen; Du wirst es also auch
noch beßer können, wenn Du noch fester wollen wirst. Fange nur den   10
Kampf von neuem an, und sei versichert daß Christus eben deswegen
unser höchster Lehrer und Führer ist, weil er Mitleid haben kann mit
unserer Schwachheit, weil er uns nichts auflegt, was wir nicht tragen
könnten. |

80r   Zweiter Theil. Ich sagte zweitens Christus als unser Lehrer   15
demüthige uns nicht so, daß wir dadurch könnten bewogen werden
alles Vertrauen auf uns selbst, alle Hofnung eines guten Erfolgs unserer Bemühungen, und also alles Bestreben nach Vollkommenheit aufzugeben. Beßerung ist freilich nicht möglich ohne Selbsterkentniß und
Selbsterkenntniß nicht ohne eine unangenehme Herabstimmung der   20
allzu guten Meinung, welche die Menschen gewöhnlich von sich selbst
haben, und die durch jedes wenn gleich noch so geringe Gute was sie
an sich finden so mächtig unterstüzt wird. Sie wißen daß aller Anfang
schwer und gering ist, und also auch der Anfang des Guten in ihnen
selbst, sie wissen daß das der Frömmigkeit und Tugend gewidmete   25
Leben fast immer nur ein Anfang bleibt, daß es größtentheils nur aus
unvollkomnen Versuchen besteht, daß nur selten eine Handlung gelingt wobei ein vollkomner Sieg über gewohnte Neigungen eine innige
Anhänglichkeit an die Religion und zunehmende Kräfte im Guten
recht in die Augen fallend wäre. Für je seltner eine solche Handlung   30
gehalten wird desto mehr werden sie sich also freuen wenn ihnen eine
gelingt. Da wünschen wir uns aus vollem Herzen Glük, ein großer
Zeitraum der Vergangenheit wird dadurch gleichsam erhellt und alle
Fehler desselben zugedekt, wir fühlen Anlagen und Kräfte zum Guten
in uns die jezt schon etwas großes ausgerichtet haben, was werden sie   35
nicht erst im Stande seyn, wenn sie durch lange Uebung und durch
den öftern Genuß einer so wolverdienten Zufriedenheit gestärkt und
erhöht sind. Aber je lebhafter auf diese Weise unsere Freude über gute
Handlungen ist, bei denen wir einen merklichen Grad von Kraft und
Vollkommenheit gewahr werden, desto leichter betrügen wir uns   40

12–13 *Vgl. Hebr 4,15*   **13–14** *Vgl. Mt 11,29–30*

selbst, und überlassen uns ihr auch da, wo eigentlich keine Ursach
dazu wäre, wir glauben oft daß Liebe zum Guten in uns thätig gewesen ist wo doch im innern unseres Herzens mancherlei unreine oder
wenigstens fremde Bewegungsgründe verborgen waren, wir glauben
5 oft aus Gehorsam gegen die Gebote Gottes und durchdrungen von
der Kraft der Religion gehandelt zu haben wo doch nur eine Neigung
die andere besiegte. Wie soll also derjenige welcher unser Lehrer und
Führer seyn will mit uns handeln? Das verzagte menschliche Herz
welches schwere Bemühungen so leicht aufgibt braucht Ermunterung
10 und Beweise seiner Kraft, das trozige und übermüthige muß im Zaum
gehalten werden. Ermunterung allein macht uns übermüthig[,] Demüthigung allein macht muthlos und verzagt. Wenn uns Christus vor-
hielte, daß es nichts sei mit dieser Freude und diesen Siegen über uns
selbst; wenn wir alle unsre guten Handlungen und Anlagen | bei dem	*80v*
15 Licht seiner Lehre für einen betrüglichen Schein halten müßten, wenn
er uns zuriefe, daß wir nichts thun könnten, was den Beifall Gottes
erhielte, und also auch nichts, was unsern eignen verdient, wenn seine
Lehre behauptete daß es eitel Selbstbetrug sei mit unserer thätigen
Liebe zum Guten, daß wo wir auch glaubten um des Guten Selbst
20 willen recht gethan zu haben, uns doch immer noch mancherlei andere Bewegungsgründe von innen und eine günstige Leitung der Umstände von außen zu Hülfe gekommen seyen, ohne welche wir auch
da unterlegen wären, daß also doch nichts an uns gut sei weil nichts
rein vollkommen und tadellos ist, daß also alles arg sei was aus dem
25 menschlichen Herzen hervorgeht; ja, dann würde das ohnehin
schwach glimmende Tocht ganz ausgelöscht, dann würde das geknikte
kränkelnde Rohr ganz abgebrochen. Dann könnten wir alle unsre
Fehler entschuldigen und die Trägheit in dem Bestreben besser zu werden rechtfertigen, dann könnten wir bei Prüfung unserer Handlungen
30 die Lehre Jesu ganz vorbeigehn, und wenn wir etwas versehn haben,
so wäre es doch nicht das gewesen, daß wir ihrer Stimme nicht Gehör
gaben. Es wäre ja vergeblich i h r e Wahrheiten und Lehren festzuhalten, da wir sie doch nicht ausüben können, es wäre vergeblich um
i h r e Tugend sich Mühe zu geben, da wir doch nur den Schein dersel-
35 ben erlangen können, vergeblich den Uebergang in den bessern Zustand zu suchen den sie gebietet, weil doch der Anfang desselben in
uns nicht möglich wäre. Umsonst spräche der Sünder[:] ich will um-
kehren zu meinem Vater und will anfangen zu thun was wolgefällig
ist vor ihm; umsonst spräche der, dem es noch an so manchem Guten

---

17 wenn seine] Wenn seine   **23** unterlegen wären] untergelegt hätten

---

37–39 *Vgl. Lk 15,18*

fehlt[:] ich will nach dem sehn was da vorn ist und keine Tugend kein
Lob soll seyn dem ich nicht nachtrachte. Wenn Christi Stimme so alles
Gute was uns ohngeachtet dessen was von unserm verderbten Zustand wol wahr seyn mag doch noch übrig und zu erlangen möglich
ist heruntersezte und abläugnete, dann aber auch nur dann wären wir   5
berechtigt auf die ernsten Belehrungen auf die heiligen Wahrheiten
welche sie uns zuruft nicht zu hören. Aber so hat unser barmherziger
und liebreicher Erlöser nicht mit uns gehandelt; mit der größten und
göttlichsten Weisheit hat er Demüthigung für den Stolz und Stärkung
für die Schwachheit unsers Herzens mit einander vereinigt. Er löscht   10
das glimmende Tocht nicht aus; er bricht das geknikte Rohr nicht
entzwei. Weit entfernt ist er auch nur den kleinsten Samen des Guten
durch das harte Wort zu erstiken: das ist viel zu wenig. Vielmehr wo
81r er auch nur eine Seele ohne Falsch, wo er vernünftige Ue|berlegung
und ernstes Nachdenken antraf über das was der Mensch seyn soll,   15
da sprach er gern das Wort der Ermunterung aus: Du bist nicht fern
vom Reiche Gottes. Er sagte uns daß alles um dessentwillen er die
Menschen selig preist in unserer Gewalt[,] er erkannte also einen
Keim des Guten in uns und sprach uns Muth ein daß er gedeihn
würde; auch uns gilt es was er seinen Jüngern sagt: so ihr Glauben   20
hättet wie ein Senfkorn so würdet ihr Berge versezen können, wenn
ihr nur erst einen kleinen Antheil an Muth und Standhaftigkeit und
Zuversicht hättet so ist keine Schwierigkeit so groß, die ihr nicht in
der Folge würdet besiegen können. Er warnt uns wol vor der Gefahr
des Selbstbetrugs, daß es nicht auf das Bekenntniß der Lippen, nicht   25
auf den äußern Schein der Handlungen, nicht auf Opfer ankomme,
wobei wir durch Nebenabsichten getrieben werden, aber doch läugnet
er nicht daß wir auch das Gute thun können was wirklich den Gehorsam gegen den Willen unsers himlischen Vaters ausmacht. Er weiß
wol daß es uns schwer nur zu schwer ist bloß von der Liebe zum   30
Guten getrieben zu werden, aber eben darum erlaubt er uns auch
andere Triebfedern zu Hülfe zu nehmen, die unserm Herzen leichter
sind. Wenn durch seine Lehre erst die Erkenntniß deßen was uns noth
thut und die Lust dazu erwacht ist, so soll diese wieder die herzlichste
Verehrung gegen ihn der sie uns brachte und gegen seinen himlischen   35
Vater der ihn uns sandte hervorbringen, und diese Liebe und Dankbarkeit gegen Gott und Jesum soll sich mit unserer Liebe zum Guten
aufs innigste vereinigen. Wo wir etwas gutes zu thun haben das uns
schwer wird, da sollen wir glauben dürfen daß wir es ihm thun, wo

---

2 Christi Stimme] Christi   18 Gewalt] *zu ergänzen wohl* ist

---

1 *Vgl. Phil 3,13*   **16–17** *Mk 12,34*   **20–21** *Vgl. Mt 17,20*

wir etwas übles thun wollen da sollen wir uns vorstellen, daß wir
gegen seine liebreiche Stimme unser Ohr verstopfen. So soll gleichsam
unter dem Schuz dieser kindlichen Liebe und Gehorsams der schwache Keim der Liebe zum Gutcn in uns wachsen und gedeihen bis durch
5 beide zusammen, durch Gefühl für unsere Pflicht und durch Liebe zu
Gott und Jesum nach und nach der vollkomne Mensch Gottes hervorgeht der zu allem guten Werk geschikt. Wo ist wol die Entschuldigung
dessen, welcher sagt daß die Religion Jesu durch ihre strenge Foderung durch ihre harte Vorstellung von dem Zustand unsrer Seele nicht
10 geschikt sei unser Bestreben zum Guten zu weken und zu leiten und
daß wir also auch nicht auf sie hören müßen. Ach sie bläst ja so
sorgsam das glimmende Tocht wieder an! sie pflegt und heilt ja so
sorgfältig das geknikte Rohr. Wie ist es möglich daß jemand die geringe Aufmerksamkeit die er der Lehre der Religion geschenkt hat
15 damit rechtfertigen will daß wir ja doch das nicht leisten könnten was
sie vorschreibt. Warum können wir nicht durch Liebe und Dankbarkeit regiert werden, und lehre doch in allem   *[Der Text endet hier.]*

---

4 bis] *korr. aus* beid

6–7 *Vgl. 2Tim 3,17*

Termin:	*Judica*
Ort:	*Berlin*
Bibeltext:	*Tit 2,11–15*
Textzeuge:	*Autograph Schleiermachers; SAr 9, Bl. 82r–85v*
Texteditionen:	*SW II/7, 1836, S. 193–202*
Andere Zeugen:	*Keine*
Besonderheiten:	*Predigt anlässlich der Ordination zum Predigtamt*

82r   OrdinationsPredigt.

M. A. Fr. In der Zeit, welche wir jezt feiern sind unsere gemeinschaftlichen Betrachtungen gewöhnlich dem Andenken an das Leiden Jesu
gewidmet. Wenn wir auf die einzelnen Umstände desselben sehn, so
haben wir an den göttlichen und vortreflichen Handlungen auf der   5
einen, und an den abscheulichen, die Menschliche Natur empörenden
auf der andern Seite einen reichen Schaz von Belehrung, Warnung und
Rührung. Sehen wir auf die Sache an sich selbst, daß wir uns des
lezten, nach menschlichem Gefühl zu urtheilen, schwersten Theils der
Sendung Jesu erinnern, so ziehn noch andere Betrachtungen unsre   10
Aufmerksamkeit auf sich. Wir wollen an das Ende Jesu nicht denken,
ohne zugleich auf den Zwek seiner ganzen Erscheinung unter den
Menschen zurükzubliken; wir wollen uns fragen, was war es denn,
was er auf Erden ausrichten sollte, um dessentwillen er dieses Leiden,
diesen gewaltsamen Tod erdulden mußte. Wenn wir dann den ganzen   15
Umfang des Heils, welches uns durch Jesum zu Theil worden ist betrachten, wenn wir überlegen, daß wir ihm das beste was wir haben,
nemlich unsere freudige Hofnung zu Gott, und die gebesserten Gesinnungen unseres Herzens zu danken haben, wie muß uns das aufs neue
zum Lobe und Preise Gottes ermuntern! mit welcher heiligen Ehr-   20
furcht werden wir dann die lezten rührenden Begebenheiten des Lebens Jesu, wodurch er das Werk der Erlösung vollbringen mußte, betrachten! Wie sollte nicht in alle unsere guten Entschließungen eine
neue Kraft gegoßen werden, die wirksame, belebende Kraft der Liebe
und Dankbarkeit – laßet uns ihn lieben, denn er hat uns zuerst gelie- 25
bet. Wie sollte nicht unser Wunsch die seligen Früchte der Sendung

25–26 *1Joh 4,19*

Jesu immer weiter unter den Menschen verbreitet zu sehn, und also
auch unser Eifer für alle Anstalten zur Erhaltung und Beförderung der
Religion Christi immer stärker und thätiger werden!

Das sind die Gesinnungen, wozu wir uns in der folgenden Be-
5　trachtung noch weiter ermuntern wollen.

Text. Tit. 2. v. 11–15.

Der Apostel Paulus zählt in dem Abschnitt dieses Briefes, woraus die
Texteworte genommen sind, die Tugenden auf, wozu sein Schüler
Titus die Christen | seines Orts als ihr Lehrer ermahnen sollte. Der　　　*82v*
10　Apostel war innig überzeugt, daß er viele und große Foderungen an
die Christen thue, Foderungen welche allein mit Hülfe der neu erschienenen Gnade, der Lehre Jesu, und durch ihre heilsame Unterweisung und Zucht in Erfüllung gebracht werden könnten, und deswegen
bricht er in diese schöne Lobrede auf das Evangelium Jesu und seine
15　göttlichen Wirkungen aus.

Nach dem Sinn des Apostels denken wir bei diesen Worten an
　　die heilsame Unterweisung, die wir der Sendung Jesu ver-
　　danken
und zwar reden wir zuerst von dem Inhalt derselben und dann von
20　der Art und Weise wie sie noch immer an uns ergeht.

Erster Theil. Das erste, was uns unser Text von der Lehre Jesu
sagt ist: daß sie uns unterweiset zu verläugnen alles ungöttliche Wesen
und weltliche Lüste, und dagegen züchtig, gerecht und gottselig zu
leben. Uns, m. a. F. findet die Lehre Jesu, wenn sie uns zuerst verkün-
25　digt wird nicht mehr in der Finsterniß der Abgötterei, oder der gänzlichen Unwißenheit über den Willen eines höchsten Wesens; wir werden
von Kindheit an auf die Erkentniß Gottes und der Wahrheit vorbereitet, aber wenn diese göttliche Gnade des Evangelii nicht auch uns
erschiene und uns durch unser ganzes Leben hindurch leuchtete, so
30　würden wir zu einer solchen Erkenntniß nicht gelangen, sondern vielmehr unausbleiblich in allerlei ungöttliches Wesen hineingerathen.
Gott offenbart sein Daseyn durch seine Werke, also daß wir keine
Entschuldigung haben, aber würden wir auch auf diese Stimme hören.
Und wenn auch der Gedanke, daß einer seyn müße der Alles gemacht
35　hat nicht erlösche, so artet er doch bald in allerlei verkehrte Irrthümer aus. Unverschuldetes Ungemach und Leiden würde bald unsern
Muth und unsere Freudigkeit überwältigen und uns eine niedrige
knechtische Furcht gegen denjenigen einflößen, dessen schwere Hand

---

10 er viele] er *korr. aus* es　　**11** Christen] *davor* ⟨Mens⟩　　**28** aber] *folgt* ⟨dennoch⟩

32–33 *Vgl. Röm 1,19–20*

so hart auf uns zu liegen schiene; welches eine Quelle alles Aberglaubens und unvernünftigen Gottesdienstes ist. Ungestörtes Glük würde
uns bald an die Erde allein fesseln und uns dessen vergeßen machen,
was über dieses kurze und unvollkommene Leben hinausliegt, und ist
das nicht ungöttliches Wesen, wenn alle Gedanken und Bestrebungen 5
nur auf die Dinge dieses Lebens gerichtet sind? Eine gerechte Vergeltung des Guten und Bösen tritt oft in diesem Leben nicht ein; der
rechtschaffne wird gedrükt und der Böse sezt ungestraft seine Uebel-
thaten fort; würden wir | das sehn können, ohne daran zu zweifeln,
daß Gott auf die Handlungen der Menschen sieht? Wo aber erst eine 10
Art dieses ungöttlichen Wesens ist, da sind auch die weltlichen Lüste,
und die Sklaverei, worin sie uns halten nicht mehr fern. Die Erfahrung
beweist nur zu deutlich, daß die Liebe zur Rechtschaffenheit und zu
allem was gut ist und wol lautet, daß die Achtsamkeit sich selbst zu
bewahren vor der Versuchung und in der Versuchung, nur gar zu 15
leicht abnimt und sich nach und nach verliert, daß die sinnlichen Neigungen, die unerlaubten Begierden, die heftigen Leidenschaften immer
mehr Raum gewinnen: wo der Gedanke an Gott nicht mehr mächtig
ist, wo auf unser Verhältniß gegen ihn, und auf die Verheißungen der
Religion nicht mehr geachtet wird. Aber die Lehre Jesu unterweist uns 20
zu verläugnen dieses ungöttliche Wesen und die weltlichen Lüste. Sie
zeigt uns die Barmherzigkeit Gottes, welcher seine Sonne scheinen
läßt über gerechte und ungerechte, welcher oft langmüthig dem ver-
trokneten Baum Zeit läßt wieder zu grünen und Früchte zu tragen,
aber auch die Gerechtigkeit welche einst Rechenschaft fodern wird 25
von unserm Haushalten mit der Zeit und den Gütern dieses Lebens. –
Das widersteht allem Leichtsinn, und allem sorglosen Unglauben. Der
Gesandte, der Sohn Gottes verkündigt uns, daß Gott unser aller Vater
ist, daß Liebe und Sorge für unser wahres Wohl alle unsere Schiksale
bestimmen, Sein Beispiel und Seine Lehre flößt uns kindliches und 30
festes Vertrauen ein; das siegt über alle Wechsel dieses Lebens; es giebt
uns freudige Hofnung um den Kummer durch den Gedanken einer
bessern Zukunft zu mäßigen, und Ruhe des Herzens um das Leiden
selbst zu unserer Besserung zu benuzen, daß wir weise werden zur
Seligkeit. Er lehrt uns daß Gott gar keinen Gehorsam der Lippen und 35
Hände verlangt, daß das Reich Gottes nicht besteht im Unterscheiden
von Speise und Tagen, sondern in Gerechtigkeit und Friede und
Freude, daß wir also nichts ausrichten werden, aber auch nicht ängstlich seyn dürfen in allerlei äußerm Dienst und Gebräuchen, sondern

83r (margin, line 9)

---

34 unserer] *korr. aus Unleserlichem*

22–23 *Vgl. Mt 5,45*   **23–24** *Vgl. Lk 13,6–9*   **36–38** *Vgl. Röm 14,17*

nur in der Besserung und Heiligung arbeiten, welche doch unser eignes Glük hervorbringt, daß Gott nichts von uns fodert als: gieb mir
mein Sohn Dein Herz. Das sind die Wahrheiten die wir durch die
Gnade Gottes in Christo erkennen, und ihnen folgen, das ist göttliches
5   Wesen, das ist der Geist, deßen Früchte sind: Liebe Freude, Friede,
Glaube und Sanftmuth.

    Das zweite, was unser Text von dem Inhalt der Lehre Jesu sagt
ist: daß sie uns unterweise zu warten auf die selige Hofnung der Er-
scheinung der Herrlich|keit Gottes und Christi, und das ist ein ande-   *83v*
10   res großes Verdienst der Lehre Jesu um uns alle. Was wären wir doch,
was würde uns alles Gute dessen wir auf Erden genießen könnten
helfen, ohne die tröstliche Hofnung eines anderen noch besseren Lebens? Wir müßten aus Furcht des Todes und der Vernichtung immerfort Knechte, unglükliche niedergeschlagene Geschöpfe seyn, und das
15   wären wir ohne die Lehre Jesu. Oder woher habt ihr eure feste Ueberzeugung davon, daß auf das verwesliche noch folgen wird ein unver-
wesliches? habt ihr sie aus euch selbst? Es ist wahr wenn der Mensch
über sich selbst nachdenkt, wie er doch so viel beßer ist als alles irrdische um ihn her, wie etwas in ihm ist was sich nach dem Unvergängli-
20   chen und Ewigen sehnt, so kann er wol sich des Wunsches nach einem
künftigen Leben nicht erwehren, er kann die Erfüllung dieses Wunsches ahnden und hoffen. Aber wie, m. Fr. wenn wir, wie wir vorher
gesehn haben ohne die Lehre Jesu in ungöttlichem Wesen und weltlichen Lüsten versunken wären, würden wir dann fähig seyn solche
25   Betrachtungen anzustellen? Ach, wir könnten die Furcht des Todes
des gänzlichen Aufhörens nur durch jenes elende Mittel besänftigen,
dessen sich die Unglüklichen bedienen, die im Gehorsam ihrer sündlichen Lüste dahin gehn, Zerstreuung und Betäubung durch sinnliche
Vergnügen: laßet uns guter Dinge seyn denn morgen sind wir nicht
30   mehr – eine Hülfe, die sich mit trostloser Verzweiflung endet. Oder
wenn auch eine feste Hofnung des Lebens in uns entstände, mit wie
vieler Unwissenheit und Zweifel müßte sie immer verbunden sein!
Alles was wir haben und besizen hängt doch an den Dingen dieser
Erde; wir haben nichts auf die Welt gebracht, wie können wir wißen
35   ob wir etwas werden hinausnehmen? Aber Er unser Erlöser hat unver-
gängliches Leben ans Licht gebracht, und unser Glaube an Ihn und
sein Wort nimt alle Zweifel und Unwissenheit hinweg. Er sagt uns
daß er auffahre zu seinem und unserm Gott und Vater, und daß er
hinginge uns die Stätte zu bereiten. Er sagt uns, daß Er einginge in

---

2–3 *Spr 23,26*   13–14 *Vgl. Hebr 2,15*   16–17 *Vgl. 1Kor 15,42*   29–30 *Vgl.*
1Kor 15,32 mit Zitat aus Jes 22,13   35–36 *Vgl. 2Tim 1,10*   38 *Vgl. Joh 20,17*
38–39 *Vgl. Joh 14,2–3*   39–1 *Vgl. Joh 17,24*

den Genuß der Herrlichkeit die ihm von Ewigkeit bestimt war, und
daß wir seyn sollten, wo Er ist; er sagt uns, daß ein seliges Leben
dessen warte welcher treu bleibt bis ans Ende. Wir sind nun – das
ist die selige Ueberzeugung, die sein Wort in uns hervorbringt – wir
sind nun Gottes Kinder, und es ist noch nicht erschienen, was wir   5
seyn sollen, wir wissen aber, daß wenn es erscheinen wird, so werden |
84r wir Ihm gleich seyn, denn wir werden Ihn sehen, wie Er ist. Das ist
der reiche Trost den wir aus den Verheißungen Christi schöpfen. Und
so umfaßen die Unterweisungen, die wir ihm verdanken[,] alle unsere
Bedürfniße. Die Erleuchtung unseres Verstandes die Beruhigung unse-   10
res Herzens, das war das große Werk welches ihm aufgetragen war,
und unter dessen Vollbringung er liebreich sein Leben für uns gelaßen
hat. Laßt uns nun noch kürzlich sehn, auf welche Art wir dieser Unterweisungen theilhaftig werden, und auch darin die Gnade Gottes in
Christo bewundern und preisen.   15

    Z w e i t e r T h e i l. Unser Text sagt davon: er reinigte ihm selbst
ein Volk zum Eigenthum; ein Volk ist nicht eine jede Menge von Menschen, sondern nur eine solche, welche zusammenhält, welche sich
einander unterstüzt und unter einerlei Einrichtungen lebt. Daß unter
den Bekennern Jesu eine solche Gemeinschaft gestiftet ist, das ist eines   20
der weisesten und vorzüglichsten Mittel zur Erhaltung und Beförderung der Religion.

    Der Gemeinschaft welche unter den ersten Christen errichtet
wurde haben wir es zunächst zu danken, daß dieses Buch auf uns
gekommen ist, worin so viele Belehrungen Gottes, so große Schäze   25
christlicher Weisheit enthalten sind. Es ist die erste Quelle von der die
Unterweisungen Jesu bis zu uns gelangt sind, es gewährt noch heute
jedem, der es mit Verstand gebraucht[,] Lehre Ermahnung und Trost.
Die Reden Jesu, der erste Grund unserer ganzen Religion reden so
einfach und verständlich und zugleich so herzerhebend und herrlich   30
von den Pflichten und Hofnungen des Menschen; die Geschichte seines Lebens welche darin enthalten ist gibt uns das höchste Vorbild
von dem was wir werden sollen: Seine Menschenliebe bis auf diejenigen, die ihn verfolgten und tödteten, Seine Verkündigung der Wahrheit bis zur Gefahr und Gewißheit des Todes, Sein Gehorsam gegen   35
Gott bis zum Verscheiden am Kreuz, welche Ermunterung kann uns
das nicht gewähren gesinnet zu seyn wie Er gesinnet war. Die Erzählung von der Sammlung der ersten christlichen Häuflein, ihre Liebe

---

1 ihm] *korr. aus* Er

2–3 *Vgl. Mt 10,22; 24,13*   4–7 *1Joh 3,2*   37 *Vgl. Phil 2,5*

und Treue ihre Fortschritte in der Erkenntniß, ihre Standhaftigkeit im
Leiden eben so wol als ihre Schwachheiten und Fehler, ihre Anhänglichkeit an Vorurtheile und Irrthümer, ihre ängstliche Furchtsamkeit,
das Lob was ihnen ertheilt, der Rath der ihnen gegeben wird, das alles
5 kann uns eine Quelle der Erwekung und Erbauung seyn; das alles
gehört zur Erscheinung der heilsamen Gnade Gottes unter uns. |

Eben so ist es nun aber auch von dem größten Nuzen, daß eine   84v
solche Gemeinschaft auch unter uns noch fortdauert, daß auch wir
nicht einzelne sind, die bald in der Irre gehn würden, sondern ein
10 gesammeltes Volk des Herrn, eine Kirche Gottes. Ich will Euch nur
auf einen Vortheil dieser Einrichtung aufmerksam machen, nemlich
auf das öffentliche Lehramt, das auch unter uns errichtet ist und sowol durch den Unterricht der Jugend, als durch die Erwekung der
Erwachsenen Christen sich Gott sei Dank noch immer so nüzlich zum
15 Dienst der Gnade Gottes in Christo erweist. Alle Fertigkeit im Guten
alle Herrschaft der Bewegungsgründe, welche uns die Religion an die
Hand giebt, entsteht in uns nur nach und nach durch Uebung und
Gewöhnung, und die Jugend ist die rechte Zeit wo alle Uebung und
Gewöhnung anfangen muß. Wenn Neigungen und Leidenschaften zu-
20 erst mächtig werden, und dann erst die Grundsäze der Religion einge-
pfropft und ihre Herrschaft erstritten werden soll, das ist ein gefährlicher Stand, mit viel vergeblicher Mühe und Arbeit. Wenn aber die
Lehrer der Religion mit den Eltern der jungen Christen die Sorge der
Erziehung theilen, wenn sie sie zeitig mit Gefühl von der Liebe und
25 Güte Gottes und mit Kenntniß seiner Gebote erfüllen, wenn sie mit
dem Feind, den sie in sich selbst finden müssen bekannt gemacht werden, ehe er noch seine ganze Stärke gewinnt, wenn sie zeitig die Waffen der Enthaltsamkeit, des Aufhörens auf die Sprache des Gewißens,
des Gedenkens an die Allwissenheit und an das Urtheil Gottes, wenn
30 sie zeitig diese Waffen führen lernen durch welche allein sie überwinden können, dann ist Hofnung, daß sie einst den ganzen Segen der
Religion genießen, daß sie ihr Licht werden leuchten laßen vor den
Menschen, daß die heilsame Gnade Gottes auch in ihnen Gutes die
Fülle wirken wird. Aber auch wir, in denen die besseren Gesinnungen
35 und Fertigkeiten, welche Früchte der Religion sind schon gebildet seyn
sollen, auch wir müßen uns glüklich schäzen daß wir zu einem solchen
Volk des Herrn gehören, auch wir verdanken gewiß dieser Anstalt so
manche genoßene Hülfe und Ermunterung zum Guten. Es ist wahr
der Christ kann sich auch für sich selbst erbauen, das Lesen der

---

39 erbauen,] *folgt* ⟨aber⟩

32–33 *Vgl. Mt 5,16*

Schrift, die Erfahrungen die er an sich[,] die Beobachtungen die er an
andern macht, das einsame Nachdenken, das stille Gebet kann für ihn
85r eine reiche Quelle von Segen seyn – | aber: erbauet Euch unter einander, das hat auch seine besondere Verheißung: Wo zwei oder drei versammelt sind in meinem Namen, da bin ich mitten unter ihnen. Sollte 5
wol einer unter Euch seyn, der da bezeugen könnte, daß noch nie
durch diese öffentlichen Gottesverehrungen gute Entschließungen in
ihm gewekt, Vertrauen auf Gott gemehrt und Gesinnungen der Gerechtigkeit und der Bruderliebe gestärkt worden wären? Das sei ferne.
Dem vollkomnern Christen komt doch so mancher gute Gedanke 10
durch eine angehörte Belehrung, der wenigstens jezt nicht oder nicht
so lebhaft in ihm entstanden wäre, und schon das gemeinschaftliche
bei Lehre Gesang und Fürbitte, bei der Feier des Todes Jesu erhöht
die Stärke seiner Empfindungen und Entschlüße. Der unvollkomnere
hört so manche ernstliche wolgemeinte Ermahnung, die von Herzen 15
komt, und auch wieder zu Herzen geht, so manche Strafe aus dem
Wort Gottes für seine Saumseligkeit und Trägheit, für die Fehler, die
er noch in sich herrschen läßt, wenn ein Diener des Worts wie der
Apostel sagt lehrt, und ermahnet, und strafet mit allem Ernst. So ist
also auch dies eine Einrichtung wodurch Gott in Christo verherrlicht 20
und Gutes gestiftet wird unter denen die sich nach Christi Namen
nennen. Laßt uns also, m. a. Fr. Gott innig danken und preisen dafür
daß Seine heilsame Gnade auch unter uns erschienen ist, daß auch
wir die lehrreichen und tröstlichen Wahrheiten seines Evangelii kennen, daß auch wir unter einander ein Volk ausmachen welches ihm 25
eigenthümlich ist – mögen wir nur auch fertig seyn zu allen guten
Werken, und jeder an seinem Theil eifrig alles Gute zu mehren und
zu befördern um Gott dadurch thätig zu preisen für die Gnade die er
uns in Christo erzeigt hat.
  Es ist nicht ohne Absicht geschehn, m. a. Fr., daß ich euch darauf 30
aufmerksam gemacht habe wie nahe die gemeinschaftliche Erbauung
und das dazu gehörige Lehramt mit der Förderung alles christlich guten unter uns zusammenhängt. Bittet Gott mit mir, daß doch dieses
Amt überall, daß es auch durch mich hinfort möge ihm wolgefällig
und mit Segen verwaltet werden. Ich soll in dieser Stunde nach den 35
Gesezen unserer Kirche der Zahl derjenigen zugeordnet werden, welche unter dem Volk Gottes Diener der übrigen sind, welche berufen
sind zu allerlei Handreichung, zum Unterricht und zu lehren, zu er-

---

19 ermahnet] *davor* ⟨so⟩   19 So] *folgt* ⟨laßt uns also⟩   25 auch wir] *folgt* ⟨die⟩
26 fertig] *folgt* ⟨und⟩

3–4 *Vgl. 1Thess 5,11*   4–5 *Mt 18,20*

mahnen, zu bitten daß jeder der Stimme der Religion | sein Herz öfne. 85v
Möge die Ueberzeugung von der Wichtigkeit des mir aufgetragenen
Geschäfts nie in Gleichgültigkeit, die Freude und das Vertrauen womit
ich es übernehme nie in Mißmuth und Unglaube ausarten! mögten
5 alle guten Entschließungen welche jezt darüber in meiner Seele sind
Ja und Amen vor Gott seyn.
　　Ja o Gott p.

Nr. 11
Am 18. April 1794

Termin:	*Karfreitag*
Ort:	*Landsberg an der Warthe, Konkordienkirche*
Bibeltext:	*1Kor 11,26*
Textzeuge:	*Autograph Schleiermachers; SAr 10, Bl. 1r–5v und 8r–12v*
Texteditionen:	*SW II/7, 1836, S. 205–217*
Andere Zeugen:	*Keine*
Besonderheiten:	*Predigt zum Amtsantritt. Überliefert sind zwei im Textbestand etwas unterschiedliche Manuskripte; vgl. oben S. XIV.*

a. Erstes Manuskript

1r   Am Charfreitag 1794.

Gebet. O gütiger Gott und Vater, der Du die Liebe selbst bist
und die einige Quelle alles Guten, der Du Dich unser in allen
unseren Bedürfnißen kräftig annimmst, und den Tod des Sünders
nicht willst, sondern daß er sich bekehre und lebe! Der Du deswe-   5
gen von jeher zu den Menschen geredet hast durch Deine Werke
um sie her, durch die innere Stimme ihres Herzens, und durch den
Zuruf so mancher von Dir erleuchteten Männer! Wir, denen das
alles nicht genug gewesen wäre zu unserm Heil und unserer Seligkeit, wenn Du nicht zulezt noch zu uns geredet hättest durch Dei-   10
nen Sohn, wir sind jezt versammelt um das Andenken an diese
deine größte Wohlthat mit einander zu feiern, daß Du nemlich
Jesum Christum gesandt, daß Du ihn nicht nur gesandt, sondern
auch für uns dahingegeben hast; daß Du in ihm durch sein Leben
und Sterben alles erfülltest, was nothwendig war zu unserm Heil, 15
zu unserm Trost, zu unserm völligen Glauben an Deine erbar-
mende und verzeihende Güte und Gnade. Laß auch diese Feier
des wichtigsten, des heiligsten Tages unter uns gesegnet seyn! Du
weißt in welcher Absicht, und in welcher Stimmung des Gemüths
ein jeder von uns hier ist. Wer sich mit allerlei fremden Gedanken 20
hier eingefunden hat, dem laß doch den großen, den heilbringenden Gegenstand unserer heutigen Andacht in diesem Augenblik

---

9 unserm] *davor* ⟨ihrem⟩

über alles werth und eindrüklich werden. Wer noch nicht von der
Größe dieser Wolthat hingerissen ist, in deßen Seele sende doch
einen Strahl von Ueberzeugung; erleuchte seinen Verstand zur Erkentniß Deiner Liebe in Christo und crwckc sein IIerz zu einer
5   innigen Anbetung Deiner ewigen Güte! Uns alle aber laß kräftig
gerührt werden in dieser Stunde, und erfüllt mit derjenigen |
Dankbarkeit, der wir allein gegen Dich fähig sind, und die allein   *1v*
vor Dir etwas werth ist.   Amen.

Eingang. Die Geschichte des heutigen Tages, meine Freunde, ist uns
10   allen bekannt und muß uns allen in jeder Rüksicht groß und erhaben
seyn. Bleiben wir auch nur bei der Begebenheit selbst und ihren Umständen stehn, so müßen schon die verschiedensten Gedanken und
Empfindungen in uns abwechseln: Gedanken an das, was der Mensch
unter dem göttlichen Beistande seyn kann, und an die Tiefe des Ver-
15   derbens und der Bosheit, in welche er hinabzusinken im Stande ist;
Empfindungen der Bewunderung und der Liebe, der Verachtung und
des Abscheues. Wie viel mehr noch, wenn wir auf die Absicht sehn,
und ihre Erreichung, auf den großen Einfluß in den Gang des ganzen
Menschengeschlechtes; o, dann vereinigen sich alle Gedanken in dem
20   einen: Laßet uns ihn lieben, denn er hat uns zuerst geliebet, und alle
Empfindungen in die eine: Laßet uns ihm danken, denn große Dinge
hat er an uns gethan! Diese gemeinschaftliche Ermunterung zur wahren und herzlichen Dankbarkeit für den heilbringenden Tod Jesu
Christi soll dasjenige seyn womit wir uns jezt noch weiter beschäfti-
25   gen wollen.

Text. 1. Cor. 11, 26.
Ihr sollt den Tod des Herrn verkündigen, bis daß er kommt.

Diese Regel gab der Apostel der Gemeine zu Korinth eigentlich bei
einer Gelegenheit, wo er sich genöthigt sah, ihr über den rechten Ge-
30   brauch und die Absicht des heiligen Abendmahls allerlei Anweisungen
zu ertheilen. Ich habe aber gar kein Bedenken getragen, sie vorzüglich
auf die Feier des heutigen Tages anzuwenden. Diese ist ja unter uns
auch zu einem Gedächtniß des Todes Jesu eingesezt, und soll also in
dieser Rüksicht dieselben Gesinnungen hervorbringen. Wir wollen
35   uns also heute erweken,
     aus Dankbarkeit gegen Jesum seinen Tod zu verkündigen.
Wir werden erstlich sehn: was wir unter dieser Verkündigung zu
verstehn haben, und zweitens uns überzeugen, daß sie der wahrste
und beste Ausdruk unserer dankbaren Gesinnungen ist. |

---

20 *Vgl. 1Joh 4,19*   21–22 *Vgl. Lk 1,49*

2r   E r s t e r   T h e i l. Dem Verkündigen des Todes Jesu können wir
hier nicht den eingeschränkten Sinn beilegen, in welchem es sich nur
auf die Lehrer der Religion bezieht, sonst würde der Apostel nicht alle
Christen dazu aufgefodert haben, vielmehr hat jeder, der sich dankbar
beweisen will für die Liebe Christi, welcher sich für ihn dahingab,   5
dies Amt, nemlich zu verkündigen – nicht etwa was der Tod Jesu für
die Menschen überhaupt seyn soll und seyn kann, sondern welches
die Früchte desselben für ihn gewesen sind, wie wolthätig sie auf seine
Seele gewirkt haben, wie er noch immer Rath und Trost bei ihnen
sucht, und auch für die Zukunft auf ihre wolthätige Kraft rechnet.   10
Dahin gehört nun
     e r s t l i c h: daß wir uns der Religion Jesu, die Er durch seinen Tod
gestiftet und besiegelt hat, nicht schämen. Ich will nicht daran denken,
daß wir in einer Zeit leben, wo der allgemeinen Meinung nach das
Christenthum mehr als je vernachläßigt und verachtet ist. Dieser trau-   15
rige Gedanke soll uns in unserer dankbaren Andacht nicht stören, ich
will nur bei dem stehen bleiben was wol immer so gewesen ist und
immer so bleiben wird. Wir bekennen uns täglich für Christen, und
das verargt uns Niemand, denn die meisten Verächter Jesu thun das
nemliche; aber so bald es scheint, als ob bei Jemand das Christenthum   20
nicht bloß auf den Lippen wohne, und in äußeren Gebräuchen bestehe[,] sondern eine wichtige Angelegenheit seines Herzens sei, so
fehlt es nie an Menschen, die wie jene Magd zu Petro mit einer mitleidigen Neugierde fragen, Bist Du also auch einer von diesen? folgst Du
auch jenem Jesu dem Galiläer? Wer dann im Stande ist wie Petrus zu   25
sagen, Nein warlich ich kenne diesen Menschen nicht, der entzieht
sich seiner heiligen Pflicht den Tod Jesu zu verkündigen. Und doch
ist das wieder nur allzugewöhnlich. Wer vermeidet nicht gern jede
Gelegenheit[,] wo er von Andersgesinnten um Rechenschaft von seinen innersten Ueberzeugungen gefragt werden könnte? Wer leitet sie   30
nicht vor den Menschen gern allein von seiner eigenen Vernunft und
seinem eigenen Herzen ab, ob er sich gleich bewußt ist, daß er sie
zunächst den heilsamen Unterweisungen der Lehre Jesu verdankt? –
2v   Denkt euch | daß ihr überrascht würdet bei einem von den seltenen
aber desto seligern Augenbliken, wo nicht nur die Lippen beten, nicht   35
nur der Verstand einige geistliche Gedanken zusammenreiht, oder das
Herz einige fromme Wünsche stammelt, sondern wo die ganze Seele
mit Gott beschäftiget ist, wo wir erfüllt sind mit einer lebendigen Ueberzeugung und Hofnung, deren Beständigkeit wir von ihm als das
höchste Kleinod erflehen; wo wir von Herzen angeloben die unver-   40
rükte Nachfolge Jesu, um derentwillen wir uns, in diesem Augenblik

---

23–26 *Vgl. Mt 26,69–74; Mk 14,66–71; Lk 22,56–60*

wenigstens stark genug fühlen die bittersten Leiden zu übernehmen –
Ich höre auf zu bezeichnen, was ich meine; jeder Christ muß das aus
Erfahrung kennen; aber denkt Euch in diesem Zustande überrascht
zu werden mit dem Ausdruk des höchsten Gcfühls in eurem ganzen
5 Wesen und gefragt: Freund, was ist Dir? was thatest Du? Würdet ihr
nicht schüchtern der Antwort ausweichen, würdet ihr nicht läugnen
wollen? Es ist wahr, wir sollen unsere Religion nicht zur Schau tragen,
und die Herzensgeheimniße derselben nicht ausschütten vor denen,
die sie nicht verstehn; aber fern sei doch von uns jede zaghafte Men-
10 schenfurcht. Wir sollten die Wolthaten deßen verläugnen, der sich für
uns dahingab? Warum nicht bekennen: Ja, ich folge diesem Jesu, ich
gründe auf ihn meine Hofnung, meine Ueberzeugung, meine Ruhe?
Warum nicht bekennen: Das wobei Du mich jezt antrafst, war ein
Erguß des seligsten und wirksamsten Gefühls welches die Religion
15 uns gewährt? So wird doch Christus und sein Tod von uns verkündigt,
so weit es die Menschen faßen können; so brauchen wir doch nicht
vor den Worten zu erschreken: wer mich verläugnet vor den Menschen, den will ich auch verläugnen vor meinem himmlischen Vater;
denn wo meine Lehre und meine Liebe noch nicht aufrichtiges Wesen,
20 Wahrhaftigkeit und Muth gewirkt hat, da hat sie noch nichts gewirkt;
da ist die Seele mir noch fremd.

   Wenn aber die Menschen auch nicht fragen nach dem Grund unserer Ueberzeugungen und Gefühle, so sehen sie doch auf unsere Gesinnungen und unsere Handlungsweise, und das giebt uns die schön-
25 ste Gelegenheit den Tod Jesu zu verkündigen. Warum sollten wir es
uns verbergen, daß eine Gesinnung wie die des wahren Christen selten
ist auf der Erde, eine Gesinnung nemlich | worin Abscheu herrscht   *3r*
gegen alles Böse und ungerade, Lust und Liebe zu allen guten Werken
eines Menschen Gottes, worin diese geübt werden nicht weil sie mit
30 unsern natürlichen Neigungen übereinstimmen, oder weil etwas äußerliches durch sie zu erlangen ist, sondern wo sie aus einer reinen
Quelle kommen, frei von jedem fremden Zusaz. Eine solche ist so
bald sie bemerkt wird ein Gegenstand der Aufmerksamkeit; sie liegt
für die meisten als ein unerklärliches Räthsel da, aber wie selten giebt
35 der die rechte Auflösung, der sie geben könnte! Eine gewiße Geringschäzung der Menschen und ihres Urtheils macht, daß man gewöhnlich auf die Frage: was das für ein Geist sei der in uns lebt gar nicht
antwortet. Eine falsche Bescheidenheit läßt alles auf Rechnung der
Erziehung und des Beispiels sezen und leidet, daß die Würde der
40 Rechtschaffenheit in den Augen der Menschen geschwächt, und ihr
Ursprung verkannt wird. Ein Stolz, den manche für edel halten[,] sieht
es gern, wenn alles der eigenen Vernunft und Führung, und der Macht

---

7–9 Vgl. Mt 6,5–6   17–18 Mt 10,33

des Gedankens an Pflicht und Schuldigkeit zugeschrieben wird. Fern
sei es von uns den Einfluß dieser leztern Triebfedern gering zu achten,
oder zu läugnen; allein warum wollten wir uns denn schämen noch
eine höhere Ursach anzugeben, deren erste Leitung wir doch nothwendig wahrnehmen müßen? Was erzieht denn unsere Vernunft und unser   5
Gefühl für Pflicht und Recht? Wodurch werden unsere Neigungen
unter dasselbe gebändigt? Wodurch wird ihm sein fortdauernder Einfluß auf unser inneres gesichert, daß wir lernen rein seyn und das Böse
meiden? Hier müßen wir dankbar der Lehre Jesu huldigen mit ihren
erhabenen Grundsäzen, mit ihren strengen Geboten, mit ihrem herrli-   10
chen Trost. Wer diese nächste Quelle alles Guten in sich nicht anerkennen will, den möchte ich fragen wie Christus einst fragte: Zeige
mir doch die Münze Deiner Gesinnung und Deiner Tugend: weß ist
das Bild, weßen die Ueberschrift? Wem ist sie nachgebildet – nicht
Jesu von Nazareth? Was hat sie für ein Gepräge? Ist es nicht der Geist   15
des Vertrauens auf Gott, der allgemeinen Liebe, der Wachsamkeit
über sich selbst und hat Dir diesen nicht Christus und sein Wort zuerst
3v   eingehaucht? Lieber! | so zweifle doch nicht ob es recht sei Christum
als den Urheber Deines bessern Sinnes unter den Menschen zu verkündigen! gieb ihm doch nur, was sein ist.   20
    Es gehört aber z w e i t e n s noch etwas mehr zur Verkündigung des
Todes Jesu. Manche Menschen geben seiner Lehre die Ehre die ihr
gebührt, aber doch scheuen sie sich seinen Tod zu verkündigen; sie
schämen sich die Kraft der Eindrüke zu bekennen, welche die Betrachtung des leidenden und sterbenden Erlösers in ihnen hervorbringt. Der   25
Tod Jesu ist eine Begebenheit, wovon jeder Christ eingesteht, daß sie
einen großen der ganzen Menschheit wichtigen Zwek gehabt habe,
daß ihr der größte Einfluß auf die Errettung und Beglükung des Menschengeschlechts zugeschrieben werden müße, und unsern Glauben
daran sollten wir zaghaft verheimlichen? Freilich ist es wahr, daß jeder   30
sich über die Sache seine eigene Vorstellung macht, und daß es deswegen überaus wichtig ist, daß keiner seine Erklärungen von dem, was
die Schrift darüber sagt, dem andern als nothwendig und einzig wahr
aufdringe; aber demohngeachtet giebt es gar vieles dabei deßen Wahrheit einem Jeden einleuchten muß, und das sollen wir ohne Anstand   35
und Zurükhaltung bekennen. Jeder muß es eingestehn, daß der Tod
Jesu unsern Glauben mehrt und unerschütterlich macht schon deswegen weil er uns zeigt, wie groß in Christo die Ueberzeugung von den
heiligen Wahrheiten war, die er mit seinem Tode versiegelte. Jeder

---

2 den] *korr. aus* die   28 ihr] *korr. aus* sie

12–14 *Vgl. Mt 22,19–21*

wird es zugeben, daß es nicht bloß die gewöhnlichen fruchtlosen
Thränen des gereizten Gefühls sind, welche wir dem Leiden Christi
weinen. Denn wir denken ihn uns als das Samenkorn, welches ausgesäet werden und ersterben mußte, damit durch seinen Tod eine große
reiche von Gott gesegnete Erndte hervorginge, durch welches allein
auch wir jezt eingewurzelt sind, und grünen und reifen in dem Boden
des Reiches Gottes. Wir sehen ihn an, als den sterbenden Freund und
Lehrer, deßen lezte Bitten uns desto heiliger sind, weil sie um unsertwillen die lezten waren; deßen lezten Ermahnungen und Vorschriften
wir uns um desto williger unterwerfen, weil er sie selbst mit der größten Beharrlichkeit bis zum Tode am Kreuz ausübte; deßen lezte Seuf-
zer und Worte unser Herz nicht nur zu einer flüchtigen Rührung |
sondern zu einem heiligen Gelübde des treusten Gehorsams und der   4r
eifrigsten Anhänglichkeit bewegen. Jeder giebt zu daß er derjenige ist,
der uns alle unsere Verhältniße gegen Gott sollte einsehn und fühlen
lehren, und sein Tod ist also das sicherste Zeichen von der gänzlichen
Vollendung dieser Belehrung; er vertilgt aufs kräftigste alle Zweifel
und Bedenklichkeiten, alles finstere Mißtrauen und alle zaghafte Entfernung von Gott. Dies gilt allen; dies laßt uns vor der ganzen Welt bekennen.

Z w e i t e r T h e i l.   Dieses zusammengenommen ist es, was der
Apostel unter der Verkündigung des Todes Jesu, zu welcher er uns
ermuntert, gemeint haben kann. Laßt uns nun noch ein paar Worte
der Betrachtung widmen, daß dies zugleich der wahrste und einzige
Ausdruk unserer Dankbarkeit gegen ihn sei. Ich werde dabei um desto
kürzer sein können, da ich mich nur auf euer eigenes Gefühl berufen
darf. Viele Menschen machen sich freilich von der Dankbarkeit eine
ganz irrige Vorstellung, als ob sie in der bloßen Vergeltung bestände,
und begnügen sich also damit, wenn sie gelegentlich einen ähnlichen
Dienst erweisen, als sie empfangen haben. An einer solchen kahlen
Wiedererstattung hat aber das Herz gewöhnlich keinen Theil, und es
liegt größtentheils der Wunsch zum Grunde sich abzufinden, sich von
dem Gefühl der Verpflichtung und also auch von der Dankbarkeit los
zu machen. Wäre das Dankbarkeit, so könnten wir sie gegen Christum nicht äußern; denn wer kann dem Herrn vergelten oder Christo
einen Dienst leisten? Beßer legen andere ihre Dankbarkeit zu Tage
durch Aufmerksamkeit und Gehorsam, indem sie sich bestreben jeden
Wink ihrer Wolthäter zu verstehen, und allen ihren Wünschen zuvorzukommen. Aber auch das ist nicht Dankbarkeit selbst sondern nur

---

39 nicht] *folgt* ⟨selb⟩

3–5 *Vgl. Joh 12,24*

eine Aeußerung derselben, die hier auch nicht Statt findet. Menschen können wir wol durch unser Thun ganz uneigennüzig einen Vortheil stiften, und unsern Eifer für ihr Wol durch allerlei Bemühungen beweisen, aber Christo? Wenn wir auch seine Gebote nach Kräften befolgen, wenn wir auch seinen Willen thun, so ist es immer unser eigenes Wohl was wir dadurch befördern, und das wäre also nur ein 4v unsicher | und zweideutiger Beweis der Dankbarkeit. Diese besteht überhaupt nicht in äußerlichen Handlungen; man kann viel reden und thun, was nicht von Herzen geht, Dankbarkeit aber muß innerlich im Gemüth sein. Sie ist das beständige Gefühl der Wolthat, das freudige 10 Bekenntniß dazu, daß unser Glük von den Gesinnungen des Wolthäters abhängig sei, die Neigung das Gute nie zu genießen ohne an die Quelle desselben zurükzudenken. Das ist also Dankbarkeit gegen Christum, wenn wir ihn bei uns selbst für den Urheber alles Guten und Seligen anerkennen was uns wiederfährt, wenn wir bei jedem 15 Genuß des Heils welches Er erworben, mit Lob und Preis gegen Gott an ihn und seine verdienstliche Liebe zurükdenken. Was äußerlich geredet und gethan wird, das kann nur in so fern zur Dankbarkeit gehören, als es eine unwillkührliche, ganz von selbst sich einstellende Ergießung dieser Gesinnungen ist. Auch hier m. Fr. müßen wir zur 20 kindlichen Einfalt zurükkehren, wenn wir so seyn wollen, wie es dem Reiche Gottes eigen ist. Wie äußert ein Kind seine Dankbarkeit? Es trägt seine Geschenke herum zu seinen Bekannten und Gespielen, es zeigt ihnen, wie sie gebraucht werden müßen, und wie es sich damit ergöze; es ist nie glüklich dabei, ohne mit Liebe und einem gewißen 25 Stolz den Namen desjenigen zu nennen, von dem sie herrühren. Wie machten es so viele Unglükliche die Christus während seines Lebens von ihren irdischen Leiden befreite? Sie gingen hin und verkündigten überall, wie große Dinge Jesus von Nazareth an ihnen gethan, und machten die ganze Gegend seines Ruhmes voll. Nach diesen Beispielen 30 werden sich die Aeußerungen unserer Dankbarkeit von selbst bilden[,] wir werden ihnen aus desto innigerem Drang des Herzens, mit desto unerkünstelterem Eifer folgen, je größer die Wolthat ist, deren wir theilhaftig geworden sind. Ist eine lebendige Erkentniß, ist ein reges Gefühl davon in unserer Seele, so wird unwillkührlich der Mund 35 übergehn von dem, deßen das Herz voll ist, so wird es von selbst geschehen, daß wir den Tod Jesu unter den Menschen verkündigen,

---

6–7 ein unsicher] eine unsichre   10 das freudige] das *korr. aus* die   13–17 Das ist ... zurükdenken.] *mit Umstellungszeichen zwölf Zeilen tiefer hinter* Ruhmes voll 28 ihren] *korr. aus* Unleserlichem

---

35–36 Vgl. Mt 12,34

wie der Apostel sagt, zu gelegener und ungelegener Zeit, den tauben
und den hörenden, unter guten und bösen Gerüchten[,] denen die es
achten, und denen die es nicht achten, denen die Theil nehmen an der
Quelle unseres Glüks, und denen die nur aus einer müßigen Neugier
5 danach fragen, und das ist eine wahre, eine natürliche eine würdige
Aeußerung unseres Dankgefühls.

─────────── |

Dies ist es m. Fr. was ich über diesen Gegenstand zu euch habe reden   *5r*
wollen; vergönnt mir nun noch einige Augenblike von etwas anderm
zu sprechen. Außer dieser Verkündigung des Todes Jesu, welche die
10 Pflicht eines jeden Christen ist, giebt es unter uns noch ein besonderes
Amt, welches Christum und seine Lehre predigt, ein Amt, welches bei
rechter Verwaltung und rechtem Gebrauch von je her vielerlei Gutes
gestiftet hat. Ihr wißt, daß der eine eurer Lehrer, der es viele Jahre zu
eurer Zufriedenheit und Erbauung bekleidet hat, jezt von der Last
15 des Alters und der Krankheit niedergedrükt demselben nicht länger
vorstehen will, und ich bin bestimt, so lange er noch unter uns ist,
seine Stelle bei Euch zu vertreten. Gern würde er euch selbst über
diese Veränderung das nöthige gesagt, und mich eurer Liebe empfohlen haben, damit er mir die beschwerliche Mühe von mir selbst, und
20 für mich selbst zu reden ersparte, allein der Zustand seiner Gesundheit hat es nicht zugelaßen. Was ich während dieses Geschäftes unter
euch seyn und thun soll, das wißt ihr. Ich soll euch immer näher unterrichten von den Wahrheiten der Religion; ich soll Irrthümer und Vorurtheile wo ich dergleichen gewahr werde mit sanfter Stärke angreifen
25 und ausrotten; ich soll in euren Herzen immer mehr zu erweken suchen die Liebe zu allem was rechtschaffen und gut ist; ich soll euch
fleißig an die heilsamen Gebote unseres Erlösers erinnern, von den
Mitteln ihnen immer genauer nachzukommen mit euch reden, und
euch die mancherlei verborgenen Schwächen und Thorheiten des
30 menschlichen Herzens aufdeken; ich soll gute Hofnung und stärkenden Trost bei allen Widerwärtigkeiten darreichen aus der Quelle unserer göttlichen Belehrungen; ich soll endlich auch in den zarten Herzen

─────────────────────────────────────

5 ist] *über* ⟨wird⟩   6 Dankgefühls.] *folgt* ⟨seyn⟩   27 von den] *davor* ⟨und⟩

─────────

13 *Johann Lorenz Schumann (1719–1795), Ehemann von Schleiermachers Tante So-*
phie Luise Schumann geb. Stubenrauch (1734–ca.1770), war seit 1751 reformierter
Prediger an der Konkordienkirche in Landsberg an der Warthe. Amtsinhaber der luthe-
rischen Pfarrstelle an der Simultankirche war Johann Georg Hintze (geb. 1729).

euerer Kinder den ersten Samen seligmachender Erkenntniß und
frommer Gesinnungen ausstreuen, und sie zubereiten zu wahren und
würdigen Jüngern Jesu. Wie ich das thun werde, davon kann ich euch
nicht mehr sagen, als daß ich dieses Amt antrete mit dem tiefsten
Gefühl meiner Schwachheit, aber auch mit inbrünstigem und vertrau- 5
ungsvollem Gebet, und daß die Verwaltung desselben immer geschehen wird nach bester Ueberzeugung mit ehrfurchtsvollem Ernst und
herzlichem Eifer; nicht mit schönen Worten, und mannigfaltigem
Prunk menschlicher Beredtsamkeit, sondern mit der Einfalt, welche
sich für dasjenige am besten ziemt, was schon in sich selbst eine göttli- 10
che Kraft hat, und in der Hofnung, daß was von Herzen kommt, auch
wieder zu Herzen gehn wird. Allein, m. l. Fr. ich habe doch eine doppelte Bitte an euch, die ihr mir hoffentlich nicht versagen werdet. Es
ist wol wahr, daß die Wahrheit, und zumal die heilige und göttliche
Wahrheit eine Kraft in sich hat, welche ihrer Wirkung bei keinem, der 15
sie faßen kann, jemals verfehlen sollte; allein die menschliche
Schwachheit macht, daß der Erfolg gar sehr davon abhängt, was für
ein Herz wir zu demjenigen haben, der sie uns vorträgt. Ich brauche
also euer Zutrauen und eure Liebe und das ist das erste, worum ich
euch bitten wollte. Freilich habe ich für jezt keine Gründe diese Fode- 20
rung zu unterstüzen, als den, daß ihr ein gutes Vertrauen zu denen
haben solltet, welchen es oblag euch für die Zeit mit einem Lehrer zu
versehen. Laßt nun dieses vorwalten, bis ich Gelegenheit habe mir
selbst euer Herz zu gewinnen, und dann weigert euch auch nicht mir
durch Freundschaft und Zutrauen mein Amt zu erleichtern. Meine 25
zweite Bitte ist die, daß ihr euer christliches und brüderliches Gebet
5v mit dem mei|nigen für mich vereinigen möget. Es ist wirklich nicht
leicht nichts zu versäumen in dem Amt eines Lehrers, immer vorzutragen was da frommt, und wie es frommt, immer so zu handeln, daß
man auf der einen Seite nicht Vorurtheile beschüze, und auf der an- 30
dern doch den Schwachen kein Aergerniß gebe; immer so zu empfinden und gesinnt zu seyn daß der Geist unter Arbeiten und Zerstreuungen stets munter und rege bleibe zu allem, was sein ehrwürdiges und
heiliges Geschäft erfodert. So betet denn mit mir, daß der Gott der
Gnade, welcher in den Schwachen mächtig ist, mir seinen Beistand 35
schenke, und mir alle Kräfte gebe und erhalte, die mir nöthig seyn
werden.
    Gebet. Ja Du liebreicher Gott und Vater! sieh huldreich auf
diese Verbindung zwischen der hier versammelten Gemeine Jesu
Christi, und mir ihrem schwachen Bruder und Diener! Gieb daß 40

---

39 Verbindung] *korr. aus Unleserlichem*

34–35 *Vgl. 2Kor 12,9*

auch durch meinen Dienst allerlei Gutes unter ihr gefördert und
gemehrt werde, daß auch ich etwas thue zur Erbauung, Befestigung und Verschönerung des Gebäudes, wovon Christus und
seine Lehre der unwandelbare und unerschütterliche Grundstein
ist, daß ich nie müde werde Jesum und seinen Tod zu verkündigen, nie müde die Menschen an Christi Statt zu ermahnen, daß
sie sich versöhnen laßen mit Gott, auf daß ich einst mit gutem
Bewußtseyn zurüksehen könne auf die Zeit, die ich hier verlebt,
und mit frohem Muth Rechenschaft ablegen von dem, was Du
mir anvertraut hast. Nun Herr ich hoffe auf dich! Du hast mich
gerufen, Du wirst es auch thun.   Amen.

----

b. Zweites Manuskript

Predigt am Charfreitag in Landsberg gehalten.   *8r*

Gebet. O gütiger Gott und Vater, der Du die Liebe selbst bist
und die einige Quelle alles Guten, der Du Dich unser in allen
unsern Bedürfnißen kräftig annimmst, und besonders in denjenigen, welche das Wohl unserer unsterblichen Seele betreffen, der
Du deswegen von jeher zu den Menschen geredet hast durch
Deine Werke um sie her, durch die innere Stimme ihres Herzens
und durch den Zuruf so mancher von Dir erleuchteter Männer;
wir, die wir das alles nicht genug gehört und befolgt haben würden, wie wir uns wol bewußt sind, wir sind jezt versammelt, um
das Andenken an die größte Deiner Wohlthaten mit einander zu
feiern, daß Du nemlich Jesum Christum gesandt, daß Du ihn nicht
nur gesandt, sondern auch für uns dahingegeben hast, daß Du in
Ihm, durch sein Leben und Sterben alles erfüllt hast, was nothwendig war zu unserer Besserung, zu unserm Trost, zu unserm
völligen Glauben an Deine Güte und Gnade, so daß wir nun
nichts mehr bedürfen, als was wir selbst thun müßen. Laß auch
diese Feier des Tages, der uns Christen so vorzüglich wichtig ist,
unter uns gesegnet seyn. Du weißt, in welcher Absicht, und in
welcher Stimmung des Gemüths ein jeder von uns hier ist. Wer
sich mit allerlei fremden Gedanken hier eingefunden hat, dem laß
doch den verehrungswürdigen, heiligen Gegenstand unserer heu-

----

22 das Andenken] das *korr. aus* die

6–7 *Vgl. 2Kor 5,20*

tigen Andacht in diesem Augenblik über alles werth und eindrüklich werden. Wer noch nicht von der Größe dieser Wohlthat
hingerissen ist, in dessen Seele sende doch einen Strahl von Ueberzeugung[,] erleuchte seinen Verstand zur Erkenntniß Deiner Liebe
in Christo und erweke sein Herz zu einer innigen Anbetung Dei-   5
ner ewigen Güte. Uns allen aber verleihe Herzen kräftig gerührt
zu allem Guten, und erfüllt mit derjenigen wahren Dankbarkeit,
der wir allein gegen Dich fähig sind, und welche auch allein vor
Dir etwas werth ist.   Amen.

Eingang. Wer mit der Geschichte des heutigen Tages in allen ihren   10
Umständen bekannt ist, bei dem müßen wenn er sich an dieselbe zu-
rükerinnert die verschiedensten Gedanken und Empfindungen mit einander abwechseln. Gedanken an das was der Mensch unter dem gött-
8v   lichen Beistand | leisten kann, und an die Tiefe des Verderbens und
der Bosheit in welche er hinabzusinken im Stande ist; Empfindungen   15
der Bewunderung und der Liebe[,] der Verachtung und des Abscheues.
Wer hingegen nicht bloß auf die Gegenstände, sondern mehr noch auf
die Absicht sieht[,] bei dem vereinigen sich bald alle jene verschiedene
Gedanken in dem einen: Laßet uns ihn lieben, denn Er hat uns zuerst
geliebt, und alle jene Empfindungen in die eine: Laßet uns Ihm danken   20
denn Er hat große Dinge an uns gethan. Diese gemeinschaftliche Ermunterung zur wahren und herzlichen Dankbarkeit soll dasjenige
seyn, womit wir uns jezt noch weiter beschäftigen wollen.

Text. 1. Cor. 11, 26.

Diese Regel gab der Apostel der Gemeine zu Corinth eigentlich bei   25
einer Gelegenheit, da er sich genöthigt sah ihr über den rechten Gebrauch und die Absicht des heiligen Abendmahls allerlei Anweisungen
zu geben. Ich habe aber gar kein Bedenken getragen, sie auf die Feier
des heutigen Tages anzuwenden welche ja unter uns auch zum Gedächtniß des Todes Jesu eingesezt ist, und in dieser Rüksicht müßen   30
also eben die Gesinnungen und eben die erneuerten guten Vorsäze,
welche bei dem Genuß jenes Mahles entstehn sollen auch die Frucht
des heutigen Tages seyn. Wir wollen uns also heute dazu erweken
aus Dankbarkeit gegen Jesum seinen Tod zu verkündigen; wir werden
erstlich sehn was wir unter dieser Verkündigung zu verstehn haben,   35
und zweitens uns überzeugen, daß sie der wahrste und beste Ausdruk
unserer dankbaren Gesinnungen ist.

---

25 Diese] *davor kein Absatz*   30 in dieser] *davor* ⟨ja⟩

19–20 *Vgl. 1Joh 4,19*   20–21 *Vgl. Lk 1,49*

Erster Theil. Dem Verkündigen des Todes Jesu muß man nicht den eingeschränkten Sinn beilegen in welchem es sich nur auf die Lehrer der Religion beziehn kann, sonst könnte der Apostel nicht alle Christen dazu aufgefodert haben, vielmehr hat Jeder der sich
5 dankbar beweisen will für die Liebe Christi, der sich für ihn dahingab, dies Amt zu verkündigen – nicht etwa was die Religion für die Menschen seyn soll und seyn kann, sondern nur – was sie für ihn gewesen ist, wie wolthätig sie auf seine Seele gewirkt hat, wie er noch immer Rath und Trost bei ihr sucht, und auch für die Zukunft auf
10 ihren Beistand und ihre wolthätige Kraft rechnet. Dahin gehört nun erstlich, daß wir uns der | Religion Jesu, die Er durch seinen Tod   9r
gestiftet und besiegelt hat, nicht schämen. Ich will nicht daran denken, daß wir in einer Zeit leben, wo der allgemeinen Meinung nach das Christenthum mehr als je vernachläßigt und verachtet ist; dieser trau-
15 rige Gedanke soll uns in unserer dankbaren Andacht nicht stören; ich will nur bei dem stehn bleiben, was wol immer so gewesen ist und immer so bleiben wird. Wir bekennen uns täglich für Christen und das nimmt uns Niemand übel, denn die meisten Verächter der Religion thun das nemliche; aber so bald es scheint, als ob bei Jemand die
20 Religion nicht bloß auf den Lippen wohne, und in äußeren Gebräuchen bestehe, sondern eine wichtige Angelegenheit seines Herzens ist, so fehlt es nie an Menschen, die wie jene Magd zu Petro mit einer mitleidigen Neugierde fragen: Bist Du also auch einer von diesen, folgst Du auch jenem Jesu dem Galiläer? Wer dann im Stande ist wie
25 Petrus zu sagen: Nein warlich ich kenne diesen Menschen nicht, der entzieht sich seiner heiligen Pflicht den Tod Jesu zu verkündigen. Und doch ist das leider nur allzugewöhnlich. Wer vermeidet nicht gern jede Gelegenheit, wo er von andersgesinnten um Rechenschaft von seinen innersten Ueberzeugungen gefragt werden könnte? Wer leitet sie nicht
30 vor den Menschen gern allein von seiner eigenen Vernunft und seinem eigenen Herzen ganz allein ab? ob er sich gleich bewußt ist, daß er sie zunächst den heilsamen Unterweisungen der Lehre Jesu verdankt? Denkt euch, daß ihr überrascht würdet bei einem von den seltnen aber desto seligern Augenblicken, wo nicht nur die Lippen beten, nicht
35 nur der Verstand einige Gedanken zusammenreiht oder das Herz einige fromme Wünsche stammelt, sondern wo die ganze Seele mit Gott beschäftigt ist, wo wir erfüllt sind mit einer lebendigen Ueberzeugung und Hofnung, deren Beständigkeit wir von Ihm als das größte Kleinod erflehn, wo wir von Herzen angeloben die unverrückte Nachfolge

---

22 Petro] *folgt* ⟨fr⟩

23–24 *Vgl. Joh 18,17*   **25** *Vgl. Mt 26,72.74; Mk 14,71; Lk 22,57*

Christi, um derentwillen wir in diesem Augenblik die bittersten Leiden
9v zu übernehmen im Stande | wären. – Ich höre auf zu bezeichnen,
was ich meine, jeder Christ muß das aus Erfahrung kennen – aber
denkt Euch in diesem Zustande überrascht zu werden mit dem Ausdruk des höchsten Gefühls in euerm ganzen Wesen, und gefragt: 5
Freund, was ist Dir? was thatest Du? würdet ihr nicht schüchtern der
Antwort ausweichen? würdet ihr nicht läugnen wollen? Es ist wahr,
wir sollen unsre Religion nicht zur Schau tragen und die Herzensgeheimniße derselben nicht ausschütten vor denen, die sie nicht verstehn; aber fern sei doch von uns jede zaghafte Menschenfurcht. Wir   10
sollten die Wohlthaten deßen verläugnen, der sich für uns dahingab?
Warum nicht bekennen: Ja ich folge diesem Jesu, ich gründe auf ihn
meine Ruhe[,] meine Ueberzeugung, meine Hofnung. Warum nicht
bekennen: Das wobei Du mich eben trafst war der Genuß des seligsten
und wirksamsten Gefühls welches die Religion uns gewährt. So wird   15
doch Christus und Sein Tod von uns verkündigt, so weit es die Menschen faßen können; so brauchen wir doch nicht vor den Worten zu
erschreken: wer mich verläugnet vor den Menschen, den will ich auch
verläugnen vor meinem himmlischen Vater, denn wo meine Lehre und
meine Liebe noch nicht Aufrichtigkeit, Wahrheit und Muth gewirkt   20
hat, da hat sie noch nichts gewürkt, da ist die Seele mir noch fremd.

Wenn aber auch die Menschen nicht fragen nach dem Grund unserer Ueberzeugungen und Gefühle, so sehen sie doch auf unsre Handlungen, und das giebt uns die schönste Gelegenheit den Tod Jesu unter
ihnen zu verkündigen. Warum sollten wir es uns verbergen, daß eine   25
Tugend wie die des wahren Christen auf der Erde selten ist, eine Tugend nemlich, welche nicht deswegen geübt wird weil sie mit unsern
natürlichen Neigungen übereinstimmt, oder deswegen, weil etwas
durch sie zu erlangen ist, die aus keiner unreinen Quelle kommt, und
durch keinen fremden Zusaz getrübt wird. Eine solche ist, sobald sie   30
bemerkt wird[,] ein Gegenstand der Aufmerksamkeit; sie liegt für die
meisten als ein unerklärliches Räthsel da, aber wie selten giebt derjenige die rechte Auflösung der sie geben könnte. Eine falsche Besche-
10r denheit schreibt | sie allein auf Rechnung der Erziehung und des Bei-
spiels, und schwächen dadurch die Würde der Rechtschaffenheit in   35
den Augen der Menschen. Eine gewiße in sich gekehrte Menschenverachtung antwortet gar nicht auf die Frage: was ist das für ein Geist,
der in Dir lebt; ein oftmals edler Stolz schreibt alles Gute nur seiner
eignen Vernunft zu und der Macht des Gedankens an Pflicht und
Schuldigkeit. Fern sei es von uns die Macht dieser Triebfedern gering   40
zu achten, oder zu läugnen, allein warum wollen wir uns denn schä-

---

8–9 *Vgl. Mt 6,5–6*   **18–19** *Mt 10,33*

men eine andere Ursach anzugeben, die wir doch nothwendig einsehn müßen. Was erzieht denn unsre Vernunft und unser Gefühl für Pflicht und Recht? Wodurch werden unsre Neigungen unter dasselbe gebändigt? Was ist die vornehmste Stüze, die vertrauteste Freundin unserer
5 Vernunft? Es ist wahre Religion, wahres Christenthum. Wer diese nächste Quelle alles Guten in sich nicht anerkennen will, den möchte ich fragen, wie Christus einst fragte: Zeige mir doch die Münze Deiner Tugend: weß ist das Bild, weßen die Ueberschrift? Wem ist denn diese Tugend nachgebildet? Nicht Jesu von Nazareth? Was hat sie denn
10 für ein Gepräge? ist es nicht der Geist des Vertrauens auf Gott, der allgemeinen Liebe, der Herrschaft über sich selbst, und hat Dir diesen nicht die Religion Jesu zuerst eingehaucht? Lieber, so weigre Dich doch nicht! so zweifle doch nicht ob es recht sei Christum als die Ursach Deines Todes unter den Menschen zu verkündigen; gieb ihm
15 doch nur, was sein ist.

Es gehört aber noch etwas mehr zur Verkündigung des Todes Jesu. Manche Menschen geben der Lehre Jesu die Ehre die ihr gebührt, und doch scheuen sie sich den Tod Jesu zu verkündigen; sie schämen sich die Kraft der Eindrüke zu bekennen, welche das Anden-
20 ken an das Leiden und Sterben unsers Erlösers in ihnen hervorbringt. Der Tod Jesu ist eine Begebenheit von welcher jeder Christ einsieht, daß sie einen großen, der ganzen Menschheit wichtigen Zwek gehabt haben müße, wovon sich Jeder seine eigene Vorstellung macht. So überaus wichtig es nun ist, daß wir nur solche Gedanken darüber
25 haben, welche Gottes und Christo würdig sind, so wesentlich es zum Christenthum gehört, daß keiner s e i n e Erklärungen von dem, was die Schrift darüber | sagt, dem andern als nothwendig aufdringe, so   *10v*
giebt es doch dabei so vieles, deßen Kraft einem Jeden einleuchtend seyn muß, und das ist es, was wir verkündigen sollen. Ja, laßt es uns
30 bekennen vor der ganzen Welt, daß der Tod Jesu unsern Glauben mehrt und unerschütterlich macht, denn er zeigt uns, wie groß in Christo die Ueberzeugung von den heiligen Wahrheiten war, welche er mit seinem Tode versiegelte. Laßt uns bekennen, daß es nicht gewöhnliche fruchtlose Thränen des gereizten Gefühls sind, welche wir
35 dem Leiden Jesu weinen. Wir denken ihn uns, als das Saamenkorn, welches ausgesäet werden und ersterben mußte, damit durch seinen Tod eine große, reiche, von Gott gesegnete Erndte hervorginge durch welches allein auch wir jezt eingewurzelt sind und grünen und reifen

---

4 Was] *davor* ⟨Ja⟩   14 Todes] *Kj (Ms. A):* bessern Sinnes   21 jeder Christ] *geändert aus* Jedermann   31 wie groß] *davor* ⟨daß⟩

7–8 *Vgl. Mt 22,19–21*   35–37 *Vgl. Joh 12,24*

in dem Boden des Reiches Gottes. Wir sehen ihn an, als den sterbenden Freund und Lehrer, deßen lezte Bitten uns desto heiliger sind, weil
sie um unsertwillen die lezten waren, deßen lezten Ermahnungen und
Vorschriften wir uns um desto williger unterwerfen weil er sie selbst
mit der größten Beharrlichkeit bis zum Tode am Kreuz ausübte, deßen   5
lezte Seufzer und Worte unser Herz nicht nur zu einem leeren Mitleid,
sondern zu einem heiligen Gelübde des treusten Gehorsams und der
eifrigsten Nachahmung bewegen. Wir sehen ihn an als denjenigen, der
uns alle unsre Verhältniße gegen Gott sollte einsehn und fühlen lehren
und deßen Tod also das sicherste Zeichen von der gänzlichen Vollen-   10
dung dieser Belehrung war; er hebt also aufs kräftigste alle Zweifel
und Bedenklichkeiten, alles finstere Mißtrauen, und alle zaghafte Entfernung von Gott auf.

Z w e i t e r   T h e i l .   Dies zusammengenommen ist es, was der
Apostel unter der Verkündigung des Todes Jesu zu welcher er uns   15
ermuntert gemeint haben kann; laßt uns nun noch ein paar Worte
der Betrachtung widmen, daß dies zugleich der wahrste und einzige
Ausdruk unserer Dankbarkeit gegen ihn sei. Ich werde dabei um desto
11r kürzer seyn können, da die Sache sehr einfach ist, und ich mich | nur
auf euer eignes Gefühl berufen brauche. Viele Menschen machen sich   20
freilich von der Dankbarkeit eine so irrige Vorstellung, als ob sie in
der bloßen Vergeltung bestände. Sie glauben sich selbst ein Genüge
geleistet zu haben, wenn sie nur einen ähnlichen Dienst erweisen
konnten, als der war, den sie empfangen haben. Allein das ist keine
Dankbarkeit. Denn gewöhnlich hat das Herz an einer solchen kahlen   25
Wiedererstattung keinen Theil. Und wenn wir uns auch dabei beruhigen wollen, so ist das doch hier nicht möglich. Wer kann dem Herrn
vergelten oder Christo einen Dienst leisten. Eine beßere Art der Erkenntlichkeit ist die, welche sich durch Aufmerksamkeit und Gehorsam äußert indem sie sich bestrebt die Winke ihrer Wolthäter zu ver-   30
stehen und ihren Wünschen zuvorzukommen, aber auch das ist hier
nicht anwendbar. Bei Menschen können wir wol etwa durch unser
Thun ganz uneigennüzig einen Vortheil für sie stiften und durch allerlei Bemühungen unsern Eifer für ihr Wohl an den Tag legen, aber
wenn wir die Gebote Christi befolgen, wenn wir den Willen Gottes   35
thun, so ist es ja immer nur unser eignes Wohl was wir dadurch fördern, wie mag also wol Erkenntlichkeit als die Quelle dieser Handlungen angegeben werden? Wahre Dankbarkeit an sich besteht auch nie
in äußerm Thun, sondern ist innerlich im Herzen, sie ist das beständige Gefühl der Wolthat, die freudige Anerkennung der Abhängigkeit   40

---

9 sollte] sollen

unseres Glüks von den Gesinnungen des Wolthäters, die Neigung nie
zu genießen ohne uns selbst auf die Quelle des Genußes zurükzuwei-
sen, was sie etwa äußerlich redet und thut, das kann nichts anderes
seyn als nur eine unwillkuhrliche, ganz von selbst sich einstellende
5 Ergießung dieser Gesinnungen. Es ist auch hier wahr, m. Fr. daß wir
zur kindlichen Einfalt zurükkehren müßen um so zu seyn, wie wir
seyn sollen. Wie äußert ein Kind seine Dankbarkeit? Es trägt seine
Geschenke herum zu seinen Bekannten und Gespielen, es zeigt ihnen,
wie sie gebraucht | werden müßen, und wie es sich damit ergöze. Es   *11v*
10 ist nie glüklich dabei ohne mit Liebe und einem gewißen Stolz den
Namen desjenigen zu nennen von dem sie herrühren. Wie machten es
denn so viele Unglükliche die Christus während seines Lebens von
ihren irdischen Leiden befreite. Sie gingen hin und verkündigten überall wie große Dinge Jesus von Nazareth an ihnen gethan, und machten
15 die ganze Gegend seines Ruhmes voll. – Das sind die Beispiele, denen
wir folgen müßen, aber aus desto innigerm Drang des Herzens und
mit desto größerm ungekünstelten Eifer, je größer die Wolthat ist,
deren wir theilhaftig geworden sind, und so wird es, wenn eine lebendige Erkenntniß derselben in unserer Seele ist[,] von selbst geschehen,
20 daß wir den Tod Jesu unter den Menschen verkündigen, wie der Apostel sagt[,] zu gelegener und ungelegener Zeit, den tauben und den
hörenden, unter guten und bösen Gerüchten, denen die es achten und
denen die es nicht achten, denen die Theil nehmen an der Quelle unseres sonderbaren Glüks, und denen die nur aus einer müßigen Neugier
25 danach fragen.

———————

Das ist es, m. Fr. was ich über diesen Gegenstand zu Euch habe reden
wollen, vergönnt mir aber noch einige Augenblike von etwas anderm
mit Euch zu sprechen. Außer dieser Verkündigung des Todes Jesu welche die Pflicht eines jeden Christen ist giebt es unter uns noch ein
30 besonderes Amt, welches Christum und seine Lehre predigt, ein Amt
welches bei rechter Verwaltung und rechtem Gebrauch von jeher vielerlei Gutes gestiftet hat. Ihr wißt, daß der eine eurer Lehrer, welcher
es so lange Jahre zu eurer Zufriedenheit und Erbauung bekleidet hat,

---

12 seines] *über* ⟨ihres⟩   **14** und machten] *davor* ⟨ha⟩

———————

32 *Johann Lorenz Schumann (1719–1795), Ehemann von Schleiermachers Tante So-*
phie Luise Schumann geb. Stubenrauch (1734–ca.1770), war seit 1751 reformierter
Prediger an der Konkordienkirche in Landsberg an der Warthe. Amtsinhaber der luthe-
rischen Pfarrstelle an der Simultankirche war Johann Georg Hintze (geb. 1729).

jezt von der Last des Alters und der Krankheit niedergedrükt demselben nicht länger vorstehen will, und ich bin bestimt, so lange er noch unter uns ist[,] seine Stelle zu vertreten. Gern würde er euch selbst über diese Veränderung das nöthige gesagt, und mich eurer Liebe empfohlen haben, damit er mir die beschwerliche Mühe von mir   5 selbst und für mich selbst zu reden ersparte; allein der Zustand |

12r   seiner Gesundheit hat es nicht zugelaßen. Was ich während dieses Geschäfts unter Euch seyn und thun soll, das wißt ihr: ich soll Euch immer näher unterrichten von den Wahrheiten der Religion, ich soll Irrthümer und Vorurtheile wo ich dergleichen gewahr werde mit sanf-   10 ter Stärke angreifen und ausrotten, ich soll in euern Herzen immer mehr zu erweken suchen die Liebe zu allem, was rechtschaffen und gut ist, ich soll euch fleißig an die heilsamen Gebote unseres Erlösers erinnern, und von den Mitteln sie immer genauer zu befolgen mit euch reden: ich soll die mancherlei verborgenen Schwächen und Thor-   15 heiten des menschlichen Herzens aufdeken, ich soll gute Hofnung reichen und stärkenden Trost bei allen Widerwärtigkeiten aus der reichen Quelle unserer göttlichen Belehrungen, ich soll in die zarten Herzen eurer Kinder den ersten Samen seligmachender Erkentniß und frommer Gesinnungen ausstreuen und sie zubereiten zu wahren und   20 würdigen Jüngern Jesu. Wie ich das thun werde, davon kann ich Euch nicht mehr sagen[,] als daß ich dieses Amt antrete mit dem tiefsten Gefühl meiner Schwäche aber auch mit inbrünstigem und vertrauungsvollem Gebet, und daß die Verwaltung desselben immer geschehen wird mit einem ehrfurchtsvollen Ernst und einem herzlichen Eifer,   25 nicht mit schönen Worten und mannigfaltigem Prunk menschlicher Beredtsamkeit, sondern mit der Einfalt, welche sich für dasjenige am besten ziemt, was schon in sich selbst eine göttliche Kraft hat, und so lebe ich der Hofnung, daß was von Herzen kommt, auch wieder zu Herzen gehn wird. Allein meine lieben Freunde und Brüder, ich habe   30 doch eine doppelte Bitte an Euch, und ich hoffe ihr werdet sie mir nicht versagen. Es ist wol wahr, daß die Wahrheit, und zumal die heilige und göttliche Wahrheit eine Kraft in sich hat welche ihrer Wirkung bei keinem der irgend Sinn dafür hat jemals verfehlen sollte, allein die menschliche Schwachheit macht, daß der Erfolg gar sehr   35 davon abhängt, was für ein Herz wir zu demjenigen haben, der sie

12v   uns verkündigt. | Ich brauche also euer Zutrauen und eure Liebe, und das ist das erste, worum ich euch bitten wollte. Freilich habe ich jezt noch keine Gründe diese Foderung zu unterstüzen als das gute Vertrauen welches ihr sicher zu der Gewissenhaftigkeit derjenigen habt   40

---

5 damit] *davor* ⟨um⟩   **16** gute] *davor* ⟨Trost⟩   **17** bei allen] *davor* ⟨aus⟩   **22** dieses Amt antrete] *geändert aus* es anfange

welchen es oblag euch für die Zeit mit einem Lehrer zu versorgen.
Laßt aber, m. l. das unterdeß vorwalten, bis ich Gelegenheit habe mir
selbst euer Herz zu gewinnen und dann weigert Euch auch nicht mir
durch Freundschaft und Zutrauen mein Amt zu erleichtern, daß ich
5 es nicht so ganz schwer und so ganz allein tragen muß. Meine zweite
Bitte ist die, daß ihr euer christliches und brüderliches Gebet mit dem
meinigen für mich vereinigen mögt. Ach es ist wirklich nicht leicht
nichts zu versäumen in dem Amt eines Lehrers, immer vorzutragen
was da frommt, und wie es frommt, immer so zu handeln, daß man
10 auf der einen Seite nicht Vorurtheile beschüze und auf der andern den
Schwachen kein Aergerniß gebe, immer so zu empfinden und gesinnt
zu seyn daß der Geist munter und rege bleibe unter allen Arbeiten
und Beschwerlichkeiten zu allem, was sein ehrwürdiges und heiliges
Geschäft erfodert. So betet denn mit mir daß der Gott der Gnade,
15 welcher in den Schwachen mächtig ist[,] mir seinen Beistand schenke
und mir alle Kräfte gebe und erhalte, die mir nöthig sind.

Ja Du liebreicher Gott und Vater sieh huldreich und segnend auf
diese Verbindung zwischen der hier versammelten Gemeine Jesu
Christi und mir ihrem schwachen Bruder und Diener! Gieb daß
20 auch durch meinen Dienst allerlei Gutes unter ihr gefördert und
gemehrt werde, daß auch ich etwas thue zur Erbauung, Befestigung und Verschönerung des Gebäudes, wovon Christus und
seine Lehre der unwandelbare und unerschütterliche Grundstein
ist, daß ich nie müde werde Jesum und seinen Tod zu verkündi-
25 gen, nie müde die Menschen an Christi Statt zu ermahnen daß
sie sich versöhnen laßen mit Gott, auf daß ich einst mit gutem
Bewußtseyn zurüksehn könne auf die Zeit, die ich hier verlebt,
und mit frohem Muth Rechenschaft ablegen könne von dem was
Du mir anvertraut hast. Nun Herr ich hoffe auf dich, Du hast
30 mich gerufen, Du wirst es auch thun.   Amen.

––––––––––

7 für mich] *über der Zeile mit Einfügungszeichen*   17 Ja] *davor kein Absatz*

14–15 *Vgl. 2Kor 12,9*   **25–26** *Vgl. 2Kor 5,20*

Nr. 12

Termin:	Vor dem 26. Juli 1794, Ostern
Ort:	Unbekannt
Bibeltext:	1 Kor 15,26
Textzeuge:	Autograph Schleiermachers; SAr 9, Bl. 37r–41v
Texteditionen:	SW II/7, 1836, S. 77–90
Andere Zeugen:	Keine
Besonderheiten:	Der Text ist unvollendet. Für die undatierte Predigt liegt kein Terminzeugnis vor.

37r   Preis und Ehre sei dem allmächtigen Erweker von den Todten und
Jesu Christo dem erstandenen in Ewigkeit. Amen.

Wenn wir uns, m. th. Z. die vorzügliche Wichtigkeit des Festes, welches die Christenheit heute begeht[,] recht deutlich vorstellen wollen,
so dürfen wir nur an die merkwürdigen Worte denken welche Paulus   5
1. Cor. 15 sagt: Wäre Christus nicht auferstanden, so wäre unsere
Predigt vergeblich, so wäre auch euer Glaube vergeblich, und bald
darauf wiederholt er es und sagt, Wäre Christus nicht auferstanden,
so wäre euer Glaube eitel, so könntet ihr noch immer in euren Sünden
bleiben. So beruht also nach der Meinung des Apostels die ganze Fe-   10
stigkeit unsres Glaubens in der Religion auf der Auferstehung Christi
und das hat auch seine volle Richtigkeit. Wenn Christus nicht auferstanden wäre, und die Apostel hätten doch diese Lehre unter aller
Welt ausgebreitet und darauf vornemlich ihre Predigt gegründet[,] so
hätten sie uns entweder betrogen oder sie wären selbst getäuscht wor-   15
den und in beiden Fällen würde ihr Zeugniß in einer so wichtigen
Sache, als die Religion[,] nicht mehr unsern Beifall und unsern Glauben verdienen. Wenn Christus nicht auferstanden wäre und hätte es
doch selbst so deutlich vorhergeweissagt, so hätte er eine zu hohe
Meinung von der Wichtigkeit seiner Person gehabt, so hätte er nicht   20
einmal den Rathschluß Gottes über sich selbst gewußt und uns die
Absicht seines Vaters mit uns nicht auf eine untrügliche Weise kund
thun können. Wenn Christus nicht auferstanden wäre, und wir wollten doch seinen Tod als einen Tod zum Heil der Menschheit ansehn,
so hätten wir keine ausdrükliche Versicherung von Gott, die uns des-   25
sen gewiß machte, so wüßten wir nicht ob der Himmel sein großes

---

6–7 *1 Kor 15,14*   8–10 *1 Kor 15,17*

Opfer so theuer geachtet als wir, ob Gott es so gern und gültig angenommen als er es willig und vollständig gebracht hat, so würden noch
weit mehr Zweifel über die Sendung Jesu in den Herzen der Menschen
entstehn, als jezt, und da wir keinen festen geoffenbarten Grund der
5 Vergebung unsrer Sünden erkennen würden, so würde es um einen so
ungewißen Preis unzählig vielen zu sauer werden sich ihrer zu entledi-
gen. Laßt uns also billig an diesem erhabenen Tage | mit Christo   37v
triumphiren über die herrliche Krone, welche sein himmlischer Vater
allen Thaten des Erlösers durch seine Auferwekung von den Todten
10 aufgesezt hat. Laßt uns darüber frohloken als über die glänzendste
Bestätigung seiner Sendung, als über den sichersten Beweis, daß Gott
alles, was er gelehrt, gethan und gelitten[,] mit billigendem Wolgefallen angesehn habe, als über die beste Schuzwehr, womit wir uns den
Gegnern unserer Religion entgegenstellen können. Dennoch haben
15 wir wenn wir dabei stehn bleiben noch nicht den ganzen Werth dieser
großen Begebenheit erkannt. Wenn wir auch derselben zur Befestigung unseres Glaubens nicht bedurft hätten, so hat sie doch andre
Folgen, welche öfter übersehn werden. Ach was würde dem Menschen, welcher immer in die Zukunft zu sehn gewohnt ist[,] die ganze
20 Erlösung Jesu, und die herrliche Religion welche darauf gegründet ist
helfen, was würde es ihm helfen in jedem Augenblik dieses Lebens
übrigens glüklich und zufrieden seyn zu können[,] wenn er seines
künftigen Schiksals nicht vollkommen gewiß wäre, wenn er nicht ein
anschauliches Bild hätte um seinen Gedanken daran Festigkeit und
25 Haltung zu geben, sondern wenn er immer im Hintergrund dieses
Lebens die traurige Gestalt des Todes gewahr würde ohne auch nur
eine freundliche Miene in seinen Zügen gewahr zu werden und seinen
Drohungen irgend etwas mit Zuversicht entgegen sezen zu können?
Dieser lezte Feind der menschlichen Ruhe ist es, der durch die Aufer-
30 stehung Christi vornemlich völlig besiegt ist, und der nähern Betrachtung dieser Wohlthat wollen wir p.

T e x t .   1. Cor. 15,

Das ganze Kapitel worin diese Worte mit befindlich sind ist in der
Absicht geschrieben um verschiedne leichte und unlautre Christen von
35 der Wahrheit und Wichtigkeit der Auferstehung Jesu zu überzeugen.
Nachdem er die Wahrheit derselben hinlänglich erwiesen, so fängt er
damit an, die Folgen dieser Begebenheit indem er sie als den Zeitpunkt

---

1 ob Gott] ob *korr. aus* und   33 Kapitel] Kap.   37 die Folgen dieser Begebenheit]
geändert aus diese Begebenheit   37 Begebenheit] *zu ergänzen wohl* darzustellen,
37 indem er sie] *über der Zeile mit Einfügungszeichen*

32 *Die Predigt legt 1Kor 15,26 aus.*

betrachtet, womit die Herrschaft des vollendeten Erlösers über sein
Reich und der Einfluß seiner Religion über jedes einzelne Glied desselben anhebt, und dies Gemälde schließt er damit, daß er sagt der lezte
Feind der sowol in Absicht auf den einzelnen als auf die ganze Christenheit vernichtet ist, der Tod sei. Wir wollen davon Gelegenheit   5
nehmen, von dem Sieg zu reden, den Christus über den Tod davon
getragen hat und erstlich sehn, was der Tod ohne seine Auferstehung
für uns gewesen sei[,] zweitens wie ihn Christus dadurch besiegt
hat. |

38r   Erster Theil.   10

Wenn wir wißen wollen, was die Auferstehung Jesu in dieser Rüksicht
für uns gewirkt hat, so müßen wir von allen Trostgründen hinwegse-
hen, welche erst daraus entstehn[,] und den Menschen so nehmen,
wie er ohne diese Auferstehung und ihre Folgen gesinnt gewesen ist,
und noch immer gesinnt seyn würde. Wenn der Mensch auch noch so   15
fest überzeugt ist von der Unsterblichkeit des Geistes, der in ihm
wohnt; wenn er auch noch so fest vertraut auf die Gnade eines Gottes,
der dem unvollkomnen aber gutdenkenden Geschöpf Fehler verzeiht
und es nicht auf ewig unglüklich machen kann, so bleibt doch so
lange er sich nur an diese Erkentniße halten kann, der Tod etwas   20
schrekliches für ihn. Der sinnliche Mensch, deßen Bestreben nur auf
den Genuß der Freuden des Lebens geht, wie kann der ohne Schaudern an die Trennung von alle dem denken, wobei er sich so lange
Zeit glüklich gefühlt hat. Alle diese Seligkeiten entsprangen nur aus
Verhältnißen dieser Welt, mit denen selbst seine Einbildungskraft   25
nicht ohne einen Widerspruch zu fühlen eine andere Ordnung der
Dinge ausschmüken kann; was sieht er also voraus und wie soll er
mit Ruhe an den Stoß denken, der ihn aus dem Zauberkreis des Vergnügens in unbekante Gegenden hinwegrükt? – und was für Gewalt
hat nicht die Sinnlichkeit in manchen Stunden des Lebens auch über   30
den besten Menschen. Allein, wenn sich auch keiner von uns in diesem Bilde spiegeln könnte, so hat auch der wirklich sittliche
Mensch hierin wenig vor andern voraus. Es ist wahr, er liebt das
gute und edle und dies kann ihm durch alle Welten folgen, so lange
seine Vernunft und das von ihr unzertrennliche Gefühl ihn begleitet –   35
aber dennoch: wenn auch der beste Mensch, in so fern er ehrlich
gegen sich selbst denkt, sich nur so viel Tugend zutraut, als er wirklich
geübt zu haben sich bewußt ist, und also selbst für dieses Leben nur
so viel auf sich baut, als das künftige dem vergangenen ähnlich seyn
muß, wird er dann auch auf seine innre Güte sich in Absicht eines   40

---

8 zweitens] 2.)   10 Erster Theil.] *Die Überschrift fehlt im Manuskript.*

künftigen ihm ganz unbekannten Lebens verlaßen können? und wenn
seine Tugend hingereicht hat die gewöhnlichen Hinderniße dieses Lebens zu überwältigen, kann er dann auch wißen, ob sie sich zu den
ganz neuen Verhältnißen jenes Lebens schiken wird? So geht also auch
5 der Fromme und Weise nicht ohne eine bange bittere Empfindung
aus einem Kampfplaz deßen Boden und Lage, deßen Vortheile und
Nachtheile er kennt[,] | in einen andern über, der ihm unbekannt ist,   *38v*
und von dem er nicht weiß, was für ein Feind ihn daselbst erwartet.
Aber noch mehr. Je beßer der Mensch ist desto weniger ist er unemp-
10 findlich gegen die feinen und geistigen Freuden welche ihm Tugend
und Seelengüte gewähren, desto mehr wahren Werth hat das Leben
in seinen Augen. Diesen Werth soll er aufgeben, von diesen Freuden
soll er scheiden, die seligen Stunden, wo er Gott in der Schönheit
dieser Schöpfung bewunderte, sollen ein Ende nehmen, verlaßen soll
15 er die, die er liebt, und deren fromme Freundschaft ihn beglükte, er
soll Abschied nehmen, von all den Verhältnißen welche tausend Gelegenheiten das Gute zu üben in sich hielten, und wenn wir alles das
hinwegnehmen, was wir erst durch die Erhöhung Christi von dem
künftigen Leben wissen[,] was hat er da wol um jenen Verlust zu
20 ersezen? Unbestimmte Begriffe, von deren einem er zu dem andern
schwankt ohne irgendwo Ruhe zu finden[,] und die, wenn sie auch
noch so schön sind[,] nicht vermögen die hellen und bestimten Eindrüke auszulöschen, welche wahre Erdenglükseligkeit in seiner Seele
gemacht. Endlich ist das, was wir vom Tode mit der meisten Gewiß-
25 heit wißen[,] ein neuer Stoff zu traurigen Vorstellungen. Die Seele
scheidet von dem Körper, den sie so lange bewohnt hat, und dieser
Körper ist ein Freund mit welchem sie aufs allergenauste verbunden
war; alles hat sie mit ihm gemeinschaftlich gethan, und sie weiß oft
nicht zu bestimen wie weit der Antheil gehe[,] den er an ihren Hand-
30 lungen nimmt, er war ein nothwendiges Werkzeug zu ihren edelsten
und höchsten Freuden, er war das Band durch welches sie mit der
übrigen Welt verbunden war. Durch ihn bekam sie alle Eindrüke von
den Dingen um sie her, durch ihn lernte sie Ordnung und Schönheit
kenen und lieben, durch ihn konnte sie mit Wesen ihrer Art Gemein-
35 schaft haben, durch ihn drang dies süße Gespräch des Freundes oder
der Freundinn in ihr Ohr, nur durch ihn sah sie die Werke des Schöpfers und nur so konnte der kalte Begriff eines vollkomnen Wesens in
ihr Leben und Thätigkeit bekommen. Auf der andern Seite war er es
wieder, der ihren Willen ausrichtete und ihre Befehle vollzog; es war
40 ihr nicht möglich ohne ihn aus sich selbst hinaus zu gehn und auf
andere Wesen zu wirken; ach wie kann sie entscheiden, was ihr nach

---

7 über,] *korr. aus* übergehn,   35 drang] *über* ⟨trat⟩

der Trennung von einem solchen Gefährten noch übrig bleibt, wie
kann sie wißen ob sie das ganze Bewußtseyn des vergangenen als ihren
Theil davontragen wird? Sie weiß sich keines Zustandes zu besinnen[,]
wo sie ohne ihn da gewesen ist, und sie kann sich keinen Begriff ma-
chen von einem | Leben, wo sie thätig seyn und doch seines Dienstes
entbehren könnte, und darum waren denn die Gedanken aller Völker
überhaupt und fast aller Menschen insbesondere von dem Zustand
ihrer Seele nach dem Tode verwirrt und fürchterlich. Bald wurde sie
als ein Spiel böser Geister gedacht, welche sie an schreklichen Orten
fühlt, ohne daß sie ihnen widerstreben konnte, bald irrte sie unstätig
umher und war sich nur wenig deßen bewußt, was mit ihr vorgegangen war; bald war alles um sie her dunkel und öde, und sie vermochte
nicht die Erkentniß irgend eines Gegenstandes um sie her zu bekomen;
bald wanderte sie, immer ihr Bedürfniß fühlend und niemals es recht
befriedigend aus einem Körper der ihr fremd war in einen andern der
ihr eben so wenig angehörte, und eben der Tod den sie schon einmal
als das größte Uebel erfahren hatte war ihr beständiges Loos. Also
wähnten alle Völker der Erde, welche sich bis zum Gedanken der
Ewigkeit erheben konnten, und führten eben deswegen ein unglükliches Leben, so war selbst das Volk in tiefen Irrthümern begraben,
welches sich doch einer nähern Offenbarung Gottes zu rühmen
wußte, und irgend eine von diesen traurigen Gedankenreihen würde
auch unser Theil seyn, ohne den bessern Unterricht, den wir nur der
Auferstehung Christi zu danken haben. Auch wir würden mitten unter
den besten Freuden unglüklich sein, sobald etwas um uns her auch
nur den entferntesten Gedanken des Todes rege machte, auch wir
würden bei dem Grab unserer lieben von unmäßigem Schmerz besiegt
unser Leben vertrauern, auch wir würden uns mit der größten Gewalt
in den lezten Augenbliken unsers Lebens von dieser Welt losreißen
müßen und nur mit Zittern auf dem schmalen Steig des Todes den
Uebergang in die unbekannte Ordnung der Dinge wagen – und was
ist wol unglüklicher als ein Mensch der den Tod fürchtet, welchen
ihm doch die ganze Natur unaufhörlich darstellt und vor einem
Schritt zittert, welcher ihm in jedem Augenblik seines Lebens nahe ist.
Man wird vielleicht einwenden[,] daß diese allerdings den Menschen
unglüklich machende Furcht vor dem Tode doch nicht eine nothwendige und natürliche Eigenschaft des ganzen menschlichen Geschlechts
seyn müße[,] indem es doch auch in jenen Zeiten, wo der Trost aus
der Auferstehung Christi den Menschen noch nicht erfreuen konnte,

---

2 ihren] *korr. aus* ein   4 und sie] *korr. aus* und sich   7 überhaupt] übhpt
12 vermochte] *über* ⟨getraute sich⟩   23 unser] *davor gestrichenes unleserliches Wort*
24 Christi] *korr. aus* Jesu   25 unglüklich] *folgt* ⟨sich selbst⟩

Männer gegeben welche nach einem edlen Leben einen schönen Tod
nicht nur mit der größten Gelassenheit erwartet sondern ihn auch wol
mehr gewünscht als vermieden haben, und eine noch weit größere
Anzahl solcher welche den Tod verachtet und mit der kühnsten Ent-
5 schlossenheit aufgesucht haben, ohne auch nur eine vorübergehende
Spur von Furcht oder Schrek bliken zu laßen. Allein m. Th. laßt uns
auf der einen Seite bedenken, ob wir wol zu der Zahl derjenigen gehören wollten, denen der Tod willkomen ist, weil sie gleichgültig gegen
das Leben sind? weil sie mit einer zaghaften Seele dem Unglük entflie-
10 hen möchten, das sie verfolgt? weil sie sich nicht darauf verstehn das
Leben zu brauchen? weil ihr Herz | verstimmt ist und eine eitle Lei-   *39v*
denschaft die Stimme der Natur in ihnen zum Schweigen bringt? oder
weil eine gänzliche Gefühllosigkeit sie unfähig macht die bevorstehende Entbehrung alles deßen was sie liebten gehörig zu empfinden?
15 Auf der andern Seite hat es wol seine Richtigkeit, daß uns die Geschichte von einigen wenigen Männern erzählt welche nach einem
weisen und ehrwürdigen Leben dem Tode unerschroken entgegen gesehn, aber wer weiß was für innre Kämpfe vorher gehn mußten, und
wie sie dieselben beständig zu erneuern genöthigt waren, wer weiß
20 wie viel von ihren eignen Kräften sie aufgerieben haben, wie viel großen Handlungen sie deswegen entsagen mußten, und wenn wir zugeben daß wenige außerordentliche Menschen nicht der rechte Maaßstab des menschlichen Geschlechts seyn können[,] so müßen wir noch
dazu bekennen daß auch um diese Männer die Auferstehung Christi
25 das größte Verdienst gehabt haben würde wenn sie ihnen diesen innern Streit gespart und alle diese vergeblich verbrauchten Kräfte gelaßen hätte, und daß eine Empfindung deswegen nicht aufhört natürlich
zu seyn, weil sie durch eine außerordentliche Anstrengung der Seele
einigermaßen zum Schweigen gebracht werden kann. Denn laßt uns
30 das Buch aufschlagen welches uns die Menschenseelen mit der größten Genauigkeit so zeichnet wie sie sind; laßt uns die Bibel fragen,
was für Gesinnungen finden wir da nicht bei dem großen Haufen den
sie uns schildert, sondern bei den Männern welche am meisten nach
dem Herzen Gottes waren? Wir sehen einen M o s e s der seinem Volk
35 keine größere Belohnung zuzusagen weiß als daß sie lange leben wer-

---

8 willkomen] *über* ⟨gleichgültig⟩   18 mußten,] *folgt* ⟨wer weiß wie oft sie ihre eignen
Kräfte durch Streit aufgerieben haben,⟩ *sowie ein gestrichenes Umstellungszeichen*
21–22 zugeben] *folgt* ⟨müßen⟩   **27–29** eine Empfindung ... werden kann.] *mit Umstellungszeichen neun Zeilen höher hinter* entgegen gesehn, aber   **27** deswegen nicht
aufhört] *nur teilweise geändert aus* hört deswegen nicht auf

---

34–1 *Vgl. Dtn 5,33*

den auf Erden, und der Tod sie erst spät ereilen wird, einen H i o b der
bei allem unnennbaren Elend das ihn betroffen dennoch ausruft: Ich
aber lobe das Leben weil es gut ist, denn wenn der Mensch einmal
dahin ist so kehrt er nicht wieder und im Reich des Schattens ist gar
keine Freude für ihn. Einen D a v i d der es fast nicht glauben kann,　5
daß auch die Heiligen Gottes die Verwesung sehn müßen und der oft
Gott mit dem größten Ausdruk der Sehnsucht bittet ihn doch zu laßen
im Lande der Lebendigen wo man Gott lobt denn im Lande des Todes
sei alles öde für die menschliche Seele, und sie könne daselbst ihres
Schöpfers nicht gedenken. Einen H i s k i a s der mit dem innigsten　10
Dank eine Verlängerung seines Lebens als das größte mögliche Gna-
dengeschenk Gottes betrachtet. Ja noch mehr: wir sehen einen P e t r u s
der sich vermaß mit Christo in den Tod zu gehn und schwach genug
war ihn aus Furcht des Todes zu verläugnen[,] aber welcher Unterschied wenn wir diesen nemlichen Petrus sehen in später Zeit, wo er　15
Christum verstand und ein Zeuge seiner Auferstehung war, wie be-
herzt er da allen Gefahren entgegen ging und wie standhaft er einen
Tod duldete den seine Pflicht ihm unvermeidlich machte – welcher
Unterschied wenn wir Christen von ganz gemeinen Seelenkräften
sehn, die es hierin den größten Weisen des Alterthums zuvorthaten.　20
Ach es war die Auferstehung Christi die sie mit Stärke gegen die
Furcht des Todes bewafnete. |

40r　　　　　　　　Z w e i t e r T h e i l.
Die Auferstehung Christi ist unabhängig von allem andern die sicherste Bestätigung alles deßen was er uns während seines Lebens von　25
unserm künftigen Zustand gesagt hat, sondern sie ist auch ein herrliches Bild des Zustandes der unser in dem beßern Leben erwartet.
Christus ist nicht nur zu unserm besten auferstanden, sondern auch
als der Erstling derer die ihm nachfolgen, als das Vorbild seiner wahren Freunde. Er ist nach seinem eignen Ausdruk nur hingegangen uns　30
eine Wohnung bei der seinigen zu bereiten, und er will[,] daß in der
Ewigkeit seine Diener da seyn sollen, wo er ist. Was die Vernunft zwar
h o f f e n aber nicht wißen konnte, das hatte er gesagt und nach seiner
glorreichen Erwekung fand kein Zweifel mehr darüber statt. Der dem
die Tugend hier Mühe gekostet hat, darf nicht fürchten, daß diese　35
Mühe ganz vergebens sei, daß er dort in andre traurige Verhältniße

---

8 im] *korr. aus Unleserlichem*　　26–32 sondern sie ... wo er ist.] *am Rand mit
Einfügungszeichen*

5–6 *Vgl. Apg 2,27; 13,35 mit Zitat aus Ps 16,10 (nach LXX)*　　10–12 *Vgl. Jes
38,10–20*　　12–14 *Vgl. Joh 13,37; 18,17*　　30–31 *Vgl. Joh 14,2*

komen werde, wo er vielleicht eben so oft unterliegt als er hier gesiegt
hat, wo in seiner Seele Unvollkommenheiten entstehn, von denen sie
hier frei war. Nein m. Th. Christus hat es uns ausdrüklich gesagt:
das Verhältniß, in welches dort ein jeder gegen die Vollkommenheit
5 kommt[,] hängt von den Fortschritten ab[,] welche er hier schon darin
gemacht hat, hier ist der Plaz zu kämpfen, dort giebt es eine Ewigkeit
wo man sich des schönsten Sieges erfreuen kann, und so wie Gott
Christo dafür, daß er sich selbst erniedrigte, daß er seine Befehle
pünktlich vollzog und alle Versuchung aus seiner bestimten Laufbahn
10 herauszugehn besiegte[,] nun einen Namen gegeben hat der über alle
Namen ist, so wie er ihn nun zu seiner Rechten sizen und an seiner
himlischen Herrlichkeit Theil nehmen läßt – also werden auch wir
einst nach unserm Maaß überschwenglich erhöht werden, und das
schnelle Steigen in der Vollkommenheit, welches unsre Seele nicht fa-
15 ßen mag, wird wirklich unser Theil seyn. Christus war nach seiner
Auferstehung über alle die Versuchungen erhaben die ihn in diesem
Leben beständig zusezten und die welche ihm nachfolgen werden dort
nicht mehr nöthig haben zu beten was ihnen hier immer am Herzen:
Herr laß mich in diese Versuchung nicht fallen. Wir sehn Christum in
20 diesem glorreichen Zustand über alle seine Feinde leicht triumphiren
und dieser Triumph erwartet auch uns. So ist durch den trostvollen
Anblik der Auferstehung Jesu die Ruhe des guten Menschen in Absicht auf den vornehmsten Punkt gesichert. Christus hat nach seiner
Auferstehung noch die nemlichen Empfindungen welche in seinem irr-
25 dischen Leben seine schöne Seele zierten; er freute sich noch eben so
innig über alles gute was er erblikte, er nahm noch eben den zärtlichen
Antheil[,] er liebte diejenigen noch immer die ihm damals theuer waren, er wirkte noch immer und zwar mit erhöhter Kraft auf ihre Seelen, und er kann ihnen die tröstliche Versicherung geben: Ich bin bei
30 euch bis an der Welt Ende. Ach m. Th. was giebt uns das für eine
herrliche Aussicht in das Leben jenseit des Grabes. Wenn uns der Tod
von all den Freuden abzuschneiden scheint, welche uns die Tugend
selbst gewährte, wenn er uns die Gelegenheiten zu benehmen scheint
durch die Uebung und das Anschaun derselben glüklich zu seyn, so
35 schrekt uns das nun nicht mehr, denn wir wißen, daß es ein bloßer
Schein ist, und wir können mit Recht edlern Freuden entgegensehn,
welche die Unvollkomenheit dieser Welt uns nicht schmeken ließ.
Wenn wir in diesem Leben so glüklich sind gute Menschen zu lieben

---

12 läßt] *korr. aus* laßen wird   25–27 er freute ... zärtlichen Antheil] *am Rand mit*
Einfügungszeichen

8–12 *Vgl. Phil 2,6–11*   **19** *Vgl. Mt 6,13*   **29–30** *Vgl. Mt 28,20*

40v und von ihnen wieder geliebt zu werden, | wechselseitig sie zum Gu-
ten zu ermuntern und von ihnen dazu erwekt zu werden[,] so droht
uns freilich der Tod eine bittre, ach dem Anschein nach eine ewige
Trennung[,] aber Furcht ist deswegen doch ferne von uns. Das Vermögen zu lieben, die Fähigkeit zu allen den schönen und vorzüglichen
Empfindungen des vernünftigen und geselligen Wesens geleitet uns
auch in jene Welt[,] wie es Christo auch jenseit seines Todes noch
anhing[,] ja es wird noch erhöht werden, tausend Einschränkungen
desselben welche in unserm irrdischen Zustand gegründet waren, werden aufhören, und so wie Christus jezt noch inniger sich den Seelen
seiner Jünger mittheilen konnte, so wie er nun nicht mehr durch die
Entfernungen des Raumes und der Zeit aufgehalten wurde, so werden
auch wir freier genießen und handeln können, und wenn wir auch die
herrliche Verheißung Christi an seine Jünger: Ich bin bei euch bis an
das Ende der Welt[,] nicht ganz auf uns anwenden könen, wenn wir
auch unsern zurükgelaßnen Freunden bei dem lezten Druk der Hand
nicht das Versprechen geben könen mit unserm Geist um sie zu schwe-
ben, so können wir uns doch nun, da wir einige Einsicht in den Plan
Gottes mit der Ewigkeit haben, ohne Schwärmerei süße Hofnung des
künftigen Wiedersehns erlauben.

Reißen uns diese Hofnungen hin, so laßt sie doch nicht das vornehmste seyn, wodurch wir unsere Seele einnehmen laßen, es giebt
noch heiligere Empfindungen, nach deren Fortdauer sich der Mensch
sehnen muß. Was ist Freundschaft, was ist – ich glaube nicht, daß
ich zu viel sage, was ist das warme Gefühl für die Tugend selbst ohne
das höhere Vermögen Gott zu erkennen und seine Vollkomenheit zu
verehren. Die frommen Männer des Alterthums fürchteten von dieser
Erkentniß geschieden zu werden[,] und das machte ihnen den Tod
bittrer als alles, uns aber laßt auf Jesum den Auferstandnen sehn[,] so
werden uns statt deßen die schönsten Erwartungen aufblühn; er ist
aufgestiegen zu seinem Vater und zu unserm Vater und er will daß
wir auch da sein sollen wo er ist, er wird[,] wie uns Paulus in den
Worten welche vor unserm Text vorhergehn versichert[,] über das
Reich herrschen, welches er sich gestiftet hat, da wird wie jener Prophet des alten Bundes sich ausdrükt, da wird keiner den andern fragen[,] erkennest du den Herrn[?] sondern sie werden alle von Gott
gelehret sein, da kann es uns nicht an einer noch höhern und vortreff-
lichern Erkenntniß und Gemeinschaft mit Gott fehlen, als diejenige

---

13 wir auch] *folgt* ⟨nicht⟩   26 Vermögen] *davor* ⟨Gefühl⟩   27 frommen] Frommen
30 Erwartungen] Erwart^n

14–15 *Vgl. Mt 28,20*   **33–34** *Vgl. 1Kor 15,24–25*   **35–37** *Vgl. Jer 31,33–34*

ist, deren wir hier fähig sind, und wer alle die schönen Verheißungen
welche der Auferstandne in dieser Rüksicht seinen Jüngern gab[,] vor
seiner Seele vorüber gehn läßt[,] von dem muß jene leere Furcht bis
auf die lezte Spur entweichen. So natürlich dem Menschen welchem
5 es schwer wird seine Seele auch nur in Gedanken von dem Körper zu
trennen, so natürlich es diesem ist sie sich nach dieser Trennung als
ein unthätiges Wesen zu denken das unstät herumirrt und zu suchen
scheint was sie verloren hat, so nichtig erscheint uns auch diese
trübe Vorstellung. Christus hatte schon während seines | Lebens auf   *41r*
10 Erden einen hohen und edlen Wirkungskreis, aber wie verschwindet
er, wenn er mit dem verglichen wird, in welchen er nach seiner Auferstehung versezt wurde. Wie tief scheint derjenige, der elend auf Erden
lebte, dem Heil der Sterblichen diente, und in seinem Bestreben gutes
zu wirken so oft von der Bosheit der Menschen verhindert wurde[,]
15 unter dem zu seyn der zur Rechten Gottes über alle Himmel erhaben
seine Erlösten beherrscht. Wir die wir zu der Zahl derselben gehören
dürfen uns zwar dem Göttlichen nicht gleich machen, aber uns doch
mit ihm vergleichen, denn wir haben die Verheißung von ihm: Wenn
ich erhöht werde von der Erde, will ich sie alle nach mir ziehn, und
20 wenn auch bei uns die Nacht des Grabes länger währen sollte als bei
dem Sohn Gottes der die Verwesung nicht sehn durfte, o so ist wol
der erhöhte Zustand, der auch uns erwartet, der Mühe werth, mit
Geduld sich den Fügungen Gottes zu überlaßen bis der lezte Feind
unserer Ruhe und Glükseligkeit gänzlich aufgehoben sei. Der Tod
25 trennt uns, das ist wahr[,] von einem Werkzeug das unserm Geist
bisher nothwendig war, es ist sogar natürlich daß sich der Mensch
über die Zukunft plagt weil er nicht sieht was der allmächtige nun
für Mittel haben könne ihn thätig zu machen wenn dieser Körper ein
Raub der Verwesung geworden ist, aber auch das soll uns den Tod
30 nicht fürchten machen. Laßt uns aufsehn auf Jesum den auferstandenen, dieser Anblik läßt uns über das Bedürfniß unsers Körpers triumphiren; er war nicht ein Geist, der nicht Fleisch und Bein hat, so wie
der zweifelnde Thomas meinte, er stand da in dem Glanz eines verklärten Körpers, und war dieser Körper ihm fremd? augenbliklich war
35 seine Seele mit demselben vertraut und er war seiner vorigen Gestalt
so ähnlich, daß keiner seiner Freunde ihn leicht verkannte. So werden
auch wir einst dastehn Theilhaber seines Triumphs auch unsrer Seele

---

1 Verheißungen] Vheißⁿ   7 zu suchen] *korr. aus* sucht   31 Bedürfniß] *davor*
⟨eingebildete⟩   32 so] *korr. aus* was   33 meinte] *davor* ⟨|lehrte|⟩

18–19 *Joh 12,32*   **21** *Vgl. Apg 2,27; 13,35 mit Zitat aus Ps 16,10 (nach LXX)*
32–33 *Vgl. Joh 20,25*

wird es nicht an einem Werkzeuge fehlen, das sie eben so leicht handhaben könnte als diese Zusammensezung von Erde. Der menschliche
Geist wird in ein verwesliches Korn gesäet, in einer Hülle von Erde
wird er auf diese Welt geworfen um im Schatten derselben fern von
dem Licht der Unsterblichkeit zu keimen, die Hülle erstirbt unter den   5
ersten Bemühungen der Seele, aber wenn diese die Erde durchbricht
und an den Tag der Ewigkeit komt dann hat sie Werkzeuge die der
beßern Schöpfung werth sind worin sie nun prangen soll. Aber
schrekt uns ein neuer Gedanke des Todes? wird dieser neue Körper
nicht ebenfalls der Zerstörung unterworfen seyn, ach und wie oft wird   10
denn die unglükliche Seele von ihrer Wohnung getrennt, wie oft muß
sie den Freund verlaßen, den sie sich eben erst gebildet hat? Mit nich-
ten, auch das | widerlegt uns die Auferstehung Jesu. Der Körper den
seine Jünger an ihm sahn war keiner Zerstörung fähig, denn es war
eben der, womit er zur Rechten Gottes hinaufstieg, und wenn wir   15
Bedenken tragen sollten das auf uns anzuwenden, so versichert uns
Paulus ausdrüklich, daß der lezte Feind des Menschen der Tod nicht
nur besiegt werde, so daß er uns zwar nicht in seiner Gewalt behalte,
aber doch seinen Anfall immer erneuern könne *[Der Text endet
hier.]*   20

41*v*

---

1 das] *korr. aus* daß

Nr. 13

Termin:	*Vor dem 26. Juli 1794, Ostern*
Ort:	*Unbekannt*
Bibeltext:	*Mk 16,10–14*
Textzeuge:	*Autograph Schleiermachers; SAr 10, Bl. 13r–16r*
Texteditionen:	*SW II/7, 1836, S. 218–228*
Andere Zeugen:	*Keine*
Besonderheiten:	*Der Text ist unvollendet. Für die undatierte Predigt liegt kein Terminzeugnis vor.*

Es ist vorauszusezen, daß wir alle mit dem wahren Sinn und der Wich- 13r
tigkeit der Lehre von der Auferstehung Jesu bekannt sind. Daß die
Seele Jesu nicht im Tode und im Grabe bleiben konnte ist für sich
klar, wenn auch die Geschichte seines Lebens nichts davon erzählte,
5 denn die Seele keines einzigen Menschen geht in der Verwesung unter,
viel weniger noch die Seele dessen, der in einem so vorzüglichen Sinn
der Erbe der Herrlichkeit war. Dies ist also nicht der eigentliche Gegenstand der Feier des heutigen Tages, sondern dieses, daß auch sein
Körper die Verwesung nicht sah und sogleich ins Leben zurükgerufen
10 wurde, und daß er sich in dieser erneuerten und verherrlichten Gestalt
zum großen Trost seiner niedergeschlagenen Jünger sichtbar darstellte. Diese Veranstaltung war nothwendig für sie denn ihre Gedanken von den Absichten Jesu von dem sie hofften er sollte das Reich
Israel wieder aufrichten waren durch den Erfolg wiederlegt und ihr
15 Glaube an ihn war ganz dahin; und sie ist wichtig für uns denn sie ist
noch immer für die Schwachen, denen die innere Würde der Religion
Jesu noch nicht genug ist um von ihrer Göttlichkeit überzeugt zu seyn,
der augenscheinlichste Beweis. Wir haben also alle Ursach Gott dafür
zu preisen, als für einen Beweis seiner Macht, ohne welchen die Lehre
20 Jesu nicht einmal bei seinen ersten Jüngern rechte Wurzel gefaßt haben würde. Allein bei einigem Nachdenken werden wir finden, daß
wir diese Begebenheit noch von mancherlei andern Seiten ansehn können. Hier ist einer von den seltenen Fällen, wo sich etwas aus der
andern Welt sichtbar in dieser offenbart hat. Wenn wir unter uns dar-
25 über streiten ob Todte wiederkommen, ob höhere Geister sich den
Menschen zeigen können[,] so pflegen wir diesen Fall und alle ähnli-

---

2 Jesu] *über der Zeile*   9 und sogleich] und *über* ⟨sondern⟩

che Geschichten die darüber in den Schriften des Alten und Neuen
Bundes erzählt werden, völlig auszunehmen, und thun auch vollkommen Recht daran. Wenn wir uns aber an die Stelle der Menschen
sezen denen diese Dinge begegneten, so hatten sie gar keine Veranlassung die Sache nach andern Gründen zu beurtheilen als wir und sind   5
also mit uns ganz | in dem nemlichen Fall. Der Glaube an die göttliche

13v

Sendung Jesu war bei den Jüngern durch seinen Tod fast ganz verschwunden und sie hatten also keine andere Ursach seine Wiederer-
scheinung zu vermuthen, als wir etwa haben, wenn wir uns einbilden
daß wir wol einen verstorbenen Freund wieder erbliken könnten, an   10
dem unsere Seele gehängt hat; sie hatten keine Ursach die Erzählungen
die ihnen davon gemacht wurden aus andern Gründen zu beurtheilen
als wir bei ähnlichen Geschichten die oft für wahr ausgegeben werden
anwenden müßten. Laßt uns also aus ihren eignen Erzählungen sehn,
wie sie dabei handelten, und nachdenken, was wol in ihrem Betragen   15
bei dieser merkwürdigen Begebenheit recht und unrecht war.

Text. Marc. 16, 10–14.

Diese Worte zeigen uns deutlich daß Zweifel und Mißtrauen die herrschende Gemüthsstimmung der Apostel Christi war. Wir wollen nun
diese von beiden Seiten betrachten und daher reden   20
    Von dem Unglauben in Absicht auf Dinge der andern Welt;
und wir werden bei dieser Betrachtung finden, daß es erstlich einen
sehr heilsamen und nothwendigen, aber auch zweitens einen sehr verderblichen Unglauben dieser Art giebt.

Erster Theil. Der weise Unglaube beruht erstlich darauf, daß   25
man sich hüten muß menschliche Einbildungen nicht für göttliche Offenbarungen zu halten. Denn das ist doch gewiß, daß wenn sich etwas
zutrüge, was gänzlich außer dem Lauf der Natur läge und aller
menschlichen Erfahrung und Einsicht widerspräche, so müßte das von
Gott auf eine besondere Weise veranstaltet seyn. Und gewiß nicht   30
ohne einen besondern Zwek. So finden wir auch immer, daß solche
wirkliche oder vorgebliche Offenbarungen Gottes mit Foderungen begleitet sind etwas zu glauben was man sonst nicht für wahr halten
könnte oder etwas zu thun, was man sonst nicht thun würde. So hatte
Abraham eine Erscheinung, welche ihm befal, seinen Liebling, seinen   35
einigen Sohn, Gott als ein Opfer zu schlachten, ein Unternehmen, wovon er sonst den bloßen Gedanken als erschreklich und sündlich ver-

---

12 aus andern Gründen] *geändert aus* anders   18 Diese] *davor kein Absatz*
36 schlachten,] *folgt* ⟨was ihm⟩

35–36 *Vgl. Gen 22,2*

abscheut hätte. So trug auch in diesem Fall der erstandene Jesus der
Maria auf, seinen Jüngern zu sagen daß sie ihm nach Galiläa folgen
möchten, da er ihnen doch während seines Lebens nicht undeutlich
befohlen hatte zu Jerusalem zu bleiben. Wie nothwendig es nun hier
5   sei alle mögliche Vorsicht anzuwenden damit man nicht durch
Blend|werke getäuscht wird, das zeigt uns die Erfahrung durch eine   *14r*
Menge von höchst traurigen Beispielen. Bösewichter mißbrauchen die
Leichtgläubigkeit sonst guter Menschen, welche nur gar zu geneigt
sind außerordentliche übernatürliche Dinge für wahr zu halten, sie
10   hintergehn sie durch allerlei künstlichen Betrug, und verführen sie
hernach zu den schreklichsten Dingen, indem sie ihnen die Meinung
beibringen daß da wo Gott so deutlich durch Zeichen und Wunder
spricht alle unsre innigsten Ueberzeugungen zu schweigen hätten und
unsre Einsicht in das was Recht und Unrecht ist sich keiner einzigen
15   Foderung widersezen dürfe, die er auf die Art an uns thut. Auf diese
Art verführt haben gute Bürger ihr Vaterland seinen Feinden in die
Hände gespielt, treue Unterthanen ihren Fürsten das Leben geraubt,
Väter ihre Kinder ermordet. Kurz es giebt kein noch so verabscheu-
ungswürdiges Verbrechen was nicht zur Schande des menschlichen
20   Verstandes auf diese Art als ein Befehl Gottes wäre verübt worden.
Da haben wir freilich die deutlichsten Zeugniße der Schrift um uns
vor diesem Abgrund zu hüten. Christus sagt: Es werden viele kommen
und Zeichen und Wunder thun, und sagen hier ist Christus, aber glaubet ihnen nicht; und ein andermal sagt er: Sie haben Mosen und die
25   Propheten, wenn sie denen nicht glauben so werden sie auch nicht
glauben ob jemand von den Todten auferstände, d. h. wenn ich keine
Ursach zu haben glaube etwas auf die Belehrung weiser Männer anzunehmen, so ist es kein Grund der Ueberzeugung mehr wenn mir auch
Wesen aus der andern Welt erschienen und Paulus sagt: wenn ein En-
30   gel vom Himmel käme und predigte euch ein ander Evangelium so
glaubet ihm nicht; wenn auch Wunder und Erscheinungen euch über-
häuften, so glaubet und thut nichts wider eure Ueberzeugung von dem
was Recht ist. Wenn wir aber auch durch den Mangel dieses weisen
Unglaubens nicht so weit verführt werden, so wird er doch sonst ge-
35   wiß seine üblen Folgen haben. Ist es gleich nichts böses was uns zuge-
muthet wird, ist gleich gar kein Betrug dabei, so ist es doch bekannt

---

7 Bösewichter] *über* ⟨Betrüger⟩   13 schweigen hätten] schweigen   24 ein ander-
mal] ein ander *über* ⟨wenn⟩   36–4 ist gleich ... und das] *mit Einfügungszeichen am
unteren Rand der Seite*

1–3 *Vgl. Mt 28,10*   3–4 *Vgl. wohl Lk 24,49*   22–24 *Vgl. Mt 24,5; Mk 13,21–*
22   24–26 *Vgl. Lk 16,29.31*   29–31 *Vgl. Gal 1,8*

daß die menschliche Einbildungskraft oft sich selbst solche Blend-
werke schaft, und daß wir dann durch unsre eigne Wirksamkeit getäuscht Gedanken und Entschlüße die bei solchen Gelegenheiten entstehn für Eingebungen Gottes halten, und das kann doch leicht etwas
thörichtes etwas unkluges seyn, etwas was uns aus dem Wirkungs-   5
kreis herausreißt den uns Gott angewiesen hat, und uns ein unglükliches verachtetes Leben bereitet. Darum ist es überall am besten gethan
dem Beispiel der Jünger Jesu zu folgen, und sie glaubeten nicht. Gott
ist ja nicht so arm, was er von uns gethan haben will dazu wird er
uns schon natürliche Mittel und Wege und natürliche Veranlassungen   10
zeigen. Und so ist auch die Frage ganz unnüz ob es denn kein sicheres
Kennzeichen gebe um in diesen Dingen menschliche Einbildungen und
Betrügereien von wirklich wunderbaren Begebenheiten zu unterscheiden, denn wenn mit der Begebenheit eine Foderung etwas zu glauben
oder zu thun verbunden ist, so komt es gar nicht auf die Beschaffen-   15
heit der Begebenheit an, sondern darauf ob unsre Vernunft und unsre
14v   Umstände | es zulaßen den Vorschlag, den Gedanken, die Meinung
anzunehmen oder nicht. Ist aber nichts dergleichen damit verknüpft,
so wäre es ja nur eine unnüze Beschäftigung der Neugierde, und wir
können es gern dahin gestellt seyn laßen, ob das eine Wirkung Gottes   20
oder ein Spiel der Menschen gewesen ist. So handelten auch die Jünger
Jesu. Sie glaubten zwar dem erstandenen Jesus sehr viel, woran sie
vorher nicht gedacht hatten, sie thaten auf sein Geheiß manches wozu
sie vorher keine Lust hatten, aber sie thaten das keinesweges um der
Erscheinung, um des wunderbaren willen, sondern weil Jesus ihren   25
Verstand durch Gründe überzeugte; wir finden überall daß er ihnen
die Schrift auslegte und ihnen bewies daß alles so seyn müße und was
sie nun weiter zu thun hätten.
      Ein anderer Theil dieses weisen Unglaubens besteht in der sehr
vernünftigen Meinung daß Wesen der andern Welt, Geister Engel oder   30
Menschen in ihrem künftigen Zustande sich unsern Sinnen gar nicht
darstellen und also auch gar nicht von uns wahrgenommen werden
können. Es ist nicht leicht etwas schädlicher für das menschliche Leben und verderblicher für den Verstand als die unselige Begierde genaue Nachrichten und sinnliche Erkenntniß haben zu wollen von Din-   35
gen die über diese Welt hinausliegen, und unter allen Schwachheiten
welche ein unschuldiges Ansehn haben ist keine verderblicher als die
Leichtgläubigkeit, welche jenem weisen Unglauben entgegengesezt ist.
Die Gegenstände dieser Welt geben uns Gelegenheit genug die Allmacht und Weisheit Gottes zu bewundern und unsern Verstand zu   40

---

4 kann doch] ⟨⟨so⟩⟩ kann ⟨⟨es⟩⟩ doch   25 sondern] *davor* ⟨dann⟩   35 Erkenntniß
haben zu wollen] Erkenntniß   37 die] *korr. aus* diese

bereichern; die Pflichten die mit den Verhältnißen unsers irrdischen
Lebens in Verbindung stehn sind ja wichtig und schwer genug um uns
das ganze Leben hindurch zu beschäftigen, so daß es die größte Weisheit ist sich darauf einzuschränken, und nur darin so viel möglich
5 nach Vollkommenheit zu trachten. Wer darüber hinaus will bereitet
sich großes Elend und schwere Verantwortung. Alle Dinge dieser Welt
erscheinen ihm natürlich bei dem Trachten nach höhern Dingen als
Kleinigkeiten so also auch die Kentniße die er sich erwerben und die
Pflichten die er ausüben soll. | Er vernachläßigt also die rechte Ausbil-   *15r*
10 dung seines Verstandes und die zwekmäßige Thätigkeit des geselligen
und häuslichen Lebens d. h. seinen ganzen Beruf um leeren Einbildungen und Grillen nachzugehn. Dabei ist er immer unruhig weil er immer vergeblich arbeitet, jagt immer nach neuen Spuren dessen was er
sucht und bald ist nichts mehr außerordentlich und wunderbar genug
15 um seine Fantasie zu befriedigen, nichts so weit über die menschlichen
Erkenntniße erhaben was er nicht zu wissen glaubt und nichts so
abenteuerlich daß er es nicht ausgedacht hätte. Solche unglüklichen
verdorbnen Menschen giebt es zu allen Zeiten und unter allen Ständen
leider genug. Darum laßt uns doch fest dabei bleiben, was der gesunde
20 Menschenverstand uns lehrt. Unsere gegenwärtigen Sinne sind für
diese Welt, und die Dinge dieser Welt sind wiederum für unsere gegenwärtigen Sinne gemacht. Von einer andern Welt können wir nicht
anders glauben, als daß auch andere Werkzeuge dazu gehören werden
sie zu erkennen, sobald sich also etwas sichtbar uns darstellt, sobald
25 es Wirkungen äußert die wie andere Wirkungen sind und Anfang und
Ende haben[,] so ist es ein Ding dieser Welt, und je wunderbarer und
unerklärlicher es ist, desto mehr kann es zwar unsern Verstand demüthigen, indem es uns unsre Unwissenheit zeigt, aber nicht ihn so weit
erheben, daß es ihm eine Belehrung über die andere Welt gäbe. Und
30 es giebt also außer dem, was Gottes Wort und unsere Vernunft uns
von dem Daseyn einer andern Welt lehrt, und was unser Verstand von
ihren Eigenschaften vermuthen kan, nichts was im Stande wäre unsere
Erkentniß von ihren Beschaffenheiten zu vermehren. Es könnte zwar
scheinen, als ob das eine zu weit getriebene Einschränkung wäre, als
35 ob das Beispiel der Jünger Jesu uns ein ganz anderes Betragen darstellte. Sie bereuten ihren Unglauben in diesen Stüken, sie sahen und
berührten den erstandenen Jesum und erkannten durch alle ihre Sinne
seine erneuerte Gestalt. Aber eigentlich haben sie eben so gehandelt,
sie benuzten bei diesen wolthätigen Erscheinungen Jesu die göttliche

---

9 Er] er   20–29 Unsere gegenwärtigen … Welt gäbe.] *mit Umstellungszeichen auf*
Bl. 14v hinter werden können.   35 Betragen] *über* ⟨Beispiel⟩   39 bei] *über der*
Zeile mit Einfügungszeichen   39 diesen] diese

trostreiche Belehrung die er ihnen gab, aber wir finden nirgends daß
sie aus der Gestalt unter der er sich ihnen zeigte ihre Kentniß von
unserm künftigen Zustande vermehrt und etwas daraus geschloßen
hätten was sie nicht ohne dies wissen konnten. Oder haben sie etwa
gelehrt daß wir nach dem Tode die nemliche menschliche Gestalt wie-   5
der haben werden, so wie ihnen Christi verklärte Gestalt seiner vorigen ähnlich war, oder daß wir in unserm künftigen Zustand essen und
trinken werden wie Jesus mit ihnen trank?

Das wäre also der weise Unglaube der uns vor manche Verkehrt-
heit, Vorwiz und Thorheit verwahrt; ich habe gesagt es giebt auch   10
einen verächtlichen und verderblichen Unglauben und den wollen wir
zweitens mit einander betrachten.

Zweiter Theil. Er besteht darin wenn wir von Dingen einer
andern Welt deswegen weil wir sie nicht sinnlich wahrnehmen können
lieber gar nichts glauben wollen, und auch das nicht für möglich hal-   15
ten wollen was doch recht wol möglich ist, wenn wir es gleich nicht
sehen können; wenn wir selbst das, was wir durch die Vernunft oder
andere Belehrung Gottes recht gut wissen könnten[,] nicht annehmen,
wenn es nicht durch das Zeugniß unserer Sinne bestätigt wird. Das
ist es, was Christus an seinen Jüngern mit den Worten tadelt: ihr Tho-   20
ren und trägen Herzens zu glauben dem was geschrieben steht; das ist
es was er meint wenn er zu Thomas sagt: Selig sind die nicht sehen
15v   und doch glauben. Es ist überall eine unglük|selige Thorheit, wenn
der Mensch alles so handgreiflich, so gleichsam vor die Augen ge-
mahlt haben will, denn unserm ganzen Zustande auf Erden ist diese   25
Foderung gar nicht angemessen, wir leben in den meisten Stüken im
Glauben und nicht im Schauen. Sogar in den allergewöhnlichsten Dingen die wir täglich sehn und täglich gebrauchen giebt es so manches
was auch die größten Weisen der Erde noch nicht begriffen und erklärt haben, müssen wir so manches voraussezen, was unsere Sinne   30
gar nicht wahrnehmen können. Wie vielmehr müßen wir nicht unserer
Vernunft allein glauben, und das was sie uns als wahr und gewiß
vorstellt auch mit Ueberzeugung annehmen in solchen Dingen welche
ganz außer dem Gebiet unserer Sinne liegen. Bisweilen rührt dieser
thörigte Eigensinn, der nur auf seinen Augen und Ohren besteht von   35
einer unglüklichen Zerrüttung der Gemüthskräfte durch Leiden und
Kummer her. Wenn uns die festesten Hofnungen fehlgeschlagen sind,

---

2 zeigte] *folgt* ⟨für die⟩   6 wie ihnen] wie sich ihnen   19 es nicht] es *korr. aus* wir

---

20–21 *Vgl. Lk 24,25*   22–23 *Joh 20,29*   26–27 *Vgl. 2Kor 5,7*

wenn das ganze Gebäude unserer Glükseligkeit, so fest auch der
Grund zu seyn schien auf dem es ruhte[,] plözlich einstürzt, so wollen
wir uns nun auf nichts mehr verlassen bis wir es gleichsam in Händen
haben und wirklich geniessen, und dieses kleinmüthige Mißtrauen tra-
5 gen wir dann auch auf unsere Erkenntniße und Ueberzeugungen über,
und wollen nichts mehr glauben, nichts mehr für wahr annehmen,
was wir nicht mit Augen sehn und mit Händen betasten können. Dies
scheint der Fall bei Thomas und einigen andern Jüngern Jesu gewesen
zu seyn[,] ihre Hofnung auf Christum war zernichtet denn sie hatten
10 geglaubt er würde das Reich Israels wieder aufrichten, die irrdische
Hoheit auf die sie schon Rechnung gemacht hatten[,] und nun wollten
sie auch das weit bessere nicht glauben, was sie doch so leicht hätten
einsehen und vorauswissen können wenn sie sich seiner Reden und
Winke hätten erinnern wollen. Aber Unglük so groß es auch sei muß
15 uns nie so weit beugen daß wir unsre Vernunft und mit ihr die eigentliche Würde der Menschheit zaghaft verläugneten. Wo aber dieser
traurige Unglaube herrschend ist, da komt er von einer Vermessenheit
die gern sich selbst gleichsam zum Herrn und Richter der Schöpfung
machen wollte, der es aber geht wie die Schrift sagt[:] wer sich selbst
20 erhöht der soll erniedrigt werden. Denn wohin führt dieser elende
Stolz? Erstlich zu niedrigen Vorstellungen von den unendlichen Werken und der herrlichen Macht Gottes, denn was bleibt wol von seiner
Schöpfung, wenn nur das da seyn soll, was unsere irrdischen Sinne
begreifen, was bleibt an seiner | Macht, wenn sie auf solche Wirkun-   *16r*
25 gen eingeschränkt wäre, denen wir mit unsern Sinnen folgen können?
Und dann zu eben so elenden Vorstellungen von uns selbst; denn wo
ist unser Vorzug vor den übrigen lebendigen Geschöpfen wenn wir
selbst unsre Erkenntniß allein auf dasjenige einschränken wollen, was
unsere Sinne faßen können? Wir erniedrigen uns selbst und verschmä-
30 hen das bessere was in uns ist. Dahin komt aber der Mensch, wenn
er in Absicht seiner eigenen Bestimmung so denkt wie die Jünger von
Jesu dachten; sie hingen zu sehr an dem was er ihrer Meinung nach
auf Erden seyn sollte, als daß sie einen Sinn für die geistige Bestimmung hätten haben können, die der eigentliche Zwek seiner Sendung
35 war. Ich sage wenn es uns eben so geht, wenn wir glauben daß wir
nur da sind um hier Freuden und Vergnügen zu genießen[,] so verlieren wir mit der Freude und Hofnung zu der ewigen zugleich die irrdische Glükseligkeit. Denn wo bleibt der bessere Genuß der Vergnügun-

---

14–16 Aber Unglük ... verläugneten.] *mit Umstellungszeichen eine Zeile tiefer hinter*
komt er   **25** wir] *über* ⟨auf⟩   **38** Glükseligkeit] *korr. aus Unleserlichem*

19–20 *Mt 23,12*

gen dieser Welt, der Genuß der nicht nur die Sinne kizelt, sondern auch das Herz rührt und den Geist beschäftigt, wenn wir sie nicht in Gedanken an das bessere und unvergängliche anknüpfen und durch dasselbe heiligen und erheben. Wo bleibt die Fröhlichkeit und Ruhe der Seele bei der beständigen Ansicht der Vergänglichkeit und Unsi- 5 cherheit aller irdischen Dinge, bei der beständigen Aussicht auf Tod und Verwesung, wo bleibt diese beste Würze des Lebens[,] wenn die Ueberzeugung sie uns nicht giebt, daß jezt alles nur Schatten ist, daß erst jenseit unsere rechte Herrlichkeit angehn wird. Wollen wir einen Blik in das Schiksal dieser Unglüklichen thun, die einen solchen Un- 10 glauben über sich herrschen laßen? *[Der Text endet hier.]*

5–6 Unsicherheit] *über* 〈irrdischen〉

Nr. 14

Termin:	Vor dem 26. Juli 1794
Ort:	Unbekannt
Bibeltext:	Joh 16,23
Textzeuge:	Autograph Schleiermachers; SAr 9, Bl. 11r–16v
Texteditionen:	SW II/7, 1836, S. 27–41
Andere Zeugen:	Keine
Besonderheiten:	Für die undatierte Predigt liegt kein Terminzeugnis vor.

Man klagt zu unsern Zeiten ungemein darüber, daß es so viele Men-   *11r*
schen gibt, welche glauben daß sie der Religion Jesu entübrigt seyn
können, welche ihre Wolthaten verschmähen und es nicht der Mühe
werth achten sich des Genußes derselben fähig zu machen, aber eine
5 hauptsächliche Ursach dieser Gleichgültigkeit ist unstreitig die, daß
sie sehn[,] wie selbst diejenigen, welche sich zum Christenthum bekennen, die Vorzüge desselben entweder unerkant laßen, oder sie mißbrauchen und durch ihre Aufführung herabwürdigen. Unter die größten Vortheile, die wir als Christen genießen, gehört unstreitig auch
10 der, daß es uns nicht nur erlaubt, sondern auch als Gott wohlgefällig
und uns selbst äußerst zuträglich und nothwendig geboten ist, daß
wir zu Gott unserm Schöpfer beten, Ihm unsre innersten geheimsten
Wünsche vertrauungsvoll darlegen und uns durch solche Ergießungen
unseres Herzens recht oft und lebhaft des trostreichen Verhältnißes
15 erinnern sollen[,] in welchem wir gegen ihn, als Kinder gegen einen
liebreichen und gütigen Vater stehn. Woher komt es also daß sich
dennoch so viele, die übrigens richtige Begriffe vom höchsten Wesen
zu haben scheinen, dieses Vorzugs wobei sich die menschliche Würde
in ihrer ganzen Größe zeigt muthwillig berauben? Sie meinen: ob-
20 gleich die menschlichen Angelegenheiten von der göttlichen Vorsehung nicht ausgeschloßen wären – denn Ihm sei auch der kleinste
Theil Seines unendlichen Ganzen nicht zu klein – so habe Er sie doch
wenigstens schon von Ewigkeit her unwiderruflich nach nothwendigen Gesezen der Natur geordnet, und unsere Bitten könnten ihm des-
25 wegen unmöglich gefällig seyn, weil sie völlig unwirksam seyn müßten, weil sie in Seinen Rathschlüßen keine Aenderung hervorbringen
könnten. Gott wiße, eher und beßer als wir[,] was uns gut sei, es sei
nicht möglich[,] daß er es unterlaße, wenn wir ihn auch nicht darum
bitten, und wenn man sich dieses überlege, so sähe man wol, daß

derjenige[,] der da bete und das höchste Wesen um etwas anrufe, sich
11v in diesem Augenblick un|möglich an die Weisheit, Allwissenheit, und
die übrigen unendlichen Eigenschaften desselben deutlich erinnern
könne. Woher alle diese verkehrten Urtheile, woher kommt es, daß
die Menschen sich deßen nur weigern, worüber sie als über ihrem   5
größten Vorzug halten sollten? Falsche Begriffe von der Absicht des
Gebets und eine traurige Erfahrung von seinem wenigen Nuzen sind
die Ursachen davon. Gegen e i n e n, der durch rechten Gebrauch die
Früchte des Gebets einerntet, findet man immer zehn oder wol hundert, die dabei auf die verkehrteste Art zu Werke gehn. Viele denken   10
daß dies ein Theil des Dienstes sei, den Gott gleichsam für sich von
uns fordere, ihr Gebet besteht also blos in Worten, ihr Herz hat keinen
Theil daran. Es kriecht vielleicht bei den niedrigsten Gegenständen
der Erde umher, während daß ihre Augen und ihre Lippen andächtig
gen Himmel gerichtet sind. Oder sie sind dabei völlig gedankenlos: 15
gewiße Stunden, gewiße Gelegenheiten sind das Zeichen welches sie
aufruft ihre Gedanken zu Gott zu erheben, sie sind von Kindheit an
dazu abgerichtet worden, wie man zu andern Handlungen abgerichtet
wird, die man nur mechanisch ohne Bewußtseyn zu verrichten
braucht, sie beten aus Gewohnheit und also mit einer Kälte der Seele,   20
die alle Früchte dieses großen und heiligen Geschäfts verhindert. Andere beten zwar inbrünstig und mit Gefühl des Herzens, aber ein Mißverstand verführt sie zu falschen Hofnungen; sie täuschen sich selbst
und erndten dann statt guter Folgen nur Unzufriedenheit und Schaden
ein, statt daß durch ihr Beispiel andere zu gleichem Eifer ermuntert   25
werden sollten, werden sie vielmehr durch diesen Erfolg abgeschrekt.
Alles dies würde nicht geschehn, wenn man allezeit die Vorschriften
im Auge hätte, die uns Christus selbst in Absicht auf das Gebet gegeben hat und die wollen wir in der gegenwärtigen Stunde mit einander
beherzigen.   30

T e x t.   Joh. 16, 23.

Wir wollen nach Anleitung dieser Worte von dem rechten Gebet eines
Christen im Namen Jesu reden, so daß wir e r s t l i c h zeigen, worin es
bestehe und z w e i t e n s die Vortheile mit wenigem berühren die uns
dasselbe gewährt. | 35

12r   Erster Theil.
So angelegen es sich unser Erlöser in seinen lezten Tagen sein ließ,
seinen Jüngern das Gebet überhaupt zu empfehlen und ihnen ein fe-

---

4 Woher] *über der Zeile einige Wörter, die durch Sydows Streichung unleserlich sind*
36 Erster Theil.] *Die Überschrift fehlt im Manuskript.*

stes Vertrauen zu dem einzuflößen, welcher es erhören konnte, eben
so dringend wiederholt er ihnen verschiedenemal die besondre Vorschrift die den Inhalt unseres Textes ausmacht. Was mag er wol unter
dem Ausdruk verstanden haben, daß sie in Seinem Namen beten sollen? Wir finden diese Worte auch in andern Fällen gebraucht; so sagt
Christus: ich sende euch in meinem Namen; d. h. ihr sollt nun meine
Stelle vertreten, das fortsezen was ich angefangen habe. An einem
andern Ort: Gehet hin und lehret in meinem Namen, d. h. an meiner
Stelle unter der Autorität daß ich eben so gelehrt habe und noch lehren würde, wenn ich noch zugegen wäre, so sagen wir noch jezt daß
wir etwas im Namen eines andern thun, wenn wir wißen, daß er eben
so handeln würde, daß es seinen Absichten gemäß sei. So sagt nun
Jesus auch hier: daß wir in Seinem Namen beten sollen; wir sollen
auf eben die Art beten, wie Er immer sein Herz vor seinem Vater
ausgeschüttet hatte, wir sollen um das bitten wovon wir wißen, daß
es seinen Absichten gemäß sei, daß wir es erlangen. Aber wenn wir
das Betragen der Apostel, welches aus dieser Vorschrift erfolgt zu seyn
scheint, betrachten, so könnten wir denken[,] daß dies Gebot nur
seine damaligen Jünger betroffen habe, für uns aber gar nicht gegeben
sei. Wenn die Apostel im Namen Jesu beteten, so gehorchten ihnen
die Stürme und die Wogen des Meers, die Wuth der Menschen legte
sich[,] das Gift der Thiere verstokte und wurde unschädlich, die Ketten zerbrachen, und die Thüren der Gefängniße sprangen auf, Krankheit und Tod zitterten vor ihrer mächtigen Stimme. Wenn dies die
Früchte des Gebets Jesu sind so wären wir ja Thoren, wenn wir darauf Anspruch machen wollten; wenn wir um solche Gaben bitten und
uns dabei doch unausbleiblicher Gewährung getrösten wollten. Allein
m. Th. nichts destoweniger ist dies Gebot uns allen gegeben, nur daß
andre Zeiten eine andre Anwendung desselben erheischen. Damals
waren solche Begebenheiten den Absichten Jesu gemäß und nothwendig. Er selbst hatte bei seinem Leben seinen Vater um so manche wundervolle Aeußerung seiner Allmacht gebeten, und sie war erfolgt. Sei-
nen ersten Jüngern war dies eben so | nothwendig, in ihnen lag als in   *12v*
dem ersten Keim die ganze künftige Kirche Christi, und so mußte
freilich auf diesen Keim, wenn ich mich so ausdrüken darf, mehr Sorgfalt gewendet werden als jezt, da sie zu einem großen Baum herange-
wachsen ist, auf manche größere Knospe, auf manchen ganzen Zweig
desselben. Die ganze Kirche Christi erlag, wenn nicht bisweilen ihr
Muth durch außerordentliche Hülfe gestärkt wurde, wenn sie nicht

---

11–12 eben so] *über* ⟨es uns⟩   **39** sie] *Kj* die Jünger

---

6 *Vgl. wohl Mt* 10,16.22   **8** *Vgl. wohl Mt* 28,19–20

wunderbarer Weise aus so manchen ihrem Leben drohenden Gefahren
errettet worden wären, sie mußten durch so manche außerordentliche
Handlungen die Aufmerksamkeit derer erregen, welche sie gewinnen
sollten. Wenn dies alles heut zu Tage nicht mehr so ist, nicht mehr so
seyn kann, so folgt daraus doch nichts mehr, als daß wir in einer von   5
der Lage der Apostel ganz verschiednen Lage sind, und daß wir dies
Gebot Jesu auf unsere Umstände anwenden müßen.

Wenn wir im Namen Jesu beten wollen, so müßen wir fürs erste
in dem Geist, auf die Art beten, wie er es zu thun gewohnt war, unser
Gebet muß dem seinigen aehnlich seyn. Es ist unnöthig zu erinnern,   10
daß das unmöglich heißen kann im Geist und im Namen Jesu beten,
wenn bloß die Worte die wir aussprechen ein Gebet heißen aber nicht
von den Gedanken und Empfindungen begleitet sind, welche sie ausdrüken sollen. Das Gebet eines Christen muß aus dem Herzen kommen, aus der stärksten Empfindung von der Nothwendigkeit sich mit   15
Gott zu unterhalten, es muß aus dem Bedürfniß entspringen, sein |
13r innerstes sich selbst vor den Augen des allsehenden zu entwikeln. Wir
müßen erstaunen wenn wir bedenken, wie nothwendig diese Stimmung der Seele zu einem wahren Gebet ist, und wie oft wir dennoch
beten, ohne durch dieselbe dazu angetrieben zu werden, denn unsre   20
Seele hat von Natur keinen Hang zu so starken Empfindungen dieser
Art, und nur selten wird sie durch die Umstände darein versezt; allein
eben weil diese Empfindungen so fruchtbar sind, so müßen wir suchen
sie hervorzubringen, und das ist die einzige Entschuldigung für jene
Gebete, die wir zu gewißen Stunden, bei gewißen Gelegenheiten, aus-   25
zusprechen gewohnt sind. Diese werden freilich selten unmittelbare
Ausbrüche unsers Herzens seyn, wir werden selten wenn wir sie beginnen jene hohen Gesinnungen des betenden Christus bei uns fühlen,
aber sie können durch dieselben veranlaßt und herbeigeführt werden.
Die Worte erregen nach und nach die dazu gehörigen Vorstellungen,   30
je mehr wir alle übrigen sinnlichen Gedanken entfernen, desto leichter
wird unser Herz dadurch zur Betrachtung Gottes und göttlicher Ge-
genstände erwekt und so eines wahren innigen Gebets fähig gemacht. |
12v Wenn unser Erlöser betete, so suchte er die Einsamkeit, und auch
hierin müßen wir ihn nachahmen. Nicht grade daß es nothwendig   35
wäre sich von aller Gesellschaft zu entfernen, es ist vielmehr löblich
daß wir unser Gebet mit dem Gebet anderer vereinigen, aber in dem
Augenblik, da wir unser Herz zu unserm Schöpfer erheben, muß diese
Gesellschaft für uns nicht da seyn, sie muß von uns nicht bemerkt
werden, unser Gebet beschäftige uns ganz allein, wir müßen nicht das   40

15–16 aus der ... zu unterhalten,] *am Rand mit Einfügungszeichen*   **34–7** Wenn ...
befohlen hat.] *mit Umstellungszeichen auf Bl. 12v hinter* aehnlich seyn.

geringste thun die Augen anderer auf uns zu ziehn. Keine sichtbare
Geberde der Andacht, keine Bewegung die ein ausfallendes Zeichen
von dem seyn könnte, was in unsern Herzen vorgeht[,] entwische uns
in der Absicht. Wer zu der Zeit, da er sich mit dem höchsten Wesen
5   unterhält[,] nicht ganz einsam ist, sondern neben diesen Gedanken
noch andre irrdische, neben dieser Absicht noch andre haben kann, der
betet nicht, wenigstens nicht so wie Christus zu thun befohlen hat.|

Aber wenn wir nach den Vorschriften Jesu beten wollen, so mü-   13r
ßen auch die Gegenstände des Gebets richtig gewählt seyn, wir müßen
10 uns ihren Zusammenhang mit Seinen Absichten, ihre Nothwendigkeit
zur Erreichung derselben mit voller Gewißheit denken können. Unsre
eignen äußern Angelegenheiten sind jezt nicht mehr von der Wichtigkeit wie die Umstände der Apostel. Daß wir aus mancher Ungelegen-
heit errettet werden[,] ist für die Sache des Christenthums gar nicht
15 nothwendig, wir können also auch nicht behaupten, daß es die Absicht Jesu sei. Auch das Gute was wir andern zu erweisen, in andern
hervorzubringen willens sind[,] ist gar nicht mit den wundervollen
Wolthaten zu vergleichen welche die Apostel so oft den bedrängten
ihrer Zeit erwiesen; wir müßen das unsrige dabei thun, weil es unsre
20 Pflicht ist, aber den Ausgang müßen wir Gott überlaßen; vielleicht
soll dieses Gute nicht durch uns, vielleicht soll es jezt noch gar nicht
geschehn, wir können also das Gelingen unsrer Unternehmungen
nicht als etwas für die gute Sache der Tugend unausbleiblich nothwen-
diges von Gott erheischen. Was bleibt uns also als der erste un|ge-   13v
25 zweifelte Gegenstand unsers christlichen Gebets übrig? Wir selbst, unser eigentliches Ich, unser wahres ewiges Wohl. Daß wir immer beßer,
immer mehr von unsern Fehlern befreit werden, dem Ideal des wahren
Christen immer näher kommen, die Gebote Jesu immer pünktlicher,
in immer größerm Maaß befolgen, dies ist gewiß die Absicht Jesu,
30 darum können wir Gott unbedingt, mit der größten Zuversicht in
Christi Namen anrufen. Er selbst[,] da seine Jünger Unterricht im Gebet verlangten, lehrte uns nur um solche geistliche Gaben zu bitten;
die Verherrlichung des Namens Gottes, die Ausbreitung Seines Gna-
denreichs, die immer mehrere Vollbringung Seines Willens auf dem
35 ganzen Erdboden, das Zutrauen auf Seine Vorsehung, wenn wir auch
nicht weiter als nur für den heutigen Tag vor uns sehn, die Liebe und
Versöhnlichkeit des sündigen Menschen gegen seinen eben so sündigen Mitbruder, die Stärkung in der Versuchung, dies waren die Gaben,
um welche seine Jünger bitten sollten. – Sind aber dies die einzigen
40 Gegenstände auf welche sich unser Gebet einschränken soll? Da wären wir unglüklich genug! Unsere übrigen Angelegenheiten, unsere

---

31–38 *Vgl. Lk 11,1–4, auch Mt 6,9–13*

Verhältniße in der Welt, in der bürgerlichen Gesellschaft, das was wir
als Menschen, die dem Wechsel der Zeit und des Glüks unterworfen
sind[,] zu hoffen oder zu fürchten haben[,] liegt uns oft eben so sehr
am Herzen, verursacht uns oft noch tiefern Kummer, ängstlichere Be-
sorgniße; es ist so natürlich daß wir auch hierüber unser Herz vor   5
Gott ausschütten; es ist oft unser einziger Trost. Sollte dies unrecht
seyn? Mit nichten! Aber wir müßen zwischen jener Art des Gebets
und zwischen dieser einen großen Unterschied machen. Das sittlich
gute können wir verlangen, es ist uns nothwendig und unser Gebet
darum ist ein Ausbruch des Eifers, womit wir es suchen, womit wir   10
ihm nachjagen. Kommt es uns aber auf etwas andres an; wünschen
wir entweder ein irrdisches Gut zu erlangen oder ein zeitliches Uebel
von uns abzuwenden, so haben wir freilich ein desto größeres Recht
Gott diese Wünsche vorzutragen[,] je größer das gewünschte Gut, je
schreklicher das gefürchtete Uebel ist. Aber was für eine Gemüthsart   15
würden wir verrathen, wenn wir so zuversichtlich, so unbedingt dabei
zu Werke gehn wollten; wir würden als solche erscheinen deren Sehnsucht nur auf das irrdische gerichtet ist, die nur dadurch beruhigt und
zufriedengestellt werden können; wir würden uns selbst und unser
14r Gebet verunehren. Dies Gebet muß nicht eine For|derung seyn – es   20
muß die Frucht von der heftigen Bewegung seyn in welcher sich unser
Gemüth befindet; wir legen Gott unsre Wünsche unsre Verlegenheit
dar, aber wir bescheiden uns gern, daß Gott beßer wiße was uns zuträglich sei, wir unterwerfen unsern Willen dem Seinigen und unser
Verlangen Seiner Leitung die alles zu unserm wahren Wohl zu regiren   25
weiß. Auch Jesus, da er das lezte Leiden, welches ihn befallen sollte
so nahe voraussah betete mit angstvollem Herzen um Rettung, er
wünschte, er bat daß der bittre Kelch vor ihm vorüber gehn sollte,
aber er sezte hinzu: Herr nicht mein sondern Dein Wille geschehe.
Wenn wir so beten, so beten wir auch hier in Jesu Namen, wir können   30
uns aller der guten Folgen getrösten, die ein solches Gebet haben
muß[,] und worin diese bestehn, davon wollen wir noch im zweiten
Theil unserer Betrachtung kürzlich handeln.

Zweiter Theil.

Ein Gebet, welches nicht nach diesen Vorschriften der Schrift einge-   35
richtet ist, hat entweder gar keine oder nur schädliche Folgen. Wenn
man glaubt[,] daß es mit gewißen Worten gethan sei, daß Gott das
Gebet nicht um unsert-, sondern um seinetwillen verordnet habe, so

---

34 Theil.] Th.   38 verordnet habe] *über* ⟨gethan sei⟩

---

29 *Vgl. Mt 26,39*

sieht man es entweder gleichgültig an, oder man macht sich ein Verdienst daraus, man glaubt nun dafür der etwas schwereren Befolgung
seiner Gebote überhoben zu seyn. Wenn man nur um irdische Güter
bittet, und sie gleichsam von Gott fordert; wenn man sich für berech-
5 tigt hält die Gewährung jedes nicht offenbar unrechten Wunsches zu
erwarten, so erreicht man die wahre Absicht des Gebets nicht, statt
Ergebung in den Willen Gottes hervorzubringen murrt man vielmehr
daß sich Gott nicht in ihren Willen ergeben habe. Das Gebet im Namen Jesu hingegen bringt die schönsten Früchte hervor. So ihr den
10 Vater etwas bitten werdet in meinem Namen, heißt es in unserm Text,
so wird er es euch geben. Die Erhörung unsers Gebets ist also die erste
Verheißung die wir für dasselbe haben: wer im Namen Jesu betet,
der kann keine Fehlbitte thun. Allein hier ist ein kleiner Mißverstand
welchen man erst hinwegräumen muß. Wenn wir das einärndten wol-
15 len was Christus seinen Jüngern für ihr Gebet versprach, so müssen
wir nicht nur auf das sehn was er ihnen ausdrüklich gebot, sondern
auch auf das, was er bei ihnen voraussezte. Er wußte[,] daß Seine
Absichten zu erreichen, Seine | Befehle auszurichten, daß dies nicht   14v
nur der Gegenstand ihrer Wünsche sei, es war das einzige Ziel, wel-
20 ches sie unverrükt bei allen ihren Handlungen im Auge behielten, zu
welchem alle ihre Schritte hinleiteten. Und dies muß auch bei uns der
Fall seyn, wenn wir der Erhörung unsres Gebets uns versichert halten
wollen. Es gibt Menschen die oft die feurigsten wärmsten Wünsche
für ihre Besserung thun, oft die andächtigsten Gebete deswegen vor
25 den Thron des Höchsten schiken, und dennoch werden sie nicht erhört. Das kommt daher, weil sie sich bloß mit Empfindungen begnügen, ohne daß ihre Handlungen denselben entsprechen. Sie fühlen in
gewißen Augenbliken die Schönheit der Tugend und Frömmigkeit und
ihre Entfernung von derselben gleich lebhaft aber dies Gefühl ist nicht
30 stark genug sie bis zu den Augenbliken zu begleiten wo ihre Leidenschaften gereizt werden, wo es seine Wirksamkeit zeigen sollte. Ein
Gebet[,] welches auf Erhörung Anspruch machen will, muß nicht nur
aus überhingehenden Gefühlen entsprungen seyn, es muß die Aeußerung eines von seinem Zustand ganz durchdrungenen Herzens seyn,
35 welches nicht nur in diesem Augenblik, sondern in jedem andern, keinen anderen Wunsch, keine andere Begierde kennt, als das zu erlangen, worum es gebeten hat. Allein[,] sagt man, auf diese Art ist ja die
Erhörung unsers Gebets so gut als gar nichts. Wenn unsere Bitten zu
Gott um unsere Besserung nur in dem Fall wirksam sind, daß alle

---

3 seyn.] *folgt* ⟨So entsteht daraus Verachtung der Religion, Trägheit im Guten, sträfliche Nachsicht und Begünstigung der Leidenschaften.⟩   7 Willen Gottes] Willen
37 hat.] *korr. aus* hat?

unsre Handlungen damit übereinstimmen, nun so ist diese Besserung
die Wirkung unserer eignen Bemühungen, und das Gebet hat gar keinen Theil daran. Eben so, wenn ich die Gewährung der Wünsche
meines Herzens mir nur in so fern erbitten darf, als sie mit den übrigen Einrichtungen Gottes bestehn können, und ein solches Gebet wird   5
erhört, so ist daran nichts außerordentliches; es geschieht nichts in
der Welt, als was zum Besten eines jeden gereicht und mein Gebet
bringt also nichts zuwege, als was ohnehin auch erfolgt wäre. Diese
Einwürfe welche die Verheißung Christi zu nichte machen wollen,
gründen sich auf Begriffe vom Gebet welche es nicht zu einem Mittel   10
machen uns im Guten zu stärken, sondern uns aller Bemühung um
dasselbe zu überheben. Aber laßt uns diese Einwürfe noch näher betrachten, so werden wir am besten sehn was es eigentlich mit der
Erhörung unsres Gebets für eine Bewandniß habe. Sollte das Gebet
allein uns tugendhafter und beßer machen, so würde das die größte   15
Unordnung in der sittlichen Welt anrichten. Der Bösewicht, der | nur
bisweilen wünscht das Glük der Tugend zu schmeken (und keiner ist
wol so verhärtet, daß dies nicht der Fall seyn sollte) der nur einmal
in der Angst seines Herzens einen aufrichtigen Seufzer für sein Heil
zum Himmel schikte, dieser müßte dann den Beistand der göttlichen   20
Gnade eben so genießen, als der Fromme der sein ganzes Leben den
aufrichtigsten Bemühungen für seine Besserung widmet. Wenn also
das Gebet keine so übernatürliche Wirkung hervorbringen kann, ist
es deswegen ohne Kraft? Muß es nicht schon an und für sich von den
besten Folgen seyn? Es muß seiner Natur nach unsre Kenntniß deßen   25
was uns noch fehlt, und unsern Eifer im Guten vermehren. So lange
unsere Gesinnungen, unsere Wünsche für unser sittliches Wohl bloße
Vorsäze bleiben, so haben sie eine gewiße Kälte, eine gewiße Gemächlichkeit die nicht selten ihrem guten Erfolg schädlich ist. Wir gehn
sehr bedächtig zu Werke, wir wollen nicht zu viel auf einmal überneh-   30
men, wir begnügen uns bei dem, was wir am leichtesten ausführen zu
können glauben; stimmen wir aber diese Gesinnungen zum Gebet um,
so wagen wir es im Vertraun auf die höhere Kraft, deren Beistand
wir uns erflehen unser ganzes Herz aufzudeken, wir zittern bei dem
Gedanken, daß wir uns ihm dem allheiligen darstellen wollen, und   35
daß es noch in irgend einem Winkel unserer Seele eine Neigung eine
Leidenschaft gebe die wir kennen, aber seinen Geboten nicht aufzuopfern bereit wären. Indem wir uns ferner im Gebet über uns selbst
erheben, weit über die gewöhnliche menschliche Sphäre hinaussehn
so bekommen wir nothwendig den stärksten Eindruk von unserm Ver-   40

15r

---

10 Begriffe vom Gebet welche] *geändert aus* Einw. von der Erhörung   10–11 Mittel
machen] Mittel   27 Gesinnungen] *korr. aus* Wün

hältniße gegen Gott. Auf einmal stellt sich uns dar die allumfassende
Güte seiner Vorsehung, die Weisheit aller Veranstaltungen die er zu
unserm Wohl in der Welt getroffen hat, die unendliche Langmuth,
die er bei allen unsern Fehlern und Schwachheiten beweist. Welche
5　Ermunterung alle Kräfte anzuwenden um diese Güte mehr zu verdienen, um sie mit weniger schlagendem Gewißen anschaun zu können.
　So hat ein wahres aufrichtiges Gebet um Besserung nicht erst nöthig daß ihm eine fremde Kraft von außen beigelegt werde; eben so
wenig ist es unnüz; man braucht nur die Probe davon gemacht zu
10　haben, um zu wissen, wie es seine eigne Belohnung bei sich führt,
in der Wirkung welche es unmittelbar in dem Herzen des betenden
hervorbringt. Wie wird es aber mit jenem Gebete beschaffen seyn wel-
ches äußere Angelegenheiten die unsre irdische Glük|seligkeit und　　*15v*
Ruhe betreffen, zum Gegenstand hat? Man wendet ein daß wenn es
15　den Bedingungen gemäß seyn soll, die wir von einem Gebet in Jesu
Namen gefordert haben, selbst bei der gewißesten Erhörung nichts
dadurch bewerkstelligt werde, was nicht ohnehin geschehn seyn
würde, daß überhaupt das Gebet keine Aenderung in den Rathschlüßen des Höchsten machen könne. Aber was ist das auch für eine For-
20　derung! Können wir denn etwas andres wollen, als was uns der all-
weise, der allgütige von Ewigkeit zugedacht hat? Kann es uns ein
Ernst seyn, daß unsere kurzsichtigen, thörigten Wünsche gleichsam
die Oberhand über den Willen des Allmächtigen haben sollen? Müßen
wir nicht bei dem bloßen Gedanken erzittern daß unsre Wünsche
25　auch nur den geringsten Zufall herbeiloken könnten, der den Absichten Gottes zuwider wäre? Eine solche Erhörung wäre ja das größte
Unglük, und wenn sie uns in der Schrift verheißen wäre, so müßte
jeder nachdenkende, aus Furcht in sein Verderben zu rennen selbst
den Schatten des Gebets fliehen. Aber wenn die Erhörung nicht diese
30　schön aussehende giftige Frucht ist, ist sie deswegen gar nichts? Ein
Gebet um Befriedigung unsers Herzens und deßen was es begehrt ist
freilich keine Schuzwehr für unsre oft so eitlen oft so verderblichen
Wünsche; es kann dieselben nicht erfüllen, wohl aber läutern und reinigen, es ist das beste Mittel, sie von der glühenden Hize der Begierde
35　zu jener mäßigen Wärme zurükzubringen, bei welcher wir biegsam
genug sind uns der Fügung einer höhern Weisheit zu überlaßen. Wenn
wir etwas heftig begehren oder uns vor einem schweren Unglük fürchten, so nehmen gar zu leicht diese Gedanken allein unsere ganze Seele
ein, sie laßen keine andern zu und üben eine gewiße Alleinherrschaft
40　über dieselbe aus. Wer sich zu sehr seiner Neigung überläßt, den wird
dieselbe bis zum Gebet begleiten, er wird dabei nur in so fern an Gott

---

22 unsere] *folgt* ⟨Wünsche⟩

denken, als es in der Macht desselben steht ihm seine Bitte zu gewähren, er wird dies mit hartnäkigem Ungestüm fordern und wir haben schon oben gesehn was die Folgen eines solchen Gebets sind. Wer aber mit etwas mehr Gelassenheit zu Werke geht, wer seine Gedanken im Gebet mit den Gedanken an Gott verbinden will, dem wird es auch gelingen, sie dadurch zu läutern, zu heiligen und seiner Thätigkeit die rechte Richtung anzuweisen. Der Gegenstand unsrer Begierde wird bald aufhören, unsre Augen so ausschließend auf sich zu ziehn. Die lebhafte Vorstellung Gottes wird bald auch das Gefühl unserer Abhängigkeit und Schwachheit von der Unzulänglichkeit | unserer Einsichten herbeiführen; wir werden anfangen ein Mißtrauen in die Nothwendigkeit und Nüzlichkeit deßen zu sezen, was wir begehren. Allmählich kommen wir zu uns selbst, unsere wahre höhere überirdische Bestimmung stellt sich uns dar, das Bild derselben erhebt sich über die übrigen und bald wird sie der einzige Gegenstand, worauf wir alle übrigen beziehn. Nun beten wir im Namen Jesu und mit der Ergebung die er uns gelehrt hat; alles selbst die Wünsche, die unser Gebet veranlaßten scheinen uns zu groß wenn sie sich unserm ersten einzigen Zwek in den Weg stellen wollten; wir werden nach und nach in die Verfaßung gesezt ruhig abzuwarten in wie fern sie sich damit vertragen werden; überzeugt daß sie uns in diesem Maaß nicht werden versagt werden. Dies ist der natürliche Gang, den unsre Seele bei einem aufrichtigen Gebet nimmt, den auch die Seele Christi bei seinem angstvollen Gebet in Gethsemane nahm; wenn wir auch damit anfangen daß wir Gott unsre eignen Absichten unabhängig von den seinigen vortragen, vielleicht gar mit dem Gedanken unsern Willen zu dem seinigen zu machen, so enden wir doch immer damit, daß der Wille Gottes unbedingt der unsrige wird. Und was gewinnen wir nicht dabei! Die unordentliche Obermacht unserer Begierden wird gedämpft, alles unserm großen Zwek, nemlich der wahren sittlichen Vollkommenheit untergeordnet. Und welchen höhern Grad der Selbstzufriedenheit kann wol ein eingeschränktes Wesen erreichen, als wenn wir uns bewust sind, daß unser Wille mit dem Willen Gottes übereinstimmt, daß wir für uns selbst keine anderen Absichten haben, kein anderes Verlangen, als das auszuführen, zu thun und zu leiden, was der Zwek Gottes mit uns und der Ort den Seine Weisheit uns in der Welt angewiesen mit sich bringt – und zu dieser Stuffe erhebt uns das Gebet, welches dem Gebet Jesu ähnlich ist. Auf diese Weise werden wir die schönste Erhörung unseres Gebets empfinden.

32–33 wir uns bewust sind, daß unser] *geändert aus* es sich bewust ist, daß sein
34 wir für uns] *geändert aus* es für sich   36 mit uns] uns *über* ⟨ihm⟩

Unsre Bitte um Glük und Ruhe wird uns glüklich und zufrieden machen, auch wenn uns das nicht zu Theil wird, was der eigentliche bestimmte Gegenstand derselben war. Unsere Glükseligkeit beruht, Gott sei Dank nicht auf den Gegenständen die uns umgeben, nicht auf den Umständen, worin wir uns befinden, sondern auf dem Eindruk, den diese Gegenstände auf unsere Seele machen, auf der Gemüths Verfaßung die wir unsrer äußern Lage entgegensezen | können, *16v* und wenn dies in dem Zustand von Ergebung und Gelassenheit ist worin es durch ein öfteres christliches Gebet versezt wird, so werden wir nicht nur den wichtigen, obgleich traurigen Vortheil haben, daß wir manchen Unfall ohne Verzweiflung ohne Murren mit einem ruhigen sanfteren Schmerz ertragen können, sondern wir werden auch des äußern Glüks würdiger, da wir seinen wahren gemäßigten Werth fühlen und fähig werden es recht anzuwenden.

Wenn also das Gebet im Namen Jesu so große Verheißungen hat, wenn es so viel beiträgt uns zum Guten zu ermuntern und in allen Zuständen des Lebens ruhig und gelaßen zu machen, o so laßt uns mitleidig auf die niedrigen Spöttereien derjenigen sehn die uns dieses Mittel zu unserer Beßerung rauben wollen. Laßt uns darauf als auf unsern größten Vorzug stolz seyn, daß wir Gott anrufen können, laßt es uns für unsere süßeste Pflicht halten, daß wir alle unsere Angelegenheiten vor Seinen Thron bringen[,] daß wir ihn täglich um seinen Beistand zur Tugend zur Förderung im Guten anflehn, laßt uns froh und dankbar im Namen Jesu also zu ihm beten.

———————

6–7 GemüthsVerfaßung] Gemüths *über der Zeile mit Einfügungszeichen* **18** sehn] *korr. aus* herabsehn **19** darauf] *über der Zeile mit Einfügungszeichen*

Nr. 15

Termin:	*Vor dem 26. Juli 1794*
Ort:	*Unbekannt*
Bibeltext:	*1Kor 8,9–12*
Textzeuge:	*Autograph Schleiermachers; SAr 9, Bl. 5r–10v*
Texteditionen:	*SW II/7, 1836, S. 13–26*
Andere Zeugen:	*Keine*
Besonderheiten:	*Für die undatierte Predigt liegt kein Terminzeugnis vor, nur der unspezifische Hinweis KGA V/1, Nr. 172,2–3.*

5r Wenn das, was offenbar Recht, und das, was ungezweifelt Unrecht ist[,] ganz nahe an einander gränzten und diese Gränzen recht scharf und deutlich gezogen wären, so würden die Menschen vielleicht eben so oft Unrecht thun, als wir leider sehn, daß es geschieht, aber es würde ihnen nicht möglich seyn, sich in ihrem Urtheil von dem, was 5 Recht und Unrecht ist[,] so häufig und so gröblich zu betriegen. Allein die Sache verhält sich nicht so; zwischen beiden liegt das erlaubte in der Mitte; es schließt sich vermittelst unzähliger Handlungen die in gewißen Fällen recht, in andern aber unrecht sind durch einen sanften Uebergang sowol an das eine als an das andre an und macht die weni- 10 ger scharfsichtigen oder weniger aufmerksamen Menschen über die Grenzen seines Gebiets unaufhörlich ungewiß. Aus diesem Grunde hat es von je her Menschen gegeben, die, da sie nicht nur ihren Nei-gungen uneingeschränkt folgen, sondern auch ihr sie strafendes Ge-wissen befriedigen wollten, sich darauf legten es durch falsche Schlüße 15 zu blenden, ihm das unrechte für erlaubt ja am Ende wol gar für Recht, für pflichtmäßig zu geben und andre zu dem nemlichen Irr-thum zu verleiten. Nicht geringer war die Anzahl derer, die es auf der andern Seite übertrieben, alles was nicht unstreitig geboten ist für pflichtwidrig und verboten hielten und alle die nicht mit ihnen 20 übereinstimmten für leichtsinnige, für Verächter der Tugend und Reli-gion ansahn. Selbst das Christenthum welches doch einen festen un-trüglichen Gesichtspunkt zur Beurtheilung der Rechtmäßigkeit aller unsrer Handlungen an die Hand gibt ist nicht im Stande gewesen diese doppelte Täuschung zu verhindern und es giebt noch immerfort unter 25 denen, die es bekennen[,] betrogene von beiden Arten, leichtsinnige Gewissen, welche eine Menge von Handlungen zu rechtfertigen wi-ßen, um derentwillen sie von allen uneingenomenen und richtig sehen-

---

28 um derentwillen sie] *am Rand statt* ⟨die⟩

den gewiß getadelt werden, welche immer weiter vom Weg der Tu-
gend abkommen, und nach und nach lasterhafter werden, | da sie　　5v
anfangs nur die Absicht hatten sich kein Vergnügen zu versagen welches sie sich mit gutem Gewissen erlauben könnten; und ängstliche
5　Gewissen, die sich mit zitternder Furchtsamkeit viele unschuldige
Freuden versagen und dadurch sich selbst nicht nur Schaden thun
indem sie sich die Tugend erschweren, sondern auch manche Verschuldung auf sich laden indem sie viele gute Handlungen unterlaßen,
blos weil sie ihnen unter der ihnen so fürchterlichen Gestalt des Ver-
10　gnügens erscheinen. Für denjenigen nun, der glüklich genug gewesen
ist hierin die schwere aber einem von den Grundsäzen der Religion
geleitete Nachdenken dennoch nicht unzugängliche Mittelstraße zu
finden, für diesen sag' ich ist es eine äußerst schwere Sache mit beiden
auf die rechte Weise umzugehn. Bei den ersten muß er unaufhörlich
15　auf seinen Weg sehn, um sie nicht zu weit auf dem ihrigen zu begleiten, er muß Stärke genug behalten ihren Versuchungen zu widerstehn,
aber hier hat er doch nur für sich selbst zu sorgen, bei den andern
hingegen hat er auch noch Pflichten gegen das schwächere Gewissen
zu beobachten; und daraus daß diese nicht gehörig erfüllt werden ent-
20　stehn so viel Uebel in der Welt die wir täglich vor uns sehn können;
der stärkere klagt über Störung in seinen unschuldigsten Vergnügungen, über harte, schiefe Urtheile, denen er ausgesezt ist, und der
schwächere über Anstoß und Aergerniß. Beide werden auf diese Weise
immer weiter von einander entfernt, die gegenseitige Liebe wird ge-
25　schwächt und der Saame zu Zwietracht und Feindschaft wird reichlich ausgestreut. Je größer der Schaden ist, welcher beiden Theilen aus
solchen Mißhelligkeiten erwächst, und je häufiger wir solche ängstliche Christen an allen Orten und unter allen Ständen antreffen desto
wichtiger muß es uns seyn unser Betragen gegen dieselben richtig be-
30　stimmen zu lernen, und dies ist es wozu wir diese Stunde anlegen
wollen.

Text.　1. Cor. 8, 9–12.

Paulus giebt in diesem und dem vorhergehenden seiner Gemeine Unterricht über den mäßigen Gebrauch der christlichen Freiheit und über
35　das schuldige Betragen gegen schwächere Brüder, er thut dies bei Gelegenheit eines streitigen Falles der damals sehr gewöhnlich war. Die
Christen lebten unter Heiden und Gözendienern, sie konnten sich

---

5 mit zitternder Furchtsamkeit] *am Rand mit Einfügungszeichen*　　6 nicht nur] *über*
der Zeile mit Einfügungszeichen　　21 in seinen unschuldigsten] *geändert aus* und
Aergerniß　　23–26 Beide ... ausgestreut.] *am Seitenfuß mit Einfügungszeichen*
28 Ständen] *davor* ⟨Umst⟩

nicht alles Umgangs mit ihnen entschlagen, sie wurden auch zu ihren
Vergnügungen, zu ihren Lustbarkeiten und zu ihren Gastmälern ein-
geladen, allein die Speisen und besonders das Fleisch welches daselbst
genoßen wurde, war von Thieren die den Gözen geheiligt und geopfert worden waren. Einige Christen nun machten sich dennoch kein   5
Bedenken davon zu essen – warum soll ich mir dieses gesellige Vergnügen versagen? der Göze ist nichts, so ist auch das Opfer nichts;
andre machten sich ein Gewissen daraus und trieben ihre Bedenklichkeiten dabei aufs äußerste. Aber wir wollen uns nicht länger bei diesem einzelnen Fall aufhalten, sondern nach Anleitung unsers Textes   10
überhaupt sehn was für Pflichten uns gegen solche ängstliche Christen
obliegen, und zwar E r s t l i c h wie wir sie beurtheilen[,] Z w e i t e n s
wie wir uns gegen sie verhalten müßen.

Erster Theil.

Auch ohne Rüksicht darauf zu nehmen, daß unser Urtheil über andre   15
allezeit auf unser Betragen gegen sie einfließt, ist es eine theure Pflicht
des rechtschafnen Christen sich keinem nachtheiligen verdammenden
Urtheil von seinem nächsten zu überlaßen wenn er es auch auf das
vollkommenste rechtfertigen kann, und hier sind wir in besonderer
Versuchung diese Pflicht aus den Augen zu sezen. Wer sich durch et-   20
was besonderes auszeichnet, von dem glauben wir gemeiniglich, daß
er blos dieses auszeichnende sucht[,] und schon dies wirft kein vor-
theilhaftes Licht auf den Charakter eines Menschen. Aber es komt
noch mehr hinzu: wer etwas gutes dadurch zu thun glaubt daß er sich
unsern Vergnügungen entzieht, der scheint unserm Argwohn immer   25
Vorwürfe über die unsrigen zu machen; wir glauben daß er beßer
scheinen will als wir, und haben desto mehr Abneigung gegen ihn da
wir uns bewust sind daß er keinen wahren Vorzug vor uns hat. Je
6v   leichter uns also hier unser Herz zu falschen Urtheilen | verleitet, de-
sto mehr müßen wir auf unsrer Hut seyn, desto nüzlicher wird es   30
seyn, daß wir die gewöhnlichen nachtheiligen Meinungen, die man
von solchen ängstlichen Gewissen zu hegen pflegt[,] in ihrem Ungrund
darstellen. Das erste und leider das fast allgemeinste ist, daß man sie
für H e u c h l e r hält. Heuchler, welche den äußern Schein der Tugend
annehmen um die Früchte derselben zu genießen und die Menschen   35
desto weniger vermuthen zu laßen wie weit ihr Herz von derselben
entfernt sei, diese begnügen sich freilich oftmals nicht mit dem Schein
einer gewöhnlichen Tugend welche nicht in die Augen zu fallen sucht,
sie brauchen etwas blendendes, welches ihre schwarze Seele um so

10 Anleitung unsers Textes] Anl. u. T.   11 Pflichten] *über der Zeile*   22 schon]
über der Zeile mit Einfügungszeichen

beßer verberge und ahmen daher jene Strenge gegen sich selbst nach, welche andern von Herzen geht und aus Grundsäzen herrührt, welche tief in ihre ganze Denkungsart verwebt sind. Auf diese Weise werden beide oft mit einander verwechselt, aber so leicht es ist in diesen Irr-
5 thum geführt zu werden, so wenig Mühe kostet es sich davon loszurei-ßen. Der Heuchler kann die Larve, womit er andre täuschen will nicht lange um sich leiden[,] er kann sich das Vergnügen, das Laster wel-chem er fröhnt zu üben, nicht lange versagen, so bald als möglich erscheint er in seiner natürlichen Gestalt. Der Heuchler will nur ge-
10 sehn werden, sucht sich überall hervorzudrängen, überall mit seiner falschen Tugend und Frömmigkeit zu glänzen. Wenn wir also im Be-griff sind, von denen die eine größere Strenge zeigen als die Grundsäze der Religion es uns zu erfordern scheinen ein so übereiltes Urtheil zu fällen, so laßt uns auf diese beiden Stüke sehn, und wenn wir hier
15 keine Merkmale der Heuchelei finden, wenn sie ihren Grundsäzen zwar immer treu bleiben, aber ohne sie auf eine prahlerische Weise zur Schau auszustellen, wenn sie sich in ihrem Betragen immer gleich bleiben, wenn wir darin gar nichts widersprechendes finden, gar keine hinlängliche Ursach sie zu beschuldigen, daß sie im verborgenen wol
20 anders zu Werke gingen, als im Angesicht der Menschen; wenn dies sage ich das Resultat unserer Beobachtungen ist, so ist es unsre Pflicht diesen häßlichen Verdacht fahren zu laßen, und andere Gründe ihres Betragens aufzusuchen. | Kann man das Herz solcher strengen ängst-   7r
lichen Christen keiner Tüke beschuldigen, so schlägt man einen an-
25 dern, nicht viel beßeren Weg ein, und sucht eine gewiße Schwäche in ihrem Verstand zu finden. Diese Leute sind nicht böse, sagt man, sie meinen es herzlich gut, – aber wie schwach muß es in ihrem Kopf aussehn! wie verwirrt müßen nicht alle ihre Begriffe! wie ganz unge-übt müßen sie in der Unterscheidung des wahren und falschen seyn da
30 sie sich so finstere, so traurige Vorstellungen von der Tugend machen können. Dies kann in einzelnen Fällen wahr seyn, aber im Ganzen ist es gewiß unrichtig. Wenige von denen, welchen es an der gewöhnli-chen Stärke des Verstandes fehlt, werden Festigkeit genug haben Be-griffe die sie nur von andern überkommen haben können in so aus-
35 dauernde beharrliche Grundsäze zu verwandeln, sie werden sich vielmehr vom Beispiel der Menge fortreißen laßen und denken: was so viele thun[,] könne ja wol so unrecht nicht seyn.
　　Wenn man also auch hiemit nicht auslangt, so schiebt man die Schuld auf ihre Gemüthsverfassung, auf ihr Temperament. Es ist keine
40 Kunst[,] denkt man, daß sie sich der Vergnügungen des Lebens ent-

---

10 sucht] *davor* ⟨er⟩   **24** so] *über* ⟨um⟩   **27** aber] *folgt* ⟨m. G.⟩   **28** Begriffe]
folgt ⟨seyn⟩

schlagen; sie haben keine Neigung dazu; ein langsames kaltes Blut
schleicht durch ihre Adern; es sind traurige düstre Gemüther die der
Freude abgestorben sind. Wer weiß was für ein Wurm an ihrem innern
nagt, oder welcher Sturm die Sprößlinge der Freude noch in ihrer
zarten Jugend zerknikt hat – vielleicht haben sie sich wol gar durch   5
unmäßigen Genuß Ueberdruß und Ekel zugezogen. Dies sind die gemeinsten Urtheile der Menschen über die, welche sich einen rauheren
Weg gewählt haben als sie selbst. Aber warum will man doch denen,
von welchen man ohnehin überzeugt ist, daß sie irren, warum will
man ihnen zugleich alles übrige Lob rauben? warum will man nicht   10
glauben daß sie aus redlichem Herzen, aus fester Ueberzeugung handeln? daß es ihnen einige Mühe kostet, der harten Regel so genau zu
folgen, welche sie sich einmal gemacht haben. Richtet nicht, so werdet
7ᵛ   ihr nicht gerichtet, verachtet | nicht den, der nicht mit euch überein-
stimmt, das ist die goldne Regel der Christen, die uns Paulus Röm. 14   15
wo er von eben dieser Materie handelt aufs dringendste einschärft –
suchet auch das, was ihr nicht billigen könnt, nicht aus der schmuzig-
sten unreinsten Quelle herzuleiten, sondern deutet, so lange ihr könnt,
alles zum besten. Und dies ist doppelt nothwendig bei dieser wirklich
verehrungswerthen Klaße von Menschen, die aus warmer Liebe zur   20
Tugend die allgemeinste angeborne Neigung des Menschen zum Vergnügen zur Freude zum frohen Genuß des Lebens und seinen Annehmlichkeiten in sich erstiken. Oft sind sie grade das Gegentheil von
dem, was wir vermuthen. Anstatt Heuchelei, oder wenigstens Neigung zum sonderbaren zu zeigen sind es oft die redlichsten Gemüther,   25
die mit unermüdetem Eifer sich allem unterziehn was zu ihrer Förderung in der Gottseligkeit gereiche – es ist ihnen oft äußerst schmerzhaft, daß sie sich vor andern auszeichnen müßen, die zwar auch das
Gute lieben, aber ihnen doch zu unbesorgt zu leichtsinnig zu wandeln
scheinen; sie vermeiden mit bescheidner Schüchternheit alle Gelegen-   30
heiten wo ihr Betragen gar zu auffallend seyn könnte, sie reden nur
dann, wenn man sie gleichsam herausfordert. Oft finden wir bei ihnen
statt eines schwachen Verstandes vielmehr eine feine durchdringende
Beurtheilungskraft, ja bisweilen ist diese wol gar die Ursach ihrer
strengen Enthaltsamkeit von so manchem Genuß des Lebens. Sie be-   35
merken genauer als viele andere, wie allmählig Vergnügen und Freude
wenn wir uns ihnen überlaßen uns jenen ernsten gefaßten Zustand der

---

15–16 die uns ... einschärft] *am Rand mit Einfügungszeichen*   20 Liebe] *korr. aus*
Nei   24 wir] *über* ⟨sie⟩   27 gereiche] *folgt* ⟨kann⟩

13–14 *Vgl. Mt 7,1*   15–16 *Vgl. besonders Röm 14,3*

Seele rauben, den die Tugend erfordert, ihnen entgehn die anfänglich
kleinen aber in ihren Folgen wichtigen Veränderungen nicht die dadurch in uns hervorgebracht werden, sie sehn wie die Kraft des Geistes dadurch erschlafft, wie man läßig im Guten, immer nach mehre-
5 rem durstig wird, wie man nur an dem einen Gefallen findet, was sich
durch eine muntre, lachende Mine empfiehlt, wie leicht man sich nach
und nach von dem stillen ernsten Ansehn der Religion und Tugend
entwöhnt. Oft sind sie grade diejenigen die am meisten für die Geselligkeit und alles Gute und angenehme, was sie uns gewähren kann[,]
10 gestimmt, aber sie sezen zu viel Mißtrauen | in sich selbst, jene Be-   *8r*
trachtungen sind stark genug sie zurükzuhalten, die übertriebene
Furcht der Gefahr überwindet die Lokung der Versuchung und sie
leben immerfort in dem schweren unnöthigen Kampf zwischen heftiger natürlicher Neigung und überspannten Begriffen von Pflicht. Un-
15 ser innigstes Mitleid gebührt also freilich ihrem bedauernswürdigen
Zustand, denn wie viel gutes was sie genießen könnten versagen sie
sich nicht, was für unnöthige Unannehmlichkeiten übernehmen sie
nicht, wie quälen sie nicht sich selbst. Aber wer weiß was für Fehler
in der ersten Erziehung, was für ein Zusammenfluß von Umständen,
20 was für eine Menge warnender Beispiele ihrer Seele eine so traurige
Falte eingedrükt haben. Und wenn dies die wahre Beschaffenheit der
Sache ist, wenn dies die Gründe ihrer Strenge gegen sich selbst sind, –
o so verdienen diese unsre Brüder es ja nicht, daß wir sie als Störer
unsrer Freude hassen oder als Schwächlinge auf eine verächtliche
25 Weise bedauern. Sie verdienen vielmehr unsre Achtung; sie verdienen,
daß wir auch um die ihrige uns bewerben, daß es uns nicht gleichgültig sei, wie sie von uns urtheilen, daß wir auf unser Verhalten gegen
sie die äußerste Achtsamkeit wenden und wie dieses beschaffen seyn
müße, davon wollen wir im zweiten Theil unserer Betrachtung han-
30 deln.

Zweiter Theil.

Die meisten Menschen glauben, daß sie bei ihren Handlungen auf
diese Klaße von Christen gar nicht Rüksicht zu nehmen brauchen.
Wollen sie ihr Leben nicht genießen, so sprechen sie, wolan, so mögen
35 sie es halten wie sie wollen; aber sie mögen uns auch eben das erlauben; es wäre zu viel verlangt, wenn wir uns um sie bekümmern, oder
uns um ihrentwillen den geringsten Zwang anthun sollten. Das würde
uns schaden ohne ihnen etwas zu helfen. Wir wollen sie weder verdammen noch haßen noch verfolgen, wir wollen sie ihren Weg ruhig

---

1 anfänglich] *am Rand mit Einfügungszeichen*   6 eine muntre, lachende Mine]
geändert aus ein muntres, lachendes Ansehn

gehn laßen, aber sie müßen auch nicht überlästig seyn, sie müßen uns auch auf dem unsrigen nicht stören – wol dem von uns, der den besten gewählt hat. Nehmen sie aber auch bei d i e s e m Verhalten Aergerniß an uns, so haben sie es auf ihrem eignen Gewissen, wir haben es ihnen nicht gegeben. So wenig nach dem strengen Recht an dieser 5
Verfahrungsart auszusezen zu seyn scheint, so bedenklich ist sie doch,
8v so | wenig entspricht sie den Grundsäzen des Christenthums. Welche untheilnehmende lieblose Sorglosigkeit leuchtet nicht daraus hervor. Diese unsere schwächeren Brüder lieben uns, ob sie uns gleich tadeln, sie warnen uns weil sie uns auf unrechtem Wege glauben, sie küm- 10
mern sich um uns, sie seufzen über uns, und wir wollten auch nicht einmal ein Stündchen daran wenden ihnen auf eine oder die andre Art aus dem Traum zu helfen? O weßen Herz schon so fest an dem irrdischen Vergnügen hängt, daß der kleinste Theil desselben ihm zu theuer ist, als daß er ihn dem besten seines Bruders aufopfern sollte – 15
o der hängt schon zu fest daran! Und indem er nur glaubt sich nicht um sie zu bekümmern, sie sich selbst zu überlaßen, indem schadet er ihnen würklich; er ist nicht so unschuldig an dem Aergerniß welches sie nehmen. Denn werden sie wol unrecht haben, wenn sie seine fühl- lose Gleichgültigkeit für eine Verhärtung des Herzens halten? wenn 20
sie glauben daß seine freieren Grundsäze daran schuld seyen? Aber es komt noch mehr dazu. Je ausgedehnter wir diese Freiheit üben, je näher wir den Grenzen kommen, die wir uns selbst gestekt haben, desto größer wird die Versuchung auch diese zu überschreiten und desto leichter geschieht es und dann bestärken wir ja diese irrenden, 25
die genau genug darauf Achtung geben[,] durch unser Beispiel in ih- rem Irrthum als ob der Genuß des Vergnügens mit der Anhänglichkeit an die Religion nicht bestehn könne; wir geben ihnen Gelegenheit Mißtrauen in unsre Tugend zu sezen und schlechte Begriffe zu faßen von der Macht, welche die Forderungen der Lehre Jesu über uns ha- 30
ben, und heißt das wol etwas anders als Aergerniß geben?
Was sollen wir also thun? Darüber geräth man in desto größere Verlegenheit, je beßer man von diesen ängstlichen Christen denkt, je mehr man sich ihre gute Meinung zu erhalten sucht. Soll man sich, so oft man von ihnen bemerkt wird, nach ihren düstern Gedanken 35
bequemen? Das hieße ihrer Freundschaft eben die schweren Opfer bringen, die sie ihren Grundsäzen zu bringen gewohnt sind. Dies wäre vielleicht ein leichtes und sicheres aber gewiß kein untadelhaftes Mit- tel. Wir müßen unsere Denkungsart nicht verstellen, sondern sie von

---

7 Christenthums.] *folgt* 〈nicht.〉   8 lieblose] *über* 〈fühllose〉   9 Brüder] Brr
11 sich] *korr. aus Unleserlichem*   15 Bruders] *davor* 〈schwächern〉   25 wir] *korr.*
aus ja

ihrer Richtigkeit zu überführen, und sie nach und nach mit derselben
auszusöhnen | suchen. Aber hier liegt eben die Schwierigkeit. Man   9r
wendet dazu gemeiniglich eher jedes andre Mittel an, als das, welches
allein einem Christen anständig ist, und welches allein gelingen kann;
5 man geht oft in guter Meinung eben so verkehrt zu Werke, als man
nur thun könnte, wenn man die böse Absicht hätte den schwächern
noch mehr zu verwirren ihm noch mehr Anstoß und Aergerniß zu
geben. Hier gibt es besonders zwei wodurch unzähliges Uebel angerichtet und das Herz derer aufs tiefste verwundet wird welche wir auf
10 alle Weise zu schonen verpflichtet sind. Da nemlich diese ängstlichen
Gewissen gemeiniglich mit der äußersten Hartnäkigkeit auf ihrer Meinung beharren, da sie sich gegen alle Demonstrationen auf ihr Gefühl
und was noch mehr ist, auf die Erfahrung berufen die immer weit
mehr auf ihrer Seite, als auf der Seite ihrer Gegner ist, so glauben viele
15 daß sie nicht beßer von ihrem Uebel geheilt werden können, als wenn
man sie lächerlich mache und durch immerwährenden Spott gleichsam zur Besserung nöthige. Die Freunde des Vergnügens machen einen stillschweigenden Bund gegen die Feinde desselben; sie wißen sie
in allerhand peinliche Verlegenheiten zu führen; sie verstehn es, sie
20 die Folgen ihrer Zurükhaltung recht empfindlich fühlen zu laßen; sie
wißen über das wenige Vertrauen welches sie auf ihre Kräfte sezen,
über die geringe Stärke die sie ihrer Tugend zutraun auf eine bittere
Weise zu scherzen. Wenn man dies sehr gemeine Verfahren ein wenig
mit kaltem Blut überlegt, wenn man sich an die Stelle dieser armen
25 gemißhandelten sezt: so fühlt man wol wie ungerecht, wie abscheulich
diejenigen handeln die sich so etwas zu Schulden kommen laßen; wie
wenig man nachgedacht haben müsse, wenn man hofft, etwas gutes
dadurch zu schaffen. Durch solchen Spott kann niemand gebeßert
werden und je weniger das Herz rein und die Absicht lauter seyn
30 kann, die auf solche Mittel verfällt, desto mehr Widerstand findet es
auch – man wird bei dem niemals seinen Zwek erreichen, dem man
so Gewalt anthut.
  Andere, welche dies wol einsehn, sind auf ein nicht so heftiges
aber desto unredlicheres Mittel verfallen, je feiner und listiger es ist.
35 Statt jener Gewalt brauchen sie Verführung, statt diejenigen, denen |
sie andere Gesinnungen beibringen wollen durch das lebhafteste Ge-   9v
fühl aller der Unannehmlichkeiten zu peinigen, denen ihre einge-
schränktere unfreiere Aufführung sie aussezt, suchen sie sie vielmehr
durch beständige Vorstellung alles des Vergnügens aller der Glükselig-
40 keit zu reizen, welche aus freieren gelinderen Grundsäzen erwächst;

---

35 Verführung] *davor* ⟨[höher]⟩   38 unfreiere] freiere

sie hoffen daß diejenigen die durch Darlegung ihrer selbstgeschafnen
Qual nur in ihren Gesinnungen gestärkt wurden vielleicht dem neuen
Anblik nie genoßner Freuden erliegen werden. Sie führen ihre schwächeren Brüder in beständige Versuchung, sie zeigen ihnen das Vergnügen, welches auch sie genießen könnten in der schönsten Gestalt –   5
und wenn ihnen denn nun ihr Vorhaben gelingt, wenn das schwache
Gewißen versucht wird – o so haben sie etwas sehr schlechtes gethan, da sie etwas gutes thun wollten. Was ist die Frucht davon. Paulus sagt: auf daß nicht über Deinem Erkentniß der schwache Bruder
umkomme. Ja wol wird er umkommen, wenn wir also mit ihm um-   10
gehn; er ist nur berauscht, nicht überzeugt, sein Gewißen ist nicht
gebeßert, sondern beflekt – er wird wieder zu sich kommen, er wird
sich selbst die härtesten Vorwürfe machen, und was Wunder, wenn er
den, welchen er als die Ursach seines Falls ansieht, als seinen ärgsten
Feind flieht, oder wol gar haßt. Ich habe dies Verführung genannt und   15
vielleicht werden viele diesen Ausdruk zu hart finden. Verführung
wird man sagen ist Verleitung zur Sünde und hier will man es nur
dahin bringen, daß ein jeder den Theil der Freuden des Lebens ge-
nieße, der ihm beschieden ist. Aber eben diese Entschuldigung hat
auch der Bösewicht, der Leichtsinnige, der andre zu Lastern verleitet,   20
die er freilich mit seinem frechen Gewissen wol zu rechtfertigen weiß.
Und was ist denn Sünde? Nicht nur das, was offenbar gegen die Gebote Gottes ist, sondern wie Paulus sagt Röm. 14, 23. Wer über etwas
zweifelt und thut es doch, der ist verdammt, denn es geschieht nicht
nach seiner Ueberzeugung, und was nicht aus Ueberzeugung komt,   25
das ist Sünde. So verführen wir also andre zur Sünde, wenn wir sie in
Versuchung sezen etwas zu thun, was sie für unrecht halten. Wer aber
also sündigt an seinen Brüdern und schlägt ihr schwaches Gewissen,
10r   der sündigt an Christo. Wer es erfahren hat welche Pein | für ein
redliches Herz in dem Bewustseyn liegt gegen sein Gewissen gehandelt   30
und die deutlichen Winke desselben in den Wind geschlagen zu haben,
dem wird gewiß nichts heiliger seyn, als die Ueberzeugung andrer.
   Wenn wir also etwas gutes schaffen wollen unter unsern schwächeren Brüdern, so laßt uns nicht danach trachten, daß sie gegen ihr
Gewissen handeln sondern vielmehr daß dasselbe verbessert, daß ihre   35
Urtheile über die Rechtmäßigkeit erlaubter Vergnügungen berichtigt
werden. Wir müßen sie liebreich zurechtweisen[,] müßen uns Mühe
geben ihnen begreiflich zu machen daß wir nicht auf so üblen Wegen

---

2 ihren Gesinnungen] *über* ⟨derselben⟩   10–11 wenn ... umgehn] *am Rand mit
Einfügungszeichen*   17 Verleitung] *davor* ⟨nur⟩   36 Rechtmäßigkeit] rechtmäßigkeit   38 begreiflich] *davor* ⟨zu⟩

sind, daß die Fröhlichkeit nichts fürchterliches[,] nicht mit dem Laster
verwandt sei, daß sie uns gegeben sei uns nach der Arbeit zu erholen
und zu allem guten und nüzlichen wieder fähig und stark zu machen,
daß sie dazu gebraucht werden könne ohne gemißbraucht zu werden.
5 Aber mit bloßen Reden werden wir nichts ausrichten, das erste was
uns obliegt, das einzige wodurch wir sie gewinnen können ist unser
Beispiel. Vergebens werden wir ihnen unsere Ueberzeugung mit der
größten Wärme anpreisen, vergebens werden wir ihnen die Möglichkeit beweisen mitten im Genuß des Vergnügens reines Herzens und
10 zu allem Guten bereit zu seyn, sie werden um sich sehn wo wol diese
Möglichkeit wirklich geworden sei, sie werden dies von uns selbst
fordern, die wir sie belehren wollen. Wir müßen sie dadurch, daß wir
Geduld mit ihrer Schwäche haben, daß wir ihnen zu Liebe manche
kleine Aufopferung machen, überzeugen daß das Vergnügen nicht
15 selbstsüchtig, nicht hart, nicht untheilnehmend gegen andre mache.
Wir müßen ihnen in unserm eignen Betragen zeigen, daß man es genießen kan, ohne davon berauscht ohne zu seinen Pflichten und Geschäften untüchtig gemacht zu werden, daß man sich den Freuden des
Lebens von Zeit zu Zeit überlaßen kann, ohne sie leidenschaftlich zu
20 verfolgen, daß man mitten im Genuß immer Herr über sich selbst
bleiben kann, ohne unaufhaltsam fortgerißen zu werden. Nur durch
solche thätige Beweise können wir etwas über sie erlangen, nur dadurch können wir nach und nach ihre aengstliche Furchtsamkeit ver-
treiben und Heiterkeit und Freude wieder in ihr Leben bringen. |
25   Dies ist die Weisheit die wir überall im Reich der Gnaden, in   *10v*
allem was das sittliche Wohl der Menschen betrift, antreffen[:] indem
wir für uns selbst sorgen, indem wir unser eignes Wohl im Auge haben, erfüllen wir auch unsre Pflichten gegen den Nächsten, indem wir
diesen thätig lieben und sein Bestes befördern, thun wir zugleich das,
30 was wir uns selbst schuldig sind. Wenn also einem von uns der äußerst
gemäßigte Genuß des Vergnügens schwer fällt, der doch zu unserm
eigenen Besten nothwendig ist, wenn wir denken daß unsere Tugend
keinen großen Schaden leiden wird, wenn wir auch einmal einen
Schritt zu weit thun sollten – so laßt uns unsre Augen weiter als auf
35 uns selbst richten, laßt uns den Schaden erwägen, den die Seele unseres schwächeren Bruders durch unsere Uebertretung leidet, laßt uns
das Gute lebhaft denken, welches wir durch ein tadelloses Beispiel
über denselben verbreiteten. Wir vermindern finstre Vorurtheile, wir
gewinnen der heitern Tugend einige schäzbare Verehrer; wir vermeh-

---

2–4 daß sie ... werden.] *am Seitenfuß mit Einfügungszeichen*   29 thun] *davor* ⟨sollen⟩

ren die Summe der Glükseligkeit um uns her; wir beglüken andre nicht nur in dieser Welt, sondern die Früchte unserer Bemühungen erstreken sich auch bis in die Ewigkeit.

Nr. 16

Termin:	*Vor dem 26. Juli 1794*
Ort:	*Unbekannt*
Bibeltext:	*Phil 2,12*
Textzeuge:	*Autograph Schleiermachers; SAr 9, Bl. 43r–47v*
Texteditionen:	*SW II/7, 1836, S. 91–103*
Andere Zeugen:	*Keine*
Besonderheiten:	*Der Text ist unvollendet. Für die undatierte Predigt liegt kein Terminzeugnis vor.*

43r

Eingang.

Die menschliche Seele ist so beschaffen, daß sie Regeln ihres Verhaltens ausdenken und einsehn kann, daß aber dennoch die deutlichste Vorstellung derselben gewöhnlich weit weniger auf ihre Handlungen
5   wirkt, als die Empfindungen, welche einen weit stärkeren Eindruk zu machen pflegen, und nach dieser Regel richten sich auch die Menschen in den meisten Fällen; auf die Weise sucht jeder bey sich selbst und bei andern die Denkungsart hervorzubringen welche ihm die beste zu seyn scheint; wenn wir uns selbst mit Sorgfalt und Sicherheit
10   auf dem Wege der Tugend führen wollen, so müßen wir machen, daß wir fürs gute empfinden. Wenn es für uns andere theure Seelen gibt, deren Wohl uns am Herzen liegt, die wir so gern als gute Menschen und Christen ohne Anstoß wandeln sähen, die wir gern der ganzen Welt als der herrlichen Religion Jesu würdig und gemäß darstellten –
15   o so ist das das wenigste, daß wir ihnen ihre Pflichten vorzählen und sie immer an die Gebote der Religion erinnern, wir müßen uns vielmehr bemühen ihr Herz zu denen Empfindungen zu stimmen, welche

---

5 wirkt] wirken   9–158,9 wenn wir ... betreten.] *über* ⟨⟨und wer einen Einfluß auf andere haben will, der begnügt sich nicht mit den Regeln, welche er ihnen angibt, sondern er sucht vornemlich Empfindungen in ihnen zu erweken welche sie desto stärker zur Beobachtung derselben antreiben sollen.⟩⟩ ⟨Auf die Weise pflegen auch diejenigen welche sich selbst oder andre mit Hülfe der Religion zu einem des Christen würdigen Leben und zur treuen Erfüllung ihrer Pflichten anführen wollen, sich nicht damit zu begnügen [Ms.: begnügt] ihnen die Gebote derselben vorzuhalten, sondern sie bemühen sich immer Empfindungen hervorzubringen, welche die Kraftlosigkeit der Gebote an sich in allen Fällen zu unterstüzen fähig sind. Allein wo werden wir sie suchen müßen? und wie leicht wird es seyn sich in der Wahl derselben zu irren? und das geschieht auch in der That nur allzuoft.⟩   11 empfinden. Wenn] empfinden, wenn   13 Christen] *folgt* ⟨auf dem⟩   13 die] *korr. aus* so

die Kraftlosigkeit kalter Vorschriften in allen Stüken zu unterstüzen
fähig sind. Aber die Sache ist schwer; nicht jeder gute Gedanke der
wol einmal unsere Seele erhebt oder eine gute Handlung hervorbringt[,] ist deswegen eine solche Empfindung welche wir zu diesem
Endzwek suchen; es muß eine Empfindung seyn die gar nicht von uns
weicht, die mit allen unsern Pflichten genau zusammenhängt, und wie
schwer wird es seyn, das bei uns selbst, wie noch weit schwerer, es
für andere zu bestimmen – und daher hat man auch oft einen sehr
falschen Weg dabei betreten.

Auf der einen Seite sucht man die Menschen oft durch eine ängstliche Furcht auf dem Weg ihrer Pflichten zu erhalten; man hört nicht
auf ihnen den Zorn Gottes gegen die Sünde und die schrekliche Strafe
welche der gerechte Richter dereinst über sie verhängen werde, mit
den lebhaftesten Farben, man macht den betäubenden Schrek vor der
Strafgerechtigkeit Gottes zu dem Hauptpunkt, von welchem der Abscheu des Menschen vor dem Bösen ausgehn müße. Allein, wenn dieser Gedanke Gewohnheit wird[,] wenn man ihn oft hört und auch
wirklich dabei die Absicht hat, ihn der Seele recht tief einzuprägen,
so verliert er dennoch immer mehr von dem starken Eindruk, den er
ursprünglich zu machen scheint, und auch diejenigen, die er am meisten schreken sollte[,] lernen bald davon mit einer Gleichgültigkeit
reden, mit der man gegen alle alltäglichen Dinge erfüllt wird. Wenn
aber auch diese Vorstellung ihre erste Stärke behalten könnte, so ist
doch gewiß das Böse, wovon uns die | Furcht abhält und das Gute,
was uns der Schrek abdringt, keiner wahren Besserung und keiner
Liebe zu unsern Pflichten zuzuschreiben. Auf der andern Seite hat
man die üblen Folgen dieses Verfahrens eingesehn und geglaubt, daß
es der Schrift gemäßer sei diejenigen, welche sie selbst Kinder Gottes
nennt, immer auf die Liebe ihres gnädigen Vaters hinzuweisen, man
wollte die Menschen lehren die Gnade und Versöhnlichkeit Gottes
liebzugewinnen, und sich durch diese dem Herzen so wolthuende Gedanken zu allem, was demselben am gemäßesten ist bewegen zu laßen, aber das ist der Mensch noch mehr zu mißverstehn und zu mißbrauchen geneigt, es gehört schon eine entschiedene Liebe zum Guten
und ein feines Gefühl dazu um dadurch zu einer anhaltenden Uebung
der Tugend getrieben zu werden, und gerade diejenigen deren Leichtsinn oder Unachtsamkeit sie am guten hindert, werden nichts dadurch
gewinnen; immer geneigt ihre Fehler zu entschuldigen, werden sie
darin noch mehr bestärkt durch den Gedanken an einen Gott, deßen

43*v*

---

1 zu unterstüzen] unterstüzen
ergänzen wohl zu schildern
⟨werden⟩

2 gute Gedanke] guter Gedanken
17 Gewohnheit] gewohnheit

14 Farben] *zu*
37 sie am] *über*

Natur es schon so mit sich bringe daß er sie mit unerschöpflicher
Geduld immerfort ertrage, und mit unendlicher Langmuth ihre Fehler
übersehe, und so ist jeder andre geschikt diesen Betrachtungen eine
solche Wendung zu geben, daß er dabei ruhig in seinem gewöhnlichen
5　Gange bleiben kann.

Wenn also beides, sowol der Gedanke an die vergeltende Gerechtigkeit, als an die langmüthige Liebe Gottes[,] zwar von guten Gemüthern auf eine herrliche, des Christenthums würdige Art benuzt werden kann, aber doch eigentlich für sich nicht die Empfindungen
10　enthält, welche jeden Christen bei seinem Bestreben nach der Heiligung immer begleiten, und ihm immer zur Seite seyn müßen, wenn es
dennoch für einen jeden, der seine Pflichten erfüllen will und dabei
einsieht daß die Erkenntniß derselben allein ihre Erfüllung nicht mit
sich bringt, nothwendig ist dergleichen Empfindungen in sich hervor-
15　zubringen und zu erhalten, wie werden sie denn beschaffen seyn und
wo werden wir sie suchen müßen? Zur Beantwortung dieser wichtigen
Frage werden wir die gegenwärtige Stunde anzuwenden suchen.

T e x t .　　Phil. 2, 12.
Schaffet daß ihr selig werdet mit Furcht und mit Zittern.

20　Diese Worte enthalten die Anweisung des Apostels Paulus, über die
Frage, welche wir eben aufgeworfen haben, also eines Mannes, der es
sicherlich wußte was für Gefühle dem Menschen zu seiner Christlichen Besserung am beförderlichsten wären. Laßt uns also bei derselben stehn bleiben und e r s t l i c h sehn was für Empfindungen Paulus
25　hier eigentlich ausdrükt und z w e i t e n s sehn wie sie in aller Rüksicht
auf uns zu wirken im Stande sind. |

E r s t e r T h e i l .

　　　　　　　　　　　　　　　　　　　　　　　　　　　　　44r

Paulus ermahnt uns in den Worten unseres Textes, auf das Heil unserer Seele immer bedacht zu seyn mit Furcht und Zittern, und schreibt
30　uns also Empfindungen vor, welche uns bei allen Handlungen, die
irgend einen Bezug auf unser wahres Wohl haben, leiten und regieren
sollen. Was sind das nun für Empfindungen? Da bemerken wir gleich,
daß das nicht die Furcht ist von der in der vorhin erwähnten Denkungsart die Rede war; Paulus sagt uns nicht, daß wir vor Gott zittern
35　sollen, überhaupt sagt er uns gar nicht, worauf sich diese Furcht bezieht[,] und eben das zeigt uns an, daß wir den Gegenstand derselben
nicht weit zu suchen haben. – Ach! M. Th. vor uns selbst sollen wir

---

10 bei] *korr. aus Unleserlichem*　　**18** Phil.] *davor* ⟨Coloss.⟩

uns fürchten, vor uns selbst sollen wir zittern! und wo hätte wol auch
der Mensch einen ärgeren Feind seiner Seligkeit, als sein eignes Herz.
Das ist das Gefühl von dem wir überall durchdrungen seyn sollen, ein
lebhaftes, nur allzuwol gegründetes Mißtrauen in uns selbst. Das
drükt Paulus durch zwei bildliche aber sehr wolgewählte Ausdrüke   5
aus – wir sollen uns fürchten und wir sollen zittern, und wir werden gleich sehn, was er mit einem jeden derselben gemeint hat. Die
Furcht bezieht sich immer auf etwas unangenehmes und schädliches
das wir von außen auf uns eindringen sehn, und diese Empfindung
überhaupt ist unter den Menschen eben in keinem guten Ruf, allein   10
es gibt eine wahre und eine falsche Furcht, nur diese, nur die Furcht
vor dem was wir nicht kennen, und was gar nicht von uns abhängt,
nur die Furcht in dem Augenblik wo es auf Thätigkeit und Widerstand ankommt[,] ist eine zwekwidrige, unnüze und also den Menschen erniedrigende Empfindung; die wahre Furcht hingegen die vor   15
der Gefahr vorhergeht, die uns aufmerksam auf dieselbe macht, die
uns mit nüzlicher Geschäftigkeit alles Uebel zeigt, was daraus entstehn
könnte, diese ist eine Frucht der Weisheit, deren sich kein Mensch zu
schämen hat – und so ist es auch mit dieser Furcht vor uns selbst.
Die sittlichen Handlungen des Menschen werden meistens von außen 20
veranlaßt, von außen wird er immer in solche Lagen gesezt, wo seine
Urtheilskraft versucht, seine Kräfte aufgefodert, seine Leidenschaften
gereizt werden, und alle diese Dinge sezen uns in Gefahr zu irren
und von unsern Pflichten abzuweichen, alle Kräfte, welche auf uns
wirken[,] scheinen im Bündniß zu seyn uns zu verführen. Dennoch   25
gehn die meisten in diesem Leben, ob es gleich für die Seele ein beständiger Schauplaz innerlicher und äußerlicher Kriege, ein Weg voller
Noth und Gefahr ist, so sorglos einher, als ob sie von alle dem nichts
treffen könne, da sollen wir uns im Gegentheil immer fürchten, überall die Gefahr voraussehn, sie bei jedem Schritt welchen wir wagen 30
vermuthen, von jedem mit sorgsamer Bedenklichkeit die möglichen
Folgen erwägen, die er auf unsre Seele haben kann, und uns niemals |
auf die Maaßregeln verlaßen, die wir in dem entscheidenden Augenblik selbst ergreifen werden. Wenn unser Verstand irgend eine Bedenklichkeit hat, was in einem Fall recht und gut sei, so sind wir   35
geneigt einen blinden Entschluß zu faßen, von dem wir uns keinen
Grund anzugeben wißen; da laße sich niemand der seine Seligkeit
schaffen will bethören, da müßen wir uns fürchten mißleitet zu wer-

44v

---

6 aus] an   6 – wir] *korr. aus* und wir   6 zittern] zittern   27 Kriege] *folgt* ⟨ist⟩
28 als ob] *folgt* ⟨es⟩   29 treffen] *korr. aus* Unleserlichem   29 könne,] können,
32 kann, und uns niemals] *geändert aus* kann. Wenn unser Ver-

den und unsre richtigen Begriffe zu verlieren. Wenn sich uns ein neues
Feld der Thätigkeit öfnet, wenn sich uns eine Handlung darstellt, die
wir wol zu thun wünschten, so greift unser ungestümer Geist gleich
zu, welcher überall seine Kraft äußern und wirksam seyn will, wie
5 nöthig wird uns da, statt ihm übereilt nachzugeben[,] die Furcht seyn,
die uns Paulus, wie nöthig daß wir mit weisem Mißtrauen jede Unternehmung prüfen jede Handlung erwägen, die wir vorhaben. Wenn
nun gar unsre Sinne durch Bilder des Vergnügens und der Annehmlichkeit gereizt werden – o so laßt uns nicht auf die allzu rasche
10 Stimme hören welche uns zuruft daß da gar keine Gefahr zu besorgen
sei, daß auf dieser anmuthigen Straße alles sicher sei und wir getrost
unsers Weges ziehen können – wer sich da nicht fürchtet, wer nicht
jede Freude des Lebens von allen Seiten betrachtet[,] ehe er sich ihr
anvertraut, wer nicht auch nach der besten Prüfung alle Waffen des Gei-
15 stes anlegt um nicht durch einen unversehenen Angriff zu fallen – o
der kommt in den unglüklichen Folgen seiner keken Verwegenheit um.

    Paulus empfiehlt uns ferner, wir sollen zittern, und dies ist aber-
mals nicht das Zittern welches eine hülflose Schwäche bei jeder Gelegenheit überfällt, es ist dasjenige, deßen sich auch der festeste Mann
20 bisweilen nicht erwehren kann, wenn er sieht was für Folgen eine
kleine Bewegung haben kann, welche er nicht ganz in seiner Gewalt
hat. Wenn sich die Furcht auf das bezog, was uns von außen droht,
so bezieht sich diese Empfindung auf das, was gleichsam in unsern
eignen Mauern vorgeht. Wenn wir von außen zu nichts angetrieben
25 werden, so kann es nicht fehlen, unsere Seele muß für sich selbst thätig
seyn, und diese Thätigkeit zu lenken, hängt niemals vollkommen von
uns ab. Wenn unser Verstand frei ist, so überläßt er sich zweklos den
Gedanken, die sich ihm darbieten, es ist ihm nicht sowol | darum   *45r*
zu thun sich etwas neues zu erwerben, als vielmehr sich mit dem zu
30 beschäftigen, was er schon hat; da kann man diesen Gang der Gedanken nicht ganz nach seinem Gefallen lenken, und in dieser Stimmung
nimmt man gar zu leicht etwas auf, was man sonst als Irrthum verwarf, und es kann verderbliche Folgen haben, wenn sich uns einmal
ein Irrthum von einer guten Seite zeigt, da verwirrt man sich in seinen
35 Gedanken über die Verhältniße der Menschen[,] und wie leicht wird
da nicht ein Saame des Unkrauts gesäet, der im stillen keimt und die

---

6 uns Paulus] *zu ergänzen wohl* gebietet   7 vorhaben] *korr. aus* haben   **11–12** getrost
unsers Weges ziehen] *über* ⟨nichts zu besorgen haben.⟩   **30–34** da kann ... zeigt,]
geändert aus wer es da fühlt, daß er diesen Gang der Gedanken nicht ganz nach seinem
Gefallen lenken kann, wer es weiß wie leicht man da etwas aufnimmt was man sonst
als Irrthum verwarf, wer es weiß was für Folgen das haben kann, wenn sich uns einmal
ein Irrthum von einer guten Seite gezeigt hat, und in dieser Stimmung nimmt man

schöne Saat des Glaubens und des Gehorsams in Zweifeln und falschen Grundsäzen erstikt. Wenn unsere Einbildungskraft von einem Gegenstand zum andern herumirrt, so freut man sich gewöhnlich über die lieblichen Bilder, womit sie uns unterhält, aber wer kann sie lenken, daß sie nicht eins oder das andere aufstellt, verschönert und ausmahlt, was uns von unserer wahren Bestimmung abführt, und uns mit Ideen erfüllt, deren geringste Folge diese ist, daß sie uns so manche unsrer Pflichten erschwert oder gleichgültig macht; alles das sind solche Bewegungen, die oft unvermerkt und unverhindert in unserer Seele vorgehn und doch den größten Einfluß auf unser Wohl haben. Wehe dem, der sich ihnen sorglos überläßt! wehe dem, der nicht nach der Ermahnung des Apostels zittert, und das wenigstens so gut als möglich beobachtet und lenkt was er niemals ganz in seiner Gewalt hat. Wehe dem, der nicht ganz mit dieser Empfindung des Mißtrauens erfüllt, schon im voraus vor seinen Handlungen zittert, sondern sich von ihnen überraschen läßt!

Wer aber sein Bestes aufrichtig will, der wird leicht einsehn, daß sich diese Furcht und dies Zittern nicht nur auf solche Handlungen beziehn muß, welche gleich als wichtig in die Augen fallen, sondern auch auf einen großen Theil von denen die im menschlichen Leben als Kleinigkeiten übersehn werden[,] denn das ist einmal die Regierung Gottes mit der Welt und den Menschen, daß große Dinge aus kleinen Ursachen entstehn. Wie oft geschieht es, daß ganz kleine unbedeutende Handlungen, wo wir irgend einen andern Zwek dem was wir thun sollten vorzogen uns durch unvermuthete Folgen und durch die Schritte welche in solchen Fällen der erste Schritt unvermeidlich 45v nach | sich zieht in die größte Unruhe und in die verwikeltsten Umstände unseres Lebens stürzen? So ist die menschliche Seele, daß sie durch Kleinigkeiten am meisten verführt wird, wenn sich etwas als groß, als wichtig, als bemerkt darstellt, so nimmt sie wol ihre Besinnung zusammen, und sammelt Stärke ihren Pflichten nachzukommen, aber in Kleinigkeiten ist es ihr gewöhnlich eine Pflicht dem Vergnügen oder der Trägheit aufzuopfern; ohne zu bemerken, wie oft das geschieht[,] geht am Ende der gute Wille und die Kraft ihn durchzusezen verloren und Wollen und Vollbringen wird geschwächt. Ach die ersten Schritte zum Bösen sind immer so klein, und doch so entscheidend, darum laßt uns nichts für klein achten, was eine Beziehung auf unsre Pflichten hat. Wenn eine Handlung gethan ist, so ist nichts mehr in unsrer Gewalt, was daraus entstehn kann, darum laßt uns lieber vorher zittern als nachher unter den Folgen derselben erliegen. Wollte jemand denken, Paulus rede hier nur zu neuen Christen die noch un-

---

1 in Zweifeln] *geändert aus* durch Zweifel   8 unsrer] *über* ⟨Folge⟩

geübt in der moralischen Denkungsart wären, für solche aber die
schon lange an ihrer Besserung arbeiten seyen diese Empfindungen
nicht mehr nöthig, die könnten sich schon ohne Furcht und Zittern
auf ihre Erfahrung und ihr richtiges Gefühl verlaßen, der würde sich
5 selbst betrügen: Von dem Tage an, da der Christ sich fähig erklärt
Pflichten auf sich zu nehmen und zu erfüllen, tritt er in einen Zustand
des Kampfs, der nie wieder aufhört, eines immer ungleichen und immer neuen Kampfs[,] wo Erfahrung und Gefühl nicht hinreichen, weil
das Böse in uns und außer uns in verschiedenen Altern und Umstän-
10 den des Lebens auch seine Angriffe in neuen Gestalten wiederholt.

Zweiter Theil.

Wenn dies also die Empfindungen sind, die Paulus in den Worten
unsres Textes allen Christen empfiehlt, so laßt uns im zweiten Theil
unsrer Betrachtung sehn, ob sie alles das leisten, was wir eigentlich
15 suchten. Da bemerken wir erstlich daß sie ganz natürlich aus den
ersten Grundsäzen der Religion entstehen. Wozu m. Th. alle die besondern Veranstaltungen Gottes zu unserer Erlösung und Beßerung,
wozu die Verheißungen seiner besondern Führung und Leitung um
derentwillen die Christen Gott mit so vorzüglicher Dankbarkeit lieben
20 und verehren, wenn sie nicht eben um deswillen getroffen worden
sind, weil sich in unsrer Seele so vieles | der Vollbringung des Guten   *46r*
entgegensezt? Seitdem sich die Stärke der Sinnlichkeit in der menschlichen Seele an dem ersten Menschen, der doch mit dem vollen Gebrauch seiner Vernunft geschaffen war[,] so deutlich offenbarte, daß
25 er den Geboten Gottes untreu ward, seitdem pflanzt sie sich von Geschlecht zu Geschlecht noch weit mehr auf diejenigen fort, bei denen
sie von Kindheit an wächst und genährt, ehe noch die zarten Keime
der Vernunft und der Sittlichkeit welche in unsre Seele gesäet sind
Wurzel schlagen und aufgehn können, seitdem stimmen sie alle in die
30 Klage des Apostels mit ein: das Gute, das ich wollte[,] thue ich nicht,
aber das Böse, was ich hasse[,] übe ich aus, seitdem ist das durch die
Sinne verderbte Herz bei allen bereit seine vorschnellen Urtheile zu
vollstrecken, ehe die Vernunft sie bestätigen oder widerrufen kann.
Wer von uns also jene tröstlichen Wahrheiten der Religion mit Ueber-
35 zeugung glaubt, den müßen auch seine Gedanken auf diesen demüthi-
genden Grund derselben hinführen, denn das ist ja der rechte Glaube,
der unsre Ueberzeugungen mit Gefühl auf unsern eignen Zustand anwendet, wer an die Nothwendigkeit der Sendung Jesu glaubt, der muß

---

26 fort,] *folgt* ⟨welche⟩   **36** ja] *folgt* ⟨derse⟩

30–31 *Röm 7,19*

ja fühlen, daß es nothwendig gewesen sei in seinem Herzen gleichsam
ein Gegengewicht anzubringen, ohne welches er immer in die Herrschaft der Sünde hinabgesunken seyn würde; wer Gott dankbar für
die Verheißung seines Beistandes anbetet – o der muß sich bewust
seyn, daß ohne seine besondre Leitung der kleinste Umstand einen   5
Fehltritt verursachen könne, der ihn in endlose Verirrungen stürzen
und seine Befreiung wieder vergeblich machen würde, und wer das
fühlt, wer im allgemeinen diesen Zustand seines Herzens kennt, wie
sollte der nicht von jenem Mißtrauen gegen sich selbst durchdrungen
seyn, wie sollte der nicht immer auf die lebhafteste Weise besorgt[,]   10
ob nicht alles, was er zu thun im Begrif ist, eine Frucht dieser Ver-
kehrtheit seiner Seele seyn werde. – Und daraus folgt denn auch
zweitens, daß es mit ein wenig gutem Willen sehr leicht ist diese Emp-
findungen | wenn man ihrer einmal fähig ist beständig zu unterhalten.
Es ist wahr[,] sie machen dem Herzen Mühe, sie unterhalten es in   15
einer beständigen gespannten Aufmerksamkeit, die uns schwer zu
werden pflegt, und von der wir uns gar zu gern losmachen. Aber dabei
sehn wir eben einen der größten Vorzüge, welche die Christen vor
denen genießen, welche das Gute noch so aufrichtig lieben, aber ohne
der Hülfsmittel welche die Religion giebt theilhaftig zu seyn; wenn   20
dieser oft mehr erleuchtet, als erwärmt ist, wenn er nur mit seiner
Vernunft gegen sein Herz und seine Leidenschaften zu kämpfen hat,
so weiß bei jenem die göttliche Religion auch den bessern Theil seines
Herzens zu gewinnen und verschafft ihm eine Menge Gelegenheit
diese schweren aber erhabenen Empfindungen zu erneuern. So oft sich 25
der wahre Christ entweder gemeinschaftlich mit andern, oder in den
einsamen Ergießungen seines Herzens gegen Gott der Wohlthaten der
Religion erinnert, so oft er den Bund mit seinem eignen Herzen erneuert oder ernstlich seine Pflichten überdenkt[,] o so muß er auch mit
dieser heilsamen Furcht aufs neue erfüllt werden, so wird er davor   30
zittern, daß Schwachheit und Unachtsamkeit ihn bei dem besten Willen übereilen könnten. So oft er des Morgens seinen Wunsch gut zu
seyn und sich selbst ein Genüge zu leisten vor den Thron Gottes
bringt[,] so wird er auch fürchten, daß er nicht selbst die Erfüllung
desselben verhindere, so wird er sich Mühe geben in den Tag hinein-   35
zusehn der ihm bevorsteht und bei sich selbst beschließen, wie er sich
in allem verhalten müße, was ihm wahrscheinlich bevorsteht. So oft
er des Abends Gott Dank opfert, so muß er ja oft finden, daß nur ein
Umstand, der nicht von ihm abhing[,] ihn von einem Fehler befreite,
daß oft ein glüklicher Zusammenfluß von Umständen die gefährlichen 40

46v (left margin, at line 14)

---

15 unterhalten] *korr. aus Unleserlichem*   17 gern] *davor* ⟨leicht⟩   37 wahrscheinlich bevorsteht] *umgestellt aus* bevorsteht wahrscheinlich

Folgen einer unrichtigen Handlung zurükgehalten, oder gemindert
habe, und das muß ja nothwendig dies Mißtrauen seiner Seele noch
tiefer einprägen, kurz jede Empfindung die der Religion ihren Ursprung verdankt, jede Stunde die ihr geheiligt ist führt den wolmei-
nenden | Liebhaber des Guten auf diesen Punkt zurük; so oft er sich
im Genuß der Religion mit seinem Herzen über sich selbst erhoben
hat und gleichsam über diese Sphäre hinaus entrükt gewesen ist, o so
wird er auch zitternd besorgt seyn[,] daß er sich nicht deßen was er
da gefühlt hat, was er dabei wirklich gewesen ist wieder unwürdig
machen möge, da wird jede Kleinigkeit diese ängstliche Furcht bei
ihm weken. Und wenn dies Mißtrauen so die Oberhand gewinnt, so
kann es nicht anders als zu der Beßerung eines jeden wirksam seyn.
Es ist keiner Mißdeutung keinem Mißverstand unterworfen, es läßt
sich nicht wie so manche andre Gefühle, deren sich die Menschen
rühmen, ohne dadurch gebeßert zu werden, nach den Absichten eines
jeden und nach den heimlichen Neigungen des Herzens, es ist ein
scharfer Wächter, der nicht abläßt, wenn man sich ihn einmal gesezt
hat, deßen Augen sich kein Theil unsrer Denkungsart und unsrer
Handlung entziehn kann, und der gerade die kleinen unverwahrten
Stellen am genauesten betrachtet, durch welche am ersten ein Feind
unsrer Ruhe sich bei uns einschleichen könnte; es hat freilich das hohe
Ansehn nicht wie manche andre Empfindung, die geradezu daraus
ausgeht den Menschen zu großen und erhabenen Handlungen zu treiben[,] aber eben deswegen ist es gerade das was am wesentlichsten
seine wahre Beßerung betreiben kann. – Der Mensch der durch eine
übermäßige Spannung sich von einer Seite zu großen Handlungen erhebt ohne daß sein Charakter zu dieser Höhe gestimmt ist und also
auf der andern Seite zu eben so großen Fehlern herabsinkt[,] der kann
wol blenden und Bewunderung erweken[,] aber die wahre sittliche
Vollkommenheit nach der der Mensch streben soll, wird er niemals
erlangen; derjenige aber der von dem bescheidenem Gefühl: nur das
unrechte zu vermeiden geleitet nach und nach kleinen Fehlern
auszuweichen lernt, bei dem schärft sich sein Gefühl für das rechte
und unrechte, bald scheint ihm auch das unrecht was weniger groß
und edel; Einsicht und Handlung geht bei ihm gleichen Schritt, denn
je mehr er auf kleine Handlungen und kleine Umstände acht gibt,
desto mehr lernt er auch wie in einzelnen Fällen durch veränderte

---

2 das] *korr. aus* daß   2 dies Mißtrauen] *geändert aus* diese Empfindungen
12 seyn.] *folgt* ⟨Diese Empfindung kann eben deswegen weil sie aus dem Bewustseyn
de⟩   16 Herzens] *zu ergänzen wohl* formen   26 von] *korr. aus* zu   33 sich]
folgt ⟨alles⟩   36 und kleine Umstände] *am Rand mit Einfügungszeichen*   37 durch]
über ⟨und bes. verwikelt⟩

Umstände Pflichten und Verbindlichkeiten geändert werden, und dieses mühsame und gleichförmige Steigen und Klimmen, nicht jenes
kühne Fliegen ist das Loos, was dem Menschen auf Erden angemessen
47v   ist. Wenn endlich dies Gefühl ursprünglich aus der Ueber|zeugung
entspringt, daß es im Grunde nothwendig sei alle seine Pflichten auf   5
jede Bedingung zu erfüllen, so vermehrt es auch wieder die Liebe zu
denselben. Der Mensch der einen Werth auf seine Geschäftigkeit sezt
hängt immer sein Herz an das, was ihm Mühe und Fleiß gekostet hat,
wenn ihn nun diese Empfindung zu so mancher Aufopferung um seiner Pflichten willen bewogen hat, wenn sie ihm so manches geraubt   10
hat was ihm wol angenehm gewesen wäre – was sollte ihm wol theurer seyn, woran sollte er mit mehr Festigkeit hangen als an dem was
er zum einzigen Gegenstand seines Nachdenkens, seiner Betrachtung,
seiner Geschäftigkeit gemacht hat.

Das m. Fr. sind die schönen Worte und Empfindungen, die wir   15
anfänglich gewiß mit einer Art von Widerwillen betrachtet, die aber
doch uns allen so unumgänglich nothwendig sind. Auch jezt kann ich
noch nicht schließen ohne einen Einwurf abzuwenden, der gewiß in
jeder Seele verstekt liegt und sich mehr oder weniger laut darin her-
vorthut. *[Der Text endet hier.]*   20

---

7 Geschäftigkeit] *über* ⟨Handlungen⟩   9 zu] *über der Zeile mit Einfügungszeichen*
15 Worte und Empfindungen] *über* ⟨Empfindungen⟩   17 sind. Auch] ist. auch

Nr. 17

Termin:	*Vor dem 26. Juli 1794*
Ort:	*Unbekannt*
Bibeltext:	*1Thess 5,21*
Textzeuge:	*Autograph Schleiermachers; SAr 9, Bl. 49r–53v*
Texteditionen:	*SW II/7, 1836, S. 104–116*
Andere Zeugen:	*Keine*
Besonderheiten:	*Der Text ist unvollendet. Für die undatierte Predigt liegt kein Terminzeugnis vor.*

Eingang. *49r*

Es ist wol eine sehr nothwendige und lobenswerthe Einrichtung: daß
junge Christen sobald ihr Verstand anfängt zu reifen einen Unterricht
über die Gründe und den Zusammenhang aller Lehren der Religion
5 erhalten, aber so sorgfältig und gründlich er auch seyn mag, so reicht
er doch nicht hin die Kenntniß hervorzubringen welche jedem Christen nothwendig ist. Durch die mancherlei Bewegungen und Fortschritte des menschlichen Geistes geschieht es, daß das Christenthum
immer mehr von alten Mißbräuchen und Irrthümern gereinigt wird
10 und manche Wahrheiten von einer neuen Seite angesehn und erleuchtet werden, aber eben so ist es um der menschlichen Schwachheit willen unvermeidlich, daß nicht auch von Zeit zu Zeit neue Irrthümer
ausgedacht und verbreitet werden, und da alles Glük, deßen wir durch
die Religion in diesem und in jenem Leben theilhaftig werden können,
15 nur in den festen Entschließungen, in den erhabenen Empfindungen
besteht welche durch Erkentniß ihrer heiligen Wahrheiten, durch Ver-
werfung schädlicher Irrthümer in unsrer Seele hervorgebracht werden,
so ist es ja einem jeden Christen der ein Gefühl für die Erhöhung
dieses Glüks hat nothwendig neue Wahrheiten und neue Irrthümer
20 kennen zu lernen, jene mit seinen übrigen Kenntnißen zu vereinigen
und gegen diese sich mit neuen Gründen zu verwahren. Und so muß
also ein Christ sich nicht mit seiner ersten Erkenntniß begnügen, son-

---

6 er doch] er *korr. aus* ihr   6 hin] *über der Zeile mit Einfügungszeichen*   10–
11 erleuchtet] *korr. aus* beleuchtet   19 neue Wahrheiten und neue Irrthümer] *umgestellt aus* neue Irrthümer und neue Wahrheiten

dern er muß trachten daß wir sie immer mehr reinigen, daß er immer
mehr darin wachse und zunehme, er muß erweitertes Nachdenken
über seine göttliche Religion für eine seiner heiligsten Pflichten halten.
Aber so sehr sich diese Verbindlichkeit einem jeden aufdringt, so stehn
ihr doch so große Schwierigkeiten entgegen, daß die Erfüllung dersel- 5
ben dem größten Theil der Menschen unmöglich zu seyn scheint. Wie
viele Menschen gibt es nicht, denen die Sorge für ihr Leben, der mühsame Fleiß den sie auf ihre Erhaltung wenden müßen und die Erfüllung thätiger Pflichten alle Zeit ihres Erdenlebens hinwegnimmt; wie
viele andere gibt es nicht, von denen es scheint daß ihr Verstand für 10
alle solche Untersuchungen, wenn es ihnen auch an Muße dazu nicht
fehlen sollte, viel zu eingeschränkt sei, daß sie dadurch nur in ärgere
49v   Verwirrungen und Irrthümer gerathen würden, und | welche weit si-
cherer zu gehen scheinen, wenn sie entweder einfältig bei dem blieben,
was sie von Kindheit an gelehrt worden, oder sich der Leitung anderer 15
überließen. Bei allen diesen Gründen aber fühlen wir dennoch das
Bewußtseyn dieser allgemeinen Verbindlichkeit in uns nicht entkräf-
tet, wir fühlen es zu tief, daß jeder Mensch der durch Erkenntniß der
Wahrheit glüklich seyn kann und will auch mancherlei Pflichten eben
in Rüksicht auf diese Wahrheit habe, und daß er sie in eben dem 20
Grade müße erfüllen können, in welchem er jenes Glükes fähig ist.
Wo wir einen solchen Streit finden zwischen dem, was wir sollen, und
dem was wir können, da muß nothwendig ein Mißverstand über das
eine oder das andre zum Grund liegen, und so müßen wir auch hier
diesen Streit zwischen unsern Verbindlichkeiten und unsrer einge- 25
schränkten Lage in der Welt dadurch zu schlichten suchen daß wir uns
jene Pflichten recht deutlich machen und sie recht genau bestimmen.

Text. 1. Thess. 5, 21.
Prüfet alles und das gute behaltet.

Diese Worte finden wir unter einigen andern wichtigen Ermahnungen 30
welche Paulus einer ihm sehr theuern Gemeine am Schluß seines Briefes ertheilt. Schon in jenen ersten Zeiten des Christenthums gab es
vielerlei Meinungen über das was in Absicht auf manche Lehren der
Religion wahr oder falsch sei, es waren auch wol in Thessalonich viele
Christen, welche sich der Pflicht überhoben zu seyn glaubten, das 35
weitläuftig zu untersuchen und diesen vornemlich gelten die Worte
des Apostels worin er ihnen jene Pflichten in Absicht ihrer Erkenntniß

---

1 er muß] *über der Zeile mit Einfügungszeichen*   1 wir sie immer mehr reinigen,
daß] *am Rand mit Einfügungszeichen*   5 daß die] daß *über* ⟨welche⟩   34 sei, es]
folgt ⟨gab⟩   37 ihrer] *geändert aus* auf ihre

auf eine sehr kurze aber sehr bestimte Weise zu Gemüthe führt. Laßt
uns nach Anleitung derselben sehn worin diese Pflichten des Christen
in Absicht auf die Berichtigung seiner Religionserkenntniße bestehn.
In unserm Text finden wir e r s t l i c h die Verbindlichkeit zu einer emsi-
5 gen und unpartheiischen Untersuchung der Wahrheit (wir sollen alles
prüfen) und z w e i t e n s zu einem willigen Gehorsam gegen dieselbe
(wir sollen das Gute behalten) und dies laßt uns in gegenwärtiger
Stunde kürzlich erwägen. Der Herr deßen Wort Wahrheit ist leite uns
auch hiebei in alle Wahrheit.   Amen. |

10   E r s t e r   T h e i l .   *50r*
Wenn der Apostel sagt: p r ü f e t   a l l e s[,] so ist das nicht in dem ausge-
dehnten Verstand zu nehmen, worin sich der Ausdruk auf den ersten
Anblik darstellt. Er schrieb an eine besondere Gemeine von Christen
und versteht unter diesem a l l e s natürlicherweise auch nur das was
15 i h r alles war, nur d i e Wahrheiten oder Meinungen, Bedenklichkeiten
oder Zweifel welche ihr bekannt wurden, und woran sie ein Interesse
nehmen konnte oder nehmen mußte, und nur auf diese Weise können
auch wir seine Vorschrift auf uns anwenden. Das ganze Gebäude der
christlichen Lehre ist zu einem solchen Umfang gediehen, daß es jezt
20 nur für wenige Menschen möglich ist mit demselben und allem, was
innerhalb desselben vorgeht so ganz bekannt zu seyn; sollte aber deswegen die weit größere Anzahl der übrigen ihre Erkenntniß allein von
diesen wenigen hernehmen? Jeder Mensch und noch mehr jeder Christ
muß fühlen daß eine geringe Anzahl von Wahrheiten die man sich
25 selbst erworben weit glüklicher macht und weit mehr Einfluß auf Gesinnung und Handlung hat, als eine weit größere Anzahl von solchen,
welche nur erlernt worden sind; jeder hat in Absicht auf Erkenntniß
seine Fähigkeiten und seine Bedürfniße und sein a l l e s ist der ganze
Umkreis deßen, was er prüfen muß, und was er prüfen kann. Nach
30 dieser Regel ist es eine unnachläßliche Pflicht für einen jeden von uns
nach der möglichsten Gewißheit und Richtigkeit in allen denen streitigen Wahrheiten zu streben von denen wir sehn daß jede Art sie zu
entscheiden unsrer Art zu handeln und zu empfinden eine andere
Richtung geben, und also auf unsre Tugend und Glükseligkeit irgend
35 einen merklichen Einfluß haben könnte. Da ist es nicht möglich aus
Trägheit oder Nachläßigkeit bei dem sich zu beruhigen was man in
der Kindheit gehört hat, da fühlt sich jeder Tugendliebende schon von
selbst gedrungen alles mögliche zu thun, alle Kräfte anzuwenden um

---

14 auch nur] auch

8–9 *Vgl. Joh 16,13*

recht auf den Grund der Wahrheit zu kommen und des richtigern
beßeren Weges nicht zu verfehlen. |

50v   Aber solche Lehren von auffallender Wichtigkeit sind es nicht allein, welche wir untersuchen müßen, das ist unsre Pflicht bei allen
Meinungen über die Religion welche um uns her mehr oder weniger   5
herrschend sind. Es gibt wol wenige Gegenden, wo nicht in einem
kleinen Umkreis mehrere Gesellschaften oder wenigstens einzelne
Menschen vorhanden seyn sollten welche über irgend einen Theil der
Religion ihre eigne Meinung haben und sie auch andern annehmlich
zu machen suchen, und da ist es die Pflicht jedes vernünftigen Chri-   10
sten zu hören und zu prüfen, was sie sagen. Wenn derjenige uns eine
Probe seines Wolmeinens gibt, der sich gedrungen fühlt uns das vorzu-
legen, was er als Wahrheit erkannt hat, der uns gleichsam einladet
den Schaz mit zu genießen, den er gefunden zu haben glaubt – o so
wäre es stolz und lieblos ihn verächtlich oder gleichgültig zu überhö-   15
ren[,] vielmehr müßen wir Acht haben, ob das, worüber er andres
Sinnes ist zu unsrer Beßerung und Ruhe beitragen könne[,] und in
diesem Fall muß es so gut als nur möglich untersucht werden. So
haben also diese Pflichten für einen jeden keinen größern Umfang, als
den seine Verhältniße mit sich bringen, sie dehnen sich bei jedem nur   20
so weit aus, als die Sorge für seine eigne Beßerung und die ersten
Pflichten für seinen Nächsten es erheischen, es fragt sich nur noch wie
wir bei denselben zu Werke gehn müßen. Es sind uns dazu zwei Mittel
angewiesen, die ein jeder Christ in seiner Gewalt hat; Vernunft und
Schrift; Laß seyn, daß sich die menschliche Vernunft oft verirrt hat,   25
daß sie oft bei dem reinsten Bestreben nach Wahrheit auf nichts als
Irrthümer gestoßen ist, es schadet uns nichts; laß seyn, daß es bisweilen schwer ist sich aus den Labyrinthen herauszufinden, in welche sie
uns verwikelt, es schadet uns nichts, denn Gott sei Dank! es ist nicht
diese erkünstelte, nur wenigen Menschen erreichbare Vernunft, wel-   30
che wir bei Ueberlegungen über die erhabenen Angelegenheiten der
Religion und der Ewigkeit gebrauchen – es ist nur der gerade unver-
fälschte Sinn die leichte Entscheidung deßen, was mit ganz erkannten Wahrheiten übereinstimmt oder ihnen widerspricht – und dieser Sinn ist tief in die Seele eines jeden Menschen gelegt, er kann   35
nur durch Trägheit verloren gehen, nur durch Muthwillen verdorben

---

19–22 haben also ... erheischen,] *am Rand mit Einfügungszeichen statt* ⟨weit erstrekt
sich die Pflicht eines jeden Christen Prüfungen über die Religionsmeinungen anderer
anzustellen und⟩   20 bringen] bringt   25 Schrift;] *folgt* ⟨haben wir diese recht
angewandt so [*über* und] haben wir unsre Schuldigkeit erfüllt, und das ist so schwer
nicht daß man davon einen Vorwand hernehmen könnte sich diesen Pflichten zu entziehn.⟩   32 gebrauchen] *korr. aus* mißbrauchen

werden. | Noch weit mehr aber ziemt es einem jeden Christen, wo   *51r*
etwas was seine heilige Religion angeht oder seinem bisherigen Glauben zuwider ist ihm der Untersuchung werth scheint zu forschen in
der Schrift: ob sichs auch also verhält. Diejenigen welche uns neue
5   oder besondere Wahrheiten der Religion ankündigen ermangeln nicht
sie mit Aussprüchen jenes heiligen Zeugnißes von Gott zu bestätigen,
aber wie oft werden nicht Worte der Schrift mißgebraucht und mißverstanden! Wohl also dem, der das Buch der Religion immer mit
ehrfurchtsvoller Aufmerksamkeit betrachtet hat! es wird ihm nicht
10   schwer seyn die Entscheidungen desselben zu faßen! Wol dem, der mit
dem Geist der Schrift angethan den Werth und den Sinn der Aussprüche jener heiligen Männer versteht! weder Unglaube noch Schwärmerei, weder Spott noch Verführung werden ihn irre machen. Ach suche
in der Schrift wer nach Wahrheit begierig ist, sie ist es die von der
15   Lehre Jesu und von dem Willen Gottes zur Seligkeit Zeugniß gibt.
Aber leider auch in diesem wichtigsten unter allen Geschäften des
Menschen, in dem Suchen nach Wahrheit und Licht hört er nicht auf
sich selbst bald wissend bald unwissend zu täuschen. Woher sollte es
sonst kommen, daß so viele die wirklich zu prüfen scheinen, was sie
20   für wahr halten sollen, dennoch in den Irrthum hingerißen werden?
Aber der Mensch geht selten unparteiisch zu Werke, man nimmt im
voraus seine Parthie und das was man hernach Prüfung nennt ist nur
ein Mittel dies Verfahren vor sich selbst zu rechtfertigen, ein Bestreben
Gründe für das, was man angenommen, gegen das was man verwor-
25   fen hat, aufzufinden. Die Menschen gleichen jenem Nathanael in der
Schrift, aber nur in dem ersten, nicht in dem bessern Theil seines
Betragens – sie sagen wie er: Was kann aus Nazareth gutes kommen,
aber sie sind nicht so folg|sam wie er, wenn man ihnen zuruft: komm   *51v*
und siehe. Daher kommt es, daß sich die Menschen, wenn sie eine
30   neue Wahrheit hören[,] immer erst nach den Umständen erkundigen
unter denen sie hervorgegangen ist. Aber wer noch irgend einem Vor-

---

1 werden.] *folgt* ⟨Wenn sie wie Paulus sagt hinreicht das Daseyn eines allwaltenden
Gottes im Himmel zu erkennen, so wird sie uns auch bei Erforschung anderer Wahrheiten, welche dieser untergeordnet sind, leiten können.⟩   **15** gibt.] *folgt* ⟨Nie wird es
dem an Kräften fehlen sie zu verstehn, der nur den Willen hat durch sie belehrt zu
werden. Und das ist freilich die Hauptsache worauf es ankommt.⟩   **21** zu Werke]
folgt ⟨und wenn das ist so kann er freilich Vernunft und Schrift brauchen, aber er
entweiht sie, er will sie zu seinen Dienern machen, da sie seine Führer seyn sollten.
Bald ist man gegen den, von welchem eine Wahrheit kommt, bald gegen den Einfluß
eingenommen, den diese Wahrheit auf uns haben würde⟩   **22** Parthie] *vgl. Adelung:
Wörterbuch 3,969–970*   **23** Mittel] *davor* ⟨Bestreb⟩

---

27 *Joh 1,46*   **28–29** *Joh 1,46*

urtheil dieser Art unterworfen ist, wer noch sein vorläufiges Urtheil
über eine Wahrheit nach ihrem Vaterland oder nach ihrem Alter oder
nach der Anzahl derjenigen die ihr anhängen einrichtet, der täusche
sich auch ja nicht mit dem Wahn als ob er gesonnen sei sie recht zu
prüfen. An allen Orten, in allen Ländern der Welt gibt es Wahrheit   5
und Irrthum, alle Jahrhunderte und alle Zeitalter haben beides in einer steten Mischung hervorgebracht, große und kleine Gesellschaften
können Wahrheit so gut als Irrthum hegen, ja sogar der gute kann
irren und der böse kann einen Zugang zur Wahrheit gefunden haben,
welche deswegen nicht weniger Wahrheit bleibt wenn er sie auch zu   10
den verkehrten Absichten seines Herzens gebraucht. Noch weit mehr
aber täuscht man sich wenn man den Einfluß im voraus in Anschlag
bringt den das was man als Wahrheit finden könnte auf uns haben
würde. Man scheut sich vor dem Kampf, vor der Gährung in die uns
eine Veränderung unsrer Meinung auf eine Zeit lang bringen würde   15
und diese Trägheit etwas für die Wahrheit zu thun ist desto gefährlicher da sie um so größer ist je mehr der Irrthum schon in den Zusammenhang unsrer Begriffe verwebt ist. Noch häufiger und noch übler
ist ein anderer Fall. Nur richtige Einsichten können uns auf eine
wahre und dauerhafte Weise gut machen weil wir uns nur nach diesen   20
in allen Fällen ohne Widerspruch mit uns selbst richten und so sollte
man also die Frage: wird mich das beßer machen[?] dadurch beantworten, daß man untersuchte: ist das auch wahr? Statt deßen gibt
es viele sehr gut meinende die Tugend liebende Menschen, welche
umgekehrt die Frage[:] ist das auch wahr was ich glaube[?] danach   25
beantworten daß sie ihr Gefühl fragen: macht mich das beßer[?] und
wie leicht täuscht man sich nicht dabei! Wie leicht legt man nicht
guten Handlungen und Entschließungen in einem Augenblick der
52r Wärme Bewegungsgründe unter, welche | sie gar nicht verursacht ha-
ben. Wenn das Herz warm für die Tugend ist so wird man den Irr-   30
thum nicht gewahr der sich hinter manchen richtigen Gedanken der
Seele verbirgt[,] aber deswegen ist er nicht weniger gefährlich, deswegen ist man nicht sicher vor seinen üblen Einflüßen. – Nur richtige
Einsichten können den Menschen dauerhaft glüklich machen und
eben deswegen sollte man wenn man seine Ruhe liebt alle Gedanken   35
mit der größten Unpartheilichkeit prüfen die einigen Einfluß auf unser
Leben haben können. Aber leider bestimt dieser Einfluß bei den mei-

---

4 auch] *korr. aus* doch   8 sogar] *davor* ⟨selb⟩   9 gefunden] *korr. aus Unleserlichem*
14 würde.] *folgt* ⟨Oft scheut man sich in dem einmal in Ordnung gebrachten Zusammenhang seiner Denkungsart etwas zu ändern, man fühlt, daß das nothwendig seyn
würde wenn man von einer gewißen Meinung abgehn wollte,⟩   14 Man] man
15 eine Veränderung unsrer Meinung] *über* ⟨das⟩   25 umgekehrt] *über der Zeile mit
Einfügungszeichen*

sten Menschen im voraus ihre Gedanken über die Wahrheit ihrer Meinung. Wenn die Einbildungskraft mit dem Menschen spielt so glaubt
er, daß diese oder jene Meinung ihn glüklich macht und er glaubt,
daß das ihm nicht schädlich seyn könne, was seine wahre oder ver-
5 meinte Freude vermehrt. Aber wie verkehrt ist dies Verfahren! wie
trügerisch mit wie viel Furcht und Kummer untermischt ist jede
Freude von der man nicht mit Gewißheit sagen kann daß sie durch
die Wahrheit geheiligt ist. | So muß man wenn man die Wahrheit liebt   *51v*
und sucht sie von allem entkleiden was um sie her ist[,] man muß sie
10 ohne alle Rüksicht auf irgend andere Dinge so ansehn und prüfen wie
sie an sich selbst ist. | Man muß nur in ihr und nur durch sie seine   *52r*
Glükseligkeit und seine Freude suchen. So sind also auch diese Pflichten so beschaffen daß sie ein jeder selbst lösen kann, es gehört nur
soviel Vernunft dazu als jeder Mensch auf die gewöhnlichsten Angele-
15 genheiten seines Lebens wendet; nur soviel Sinn für die Schrift wie
jeder Mensch erlangen kann, nur Redlichkeit gegen sich selbst, die
eines jeden Pflicht ist. Und dann sind alle Schwierigkeiten dagegen
nur solche die man sich selbst macht. Sollte aber doch mancher zu
großes Mißtrauen in sich selbst sezen, o so hat ja Gott dazu den Men-
20 schen gesellig gemacht daß einer durch die Vorzüge des andern gewinnen soll ohne daß er deswegen selbst aufhört zu handeln; warum
macht man sich das nicht bei der wichtigsten Angelegenheit des Menschen zu Nuzen warum sucht man so wenig durch Rath und wechsel-
seitige Mittheilung in den Wahrheiten zuzunehmen, welche zum Le-
25 ben führen? – Wenn wir aber auf diese feste und redliche Art die
Pflicht der Prüfung erfüllt haben, so ist uns noch übrig die zweite
Ermahnung des Apostels zu erfüllen: Behaltet das gute.

Zweiter Theil.

Man sollte denken die Macht der Wahrheit sei so allgemein, und in
30 der Natur der menschlichen Seele so gegründet, daß sich niemand
enthalten könne, so oft er etwas als Wahrheit erkannt habe, es auch
als ein unverlezliches Heiligthum hochzuachten und in seine ganze
Denk- und Handelweise zu verweben; aber auch dieser gerechten
Herrschaft entzieht sich der Mensch nur allzu oft. Wenn jemand sich
35 einen alten Irrthum benommen, wenn er eine beträchtliche Veränderung in dem Zusamenhang seiner Einsichten gemacht hat, so ist man
in einem zerstörten Zustand der das menschliche Herz demüthigt,

---

2 Einbildungskraft] Einbildungskr.   8 ist] sind   8–11 So muß ... selbst ist.] *mit
Umstellungszeichen auf der Mitte von Bl. 51v hinter* Herzens gebraucht.   11 Man] er
12–25 So sind ... Leben führen?] *am Rand mit Einfügungszeichen*

man ist sich selbst fremd und da kann man nicht genug auf jeden
Schritt Acht haben den man thut um nicht auf einen oder den andern
Abweg zu gerathen. Sieht der Mensch, daß er durch alles prüfen und
forschen nur in eine so unbehagliche Lage gekommen ist, bedenkt er
wie er bei aller Liebe zur Wahrheit bei aller Treue gegen seine er-　　5
worbne Kenntniß doch so lange unwissend einen Irrthum genährt hat,
betrachtet er alle Mühe die es ihn gekostet hat sich von demselben
loszureißen, alle Bedenklichkeiten die der eingeschränkte Verstand so
lange Zeit nicht zu überwinden vermochte[,] so wird er gegen sich
selbst und alle seine Bemühungen mißtrauisch, der Gedanke, daß er　　10
52v　vielleicht mit aller seiner Mühe nur einen neuen Irrthum | sich erkauft
haben könne, der ihm bald eben so verwerflich werde, schrekt ihn ab
und statt die Früchte deßen zu genießen, was er gethan hat, sieht er
alles als unnüz und vergeblich an bleibt ermattet und schwankt zwischen lauter traurigen Gedanken umher. Wenn man sich diesem trost-　　15
losen Hang überläßt so artet er am Ende in einen völligen Ueberdruß
aus[,] man wird gleichgültig gegen Wahrheit und Irrthum und beraubt
sich der edelsten Freuden und des schönsten Vorzugs der Religion[,]
einer gleichmüthigen Festigkeit des Herzens. Ach m. Fr. laßt uns doch
mehr Zutrauen zu der Güte Gottes und zu den Kräften des Menschen　　20
haben! wenn uns die erste auch hier noch nicht jene Unfehlbarkeit zu
Theil werden läßt welche nur für die Ewigkeit aufbehalten ist, so läßt
sie doch treue und unabläßige Bemühungen nicht unbelohnt, sie läßt
uns gern die Freuden an der Wahrheit genießen, zu welcher uns eine
solche Neigung eingepflanzt ist. Wenn uns auch unsre Kräfte nicht　　25
ganz dem Irrthum entreißen, so entledigt uns doch ihre Anstrengung
deßen je mehr und mehr und wenn es auch möglich seyn sollte daß
wir hie und da vergeblich gearbeitet hätten zu einer festen Ueberzeugung zu gelangen, so laßt uns nicht verzweifeln sondern mit neuem
Muth auf der Bahn fortgehn welche gewiß unserm Vermögen ange-　　30
meßen ist.
　　Allein bisweilen bringt auch dieses Streben nach Wahrheit eine
grade entgegengesetzte Richtung hervor. Wenn jemand sieht wie die
Menschen über die nemliche Sache so verschiednes Sinnes sind je
nachdem der eine diese der andre jene Vorurtheile, der eine diese der　　35
andre jene Meinung über andre Gegenstände hat und wie alles darauf
ankommt, aus was für einem Gesichtspunkt man die Sache ansieht;
wenn ihm die mancherlei Verbindung zwischen den Grundsäzen der
Vernunft und des Verstandes den Gefühlen des Herzens und den Bildern der Einbildungskraft ein Vergnügen gemacht hat, o so fängt er　　40

---

5 wie er] *folgt* ⟨so lange⟩　　14 an] *folgt* ⟨und⟩　　24 zu welcher] *geändert aus* welche
25 nicht] *korr. aus* dem　　28 einer] *korr. aus* einem

wol gar an sich diesem Wechsel zu überlaßen und mit dem was dem
Menschen am heiligsten seyn sollte ein Spiel zu treiben, mit der Liebe
zur Wahrheit und mit den Lehren der Religion; er verläßt was er eben
gefunden hat um nur etwas neues suchen zu können, er erschafft sich
5 Zweifel und Bedenklichkeiten wo keine sind, er beunruhigt und ent-
kräftet sein Herz um nur seinen Kopf mit einer eingebildeten Weisheit
zu beschäftigen. Ach m. Fr. die Wahrheit rächt sich über kurz oder
lang an denen, welche ihr so mitspielen, welche sie suchen ohne sie
brauchen zu wollen, welche das edelste Kleinod als ein unnüzes Spiel-
10 zeug wegwerfen sobald sie es gefunden haben um auf eben solche
Bedingungen ein neues zu suchen. |

Am meisten Verschuldung aber laden ohnstreitig diejenigen auf   *53r*
sich welche die heiligen Pflichten gegen die Wahrheit dem niedrigen
Interesse der Leidenschaft oder vermeinter Klugheit aufopfern. Die
15 gefundene Wahrheit m. Fr. will bekannt seyn, wo es nöthig und nüzlich seyn kann, sie leidet es nicht, daß man sie als eine verbotne Waare
behandle, welche man sorgfältig verbirgt und dennoch wie oft geschieht es nicht! Es ist bisweilen eine mißverstandne Menschenliebe,
welche andern mit einer Erkenntniß die ihnen ein Aergerniß oder eine
20 Thorheit seyn könnte nicht auffallen will, oder ihnen nicht Wahrheit
zeigen, die sie nicht faßen, zu deren Gründen sie sich nicht hinaufschwingen können. Oft ist es eine falsche Schaam die den Menschen
am Bekenntniß einer deutlich erkannten Wahrheit hindert, womit er
vor den Augen einer verkehrten mit Vorurtheilen dagegen erfüllten
25 Welt lächerlich oder verächtlich zu werden fürchtet. Aber wie kann
man die Wahrheit für so ehrwürdig halten als sie ist, wenn man ihr die
verdiente Huldigung darum versagt, weil man fürchtet eine verkehrte
Menge würde es wagen ihrer zu spotten. Aber wer nicht lieber zu viel
als zu wenig thun will um das Reich der Wahrheit zu erweitern, der
30 kann sie nicht lieben. Jedoch wenn es auch hier leicht seyn sollte, sich
aus dem Gebiet einer weisen Zurükhaltung in das einer pflichtwidrigen Verstellung zu verirren, so ist es doch gewiß im höchsten Grad
unrecht und strafbar wenn wir die gefundne Wahrheit unsrer eignen
Leidenschaft aufopfern und das ist doch der gewöhnliche Lauf der
35 Welt. Da ist ein Irrthum über eine Wahrheit oder Pflicht welche zum
Glük des Menschen nothwendig ist, unser Herz hängt ihm an aber
troz aller Partheilichkeit die wir für ihn haben, troz aller Winkelzüge
einer bestochnen Vernunft leuchtet uns die Falschheit unsrer Meinung
ein; was kann da wol eine heiligere Pflicht seyn, als der neuen Wahr-

36 ihm an] ihm

19–20 *Vgl. 1Kor 1,23*

heit mit frommer Willigkeit zu gehorchen, die strengern Pflichten zu
erfüllen die sie uns auflegt, und uns bei ihrem sanften Licht zu beruhigen, dem Irrthum hingegen und allen seinen Folgen mit standhaftem
Ernst abzusagen, zu meiden was er uns mit gewohnter Gelindigkeit
als erlaubt darstellte, unser Auge von den blendenden Bildern abzu-　5
wenden die er uns vorhielt und deren täuschende Nichtigkeit wir jezt
einsehn. Aber wie selten kann das menschliche Herz dieses über sich
erlangen – oft hindert uns der Stolz es uns selbst zu gestehn daß wir
so lange geirrt haben, oft wollen wir lieber die Mühe nicht verloren
seyn laßen, die wir an unsern Irrthum gewandt als daß wir forthin |　10

53v der Wahrheit leben, und ihrer genießen sollten. So stößt der Mensch
mit unbegreiflicher Blindheit und Hartnäkigkeit sein wahres Glük von
sich um ein eingebildetes nicht verlaßen zu dürfen, an welches er einmal gewöhnt ist. Aber wie mag es wol mit der Ruhe eines Menschen
aussehn dem sein Gewißen unaufhörlich Ungehorsam gegen die　15
Wahrheit vorwerfen muß.

Wer die wahre Bestimmung des Menschen hinlänglich kennt, das
höhere Glük mit sich selbst übereinzustimmen jeder noch so angenehmen Täuschung des Gefühls vorzuziehn, wer es einsieht daß jede Verbesserung des Menschen von seiner Erleuchtung ausgehn muß, wer　20
den Sinn Christi zu besizen wünscht der es den seinigen als eine seiner
größten Verheißungen versprach: daß sein Geist sie in alle Wahrheit
leiten solle, der gehe doch immer mehr aus der Gleichgültigkeit heraus
die die meisten Menschen gegen ihre Erkentniß haben, der entschlage
sich doch der Sorglosigkeit womit die meisten ihre Pflicht in dieser　25
Rüksicht übersehn oder sich ihrer überheben, der bedenke doch was
die treue Erfüllung dieser Pflicht für herrliche und ausgebreitete Folgen haben muß. – Der Mensch welcher zum Genuß himmlischer Güter bestimmt ist muß schon immer desto glüklicher und seliger seyn,
je lebhafter er in sich das Bewußtseyn fühlt daß ihm nichts theurer ist　30
als die Wahrheit. Wenn er empfindet daß kein Bestreben in ihm größer
ist, als das ihr immer nachzujagen und immer treu zu bleiben, wenn
er sich fähig fühlt ihr alle Neigungen seiner Seele zum Opfer zu bringen o! so fühlt er auch daß er jeden Schritt zu seiner wahren Bestimmung aller Freude die aus seinen Verhältnißen im gegenwärtigen Le-　35
ben besteht vorziehe! – Ist es wahr und es ist wol nichts richtiger als

---

1 frommer] *über* ⟨standhafter⟩　　5–6 abzuwenden] abwenden　　7 kann] *über*
⟨vermag⟩　　17 hinlänglich] *über der Zeile*　　17 kennt,] *folgt* ⟨wer⟩　　19 vorzuziehn]
vorziehn　　26 überheben,] *folgt* ⟨wenigstens dächte ich sollte keiner nach dieser Betrachtung noch glauben daß die Sache für ihn zu hoch sei⟩　　29 schon] *folgt* ⟨durch d⟩

22–23 *Vgl. Joh 16,13*

dieses, daß es nur dann gut um den Menschen steht wenn seine Vernunft die Herrschaft über die andern Kräfte seiner Seele hat, o so
kann nichts diese Herrschaft mehr befördern, als sich durch den Reiz
den die Vermehrung erhabner Kenntniße hat immer mehr daran zu
gewöhnen, daß man der Erreichung des Zweks, den die Vernunft als
den vornehmsten ansieht, alles übrige aufopfert. *[Der Text endet hier.]*

---

4 Kenntniße hat] Kenntniße   5 der Erreichung] *geändert aus* den Zwek

Nr. 18

Termin:	Vor dem 26. Juli 1794
Ort:	Unbekannt
Bibeltext:	Lk 11,28
Textzeuge:	Autograph Schleiermachers; SAr 9, Bl. 74r–77v
Texteditionen:	SW II/7, 1836, S. 170–181
Andere Zeugen:	Keine
Besonderheiten:	Die undatierte Predigt, die der Abhandlung „Ueber den Werth des Lebens" thematisch nahe ist, dürfte dem Jahresanfang 1792 zuzuordnen sein, für den Schleiermacher nach eigenem Bekunden mehrere Predigten ausgearbeitet vorlagen (vgl. KGA V/1, Nr. 209,22–25).

74r　Eingang. M. a. Z. Jeder, der auf den Namen eines frommen christlichen Gottesverehrers Anspruch machen will, sieht die Begebenheiten seines Lebens nicht bloß als die nothwendigen und natürlichen Folgen von denen Dingen an, womit sie zusammenhängen, sondern ist von Herzen überzeugt, daß alles das unter der Leitung seines himmlischen 5 Vaters gestanden hat. Da kann es denn nicht fehlen, daß wir bei dem Nachdenken darüber uns so mancher Hülfe in der Noth, so mancher besondern Unterstüzung erinnern und uns einer innigen Empfindung von der Liebe und Güte Gottes überlaßen. Aber als vernünftige Menschen, denen es vornemlich um das Ablegen ihrer Fehler, um das Zu- 10 nehmen im Guten, kurz um das Besserwerden, und das Wolgefallen Gottes zu thun ist, als solche sollten wir mit diesen Betrachtungen nicht nur bei dem stehen bleiben, was sich auf unser irdisches Wolergehn bezieht, sondern wir sollten vornemlich unsere Gedanken darauf richten, zu sehn wie sich in allen unsern Schiksalen doch alles darauf 15 bezog, daß uns Gelegenheit zum Beßerwerden gegeben werden sollte, daß wir auch das in uns verborgene Böse gewahr werden sollten, was nur durch besondere Umstände an den Tag kommen konnte, daß wir das Bedürfniß auch der Tugenden fühlen möchten, die uns noch fehlen, daß wir geprüft und geläutert und auf mancherlei Art in dem 20 Guten, wonach wir von Herzen strebten[,] unterstüzt werden sollten. Ein solches Nachdenken über die Begebenheiten unseres Lebens ist nun freilich seltner, als es seyn sollte; aber auch wenn wir es anstellen geschieht es leider selten auf die rechte Art und kann also auch nur selten das bewirken was es bewirken sollte. Es mischen sich oft irrige 25

Vorstellungen ein, die uns auf böse Abwege führen, und ich glaube
daß ich mich auf die eigne Erfahrung der meisten unter Euch berufen
kann wenn ich sage, daß oft dadurch nicht Dankbarkeit sondern Undank, nicht gutes Vertrauen auf Gott, sondern trostlose Niederge-
5 schlagenheit, nicht christliche Demuth, sondern ein unglüklicher
Leichtsinn hervorgebracht wird. Diese Abwege sind es nun vor denen
wir uns in der folgenden Betrachtung mit einander warnen wollen.

  Text.   Luc. 11, 28.

In diesen wenigen Worten ist alles enthalten, worauf es in der Sache
10 ankommt, von welcher jezt unter uns die Rede ist. Alles was Gott für
uns thun kann besteht darin, daß er uns sein Wort hören läßt, daß er
durch Belehrung und Unterricht, durch Beispiel und Erfahrung unser
Nachdenken | über Seinen Willen wekt und leitet und durch mancher- *74v*
lei Umstände unsere Aufmerksamkeit unterhält, daß wir nun aber das
15 bewahren, daß wir darauf achten, und danach thun, das ist unsere
Sache, und auf diesen Zwek muß auch unser besonderes Nachdenken
über alle jene Fügungen Gottes gerichtet seyn[,] und wenn es uns dahin nicht führt, so ist es falsch und verwerflich. Ich rede also nach
Anleitung dieser Worte von der rechten Art über die besondern Unter-
20 stüzungen und Hülfsmittel zur Beßerung nachzudenken, welche Gott
einem jeden zu Theil werden läßt. Das unrichtige nun, was wir dabei
vermeiden müssen, besteht vornemlich in zwei Stüken 1.) daß wir
durch diese Ueberlegungen nicht undankbar werden 2.) daß sie uns
nicht stolz und übermüthig machen.

25   Erster Theil.   Ich sage wir müßen uns hüten, daß eine solche
Betrachtung nicht dahin ausschlage uns undankbar gegen Gott zu machen. Das begegnet leider so vielen Menschen, die auch hier ihre Lage
und ihren Lebenslauf immer mit andern vergleichen und so viele um
sich her zu sehen glauben welche von Gott weit mehr begünstigt und
30 unterstüzt sind. Ja, sagen sie, wenn ich die Anleitung zum Guten gehabt hätte die jenem zu Theil worden ist, wenn ich so immer gute
Beispiele vor mir gesehn und unter guten Menschen gelebt hätte,
wenn ich so vor Versuchungen bewahrt geblieben wäre, und so ein
sorgenfreies Leben gehabt hätte, wodurch so vieles Gute leichter wird,
35 und so entsteht Eifersucht und Neid gegen unsre Brüder und Unzufriedenheit und heimlicher Groll gegen die Fügungen Gottes. Aber ist
denn das recht so? muß denn das so seyn? Wenn Du es gut und redlich
mit Dir selbst meinst, so gieb Dich doch nicht so falschen und nieder-

---

8 Text. Luc.] Luc.   9 In] *davor kein Absatz*   13 wekt] *folgt* ⟨,⟩   32 unter
guten] *geändert aus* gute

schlagenden Gedanken hin. Gott ist ja der Vater aller Menschen, er
erbarmt sich ja aller seiner Kinder, es ist ja unmöglich daß er für mich
weniger sollte gesorgt haben als für andere; es muß wol nur ein falscher Schein seyn, daß ich von ihm hinter andere zurükgesezt bin.
Wenn Du zuerst so dächtest, so würdest Du wol alles anders ansehn.   5
Wenn es Dir an einer guten Erziehung gefehlt hat so haben freilich
mancherlei böse Neigungen eher Wurzel faßen können in Deinem
Herzen, aber Du konntest dann auch in den Jahren des Verstandes
desto eher die übeln Folgen des Bösen bemerken, und durch Deine
eigene Erfahrung belehrt die ersten Schritte zu demselben kennen und   10
vermeiden. Wenn du we|nig gute Beispiele gesehen hast, so mußt Du
doch gestehn, daß die bösen auch lehrreich sind, und daß schon der
Gedanke, daß wir unter Menschen leben welchen wir nicht nachahmen dürfen, unsere Aufmerksamkeit schärft. Wenn Deine Umstände
Dir nicht erlaubt haben immer die Ruhe und Heiterkeit der Seele zu   15
besizen, wobei man am leichtesten Herr über sich selbst ist, so wirst
du doch zugeben daß man unter den Sorgen und Leiden des Lebens
am besten mit dem verborgenen Bösen, mit den heimlichen Anlagen
zur Habsucht zur Ungerechtigkeit, zum Neide bekannt wird. Und so
wird eine genaue Betrachtung der Sache uns immer zeigen daß wir   20
uns schwer versündigen, indem wir gegen Gott murren, daß Er gewiß
für uns nicht weniger sorgt als für andere, und daß wir uns einer eben
so großen Liebe und Sorgfalt rühmen können, wenn er uns gleich
anders behandelt und uns andere Umstände und Verhältniße zuer-
theilt, um seine Absichten mit uns zu erreichen; wovon sollte also wol   25
dieser Unterschied herrühren, als von der Weisheit dessen, der die
Bedürfniße und die ganze Beschaffenheit eines jeden am besten kennt.
Da können uns freilich die Mittel, die er bei andern anwendet[,] angenehmer und sanfter scheinen, aber wolthätig und weise ist gewiß auch
das, was Er für uns thut.   30
    Wenn das aber doch so leicht einzusehn ist, woher komt es denn
daß das falsche Urtheil woraus diese Ungenügsamkeit, diese Eifersucht auf diejenigen welche mehr Mittel zu ihrer Besserung in Händen
zu haben scheinen, so sehr gewöhnlich ist? Unser Herz, m. Fr. verführt
unsern Verstand. Es scheint wol, als ob dabei eine Begierde nach der   35
Tugend zum Grunde läge, ein rühmliches Bestreben andern darin
gleich zu kommen, oder auch das Bewußtseyn, daß wir diese vermeinten bessern Umstände beßer benuzt haben würden, als andere es tha-

75r (margin, line 11)

---

ten; aber das ist wol selten die Ursach. Wir sehn das wenn wir auf
das Verhalten der Menschen in ihren irdischen Angelegenheiten Acht
geben. Wer sind da die Unzufriedenen denen jeder andere beßer dran
zu seyn scheint, die so oft wünschen in der Stelle eines andern zu seyn?
5 Es sind nicht die, welche die Freuden des Lebens recht zu schäzen und
es recht zu genießen wissen, nicht die, welche die Mittel zur Glükseligkeit, welche sie in Händen haben[,] zu benuzen verstehn, sondern ge-
wöhnlich die trägen, welche nicht aufgelegt sind, sich selbst etwas |
zu erwerben, die unordentlichen, welche nicht gelernt haben ihr Ver-   *75v*
10 mögen zu ihrer Glükseligkeit recht anzuwenden, die unweisen, die ihr
Vergnügen immer da suchen wo es nicht ist und also ihr Leben in
fruchtlosen Bemühungen und unglüklicher Langerweile hinbringen;
die möchten gern die Schuld des schlechten Zustandes worin sie sich
sehn von sich abwälzen und auf ihre äußern Umstände schieben. So ist
15 es auch hier. Wenn wir fühlen, daß wir uns wenig gute Eigenschaften
erworben haben, daß wir durch alles, was sich mit uns zugetragen
hat[,] nicht weiser geworden sind, daß unsre guten Vorsäze uns nichts
gefruchtet haben, so pflegen wir dann über den Verlauf unseres Lebens nachzudenken, aber nicht um Gottes Güte darin zu loben, son-
20 dern um uns gegen ihn zu rechtfertigen. Wir wollen es vor uns verbergen, daß wir träge gewesen sind im Streben nach christlicher Vollkommenheit, daß wir unklug gewesen sind Zeit und Umstände zu
benuzen, daß wir schlechte Haushalter gewesen sind mit den anvertrauten Pfunden; und da suchen wir die Schuld auf unsere Umstände
25 zu werfen. Ach, m. Fr., wer sich betrügen will, der ist immer unglüklich genug Mittel dazu zu finden. Aber das sei ferne von uns. So
bewahren wir das Wort Gottes nicht, eine so eingerichtete Ueberlegung kann keinen guten Einfluß auf unser künftiges Betragen haben,
vielmehr muß sie uns immer weiter von dem Wege der Treue, und des
30 Fleißes im Guten abbringen auf dem wir wandeln sollten. Wären wir
aufrichtig gegen uns selbst gewesen, so hätten wir uns die tröstliche
Lehre nehmen können, daß es uns auch ins künftige nicht an Gelegenheiten im Guten zuzunehmen fehlen werde, da sie auch in solchen
Umständen vorhanden gewesen, die uns auf den ersten Anblik so un-
35 günstig schienen, und so überlassen wir uns der trostlosen Einbildung
daß wir von Gott zurükgesezt wären und daß er es uns schwer mache,
seine Gebote zu erfüllen. Wir hätten können an Selbstkenntniß zuneh-

---

3 Unzufriedenen] *korr. aus* Unzufriedenheit   4 die so oft] *über* ⟨von denen⟩   6 ge-
nießen] *korr. aus* Unleserlichem   20 uns gegen ihn zu rechtfertigen.] *über* ⟨die Schuld
auf ihn zu werfen.⟩

23–24 *Vgl. Lk 19,12–26*   26 *Jos 24,16*

men, statt deßen aber schläfern wir unser Gewissen ein, und verstoken
unser Herz; wir hätten können mit der Empfindung einer bessernden
Reue, einer Traurigkeit die zur Seligkeit führt unser Nachdenken beschliessen, statt dessen ärndten wir davon Undankbarkeit gegen unsern gütigen Vater im Himmel. Nein, auch wenn die Wahrheit unan-   5
genehm und demüthigend ist[,] sei sie uns heilig, und doppelt heilig,
76r   wo es auf die Rechenschaft | ankommt, die wir uns selbst, und auf
die Dankbarkeit, die wir Gott schuldig sind.

Zweiter Theil. Der entgegengesezte Fehler, vor dem wir uns
zu hüten haben[,] ist der, daß wir nicht durch die Ueberlegung wie   10
Gott alles zu unserm Besten lenkt, und durch die Erinnerung an das
was er in dieser Rüksicht für uns gethan hat, stolz und übermüthig
werden. Es ist leider eine sehr allgemeine Neigung sich alle Vortheile
auch als Verdienste und Vorzüge anzurechnen, auch wenn man sie
nur äußern Umständen und dem, was wir Zufall nennen, zu verdan-   15
ken hat. So werden denn auch oft diese Hülfsmittel zu unserer Beßerung, welche uns Gott darreicht, diese Verhältniße die uns das Gute
erleichtern, besonders wenn sie zugleich angenehm sind oder die Aufmerksamkeit der Menschen auf sich ziehn[,] als Verdienste und innere
Vorzüge angesehn, und man erhebt sich über diejenigen, welche weni-   20
ger davon zu besizen scheinen. So rühmt sich mancher der guten ausgezeichneten Menschen, die er etwa unter die seinigen zählt oder mit
denen er in Verbindung steht, ein anderer seiner Erziehung, seiner
Geschäfte, seines Glüks oder auch wol seines Unglüks und seiner Leiden, und meint, daß Gott seine Schiksale doch ganz vorzüglich re-   25
giere, an ihm ganz besonders seine Liebe und Barmherzigkeit beweise,
und daß er also doch einen Werth haben müsse, der andern seiner
Brüder fehlte. Diese unweise Eitelkeit aber ist hier noch weit thörigter
und weit unvernünftiger, als in jedem andern Fall. Es kommt ja nicht
auf das äußere Ansehn, nicht auf die sichtbare Beschaffenheit der Mit-   30
tel an, deren sich Gott bedient, um uns zum Guten zu führen. Eine
einzige Stunde des einsamen Nachdenkens[,] von der ich gar nichts
gewahr werde, kann bei meinem Bruder weit mehr Gutes stiften, als
der deutlichste Anblik des Elendes in welches sich das Laster endigt
bei mir gethan hat; eine einzige Erfahrung davon wie schnell böse   35
Gedanken des Herzens sich entwikeln können hat vielleicht einen höhern Grad von Aufmerksamkeit auf sich selbst bei ihm hervorgebracht als Unterricht und Ermahnungen zur Wachsamkeit bei mir. So
ist es uns also gar nicht möglich zu bestimmen, wem Gott mehr und

---

2 mit der] *über* ⟨eine bess⟩   34 welches] welchen

wirksamere Mittel zur Besserung an die Hand gegeben, und es wäre
thörigt sich darin gleichsam mit andern meßen zu wollen. Noch thörigter aber ist es überhaupt, wenn wir uns solcher Gnadenwolthaten
Gottes überheben, sie uns als ein Verdienst anrechnen, oder wenig-
5 stens als eine gerechte Belohnung unserer Vorzüge ansehn wollten.
Ein Verdienst ist ja doch nur immer das Gute, was durch unsre Mühe
und unsern Fleiß in uns ent|standen ist, dessen was wir zufällig er-   76v
langt haben dürfen wir uns nicht rühmen. Aber die Veranlaßungen,
die Gelegenheiten das Gute auszuüben, oder zu erwerben, sind ja
10 überhaupt noch nicht etwas Gutes. So wenig als derjenige glüklich ist,
der reich ist, der die äußern Mittel besizt um sich das zu verschaffen,
was zu seinem Wolsein gehört, eben so wenig ist ja der schon gut dem
es Gott an vielerlei Gelegenheiten beßer zu werden, an vielerlei Mitteln sich im Guten zu befestigen nicht fehlen läßt. Noch weniger soll-
15 ten wir solche Gnadenwolthaten Gottes ansehn als Belohnungen für
etwas Gutes, das wir schon gehabt hätten; es ist ja viel wenn wir nach
der besten Benuzung derselben soviel haben um auf seine Billigung
Anspruch zu machen. Gott, der uns sein zu unserm besten gegebenes
Gesez offenbart, der die Stimme in uns gelegt hat, welche uns immer
20 sagt, was demselben gemäß oder zuwider, der kann ja wol von uns
fodern, daß wir diesem Gesez Genüge leisten, auch wenn er uns ganz
uns selbst überließe. Wenn er also mehr thut, wenn wir nicht umhin
können hie und da in unserm Leben besondere Veranstaltungen wahrzunehmen, welche darauf abzwekten heilsame Veränderungen in uns
25 hervorzubringen, so ist ja alles das, was wir in dieser Rüksicht Gnade
Gottes, Unterstüzung in unserer Heiligung nennen, nichts anders, als
Barmherzigkeit die unserer Schwachheit, unserer oft selbst verschul-
deten Schwachheit abhilft, als mildthätige Gabe, die unseren Bedürfnißen abhilft, welche wir doch durch Anstrengung unserer Kräfte
30 selbst müßten befriedigen können; eine schäzbare Wolthat, die aber
doch immer anzeigt, daß wir dasjenige was wir eigentlich von selbst
können sollten ohne dieselbe schwerlich würden zu Stande gebracht
haben. Da ist also keine Ursach uns zu erheben, kein Zeichen unsres
Verdienstes, sondern Gelegenheit unsere Unvollkommenheit einzu-
35 sehn, und Veranlaßung uns zu demüthigen. Wer sich irgend einer solchen Wolthat Gottes überhebt, der denke doch selbst über die Ursachen derselben nach. Es ist einem durch einen vorzüglich sorgfältigen
und richtigen Unterricht die Erkentniß und Unterscheidung des Guten
von Jugend auf tief eingeprägt worden, vielleicht würde er sonst nicht
40 genug auf die Stimme seines eigenen Gewissens gehört haben. Ein

---

7 dessen] *korr. aus* daß   17 derselben] *korr. aus* dieser   22 Wenn] *korr. aus*
Unleserlichem   37 sorgfältigen] *korr. aus Unleserlichem*

anderer hat sein Leben mit lauter ausgezeichneten Menschen verbracht; vielleicht war das sehr nothwendig, weil er geneigt ist mehr
aus Nachahmung zu handeln, mehr um das Lob derer zu erlangen die
seine Handlungen beobachten als aus Ueberzeugung. Ein anderer
weiß sich vieler einzelnen Gelegenheiten zu erinnern, wo besondere 5
Rührung und Erwekung seine Seele heilsam erschütterten, und das
77r veranstaltete Gott vielleicht, weil die bloßen | Gebote der Religion,
die bloßen Vorstellungen seiner Vernunft zu wenig auf ihn wirkten.
Und so sind alle solche Unterstüzungen nicht um einer Tugend willen
da, für welche wir belohnt werden müßten, sondern wegen unserer 10
Schwachheiten, die dadurch gebeßert oder wenigstens unschädlich gemacht werden. Wenn Du das erkennst, so wirst Du auch aufgelegt
seyn das Wort Gottes, welches er Dich auf so mancherlei Weise hören
läßt[,] zu bewahren; aber jener elende Eigendünkel kann nur nachtheilige Folgen haben. Soviel Gnade hab ich bis jezt von Gott geno- 15
ßen, denkt er, ich kann auch wol voraussehn, daß er in Zukunft eben
so gütig mit mir umgehn wird; darüber will ich nun aber auch froh
sein, und will gute Zuversicht haben. Warum sollt ich so besorgt seyn
für die Zukunft, warum sollt ich mich mit der angespannten Aufmerksamkeit auf jede Handlung und jeden Augenblik des Lebens quä- 20
len? So begnadigt, so unterstüzt von Gott kann es mir ja wol nicht
fehlen, daß ich von Tage zu Tage beßer werde. Wer so denkt, der
glaube doch ja nicht[,] daß das die Dankbarkeit sei, welche Gott verlangt, daß das der gute Muth sei, den die Ueberzeugung von Seiner
Unterstüzung uns einflößen soll. Eben denen, die sich solcher Woltha- 25
ten Gottes zu rühmen hatten, ruft ein Apostel Jesu zu: Schaffet daß
ihr selig werdet mit Furcht und mit Zittern; zu eben denen sagt unser
Erlöser: wem viel gegeben ist, von dem wird auch viel gefodert werden. Es mag wol seyn, daß auch bei dieser trägen Denkungsart auch
ohne Dein Zuthun, und ohne Deinen guten Willen durch alle diese 30
Anstalten Gottes etwas gutes in Dir gewirkt wird, aber willst Du damit zufrieden seyn? meinst Du, daß Gott damit zufrieden seyn werde?
Von allem wirst Du einst Rechenschaft geben müssen und das Gute,
was ohne Deine Bemühung entstanden ist[,] wird Dir nicht so zugerechnet werden als das, was durch Deine Nachläßigkeit unterblieb. 35
Wenn Du nicht ernstlich darüber nachdenkst: wie kann ich wol die
Lage benuzen in der ich bin, was für Gutes kann wol daraus in mir

---

1–2 verbracht] *korr. aus* vollbracht   4 als aus Ueberzeugung] *mit Umstellungszeichen eine Zeile höher hinter* Nachahmung   7 weil] *folgt* ⟨er zu⟩   19 mich mit]
mich quälen mit   30 Deinen] deinen

26–27 *Phil 2,12*   28–29 *Vgl. Lk 12,48*

entstehn, so werden von denen Begebenheiten die Gott absichtlich zu
Deinem Besten mit in den Lauf Deines Lebens einschloß nicht nur
viele ganz ungebraucht vorübergehn, sondern viele werden Dir eben
soviel Schaden bringen als Du Nuzen davon hättest ziehn sollen. Du
5 wirst unterliegen in allem was einigermaßen den Namen einer Prüfung
einer Versuchung verdient und was Gott zu Deinem Heil über Dich
verhängen wollte wird zu Deinem Schaden ausschlagen. Das ist also
gewiß eine falsche Zuversicht, welche auf die Hülfe die von außen
komt zu viel rechnet, und sich durch die Hofnung auf dieselbe aller
10 eignen Mühe und Arbeit überheben will, ohne welche doch Gott den
Menschen nichts verheißen hat und nichts geben will. Woher komt
sie aber? Aus dem Leichtsinn und der Trägheit wozu die Anlage bei
allen Menschen ist, und sich grade in denen, die das Ansehn zufriedner und heiterer Menschen haben[,] am leichtesten äußert. Wir kön-
15 nen uns nicht enthalten in die Zukunft zu sehn | aber wir möchten   *77v*
nichts schweres darin erbliken, das mühselige Bild der Arbeit und
Sorge möchten wir nicht darin wahrnehmen. Wir wollen uns an der
Aussicht auf Glük und Tugend in der Zukunft ergözen, aber das wollen wir nicht hören, daß wir beide nur im Schweiß unseres Angesichts
20 geniessen sollen, und doch ist das das ewige Gesez, welchem sich kein
Mensch auf Erden entziehn kann. Gott hat uns verboten, daß wir
ängstlich in irdischen Dingen für die Zukunft sorgen sollen, aber dabei besteht doch sein Befehl alles zu thun was zu unserer Erhaltung
und zu unserer Glükseligkeit nöthig ist; eben so will er nicht daß wir
25 an Seiner Barmherzigkeit und an unserer Besserung verzweifeln, er
will daß wir auf seinen Beistand rechnen sollen; wir sollen also freudig
seyn und guten Muth haben, aber nicht auf eine leichtsinnige Sorglosigkeit gebaut, sondern das sollen wir immer mit einrechnen, daß dieser göttliche Beistand uns nur dann etwas hilft wenn wir auch selbst
30 unsre Kräfte anstrengen und thätig sind so viel als möglich.
     Laßen wir das unsre Regel sein, werden wir der Wahrheit nicht
untreu weder um das zu beschönigen was schon geschehen ist, noch
um das als leichter vorzustellen was uns noch bevorsteht, vermeiden
wir also diesen Abweg der übermüthigen Trägheit eben sowol als je-
35 nen der neidischen Undankbarkeit, so wüßte ich nicht welche Ueberlegung trostreicher und segensvoller für uns seyn könnte, als eben
diese wie der ganze Zusammenhang der Begebenheiten unseres Lebens so zu unserm Besten von Gott eingerichtet ist. Was könnte uns

---

25 Seiner] *über* 〈unserer〉   29 hilft] *korr. aus* verhilft   31 Regel sein] Regel
33 uns noch] *über* 〈schon [ ]〉

19–20 *Vgl. Gen 3,19*

wol, bei der großen Freude, die wir billig empfinden müßen wenn wir
beträchtliche Fortschritte des Guten in uns wahrnehmen, beßer vor
Stolz der immer der Anfang des Falles ist bewahren, und unsre Bescheidenheit und Demuth erhalten, als der Gedanke, daß wir so vieles
davon den Umständen verdanken in die uns Gott gesezt hat? Was
könnte auf der andern Seite bei den Bemühungen im Guten, die uns
oft so schwer werden[,] unsern Muth kräftiger erhalten als der herzerhebende Gedanke, daß sie von Gott selbst auch in Zukunft noch werden unterstüzt werden, wo es unsre Schwachheit nothwendig macht.
Was überhaupt könnte unsre Frömmigkeit, unsre Liebe und Dankbarkeit gegen Gott beßer nähren, als das fleißige Andenken an diese vorzüglichsten Beweise Seiner väterlichen Vorsorge. Es ist nicht möglich
daß einer unter uns sein sollte dem sein Leben nicht deren genug darbieten sollte, möchte nur jeder von Zeit zu Zeit auf diese Art daran
zurükdenken, Gott seinen Dank dafür bringen und seine treuen Vorsäze, das gehörte Wort auch zu bewahren und keinen Beweis der göttlichen Gnade an sich vergeblich seyn zu laßen, auch ausführen: so
werden wir alle unter die gehören, welche Christus selbst selig
preist! Amen.

---

8 noch] *über* ⟨soll⟩

Nr. 19

Termin:	*Vor dem 26. Juli 1794*
Ort:	*Unbekannt*
Bibeltext:	*1Joh 5,4*
Textzeuge:	*Autograph Schleiermachers; SAr 10, Bl. 17r–20v*
Texteditionen:	*SW II/7, 1836, S. 229–240*
Andere Zeugen:	*SN 51, Bl. 41v, eine Notiz (unten S. 450)*
Besonderheiten:	*Für die undatierte Predigt liegt kein Terminzeugnis vor.*

Viele Menschen sind gewohnt diese Welt mit dem traurigen Namen   *17r*
des Jammerthales zu bezeichnen. Wie sie dazu gekommen sind oder
was sie sich dabei denken weiß ich nicht. Sollte es unter unsern Brüdern auf Erden einen geben welcher sich mit Recht zu diesem trauri-
5 gen Glauben bekennen könnte, so müßte er aufstehn können und sagen: „Ich habe nie etwas gehört auf dieser Erde als Töne des Trauerns
und des Kummers; alle Stimmen der Menschenkinder lösen sich auf
in Klagen und Winseln: immer daherschwimmend in dem Meere der
Leiden stehn sie nie auf ihren Füßen und können sagen dahin will ich
10 gehn, immer umfangen von den Schatten des Todes werden sie nie
von einem erwärmenden Funken wahrer Freude erreicht, nie wird etwas um sie her durch einen wolthätigen Stral gegründeter Hofnung
erleuchtet. Sie arbeiten und ruhen nicht, aber ein höheres Schiksal
spottet ihrer; das Brodt wonach sie ihre Hand ausstreken wird zum
15 Stein und die Blume die sie pflüken wollen zur giftigen Schlange." Ich
weiß nicht ob die Menschen welche so denken je etwas von einem
Herrn gehört haben der die Welt regirt oder von einem Vater im Himmel der sich seiner Kinder erbarmt; haben sie aber davon gehört, wie
sie sich denn größtentheils einbilden Fromme zu seyn und solche die
20 sich nach dem bessern Vaterland sehnen, so möchte ich sie weiter
fragen, wie sie denn den Schöpfer dadurch zu ehren meinen, daß sie
seine Werke verlästern, oder wie sich ihr Verstand unter die Weisheit
Gottes demüthigt indem sie ganz anders über die Welt urtheilen als er
welcher ansah alles was er gemacht hatte, und siehe da es war alles
25 sehr gut. So ungerecht es also ist, wenn wir darüber klagen wollen,

---

1 Viele] *auf einer an Bl. 19r hängenden Papierecke*   15 Schlange."] Schlange.

---

2 *Vgl. Ps 84,7*   20 *Vgl. Hebr 11,14–16*   24–25 *Vgl. Gen 1,31*

daß wir uns mit Anstrengung aller Kräfte durch das Elend dieser Welt
durchschlagen müssen, so gewiß ist es doch daß die Schrift und alle
weise Männer die Wallfarth durch dieses Leben nicht als eine sorglose
ruhige Reise auf gebahntem Wege vorgestellt haben sondern als einen
Zug mit den Waffen in der Hand, umgeben von unzähligen Feinden   5
denen wir jeden Schritt erst durch Streit und Sieg abgewinnen müssen.
Wir werden ermuntert den Schild des Glaubens, den Harnisch der
Gerechtigkeit anzulegen[,] wachsam und nüchtern zu seyn damit wir
nicht überfallen werden und zu kämpfen als tapfere Krieger. Auf den
eigentlichen Gegenstand dieses Streits und die Hülfsmittel die uns   10
dazu angewiesen werden wollen wir in dieser Stunde unsere Aufmerk-
samkeit richten. |

17v   Text.   1. Joh. 5, 4.

Wir wollen nach Anleitung dieser Worte mit einander untersuchen,
was das heißt die Welt überwinden; wir wollen zweitens zeigen daß   15
es der Glaube ist, dem wir diesen Sieg zu danken haben.

Erster Theil.   Wer mit der Welt streitet, der muß nicht mehr
ganz von der Welt seyn; er muß etwas höheres und vortrefliches in
sich fühlen und kennen, wodurch er andre Gegenstände seiner Thätigkeit und seines Bestrebens erhalten hat, als ihm die Welt darbietet, 20
und so ist es auch. Es ist eine gewöhnliche Art die Widersprüche in
der menschlichen Seele zu bezeichnen daß man sagt es sei in dem
Menschen etwas göttliches und etwas thierisches. Das göttliche in uns
ruft uns zu: Sei liebevoll, sei vollkommen, sei heilig wie Dein Vater
im Himel heilig ist. Wer diese Stimme in sich hört und ihrem großen 25
Ruf folgt, der fängt an sich über das irrdische zu erheben und nach
dem zu trachten was droben ist. Er will sich mit solchen Eigenschaften
schmüken deren Schönheit nicht mit dieser Welt vergeht, er will solche
Güter erwerben, welche noch in der Ewigkeit gelten. Aber in diesem
edeln Bestreben findet er tausend Hinderniße. Die Dinge dieser Welt 30
reizen seine Sinne und seine Einbildungskraft; das unangenehme will
vermieden und das angenehme wieder genoßen seyn; Neigungen entstehn und werden bald zu mächtigen Leidenschaften[,] Wünsche keimen auf und verwandeln sich nur zu leicht in heftige Begierden[,]
allerlei Handlungen werden zur Gewohnheit, und Gewohnheiten   35
üben eine Herrschaft über die Seele aus, welche die Aufmerksamkeit
von allen bessern Gegenständen zurükhält. So streitet der sinnliche

---

14 Wir] *davor kein Absatz*   28 solche] *korr. aus* solchen

---

7 *Vgl. Eph 6,16*   8 *Vgl. 1Thess 5,6*   24–25 *Vgl. Mt 5,48*   26–27 *Vgl. Kol 3,2*

Mensch in uns gegen den geistigen, so sucht die Stimme der Begierde, welche Lust und Vergnügen fodert[,] die sanften Töne der Religion und der Vernunft zu erstiken welche uns zur Tugend und Gottseligkeit rufen wollen. Der Feind mit dem wir streiten ist in uns, es sind die
5 sinnlichen Triebe mit ihrem ganzen Gefolge, aber die Veranlaßungen seiner Angriffe sind außer uns in den Leiden, Freuden und Geschäften des irrdischen Lebens. In alle dem nun sollen wir siegen über uns selbst; das heißt wir sollen die Welt überwinden in ihren Leiden, Freuden und Geschäften.
10 Wir müßen die Welt überwinden in ihren Leiden. Das heißt nicht, wir sollen dem Schmerz so trozen als ob er uns nicht weh thäte; nicht wir sollen ihn so lange muthwillig aufsuchen und uns selbst quälen bis unser menschliches Gefühl dagegen ganz abgestumpft ist. | Es   *18r*
giebt eine gewisse Fühllosigkeit die manchen schon von Natur eigen
15 ist, die manche bei sich erzwungen haben, aber diese gehört nicht zu unserm Sieg, sie ist nicht einmal ein Vortheil. Leiden zu können, d. h. mitten unter Kummer und Schmerzen das Andenken an den bessern Zustand des Glüks aus dem wir herausgerissen sind beibehalten[,] das ist einer unserer Vorzüge und uns dessen zu begeben wäre ein schlech-
20 ter Sieg. Wir sollen also das Unglük fühlen was uns trift, wir sollen mit allen unsern Kräften arbeiten uns davon zu befreien, nur daß dies Bestreben immer höheren Zweken untergeordnet bleibe. Die Irrthümer, die Schwachheiten, die Fehler, die übeln Gewohnheiten die schlechten Sitten die etwa noch an uns sind müssen uns ein weit grö-
25 ßeres Unglük dünken, als alles was unsere Empfindung oder wol gar nur unsern Körper drükt. Das Gefühl der Schuldlosigkeit, des reinen Herzens, des unausgesezten Besserwerdens muß uns ein weit höheres Glük scheinen, als die größte Wonne die die Befreiung von einem lang zehrenden Kummer uns nur gewähren kann. So weiche also das irrdi-
30 sche immer dem geistigen. Sobald wir einen Fehler erbliken den wir vermeiden, eine Schwachheit die wir ablegen müssen, so wende sich unsere Seele wenn sie auch damit beschäftigt war einen drükenden Schmerz zu entfernen dennoch augenbliklich zu jenem höhem Zwek. So groß ein Leiden auch sei und wenn es an der äußersten Grenze
35 dessen läge was die Menschheit ertragen kan, so muß uns doch imer vor dem Gedanken schaudern es durch ein Mittel zu heben wobei auch nur das geringste von Versäumung unserer Pflicht, von Verlezung unseres Gewissens im Spiel ist. Das Unglük, so tief es uns auch imer beugen mag, muß uns lieb und werth seyn, dem wir nicht ent-
40 gehn können ohne uns selbst und unserm Gott untreu zu werden: denn es ist ein Denkmal unserer Stärke und unseres Sieges. Wer diese natürliche Ordnung der Dinge nie umkehrt, und nie so weit verleitet wird daß er die Sorge für Ruhe und Wolbefinden den Angelegenheiten

der Gottseligkeit und Besserung vorzöge[,] der überwindet die Welt
in ihren Leiden.

    Wir sollen aber auch die Welt überwinden in ihren Freuden. Das
heißt nun wieder nicht wir sollen uns alle irrdischen Freuden versagen, wir sollen vor allen Vergnügungen fliehen die uns etwa loken,   5
das wäre kein Sieg sondern eine Flucht, dadurch würden wir nicht
unsre Kräfte zeigen und üben sondern unsre Schwachheit unrühmlich
verbergen. Die Freude darf uns lieb und werth sein, wir dürfen sie
18v gern unter uns | aufnehmen, wir dürfen ihr auch nachgehn und sie
aufsuchen; aber sie muß eben so wenig als das Leiden im Stande seyn   10
unsre Sorgfalt für das was mehr werth ist als irrdisches Glük zu vermindern und die Wärme unseres Eifers für das Gute und edle zu
schwächen. Ach der Streit mit den Freuden der Welt ist für die meisten
Menschen noch weit gefährlicher als der mit ihren Leiden. Mancher
widerstand den harten Schlägen des Schiksals und sezte den Versu-   15
chungen des Unglüks einen christlichen unerschütterlichen Muth entgegen, aber er war nicht im Stande den Reizungen des Vergnügens zu
widerstehn[,] seine Stimme lokt so lieblich, es sieht oft so unschuldig
aus. Hier ist der Ort unsre Wachsamkeit unsre Vorsicht unser argwöh-
nisches Mißtrauen aufs höchste zu treiben. Der Sieg ist uns auf lange   20
Zeit vielleicht auf immer aus den Händen gerissen wenn wir einmal
unterliegen. Wenn wir uns so weit vergessen ein Vergnügen so erlaubt
es immer sei auf einem Wege zu suchen der von der graden Straße der
Rechtschaffenheit auch nur im geringsten abweicht, eine Freude mit
einer Handlung zu erkaufen worüber unser Gewißen zu spät seufzen   25
wird, wenn wir auch ohne eben übel zu handeln sorglos einem Vergnügen nachgehn, wovon wir doch fühlen können daß es zu starken
Reiz für uns hat und unsre Kraft zum Guten nothwendig nach und
nach schwächen muß; wenn unsre Aufmerksamkeit gespannter, unser
Verstand erfindsamer ist, wo es darauf ankomt einen Augenblik des   30
Lebens mit einem flüchtigen Vergnügen auszufüllen als da wo wir eine
stille Tugend üben, wo wir im geheimen die Thränen eines leidenden
troknen, wo wir ein Mittel der Besserung für uns oder andere ausdenken sollen, wenn wir es erst dahin komen lassen dasjenige was unsere
Pflicht fodert troz der innern Vorwürfe gleichgültig aufzuschieben um   35
eine Freude nicht ungenoßen zu laßen die nur für diesen Augenblik
blüht, dann haben die Freuden der Welt uns überwunden, aller Widerstand den wir vielleicht den Leiden geleistet haben ist vergeblich,
unsre Kraft ist hin, Leichtsinn und Unbesonnenheit werden uns unfehlbar allen Schaden zuziehn der ein unbewahrtes Herz nur treffen   40

---

23 suchen] *über* ⟨vergess⟩   **23** von] *über* ⟨⌊uns⌋⟩   **30** des] *korr. aus* uns   **34** dasje-
nige] *korr. aus* diejenigen

kann. Ja was noch mehr ist; es komt nicht nur darauf an den niedrigsten sinnlichen Lüsten und Vergnügen zu widerstehn, auch das was
einem edeln christlichen Herz von Werth seyn muß; auch Geselligkeit,
Mitleid Freundschaft und Liebe können uns in Versuchung führen
5 und in dem Augenblik wo sie anfangen wollen uns werther zu sein
als Religion und Tugend und uns zu etwas zu verleiten, das nicht recht
ist, werden auch sie zu Freuden der Welt, die wir überwinden sollen.
    Wir sollen endlich die Welt überwinden in ihren Geschäften und
Sorgen. Diese gehören freilich | zu unsern Pflichten, und sofern mü-   *19r*
10 ßen sie uns heilig seyn und es läßt sich nicht denken daß wir gegen
sie zu streiten. Aber sie sind doch nur zu irrdischen Zweken da und
wir müßen uns hüten daß sie nicht um dieser willen zu Leidenschaften
werden und unsere ganze Seele ausfüllen. Wenn der treue Geschäfts-
mann in Versuchung kommt seinem Vaterlande auf Kosten seiner eig-
15 nen Tugend und Rechtschaffenheit zu dienen und durch Uebertreibung seines Eifers andere unnöthig zu belästigen und zu drüken, wenn
der emsige Hausvater es aus Sorge für die seinigen nicht wagt der
nüzlichen Arbeit dann und wann eine Stunde abzubrechen um sich
mit höhern Dingen zu beschäftigen, um seinen eignen Geist zu laben
20 und Untersuchungen über sein Herz anzustellen, wenn er die Gewohnheit bei seinen Geschäften seinen Vortheil zu suchen auch dahin
mitbringt wo er ohne Rüksicht auf seine Geschäfte aus ganz andern
Bewegungsgründen handeln sollte; wenn die fleißige Hausmutter so
ganz in den Sorgen ihrer Wirtschaft lebt, daß sie sich nicht Zeit läßt
25 ihrem Herzen auch etwas zu Gute zu thun oder gar verhindert wird
Acht zu geben, wie sich die Seele ihrer Kinder bildet und nachzudenken wie sie sie vernünftig zur Gottseligkeit erziehen will, dann sind
auch diese Geschäfte und Sorgen ein Theil der Welt, die wir überwinden müßen.

30   Zweiter Theil. Was ist das nun was uns diesen Sieg verschaft?
was ist es wodurch wir ermuntert werden den Streit zu beginnen und
was uns in den Gefahren und Mühseligkeiten desselben stärkt? Unser
Glaube ist der Sieg der die Welt überwindet. Natürlich muß hier unter
dem Glauben etwas anderes verstanden werden, als eine bloße Er-
35 kenntniß, wenn sie auch die stärkendsten und heilsamsten Wahrheiten
beträfe. Das Wissen und Thun sind leider bei den Menschen so weit
auseinander, daß uns mit dem Wissen allein immer noch nicht geholfen wäre. Es müßen Gedanken seyn, die mit lebendiger Kraft vor der

---

9 Sorgen] sorgen   **11** streiten] *zu ergänzen wohl* haben   **20** über] *korr. aus*
Unleserlichem   23 Bewegungsgründen handeln sollte;] Bewegungsgründen;   **31** be-
ginnen] beg.

Seele dastehn, die ihr das was nicht sichtbar da ist so gegenwärtig machen daß sie nun darauf vorzüglich bei ihren Handlungen Rüksicht nimmt[,] so muß also auch der Glaube beschaffen seyn, der uns helfen soll die Welt zu überwinden; es ist ein lebendiger Glaube an Gott an Christum und an den göttlichen Beistand, in allen Dingen die zu unserer Besserung abzweken, es ist eine Gewöhnung in den Augenbliken der Noth zu den Beruhigungsgründen und Empfindungen seine Zuflucht zu nehmen die in diesen großen Wahrheiten enthalten sind.

Erstlich also ein Glaube an Gott und zwar vorzüglich an seine allwissende Gegenwart. Wenige Menschen sind so gemacht, daß sie bei aller Mühe die sie sich geben müßen um besser zu werden sich
19v bloß mit der | Selbstzufriedenheit die sie empfinden begnügen können, wir alle haben den natürlichen und untadelhaften Wunsch für unsere Anstrengungen, was sie auch betreffen mögen, den Beifall und das Lob unserer Nebenmenschen einzuerndten. Aber dieser Beifall der Menschen kann uns bei unserm fortgesetzten Bestreben die Welt zu überwinden nicht begleiten, denn sie können nicht sehn wo wir versucht werden, wo wir kämpfen, wo wir siegen, und wenn sie es auch könnten, so würden wir doch bald sehn daß er selten gerecht wäre[,] sie müßten nach dem äußern Schein urtheilen und würden oft was uns die meiste Mühe gekostet hat für gering halten und was uns leicht war mit unnüzen Lobsprüchen erheben; diese Erfahrung muß uns gegen ihren Beifall bald gleichgültig machen. Wenn uns also die Zustimmung unseres eignen Herzens nicht genügt, was kann uns in dem schweren Kampf der sich immer erneuert mehr ermuntern, was kann uns wenn Augenblike kommen wo wir ermüden wollen unter der wie es scheint so wenig lohnenden Arbeit mehr aufrichten als jener Gedanke an die allsehende Gottheit. Freilich ist niemand um mich her welcher sieht was ich leide und arbeite, keiner lobt mich um den Kampf welcher in meinem Innern vorgeht, alle meine Anstrengungen sind für sie und ihr Lob verloren, und ich müßte auch mich selbst verachten, wenn ich die Angelegenheit meines Herzens verrathen wollte um etwas Ehre unter ihnen zu gewinnen. Aber einer ist doch, dem mein Inneres nicht verschloßen ist; der Höchste sieht, mit welcher unermüdeten Standhaftigkeit ich der Versuchung entgegen gehe, was für Kräfte ich anwende um mein Herz zu bewahren und seine Gnade nicht zu verlieren, er sieht und zählt die verborgenen Seufzer und Thränen, und Sein Beifall dessen ich gewiß sein kann ist ein überschwenglicher Lohn meiner Arbeit. Er würde es aber auch wissen wenn ich feigherzig umkehren wollte von dem guten Weg auf dem ich wandle, und was würde mir aller Beifall der Menschen helfen, wenn

5

10

15

20

25

30

35

40

---

5 in allen] in *über* ⟨der⟩   6 in] *korr. aus* zu   28 Gottheit] Gott.   41 mir] mich

irgend eine verborgene Niederlage vor seinen Augen aufgedekt wäre,
durch welche schon lange mein gutes Gewissen unter die Gewalt der
Welt gedemüthigt ist. Wie könnte ich also ein solch Uebel thun mich
von der Welt und Sünde beherrschen zu laßen, wo sollte ich mich
5 verbergen vor seinem allsehenden Auge?

Eben so ist auch der lebendige Glaube an Christum ein großes
Hülfsmittel in unserm Streite mit der Welt. Nichts ist gewöhnlicher
als daß eben in | solchen Augenbliken, wo es uns schwer wird unsere   20r
Neigung unter den Gehorsam unsrer Ueberzeugung zu beugen, allerlei
10 Zweifel gegen diese Ueberzeugung in uns aufsteigen. Die Begierden
die gern ohne Einschränkung befriedigt seyn wollten suchen den Verstand zu bestechen, daß er von seinen Foderungen nachlaße und dasjenige mit seinem Beifall stemple was er in ruhigen Stunden sicher
wieder verdammen wird. Auch der welcher von der Wahrheit die zur
15 Seligkeit führe eine innige Ueberzeugung hat wird von solchen Augenbliken der Anfechtung nicht frei seyn, wo man unglüklich genug ist
zu denken: wer weiß auch ob es die Bestimung des schwachen Menschen ist imer tugendhaft und imer rechtschaffen zu seyn; es ist wol
nur eine thörigte Einbildung unsrer stolzen Vernunft. Die menschliche
20 Natur leidet zu viel unter diesem Kampf mit ihren liebsten Neigungen
als daß es der Wille des Schöpfers seyn kann ihr ein solches unglükliches Leben selbst zu bereiten. Und wie wenn es nun kein Leben gäbe,
wo endlich der der sich sein ganzes Leben hindurch der Religion und
Tugend zu Liebe gequält hat den Lohn für seine Mühseligkeit aus der
25 Hand des gerechten Vergelters empfängt. Diese Gedanken so unrichtig sie uns jezt vorkommen haben ein großes Gewicht und sind sehr
verführerisch in jenen Augenbliken der Versuchung. Wohin sollen wir
dann unsre Zuflucht nehmen als zu unserm Glauben an Christum;
der wird uns aber auch kräftig stärken, wenn er ungeheuchelt und
30 lebendig ist. Das Aufsehn auf sein Vorbild gießt einen Balsam in die
Seele der gleichsam alle Glieder durchdringt, und eine edle Nacheife-
rung macht uns wieder rüstig zu dem Streit mit der Welt, in dem wir
unterliegen wollten. Er hat sich ja nie besiegen laßen oder ist ermüdet
und abgewichen. Welche Leiden sind nicht auf ihn eingestürmt, wel-
35 che Freuden hat er sich nicht versagen müßen, und doch hat ihn nichts
gehindert den Willen Gottes aufs genauste zu erfüllen. Auf, ermanne
Dich so schwer es auch sei um seinen Fußtapfen nachzufolgen. Die
lebendige Erinerung an Seine Worte und Verheißungen verscheucht
alle jene mächtigen und niedrigen Zweifel. Er hat uns jenen Zustand

---

2 durch] *über der Zeile mit Einfügungszeichen*   12 daß er] *korr. aus Unleserlichem*
29 wenn] wen

verbürgt wo wir unsere Siege genießen sollen, wir werden über vieles
gesezt werden, wenn wir über weniges treu gewesen sind, wir werden
zu einer Vollkomenheit erhoben werden deren wir nur dadurch fähig
sind daß wir hier tapfer gekämpft und gestritten haben.

Endlich ist noch der Glaube an den göttlichen Beistand in allem   5
was unser ewiges Wol betrift sehr nothwendig wenn wir einen rechten
und beständigen Sieg über die Welt erringen wollen. Die leichtesten
Unternehmungen der Menschen mißlingen einem furchtsamen Ge-
müth welches sich keine Kräfte zutraut, die schwersten gelingen |
20v   und ziehen noch nach vielen Menschenaltern die Bewunderung der   10
Nachkommen auf sich welche mit einer gewißen heldenmüthigen Zuversicht durchgeführt werden, welche keine Schwierigkeit für unüber-
steiglich hält und eine hohe Meinung von den Kräften hat die in der
menschlichen Seele liegen. Dieser heldenmüthige Glaube muß uns unser ganzes Leben hindurch in dem Streit mit der Welt begleiten; er   15
verträgt sich sehr wohl mit der Demuth die uns geboten wird; er ziemt
sich gewiß für den Christen, dem ja sein Herr und Lehrer selbst zuruft:
warum seid ihr so kleingläubig. Es ist keine Versuchung so klein die
nicht Herr über uns werden könnte wenn wir entweder übermüthig
oder feigherzig sind; es ist keine so groß über die derjenige nicht siegen   20
könnte, der mit geseztem Muth seinen Kräften und den durch die
Gnade Gottes ihm mitgetheilten Hülfsmitteln vertraut, der aber auch
eben deswegen sie recht gebraucht[,] weil sie das einzige sind worauf
er sich verläßt. Diese in der menschlichen Seele liegenden durch die
Religion belebten durch Uebung gestärkten Kräfte sind eben der Bei-   25
stand Gottes an den wir mit einer lebendigen Ueberzeugung glauben
müßen. Und so wie alles in den Führungen Gottes übereinstimt müßen wir auch glauben daß er die äußern Umstände so regieren werde,
wie es diesen Hülfsmitteln und der Art wie sie wirken müssen angemessen ist, und daß also auch diese uns unterstüzen müssen wenn wir   30
sie recht gebrauchen. Es wäre eine thörigte Hofnung wenn wir uns
einbilden wollten die äußern Umstände müßten imer die Versuchung
geradezu vermindern und uns den Sieg erleichtern. Oft bringen sie
noch neue Lasten und neue Arbeit, aber auch dann sind sie nüzlich.
Denn es ist mit der Versuchung wie mit dem Schmerz[:] ist er klein,   35
so ist er leicht zu besiegen, ist er groß so dauert er auch kurz und ist
doch nie so groß daß die menschliche Natur ihn nicht diese kurze Zeit
aushalten könnte. So auch die Versuchung. Wenn die Umstände sie
erleichtern, so werden wir bald Herr darüber und das ist eine göttliche

---

16 geboten] *über* ⟨begleitet⟩   **29** wirken müssen] *über* ⟨angemessen⟩

1–2 *Vgl. Mt 25,21*   **18** *Vgl. Mt 8,26*

Gnade. Wenn sie sie vergrössern, nun so müßen wir unsere Kräfte
aufs höchste spannen und werden gewiß siegen wenn wir das thun,
und dann ist auch dieser erschwerte Kampf eine göttliche Gnade,
denn er trägt eine lang dauernde Frucht angenehmer Erinnerungen,
5　die uns noch in später Erneuerung ähnlichen Streits eine labende Stärkung sind.

　So habe ich also eure Gedanken darauf hingeführt was der Sieg
ist den wir über die Welt davon tragen müßen und was der Glaube
ist, der uns diesen Sieg verschafft. Solche Ueberlegungen komen imer
10　einem jeden zu gelegener Zeit, denn es vergeht kein Tag unsers Lebens
wo wir sie nicht anwenden könnten. Seid nur nüchtern und wachet
so findet ihr Heute noch Auffoderung zum Streite. Möchten doch
auch diese Betrachtungen eure Aufmerksamkeit gemehrt, euern Muth
gestärkt und euern Glauben gewekt haben, daß ihr euch überall er-
15　weisen möget als die Streiter Gottes welche kämpfen und nie ermüden.　Amen.

───────────

11 *1Petr 5,8*

Nr. 20

Termin:	Vor dem 26. Juli 1794
Ort:	Unbekannt
Bibeltext:	Lk 12,15
Textzeuge:	Autograph Schleiermachers; SAr 10, Bl. 50r–52r
Texteditionen:	Keine
Andere Zeugen:	Keine
Besonderheiten:	Der Text ist unvollendet. Für die undatierte Predigt liegt kein Terminzeugnis vor. Der Predigtentwurf vom 31. August 1794 über denselben Bibelvers (11. Sonntag nach Trinitatis, vgl. SN 51, S. 6–7) dürfte trotz der Ähnlichkeit im ersten Teil vermutlich einer anderen Predigt zugehören, weil der zweite Teil, der nur im Entwurf formuliert ist, hier in der Vorschau anders akzentuiert ist. Die Zuordnung zur Zeit vor dem 26. Juli 1794 basiert auf der Sachlage im Manuskript, dass an die Predigt über Lk 12,15 ohne Zwischenraum auf Bl. 52r die Predigt über Mk 1,40–45 angeschlossen ist, für die sich ex negativo die Terminzuweisung vornehmen läßt (vgl. Frühe Predigten Nr. 21).

50r **Eingang.** Man findet unter den Menschen hie und da einige, welche indem sie sich entweder wirklich oder vorgeblich immer mit höhern und wichtigern Dingen beschäftigen die Sorgfalt für die irdischen Angelegenheiten dieses Lebens oder für das zeitliche wie wir zu sagen pflegen ganz hintansezen. Es giebt noch andre die ohne die nemliche 5 Entschuldigung zu haben, aus einem zu leichten und frohen Sinn der Sorge und Mühe scheut sich der nemlichen Nachläßigkeit schuldig machen. Beide finden wenig Nachfolger sondern sind dem Tadel und dem Spott des größten Theiles der Menschen ausgesetzt. Es ist auch wahr, daß es Unrecht ist auf solche Weise eins über dem andern zu 10 versäumen, denn der Mensch welcher vielerlei Pflichten, Verbindlichkeiten und Geschäfte über sich hat, muß sich so einrichten, daß er jeder verhältnißmäßig einen Theil seiner Zeit und seiner Kräfte widmen kann. Allein diese Betrachtung ist wol nicht der eigentliche Grund jenes allgemeinen Tadels, sondern er rührt daher, weil die mei- 15 sten Menschen auf der andern Seite ausschweifen und das Zusammenhäufen und Erwerben zeitlicher Güter für das vornehmste ja wol gar

---

17 Erwerben] erwerben

für das einzig nothwendige Geschäft des Lebens ansehn. Da haben
nun beide Theile einander nichts vorzuwerfen, denn dieses ist eben so
schlimm als jenes. Die einen jagen dem nach was zur eigentlichen
Bestimmung des Menschen gehört und versäumen darüber das was
5 doch nothwendig ist um jenes Bestreben lange und ruhig fortsezen zu
können; die andern können nicht genug für das irdische sorgen und
versäumen darüber das, um dessentwillen doch jenes allein gegeben
und wünschenswerth ist. Die einen sorgen nicht für den künftigen
Genuß um nur jezt genießen zu können, die andern sind immer aufs
10 erwerben bedacht und laßen sich darüber keine Zeit zum Genuß. Von
diesem mannigfaltigen Nachtheil eines zu uneingeschränkten Bestre-
bens nach zeitlichen Gütern wollen wir jezt weiter zusammen reden. |

Text. Luc. 12, 15. *50v*

Wir wollen nach Anleitung dieser Worte reden von dem schädlichen
15 Uebermaaß des Bestrebens nach zeitlichen Gütern. Wir wollen erstlich
sehn wie sehr nachtheilig es ist, und zweitens wie wir es in seine rechten Grenzen einschränken müßen.

Erster Theil. Das übermäßige Bestreben nach zeitlichen Gütern ist sage ich erstlich sehr unweise und thörigt, denn nichts verdient
20 wol diesen Namen mehr, als wenn wir einem gewißen Zwek nachgehn, auch die rechten Mittel wählen um ihn zu erreichen, welches
hiebei wenigstens zum Theil der Fall ist, aber durch die Art wie wir
sie suchen es uns selbst unmöglich machen dasjenige dadurch auszurichten um dessentwillen wir sie begehren. Und dies ist das Schiksal
25 derjenigen, welche mit unmäßiger Begierde nach dem Besiz irrdischer
Güter trachten. Denn alles was diesen Namen führt ist imer nur um
etwas andern willen da, entweder uns Vergnügen und Bequemlichkeit
dadurch zu verschaffen oder andre Wünsche und Absichten damit zu
erreichen. Wenn wir also alle Zeit und Kräfte immer auf das Sammeln
30 derselben verwenden so besizen wir zwar vielleicht eine große Menge
derselben, aber ihr eigentlicher Vortheil ist doch für uns verloren gegangen. Einige von den ungemäßigten Freunden dieser Güter haben
zwar die Absicht den Nuzen derselben einzuärndten, allein ihre Begierde verhindert sie zwischen Erwerb und Genuß das gehörige Ver-
35 hältniß zu treffen. Sie hören nie auf nach mehrerem zu ringen und zu
streben, weil sie immer fürchten, daß sie noch nicht genug haben zu
einem Genuß welcher auch der Mühe werth sei, und der Entschluß
sich nun endlich bei den reichen Erndten ihrer schweren Bemühungen

---

3 jagen dem nach was] *über* ⟨versäumen das was⟩   **14** Wir] *davor kein Absatz*
17 einschränken] *korr. aus* Einschränken

ruhig hinzusezen und den Genuß derselben recht auszukosten, entsteht gewöhnlich nicht eher bei ihnen als bis durch eine gerechte Rache des Schiksals das Ende des menschlichen Lebens sie zugleich überrascht oder sonst etwas von innen oder außen sie des so lange

51r vorbereiteten Genußes unfähig macht. Wenn sie | endlich einmal ge-   5
nug haben und sprechen liebe Seele komm und sei guter Dinge so
spricht Gott: Du Thor diese Nacht wird man Dein Leben von Dir
fodern. Niemand lebt davon, daß er viele Güter sammelt, sondern
davon daß er die welche er hat recht gebraucht. Um weise zu leben
muß Erwerb und Genuß in dem gehörigen Verhältniß mit einander   10
abwechseln; sobald wir etwas erlangt haben muß es auch angewendet
und genuzt werden ehe die gierige Hand sich nach mehrerem aus-
strekt und das erste unterdessen verdirbt; nicht eher haben wir nöthig
auf etwas Neues bedacht zu seyn bis die Nothwendigkeit oder das
vorausgesehene Ende des gegenwärtigen Genusses uns dazu treibt.   15
  Andere sind noch weit thörigter als jene; sie haben gar nicht einmal den Gedanken von denen Gütern nach denen sie streben irgend-
eine Anwendung zu machen, sie sind immer mit Sammeln und Erwerben beschäftigt und verachten den Gebrauch. Sie sehen dasjenige was
doch nur ein Hülfsmittel zu etwas anderm ist als ihren einzigen und   20
höchsten Zwek an. Sie wollen niemals so glüklich seyn als sie könnten, sondern ihre ganze Freude besteht in dem Gedanken, daß sie es
könnten, wenn sie wollten. Sie wollen niemals leben, sondern sich
immer nur auf das Leben zubereiten. O der traurigen Thorheit welche
ihr Leben unnüz verschwendet, welche bei aller Geschäftigkeit nie   25
etwas nüzliches gethan und zwar das ganze Leben dem Dienst des
Vergnügens gewidmet, aber es dennoch niemals genoßen hat. Dennoch ist eben diese Thorheit unter den Menschen weit ausgebreiteter
als man denkt. Nicht nur derjenige gehört in diese bemitleidenswür-
dige Klaße dessen Reichthum seiner Thorheit gleich ist, und der durch   30
die große Menge der Güter welche er ungenuzt liegen läßt die ganze
Welt auf seine unkluge Denkungsart aufmerksam macht. Es giebt un-

51v ter allen Ständen und Klaßen viele | welche innerlich eben so beschaf-
fen aber äußerlich nicht durch den nemlichen Erfolg ausgezeichnet
sind, welche in derselben Absicht samlen aber nichts erreichen und   35
eben deswegen nicht so thörig zu seyn scheinen als sie sind, viele
deren Habsucht den Augen der Menschen entgeht weil sie in einem
Kreise leben worin man das wenige sucht. Aber was noch mehr ist:
Nicht nur derjenige gehört hieher, der auf das Zusammenscharren von

---

9 gebraucht] *über* ⟨anwendet⟩

6–8 *Vgl. Lk 12,19–20*

Vorrang und Reichthum bedacht ist, bei dem der Geldkasten dasjenige ist was er nicht genug anfüllen und vergrößern kann ohne den
Inhalt desselben je in etwas wirklich nuzbares und beglükendes zu
verwandeln. Nein es giebt noch mehr eben so thörigten Geiz als den
5 Geldgeiz. Nicht nur der Reichthum ist ein solches Gut, welches eigentlich immer nur um etwas andern willen da ist sondern alle andern
zeitlichen Güter sind in dem nemlichen Fall, Ehre und Macht so wie
Vergnügen und irdische Glükseligkeit. Jene sind nur gegeben um den
Kreis unserer Thätigkeit zu erweitern, diese um die Seele zu dem, was
10 ihr eigentliches Werk ist[,] bei Muth und Kräften zu erhalten. Auch
der wird also von einer elenden Habsucht beherrscht welcher immer
Ruhm und Ehre häuft aber nie den Anfang macht der Welt dasjenige
was sie ihm gegeben durch ein gemeinnüziges Leben zurükzuzahlen,
welcher sein Licht hoch trägt und es imer heller brennen läßt aber nie
15 sich herabläßt damit jemandem zu seinen Geschäften oder Vergnügungen zu leuchten. Auch der ist also ein elender Geiziger welcher
immer von Vergnügen zu Vergnügen hüpft Freude auf Freude erhascht
und nie daran denkt, sie zum Trost in den Widerwärtigkeiten des Lebens und zur Stärkung in der Erfüllung seiner Pflichten anzuwenden,
20 ja dieser ist um so thörigter und strafbarer weil er nicht einmal die
Entschuldigung hat, daß er mehr auf ⌊mehr⌋ häuft um hernach desto
mehr zu haben was er anwenden kann, sondern eine neue Freude
vertreibt die andre und der Muth den ihm die eine gab, wird von |
der andern wieder verschlungen; anstatt zu seinem wahren Zwek ei-   *52r*
25 nen Schaz zu haben, hat er immer nur das was er zulezt errungen hat.
Auch hier ist es also ein sehr bedeutender Zuruf: seid weise, hütet
Euch vor dem Geiz[,] niemand lebt davon daß er viele Güter hat.
Die Fortsezung fehlt.

———————

21–22 desto mehr zu haben] *über* ⟨zu ⌊   ⌋⟩   22 eine] *korr. aus Unleserlichem*

Nr. 21

Termin: Vor dem 26. Juli 1794
Ort: Unbekannt
Bibeltext: Mk 1,40–45
Textzeuge: Autograph Schleiermachers; SAr 10, Bl. 52r–55v
Texteditionen: SW II/7, 1836, S. 290–301 (Bibeltext: Joh 5,5–16)
Andere Zeugen: Keine
Besonderheiten: Der Text ist unvollendet. Für die undatierte Predigt liegt
                 kein Terminzeugnis vor. Die Predigt, die keine Überschrift
                 hat, ist auf Bl. 52r ohne Zwischenraum an die Predigt über
                 Lk 12,15 angeschlossen. Der Bibeltext ist nicht angegeben,
                 kann aber aus den Bezügen der Predigt erschlossen wer-
                 den. Der Predigtentwurf für den 7. September 1794
                 (12. Sonntag nach Trinitatis) ist bei aller gedanklichen
                 Nähe doch abweichend in Aufbau und Bibeltext. Eine Ein-
                 ordnung der Predigt in die Zeit ab September 1794 ist
                 nicht möglich.

52r Es ist ein altes Sprichwort, daß die Zunge das köstlichste aber auch das gefährlichste Glied des Menschen ist, man meint nemlich damit daß die Sprache einer der edelsten Vorzüge des Menschen sei aber auch eine Eigenschaft welche auf die verderblichste Weise gemiß- braucht werden könne und das ist gewiß sehr wahr. Sie ist es welche 5 dem Verläumder seine giftigen Waffen darreicht womit er unversehens den guten Namen seines Bruders mordet, sie ist es welche den Heuch- ler in den Stand sezt seine verborgenen Laster desto bequemer auszuü- ben, sie hilft dem Schmeichler leichtgläubige Gemüther zu verderben, welche gern auf seine süssen Reden hören[,] sie ist es durch welche 10 der Böse wenn er sie zu gelegenen Vorspiegelungen der Freundschaft braucht so manchen ehrlichen auf die schreklichste Weise hintergeht. Aber nicht nur die Tüke und List der menschlichen Rede stiftet soviel Böses, sondern auch die unbehutsame Bereitwilligkeit, die allzugroße Geläufigkeit derselben richtet ebenso viel Unheil an. Dadurch wird so 15 manche gute Absicht vereitelt welche unter dem Schatten der Verbor- genheit zum Nuzen für viele gediehen wäre, da wird so manche Wahr- heit indem sie zu früh an den Tag kommt auf lange Zeit ihrer Kraft beraubt, so mancher welcher im Stillen gut geblieben wäre durch öf-

---

3 einer] *korr. aus* eins

fentliches Lob verdorben[,] mancher der sich im Stillen gebessert hätte
durch die Aufdekung seiner Fehler noch tiefer in dieselben hineinge-
stürzt[,] und endlich ist die traurige | Fertigkeit alles zu sagen was   *52v*
man weiß eine gar schwere Versuchung auch mehr zu sagen als man
5 weiß und eine gar herrliche Nahrung für diejenigen die gern alles wißen wollen. Noch böser und schädlicher ist es aber sogar dasjenige
nicht zurükhalten zu können wovon man nicht sprechen darf, und
darüber wollen wir uns p.

Text.

10 Wir wollen diesmal unser Augenmerk nicht auf die wolthätige Handlung unsers Erlösers richten, sondern bei demjenigen stehn bleiben
dem er wolthat. Dieser wird uns als einer von jenen Geschwäzigen
vorgestellt, und wir wollen uns durch sein Beispiel auf die Betrachtung
führen laßen: wie übel es ist dasjenige nicht verschweigen zu können
15 wovon uns zu reden verboten ist. Wir wollen erstlich sehn was für
eine große Ungerechtigkeit wir durch diesen Fehler begehn[,] zweitens
was für traurige Quellen und drittens was für üble Folgen er hat.

Erster Theil. Es ist gewiß höchst unrecht dasjenige was uns
auf irgend eine Weise anvertraut ist weiter auszubreiten. Ein jedes
20 Geheimniß von der Art besteht entweder in einem Gedanken oder in
einer Handlung desjenigen der es uns anvertraut. Unsere Gedanken
sind unser eigentlichstes und heiligstes Eigenthum; alles übrige besizen
wir entweder nur durch den Zufall oder gewißermaßen durch die Be-
willigung anderer, es kann uns genommen werden ohne daß etwas
25 wesentliches etwas von unserm Ich verloren geht[,] aber unsere Gedanken, unsere Empfindungen sind unmittelbar von unserer Seele hervorgebracht und also dasjenige was uns ganz vorzüglich angehört.
Niemand hat einen Anspruch daran zu machen, niemand kann uns
ihretwegen richten, und keine menschliche Gewalt kann sie uns ent-
30 reißen wenn wir sie nicht gutwillig hergeben. Will sie also jemand
mitgetheilt haben[,] so können wir ihm dabei jede Bedingung auflegen
die uns gefällig | ist und also auch die des Stillschweigens. Eben das ist   *53r*
der Fall wenn uns jemand das Geheimniß einer Handlung anvertraut
welche er begangen hat. Natürlich kann das nur eine solche seyn wel-
35 che ganz im verborgenen geschehen ist und da sieht man leicht daß
das ganz auf das vorige zurükkomt. Wenn niemand sonst um die

---

9 Text.] *folgt mit Bleistift von fremder Hand geschrieben* Joh. 5   10 Wir] *davor
kein Absatz*   15 verboten] *über* ⟨nicht Noth⟩   27 also] *korr. aus* was

---

9 *Die Predigt legt Mk 1,40–45 aus.*

Handlung weiß welche ich Jemand anvertraue, so ist das also eine
Nachricht, eine Kenntniß die ich ihm mittheile, und ich kann für diese
Mittheilung fodern was ich will. Geht nun Jemand das Verlangen der
Verschwiegenheit ein und hält es nicht auf das allerstrengste, so ist er
nicht nur ein Lügner ein Wortbrüchiger, sondern er ist als ein solcher   5
zu betrachten der mir dasjenige was mir gehört durch List und Betrug
entrissen hat. Ja sein Unrecht gegen mich ist desto ärger je mehr werth
das hat, was er mir nimmt. Wenn mich jemand um sonst etwas von
meinem Eigenthum verkürzt, so läßt sich doch der Schade berechnen
den er mir zufügt und ich kann in den meisten Fällen durch Recht   10
und Gerechtigkeit zu einer billigen Wiedererstattung gelangen. Hat
aber Jemand einen Gedanken den ich geäußert, eine Kenntniß die mir
eigen war, ein Urtheil das ich gefällt, eine Handlung die ich heimlich
begangen habe verrathen, so läßt sich der Nachtheil nicht schäzen den
er mir durch Gegenwirkung durch Spott durch Groll durch Rache   15
welche daraus entstehn, zuziehn kann, und noch viel weniger ist er
im Stande mir den Kummer den Gram die Furcht die Leiden mancher
Art zu ersezen, in welche ein einziges treuloses Wort mich hineinstürzen konnte. So deutlich wir aber auch einsehn wie Unrecht ein solches
Verfahren in allen Fällen ist, so gewöhnlich ist es doch daß wir uns   20
jeden einzelnen Fall wenn er uns vorkomt als eine Ausnahme denken.
Wir mögen uns nun denken daß unsre Geschwäzigkeit ganz unschädlich sei, daß wir in diesem Fall gar keine Ursach zu einer so strengen
Verschwiegenheit und nur eine übertriebene Bedenklichkeit diese Foderung gethan habe, so sind wir ja gar nicht im Stande das richtig zu   25
beurtheilen. Wir können weder die Folgen unsrer treulosen Geschwäzigkeit übersehn noch hinlängliche Gründe dafür anführen; denn was
53v   uns sehr unbe|deutend scheint, das kann für den andern von großer
Wichtigkeit seyn. Eben so wenig kann uns das zur Entschuldigung
dienen, wenn wir meinen durch die Ausbreitung dessen was uns an-   30
vertraut ist etwas Gutes zu stiften. Gesezt auch das wäre wirklich
möglich so wissen wir doch nicht ob wir nicht auf der andern Seite
eben so viel Unheil anrichten, und im Gegentheil sind wir gewiß überzeugt daß diese Handlung an sich unrecht ist, und daß wir nie berechtigt seyn können etwas unrechtes oder böses zu thun damit vielleicht   35
etwas Gutes herauskomme. Es giebt überhaupt nur einen einzigen
Fall, wo wir nicht nur entschuldigt sondern verpflichtet sind unserer

---

4 allerstrengste] *korr. aus Unleserlichem*   7 gegen] *korr. aus Unleserlichem*   11 bil-
ligen] *korr. aus Unleserlichem*   18 in] *über der Zeile*   22 unsre] *korr. aus*
sie   23 Ursach] *zu ergänzen wohl* haben   33–34 sind wir gewiß überzeugt] *mit*
Umstellungszeichen zwei Zeilen höher hinter möglich so   33 gewiß] *davor* ⟨doch⟩
34 sich] *folgt* ⟨etw⟩

Verschwiegenheit Grenzen zu sezen, wenn nemlich das uns anvertraute Geheimniß sich auf etwas böses von der Art bezieht daß jeder
Mensch unnachläßig verbunden ist es zu verhindern oder zu rächen.
Aber dann hatte auch keiner ein Recht uns für so etwas Verschwiegenheit abzufodern denn unsere Verbindlichkeit das Gegentheil zu thun
ist schon viel früher und größer und kein Versprechen ist gültig welches früheren unläugbaren Pflichten zuwider läuft.

Zweiter Theil. Wenn uns der Gedanke wieviel Unrecht wir
durch diesen Mangel an Verschwiegenheit begehen von demselben zurükbringen muß, so wird der Blik auf den Ursprung dieser Neigung
das nemliche bewirken. Das Beispiel dessen von dem unser Evangelium erzählt führt mich auf zwei Ursachen derselben welche zwar
nicht von der bösen, aber doch von der schwachen Seite des Menschen genommen, und von der Art sind, daß Niemand sie gern von
sich selbst eingestehn wird. – Es ist nemlich erstlich Schuld daran
eine gewiße schwache Gutmüthigkeit welche den Bitten und Zudring-
lichkeiten der Neugierigen nicht widerstehn kann und durch ein
leichtgläubiges Vertrauen auf die Redlichkeit der Menschen unterstüzt
wird. So mag es auch unserm durch Jesum geheilten gegangen seyn,
die Fragen wie es doch mit ihm zugegangen | sei wurden ihm zu viel,
und in der Meinung daß es ja nicht schaden könne wenn er es diesem
oder jenem freundschaftlich anvertraute, daß sie es ja nicht an die
Feinde Jesu verrathen würden und ihm auch sonst kein Nachtheil daraus erwachsen könnte, opferte er sein Versprechen seiner Bequemlichkeit und Ruhe auf. Wenn ein solches Verfahren gerechtfertigt und von
dem Vorwurf der Schwachheit losgesprochen werden sollte, so müßte
man allerlei voraussezen, was doch Niemand glauben kann. Man
müßte annehmen, daß die unrechtmäßigen Theilhaber eines Geheimnißes es mit einer größern Gewissenhaftigkeit behandelten, als ihnen
von dem rechtmäßigen Inhaber desselben gezeigt worden, daß sie sich
nie durch eine unbedachtsame Aeußerung oder durch Minen und Geberden verrathen würden, daß sie im Stande wären etwas zu wissen
und doch in allen Fällen, ihr eigener Vortheil möge darunter leiden so
viel er wolle[,] im Stande wären so zu handeln, als ob sie es nicht
wüßten. Wer das nicht glaubt und doch in fremden Angelegenheiten
so zutraulich gegen andere ist von dem kann man doch nicht anders
urtheilen als daß er entweder ganz unüberlegt handelt oder daß er mit
einem sehr gleichgültigen Wesen die Pflichten der Freundschaft seiner
Bequemlichkeit aufopfert. Daher kommen denn so viele Geheimniße
welche in der ganzen Stadt bekannt werden ohne doch weiter gekom-

54r

---

20 die] *oder* der   20 sei] *korr. aus* ist   25 gerechtfertigt] *über* ⟨keine Schwachheit⟩

men zu seyn als unter dem Siegel der strengsten Verschwiegenheit von einem vertrauten Freunde zum andern. Daher so viele heimliche Neuigkeiten, welche eben unter dem Schuz der Verschwiegenheit in jedem Munde vergrößert worden sind durch welchen sie haben gehen müßen lächerlich wenn man sie so an sich selbst betrachtet, aber immer trau-   5
rig wenn man bedenkt daß oft der Wolstand oder der gute Name eines Menschen der Preis derselben ist oder daß wenigstens der arme verrathene dem heimlichen Gelächter aller ungebetenen Gäste seines Geheimnißes ausgesezt ist, und imer eine Schande für alle diejenigen
54v welche | das Vertrauen eines Freundes mißbrauchen. Eine andere fast   10
noch gewöhnlichere Ursach dieser Geschwäzigkeit ist die Eitelkeit, die Neigung der Menschen auf alles dasjenige aufmerksam zu machen, was uns auf irgend eine Weise auszeichnet. Es ist nemlich nicht zu läugnen daß es uns eine gewiße Wichtigkeit gibt daß uns etwas anvertraut worden, daß wir ein Geheimniß wißen, denn wenn es auch an   15
sich nicht von großer Bedeutung ist so ist es doch imer für denjenigen wichtig dem es angehört, es beweist immer daß jemand einen vorzüglichen Werth auf uns legt. Dieser Bewegungsgrund kan uns freilich nicht antreiben Geheimniße zu verrathen, sondern nur merken zu laßen daß wir sie wissen, aber theils ist das in vielen Fällen ganz das   20
nemliche theils werden wir auch dazu geradehin durch eine andere Art von Eitelkeit getrieben. Wir wissen nemlich daß das Urtheil der Menschen von uns sich großentheils nach unserer Gesellschaft und unsern Freunden richtet, daß wenn wir mit vorzüglich angesehnen, geehrten, guten oder klugen Menschen umgehn immer ein gewißer   25
Widerschein von ihrem Glanz auf uns zurükfällt, wie können wir uns also dem Lobe und der Bewunderung der Welt beßer empfehlen, als wenn wir ihr das vorzügliche unsrer Freunde recht unter Augen stellen, und dazu ist nichts geschikter als ihre Geheimniße. Diese Eitelkeit mag auch bei dem Geheilten des Evangeliums zum Grunde gelegen   30
haben. Jesus von Nazareth spielte doch die Rolle eines großen Man-

---

2 andern.] *korr. aus* andern;   5 aber] *korr. aus Unleserlichem*   13–26 Es ist …
zurükfällt,] *geändert aus* Wir wissen nemlich daß das Urtheil der Menschen von uns
sich großentheils nach unserer Gesellschaft und unsern Freunden richtet, daß wenn wir
mit vorzüglich angesehnen, geehrten, guten oder klugen Menschen umgehn immer ein
gewißer Widerschein von ihrem Glanz auf uns zurükfällt, und dazu ist nichts geschikter
als ihre Geheimniße und es ist nicht zu läugnen daß ein Geheimniß uns eine gewiße
Wichtigkeit gibt daß uns etwas anvertraut worden, daß wir wißen, denn wenn es auch
an sich nicht von großer Bedeutung ist so ist es doch imer für denjenigen wichtig dem es
angehört, es beweist immer daß jemand einen vorzüglichen Werth auf uns legt. Dieser
Bewegungsgrund kan uns freilich nicht antreiben Geheimniße zu verrathen, sondern
nur merken zu laßen daß wir sie wissen, aber theils ist das in vielen Fällen ganz das
nemliche theils werden wir auch dazu geradehin durch eine andere Art von Eitelkeit
getrieben,

nes und war berühmt im ganzen Lande, mit ihm gesprochen zu haben,
so liebreich von ihm behandelt zu seyn, eine solche Wolthat von ihm
empfangen zu haben, das war schon etwas womit man groß thun
konnte. Diese Eitelkeit sezt unsere Zunge besonders dann in Bewe-
5 gung wenn das anvertraute etwas rühmliches für unsre Freunde enthält, daher komt es denn, daß dasjenige was die Verschwiegenheit
am allernöthigsten hätte, auffallende Gedanken und Grundsäze, freie
Urtheile über Begebenheiten Handlungen und Personen, menschen-
freundliche oder kluge Handlungen welche im Stillen verrichtet | wer-   *55r*
10 den gewöhnlich sehr bald bekannt werden, wenn sie auch nur einem
solchen Freunde anvertraut worden, der uns näher ist, als die rechte
Hand der linken nur immer seyn kann.

Dritter Theil. Es ist mir noch übrig von den übeln Folgen
dieses Fehlers etwas weniges zu sagen. Den Nachtheil desjenigen den
15 wir dadurch verrathen habe ich schon oben erwähnt, er ist bald größer bald kleiner, immer aber im Voraus unübersehbar und sollte also
das beste Mittel seyn unsre Zunge im Zaum zu halten. Wen aber das
nicht rührt der braucht nur bei sich selbst stehn zu bleiben denn auch
dieser Fehler führt wie jeder andre seine eigenthümliche Strafe bei
20 sich. So wie der Lügner nach und nach allen Glauben verliert, so
verliert der Geschwäzige alles Zutrauen. Jedermann hält ihn aller näheren Freundschaft, alles herzlichen Zutrauens unwerth und wenn
auch viele seinen Umgang nicht ganz vermeiden können, so wird doch
Niemand ihn bis in sein Herz sehen laßen, niemand wird ihm das
25 innere seiner Verbindungen und Verhältniße zeigen, sondern geflis-
sentlich alles meiden was seine Neugier reizen oder seiner geschwäzigen Zunge etwas zu thun geben könnte. Mitten in der großen
Gesellschaft der Menschen muß er einsam leben[,] nirgends ist er willkommen, wo er erscheint da verstummt jedes offenherzige Gespräch
30 und ein düsterer Unmuth nimmt die Stelle der Fröhlichkeit ein. Ja
selbst ehe es noch so weit mit ihm gekommen ist, selbst da, wo er
entweder aus bösen Absichten oder aus einer alten Gewohnheit gern
gesehn zu werden scheint, ist er doch nicht geliebt. Es ist wahr daß
sein Fehler vielleicht manchen Menschen wichtige Dienste leistet al-
35 lein für alles was an sich Unrecht ist findet ein gemeines Sprichwort
ganz vorzüglich seine Anwendung daß nemlich Undank der Welt
Lohn ist. Es giebt vielleicht Menschen welche klein genug denken die
Verrätherei aufzumuntern und zu benuzen aber nicht leicht wird einer
so unklug seyn den Verräther zu lieben und ihm Zutrauen zu bezeigen

---

2 behandelt] *Kj* behandelt worden   12 kann.] *folgt gestrichenes Einfügungszeichen*
für eine Umstellung   25 zeigen] *über* ⟨sehn laßen⟩

weil ein jeder es sei nun von seinem bösen Herzen oder von seiner
Unvorsichtigkeit eben das Böse befürchten muß welches er ihm zum
Besten andern zugefügt hat. Allein die übeln Folgen dieses Fehlers
schränken sich nicht allein auf diejenigen ein welche sich ihn zu Schulden kommen lassen, sondern die Allgemeinheit desselben hat einen   5
sehr nachtheiligen Einfluß auf die Geselligkeit der Menschen überhaupt indem die Furcht dafür überall ein nicht zu verwerfendes Mißtrauen erzeugt. Nur derjenige welcher unbekannt mit der Welt ist
kann auf den Gedanken kommen mit allen Menschen zu welchen
seine Bekanntschaft kommt in einer vertrauten Verbindung zu stehn,   10
allein das ist doch gewiß daß unsre Vertraulichkeit billig in einem
rechte Verhältniß stehn sollte mit dem Grad der Verbindung und
55v Ge|meinschaft, welche zwischen uns und ihnen Statt findet. Allein sie
ist weit geringer weil man immer befürchten muß daß dasjenige was
in einem engeren Kreise von Freunden ohne Schaden gesagt werden   15
könne unverhofft in einen weiteren komme wohin es nicht gehört und
wo es üble Folgen haben könnte. An dieser gerechten Besorgniß ist
die große Menge der geschwäzigen Menschen Schuld, und sie ist die
Quelle so vieler Mängel des geselligen Lebens über welche alle vernünftigen Menschen klagen. Daher komt es daß unser geselliger Um-   20
gang noch immer mit einer Menge von leeren Worten und sinnlosen
Gebräuchen überladen, welche die Zeit tödten sollen die man nicht
wagt mit einer vernünftigen Mittheilung der Gedanken auszufüllen.
Daher herrscht selbst in engeren Zirkeln, wo mit Vortheil mancher
Fehler gerügt, mancher Vorschlag geprüft, manche besondere und ge-   25
meinschaftliche Angelegenheit überlegt werden könnte[,] eine steife
Zurükhaltung. Daher erreicht auch die vertraute Freundschaft so selten in unsern Tagen ihre Vollkommenheit. Keine Prüfung scheint uns
lang genug um die gänzliche Verbannung alles Mißtrauens zu rechtfertigen und oft wagt die schüchtern gemachte Vertraulichkeit erst auf   30
dem Sterbebette ihre innersten Geheimniße in das Herz des zuverläßi-
gen Freundes auszuschütten. Und dieser Mangel an Zutrauen in allen
Verhältnißen des Lebens dieser ist es eben der vorzüglich die Glükseligkeit der Menschen verkürzt und ihren Geist einengt[,] dieser ist es
um dessentwillen jeder vernünftige nach der Rükkehr der alten Einfalt   35
und Redlichkeit seufzt.

Ich glaube daß es nicht unrecht gewesen ist an diesem Ort zu
Euch von einer Sache zu reden, welche gleichwol so ganz in das gemeine Leben zu gehören scheint. Denn Einmal habe ich mich bemüht

---

13–14 sie ist weit geringer] *über der Zeile mit Einfügungszeichen*   **19** so vieler]
davor ⟨aller⟩   **22** sollen] *korr. in* soll *und Korrektur aufgehoben*   **27** vertraute]
über der Zeile mit Einfügungszeichen

euch zu überzeugen daß die Tugend von welcher wir geredet haben
nicht nur eine Sache der Klugheit ist die man nach Befinden der Umstände beobachten oder übergehn kann, sondern daß sie eine Sache
des Gewissens ist, eine heilige Pflicht mit deren Beobachtung alle Ge-
5 selligkeit der Menschen steht und fällt, und zu dieser zu ermuntern
kann also unserer gemeinschaftlichen Erbauung nicht fremd seyn. Ja
es schien mir daß es besonders jezt ein Wort zu seiner Zeit geredet
seyn würde wenn ich eure Aufmerksamkeit auf diesen Gegenstand
lenken könnte. Unter dem mancherlei Unglük welches wir jezt in der
10 Welt sehn ist das wo nicht eines der größten doch gewiß das krän-
kendste, daß an vielen Orten die Obrigkeit genöthigt ist mit ängstlicher Besorgniß über den Gesprächen der Unterthanen zu wachen und
sie wegen ihrer Meinungen und Reden zu strafen. Wir sind Gott sei
Dank von dieser erniedrigenden Vorsorge noch frei[,] aber wir werden
15 sie uns selbst zuziehn, wenn wir einen sträflichen Mangel an Verschwiegenheit unter uns einreißen lassen. Nicht als ob ich glaubte daß
es unter uns Menschen gäbe welche angestekt sind von dem verderblichen Geist der Unzufriedenheit, von der vorwizigen Begierde die Gestalt der Welt nach ihren Einsichten oder vielmehr nach ihren Träu-
20 men umzuformen, welche sich also gerechte Strafe zuziehn würden
wenn wir nicht mitleidig genug wären ihre anstekenden Gesinnungen
zu verhelen. Nein aber wenn wir auch alle gute Bürger sind alle beseelt
von Liebe zur Ordnung und Gerechtigkeit, so ist es doch jezt vorzüglich nöthig daß wir mit weiser Behutsamkeit jedes Wort an seiner
25 Stelle lassen. Auch gutgesinnte Menschen haben ihre eigenthümliche
Art die Begebenheiten unserer Tage anzusehn und ihr Urtheil darüber
auszudrüken und auch eine jede unläugbare Wahrheit hat ihren gewißen Kreis in welchem sie allein verstanden und mit Nuzen erörtert
werden kann. Wollten wir es uns nun erlauben das eigenthümliche
30 dahin zu bringen wo es nothwendig mißverstanden werden muß, und
dasjenige was ohne Schaden einem Freunde ins Ohr gesagt würde den
Unverständigen auf den Straßen zu predigen, so wäre es allerdings
recht daß die Machthaber denjenigen die Freiheit zu reden einschränkten, welche noch so sehr in der Kunst zurükbleiben zu hören
35 und zu schweigen. Endlich findet zwischen der Tugend der Verschwiegenheit und einer religiösen Gesinnung überhaupt noch eine besondere Verbindung statt so daß man von einem auf das andere schließen
kann. Derjenige der die Ehrfurcht vor Gott und seinen Gesezen verloren hat, dem Pflicht und Gewissen nicht heilig sind, sondern der nur
40 seinem Vortheil oder seinem Vergnügen lebt, der wird auch mit den

---

10 eines] *korr. aus* das   20 umzuformen,] *korr. aus* umzuformen.   20 welche sich
also gerechte] *über* ⟨Nein wenn wir ein⟩   35–36 Verschwiegenheit] *folgt* ⟨überhaupt⟩

Geheimnißen seiner Brüder entweder einen betrügerischen Handel treiben oder sie leichtsinnig verschleudern. Der Heuchler, der heilige Gesinnungen lügt die er nicht hat, der frome Schwäzer der überall seine Empfindungen und Gedanken hinträgt, wird auch die Freundschaft heucheln die er nicht besizt, und mit den Gedanken seiner Freunde nicht gewissenhafter umgehn als mit seinen eignen. Der wahre Verehrer Gottes und der Tugend hingegen weiß alle Dinge ernst zu behandeln und wird daher nicht vom Leichtsinn überrascht werden. Er weiß seine eigenen Gedanken und Worte heilig zu halten und bei ihm werden also auch die Geheimniße seiner Freunde wol verwahrt seyn. So sehn wir also auch hier, daß wenn einer erst gute Grundsäze p. p. p. *[Der Text endet hier.]*

---

3 der frome Schwäzer] der frome Schwäzer der frome Schwäzer

Nr. 22

Termin: Vor dem 26. Juli 1794
Ort: Unbekannt
Bibeltext: Phil 4,4
Textzeuge: Autograph Schleiermachers; SAr 10, Bl. 21r–22r
Texteditionen: Keine
Andere Zeugen: Keine
Besonderheiten: Der Text ist unvollendet. Für die undatierte Predigt liegt
                   kein Terminzeugnis vor. Die Predigt bezieht sich auf eine
                   folgende Abendmahlsfeier.

Der Mensch, welcher noch nicht unter das Gesez Gottes und seines   *21r*
eigenen Gewissens gethan ist, kann nur dann vergnügt und heiter
seyn, wenn er außer sich hinausgeht und sich den angenehmen Eindrüken äußerer Gegenstände überläßt. Jeder Augenblik wo er einmal
in sich zurükkehrt und über sich nachdenkt wird ihm ein Augenblik
der Qual, denn er ist bei sich nicht zu Hause, er findet in seinem
Herzen nichts was ihn an sich zieht, er fühlt Leere und Langeweile,
und er muß sich selbst gestehn, daß von dem wenig bei ihm zu finden
ist was die wahre Würde eines menschlichen Gemüths ausmacht.
Wenn also ein solcher gewiße Pflichten und Gebräuche der Religion
beobachtet, es sei nun aus Gewohnheit und Schiklichkeit um sich den
Augen der Welt als einen religiösen Christen zu zeigen, oder aus Aberglauben weil er meint daß schon die bloße äußere Beobachtung einen
Werth und einen Nuzen habe, so nimmt entweder sein Herz gar keinen Theil daran, seine Wünsche und Gedanken sind auf irdische
Dinge gerichtet unterdeß seine Augen und seine Lippen sich heuchle-
risch zum Himmel erheben, oder wenn er es noch nicht bis auf diesen
Grad der Verderbtheit gebracht hat, so wird sein Gemüth von einer
Aengstlichkeit beherrscht welche nur die Vorwürfe eines bösen Gewissens unterbrechen. Die heilige Feierlichkeit um derentwillen wir jezt
versamelt sind hat besonders die Art den Menschen auf sich selbst
zurükzuführen und also ist es natürlich daß wir die eben beschriebenen Erscheinungen bei denen wahrnehmen welche es wagen diesem
Gebrauch mit einem ungebesserten, eines Christen unwürdigen Gemüth beizuwohnen. Aber wenn auch der wahre gute Christ ein ähnli-

---

3 hinausgeht] hinausgeth   **22** zurükzuführen] zurük führen

ches Betragen beobachtet, wenn auch seine Gesichtszüge ein niederge-
schlagenes Herz verkündigen, wenn auch seine Empfindungen sich in
Seufzen und einem gewißen furchtsamen Zittern vor der Heiligkeit
des Gegenstandes auslaßen, so ist das entweder ein Mißverstand oder
ein verwerfliches Ueberbleibsel aus den Zeiten der Unwissenheit und   5
Rohheit, wodurch er weder der Religion noch sich Ehre macht. Laßt
Klagen und Seufzen denen, welche noch draußen vor dem Vorhof des
Christenthums stehn, wer in das innere desselben eingedrungen ist,
hat alle diese Dinge abgethan. Der Geist unserer Religion ist Friede
und Freude in dem heiligen Geist und Freiheit des Gemüths und so   10
wie alle Lehren derselben abzweken, diese Vorzüge in uns hervorzu-
21v bringen | und zu erhöhen, so haben alle ihre heiligen Gebräuche und
Handlungen keine andere Absicht als uns einen vorzüglichen Genuß
dieser christlichen Glükseligkeit zu verschaffen. Daß dieser Friede und
Freude die eigentliche Gemüthsstimmung sei womit sich der Christ   15
zum Tische des Herrn naht, davon wollen wir uns zu unserer Beruhigung noch näher überzeugen

    T e x t . Phil. 4, 4.

Kein Zeitpunkt der Lebens soll nach den Worten des Apostels leer
von diesem Zustand der Freude seyn und ich will zeigen daß sie auch   20
besonders jezt bei dem großen Vorsaz welchen wir haben herrschend
unter uns seyn muß. Zu dem Ende wollen wir mit einander erst kürzlich untersuchen was diese Freude am Herrn eigentlich ist und dann
sehn daß alles an der heiligen Handlung die wir vorhaben uns dazu
auffodert.   25

    E r s t e r T h e i l . Jede menschliche Freude bezieht sich auf einen
gewissen Gegenstand, besteht in einer gewissen Bewegung des Gemüths und hat, je nach dem diese beschaffen ist, eine eigenthümliche
Art sich zu äußern. Der Gegenstand der Freude ist immer entweder
ein einzelnes Vergnügen welches uns bevorsteht oder der Besiz eines   30
Gegenstandes von dem wir einen vortheilhaften Einfluß auf unsere
Glükseligkeit erwarten; so verschieden also die Wünsche und Bestrebungen der Menschen sind, so verschieden auch die Ursachen ihrer
Freude. Der Auswurf des Menschengeschlechts hat seine Freude ganz
eigentlich an der Sünde und dem Bösen, der große Haufe an den ver-   35
gänglichen Lüsten der irrdischen Welt, wenige die sich weise dünken
haben sie in sich selbst, und der Fromme, der Christ, hat sie an dem

---

19 Kein] *davor kein Absatz*   **28** diese] *Kj* wie diese

9–10 *Röm 14,17*

Herrn: entweder mittelbar oder unmittelbar. Mittelbar indem er Vergnügen und Vortheile die dem Sinnlichen Menschen Anlaß zu einer
weltlichen Freude geben immer zugleich auf Gott den Geber desselben
bezieht. Wenn ein Freund dem andern irgend eine angenehme oder
5 nüzliche Kleinigkeit schenkt so beschäftigt sich dieser in den ersten
Augenbliken mit dem Werth und Nuzen des Geschenks, aber bald
kehrt sich sein Gemüth zu der Freude über die Liebe des Gebers. So
auch der Fromme; was ihm immer von irrdischen Vortheilen zu Theil
wird so wird die Freude an dem bloßen Besiz derselben bald von einer
10 bessern verdrängt, von der Freude an dem weisen und gütigen Wesen
welches auch in und durch Kleinigkeiten[,] denn was sind wol alle
irdischen Dinge andres[,] das Wol seiner Kinder befördert. Noch edler
aber und unvermischter ist diese Freude, wenn sie ohne äußere Veranlaßung nicht durch die Thür der Sinne sondern durch die Thür des
15 Verstandes ins Herz zieht, wenn nicht irdische Dinge die Seele zu Gott
leiten, sondern der Gedanke | an Gott sie über die irdischen Dinge   *22r*
erhebt. Wenn wir uns freuen, daß wir im Besiz der Erkenntniß und
Liebe des Höchsten sind, daß unser Wandel im Himmel ist, ob er
gleich auf Erden zu seyn scheint, daß wir alles was unsere Seele wirk-
20 lich beschäftigt zu seiner Ehre aus seiner Liebe, aus Lust an seinen
Geboten thun.

So erhaben der Gegenstand dieser Freude an dem Herrn ist, so
sehr unterscheidet sich auch das, was dabei in der Seele vorgeht, von
den Gemüthsbewegungen einer irdischen und sinnlichen Freude.
25 Wenn diese bei den Menschen einkehrt so muß sich gewöhnlich ihre
Vernunft derselben schämen; der Verstand liegt unthätig, die Geschäfte liegen danieder, alles wird gleichgültig behandelt, ein Treiben
der Begierden der Wünsche der zügellosesten Einbildungen beherrscht
die Seele und sie zieht sich ganz in dem einen Gedanken an den Ge-
30 genstand zusammen, der jezt erschienen ist um ihre Leidenschaften zu
befriedigen. Gäbe es keine andre Freude, so müßten wir freilich in
Lagen wie die gegenwärtige alle Spuren derselben verbannen. Aber
die Freude an dem Herrn hat eine Wirkung von ganz anderer Art auf
unsere Seele. Sie erhebt den Geist und belebt alles was in uns ist mit
35 neuen Kräften; dieser glükliche Zustand besteht in einer ofnen und
heitern Empfänglichkeit für alle guten Gedanken und Gefühle, in einer auf die hohe Empfindung der menschlichen Größe gegründeten

---

2 Vortheile] Vortheie   3 desselben] *Kj* derselben   13 wenn sie] wenn   14 nicht
durch die] *über* ⟨unmittelbar⟩   16 Gedanke] Geda   32 Aber] *korr. aus Unleserli-*
chem   35 dieser] *korr. aus Unleserlichem*

---

18 *Vgl. Phil 3,20*

Heiterkeit der Seele, die ob sie gleich sich himlischer Dinge freut dennoch jedes Vergnügen mit dankbarem Gemüth genießt, aber auch jedem irdischen Leid mit eben so frohem Muth entgegengeht, er besteht
in einer nicht vergeblichen und unkräftigen Lust alle unsere Handlungen mit dem Gegenstand unserer Freude in eine schöne Uebereinstim-   5
mung zu bringen.   *[Der Text endet hier.]*

Nr. 23

Termin:	*Vor dem 26. Juli 1794*
Ort:	*Unbekannt*
Bibeltext:	*Mt 10,22*
Textzeuge:	*Autograph Schleiermachers; SAr 10, Bl. 27r–30v*
Texteditionen:	*SW II/7, 1836, S. 328–339*
Andere Zeugen:	*Keine*
Besonderheiten:	*Für die undatierte Predigt liegt kein Terminzeugnis vor.*

Text. Matth. 10, 22. 27r

Die Worte sind eigentlich zu den ersten Jüngern Jesu gesprochen, als
er ihnen alle die Leiden und Unannehmlichkeiten, denen sie die Verkündigung seiner Lehre aussezen würde[,] vorhersagte und sie dem-
5 ohngeachtet zur Treue in diesem ihrem Amt ermunterte. Jene hatten
in dem Beruf die Religion Jesu auszubreiten mit den Unterdrükungen
der Gewaltigen auf Erden, mit dem Haß der Feinde der Tugend[,]
mit den Verfolgungen der blinden Eiferer zu streiten. Demohngeachtet
sollten sie in alle Welt gehn und Jesu Jünger suchen, sich durch kein
10 Hinderniß abschrecken lassen, Gott mehr gehorchen als den Menschen
und bis an das Ende ihres Lebens ihrem Amte treu bleiben. Aber gewiß sind sie auch auf uns eben so sehr anwendbar, wir haben in unserm Beruf durch diese Religion immer weiser und besser zu werden
einen eben so harten und langwierigen Streit mit den mancherlei Fein-
15 den in uns selbst zu überstehn, und mit den Fallstricken und Versuchungen worein sie uns führen. Wir sollen unserer Vernunft, unserm
Gewißen und dem Willen Gottes mehr gehorchen als dem, was unsre

---

5–16 Jene hatten ... führen. Wir sollen] *durch Umstellungen geändert aus* Aber gewiß
sind sie auch auf uns eben so sehr anwendbar. Jene hatten in dem Beruf die Religion
Jesu auszubreiten mit den Unterdrükungen der Gewaltigen auf Erden, mit dem Haß
der Feinde der Tugend[,] mit den Verfolgungen der blinden Eiferer zu streiten, wir
haben in unserm Beruf durch diese Religion immer weiser und besser zu werden einen
eben so harten und langwierigen Streit mit den mancherlei Feinden in uns selbst zu
überstehn, und mit den Fallstricken und Versuchungen worein sie uns führen. Demohngeachtet sollten sie in alle Welt gehn und Jesu Jünger suchen, sich [durch] kein Hinderniß abschreken lassen, Gott mehr gehorchen als den Menschen und bis an das Ende
ihres Lebens ihrem Amte treu bleiben, aber wir sollen   9 sich durch] sich

---

10 Vgl. Apg 5,29

Leidenschaften und unsre Trägheit wünschen. Ist irgend ein Lob ist
irgend eine Tugend der sollen wir nachjagen und nicht eher ruhn bis
wir sie erlangt haben. Dazu ist uns gewiß eben die Standhaftigkeit
nöthig. Ich rede daher nach Anleitung dieser Worte von den Bewegungsgründen zur unausgesezten Beharrlichkeit bei unsern guten Ent-   5
schlüßen, so daß wir erstlich überlegen daß wir ohne diese unsern Zwek
nicht im geringsten erreichen und zweitens bedenken daß wir dadurch
daß wir hiervon abgehn auch nicht den geringsten Vortheil erlangen.

    Erster Theil. Was ich hier von der Beharrlichkeit in guten Ent-
schlüßen sage ist nicht so zu verstehn als ob wir um irgend Früchte   10
unserer Arbeit einzuerndten schlechterdings von dem Augenblik an
wo wir uns vorsezen irgend einen Fehler abzulegen oder eine neue
Vollkommenheit zu erwerben niemals etwas müßten gethan haben
was diesem Entschluß zuwider wäre, nie eine Gelegenheit müßten vorbei gelassen haben die den Vorsaz seiner Ausführung hätte näher brin-   15
gen können. Eine solche Foderung stritte mit der Unvollkommenheit
der menschlichen Natur und würde uns unsre Pflicht als etwas un-
mögliches darstellen, aber das müssen wir von uns selbst verlangen,
wenn wir auf den Ruhm der Beharrlichkeit Anspruch machen wollen
27v   daß der Entschluß selbst unwandelbar | sei, daß keine Abweichung   20
davon überlegt und vorsäzlich sei, sondern vielmehr jede als ein trauriger Beweis unserer Schwäche bereit sei, daß wir nie auf halbem
Wege stehn bleiben oder an einem Anfang des vorgesezten Guten genug zu haben glauben, vielweniger je unsern ganzen Entschluß aufgeben und uns überreden daß der Fehler den wir ablegen wollten wol   25
nicht so vieler Mühe werth, das Gute das wir suchten wol nicht so
wesentlich nöthig sei, daß wir immer willig bleiben unsere Kräfte
daran zu sezen, bis unsre Absicht so weit erreicht ist als es unsre
Verhältniße erfodern und die menschliche Natur es zuläßt. Das ist die
Beharrlichkeit von welcher ich glaube daß ohne sie alle Mühe welche   30
wir eine Zeitlang auf unsre Beßerung gewandt[,] sie betreffe nun unsern ganzen Wandel oder nur einen Theil unsers Gemüths, wirklich
ganz und gar verloren ist.
    Denn m. Fr. beßer seyn als vorher, dieser Ruhm ist nicht so leicht
erworben; das will etwas mehr sagen als einige Handlungen gethan   35
zu haben, die man sonst nicht zu thun pflegte, irgendwo einer Versuchung widerstanden zu haben, wo man sich sonst in keinen Streit
einließ. Nicht eher ruft uns unser Gewissen dieses tröstliche Zeugniß
zu bis wir eine Art des Guten, die wir sonst nicht ausübten, mit einer

---

27–28 daß wir ... sezen,] *mit Umstellungszeichen vier Zeilen höher hinter* bereit sei,
31 Beßerung gewandt] Beßerung

solchen Leichtigkeit thun, als ob sie unsern natürlichen Neigungen
gemäß wäre, bis ein gewohnter Fehler so abgelegt ist, daß wir nur
selten noch in eine merkliche Versuchung gerathen ihn zu begehn. Es
laßen sich freilich verschiedene Verhältniße denken, unter denen man
5 sich dieser Unbeständigkeit überläßt; man kann noch im ersten Anfang begriffen man kann der Erreichung seiner Absicht schon ganz
nahe gekommen seyn, aber das alles macht hierin keinen Unterschied,
in keinem von beiden Fällen sind wir nur um das geringste beßer
geworden. Aller Anfang ist schwer, die ersten Versuche zur Ausfüh-
10 rung eines zu unserer Besserung abzwekenden Entschlußes kosten unstreitig viel Aufmerksamkeit, viel Mühe und Ueberwindung und wir
haben recht uns zu freuen, wenn sie uns glüklich gelungen sind, aber
wenn wir nichts leisten als das, wenn wir dabei schon ermüden und
unsern Vorsaz aufgeben, so ist doch alle Anstrengung die wir auf diese
15 Handlungen gewandt haben vergeblich gewesen; sie führten ja nicht
zu dem Zwek um dessentwillen sie doch allein Achtung und Beifall
verdienten, es waren nur so hingeworfene Versuche ohne allen Einfluß
auf den übrigen Theil des Lebens. – Freilich sind wir geneigt zu |
glauben, daß sie demohngeachtet noch einen Werth haben, daß sie   28r
20 wenigstens rühmliche Zeugniße unserer damaligen guten Gemüthsfaßung sind. Aber nein auch das verschwindet wenn wir es etwas genauer überlegen, bei allem schönen und großen Anschein solcher
Handlungen hat es doch an dem rechten Grunde gefehlt; es war kein
wahrhaft guter Wille da, keine rechte Ehrfurcht gegen die Gebote
25 Gottes und die Aussprüche unsers Gewissens. Was unser rechter Ernst
ist was wir als ein nothwendiges unnachlaßliches Erforderniß zum
Hauptzwek unsrer Handlungen machen das ist uns auch um keine
Mühe, um keine Anstrengung, um keinen Zeitaufwand zu theuer. Dabei aber haben wir denn immer noch so Nebenabsichten, Dinge die
30 wir im Vorbeigehn recht gern mitnehmen, um derentwillen wir auch
wol einige ernsthafte schwere Unternehmungen wagen[,] aber wenn
es uns zu lange dauert, wenn es zu viel Aufopferung fodert[,] so laßen
wirs liegen. Lieber, der Du Deinen Vorsaz noch auf der ersten Stuffe
seiner Ausführung aufgabst, was war wol die Tugend der Du nach-
35 gingst diese ganze Zeit über, so ein Hauptzwek oder so eine Nebenab-
sicht? Woran hing wol Dein Herz eigentlich, an der Vollkommenheit
für die Du Dir einen Preis sezest den Du nicht übersteigen willst oder
an der sorglosen Trägheit welche Du nur auf wenige Augenblike mis-
sen konntest?

---

1 als ob] *davor* 〈daß〉   3–9 Es ... geworden.] *mit Umstellungszeichen elf Zeilen höher
am Anfang des Absatzes*   17 hingeworfene] *über* 〈vorübergehende〉   26 zum]
davor 〈unsr〉   35 ein] *korr. aus* eine   38 an der sorglosen] die sorglose

Ein anderer glaubt vielleicht mit mehrerm Recht ausruhn und ablassen zu können von seiner Arbeit, ob er gleich auch weiß daß er noch nicht ans Ende gekommen ist; aber er ist ihm doch weit näher, es giebt schon gewiße Fälle wo es ihm keine Mühe mehr kostet seinen alten Fehler zu besiegen, oder die neue Tugend auszuüben; und doch   5 wenn er sich nun erlauben kann seinem Bestreben ein Ziel zu sezen[,] so ist er um nichts gebessert; was er errungen zu haben glaubt wird er nur gar zu bald verlieren. Warum denn nicht weiter fortgehn auf dem Wege den er mit so gutem Erfolg betreten hat? Er ist es auch satt sich so viel Mühe zu geben so genau auf alle Umstände zu merken die   10 ihn in Versuchung führen könnten, so viel Vorkehrungen bei seinen Handlungen zu treffen, so viel Aufmerksamkeit auf sie zu wenden, so unabläßig gegen sich selbst zu kämpfen. Wenn das die Ursachen sind warum er sich gern überreden möchte daß er es nun wol dabei bewenden lassen könnte, so ist ihm sein übles Schiksal wol eben so gewiß.   15 Sich einen höhern Grad des Guten und der Vollkommenheit zu erwerben dazu gehört nicht mehr Mühe als sich im Besiz desjenigen zu erhalten was man nur eben erst erlangt hat und worin man noch so zu sagen neu und fremd ist. Scheut er jenes so wird ihm auch dieses nicht gelingen. Die Wachsamkeit auf uns selbst ist gewiß von allem   20 was den wahren Christen ausmacht das schwerste; wer erst von dieser
28v   nachläßt der wird nur zu oft aus Unachtsamkeit | in seine alten Fehler zurükfallen, je öfter das geschieht[,] desto mehr nimt diese üble Gewohnheit zu, desto mehr verliert er von der Fertigkeit die er wirklich schon hatte[,] so kommt er nach und nach immer weiter zurük[,] un-   25 merklich ist er wieder in dem Zustande wo er zuerst aufmerksam wurde und einsah wie nöthig es ihm wäre besser zu werden. Was hat er also durch seine ersten Bemühungen gewonnen? er muß von vorn anfangen, er hat seine Zeit und seine Kräfte verloren; und das ist noch nicht der ganze Schade. Je länger diese Nachläßigkeit gedauert hat, je   30 vorsäzlicher sie gewesen ist, desto mehr ist er unterdeß zu allem übrigen untüchtig geworden. Es ist ja leider wahr daß wie Christus sagt das Fleisch überall schwach ist, unsre ungeordneten Neigungen, unsre Sucht nach einzelnen frohen Augenbliken wobei wir uns um das wahre bleibende Wohl so wenig bekümern steht uns bei der Uebung   35 des Guten genug im Wege; wenn nun auch der Geist aufhört willig zu werden, wenn auch unsre Grundsäze verderben und die Foderungen an uns selbst nachlassen, so bleibt ja nichts mehr was uns zum Guten hinführt. Wer es sich einmal erlaubt hat mit Ueberlegung ein Bestre-

---

10 genau] *über* ⟨viel⟩   39 es] *über der Zeile*

---

33 *Vgl. Mt 26,41*

ben aufzugeben dessen Fortsezung ihm doch die Religion gebietet,
wer erst in einem Stük sich überredet hat daß er zu schwach sei das
zu thun was er thun soll, der gewöhnt sich bald an diesen Gedanken
so verächtlich er auch ist, es finden sich immer mehr Fälle wo er sich
5 für eben so berechtigt hält sein Unvermögen vorzuschüzen, und bald
glaubt er bei jeder mäßigen Anstrengung das ganze Maaß seiner
Kräfte erschöpft zu haben und fernerer Bemühungen billig überhoben
zu seyn. Kein Fehler wird nun mehr besiegt, keinem Vorurtheil sein
schädlicher Einfluß benommen, nichts zur Besserung geschieht sobald
10 es Mühe und Arbeit kostet. Tausend unrechte Handlungen aus Uebereilung und Irrthum entsprungen, wenn sie auch noch so traurige Folgen haben und noch so wenig zu billigen sind, schaden nicht so viel
als der Mangel an Lust und gutem Willen der bei dieser elenden Unbeständigkeit immer zum Grunde liegt. Wenn das Vertrauen weggewor-
15 fen ist daß uns Gott keine als menschliche Versuchung zuschikt, keine
über die wir nicht durch Gebet und Anstrengung siegen können, das
Vertrauen daß er den Demüthigen Gnade gibt, und daß auch die
Schwachen mächtig werden durch die Kraft der Religion, wenn erst
in einem Stük die Ueberzeugung weggeworfen ist, daß wir können
20 was wir sollen, wo soll dann auch für alle übrigen der freudige Muth
herkomen der uns so unentbehrlich ist, und bei dem wir allein mit
Wahrheit sagen können, seine Gebote sind nicht schwer. Unglüklich
ist freilich der, der noch nicht dazu gekommen ist Entschlüße zu faßen, die doch zu seiner Beßerung nöthig wären, aber doch sind die
25 Aussichten dessen noch weit trauriger, der einmal irgend einen Kampf
gegen das Böse angefangen, der es einmal gewagt hat sich gegen die
unrechtmäßige Herrschaft seiner Fehler und Schwachheiten zu empö-
ren, aber von vorzeitiger Muthlosigkeit ergriffen wieder abläßt und
nun gar an seiner eignen Erfahrung eine Entschuldigung zu haben
30 glaubt um unter ihrem Joch zu bleiben. |

Zweiter Theil. So groß nun die Nachtheile sind, die uns aus   29r
diesem Mangel an Beständigkeit erwachsen, so nichtig sind die Vortheile welche wir davon zu genießen hoffen. Wir wollen Mühe sparen,
uns der Ruhe und Sorglosigkeit überlaßen, manchen Unannehmlich-

13 als der Mangel] *über* ⟨Lust und⟩   33 davon zu genießen hoffen] *über* ⟨uns beständig zum Vorwurf⟩

15 *Vgl. 1Kor 10,13*   17 *Vgl. 1Petr 5,5*   17–18 *Vgl. 2Kor 12,9*   19–20 *Vgl. Immanuel Kant: Critik der practischen Vernunft, Riga 1788 (SB 1017), S. 54; Gesammelte Schriften, Akademie-Ausgabe, Bd. 5, 2. Aufl., Berlin 1913 (Nachdruck 1968), S. 30*   22 *1Joh 5,3*

keiten ausweichen die wir uns sonst hätten müssen gefallen lassen,
manche Freude geniessen die wir hätten entbehren müßen. So wenig
das alles auch ist für den, der einen hohen Zwek seines Daseyns kennt,
so ist doch auch das nicht einmal richtig. Was wir unangenehm empfinden, so klagen wenigstens die Menschen allgemein, drükt uns im-   5
mer stärker nieder als die Freude uns aufrichtet, und unter allen
Schmerzen ist doch der der stärkste wovon wir selbst der Gegenstand
sind; die innere Unzufriedenheit, die Vorwürfe des Gewissens, die Verachtung unser selbst, und das ist es doch gewiß was wir von dieser
Unbeständigkeit erndten, denn es ist nicht möglich daß alles vorherge-   10
gangene gar nicht in unsere Gedanken zurükkehren sollte, und wenn
es komt so ist es nicht möglich daß der Eindruk davon anders als
demüthigend bitter und anklagend gegen uns selbst seyn kann. Ich
sage es ist nicht möglich daß wir das vorhergegangene ganz vergessen
sollten. Ein Entschluß der einen wichtigen Gegenstand hat und schon   15
von einigen Folgen begleitet gewesen ist die große Veränderungen in
unserm innern theils vorbereitet theils hervorgebracht haben ist etwas
zu wichtiges als daß er uns nicht oft und besonders bei allen Begebenheiten die in einem nähern Verhältniß zu demselben stehen ins Gedächtniß zurükkomen sollte. Geht es uns doch oft so mit solchen Ent-   20
schlüßen welche sich bloß auf unsern äußern Zustand beziehn, sie
sind uns noch oft mit allen Umständen gegenwärtig, wir wissen noch
wie sie entstanden sind entweder nach und nach oder plözlich, wie
wir rasch oder ängstlich die ersten Schritte zu ihrer Ausführung gethan, und es sollte nicht eben so seyn mit den beiden entgegengesezten   25
Entschlüssen deren einer zum Vortheil der Tugend und Vollkomenheit
gefaßt wurde und der andre zum Vorschub unsrer Trägheit unserm
Bestreben Einhalt thun. Ach sie werden oft vor uns stehn jener mit all
den feierlichen Umständen womit wir gewöhnlich eine neue Laufbahn
anfangen[,] mit der frommen Begeisterung womit wir uns aufs neue   30
zur noch genauern Befolgung der Gebote Gottes einweihn, mit der
rüstigen Aeußerung unserer Kräfte, mit dem brünstigen Gebet, dieser
mit der Unruhe die ihm vorherging, mit der dumpfen Betäubung die
ihn begleitete[,] mit dem Leichtsinn der darauf folgte. Eben so lebhaft
werden wir uns oft der Handlungen erinnern welche zwischen beiden   35
liegen. Sie haben uns so viel Mühe gekostet, wir haben sie als die
Erstlinge unsrer Kräfte geliebt, sie galten uns lange für die schönsten
Augenblike unsers Lebens und waren uns die angenehmste Erinnerung. Also sind auch sie uns zu tief eingeprägt um so auf einmal zu
verschwinden. So oft ähnliche Fälle eintreten, so oft es wieder möglich   40
wäre so groß und edel zu handeln, werden ohne Zweifel die vergangenen Thaten vor uns stehn unvergeßen wenn wir sie auch vergeßen zu
können wünschten.

Also erinnern müssen wir uns, aber es kann unmöglich eine ange-
nehme Erinnerung sein. | An das Gute zurükzudenken, welches uns 　*29v*
Gott ehemals zu Theil werden ließ, an Leiden welche überstanden
sind, an Fehler von denen wir uns gebessert haben, das wird allemal
5　bei einem wohlgesinnten Gemüth mit Dankbarkeit gegen Gott und
allerlei guten Gedanken begleitet seyn. Aber an gute Handlungen sich
zu erinnern, die wir jezt nicht mehr ausüben, an christliche Fortschritte in der Tugend die wir jezt aufgegeben haben, das ist gewiß
das quälendste was uns der vergangene Theil unseres Lebens darbie-
10　ten kann. Da sehn wir ja recht deutlich was für Kraft in uns ist wenn
wir nur wollen, denn wir müßen doch fühlen daß wir eigentlich seitdem nichts verloren haben, als durch unsere Trägheit, da stellen wir
uns vor, was wir nun seyn könnten, wenn wir so fortgefahren wären;
und wenn wir das mit dem vergleichen, was wir wirklich sind, da
15　muß ja wol Reue und Schmerz sich unsrer bemeistern, da können wir
ja wol nichts anderes empfinden als, so hart es auch ist, Verachtung
gegen uns selbst, gegen unsern Kleinmuth und Weichlichkeit; und
wenn die Abweichung von unserm Entschluß die ungestörteste Ruhe
zur Folge gehabt hätte, den ununterbrochenen ungetrübten Genuß
20　von allerlei Freuden des Lebens die uns sonst nicht hätten zu Theil
werden können, so kann uns das nicht entschädigen denn jene Ruhe
läßt nun weiter keine Empfindung des Beifalls und der Zufriedenheit
mit uns selbst zurük, hingegen müßen wir fühlen wie wir uns selbst
achten und über unsern Wandel und die Gnade Gottes an uns freuen
25　müßten wenn wir unterdeß fortgefahren hätten die sorglose Ruhe zu
verschmähn und unsere Zeit ferner mit mühseliger Arbeit an uns
selbst mit munterer Anstrengung unsrer Kräfte zuzubringen. So lieb
uns die Freude auch seyn möge, die wir anstatt dessen genossen haben, so werden wir sie doch bei einer solchen Betrachtung mit ganz
30　andern Augen ansehn, wir werden mit uns selbst zürnen, daß wir uns
durch sie verführen liessen, wir sehn ein daß es weit edler gewesen
wäre, uns weit mehr wahre Zufriedenheit bereitet hätte sie hintenan
zu sezen um in unsern Bemühungen fortzufahren, um besser zu werden und uns des Namens wahrer Jünger Jesu würdig zu machen. Sol-
35　che Augenblike sind es die wenn wir noch nicht ganz verdorben sind
unsere Unbeständigkeit uns mitten unter dem scheinbarsten Glük des
Lebens bereitet. |

Mit welchem Gefühl werden wir erst an den Augenblik zurükden- 　*30r*
ken, dem wir das alles zu danken haben, wo wir zuerst den Muth
40　sinken liessen, wo wir zuerst vorsäzlich unsern Vorsaz aufgaben und
auf unserm Wege still standen. Damals vielleicht als wir dazu verleitet

---

6 Aber] aber

wurden glaubten wir selbst theils daß wir schon etwas von dem erlangt hätten wonach wir strebten, theils daß wirklich unsere Kräfte
erschöpft wären daß es Zeit sei dem Verlangen unsrer schwachen Natur nach Ruhe und Erholung nachzugeben, aber das ist auch nur eine
Täuschung die alsdann, wenn wir einmal mit Vorwürfen gegen uns   5
selbst beschäftigt sind[,] nicht Stich hält. Bei aller Ueberzeugung von
der Unvollkommenheit und Schwäche der Menschen überhaupt ist
doch ein natürliches Gefühl in uns, welches uns sagt daß keiner je so
viel gelitten hat, er hätte noch mehr leiden können ohne zu erliegen,
keiner je so viel gethan er hätte darin noch mehr thun können, daß   10
die Kräfte des Menschen ungemessen sind und noch keiner sagen
könne daß er ans Ende derselben gekomen sei, daß also in allen Fällen
und so weit wir es auch gebracht haben mögen die Regel des Apostels
ihre Richtigkeit hat, daß es am besten sei nicht nach dem zu sehn was
dahinten ist, nicht zu fragen ob das nicht alles sei, was in unserer   15
Gewalt stehe, sondern so lange noch etwas vor uns ist, dem mit unermüdetem Eifer nachzujagen. Das Gefühl wird nur zu bald auch bei
uns zurükkehren und uns die Augen über unsere eigentliche Lage öfnen; wir werden sehn, daß nur eine scheinbare Entkräftung, nur ein
Anfall von Trägheit, nur eine zu gute Meinung von dem was wir   20
schon geleistet hatten uns zu dem weichlichen Entschluß bewog; wir
werden wenn unser guter Wille noch nicht ganz erstorben ist die Zeit
die wir seitdem auch noch so glüklich verlebt haben für unsre Bestimung verloren halten und Reue und Unzufriedenheit werden uns den
Genuß jeder dieser Freuden verbittern.   25
     Nur derjenige m. a. Fr. kann der bittern Stunde entgehn die ihm
seine Wankelmüthigkeit durch die Vorwürfe seines Gewissens bereitet, der die Stimme desselben ganz erstikt, der der Tugend ganz entsagt; dem erscheinen dann die guten Entschlüße die er ehemals gefaßt
als Irrthümer von denen er nun geheilt ist; die guten Handlungen die   30
ein so schöner aber leider vergeblicher Anfang der Tugend waren, als
Thorheiten denen er nun entsagt hat; der sieht den Augenblik wo er
es zuerst wagte sich den strengen Foderungen seines Herzens muthig
zu entziehen als den ersten Anfang seines Glüks und seiner Ruhe an.
Aber das m. Fr. ist es doch nicht wohin wir wollen wenn wir aus   35
Ueberdruß und Ermüdung von unserm Eifer nachlassen, wollen wir
aber dahin nicht so bereiten wir uns durch ein solches Verfahren
30v   nichts als | Reue und Bitterkeit gegen uns selbst.

---

22 die] *korr. aus* wir   26 der] *korr. aus Unleserlichem*

14–17 *Vgl. Phil 3,13–14*

Das laßt uns doch verhüten, laßt uns doch die Mühe die wir einmal angewandt haben nicht ein so schlechtes Ende nehmen. Auch wo
es nur eine unbeträchtliche Schwachheit ist die wir ablegen wollen,
auch wo es nur eine von den weniger wesentlichen guten Eigenschaf-
5 ten ist wonach wir streben, auch da laßt uns von unserm Eigendünkel
und unsrer Trägheit nicht zur Unbeständigkeit verführt werden auf
daß wir uns nicht an Nachläßigkeit und Wankelmuth gewöhnen. Viel
mehr noch laßt uns auf unserer Hut seyn wo es auf nothwendige für
unser ganzes Leben wichtige Tugenden und Fehler ankomt. Es wird
10 uns freilich manchmal schwer beständig zu bleiben und auszuharren,
da laßt uns das Unglük bedenken dem wir entgegen eilen und alle
Mittel ergreifen, die uns dagegen zu Gebot stehn. Laßt uns auf das
Ziel sehn das uns vorgestekt ist, auf das Beispiel Jesu und seiner ersten
Jünger welches uns vorleuchtet und zur Kraft der Religion und des
15 Gebets unsre Zuflucht nehmen, so wird es auch uns möglich werden
in unserm Beruf und in allen einzelnen Theilen desselben zu beharren
bis ans Ende.   Amen.

---

2 nehmen] *folgt* ⟨, laßt uns nirgends von dieser Unbeständigkeit ergriffen werden⟩

12–13 *Vgl. Phil 3,14*

Nr. 24

Termin:	1794 vor dem 26. Juli
Ort:	Landsberg an der Warthe, Konkordienkirche (vermutet)
Bibeltext:	1Petr 2,12
Textzeuge:	Autograph Schleiermachers; SAr 10, Bl. 23r–26v
Texteditionen:	SW II/7, 1836, S. 241–251
Andere Zeugen:	Keine
Besonderheiten:	Für die undatierte Predigt liegt kein Terminzeugnis vor. Das Wasserzeichen des beschriebenen Papiers (CDSiegert Neudam) ist identisch mit dem der datierten Landsberger Predigten des Jahres 1794. Die Predigt kann also den Monaten April bis Juli 1794 nach dem Amtsantritt zugeordnet werden.

23r Wenn die Ruhe der Menschen nicht von ihren eignen Leidenschaften gefährdet wird, wenn das Schiksal sich nicht gegen dieselbe verschwört, so hat sie noch unzählige Feinde an den unordentlichen Neigungen anderer. Einer der größten und gefährlichsten ist die Verläumdung, die unselige Begierde das Böse nicht nur zu finden, wo es noch so verstekt liegt, sondern auch es zu erdichten, wo es nicht ist, die teuflische Kunst ein Gemälde von andern aufzustellen das aus lauter Zügen des Lasters zusammengesezt ist und doch durch eine täuschende Aehnlichkeit den Gegenstand desselben dem Abscheu der Menschen aussezt; das ruchlose Handwerk das die schuldlose Stirne des Gerechten mit dem Zeichen der Schande brandmarkt. Kein menschliches Herz ist so gesund und stark daß ihre vergifteten Stiche ihm nicht einen langsamen Tod brächten, keine Blume der Freude und

---

7 teuflische] *davor* ⟨Begierde mit⟩ 8 durch eine] *korr. aus* mit einer 9 den] *über* ⟨[prun]⟩ 11–223,11 Kein menschliches ... mit List.] *durch zwei Umstellungen geändert aus* Die Verläumdung ist ein Ungeheuer das sich von den Seelen der Menschen nährt; den guten Namen des einen verzehrt sie zum Morgenbrodt und die Ruhe des andern zum Nachtessen. Kein menschliches Herz ist so gesund und stark daß ihre vergifteten Stiche ihm nicht einen langsamen Tod brächten, keine Blume der Freude und Heiterkeit blüht so schön, daß ihr giftiger Hauch nicht die zarten Farben derselben schwärze und ihr tödtender Athem sie nicht welken machte. Oeffentlich geht sie auf Raub aus, und wo in der geheimsten Einsamkeit Freunde sich zusamen ergözen, auch da liegt sie auf der Lauer und fängt ihre Beute mit List. Die Glükseligkeit der Menschen ist vor ihr wie ein irden Gefäß das ihr Fuß umstößt und es zerbricht; aus ihren Scherben trinkt sie das Blut ihrer Schlachtopfer und aus ihren Trümmern erbaut sie sich ihre höllische Wohnung.

Heiterkeit blüht so schön, daß ihr giftiger Hauch nicht die zarten
Farben derselben schwärze und ihr tödtender Athem sie nicht welken
machte. Die Verläumdung ist ein Ungeheuer das sich von den Seelen
der Menschen nährt; den guten Namen des einen verzehrt sie zum
5 Morgenbrodt und die Ruhe des andern zum Nachtessen. Die Glükseligkeit der Menschen ist vor ihr wie ein irden Gefäß das ihr Fuß umstößt und es zerbricht; aus ihren Scherben trinkt sie das Blut ihrer
Schlachtopfer und aus ihren Trümmern erbaut sie sich ihre höllische
Wohnung. Oeffentlich geht sie auf Raub aus, und wo in der geheim-
10 sten Einsamkeit Freunde sich zusamen ergözen, auch da liegt sie auf
der Lauer und fängt ihre Beute mit List. Sie verfolgt die Spur des
gerechten bis in die tiefste Verborgenheit und mitten in der Ausübung
der Tugend mordet sie den Unschuldigen. Ihre Fußtritte sind mit Verderben bezeichnet und wo sie gewandelt hat, da gedeiht weit umher
15 nichts als Haß und Feindschaft, Angst und Mißtrauen. Schreklich ist
dies Gemälde wol aber nicht übertrieben und wenn vielleicht nur selten ein Mensch als das rechte Gegenbild desselben in die Augen fällt
so ist doch das Unglük welches die kleinen Anlagen und Ausübungen
dieses Lasters die bei vielen ja ich will sagen bei den meisten Men-
20 schen zu finden sind nur daß sie sich unter allerlei schuldlose oder
wol gar ehrenvolle Namen verbergen. Viele glauben der Verläumdung
durch eine zaghafte Unterwerfung zu entgehn, sie beugen ihr Knie vor
dem Verläumder und dienen ihm, sie schmeicheln dem dessen Zunge
böse ist um ihn in guter Laune | zu erhalten. Aber heute nimt er   *23v*
25 vielleicht ihr Opfer an und Morgen thut er doch was sein böses Herz
gelüstet. Es gibt für alle die sich vor diesem Unglük bewahren wollen
nur ein wahres wirksames Hülfsmittel und davon wollen wir uns jezt
näher unterhalten.

    Text.   1. Petr. 2, 12.

30 So lange die Christen noch eine kleine geschlossene Gesellschaft waren so wurden sie wie es gewöhnlich unter solchen Umständen geht
schreklich verläumdet und ihren Zusammenkünften die abscheulich-
sten Absichten untergeschoben. Petrus empfiehlt ihnen einen offenbaren guten Wandel als das beste Mittel diesen Verläumdungen ein Ende
35 zu machen und über sie zu siegen. Diesen apostolischen Rath wollen
wir auf alle diejenigen anwenden die noch jezt wo nicht um der Religion willen doch wegen des guten oder eigenthümlichen was sie an
sich haben den Stachel der Verläumdung fühlen müßen; ich will ihnen

---

16 dies] *korr. aus Unleserlichem*   18 Unglük] *zu ergänzen wohl* verbreitet   19 La-
sters] *zu ergänzen wohl* verursachen   21 verbergen] verderben   30 So] *davor kein
Absatz*   35 apostolischen] apostol.

in dieser Betrachtung den guten Wandel als die beste Schuzwehr gegen
die Verläumdung empfehlen; ich will erstlich zeigen wie der gute Wandel
beschaffen seyn muß wenn er dies leisten soll und zweitens beweisen daß der Schuz den er uns gewährt in jeder Rüksicht hinlänglich ist.

Erster Theil. Der gute Wandel der uns gegen die Verläumdung   5
sichern soll muß erstlich fortgesezt und ununterbrochen seyn. So wenig wir vor Gott und unserm eignen Gewissen begangene Fehler durch
einzelne darauf folgende gute Handlungen gut machen können, eben
so wenig werden die Menschen ein solches Lösegeld annehmen um
das Urtheil zurükzunehmen was sie einmal gefällt haben oder der Ver-   10
läumder um uns aus den Striken seiner Gefangenschaft zu entlaßen.
Denn wenn er gleich die unrechten Handlungen die er findet mit Freuden für das nimmt, was sie auf den ersten Anblik scheinen, so untersucht er doch die guten Thaten von allen Seiten ob er nicht einen
Tadel an ihnen finde, und da ist es freilich wahr daß solche einzelne   15
Handlungen nie die Festigkeit des Charakters verbürgen die nur aus
dem Zusamenhang des ganzen Lebens geschloßen werden kann. Es
kann an hundert nachtheiligen Erklärungen derselben nicht fehlen,
entweder schreibt man sie Augenbliken der Rührung und Begeisterung zu die auch in dem fehlerhaftesten Gemüth bisweilen etwas Gu-   20
tes hervorbringen oder wenn sie alle etwas ähnliches haben so hält
man sie für Folge einer natürlichen guten Neigung weswegen der
Mensch auf gar kein Lob Anspruch machen kann. Die guten Handlungen eines solchen vermischten Wandels sind also nicht im Stande
im Urtheil der Menschen den Fehlern und Schwachheiten das Gleich-   25
gewicht zu halten, welche dabei mit unterlaufen. Schwachheit ist frei-
lich die all|gemeine Beilage des menschlichen Gemüths von der wir
uns nie losmachen können, aber es sei nun daß Du schon angetastet
bist durch die Bosheit der Verläumdung oder daß sie eine Sache an
Dir sucht, so mußt Du mit doppelter Sorgfalt die Ausbrüche der   30
menschlichen Schwachheit verhüten; sie sind es eben worauf der Verläumder mit bübischer Freude lauert um die Tugend oder die Vorzüge
die er nicht leiden mag verdächtig zu machen, und er wird sich nicht
begnügen sie als dasjenige darzustellen was sie sind; Schwachheiten
eines unbewachten Augenbliks verwandeln sich auf seiner scharfen   35
Zunge in Ausbrüche herrschender Fehler, und Uebereilungen des
Leichtsinns und der Leidenschaft in Schandthaten des Lasters.

24r

---

1 die beste] *korr. aus* das beste   9 annehmen] *korr. aus* Unleserlichem   19–
20 Begeisterung zu] Begeisterung   26 Schwachheit] *korr. aus* Schwachheiten
35 unbewachten] *oder* unbewehrten

Unser guter Wandel muß zu diesem Behuf zweitens ohne allen
bösen Schein seyn. Der böse Schein besteht in gewißen zufälligen Beschaffenheiten unserer Handlungen welche dazu gemißbraucht werden konnen einem guten oder schuldlosen Betragen eine üble Deutung
5 zu geben. Da ruft uns nun ein Apostel Christi zu: meidet den bösen
Schein, und das ist in der That eine Pflicht, die wir unserer Ruhe
und unserer Ehre schuldig sind. Es giebt viele Menschen die diese
nothwendige Kunst leider zu wenig verstehn; man muß zittern bei
ihren besten unschuldigsten Unternehmungen, denn sie handeln so
10 rasch und unbefangen daß die Verläumdung ihren Zahn nie vergebens
gegen sie wezt. Sie sind ohne Falsch wie die Tauben aber sie vergeßen
klug wie die Schlangen zu seyn. Sie denken nicht daran daß der große
Haufe der Menschen so leicht etwas mißversteht und daß die schlechten an einem kleinen Vorwand genug haben um das Gute zu lästern.
15 Ihr die ihr euch einer solchen Art zu handeln bewußt seid, ihr seid
achtungswerther als die denen es deswegen leicht wird nirgends anzu-
stoßen weil ihr Herz sie zu nichts gutem und großem antreibt, aber
ihr seid doch unglüklich durch eure eigene Schwachheit. Es ist nicht
genug ein schuldloses Herz zu haben[,] man muß auch zur Ehre der
20 Menschheit vermeiden in einer schlechtern Gestalt vor der Welt dazu-
stehn als man hat. Freilich verliert man durch alle die Rüksicht und
Vorsicht die man dabei nehmen muß vieles von dem Genuß und der
Annehmlichkeit, die die Ausübung des Guten alsdann gewährt wenn
man unbesorgt nach dem ersten Antrieb des Herzens handeln kann,
25 aber dies ist ein Opfer, das wir uns selbst und der Welt schuldig sind.
Nur muß die Rüksicht auf das Urtheil der Menschen ihre Grenzen
haben. Sobald etwas gutes und rechtes schlechterdings nicht gethan
werden kann ohne der Verläumdung eine Seite zuzukehren so wäre es
niedrig es um derer willen zu unterlaßen welche geneigt sind so un-
30 recht | zu urtheilen. Thut dann wie euer Herz euch gebietet und lebt   *24v*
dabei wie der Gerechte immer leben muß eures eignen Glaubens.
Wenn ihr dabei doch nicht vermeiden könnt unrecht beurtheilt und
unschuldig verläumdet zu werden so habt Muth zu Gott und eurer
guten Sache; es hat alles seine Zeit; auch die Unschuld kommt an den
35 Tag und dann bereitet euch die Geduld mit der ihr über euch ergehn
laßt was ihr nicht hindern konntet einen Triumph den euch niemand
nehmen kann. So ging es jenen Christen an die Petrus schrieb. Sie
ließen ihre Werke leuchten und duldeten was sie bei aller Vorsicht

---

29 unterlaßen] ulaßen   34 an den] an

5–6 *Vgl. 1Thess 5,22*   11–12 *Vgl. Mt 10,16*   31 *Vgl. Röm 1,17 mit Zitat aus*
Hab 2,4   34 *Vgl. PredSal 3,1.17*

nicht hindern konnten, aber bald kam der Tag der Rechtfertigung wo
die Religion Jesu allgemein anerkannt wurde als eine Kraft Gottes
und seine Anhänger als die Lieblinge des Herrn.

Es ist aber zum Schuz gegen die Verläumdung nicht genug den
bösen Schein zu meiden; wir müßen uns auch des guten Scheins beflei-   5
ßigen auf den die Welt einen so großen Werth legt. Der Apostel Paulus
ermahnt uns nicht nur jeder Tugend nachzujagen sondern auch allem
was ein Lob bringt, was ein Wolgefallen vor den Menschen ist. Man
könnte freilich denken, daß wenn es auch mit der Redlichkeit überein-
stimme etwas unnöthiges zu vermeiden, so sei es doch nicht aufrichtig   10
etwas anzunehmen und zu zeigen was nicht aus dem Herzen komme;
allein diese Besorgniß ist hier ganz unnöthig. Jede Tugend hängt von
Natur mit einem gewißen äußern Betragen zusamen welches der un-
willkührliche Ausdruk derselben ist, und dies äußere nehmen die
Menschen an um sich einer vor dem andern das Ansehn der Tugend   15
zu geben die ihnen fehlt. So ist Höflichkeit der Schein der Menschenliebe, Gefälligkeit der Schein der Freundschaft[,] Sittsamkeit der
Schein der Keuschheit und eine gewiße äußere Gelassenheit der Schein
der Mäßigung und Weisheit. So sehr also diese Eigenschaften nur ein
leerer Schein sind bei denen welchen der innere Grund der Tugend   20
fehlt, so sind sie etwas natürliches bei dem der diese Tugenden besizt,
es wäre Unrecht sie gezwungen von sich zu stoßen um sich von denen
zu unterscheiden welche sie gezwungen annehmen. Der Weise wird
immer urtheilen daß Deine Tugend unvollkommen ist wenn es Dir an
dem fehlt was der natürliche Ausdruk derselben ist, die Welt wird   25
nicht glauben daß Du die Tugend besizest die Du nicht ankündigst,
und der Verläumder wird auf diesen Grund hin ein Gebäude der Bosheit aufführen um allen Handlungen die wirklich aus jenen bezweifel-
ten Tugenden herfließen falsche niedrige Bewegungsgründe unterzu-
schieben. | 30

25r   Z w e i t e r   T h e i l.   Das ist der gute Wandel den uns der Apostel
in den Worten unseres Textes als die beste Schuzwehr empfiehlt gegen
die die von uns afterreden; laßt uns nun noch zweitens zu unserer
Beruhigung sehn daß der Schuz den er uns gewährt hinlänglich ist.
Dies zeigt sich am besten darin daß auf diese Art alle Quellen der   35
Verläumdung verstopft werden.

6–8 Der Apostel ... Menschen ist.] *mit Umstellungszeichen am Ende der Seite hinter*
unterzuschieben.   14 dies] *geändert aus* die Menschen

7–8 *Vgl. Phil 4,8*

Viele Menschen üben dieses unselige Laster aus entweder aus eignem Unglauben an alle menschliche Güte oder aus Gefälligkeit gegen
die welche eine ähnliche Meinung hegen oder aus andern Ursachen
ein Gefallen an den Fehlern ihrer Brüder haben. Allein auch der hart-
5 näkigste unter jenen Zweiflern und der leichtgläubigste unter diesen
Zuhörern des Verläumders fodert eine gewiße Wahrscheinlichkeit, um
das ungünstige Urtheil, welches er über das Betragen anderer fällen
will, bei sich selbst zu rechtfertigen, und diese Wahrscheinlichkeit verschwindet um desto mehr je genauer wir uns an die Regeln halten,
10 die wir vorher aus den Worten des Apostels gezogen haben. Je größer
die Menge unserer guten Handlungen ist, je genauer ihr Zusamenhang
in die Augen fällt und je mehr wir auf alle Kleinigkeiten dabei Acht
gegeben haben[,] um desto schwerer fällt es ihnen unrechte Bewegungsgründe anzudichten, desto weniger kann man sie zufälligen un-
15 erheblichen Ursachen zuschreiben[,] sondern jeder sieht ein daß es
eine gemeinschaftliche Ursach derselben geben muß welche in nichts
anderm als in festen Grundsäzen der Religion und Tugend liegen
kann. Wenn Schwachheiten und Uebereilungen etwas seltnes geworden sind in unserm Leben, wenn wir selbst mit der Unbefangenheit
20 eines guten Gewissens unser Mißfallen an denselben zeigen und durch
das liebenswürdige eines löblichen Betragens das Herz der Menschen
mehr uns zu als von uns abzuwenden suchen, so zwingen wir am Ende
selbst den Verläumder zu einer freundlichen Nachsicht, so dringen
wir ihm selbst das Geständniß ab daß unsere Schwachheiten nichts
25 verrathen als die Spur der menschlichen Natur die sich auch bei dem
Besten nie ganz verläugnet. Wer sich zu einer solchen Vollkommenheit
erhebt, der kann bei dieser Art von Verläumdern nicht nur sich selbst
sichern, sondern auch andern eine heilige Schuzwehr sein. Sie können
nun an der Möglichkeit der Tugend nicht mehr zweifeln deren Daseyn
30 sie wenigstens an einem Menschen nicht verläugnen konnten, und so
unangenehm ihnen auch der Gedanke an den seyn mag, dem sie nichts
anhaben konnten, so drängt er sich doch zwischen jedes boshafte Ur-
theil das sie fällen wollen und macht sie verlegen und beschämt. |

Eine andere Quelle der Verläumdung ist die Begierde sich ein ge-   *25v*
35 wißes Ansehn in der Gesellschaft zu erwerben, welches zwar nicht auf
Liebe und Achtung sondern auf Furcht und Haß gegründet ist, aber
doch dem Stolz eines verderbten Herzens in hohem Grade schmeicheln kann. Gleich einem bösen Geist den man aus Furcht anbetet,
zündet man dem feinen Verläumder mehr Weihrauch an als dem Reich-
40 thum dem Stand, der Weisheit und der Tugend. Er braucht nur von weitem die Schärfe seines Dolches zu weisen, so zittern die Furchtsamen

---

2 Unglauben] *über* ⟨Mißtra⟩   10 gezogen] *korr. aus Unleserlichem*

und zollen ihm alles, was sie zur Annehmlichkeit seines Lebens beitragen können. Aber diese Furcht findet nur bei denen Statt, welche im Bewußtseyn einer unvollkomnen Güte wol fühlen wie viel Gelegenheit sie der übeln Nachrede darbieten; sie kommt nicht in die Seele desjenigen der da vollkomen ist in dem guten Wandel eines Christen, der da 5 mit dem Apostel Petrus ausruft: wer kann mir schaden, so ich eifrig dem Guten nachkomme. Hier hört die Herrschaft des Verläumders auf, denn er fühlt wol daß er seinen Zwek bei diesem nicht erreicht. Eine gegründete Tugend und Gottseligkeit die doch bei aller Demuth nicht umhin kann ihren Werth zu fühlen giebt einen gewißen Muth, 10 eine gewiße Tapferkeit des Geistes vor welcher auch die frechste und feinste Bosheit die Augen niederschlägt und zittert. Wer mit Zustimmung seines Herzens vor den Augen der Welt sagen kann: wer unter euch kann mich einer Sünde zeihen, der ist der natürliche von Gott gleichsam berufene Vertheidiger der unvollkommnern Tugend und der 15 menschlichen Schwachheit, der kann im Vertrauen auf Gott und seine gute Sache ungescheut in die Schranken treten gegen den listigen Verläumder, kann ihn züchtigen vor den Augen der Welt, und die Anmaßung demüthigen die er auf die Geschiklichkeit in der Ausübung eines schwarzen Lasters gründet. 20

Oft entsteht auch die Verläumdung aus einem gewißen Neid gegen diejenigen die ihren guten Namen bewahrt und bis jezt sich durch allerlei gute Handlungen den Beifall anderer Menschen erhalten haben. Dieser Neid findet sich bei denjenigen die in der Befriedigung ihrer Begierden nicht die Mäßigkeit und die Vorsicht beobachtet ha- 25 ben welche nothwendig ist wenn der Mensch allen sinnlichen Begier-

26r   den fröhnen und doch die Achtung der Welt genießen | will. Wenn sie inne werden, daß man sie im Grunde des Herzens verachtet, so verdrießt es sie, daß sie nicht beides vereinigen konnten, daß sie nicht konnten lasterhaft seyn und doch hochgeschäzt, unter die Würde der 30 Menschheit erniedrigt und doch von den Menschen geehrt. Deswegen suchen sie sich nun an denen zu rächen und diejenigen sich gleich zu machen die hierin glüklicher gewesen zu seyn scheinen als sie. Eben darum aber tastet ihre Zunge nur die Anfänge in der Tugend an, nur diejenigen die bei allerlei wahren oder scheinbaren guten Handlungen 35 doch noch zeigen daß es ihnen am meisten um irdische Glükseligkeit und sinnliches Vergnügen zu thun ist, und die also mit einem getheilten Herzen sowol für ihr Gewißen und die Achtung der Welt als für

5–7 der da … nachkomme] *mit Einfügungszeichen zwei Zeilen tiefer hinter* erreicht.
25 die Mäßigkeit] die *über der Zeile*   31 geehrt] *korr. aus Unleserlichem*

6–7 *Vgl.* 1Petr 3,13   13–14 *Joh* 8,46

ihre Neigungen zu leben scheinen. Diese Verläumdung trift diejenigen
nicht, welche es bis zur Selbstverläugnung bis zur Unterdrükung bloß
sinnlicher Neigungen bis zu einer gewißen Verachtung der niedrigern
Freuden gebracht haben. Es ist wol wahr daß nichts so sehr Achtung
und Ehrfurcht einflößt als der Anblik eines Menschen an dem die
Herrschaft der Religion und Vernunft in einem hohen Grade sichtbar
ist, allein in diesem Fall ist es eigentlich nicht diese Achtung die den
tugendhaften von der Verläumdung befreit, sondern das Mitleiden
welches Menschen von jener Denkungsart mit einem so widernatürli-
chen und gewaltsamen Zustand haben. Sie können denjenigen nicht
beneiden den sie entweder als ein Wesen von ganz anderer Art nicht
beurtheilen oder der ihnen noch übel dran zu seyn scheint als sie
selbst. Wenn sie die Sklaven aller Dinge sind, welche ihre Begierde
reizen, so ist er der Sklave eines Gesezes das ihn mit unerbittlicher
Strenge beherrscht; wenn sie selbst ihre eigne Achtung und die Achtung der Welt aufgegeben haben um desto ungestörter ihrem Vergnügen zu leben, so hat er, ihrer Meinung nach alles Vergnügen und alle
Glükseligkeit hingegeben um der Stimme seines Gewißens zu folgen
und den Ruhm der Tugend zu erjagen.

Endlich ist die Verläumdung bisweilen nicht eine unbestimte Neigung welche überall Befriedigung sucht und findet sondern öfters eine
Leidenschaft die nur gegen gewisse bestimte Gegenstände wüthet, und
in diesem Fall ist ihre Quelle gewöhnlich eine persönliche Feindschaft
und eine niedrige Rachsucht. In diesem Fall pflegt sie nur einem äußerst behutsamen Betragen zu weichen, welches den Verläumder nur
vor der Welt zu Schanden macht und doch edel genug ist ihn nie zu
demüthigen. Sie wird nur durch eine solche | Vollkommenheit erstikt,   *26v*
die ungezwungen selbst ihrem Feind mit Edelmuth entgegen geht und
auf diese Weise nach und nach die Feindschaft selbst in Achtung verwandelt.

Ich wünschte daß diese Betrachtungen über das einzige wahre
Hülfsmittel gegen die Verläumdung der Bösen dazu diente, unsern
Glauben an zwei sehr wichtige und tröstliche Wahrheiten zu beleben.
Einmal daß nichts in der Welt so übel sei, was nicht die Bestimmung
habe dem Verehrer des Guten und Rechten zum Besten zu dienen. Die
Kränkungen der Verläumdung schlagen gewiß einem zarten Herzen
tiefere und schmerzlichere Wunden, als manches äußere Unglük, aber
wenn sie uns nöthigen unser Herz imer ungetheilter der Tugend hinzugeben der wir einmal gehuldigt haben, imer weiser und klüger zu werden, immer mehr unsre Freude und unsern Trost in dem guten Gewis-

---

20 ist] *über* ⟨giebt es noch eine Quelle⟩   20–21 Neigung] *korr. aus Unleserlichem*
26 Schanden macht] Schanden

sen und der Freude zu Gott zu suchen, so scheinen auch sie unter
die Züchtigungen zu gehören womit der Vater im Himmel diejenigen
heimsucht die er liebt. Wer diese Zuflucht schon gefunden hat, der
wird auch an diese Leiden wie an heilsame Arzneien zurükdenken;
wer dies Ziel noch nicht erreicht hat der sehe wenigstens dahin und   5
laße sich diesen Glauben Trost und Ermunterung seyn.

Ich meine zweitens die Ueberzeugung daß Tugend und Religion
nicht nöthig haben ihren Schuz gegen was es auch sei irgendwo außer
sich zu suchen, sondern daß sie sich selbst ihre Hülfe und ihr Schuz
sind. Die Menschen klagen oft daß sie leiden müssen um des Guten   10
willen, aber genauer betrachtet irren sie sich: es ist nicht das Gute
sondern die Unvollkommenheit des Guten um dessentwillen sie leiden, und das sind die Trübsale durch welche allein man in das Land
der Tugend und der Ruhe eingeht. Möge diese Ueberzeugung uns antreiben daß wir unsre Schritte durch die beschwerliche und thränen-   15
reiche Gegend der Unvollkomenheit beschleunigen wo Tugend und
Gottesfurcht vollkomen ist, wo sie anfängt ihr eigner großer und reicher Lohn zu seyn.   Amen.

---

9 ihr Schuz] Schuz *über* ⟨Lohn⟩   10 sind] ist

2–3 *Vgl. Hebr 12,6*

Nr. 25
Am 3. August 1794

Termin:	*7. Sonntag nach Trinitatis*
Ort:	*Landsberg an der Warthe, Konkordienkirche*
Bibeltext:	*Röm 6,19–22*
Textzeuge:	*Autograph Schleiermachers; SAr 10, Bl. 31r–35r*
Texteditionen:	*SW II/7, 1836, S. 252–261*
Andere Zeugen:	*SN 51, Bl. 2v–3r (unten S. 345–347)*
Besonderheiten:	*Keine*

E i n g a n g. Man pflegt gewöhnlich das Bestreben nach Tugend und *31r* Frömmigkeit als den rechten Weg zum ächten Vergnügen und zur wahren Glükseligkeit vorzustellen. Es ist auch wahr das Bewußtseyn daß man das Gute ernstlich will und mit Eifer ausübt giebt dem Men-
5 schen immer eine innere Zufriedenheit und einen Trost der ihn nie verläßt. Wenn man aber deswegen glauben wollte daß der Lauf auf dem Pfade der Gerechtigkeit so ein stiller ruhiger Spaziergang sei, wo man gehn und handeln, sizen und ruhen kann nachdem man will, wo kein unangenehmes Lüftchen unsre angenehmen Gefühle stört, so
10 würde man sich sehr irren. Oft ist alles dieses gute Bewußtseyn nicht im Stande das Leiden und den Kummer zu überwältigen, welcher den Rechtschaffenen von außen trift. Oft sind es die Geseze der Tugend und Gerechtigkeit selbst die es zerstören und mit rauher aber gebietender Stimme neue Arbeit und harte Dinge von uns fodern. Wer nun
15 gemeint hat bei der Tugend nur seine Glükseligkeit zu suchen, der wird in solchen Fällen verzagen und wird sich berechtiget glauben, von ihrem Wege wieder abzugehn da sie ihm kein Vergnügen gewährt, und das ist eine schlechte Nachfolge der göttlichen Gebote. Was helfen also alle diese Verschönerungen welche nicht Stich halten und den
20 Menschen nur weichlich und unbeständig machen. Man muß das Herz haben sich die Sache der Tugend so vorzustellen, wie sie wirklich ist, und doch gern dabei zu beharren. Warum sollten wir es läugnen? es ist nicht lauter Glük und Freude. Wenn wir den Weg der Tugend wählen, | so übernehmen wir eine beständige Unterwürfigkeit gegen *31v*
25 heilsame aber schwere strenge und oft hart scheinende Geseze. Wir

---

3 wahr] *folgt* ⟨daß⟩   15 gemeint] *korr. aus Unleserlichem*   15 hat] ist   **23–24** Tugend wählen,] Tugend

begeben uns in einen Dienst, von welchem Bequemlichkeit Ruhe und
Genuß der Freude so weit entfernt sind daß ihn Christus irgendwo
mit einem solchen vergleicht wo man wenn man den ganzen Tag die
Last der schwersten Arbeit getragen hat und des Abends nach Hause
kehrt doch noch aufs neue arbeiten und aufwarten muß ehe man ru-   5
hen und Erquikung zu sich nehmen kann; einen harten schweren
Dienst, wo man nicht einmal gelobt wird wenn man alles mögliche
gethan hat, denn das alles war nur strenge Schuldigkeit. Aber auch so
können wir nicht anders, wir fühlen uns in uns selbst gedrungen jene
Unterwürfigkeit zu übernehmen und in diesen Dienst zu gehn sei auch   10
noch so viel Last und noch so wenig Freude dabei. Davon wollen wir
uns jezt noch näher überzeugen.

Text.   Röm. 6, 19–22.

Hier ist von einem doppelten Dienst die Rede von einem Dienst Gottes und der Gerechtigkeit und von einem Dienst der Ungerechtigkeit   15
und Sünde, und zwar auf eine solche Art als ob kein anderer Zustand
für den Menschen möglich wäre, und ein jeder sich also nothwendig
in einem von diesen beiden befinden müße. Das ist auch wie wir unten
sehen werden wirklich gegründet und wir wollen also nach Anleitung
dieser Worte mit einander überlegen wie weit vorzüglicher Ja wie   20
nothwendig es für den Menschen sei den Dienst der Gerechtigkeit zu wählen. Wir werden erstlich sehn daß der
Mensch nothwendig entweder der Gerechtigkeit oder der Ungerechtigkeit dienen muß, und zweitens daß der Dienst der Gerechtigkeit
etwas viel schöneres und edleres ist.   25

Erster Theil.   Ich sagte der Mensch muß schlechterdings etwas
32r   haben, dem er dient, | und das ist auch seiner Natur ganz gemäß. Er
hat immer irgend ein Bestreben, irgend einen Wunsch. Wenn er jenes
erreicht und diesen durch Genuß erfüllt hat, so werden sie wieder von
anderen abgelöst. Allein das ist noch nicht genug. Er hat auch die   30
unwiderstehliche Neigung sich unter diesen Gegenständen seiner
Wünsche und Begierden sehr bald ein Bestes auszusuchen, Etwas, was
ihm das vorzüglichste und wünschenswürdigste scheint. Dies wird
nun sein Hauptzwek; dies ist es worauf forthin alle seine Bemühungen
und Handlungen gerichtet sind; der Gedanke an diesen Gegenstand   35
wird nun sein liebster Gedanke, die Liebe dazu seine stärkste, herr-

---

5 aufwarten muß] aufwarten   **14** Hier] *davor kein Absatz*   **27** dient] *folgt*
⟨was seine Handlungen bestimt und ihm die Geseze seines Betragens vorschreibt, deßen
Erreichung und Beförderung er allem übrigen vorzieht und um dessentwillen er auch
alles andre hintanzu|sezen im Stande ist⟩   **27** Er] *geändert aus* Der Mensch

schende Empfindung und das Bestreben ihn zu erreichen und zu erhalten seine angenehmste und fortgeseztete Beschäftigung. Und so ist
er im Dienst dieser Sache. Was sie vorschreibt, was ihre Erreichung
erfodert[,] das geschieht so schwer es auch seyn so viel Anstrengung
5 es auch kosten mag, was ihren Besiz und Genuß hindern oder unterbrechen könnte, das muß entfernt und aufgeopfert werden und wenn
es ihm auch nächst ihr das liebste seyn sollte. So dient mancher der
Ehre; gern giebt er sein Vermögen hin, um etwas thun zu können, was
den Beifall der Menschen erwirbt, gern opfert er seine Gesundheit auf
10 und sezt sein Leben in Gefahr, gern überläßt er selbst die Seinigen der
Vergeßenheit und dem Elend und sezt die ersten und höchsten Pflichten des Menschen hintenan um nur auf dieser eiteln und gefährlichen
Bahn emporzuklimmen. Mit eben dem Eifer dient ein anderer dem
Eigennuz; er handelt den Regungen seines Gewissens und seinen bes-
15 sern Empfindungen zuwider um Vermögen zusammenzuscharren; er
kennt keine Scheu vor Ungerechtigkeit und keine Rührung des Erbarmens, er verstopft sein Ohr vor dem Geschrei des Bittens und der
Noth wenn es darauf ankomt sein Eigenthum zu vermehren, er entzieht seinem Geist die Befriedigung seiner nothwendigsten Bedürf-
20 niße | um nur seine ganze Zeit und seine ganze Seele ungetheilt den   *32v*
Geschäften des Eigennuzes widmen zu können. So dient vielleicht ein
anderer mit ganzer Seele der Gerechtigkeit. Seine Pflichten zu erfüllen
und täglich beßer zu werden, das ist es was seine ganze Seele ein-
nimmt, seine ganze Aufmerksamkeit auf sich zieht. Darum strengt er
25 alle seine Kräfte an, darum giebt er gern seine liebsten Neigungen und
Wünsche hin. So oft er zu einer neuen Pflicht die zu erfüllen, zu einer
neuen Vollkommenheit, die zu erwerben ist[,] hingerufen wird, so ist
er da mit allen Kräften, mit aller Mühe und Arbeit, mit allen Aufopferungen, die es immer kosten mag. Er sezt das Erwerben irrdischer
30 Güter ja selbst Ehre und Liebe bei den Menschen hintenan um diesem
Bestreben in seinem ganzen Umfang nachzukommen, ja er würde das
elendeste Leben dem herrlichsten und glüklichsten vorziehn wenn er
bei dem lezten verhindert wäre seinem einigen Zwek nachzujagen.
Vielleicht könnte mancher denken: Nein ich will lieber gar nichts ha-
35 ben, dem ich diene. Ich will mich nicht von irgend einer wilden Leidenschaft beherrschen laßen, aber ich will auch nicht eben immer den
Gesezen der Tugend in ihrer ganzen Strenge folgen, sondern ganz nach
den Umständen und meiner Bequemlichkeit leben. Gut so dienst Du
eben einer elenden Klugheit, einer weichlichen Bequemlichkeit oder

---

11 die ersten] *davor* ⟨selbst⟩   24 zieht] *folgt* ⟨,worauf alle seine Gedanken und
Handlungen gerichtet sind⟩   31 seinem ganzen Umfang] *geändert aus* seiner ganzen
Größe   35 nicht] *über* ⟨weder⟩   36 laßen] *über der Zeile*

vielleicht einem starren Eigensinn, und das alles sind ebenfalls harte
und strenge Herren. Darum irre Dich nicht[,] alle diese Ausflüchte
helfen nicht[,] Du mußt entweder der Gerechtigkeit oder der Ungerechtigkeit dienen. Vielleicht glaubst Du es mit einem unschuldigen
Vergnügen zu thun zu haben wobei Du der Gerechtigkeit und Tugend   5
eben nicht zu nahe trittst, mit einer unschädlichen Leidenschaft die
nicht in Laster ausarten kann, mit einer harmlosen Freude die Niemandem Leides thut. Du irrst Dich aber; wenn Du nicht der Gerech-
33r tigkeit geradezu | und ihr allein dienst, so dienst Du dennoch der
Ungerechtigkeit. Denn wer irgend einer andern Sache so unschuldig   10
sie immer scheine als seinem Hauptzwek nachgeht, der wird durch sie
und um ihretwillen blind gegen seine Pflichten; er wird den größten
Theil derselben nicht gewahr und indem er sie nicht sieht kann er sie
nicht erfüllen. Anstatt seine Aufmerksamkeit darauf zu richten und
seine Zeit dazu anzuwenden dasjenige zu thun was die Geseze der   15
Religion und Tugend von ihm fodern, geht er nur dem Gegenstand
seines Dienstes nach. Kann auf diese Art wol die Seele zur Vollkommenheit gebildet werden? kann der Mensch ein Mensch Gottes werden der zu allen guten Handlungen aufgelegt und geschikt ist? Und
ist diese Verachtung der Gerechtigkeit nicht ein vollständiger Dienst   20
der Ungerechtigkeit und Sünde? Denn wer nicht gut ist, dem fehlt es
nur an der Gelegenheit böse zu werden. Und auch daran wird es nicht
fehlen. Denn nicht nur aus Unachtsamkeit, aus Ursach des Eifers der
einem andern Gegenstande gewidmet ist, wird die Gerechtigkeit hintangesezt, auch wissentlich und mit Willen muß sie oft beleidigt wer-   25
den sobald man irgend einer andern Herrschaft unterworfen ist. Denn
wenn nun einmal, und wie oft ist das nicht der Fall, der Gegenstand
der Dir über alles geht es sei nun Ehre oder Reichthum oder Vergnügen nicht anders erreicht oder erhalten und geschüzt werden kann,
als durch eine unrechte Handlung, wie kurz wird Dein Bedenken seyn   30
etwas böses zu thun um dasjenige nicht zu verlieren was Du über alles
schäzest, es müßte Dich denn eine elende Klugheit zurükhalten, und
welch ein schändlicher verächtlicher Dienst der Ungerechtigkeit und
des Lasters ist das nicht wenn Hofnung oder Furcht Dich in jede Falle
loken in welche hineinzugerathen eines jeden Menschen unwürdig ist.   35
Wir wollen nun zweitens sehn wie weit vorzüglicher in jeder Rüksicht
der Dienst der Gerechtigkeit ist. |

4–5 es mit einem ... zu thun zu haben] *geändert aus* einem unschuldigen Vergnügen zu
dienen   **22–23** Und auch ... fehlen.] *über der Zeile mit Einfügungszeichen*
23 Denn] *korr. aus* Aber

18–19 *Vgl. 2 Tim 3,17*

Zweiter Theil. Wenn man einmal dienen muß, so ist es die 33v
Güte die Würde das Ansehn desjenigen dem man dient, und die Art
wie er uns behandelt, was einen Dienst vorzüglich vor dem andern
macht. Die Vergleichung in beiden Stüken zwischen dem Dienst der
5 Gerechtigkeit und dem Dienst der Sünde ist leicht und jedem bei der
Hand. I. 1.) Indem wir der Rechtschaffenheit dienen, so dienen wir
den ewigen unveränderlichen Gesezen des göttlichen Willens und der
Vernunft, und was ist wol ehrwürdiger und heiliger als Geseze. Indem
wir der Ungerechtigkeit uns ergeben, so dienen wir elenden und nied-
10 rigen Neigungen, deren Gegenstände immer wechseln müßen weil keiner von ihnen bleiben kann, deren Freude vergeht wie ein Schatten,
und die bei allem Eifer, womit der Mensch ihnen nachgeht[,] dennoch
die Kraft nicht haben seine Seele zu befriedigen. 2.) Im Dienst der
Gerechtigkeit wird zwar vieles und schweres von uns gefodert, aber
15 doch nicht was wir mit Mühe und Anstrengung nicht leisten könnten.
Der Dienst der Leidenschaften hingegen ist voller unmöglicher Foderungen, weil es immer darauf ankomt etwas zu erreichen das außer
uns liegt und sich also um desto öfter allen unsern angestrengten Bemühungen entzieht weil es zugleich der Gegenstand von den Wün-
20 schen und Begierden und dem Streit mehrerer Menschen ist. 3.) Im
Dienste der Gerechtigkeit werden uns alle Befehle mit derjenigen Ruhe
ertheilt welche ewigen und unveränderlichen Gesezen eigen ist, und
sie werden auch mit der Ruhe ausgeführt, welche gewöhnlich die
Empfindung der Ehrfurcht und die Ueberzeugung von der Nothwen-
25 digkeit begleitet. Im Dienst der Sünde hingegen herrscht beständig die
Unruhe der Begierde und Leidenschaft. Mit einem wilden Ungestüm
werden dem Knecht der Sünde seine Befehle ertheilt und mit ängstlicher, gieriger Sorge sucht er sie auszuführen. 4.) Im Dienst der Religion bekommen wir keine Befehle welche nicht zugleich Geseze für
30 alle sind, und wenn wir sie also befolgen so haben wir die Beruhigung
daß es gut um die Welt stehen würde wenn alle Menschen so handel-
ten wie wir. Im | Dienst der Begierden hingegen ist jeder Auftrag nur 34r
gerade für den einzelnen und für die Umstände welche jezt obwalten,
also sind sie immer unstät, immer verändert und oft widersprechend,
35 und der unglükliche Sklave weiß nicht einmal ob das was er heute mit
der größten Anstrengung thut ihm Morgen zu dem elenden Genuß
verhelfen wird den er sucht. 5.) Endlich bei jeder Art des Dienstes
ist das was den Menschen beherrscht in ihm selbst. Beim Dienst der
Rechtschaffenheit erheben Vernunft und Gewißen ihre Stimme zum
40 Befehle und diese sind doch eigentlich dazu gemacht und bestimt den

---

3 behandelt] *davor* ⟨in seinem Dienst⟩   4 in] *korr. aus* zw   27 werden dem]
geändert aus empfängt der   28 sucht] *korr. aus* führt

Menschen zu regieren. Im Dienst des Lasters hingegen sind es seine
Empfindungen, seine Gelüste seine Sinnlichkeit und alle diese sind
eigentlich nur zum Gehorchen gemacht. Ist es also nicht etwas weit
edleres und schöneres demjenigen zu dienen was gleichsam von Natur
schon ein königliches Wesen hat und zum Herrschen gemacht ist, als   5
demjenigen was zu ganz niedrigen Endzweken bestimt nur imer im
Zaum gehalten zu werden verdiente damit es nicht über seine natürliche Bestimmung hinaussteigt? II. Was aber noch mehr ist ist daß wir
eine ganz andre und herrliche Frucht genießen wenn wir uns dem
Dienst der Gerechtigkeit ergeben. 1.) Die Sklaverei der Leidenschaften   10
schwächt den ganzen Menschen, die beständige Unruhe der Begierde
zehrt seine Kräfte ab und benimt ihm selbst Besinnung und Ueberlegung. Die unausgesezte Härte womit er den Gegenständen seiner
Wünsche nachgeht läßt keine Empfindung des Wolwollens emporko-
men und die nach und nach imer erneuerten und imer wieder veralten-   15
den Genüße stumpfen ihn am Ende selbst gegen die niedrigen Freuden
ab die er sucht. Dagegen gewinnt der Mensch Stärke und Kraft im
Dienst der Tugend. Er lernt Selbstbeherrschung und Zurükdrängung
aller ungestümen Eindrüke und dadurch bekomt alles Raum in ihm
was fein und edel ist. Und die Ruhe welche sich immer mehr in seiner   20
Seele festsezt macht daß er für alles Gute empfänglich, imer Herr seines Verstandes und seiner Handlungen ja größtentheils auch seiner
34v   Empfindungen ist. | 2.) Der Dienst des Lasters erniedrigt den Men-
schen indem die natürliche Ordnung alles dessen was in ihm ist umge-
worfen wird. Vernunft und Gewissen sollten herrschen sind aber un-   25
terdrükt; die Gefühle für Religion für Recht für Menschlichkeit sollten
geehrt seyn und sind verachtet, und was dagegen unterdrükt, im
Zaum gehalten und mit Strenge beherrscht seyn sollte, das maaßt sich
eine verkehrte Oberherrschaft an; in einem solchen Dienst muß der
Mensch immer verkehrter und immer unwürdiger werden. Der Dienst   30
der Gerechtigkeit erhält ihn in seiner Würde; hier herrscht was herrschen soll, und alles edle und schöne genießt auch Ehre und Einfluß;
niedrige Neigungen und Gefühle hingegen dürfen über ihren nothwendigen Gebrauch nicht hinaus. Indem auf die Art der Mensch ewigen und göttlichen Gesezen gehorcht wird er selbst ihnen ähnlich ein   35
selbständiges und ehrwürdiges Wesen. Ja seine Würde nimt immer zu,
denn die schönste Frucht im Dienst der Gerechtigkeit ist die Heiligung. Je treuer er in seinem Dienst ist desto reiner wird er von alle
dem was des Menschen unwürdig ist, desto vollkomner wird er in
allem Guten, desto mehr erhebt sich seine Seele zu allem edeln und   40
großen, desto fester werden seine Grundsäze, desto reiner seine Hand-

---

39 des] *korr. aus* dem

lungen, desto richtiger seine Empfindungen und Urtheile. Endlich was
ist denn das Ende des Dienstes der Ungerechtigkeit? Der geistige Tod,
der unglükliche Zustand wo der Mensch ganz unfähig ist zu thun was
er thun soll, ein Zustand der nur dadurch beendigt werden kann daß
5 er ein ganz neues Leben von vorn anfängt. Das Ende im Dienst der
Gerechtigkeit hingegen ist das ewige Leben, eine sichere immer wachsende Gesundheit und Vollkommenheit der Seele, ein Zustand beständiger gottgefälliger Thätigkeit welcher in sich selbst Kraft genug hat
um nie aufzuhören. Ich will nichts mehr häufen um euch zu überzeu-
10 gen was für eine trefliche Sache es ist um den Dienst der göttlichen
Gebote und der Gerechtigkeit. Wer ihn noch nicht angetreten hat der
begebe sich augenbliklich hinein, denn nur in diesem Zustande ist
Heil und Seligkeit. Wer sich | schon in diesem glüklichen Zustande   35r
befindet der erneuere seinen ernstlichen Entschluß eine beständige
15 Treue unerschütterlich zu beweisen. Ist er gleich voller Mühseligkeit
und Arbeit und Schweiß, will es uns gleich oft schwer werden die
angenehme Trägheit und das müßige Vergnügen aufzuopfern, finden
wir gleich wenig Ruhe und in jedem Augenblik Geschäfte genug: laß
seyn, unter allen Mühseligkeiten wollen wir mit festem hoffnungsvol-
20 lem Blik hinsehn auf die schöne Frucht der Heiligung und des ewigen
Lebens!   Amen.

---

5 vorn] forn   13 Seligkeit.] *korr. aus* Seligkeit, ; *folgt* ⟨sie nimt in jedem⟩   13 Wer]
korr. aus Unleserlichem   16 die] *korr. aus Unleserlichem*

Nr. 26
Am 10. August 1794

Termin: *8. Sonntag nach Trinitatis*
Ort: *Landsberg an der Warthe, Konkordienkirche*
Bibeltext: *Mt 7,15–18*
Textzeuge: *Autograph Schleiermachers; SAr 10, Bl. 36r–40v*
Texteditionen: *SW II/7, 1836, S. 262–271*
Andere Zeugen: *SN 51, Bl. 3r–v (unten S. 347–348)*
Besonderheiten: *Nur Blatt 40 hat Oktavformat.*

36r   E i n g a n g. Es ist für den Menschen sehr nothwendig, daß er den Menschen kennen lerne, das Geschöpf, welches zwar seiner Natur nach den Namen des Meisterstüks der Schöpfung verdient, aber in der Erfahrung und in seiner Handelweise betrachtet nur ein wunderbares Gewebe von tausend Schwachheiten und Widersprüchen zu seyn   5 scheint. Ich meine hier nicht sowol die Kenntniß des menschlichen Herzens überhaupt die ein sehr nothwendiges Hülfsmittel zu unserer Besserung ist, und die wir freilich auch auf keinem andern Wege erlangen als durch Erfahrungen und Beobachtungen die wir an uns und andern machen; sondern ich meine die besondre Kenntniß derjenigen,   10 die um uns sind, und mit denen wir in mancherlei näheren Verhältni-

36v ßen des Lebens stehn. Wenn wir | uns die Freuden desselben nicht ganz verbittern wollen, so müßen wir nothwendig wissen, wie diejeni-

---

1 Es ist für den Menschen sehr nothwenig, daß er] *geändert aus* So schön es ist, wenn wir im Stande sind uns eine Kenntniß von den mannigfaltigen Geschöpfen zu erwerben, welche sämmtlich durch ihr Bestehen und ihre Einrichtung dazu die Weisheit Gottes verkündigen, so ist es doch bei weitem das nothwendigste, daß der Mensch   **6– 10** Ich meine ... besondre Kenntniß] *geändert aus* Die Kenntniß des menschlichen Herzens überhaupt ist ein sehr nothwendiges Hülfsmittel zu unserer Besserung. Wir müßen wissen auf wie mancherlei krummen und verborgenen Wegen Schwachheit Irrthum und Vorurtheile unserer Vollkommenheit entgegenarbeiten und auf welche Art wir ihnen ihre verborgene Herrschaft entreißen können. Diese Kenntniß können wir aber auf keinem andern Wege erlangen als durch Erfahrungen und Beobachtungen die wir an uns und andern machen. Ich seze hinzu an andern nicht nur weil wir von selbst geneigt sind unsre Blike zuerst auf sie fallen und am längsten bei ihnen verweilen zu lassen, sondern auch weil es immer an uns selbst so manches giebt, was wir nicht eher wahrnehmen bis wir durch die Betrachtung des Betragens anderer aufmerksam darauf gemacht werden. Eben so nothwendig aber als uns auf der einen Seite die Kenntniß des menschlichen Herzens überhaupt ist, so nothwendig ist uns auch die besondre Kenntniß

gen beschaffen sind mit denen wir zu leben haben, können wir es zu
einer vollständigen Kenntniß ihrer Gemüthsart, ihrer Wünsche und
Neigungen, ihrer Art zu denken, zu handeln und zu empfinden bringen damit wir wißen was wir in jedem Fall von ihnen zu erwarten,
5 und wie wir sie zu behandeln haben. So wenig aber dies die Sache
eines jeden ist so gewiß ist doch daß wir wißen müßen in wie fern sie
gut oder nicht gut oder böse sind; und unser Urtheil darüber muß
sicher seyn und auf festen Grundsäzen beruhen, damit wir danach
abwägen können, was wir überhaupt von ihnen hoffen, in wie weit
10 wir ihnen unser Vertrauen schenken dürfen, worin wir uns vor ihnen
zu hüten haben. Wenn wir von einem falschen Schein verführt jemanden zu unserm Vorbild wählen, der nicht wirklich auf dem Wege der
Rechtschaffenheit wandelt, jemanden zu unserm Freund, zum Vertrauten unsers Herzens machen, der doch gesonnen ist uns auf allerlei
15 Abwege zu führen, so sezen wir dadurch unsere Zufriedenheit, unsere
Ruhe, unsere Tugend in große Gefahr. Wir wollen uns also in der
gegenwärtigen Stunde von der nothwendigen Kunst die Menschen
richtig zu beurtheilen noch weiter unterhalten.

Text. Matth. 7, 15–18.

20 Christus warnt eigentlich hier seine Jünger vor solchen, welche sich
ihnen zu Lehrern und Anführern anbieten, äußerlich auch ein gutes
frommes und einnehmendes Ansehn haben, innerlich aber voll von
den bösesten und verderblichsten Eigenschaften seyn würden; und er
unterrichtet sie, wie sie solche bei Zeiten sollen kennen und unter-
25 scheiden lernen. Wenn wir auch nicht grade das nemliche zu befürchten haben, so ist uns doch eine richtige Anwendung der allgemeinen
Regel welche Christus hier über die Kenntniß der Menschen giebt um
vieler ähnlichen Verhältniße willen eben so nothwendig. Wir wollen
also der Anweisung Christi gemäß mit einander reden von der Beur-
30 theilung der Menschen aus ihren Früchten. Wir wollen dabei e r s t -
l i c h sehn daß wir sie aus keiner andern Sache mit Sicherheit erkennen
können, und z w e i t e n s was für Behutsamkeit wir anwenden müßen,
um sie auch aus ihren Früchten richtig zu beurtheilen. |

1–7 können ... darüber muß] *quer am linken Rand mit Einfügungszeichen* 8–
9 sicher seyn ... in wie weit] *am unteren Rand mit Einfügungszeichen* 10 wir ihnen]
davor ⟨⟨in wie weit⟩⟩ 10 dürfen] *über* ⟨können⟩ 11 hüten haben] *folgt* ⟨und
wie wir sie in jedem Fall behandeln müssen⟩ 11–16 Wenn wir ... Gefahr.] *mit
Umstellungszeichen dreizehn Zeilen tiefer hinter* eben so nothwendig. 16 Wir]
davor über der Zeile ⟨⟨wenn⟩⟩ 17–18 die Menschen richtig zu beurtheilen] *geändert
aus* uns eine Kenntniß von den Menschen zu erwerben 20 Christus] *davor kein
Absatz* 26 richtige] *über* ⟨allgemeine⟩

37r   Erster Theil. Außer den Handlungen der Menschen, denn das
sind ihre Früchte, wären nur noch ihre Gedanken und Empfindungen
mit den mannigfaltigen Ausdrüken derselben in Worten und Geberden dasjenige, woraus wir auf die innere Beschaffenheit ihrer Seele
schließen könnten, und freilich wenn wir so in den innern Zusammen-   5
hang derselben hineinbliken könnten, so würden wir im Stande seyn
dadurch eine ziemlich vollständige Kenntniß des Menschen zu erwerben. Allein von diesen können wir fast nur diejenigen erfahren und
beobachten, welche sie freiwillig und vorsäzlich andern mittheilen
wollen, und diese sind allerdings ein sehr unsichres Mittel sie daraus   10
kennen zu lernen. Denn einmal ist Zurükhaltung und Verstellung mit
allen ihren Kunstgriffen viel zu allgemein und zu weit getrieben. Nur
unter den vertrautesten Freunden kann man es jezt wagen seine Seele
frei zu enthüllen. In jeder andern Gesellschaft muß der Mensch der
Gute wie der Böse irgend einige seiner Grundsäze, irgend eine Seite   15
seines Herzens in Schatten stellen und sorgfältig verhüllen. Wenn nur
nicht zu dieser sehr nöthigen Zurükhaltung noch die Verstellung hin-
zukäme. Allein jeder will einen bessern Schein haben als das Wesen
ist, was er in sich hat und so schwer es ist wirklich gut zu seyn, so
leicht ist es das äußre der Güte und Rechtschaffenheit und ihre Worte   20
bis zu einer gewißen Täuschung nachzuahmen. Da ist keiner der nicht
jeder guten Eigenschaft und allem was edel ist Lobreden halten
könnte mit einem Eifer daß man glauben sollte wunder wie groß und
stark seine Liebe zum Guten seyn müßte. Da ist keiner der nicht alle
guten Grundsäze und alle schönen Empfindungen mit viel scheinbarer   25
Kenntniß der Sache schildern könnte. Man kann sie sehn mit einer
mächtigen Begeisterung für jede gute Sache erfüllt und voll Eifer und
Grimm gegen alles Böse und Unedle. Sie spiegeln mit vieler Täuschung
die uneigennüzigsten menschenfreundlichsten Gesinnungen vor, nur
Schade daß in alle dem keine Wahrheit ist, daß nur sehr wenig davon   30
wirklich aus dem Herzen komt. Allein wenn auch die Verstellung |
37v   weniger groß oder leichter zu unterscheiden wäre, so sind wir doch,
wenn wir aus den Aeußerungen der Gedanken und Empfindungen
über die Menschen urtheilen wollten, vor ihrer Selbstverblendung und
Selbstbetrug nicht sicher. Wenn einmal ein guter Gedanke in ihnen   35
aufsteigt, wenn sie einmal von einer echten menschlichen Empfindung
ergriffen werden, so selten, so vorübergehend es immer sei, so sind
sie im Stande sich selbst zu überreden daß diese Gesinnungen ihrem

---

1 denn] *korr. aus Unleserlichem*   5 könnten,] *korr. aus* könnten.   5–8 und
freilich … erwerben] *mit Umstellungszeichen drei Zeilen tiefer hinter* mittheilen wollen,
13 kann man es jezt] *geändert aus* kann es der Mensch jezt   14–15 der Gute wie
der Böse *über der Zeile*   23 mit einem Eifer] *über der Zeile*   23 sollte] *korr. aus*
müßte

Herzen gewöhnlich und eigenthümlich wären. Daher hören sie nicht
auf – so lange sie nemlich noch die Erinnerung an diese Augenblike
haben – das mit fester Zuversicht als ihre innigsten Grundsäze vor-
zulegen, sie hören nicht auf zu beschreiben wie wol dem Menschen
5 zu Muthe ist, deßen Herz mit solchen Empfindungen erfüllt ist. Wenn
aber ein Mensch selbst im Stande ist flüchtige Gedanken mit vieler
Ehrlichkeit für Grundsäze auszugeben die mit seinem ganzen Wesen
verwebt wären und eine seltne Empfindung für die Art anzusehn, wie
er gewöhnlich von den Gegenständen gerührt wird; wie sollten nicht
10 andre, je ehrlicher er bei seinem Betrug ist, um desto mehr in Versuchung kommen ihr Urtheil über ihn auf diesen Grund zu erbauen?
und doch würden sie dabei in einen großen Irrthum gerathen. Nur
ein sehr geübter Kenner weiß wie wenig wahre Tugend von ihren
Grundsäzen und Empfindungen spricht und versteht daher dieses ge-
15 räuschige Wesen, diese flüchtige Rührung gehörig zu würdigen. Endlich aber wenn wir auch alle selbst die verborgenen Gedanken und
Empfindungen der Menschen in Erfahrung bringen könnten, so
würde das Urtheil über ihre wahre Beschaffenheit welches wir darauf
gründen wollten sehr schwankend und unrichtig seyn. Denn es ist gar
20 zu wenig innere Uebereinstimmung bei den Menschen; sie haben die
Gabe | bei den besten Ueberzeugungen und Gedanken das Gute zu   *38r*
unterlassen und dagegen das Böse zu thun oft ohne etwas Böses dabei
zu denken. Es ist gar nicht ungewöhnlich daß Menschen welche sich
aus Religion und Rechtschaffenheit wenig machen, dennoch eine ge-
25 wiße Sammlung von guten Gedanken und Empfindungen bei der
Hand haben welche sich noch theils von der Erziehung die sie genoßen, theils von dem Unterricht in der Religion der ihnen ertheilt worden, theils von der Bildung die sie sonst ihrem Geist gegeben haben
herschreiben. Sie thun sich auch auf diesen Schaz nicht wenig zu Gute,
30 allein, da alle diese Ueberzeugungen nicht im Stande sind ihre Handlungen zu leiten und zu bestimmen, so sind sie ohne Werth; denn die
menschliche Seele ist zum handeln bestimt, sie soll nur nachdenken
um die rechte Art zu finden, wie sie ihre Handlungen einzurichten hat
und empfinden damit es ihr nie an etwas fehle was sie zur Thätigkeit
35 aufruft. Wenn man also auf Gedanken und Empfindungen, welche
diese Kraft nicht haben und diesen Zwek nicht erreichen ein Urtheil
über den Menschen bauen wollte so würde es ebenfalls auf einem
unsichern Grunde stehn. Solche Menschen gleichen einem Baum, deßen Laub in vortrefflichem Stande ist, deßen Blüthen in großer Anzahl
40 sind und ihren Wolgeruch weit umher verbreiten; da sollte man nun
denken, das ist gewiß ein guter Baum; es ist auch ein schöner Baum,
lieblich anzusehn, aber dennoch ein schlechter Baum, denn seine Blüthen fallen immer ab ohne jemals Früchte nachzulassen.

Zweiter Theil. Also bleibt uns um eine richtige Kenntniß des
Menschen zu erlangen kein Mittel mehr übrig, als die Betrachtung
seiner Früchte, d. h. der Handlungen die er ausübt, der Werke die er
verrichtet; und es frägt sich nun, was ist hiebei noch zu beobachten,
wenn wir ihn danach richtig beurtheilen. | 5

38v Um nun hiebei recht sicher zu gehn, muß man wol merken, daß
keinesweges alle Handlungen des Menschen zu der Klaße derjenigen
gezählt werden dürfen, welche man seine Früchte nennen kann. Es
giebt eine Menge von Handlungen der Höflichkeit, der äußern Geselligkeit, der Dienstfertigkeit, der Gefälligkeit, welche nur um des   10
Scheins willen und gleichsam zum Staat verrichtet werden, und eben
so gibt es Handlungen des Berufs, die der Mensch verrichten muß die
aber mit seiner Denkungsart gar nicht zusammenhängen, und also
auch kein Zeugniß derselben ablegen können. Man muß sich vielmehr
bemühen, diejenigen Handlungen auszuforschen, welche gewiß aus   15
den Gesinnungen des Menschen herfließen und uns einen sichern Fin-
gerzeig geben können von dem Hauptzwek, dem er nachjagt. Und
diese sind so schwer eben nicht zu unterscheiden. Man gebe nur Acht
auf solche Handlungen welche ohne um irgend eines Verhältnißes willen nothwendig zu seyn dennoch oft wiederkehren; man wende seine   20
Aufmerksamkeit auf diejenigen, wobei der Handelnde entweder nicht
im Stande gewesen ist, oder es nicht der Mühe werth gehalten hat,
die schwache Seite derselben zu verbergen. Man suche endlich diejenigen auf, welche mit besonderm Eifer und vorzüglicher Lust und
Freude verrichtet werden, so sind dies gewiß diejenigen, die seiner   25
Denkungsart entsprechen, und sich auf sein vornehmstes Bestreben
beziehn; dies sind seine Früchte. Denn was Jemand nicht gern thut
das wird er nicht ohne Noth oft wiederholen. Was ihn aber zu seinem
Hauptzwek führt dabei ist er mit ganzer Seele und vergißt die nöthigen Maaßregeln zu nehmen um das was daran schwach oder tadelhaft   30
wäre gehörig zu verbergen. Denn diese Kunst wird gewöhnlich nur
dann ausgeübt, wenn die Seele nicht am stärksten in Bewegung gesezt

39r ist. | Natürlich werden auch nur solche Handlungen mit vorzüglicher
Kraft und Lust verrichtet die den Menschen seinem Hauptzwek näher
bringen, dahingegen er über alle andern mit träger Gleichgültigkeit ja   35
wol gar mit Unwillen und Verdruß hinwegeilt. Wenn ich also Jemanden sehe bei dem edle Handlungen überlegter Wolthätigkeit, vernünf-

---

19–20 ohne um ... zu seyn] *geändert aus* ohne durch irgend ein Verhältniß nothwendig
gemacht   **21** wobei der] *korr. aus* wo sie als   **32** die Seele nicht am] *über* ⟨der
Gegenstand⟩   **32** Bewegung] *korr. aus* Bewegungs   **32–33** gesezt ist] *folgt* ⟨; in
Fällen von lezter Art | hingegen ist der Mensch zu eifrig als daß er dergleichen Neben-
rüksichten sollte nehmen können⟩   **34** Hauptzwek] HZwek

tiger Menschenliebe, wahrer Gemeinnüzigkeit oft wiederkehren;
wenn ich jemanden sehe, der auch auf Kleinigkeiten, sobald etwas
nüzliches und pflichtmäßiges darin ist Aufmerksamkeit und Treue
wendet, Hausväter, Hausmütter, Lehrer die auch auf den geringsten
5 Umstand der die Bildung ihrer Kinder und Untergebenen betrift aufmerksam sind, und mit Lust und Liebe ihre Kräfte und ihre Gedanken
anstrengen um darüber zu wachen, dann habe ich Ehrfurcht vor ihnen. Sehe ich hingegen Menschen bei denen Zerstreuungen und Vergnügungen die einzigen mit Lust wiederholten Handlungen sind, wel-
10 che es nicht verschweigen daß sie gern ihre Pflichten hintenansezen
um der Freude nachzugehn, und daß sie sie nur mit Unlust und Murren verrichten wenn sie dadurch in ihren Ergözlichkeiten gestört werden, oder andre die nur solche Handlungen mit Lust und Freude verrichten die auf irgend eine Art ihren Vortheil befördern, so weiß man
15 leider auch, was von ihnen zu halten ist; an ihren Früchten erkennt
man sie. Eben so kann man aber auch aus allerlei an sich unbedeutenden Handlungen auf die Beschaffenheit der Menschen schließen wenn
man auf die Art Acht giebt wie sie verrichtet werden. Denn auch bei
der geringsten Handlung ist etwas, was eine Beziehung auf Recht und
20 Pflicht hat, und eben auch etwas was sich auf Vergnügen und Vortheil
bezieht. Je nachdem nun jene Seite mit einer gewißen Vorliebe hervor-
gezogen oder diese mit Ungestüm ergriffen | wird[,] hat man immer   *39v*
Ursach eine Meinung von dem Menschen zu fassen, daß der eine Achtung für seine Pflicht und Liebe zum Guten hat, und der andere nur
25 seinem Vergnügen lebt. Eine allgemeine BehutsamkeitsRegel aber bei
dieser Beurtheilung der Menschen aus ihren Handlungen ist die, daß
wir uns nicht durch den Schein ihrer Thaten blenden laßen. Es giebt
gewiße Früchte die ein so schönes Ansehn haben wie die vortreflich-
sten und schmakhaftesten; versuche aber davon, so wirst Du finden,
30 daß sie nur mit einem saftlosen fauligen Wesen erfüllt sind. So ist es
oft mit den Handlungen der Menschen. Wir loben gern solche Handlungen welche einen guten nüzlichen Erfolg gehabt haben, er sei nun
wolthätig für einen einzelnen oder fürs Ganze gewesen; eben so bewundern wir, weil die Trägheit eine natürliche Neigung aller Men-
35 schen ist, blindlings jede Handlung wobei viele und schwere Hinderniße zu übersteigen waren. Aber das alles trügt gewaltig, und wir
müßen allein auf die Quelle sehn, woraus die Handlung entsprang
und auf die Grundsäze nach welchen dabei verfahren wurde. Laßt
eine Handlung einen noch so schönen nüzlichen Erfolg gehabt haben;
40 wenn dieser nicht die Absicht des Thäters sondern nur so zufälliger
oder unvermeidlicher Weise zur Wirklichkeit kam, so kann seine
Handlung doch eine sehr gewöhnliche ja sogar eine schlechte und
elende Handlung seyn. Wenn die Schwierigkeiten noch so groß gewe-

sen sind, aber es war nur irgend eine Leidenschaft, die ihm die Kraft
gab sie zu überwinden, so haben wir deswegen gar keine Ursach ein
günstiges Urtheil von ihm zu fällen. Denn nur diejenigen Handlungen
sind wahrhaft gut welche aus der einzigen reinen Quelle entspringen:
aus Ehrfurcht vor den Geboten Gottes und der Vernunft, aus inniger   5
Liebe zu Gott und zum Guten. Freilich m. Fr. Menschen von einem
so festen Charakter, so unerschütterlichen Grundsäzen und so edeln
Gesinnungen sind selten, und doch sind sie die einzigen Guten Bäume
denen es so zur Gewohnheit und natürlich ist vortrefliche Früchte
zu tragen.   10
    Diese Betrachtung veranlaßt uns, uns einige heilsame Regeln ins
40r Gemüth | zu prägen. Einmal da die Anzahl der guten Bäume so gering
ist, so beschließe doch jeder bei sich selbst, daß er wenigstens die
Anzahl derselben vermehren und Früchte tragen will die des Bodens
aus dem er ⌊stekt⌋, des Samens aus dem er herstamt, und der Mühe   15
die an ihn verwendet ist, nicht unwerth seyen. Zweitens wollen wir
uns vornehmen, von dem großen Haufen der Menschen nur wenig zu
erwarten, und wenig zu fodern. Wir wollen uns nicht wundern wenn
sie fortfahren von den Umständen bald zum unschädlichen bald zum
gutscheinenden, bald zum Bösen fortgerissen zu werden, und wenn   20
auch der von dem wir noch nichts böses wußten auf einmal allerlei
Böses an sich offenbart, denn da er doch kein guter Baum war, so
müßen uns die übeln Auswüchse und die schlechten Früchte, wenn
sie erscheinen, nichts unvermuthetes seyn. Drittens wollen wir uns ja
hüten daß uns diese Betrachtung nicht zu einer Verachtung der Men-   25
40v schen hinreiße. | Auch bei denen die wir als schlechte Bäume erken-
nen, wollen wir nicht nur auf das sehn, was sie sind, sondern auch
auf das was sie werden können. Wenn ein Auge, ein kleines Reiß aus
dem edeln Stamm wahrer Gottseligkeit und wahrer Güte in sie ge-
pfropft wird und es gedeiht, so wird der vorige Stam hinweggeschnit-   30
ten und seiner nicht mehr gedacht; ein edler Saft verbreitet sich in
ihm, herrliche Früchte kommen zum Vorschein und der Baum ist völlig denen gleich welche schon lange gewohnt sind dergleichen hervorzubringen. Möchte doch diese Verwandlung häufig unter den Menschen vorgehn, möchten die Guten imer beßer und edler werden und   35
schlechte dasjenige annehmen was sie verwandeln und veredeln kann.
Dann hätte man nicht nöthig mit so ängstlicher Behutsamkeit die
Menschen auszuforschen sondern froh und frei ginge man unter ihnen
umher, wie in einem Garten Gottes.   Amen.

---

1 Kraft] *über* ⟨Quelle⟩   14 tragen will] tragen

<h1 style="text-align:center">Nr. 27
Am 17. August 1794</h1>

Termin:	*9. Sonntag nach Trinitatis*
Ort:	*Landsberg an der Warthe, Konkordienkirche*
Bibeltext:	*1Kor 10,13*
Textzeuge:	*Autograph Schleiermachers; SAr 10, Bl. 41r–45r*
Texteditionen:	*SW II/7, 1836, S. 272–280*
Andere Zeugen:	*SN 51, Bl. 3v–4r (unten S. 349–350)*
Besonderheiten:	*Keine*

Eingang. Wir haben die natürliche aber sehr schädliche Neigung   41r
nicht nur unsere Fehler zu verbergen, sondern noch vielmehr die einzelnen fehlerhaften Handlungen welche wir begangen nicht einzuge-
stehn, wenn sie uns entweder unser Gewissen vorhält, oder ein ande-
5 rer, der freundschaftlich genug ist, die Stelle desselben vertreten zu
wollen. Um nun diesem verhaßten Geständniß auszuweichen giebt es
zwei Wege. Einmal daß wir wenn es mit der That selbst seine Richtigkeit hat zu beweisen suchen dasjenige was wir gethan haben sei nicht
Unrecht. Mit dieser Entschuldigung pflegt man aber nicht weit zu
10 kommen. Denn die Begriffe von Recht und Unrecht, von erlaubt und
verboten, billig und unbillig sind so deutlich und bestimt, daß es sich
sehr leicht ausweist auf welcher Seite die Wahrheit sei. Daher bedient
man sich auch weit häufiger der andern Entschuldigung daß nemlich
die Versuchung zu groß gewesen, und man unter diesen Umständen
15 unmöglich anders habe handeln können. Lange habe man gekämpft
und den tapfersten Widerstand geleistet, allein endlich seyen alle
Kräfte erschöpft gewesen; mit immer neuer Macht und immer wiederholten Angriffen sei der Feind auf die ermüdete Seele eingedrungen
und habe endlich einen Sieg | gewonnen, welcher ganz unvermeidlich   41v
20 gewesen sei. Diese Verteidigung hört man so oft und selbst von wol-

---

10 Denn] *folgt* ⟨eines Theils sind⟩   **11** billig und unbillig sind] *über der Zeile mit
Einfügungszeichen*   **12** die Wahrheit] *über* ⟨das Recht⟩   **12** sei.] *folgt* ⟨Andern
Theils giebt es wol viele Handlungen über die man so im allgemeinen nicht urtheilen
kann, sondern die dem Gewissen eines jeden überlassen werden müßen, allein auch da
zeigt sich bei einer deutlichen Auseinandersetzung sehr leicht ob die Gründe die wir für
unsere Handlungen anführen auf wahrer Ueberzeugung beruhn oder nur ein Blendwerk
sind, welches irgend eine Leidenschaft oder irgend ein Unrecht beschönigen soll.⟩
17 neuer Macht] *geändert aus* neuen Kräften

meinenden Menschen, daß es wirklich der Mühe werth ist eine genauere Untersuchung darüber anzustellen, uns von ihrer Nichtigkeit zu überzeugen, und durch allerlei Betrachtungen unsern Glauben daran ganz zu zerstören. Diesem Geschäft wollen wir die gegenwärtige Stunde widmen.

Text. 1. Cor. 10, 13.

Der Apostel tröstet in diesen Worten eine neue Gemeine von Christen über die Versuchungen welche sie hatten theils zum gänzlichen Abfall vom Christenthum, theils zur Verachtung derjenigen Gebote desselben, welche die Heiligung fodern, theils zur Verfälschung seiner Lehren. Er führt sie auf die Vergangenheit zurük und erinnert sie, daß bisher noch alles was von der Art über sie ergangen sei, auch sei zu überstehn gewesen und läßt sie nicht undeutlich merken, daß auch in Zukunft keine Versuchung über sie kommen würde die sie nicht sollten tragen und überwinden können. Wir wollen uns aus diesen Worten die Lehre nehmen daß keine Versuchung welche den Menschen trift so groß seyn könne, daß er ihr nothwendig unterliegen müßte. Wir wollen dies beweisen E r s t l i c h aus Gründen die von unserm Verhältniß gegen Gott und von der Einrichtung der menschlichen Natur hergenommen sind, und z w e i t e n s noch solche Gründe hinzufügen, die uns die Erfahrung an die Hand giebt.

E r s t e r T h e i l.   Erstlich sind unsere Verhältniße gegen Gott und seine Gesinnungen gegen uns von der Art, daß der Gedanke einer unübersteiglichen Versuchung uns gar nicht in den Sinn kommen kann. Gott ist gerecht, und wenn die Gerechtigkeit größtentheils darin besteht, daß man einem jeden das seine giebt, so gehört dazu gewiß auch dieses, daß man von Niemandem etwas fodere, was er unmöglich leisten kann. | Nun fodert aber Gott ein beständiges Rechtthun überall, und jede Handlung der Uebertretung ist unvermeidlich mit seinem Mißfallen bezeichnet. Also müßen wir auch gewiß wenn wir nur unsere Kräfte brauchen wollen im Stande seyn Seine Foderung in ihrer ganzen Ausdehnung zu erfüllen, und das könnten wir nicht wenn es auf irgend eine Art Versuchungen gäbe über die es uns unmöglich wäre zu siegen. Wir müßten uns auch sonst von den Gesinnungen Gottes ganz verkehrte Begriffe machen. Er ist es ja selbst,

42r

---

welcher alle Begebenheiten unseres Lebens regiert, und wenn also
auch die Versuchung nicht geradezu von ihm kommt, so hat Er doch
vorausgesehn und geschehen lassen, daß sie uns träfe. Und eben der
gerechte Gott sollte uns mit Wißen und Willen in einen Zustand ver-
5 fallen lassen, wo wir durch eine unvermeidliche Nothwendigkeit getrieben schlechterdings uns selbst erniedrigen und in das unglükselige
Bewußtseyn Seines Mißfallens hineingerathen müßten? Er sollte ein
Vergnügen daran haben, die Menschen erst gleichsam zum Bösen zu
zwingen, und sie dann dafür zu strafen? Nein das ist nicht möglich,
10 und also giebt es auch keine Versuchung, wo heraus wir nicht mit
Ehre und Sieg hervortreten könnten. So können wir der Gerechtigkeit
Gottes trauen und eben so können wir uns aus andern Gründen auf
seine Güte verlassen. Er welcher das Herz des Menschen so genau
kennt, weiß auch gewiß daß es keinen qual|volleren Zustand giebt   *42v*
15 als denjenigen, worin sich ein Mensch während einer schweren Versuchung befindet. Dieser beständige vor dem Richterstuhl des Gewissens
lange entschiedene, aber in der Wirklichkeit nicht zu beendigende
Streit frommer und vernünftiger Gesinnung mit unrechten Neigungen
und Leidenschaften, die immer erneuerten Angriffe der Wünsche und
20 Begierden, der Hofnung und Furcht, der oft mit Zittern befürchtete
üble Ausgang, das plözliche ängstliche Aufschreken aus dem Zustand
der Ermüdung und Betäubung, das schnelle Zusammenraffen aller
Kräfte, das leidende kummervolle Sehnen nach einem baldigen Ende
dieses elenden Zustandes, das alles ist gewiß die größte Pein die ein
25 Mensch erdulden kann. Und der Gott, welcher nie ohne wichtigen
Zwek und heilsame Folgen Leiden auflegt, der sollte uns in dieses
größte aller Leiden durch Seine Regierung hineinstürzen, ohne uns
nur die Möglichkeit übrig zu laßen daß wir den geringsten Vortheil
daraus ziehn könnten, sondern so daß wir schlechterdings gezwungen
30 wären darin zu erliegen und nach diesem das sieche Leben eines bösen
Gewissens zu führen? Das läßt sich von dem mitleidig liebreichen Vater der Menschen nicht denken. Um uns noch mehr in dieser Ueberzeugung zu bestärken, dürfen wir nur einen Blik auf die Einrichtung
unserer ganzen Natur werfen. Es ist wahr, die Schriften unserer Reli-

---

3–6 der gerechte Gott ... und in] *geändert aus* der Gott, welcher mit einer gerechten
Beharrlichkeit von uns verlangt seinen Foderungen Genüge zu leisten, eben der sollte
uns mit Wißen und Willen in einen Zustand hineingerathen lassen, wo uns das [ganz]
unmöglich wäre, wo wir durch eine unvermeidliche Nothwendigkeit getrieben schlechterdings in den elenden Zustand einer Erniedrigung des Geistes und   **6–7** das unglükselige Bewußtseyn] des unglükseligen Bewußtseyns   **25–26** welcher ... auflegt] *geän-*
dert aus welcher zwar manches Leiden auflegt aber doch nie ohne wichtigen Zwek und
heilsame Folgen   **30** diesem] *folgt* ⟨Fall⟩   **31** Gewissens] *folgt* ⟨eines qualvollen
Bewußtseyns⟩   **31–32** Vater] *davor* ⟨beglükenden⟩

gion und die Glaubensbekentniße der Christen sind voll von Klagen
über ihre eigenthümliche, weit um sich greifende Verdorbenheit, über
ihre gänzliche Unfähigkeit zu allem Guten, allein man muß nur dies
nicht anders verstehn, als es der Wahrheit gemäß seyn kann, und als
43r   es | auch wol eigentlich gemeint gewesen ist. Es ist nicht eine Klage   5
über die Art, wie Gott die Menschen zu ihrer Bestimmung ausgerüstet
hat, sondern eine Klage über die Art wie der Mensch die ihm ertheil-
ten Kräfte braucht, eine Klage darüber, daß Schwachheiten Irrthümer
und Leidenschaften uns immer verhindern mit derjenigen Festigkeit
und Beständigkeit recht zu handeln, wie wir wol sollten. So sehr es   10
nun auch mit dieser Nachläßigkeit und diesem Mißbrauch seine Richtigkeit hat, so bleibt doch gewiß, daß die Kräfte des Menschen gewißermaßen unendlich sind, sie haben eine völlig unbestimmbare Größe,
und auch bei der größten Anstrengung derselben kann man nicht bis
zu ihrem Ende, bis zu ihrer lezten Grenze gelangen. Das bestätigt ei-   15
nem jeden seine Erfahrung und sein eignes Bewußtseyn. Nichts kann
so scharfsinnig ausgedacht und mit so viel Ueberlegung ausgeführt
seyn, daß man nicht bei genauer Betrachtung finden sollte, eben der
deßen Werk es ist, hätte noch mehr Anstrengung und Ausübung seines
Verstandes daran wenden können. Keine Leidenschaft ist in irgend   20
einem Augenblik so heftig daß nicht bei größerer Veranlaßung ihr
Ausbruch noch ungezähmter und wilder seyn könnte. Und so bleibt
also imer etwas ungebraucht liegen, nur allein die Kraft, welche der
Mensch zur Beobachtung seiner Pflichten bedarf, nur diese sollte ihre
engen festbestimten Grenzen haben. Nein das ist nicht möglich, und   25
es ist gewiß auch Niemand im Stande sie zu zeigen.
　　　Du sagst zwar, daß Du sie leider gefunden hättest, Du rühmst
Dich, daß Dein Widerstand gegen die Versuchung so stark und aus-
dauernd gewesen und daß Du nur der unwiderstehlichen Uebermacht
und Nothwendigkeit gewichen wärst. Ziehst Du aber auch Dein Ge-   30
dächtniß dabei zu Rathe? Sollte Dir das nicht mancherlei kleine Nach-
43v   läßigkeiten und manche Fälle vorhalten, | wo Du zu zeitig ermüde-
test? Mußt Du nicht gestehn, daß Du oft in den Augenbliken der
Anfechtung mit größerer Lebhaftigkeit als Du wirklich thatest hättest

---

1 Klagen] *folgt* ⟨über dieselbe⟩   10–12 So sehr ... gewiß,] *geändert aus* Denn das
bleibt ohngeachtet dieser Nachläßigkeit und dieses Mißbrauchs gewiß,   20 Verstan-
des] Verstandes hätte   20 können.] *folgt* ⟨Ein Meisterstük des Fleißes oder der Kunst
sei so bewunderwürdig als es imer kann, so werdn uns doch gewiße kleine Fleken und
Unvollkommenheiten am Werk selbst und in der Arbeit seines Urhebers bald verrathen,
daß er bei noch mehr Anstrengung und Eifer noch höher hinauf wäre zu bringen gewesen.⟩   22–23 Und so ... liegen,] *über* ⟨Und⟩   25 Grenzen] *korr. aus* Grundsäze
27 Du sagst ... hättest,] *über der Zeile*   31 Rathe?] Rathe.   32–33 ermüdetest?]
ermüdetest.   33 Du oft in] *über* ⟨bei einer⟩   34–1 hättest denken können] *über
der Zeile mit Einfügungszeichen*

denken können an die heilige Verpflichtung wodurch Du an die Geseze Gottes gebunden warst, an die hohe Würde eines festen und unerschütterlichen Rechtschaffenen, an die Schönheit und den Lohn des
Sieges? Und siehe mit diesem um etwas erhöhten und angestrengteren
5 Eifer wäre auch die Versuchung zu überwinden gewesen, die Du weil
Du ihr unterlagst gern für unwiderstehlich halten möchtest. Ich glaube
daß die bisher angeführten Gründe hinlänglich sind um den Verstand
davon zu überzeugen, daß es keine Versuchung geben könne, welche
zu besiegen an sich und schlechterdings unmöglich wäre. Allein es ist
10 hier noch mehr nöthig als eine bloße Ueberzeugung des Verstandes.
Wenn wir nicht in Gefahr kommen sollen gerade in dem Augenblike
da es Noth thut von unsrer Ueberzeugung verlaßen zu werden, so
muß uns ganz klar vor Augen stehn, daß dasjenige, was von uns gefodert wird, auch wirklich von Menschen geschehen sei und noch ge-
15 schehe, wir müßen ganz deutlich einsehn, wie und durch welche
Hülfsmittel es möglich zu machen ist. Um uns also auch von dieser
Seite gehörig zu versehn wollen wir noch kürzlich diejenigen Beweise
für unsere Behauptung überlegen, welche die Erfahrung an die Hand
giebt.

20   Zweiter Theil.   Daß wirklich zuweilen Menschen über große
außerordentliche Versuchungen gesiegt haben, davon überzeugt uns
die Geschichte der Vergangenheit durch mancherlei Beispiele. Die Bücher des alten Bundes, welche nur die Begebenheiten eines kleinern
Volks enthalten, und das an Tugenden eben nicht reich war[,] stellen
25 uns doch einige Menschen vor Augen die weder durch Furcht vor
Verachtung und Tod noch durch die Hofnung eines üppigen und geehrten Lebens von dem Wege ihrer Pflicht hinweggelokt werden konnten, und eben so finden wir in der Geschichte anderer Völker viele
Menschen, die in großen | Versuchungen mit vieler Stärke der Seele   44r
30 und unerschütterlicher Standhaftigkeit gehandelt haben, und werden
es auch in der Geschichte der jezigen Tage finden, welche so reich an
neuen und ungewöhnlichen Versuchungen zum Bösen sind. Allein
auch näher um uns her kann es uns, wenn wir uns nur darum kümmern wollen, nicht an Handlungen fehlen, die wenn sie gleich nicht

---

8 davon] *über* ⟨von der Wahrheit⟩   8 keine] *davor* ⟨| |⟩   11 Gefahr] *über*
⟨Versuchung⟩   13–14 von uns gefodert wird] *über* ⟨unser Verstand als möglich
darstellt⟩   30–32 und werden ... sind.] *über* ⟨Auch jezt ist eine Zeit wo es wenn
anders überall eine kleine Zahl von rechtschaffenen zu finden ist an Handlungen dieser
Art nicht fehlen *[zu ergänzen wohl* kann]*,* theils unter denen, die für ihr Vaterland
streiten, theils unter denen die das Elend des Krieges drükt, theils unter denen deren
Vaterland durch bürgerliche Uneinigkeit zerrüttet ist und um [welche her] sich die gefährliche Anstekung des Geistes der Neuerung verbreitet hat.⟩

so glänzend sind doch verdienen daß wir sie zur Erwekung unsers Wetteifers unserm Gemüth einprägen. Laßt uns nur dahin gehn wo wirklich Leiden und Jammer ist, denn das ist die wahre Schule für die Stärke und Festigkeit des Geistes. Dem Leidenden der sein Unglük mit ruhiger Ergebung und edlem Muth erträgt kann es nicht fehlen daß er nicht manche so schöne Augenblike eines großen entschiedenen Sieges in seinem Leben zählen sollte.

Laßt uns aber aus der Erfahrung nicht nur sehn daß die Siege wirklich erfochten werden, laßt uns auch die Hülfsmittel betrachten, deren sich diejenigen bedienten, welchen so etwas gelungen ist. Der ganze Reichthum derselben läßt sich auf zwei Hauptgedanken zurükführen.

Erstlich kann wol niemand dem es um sich selbst ein Ernst ist so leichtsinnig seyn daß ihm nicht der Gedanke an dasjenige was er in der Zukunft seyn wird sehr geläufig seyn sollte. Und dieser ist es eben, welcher, wenn er recht gebraucht wird[,] die ganze Seele in Bewegung sezt. Wenn wir uns den Fall denken, daß wir in der Versuchung welche uns jezt bevorsteht unterliegen, im Ganzen aber doch Gott und unserm Gewissen treu bleiben, so haben wir die gewiße Aussicht daß wir uns beständig desjenigen, was wir in diesem Au| [ ]. Denn je vollkomner wir in allem Guten werden, desto deutlicher wird es uns daß dasjenige sehr zu besiegen war was wir für unüberwindlich hielten. Und diese beständige an Verachtung gränzende Schaam so oft unser Gedächtniß auf den Augenblick dieser Handlung zurükkomt, sollte sie nicht für sich allein schon hinreichen uns mit einem ausdauernden Eifer und Muth zu erfüllen? Allein auch das ist ja möglich daß wenn wir unterliegen dies ein Fall ist von dem wir uns nicht wieder erholen und der uns zu dem Fortschreiten auf dem guten Wege nach und nach ganz unfähig macht. Welches Zittern, welcher Abscheu muß uns nicht erfüllen wenn wir uns dieses Schiksal als das unsrige denken. Die Schaam vor uns selbst haben wir freilich nicht zu fürchten, wenn wir auf die Art die Sache der Tugend ganz verlaßen, aber außer dem schreklichen Unglük, welches schon in diesem Verlaßen liegt, ist doch noch eine eben so bittere Schaam vor andern möglich. Jeder Mensch pflegt doch einige Auserwählte zu haben die entweder gleichen Schritt mit ihm gegangen sind auf dem Pfade der Rechtschaffenheit oder die er sich um ihres großen Vorsprunges willen zu Vorbildern gewählt

---

20 Au|] *Schleiermacher hat bei der Niederschrift ein Textstück ausgelassen; zu ergänzen wohl* genblik versäumt haben, erinnern werden.   21 werden,] *folgt* ⟨desto lebhafter erinnern wir uns unserer Fehler und⟩   24 auf den] *korr. aus* auf diesen   29 macht.] *folgt* ⟨Fehlt es doch um uns her gewiß nicht an Beispielen von Reue, denen der erste erhebliche Fall Veranlaßung gewesen ist sich der Muthlosigkeit der Trägheit und durch sie allerlei Bösem zu ergeben⟩

hat. Denke Dir alle Gemeinschaft mit ihnen wird nun aufgehoben und
Du bist ganz von ihnen geschieden. Du darfst die Hand nicht nach
ihnen ausstreken und sie werden sie Dir auch nicht reichen, Du darfst
nicht wagen nach ihnen aufzubliken und sie können auch nicht anders
als mit Verachtung auf Dich bliken. Bald siehst Du sie im Schooß der
Vollkommenheit | lauter Gutes genießen, weil sie das unangenehme   *45r*
des Streits ertragen haben, Du hingegen lebst in der Qual eines bösen
Gewissens, weil Du das angenehme der Trägheit und Bequemlichkeit
genossen hast. Das zweite große Hülfsmittel das uns noch mächtiger
unterstüzt ist das Gebet. Der Gedanke an Gott enthält in dem Augenblik der Versuchung unendlich viel Ermunterung und Stärkung. Du
solltest denjenigen verlaßen, von dem Du bisher so oft mit Dankbarkeit erkannt hast daß er Dein ganzes Leben zu dem Ende geleitet um
Dich im Guten zu bewahren und zu stärken? Du solltest alle die Vorsäze und Entschlüße vernichten, die Du so oft gleichsam unter seinen
Augen aufs heiligste beschworen hast? Hüte Dich ein solch Uebel zu
thun; rufe ihn an in der Noth, und Er und der große Gedanke an ihn
wird Dich erretten. Ist es Zaghaftigkeit welche Dich sinken laßen will,
so wird die Ueberzeugung Dich als ein himmlischer Trost erquiken
daß Du an seiner Hand gehst und daß er nie aufhört alles abzumeßen
was er Dir zuschikt. Ist es Trägheit die Deinen Fall vorbereitet o so
wird der Gedanke an die heilige herzerhebende Verbindlichkeit dem
höchsten ähnlich zu werden eine göttliche Kraft und einen brennenden Eifer in Deine Seele gießen. Ist es ein unglükliches Wolgefallen an
irgend einer Leidenschaft, so wirst Du wenn Du an Gott denkst auch
gewiß überlegen was für eine einzige unsezliche Seligkeit es ist reines
Herzens vor Ihm zu stehn, und was wirst Du nicht anwenden und
thun und hingeben um Dir diese zu erhalten? So sehn wir also daß
Religion und Vernunft dem Menschen immer Hülfe genug darbieten
zu allem was von ihm gefodert wird, also daß wir keine wirkliche
Entschuldigung haben. Laßt uns gute Haushalter seyn mit allen diesen
Hülfsmitteln, welche Geschenke der göttlichen Gnade sind. Laßt uns
nicht uns selbst einschläfern durch allerlei falsche Vertheidigungen
daß wir nicht als solche erfunden werden die sich selbst betrogen haben und die auch durch sich selbst überführt und zu Schanden gemacht werden. Amen.

---

19 die Ueberzeugung] *geändert aus* der Gedanke   26 überlegen] *über* ⟨bedenken⟩
28 und hingeben] *über der Zeile mit Einfügungszeichen*

5–6 *Anspielung auf Lk 16,23*   17–18 *Vgl. Ps 50,15*   31–32 *Vgl. Lk 12,42–43*

Nr. 28
Am 24. August 1794

Termin:	10. Sonntag nach Trinitatis
Ort:	Landsberg an der Warthe, Konkordienkirche
Bibeltext:	Röm 12,18
Textzeuge:	Autograph Schleiermachers; SAr 10, Bl. 46r–49v
Texteditionen:	SW II/7, 1836, S. 281–289
Andere Zeugen:	SN 51, Bl. 4r–v (unten S. 350–351)
Besonderheiten:	Keine

46r Unter die schönen Vorstellungen von der Glükseligkeit welcher die
Menschen auf Erden genießen könnten gehört vornemlich auch der
Gedanke von einer vollkomnen Freundschaft und Uebereinstimmung
welche unter ihnen herrschen sollte daß jeder dem andern mit
Freundlichkeit und Gefälligkeit entgegen käme, daß keiner von einem 5
größeren Glük wüßte, als die Wünsche anderer zuvorkommend und
überraschend befriedigen zu können, daß Zwist und Streitigkeiten
ganz unbekannte Dinge wären, und wo je zweie zugleich den nemlichen Gegenstand zu besizen wünschten, er doch augenbliklich wie
durch eine gemeinschaftliche Verabredung demjenigen zugetheilt 10
bliebe, der seiner am meisten zu bedürfen schiene; ein Zustand, wo
innige Liebe die Stelle der Geseze verträte und ein allgemeines Wolwollen alle Anweisungen zur Gerechtigkeit und Billigkeit überflüssig
machte. Leider aber findet man von dem allen nur das Gegentheil in
der Welt. Bald erregt der Streit um den Besiz irgend eines Gutes Feind- 15
schaft und Haß, bald erstikt das Zusammentreffen entgegengesezter
Gemüthsarten, wovon eine gleichsam an der andern sich reibt alle
Keime eines freundlichen Wolwollens[,] bald bringen elende Mißverständniße die Menschen in Hize und Zorn ja oft wird der eine bloß
dadurch beleidigt weil der andere sich von ihm beleidigt fühlte. In 20
diesem kläglichen Zustand der menschlichen Angelegenheiten muß
man ohne sich mit seinen Wünschen so weit zu versteigen froh seyn
46v wenn wir nur ganz nahe um uns her, ich will nicht sagen | Freund-
schaft und Liebe, aber doch eine Art von Ruhe und Eintracht hervorbringen können, so daß wir wenn auch nicht Hand in Hand mit an- 25
dern doch wenigstens neben und zwischen ihnen durch unsern Weg
durch dieses Leben ungestört und ungestoßen fortsezen können. Um

aber diesen sehr wichtigen und nothwendigen Endzwek zu erreichen,
dazu gehört eine dem Anschein nach sehr leichte in der That aber
ungemein schwere Eigenschaft, nemlich die Friedfertigkeit und diese
ist es von der wir uns weiter unterhalten wollen.

5   Text. Röm. 12, 18.

Der Apostel schärft hier die Friedfertigkeit ein nicht etwa nur als eine
Maaßregel der Klugheit, sondern mitten unter der andern Reihe von
christlichen Pflichten; er schärft sie als eine schwere Pflicht ein, das
sieht man aus dem Beisaz: so viel an euch ist, so viel eure gewiß sehr
10   oft gereizte Menschlichkeit und die Krieg- und Streitsucht andrer es
euch verstatten werden. Wir wollen uns also über diese Worte etwas
näher unterhalten indem ich von der schweren Pflicht der Friedfertigkeit reden werde; ich werde euch erstlich zu überzeugen suchen daß
es wirklich Pflicht für uns ist diese Eigenschaft zu erwerben, und
15   zweitens werde ich untersuchen wie schwer es ist und was alles dazu
gehört sie in ihrem ganzen Umfange zu besizen und zu üben.

Erster Theil.   Ich habe gesagt, daß die Friedfertigkeit unsere
Pflicht sei, weil wir erstlich verbunden sind zum allgemeinen Besten,
zur Ruhe und Glükseligkeit der Menschen beizutragen. Das ist aber
20   nicht möglich wenn wir nicht diejenige Eigenschaft besizen, durch
welche wir die Ruhe erhalten und alle Zwistigkeiten vermeiden, indem wir sonst theils mit, theils wider Willen gewiß hie und da Veran-
laßung zu Uneinigkeit und Streit | geben werden. Und dabei ist Zu-   *47r*
friedenheit und Ruhe nicht möglich, weder für diejenigen, welche
25   Antheil an dem Streit haben, noch selbst für die, welche durch ihre
Umstände genöthigt sind gleichsam Zuschauer abzugeben. Unter denjenigen selbst, welche in Uneinigkeit leben, ist wol keine Glükseligkeit
möglich. Denn wie ist es möglich daß diejenigen ruhig und heiter
seyen, daß sie das sich darbietende Vergnügen mit Ruhe genießen kön-
30   nen, deren Seele immer voll Besorgniß und Furcht seyn muß, bald vor
der offenbaren Rache, bald vor den heimlichen Nachstellungen und
Schlingen derer, deren Feindschaft und Haß sie sich zugezogen haben?
Wie ist es möglich daß die gutes Muths seyn können, welche immer
mit finstern schwarzen Gedanken erfüllt sind, immer über etwas Bö-
35   sem nachsinnen, bald auf Vertheidigung bald auf Angriff und Schaden
für diejenigen bedacht sind, die das Unglük gehabt haben sie zu beleidigen. Wie ist es möglich daß diejenigen mit ruhiger Ueberlegung und
mit gutem Erfolg auf die Verbesserung ihres eignen Zustandes bedacht
seyn können, deren Seele immer von den quälenden Empfindungen

---

6 Der Apostel] *davor kein Absatz*

des Neides, des Zorns, der Rachsucht, der Schadenfreude bestürmt
wird. Aber eben so wenig können auch diejenigen recht glüklich seyn,
welche gleichsam dazu verdammt sind diese elenden bedauernswürdigen Streitigkeiten immer vor Augen zu haben. Es zerstört alle Zufriedenheit, macht unlustig zu allen Verrichtungen und erwekt Ueberdruß   5
an dem menschlichen Leben, deßen Betrachtung im Ganzen genommen doch etwas liebenswürdiges und erhebendes haben sollte, wenn
man sieht daß die Menschen welche sich als Brüder ansehn und brü-
47v   derlich leben sollten, sich | unter einander quälen und aufreiben,
wenn man des Zankens und Streitens, der Lieblosigkeit der Feind-   10
schaft des Haßes kein Ende sieht.

Die Friedfertigkeit ist ferner unsere Pflicht aus dem uns noch näher liegenden Grunde weil wir verbunden sind für unser eignes Wolseyn und unsere Ruhe Sorge zu tragen, indem es sonst unsre Schuld
ist, wenn wir außer Stand gesezt werden unsre Pflichten leicht genau   15
und mit Aufmerksamkeit zu erfüllen. Der Weg welcher zum Leben
führt ist nicht nur schmal sondern auch beschwerlich[,] man hat alle
Aufmerksamkeit nöthig um nicht auszugleiten und zu fallen, wenn
man sich nun alle Augenblik ängstlich umsehn muß um nicht gestoßen getreten oder umgerannt zu werden so komt man gewiß nicht   20
vorwärts. Das ist das Schiksal derer welche sich vor Uneinigkeit und
Feindschaft nicht zu hüten wißen. Sie können ihren Pflichten gegen
sich selbst nicht nachkommen. Denn nicht zu gedenken daß dergleichen Streitigkeiten leicht in heftige Leidenschaften ausarten und diese
am Ende immer zu etwas bösem führen, so werden sie wenigstens   25
an der rechten und fleißigen Ausübung des Guten verhindert. Ihre
Aufmerksamkeit wird zerstreut, ihr Eifer auf fremde Gegenstände gelenkt und so verlieren sie ihre Zeit ohne diejenigen Fortschritte im
Guten zu machen, welche ihren Kräften angemessen wären. Und eben
so leiden auch ihre Pflichten gegen andre unter diesem traurigen Zu-   30
stand der Uneinigkeit. Nicht nur vergißt man gar leicht des Wolwollens und der allgemeinen Liebe gegen diejenigen mit denen man in
Streit lebt, besonders wenn dieser langwierig und mit einer gewißen
48r   Bitterkeit begleitet ist, sondern | man wird auch oft verhindert gegen
andre die Pflichten der Liebe auszuüben um des Zusammenhanges   35
willen in welchem sie und ihr Wohl mit denjenigen stehn, welchen wir
47v   nichts gutes gönnen und thun wollen; ja was noch mehr ist | wenn

---

14 Sorge] sorge   **16** und] *über der Zeile mit Einfügungszeichen*   **22** ihren] ihre
34–37 man wird … mehr ist] *mit Umstellungszeichen drei Zeilen tiefer auf Bl. 48r
hinter* verleitet.

16–17 *Vgl. Mt 7,14*

das Herz einmal des | Uebelwollens und der Härte gewohnt ist, so   48r
wird es auch leicht zur Lieblosigkeit zum Argwohn zum Verdacht
gegen ganz unschuldige verleitet.

Daß es also eine unnachlaßlichc Pflicht für uns ist, uns der Fried-
5 fertigkeit zu befleißigen, das ist deutlich; laßt uns nun aber auch noch
sehn was alles dazu gehört damit auch das schwere und mühsame
dieser Tugend uns nicht verborgen bleibe.

Z w e i t e r   T h e i l.   Wenn die Friedfertigkeit das wäre wofür sie
von vielen gehalten wird, eine geduldige Nachgiebigkeit, eine bestän-
10 dige Bereitwilligkeit seinen eignen Willen unter den Willen andrer zu
schmiegen, so wäre sie für gewiße Gemüthsarten etwas ganz uner-
reichbares, für andre wieder etwas sehr leichtes, aber sie wäre auch
weder eine Tugend noch wäre sie im Stande denjenigen Zwek zu erreichen, um dessentwillen wir sie uns erwerben sollen. Denn was kann
15 das für eine Tugend seyn den eiteln Wünschen den Launen dem Eigensinn der Menschen blindlings zu dienen, ohne diese Dienstleistungen
nach dem was Recht was erlaubt was nüzlich ist abzumeßen, ohne
einen eignen Willen zu haben und etwas für sich selbst zu seyn? es ist
vielmehr eine unwürdige Schwachheit. Wie kann man hoffen durch
20 eine solche blinde Unterwürfigkeit Ruhe und Einigkeit zu erhalten?
Je mehr man den Menschen auf diese Art leistet, desto mehr und
unerträglichere Foderungen machen sie, was Du dem einen gethan
hast, das glaubt sich auch der andre berechtigt Dir zuzumuthen und
indem Du armer geplagter nicht weißt wohin Du dich wenden sollst
25 so streiten sich die Unfriedfertigen über deinen Besiz als eines sehr
brauchbaren Werkzeuges. Nein mit dieser schwachen | Nachgiebig-   48v
keit kommt man unter den Menschen nicht weit, aber wahre Friedfertigkeit ist auch etwas ganz anderes. Sie ist die Fertigkeit, ohne von
unsern Grundsäzen abzuweichen, ohne unsre einmal gefaßten wohl-
30 überlegten Entwürfe aufzugeben, dennoch Streit und Zwietracht zu
vermeiden. Dazu gehört denn die Kunst den Frieden mit allen zu erhalten, die Klugheit an gar keinen Streitigkeiten Theil zu nehmen, und
die Geschiklichkeit den Frieden, wenn er von irgend einer Seite gegen
uns unterbrochen ist, wieder herzustellen. – Erstlich also die Kunst
35 den Frieden zu erhalten; diese besteht darin, daß wir überall, wo wir
mit andern zu thun haben[,] mit Gelassenheit mit Sanftmuth und mit
Schonung zu Werke gehn. Es ist sehr weise sich dieser Maaßregel
auch bei gleichgültig scheinenden Handlungen und Reden zu bedienen
gegen solche, die wir nicht ganz genau kennen, denn man weiß nicht

---

18 einen eignen Willen] *geändert aus* einen Willen für sich   21 Je mehr] *korr. aus*
Vielmehr   30 Entwürfe] über ⟨Grundsäze⟩   34 herzustellen. –] herzustellen.

wo man auf ein unduldsames empfindliches Gemüth stößt bei welchem irgend eine unbehutsame heftige Aeußerung vielleicht zu einer
langen Feindschaft den Grund legt. Noch nothwendiger zur Friedfertigkeit ist es sich dieser Eigenschaften da zu befleißigen, wo wir es mit
solchen zu thun haben, deren Gemüthsart der unsrigen ganz entgegen-   5
gesezt. In diesem Fall ist immer schon von Natur eine Anlage zu ge-
genseitigem Widerwillen und den Aeußerungen desselben vorhanden
und es bedarf nur wenig, daß dies glimmende Feuer zur hellen um
sich greifenden Flamme ausarte. Am nöthigsten aber sind Gelassenheit Sanftmuth und Schonung wenn wir wie es doch oft der Fall ist   10
genöthigt sind den Wünschen und Neigungen andrer entweder unsrer
Pflicht wegen oder aus andern Ursachen entgegenzuhandeln, denn
dies ist der gewöhnlichste Grund aller Zwietracht und aller Feindschaft, welche sich nur auf diesem Wege vermeiden läßt. Denn wenn
derjenige welcher Lust hat mit Dir zu zürnen sieht daß Du immer Dir   15
gleich und immer ohne Leidenschaft handelst so muß er wol sehen
daß Dein Endzwek nicht war ihm zu schaden sondern daß nur ein
Zufall Dich gerade ihm in den Weg trieb, Du wirst überdies durch
49r Gelassenheit und Schonung | alles vermeiden was ihn in dieser Mei-
nung irre machen könnte indem es ihm unnöthige Unannehmlichkei-   20
ten verursacht, und eben so wirst Du allem ausweichen was seine
Gesinnung ändern könnte indem es seine Leidenschaft auf eine Dir
nachtheilige Weise reizt, und wenn er dieses Verfahren beobachtet so
wird er wenn er nur irgend vernünftiger Ueberlegung fähig ist gezwungen seyn ohnerachtet Deiner Lage gegen ihn Dich zu schäzen   25
und zu lieben und euer Friede wird ungestört bleiben. – Das zweite
war die Klugheit an gar keiner Streitigkeit Theil zu nehmen. Man ist
oft in der Verlegenheit zwischen zwei Freunden oder Bekannten in der
Mitte zu stehn welche uneins geworden sind und dann von jedem
gebeten und gequält zu werden ihm allein anzuhängen und die   30
Freundschaft des andern fahren zu laßen. Da ist es nun keine Friedfertigkeit wenn wir uns durch einseitige, ja auch durch gegründete Vorstellungen überreden laßen uns zum Vertheidiger des einen nicht nur
sondern auch zum Widersacher des andern aufzuwerfen, denn natürlicherweise wird der leztere eine desto tiefere Abneigung gegen uns fa-   35
ßen je weniger es Recht war daß wir um eines Streits willen den er
mit einem andern hatte ihm unsere Liebe entzogen; man kann ja wol
einmal Unrecht haben und dabei Recht zu haben glauben ohne daß

---

2 zu] *über der Zeile*   5–6 entgegengesezt] *Kj* entgegengesezt ist   8 bedarf]
darf   8 glimmende] *korr. aus Unleserlichem*   12 Ursachen] *korr. aus Umständen*
12 entgegenzuhandeln] *korr. aus Unleserlichem*   15 zürnen] *korr. aus Unleserlichem*
32 wir uns] *über* ⟨man sich⟩   34 aufzuwerfen] aufwerfen

man verdient einen Freund zu verlieren. Lieber laßt uns sie doch zur
Einigkeit ermahnen, laßt uns bei dem Andenken an ihre vorige
Freundschaft sie beschwören nicht durch Hartnäkigkeit die Rükkehr
jenes bessern Zustandes zu verzögern; laßt uns ihnen vorstellen wie
5 menschlich es ist einmal Unrecht zu haben und so lange sie nicht
hören wollen sie wenigstens versichern daß wir nicht entscheiden können wer Recht habe und wenn wir es auch könnten doch fortfahren
würden einen jeden eben so gut als den andern und eben so als vorher
zu schäzen und zu lieben. Eben so müßen wir nun aber auch keinen
10 Theil nehmen an der Zwietracht die ein anderer gegen uns hegt. Seine
üble Gesinnung muß in unserm Herzen nichts finden, was ihr entsprä-
che, seine Leidenschaften müßen die unsrigen nicht erregen, seine Beleidigungen keine Gegenbeleidigungen hervorbringen, denn jede Wie-
derver|geltung wird ihm natürlich zu hart scheinen und also nur   49ᵛ
15 neues Uebel und vermehrte Feindschaft zur Folge haben. Auch hier
müßen wir eben so unpartheiisch seyn als dort, müßen nicht aufhören
sein Gutes wie vorher zu schäzen und anzuerkennen, unsre Liebe und
unser Wolwollen ihm so sehr beweisen als er es selbst nur zuläßt, wir
müßen so handeln als ob seine veränderten Gesinnungen uns gar
20 nichts angingen und nur bedauern daß er durch irgend ein Mißver-
ständniß zu einer solchen Verfahrungsart gegen uns bewogen worden.
Dann bleibt der Streit gewiß nur einseitig und wir sind sicher nichts
zur Unterhaltung des Feuers beigetragen zu haben. – Das dritte war
die Geschiklichkeit den auf eine solche Art unterbrochenen Frieden
25 wieder herzustellen. Dazu bahnen wir uns durch das vorher geschil-
derte Betragen den Weg und wenn wir noch eine gewiße zuvorkom-
mende Großmuth hinzufügen werden wir unsers Zweks gewiß nicht
verfehlen. Laß seyn daß unsre eine Hand beschäftigt seyn muß seine
Angriffe abzuhalten und unschädlich zu machen[,] so muß doch die
30 andere imer bereit seyn sich zur Versöhnung auszustreken. Unser Gegner muß in unsern Mienen imer den Ausdruk des Wolwollens und
den Wunsch des Friedens lesen könen, und wenn ihn etwa die Schaam
zurükhält sein Unrecht zu bekennen, so müßen wir ihn auch überzeugen, daß es sich nicht der Mühe lohne um einen Irrthum so viel Auf-
35 heben zu machen, daß Friede und Freundschaft sich ohne diese
Weitläuftigkeiten ganz stillschweigend wieder herstellen laßen. So erreichen wir diese Rükkehr der Ruhe gewiß, denn einmal muß unser
Gegner wol sehn daß er seine Absicht uns zu demüthigen, uns seine
Uebermacht fühlen zu laßen nicht erreicht und gegen den Leiden-
40 schaftlosen gewiß immer verliert und dann ist es auch nicht möglich

---

17 sein] *korr. aus* das   **23** haben. –] haben.   **28** unsre] *korr. aus* die

daß selbst ein verstoktes Herz demjenigen lange feindselig handeln könnte, welcher imer sich gleich, imer wolwollend und edel bleibt.

Das m. Fr. ist also das Mittel Ruhe und Eintracht zu erhalten; ich gestehe daß es schwer und mühsam und von dem gewöhnlichen Betragen der Menschen sehr verschieden ist, es hat aber auch eine schöne Verheißung. Daher sagt Christus: selig sind die Friedfertigen denn sie sollen Gottes Kinder heißen, sie sind treue und gehorsame Söhne des Höchsten, denen es am Herzen liegt daß es in Seinem Hause rechtlich ruhig und Seiner würdig zugehe. Das gute Bewußtseyn begleitet sie immer daß durch sie keines Menschen Ruhe und Glükseligkeit zerstört worden sei und daß sie alles ihrige gethan haben um den Menschen um sie her diese Welt nicht zum traurigen Jammerthal sondern zu einer heitern Wohnung der Ruhe des Friedens und der Freude zu machen und dieser Lohn ist wol werth daß wir uns mit aller Anstrengung unserer Kräfte darum bemühen.   Amen.

6 Christus:] Chr.

6–7 *Mt 5,9*

Nr. 29
Am 14. September 1794

Termin:	*13. Sonntag nach Trinitatis*
Ort:	*Landsberg an der Warthe, Konkordienkirche*
Bibeltext:	*Mk 12,31*
Textzeuge:	*Autograph Schleiermachers; SAr 11, Bl. 1r–v*
Texteditionen:	*Keine*
Andere Zeugen:	*SN 51, Bl. 5v–6r (unten S. 355–356)*
Besonderheiten:	*Nur Predigteingang*

E i n g a n g .   Ungern handelt der Mensch von Natur nach irgend einer
Regel, diejenigen etwa ausgenommen, welche er sich selbst zu seiner
Bequemlichkeit entworfen hat, und welche ihn daher nicht weiter binden, als es ihm selbst gefällt. Er will es sich immer vorbehalten bei
5 jeder Gelegenheit nach seinen augenbliklichen Empfindungen und
Wünschen zu handeln, daher hat er einen entschiedenen Haß gegen
alles was sich den Namen Gesez oder Gebot und mit demselben ein
gewißes Ansehn über ihn anmaaßt. Ist er innerlich überzeugt daß er
einer solchen Vorschrift ihrer Beschaffenheit oder ihrer Quelle wegen
10 Achtung und Gehorsam schuldig ist und läßt sich das auf keine Weise
leugnen, so geht sein Bestreben dahin ihr auf eine mehr oder weniger
künstliche Weise eine solche Deutung zu geben, daß sie anstatt ihn zu
beherrschen vielmehr seiner Willkühr unterworfen ist, so daß er in
jedem Fall den Geist derselben übertreten kann und doch dabei das
15 Ansehn hat dem Buchstaben zu folgen. So geht es den Gesezen der
bürgerlichen Gesellschaft so den Vorschriften der Religion und je allgemeiner ein Gebot ist über je mehrere Fälle des menschlichen Lebens
es sich erstrekt desto weniger kann es diesen Mißdeutungen entgehn.
Daher haben das auch die beiden allgemeinsten Vorschriften der Reli-
20 gion, Liebe Gott und liebe deinen Nächsten[,] am meisten erfahren.
Um die erstere pflegt man sich so sehr nicht zu kümmern weil sie bloß
die innere Richtung des Gemüths betrift, aber wie sehr suchen die
Menschen nicht den Sinn der leztern jeder nach seiner Art zu verdrehen. Einer glaubt ihr anstatt zu handeln mit weichlichen Gefühlen,

---

11 ihr] ihm   **13** in] *korr. aus Unleserlichem*   **19** haben das] haben

---

20 *Vgl. Mt 22,37–39; Mk 12,30–31 mit Zitat aus Dtn 6,5; Lev 19,18*

mit Empfindsamkeit und Thränen Genüge zu leisten, da sie doch Handlungen fodert; ein anderer glaubt sie erfüllt zu haben, wenn er sich nur vor offenbarem Unrecht hütet, ohne daß in seiner kalten Seele ein Funken wahrer Liebe verborgen ist; ein anderer glaubt ihren hohen erhabnen Sinn durch eine kleinliche gleichgültige Wolthätigkeit   5
1v zu erschöpfen. Um diese falschen Vorstellungen zu verhindern | kann man nichts besseres thun als den wahren Sinn dieses Gebots in seiner ganzen Klarheit und seinem unleugbaren Anspruch auf allgemeine Befolgung darzustellen. Das wollen wir.

Text.   Marc. 12, 31.   *[Der Text endet hier.]*   10

---

5 kleinliche] *korr. aus Unleserlichem*   6 Vorstellungen] V *korr. aus* G

Nr. 30
Am 28. September 1794

Termin: 15. Sonntag nach Trinitatis
Ort: Landsberg an der Warthe, Konkordienkirche
Bibeltext: Lk 17,20–21
Textzeuge: Autograph Schleiermachers; SAr 10, Bl. 56r–59v
Texteditionen: SW II/7, 1836, S. 302–313
Andere Zeugen: SN 51, Bl. 7r–8v (unten S. 359–362)
Besonderheiten: Keine

Eingang. Uns allen ist der Wunsch natürlich es immer beßer zu   56r
haben in der Welt; wir sind immer beschäftigt zu berechnen was wir
haben und was uns fehlt, und sobald wir eines erreicht haben, steigen
wir gleich mit unsern Gedanken zu etwas höherem hinauf. Je vernünftiger und wolgesinnter der Mensch nun ist desto weniger bleibt er mit
seinem Wunsch nach Verbeßerung bei sich selbst stehn, seine Seele
breitet sich gleichsam aus, er sieht auch auf die Wolfahrt derer, die
um ihn her sind, und hat für die beweinenswürdigen Mängel der
menschlichen Gesellschaft auf Erden überhaupt ein weit feineres und
schärferes Gefühl, als für dasjenige was nur zu seinen kleinen Angelegenheiten gehört. Allein es geht mit diesem edeln großen Wunsch so
wie mit allen übrigen: Wünsche erzeugen Hofnungen, größtentheils
trügerische, vergebliche Hofnungen, und diese gehen auch dem Menschenfreund aus jeder merkwürdigen Weltbegebenheit hervor. Bald
hie bald da glaubt er den ersten Schimmer zu der Morgenröthe eines
beßern Tages der Menschen heranbrechen zu sehn, glaubt bald hie
einen bald dort einen andern Zug von dem schönen Bilde zu erbliken,
womit seine Seele sich so oft beschäftigt, und indem er sich so von
seiner Einbildungskraft durch leere Erwartungen einschläfern läßt
vergißt er dasjenige zu beobachten was anstatt in dem weiten Kreise
seiner Wünsche zu glänzen, in dem engeren seiner Pflichten ganz nahe
vor ihm liegt. Er wird zu spät gewahr, daß auch für ihn ein Theil des
großen Werkes den Zustand der Menschen zu verbeßern bestimmt
war, und daß er über seinen Wünschen verabsäumt hat daran zu arbeiten. Das ist der unersezliche Schaden den uns die Anhänglichkeit
an leere Erwartungen bringt, und diese gänzlich auszurotten dient
nichts beßer als eine richtige Einsicht in den wahren Grund der schönen Hofnung daß es beßer mit den Menschen werden wird. Diese

wollen wir uns denn in unserer ferneren Betrachtung zu verschaffen suchen.

Text. Luc. 17, 20. 21.

56v Die Frage welche Christo hier vorgelegt wurde be|zog sich ebenfalls auf die Erwartung eines besseren Zustandes der Welt, nur daß die 5 Zeitgenossen Christi davon einen eingeschränkten nicht so richtigen Begriff hatten, als wir haben sollten. Sie glaubten wenn nur ihr Volk zu seiner ehemaligen Unabhängigkeit und seinem alten Glanz wieder gelangte, wenn es wie sonst nur von den Gesezen beherrscht würde die es auf eine so außerordentliche Art empfangen hatte, wenn es 10 den abergläubischen Gözendienst ausrotten, und auf welche Weise es immer sei die äußere Verehrung Jehovas ausbreiten würde, dann würde der glüklichste Zustand der Menschheit da seyn, ein Zustand, welcher mit Recht den majestätischen Namen eines Reiches Gottes auf Erden verdiente. Wir sehen, wenn wir über das allgemeine Beste 15 der Menschheit nachdenken[,] weniger auf den Glanz unseres kleinen Vaterlandes, auf die Herrschaft unserer besonderen Meinungen, sondern wir sehnen uns nach einer Zeit wo ein gottseliges, rechtschaffenes Wesen überall herrsche, wo ein weises, edles Wolwollen die Herzen der Menschen erfülle, wo eine beßere, menschlichere Glükseligkeit 20 unter ihnen zu finden sei, als jezt. Das war es was auch Christus unter dem Reich Gottes verstand, und wenn wir fragen, worauf wir bei dieser Erwartung vorzüglich sehen müßen, so finden wir in der Antwort unseres Textes die Auskunft darüber. Wir belehren uns also daraus 25
über den Grund unserer Hofnung auf einen besseren Zustand der Menschen auf Erden
und finden darin vornemlich zwei Wahrheiten: e r s t l i c h daß diese Hofnung nicht auf äußerlichen Begebenheiten beruht, und z w e i t e n s : daß die Erfüllung derselben bloß von einer innern Verbeßerung der 30 Menschen abhängt.

E r s t e r T h e i l. Christus sagt erstlich: das Reich Gottes komt nicht mit äußern Geberden, es wird nicht durch neue äußere Einrichtungen und Verbesserungen des menschlichen Lebens hervorgebracht, und damit widerlegt er einen sehr gemeinen Irrthum. So wie die Men- 35 schen über sich selbst denken: „wenn nur meine äußeren Verhältniße beßer wären, wenn ich mich nur erst aus dieser drükenden Lage herausgearbeitet, in jenen glüklichen Zustand hineingesezt hätte, wäre nur erst diesem Bedürfniß abgeholfen, jener Wunsch erfüllt, dann

---

4 Die] *davor kein Absatz*

würde mein Glük angehn, und ich wollte nichts weiter verlangen,
dann würde ich ruhig und heiter seyn, ich würde auch rechtschaffener
und edler handeln". So wie sie über sich selbst auf diese Art urtheilen
und sich irren, so urtheilen sie auch über | den Zustand der Menschen 57r
5 überhaupt legen allen Werth auf die äußeren Verhältniße und Verbindungen, hoffen alles von diesen und irren sich gleichfalls. Alle äußeren
Einrichtungen dienen nur dazu die Gesellschaft der Menschen zusam-
menzuhalten, und diese ist doch nur wegen der Vortheile da, welche
sie den einzelnen bringen soll. Wenn also auch die Verfaßung der Ge-
10 sellschaft noch so vortreflich ist, was hilft es wenn diejenigen, aus
welchen sie besteht[,] nicht gut sind? Wenn auch das Band, welches
die Menschen zusammenhält[,] noch so sanft, noch so schön, noch so
bequem ist, was ist damit gethan, wenn sie den Sinn nicht haben, sich
die Hand zu reichen, und ihre Kräfte zu vereinigen?
15 Den Zustand, den wir hoffen[,] denken wir uns als einen Zustand
allgemeiner Tugend und Glükseligkeit. Wenn nun auch alle äußern
Einrichtungen so beschaffen sind, daß sie alles gute möglichst erleichtern und sichern, werden die Menschen schon darum gut und glüklich
seyn, weil sie es äußerlich seyn können? Die Tugend wird nicht allge-
20 mein werden, wenn nicht eine thätige Neigung, eine beharrliche Liebe
dazu in den meisten Menschen vorhanden ist, und ist diese erst da, so
werden auch ihre Fortschritte nicht von den Schwierigkeiten gehindert
werden, die etwa aus mangelhaften Einrichtungen entstehn. Die Glükseligkeit kann nicht größer werden, wenn die Menschen nicht lernen
25 sich herzlich lieben, die Umstände weislich benuzen, die Gegenwart
mäßig genießen und die Zukunft klug voraussehn; sind sie aber in
dieser Kunst erfahren, so werden sie glüklich seyn, ihre äußere Verfaßung sei beschaffen wie sie nur wolle. Es komt also bei dem bessern
Zustand der Menschen nicht auf die Vervollkomnung äußerer Ein-
30 richtungen und Verhältniße an, sondern auf die Verbeßerung des Verstandes und Willens, wodurch der Gebrauch derselben bestimt wird.
Wenn es daher möglich wäre, daß auf einmal die Geseze wodurch die
Völker beherrscht werden im höchsten Grade weise, billig bestimt
und deutlich würden, daß alle die tausend Schleichwege, auf denen
35 Unterdrükung und Ungerechtigkeit eingeführt wird[,] aufs beste verwahrt wären, daß alle Verhältniße des geselligen Lebens auf einmal
eine vollkomnere Einrichtung erhielten; aller unnöthiger Zwang sei
aufgehoben, alle veralteten Vorurtheile zerstört; es dürfe sich keiner
vor dem andern mehr beugen, als Recht und seinem innern Werth

---

3 sie] *über* ⟨die Menschen⟩   21 ist diese] diese   22 von] *davor* ⟨zu⟩   26 und
die] *korr. aus* endlich der   28 wie sie nur] *über* ⟨| |⟩   34 deutlich] *folgt* ⟨sey⟩
35–36 verwahrt] *vgl. Adelung: Wörterbuch 4,1556–1557*

57v angemeßen ist, es möge jedem frei stehn seine Bildung und sein Glük
da zu suchen, wo er es zu finden glaubt, und nüzlich zu werden, | wo
er es am rathsamsten hält, es möge nichts unmöglich seyn, als was die
Geseze verhindern, und die Geseze mögen nichts verbieten, was in
sich recht und billig ist. Laßt auch die Sitten der Menschen untadel- 5
haft seyn, frei von leerem Gepränge; so einfach als die vollkommenste
Redlichkeit es mit sich bringt, so verfeinert als die höchste Ausbildung
des Verstandes es erfodert. Ja was noch mehr ist, auch auf die Gottesverehrung und die Religion der Menschen erstreke sich diese allgemeine Verbeßerung, so werden alle diese herrlichen, ja gewiß uner- 10
reichbaren Vorzüge nichts helfen, wenn die Menschen nicht beßer
geworden sind. Alles das sind an sich nur äußere Geberden, und das
Reich Gottes komt nicht mit ihnen. Sind die Menschen noch böse, so
werden die weisesten und besten Geseze ohne Kraft seyn, List und
Bosheit werden schon Mittel finden sie entweder heimlich zu übertre- 15
ten, oder doch nur zum Schein zu befriedigen. Wenn Du der Ungerechtigkeit tausend Wege vertrittst, so wird sie sich bald eben so viel
neue gebahnt haben. Sind die Menschen noch unverständig, so wird
die Auflösung so manches beschwerlichen Zwanges, die gewünschte
Freiheit in jeden Kreis der Geschäfte hineinzutreten nur zum großen 20
Verderben ausschlagen. Die Thoren werden da sizen wollen, wo nur
die Weisen ihren Plaz haben sollten, die Unwissenden werden unternehmen, was sie nicht verstehn, und indem also die kleine Anzahl der
Gebildeten, Weisen und Guten auf welcher doch alle Hofnung der
Menschen beruht von dem großen Haufen verdrängt wird so gleicht 25
die ganze Gesellschaft einem schönen Körper, deßen Gesichtszügen
aber eine niedrige Seele die deutlichsten Spuren von Bosheit und Laster eingegraben hat. Stimmen die Gesinnungen der Menschen nicht
mit ihren wohleingerichteten Sitten überein, so werden diese ihnen
sizen, wie ein fremdes Gewand, welches nicht nur entstellt, sondern 30
worin man auch ungekannt allerlei Böses verrichten kann. Wie sollte
sich wol der Verderbte in die edle Einfalt finden, oder der Dumme in
die verständige Feinheit? Aber der Böse wird die Einfalt zu Kränkungen und Beleidigungen und die Feinheit zu List und Ränken mißbrauchen. Verbinden die Menschen noch nicht eine innige Ehrfurcht vor 35
heiligen Wahrheiten mit Liebe zum Nachdenken, so wird auch die
vollkomenste Einrichtung ihrer gottesdienstlichen Gesellschaften ihnen nichts frommen. Die weisesten und erhabensten Belehrungen werden entweder gar nichts auf sie wirken, oder sie werden auch aus
ihnen nur elende Vorurtheile und schädliche Irrthümer schöpfen; die 40

---

2 wo er] *korr. aus* worin   2 werden, |] werden | den,   17 wird sie sich bald
eben so viel] *geändert aus* wirst Du bald eben so gut seyn

einfachsten und achtbarsten Gebräuche werden entweder ihr Herz un-
gerührt laßen, oder ihrem eingebildeten Verstande sogar Stoff zu
neuem Aberglauben darreichen. |

Zweiter Theil. Das ist also gewiß, daß die Hofnung auf einen   *58r*
beßern Zustand der menschlichen Angelegenheiten sich nicht auf die
Erwartung äußerer Begebenheiten gründen kann, was bleibt also übrig, als daß sie wie Christus sagt auf der innern Verbeßerung der Menschen beruht. Sehet das Reich Gottes ist inwendig in Euch. Wenn
die Menschen anfangen werden ihre ungezähmten Leidenschaften zu
bändigen, wenn sie von den künstlichen Irrgängen des Lasters und
des Betruges auf den einfachen geraden Weg der Ehrlichkeit und der
wahren Weisheit zurükkehren, wenn sie die gewöhnliche Mißhellig-
keit zwischen ihren Einsichten und Handlungen für den ärgsten Ue-
belstand halten werden, wenn von alle den schönen Worten und Sprüchen womit sie sich schmüken der Geist in ihnen leben wird; wenn
ein feineres Gefühl für Recht und Pflicht unter ihnen allgemein wird
und ein herzliches Wolwollen ihre Kräfte und Gesinnungen vereinigt;
wenn sie über ihre wichtigsten Anlegenheiten mit Eifer und uneinge-
nommenem Verstande urtheilen, wenn sie die Wahrheit lieben, und
ihr einfältig folgen werden, dann ist das Reich Gottes nahe herbeige-
kommen, dann kann nichts die erwünschte Entstehung und die beständige Fortdauer eines Zustandes hindern, worin so viel Glükseligkeit und Güte vereinigt ist, als die Einrichtung der Welt und der
menschlichen Natur nur immer zuläßt. Ihr Gefühl für alles Gute und
Edle, ihre Liebe zur Rechtschaffenheit und Tugend wird nach und
nach alle die guten Eigenschaften weken, wozu vorher die Anlagen
in ihnen schlummerten, alle die schönen Handlungen hervorbringen,
wovon sie vorher nur sprechen und sie bewundern konnten; ein edler
Wetteifer wird sie alle beseelen, und indem der nemliche Geist in allen
lebt, wird ihn jeder in erhöhetem Maaß dem andern mittheilen und
auch wieder von ihm empfangen. Jeder wird in seinem Nächsten das
Beispiel des Guten sehn, welches ihm selbst noch zu erwerben übrig
ist, und einer sich vom andern den Spiegel seiner Fehler ohne Bitterkeit vorhalten laßen. So wird Tugend und Rechtschaffenheit allgemein
werden und zunehmen. Das deutlichere Bewußtseyn ihrer Bestimmung, die Ahnung eines höhern Lebensgenußes wird sie zur Freundschaft und Gütigkeit hintreiben, und wenn sie ja durch den unglükseligen, immer wieder auflebenden Keim der Habsucht gehindert
werden sollten, so wird der aufgeklärte Verstand sie immer mehr belehren, daß dasjenige das wenigste ist, was der Mensch zu seiner

---

1 achtbarsten] *korr. aus Unleserlichem*   20–21 herbeigekommen] herbeikommen

Glükseligkeit für sich selbst thun kann, das aber das meiste was andere für ihn thun müßen indem er etwas für sie leistet; daß wenn er
sich vereinzelt er sich selbst weit mehr hindert, als er sich helfen, oder
durch List und Gewalt über andere gewinnen kann, daß ihm also
58v   Liebe Noth thut, und daß er sein Wohl nur in | dem Glük anderer   5
finden kann. So wird also ein wahres Wolergehn und eine gerechte
Zufriedenheit allgemein werden. Es wird nicht nur so werden, sondern auch so bleiben von Geschlecht zu Geschlecht. Von Jugend auf
werden die jungen Seelen zur Vernunft und zur Weisheit erzogen werden, und das beständige Beispiel der Rechtschaffenheit und Güte wird   10
mächtig auf sie wirken. Jeder Augenblik des Genußes und der Beobachtung wird ihnen zurufen, daß das wahre menschliche Glükseligkeit
ist, und indem also die Erfahrung immer glaubhafter, und der Beweis
immer stärker wird, so wird auch die Sorgfalt zur Festhaltung dieses
Kleinodes nicht ermüden.   15
     Und wenn die Menschen sich in den Genuß dieser Vorzüge gesezt
hätten, welche wenn sie sie einmal besäßen ihnen niemand entreißen
könnte, sollten sie durch allerlei kleine Mängel äußerer Einrichtungen
und Verhältniße gestört werden können? Vielmehr werden diese
Dinge von selbst unschädlich werden und sich nach und nach so weit   20
abändern, bis sie der bessern Beschaffenheit der Menschen angemessen sind. Sobald der Mensch zu etwas vollkomnerem fähig und würdig ist, so streift er das unvollkomnere ab ohne Geräusch und Gewaltthätigkeit, und wenn er vorher selbst das beste nicht festzuhalten im
Stande war, so weiß er jezt auch das minder Gute zu benuzen und zu   25
veredeln. Wenn er Recht und Billigkeit liebt, wenn sein Herz zum
Wolwollen geneigt und sein Verstand erleuchtet ist, so werden von
selbst seine Geseze und Verfaßungen weise und gerecht werden, denn
sie richten sich immer nach dem Maaß von Einsicht und Güte, welches unter denen verbreitet ist für die sie gegeben sind; von selbst   30
werden die Herrscher milde und liebreich werden, denn ihre Maaßregeln sind immer ein Werk der Nothwendigkeit; von selbst wird der
eiserne Scepter womit sonst Ruhe und Ordnung gehandhabt werden
mußten sich in einen leichten Stab verwandeln, denn gute Gesinnungen bringen die Strenge bald außer Gebrauch und in Vergeßenheit,   35
Vorurtheile werden ihre Kraft und ihren Glauben verlieren, indem
jeder ein Licht der Erkentniß brennen hat und der stärkere immer den
schwächeren erleuchtet. Eingebildete Unterschiede unter den Menschen werden aufhören, indem derjenige der darunter litt kein Bedenken tragen wird ihre verfallenen Grenzen zu überschreiten, und der,   40
den sie begünstigten[,] sich schämen wird sie wieder aufzubauen. Sit-

---

20 von] *über der Zeile*

ten sind immer nur der Wiederschein der Gesinnungen; wo also Liebe und Aufrichtigkeit herrschen, da kann es an der feinen Gefälligkeit und der edeln Einfalt nicht fehlen, welche die natürlichen Folgen derselben sind. Auch die von jedem Freund des Guten so aufrichtig gc-
5 wünschten Veränderungen in der äußern Beschaffenheit der Religion können nur eine Frucht jener vorhergegangenen innern Verbeßerungen seyn. Wenn man die Wahrheit zu innig verehren wird, um sie noch länger mit äußern Dingen und Kleinigkeiten zu verwechseln, wenn man sie genug lieben wird um Belehrung anzunehmen wo man
10 sie immer finde, dann werden die Verehrer Gottes auch äußerlich ein Herz und eine Seele seyn, dann wird eine rechte christliche Verträglichkeit hervorgehn. Man wird den irrenden zurecht|weisen ohne ihn   *59r*
zu verfolgen und zu verspotten, Keiner wird den andern um unbedeutender Meinungen und äußerer Gebräuche von der Gemeinschaft der
15 Erbauung und des Gebets, oder von irgend einem Recht ausschließen, welches ihm der Brudername geben kann, und indem einer den andern belehrt, und ihre Erkentniß sich immer reinigt, so wird die Zeit da seyn, wo wie die Schrift sagt alle von Gott gelehrt sind.

So also muß das Reich Gottes zuerst in uns seyn und alle die
20 äußern Veränderungen, welche wir mit Unrecht für Hauptursachen eines beßern Zustandes der Menschen halten[,] sind nicht eher möglich und haben nicht eher einen Werth als bis sie natürliche Folgen jener nothwendigen innern Verbeßerungen sind.

Es ist nicht schwer von diesen Wahrheiten die Anwendung auf
25 dasjenige zu machen, was jezt unser Nachdenken, und unsere Erwartungen auf eine so merkwürdige Art beschäftigt. Die meisten sehen mit unverwandtem Blik auf die schreklichen Auftritte des Krieges und der Verwüstung, bedauern freilich mit menschlichem Gefühl das überschwengliche Elend, welches dieser alles erschütternde Kampf der
30 Völker hervorbringt; aber indem einige den Sieg der einen Parthei und andere das Glük der entgegengesezten herbeiwünschen, so sind doch fast alle in der Hofnung einig am Ende dieser unübersehbaren Verwirrungen aus dem zertretenen Wolstand vieler Tausende eine bessere Glükseligkeit den künftigen Zeiten hervorkeimen zu sehen. Sollte es
35 aber wol der Regierung Gottes würdig seyn, daß die Erde erst mit dem Blut der einen Hälfte des Menschengeschlechts gedüngt werden müßte, um etwas Gutes für die andere zu schaffen? Nein, das Reich Gottes komt nicht mit äußerlichen Geberden. Wenn Völker sich erhe-

---

1 Gesinnungen;] Gesinnungen,

10–11 *Vgl. Apg 4,32*   **18** *Vgl. Joh 6,45 mit Zitat aus Jes 54,13*   **27** *Anspielung auf den ersten Koalitionskrieg gegen Frankreich (vgl. auch Frühe Predigten Nr. 38)*

ben um die äußere Gestalt ihrer bürgerlichen Verfaßung zu ändern, und andere ihre Kräfte aufbieten um dies zu hindern, so sind das viel zu unerhebliche Absichten, als daß aus dem Gelingen oder Mißlingen derselben etwas großes für die Menschheit zu erwarten wäre. Ob die Geseze auf diese oder auf jene Weise gegeben werden, ob die nöthige 5 Handhabung derselben so oder so eingerichtet ist, das sind wenn alles übrige das nemliche bleibt nur unbedeutende äußere Veränderungen. Noch weniger können die Mittel, deren man sich bedient[,] so hohe Erwartungen begünstigen: aus Krieg Mord und Zerstörung, aus der Auflösung aller geselligen Bande, aus der Abstumpfung der edelsten 10 Gefühle, aus Haß, Partheisucht und Erbitterung kann unmöglich Tugend und Glükseligkeit hervorgehn. Es ist überhaupt nicht Recht daß wir einen bessern Zustand unserer Nachkommen immer von anderwärts her erwarten, daß jeder so sein Lieblingsvolk hat, von dem er um seiner Verfassung oder Sitten oder Religion willen glaubt, daß 15 man nach der dortigen Weise allein glüklich und weise sein könne, daß von daher und durch Aehnlichkeit damit einmal alles Gute kommen müße. Rechtschafner Sinn und zufriedenes Wesen sind keine Waare, die man aus der Fremde her verschreiben kann, keine Tracht, die der eine annimmt, weil er sieht, daß sie dem andern wolsteht; sie 20
59v dürfen nicht ausländisch, sondern | müßen da entstanden seyn, wo sie gedeihen sollen. Wie sieht es also aus um die schöne Vorstellung, daß in den Begebenheiten unserer Tage so herrliche Keime künftiger Glükseligkeit liegen? Trauert nicht, sie kann ja wol richtig seyn, wenn sie sich auch nicht auf die schreklichen Auftritte des Blutvergießens 25 bezieht. Vielleicht geht außer diesen furchtbaren Erschütterungen im Verborgenen noch etwas besseres unter den Menschen vor; vielleicht ist jezt die ganze Masse ihrer Kräfte und Erkenntniße in einer heilsamen Gährung; vielleicht ist jezt der Zeitpunkt wo sie anfangen Vorurtheile von Wahrheiten, Angewohnheiten von Tugenden zu unterschei- 30 den, wo sie die Grundsäze zu ihren Gefühlen suchen und die Handlungen den Grundsäzen nachzubilden bemüht sind. Wenn diese innere Veränderung ihren Gang ungestört fortgeht, gefördert von jedem Guten und Weisen durch Mittheilung durch Beispiel durch Erziehung, dann wird das Reich Gottes bald in uns und unter uns seyn. Dazu 35 können auch wir das unsrige geben, zwar nur als einen kleinen, unscheinbaren Beitrag, aber nicht anders, als aus solchen, kann das große Ganze allmählig hervorgehn. Ist diese Hofnung weniger glänzend als jene, so hat sie dafür desto mehr innern Gehalt; ist sie etwas weiter aussehend, so ist sie auch um desto sicherer. Laßt uns an ihrer 40 Näherung arbeiten und der endlichen Erfüllung geduldig entgegenhar-

ren, ohne über den jezigen Zustand der Dinge kleinmüthig zu seufzen.
Nicht doch, lieben Brüder! wär das unser Muth? Schlagt den Kummer
nieder! Einmal wirds doch gut. Wie es jezt ist auf Erden, so sollt es
wol nicht sein; doch laßt uns nur erst besser werden, bald wirds um
uns beßer seyn.   Amen.

---

3 gut] *über* ⟨wol seyn⟩

Nr. 31
Am 4. Oktober 1794

Termin: Samstag, Vorbereitung zum Abendmahl
Ort: Landsberg an der Warthe, Konkordienkirche
Bibeltext: 1Kor 11,27
Textzeuge: Autograph Schleiermachers; SAr 11, Bl. 2r–v
Texteditionen: Keine
Andere Zeugen: SN 51, Bl. 8v–9v (unten S. 362–364)
Besonderheiten: Nur Predigteingang

2r Eingang. Der vernünftige Mensch unternimmt nie eine wichtige
Handlung seines Lebens ohne eine gewiße Vorbereitung seines Gemüthes es sei nun durch Nachdenken über die Hülfsmittel und Schwierigkeiten oder durch eine gewiße Faßung und Beschränkung seiner Gefühle oder durch irgend eine Art der Ermunterung und der Stärkung   5
des Geistes. Sollte die feierliche Handlung welche wir vorhaben nicht
auch einer solchen Bereitung der Seele bedürfen? Zwar giebt es hier
keine Schwierigkeiten zu überwinden und es ist zu dem äußerlichen
der Handlung keine Anstrengung des Geistes nöthig; zwar sollte es
nie der Fall seyn daß wir die Gesinnungen und Empfindungen ohne   10
welche diese Handlung selbst ohne Nuzen und ohne Bedeutung ist
erst auf eine künstliche Weise hervorbrüten, denn wenn diese nicht
vorhanden sind, durch welchen Bewegungsgrund sollten wir denn angetrieben werden uns zum Bekenntniß derselben zum Tisch des Herrn
zu nahen? Allein dafür müßen wir doch immer sorgen, daß sie grade   15
in dieser Zeit nicht unterbrochen oder gehemmt werden, daß uns jezt
nichts in dem lebhaften und ruhigen Bewußtseyn derselben störe. Allein so wie zu der nemlichen Handlung nicht alle Menschen einerlei
Vorbereitung anwenden, und auch nicht bedürfen, so geht es auch
hier, indem einige in falschem Wahn etwas dafür rechnen was gar   20
nichts dazu beiträgt und auch nicht jede Sache allen Menschen gleich
schwer oder leicht, angenehm oder bedenklich ist, so geht es auch hier,
und so wie es überhaupt wichtig ist, daß jeder seinen eigenthümlichen
Standpunkt kenne und weder leichtsinnig noch ängstlich, weder zu
sorglos noch zu weit aussehend in seinen Vorkehrungen sei, so ist   25

---

9 sollte] *korr. aus* sollte⟨n wir⟩   12 eine] *korr. aus* keine   24 leichtsinig] *davor*
⟨zu⟩

auch das hier | ein wichtiges Stük unseres Nachdenkens, und was   *2v*
darin für einen jeden passend sei das wollen wir uns jezt deutlicher
auseinander sezen.

Text. 1. Cor.

5 Diese Worte welche allerdings die Lehre enthalten an der heiligen
Handlung keinen Theil zu nehmen wenn das Gemüth nicht in einer
ihr angemessenen Verfassung ist und welche zum Schreken der Spötter, zur Warnung der Leichtsinnigen, zur Wekung der Gleichgültigen
geschrieben sind, sind es vorzüglich worauf sich die meisten Christen
10 wegen der Nothwendigkeit einer besondern Vorbereitung auf die
Feier des Abendmahls beziehn. Um nun den eigentlichen Sinn derselben nicht zu verfehlen[,] wollen wir dasjenige in Erwägung ziehn was
eigentlich zu dieser Vorbereitung zu rechnen ist, und zwar so daß wir
dabei vorzüglich auf den Unterschied zwischen dem Verfahren des
15 vollkomneren und dem des unvollkomnern Christen sehn. Es kommen dabei 3 verschiedene Stüke vor: Die Erhebung des Gemüths
zu religiöser Betrachtung, das Nachdenken über unsern Gemüths-
zustand, das Zurükziehn von den Dingen dieser Erde. *[Der Text
endet hier.]*

---

1 hier] hier ein   5 heiligen] h.   7 Verfassung] Vf.

---

4 *Die Predigt legt 1Kor 11,27 aus.*

Termin:	18. Sonntag nach Trinitatis
Ort:	Landsberg an der Warthe, Konkordienkirche
Bibeltext:	Lk 14,16–24
Textzeuge:	Autograph Schleiermachers; SAr 11, Bl. 3r
Texteditionen:	Keine
Andere Zeugen:	SN 51, Bl. 10v–11r (unten S. 367–368)
Besonderheiten:	Nur Predigteingang

3r Eingang. Wenn wir den Gang des menschlichen Lebens bis an sein Ende betrachten, so giebt uns das zu vielen traurigen Betrachtungen Anlaß. Daß es mit Unannehmlichkeiten und Beschwerden angefüllt ist, ist das wenigste; daß es, wie die Schrift sagt[,] am Ende immer nur Mühe und Arbeit war[,] wäre auch noch zu ertragen, allein das 5 ist beklagenswerth daß es gewöhnlich vergebliche Mühe gewesen ist, daß der größte Theil der Menschen wenn sie auch am Ende nicht über das Böse klagen was sie gelitten haben doch gewiß über das Gute seufzen welches sie verfehlten, daß die meisten nicht nur dasjenige Bild nicht erreichen, welches sie sich von Vollkommenheit und Glük- 10 seligkeit gemacht haben, daß sie nicht nur hinter ihren Wünschen und Vorsäzen zurükbleiben, sondern auch nicht einmal zu demjenigen Guten gelangen welches ihnen von einem gütigen Geschik absichtlich bestimt gewesen zu seyn schien worauf alle Umstände und Begebenheiten ihres Lebens sie hinführten. Es ist gewiß kein leeres Vorurtheil, 15 sondern ein durch viele Erfahrung bestätigter und an sich selbst schon glaublicher Saz, daß es in jedem menschlichen Leben gewiße günstige Augenblike giebt für welche man in Absicht des Guten welches darin zu erlangen gewesen wäre, wenn sie einmal versäumt sind keinen Ersaz mehr findet. Dieses Versäumen ist es eben worüber die Menschen 20 beim Nachdenken über die vergangene Zeit so oft seufzen. Wir beklagen oder belachen diejenigen welche ihre theure Erfahrung hievon uns zu einem lehrreichen Beispiel darstellen wollen und in dem nemlichen Augenblik gerathen wir nicht selten in den nemlichen Fehler. Dies

---

4–5 Vgl. Ps 90,10

allein beweist schon daß der Grund dieses sehr gewöhnlichen uns selbst zugefügten Schadens in einer sehr gewöhnlichen üblen Eigenschaft der Menschen liegen muß.   *[Der Text endet hier.]*

Nr. 33
Am 2. November 1794

Termin:	*20. Sonntag nach Trinitatis*
Ort:	*Landsberg an der Warthe, Konkordienkirche*
Bibeltext:	*Joh 8,37*
Textzeuge:	*Autograph Schleiermachers; SAr 10, Bl. 60r–64v*
Texteditionen:	*SW II/7, 1836, S. 314–327*
Andere Zeugen:	*SN 51, Bl. 11v–12r (unten S. 370–371)*
Besonderheiten:	*Keine*

60r Eingang. Wir finden überall auf der Erde Menschen von der verschiedensten Denkungsart und der größten Unähnlichkeit der Gemüther neben einander lebend. So allgemein nun der Wunsch der Menschen ist nur mit solchen vereinigt zu seyn welche ihnen ähnlich sind so muß doch jene Vermischung etwas ungleich weiseres seyn denn sie ist das Werck der Natur, das Werck desjenigen welcher alle ihre Würkung mit der höchsten Weisheit berechnet hat. Es kann uns auch nicht schwer werden den Zwek dieser Einrichtung zu finden. Wo diese Verschiedenheit nur zufällige gleichgültige Dinge betrift da dient das Zusammenstehen derselben dazu eine Mannigfaltigkeit von Wünschen Bestrebungen und Gedanken hervorzubringen welche zur menschlichen Glükseligkeit und zum Frieden auf Erden so nothwendig ist. Wo der Unterschied etwas wichtigeres betrift, wo die Menschen in der Regel ihres ganzen Verhaltens, in dem Grund ihrer Ueberzeugungen und Hofnungen, in der Art ihre Glükseligkeit zu suchen von einander abweichen, da steht der gute neben dem Bösen, der Starke neben dem Schwachen, der Weise neben dem Thoren, der verständige neben dem einfältigen, damit dieser von jenem lernen und durch ihn nach und nach zu etwas besserem gebildet werden soll. Daß also der unvollkomnere Theil der Menschen von seiner Verbindung mit dem vollkomneren vielerlei Nuzen hat ist ganz deutlich, allein wie soll der bessere Theil – und wer glaubt nicht zu diesem zu gehören – diese Einrichtung Gottes auch für sich rechtfertigen? soll er sich nicht ebenfalls nach dem Umgang noch beßerer sehnen? und hat er sich nicht zu beklagen daß er größtentheils nur weniger Gute um sich sieht die

15 in der] *korr. aus* in dem   **22** gehören –] gehören,   **23–1** soll er ... kann?] soll er ... kann. *fünf Zeilen tiefer am Absatzende mit Einfügungszeichen*

er nicht sonderlich lieben und achten kann? wie soll er sich über diese
Verbindung zufrieden stellen? darf er seiner natürlichen Abneigung
gegen diejenigen welche so weit unter ihm stehn freien Lauf lassen,
oder hat er Gründe sie wo nicht ganz zu unterdrüken doch wenigstens
5 zu mäßigen? Das ist es worüber wir uns jezt unterhalten wollen. |

Text. Joh. 8, 37.   60v

Christus stellt sich uns hier als ein außerordentliches Beispiel dar von
den Folgen der Abneigung gegen Andersdenkende. Sie suchten ihn zu
tödten weil seine Rede nicht fing unter ihnen, sie haßten ihn weil sie
10 keinen Sinn hatten für seine Lehren für seine Ermahnungen für seine
Grundsäze, und dieser Haß ging so weit daß sie ihm sogar das Leben
beneideten. Das war nun freilich keine Abneigung der Guten gegen
die Bösen, der verständigen gegen die unweisen, sondern eine Abneigung des Lasters gegen die Tugend, der Thorheit gegen den Verstand,
15 allein sie glaubten wenigstens beßer und weiser zu seyn, und so kann
uns ihr Verhalten zu einem warnenden Beispiel dienen unsern Eifer
gegen diejenigen zu mäßigen von denen wir glauben daß sie verkehrt
handeln und denken. Wir reden also mit einander von den billigen
Grenzen unserer Abneigung gegen diejenigen, welche in einer ganz
20 andern Verfassung des Gemüths sind als wir. Diese Abneigung zeigt
sich gegen diejenigen bei denen wir eine Verschiedenheit der Grundsäze, der Einsichten und der Neigungen wahrnehmen, und in dieser
dreifachen Rüksicht wollen wir sie auch jezt betrachten um das rechtmäßige darin von dem pflichtwidrigen zu unterscheiden.

25   Erster Theil.   Wo wir also Menschen wahrnehmen, deren
Grundsäze von den unsrigen ganz verschieden zu seyn scheinen, welche sich eine ganz andere Regel ihres Verhaltens gemacht haben, da
laßt uns doch ja ehe wir unserm Verstande oder unserm Herzen erlauben ein strenges Urtheil über sie zu fällen diese Verschiedenheit erst
30 näher untersuchen. Sollten sie nur in der Art wie sie über gewiße
einzelne Verhältniße des menschlichen Lebens urtheilen und sich dabei verhalten von uns abweichen so giebt das noch gar keinen Grund
unser Herz von ihnen abzuwenden. Es sei nun daß sie dabei durch
gewiße Umstände geleitet werden die wir nicht kennen, oder daß ihr
35 Urtheil von gewißen eigenthümlichen Gedanken herkomme[,] so kann
ja nicht nur auch dabei etwas richtiges und gutes seyn, sondern selbst
wenn sie irren und fehlen: so giebt uns das kein Recht unser ganzes

---

7 Christus] *davor kein Absatz*   **11–12** und dieser Haß ... beneideten,] *mit Umstel-*
lungszeichen zwei Zeilen tiefer hinter Verstand,   **25** wahrnehmen] *korr. aus* wahrzunehmen

Verhalten unsere ganze Gesinnung gegen sie danach zu bestimmen,
denn es bleibt immer nur ein einzelner Irrthum, ein einzelner Fehler. |
61r   Ein anderes ist es wenn wir meinen daß sie in ihrem ganzen Verhalten
als Bürger, als Menschen, als Christen ganz andern Gesezen folgen,
als die wir als richtig anerkannt haben. Aber auch dann laßt uns erst   5
untersuchen ob das worin sie von uns abweichen auch wirklich einen
Mangel an rechtschafnem und frommem Sinn anzeigt, ob es wirklich
die richtigen und allgemein verständlichen Begriffe von Recht und
Unrecht und von dem Willen Gottes in uns beleidigt? Ob es nicht
vielmehr nur gegen gewohnte Fehler, gegen eingebildete Pflichten ver-   10
stößt? So war auch in Christi Handlungen viel ungewöhnliches, und
indem seine Zeitgenossen das ohne Untersuchung für falsch nahmen
so beluden sie den mit Haß und Verachtung der ihre Verehrung und
ihre Nachfolge verdiente. Nie müße es uns so gehn, daß wir von denjenigen unser Herz wenden durch die wir an einer bessern Weisheit,   15
an einer richtigern Gottseligkeit hätten Theil nehmen können. Dennoch geschieht das nur allzuoft. Mit unerhörtem Stolz will jeder das
Muster aller übrigen seyn sogar in allen Besonderheiten seiner Denkungsart und seines Betragens, mit grenzenloser Eigenliebe wird derjenige verachtet[,] der, es sei nun in seinen Geschäften oder in seinem   20
häuslichen Leben, oder in seiner Geselligkeit und seinen Vergnügungen[,] einer andern Regel folgt.
    Wenn es denn nun aber nach aller Untersuchung entschieden ist,
daß die Gesinnungen und Grundsäze eines Menschen nicht nur von
den unsrigen verschieden, sondern würklich verkehrt sind, wenn es   25
deutlich ist daß er zu denen gehört, welche wie die Schrift sagt durch
Lüste ihren Verstand in Irrthümer verkehren, daß er alle Achtung gegen die göttlichen Gebote ausgezogen hat, daß er den Gesezen der
Rechtschaffenheit Hohn spricht, daß er die besten menschlichen Gefühle um seines Eigennuzes willen hintansezt, daß er immer in Arglist   30
und Betrug und Schadenfreude einhergeht, wenn wir das nicht nur
aus einigen einzelnen Handlungen schließen, die er vielleicht nicht so
gemeint, vielleicht lange schon im Stillen bereut hat, nicht nur aus
einigen vielleicht nur leichtsinnigen Reden, wenn wir es aus dem ganzen Inbegrif seines Betragens aus allem was zur Beurtheilung eines   35
Menschen beitragen kann mit aller möglichen Sicherheit gefolgert haben, dann können wir doch wol unsere gerechte Abneigung gegen

---

14 es] *über der Zeile*   14–15 von denjenigen] *geändert aus* diejenigen   16 Gottse-
ligkeit] *korr. aus Unleserlichem*   16–22 Dennoch ... folgt.] *geklammert mit Umstellungszeichen, aber nicht eingewiesen*   26 ist] *korr. aus Unleserlichem*

26–27 Vgl. Eph 4,22

einen solchen Menschen nicht länger verläugnen? | Freilich werden
wir nicht den Gedanken haben ihm unser Herz zu öfnen welches sich
vielmehr unwillkührlich vor ihm verschließen wird, wir werden uns
nicht in seiner Gesellschaft und seinem Gespräch besonders gefallen,
5 da wir immer eine gewiße bange Beklommenheit in seiner Nähe empfinden, immer fürchten werden daß er das Gift seiner bösen Gesinnung verbreite daß einer seiner verkehrten Grundsäze eine seiner ungerechten Handlungen unser feines Gefühl beleidige, ihn werden wir
nicht zum Vertrauten unserer Handlungen, unserer Entschlüße, unse-
10 rer Schwachheiten machen, bei ihm nicht nach Rath fragen nicht einmal für unsre irdischen Angelegenheiten, vielweniger für die Sachen
unseres Gewissens, ihm nicht unsern Kummer ausschütten, bei ihm
nicht Trost suchen in den mancherlei Leiden denen die Menschheit
ausgesezt ist. Er wird nicht unter diejenigen gehören an deren Ergehen
15 wir den wärmsten Theil nehmen, denen wir bei jeder unangenehmen
Begebenheit sobald als möglich mit unserer Hülfe und unserm Zuspruch entgegen eilen, nur wenn nichts andres unsere Aufmerksamkeit auf sich zieht[,] nur dann erst[,] wenn manches vielleicht geringere Elend derjenigen gelindert die wegen der Aehnlichkeit ihrer
20 Gesinnungen unserm Herzen näher liegen, nur dann erst wird unsere
Wolthätigkeit sich zu ihm wenden, von keiner andern Empfindung als
von dem Bewußtseyn unserer Menschenpflicht angezogen. Er wird
auch derjenige seyn dem wir am ungernsten etwas zu danken haben,
nie werden wir uns so weit herablassen können zu ihm unsere Zu-
25 flucht zu nehmen, die geringste freiwillige Abhängigkeit von ihm wird
uns zuwider seyn wenn wir auch noch soviel Gutes dadurch stiften
oder genießen könnten. Wir werden auch ohne das ein jedes nähere
Verhältniß mit ihm scheuen wo wir oft Zeugen, vielleicht größtentheils unthätige Zeugen seiner unedlen Handlungen seyn müßten, und
30 eben so wird es uns zuwider seyn von ihm bemerkt zu werden. Die
Kinder der Finsterniß sind klüger in ihrem Geschlecht und auch mu-
thiger als die Kinder des Lichts. Darum werden wir ungern unsre
Handlungen und unsere Gesinnungen vor ihm aufdeken damit wir
nicht die Gelegenheit werden zu seinem tollkühnen Spott über Tugend
35 und gottselige Gesinnung, zu seiner elenden Verachtung des rechtschafnen Wesens und der wahren Weisheit. Je weniger er von demjenigen an sich zeigt was die Würde des Menschen ausmacht, desto mehr
verringern sich auch seine Ansprüche | auf die Achtung welche wir
guten Eigenschaften zollen, und mit dieser Achtung verschwindet zu-
40 gleich unsre Liebe. So weit handeln wir unsern natürlichen Gefühlen
gemäß und es ist nichts daran auszustellen, sobald wir aber weiter

---

30–32 *Vgl. Lk 16,8*

gehn, so ist es ein misleiteter Eifer der uns beseelt, wir brüsten uns
62v   mit falschen Anmaaßungen. Es sei daß wir eine nähere | Verbindung
mit solchen Menschen nicht suchen und nicht wünschen können, so
wäre es doch Unrecht da wo das Schiksal uns mit ihnen zusamenführt,
wo die Umstände uns neben sie stellen sie zu fürchten oder zu fliehen.   5
Laßt uns immer bedenken daß eben weil eine gänzliche Trennung der
Guten von den Bösen nicht in dem Plane Gottes liegt die Vermischung
derselben nicht nur im Ganzen sondern auch für uns ihren Nuzen
haben muß; es wird uns ein Antrieb seyn mit desto größerer Wachsamkeit unsern Grundsäzen und Bekenntnißen Ehre zu machen, es   10
wird uns Gelegenheit geben zu beweisen daß die Tugend wenn sie
standhaft ist dem Laster allezeit eine gewiße Ehrfurcht abnöthigt, und
daß die Gegenwart des Guten wenn sie auch nicht bessert doch imer
62r   manchen ein Schuz ist und allerlei Böses verhindert. | Es sei, daß wir
einen solchen Menschen nicht aus Gefühl lieben können, so dürfen   15
wir doch nie haßen und verfolgen, nie unserer Abneigung erlauben
übels zu thun. Es sei daß wir gute Gründe haben unsere Menschenpflicht an ihm nur dann auszuüben wenn alle anderen derselben eben
so bedürftigen Gegenstände befriedigt sind allein wenn er nun Hülfe
bedarf die wir ihm zu leisten durch die Umstände berufen sind ohne   20
daß höhere Pflichten uns davon abriefen und wir wollten dann un-
barmherzig handeln, wollten dann statt Hülfe nur Vorwürfe austhei-
len und außer seinem Elend auch noch seine Schande der Welt zur
Schau stellen, so würden wir höchst ungerecht handeln indem wir
vielleicht die Gerechtigkeit zu handhaben glauben. Doch giebt es viele   25
Menschen welche sich ein solches Verfahren erlauben unter dem
Vorwand daß sie von den Umständen gleichsam dazu berufen die gerechten Strafen Gottes an den Verächtern seiner Geseze vollziehen
müßten. Das ist aber eine gefährliche Anmaßung. Wenn wir unsern
natürlichen Gefühlen treu bleiben, so strafen wir schon dadurch den   30
Bösen soviel es in unserer Macht steht. Muß er nicht die übeln Folgen
seines Zustandes fühlen wenn die Rechtschaffnen ihm ihre Gesellschaft und ihr Herz entziehn, wenn sie ihm deutlich genug die Achtung versagen deren sie ihn nicht werth halten? Das ist strafen genug,
wenn wir aber unsre Macht überschreiten um noch mehr über ihn zu   35
häufen, so sind wir dazu gewiß von Gott nicht bevollmächtigt, er läßt
seine Sonne aufgehn für den Bösen wie für den Guten und regnen für

---

2–14 Es sei ... verhindert.] *mit Umstellungszeichen dreißig Zeilen tiefer hinter* gleich
zu stellen.   24 so] *korr. aus* sondern   36–2 er läßt ... ist.] *mit Umstellungszeichen
drei Zeilen tiefer hinter* verlezen

36–1 *Vgl. Mt 5,45*

den ungerechten wie für den gerechten, so laßt auch uns barmherzig
seyn wie unser Vater im Himmel barmherzig ist. Er macht keine Ausnahme von den Gesezen der Natur um den Bösen zu züchtigen so
laßt auch uns keine Ausnahme von den Gesezen der Menschlichkeit
5 machen; er weicht aus seiner Ordnung nicht, so laßt auch uns die
unsrige nicht verlezen. Wenn auch unser Herz nicht Freundschaft fühlen kann so braucht es doch sich nicht zur Verfolgung zu neigen ungerecht zu seyn, wenn wir auch den Bösen nicht rühmen und loben
können so brauchen wir doch nie unsere Zunge der Zunge des Ver-
10 läumders gleich zu stellen. | Das sind die Grenzen unserer Abneigung   *62v*
gegen Menschen von verderbten Grundsäzen.

    Z w e i t e r T h e i l.   Laßt uns nun noch zweitens sehn wie wir uns
zu verhalten haben gegen die bei denen wir irrige Einsichten wahrnehmen. Hier haben wir uns um desto mehr in Acht zu nehmen je größer
15 die Menge von abschrekenden Beispielen ist, welche wir vor uns haben. Was für Unglük hat nicht ein übelverstandener Eifer für dasjenige
was man für Wahrheit hielt unter den Menschen verursacht. Mancher
Weise hat für die beßere Wahrheit, mancher Unschuldige für seine
besondere Ueberzeugung, mancher mißartete für seine unverschulde-
20 ten Irrthümer gelitten, was niemand ihnen zuzufügen berechtigt war.
Gefängniß, Verfolgung, schmäligen Tod hat ein Mensch über den andern, ungerechten Krieg, wilde Verwüstung, unmenschliche Grausamkeit ein Volk gegen das andere ausgeübt und noch jezt komt manche
unverdiente Kränkung, manches unverdiente Leiden aus dieser unseli-
25 gen Quelle. Da laßt uns also ja genau prüfen was an einer Abneigung
dieser Art rechtmäßig ist oder nicht, laßt uns die Grenzen derselben
lieber zu eng als zu weit absteken. Es giebt eine Verschiedenheit der
Einsichten welche ohne alle Beziehung auf Gesinnungen und Handlungen bloß das menschliche Wißen betrift, auch diese ist oft zum
30 Unglük der Menschen sehr wirksam gewesen. Diejenigen, welche einerlei Geschäft betreiben, welche mit den nemlichen Kenntnißen umgehn, sind imer auf mancherlei Art darüber uneins. Das erstrekt sich
nicht nur auf menschliche Kenntniße sondern auch auf so manches in
der Religion und in der Tugendlehre | was zum bloßen Wissen gehört. | *63r*
62v
35 Daraus entsteht Streitigkeit, das ist natürlich; allein daß aus dem Streit
Partheisucht, aus der Partheisucht Unredlichkeiten Beleidigungen
Feindschaften hervorgehn das sollte nicht seyn. Was haben solche

---

21–22 andern] *zu ergänzen wohl* gebracht   32–34 Das erstrekt ... gehört.] *mit
Umstellungszeichen zehn Zeilen tiefer hinter* absprechen können.

1–2 *Vgl. Lk 6,36*

Meinungen eines Menschen mit meinen Urtheilen über seinen Charakter und mit meinen darauf beruhenden Gesinnungen und Handlungen zu thun? Wie gehört wol zur Vertheidigung der Wahrheit Bitterkeit und liebloses ungerechtes Wesen? Man kann über solche Dinge
streiten und dennoch aufs genaueste alle gegenseitigen Pflichten erfül-   5
len, man kann uneins seyn und doch durch die herzlichste Freundschaft durch innige Liebe durch gegenseitige verdiente Hochachtung
mit einander fest verbunden bleiben. Allein es giebt noch eine andere
Verschiedenheit der Einsichten der wir einen größeren und billigen
Einfluß auf unsere Gesinnungen nicht absprechen können. | Wenn   10
Jemand sich zu solchen Meinungen bekennt durch deren Wahrheit
unsere Bewegungsgründe zur Rechtschaffenheit aufgehoben würden,
unserer Zufriedenheit mit den Verhältnißen des Lebens mancherlei
Abbruch geschähe und unsere süßesten und erhabensten Hofnungen
untergehen müßten, Meinungen, welche unmittelbar zu unrechten   15
Handlungen führen und zur Beschönigung des Lasters dienen können,
welche wenn sie allgemein würden alle Bande der Gesellschaft auflö-
sen, alle Glükseligkeit zernichten und die Menschheit selbst herabwürdigen müßten, wenn Jemand solche Lehren verkündigt, fühlen wir
da nicht daß sich ein gewißer Abscheu gegen ihn in unserm Herzen   20
erhebt, dem wir nicht widerstehn können? Vielleicht wol, aber hier
ist eben die Klippe vor welcher wir uns hüten müßen, hier ist es wo
wir nicht genug überlegen und prüfen können, denn welchen noch
so gleichgültigen Meinungen sind nicht von ihren Gegnern alle diese
gehäßigen Eigenschaften mit Unrecht und doch mit einer gewißen   25
Wahrscheinlichkeit aufgebürdet worden? Wir glauben, daß die Einsichten eines andern unsere Bewegungsgründe zur Tugend zur Zufriedenheit aufheben. Laßt uns doch ja erst untersuchen ob das so gewiß
und so unmittelbar geschieht als es uns scheint. Vielleicht stehn die
Ueberzeugungen gegen welche er streitet nur in einem sehr entfernten   30
Zusamenhang mit unserer Tugend, vielleicht ist es nur ein Irrthum
wenn wir glauben daß wir auf sie vornemlich unsere Zufriedenheit,
vielleicht wird auch durch seine Meinung allerlei Gutes befördert dem
die unsrige nicht so günstig ist, und sie ist also auch gut nur auf andre
Art und aus einem andern Gesichtspunkt. Und eine solche Verschie-   35
denheit sollte das geringste in unserm Urtheil und unserer Achtung
ändern? sie sollte uns von Freundschaft und Liebe abhalten? Mitnich-
ten! wir können ja ohnerachtet derselben doch auf einerlei Grund der
Ueberzeugungen stehn, doch in einerlei Wünschen Bestrebungen und
Hofnung zusammenkommen. Gesezt aber auch es ist wirklich so daß   40

63r (left margin at line 10)

---

12 würden,] würden *folgt* ⟨und⟩   32 glauben daß wir] *über der Zeile*   32 Zufrie-
denheit] *zu ergänzen wohl* gründen   39 Bestrebungen] Bestreb^n

die Meinungen eines andern unsere Bewegungsgründe zum Guten aufheben, und den Grund unserer Zufriedenheit und unserer Hofnung
wandelbar machen, so ist es freilich wahr daß wir zu einer genauen
Freundschaft zu einer ofnen Mittheilung unserer Gedanken gegen ei-
5 nen solchen Menschen nicht gestimt seyn können daß wir ihn wenn
wir bloß unserer Neigung folgen dürfen lieber vermeiden als aufsuchen weil die Aeußerung seiner Meinungen so fest auch unsere eigene
Ueberzeugung stehe uns immer ein unangenehmes Gefühl verursacht,
allein daß wir deswegen im geringsten nachtheilig denken, deswegen
10 eine Gelegenheit sollten vorbeigehn lassen ihm aus gutem Herzen ir-
gend einen Dienst der Liebe zu erweisen | das wäre schon Unrecht   63v
gethan. Wenn er nicht unsere Triebfedern zur Beßerung zum Eifer in
allem Guten hat so kann er ja wol andere haben, kann auf einem
andern Wege zur Ueberzeugung von der Nothwendigkeit der Tugend
15 und Gerechtigkeit gelangt. Wenn er manchen Meinungen abgesagt hat
die in uns allerlei Gutes wirklich befördern, so kann er ja wol an den
allgemeinen Gründen derselben die in der Seele eines jeden Menschen
sind desto eifriger hängen. Wir glauben daß die Meinungen eines andern ihn zu allerlei Bösem führen und wir sind geneigt ihn deswegen
20 für einen heimlichen Anhänger des Lasters und der Zügellosigkeit zu
halten aber wie leicht können wir ihm Unrecht thun. Nicht nur daß
vielleicht diese Folgen nur in unserer Einbildung da sind. Von allerlei
neuen Behauptungen in der Religion und in allerlei Kenntnißen haben
immer diejenigen die durch alles neue in Schreken gesezt werden be-
25 wiesen, daß sie den guten Sitten und der Tugend gefährlich wären und
nichts desto weniger sind hernach eben diese Meinungen ohne einigen
Schaden des menschlichen Geschlechtes allgemein als Wahrheiten anerkannt worden. Allein gesezt auch es hätte Jemand solche Meinungen woraus wirklich die Unterlaßung manches Guten und die Nach-
30 sicht gegen manches Böse folgen könnte, so können wir ihm deswillen
unsere Achtung und Liebe nicht eher entziehen, als bis wir überzeugt
sind daß er diese Folgen selbst einsieht und ihnen gemäß handelt. Die
Einsichten der Menschen hängen selten so genau zusamen daß sie
alle ihre Gründe und ihre Folgen übersehen und so wie mancher die
35 Verpflichtung zu allem Guten nicht einsieht und befolgt welche seine
richtigen Erkenntniße ihm auflegen: eben so kann auch mancher einen
irrigen Glauben und schädliche Meinungen haben und dennoch weit
entfernt seyn ihre Folgen zu übersehen, weit entfernt das Gute zu
unterlassen wovon er sich seiner Meinung zufolge freisprechen könnte
40 weit entfernt das Böse zu thun welches sie ihm erlauben. Wir glauben

---

8 Gefühl] *folgt* ⟨hat⟩   15 gelangt] *zu ergänzen wohl* seyn   21–22 daß vielleicht]
das vielleicht   22 Einbildung da] *korr. aus* Einbildungskr

daß die Meinungen eines andern wenn sie allgemein wären alle
menschliche Glükseligkeit und Ruhe zerstören, und eine völlige Zügellosigkeit und Verderbtheit einführen würden, und wir sind geneigt
ihn deswegen als einen Feind des menschlichen Geschlechts zu haßen
und anzufeinden; das sollten wir uns aber nicht erlauben weil wir   5
selten im Stande sind ein richtiges Urtheil darüber zu fällen. Wer ein-
64r   mal eine | gewiße Denkungsart gewohnt ist und in ihr immer gelebt
hat dem wird es äußerst schwer sich in eine ganz entgegengesezte
hineinzudenken und ihre Folgen zu übersehen. Er wird immer nur das
Gute gewahr werden was ihr fehlt, und nicht das was sie an der Stelle   10
des fehlenden hervorzubringen im Stande ist. Wenn wir uns aber auch
von dem Gedanken nicht losmachen können daß gewiße Meinungen
wenn sie allgemein wären eine übersehlich nachtheilige Wirkung haben würden, so verdient erst das Ueberlegung ob sie auch allgemein
werden können, ob nicht aus ihnen selbst und aus der Einrichtung   15
der menschlichen Natur klar hervorgehe daß nur wenige Menschen
an ihnen Theil nehmen könen und ob nicht unter diesen wenigen viele
so beschaffen sind daß sie diese Schädlichen Wirkungen nicht haben
so verdienen ja diese nicht unsern Abscheu und Haß. Ich will alles
dies unter dem schreklichsten und bedauernswürdigsten Fall zusam-   20
menfassen. Wenn wir einen Menschen gewahr werden der den heiligen Wahrheiten unserer Religion seinen Beifall nicht giebt, der keine
Sendung Gottes an die Menschen glaubt ja der sogar die tröstliche
Ueberzeugung von dem Daseyn eines höchsten Wesens und die süße
Hofnung der Unsterblichkeit unseres Geistes von sich geworfen hat[,]   25
so ist klar daß ihm alles dasjenige fehlt was uns in den schlüpfrigsten
Augenbliken auf der Bahn der Tugend festhält, daß er manche Bande
gelöst hat durch die wir an unsre Pflichten gekettet werden, daß wir
unmöglich wünschen können seine traurigen Ueberzeugungen unter
unsern Brüdern verbreitet zu sehn, wir werden uns einer gewißen Zu-   30
rükhaltung und Entfernung ja sogar einer gewißen Furcht vor ihm
nicht erwehren könen aber ihn selbst zu verurtheilen und den Bösen
gleich zu achten, dazu haben wir erst alsdann ein Recht wenn wir
sehn daß seine Meinungen alle die Wirkungen in ihm selbst äußern
die wir ihnen zuschreiben. Hat er aber Gehorsam genug gegen seine   35
Vernunft und sein Gewissen um ihrer deutlichen Stime mehr zu folgen
als den spizfindigen Grübeleien seines irregeführten Verstandes, hat
er Achtung genug für die Würde der menschlichen Natur um ihre
ewigen Geseze nicht zu übertreten; nimt er Antheil genug an der |
64v   Zufriedenheit seiner Nebenmenschen um seine hofnungslosen Ueber-   40

---

1 alle] *korr. aus Unleserlichem*   **3** Verderbtheit] verderbtheit   **7** eine] *korr. aus*
Unleserlichem   **14** allgemein] *über* ⟨nachtheilig⟩

zeugungen in seiner eignen Brust zu verschließen, so werden wir es
wol bedauern daß er so unglüklichen Irrthümern Gehör gegeben hat
allein wir werden gestehn müßen daß er ein achtungswürdiges Mitglied der menschlichen Gesellschaft ist, wir werden es uns nicht ver-
5 zeihen wenn wir die Pflichten der Menschen und Bruderliebe gegen
ihn nicht in ihrem ganzen Umfang erfüllen.

Indem wir uns auf diese Weise fleißig an das Wort der Schrift
erinnern: was richtest du einen fremden Knecht? er steht und fällt
seinem Herrn, indem wir einen Theil unserer christlichen Weisheit
10 auch darin suchen uns in unserm Urtheil über die Menschen und unserm Betragen gegen sie von aller Partheilichkeit zu reinigen, von dem
Wahn als ob sie nur in dem Grade gut und unserer Liebe werth wären
in dem sie uns ähnlich sind, so werden wir zwei wichtige Vortheile
erlangen. Erstlich wird nie Jemand gegen uns auftreten und uns sagen
15 können, wie Christus seinen Zeitgenossen sagte: ihr folgt mir nicht,
ihr sucht mich zu tödten, mich der ich Euch den Willen meines Vaters
verkündige und die Wahrheit zu Euch rede. Wir werden nie etwas
besseres und richtigeres um deswillen verwerfen weil es uns bisher
fremd war, nie verachtend und lieblos auf den herabsehn durch den
20 wir einer bessern Weisheit und eines richtigern Wandels hätten theilhaftig werden können, sondern wo sich irgend ein Zuwachs an wahrem Guten zeigt, den werden wir recht zu beurtheilen und zu benuzen
im Stande seyn. Wir werden zweitens das seltene Glük genießen daß
unser Herz mit allen guten Menschen seyn kann, so sehr auch hie
25 und da ihre Neigungen Handlungen und Meinungen von den unsrigen
abweichen, wir werden in einem bessern Sinn und auf eben die Art
ihrer aller Brüder seyn wie Gott unser aller Vater ist.   Amen.

---

9 indem] *davor* ⟨so⟩   17 Wir werden] wir werden   23 das seltene] *korr. aus*
Unleserlichem

8–9 Vgl. *Röm 14,4*   16–17 Vgl. *Joh 8,40*

Nr. 34
Am 9. November 1794

Termin:	*21. Sonntag nach Trinitatis*
Ort:	*Landsberg an der Warthe, Konkordienkirche*
Bibeltext:	*Eph 6,7*
Textzeuge:	*Autograph Schleiermachers; SAr 11, Bl. 4r–v*
Texteditionen:	*Keine*
Andere Zeugen:	*SN 51, Bl. 12r–v (unten S. 372–373)*
Besonderheiten:	*Nur Beginn der Predigt*

4r   Eingang. So wie das Leben eine Vermischung von angenehmen und unangenehmen Empfindungen ist, so ist es ebenfalls eine Abwechslung von gelungenen und mißlungenen Entwürfen, Unternehmungen und Handlungen. Ueber das unangenehme unserer Begegniße trösten wir uns damit daß doch für uns selbst mancherlei Gutes daraus entsteht, mit der Gewißheit daß auch das von der Hand des höchsten kommt und am Ende mit dem Gedanken daß dadurch für das wesentliche unserer Bestimmung nichts verloren ist, indem der Mensch nicht bloß zum Genießen, sondern vornemlich zum Handeln in diese Verbindung der Dinge gesezt ist. Allein womit sollen wir uns beruhigen, wenn die Umstände unsern Handlungen eben so ungünstig sind als unsern Neigungen. Wenn handeln wirklich die Bestimmung des Menschen ist, wenn er sich ein Verdienst erwerben soll um die Welt worin er lebt, womit sollen wir uns alsdann trösten über die Geringfügigkeit, über die Unbemerktheit alles deßen, was wir auf Erden thun können? Wenn das Verdienst was wir uns erwerben können vornemlich in dem guten Willen, in den Gesinnungen besteht womit wir handeln, wie sollen wir uns darüber trösten, daß von allem was wir thun so wenig freiwillig geschieht, daß uns das meiste geboten und abgenöthigt wird. Wenn auf diese Weise weder die Welt noch wir selbst ein beglaubtes Zeugniß über den Gebrauch unseres Lebens ablegen könen, müßen wir nicht fürchten, daß wir[,] ohne das Bewußtseyn etwas des Menschen würdiges verrichtet und unsere Bestimmung erfüllt zu haben, von der Erde werden abscheiden müßen? Auch in dieser Besorgniß

5

10

15

20

---

5 damit] *korr. aus Unleserlichem*   **20–21** beglaubtes Zeugniß] *vgl. Adelung: Wörterbuch 1,716*

finden wir unsere Beruhigung in der Religion, in dem Gedanken an
die Oberherrschaft und an die Allwissenheit des Höchsten, in der
Ueberlegung, daß so wie Er die Geschäfte der Menschen vertheilt, so
auch alles was wir thun Ihm gethan ist und Er der einzige Richter un
5 serer Thaten bleibt auf welche wir zu sehn haben. Das tröstliche dieses
Gedankens wollen wir jezt noch näher mit einander betrachten. |

Text. Eph. 6, 7.   4*v*

Der Apostel schrieb diese Worte eigentlich denenjenigen zur Ueberlegung und zum Trost welche sich in dem traurigen Zustand einer gänz-
10 lichen Abhängigkeit und Knechtschaft worin ihre Handlungen ihre
Kraft und ihr Wille gänzlich andern unterworfen. Allein da auch wir
uns wenngleich nicht in dem Grade doch auf mancherlei Weise in
einer gewißen Abhängigkeit und einem eingeschränkten Zustand befinden, so wollen auch wir uns diesen Gedanken zu Nuze machen und
15 sehen wie tröstlich er ist erstlich wenn wir das gute was wir zu thun
wünschen nicht ausführen könen; zweitens wenn dasjenige was wir
thun nicht zu fruchten scheint und drittens wenn dasjenige was wir
thun müssen nicht zugerechnet wird.

Erster Theil. Der Gedanke daß wir Gott dienen, daß alles was
20 wir thun dem Herrn gethan ist, ist uns besonders tröstlich, wenn wir
das Gute was wir wol zu thun wünschten nicht ausrichten können.
Wer etwas weiter sieht als auf die Gegenstände, mit welchen er zunächst verbunden ist, wem es am Herzen liegt überall das wirklich zu
machen, was er als gut erkennt, der wird auch gewiß oft gewünscht
25 haben in einem größeren Wirkungskreise zu stehn als der ihm angewiesen ist. Es kann nicht fehlen daß er nicht manches mächtige oder
schleichende Unrecht sollte gesehn haben welches nur durch einen
großen Einfluß und durch irrdische Gewalt gehemmt werden kann.
Es ist nicht möglich daß wir nicht mancherlei Verbeßerungen in den
30 Geschäften oder der Lebensart der Menschen sollten ausgedacht haben, welche aber nicht durch Mittheilung und Rath allein können
durchgesezt werden[,] sondern welche die Menschen nur von demjenigen annehmen den entweder der Ruhm der Weisheit und ein allgemeines Zutrauen oder das Ansehn der Macht und des Rechtthuns beglei-
35 tet. Da müßen also alle unsere guten Wünsche unfruchtbar in uns

8 Der Apostel] *davor kein Absatz*   10 Knechtschaft] *zu ergänzen wohl* befanden
19 alles] *korr. aus Unleserlichem*   29 wir] *korr. aus Unleserlichem*   33 den] dem

selbst verschloßen bleiben weil wir nur gar zu sehr fühlen, daß wenn wir auch das äußerste wagen wollten, dennoch alle Anstrengung unserer Kräfte vergeblich seyn würde.   *[Der Text endet hier.]*

Termin:	Sonntag nach Weihnachten
Ort:	Landsberg an der Warthe, Konkordienkirche
Bibeltext:	Ps 26,8
Textzeuge:	Autograph Schleiermachers; SAr 10, Bl. 65r–68v
Texteditionen:	Keine
Andere Zeugen:	Predigten. Erste Sammlung, Nr. 12 (KGA III/1)
	SN 51, Bl. 17v (unten S. 386–387)
Besonderheiten:	Keine

Eingang. Wir sind jezt wieder an der Grenze eines menschlichen   65r
Jahres angekommen, und wahrscheinlich alle mit dem Nachdenken
über das vergangene beschäftigt. Dieses Nachdenken müßen wir in
der Stunde da wir uns hier zur Verehrung des Höchsten vereinigen
5 durch den Gedanken an Gott beleben und heiligen. Hier müßen wir
alles was uns begegnete als Wolthat und Schikung des Höchsten betrachten und uns selbst fragen, wie wir alles benuzt haben, wie wir
bestrebt gewesen sind alles zu unserm Besten anzuwenden. Da es das
lezte mal ist daß ich in diesem Jahre zu Euch rede, so möchte auch
10 ich gern das meinige beitragen um diesem Geschäft hie und da nach-
zuhelfen. Unter den Wolthaten die Gott uns in dem vergangenen Jahr
erwiesen hat giebt es viele die sich auf die besondere Lage eines jeden
beziehn, jeder wird sich mancher unvermutheten Freude in seinem
häuslichen Leben oder seinen öffentlichen Angelegenheiten, manches
15 heilsamen Trostes in traurigen Stunden, mancher glüklichen Rettung
aus allerlei Besorgnißen und verwikelten Umständen zu erinnern wißen; daß wir darauf alle mit dankbaren Bliken zurüksehn mögen,
dazu kann ich mehr aufmuntern als selbst behülflich seyn. Es giebt
andere die zwar allgemein sind und jeden von uns in gleichem Maaß
20 zufloßen, die Erhaltung unsres Lebens und Wolseyns, unsrer Sicherheit und bürgerlichen Ruhe, aber diese sind auch so auffallend daß es
eine unnüze Mühe wäre eure Aufmerksamkeit besonders darauf richten zu wollen. Allein es fehlt auch nicht an solchen, denen wir obgleich ihr Einfluß eben so groß und beglükkend gewesen doch unter
25 den übrigen nicht leicht Gerechtigkeit widerfahren laßen. Viele Ge-

---

7 benuzt] *über* ⟨angewandt⟩   17 zurüksehn] zurük *über* ⟨hin⟩

schenke und Gaben des Höchsten sind wie die stillen verborgenen
Tugenden des rechtschafnen Mannes, welche unbemerkt ihr Gutes
wirken und nur von dem Auge des aufmerksamen Beobachters wahr-
genomen werden. Grade auf diese möchte ich eure Blike gern richten
damit unsere Erinnerung des Vergangenen desto fruchtbarer und un-   5
sere Dankbarkeit dafür desto vollständiger werde. Unter ihnen zeichnet sich besonders eine aus die der Anblik dieses Orts und dieser Ver-
samlung mir vornemlich vor Augen stellt, nemlich die daß es uns auch |

65v   in dem vergangenen Jahre vergönnt gewesen ist an den öffentlichen
Gottesverehrungen der Christen theilzunehmen und uns hier zum   10
Nachdenken über die Lehren und Gebote der Religion zu vereinigen.
Diese Wolthat Gottes ist es über deren Werth wir jezt mit einander
reden wollen.

   Text. Ps.

Wir finden in den heiligen Schriften des alten Bundes und vornemlich   15
dem Buch der Psalmen viele Aussprüche welche grade wie dieser von
der herzlichen Anhänglichkeit an die damals eingeführten Gottesdienste einen rührenden Beweis geben. Ob es gleich wahr seyn mag daß
dabei mancherlei unrichtige Vorstellungen zum Grunde gelegen, ob es
gleich gewiß ist, daß unsere Religion mehr auf die Gesinnungen des   20
Herzens dringt als auf äußere gottesdienstliche Handlungen, so hat
doch aber durch diese Grundsäze der Gottesdienst der Christen eine
solche Einrichtung bekomen, daß auch wir vom Grund des Herzens
in einen solchen Lobspruch desselben einstimmen können. Wir
wollen jezt den öffentlichen Gottesdienst betrachten als eine I. An-   25
stalt zur Belehrung, als eine II. Veranlaßung zur Ermunte-
rung im Guten und als eine III. Gelegenheit zu allerlei Trost
in den gedrükten Lagen des Lebens. Daß wir alle diese großen Bedürfniße fühlen, daß noch keiner frei ist von mancherlei Fehlern des sittlichen Betragens und mancherlei Vorurtheilen und Irrthümern des Ver-   30
standes, daß unsere guten Vorsäze noch oft erneuert belebt und
erwärmt zu werden bedürfen, daß wir alle noch nicht hinweg sind
über das Gefühl dieser beiden Uebel des Lebens unter dem uns oft um
Erleuchtung und Trost bange ist, davon werden wir alle auch in dem
vergangenen Jahr mancherlei Erfahrungen gemacht haben. Wir wol-   35
len also jezt daran denken was für Hülfe wir in allen diesen Verhältni-

---

8 stellt] *korr. aus* stelle   10 theilzunehmen und] *korr. aus* theilzunehmend in
15 Wir] *davor kein Absatz*   23 vom] *korr. aus Unleserlichem*   24 in einen] einen
33 Gefühl] *folgt* ⟨d⟩

---

14 *Die Predigt legt Ps 26,8 aus.*

ßen bei der öffentlichen Gottesverehrung finden oder wenigstens finden können.

I. Zuerst also betrachten wir sie als eine von manchen Seiten
vorzügliche Anstalt zur Belehrung über unsere Meinungen und Pflich-
5 ten. Nicht als ob ich mit der kühnen Behauptung hervortreten wollte
daß diejenigen welche hier das Amt haben die Gedanken der übrigen
Christen zu wekken und zu leiten, imer vor andern geschikt seyn müßten Lehrer und Führer der übrigen zu seyn. Sondern ich sage nur
daß ohngeachtet aller Unvollkomenheiten und Fehler die ihnen beim
10 besten Willen noch übrig bleiben schon in der Einrichtung mehrerer
Versamlungen mancherlei Vortheile liegen, die durch keine andere Art
der Belehrung erreicht werden könen. Ich weiß wol daß wenn auch
nur 2 oder 3 bei einander sind im Namen Christi und der Tugend so
ist auch der Geist Christi und der Rechtschaffenheit unter ihnen. Ich
15 weiß wenn ein paar Verehrer des | Guten sich zu einer engen Freund-   66r
schaft verbinden, so kann die Aufmerksamkeit, die jeder dem Betragen des andern widmet, die Mittheilung ihrer Bemerkungen in den
Stunden der Vertraulichkeit ein wirksames Mittel werden um auch
die geringsten Unvollkomenheiten zu entdekken, auch die kleinsten
20 Fehler wegzuwischen. Eine solche Freundschaft trägt mit ihren sanften Belehrungen, mit ihren behutsam geäußerten Besorgnißen, mit ihren leisen Winken, mit ihren strafenden Bliken sehr viel bei zur Belehrung und Besserung und fern sei es von mir den Schaz von Veredlung
und Vollkommenheit zu verringern, den man in ihrem Heiligthum
25 allein findet. Aber es ist doch wahr daß nur wenigen Menschen vergönnt ist in einer solchen Verbindung zu leben und daß auch die besten nur in wenigen Augenbliken fähig sind, solche Belehrungen zu
geben oder anzunehmen. Oft wird die Stimme der Liebe im Rausch
der Leidenschaft überhört, oft gleitet das Auge in welchem eine straf-
30 bare Begierde flammt ungetroffen ab von dem warnenden Blik des
Freundes, oft lehnt sich die Eigenliebe des fehlenden vorzüglich auf
gegen Belehrungen die grade ihm, grade in dem Augenblik der Gefahr
gegeben werden, sie erhizt den Streit über Vorurtheile und Irrthümer,
daß die verwirrte Seele imer um Recht zu behalten imer neue Waffen
35 ergreift imer neue Verschanzungen um sie her errichtet. Es braucht
also etwas was auf der einen Seite stärker ist als selbst die Freundschaft und auf der andern auch schonender und liebreicher als sie.
Diese Eigenschaften finden wir in der Einrichtung der öffentlichen

---

22 strafenden] st *korr. aus* St   31 des fehlenden] *über der Zeile*

12–14 *Vgl. Mt 18,20*

religieusen Belehrung. Hier läßt sich die stärkere gebietende Stimme
der Pflicht hören, hier tönt der durchdringende imer wiederholte Ruf
der Vernunft, hier schallt der Donner des ewigen göttlichen Gesezes
und hat schon manche Seele erschüttert und zurükgeführt die den
sanften Winken der Freundschaft kein Gehör gab. Zugleich schont   5
diese Anstalt mit liebreicher Weichheit die reizbare Eigenliebe des verirrten. Er ist es nicht der gemeint wird unter den Bildern die man hier
aufstellt, er darf nicht sizen, nicht selbst den Fall geben zu dem Gemälde welches hier von ihm entworfen wird, es wird ihm nicht besonders zugestellt und gesagt, Das bist Du, sondern er selbst muß entdek-   10
ken daß dieser oder jener Zug ihm gleicht, er selbst kann im Stillen
alle Anstalten machen die verhaßte Aehnlichkeit zu vertilgen. Hier gilt
es keinen Streit um Vorurtheile und Irrthümer wo er antworten, sich
vertheidigen oder sich überwunden bekennen müßte. Ohne selbst getroffen zu werden kann er hier dem Streit ruhig zusehn, kann ein   15
Zeuge seyn, wie alle | seine falschen Meinungen von den siegreichen
Waffen der Wahrheit zu Boden geworfen werden.
　　Eben so hat die öffentliche Belehrung mancherlei Vorzüge vor der
Erinnerung und Unterweisung die jeder sich selbst geben kann. Freilich könnte jeder am besten wißen welche Lehre ihm grade Noth thut,   20
besser als derjenige welcher nicht einmal auf die Bedürfniße eines einzelnen Rüksicht nehmen, sondern immer nur dasjenige suchen muß
was allgemein brauchbar ist. Es sind auch gewiß große ehrwürdige
Augenblike, wo der Mensch Muth genug hat alle seine Handlungen
vor den Richterstuhl seines eignen durch das Göttliche Wort geleiteten   25
Gewissens zu stellen, wo er lehrbegierig genug um in seiner Einsamkeit der Stimme des Himels und den Sprüchen seiner ⌊eignen⌋ Vernunft
zuzuhören. Aber es ist auch bekannt, was für Schwachheiten und
Menschlichkeiten, was für gröbere und feinere Täuschungen dabei
vorgehn. Wir reden gewöhnlich am meisten zu uns von der Nothwen-   30
digkeit der Tugenden, die wir schon errungen haben, die weniger im
Streit mit unsern Neigungen stehn, wir stellen uns die Wahrheiten am
wichtigsten vor in deren Erkenntniß wir uns schon gesezt haben. Unser Nachdenken nimt manchen Umweg um den Anblik unserer Fehler
zu vermeiden, oder sie werden erst mit irgend einer feinen Schminke   35
überzogen damit wir sie in dieser Gestalt wol gar als Tugenden bewundern können. Unsere Irrthümer werden stillschweigend oder gar
unter irgend einem schönen Titel in die Gesellschaft der erhabensten
Wahrheiten eingeführt. Alles das findet hier nicht statt, wo wir den
Faden unsers Nachdenkens nicht selbst in der Hand haben. Hier wer-   40
den oft die Saiten stark gerührt die in unserer eignen Seele verstimt

---

6 Weichheit] Weicheit　　26 lehrbegierig] *Kj* lernbegierig　　40 nicht] *über der Zeile*
mit Einfügungszeichen

66v

sind und über die wir mit leiser Hand hinwegfahren wollten. Hier
werden Gedanken gewekt und Ueberzeugungen aufgestellt welche das
versprochne Spiel der Eigenliebe bei unserm einsamen Nachdenken
sorgfältig würde in Schlummer gehalten haben. Hier werden wir zu
5 Ansichten hingeführt auf welche unser Auge von selbst nicht würde
gefallen seyn. Denn derjenige der zu den Menschen und von den Menschen überhaupt redet hat gar keine Veranlaßung irgend schmeichleri-
sche Rüksichten zu nehmen. Bald dieser bald jener Fehler wird hier
nach seinem Herkomen und seiner ganzen ehrlosen Verwandschaft
10 aufgestellt, bald dieser bald jener Irrthum wird hier entlarvt und aller
der falschen [Anschliche] beraubt wodurch er sich einen Plaz in dem
Gefolge der Wahrheit anmaßen wollte.

II.   Zweitens sind auch unsre öffentlichen Gottesverehrungen ein
trefliches Mittel uns zum Guten zu ermuntern, und unsern frommen
15 Entschlüßen, wo sie immer gefaßt seyn mögen, Kraft und Leben zu
geben. |
Wir sezen uns oft vor alle dem mit neuem Eifer nachzustreben   67r
was zu unserer innern Vervollkomnung gehört, und wo könnte ein
solcher Entschluß mehr Kraft und Wirksamkeit erlangen als eben hier.
20 Hier bekomt auch das was nur uns selbst betrift eine neue gewiße
gesellige Verbindung, hier erlangt auch das was in unserm engen
wirthschaften vorgeht das Ansehn einer allgemeinen Angelegenheit.
Wir sehn uns hier vereinigt mit so vielen die alle gleiches Sinnes sind
und unsre tugendhaften Entwürfe vereinigen sich mit den gleichen
25 Vorsäzen unserer Brüder. Wo alle so eifrig bestrebt sind – so müßen
wir hier nothwendig denken – sollte ich da der einzige seyn der vielleicht aus Schwachheit in der Ausführung zurükbliebe? In einem so
großen vielversprechenden Felde des Herrn, sollte da ich das einzige
Korn seyn welches von Unkraut erstikt würde und nicht zur Reife
30 gediehe? Und gesezt auch die Erndte die ich hier heranwachsen sehe
würde nicht so groß als meine hofnungsvolle Begeisterung erwartete,
wolan, desto mehr Verbindlichkeit für mich alles das meinige zu thun
damit von der Schuld nichts auf meinen Theil komme.
Noch mehr Unterstüzung aber finden wir hier wenn es darauf
35 ankomt uns selbst zu kräftiger Vollbringung des Guten aufzurufen,

---

3 versprochne] *vgl. Adelung: Wörterbuch 4,1531–1533*   12 anmaßen] *korr. aus*
Unleserlichem   20 auch] *über der Zeile mit Einfügungszeichen*   20 eine neue]
über ⟨das Ansehn⟩   24 und] *korr. aus Unleserlichem*   33 von der] *geändert aus*
die   34 Unterstüzung] *über* ⟨Ermunterung⟩

---

29 *Vgl. Mt 13,7; Mk 4,7; Lk 8,7*

welches auf unsern Gesinnungen und unserm Betragen gegen andere
beruht. Denn was ist es denn, was dem redlichen Entschluß uns ganz
der Liebe und der Gerechtigkeit hinzugeben so oft Eintrag thut? was
ist es wodurch das Herz das diesen schönen Gesinnungen schon so
oft geöfnet war imer wieder verschloßen wurde? Es ist der Krampf   5
der Selbstsucht. Es ist der heimliche Neid der nichts für diejenigen
thun und fühlen will die sich in den Verhältnißen des geselligen Lebens über ihn zu erheben scheinen; es ist der elende Hochmuth der
sich nicht mit dem Wolergehn derjenigen abgeben will über die er sich
selbst erhebt. Es ist die niedrige Rachsucht die jede kleine Kränkung 10
mit der Entziehung der theilnehmenden Gefühle ahnden will, und der
vermessene Eigendünkel der um den Schein der Abhängigkeit zu vermeiden sich so viel als möglich zurükzieht und andern nichts geben
und nichts von ihnen empfangen will. Alle diese Hinderniße der Liebe
können nirgends kräftiger gehoben werden als hier. Hier werden alle   15
diese Schleier von unsern Augen hinweggezogen. – Hier kann die
Rede nicht [davon seyn] daß kleinliche [Rachgierde] die Empfindungen der Liebe und Freundschaft verscheuchen [sollte]. Hier wo wir
zusammenkommen, um gemeinschaftlich Gnade und Vergebung von
demjenigen zu erflehn der alle Herzen erforscht, hier denken wir zu   20
sehr an die Worte: vergieb uns unsre Schuld wie wir unsern Schuldigern vergeben; wir fühlen daß wir mit unserer Bitte um Nachsicht
nicht eher hervortreten dürfen bis auch wir das Wort der Vergebung
aus vollem Herzen ausgesprochen haben, daß wir nicht eher Erhörung
erwarten können bis wir das Bewußtseyn mitbringen daß unser Herz   25
67v   mit un|verringerter Wärme für diejenigen schlägt die uns beleidigt
haben; wir sehn uns zu sehr als Brüder derjenigen an welche Verzeihung bedürfen als daß nicht das Gefühl welches einen leidenden mit
dem andern verbindet über jene elende Triebfeder die Oberhand behalten sollte. – Unter denen welche hier zusammenkommen ver-   30
schwindet jenes Gefühl einer Ungleichheit, die viel zu vergänglich ist,
als daß sie hier die herrlichen Empfindungen der Bruderliebe schwächen könnte. Hier erscheinen wir alle als Geschöpfe des Höchsten,
als Jünger Jesu Christi, als vernünftige der Belehrung und Besserung
bedürftige Wesen und in dieser Rüksicht sind wir alle gleich. Von   35
Reichthum und Hoheit von Rang und Würden von Armuth und Niedrigkeit kann hier nicht die Rede seyn. Selbst der Unterschied der größern Einsicht und Tugend, welches doch die wesentlichste Verschie-

---

2 uns ganz] *geändert aus* unser Herz   14 empfangen] *darüber* Noch   31 einer]
über ⟨der⟩

20 *Vgl.* Röm 8,27   21–22 Mt 6,12

denheit der Menschen ausmacht, verschwindet hier wo wir vor
demjenigen erscheinen vor dem wir alle Staub sind und vor dem keiner gerecht ist. Es bleibt uns kein Gesichtspunkt übrig aus dem wir
einander ansehn könnten als der daß wir Brüder sind, kein Gefühl
5 als das einer herzlichen theilnehmenden Liebe. – Denn der elende
Gedanke kann uns hier auch nicht einfallen daß es besser und edler
wäre, wenn jeder seinen eignen Weg ginge und jeder für sich allein
bliebe. Nichts demüthigt diesen stolzen Eigendünkel so sehr, nichts
bringt diejenigen, welche noch so weit von einander entfernt waren
10 geschwinder und näher zusamen als der Augenblick wo sie sich als
Theilnehmer an derselben Schwachheit, als Genoßen derselben Gefahren und Unglüksfälle erbliken und dies Gefühl können wir nirgends
in so hohem Grade haben, als hier. Hier fühlen wir alle unsere Abhängigkeit von dem vor dessen gewaltigem Wink Himmel und Erde zit-
15 tern. Der ehrfurchtsvolle Schauer vor der Nähe der Gottheit der uns
hier alle zugleich überfällt; die fromen Seufzer die sich hier zugleich
aus der Brust der verschiedensten Menschen hervordrängen; die
Furcht vor den Versuchungen und Striken der Welt deren Anblik uns
hier alle zu gleicher Zeit zittern macht; dies alles verschwistert uns
20 hier als Gefährten auf einerlei stürmischem Meer, als Brüder in der
Unvollkomenheit und Nichtigkeit. Dieser Gedanke hat allein große
Kraft die Gemüther in Freundschaft und Wolwollen an einander zu
drängen, er macht daß wir um so williger einander die Hand reichen
zu der [Liebreichen] Dienstfertigkeit, zu der milden Gefälligkeit, zu
25 der trostreichen Vereinigung der Gesinnungen und Kräfte von welcher
wir allein Hülfe und Rettung erwarten können.

III.   Endlich ist auch diese Art der öffentlichen Gottesverehrungen eine wahre Zuflucht für diejenigen, denen es um Unterstüzung
und Trost bei dem Kummer | und den mancherlei Uebeln des Lebens   68r
30 zu thun ist. Freilich sind es eigentlich die Trostgründe der Religion
die uns aufrichten müßen und nicht die Gebräuche der Kirche, es ist
die gottergebene gläubige Stimmung unserer Seele was die Empfindungen des Schmerzens besänftigt und nicht die Handlungen des öffentlichen Gottesdienstes. Und also sollte man denken daß die ein-
35 same Andacht die ein Jeder zu jeder Stunde sich selbst verschaffen
kann hier von einem ausgebreitetern Nuzen seyn müße als die öffentliche die doch imer an gewiße Tage und Stunden gebunden ist. Aber

---

11 Schwachheit,] *folgt* ⟨als Gefährten auf einem stürmischen Meer,⟩   11 derselben]
korr. aus Unleserlichem   24 milden] *über* ⟨tröstenden⟩   36 als] *korr. aus Unleserli-*
chem

2 Vgl. Ps 103,14   2–3 Vgl. Röm 3,10 mit Zitat aus Ps 14,1

auch hier wird eine nähere Betrachtung der Sache unser Urtheil anders
bestimmen. Solange der Leidende allein ist oder doch nur umringt
von den Gegenständen die das Andenken an sein Unglük immer aufs
neue rege machen, so hat er nicht Muße und Ruhe genug um den
großen Wahrheiten der Religion so lange nachzudenken, bis sie wirk-   5
lich Zufriedenheit und Trost in seine Seele gießen können. Er ist mit
Gott und seinem Unglük allein und um so viel näher ihm dieses ist
um so viel stärker wird auch das Bewußtseyn desselben auf seine Seele
wirken als die Arznei die erst aus dem Gedanken an Gott und die
Ewigkeit bereitet werden soll. Es sind nur flüchtige Vorstellungen die-   10
ser großen Gegenstände die seine Seele auf einen Augenblik erschüttern, nur einzelne abgebrochene Seufzer kann er gen Himmel schiken.
Indem er ihm noch seinen Kummer klagt wird er schon von dem
Gefühl desselben mit neuer Heftigkeit ergriffen; ehe er noch den Balsam der Religion in seine Wunden gießen kann hat der Schmerz, der   15
unaufhörlich durch die Berührung der äußern Gegenstände gereizt
wird, schon oft aufs neue darin gewüthet. Um ihn her ist nichts, was
seiner Seele eine beßere, ruhigere Stimmung mittheilen könnte. Seine
Seufzer und Gebete scheinen einsam und ungehört um ihn her zu ver-
hallen, als ob sie nicht Kraft genug hätten sich bis zum Thron des   20
Höchsten emporzuschwingen. – Er komme hieher mit seinem Kum-
mer und seiner Andacht, so wird manches anders und besser seyn.
Seinem Nachdenken welches sich selbst überlassen so leicht in düste-
ren Trübsinn ausartet wird hier ein heilsamer Zwang angethan. Hier
wird er nicht unterbrochen durch den herzzerschneidenden Anblik der   25
Gegenstände oder der Denkmäler seines Kummers, hier ist er abgesondert von der Welt und den Uebeln derselben die ihn quälen; er
wird auf der einen Seite in Stand gesezt und auf der andern durch
sanfte Gewalt genöthigt länger und anhaltender seine Blike auf die
großen Verheißungen und die ewigen Wahrheiten der Religion zu   30
richten. Hier wird er manches Wort des Trostes und der Beruhigung
68v   hören, und wenn auch | die Betrachtungen die hier über das Wort des
Herrn angestellt werden nicht geradezu seinem Zustand angepaßt
sind so werden sie ihn doch durch diese oder jene Zusamenstellung
der Gedanken erinnern an den standhaften Muth der demjenigen   35
ziemt welcher die Geseze der Religion bekennt, an das freudige Vertrauen welches der Gläubige seinem Gott schuldig ist und an die
Glükseligkeit mit welcher die Leiden dieser Zeit nicht verglichen werden können. Ja schon das was er hier sieht wird ihn nach und nach
aufheitern und Licht in die dunkeln Gegenden seiner Seele tragen.   40
Alles um ihn her zeigt ihm Beispiele von der Kraft der Religion, von

---

13 wird er] wird   25 herzzerschneidenden] herzzerschneid.

der Rechtfertigung des Vertrauens zu Gott, von der Erfahrung seiner
Hülfe, von der Dankbarkeit für seine Führungen. Er sieht hier das
bekümerte Gesicht eines Leidenden sich nach und nach durch fromme
Betrachtungen aufklären, dort Friede und Ruhe nach und nach die
5 Spuren des Grauens vertilgen, hier eine Thräne des getrösteten fließen,
wie dort ein dankbares Lächeln des erretteten die Zierde dieses heiligen Hauses ist. Er sieht wie hier traurige und fröhliche, hoffende und
bekümerte sich nach und nach der nemlichen Stimung einer geduldig
heitern Ergebung in die Rathschlüße des Höchsten nähern. Zu dieser
10 Stimung wird auch er nach und nach gehoben. Das Gebet so vieler
Christen stärkt das seinige mit Vertrauen und Hofnung. Die Seufzer
so vieler seiner Brüder tragen auch seine halberstikten Seufzer zum
Himmel, die Danklieder und Lobgesänge die hier in dem großen Chor
der Christen angestimt werden, machen daß auch seine Seele diese
15 Töne wieder anschlägt und er verläßt erheitert und getröstet diesen
Ort den er niedergeschlagen und bekümert betreten hatte.

So habe ich also im allgemeinen die großen Wirkungen geschildert
welche unsere öffentlichen Gottesverehrungen zu unsrer Belehrung
unsrer Stärkung und unserm Trost haben können. Ich habe das in
20 der Absicht gethan damit ihr euch zugleich des mannigfaltigen Guten
erinnern mögt welches auch ihr auf diese Weise genoßen habt. Möchte
die Fülle desselben recht groß, möchte das Andenken daran von dem
Bewußtseyn begleitet seyn daß diese guten Eindrüke in unsern Herzen
noch mancherlei Früchte des Glaubens und der Liebe, Weisheit und
25 Tugend getragen haben. – Doch auch diese Wolthat Gottes wird so
wie viele andre oft vernachläßigt und unbenuzt gelassen worden seyn.
Manchen wird nicht Bedürfniß sondern Gewohnheit hierhergeführt
haben, nicht frome Antriebe sondern kleine Nebenabsichten und der
wird dann auch nicht viel zu sagen wissen von der Belehrung und
30 Ruhe die er hier geschöpft hat. Das gehe hin mit den andern Verirrungen des abgeschiedenen Jahres; möchte nur der Entschluß feststehn
durch diese thörigte Nachläßigkeit uns nicht auch fernerhin Schaden
zu ⌊thun,⌋ möchte nur diese große Wolthat Gottes alle Bedürftigen in
Zukunft zu ⌊andächtigen Theilnehmern⌋ haben; möchte auch von die-
35 sem Hause sich auf die Christen ein reicher Segen von Belehrung Stärkung und Trost in Zukunft ergießen.   Amen.

---

6 wie] *über der Zeile*   16 betreten] *korr. aus* betretet   31 möchte] korr. aus
Unleserlichem

Nr. 36
Am 11. Januar 1795

Termin: 1. Sonntag nach Epiphanias
Ort: Landsberg an der Warthe, Konkordienkirche
Bibeltext: Dtn 30,11–14
Textzeuge: Autograph Schleiermachers; SAr 11, Bl. 8r–10v
Texteditionen: Keine
Andere Zeugen: SN 51, Bl. 20r–v (unten S. 391–393)
Besonderheiten: Der Text ist unvollendet.

8r Eingang. Ohne eben unser Zeitalter für fehlerhafter und verderbter anzusehn als die vorhergehenden, kann man doch nicht leugnen, daß es nicht nur viele Menschen giebt die durch ihre beständige Schwachheit durch ihre Gleichgültigkeit bei ihren Fehlern, durch ihren Kaltsinn gegen das Gute, des Namens guter Menschen unwürdig sind, sondern es fehlt auch nicht an solchen welche offenbar gestehn daß sie gar nicht einmal nach innerer Güte, nach wahrer Vollkommenheit streben. Wenn sie nur noch dasjenige Gute vernachläßigten, was bloß sie selbst betrift, so wäre der Schade wenigstens für die Welt geringer; aber sie rühmen sich über die Vorurtheile hinweg zu seyn, welche die Menschen an die Geseze der Rechtschaffenheit fesseln, sie rühmen sich das beschwerliche Joch der Tugend abgeschüttelt zu haben welches uns nur aufhalte in unserm Lauf nach dem Ziel der Glükseligkeit. Sie sind auch darauf bedacht diese gefährlichen Grundsäze auszubreiten, es sei nun daß sie wirklich etwas Gutes zu besizen glauben, welches sie andern mittheilen wollen, oder daß sie sich durch die Menge ihrer Genossen desto eher betrügen und trösten wollen über das Böse derselben um derentwillen die innere Stimme ihres Herzens sie verurtheilt. Um nun diese verderblichen Endzweke zu erreichen suchen sie denen welche sie zu ihren Schlachtopfern ausersehen haben den Trost der Unsterblichkeit zu rauben. Sie wenden alle Künsteleien ihrer elenden Weisheit an um zu zeigen wie thörigt es sei auf die Belohnungen des Höchsten in einer glükseligen Zukunft zu hoffen: „Es gehet dem

---

12 abgeschüttelt zu haben] *mit Umstellungszeichen eine Zeile tiefer hinter* Glükseligkeit

---

23–5 PredSal 3,19–21

Menschen wie dem Vieh, wie dies stirbt, so stirbt er auch und haben
alle einerlei Odem, und der Mensch hat nichts mehr. Denn es ist alles
eitel. Es fährt Alles an einen Ort, es ist alles von Staub gemacht und
wird wieder zu Staub. Wer weiß ob der Odem der Menschen aufwärts
5 fahre?" Bald suchen sie wieder zu zeigen daß Tugend und Rechtschaffenheit der menschlichen Seele nicht natürlich wären, daß nur ein
fremder Zwang, nur abergläubische Furcht den Gehorsam gegen dieselben hervorbringe, und wo auch jener trostlose Gedanke der den
Menschen in seinen eignen Augen erniedrigt kein Gehör findet da
10 wissen sich doch diese falschen Vorspiegelungen die mit allen Lokun-
gen eines ungebundenen zügellosen Lebens verknüpft werden Eingang
zu verschaffen. Es ist daher nothwendig daß wir uns oft diejenigen
Gründe und | Ueberzeugungen zurükrufen die uns beßer denken und   *8v*
besser handeln lehren, und das soll die Absicht des gegenwärtigen
15 Vortrags seyn.

　Text. Deut. 30, 11–14.

Als der Anführer des israelitischen Volks zum lezten mal unter demselben auftrat um ihnen die Geseze ihrer Verfassung noch einmal einzuprägen, so waren diese Worte der Schluß seiner Ermahnung zur Be-
20 harrlichkeit und zum Gehorsam. Nachdem er ihnen den Fluch und
den Segen vorgelegt, nachdem er ihnen das Glük beschrieben hatte
welches den tugendhaften erwartet, und das Unglük welches sich derjenige bereitet, der von den göttlichen Gesezen abweicht, so richtet er
ihre Aufmerksamkeit noch auf die große Wahrheit, daß das Gebot
25 welches er ihnen gebe nicht verborgen oder ferne von ihnen sei, daß
jeder die Stimme desselben in sich selbst höre und in sich selbst den
Grund seiner Verbindlichkeit finde. Darin liegt der Gedanke daß die
Geseze der Tugend in der menschlichen Natur selbst liegen und daß
diese Betrachtung bei weitem der unumstößlichste Bewegungsgrund
30 zur Befolgung derselben sei. Diesem Gedanken wollen wir jezt miteinander nachgehn. Wir überzeugen uns e r s t l i c h daß das Gebot der
Tugend uns wirklich so nahe sei wie hier gesagt wird; wir überlegen
z w e i t e n s wie unentbehrlich es sei daß wir uns grade an diese nahe-
liegenden Gründe am meisten halten.

35 　E r s t e r　T h e i l.　Der heilige Schriftsteller drükt den Gedanken
daß wir von Natur zu guten Gesinnungen verpflichtet sind so aus: wir
finden das Gebot dazu in unserm Mund und in unserm Herzen. Damit
will er zweierlei sagen[,] erstlich daß wir die Gründe die uns zum

---

1 er] das　14 gegenwärtigen] gegenw.　17 Als] *davor kein Absatz*　17 Anführer]
über ⟨Gesezgeber⟩　17 israelitischen] israelit.

Guten verbinden unserer eigenen Vernunft unmöglich abstreiten können, und zweitens daß wir, so sehr wir vielleicht schon an das Gegentheil gewöhnt sind, dennoch unserm Herzen die Neigung eingepflanzt
finden so gesinnt zu seyn und so zu handeln.

    1. Der ganze Umfang der Pflichten gegen andere wird durch zwei- 5
erlei Gesinnungen erfüllt: dadurch daß wir geneigt sind von andern
zu unserm Vortheil und unserm Vergnügen nichts zu fodern, nichts
mit List oder Gewalt zu erpressen als was ihr guter Wille uns ein-
räumt – das ist die Gerechtigkeit; und dann die Geneigtheit andern zu ihrem Wolergehn alle Unterstüzung und allen Beistand ange- 10
deihen zu laßen der nur imer in unsern Kräften steht – das ist die
Liebe. Zu beiden sage ich finden wir das Gebot in unserm Munde.

    Selbst die Spötter der Tugend die ich eben beschrieben habe kön-
nen nicht leugnen, daß die Gerechtigkeit unentbehrlich und nothwendig ist. Sie fühlen zu sehr daß sie ihr einziger Schuz ist gegen die 15
Gewaltigen und Bösen, daß es um ihr Glük und ihre Zufriedenheit
gethan wäre wenn es jedem frei stände ihre Handlungen ihre Kräfte
9r und ihr Eigenthum | nach Gefallen zu mißbrauchen, wenn sie nicht
in der gerechten Gesinnung der übrigen und in den weisen Einrichtungen die eine Frucht dieser Gesinnung sind Mittel fänden alle solche 20
Angriffe von sich abzutreiben. Sie geben also zu daß die Gerechtigkeit
nothwendig sei, aber sie meinen doch, daß sie nicht natürlich, nicht
in der menschlichen Natur wesentlich gegründet sei. Sie meinen die
Begüterten und Reichen hätten vor alten Zeiten um sich in ihren Vorzügen zu schüzen diese Regeln des Betragens erfunden, Geseze und 25
Gewohnheit hätten sie verbreitet; da sie uns nun von Jugend auf eingeprägt wären, da Furcht vor Schande und Strafe uns imer in ihren
Grenzen [halten], so glaubten wir das müße so seyn und sei uns ange-
boren. Die Erfahrung aller Zeiten spricht laut gegen diese verkehrte
Weisheit, und besonders giebt uns die Geschichte unserer Tage, die 30
Aufmerksamkeit auf die Begebenheiten eines Volkes welches mit dem
Joch der Unterdrükung zugleich auch die weisen Zügel der Geseze
abgeworfen hat, Beweise genug um diese Behauptungen zu widerle-
gen. Es ist unmöglich daß die Grundsäze der Gerechtigkeit nur von
den Günstlingen des Glüks erdacht seyen um sich gegen die vereinig- 35
ten Kräfte der großen Anzahl zu schüzen, denn wir sehn daß sie einge-

---

5 andere] *folgt* ⟨zu denen wir das Gebot in unserm Munde finden⟩   **29–30** verkehrte
Weisheit] *über* ⟨Behauptungen⟩   33 Behauptungen] Behaupt.n   **36–1** eingeführt]
davor ⟨erst⟩

31–33 *Anspielung auf die Französische Revolution*

führt seyn müßen ehe es Reichthum geben kan. Wo nur Gewalt und
Unterdrükung herrschen da sind sich alle gleich im gleichen Elend.
Die Güter der Erde welche ohne die Herrschaft des Rechts gar keinen
Werth haben werden mit einem so wilden Leichtsinn verschleudert,
5 sie gehn durch die gewaltsamste Veränderung so schnell aus einer
Hand in die andere daß man nicht sage: hie oder da ist ein Reicher
denn was man heute war ist man morgen nicht mehr. Man kann auch
nicht sagen da oder dort ist ein Armer, denn wer Stärke genug zum
Rauben, List genug zum Verleumden, Geschiklichkeit genug besizt die
10 Leidenschaften der Menschen nach Gefallen zu regiren, der erlangt
alles was er will in einem Augenblik und besizt es so lange bis auch
er in der alles umwälzenden Verwirrung seinen Untergang findet. Es
ist unmöglich daß die Grundsäze der Gerechtigkeit von den Starken
nur aus Furcht vor einem widrigen Schiksal und von den Schwachen
15 nur aus Furcht vor größerer Unterdrükung angenomen werden. Wo
jemals das Schiksal einem Bösewicht die Gewalt über seine Brüder in
die Hände spielte da grif er gewiß nie nach den Zügeln der Gerechtigkeit um sie fest zu halten sondern nach dem Donner der Furcht und
des Schrekens der Härte und Grausamkeit, nach dem heimlichen Gift
20 der Verführung und der Sittenverderbniß. Wo jemals die feile Menge
dem Joch eines Tyrannen unterworfen wurde, da suchte sie gewiß
nicht seine Härte dadurch zu mildern daß sie ihm Gerechtigkeit predigte, sondern sie verkaufte sich seinen Leidenschaften und Begierden,
sie suchte ihr Heil in knechtischer Gefälligkeit | und verächtlicher   *9v*
25 Schmeichelei. Nein meine Freunde – Diese göttliche Gesinnung entspringt nicht aus einer so trüben und seichten Quelle, sondern ihre
Gründe liegen tief in der menschlichen Natur, wir nehmen sie nicht an
um unsern Verhältnißen gegen andre eine gewiße Richtung zu geben,
sondern wir sind gezwungen uns zu ihr zu ketten wenn wir anders
30 uns selbst achten wollen. Wir sezen unsre Würde darin daß wir einen
Willen haben, durch den wir alle unsere Handlungen selbst regiren
können, daß es nicht unsre Bestimmung ist gewaltsam behandelt, verlezt oder einer fremden Macht unterworfen zu werden, diejenigen ausgenomen deren Herrschaft wir selbst anerkannt und gebilligt haben
35 und daß unsre Natur leidet und sich empört wenn uns etwas in dieser
Art begegnet. Da wir aber keinen Grund haben uns diese Vorzüge
anzumaßen als den daß wir vernünftige Wesen sind, da wir unsere

---

1 geben kan] *folgt* ⟨, daß wenn ihr Einfluß auf einmal zerstört wird auch auf einmal
aller Unterschied zwischen wolhabenden und dürftigen aufhörte⟩   6 nicht] *korr. aus*
nun   13 von den] korr. aus Unleserlichem   31 regiren] *über* ⟨bestimmen⟩   32 be-
handelt] *korr. aus Unleserlichem*   36 Da wir] *über* ⟨Wir haben⟩   36 haben] *über*
der Zeile mit Einfügungszeichen

Foderung nicht beleidigt und gekränkt zu werden auf nichts andres
stüzen als darauf daß wir Menschen sind, so müßen wir natürlich die
Würde die wir in uns selbst fühlen auch bei allen denen anerkennen,
die an der menschlichen Natur Theil nehmen, so müßen wir die Un-
verlezlichkeit und Achtung die wir für uns selbst verlangen auch de-   5
nen gewähren denen wir den Brudernamen nicht versagen können. So
finden wir also das Gebot der Gerechtigkeit in unserm Munde.
    Wir finden es aber auch in unserm Herzen. Wenn wir beurtheilen
wollen was für Regungen und Gesinnungen dem menschlichen Herzen natürlich sind, so müßen wir nicht die Gestalt betrachten die es   10
auf einem fremden Boden und unter dem widrigen Einfluß ungünsti-
ger Umstände annimmt. Ich glaube daß der Mensch welcher unter
erkünstelten Sitten und Bedürfnißen das Gefühl für die Natur verloren
hat welcher von wilder Leidenschaft fortgerissen ist einen ⌊gewissen⌋
Hang zur Ungerechtigkeit haben mag, aber der kann auch nicht als   15
ein Beispiel für alle gelten. Laßt uns aber den Menschen betrachten
welcher entweder von der ursprünglichen Aufrichtigkeit sich noch
nicht weit entfernt hat oder von der Verirrung seiner Einbildungskraft
wieder zu derselben zurükgekehrt ist, laßt uns unser eignes Herz beobachten in den Augenbliken wo es ruhig und für alles empfänglich   20
ist so werden wir sehn daß es einen Wolgefallen hat an Friede und
Eintracht und Ehrfurcht für Recht und Gerechtigkeit, daß es mit
Abscheu von allen Formen der Gewaltthätigkeit und des Unrechts
hinwegsieht und daß es sich mit tugendhafter Schaam vor allen
Wünschen verschließt die nur durch kränkende und beleidigende   25
Handlungen erreicht werden könnten. |

10r   Eben die Bewandniß hat es nun auch mit dem Gebot der Liebe,
auch das finden wir in unserm Mund und in unserm Herzen. Mögen
diejenigen welche andre gern von der Tugend entfernen wollen die sie
selbst nicht erreichen können imer behaupten daß so etwas von den   30
Menschen gar nicht gefodert werden könne, daß alle unsre Handlungen immer unsern eignen Vortheil zur Absicht haben, und daß wir
also auch andern nur in so fern dienen dürfen als wir dadurch zugleich
unsern eignen befördern. Mögen sie immer behaupten daß ein Bestreben zum Wohl andrer ohne alle andern Rüksichten thätig zu seyn nur   35
ein Hirngespinst einer erhizten Einbildungskraft sei: wir finden ein
ganz andres Gebot in uns selbst. Wenn wir uns mit tausend Bedürfnißen umringt sehn, die wir unmöglich aus eignen Kräften befriedigen
können, tausend Gefahren ausgesezt für die wir bei uns selbst keine
Rettung finden, wenn so viele Wünsche in uns aufkeimen deren Erfül-   40

---

3 anerkennen] an *über der Zeile*   6 denen wir] *korr. aus* die wir   18 entfernt hat]
entfernt   32 Absicht haben] Absicht   36 sei:] sei:,

lung nur andern möglich ist, worauf gründet sich denn das Vertrauen
welches uns mitten in diesem hülfsbedürftigen Zustand beseelt? Etwa
darauf daß gewiß jeder der uns dienen könnte dadurch zugleich seinem eignen Vortheil rathet? oder darauf daß jeder schon im Voraus
5 sieht wie wir ihm werden nüzlich werden können? Unglüklich wären
wir wenn unsre Aussichten sich auf eine solche Hülfe einschränkten.
Aber wir wissen daß die Stimme der leidenden Menschheit auch ohne
Worte mit durchdringenden beweglichen Tönen allen denen ans Ohr
dringt, welche Theilnehmer an derselben Natur sind. Wir wißen daß
10 jeder in dem Bewußtseyn seiner eignen Hülfsbedürftigkeit die Auffor-
derung findet, der Menschheit wo er sie imer unter Druk und Schmerz
und Kumer seufzen sieht mit Unterstüzung und Trost und Erleichterung zu Hülfe zu kommen; und wir vertrauen daß unter allen denen
die auch uns einst in so einem Zustand sehn werden doch einer oder
15 der andere seyn wird der dieser inern allen gebietenden Stimme Gehör
gibt. Woher können wir aber das wissen, wenn wir nicht die nemliche
Stime auch in uns hören? Ja sie spricht zu uns allen von Mitleid und
Erbarmen und Hülfe; sie flößt uns allen mit unwiderstehlicher Beredtsamkeit das Bestreben ein allen unsern Brüdern in ihren Bedürfnißen
20 und Unfällen nach den Verhältnißen wie wir mit ihnen stehn und nach
der Kenntniß die wir von ihnen haben mit eben der thätigen und
brüderlichen Liebe zu Hülfe zu komen auf die auch wir von ihrer Seite
Rechnung machen müßen wenn wir der Zukunft ruhig entgegensehn
wollen. Da wir also das Gebot der Liebe so deutlich leben müßen, da
25 wir die Gründe dazu so tief in unserm eignen Bewußtseyn wahrnehmen, so müßen wir auch Liebe in unserm Herzen finden. Wenige
Menschen sind so ganz einem | niedrigen Eigennuz ergeben, daß sie   *10v*
gar nichts von den süßen Regungen der Menschlichkeit empfinden
sollten, und diese werden gewiß mit dem Zeichen der Verdorbenheit
30 deutlich genug gebrandmarkt seyn. Uebergehn wir solche Auswürfe
der menschlichen Natur um nur bei dem beßern Theile stehn zu bleiben. Diesen werden wir jener inneren Stimme folgen sehn; ihr eignes
Herz treibt sie an ihre Kräfte zum Glük andrer aufzubieten.
      Wenn wir über unsre eignen Handlungen nachdenken, so
35 [erndten] gewiß die den meisten Beifall ein, welche Beweise eines wol-
wollenden und freundlichen Herzens waren, so verweilen wir gewiß
bei denen Augenbliken am liebsten, wo wir unsern leidenden Brüdern
ein theilnehmendes Herz zeigten und einen wolthätigen Arm gegen sie

---

7 die Stimme] *korr. aus Unleserlichem*   16 wenn wir] wir *über der Zeile mit Einfü-*
gungszeichen   20–21 nach ... haben] *mit Umstellungszeichen zwei Zeilen tiefer*
hinter wollen   25–26 wahrnehmen] *über* ⟨finden⟩   31 beßern] *oder* besten
33 Kräfte] Kräfe   37 wo] *korr. aus* welche   37 leidenden] leid.

ausstrekten, wo wir uns mit den Frölichen freuten und mit liebreicher
Hand die Thränen der Trauernden abtrokneten. Wenn wir uns ein
Bild von der höchsten Glükseligkeit und Vollkommenheit der Menschen entwerfen, was für Züge nehmen wir dann dazu? Warlich nicht
Reichthum und Hoheit, nicht Ueppigkeit und Wolleben, sondern Ein-　5
falt und Gerechtigkeit Wolwollen und Liebe. An diesen Eigenschaften
mahlen wir uns nach den verschiedenen Verhältnißen tausend verschiedene Bilder aus, wir schmüken das menschliche Leben mit jener
ruhigen und ⌊freien⌋ Heiterkeit deren nur ⌊schöne⌋ Seelen voller zu-
traulicher Gutmüthigkeit und herzlichem Wolwollen fähig sind und　10
diesen Zustand nenen wir dann die goldene Zeit den irdische Himel
das wahre Paradies. So gestehn wir also daß wir das Gebot der Liebe
in unserm eignen nach Glükseligkeit strebenden Herzen finden. Es ist
also wahr daß wir das Wort das göttliche Gebot in unserm Mund und
in unserm Herzen finden; laßt uns noch　15

　　II. sehn wie gut es ist daß wir uns an solche Gründe halten können. *[Der Text endet hier.]*

---

9 ⌊freien⌋] *unter einem Tintenfleck*　9 ⌊schöne⌋] *unter einem Tintenfleck*　10 fähig]
über ⟨schuldig⟩　13 strebenden] streb.

1–2 *Vgl. Röm 12,15*

Termin:	Sexagesimae
Ort:	Landsberg an der Warthe, Konkordienkirche
Bibeltext:	Lk 8,4–5.11–12
Textzeuge:	Autograph Schleiermachers; SAr 11, Bl. 6r–7r
Texteditionen:	Keine
Andere Zeugen:	SN 51, Bl. 23r–v (unten S. 397–399)
Besonderheiten:	Nur Predigteingang

Eingang. Wenn wir überlegen wie lange schon die Wahrheiten die 6r
den Menschen zur Glükseligkeit und zur Beßerung führen unter den
Menschen bekannt sind und wie wenige doch gut und glüklich werden; wie oft schon ein jeder gehört hat, daß man gerecht und liebreich,
5 weise und vernünftig seyn müße, und wie wenige doch würklich gut
und weise werden; wie viele sich schon von jeher vorgenommen haben
der Tugend nachzugehn und doch das Ziel immer wieder aus den
Augen verloren haben; wie so manche sehr zeitig anfingen die Bahn
der Vernunft und der Weisheit zu betreten die doch immer noch auf
10 dem alten Flek stehn und der Vollkommenheit um nichts näher gekommen sind, so dringt sich uns der Gedanke auf, daß es sehr ausgebreitete und sehr wirksame Ursachen geben muß, welche die Förderung des Guten unter den Menschen verhindern. Wir können auch
unmöglich glauben daß diese Ursachen bloß in äußern Umständen
15 liegen, denn wir sehn daß den Reichen so gut als den Armen, den
Glüklichen so gut als den Leidenden, den Unterrichteten so gut als
den einfältigen das nemliche begegnet, und wir unter allen diesen Klaßen ohne Unterschied Menschen genug finden deren Geist auf diese
Weise gelähmt ist. Es müßen also innerliche Ursachen seyn die ihren
20 Siz in der menschlichen Seele haben. Da ist es nun nicht genug daß wir
das anerkenen, daß wir eine Verdorbenheit der menschlichen Natur
eingestehn und beseufzen; wir müßen auch darüber nachdenken:
worin besteht nun eigentlich diese Verdorbenheit? was für Anlagen

---

3–4 und wie ... werden;] *über der Zeile mit Einfügungszeichen*   9 die] *korr. aus*
Unleserlichem   15 den Reichen] *korr. aus* die Reichen   15–17 den Armen, den ...
den Leidenden, den ... den einfältigen] die Armen, die ... die Leidenden, die ... die
einfältigen   22 eingestehn] *über* ⟨anerkennen⟩

und Neigungen des Menschen thun ihr den meisten Vorschub? wie
äußert sie sich vorzüglich bei dieser oder jener Gelegenheit, bei diesem
oder jenem Menschen? Meine heutige Absicht ist darauf gerichtet einen Beitrag zur Beantwortung dieser Frage zu geben, und auch besonders auf eine gewiße Art dieser Verdorbenheit aufmerksam zu ma-   5
chen, nemlich auf den Leichtsinn. Man pflegt dies Wort im gemeinen
Leben in einer doppelten Bedeutung zu nehmen. Oft versteht man
darunter eine Gesinnung, die bloß auf die Befriedigung der niedrigen
Lüste und Begierden gerichtet ist, die keinem guten Entschluß, keinem
freien Gedanken, keiner vernünftigen Ueberlegung Raum giebt. Das   10
6v   meine ich nicht. Solchen Leuten schmeichelt man wenn man sie | nur
leichtsinnig nennt. Ihre Denkungsart ist nicht ein leichter, sondern ein
schlechter, ein elender, ein verworfener Sinn. Ich meine nur die Ge-
müthsbeschaffenheit welche unter den Menschen so sehr häufig angetroffen wird, da man das Gute zwar will, aber nicht ernst und stand-   15
haft genug will, da man nicht Kraft und Werth ganz in seine guten
Vorsäze legt, bei den Handlungen imer wieder die frühern Entschlüße
vergißt; bei der Gegenwart zu wenig an das Vergangene und an das
Künftige denkt; und überhaupt grade zur rechten Zeit am wenigsten
dem Ernst, der Bedachtsamkeit und dem Nachdenken Raum genug   20
giebt. Was für eine große Kraft diese Gesinnung hat alles Gute zu
hindern und zu erstiken, davon wollen wir jezt mit einander reden.

Text.   Luc. 8, 4. 5 und 11. 12.

Eine Menge, theils neugieriger, theils wißbegieriger Menschen hatte
sich um Christum versamelt um die Worte seiner Weisheit zu hören.   25
Er mochte wol bei sich selbst die traurige Betrachtung anstellen wie
wenig wahre Thäter wol unter allen diesen Hörern seyn würden, und
das veranlaßte ihn seinen Zuhörern unter allerlei Bildern die Ursachen
vorzustellen warum das Gute unter den Menschen nicht gedeiht wenn
es auch noch so reichlich unter sie ausgestreut wird. Ueber alle diese   30
Ursachen weiter zu reden das wäre nicht das Werk einer Stunde; ich
habe deswegen die übrigen Theile dieser Erzählung übergangen und
bin nur bei dem ersten und bei der Auslegung stehn geblieben die
Christus selbst seinen Jüngern dann giebt. Da fragt es sich nun, worauf beziehn sich die vorgelesenen Worte? Was für Menschen sind das, 35
die das Wort zwar hören, denen es aber hernach der Teufel wieder
aus ihrem Herzen nimmt daß sie nicht glauben und selig werden? Wir
haben hier nicht nöthig an etwas übernatürliches zu denken, an eine
unsichtbare hohe Gewalt die in ihrer bösen Absicht über allen Wider-

---

6 dies] d *korr. aus* g   24 Eine] *davor kein Absatz*   30 Ueber] Ue   37 werden?]
werden.

stand der Menschen ⌊erhaben⌋ ist. Wir brauchen uns nur an die Gewohnheit der Juden erinnern alles Böse was aus unbekannten unbegreiflichen Ursachen geschah jenem bösen Geiste zuzuschreiben. Was
sind das aber für unbekannte Ursachen, die den Menschen das Gute
5 wieder rauben welches einmal in ihrem Herz gewesen ist? O! sie sind
dadurch schon deutlich genug beschrieben daß sie als unbekannt angegeben werden. Kann es wol geschehen daß ein Mensch der auf sich
selbst Acht giebt, der an Nachdenken und Ueberlegung gewöhnt ist,
etwas Gutes verliere ohne zu wißen wie es geschehen ist? Dieser Aus-
10 druk bezeichnet uns ⌊oft schon den Leichtgang⌋ so deutlich als möglich, und damit stimmt auch alles übrige zusamen. Ich werde also
jezt |
  von dem Leichtsinn als einem Hinderniß des Guten reden.   *7r*
Dabei bleibe ich ganz genau bei den Zügen stehn welche Christus
15 davon angiebt, und daraus werde ich erstlich entwikeln wie es mit
dem Schaden zugeht, den der Leichtsinn anrichtet, und dann Zweitens
über die Beschreibung desselben eigne Anmerkungen machen die uns
Andeutungen geben diesen Fehler zu vermeiden.

  I.   *[Der Text endet hier.]*

---

15 davon] dav.   **17** Anmerkungen] Anmerkn

Nr. 38
Am 17. Mai 1795

Termin: *Exaudi*
Ort: *Landsberg an der Warthe, Konkordienkirche*
Bibeltext: *Ps 100,4–5*
Textzeuge: *Autograph Schleiermachers; SAr 12, Bl. 1r–4v*
Texteditionen: *SW II/7, 1836, S. 340–353*
Andere Zeugen: *SN 51, Bl. 33r (unten S. 425–426)*
Besonderheiten: *Keine*

1r   Friedenspredigt.

Eingang. Ehre sei Gott in der Höhe, Friede auf Erden und den
Menschen ein Wohlgefallen! – M. g. Fr. und Mitbürger. Eine wichtige, eine außerordentlich frohe Begebenheit versammelt uns heute.
Friede. Friede. Das ist das große Wort des heutigen Tages, das ist der   5
erfreuliche Gegenstand unserer Feyer. Was so lange das Ziel unserer
wärmsten Wünsche unserer gespanntesten Erwartungen gewesen ist,
das ist endlich erfolgt nach so manchem schweren Kampf, nach so
mancher vergeblichen Hofnung. Wenn wir, m. Fr. geneigt sind in einsamen Stunden über den Zusammenhang dieser großen Begebenheit   10
nachzudenken, und in Augenbliken des Vergnügens die unschuldigen
Ergießungen unserer Freude mit einander zu theilen, so laßt uns jezt
zu höheren Gefühlen und Betrachtungen erheben; laßt uns mit unsern
Gedanken aufsteigen zu demjenigen, der die Quelle des Heils ist welches uns widerfährt. Laßt uns ihm unsern Dank, unser Lob, unsere   15
Verehrung darbringen. Wir ermuntern uns dazu p.

   Text. Ps. 100, 4. 5.

—————————

[Am oberen Rand:] (Dieser Friede ist ⌊am⌋ 1. Mai 1795 proclamirt worden.)

———

5 der] *korr. aus* die   13 Betrachtungen] *zu ergänzen wohl* uns

—————————

2–3 *Lk 2,14*   18 *Der Friedensvertrag von Basel zwischen Preußen und Frankreich
wurde am 5. April 1795 unterschrieben.*

Der schöne Lobgesang aus welchem diese Worte genommen sind athmet ganz das Gefühl eines gerührten, von den Wolthaten des Höchsten durchdrungenen Herzens, und das ist gerade die Stimmung in
welcher wir alle uns heute billig befinden. Denn solche fromme Ge-
5 fühle können nur als die Frucht vorhergegangener Betrachtung über
die Werke und Thaten Gottes in uns entstehn, und heute haben wir
eine große, eine herrliche, eine bewundernswürdige That des Höchsten zu feiern. Laßt uns also in den Geist unseres Textes eindringen
ohne uns länger bei den Worten desselben aufzuhalten. Wir wollen
10 uns ermuntern zu
    einem innigen Dank gegen Gott wegen der Wolthat des wiederge-
    schenkten Friedens,
zu dem Ende wollen wir
    e r s t l i c h das wolthätige desselben uns in einer kurzen Uebersicht
15   vor Augen stellen und dann
    z w e i t e n s überlegen wie sehr wir Ursach haben dies alles als ein
    Werk des Höchsten anzusehn. |

E r s t e r   T h e i l.   Wenn ich indem ich die großen Vortheile des Frie-   1v
dens ins Licht sezen will bei demjenigen anfange, was uns selbst, die
20 Bewohner dieser Stadt, dieser Gegend, dieser Provinz betrift, so geschieht es warlich nicht, um in die überspannten Klagen mit einzu-
stimmen, welche wir in dem kurzen Zeitraum des nun beendigten
Krieges nur zu oft ausgestoßen und gehört haben, sondern vielmehr
um Euch zur Gerechtigkeit gegen die Vorsehung aufzufodern, welche
25 uns so vorzüglich verschont und begünstigt hat. Es mag seyn, daß
der Lauf des Krieges mit die Ursach davon gewesen, daß so manche
Bedürfniße des Lebens und des Wollebens kostbarer herbeizuschaffen
gewesen, es mag seyn daß so manche Klassen unserer Mitbürger einen
gewißen Druk desselben auf ihren Geschäften gefühlt, daß er ihre ge-
30 wohnte Betriebsamkeit gelähmt hat; vergleichen wir aber das mit dem
was andere Völker und Gegenden gelitten, mit dem was unser Schiksal in jenem weit verderblichen Kriege gewesen, deßen fürchterliche
Spuren nach einigen dreißig Jahren kaum gänzlich vertilgt sind. Hat
wol der Feind unsre Saaten und Erndten gestört? unsre Vorrathskam-
35 mern geleert, unsre Verwandten als Geisseln hinweggeführt, unsre
Städte und Dörfer verwüstet? haben wir seinen Uebermuth, seine Er-
pressungen, seine Gewaltthätigkeiten ertragen müßen? hat er alle

---

1 Der] *davor kein Absatz*   5 als] *über der Zeile mit Einfügungszeichen*

---

32 *Anspielung auf den Siebenjährigen Krieg (1756–1763)*

Schrekniße des Krieges dicht vor unsern Augen verbreitet? Laßt uns
immer gestehn daß wir für unser Theil vielleicht einige Segnungen des
Friedens entbehrten, aber gewiß die eigenthümlichen Uebel des Krieges haben wir nicht empfunden. Ich sage das keinesweges, m. Fr. um
etwa unsre Dankbarkeit für den wiedergeschenkten Frieden in Gleich-   5
gültigkeit zu verwandeln. Es ist vielmehr sehr erfreulich daß auch die
geringen Unbequemlichkeiten die wir empfunden haben nun aufhören
sollen, daß Friede und Ruhe alle Gewerbe wieder beleben werden,
daß die Schäze und Kräfte des Staats wieder zu unserm eignen Besten
wuchern werden daß das Auge und die Sorgfalt unsres Königes und   10
seiner Räthe wieder mit ungetheilter Aufmerksamkeit und glüklichem
Erfolg auf die Befestigung und Vermehrung unsers Wolergehns gerichtet seyn wird, ja die Hofnung dieses beßern Zustandes hat schon von
dem ersten Augenblik an da die erwünschte Nachricht erscholl das
Angesicht eines jeden guten Bürgers erheitert. Ich führe dies nur an   15
um uns nun auch zu einer Freude aufzufodern die weniger auf der
Berechnung unsers eigenen Vortheils beruht, sondern sich auf edlere
Gefühle der Theilnahme und der Menschenliebe gründet und unserm
Herzen desto mehr Ehre macht.

Laßt uns auf jene zahlreiche Klaße unserer Mitbürger sehn wel-   20
che so lange der Gegenstand unseres gerechten Mitleidens, unseres
freundschaftlichen Trostes, unserer thätigen Unterstüzung gewesen
ist; ich meine diejenigen, welche Väter, Gatten, Kinder und liebe

2r   Freunde unter den Ver|theidigern des Vaterlandes haben. Wie man-
cher harte Schlag hat nicht viele unter ihnen getroffen. Obgleich es   25
der mörderischen Tage für unsere Krieger nicht viele gegeben obgleich
nicht viel preußisches Blut die Erde gefärbt hat, so hat doch manche
Familie diesen glüklichen Tag mit dem Verlust eines treuen Versorgers,
eines lieben Sohnes erkaufen müßen. Viel Thränen eines gerechten
Kummers sind geflossen, viel vergebliche Klagen darüber sind gehört   30
worden, daß sie die Fehler anderer mit dem Verlust desjenigen büßen
mußten was ihnen im Leben das liebste war. Wo aber auch das nicht
geschehen ist, da mußte das Herz vieler Tausende von bangen Besorgnißen beständig gefoltert seyn. Täglich wußten sie die Ihrigen den
Gefahren der Gefangenschaft der Verwundung und des Todes ausge-   35
sezt ohne eine hülfreiche Hand nach ihnen ausstreken, einen erquiken-
den Blik ihnen zuwenden zu können, und wenn erst die Umstände
vermuthen ließen, wenn der Ruf sich verbreitete daß der Tod eine
große Erndte halten daß Heere an einander gerathen, daß Geschüz

---

1 verbreitet?] verbreitet.   6 verwandeln.] verwandeln,   6–16 Es ist … uns nun
auch] *mit Einfügungszeichen am unteren Rand statt* ⟨⟨sondern nur um uns⟩⟩   22 thä-
tigen] *über* ⟨gerechten⟩   26 gegeben] geben *über* ⟨habt⟩

und Schwerdter wüthen würden, welche angstvolle Ungewißheit von
diesem Augenblik an bis endlich die Nachricht des Lebens oder des
Todes sie – nur auf kurze Zeit – endigte. Das m. Fr. soll nun nicht
mehr geschehn, die Schwerdter glänzen nicht mehr und der Donner
5 des Geschüzes schweigt. Die Angelegenheiten eines fremden Volks sollen hinfort nicht mehr Wittwen und Waisen unter uns machen, die
Unruhen eines fernen Landes sollen nicht länger Zerrüttung in unsere
Familien bringen und die süßen Bande der Natur gewaltsam zerreißen, kein geängstigtes Herz soll länger ohnmächtige Wünsche und
10 fruchtlose Seufzer nach dem unglüklichen Schauplaz der Verheerung
hinschiken. Bald wird die süße Wiedervereinigung geschehn, jeder
wird die Seinigen umarmen und wir, die wir Zeugen ihres Elendes
waren, werden auch Zeugen ihrer Freude seyn. Laßt uns der Bewohner jener Provinzen unsres Königes gedenken über die auch zulezt der
15 Krieg seine Geißel geschwungen hat. Vom ersten Anfange desselben
an mußte schon die Wahrscheinlichkeit daß auch zu ihnen der erbit-
terte Feind sich nahen könnte ihre heitern Stunden trüben und Freude
und Lächeln von ihnen verscheuchen. Er kam endlich die Wogen des
Sieges wälzten seine Heere über ihre Fluren. Die gewohnte Ordnung
20 der bürgerlichen Einrichtung wurde gestört, Gerichte und Obrigkeiten
bekamen eine neue Gestalt, ihre Kirchen wurden Kornböden, ihre
Häuser Krankenzimmer. Gewaltsam mußten sie ihre Vorräthe und
Habseligkeiten mit dem dürftigen Krieger theilen der ihre eignen
Schäze zum fernern Druk ihres Vaterlandes brauchen wollte. So
25 seufzten sie unter der Last des Krieges, und die Furcht vor dem was
noch kommen möchte störte jeden ruhigen Genuß desjenigen, was
ihnen noch übrig gelaßen war. Auch ihnen glänzt jezt die schöne Aussicht auf Wiederherstellung und Ruhe; sie fangen an mit erneuerten
Kräften | den Künsten des Friedens obzuliegen: der Feind hat ihre Ge- 2v
30 genden verlaßen, wo seine Heere noch stehen, da stehen sie als ver-
söhnte Freunde, und brüderliches Vernehmen löscht nach und nach
das bittere Andenken an die Vergangenheit.

Laßt uns unsre Augen auf den Zustand Deutschlands richten,
welches unser großes Vaterland ist. Diejenigen Theile desselben wo
35 sich die Natur in ihrer ganzen Pracht und Schönheit zeigte, die unter
die lachendsten, angenehmsten Gegenden unsres Welttheils gerechnet
wurden, wo die Erde so vorzüglich die Mühe ihrer Bearbeiter lohnt,
und Wolstand und Ueberfluß über ihre Kinder verbreitet, diese bieten

---

1 angstvolle] *über* ⟨bange⟩   4 glänzen] *über* ⟨wüthen⟩   9–11 kein … hinschiken]
mit Einfügungszeichen vier Zeilen tiefer hinter geschwungen hat.   14–15 *über*
die … geschwungen hat] *über* ⟨die zugleich der Schauplaz des Krieges gewesen sind⟩
17 Feind] *davor* ⟨Theil⟩   30 seine] *korr. aus Unleserlichem*

dem traurigen Auge jezt nichts dar, als öde Städte, entvölkerte Dörfer,
verwüstete Landschaften, und statt des Bildes der Heiterkeit und des
Reichthums freudenleere Gesichter von den Furchen des Hungers und
des Elendes verunstaltet. Doch nicht nur diese einzelnen Gegenden
beherrschte der Krieg mit seinem eisernen Scepter. Wenn von überall   5
her wo nur deutsche Völker wohnen und deutsche Sprache geredet
wird Krieger zusammengebracht wurden um das Vaterland bald zu
retten bald zu verherrlichen, Abgaben und Schäze zusammengeholt
wurden um sie zu rüsten und zu ersezen, so hat sich auch sein schädlicher Einfluß auf die Zufriedenheit und den Wolstand der Menschen   10
über jeden Theil des deutschen Landes verbreitet. Es soll ihm Einhalt
gethan werden, es wird nur an ihnen und ihren Beherrschern liegen,
wenn sie nicht alle Wolthaten des Friedens mit uns genießen und alles
Gute benuzen welches ihnen seine Rükkehr verschaffen kann. Jene
verwüstete Gegenden werden sich wieder erholen; die Gnade des   15
Himmels verspricht es, welcher immer wieder aufrichtet wenn er geschlagen hat, die Umstände verbürgen es indem sie ihnen eine lange
Ruhe sichern.
  Doch wir müßen nicht bloß in den engen Grenzen unsres Vater-
landes stehen bleiben, viel weiter hat der Krieg seine schädlichen Fol-   20
gen ausgedehnt, viel weiter wird auch der wolthätige Friede mit seinem Ersaz reichen. Jenes unglükliche Land welches wir so lange
feindselig behandelten ist dadurch an den Abgrund des Elendes gebracht worden. Der Krieg hat das traurige Werk der Zerstörung vollendet, welches innere Unruhe angefangen hatte. Viele tausende seiner   25
tapfern Bewohner sind den Tod fürs Vaterland gestorben. Handel,
Verkehr, Gewerbe und Akerbau sind vernichtet, alle Schrekniße des
Mangels treten ein, und so lange es genöthigt war seine Kräfte zu
einem auswärtigen Widerstand zu verschwenden war es außer Stand
den großen Zwek seiner Anstrengungen und seiner Unglüksfälle zu   30
erreichen. Viele benachbarte Völker und Königreiche hat der Krieg
gleichermaßen verwüstet, fast die ganze gesittete Erde ist durch ihn
erschüttert worden, in die entferntesten Weltheile sind seine Funken
geflogen und haben dort ein neues Feuer entzündet, das Meer selbst
hat in seinen Tiefen den Donner des Krieges gehört und die Leichname   35
der Gefallenen auf seinen Wellen getragen. Wenn gleich der Friede
den wir jezt genießen nicht alle diese Uebel heilt, so haben wir doch
alle Ursach ihn als den Vorboten einer allgemeinen Ruhe anzusehen
3r   und zu hoffen daß andre | Regenten dem weisen Beispiel folgen wer-

---

1 entvölkerte] *über* ⟨menschenleere⟩   **2** statt] *davor* ⟨auf den⟩   **19** Doch] *korr. aus*
Unleserlichem   **21** wolthätige] *davor* ⟨Krieg mit⟩   **24–25** Der Krieg ... hatte.] *am*
unteren Seitenrand mit Einfügungszeichen   **25** angefangen] anfangen   **33** erschüt-
tert] *über* ⟨verwüstet⟩

den womit ihnen der unsrige vorleuchtet! Wir werden sehn daß der
Friede mit seinen Segnungen wieder die ganze Erde beglükt, daß seine
wolthätige Hand alle Wunden des Krieges heilt, daß auch das bedau-
ernswürdige Frankreich unter seinem Schuze wieder gedeiht und daß
5 alle Völker in ungestörter Eintracht jedes auf seine Weise dem Ziel
bürgerlicher Glükseligkeit und menschlicher Vollkomenheit nachgehn.

Was aber für ein gefühlvolles Herz das allerschäzbarste ist, ist
dieses, daß wir nun wieder ganz anfangen können Menschen zu seyn
10 und uns allen Gefühlen der Theilnahme und der Bruderliebe ohne
Rükhalt zu überlaßen. Es ist traurig daß wir ohnerachtet unserer natürlichen Anlage zur Geselligkeit dennoch in manchen Umständen genöthigt sind, uns über das Unglük unserer Brüder in dem nemlichen
Augenblik zu freuen da wir es bedauern. Wenn das Feuer des Him-
15 mels das Haus meines Nachbars entzündet, so beklage ich ihn und
doch freue ich mich, daß nicht eine wenig veränderte Richtung es auf
das meinige geführt hat; wenn der WürgEngel verheerender Krankheiten umherzieht und ringsum seine Opfer schlachtet, so freue ich mich
daß er ermüdet war ehe er die Meinigen erreichte. Nirgends aber ist
20 dieser Widerspruch unserer Empfindungen härter und unvermeidlicher als während der blutigen Streitigkeiten der Völker. Wenn der
Feind glüklich ist und in unsere Grenzen eindringt, so beklagen wir
diejenigen die seine Stärke fühlen müßen, aber freuen wir uns nicht
zugleich daß sie vor uns liegen, daß er an ihnen genug hat und daß
25 noch so manche Feste, so manche Streke Landes ihre Kräfte an ihm
abreiben muß ehe er uns erreicht. Wenn der Tag der Schlacht da ist,
so freut sich der Krieger über die Verheerungen die sein Schwerdt
anrichtet, über die Reihen die sein Geschüz daniederwirft, er freut
sich sein Vaterland mit ihm freut sich über das Unglük derer die ihm
30 nur als Freunde und Brüder bekannt seyn sollten, ja so weit werden
alle Regungen der Menschlichkeit erstikt daß jeder einzelne sich über
den Lauf der Kugel freut die seinen Nachbar hinstrekt und ihn verschont. Dieser traurige Zustand hört auf[,] der Friede verstattet uns
die unbedingte Rükkehr zu allen Tugenden und Freuden der Men-
35 schen- und Bruderliebe. Kein Unglük geschieht mehr in dem weitver-
breiteten Zusamenhang der großen Weltbegebenheiten, welches wir
als unser Glük ansehen müßten, keiner fällt dessen Tod wir als ein

---

11–14 traurig ... bedauern.] *geändert aus* trauriger daß der von Natur so sehr zur
Geselligkeit gemachte Mensch dennoch in manchen Umständen genöthigt ist sich über
das Unglük seiner Brüder in dem nemlichen Augenblik zu freuen da er es bedauert.
16 daß nicht eine ... es auf] *geändert aus (1)* daß eine ... es nicht auf *(2)* daß eine ...
ihn nicht auf   **21** während der blutigen Streitigkeiten der Völker] *über* ⟨zu Zeiten
eines solchen Krieges⟩

Versöhnungsopfer für unser Schiksal feierten, keine Thräne wird mehr
geweint der in unserm Angesicht eine verstekte Freude antwortete.
Für jeden frölichen können wir jezt Freude haben und für jeden betrübten Mitleid. Wir dürfen uns nicht länger über neue Zwietracht
neue Zerrüttung freuen weil sie die Gerechtigkeit unserer Sache ins   5
Licht sezen und den Fortgang unserer Waffen verbürgen, mit herzlicher Freude könen wir sehen wie unsre ehemaligen Feinde anfangen
werden Ordnung und Geseze auf die angemessenste Weise unter sich
herzustellen, erlittenes und selbstbegangenes Unrecht wieder gut zu
machen und die verlaßene Stuffe der Macht, der Ehre und des Wol-   10
standes wieder einzunehmen.
     Dies, m. Fr. sind die vornehmsten Züge aus dem reizenden Bilde
des Friedens, laßt uns nun |

3v   Z w e i t e n s sehn, wie viel Ursach wir haben, diese Begebenheit als
ein Werk des Höchsten anzusehn.   15
     Wenn gleich unsere Religion es lehrt, wenn gleich unser Gefühl
es bestätigt, wenn gleich unser Verstand uns hinlänglich davon überzeugt daß alles was in der Welt geschieht das Werk des mächtigsten
und weisesten Wesens ist, so sind wir doch gar zu geneigt diese große
Wahrheit bei allen alltäglichen Ereignißen zu vergeßen, die ihren   20
Grund in dem gewöhnlichen Lauf der Dinge haben. Trägt sich aber
etwas wichtiges und auffallendes zu, wobei wir um es zu erklären
auf die ewigen unwandelbaren Geseze der Welt und der menschlichen
Natur zurükgehn, und in großer Entfernung die Punkte aufsuchen
müßen woran die Fäden des Schiksals geknüpft sind, dann können   25
wir nicht umhin eben diese Wahrheit in einem desto glänzendern
Lichte zu erbliken. Und dies ist gerade der Fall bei der großen Begebenheit, welche der Gegenstand unsrer heutigen Betrachtung ist. Es
giebt besonders zwei Ursachen, welche die Rükkehr des goldenen
Friedens zu uns so glüklich beschleunigt haben. Die erste ist das unbe-   30
ständige, so sehr wechselnde Glük des Krieges. Ich glaube wol daß
viele unter denen, welche geneigt sind die Tapferkeit der Krieger nach
dem Glük der Waffen und die Stärke des Vaterlandes nach der Anzahl
aufgehäufter Siege zu meßen, wenig aufgelegt seyn werden diese Unbeständigkeit als eine weise zum Frieden führende Fügung des Him-   35
mels anzusehn, doch ist es nicht anders. Ein einseitiges Glük beständige Siege vermehren die Foderungen und den Stolz des einen Theils,
sie nähren den Haß, den Muth die Beharrlichkeit des andern, und
reizen ihn immer aufs neue seine Kräfte gegen das widrige Geschik

---

2 der] *korr. aus* die   9 selbstbegangenes] begangenes *über* ⟨gewähltes⟩   12 reizen-
den] *über* ⟨erfreulichen⟩   36 doch] *davor gestrichenes Unleserliches*

3–4 *Vgl. Röm 12,15*

anzustrengen um in einem weniger bittenden Ton das Wort Friede
auszusprechen, und ihn weniger aus bloßer Güte zu erlangen, auf
diese Weise nimmt Streit und Blutvergießen bei gereizten Leidenschaften kein Ende. Jenes öftere Wechseln aber, wovon wir in dem kurzen
5 Zeitraum dreier Jahre so viele unvermuthete und wunderbare Beispiele gesehn haben[,] trägt ein großes bei die Gemüther zum Frieden
zu stimmen. Die Kräfte welche zur Fortsezung dieses verderblichen
Zustandes nothwendig gehören werden eher und fruchtloser erschöpft, die Schwierigkeit sie beständig zu erneuern wird von dem
10 Ueberdruß unterstüzt der eine Folge vergeblicher Anstrengungen ist.
Die Erbitterung beider Theile stumpft sich nach und nach ab, wenn
die eine nicht den wachsenden Uebermuth der andern fürchten darf,
und diese nicht durch die fehlgeschlagene Hofnung aufgebracht wird
mit jedem Siege ihren Feind kriechender und unterwürfiger zu finden.
15 Sie werden gewöhnt sich gewißermaßen als gleich zu betrachten, und
das Gefühl dieser Gleichheit giebt ein Vorgefühl von Freundschaft und
Zutrauen. Eine gegenseitige Achtung für den Muth, für die Tapferkeit,
für die Tugend | des andern stellt sich ein, und bringt das Verlangen   4r
hervor nicht länger feindselig gegen denjenigen zu handeln. Wäre also
20 jedes Unternehmen von einem günstigen Erfolg begleitet gewesen,
hätte sich jeder kleine Umstand für uns erklärt, so würde wahrscheinlich der Streit weit langwieriger und die Art ihn zu führen weit bluti-
ger und unmenschlicher geworden seyn. – Eine andere Ursach des
beschleunigten Friedens ist die unerwartete Veränderung in dem in-
25 nern Zustande des feindlichen Landes, der schnelle Sturz derjenigen,
deren böser Wille dort so grenzenlos, so tyrannisch zu gebieten hatte.
Wenn ihr furchtbarer, auf den Trümmern des allgemeinen Wolstandes
gebauter, von den Leichen vieler tausend ermordeter Mitbürger gehal-
tener Thron so fest gestanden hätte als er zu stehen schien, wir wür-
30 den warlich nimmer diesen glüklichen Tag gesehn haben. Von dem
unsinnigen Eifer beseelt ihre überspannten Gedanken, ihre verkehrten
Grundsäze, ihre unhaltbaren Einrichtungen überall geltend zu machen, wohin das Glük ihrer Waffen sie führen würde, mit dieser wü-

---

1 anzustrengen] *korr. aus Unleserlichem*   12 die eine] *zu ergänzen wohl* Seite
23 geworden] *korr. aus* gewesen

---

5 *Der erste Koalitionskrieg zwischen Frankreich und zahlreichen europäischen Mäch-*
ten begann im April 1792 mit der französischen Kriegserklärung gegen Österreich und
Preußen, die 1791 die antirevolutionäre Pillnitzer Konvention geschlossen hatten.
24–26 *Die radikale Gruppe der Jakobiner, benannt nach ihrem Versammlungsort im*
Pariser Kloster Saint-Jacques, wurde nach ihrer durch den Wohlfahrtsausschuss (Co-
mité de salut public) des Nationalkonvents organisierten Schreckensherrschaft im
Herbst 1794 entmachtet.

thenden Begierde jede wolgeordnete Verfassung in ihrer Nähe zu vernichten und ihr zerrüttetes Land mit nichts als zerrütteten Ländern zu
umgeben, würde wol irgend ein gerechter und billiger Vorschlag bei
ihnen Gehör gefunden haben, da er doch unmöglich mit ihren tollen
Entwürfen bestehn konnte? Hätte wol irgend ein Vater seines Volks   5
denjenigen den Frieden anbieten können, welche Ungerechtigkeit und
Treulosigkeit zu ihrem ersten Gesez gemacht hatten, und die leicht
eine Gelegenheit gefunden hätten einen heuchlerischen Vertrag zu brechen und die Früchte ihrer Bosheit zu erndten? Nur die Wiederkehr
vernünftiger Grundsäze und einer weisen Mäßigung konnte auch   10
Friede Vertrauen und Eintracht herbeiführen.

Wem haben wir nun aber jenen Wechsel des Glüks, wem diese
unerwartete Veränderung zu danken? Wir sehn auf der einen Seite
eine Menge von kleinen Umständen dazu zusammentreffen, viele einzelne Begebenheiten die ohne daß ihr Einfluß auf das Ganze von ir-   15
gend einer menschlichen Klugheit im voraus wäre berechnet worden
bloß durch die besondern Verhältniße, die kleinen Leidenschaften, die
niedrigen Absichten, den elenden Parteigeist einzelner Menschen veranlaßt wurden. Allein der Hauptgrund von beiden liegt in den unwandelbaren Gesezen der menschlichen Natur. Diese bringen es mit sich   20
daß auf den Sieg Troz, auf den Troz Uebermuth folgt und daß der
Uebermuth ein Vorbote der Sorglosigkeit und des Verlustes ist. Sie
bringen es mit sich daß bei muthigen ihre Kraft fühlenden Menschen
gehäufte Unglüksfälle nur dazu dienen die Anstrengung zu verdop-
peln, die Klugheit zu weken, den günstigen Augenblik mit feiner Be-   25
urtheilung wahrzunehmen und mit einem an Verzweiflung grenzenden
Muth zu benuzen. Das ist das ganze Geheimniß der wunderbaren
Wechsel des Glüks. Jener Uebermuth der feindlichen Heerschaar
machte es unsern Streitern leicht ihnen zu verschiedenen Malen Deutsche Städte Feste und Länder wieder abzugewinnen und sie in die   30
4v   Grenzen ihres eigenen Gebiets zurükzuwei|sen. Diese verdoppelte An-
strengung dieser durch das Unglük erhöhte Muth hielt die unsrigen
in ihren glänzendsten vielversprechendsten Fortschritten auf, und riß
ihnen öfters in dem nemlichen Augenblik da sie alles zu ergreifen
glaubten, alles wieder aus den Händen. Die menschliche Natur bringt   35
es mit sich daß alles in der Welt, das wahrhaft gute ausgenomen, sich
durch Umstände unterstüzt zu einer gewißen Höhe erheben kann,
aber wenn es diese erreicht hat auch gewaltsam zurüksinkt und in
diejenige Nichtigkeit verfällt die ihm sein innerer Werth schon be-

---

5 konnte?] konnte.   9 erndten?] erndten.   17 durch] *über der Zeile mit Einfü-*
gungszeichen   35–5 Die menschliche ... Recht an.] *mit Umstellungszeichen elf Zeilen*
tiefer hinter währet.

stimte. So erhob sich auch, so herrschte jene blutdürstige boshafte
Rotte[,] ihre Macht währte eine Zeitlang und als sie ihren höchsten
Gipfel erreicht hatte da dehnte sich plözlich die zurükgedrängte Kraft
der Vernunft und der Gerechtigkeit wieder aus und that ihr ihr wol-
5 verdientes Recht an. Können wir wol umhin in jener Verkettung kleiner Umstände und Begebenheiten den weisen Finger desjenigen zu
erkennen, der von jeher selbst die Irrthümer, selbst die Leidenschaften
der Menschen mit allen ihren Wirkungen seinem Willen dienstbar zu
machen und zu seinem großen Endzwek zu benuzen wußte? es ist
10 derjenige, deßen Gnade ewiglich währet. – Können wir umhin in
diesem unverrükten Gang aller menschlichen Schiksale nach den einfachsten Gesezen die mächtige Hand desjenigen wahrzunehmen, der
der Welt und den Menschen die weisen ewigen Geseze vorgeschrieben
hat nach denen sich alle Begebenheiten und alle Handlungen ohnfehl-
15 bar entwikeln und so zusammengesezt und verwirrt sie auch zu seyn
scheinen dennoch ganz einfach geleitet werden und sich in die große
Ordnung seiner liebevollen Absichten fügen müßen. Es ist derjenige
m. Fr., deßen Wahrheit für und für währet.
        Eine Wolthat des Herrn ist also der Tag den wir feiern: Ihm laßt
20 uns unsern Dank und unsere Anbetung bringen. Er hat die Völker zur
rechten Zeit der Eintracht geneigt gemacht[,] er machte den Frieden
leicht gerade da er am nothwendigsten war. Er gab uns einen König
der mit lobenswürdigem Eifer das Schwerdt zog um das Vaterland zu
schüzen und die Ungerechtigkeit zu demüthigen aber auch nun mit
25 väterlicher Weisheit das Wohl seines Volks den Träumen von glänzenden Thaten vorzieht, und die Kräfte seines Landes beßern Endzweken
aufspart, zufrieden daß ein Theil seiner Absichten durch die verborg-
nen Wege des Himmels dennoch erreicht ist. Aber laßt auch unsern
Dank rechter Art seyn. Der Herr hat uns von den Schrekißen des
30 Krieges befreit[,] möchten wir uns nun auch aller Segnungen des Friedens würdig und theilhaftig machen; er hat gegeben daß ein jeder in
seiner Hütte friedlich wohnen kann, möchte sie nun auch jeder mit
Gerechtigkeit und Weisheit ausschmüken, er hat uns mit unsern Brüdern versöhnt, möchten wir nun auch unser Herz allen Gefühlen der
35 Freundschaft und der Menschenliebe aufthun daß Gerechtigkeit und

---

6 den] *korr. aus Unleserlichem*   9–10 es ist ... währet.] *mit Umstellungszeichen eine
Zeile tiefer hinter* Gesezen   11 unverrükten] *davor* ⟨großen G⟩   27–28 verborgnen]
am Rand mit Einfügungszeichen statt ⟨weisen⟩   28 Wege] *korr. aus Unleserlichem*
29–31 uns von ... gegeben] *eine Zeile tiefer hinter* ausschmüken, *mit Einfügungszeichen statt* ⟨gegeben⟩

---

18 Vgl. Ps 119,90

Treue, Eintracht und Freude unter uns herrschen. Durch seine Gnade sind wir die ersten die in den natürlichen Zustand der Ruhe zurükkehren[,] möchten wir auch an allen Tugenden und Künsten des Friedens allen andern Völkern vorangehn und sie alle an Rechtschaffenheit und Ordnungsliebe, an Fleiß und Betriebsamkeit, an Aufklärung und Verstand, an Friedlichkeit gegen die Mitbürger und Liebe zum Vaterland übertreffen. Der Wandel nach den Geboten des Herrn, die Fortschritte in allem was löblich ist und wollautet, und jede Erkenntlichkeit die durch Thaten spricht, das ist der wahre einzige Dank gegen den, dem Gehorsam mehr gilt als Opfer, vor dem der weise Genuß seiner Wolthaten unendlich mehr werth ist als die flüchtige Rührung die auch der erhabenste Lobgesang hervorbringen kann. Amen.

---

11 werth] wehrt

9–10 *Vgl. 1Sam 15,22*

Nr. 39
Am 30. August 1795

Termin: *13. Sonntag nach Trinitatis*
Ort: *Landsberg an der Warthe, Konkordienkirche*
Bibeltext: *Mt 22,35–40*
Textzeuge: *Autograph Schleiermachers; SAr 12, Bl. 6r–10v*
Texteditionen: *SW II/7, 1836, S. 354–366*
Andere Zeugen: *SN 51, Bl. 40v, eine Notiz (unten S. 446)*
Besonderheiten: *Keine*

Ueber die Nächstenliebe nach der Vorschrift Christi.

Wir hören alle von Jugend auf, daß Liebe des nächsten das höchste
Gebot der Religion ist; wir lernen dies nicht so bald glauben, als wir
es auch von selbst fühlen, und kaum erwacht unsere Vernunft so ist
5 es schon ihr erstes Geschäft diesen Glauben und dies Gefühl durch
ihre Aussprüche zu bestätigen. So ist dies also eine Pflicht die im Allgemeinen von allen Menschen von gesundem Verstand anerkannt
wird, und man sollte demnach nicht erwarten, daß bei einzelnen Fällen, die da hineinschlagen[,] die Menschen so verschieden darüber
10 urtheilen würden. Dennoch zeigt dies die tägliche Erfahrung. Man
lege einer Anzahl von Menschen, die alle, in ihren Reden wenigstens,
der wahren Religion und Tugend huldigen[,] irgend einen nur etwas
schwierigen Fall vor, wo die Pflichten der Menschenliebe mit andern
Rüksichten zu streiten scheinen, so wird man sogleich die verschie-
15 densten Urtheile hören und jeder wird das seinige für übereinstim-
mend mit den Vorschriften der Religion und der Sittenlehre erklären.
Wenn wir unsre Pflichten treu erfüllen wollen, so müßen wir erst eine
vollständige Erkenntniß davon haben, und die Gründe warum wir
dies oder jenes für Recht oder Unrecht halten müßen so beschaffen
20 seyn daß sie Jedermann einsehn und Niemand ihnen etwas entgegensezen kann. Dies ist es was in Rüksicht auf die nähere Bestimmung
der Pflicht der Nächstenliebe | den meisten Menschen fehlt, und was
doch jeder haben könnte da wir unter den Lehren Jesu Christi hier-

---

4 auch] *folgt* ⟨schon⟩   5 schon] *davor* ⟨auch⟩   11 lege] *folgt* ⟨nur⟩

über eine so allgemeine und alles erschöpfende Regel finden, daß wir
sie nur recht zu verstehn, und sie uns recht anzueignen brauchen um
vor allem Mißverstand und allem Irthum sicher zu seyn. Zum deutli-
chern Verständniß dieser Regel wünschte ich durch die folgende Betrachtung etwas beitragen zu können.   5

Text. Matth. 22, 35–40.

Du sollst Deinen Nächsten lieben als Dich selbst: das ist der bekannte
Ausdruk unter dem unser Erlöser alle Pflichten gegen unsere Brüder
begreift, das ist die Regel die uns auch in den schwierigsten Fällen
sicher leiten wird, wenn wir sie zur Richtschnur unserer Handlungen   10
machen. Um
    ihren Werth zu zeigen, und ihren Gebrauch zu erleichtern
wollen wir
    erstlich: sehen was es heißt, seinen Nächsten lieben als sich
    selbst – und   15
    zweitens erwägen, daß durch diese Regel uns in jedem Fall sehr
    deutlich gezeigt wird, was wir zu thun haben.

Erster Theil. Wenn gesagt wird, daß wir unsern Nächsten lieben sollen als uns selbst, so kann das unmöglich die persönliche Zuneigung betreffen, womit wir andern zugethan sind, diese kann un-   20
möglich im allgemeinen so stark seyn, als diejenige welche wir gegen
uns selbst fühlen. Alle kleinen Begebenheiten und Verhältniße Anderer
mit den nemlichen Augen zu betrachten als unsere eigenen, alle ihre
kleinen Schiksale eben so ganz und innig zu empfinden, als wenn sie
uns selbst begegnet wären, das sezt eine Kenntniß von seiner ganzen | 25
Lage und Gemüthsverfaßung und eine so überwiegende Stimmung zur
Theilnahme und Geselligkeit voraus daß gewiß beide selten oder nie
angetroffen werden. Gesezt aber auch es wäre möglich andere in diesem Sinne des Worts eben so sehr als sich selbst zu lieben oder wenn
es auch nicht genau so seyn könnte, wenigstens in einem weit höheren 30
Grade als gewöhnlich Statt zu finden pflegt, so kann uns doch dies
unmöglich geboten werden. Denn eine solche Zuneigung ist gewöhnlich unwillkührlich; sie stellt sich ein ohne daß wir sie rufen, und eben
so steht es oft nicht in unserer Gewalt sie einem Menschen zu schenken, der sie wol verdient. Es gehört dazu entweder ein ausgezeichneter 35

7r

---

1 finden] *über der Zeile*   3 und allem Irthum] *am Rand mit Einfügungszeichen*
20 womit wir andern zugethan sind] *geändert aus* welche wir gegen andere fühlen
21 im allgemeinen] *am Rand mit Einfügungszeichen*   21 diejenige] *folgt* ⟨welche⟩
27 selten oder nie] *am Rand mit Einfügungszeichen statt* ⟨nirgends⟩   29–31 oder
wenn ... pflegt] *am Rand mit Einfügungszeichen*   35–2 entweder ... oder] *am Rand
mit Einfügungszeichen*

Charakter der uns Achtung nicht nur sondern auch herzliches Wolwollen abdringt, oder eine große Gleichheit der Denkungsart, der
Neigungen, der Sitten und der ganzen Art und Weise, oder auch viele
besonders eng verbundene Umstände und Vorfälle. Das alles kann
5 sich nur sehr selten beisammen finden, und eine solche Liebe also nur
wenigen Menschen gewidmet seyn. Die Vorschrift aber welche uns
Christus in den Worten des Textes giebt soll sich auf alle ohne Ausnahme erstreken. Es kann also keine solche Liebe gemeint seyn die
größtentheils in Empfindungen und Gefühlen besteht sondern eine
10 solche, die aus festen auf alle Menschen anwendbaren Grundsäzen
hervorgeht, und sich in Handlungen äußert. Sie muß darin bestehn,
daß wir für das Wolergehn unserer Brüder eben so gern nach den
nemlichen Regeln und mit dem nemlichen Eifer thätig sind womit wir
für unser eignes sorgen. Aber wolverstanden, nicht auf die Art sollen
15 wir unsere Nächsten lieben, wie ein großer Theil der Menschen sich
selbst liebt, sondern so wie wir uns selbst lieben müßen, wenn wir
von rechtschaffenen, vernünftigen und edlen Gesinnungen beherrscht
sind. Manche Menschen tragen eine so weichliche überzärtliche Sorge
für sich selbst, daß sie sich nicht das geringste Vergnügen versagen
20 und sich oft den größten Schaden anrichten nur um sich in einer Kleinigkeit nicht weh zu thun. Wollen wir diese zum Vorbild unserer
Nächstenliebe nehmen, so würde daraus statt der höchsten Tugend
nur jene schwache Gutherzigkeit hervorgehn | die für sich selbst keine   *7v*
Achtung verdient, und auch in der Welt keinen wahren Nuzen stiftet.
25 Laßt uns vielmehr fragen, wie der weise, der verständige Mensch sich
liebt. Er hat eine unverbrüchliche Achtung für seine vernünftige Natur, für alle diejenigen Vorzüge, welche den eigenthümlichen Werth
der Menschheit ausmachen; durch alle Vorfälle des Lebens begleitet
ihn das Bewußtseyn derselben, und das eifrige Bestreben sie sich un-
30 verlezt zu erhalten. Sie sind der Schaz auf den er vor allen andern
Gütern des Lebens eifersüchtig ist, und er würde es für das größte
Unglük halten etwas zu thun, wodurch er seinen Antheil daran ver-
würken und mit Recht geringschäzig und verächtlich werden könnte.
So laßt uns auch unsern Nächsten lieben; auch in seiner Person die
35 Würde der Menschheit ehren und heilig halten; ihn unverdienter weise
unsanft behandeln ihn beleidigen, ihm etwas zufügen wodurch wir
beweisen würden, daß wir ihm die Achtung versagen die uns selbst
so werth ist, das sei uns, und wenn der Weg zu den sichersten Vortheilen, zur vollsten Glükseligkeit durch eine solche Handlung ginge, eben
40 so unmöglich, als uns selbst muthwillig von der schönen Stuffe der

---

13 thätig sind] *über* ⟨etwas t⟩   **35** unverdienter weise] *am Rand mit Einfügungszei-*
chen

Menschheit herunter zu stürzen. Der vernünftige Mann spannt seine
ganze Aufmerksamkeit darauf keinen Augenblik und keine Gelegenheit vorbeizulaßen wo er sich seiner Bestimmung nähern und seinen
Zustand verbeßern kann, aber er ist weit entfernt mit diesem Bestreben bloß bei denjenigen Vortheilen stehn zu bleiben die etwa durch   5
Geld oder Geldeswerth zu erlangen sind, oder auch es dadurch zu
äußern daß er leichtsinnig den Wunsch eines jeden Augenbliks befrie-
digte. Vielmehr stellt er mit vernünftiger Ueberlegung das unwichtige
geringe unter das edlere und beßere, weiset den Bedürfnißen des Geistes und Herzens den ersten Rang an, und weiß mit weiser Selbstbe-   10
herrschung auch zu entsagen, wenn die Entsagung ihn zu etwas beße-
rem führt. Eben so laßt uns auch gegen unsern Nächsten gesinnt seyn.
Auch seinem Wolergehn sei gleiche Aufmerksamkeit und gleicher Ei-
8r fer geschenkt; jede | Gelegenheit dazu mitzuwirken, sei uns erwünscht
und werde mit Lust und Kraft ergriffen. Laßt uns nicht bei derjenigen   15
Wolthätigkeit stehn bleiben, welche mit milder Hand Gold und Silber
ausspendet; viel mehr sei es uns werth ihm zur Erhaltung seiner innern
Zufriedenheit, seiner Ruhe, seiner Heiterkeit und vorzüglich seines
menschlichen Werthes nach Vermögen gefällig und behülflich zu seyn,
selbst wenn dazu bisweilen Ernst und Strenge angewandt und der äu-   20
ßere Schein der Güte und Huld verlezt werden müßte. Die Menschheit
in einem jeden achten und lieben, alles was muthwilliger Kränkung
ähnlich sieht innigst verabscheun, zur Beförderung der Sittlichkeit zur
Befestigung guter Grundsäze, zur Verbreitung nüzlicher Einsichten zur
Begründung der Zufriedenheit, zur Stillung des Schmerzes, zur Erhei-   25
terung des Gemüths, zur Befriedigung der Nothdurft, zur Annehmlichkeit des Lebens, zur Veredlung jedes menschlichen und anständigen Genußes durch Lehre und Beispiel durch Theilnahme und
Unterstüzung, und durch Einfluß der Geselligkeit beitragen, ohne Arbeit Zeit und Mühe zu scheuen eben so freudig und gern als man dies   30
alles sich selbst zu leisten gewohnt ist – das sind die Hauptzüge einer
Nächstenliebe die mit der vernünftigen Liebe zu sich selbst von einerlei Grundsaz ausgeht und immer gleichen Schritt hält; das ist der Inbegrif der Pflicht die uns durch die Worte unsres Textes aufgelegt
wird. – Laßt uns nun auch   35

Z w e i t e n s   sehn, daß die nemliche Regel uns in allen bedenkli-
chen streitigen Fällen sicher und ohne Anstoß führen wird. Die große

---

5 etwa] *über der Zeile*   8 stellt] *über* ⟨ordnet⟩   11 auch] *davor* ⟨sich⟩   **24–**
25 zur Begründung der Zufriedenheit] *am Rand mit Einfügungszeichen*   25 Begrün-
dung] *korr. aus* Befestigung   **27–28** und anständigen] *am Rand*   **28–29** und
Unterstüzung, und durch] *am Rand statt* ⟨, Beistand und jeden⟩

Verschiedenheit der Menschen in ihren Urtheilen über die Art wie
unter diesen oder jenen Umständen den Pflichten der Menschlichkeit
Genüge geleistet werden soll, rührt ohnstreitig daher daß die Foderungen derselben oft mit andern Rüksichten, Verhältnißen und Pflichten
5 zu streiten scheinen und daß es den meisten Menschen an festen bestimten und allgemein für richtig erkannten Grundsäzen fehlt, wonach sie diese innere Zwietracht entscheiden könnten. Es giebt vielleicht wenige Augenblike des menschlichen Lebens, wo wir nicht
irgend einem unserer Brüder etwas, sei es nun groß oder gering[,] zu
10 leisten schuldig wären oder wenigstens aufgefodert würden; eben | so
giebt es aber auch nicht leicht einen, wo wir nicht allerlei für uns
selbst zu thun hätten, und indem auf diese Weise jeder Augenblik ein
doppeltes Geschäft hat, wißen wir oft nicht zu welchem wir greifen
und welches wir vernachläßigen sollen. Mit dem nemlichen Aufwand
15 von Zeit Kräften und Vermögen welchen die Menschenliebe zu irgend
einem Zwek von uns in Anspruch nimt, können wir auch für uns
selbst immer etwas nüzliches oder wünschenswerthes ausrichten und
das ist es eben worüber die Menschen sich auf so verschiedene oft
ganz entgegengesezte Weise entscheiden. Der Eigennuz schreibt die
20 Regel vor, daß so lange noch etwas für uns selbst zu thun ist, jeder
Mensch ja von Natur sich selbst näher sei als ihm ein anderer seyn
kann. Bei dieser Vorschrift wird, wenn man sie in ihrer ganzen Strenge
befolgt, der Menschenliebe gar kein Raum übrig gelaßen, denn wenn
wir um liebreich und mildthätig zu seyn so lange warten wollen, bis
25 alle unsere eigenen Wünsche befriedigt sind, und der Einbildungskraft
gar kein Gegenstand mehr übrig gelaßen ist, so werden wir in dem
ganzen Lauf des irrdischen Lebens keinen einzigen Augenblik dazu
finden. Die Gutherzigkeit schweift auf der andern Seite aus, sie will
ihren Nächsten mehr lieben als sich selbst und meint, so lange noch
30 etwas für andere zu thun sei, dürfe man nicht an sich denken. Auf
diese Weise hört aber alle Sorge für sich selbst auf und der Mensch
ist nichts als ein Werkzeug für andere. Ja weil doch der Zustand eines
jeden immer auf einige andere einen entschiedenen Einfluß hat, so
thut oft die Gutherzigkeit denen, die ihr am nächsten sind[,] unrecht
35 um gegen andere gütig zu seyn. Beide Grundsäze sind also unvernünf-
tig, und wie man sie auch einschränke und ausschmüke, sie werden
nie einen festen, rechtlichen Bestimmungsgrund für unsere Handlungen abgeben, und doch sind die meisten Menschen entweder einem

---

19 Der Eigennuz] *geändert aus* Diejenigen welche zum Eigennuz geneigt   **21** ande-
rer] *folgt* ⟨ist⟩   **25** befriedigt sind, und] *geändert aus* so sehr befriedigt sind, daß
28–29 sie will … sich selbst] *am Rand mit Einfügungszeichen*   **33** jeden] *folgt*
⟨Menschen⟩   **33** Einfluß] *folgt* ⟨auf andere⟩   **36** wie] *korr. aus Unleserlichem*

von beiden ausschließend ergeben oder schwanken unentschloßen hin
und her, ohne den rechten Sinn der einfachen, klaren Regel Christi
finden zu können, welche uns eine weit vernünftigere, für alle Fälle
gleich anwendbare und des Menschen weit würdigere Handlungsweise lehrt. – Wenn uns nemlich geboten wird, daß wir unsern   5
9r Nächsten lieben | sollen als uns selbst, so will das soviel sagen, daß
wir seine Bedürfniße, seine Wünsche eben so ansehn, beurtheilen und
behandeln sollen wie unsere eignen. Wenn wir sie also kennen lernen,
wenn ihre Befriedigung ganz oder zum Theil in dem Bezirk unserer
Kräfte liegt, wenn wir auf diese Weise den Ruf der Menschlichkeit   10
hören, so sollen wir so dabei verfahren als ob das unsre eigne Sache
wäre. Streiten diese Foderungen der Menschenpflicht mit den Antrie-
ben der Selbstliebe die zu der nemlichen Zeit unsere Geschäftigkeit
für unsern eignen Vortheil in Beschlag nehmen will, so sollen wir das
so ansehn als ob in uns selbst jezt zwei verschiedne Wünsche mit   15
einander stritten, von denen wir nothwendig einen dem andern aufopfern müßen. Das ist ja etwas was einem jeden täglich begegnet, so
daß die Entscheidung wenn wir von vernünftiger Ueberlegung geleitet
werden uns gar nicht schwer fallen kann. Die Regel Christi enthält
also die leichte überall schikliche Vorschrift daß wir uns in solchen 20
Fällen für dasjenige entscheiden sollen, dem wir den Vorzug gegeben
haben würden, wenn beides unsere eigenen Wünsche und Bedürfniße
gewesen wären. Wenn uns also auf der einen Seite ein leicht zu erhal-
tendes Vergnügen winkt, eine schuldlose Freude uns an sich lokt, auf
der andern Seite aber unfern von uns ein Leidender seine Seufzer und 25
die Töne seiner Klage ausstößt und uns also in die Augen fällt wie sehr
er etwas tröstliches ein freundliches Gespräch, eine kleine Erheiterung
bedarf, können wir uns wol noch bedenken auf welche Seite wir uns
zu wenden haben? ist es denn nicht augenbliklich bei uns entschieden
daß wir in einem trostbedürftigen Zustand nach dem Zuspruch eines   30
Freundes weit lieber würden getrachtet haben als nach einer flüchtigen, sinnlichen Ergözlichkeit? So laßt uns also jezt nach der nemlichen
Regel handeln und das geringere dem größeren nachsezen obgleich
jenes uns, und dieses einem andern zu Gute komt. Wenn wir im Begrif
sind einem Gewinnst, einem nüzlichen aber doch entbehrlichen Er-   35
werb nachzugehn, zugleich aber sehen wir einen Freund in einer
schwierigen, verwikelten Lage wo es ihm gewiß willkommen wäre
wenn wir ihm unsre ganze Aufmerksamkeit schenkten, damit noch
9v zwei Augen | und ein unbefangenes Gemüth seinem Verstand und

---

3–5 welche uns ... lehrt] *geändert aus* aus welcher sie ... lernen würde   3–4 für alle
Fälle gleich anwendbare und] *am Rand mit Einfügungszeichen*   30 nach] *über der
Zeile*

seiner Erfahrung zu Hülfe kämen, so wird unser Gefühl uns sogleich
sagen, daß wenn bei uns diese beiden verschiednen Wünsche gegen
einander stritten wir gern einen beträchtlichen Vortheil aufopfern
würden, um dadurch den Rath eines Freundes in einer für unsre Zu-
5 friedenheit für unsre Ehre für unsre Tugend wichtigen Angelegenheit
zu erkaufen, und es ist also unbedenklich was wir zu thun haben
wenn wir unsern Nächsten lieben wollen als uns selbst. Und so giebt
das in allen übrigen Fällen eine leichte und sichere Entscheidung. Wir
selbst laßen gewiß das Streben nach einer ungewißen Verbeßerung
10 ausgesezt wenn wir das Bedürfniß fühlen einen bevorstehenden Schaden zu verhüten, also ist es auch unsre Pflicht das Streben nach einem
unsichern Vortheil aufzugeben, wenn wir zugleich aufgefodert werden
ein großes Uebel von unserm Nächsten abzuwenden. So lange uns
selbst noch irgend ein nothwendiges Bedürfniß des Lebens unbefrie-
15 digt ist, denken wir gern nicht auf Bequemlichkeit und Wolleben, also
laßt uns auch bereit seyn einem entbehrlichen Genuß zu entsagen,
wenn wir unserm Nächsten dadurch die Last der Dürftigkeit und der
Noth in etwas erleichtern können. Von zwei Wünschen, die in uns
selbst gegen einander streiten, laßen wir immer den wichtigern vor-
20 walten; von zwei Wünschen deren einer uns, und der andere einem
andern gehört muß auch einem der Vorzug der Wichtigkeit zukommen, auf deßen Befriedigung laßt uns also auch zuerst bedacht seyn.
Ist es der unsres Nächsten, so steht der unsere billig zurück; ist es der
unsrige, so können wir mit gutem Gewissen für ihn entscheiden ohne
25 den Vorwurf einer Selbstsüchtigen Partheilichkeit und einer Hintanse-
zung der Menschenliebe zu verdienen. Und so läßt sich kein Fall denken wo nicht die Vorschrift unseres Textes den Streit der Selbstliebe
und des Wolwollens befriedigend entscheiden sollte. Eben so bewährt
sie sich auch, wenn die Foderungen der Menschenliebe sich unter ein-
30 ander selbst im Wege stehn. Des menschlichen Elendes und Uebelbe-
findens ist so mancherlei, es umgiebt uns bisweilen so von allen Seiten
daß viele Hände auf einmal sich gegen uns ausstreken um Hülfe und
Beistand von uns zu begehren und doch Zeit und Kräfte so einge-
schränkt sind daß wir die unsrigen nur einem reichen | dürfen, und sie   *10r*
35 den übrigen, so weh das auch einem fühlenden Herzen thut, versagen
müßen. Was ist nun hiebei für eine Ordnung zu beobachten, was für
eine Auswahl zu treffen? Die meisten Menschen gehen dabei auf eine
Art zu Werke, welche auf sehr unzureichenden Gründen beruht. Der
eine giebt mit einer launigen Partheilichkeit demjenigen unbedingt den
40 Vorzug der ihm wegen einer gewißen Aehnlichkeit der Gemüther, we-

---

11 zu verhüten,] *über* ⟨abzuwenden⟩   **35** thut] *über der Zeile*   **40** ihm wegen]
wegen *korr. aus Unleserlichem*

gen einer oft blinden persönlichen Zuneigung am werthesten ist; ein
anderer sucht denjenigen hervor von dem er die meisten Gegendienste
zu erwarten hat, ein dritter bestimt sich für diejenige Handlung die
am glänzendsten ist und die meiste Ehre verspricht. So blikt auch hier
bald Eigennuz bald blinde Gutherzigkeit hervor, und es sollte schwer   5
fallen eine solche Art zu handeln mit der Vorschrift des Textes in
Uebereinstimmung zu bringen. Diese belehrt uns vielmehr, daß wir
alle diese verschiedenen Angelegenheiten als unsere eignen ansehn und
uns ohne Ansehn der Person und anderer Umstände für diejenige entscheiden sollen, der wir wenn sie alle die unsrigen gewesen wären den   10
Vorzug eingeräumt hätten. Wenn mehrere Bedürfniße auf uns eindringen so wird billig das dringendste zuerst befriedigt; rufen also mehrere
Hülfsbedürftige uns um Beistand an, so laßt uns demjenigen vor allen
zueilen dem es am meisten Noth thut, und wenn er auch an unserer
persönlichen Liebe den geringsten Antheil hätte. Für uns selbst suchen   15
wir uns gewiß zuerst mit dem nothwendigen abzufinden ehe wir auf
die Erfüllung zufälliger Wünsche, auf die Erzielung besonderer Absichten bedacht sind. Wenn also hier unsere Mildthätigkeit und dort
unsere Dienstgefälligkeit angerufen wird, so eilen wir billig dahin wo
die Stimme der ersten erschallt wenn auch da nicht die geringste thä-   20
tige Dankbarkeit zu erwarten wäre, und die Hofnung auf mancherlei
Gegendienste uns zu einem andern Entschluß verführen wollte. Wenn
so mancherlei Entwürfe unsere Einbildungskraft und unsern Willen
beschäftigen, so werden wir doch gewissenhaft genug seyn nur denjenigen thätig zu befolgen dem die reinste Gesinnung zum Grunde liegt,   25
und der mit unsern Pflichten in dem nächsten Zusammenhang steht.
10v Werden wir also von | mehreren Seiten aufgefodert werden an den
Unternehmungen anderer einen thätigen Antheil zu nehmen, so laßt
uns unsern Beistand demjenigen widmen deßen Sache die beste und
nüzlichste ist, wenn auch, wie es denn oft in der Welt zu gehn pflegt,   30
Ehre und Ruhm vor Menschen mehr die Verschlagenheit und die
Selbstsüchtigen Absichten begleiten, als auf der Seite der Tugend
stehn sollte.

So ist also die Vorschrift des Evangelii überall die Dolmetscherin
der wahrsten, ungefärbtesten Menschenliebe, und leitet alle unsere   35
Handlungen so, daß sie von jeder Spur einer selbstsüchtigen Partheilichkeit frei sind, und auf der andern Seite doch nicht in blinde Gutherzigkeit ausarten. Sie macht unser Wolwollen uneigennüzig indem
sie die Anmaßung der Selbstliebe zurükdrängt, und uns mit allen andern in die gleiche Linie sezt, sie drükt ihm den Stempel der Tugend   40
auf, indem sie es in allen seinen Aeußerungen von dem Einfluß der

---

1 werthesten] wehrtesten   4 Ehre] *folgt* ⟨betrift⟩   19 eilen] *davor* ⟨l⟩

Neigung befreit und festen Grundsäzen unterwirft. Nur wer ihr folgt
arbeitet immer auf den eigentlichen Gegenstand der Menschenliebe,
nemlich das allgemeine Wol, nur er kann mit Recht behaupten daß er
alle Menschen liebe als sich selbst. Wer sich vom Eigennuz beherrschen läßt, wird bisweilen einen Schein der Tugend für sich haben,
wenn er auf eine geschikte Weise seine Härte für eine Frucht der
Ueberlegung und seine Selbstsucht für ein sittliches Verfahren auszugeben weiß, aber er hat nichts von jener großen Gesinnung die auch
bei dem eingeschränktesten Wirkungskreise sich das Wol des Ganzen
zum höchsten Ziel sezt, und welche den wahrhaft christlichen Menschenfreund bei allen seinen Handlungen beseelt. Derjenige deßen
Menschenliebe nur in blinder Gutherzigkeit besteht, wird oft den
Schein einer großen Uneigennüzigkeit haben, aber nie einen gegründeten Anspruch auf Tugend machen können; er wird vielleicht zu demjenigen dem er mit vieler Aufopferung aus persönlicher Zuneigung gedient hat sagen können daß er ihn als sich selbst liebe[,] aber gewiß
wird er das nemliche nicht denjenigen versichern können die er aus
solchen Bewegungsgründen zurükgesezt, dahingegen der wahre Menschenfreund auch diesen getrost unter die Augen treten kann, denn
sein ganzes Betragen beweist daß er in dem nemlichen Fall gegen sich
selbst eben so würde gehandelt haben, und seine Grundsäze bringen
es mit sich, daß er denjenigen dem er seine Hülfe leider versagen muß
mit eben der Liebe umfaßt als den, dem er sie gewähren darf.

Eine solche Menschenliebe führt mit Recht den Namen des höchsten Gebots der Religion. Sie ist die zuverläßigste Beförderin des
menschlichen Glüks, denn ihre Thätigkeit hängt nicht von Zufall und
Umständen ab. Sie ist der sicherste Prüfstein der Tugend, denn die
Fortschritte darin beweisen, wie weit wir es in der Fertigkeit gebracht
haben alle unsere Neigungen festen und vernünftigen Grundsäzen zu
unterwerfen. Sie ist die beste Schule für die Ewigkeit, denn sie macht
uns geschikt einst in einem noch höhern Grade unsere Glükseligkeit
darin zu finden, daß wir das ganze Reich Gottes mit unserm Verstand
mit unsrer Zuneigung und mit unserer Thätigkeit umfaßen.

---

3 Wol] *korr. aus* Wolwollen   10 welche den] *geändert aus* nach welcher der
12 Gutherzigkeit] *folgt* ⟨oder in persönlicher Zuneigung⟩   13 großen Uneigennüzig-
keit] *am Rand mit Einfügungszeichen statt* ⟨blinden Gutherzigk⟩   15 aus persönlicher
Zuneigung] *am Rand mit Einfügungszeichen*   26 Zufall] *davor* ⟨[Laune]⟩   27 die]
korr. aus sie

Nr. 40
Am 18. September 1796

Termin:	*17. Sonntag nach Trinitatis*
Ort:	*Berlin, Charité-Kirche*
Bibeltext:	*2Kor 1,3–4*
Textzeuge:	*SW II/7, 1836, S. 367–380 (sekundäre Quelle)*
Texteditionen:	*Keine*
Andere Zeugen:	*Keine*
Besonderheiten:	*Schleiermachers Antrittspredigt in der Berliner Charité*

367   Antrittspredigt, gesprochen in der Charité zu Berlin
am 18. September 1796.[1]

Wenn wir einen theilnehmenden Freund, einen Gefährten auf dem
Wege des Lebens, oder auch nur ein Mitglied unseres Kreises, einen
Mitarbeiter in unsern Geschäften verloren haben, und es erscheint ein   5
anderer um seine Stelle einzunehmen: dann pflegen wir unsere ganze
Aufmerksamkeit darauf zu richten, ob wir nicht aus seinen ersten
Handlungen, aus seinem ersten Betragen sogar errathen können, auf
was für Eigenschaften und Gesinnungen wir wol bei ihm Rechnung
machen dürfen, nach was für Grundsäzen er wol handeln, wie er wol   10
368   seinen Plaz ausfüllen | werde, wie lieb und werth wir ihn wol werden
halten können. In diesem Falle, meine lieben Freunde und Hausgenossen, befindet ihr euch wahrscheinlich jezt, da ihr einen eurer Lehrer
verloren habt, und ich, der ich sein bisheriges Geschäft unter euch
übernehmen soll, zum ersten Mal zu euch rede. Allein m. Fr. das sind   15
voreilige Wünsche, und wir täuschen uns gewöhnlich, wenn wir aus
den wenigen Kennzeichen, die wir eilfertig aufsammeln können, Vermuthungen wagen wollen über das, was ein Mensch wol sein möge.
Nur die Zeit kann uns diese Kenntniß verschaffen; nur mancherlei
Erfahrungen, nur prüfende Beobachtungen in verschiedenen Umstän-   20
den können über das innere eines Menschen Aufschluß geben und ein
richtiges Urtheil begründen.

---

[1] Nach einer eigenhändigen Notiz Schl's. ist diese Predigt erst den 12ten October, also
über drei Wochen nach ihrer Haltung niedergeschrieben. D. H.

Etwas pflegt sich aber doch sehr bald zu entwikkeln, nämlich wie
gern oder ungern, mit welcher Lust, mit welchen Erwartungen jemand
in ein neues Verhältniß eintrete, und da wünschte ich nun, daß alles
beitragen möchte um euch zu überzeugen, daß ich das Amt, welches
5   ich heute unter euch übernommen habe, mit gutem Muth und mit
Freudigkeit antrete. Wenigstens soll der folgende Vortrag dahin gerichtet sein, und möchte überall so wie hier der Geist der Wahrheit in
meinen Vorträgen walten.

Text.   2. Kor. 1, 3. 4.

10   Gelobet sei der Gott alles Trostes, der uns tröstet in aller unsrer
Trübsal, daß wir auch trösten können die da sind in allerlei Trübsal mit dem Trost, damit wir getröstet werden von Gott.

Die ersten Christen m. Fr. gehörten nicht unter die glükklichen der
Erde, vielmehr brachen sehr bald allerlei bittere Unannehmlichkeiten,
15   ja wirklich traurige Schikksale über sie herein. Wenn unter diesen Umständen ihre Lehrer den Muth hätten verlieren sollen, so wäre das
Christenthum, welches die Welt beglükken sollte, in seinem ersten An-
fang wieder untergegangen. Des|wegen sieht es der Apostel in den   369
verlesenen Worten als eine besondere Wohlthat Gottes an, daß er ihn
20   mit Kraft und Freudigkeit ausgerüstet habe auch unter den betrübte-
sten Umständen sein Amt der Belehrung und des Trostes getreulich zu
führen. Diese Kraft, diese Gesinnung muß jeden christlichen Lehrer
beleben, jeder muß unter allen Umständen voll guten Muthes sein
und hat auch gewiß Ursach dazu. Die Gründe, warum ein christlicher
25   Lehrer zu seinem Amt immer Freudigkeit haben kann, will ich besonders in Bezug auf mich und mein Geschäft unter euch auseinander
sezen. Ich finde sie erstlich in der Beschaffenheit meines Amtes selbst,
zweitens in den Erwartungen, welche ich von dem guten Erfolg desselben nähren kann.

30   Erlaubt mir euch beides ausführlicher darzulegen.

I.

Das Geschäft eines christlichen Lehrers ist so beschaffen, daß man
Ursach hat es gern und mit Freuden zu übernehmen; denn es ist einmal ehrenvoll und wichtig, es ist dann aber auch angenehm.

35   Ehrenvoll und wichtig ist das Geschäft eines Religionslehrers gewiß. Ein Lehrer der Christen wird zwar in der Schrift ein Diener der
übrigen genannt, und es ist dies nicht eine falsche Demuth, sondern
im eigentlichsten Sinn des Wortes wahr; er soll seiner Gemeine dienen,
soll Bedürfnisse derselben befriedigen, soll ihre Absichten unterstüzen:
40   aber welch ehrenvoller Dienst! Er hat es nicht mit Bedürfnissen zu

thun, welche nur den thierischen Theil des Menschen angehn, nur auf
die Geschäfte und Bequemlichkeiten des irdischen Lebens sich beziehn, sondern mit solchen, welche die ganze Würde die höchsten Vorzüge des Menschen ausmachen, welche seinen Antheil an einer besseren Welt, sein Leben in der Ewigkeit betreffen; er unterstüzt nicht   5
vorübergehende Absichten, die sich auf irdische Vortheile beziehen, |
370 sondern solche, die mit seiner höheren Bestimmung unmittelbar zu-
sammenhangen. Wahrheiten, wichtige Wahrheiten vorzutragen, welche werth sind für alle Menschen ein Gegenstand des fleißigen Nachdenkens zu sein, und die auf das ganze menschliche Leben ihren   10
Einfluß äußern; Empfindungen zu veranlassen, die allem Thun und
Bestreben eine bessere Richtung geben; Ausleger der göttlichen Offenbarungen zu sein und sie in ihrem großen Sinn darzustellen; die Vorurtheile und Menschensazungen, wodurch sie so oft verunstaltet werden, auszurotten; die Stimme des Gewissens zu wekken, zu beleben   15
und in alle Winkel des menschlichen Herzens hineintönen zu lassen:
das ist gewiß an sich ein wichtiges Geschäft.

Laßt mich hinzusezen, daß es dies überall und unter allen Umständen sein müsse. Es kann hierin keinen Unterschied machen, wer
diejenigen sind, und wie es ihnen ergeht, bei denen ein Lehrer sein   20
Amt verwaltet, und wenn ich mich unter euch umsehe, die ihr einen
Theil meiner Gemeine ausmacht, so bekomme ich deswegen von der
Wichtigkeit meines Amtes nicht geringere Begriffe. – Es ist wahr, ich
sehe hier nicht viele, die vor der Welt sehr geachtet und geehrt sind
und an ihren Freuden und Gütern einen großen Antheil erhalten ha-   25
ben, sondern meistens arme und niedrige, aber ich weiß auch, daß der
Herr die Person nicht ansieht. Wenn es mir nur gelingt eure Herzen
zum guten zu lenken, euch von den Irrwegen zurükkzuhalten, die so
viele von der Bahn der Rechtschaffenheit abführen, so soll es mir
gleich gelten, ob ich diesen Dienst euch oder den großen der Welt   30
geleistet habe; denn ich weiß, daß mein Ruhm vor demjenigen nicht
geringer sein wird, vor dem jede Seele des Menschen, die vom bösen
umkehrt und aufrichtig wandelt, gleichen Werth hat. – Es ist wahr,
ich sehe unter euch nicht viele, die in der Weisheit der Welt geübt sind
und ihren Geist mit allerlei Kenntnissen ausgeziert haben, sondern   35
solche, welche die Welt einfältig und ungebildet nennt; aber die Wahr-
371 heiten, die ich leh|ren soll, wenden sich so sehr an den gemeinen
Verstand, der jedem gegeben ist, die Gebote, die ich einschärfen soll,
empfehlen sich so sehr dem innersten Gefühl, daß Unbekanntschaft
mit weltlicher Weisheit ihrem Eingange keinen Eintrag thun kann,   40
und es soll mein Ruhm sein, wenn ich durch meinen Dienst zeigen

---

26–27 *Vgl. Apg 10,34*

kann, daß auch die, welche die Welt thöricht nennt, von dem Herrn
erwählt werden und in seine Weisheit eindringen können. – Es ist
wahr, ich habe nicht viele Hunderte zu Zuhörern und trete nicht mitten unter den Palasten der Königsstadt auf, sondern vor einem kleinen
5 Häuflein und in dem Hause, welches die christliche Liebe gebaut hat;
aber ich weiß, daß schon Christus es sich zur Ehre rechnete den armen
das Evangelium zu predigen, und daß von je her die Religion eine
Menge treuer Verehrer unter den niedrigen Ständen gefunden hat.
Sollte ich also nicht in jedem Betracht mein Amt ehrenvoll und wich-
10 tig finden?
   Aber dies ist nicht die einzige vorzügliche Beschaffenheit desselben; es muß mir auch ein liebes und angenehmes Geschäft sein. Wie
sollte es nicht angenehm sein auf eine Anzahl von Menschen zu wirken, etwas in ihrem innern zu ändern oder hervorzubringen; denn das
15 menschliche Gemüth ist doch der edelste Gegenstand, an dem wir
unsere Kraft und Thätigkeit beweisen können. So oft ein Diener der
Religion auftritt, und die lehrbegierigen Christen ihm ihre Aufmerksamkeit schenken, so bearbeitet er das menschliche Gemüth: er wekt
Gedanken, die sonst nicht entstanden wären, er führt die Seelen in
20 Betrachtungen hinein, die ohne ihn jezt nicht wären veranlaßt worden, er dekt von diesem oder jenem Gegenstand eine wichtige Seite
auf, die der Zuhörer durch ihn mit Verwunderung bemerkt, er wekt
und belebt Empfindungen, er besänftigt und unterdrükt andere, er
bestimmt allen Kräften des Gemüths für diesen Augenblick ihr Ge-
25 schäft. O gewiß, wenn schon im gemeinen Leben derjenige vergnügt
ist, dem es gelingt einen Kreis aufmerksamer Zuhörer um sich zu ver-
sammeln und ihre Seelen an dem Faden seiner | Rede zu leiten, wie   372
viel mehr muß es demjenigen, dessen ganzen Beruf dies ausmacht,
angenehm sein, von seinen mitgetheilten Gedanken, ohnerachtet sie
30 ernster, anstrengender, feierlicher sind, dennoch eine solche Wirkung
wahrzunehmen. Wenn man freilich einen Haufen zerstreuter, den Vergnügungen ergebener Menschen vor sich hat und diesen die Pflicht in
ihrer ganzen Strenge, die Verhältnisse gegen Gott in ihrem ganzen
Ernst darstellen soll; wenn man es mit Menschen zu thun hat, die
35 ganz in die Geschäfte dieser Welt vertieft sind und mit ihren Veranstaltungen, mit ihrer Klugheit eines beständigen Wohlergehens ganz sicher zu sein glauben, und diese an ihre Abhängigkeit von einer Vorsehung, an den unerforschlichen, über alle menschliche Klugheit
erhabenen Gang derselben demüthigend erinnern muß; wenn man
40 vielleicht gar zu bösen, verderbten Menschen redet und ihren Blik
auf die Vergeltung heftet, die ihrer harret: dann ist dies Geschäft weni-

---

6–7 *Vgl. Mt 11,5*

ger angenehm, weil man den Menschen schwer fallen und kränkende
Empfindungen in ihnen veranlassen muß. Mein Amt unter euch ist
aber auch von diesen Störungen seiner Freuden frei; es ist mir desto
angenehmer, weil es euch selbst angenehm sein muß, indem es zu eurer Zufriedenheit beiträgt, eure Zuversicht stärkt und euer Gemüth er-   5
hebt.

Mein Geschäft trägt zu eurer Zufriedenheit bei. Es fehlt den Be-
wohnern dieses Hauses nicht an manchen beschwerlichen Dienstleistungen; einige müssen sich um kranke, unglükkliche Menschen mit
Sorgfalt bekümmern, von allen ihren kleinen Begebenheiten sich   10
Kenntniß verschaffen, für alle ihre kleinen Bedürfnisse sorgen; andere
müssen diese unglükklichen wenigstens dulden, sich ihre Nähe und
ihre mancherlei unangenehmen Eigenheiten gefallen lassen, ihre Launen ertragen, und so ihre eigene Last noch vermehren; es fehlt nicht
an manchen unangenehmen Aufopferungen, man muß sich manche   15
Einschränkungen gefallen lassen um der allgemeinen Ordnung willen,
die keine Ausnahme zuläßt, um der Mißbräuche willen, die sonst |
373   andere machen würden; es giebt mancherlei Störungen der Ruhe und
Heiterkeit, die man genießen könnte; in der Verbindung mit Menschen, die nur der Zufall und das Elend zu uns führen, wo beschwerli-   20
che Gemüthsarten, unbillige Gesinnungen sich einschleichen, werden
gewiß öfters Verdrießlichkeiten erregt, Leidenschaften gewekkt, heftige Auftritte veranlaßt. Das sind Ursachen zur Unzufriedenheit, und
gewiß entstehen daraus Klagen über ein hartes, schweres Schikksal.
Wenn nun durch unsere Betrachtungen hier der Gedanke veranlaßt   25
wird, daß eben diese Dienstleistungen jezt unser Beruf, unsere Pflicht,
daß sie das vornehmste sind, was wir gegenwärtig zum allgemeinen
Wohlergehn beitragen können, daß dies die Art ist, wie wir Christum
nachahmen können, der auch seiner Bequemlichkeit nicht achtete wo
er wohlthun konnte; wenn hier zugleich der Sinn gewekkt wird gern   30
zu thun und mit Lust alles gute, was uns vorhanden kommt zu thun,
auf Gott zu sehn und auf sein Gesez, nicht auf irdische Freuden und
Lohn; wenn wir überlegen, daß wir eben an jenen unangenehmen Verhältnissen lernen sollen Leidenschaften aller Art überwinden, den Sinn
für das gute troz so mancher Hindernisse nicht verlieren und uns un-   35
ter allerlei Umständen ein gelassenes Wesen erhalten: muß uns da
nicht eine heitere Aussicht eröffnet werden über eine Lage, die uns so
viel Selbstzufriedenheit gewähren kann; müssen wir da nicht mit mehr
Lust und Muth Verhältnisse ansehn, worin wir doch Nuzen stiften
und dabei unser eigenes Gemüth auf so mancherlei Weise üben und   40
vervollkommnen können, und muß nicht ein Geschäft angenehm sein,
welches durch so wichtige Ueberlegungen eure Zufriedenheit befördert?

Es hilft aber auch eure Zuversicht und euren Glauben zu stärken. Wenn dieser überall so mancherlei Gefahren ausgesezt ist, so sind sie hier besonders groß. Hier, wo so viel allem Anschein nach unverschuldetes Elend zusammengehäuft ist und so viele klägliche Stimmen des Jammers hervorbringt, und wo dagegen dem verschuldeten Elend mit so stum|pfer Gleichgültigkeit, mit so schamloser Frechheit getrozt wird, kann gar leicht der Gedanke entstehn, ob es auch wol wahr sei, daß der Herr vom Himmel herabschaut auf die Menschenkinder und seinen Thron aufgerichtet hat zum Gericht. Wo wir so viele Menschen sehen, in denen nie eine Spur besserer Gesinnung gewesen zu sein scheint, bei denen das Gewissen alle Rechte verloren hat, so daß sie bis auf den lezten Augenblikk unempfindlich gegen ihren traurigen Zustand und frei von Vorwürfen bleiben, hier kann leicht der Zweifel sich einschleichen, ob auch wirklich das Gesez des Höchsten allen Menschen ins Herz geschrieben ist; muß es mir nicht ein angenehmes Geschäft sein das Gemüth von diesen Unruhen zu befreien, und indem ich immer deutlicher den Gedanken entwikkele, daß der gute dennoch besser daran sei als der böse, daß Weisheit doch die Thorheit übertrifft wie Licht die Finsterniß, indem ich immer aufs neue zeige, wie tief dennoch das Gefühl für Recht und Pflicht in den Menschen gelegt und in all sein Thun und Denken verwebt sei, so Vertrauen auf Gott und Anhänglichkeit an das gute zu beleben?

Endlich bringt es mein Geschäft auch mit sich, daß ich euer Gemüth zu erheben suche. Unter den kleinlichen Beschäftigungen, denen wir obliegen müssen, unter den Sorgen, die uns drükken, unter den Uebeln, die wir selbst fühlen und andere erdulden sehn, erliegt der Mensch gar leicht, daß er vergißt, was er eigentlich ist, und wie hoch er sich emporschwingen soll, daß er nur immer an die Nichtigkeit aller menschlichen Dinge, an seine eigene Ohnmacht und Vergänglichkeit denkt und ganz bei geringfügigen Gegenständen stehn bleibt. Empor soll ich euch richten, meine Brüder, indem ich euch zeige wie viel Gott von euch fordert, zu wie andern Dingen er euch berufen hat; soll euch aufmerken helfen auf die herrlichen Kräfte, die Gott in euch gelegt hat, auf die väterliche Weisheit, mit welcher er euch erzieht, auf die ganze Würde des Menschen, die aus diesen Forderungen und Veranstaltungen so deutlich hervorleuchtet. Indem ich euch | erinnere, daß Christus für euch in die Welt gekommen und gestorben ist, daß er euch Brüder nennt und euch ein Leben verheißen hat da wo er ist, soll ich euch zum Gefühl eurer ganzen Würde als Christen erheben.

---

8 *Vgl. Ps 33,13*   **9** *Vgl. Ps 9,8*

Seht da, meine Freunde, die Eigenschaften meines Amts, welche
Ursachen meiner Freudigkeit sind; es ist ein ehrenvolles und angenehmes Geschäft und besonders unter euch, wo ich die Religion ganz in
ihrer tröstenden erhebenden verherrlichenden Gestalt darzustellen
habe.　　　　　　　　　　　　　　　　　　　　　　　　　　　　　5

II.

Diese Freudigkeit hat aber noch andere Gründe, in den Erwartungen
nämlich, die ich über den Erfolg meines Amtes nähren kann. Laßt
mich auch von diesen euch noch kürzlich unterhalten.
　　Wenn ein Lehrer der Religion von dem, was er durch seinen　　10
Dienst auszurichten denkt, von den Verbesserungen menschlicher Gesinnungen und Handlungen, die daraus hervorgehn sollen, große und
glänzende Erwartungen hegen wollte, so könnte das vielleicht für den
Augenblikk seine Freudigkeit vermehren, aber gewiß nicht von Dauer
sein. Nur gar zu bald müßte er entdekken, daß die Sache sehr weit　　15
hinter seinen Vorstellungen zurükkbleibt, und je hoffnungsvoller er
vorher war, desto muthloser desto abgeschrekkter würde er werden.
Ja es scheint sogar, als ob die Aussichten für einen Lehrer der Religion
jezt mehr als jemals traurig wären; die Häuser der öffentlichen Gottesverehrung werden immer seltener besucht, gemeinschaftliche Erbau-　　20
ung wird nicht mehr als ein großes Bedürfniß betrachtet, und alle
Uebungen der Religion werden als solche Dinge angesehen, die man
allen übrigen nachsezen kann. Dennoch bin ich innig überzeugt, daß
mäßige Erwartungen von dem Nuzen, den die öffentliche Belehrung
stiften kann, nicht leicht werden getäuscht werden.　　　　　　　　25
376　　Es ist wahr, es giebt verstokkte Menschen, die durch | lange Ge-
wohnheit auf der Bahn der Ungerechtigkeit zu wandeln alle Empfindlichkeit für Eindrükke der Religion verloren zu haben scheinen; aber
doch, wenn sie nur hie und da einmal, aus welcher Absicht es auch
sei, in die christlichen Versammlungen sich verirren, so verstokkt kön-　　30
nen sie unmöglich sein, daß sich ihre sittliche Natur ganz verläugnen,
daß von ihren ehemaligen Begriffen von Gott von Pflicht von Vergeltung gar nichts wieder erscheinen sollte. Sie müssen gewiß insgeheim
die Gesinnungen billigen, die da eingeschärft werden, und wenn auch
nur auf kurze Zeit ein gewisses Gefühl von Schaam und Ehrfurcht　　35
sie durchdringt, wenn nur in dem ersten heilsamen Schrekken eine
schändliche Lust unterdrükkt wird, eine ungerechte Handlung ungethan bleibt, so ist doch etwas böses verhindert worden, so haben doch
die bösen selbst wider ihren Willen ein Zeugniß der Wahrheit ablegen müssen.　　　　　　　　　　　　　　　　　　　　　　　　40
　　Ein großer Theil der versammelten besteht freilich aus flüchtigen,
zerstreuten Gemüthern, welche die Wahrheiten der Religion anneh-

men und billigen, gerührt werden durch ihre Ermahnungen, zum guten gestimmt durch ihre Rathschläge; aber ihr Nachdenken ist nicht
fortgesezt, ihre frommen Empfindungen verlöschen bald wieder, ihre
guten Entschlüsse sind nicht kräftig genug um auszudauern. Aber
5 auch diese vorübergehenden Wirkungen sind schon Belohnung. Die
Zeit, die hier dem Nachdenken über wichtige Gegenstände gewidmet
wurde, diese ist doch wenigstens menschlich, eines vernünftigen Wesens würdig angewandt, sie bleibt immer ein glänzender Punkt in einem Leben voll leerer Zerstreuungen; die ernstere bessere Ge-
10 müthsstimmung, womit sie die Versammlung der Christen verlassen,
bringt auch während ihrer kurzen Dauer gewiß irgend etwas gutes
hervor; die öftere Wiederholung solcher Eindrükke vermehrt ihre
Kraft, läßt Erinnerungen in der Seele zurükk, welche früher oder später eine gänzliche Umkehrung von dem Wege der Sinnlichkeit und der
15 Zerstreuungen veranlassen können. |
   Und sollte denn die Anzahl der gerechten gar nicht in Betrachtung   377
kommen? sollten nicht überall einige sein, welche es mit der guten
Sache ernstlich meinen und Christen zu heißen verdienen? Diese aufzumuntern und zu stärken, diesen etwas nüzliches zu sagen und sie
20 weiter zu führen, von ihnen Dank und Liebe zu ernten: das ist der
schönste Lohn, das ist eine Aussicht, die auch bei den mäßigsten Erwartungen einen Lehrer mit Freudigkeit erfüllen muß.
   Vergönnt mir aber, meine Freunde, euch zu eröffnen, daß ich von
euch in jeder Rükksicht mehr erwarte als von andern christlichen Ver-
25 sammlungen, mehr Lust und Liebe zur Religion und dauerhaftere
fruchtbarere Eindrükke von derselben.
   Wenn ihr es redlich meint mit euch selbst, wenn ihr gern das
eurige thun und euer Gewissen unbeflekkt erhalten wollt, so müßt ihr
nothwendig zu den Hülfsmitteln der Religion eure Zuflucht nehmen.
30 Die menschliche Schwachheit braucht überall um auf dem guten Wege
zu bleiben allerlei Ermunterungen. Andere, die auf anderen Stufen in
der Gesellschaft stehen, in einem größeren Kreise leben, finden diese
vielleicht in dem Beifall der Welt, in dem Ziel der Ehre, welches sie
sich vorgesezt haben, in der Sicherheit, die ihnen ein unbescholtenes
35 Leben gewährt. Ihr aber, die ihr eure Pflichten ganz im stillen erfüllen
müßt, deren Lage von der Art ist, daß eure Tugenden je vollkommner
sie ausgeübt werden nur um desto weniger ins Auge fallen, ihr, die ihr
immer nur von einem sehr kleinen und selbst nicht glänzenden Kreise
bemerkt werdet, wo solltet ihr Aufmunterung zum guten finden, wenn
40 ihr sie nicht in dem Andenken an Gott den Allwissenden, den Vergel-
ter, und in allen tröstlichen Verheißungen der Religion suchen wollt?

---

23 Freunde] Freude   39 Aufmunterung] Aufmunternng

Was für Belohnungen stehen euch offen, wenn ihr nicht den stillen
Lohn genießen wollt, den es euch gewähren muß ein gutes Gewissen
vor Gott darzubringen, euch eurer Verbindung mit Christo zu freuen
und im voraus fleißig auf die Freuden zu sehn, die euch bei ihm erwar-
378 ten? | Ja eure ganze Lage, führt sie euch nicht gewaltsam hin zu allen   5
den Ueberlegungen, die dem Christen seine Religion besonders werth
machen müssen? Abgeschnitten von den Freuden der Welt, muß es
euch nicht das köstlichste Kleinod sein schon jezt dem Geist nach in
einer bessern Welt zu leben? Frei von solchen Verrichtungen, die alle
Kräfte des Gemüths beschäftigen, womit wollt ihr die Leere ausfüllen,   10
womit wollt ihr den Durst nach Geschäftigkeit stillen, auf was für
würdigere Gegenstände wollt ihr die Kräfte der Seele richten, als auf
diejenigen, die einen ewigen bleibenden Werth haben? In einem Alter,
wo man von der Höhe des Lebens herabsteigt, was liegt euch näher
als zu der schöneren Höhe hinaufzusehen, die ihr jenseits ersteigen   15
sollt, und euer ganzes Gemüth dazu anzuschikken? An einem Ort endlich, wo ihr von mancherlei Elend umgeben seid, wo ihr den Tod in
allen seinen verschiedenen Gestalten seht, wie er die Verzweiflung des
zernichteten Sünders unterbricht, den ruchlosen mitten unter seinen
Schmähungen dahinrafft, dem gedankenlosen in seiner verächtlichen   20
Unempfindlichkeit die Augen schließt und den zaghaften lange mit
seiner unfreundlichen Gestalt schrekkt, was kann euch hier wol wichtiger sein, als euch bei Zeiten mit diesem Schritt bekannt zu machen,
damit ihr einst mit Besonnenheit und gutem Muth, vom Stabe der
Religion gestüzt, in das dunkele Thal hineinwandern könnet? Eure   25
Pflichten sowol als euer ganzer Zustand berechtigen mich, mehr Lust
und Liebe zur Religion von euch zu erwarten.

Aber auch bleibendere und fruchtbarere Eindrüke von ihren Belehrungen. Andere Christen sind noch in dem Zustande, wo Leidenschaften von mancher Art das Gemüth bewegen und erschüttern, und   30
in diesem Tumult gehn gute Ueberlegungen sehr bald verloren; bei
euch sollen Neigungen und Begierden schon ausgebraust, und die Vernunft soll mehr Herrschaft gewonnen haben. Andere kehren aus den
Stunden der Belehrung zurükk zu verwikkelten anstrengenden Geschäften, zu verderblichen Zerstreuungen; diese stören euch nicht,   35
379 und es bleibt euch Muße | genug ein heilsames Nachdenken fortzuse-
zen und gute Eindrükke vor der Vergessenheit zu sichern. Andere sind
mit ihren guten Gedanken dem Lachen der Spötter, den Einwendungen der Zweifler, mit ihren guten Vorsäzen den Verführungen der
leichtsinnigen und listigen und dem Eindrukk aller solcher Dinge aus-   40
gesezt, die die Lust und den Eigennuz nähren und das bessere Gefühl
betäuben; ihr dürft euch in eine heilsame Einsamkeit zurükkziehn, wo
das gute Wurzel fassen und gedeihen kann, und die guten Eindrükke,

die ihr aufgefaßt habt, werden immerfort durch thätige dringende
Aufforderungen zur Menschlichkeit und Bruderliebe unterstüzt und
belebt. Läßt es sich also nicht mit Recht erwarten, daß die Wirkungen
der Religion bei euch weniger flüchtig sein, daß sie einen daucrhafte-
ren und thätigeren Einfluß auf euer ganzes Leben haben werden, und
muß nicht diese Erwartung mich ganz vorzüglich mit Freudigkeit erfüllen?

Ich mag also auf die Beschaffenheit meines Amtes, ich mag auf
die Erwartungen sehen, die es erregt, so habe ich Ursach es mit Freudigkeit anzutreten; aber dieser gute Muth soll nicht nur den Anfang
desselben angenehm machen, sondern mich durch die ganze Zeit, da
ich es führen werde, begleiten, und das kann auch geschehen, denn
die Ursachen, die Verhältnisse bleiben dieselben. Oder sollte ich selbst
durch mein eigenes Betragen die Begriffe von der Wichtigkeit meines
Amtes und von dem guten Erfolge desselben vernichten? Sollte ich es
je so nachlässig behandeln, daß es aufhörte mir groß und wichtig zu
erscheinen? Sollte ich so sorglos dabei zu Werke gehn, daß ich nichts
von den Wirkungen gewahr würde, die es angenehm machen? Sollte
ich meine Ermahnung selbst unkräftig machen, indem ich nicht eure Bedürfnisse, euren Zustand, eure Fassungskraft zur Richtschnur
nähme? selbst fruchtlos, indem ich die Lehre nicht mit dem Beispiel
begleitete, nicht durch den Wandel den sie gebietet bestätigte, indem
ich zeigte, wie wenig ich selbst auf die Verheißungen rechnete, die ich
euch anpries? Nein m. Fr., das wird Gott verhüten! nein, das kann
nicht geschehen, denn ich bin selbst erfüllet mit dem Trost, | damit 380
ich euch trösten soll, ich bin selbst durchdrungen von den Wahrheiten,
die ich verkündige, selbst von ganzem Herzen dem Gesez unterthan,
welches ich euch vorlege, und ich fühle es zu innig, welch ein köstlich
Kleinod Gott demjenigen anvertraut hat, dem er ein Lehramt gegeben.
Nein, was ich selbst thun muß um mir diese Freudigkeit zu erhalten,
das soll nicht unterbleiben. Aber hört auch meine Bitte an euch m. Fr.
Bedenkt, wie der Apostel die Christen ermahnt, sie sollen sorgen, daß
diejenigen die an ihnen arbeiten es thun mögen mit Lust und ohne
Seufzen. Raubt mir nicht durch eine Gleichgültigkeit, die ich gar nicht
vermuthen darf, durch eine Trägheit, für die ihr ganz ohne Entschuldigung sein würdet, die guten Hoffnungen, die mich beseelen. Verlaßt
nicht unsere Versammlungen, entzieht euch nicht freiwillig ein Gut,
welches euch für so viele andere schadlos halten kann, öffnet eure
Herzen mehr und mehr der Religion, folget ihrem sanften Zuge und

---

10 soll nicht nur] nur soll nicht

32–34 *Vgl. Hebr 13,17*

laßt mich die erfreulichen Wirkungen ihrer Herrschaft über die Seele mehr und mehr wahrnehmen. Gebt mir aber auch Hoffnung die Liebe bei euch zu gewinnen, die die beste Aufmunterung ist. Ich weiß wohl, daß ich sie mir verdienen muß, und nur unter dieser Bedingung begehre ich sie, aber bis dahin und ehe ihr mich genau kennt schenkt mir wenigstens das gute Vorurtheil, welches ein jeder verlangen darf, der tüchtig befunden worden ist ein Lehrer der Religion zu sein, das Vertrauen, welches ihr der Wahl eurer vorgesezten schuldig seid. Laßt mich nicht vergeblich um das Wohlwollen um die Bruderliebe bitten, die man jedem Christen gewähren muß, und die ich noch viel mehr als euer Hausgenoß fordere, um die ich euch alle bitte von denjenigen an, welchen die Aufsicht über diese Anstalt anvertraut ist, bis auf die, welche hier einen Zufluchtsort im Unglükk und in den Schwachheiten des Alters gefunden haben. Nehmt mich als euren Freund in Liebe auf und gebt mir den ersten Beweis davon, indem ihr jezt euer Gebet mit dem meinigen vereiniget.

(Gebet.)

Nr. 41
Am 8. Januar 1797 nachmittags

Termin:	*1. Sonntag nach Epiphanias, 14 Uhr*
Ort:	*Berlin, Charité-Kirche*
Bibeltext:	*Lk 8,12*
Textzeuge:	*a. Predigtentwurf*
	Autograph Schleiermachers; SN 58, Bl. 17r
	Texteditionen: Keine
	b. Predigt
	Autograph Schleiermachers; SN 58, Bl. 19r–v
	Texteditionen: Keine
Andere Zeugen:	*Keine*
Besonderheiten:	*Der Predigtentwurf befindet sich auf der Rückseite eines datierten Briefs, den Alexander zu Dohna am 30. Dezember 1796 an Schleiermacher geschrieben hat (vgl. KGA V/2, Nr. 356). Die Predigt ist dem Termin zugeordnet, der nachgewiesen, aber als einziger im Jahr 1797 nicht durch Schleiermachers ansonsten vollständig vorliegende Predigtentwürfe belegt ist (vgl. Kalendarium im Anhang zu KGA III/1). Der Text der Predigt ist unvollendet.*

a. Predigtentwurf

Leichtsinn   17r

Thema. Der Leichtsinn
    I. Das Uebel selbst betrachten. – Verwahrung wegen des Sprachgebrauchs; nicht die lasterhafte Immoralität die man
5   des Wolklangs wegen Leichtsinn nennt, sondern der wahre Leichtsinn.
        1. Gemüthszustand. Im Ganzen erscheint kein Charakter, kein System, kein bleibendes Interesse an etwas weder Materie noch Form – In den Geschäften
10   keine Verbesserung sondern höchstens eine gewiße Verschönerung zur Bequemlichkeit Anderer – In den Bewegungen kein bleibendes Verhältniß zu Ursach und Wirkung. Die Ursach der Empfindung ist

---

9 den Geschäften] *oder der Geschichte*

allemal äußerlich und die Wirkung sehr abwechselnd.

2. Folgen desselben. – Die Religion kann weder Grundsäze hervorbringen, noch Einsichten befestigen, noch Handlungen betreiben – Alles wird von ⁵ äußern Eindrüken vernichtet oder von bösen Menschen durch [Reiz], durch Spott.
   Es ist kein Feld sondern eine angenehme Wildniß

II. Wie ist zu helfen

1. Es fehlt an Ernst und Stetigkeit, an Zucht und Ord- ¹⁰ nung, Vorstellungen helfen nichts, denn sie werden eingesehen und zugestanden. Achtsamkeit auf sich selbst kann man hier nicht als Mittel empfehlen, denn, wenn sie da wäre[,] wäre der Leichtsinn weg. Gewöhnung eben so wenig, denn eine Sache wird ¹⁵ einmal nicht so angesehn wie das andere.

2. Vormundschaft ist das einzige. Ihr habt die Zügel verloren, das Laster hat sie noch nicht aufgenomen, bittet einen Freund daß er sie ergreife. An diese wende ich mich: ²⁰

   a. Lehrt sie eine Idee durchdenken, und zeigt ihnen das eigenthümliche Vergnügen einer Regel zu folgen.

   b. Nöthigt sie ein Werk zu vollenden, und eine Tendenz in alles zu legen.

   c. Macht oft ihr Gemüth zum Gegenstand ihres ²⁵ Nachdenkens.

   Laßet euch leiten und haltet das nicht für pedantisch.

Zu I.1. am Ende:　Wenn ein solcher Mensch allein wäre könnte er wenigstens eine angenehme Wildniß werden, da ³⁰ er aber immer fremdem Einfluß ausgesezt ist, bleibt er ein Weg.

Zu I.1.a.　Die HauptUrsach ist: Zu große Nachgiebigkeit gegen äußere Eindrüke und zu starke Thätigkeit der Fantasie. | ³⁵

b. Predigt

Ueber den Leichtsinn   19r

Wenn ein verständiger Mensch gefragt wird warum menschliche Seelen so oft ein unfruchtbarer Boden sind, in welchem der Saame des
Guten nicht aufgeht, so wird er die Ursach davon nicht zuerst in jenen
5 einzelnen unglüklichen Augenbliken suchen, wo wie aus einem Vul-
kan das unterirdische Feuer gewaltsam hervorbricht und durch einen
einzigen Erguß den schönsten und lachendsten Boden in eine auf die
ganze Lebenszeit hin unfruchtbare Einöde verwandelt; denn solche
Ereigniße sind eben so selten als sie traurig sind; auch nicht in der
10 verschrieenen Gewalt der Leidenschaften deren Fluthen den Damm
der Vernunft und der Religion öfters durchbrechen, das ebenste Gemüth durchwühlen und Abgründe und Sandwüsten zurüklaßen; denn
wo einmal ein Damm der Vernunft und des Gewißens gestanden hat,
da werden auch gewiß bald wieder Anstalten gemacht werden die
15 verwüstete Flur von den Folgen der Ueberschwemmung zu befreien – ;
auch nicht in der oft genug sichtbaren Trägheit, die immer alles für
ihren Boden zu spät thut, und der dann jede Unterstüzung des Himmels zu spät komt und auch die günstigste Witterung kein Gedeihen
bringt; denn wem nur die Sache wichtig ist der wird bald durch Scha-
20 den klug werden – ; auch nicht in dem niedrigen Eigennuz der statt
den Boden des Gemüths anzubauen und fruchtbar zu machen, in
modrigen und öden Gegenden unter Schlaken und Steinen gebrütet
und mühsam nach einem todten Schaze gräbt; denn es sind doch nur
Wenige denen dieses traurige Geschäft genug und die ihr inneres nicht
25 an einen höheren Genuß mahnen sollte: – nein, er wird die Ursach
jener traurigen Thatsache in dem gemeinsten und unheilbarsten Fehler, in dem Leichtsinn der Menschen finden. Ich meine nicht die entschiedene Sittenlosigkeit, welche alles was mehr ist als sinnlicher Genuß wissentlich und schaamlos verwirft, und welcher ein schlaffes
30 Zeitalter nur zu oft jenen beschönigenden Namen beilegt; sondern ich
meine die Gemüthsverfaßung die ihn eigentlich verdient, die allzu-
leichte Beweglichkeit in der das gegenwärtige mit dem Vergangenen
nicht zusammenhängt, die heute vergißt was sie gestern empfunden
und gewollt hat, und heute handelt ohne zu fragen was sie morgen
35 davon denken wird, die keinen Entwurf vollenden und keiner Regel
treu bleiben kann, die einseitige Thätigkeit die nur durch äußre Eindrüke getrieben wird und sich ihnen nie versagen kann, die verkehrte

---

7 lachendsten Boden] *vgl. Adelung: Wörterbuch 3,7*   25 mahnen] *korr. aus Unleser-*
lichem   28 Sittenlosigkeit] Sit *korr. aus Unleserlichem*   36 äußre] *oder* erste

19v Rangordnung der Kräfte in der, anstatt das sinnliche zum | verständi-
gen und vernünftigen zu erheben dieses selbst nur als etwas sinnliches
gilt und wirkt. Das ist die weit verbreitete Ursach, der es zugeschrieben werden muß, daß so Wenige sich zur wahren Sittlichkeit erheben,
daß menschliche Belehrungen und göttliche Führungen an den mei-   5
sten vergeblich sind. Könnte ich diesen so gewöhnlichen Zustand mit
allem was ihm schrekliches anhängt schildern und die unglüklichen
Opfer desselben retten und heilen.

   Text.

Daß dieser Theil der bekanten Gleichnißrede worin unser Erlöser die   10
Ursach angiebt, welche das Gedeihen des Guten unter den Menschen
hindre, von nichts anderm als von dem Zustande mit dem wir uns
heute beschäftigen wollen, das muß bei wenigem Nachdenken einem
jeden klar seyn. Welchen Schaden Troz und Uebermuth im Glük, Feigheit und verzagtes Wesen im Unglük anrichtet, das zeigt er in den   15
andern Theilen des Gleichnißes, und dies sind Ursachen welche sich
auf eine auffallende Art zu Tage legen; wenn er aber den Schaden
beschreiben will den Gedankenlosigkeit und Zerstreuung, den Leichtsinn zu jeder Zeit und unter allen Umständen des Lebens anrichtet,
wie konte er sich unter einem Volk welches alles unbegreifliche hö-   20
hern Mächten zuschrieb anders ausdrüken als: der Teufel nimt das
Wort aus ihren Herzen, denn wo wirkt wol etwas so schleichend, so
unbemerkt und doch so zauberisch und untrüglich sicher zum Verderben des Menschen? Auch stimmen die Uebrigen Bilder, deren sich der
Erlöser bedient[,] gänzlich damit überein und man kan auf keine pa-   25
ßendere und kräftigere Art von der Sache reden als er gethan hat.
Auch werde ich mich bei der folgenden Betrachtung ganz genau an
die Worte des Erlösers halten, sowol indem ich das Uebel selbst in
seinem ganzen Umfang schildere als indem ich auf die Hülfsmittel welche dagegen zu ergreifen sind aufmerksam mache. *[Der Text endet*   30
hier.]

---

12 anderm] *zu ergänzen wohl* redet

---

9 *Die Predigt legt Lk 8,12 aus.*   **10–12** *Vgl. Lk 8,4–15*

Predigtentwürfe
in Landsberg
(1794–1796)

Manuskript „Predigt-Entwürfe in Landsberg"
SN 51, Bl. 11v; Faksimile (verkleinert auf 63 %); vgl. unten S. 369–371

Predigt-Entwürfe
in
Landsberg

Schleiermacher

Vorläufig |

Vorbereitungspredigt.

Eingang. Das Christenthum ist eine geistige Religion, die geheiligten Gebräuche desselben haben einen geistigen Sinn und müßen deswegen nicht vernachläßigt werden, denn es ist gut geistige Dinge lebhaft zu machen

Text. 2. Tim. 2, 8. Halt im Gedächtniß Jesum Christ

Thema. Wozu die Feier des Gedächtnißes Jesu nüzlich ist? Wir werden

    I.   mit einer Dankbarkeit erfüllt die uns zu allem Guten reizt
         1. sie entsteht
            a. durch Erinnerung an das was Christus gethan
            b. durch die Betrachtung daß das zum Besten des Menschengeschlechts geschehn,
         2. sie reizt zum Guten
            a. durch die Betrachtung, daß da so vieles zur Beruhigung und Besserung der Menschen geschehn wir uns das auch zu Nuze machen müßen.
            b. durch die Liebe womit sie verbunden ist und welche alles erleichtert
    II. mit einer Bewunderung die unsern Glauben an Christum befestigt

---

[Am Rand neben Z. 6:] S. 1802.

---

3 *Die in der brandenburgischen Neumark östlich der Oder gelegene Stadt „Landsberg an der Warthe" heißt seit dem Inkrafttreten des Potsdamer Abkommens vom 2. August 1945 mit polnischem Namen „Gorzów Wielkopolski".* 6 *Am 26. Juli 1794 in der Konkordienkirche zu Landsberg an der Warthe* 27 *Siehe Predigt vom 3. Juli 1802 (unten S. 790–791)*

1. sie entsteht aus Betrachtung der außerordentlichen Kraft, womit er alles gethan
2. sie mehrt den Glauben
    a. weil wir fühlen daß darin etwas übermenschliches ist und
    b. daß ein solcher der sicherste und zuverläßigste Lehrer und Retter der Menschen ist
III. mit einem guten Zutrauen zu Gott und Christo
    1. zu Gott – daß er uns mit ihm alles übrige schenken werde
    2. zu Christo – daß seine Liebe und Gnade ewiglich währet

Schluß. Wir können es also brauchen zu Stärkung unsrer Vorsäze Gesinnungen und Hofnungen aber nur der erreicht das der mit dem rechten Herz hinzutritt. Die andern trinken ihnen selbst das Gericht damit daß sie nicht unterscheiden den Leib des Herrn.

———————

Predigt am 6. Sonnt. nach Tr. über Matth. 5, 20.

Eingang. Man findet bei vielen Menschen ein gutes Gewissen die es gar nicht haben sollten, das kommt daher weil sie einen falschen Maaßstab zur Beurtheilung nehmen. Das ist also ein falsches gutes Gewissen wofür wir uns hüten wollen.
Text. Matth. 5, 20. Gerechtigkeit ist der Grund des guten Gewissens und der guten Hofnung
Thema. Wir reden also vom falschen guten Gewissen.
    I. Worin besteht es?
        1. einige sehen bloß auf Frömmigkeit nicht auf Tugend. Das muß natürlich eine elende äußerliche Frömmigkeit seyn und sich dabei zu beruhigen sezt eine Unwißenheit voraus die unter Christen gar nicht Statt finden sollte. Doch ist es gewöhnlich

———————

[Am Rand neben Z. 15:] 1802.

———————

10 Christo –] Christo   **13** hinzutritt] *korr. aus Unleserlichem*   **22** Thema. Wir] wir

———————

15 *Am 27. Juli 1794 in der Konkordienkirche zu Landsberg an der Warthe*   **29** *Vgl. Predigt vom 17. Oktober 1802 (unten S. 837–839)*

2. andere sehn bloß auf eine äußere Gesezmäßigkeit der Handlungen ohne die Gesinnungen; gewöhnlich eigennüzige selbstsüchtige Menschen.

3. andere gar nur auf einen geschikt hervorgebrachten Schein der äußeren Gesezmäßigkeit. Das waren vornemlich die pharisäischen. Es gibt auch welche die unsern Zeiten angehören

4. einige sehn nur auf Amts und Berufspflichten |

5. andere nur auf die ⌊Umgangspflichten⌋   *2v*

6. sicher viele beruhigen sich bei dem was sie gedacht empfunden und gewollt aber doch nicht gethan haben.

II Was schadet es?

1. Solche Leute werden nie gut: Denn

a. wer sich einbildet auf einem rechten Wege zu seyn verläßt ihn um so weniger je bequemer er ist

b. wer noch nicht den allgemeinen einzig richtigen Maaßstab der Beurtheilung gefunden hat, dem fehlt es noch an allem Sinn und Einsicht fürs Gute

2. es wartet ihrer eine schrekliche Stunde des Erwachens, denn

a. die Sache ist viel zu einfach und nahe liegend, daß sie nicht jedem in irgend einem Augenblik von selbst klar werden sollte

b. dann muß das Bewußtseyn eines ganz vergeblich verlebten Lebens höchst schreklich seyn und das Gefühl vielleicht schon mit geschwächten Kräften einen neuen Lauf anzufangen

Schluß. Es ist nothwendig uns von allen Vorurtheilen dieser Art loszumachen denn es ist ein großer Segen gleich auf den rechten Weg zu kommen damit der ganze Lauf des Lebens eins ist und etwas geleistet werden kann.

Predigt am 7. Sonntag nach Trinitat. über Röm. 6, 19–22.

Eingang. Man stellt gewöhnlich das Bestreben nach der Tugend als einen Weg zum Glük vor, das führt aber auf falsche Gedanken. Man

---

[*Am Rand neben Z. 31:*] S. 1802.

---

31 *Am 3. August 1794 in der Konkordienkirche zu Landsberg an der Warthe; vgl. Frühe Predigten Nr. 25 (oben S. 231–237)* **34** *Siehe Predigt vom 4. Juli 1802 (unten S. 791–793)*

muß Herz haben sich die Sache vorzustellen wie sie ist als eine Unterwürfigkeit, als einen Dienst und doch dabei beharren.

Thema. Es ist am besten sich in den Dienst der Gerechtigkeit zu begeben.

I. Der Mensch muß entweder der Tugend oder dem Laster dienen

    1. einer Sache muß er nothwendig dienen, denn er muß ein Bestes, einen höchsten Gegenstand seines Bestrebens haben um dessentwillen er alles thut und alles fahren läßt. So dient einer der Ehre, einer dem Eigennuz, einer dem Vergnügen: wer nichts zu dienen glaubt dient seinem Eigensinn

    2. er dient imer entweder der Tugend oder dem Laster, denn wenn er irgend etwas andres zu seiner Herrschaft macht als die Gerechtigkeit so sezt er um dessentwillen die Gerechtigkeit hintan, und das ist schon Ungerechtigkeit und Laster

II. Es ist am besten der Gerechtigkeit zu dienen.

    1. ist es eine weit edlere Dienstbarkeit ewigen, unveränderlichen, ehrwürdigen Gesezen zu dienen als flüchtigen vergänglichen verächtlichen Neigungen. Dort werden alle Befehle mit Ruhe gegeben und ausgeführt, hier ist eine beständige Unruhe. Dort sind alle Befehle zugleich Geseze | für alle; hier sind sie nichts als kleine Hülfsmittel zu einem flüchtigen Genuß; dort gebietet meine Vernunft mir, hier meine Sinnlichkeit, welche zum Gebieten gar nicht gemacht ist

    2. Man hat eine ganz andere Frucht.

        a. Der Dienst des Lasters schwächt den ganzen Menschen durch die beständige Unruhe; der Dienst der Gerechtigkeit gibt ihm Stärke und Kraft durch die ruhige Selbstbeherrschung

        b. Der Dienst des Lasters erniedrigt den Menschen indem dabei die natürliche Unterordnung seiner Kräfte umgeworfen wird. Der Dienst der Gerechtigkeit hält ihn in seiner Würde, ja

        c. er vermehrt diese Würde noch indem er ihn heiligt; je treuer der Mensch im Dienst gewesen ist, desto reiner und vollkomner ist er auch geworden, der Lasterdienst hingegen macht ganz unvollkommen

---

1 Herz] *korr. aus* herzlich   7 einer] *korr. aus* der   26 mir] mit

d. Das lezte Ende des Lasterdienstes ist der garstige Tod,
das lezte Ende des Gerechtigkeitsdienstes das ewige
Leben.
Schluß. Wer sollte nicht cinen solchen Dienst vorziehn? Wir wollen
alle Treue darin beweisen wenn er gleich manchmal hart und schwer
seyn sollte.

Predigt am 8. Sonntag nach Trin. über Matth. 7, 15–17.

Eingang. Die Kenntniß der Menschen überhaupt ist uns nothwendig
zu unserer eignen Besserung; die besondere Kenntniß der Menschen
die um uns sind ist nothwendig zur Zufriedenheit des Lebens.
Thema. Von Beurtheilung der Menschen aus ihren Handlungen.
I. Man kann die Menschen aus nichts anderm kennen lernen.
Außer den Handlungen wären die Gedanken und Empfindungen nebst den Ausdrüken derselben das einzige Mittel.
Alles das aber ist unzuverläßig; denn
1. ist Zurükhaltung und Verstellung zu groß und allgemein
verbreitet.
2. betrügen sich die Menschen selbst wenn sie flüchtige Gedanken und Empfindungen für ihre wahren innigen Gesinnungen halten, und so betrügen sie durch ihre [Ehr-
lichkeit] uns mit.
3. Wenn wir auch die Gedanken und Empfindungen der
Menschen aufs genaueste kennten, so ist doch die Uebereinstimmung derselben mit den Handlungen so gering
daß man aus jenen allein ohne ihr Verhältniß gegen diese
zu kennen, keinen Schluß auf den Werth des Menschen
machen kann.
II. Wie erkennt man sie an den Früchten?
1. Nicht alle Handlungen sind Früchte; es giebt Schein und
StaatsHandlungen welche nichts beweisen. Man muß
sich Mühe geben diejenigen Handlungen herauszufinden,

[Am Rand neben Z. 7:] 1802.

---

7 *Am 10. August 1794 in der Konkordienkirche zu Landsberg an der Warthe; vgl.*
Frühe Predigten Nr. 26 (oben S. 238–244) **32** *Vgl. Predigt vom 10. Oktober 1802*
(unten S. 832–834)

welche ein unmittelbarer Ausbruch der Denkungsart
sind, oder welche sich gewiß auf den Hauptzwek des
Menschen beziehn.

2. Um dieser habhaft zu werden, muß man auf solche
   Handlungen sehn welche

   a. oft wiederkehren ohne um irgend eines Verhältnißes
      willen nothwendig zu seyn. |

   b. Auf solche, wobei der Mensch nicht im Stande ist die
      schwache Seite zu verbergen,

   c. auf solche welche besonders con amore verrichtet
      werden.

   Das sind gewiß die, die man sucht. Anwendungen dieser
   Regel auf einige Fälle

3. Man kan auch aus kleinen an sich unbedeutenden Handlungen schließen, wenn man auf die Art sieht wie sie verrichtet werden. Alle haben eine Pflichtseite und eine Vergnügens oder VortheilsSeite, und man muß Acht geben
   welche vornemlich herangezogen wird.

4. Eine allgemeine Behutsamkeitsregel ist daß man sich
   durch den äußern Schein nicht muß blenden laßen; er
   bestehe nun

   a. in allerlei zufälligen guten Folgen; oder

   b. in vielen überwundenen Schwierigkeiten –

   sondern man muß allein sehn auf die Quelle woraus die
   Handlung kommt und auf die Grundsäze wonach dabei
   verfahren worden ist.

Schluß. Die Betrachtung der Seltenheit der guten Früchte gibt uns
einige Regeln an die Hand

1. daß wir selbst uns bemühen die Zahl derselben zu vermehren

2. daß wir an den großen Haufen der Menschen nicht zu große Foderungen machen, und

3. daß wir uns zu keiner Menschenverachtung hinreissen lassen,
   sondern nicht nur auf das sehn was die Menschen sind, sondern
   auch auf das was sie noch werden können.

---

4 dieser] diese   12 Anwendungen] Anwend^{n} 19–20 sich durch den] sich den
33–34 sondern auch] sn auch *über* ⟨und⟩

Predigt am 9. p. Tr. über 1. Cor. 10, 13.

Eingang. Um fehlerhafte Handlungen nicht zu gestehn hat man
zweierlei Entschuldigungen: erstlich zu behaupten daß das, was wir
gethan, nicht Unrecht gewesen sei; damit komt man aber nicht weit.
Zweitens: daß die Versuchung zu groß gewesen und man nicht anders
gekonnt. Diese ist sehr gewöhnlich und sie muß zerstört werden.
Thema. Keine Versuchung ist so groß, daß man ihr schlechterdings
unterliegen müßte.
  I.   Beweis aus Gründen die von unserm Verhältniß gegen Gott
       und von der Einrichtung der menschlichen Natur hergenom-
       men sind.
       A. Von Gott.
           1. Gott ist gerecht und kann unmöglich den Menschen
              in eine Lage versezen, wo ihm das Rechtthun unmög-
              lich wird. |
           2. Gott ist gütig und kann unmöglich dem Menschen   4r
              das schrekliche Leiden des Kampfes so ganz vergeb-
              lich zuschiken.
       B. Aus unsrer Natur.
           1. Die Verdorbenheit und Unfähigkeit derselben, wor-
              über man klagt, ist keine wesentliche, sondern eine
              zufällige
           2. Der Mensch komt mit seinen Kräften niemals ans
              Ende und hat immer etwas ungebraucht übrig
  II. Gründe aus der Erfahrung.
       A. Daß es geschieht – lehrt
           1. die Geschichte der Vergangenheit und der gegenwär-
              tigen Zeit
           2. würde es uns nahe um uns her, besonders bei Leiden-
              den eine nähere Erkundigung oft genug zeigen.
       B. Wie es geschieht? – Der Hülfsmittel sind zwei
           1. Der Gedanke an die Zukunft. Es sei nun daß wir her-
              nach noch gut bleiben oder ganz abtrünnig werden,
              so haben wir doch nichts als Schaam und Schande
              vor uns.
           2. Das Gebet. – Der Gedanke an Gott stärkt uns in al-
              len Fällen, die Ursach unsrer Schwachheit im Streit
              mag nun seyn, welche sie wolle.

1 über] *folgt* ⟨Röm⟩

1 *Am 17. August 1794 in der Konkordienkirche zu Landsberg an der Warthe; vgl.*
Frühe Predigten Nr. 27 (oben S. 245–251)

Schluß. Wir haben also keine wahre Entschuldigung und wollen uns
durch falsche nicht einschläfern um nicht zu Schanden zu werden.

Predigt am 10. p. Tr. über Röm. 12, 18.

Eingang. Anstatt der gewünschten idealischen Freundschaft unter
den Menschen findet man nichts als Streit, und muß froh seyn wenig-   5
stens nahe um sich her eine gewiße Ruhe und Eintracht hervorzubringen.
Thema. Von der Pflicht der Friedfertigkeit.
    I. Sie ist unsre Pflicht. Denn
        1. wir sollen mitwürken zur allgemeinen Glükseligkeit,   10
            diese ist aber nicht möglich bei Uneinigkeit
            a. weder unter den Streitenden
            b. noch unter den Zuschauern.
        2. wir sollen das vermeiden was uns an der Erfüllung unsrer
            Pflichten hindert; das thut die Zwietracht. Denn   15
            a. sie hindert unsre innre Vervollkomnung
                α. durch Abziehung der Aufmerksamkeit
                β. durch Verleitung zum Leidenschaftlichen.
            b. sie hindert die äußern Pflichten der Liebe
                α. gegen die Feinde   20
                β. gegen die die mit ihnen in Verbindung stehn
                γ. gegen ganz Unschuldige |
  4v   II. Was alles dazu gehört.
        1. Sie ist nicht schwache Nachgiebigkeit; denn
            a. wäre das unmöglich eine Tugend   25
            b. könnte man dadurch den gewünschten Endzwek
               nicht erreichen.

[Am Rand neben Z. 3:] S. 1802.

----

2 zu werden.] zu *über der Zeile mit Einfügungszeichen*   13 Zuschauern] *korr. aus*
Zusehenden   16 Vervollkomnung] *folgt* ⟨durch Abziehung der A⟩

----

3 *Am 24. August 1794 in der Konkordienkirche zu Landsberg an der Warthe; vgl.*
Frühe Predigten Nr. 28 (oben S. 252–258)   28 *Siehe Predigt vom 22. August 1802*
(unten S. 811–814)

2. Sie ist Vermeidung des Zwistes ohnerachtet man bei
Grundsäzen und Endzweken beharrt. Dazu gehört
  a. die Kunst Friede zu erhalten; sie besteht in Gelassen-
    heit Sanftmuth und Schonung
    α. bei gleichgültig scheinenden Dingen
    β. bei uns entgegengesezten Gemüthsarten
    γ. bei Fällen, wo man gegen andere handeln muß.
  b. Die Kunst an keiner Zwietracht Theil zu nehmen.
    Dazu gehört Festigkeit und Unpartheilichkeit
    α. bei Streitigkeiten von Freunden
    β. bei einem Zwist den ein andrer mit uns anfan-
    gen will.
  c. Die Kunst den Frieden wieder herzustellen. Zuvorko-
    mende Großmuth. Dann macht der Gegner Friede
    α. weil er gegen den leidenschaftlichen immer ver-
    liert
    β. weil er den nicht lange hassen kann der immer
    edel handelt.
S c h l u ß. Dies ist das Mittel zum Frieden; es ist schwer aber es hat
auch eine schöne Verheißung: Selig sind die Friedfertigen denn sie
sollen Gottes Kinder heißen.

Predigt am 11. Sonnt. n. Tr. über Luc. 12, 15.

E i n g a n g. Diejenigen, welche nachläßig sind in irdischen Angelegenheiten, werden allgemein getadelt; nicht weil es Unrecht ist sondern
weil die meisten Menschen auf der andern Seite ausschweifen welches
eben so übel ist.
T h e m a. Die Schädlichkeit eines übermäßigen Bestrebens nach irdischen Gütern
  I. Es ist unweise, denn es ist ein Mittel wovon man sich selbst
    außer Stand sezt den Zwek zu erreichen, sowol

[Am Rand neben Z. 22:] S. 1802. 24.

------

9 Dazu] Dz

20–21 *Mt 5,9*   **22** *Am 31. August 1794 in der Konkordienkirche zu Landsberg an
der Warthe*   **31** *Siehe Predigt vom 19. September 1802 (unten S. 824–826)*

1. bei denen welche die Absicht haben zu genießen aber zu
   spät anfangen wollen, als
2. bei denen die niemals genießen wollen.

A n m .   Die Unweisheit dieses Bestrebens erstrekt sich nicht
   nur
1. auf den Geldgeiz, sondern auch
2. auf den Ehrgeiz, denn Ehre ist nur wünschenswerth um den Kreis der Thätigkeit zu vergrößern
   und der Ehrgeizige wird nie gemeinnüzig thätig;
   und
3. auf den Lustgeiz; denn Vergnügen ist nur gegeben um die Seele bei Kräften zum sittlichen Leben zu erhalten, und der Lustsüchtige fängt nie
   an sittlich zu handeln.

II. Es schadet unsrer Zufriedenheit und zwar
1. mittelbar indem es uns verhindert das zu erwerben, was
   dazu erfodert wird nemlich
   a. die Liebe der Menschen ohne welche weder Trost
      noch Genuß möglich ist; der Geizige erhält sie nie
      α. weil er die Glükseligkeit anderer äußerlich hin-
         dert und
      β. weil er seiner Neigung zu Folge auch innerlich
         hartherzig seyn muß.
   b. die gesellige Bildung; diese hat der Geizige nicht Zeit
      sich zu erwerben |
   c. die innern Güter welche nöthig sind auf die Zeiten
      des Ueberdrußes und der Aussichten in die Ewigkeit.
2. unmittelbar durch das was es an sich selbst ist und hervorbringt, nemlich
   a. es ist eine unersättliche Leidenschaft, deren Gegen-
      stand ins unendliche hin nur das m e h r ist, und der
      Mensch muß also nothwendig dabei gequält seyn.
   b. es bringt in Augenbliken des Nachdenkens übles Be-
      wußtseyn hervor.

S c h l u ß . Der Geiz ist die Wurzel alles Uebels; Mäßigung ist das Mittel dagegen und diese erlangen wir, wenn wir uns gewöhnen unter uns
zu sehn.

5r

---

1 1.] *korr. aus* a.

Predigt am 12. Sonntag nach Trinit. über Matth. 9, 27–31.

Eingang. Die Tüke und Bosheit der menschlichen Rede stiftet sehr
viel Böses die Unbehutsamkeit und allzugroße Geläufigkeit nicht weniger.
5 Thema. Von der übeln Neigung das auszubreiten was uns anvertraut worden.
   I.   Theil. Es ist sehr unrecht.
      1. es ist vollkommen unrecht; denn
         a. wer mir ein Geheimniß raubt ist anzusehen als ein
10   Dieb, es bestehe nun
            α. in Gedanken, denn mir steht frei, quibus condi-
               tionibus ich sie mittheilen will,
            β. in Handlungen
         b. er thut mehr Unrecht als jeder andre Dieb, denn der
15   Schade davon lässt sich nicht berechnen und nicht er-
            sezen.
      2. Es ist allgemein unrecht und findet keine Entschuldi-
         gung; weder
         a. in unserer Meinung von der Unnöthigkeit der Ver-
20   schwiegenheit, denn diese kann nur der andere beur-
            theilen; noch
         b. in unserer Meinung von der Nüzlichkeit der Ausbrei-
            tung, denn wir sind nie berechtigt, etwas böses zu thun
            damit etwas Gutes herauskomme; sondern allein
25   c. wenn das Geheimniß etwas böses von der Art ent-
            hält, daß wir eine vollkomne Verbindlichkeit haben
            es zu hindern.
   II. Was für einen Zusammenhang es hat.
      1. seine Quellen sind traurig, nemlich
30   a. eine schwache Gutmüthigkeit die den Bitten nicht wi-
            derstehn kann. Daher kam
            α. die Geschwätzigkeit der Blinden; daher auch
            β. soviel Stadtgeheimniße und Neuigkeiten – sie sezt
               einen völligen Mangel an Ueberlegung voraus.

35 *[Am Rand neben Z. 1:] S. 1802.*

---

11 denn] *korr. aus Unleserlichem*   **11–12** quibus conditionibus] quib. condit.
32 der Blinden] des Blinden

---

1 *Am 7. September 1794 in der Konkordienkirche zu Landsberg an der Warthe*
35 *Siehe Predigt vom 29. August 1802 über Mt 9,30–31 (unten S. 815–817)*

        b. die Eitelkeit, denn

            α. es macht uns wichtig, wenn die Leute wissen, daß uns Geheimnißen anvertraut werden

5v   β. es gereicht uns zum Ruhm wenn wir die lobenswürdigen Ge|danken und Handlungen unsrer   5 Freunde aus ihren Geheimnißen verrathen; daher

               (1) die Geschwätzigkeit der Blinden, die sich ihrer Verbindung mit Jesu rühmen wollten; daher

               (2) die Verrätherei so vieler geheimen freien   10 Grundsäze, und ⌊daher⌋

    2. die traurigen Folgen desselben

        a. für den Verrathenen sind schon erwähnt

        b. für den Verräther

            α. Ausschließung aus aller nähern Freundschaft   15

            β. Alle Menschen scheuen sich vor ihm

            γ. Alle Menschen verachten ihn

        c. in der menschlichen Gesellschaft überhaupt erzeugt die Furcht vor demselben ein allgemeines Mißtrauen; dieses äußert sich   20

            α. im gemeinen Umgang durch leere Worte und Gebräuche

            β. in engern Zirkeln durch steife Zurükhaltung

            γ. in vertrauter Freundschaft durch unvollkomne und furchtsame Mittheilung.   25

S c h l u ß. Es ist nicht Unrecht von der Kanzel hierüber zu reden; denn

1. ist die Verschwiegenheit nicht nur eine Sache der Klugheit, sondern auch eine Sache der Pflicht und des Gewissens

2. ist es jezt ein Wort zu seiner Zeit, indem wir jezt besonders durch Ausbreitung fremder Gedanken viel Unheil stiften können.   30

3. gibt es noch eine besondere Verbindung dieser Tugend mit der Religion; denn

    a. der Irreligiöse geht auch eigennüzig mit Geheimnißen um

    b. der Heuchler und fromme Plauderer wird beides auch im gemeinen Leben seyn   35

    c. der Religiöse ist ernst und weiß etwas heilig zu halten. Laßt uns also nur nach guten Grundsäzen streben, so wird uns auch diese Tugend nicht fehlen.

----

18 in der] *über* ⟨für die⟩   **34–35** gemeinen] gem.

Predigt am 13. Sonntag nach Trin. über Marc. 12, 31.

Eingang. Die Menschen verdrehen die Geseze, die ihnen nicht anstehn; so auch das Gebot: liebe Deinen Nächsten als Dich selbst. Man
muß deswegen den richtigen Begrif aufstellen.
5 Thema. Was es heißt: seinen Nächsten als sich selbst lieben
    I. Was ist lieben als sich selbst
        1. im Allgemeinen
           a. negativ
              α. nicht Empfindungen des persönlichen Wolgefal-
10   lens
              β. nicht Theilnahme wie bei uns selbst |
           b. positiv wie vernünftige Selbstliebe   *6r*
              α. Liebe zum moralischen Besten
              β. untergeordnete Liebe zum physischen Besten.
15   2. Insbesondere
           a. Ohne Collision
              α. mit eben der Aufmerksamkeit
              β. auch aus dem eigenthümlichen Gesichtspunkt
           b. Bei Collisionen
20   α. des moralischen mit dem physischen – nach
                  dem Werth
              β. des eignen physischen mit dem fremden – nach
                  dem Bedürfniß, doch
                  (1) ohne die Hyperbel der Gutherzigkeit
25   (2) ohne die Ellipse des Eigennuzes
    II. Wer ist der Nächste sc. in Streitfällen
        1. Entscheidung aus dem als sich selbst
           a. der dürftigste bei Bedürfnissen
           b. der würdigste bei Wünschen
30   2. Entscheidung aus dem Gesez der Verwaltung
           a. das negativ größte Gut – durch Abhelfung des größ-
              ten Bedürfnißes
           b. das positiv größte Gut – durch die Verbesserung
              dessen, welcher es am besten anwendet.

---

35 *[Am Rand neben Z. 1:]* Conc.

---

14 physischen] phys.   **28** bei] b.   **30** Entscheidung] Entsch.   **31** negativ] negat.

---

1 *Am 14. September 1794 in der Konkordienkirche zu Landsberg an der Warthe*
35 *Durch die Formel „Concipirt" Hinweis auf den ausformulierten Predigteingang,*
vgl. Frühe Predigten Nr. 29 (oben S. 259–260)

3. Entscheidung aus der Nichtigkeit andrer Verfahrungs-
   arten
   a. der Glaubensgenoße
   b. der Verwandte
   c. der Zurükwirkende   5
4. Entscheidung aus der Erzählung Christi – er meinte
   a. nicht den Wolthäter, sondern
   b. den besseren Mann.
S c h l u ß . Der wahre Menschenfreund nach diesen Grundsäzen ist ein
Ideal, das wir suchen müssen zu erreichen.   10

Predigt am 14. p. Trin. über Luc. 17, 11–19.

E i n g a n g . Die Geschichten in der Schrift sind ein unentbehrliches
Supplement der Vorschriften; sie sind an sich lehrreich und machen
auf das lehrreiche des menschlichen Lebens aufmerksam.
T h e m a . Betrachtungen über das merkwürdige der Erzählung   15
   I. Beschaffenheit der Unglüklichen. – Sie stünden von ferne
     A. Beschreibung. Sie waren kleinmüthig; denn |
6v   1. sie waren bedürftig
         a. der Wolthat
         b. der Lehre – aber   20
       2. sie hatten kein Zutrauen, weil sie
         a. sich vor ihrem Unglük schämten
         b. sich vor Verachtung fürchteten
     B. Beurtheilung. Es ist unrecht sich vom Unglük niederbeu-
      gen zu laßen; denn   25
       1. es verräth eine unrichtige Denkungsart
         a. es ist nie so groß, daß es nicht noch Stoff zum
           Glük übrig ließe
           α. Das äußere Unglük läßt noch innres Glük
           β. das innre Unglük noch innre Kraft   30
         b. wenn man die innre Würde noch gerettet hat, hat
           man noch eben den Werth als vorher; denn
           α. die Glüksgüter gehören nie zu uns selbst

---

1 Entscheidung] Entsch.   17 A.] I.   24 B.] II.   29 äußere] *korr. aus* innere

---

11 *Am 21. September 1794 in der Konkordienkirche zu Landsberg an der Warthe*

β. das Ebenbild Gottes besteht im innern
2. man bestärkt die Vorurtheile der Menschen
   a. daß das Unglük Strafe ist, denn
      α. dies entsteht wenn der Mensch beim Unglük
         die Achtung vor sich selbst verliert
      β. es kann nicht aufkommen wenn jeder sein
         Leiden mit Würde trägt weil alsdann
         (1) der Schein der Strafe ganz verschwindet
         (2) ein Schein von andern Absichten aufgeht
            א. für andre
            ב. für den leidenden selbst.
   b. daß die Glüklichen mehr und besser sind als die
     andern
      α. Dies entsteht wenn die Unglüklichen sich
         selbst zurüksezen; dadurch wird
         (1) die Meinung bestärkt
         (2) die Gesinnung veranlaßt
      β. es kann nicht aufkomen wenn sie sich
         gleich stellen
         (1) die Meinung wird durch das Beispiel wi-
            derlegt
         (2) die Gesinnung durch die unwillkührliche
            Achtung zurükgehalten

II. Die Wohlthat Christi: Und er sprach zu ihnen
  A. Beschreibung
    1. so einfach als möglich: ohne Wunderschein
    2. so stille als möglich
  B. Vergleichung
    1. die meisten Menschen haben zusammengesezte Be-
      wegungsgründe; entweder
      a. wollen sie den Ruhm mitnehmen, dann suchen
        sie Ausbreitung
        α. selbst, es sei fein oder grob
        β. durch andere; öffentlich oder unter der
          Hand – oder |
      b. wollen sie den Dank mitnehmen, dann   7r
        α. suchen sie die Sache auffallend zu machen
        β. alle Schwierigkeiten zu detailliren
    2. Christus hatte nur einen einfachen Bewegungsgrund,
      denn

---

3 daß] das daß   **25** A.] I.   **28** B.] II.   **38** Schwierigkeiten] *folgt* ⟨mit⟩

    a. der Ruhm war ihm etwas zu flüchtiges; deswegen vermied er die Ausbreitung so viel möglich

    b. der Dank war ihm unangenehm; deswegen suchte er sie von sich zu entfernen ehe sie noch wußten, was ihnen geschehen war

III. Die Folgen der Wolthat

    A. Ueber die Undankbaren. Der Grund liegt in der kleinmüthigen Denkungsart;

        1. wer im Unglük sich elend fühlt wird undankbar

            a. weil er das Andenken an den vorigen Zustand vertilgen will

            b. weil er sich seiner vorigen Demuth schämt

        2. wer auf die Glüksgüter zu großen Werth legt wird undankbar

            a. weil er beim Glükswechsel übermüthig wird

            b. weil er zu begierig ist zu genießen

        3. wer im Unglük kein Vertrauen auf Gott sezt, ist auch im Glük nicht dankbar

            a. weil er nicht auf die erste Ursach zurükgeht

            b. weil er keinen lebendigen Glauben an Absichten hat

    B. Ueber den Dankbaren

        1. Das äußere der Dankbarkeit ist sehr menschlich

            a. das Umkehren – um den Gedanken durch das lokale lebhaft zu machen

            b. das Niederwerfen – als natürlicher Ausdruk der Abhängigkeit

            c. die laute Stimme – als unwillkührlicher Ausbruch der Empfindung

        2. das innere ist sehr moralisch

            a. es ist ein Nachdenken über die höhere Verbindung des Menschen

            b. ein Vorzug der Ueberlegung und der Entschlüße vor dem Genuß.

---

2 Ausbreitung] *Wortanfang korr. aus unleserlichen Buchstaben*   7 A.] I.   17 Unglük] *korr. aus* Glük   22 B.] II.   26 natürlicher Ausdruk] natürlicher Aus *über* ⟨unwillkü⟩

Predigt am 15. p. Trin. über Luc. 17, 20. 21.

Eingang. Der Wunsch es beßer zu haben erstrekt sich bei gutgesinn-
ten nicht nur aufs Individuum sondern aufs allgemeine, artet aber
auch oft wie individuelle Wünsche anstatt der Thätigkeit in leere Hof-
nungen aus, wofür jezt gewarnt werden soll |

Text. Luc. 17, 20. 21. Wir verstehen unter dem Reich Gottes nicht   *7v*
etwas nationelles wie die Juden, sondern einen Zustand allgemeiner
Tugend und allgemeiner Glükseligkeit, und darauf bezog sich auch
die Antwort Christi.

Thema. Wir reden also von dem Grund unserer Hofnung auf beßere
Zeiten. Christus lehrt uns darüber zwei Wahrheiten die wir beherzigen
wollen; erstlich: sie beruht nicht auf äußerlichen Veränderungen. zweitens: sie hängt bloß von der innern Verbeßerung der Menschen ab.

    I.   Sie beruht nicht auf äußerlichen Verbeßerungen

        A. Es kommt nicht mit äußerlichen Geberden d. h. der be-
           ßere Zustand wird nicht durch neue äußere Einrichtun-
           gen hervorgebracht.

           1. Beweis im allgemeinen

               a. aus der Vergleichung des allgemeinen mit dem
                   einzelnen,

               b. aus dem Begrif eines zusammengesezten, welches
                   wenn das Ganze um des einzelnen willen da ist
                   nie seine Bestimmung erreicht wenn die Theile
                   nicht gut sind

               c. aus dem Begrif des beßern Zustandes indem es
                   dabei mehr auf den Gebrauch als auf den Besiz
                   ankomt sowol

                   α. was die allgemeine Tugend, als

                   β. was die allgemeine Glükseligkeit anbetrift

           2. Beweis aus dem einzelnen. Der bessre Zustand kann
             nicht hervorgehn

               a. weder aus bessern Einrichtungen in der bürgerli-
                   chen Gesellschaft; denn

                   α. die weisesten Geseze können durch List und
                   Bosheit umgangen werden

                   β. die klügsten innern Maaßregeln unwirksam
                   gemacht werden.

---

10 Thema. Wir] Wir ; *davor kein Absatz*   15 A.] I.   20 einzelnen,] *folgt* ⟨indem
es bei⟩

---

1 *Am 28. September 1794 in der Konkordienkirche zu Landsberg an der Warthe; vgl.*
Frühe Predigten Nr. 30 (oben S. 261–269)

      b. noch aus bessern Einrichtungen des gesellschaft-
         lichen Lebens; denn
         α. die Gleichheit und Freiheit welche aus Zer-
            störung der gesellschaftlichen Vorurtheile
            entspringt wird ein Mittel zur Unterdrükung   5
            der bessern ohne vorhergegangene Vorberei-
            tung und Verwandlung der Gemüther
         β. die Vollkomenheit der Sitten giebt Anlaß zu
            Mißbräuchen indem
            (1) die Einfachheit zu Beleidigungen und Un-   10
               anständigkeiten
            (2) die Verfeinerung zu List und Betrug ange-
               wendet wird.
      c. noch aus bessern Einrichtungen des Gottesdien-
         stes; indem   15
         α. die heiligsten Wahrheiten und weisesten Leh-
            ren bei Menschen die nicht denken können
            und wollen nur in Vorurtheile ausarten
         β. die einfachsten Gebräuche Stoff zum Aber-
            glauben geben | 20

8r   B. Man wird also auch nicht sagen: hie ist es oder da ist es
      d. h. man kann aus nichts äußerlichem auf das Daseyn
      des bessern Zustandes schließen
      1. weder aus der Form der bürgerlichen Gesellschaft,
         denn sie ist in Absicht auf den bessern Zustand   25
         gleichgültig, wenn sie nur
         a. Sicherheit gewährt
         b. gesellige Tugenden und Neigungen stehn läßt
      2. noch aus den Sitten, denn
         a. die einfachen versteken oft einen Mangel an   30
            Glükseligkeit
         b. die feinen einen Mangel an Tugend
      3. noch aus der Religion; denn
         a. der Vernunftschein ist oft ein Produkt unsittli-
            cher Selbstsucht   35
         b. der Andachtsschein ein Produkt des Aberglau-
            bens oder der Heuchelei
    II. Sie hängt bloß von der innern Verbeßerung ab; denn wenn
      diese da ist, so
      A. hindert nichts   40
      1. weder die Entstehung des bessern Zustandes, denn

---

21 B.] II.   38 innern] *davor* ⟨allge⟩   40 A.] I.

a. das sittliche Gefühl bringt die allgemeine Tugend
b. das gesellige mit den dazu gehörigen Einsichten die allgemeine Glükseligkeit hervor

2. noch seine Fortdauer, denn
   a. Erziehung und Beispiel fixiren die Tugend auf Generationen
   b. Erfahrung und Selbstgefühl die Glükseligkeit

B. Das äußerliche was sie unterstüzen kann entsteht von selbst

1. in der bürgerlichen Gesellschaft, denn wo Tugend, Aufklärung und Wolwollen sind da werden von selbst
   a. Geseze und Einrichtungen gerecht, weil sie immer das Resultat des allgemeinen Verstandes sind
   b. die Handhabung derselben milde, weil gute Gesinnungen die Strenge in Vergeßenheit bringen
   c. die erzwungenen Aufopferungen geringer, weil man sich im Fall der Noth auf freiwillige verlaßen kann.

2. in dem geselligen Leben werden
   a. die Vorurtheile zerstört durch allgemeine Bildung
   b. die ungegründeten Unterschiede aufgehoben, indem
      α. der Begünstigte sich ihrer schämt
      β. der vernachläßigte sie verachtet
      γ. der Machthaber ihnen ausweicht
   c. die Sitten verbeßert |

3. in der Religion, indem (Gegensaz)   *8v*
   a. die Erkenntniß reiner
   b. die Duldung allgemeiner
   c. die Werthschäzung des äußern geringer wird.

Schluß.

I. Ob in den Begebenheiten unserer Zeit der Grund eines solchen beßern Zustandes liege?

1. man kann ihn nicht aus den blutigen Auftritten hoffen, denn
   a. es ist Gottes unwürdig
   b. der Zwek ist zu unerheblich
   c. die Mittel widersprechen dem bessern Zustand

2. man kann ihn hoffen aus der stillen Gährung der Gemüther und der sich ausbreitenden Herrschaft der Vernunft

---

8 B.] II.   29 a.] α.   30 b.] β.   31 c.] γ.

II. Ob wir etwas dazu thun können
1. Bejahung
2. Ermunterung

Predigt am Vorbereitungstage über 1. Cor. 11, 27.

Eingang. Auch das Abendmahl hat, wie jede wichtige Handlung, 5
seine Vorbereitung, welche aber nur in der ungestörten Erhaltung der
gehörigen Gemüthsstimung bestehn kann
Thema. Von dem vollkomnern und unvollkomnern Verfahren bei
der Vorbereitung
    I. Es gehört dazu: Die Erhebung des Gemüths zu religiösen Be- 10
       trachtungen
       1. Beweis; nicht
         a. als außerordentliche ungewöhnliche Veranstaltung
           sondern
         b. als Erhöhung des gewöhnlichen Nachdenkens 15
       2. Beschreibung
         a. Der unvollkomne Christ
           α. sezt sich bestimte Zeiten, weil es ihm sonst nicht
              gelingt sein Gemüth festzuhalten
           β. hält sich an fremde Gedanken, weil in seiner 20
              Seele die Religion noch nicht Zugänge genug hat
           γ. wählt schrekhafte Wahrheiten weil er diese Au-
              genblike vor seiner gewöhnlichen Gemüthsstim-
              mung sehr auszeichnen will
         b. Der vollkommene Christ 25
           α. thut es unerkünstelt bei natürlichen Veranlas-
              sungen
           β. braucht keine fremde Hülfe indem sich in seiner
              Seele alles mit der Religion vereinigt
           γ. beschäftigt sich mit den erfreulichen Wahrheiten | 30

[Am Rand neben Z. 4:] S. 1802.

---

23 vor] von   **28** keine] k.

---

4 *Am 4. Oktober 1794 in der Konkordienkirche zu Landsberg an der Warthe; vgl.
Frühe Predigten Nr. 31 (oben S. 270–271)*   **31** *Siehe Predigt vom 12. Juni 1802
(unten S. 780–783)*

II. Es gehört dazu: Nachdenken über unser Betragen   *9r*
   1. Beweis
      a. nicht als etwas ungewöhnliches, sondern
      b. als eine natürliche Folge der bei dem Vorsaz die Reli-
         gion zu bekennen entstehenden Frage: was hat sie
         uns geholfen
   2. Beschreibung
      a. Der unvollkomne Christ
         α. kann selbst seinen guten Handlungen keinen
            rechten Beifall geben weil er keinen rechten in-
            nern Zusammenhang und festen moralischen
            Grund derselben findet
         β. kann über seine Fehler nicht ruhig seyn weil er
            den Trieb dazu gar zu fest in sich fühlt.
      b. Der vollkomnere Christ
         α. kann sich über sein Gutes herzlich freuen, weil er
            es als wahres Gute kennt
         β. kann auf seine fehlerhaften Handlungen mit
            Ruhe sehn
            (1) weil er von keinem beständigen Einfluß der-
                selben weiß
            (2) weil er überzeugt ist durch die Betrachtung
                derselben weiser zu werden
III. Es gehört dazu: eine Entziehung von irrdischen Dingen
   1. Beweis
      a. nicht als Zeichen daß darin die Vollkomenheit des
         Menschen bestehe oder das eine Foderung der Reli-
         gion sei sondern
      b. um die kurze Zeit einer angespannten Empfindung
         ungestört zu genießen
   2. Beschreibung
      a. der unvollkomne Christ
         α. entfernt sich von allen Geschäften weil er sie nur
            aus sinnlichen Gründen betreibt, deren er sich
            schämt
         β. entfernt sich von allen Vergnügen weil sie zu viel
            Reiz für ihn haben
      b. der vollkomne
         α. betreibt seine Geschäfte so viel als nothwendig
            ist weil er dies als ein Stük der Religion ansieht

---

23 derselben] dselb.

β. braucht sich vor den Vergnügen nicht zu scheuen
weil sie
(1) keinen zu herrschenden Eindruk auf seine
Seele machen
(2) er auch an ihren Genuß fromme Gedanken
anknüpfen kann.
Schluß.
I. Lehren
1. alles trübsinnige und ängstliche gehört nicht zur Religion sondern hat seinen Grund
a. entweder in irrigen Einsichten oder
b. in einer fehlerhaften Beschaffenheit des Menschen
2. Diejenige Stuffe der Vollkomenheit wo kein Streit mehr ist
zwischen dem geistlichen und weltlichen und wo die Religion
uns frei und froh macht ist nur eine Folge von langer Uebung
im Guten
II. Ermahnungen
1. für die unvollkomnen
a. sich vor dem Mechanismus zu hüten |
9v   b. nach und nach zur Vollkomenheit vorzurüken
2. für die vollkomnen ihre köstliche Freiheit nicht in Leichtsinn
ausarten zu laßen.

————

Predigt am Erndtefest 16. p. Trin. über Ps. 104, 28.

Eingang. Man muß den Keim zur Unzufriedenheit erstiken durch
Nachdenken über die Ursach zur Freude und Dankbarkeit
Thema. Dankbarkeit für den Erndtesegen
I. Wir erkennen die Ursach dazu
1. Aus Vergleichung unseres Zustandes
a. mit den nicht akerbau treibenden
b. mit den akerbau treibenden unkultivirten
c. mit den kultivirten krieg führenden
2. Aus Vergleichung der Erndte mit unserm Bedürfniß,
indem

——————————————————————————

17 Ermahnungen] Ermahen   27 dazu] *folgt* ⟨aus Vergleichung unsers Zustandes⟩

————

23 *Am 5. Oktober 1794 in der Konkordienkirche zu Landsberg an der Warthe*

        a. der Ueberfluß des einen den Mangel des andern über-
            trägt

        b. weise Haushaltung und froher Sinn den theuren
            Preis ersezt.

II. Wir suchen unsere Dankbarkeit zu beweisen

    1. indem wir zeigen daß wir die Wohlthat zu schäzen wis-
        sen. Das geschieht

        a. indem wir die ehren durch die wir sie genießen

            α. indem wir ihre Tugenden achten

            β. ihre Mängel zu ersezen suchen

        b. indem wir uns bestreben die Fortdauer derselben zu
            erhalten. Dies geschieht

            α. durch Treue und Fleiß im Beruf denn

                (1) allgemeine Oekonomie erhält den Wolstand
                     eines Landes

                (2) allgemeiner Geiz und allgemeine Verschwen-
                     dung zerstören ihn

            β. durch Anhänglichkeit an bürgerliche Ordnung,
                innre Zwietracht würde unser Land verwüsten

    2. indem wir zeigen daß wir sie recht anzuwenden verstehn.
        Dies geschieht

        a. im eignen Genuß indem wir

            α. den Wolstand zu moralischen Zweken benuzen

            β. den sinnlichen Genuß durch Beimischung von et-
               was edlerem erhöhen

        b. in der Mittheilung

            α. gegen die bittenden

            β. gegen die verborgenen (Beispiel des Erkundens)

Schluß. Dies sollen unsere Gelübde seyn

———————— |

Predigt am 17. p. Trin. über Luc. 18, 9 sqs.   *10r*

Eingang. Je gewöhnlicher die Geringschäzung der Frömmigkeit
wird, desto nothwendiger ist es die wahre von der falschen zu unterscheiden

---

30 *Am 12. Oktober 1794 in der Konkordienkirche zu Landsberg an der Warthe über
Lk 18,9–14*

Thema. Von dem Unterschied zwischen der wahren und falschen
Frömmigkeit
  I.   In Absicht auf Denkungsart und Handlungen
      1. Erkenntniße
          a. die falsche: trokne Wissenschaft und blinder Eifer für   5
              Meinungen
          b. die wahre: Liebe zu praktischen Wahrheiten
      2. Empfindungen
          a. die falsche: ein gekünstelter Zustand von solchen
              welche keine Gegenstände und auch keine Wirkung   10
              haben
          b. die wahre: natürliche Empfindungen welche von
              selbst aus Gedanken und Begebenheiten entspringen
              und aufs Gemüth wirken
      3. Handlungen   15
          a. die falsche
              α. sieht nur auf das äußere Bezeigen
              β. macht sich Verdienste aus religiösen Gebräuchen.
          b. die wahre
              α. sieht auf die Gesinnungen   20
              β. Beobachtet die Gebräuche nur entweder neben-
                  bei oder unwillkührlich
      4. Urtheil über sich selbst
          a. die falsche
              α. vergleicht sich immer mit andern weil es für ihre   25
                  Vollkomenheiten keinen andern Maaßstab giebt
              β. ist deswegen immer mit sich selbst zufrieden
          b. die wahre
              α. vergleicht sich mit dem Gesez
              β. ist deswegen nie mit sich zufrieden.   30
  II. In Ansicht des äußern Betragens
      1. gegen andre
          a. die falsche
              α. besizt geistlichen Stolz, auch unter dem Schein
                  der Demuth   35
              β. sucht Aufsehn zu machen
          b. die wahre
              α. ist bescheiden und spricht nicht über die Men-
                  schen ab
              β. liebt die Verborgenheit   40

---

23 4.] *korr. aus* 3. ; *Anweisung zur Umstellung*

2. gegen Gott
   a. die falsche rükt ihm ihre Verdienste vor |
   b. die wahre ruft seine Barmherzigkeit an.   *10v*

Schluß. Dieser ging hinab gerechtfertigt vor jenem
5 1. in Absicht auf wahre Selbstzufriedenheit im Gegensaz von eitler Einbildung
   2. in Absicht auf wahre Achtung der Menschen im Gegensaz leerer Bewunderung
   3. in Absicht auf wahren Beifall Gottes im Gegensaz stolzer Vermes-
10   senheit

Predigt am 18. p. Trin. über Luc. 14, 16–24.

Eingang. Das menschliche Leben ist gewöhnlich vergebliche Mühe;
man erreicht nicht einmal das ganz nahe liegende Gute.
Thema. Von den Ursachen warum die Menschen das ihnen von Gott
15 bestimte Gute nicht erlangen.
   I. Die Schuld liegt nicht außer ihnen; denn
      1. es gelangt ein Ruf Gottes an sie
         a. zum Besserwerden
            α. überhaupt
20   (1) durch Lehre
               (2) durch Beispiel
               (3) durch Gewissen
            β. insbesondere zur Uebung in einzelnen Tugenden durch allerlei gesellige Verhältniße
25   b. zur Erleuchtung des Verstandes
            α. durch die freie Zeit vor dem geschäftigen Leben
            β. durch allerlei Fälle in dem geschäftigen Leben, wo unser Betragen von gewißen Meinungen ab-hängt
30   γ. durch Umgang mit weiseren Menschen.
         c. Zur Vermehrung des äußerlichen Wolstandes sowol
            α. zur Vermehrung des Besizes, als
            β. zur Verbesserung des Gebrauchs

---

4 *Zur alten Übersetzung „vor jenem" in Lk 18,14 vgl. Biblia, edd. C. M. Pfaff / J. C. Klemm, Tübingen 1729*   **11** *Am 19. Oktober 1794 in der Konkordienkirche zu Landsberg an der Warthe; vgl. Frühe Predigten Nr. 32 (oben S. 272–273)*

2. sie hören auch diesen Ruf Gottes, das sieht man
    a. aus ihren Vorsäzen beim Eintritt in neue Verhältniße des Lebens
    b. aus ihrer Reue beim Nachdenken über das vergangene.

II. Die Schuld liegt in ihnen, und zwar
  1. in der Trägheit überhaupt, indem sie zwar
    a. das Gute einsehn und wollen, aber
    b. es nicht der Mühe werth achten wenn es zur Ausführung komt.
  2. darin daß sie zu viel Zeit auf vergangene Dinge wenden
    a. historischer Beweis. Man sieht das
      α. bei Leiden wo sie immer nachklagen
      β. bei Freuden, wo sie sich immer nachfreuen |
      γ. bei Handlungen, wo sie sich immer nachrühmen
    b. moralischer Beweis. Da jeder Augenblick eine eigene Bestimmung hat, so muß auch jeder für sich und nicht als ein Nachfolgen des vorhergehenden betrachtet werden
  3. Darin daß sie nicht ihre eignen Entwürfe den Umständen unterordnen
    a. historischer Beweis. Viele wißen ihren Plaz nicht zu gebrauchen, indem sie
      α. Tugenden üben wollen wozu sie keine natürlichen Veranlassungen haben
      β. Einsichten erwerben wozu die Umstände ihnen nicht günstig sind
      γ. ihr Glück suchen in einer Bahn wozu sie keinen Zugang haben
    b. moralischer Beweis
      α. Da der Mensch nur selten Herr über die Umstände ist, so muß er sich in dieselben schiken; alles was mit ihnen nicht übereinstimt muß nur eine leere Bemühung seyn
      β. Die eigentliche Vollkommenheit des Menschen ist diejenige, durch welche er seinen Standpunkt am besten ausfüllt

Schluß. Die Folge dieses Versäumens ist ein fortdauernder Zustand der Entbehrung und der Selbstvorwürfe, welche noch dadurch vermehrt werden, daß wir überall Menschen sehen welche durch Anstrengung ihrer Kräfte bei weniger guten Gelegenheiten weiter gekommen sind.

11r

---

11 darin] *korr. aus* in

Predigt am 19. p. Tr. über Luc. 21, 19.

Eingang. Zum Glüklichseyn gehört die Kunst der Benuzung, zum nicht unglüklich seyn die Kunst der Ertragung nemlich die Geduld.
Thema. Die Nothwendigkeit der Geduld

I. Aus ihren Bestandtheilen
   1. negativ
      a. nicht Gleichgültigkeit, denn wir sollen empfinden und die Geduld bezieht sich nur auf dasjenige was wir wirklich empfinden
      b. nicht Trägheit; denn wir sollen entgegenarbeiten und die Geduld bezieht sich nur auf das Uebel sofern wir es nicht wenden können
   2. positiv
      a. im Allgemeinen: Vermeidung der Unannehmlichkeiten die aus der Ungeduld entstehn
      b. nach ihren Gründen
         α. Ueberzeugung von der Nothwendigkeit dessen was geschieht; diese überhebt uns
           (1) der unnüzen Selbstvorwürfe
           (2) der eiteln Wünsche über vergangene Zufälle
         β. Ueberzeugung von der Zwekmäßigkeit dessen was geschieht; diese
           (1) überhebt uns der ungeduldigen Verzweiflung
           (2) giebt unserm Geist Beschäftigung
         γ. Unpartheilichkeit; diese verhindert uns
           (1) unschuldige Personen entgelten zu laßen was sie nicht verdienen
           (2) angenehme Gegenstände zu übersehn wegen der unangenehmen |

II. Aus ihren guten Folgen im Leben   *11v*
   1. Geduld bei eignen Leiden
      a. erhält uns Liebe und Achtung anderer – nicht bloß Mitleiden
      b. zu ihr gesellt sich Hofnung
   2. Geduld bei fremden Leiden
      a. erspart uns die vergebliche Mühe allen unangenehmen Anblicken ausweichen zu wollen

---

20 Zufälle] *korr. aus* Fehler

---

1 *Am 26. Oktober 1794 in der Konkordienkirche zu Landsberg an der Warthe*

b.   verschafft wahre Tröstungen und unserm Rath Eingang.
3.   Geduld bei fremden Fehlern ist
a.   billig, denn auch durch unsre Fehler leiden andere
b.   nüzlich denn es erwirkt uns Zutrauen um zu bessern
4.   Geduld mit eignen Fehlern NB. nicht Nachsicht
a.   befreit unser Nachdenken von unnüzer Reue.
b.   verhindert uns gute Vorsäze um ihrer Schwierigkeit
willen aufzugeben.
Schluß. Durch Standhaftigkeit und Geduld komt man dahin wo
nichts mehr zu dulden ist.

———————

Predigt am 20. p. Trin. über Joh. 8, 37.

Eingang. Aus der Vermischung der Guten mit den Bösen entsteht
eine Abneigung gegen diejenigen welche wir für unvollkomner halten.
Diese muß bestimmt werden.
Thema. Von den Grenzen der Abneigung gegen die, welche in einer
andern Gemüthsfaßung sind.
I.   Bei abweichenden Grundsäzen
1.   in der Lebensklugheit
a.   sollte keine Statt finden
b.   wird aber doch oft angetroffen
2.   in der Moralität
a.   wenn sie nur neu ist findet keine Statt, denn
α.   es gibt auch eingebildete Pflichten
β.   es giebt auch in der Moralität neue Entdekungen
b.   wenn sie wirklich verkehrt ist, so ist
α.   erlaubt
(1)   eine Versagung der Freundschaft
(2)   eine Zurükhaltung der praktischen Liebe
(3)   eine Flucht vor allen nähern Verhältnißen
א.   der Abhängigkeit
ב.   des Umganges

———————

3 Fehlern] Fehler   12 Joh.] *korr. aus Unleserlichem*   32 des] *korr. aus* der

———————

12 *Am 2. November 1794 in der Konkordienkirche zu Landsberg an der Warthe; vgl.*
Frühe Predigten Nr. 33 (oben S. 274–283)

β. verboten
    (1) eine gänzliche Absonderung weil
       א. das Gegentheil uns selbst und
       ב. auch andern nüzlich seyn muß
    (2) ein thätiges Uebelwollen
    (3) eine gänzliche Versagung der Menschen-
       pflicht |

II. Bei abweichenden Einsichten   *12r*
  1. bloß theoretischen
    a. sollte keine Abneigung Statt finden
    b. wird aber oft angetroffen.
  2. bei praktischen muß untersucht werden
    a. ob sie unsern subjektiven MoralitätsGründen entge-
      gen sind; dies begründet
      α. einen Mangel an inniger Freundschaft, aber
      β. kein ungünstiges moralisches Urtheil, denn
         (1) er kann andere subjektive Gründe haben
         (2) sich an die objektiven halten
    b. ob sie eine subjektive Immoralität hervorbringen kön-
      nen? dies begründet
      α. eine ängstliche Beobachtung seiner Handlungen,
         aber
      β. nicht eine Zurechnung jener Folgen, denn
         (1) vielleicht sieht er sie nicht ein
         (2) vielleicht handelt er inconsequent
    c. ob sie in der Allgemeinheit schädlich werden könn-
      ten; dies begründet
      α. eine Furcht vor ihrer Ausbreitung aber
      β. keinen Haß, denn
         (1) vielleicht können sie nicht allgemein werden
         (2) vielleicht stiftet dieses Subjekt keinen Scha-
            den damit.

Schluß. Doppelter Vortheil dieser Einschränkung unserer Gefühle
1. wir können uns alles Gute zu Nuze machen
2. wir können alle guten Menschen lieben.

———————

13 subjektiven] subjekt.   **28** Ausbreitung] Ausbrütung

Predigt am 21. p. Trin. über Eph. 6, 7.

Eingang. Ueber das unangenehme des Lebens giebt es mancherlei
Tröstungen; auch über das Mißlingen guter Absichten tröstet uns die
Religion.
Thema. Wie tröstlich der Gedanke sei daß alles was wir thun mehr   5
ein Dienst Gottes als der Menschen ist.
   I. Wenn wir das Gute, was wir thun möchten, nicht können.
      1. Beschreibung
         a. wenn wir es nicht unternehmen können
         b. wenn wir es gleich wieder aufgeben müßen   10
         c. wenn der Ausgang uns zuwider ist
      2. Folgen
         a. bei dem welcher nicht auf Gott sieht
            α. Unzufriedenheit mit dem Geschik
            β. Unmuth bei den kleineren Pflichten   15
         b. bei dem welcher weiß daß er Gott dient
            α. Beruhigung bei dem geschehenen, weil |
                א. das gewünschte kein Dienst Gottes für ihn
                   war
                ב. Gott auch seine Wünsche und Absichten und   20
                   mißlungene Unternehmungen als Gehorsam
                   annimmt
            β. verdoppelte Treue bei den kleinen Pflichten, weil
                א. diese der bestimte Dienst Gottes sind, und
                ב. er dadurch am deutlichsten beweist daß es   25
                   ihm auch um das größere Ernst gewesen.
  II. Wenn das was wir thun nichts zu fruchten scheint indem
      1. Beschreibung
         a. die Menschen nicht danken (NB. nicht um des Danks
            sondern um der Gewißheit willen)   30
         b. das Gute nicht annehmen
         c. es verderben. Alsdann entsteht
      2. Folgen
         a. bei dem der nur den Menschen dient
            α. Bedauern desjenigen was er gethan hat   35
            β. Unlust es wieder zu versuchen. Hingegen

12v

[Am Rand neben Z. 1:] 1802. 22.

---

1 *Am 9. November 1794 in der Konkordienkirche zu Landsberg an der Warthe; vgl.*
Frühe Predigten Nr. 34 (oben S. 284–286)   37 *Vgl. Predigt vom 5. September 1802*
(unten S. 819–821)

  b. bei dem, der Gott dient,
    α. Beruhigung mit dem geschehenen, denn
      א. es war doch immer ein Dienst Gottes, und
      ב. ist also auch imer irgend etwas dadurch er-
reicht worden
    β. Ermunterung zu neuen Versuchen, denn
      א. jede neue Gelegenheit ist wieder ein Ruf Gottes
      ב. die unangenehmen Empfindungen des Miß-
lingens werden überwogen durch das Bewußtseyn des göttlichen Beifalls.
III. Wenn das was wir thun müßen mit Unannehmlichkeiten verknüpft ist, indem
  1. Beschreibung
    a. unsere Treue nicht bemerkt wird NB. insofern uns das
über den Werth derselben zweifelhaft machen könnte
    b. wir oft wider unsere Ueberzeugung handeln, und
    c. wir bisweilen statt des Guten das Böse müßen beför-
dern helfen. Alsdann entsteht
  2. Folgen
    a. bei dem der nur den Menschen dient entweder
      α. Abneigung gegen den Zustand vollkomner gesel-
liger Pflichten oder
      β. Versuchung aus guten Absichten Untreue und
Ungehorsam zu begehn.
    b. bei dem der Gott dient
      α. Beharren auf dem ihm angewiesenen Posten
      β. Festigkeit auf dem strengen Wege der Pflicht.
Schluß. Laßt uns also die einzige Stüze ergreifen die unsern Eifer im
Guten immer erhalten kann.

——————— |

Predigt am 22. p. Trin. über Prov. 21, 25.   *13r*

Eingang. Die Trägheit geht mit den Leidenschaften als Ursach des
Bösen zur Hälfte.

————————————————

[Am Rand neben Z. 30:] Gedrukt

————————————————

14 insofern] *korr. aus* uns   **18** Alsdann entsteht] Alsd. entst.

30 *Am 16. November 1794 in der Konkordienkirche zu Landsberg an der Warthe*
33 *Vgl. Predigten. Erste Sammlung, Nr. 8 (KGA III/1)*

Thema. Das Leben und Ende des Trägen
  I. in Absicht auf sein Streben nach irrdischer Glükseligkeit
     1. Methode. Er will alles von andern und durch Zufall
        a. sein Vergnügen
           α. das sinnliche
           β. das gesellige
        b. seinen Wolstand
     2. Erfolg
        a. er erreicht nicht nur nichts, sondern
        b. verliert auch die Geschicklichkeit, aber
        c. hört doch nicht auf zu hoffen, bis an seinen
     3. Tod; dann
        a. fehlt es ihm an einer vergnügenden Erinnerung
        b. er stirbt über seinen Wünschen
 II. In Absicht auf seine höhere Bestimmung
     1. Methode wie oben sowol in Rüksicht
        a. der Ausbildung des Verstandes, als
        b. der Verbesserung des Gemüths und
        c. der guten Handlungen
     2. Erfolg
        a. der Zustand auf den er wartet kann nie kommen
        b. ohne Thätigkeit kann er
           α. nicht nur nichts erlangen, sondern
           β. er verliert auch seine Kräfte
     3. Tod
        a. niemand vermißt und bedauert ihn
        b. er wünscht nun die Gelegenheit vergeblich zurük die
           er verschmäht hat
Schluß. Wir müßen
1. auch die zerstreuten Aehnlichkeiten vermeiden
2. auch vor einzelnen Theilen dieses Schicksals uns hüten

— — — — |

13v   Predigt am 23. p. Trin. über Jer. 17, 10.

Eingang. Wenn wir je an die Vergangenheit denken, so erinnern wir
uns mehr der Begebenheiten als Handlungen; doch ist das leztere

[Am Rand neben Z. 32:] 1802.

---

32 *Am 23. November 1794 in der Konkordienkirche zu Landsberg an der Warthe*
35 *Vgl. Predigt vom 26. September 1802 (unten S. 828–829)*

wichtiger, wenn auch nicht in Rücksicht auf Strafen, doch wegen des
göttlichen Urtheils.

Thema. Von dem Einfluß den der Gedanke daß Gott alles weiß was
in unserm Gemüth vorgegangen ist auf unsre Betrachtungen des Ver-
5 gangenen haben muß.

    I. Daraus daß Gott alles weiß folgt daß wir auch alles kennen
        lernen müßen
        1. Nothwendigkeit dieser Kenntniß
            a. wegen der Aehnlichkeit mit Gott
10   b. wegen des Zeitpunkts wo wir doch unsre Beschaffen-
                heit erfahren.
            c. damit nicht aus Unwissenheit unsre Wünsche imer
                den Schickungen Gottes widersprechen
        2. Inhalt derselben.
15   a. Handlungen – nicht nur die hervorstechenden, son-
                dern noch mehr die gewöhnlichen
            b. Gedanken – in so fern sie vorausgeführte Handlun-
                gen sind
            c. Zusamenhang der Gedanken
20   3. Methode
            a. nicht ein Werk weniger Stunden sondern
            b. immerfort haben wir noch an der Vergangenheit zu
                lernen, deswegen
            c. müßen wir auch die Gegenwart beobachten um uns
25   die künftige Vergangenheit zu erleichtern.
    II. Daraus daß Gott alles gerecht beurtheilt folgt daß wir uns
        auch beurtheilen müßen.
        1. Beweis
            a. wer die Kenntniß nur braucht um sich zu entschuldi-
30   gen an dem ist alles verloren
            b. das Urtheil Gottes wird doch einmal auch das ⌊erse-
                zen⌉
            c. es beweist den Anfang der Beßerung und daß man
                weiß worauf es ankomt
35   2. Inhalt.
            a. Handlungen
            b. Gedanken
            c. Zusammenhang der Gedanken.
    III. Daraus daß Gott der einzige ist der uns kennt und richtet
40   folgt eine Gleichgültigkeit gegen Lob und Tadel der Men-
        schen

---

3 Von dem] *korr. aus Unleserlichem*   7 müßen] *korr. aus Unleserlichem*

1. Beweis
   a. ihr Lob kann nur in so fern einen Werth haben als es mit dem Urtheil Gottes übereinstimt
   b. ihr Tadel kann nur in so fern kränken als er mit dem Tadel Gottes übereinkomt
2. Inhalt
   a. die Bemerktheit muß uns nicht stören
   b. die Unbemerktheit uns nicht ⌊aufhalten⌋

Schluß. Wenn wir so die Allwissenheit nicht zu scheuen brauchen können wir uns auch auf sie berufen indem wir hoffen können
1. daß Gott uns auch das werde zu erkennen geben was wir noch nicht wißen
2. daß ⌊er⌋ uns auch die verborgenen Fehler verzeihen werde

──────── |

14r　　　　　　　Predigt am ersten Advent über Luc. 11, 28.

Eingang. Wir brauchen zur rechten Feier der Geburt Christi eine Vorbereitung. Denn um für seine Erscheinung recht dankbar zu seyn müßen wir erst die Vortheile derselben absondern.
Thema. Nachdenken über die Vortheile des Christenthums
I. Der Inhalt derselben.
   1. Hören des Wortes Gottes
      a. Inhalt der Erkentniß
         α. des göttlichen Wortes – verglichen mit Aberglauben und blinder Nothwendigkeit
         β. der göttlichen Gebote – verglichen mit der ⌊eigennüzen⌋ Klugheit
         γ. der göttlichen Verheißungen – verglichen mit der Unwissenheit der Unsterblichkeit
      b. Allgemeinheit der Erkentniß
         α. alles Volk – ehemals nur wenige Weisen
         β. von Geschlecht zu Geschlecht – ehemals kurze Dauer.
   2. Bewahren des göttlichen Wortes.
      a. gegen Angriffe

─────────

16 für] *folgt* ⟨die Vortheile⟩

─────────

14 *Am 30. November 1794 in der Konkordienkirche zu Landsberg an der Warthe*

α. auf die Tugend – durch die Simplicität des
   Grundsazes

β. auf die Lehre – durch Zusammenhang mit dem
   innersten Gefühl

  b. gegen Verfälschung – durch den Prüfstein der
    Zwekmäßigkeit

  c. gegen Vernachläßigung – durch Gebet und Lehre

  d. gegen Untergang – durch Fortpflanzung auf die Ju-
    gend

II. Die Art unserer Dankbarkeit

  1. positiv – thätig

    a. Anhören des Worts

    b. Wirkliche Benuzung zur Vermehrung menschlicher
      Würde

  2. negativ –

    a. nicht wie die Geizigen, welche nichts gebrauchen

    b. nicht wie die adelstolzen, die eine fremde Ehre auf
      sich übertragen

    c. nicht wie die Juden, welche ein fremdes Verdienst an-
      maßen

Schluß. Wehe euch, es werden gegen euch aufstehn p. Wie sollten
wir entrinnen so wir einer solchen Gnade nicht achteten.

——————— |

Predigt am 2. Adv. über Matth. 11, 2–6.   *14v*

Eingang. Wenn man gleich die Vortheile einsieht, welche die christliche Religion dem Menschengeschlecht verschaft hat, so könnte man
doch glauben die Periode ihrer Brauchbarkeit gehe zu Ende. Dies muß
untersucht werden.

Thema. Ob Christus der Stifter einer Religion sei welche die ewige
Führerin der Menschen seyn kann.

I. Welche Kennzeichen hat er selbst davon angegeben.

  1. Aus dem Leben (Text)

    a. negativ. Nicht Wunder. Dies beweist zwar

      α. die göttliche Sendung, aber nicht

      β. die Ewigkeit des Auftrags

    b. positiv. Sondern

---

23 *Am 7. Dezember 1794 in der Konkordienkirche zu Landsberg an der Warthe*

α. als Beweis des Wolwollens. Dieser ist nöthig zur Beglaubigung; und

β. als Vorbild. Dies ist ein eigentliches Erforderniß wegen der Einwände gegen die Vernunft und wegen der Unsicherheit des Gefühls. Es kan zwar   5

א. auch durch die Fantasie zusamengesezt werden aus einzelnen Zügen, aber

ב. weit beßer finden wir es bei einem, und bei einem Religionslehrer müßen wir es finden.

2. Aus der Lehre (Text)   10

a. negativ. Nicht

α. als wäre es nur für die Armen, auch nicht

β. als wäre es nur eine Verkündigung, die man blind annehmen müßte, sondern

b. positiv als Befriedigung der sonst nicht zu befriedi-   15
genden Bedürfniße des menschlichen Geistes, nemlich

α. der Unbegreiflichkeit des Weltzusammenhanges

β. der Unwissenheit über die Zukunft. Aus dieser können wir uns nicht heraushelfen, wenn unser Nachdenken nicht von der Religion ausgeht.   20

II. Ob er sie auf eine allgemeingültige Weise an sich habe?
(Anm. Diese Frage beantwortet sich wegen der Fortschritte der moralischen Begriffe nicht von selbst.)

1. Das Vorbild war

a. weder unzulänglich, denn   25

α. es enthält eine Erfüllung aller Pflichten, und besonders deutlich

β. eine Erfüllung der schwersten und am schwersten zu erringenden.

b. noch unrein; denn diese Handlungen   30

α. entsprangen weder aus Klugheit, noch

β. aus einer bloß sonderbaren Mischung von Neigungen. Also giebt es für alle Fälle Beispiel.

2. Die Lehre ist

a. in Absicht auf Erklärung der Weltregierung   35

α. weder den reinsten Begriffen vom höchsten Wesen zuwider noch

β. dem wahren Bestreben nach Tugend hinderlich

b. in Absicht auf Versicherung von der Zukunft

α. weder richtigen Begriffen von der Natur der   40
menschlichen Seele zuwider; noch

β. zu einer falschen Beurtheilung des Lebens Anleitung gebend. Also ist sie so beschaffen daß die

menschliche Vernunft immer wieder von selbst
zu ihren Aussprüchen zurükkehrt.

Schluß.

1. Es gehört also nicht zur Weisheit unsers Zeitalters die christliche
   Religion hintanzusezen

2. Es kann also aber auch mit der Verehrung gegen dieselbe bestehen
   die menschlichen Zusäze welche nicht diese beiden Eigenschaften
   betreffen zu verbessern.

——————— |

Predigt über Matth. 12, 19. 20. am 3. Advent.   *15r*

Eingang. Es fehlt nicht nur an herzlichen Anhängern der Religion,
sondern die Menschen finden auch dafür immer eine Entschuldigung.
Man schiebt gewöhnlich die Schuld auf die Härte des Lehrers wenn
man seine Foderungen nicht erfüllt.

Thema. Die Angemessenheit der Sittenlehre Jesu für die menschliche Natur

   I.   Kennzeichen derselben.

      1.   Sie erhebt sich nicht unter dem Vorwand die Herrschaft
          der Vernunft zu sichern über die Natur, wie

          a. Gegenbild – viele

              α. Beschreibung – welche

                   (1) verlangen, daß es keine Handlungen gebe,
                        als aus Pflicht,

                   (2) verlangen, daß es keine Empfindungen gebe
                        als für die Pflicht.

              β. Folgen – daraus entsteht

                   (1) bei den Unrechthandelnden eine Verweigerung
                        der ganzen Nachfolge welche sich auf die au-
                        genscheinliche Ungleichartigkeit gründet

                   (2) bei den Wolgesinnten ein gegründeter Wider-
                        willen der auf den Ansprüchen des menschli-
                        chen Herzens beruht.

          b. Bild – sondern Christus

              α. Beschreibung

---

22 aus] *über der Zeile mit Einfügungszeichen*

---

9 *Am 14. Dezember 1794 in der Konkordienkirche zu Landsberg an der Warthe*

(1) handelte selbst aus gesellen Neigungen –
gegen seine Freunde, gegen Unglükliche
2. affektirte keine Gleichgültigkeit gegen Freude und Schmerz
β. Folgen. Er weiß daß wir das alles bedürfen.   5
2. sie demüthigt nicht den Menschen nicht abschrekend unter dem Vorwand die Selbsterkenntniß zu befördern.
  a. Gegenbild – wie viele
    α. Beschreibung – welche
      (1) alles menschliche Gute für unächt erklären   10
      (2) die Erwerbung des göttlichen Beifalls als un-
        möglich vorstellen.
    β. Folgen – Dadurch
      (1) befördert man nicht ein desto eifrigeres Hin-
        fliehen zur Barmherzigkeit Gottes   15
      (2) sondern nur eine verzagte Verlaßung der gu-
        ten Sache
  b. Bild – sondern Christus
    α. Beschreibung – giebt
      (1) aufmunternden Beifall   20
      (2) religiöse Triebfedern zur Hülfe
    β. Folgen – auf diese Weise
      (1) nimmt er den Willen mit der That
      (2) zeichnet er den Weg zur Vollkommenheit
II. Folgen daraus | 25

15v 1. eine allgemeine Verbindlichkeit – denn
  a. Christus hat selbst erfüllt
  b. es bleibt uns ohngeachtet der gefoderten Aufopferun-
    gen noch genug übrig
2. eine allgemeine Möglichkeit ihre Gebote durchzusezen   30
  a. scheinbare Widersprüche rühren daher weil unsere
    Gefühle nicht mehr unverfälscht sind
  b. Es würde beßer um die Zufriedenheit der Menschen
    stehn, wenn sie zu ihrer ursprünglichen Wahrheit zu-
    rükgeführt würden.   35
3. eine Anklage gegen uns selbst für jede Nichtbefolgung
  a. wäre der Eifer größer gewesen, so würde der Sieg er-
    folgt seyn
  b. denn die Religion giebt Hülfsmittel genug

---

25 Folgen] *folgt* ⟨derselben⟩   28 gefoderten] gefod en

Schluß. Diese Betrachtung soll
1. den treuen Anhängern der Religion dazu dienen ihre Anhänglichkeit zu mehren
2. die, welche es noch nicht sind sollen dadurch von ihren Vorurthei-
5 len geheilt und bewogen werden, den Versuch zu machen: wer
   diese meine Lehre thut der wird erfahren ob sie von Gott sei

---

Predigt am 4. Advent über Gal. 4, 1 sqs.

Eingang. Die Veränderung die die christliche Religion im Gemüth
hervorbringen soll wird uns verschieden beschrieben, als Erlösung,
10 Versöhnung und GroßjährigkeitsErklärung
Thema. Durch die Erkentniß der wahren Religion wird der menschliche Geist mündig
    I.   Die Unmündigkeit besteht im Mangel an Fähigkeit zum Ge-
        brauch der Vernunft sowol
15   1. im Bilde. Denn da fehlt es
          a. an Kenntniß der bevorstehenden Verhältniße in der
            Welt
          b. an Kenntniß der Folgen der Handlungen – als auch
      2. im Gegenbilde; denn da fehlt es
20   a. an einer Betrachtung der Welt im Ganzen denn es ist
            keine Kenntniß der göttlichen Regierung da
          b. an einer Betrachtung des menschlichen Daseyns und
            der menschlichen Bestimmung im Ganzen denn es
            fehlt an Kentniß der Unsterblichkeit.
25   II. Die Verhältniße des Unmündigen sind
      1. die Bestimmung seiner Handlungen von andern, sowol
          a. im Bilde – denn da wird er
            α. durch Strafe und Zucht vom Bösen abgehalten
            β. durch Furcht und Liebe zum Guten angetrieben |
30   γ. seine Entwürfe werden auf eine verborgene Art   *16r*
              zu andern Absichten geleitet – als

---

15 Bilde] *korr. aus* Gegenbilde

5–6 *Vgl. Mt 7,24–27*   7 *Am 21. Dezember 1794 in der Konkordienkirche zu
Landsberg an der Warthe über Gal 4,1–7*

    b. im Gegenbilde – denn da dient
       α. die bürgerliche Einrichtung nicht nur zur Sicher-
          heit, sondern auch um das innere Gefühl für
          Recht und Unrecht nach und nach zu weken.
       β. das Herumtreiben von einer Leidenschaft zur an-
          dern hat zwar ⌊kein hindern⌋ der sinnlichen Ab-
          sichten, Gott aber nuzt es um sie nach und nach
          von den Leidenschaften abzuführen
       γ. Alle Entwürfe zu Vortheil und Vergnügen werden
          von Gott so gelenkt daß etwas zur Vorbereitung
          aufs moralische Leben daraus herkomme.
  2. daß er nicht die Verwaltung seiner Güter hat, sowol
    a. im Bilde, wo er
       α. nicht einmal weiß, was er besizt und
       β. ihm alles aufgespart wird auf die Zeiten des Ver-
          standes
    b. im Gegenbilde, denn da
       α. weiß er nichts vom Göttlichen im Menschen, von
          moralischen und religiösen Gefühlen und ⌊Ant-
          worten⌋
       β. sie schlummern in seiner Seele bis auf beßere
          Zeiten
III. Diese Verhältniße hören auf wenn die Vernunft sich findet
  1. im Bilde – denn dann
    a. wird er sich selbst überlaßen sobald er Kenntniß von
       seiner Bestimmung in der Welt hat.
    b. werden ihm alle seine Güter zum beliebigen Ge-
       brauch übergeben weil er sie nun zu handhaben weiß
  2. im Gegenbilde, denn dann
    a. bekommt er die Jugend seines Lebens selbst in die
       Hände
       α. er legt nun selbst in alle Begebenheiten eine mo-
          ralische Tendenz
       β. Gott ist also nicht mehr der gebietende Vater de-
          ßen Wege man nicht kennt, sondern der rathge-
          bende Freund.
    b. erwachen alle moralischen und religiösen Gefühle so-
       bald die Begriffe da sind auf denen sie beruhn.

---

24 Bilde] *korr. aus* Gegenbilde

Schluß.
1. So gütig auch Gottes Leitung der Unmündigen ist so ist doch ihr
Zustand ein Stand der Knechtschaft, aus dem man so bald als
möglich herausgehn muß
5 2. Eine Unmündigkeit die über die gesezliche Zeit hinaus währt deutet auf Wahnsinn[,] wir müßen also eilen unsre Großjährigkeit
anzutreten.

Predigt am ersten Weihnachtstage über Luc. 2, 14

Eingang. So bekannt uns auch die Nachricht schon ist so muß doch
10 das erneuerte feierliche Andenken daran allerlei Empfindungen hervorbringen
Thema. Die Empfindungen des Christen beim Nachdenken über die
Geburt Jesu
    I.   Empfindungen gegen Gott – Ehre sei Gott in der Höhe
15   1. über den Endzwek – dem allgemeinen Erretter
            a. eine intensive Allgemeinheit
                α. der Erlösung von allem Bösen
                    (1) dem moralischen
                    (2) der zu starken Empfindung des physischen |
20   β. der Unterstüzung – zu allem Guten   *16v*
            b. eine extensive Allgemeinheit
                α. der Zeit
                β. des Orts und der Umstände
        2. über die Mittel – dem weisen Erretter
25   a. eine natürliche Rettung aus der menschlichen Natur
            b. eine wunderbare Rettung aus einem unscheinbaren
               Anfang
   II. regulative Empfindungen
        1. Friede auf Erden
30   a. Friede mit dem Himmel
                α. Aussöhnung
                β. Einstimmung in seine Gedanken
            b. Friede unter den Christen als Christen

---

8 Weihnachtstage] Weihnachttage   15 allgemeinen] *davor* ⟨Erretter⟩   16 intensive]
davor ⟨allgemeine⟩

---

8 *Am 25. Dezember 1794 in der Konkordienkirche zu Landsberg an der Warthe*

α. Duldung der Verschiedenheiten
β. Unterstüzung in den Fortschritten des wesentlichen
c. Friede unter den Christen als Erdbürgern
2. Wolgefallen unter den Menschen
    a. Wolgefallen über seine Erscheinung – durch genaue Betrachtung der großen Weisheit die darin liegt.
    b. Wolgefallen an seiner Lehre – (nicht nur kalter Beifall) durch genaue Kenntniß ihrer Verfassung und ihrer seligen Wirkungen
    c. Wohlgefallen an seinem Vorbild – (nicht entfernte Bewunderung) durch das Bestreben ihn nachzuahmen

Schluß. Das Bestreben der Nachahmung muß immer der Schlußstein aller christlichen Empfindungen seyn.

Predigt am 2. Weihnachtstag über Luc. 2, 15 sqs.

Eingang. Es ist nüzlich die verschiedenen Urtheile und Meinungen der Menschen über wichtige Begebenheiten zu erforschen, so auch über die Nachricht von der Geburt eines Erlösers
Thema. Betrachtung über die verschiedene Aufnahme die die Nachricht von dem Daseyn eines Erlösers gefunden hat.
    I. Der theoretische Glaube
        1. Beschreibung
            a. im Bilde
                α. Eindruk der Nachricht
                β. Untersuchung der Umstände
                γ. Ausbreitung
                δ. Lob Gottes.
            b. im Gegenbild
                α. Interesse an der Offenbarung
                β. Untersuchung der Wunder
                γ. Eifer für die Ausbreitung des Glaubens
                δ. fromme Empfindungen |

---

5 2.] *davor* ⟨II.⟩   32 Glaubens] *folgt* ⟨⟨der⟩⟩

16 *Am 26. Dezember 1794 in der Konkordienkirche zu Landsberg an der Warthe über Lk 2,15–20*

17r

    2. Mängel
        a. im Bilde – man hat keine Spur daß sie hernach Jün-
            ger Christi geworden wären
        b. im Gegenbilde
            α. dieser Glaube macht uns nicht zu wahren Schü-
                lern Jesu, denn er ist nur ein Herr Herr sagen
            β. er bringt uns nicht die wahren Früchte der Reli-
                gion im Fortgang des Lebens, im Leiden und Tod.
 II. Die Verwunderung
    1. die leugnende
        a. Beschreibung
            α. im Bilde
                (1) sie verwarfen das Wunderbare und zugleich
                    das worauf es hindeutete
                (2) sie hatten keinen Sinn für die geistigen Be-
                    dürfniße
            β. im Gegenbild
                (1) sie wollen von keinem Erlöser wissen, weil
                    sie bloß mit irdischen Dingen zu tun haben
                (2) sie spotten über die Aufmerksamkeit die an-
                    dere diesen Begebenheiten widmen
        b. Folgen
            α. im Bilde – sie bleiben ausgeschloßen von der
                Kirche Christi
            β. im Gegenbilde – sie werden nie religiös; es wird
                aber eine Zeit kommen, wo sie es bereuen
                werden
    2. die zweifelnde
        a. im Bilde
            α. Beschreibung – sie wollten ihr Urtheil über das
                wunderbare aufschieben bis sie über das morali-
                sche urtheilen könnten
            β. Folgen – sie sind vielleicht rechte Jünger Jesu
                geworden
        b. im Gegenbilde
            α. Beschreibung – sie schieben ihren Beifall auf
                weil man ihnen das wunderbare aufdrängt und
                die moralische Freiheit der Religion zurüksezt

---

1 Mängel] *davor* ⟨Fol⟩   **23** bleiben] *korr aus* blieben

5–6 *Vgl. Mt 7,21*

β. Folgen – sie werden der Religion günstiger,
wenn sie sie besser kennen lernen und zugleich
mit der Natur der menschlichen Seele und der
Beschaffenheit des menschlichen Wesens auf Er-
den bekannter werden.   5
III. Das Erwägen im Herzen
    1. im Bilde –
       a. Das wunderbare erregt die Aufmerksamkeit.
       b. Das moralische fesselt hernach erst die Seele.
    2. im Gegenbild   10
       a. Das wunderbare veranlaßt die Untersuchung
       b. Das moralische zieht den Beifall nach sich.
Anm. Diese Klaße ist die geringste aber beste zu der auch
wir uns bekennen müßen, wir sind auch wie Maria mit Chri-
sto verwandt.   15
Schluß. Dies mag zur Prüfung dienen unter welche Klaße wir bis
jezt gehört haben und zur Ermahnung für die falschen

————— |

Predigt am Sonntag nach Weihnachten Ps. 26, 8.

Eingang. Beim Nachdenken über das vergangene Jahr muß man
auch auf die Wolthaten Rüksicht nehmen, die man sonst weniger   20
achtet.
Thema. Der Werth der öffentlichen Gottesverehrung
    I. Als Anstalt zur Belehrung
       1. Vorzüge vor der freundschaftlichen Belehrung
         a. der moralischen   25
           α. lauter und ⌊fruchtbarer⌉
           β. schonender
         b. der doktrinalen

[Am Rand neben Z. 18:] Gedrukt

8 wunderbare] *davor* ⟨moralische⟩   11 veranlaßt] *davor* ⟨fesselt⟩   12 zieht] *davor*
⟨schließt⟩   22 der] *korr. aus* des

18 *Am 28. Dezember 1794 in der Konkordienkirche zu Landsberg an der Warthe; vgl.*
Frühe Predigten Nr. 35 (oben S. 287–295)   29 *Vgl. Predigten. Erste Sammlung,*
Nr. 12 (KGA III/1)

α. ohne Rechthaberei

β. mit siegreicheren Gründen

  2. Vorzüge vor der Selbstbelehrung

    a. gewißere Aufdekung der Fehler ohne Selbstbetrug

    b. ofneres Verhör der Vorurtheile

II. Als Aufmunterung zum Guten

  1. für das innere gute

    a. durch die gemeinschaftliche Tendenz

    b. durch den moralischen Wetteifer

  2. für das gesellige gute

    a. hier verschwindet die Unversöhnlichkeit

    b. hier das Gefühl der Ungleichheit

    c. hier der selbstsüchtige Eigendünkel

III. Als Ort des Trostes

  Vorzüge vor der einsamen Andacht

  1. das Nachdenken ist nicht sich selbst überlaßen und also wenig zum Trübsinn ⌊hineilend⌋

  2. es sind Beispiele von der Kraft der Religion vorhanden

  3. das gemeinschaftliche Gebet und Gesang macht großen Eindruk.

Schluß.

1. Rükerinerung an den Genuß dieses ⌊mancherlei⌋ Guten

2. Entschluß zu reichlicher Benuzung für die Zukunft

——————— |

Predigt Entwürfe
Landsberg 1795.

Schleiermacher. |

I. Predigt am Neujahrstag über Eccl. 1, 8. 9.

Eingang. Die erste unbestimte Ansicht des Neuen löst sich bald   5
nach Beschaffenheit der Gemüther auf in Furcht oder Hofnung. Alle
Erwartungen müßen herabgestimmt alle Gefühle gemäßigt werden.
Thema. Über die Aehnlichkeit der Zukunft mit dem Vergangenen.
    I.   Wie ist diese Aehnlichkeit zu verstehn
        1.   Es wird nicht geleugnet daß   10
            a. imer etwas geschieht – Beschreibung eines Augen-
               bliks
               α. in der physischen Welt
               β. in der moralischen Welt
               γ. in der menschlichen Seele.   15
            b. imer etwas andres geschieht
               α. keine Begebenheit komt grade so wieder
               β. manche ist auffallender
        2.   Es wird nur behauptet daß alles seines gleichen habe,
            sowol   20
            a. in Absicht auf die Beschaffenheit der Begebenhei-
               ten – denn
               α. die Kräfte sind imer die nemlichen
                  (1) die physischen
                  (2) die intellektuellen   25
                     א. im Ganzen
                     ב. im einzelnen
                β. die Geseze wonach sie würken sind immer die
                 nemlichen
                  1. die Geseze der physischen Welt   30
                  2. die Geseze der moralischen und gesellgen
                     Welt – als auch
            b. in Absicht auf die Größe der Begebenheiten – denn

---

32 als] *davor* ⟨noch⟩

---

4 *Am 1. Januar 1795 in der Konkordienkirche zu Landsberg an der Warthe; vgl.*
Predigten. Erste Sammlung, Nr. 1 (KGA III/1) und Predigtentwürfe 1797, Nr. I–II
(unten S. 529–530)

α. jede Begebenheit ist gerade so groß als ihre Ursach
(1) die kleinen Wirkungen größerer Ursachen
hängen unter einander als ein ebenso großes
Ganze zusamen
(2) zu den großen Wirkungen gehören eine er-
staunende Menge kleiner Ursachen
β. der innere Zusamenhang der Dinge ist immer der
nemliche – und
c. in Absicht auf die moralische Tendenz
α. der menschlichen Handlungen
(1) der guten
(2) der bösen
(3) der verändernden
β. der göttlichen
(1) im Großen
(2) im einzelnen |

II. Was hat das Nachdenken darüber für Einfluß auf unsre Emp-   *19v*
findungen
1. Als Zuschauer der Welt bringt sie hervor
a. Gleichmüthigkeit bei der Veränderung
b. Vernünftige Bewunderung
α. der Werke Gottes
β. des erhabenen Mechanismus der Welt.
2. Als handelnde Personen bringt sie hervor
a. in Absicht auf unsre Glükseligkeit
α. eine mittelmäßige Erwartung
β. eine Präservation vor übermäßigen Empfindungen bei
(1) sehr frölichen
(2) sehr traurigen Begebenheiten
b. in Absicht auf unsre Moralität
α. Erwartung mancher Gelegenheit zu
(1) Fehlern
(2) guten Handlungen
β. Erwartung eines unsern Bemühungen angemessenen Ausgangs.
Schluß
1. Wir sehn also das Jahr als einen bekannten Freund an
2. Wir übergeben uns Gott mit ruhiger Zuversicht im Gebet.

---

3 (1)] *davor* ⟨β.⟩   3 Wirkungen] Wirk^n 6 Wirkungen] Wirk^n

II. Predigt am Sonntag nach Neujahr über Matth. 5, 48.

Eingang. Die Menschen machen sehr verschiedene Dinge zum Ziel
ihrer Bestrebungen und ändern sich darin oft. Die einzig unveränderlichen sind die, welche sich die Vollkomenheit vorsezen
Thema. Daß es das ewig nothwendige sei sich der Vollkomenheit   5
zu befleißigen
    I.   Ohne das giebt es kein wahres Vergnügen
       1. weder in der Einsamkeit
          a. weder in der Naturbetrachtung – denn sie fodert
             uns zum Gebrauch auf   10
          b. noch in der Weltbetrachtung – denn wir müßen
             seufzen, wenn wir noch mit an ihren Eitelkeiten
             hängen
       2. noch in der Gesellschaft.
          a. weder in den einfachen häuslichen Verhältnißen –   15
             diese behalten nur für den einen Reiz der imer neue
             Pflichten und Geschäfte und Freuden darin entde-
             ken kann
          b. noch in den großen Ergözlichkeiten – denn diese ge-
             fallen nur wenn sie als Erhebung, nicht wenn sie als   20
             Geschäft getrieben werden
   II. Ohne das giebt es keinen Reichthum
       1. weder zur Befriedigung gegenwärtiger Bedürfniße
          a. denn die irrdischen mehren sich imer beim habsüchti-
             gen | 25
          b. die geistigen, welche doch bei jedem ⌊walten, finden⌋
             gar keine Hülfe – weder
             α. das Bedürfniß der Selbstachtung – noch
             β. der Beruhigung des Gewissens.
       2. noch zur Sammlung von Schäzen für die Zukunft, denn   30
          a. das Sammeln irdischer Schäze ist unnüz
          b. das Sammeln der geistigen besteht nur im vermehrten
             Vorrath großer Gedanken und Empfindungen, die
             nur der erlangt, welcher der Tugend nachstrebt.
  III. Es giebt ohne das keine Ehre   35
       1. weder bei Gott
          a. für das was wir sind wird niemand vor ihm gerühmt

20r

---

3 Bestrebungen] Bestreb^n   6 befleißigen] befleiß   22 keinen] kein ; *folgt* ⟨Vergnü-
gen⟩

---

1 *Am 4. Januar 1795 in der Konkordienkirche zu Landsberg an der Warthe*

  b. für das was wir seyn wollen kann er nur dem in der
   Vollkomenheit fortschreitten Beifall geben
 2. noch bei Menschen
  a. weder durch Glüksgüter, denn
   α. die Zeit ihrer Achtung ist vorbei
   β. sie bezieht sich nur auf die Sachen nicht auf die
    [Personen]
  b. noch durch einzelne gute Eigenschaften; es entsteht
   daraus nur
   α. herablassende Liebe der Selbstgefälligen
   β. Neid der übertroffenen
   γ. Eifersucht der streitenden
   δ. Mißtrauen derer die die Tugend achten
Schluß.
1. Das Himelreich ist das Kleinod für welches man alles geben kann
2. Es ist der Baum unter dessen Schatten alles übrige sicher wohnt.

——————

III. Predigt am 1. Sonnt. nach Epiph. über Deut. 30, 11–14.

Eingang. Es giebt böse Menschen welche andere vom Guten zu verführen suchen. Sie fechten den Glauben an Gott und die Unsterblichkeit an, noch schädlicher aber ist es, daß sie den Glauben an die innern Gründe der Sittlichkeit anfechten. Dagegen muß man sich
wafnen.
Thema. Die Verbindlichkeit zum Guten ist in der menschlichen Seele
selbst gegründet.
 I. Es ist würklich so
  1. in Absicht auf die Gerechtigkeit
   a. Wir finden dazu die Gründe in unserer eignen Ver-
    nunft
   α. Die Gerechtigkeit ist weder
    (1) in Absicht auf ihren Ursprung der List der
     Reichen, noch
    (2) in Absicht auf ihren Fortgang der Furcht

---

1 wir] *korr. aus Unleserlichem* **20** schädlicher] Schädlicher

15 *Vgl. Mt 13,45–46* **16** *Vgl. Mt 13,31–32* **17** *Am 11. Januar 1795 in der*
Konkordienkirche zu Landsberg an der Warthe; vgl. Frühe Predigten Nr. 36 (oben
S. 296–302)

אֵ. der Gewaltigen

ב. der Schwachen zuzuschreiben – sondern |

20v   β. unserm eignen

    (1) Gefühl der Würde die sich bloß auf den Besiz
    der Wahrheit gründet

    (2) Verlangen nach Unverlezlichkeit

  b. Wir finden dazu die Anlage in unserm Herzen, welches in seinem anfänglichen und natürlichen Zustand

    α. Wolgefallen am Recht und

    β. Abscheu vor dem Unrecht empfindet.

2. In Absicht auf die Liebe.

  a. Wir finden dazu die Gründe in unserer eignen Vernunft; denn die thätige Liebe

    α. entsteht nicht aus Eigennuz, sondern

    β. sie entsteht aus dem Gefühl unsrer Hülfsbedürf-
tigkeit

  b. Wir finden dazu die Anlage in unserm Herzen. Das
sehn wir

    α. aus der Äußerung unserer wolwollenden Nei-
gungen

    β. aus der Freude womit wir in der Selbstprüfung
bei den Beweisen derselben stehn bleiben

    γ. aus den Gemälden die wir uns von der höchsten
menschlichen Glükseligkeit machen.

II. Es ist gut, daß es so ist und daß unsere Überzeugung von der
Verbindlichkeit des Gesezes

1. nicht von weitläuftigen Kenntnißen abhängt (übers Meer) –
sie könnte dann

  a. niemals allgemein seyn – denn viele Menschen können ihren Verstand nicht so ausbilden

  b. niemals sicher seyn. – Denn alles was erst scharfsin-
niges Nachdenken erfodert ist noch immer dem
Zweifel und der Ungewißheit unterworfen.

2. nicht vom Glauben an Gott und jene Welt abhängt (im
Himmel) – denn sie könnte dann

  a. niemals allgemein seyn – denn viele Völker haben
keine vernünftigen Begriffe davon

  b. niemals rein seyn – denn es wäre immer etwas ei-
gennüziges dabei

---

3 eignen] *folgt* 〈Verlangen nach〉   5 Wahrheit] Wheit   8 anfänglichen] anfg
27 (übers Meer) –] – (übers Meer)

    α. in Absicht auf Gott – Dienstbarkeit und
       Schmeichelei
    β. in Absicht auf die Ewigkeit – Furcht und Hof-
       nung
  c. nicht immer wirksam seyn, denn man kann
    α. weder den Gedanken an Gott noch
    β. den Gedanken an die Ewigkeit immer haben.
Schluß. Wir brauchen keinen andern Fluch und Segen als den der
Folge von der Folgsamkeit und dem Ungehorsam gegen unsere eigne
Natur ist.

—————— |

IV. Vorbereitungspredigt über Marc. 7, 18 sqs.   *21r*

Eingang. Je mehr eine Religion mit Ceremonien überladen ist, um
desto mehr nährt sie den Aberglauben. Ohngeachtet Christus nur zwei
Gebräuche gestiftet, so haben sich doch immer mehrere und mit ihnen
allerlei Aberglauben eingeschlichen.
Thema. Was gehört zu unserer Reinigung vor Gott und was nicht.
  I. Nichts was von außen eingeht
    1. was von außen eingeht kann nicht verunreinigen
      a. Fasten
        α. kann unsere Fehler nicht gut machen
        β. kann sie nicht⌊verwehren weil eßen Bedürfniß ist⌋
        γ. Eßen und Trinken kann mit der Ehrfurcht und
          Andacht wol bestehn, denn es stört unser Herz
          nicht
        δ. Fasten zieht unser Herz nicht von irdischen Din-
          gen ab, vielmehr stört es die Aufmerksamkeit
      b. Entziehung von allem Vergnügen – nemlich un-
        schuldigem
        α. Da es sonst erlaubt ist, kann es auch jezt nicht
          strafbar seyn
        β. Da es nur ⌊aechte⌋ Eindrüke sind, so liegt die Mo-
          ralität nicht in ihrer Beschaffenheit sondern in ih-
          rer Anwendung

---

8 Fluch] *korr. aus Unleserlichem*   9 und dem] *korr. aus* gegen

11 *Am 17. Januar 1795 in der Konkordienkirche zu Landsberg an der Warthe über*
Mk 7,18–23

γ. es stört die religiösen Gedanken nicht, vielmehr
    kann es sie befördern
2. was von außen eingeht kann den Menschen nicht reini-
    gen
      Formularisches Singen und Beten
    α. es trift das Herz nicht wenn dies nicht selbstthä-
      tig dabei ist
    β. die guten Gedanken und Vorsäze die daraus ent-
      stehn halten nicht Stich weil sie nur ein fremdes
      Werk sind.
II. Was von innen herauskomt macht den Menschen unrein
  1. Die Ausrottung desselben ist die eigentliche aber bestän-
    dige Vorbereitung
  2. Was sich kurz vor dem Abendmahl thun läßt ist nur Prü-
    fung wie weit wir darin gekommen sind und Richtung
    der Aufmerksamkeit auf die Werke die mit dem Abend-
    mahl in wahrer Verbindung stehn. Diese sind
    a. Nachfolge Jesu denn das Abendmahl ist zum Ge-
      dächtniß seiner Wolthat eingesezt
    b. Vertrauen auf Gott denn das Abendmahl ist ein
      Denkmal seiner großen Liebe in Christo
    c. Liebe und Wolwollen denn das Abendmahl ist eine
      brüderliche Vereinigung

———————— I

21v   V. Predigt am 2. Sonnt. nach Epiphan. über Röm. 12, 4. 5.

Eingang. Die Vergleichung unserer Zeit mit dem ersten Zustand der
christlichen Kirche zeigt uns mancherlei Vorzüge des ersteren, macht
uns aber auch den Vorwurf der verminderten Bruderliebe
Thema. Wie fern die Bruderliebe noch jezt ein Gesez für uns ist
  I. Warum kann sie nicht mehr so Statt finden wie ehemals
    1. weil die Gesellschaft größer geworden ist
    2. weil Noth und Verfolgung um der Religion willen aufge-
      hört haben

12–13 beständige] *folgt* ⟨Ausrottung⟩

———————

24 *Am 18. Januar 1795 in der Konkordienkirche zu Landsberg an der Warthe*

    3. weil mehr allgemeine Menschenliebe zu finden ist

II. Was ist sie noch jezt?

    1. ein verstärkender Bewegungsgrund zu allen Pflichten die uns die Menschenliebe auflegt

        a. aus dem Bewegungsgrunde der Gesellschaft Ehre zu machen

        b. aus dem Bewegungsgrund eines Bandes mehr

        c. aus dem Bewegungsgrund der Aussicht auf den Zustand der Gesellschaft in der Ewigkeit.

    2. ein durch nichts zu ersezender Bewegungsgrund zu moralischer Liebe

        a. die allgemeine Menschenliebe legt uns diese Pflicht nicht auf

        b. die Religionsverbindung erleichtert auch uns die Erfüllung und andern die Ertragung derselben

Schluß. Wir müßen also die hierhergehörigen Gaben mit Weisheit und Fleiß üben besonders aber die allgemeine Gabe der moralischen Vorsichtigkeit und des guten Beispiels.

VI. Predigt am 3. nach Epiph. über Röm. 11, 22.

Eingang. Wir können über den Gang der Vorsehung nicht ganz klar sehn weil wir ihren Maaßstab nicht finden können; desto fester müßen wir uns an die wenigen Winke halten die wir hierüber haben

Thema. Die Verschiedenheit des Betragens Gottes gegen die Guten und gegen die Bösen

I. Worin sie eigentlich besteht.

    1. Er zeigt Ernst gegen die Bösen d. h. er sezt seine Absichten durch wenn er ihnen auch dadurch forthülfe – Diese sind

        a. er will ihnen zeigen daß ihr Weg ein böser Weg sei, indem er ihnen |

            α. die Vergänglichkeit ihrer Güter zeigt   *22r*

            β. den geringen Werth derselben

            γ. indem er sie nöthigt sich selbst zu verdammen

        b. er will sie andern zum Beispiel sezen, indem er zeigt

            α. daß ihr Glük nichtig sei

            β. daß es das Licht scheue

            γ. daß es sie zu Sklaven macht

---

19 *Am 25. Januar 1795 in der Konkordienkirche zu Landsberg an der Warthe*

2. er zeigt Güte gegen die Guten indem er
    a. ihren Wünschen zuvorkomt. Diese gehen
        α. auf Ruhe – diese genießen sie bei allen Stürmen
            der Welt
        β. auf Thätigkeit – diese finden sie in den Geschäf-
            ten des häuslichen Lebens wenn sie auch in der
            bürgerlichen Gesellschaft zurükgesezt werden
    b. indem er sie, wo er das nicht kann[,] entschädigt
        α. durch allerlei unverhofte Freuden
        β. durch die Freuden der Weisheit
        γ. durch die Freuden der Religion
II. Einige Bemerkungen
    1. wir müßen nicht stolz werden gegen die Bösen denn
        a. es ist Ernst und nicht Zorn was Gott gegen sie be-
            weist, er bleibt doch ihr Vater
        b. wenn er seine Absichten erreicht hat, es sei nun hier
            oder in der Ewigkeit, so sezt er sie uns gleich
    2. wir müßen nicht übermüthig durch seine Güte
        a. dieser Vorzug gründet sich nicht auf eine persönliche
            Vorliebe sondern bloß auf die Gesinnung
        b. wenn wir nachläßig und unvollkomner werden zeigt
            er auch uns den Ernst
Schluß. Wer da stehe sehe wol zu daß er nicht falle

———————

VII. Predigt am Sonnt. Septuages. über Matth. 8, 19. 20.

Eingang. Wir genießen in allen Ständen weit mehr Bequemlichkeiten als unsere Vorfahren. Dieses müßen wir dankbar anerkennen, aber
uns auch vor Schaden hüten.
Thema. Der Schaden einer allzugroßen Anhänglichkeit an die Be-
quemlichkeiten des Lebens. |
22v   I. Für unsere Glükseligkeit
    1. Stört das Vergnügen
        a. an andern Dingen, wobei wir manche Bequemlichkeit
            hintansezen müßen z. B.

———————

27 vor] v *korr. aus* s   28 die] *korr. aus Unleserlichem*

———————

23 *Vgl. 1Kor 10,12*   24 *Am 1. Februar 1795 in der Konkordienkirche zu Landsberg
an der Warthe*

α. die Freuden der Natur

β. die Freuden des Umgangs

    b. an diesen Dingen selbst, denn man hat wenig Empfin-
dungen von dem was

α. zu sehr zur Gewohnheit geworden ist

β. als ein unumgängliches Bedürfniß angesehn wird

  2. Macht trübe Aussichten in die Zukunft

    a. weil der Besiz überhaupt unsicher ist; besonders aber

    b. wenn schlechte Zeiten zu fürchten stehn.

  3. Hindert die Beförderung des Wolstandes

    a. Geschäfte werden nachläßig betrieben

    b. günstige Augenblike werden versäumt.

II. Für die Moralität

  1. bestimmte Pflichten werden versäumt

    a. durch den Besiz

α. häusliche Pflichten

β. Berufspflichten

    b. durch die Entbehrung; denn daraus entsteht

α. Unbeholfenheit

β. üble Laune

  2. Nichts entfernteres Gutes wird unternommen

    a. es entsteht kein Gedanke dazu

    b. es ist keine Kraft dazu.

  3. Die Gesinnung überhaupt wird verderbt – sie verliert

    a. ihre Energie

    b. ihre geselligen Gefühle; denn sie wird theils

α. ganz erstikt; theils

β. falsch geleitet.

Schluß.

1. Entbehren und genießen

2. Alles der Sittlichkeit untergeordnet, wobei Christus zum Muster
zu nehmen ist. Wer die Hand an den Pflug leget und sieht zurük,
der ist nicht geschikt zum Reich Gottes.

————— |

VIII. Predigt am Sonntag Sexag. über Luc. 8, 4. 5 und 11. 12.   *23r*

Eingang. Die geringe Frucht so vieler bekannter Wahrheiten und
Regeln beweist das Daseyn innerlicher Ursachen in den Menschen,

---

26 geselligen] *korr. aus* Gefühle

32–33 *Lk 9,62*   **34** *Am 8. Februar 1795 in der Konkordienkirche zu Landsberg an
der Warthe; vgl. Frühe Predigten Nr. 37 (oben S. 303–305)*

wodurch das Gute gehindert wird. Eine davon ist der Leichtsinn, und
zwar der eigentliche Leichtsinn.

Thema. Der Leichtsinn als ein großes Hinderniß des Guten.

   I. Wie geht es mit dem Schaden zu den er anrichtet
       1. Bezeichnung
          a. der Beschaffenheit eines leichtsinnigen Gemüths
             α. im Bilde – Weg
                (1) ohne Bestimung zum Hervorbringen
                (2) ohne Verbesserung
                (3) seiner Beschaffenheit nach vom Zufall ab-
                     hängig
             β. im Gegenbilde
                (1) ohne allgemeine Richtung aufs Gute
                (2) ohne absichtliche Verbesserung
                 (3) bald hart bald weich je nach dem äußern
                     Umstande
          b. des Schiksals des guten Samens
             α. im Bilde
                (1) vertreten
                (2) von den Vögeln verzehrt
              β. im Gegenbilde
                (1) von andern Eindrüken verdrängt
                (2) von bösen Menschen vernichtet.
       2. Anwendung
          a. auf den totalen Leichtsinn
          b. auf den partiellen
  II. Wie kann er vermieden werden? – Das Herz muß ein Feld
      werden. Dazu gehört
      1. Vorbereitung auf den Empfang des Guten
          a. durch Richtung der Gedanken auf das höhere
             α. im ⌊Lesen⌋
             β. im Umgang
             γ. in der Einsamkeit
          b. durch Nachdenken über unsre Fehler und ihre Folgen
      2. Pflege nach dem Empfang
          a. durch Bemerkungen über das was der Ausführung
             entgegensteht
             α. fleißiges Achtgeben auf gelungene und mißlun-
                gene Versuche
             β. Maaßregeln die daraus folgen |
23v   b. durch Bedekung
      3. Ordnung während des Wachsthums

a. ein regelmäßiges, nur nach Gesezen bestimtes Betragen
b. ein Verschieben der Handlungen

Schluß. Wenn man sich hieran gewöhnt gelangt man nach und nach
5 zu Ernst und Bedachtsamkeit. Wenn wir so das unsrige thun, thut
auch gewiß Gott wieder das seinige und giebt Gedeihen. Am Ende
erndten wir die Früchte.

IX. Am Sonntag Esto mihi über Luc. 18, 31–34.

Eingang. Dem Gerechten muß alles zum Besten dienen, er muß es
10 aber auch anwenden. Das thun viele Menschen nicht, deswegen wirkt
Glük und Unglük noch thätig auf sie.
Thema. Die Gleichmüthigkeit im Leiden
   I. Worin sie besteht
      1. negativ
15   a. nicht Gleichgültigkeit, die hatte Christus nicht
         b. nicht Stolz aufs Leiden, das ist Schwärmerei
      2. positiv. Es muß uns nicht hindern unsere Pflichten zu erfüllen
         a. wir müßen die Lust dazu behalten – unsere Gesin-
20   nungen fürs Gute müßen imer dieselben bleiben
            α. wie die meisten Menschen handeln
            β. wie Christus und Luther handelten
            γ. Ueberlegungen die dazu führen
         b. wir müßen die Kraft dazu behalten
25   α. den Gebrauch unsrer Seelenkräfte
               (1) der erkennenden – um die Umstände zu beurtheilen – um deutliche Gedanken entwikeln zu können
               (2) der empfindenden um die Gelegenheiten zum
30   Guten wahrzunehmen
            β. das Vertrauen auf Gott – es muß erfüllt werden
              was geschrieben steht.
   II. Welche Fehler ihr am meisten entgegenstehn

---

29 empfindenden] Empfindenden

---

8 *Am 15. Februar 1795 in der Konkordienkirche zu Landsberg an der Warthe*
9 *Vgl. Röm 8,28*

1. Allzu ängstliches Mißtrauen auf ⌊unsre⌋ Kräfte |
   a. dem Leiden widerstehn ist keine größere Kunst als
      dem Glük
   b. es ist keine andere, denn es gehören die nemlichen
      Kräfte dazu, nur die Richtung ist verändert
2. der irrdische Sinn
   a. bei dem war die Tugend im Glük nur ⌊Naturwerk⌋,
      also hört sie im Unglük ganz auf
   b. er weiß mit dem Unglük nichts beßeres zu machen als
      es um jeden Preis so bald als möglich los zu werden.
Schluß. Die Widerwärtigkeiten sind die Hize welche reif machen

----

X. Am Sonntag Invocavit über Matth. 4, 1 sqs.

Eingang. Der Streit der Tugend mit dem Leiden ist ein heilsamer
Anblik besonders bei Christo. Er zeigt sich in seinem ganzen öffentli-
chen Leben. Der Entschluß zu diesem war die erste Einweihung dazu
Thema. Das Lehrreiche aus der Versuchungsgeschichte
   I. Allgemeine Erklärung derselben
      1. negativ – sie ist
         a. keine wörtliche Erzählung
         b. kein Gegenstük zur Versuchung Adams – sondern
      2. positiv – sie ist
         a. ein bildlicher Vortrag.
         b. eine Schilderung dessen was bei Christo vorging als
            er den Entwurf seines Lebens machte. Also ist sie
      3. in Absicht auf den Nuzen
         lehrreich, weil auch wir in diesem Fall sind.
  II. Besondere anwendende Erklärung
      1. er ging in die Wüste – die Einsamkeit ist der Ort zu sol-
         cher Überlegung und nicht das Geräusch der Welt
      2. erste Versuchung
         a. Hauptgegenstand: ob in der Anwendung unserer
            Kräfte das moralische vor dem eigennüzigen voran-
            gehn solle

----

13 Leiden] *davor* ⟨Anblik⟩

----

12 *Am 22. Februar 1795 in der Konkordienkirche zu Landsberg an der Warthe über*
Mt 4,1–11

  b. besondere Verhältniße bei Christo – er konnte sich
   durch seine Wunderkraft und Menschenkenntniß ein
   glänzendes Leben machen |
  c. Entscheidungsgründe – des Menschen Bestimung ist   *24v*
   nicht bloß irdische Glükseligkeit sondern eine Erfüllung aller Gebote Gottes
   α. Anwendung auf Christus
   β. auf alle.

 3. Zweite Versuchung
  a. Hauptgegenstand: Ob man nicht lieber die Tugend in
   Gefahr sezen als allen Freuden entsagen solle
  b. besondere Verhältniße bei Christo – seine Gedanken führten ihn in die heilige Stadt.
  c. Scheingründe – Man muß auf eigne Kraft und auf
   den Beistand Gottes rechnen.
  d. Entscheidungsgründe – ein Widerspruch des Zweks
   mit dem Verfahren im vollen Bewußtseyn und in
   Hofnung auf Gott heißt Gott versuchen und kann
   kein gutes Ende nehmen.

 4. Dritte Versuchung
  a. Hauptgegenstand: Ob man nicht mit einiger Aufopferung des moralischen Gefühls Achtung und Liebe der
   Menschen erkaufen sollte
  b. besondere Verhältniße bei Christo – er wurde oft
   zum Herrschen aufgefodert und sah das voraus.
  c. Aehnlichkeit bei uns – Strafbare Geschmeidigkeit
   kann auch uns zur Menschengunst am besten verhelfen.
  d. Scheingründe – man kann mit der Liebe der Menschen viel gutes stiften
  e. Entscheidungsgründe – man muß die Würde eines
   Menschen der Gott und der Wahrheit allein dient
   nicht fahren laßen.

 5. Dies war das Ende – wer es zu dieser Festigkeit gebracht
  hat, hat hernach wenig mehr zu besorgen.
Schluß.
1. Ob wir gleich geringere Kräfte haben, so bleibt doch Christus
 unser Vorbild, denn wir haben auch geringere Versuchungen
2. Christus ist auch in seinem gestifteten Segen und seiner erhaltenen
 Belohnung unser Vorbild.

————— |

25r XI. Am Sonntag Reminiscere über Matth. 16, 21–23.

Eingang. Hofnung und Furcht hat Gott in die menschliche Seele
gelegt[,] ihr Gebrauch und Mißbrauch
Thema. Betrachtungen zur Unterdrükung einer unmäßigen Furcht
 I. Gedanke an die Nothwendigkeit   5
  1. physische – man muß sich ihr unterwerfen aber
   a. nicht zu früh – denn unsere Kräfte gehören mit in
       die bestimmende Reihe, ehe wir nicht alles versucht
       haben können wir nicht wißen was nothwendig
       seyn wird   10
   b. auf eine edle Art – nicht daß wir alles verloren ge-
       ben wenn uns etwas fehlschlägt, denn wir können es
       mit unserer Glükseligkeit auf einem andern Wege ver-
       suchen
       α. im Leben   15
       β. beim Tode
  2. moralische – es ist ein großer Gedanke daß diese noch
      dringender ist[;] ihr kann man sich
   a. niemals zu früh unterwerfen – sobald wir sehn was
       sie fodert, muß man alles zu leiden übernehmen   20
   b. niemals zu unbedingt – wir wißen nicht nur, daß
       wir ohngeachtet sie uns etwas nimt glüklich seyn
       können, wir wißen auch daß wir es nie gewesen seyn
       würden wenn wir ihr nicht gefolgt wären
 II. Gedanke an die göttliche Weisheit welche alles zum Guten 25
      lenkt
  1. wenn der gute Ausgang bekant ist
   a. nicht weibisch sich fürchten sondern
   b. selbst Hand an die Ausführung legen
  2. wenn er unbekannt ist, müßen wir ihn zu finden suchen   30
      durch ⌊Vergleichen⌋
   a. wenn es ein allgemeines Uebel ist es bringe nun
       α. nur einen allgemeinen (Aufopferung) oder
       β. auch einen eigenthümlichen Nuzen
   b. wenn es ein Privat Uebel ist   35
Schluß. Anwendung auf die gegenwärtige Zeit

——————— |

---

1 *Am 1. März 1795 in der Konkordienkirche zu Landsberg an der Warthe*

XII. Am Sonnt. Oculi über Matth. 26, 36–46.

Eingang. Im Unglük ist ein Freund das beste aber selten
Thema. Was müßen wir thun da ein Freund im Unglük so selten ist?
I. Ihn nicht selbst verscherzen – Das geschieht
5   1. wenn wir uns nicht in guten Tagen um einen bemühen
        a. Gewöhnliche Freundschaften beziehn sich nur
           α. auf Eigennuz
           β. auf Vergnügen
        b. Da sie keine andre Absicht vorgeben, kann man auch
10   nichts andres verlangen
     2. wenn man zu verschloßen ist.
        Das ist Stolz; der Mensch soll nicht allein leiden – unge-
        fodert kann sich keiner in seine innern Angelegenheiten
        mischen.
15   3. wenn man seine Gemüthsverfaßung
        a. so einrichtet daß der Freund nichts helfen kann,
        indem
           α. man klagt
           β. verzagt
20   γ. murrt. – Dabei kan der Freund nichts thun als
           zusehn und mißbilligen
        b. man muß vielmehr zeigen daß man wenigstens Lust
        hat der Vernunft und dem Trost Gehör zu geben
II. Nicht zu hart urtheilen wenn die Menschen nicht leisteten
25 was wir erwarteten – es giebt dazu mehrere Ursachen, wo-
     bei sie größtentheils außer Schuld sind
     1. Unkentniß der Person
        [a.] Die meisten Menschen werden im Unglük so ganz
        anders daß alle vorigen Kentniße von ihnen nichts
30   helfen
        [b.] Deswegen überlegt man immer, was man thun soll,
        und thut nichts
     2. Unkentniß der Sache
        [a.] Es giebt immer allerlei Umstände die der Unglükliche
35   verschweigt weil sie ihn geniren würden
        [b.] Deswegen hilft manches nicht was man thut und man
        komt in falschen Verdacht nichts gethan zu haben

---

24 hart] *über der Zeile mit Einfügungszeichen*

---

1 *Am 8. März 1795 in der Konkordienkirche zu Landsberg an der Warthe*

   3. Eignes Unvermögen wenn man selbst leidet
      a. unter kleinem [Kumer]
      b. unter bürgerlichen Schwächen
      c. durch das Ansehn des Leidens.
  III. Ihn entbehren lernen. – Was er thun kan, könen wir auch   5
[selbst] nemlich Recht empfinden, recht denken, recht handeln helfen.
Dazu müßen wir die Erfahrung benuzen die wir jezt an Andern machen. Dann ist unsre eigne Erinnerung unser Freund.
S c h l u ß . Nur derjenige verdient ein Gut der es auch zu entbehren   10
weiß

───────── |

26r   Am Sonntag Lätare über Matth. 26, 47–51.

E i n g a n g . Verschiedenheit der politischen Meinungen ist größtentheils unschädlich, wenn man nur gewißenhaft handelt
T h e m a . Man muß gegen die Geseze Achtung und Treue beweisen,   15
wenn sie auch drüken
   I. Dies ist wirklich Pflicht
      1. Inhalt
         a. negativ – nicht
            α. Ergebung in Ungerechtigkeiten gegen welche   20
               noch eine gesezliche Hülfe statt findet – auch
               nicht
            β. blindes Gutheißen und Bewundern aller Unter-
               nehmungen – sondern
         b. positiv   25
            α. im Handeln
               (1) keine gewaltsame
               (2) keine listige Uebertretung
            β. im Reden – kein spottender unehrerbietiger
               Tadel   30
      2. Gründe
         a. besondere

──────────

4 durch] *korr. aus Unleserlichem*

──────

12 *Am 15. März 1795 in der Konkordienkirche zu Landsberg an der Warthe*

α. wenn die Bedrükung Schein ist, so kann dieser
kein Recht geben, sonst wäre der Staat aufgelöst

β. wenn sie wahr ist, so sind wir, sowol wenn sie
(1) aus der Allgemeinheit der Gescze, als
(2) aus den Zeitumständen herrührt – Aufopferung schuldig

b. allgemeine
α. aus der Vernunft – Beispiel sowol
(1) im Reden, als
(2) im Thun
β. aus der Schrift. Christus in verschiedenen Fällen

II. Ermunterungsgründe
1. üble Folgen welche vermieden werden
a. äußere – man komt durchs Schwerdt um
b. innere – der Charakter wird verschlimmert sowol
α. durchs Handeln – man gewöhnt sich an Betrug, als
β. durchs Reden – man gewöhnt sich an profa-
nen Leichtsinn

2. man legt gute Eigenschaften an den Tag

Schluß. Auf diese Weise thut man das seinige um die Ordnung zu
erhalten und Verbeßerungen möglich zu machen.

———— |

XIV. Am Sonnt. Judica über Matth. 26, 69 sqs. *26v*

Eingang. Sich Selbst muß man in ruhigen Lagen beurtheilen, von
andern kann man am meisten lernen, wenn man sie in ungewöhnlichen beobachtet

Thema. Das lehrreiche der Geschichte
I. Worin besteht das fehlerhafte?
1. nicht
a. im Verschweigen – das erheischt oft die Klugheit
b. im Unwahrheit sagen – das ist oft Pflicht
2. sondern im Verschweigen der Wahrheit zu deren Bekenntniß er verpflichtet war
א. Objekt

---

34 א. Objekt] *über der Zeile*

14 *Vgl. Mt 26,52*   **23** *Am 22. März 1795 in der Konkordienkirche zu Landsberg
an der Warthe über Mt 26,69–75*

a. solche Wahrheiten sind – alle die den Grund
   α. der Religion – gegen Aberglauben und Un-
       glauben
   β. der Sittlichkeit – gegen die Lasterhaften
       und Leichtsinigen
   γ. der geselligen Ordnung – gegen die Schwär-
       mer – ausmachen
b. Das Bekentniß aller dieser Wahrheiten lag zu damaligen Zeiten in dem Bekentniß Christi
ℶ. Verpflichtungsgrund – wir sind es schuldig
   a. uns selbst – denn man verlezt seine Würde wenn
      man nicht das auch scheinen will was man ist
   b. Gott – denn wenn er uns zum Guten geführt
      hat, so hat er uns auch zu Dienern und Beken-
      nern eingeweiht
   c. der Welt – denn wir sollen unser Licht leuchten
      laßen und uns dem Strom widersezen
ℷ. UebertretungsGrund – ist imer eine unrichtige Gesinnung – entweder
   a. will man nicht andern den Maaßstab in die
      Hände geben um nicht zu scharf gerichtet zu
      werden – das verräth Wankelmuth – oder
   b. man fürchtet ihren Spott oder ihr Urtheil – das
      verräth
      α. entweder strafbare Feigherzigkeit – denn
          wir müßen die Wahrheit vertheidigen
      β. oder Unkentniß der guten Sache – denn
          Wahrheit und Tugend sorgen über alles –
          oder
      γ. man hat eine besondre Absicht wie Petrus –
          aber keine Absicht ist unschuldig zu der man
          unrechte Mittel braucht.
II. Sie ist ein Beispiel des lieblosen Urtheils
   1. Gegenstand – sind imer die besseren
   2. Grund – wir wollen uns durch ihr Beispiel nicht demü-
      thigen laßen
   3. Moralität – die nemliche wie bei der christlichen Liebe
III. Sie ist ein Beispiel von dem Unterschied guter und böser Menschen bei ihren Fehlern
   1. Aehnlichkeit
      a. alle fehlen – Petrus und Judas |
      b. alle bereuen – Petrus und Judas

27r

2 Aberglauben] Abergl.   42 Judas] Jud.

2. Unterschied
  a. frühere Reue
    α. in concreto
      (1) Petrus als der Hahn krähte
      (2) Judas als alles verloren war
    β. in abstracto
      (1) der Gute
        א. im ersten Augenblik der Besonnenheit
        ב. bei irgend einem Umstand, der ihn
          (a) an entgegengesezte gute Thaten
          (b) an bessere Entschlüße
          (c) an seinen Freund erinert.
      (2) der Böse
        א. wenn er sich ⌊müde gesündigt⌋ hat
        ב. wenn ihn der Schaden trift – so
          (a) der Wollüstling
          (b) der Habsüchtige
          (c) der Betrüger
  b. beßere Reue
    α. in concreto
      (1) Petrus – beßerte sich
      (2) Judas – erhang sich
    β. in abstracto
      (1) beim Guten
        א. trift die Reue die Gesinnung
        ב. muntert zu guten Thaten auf
      (2) beim Bösen
        א. trift sie nur den Schaden
        ב. vergeht in leeren Wünschen oder in Ver-
          zweiflung

Schluß. Möchten unsre Fehler dem Petrus gleichen, und auch unsre Reue.

XV. Am Sonntag Palmarum über Matth. 27, 15–25.

Eingang. Die Gesellschaft ist die Veranlaßung unserer Tugenden und Laster, auf die Gelegenheit zu beiden muß man Acht geben

---

13 Böse] *davor* ⟨Gute⟩   **22** erhang sich] *vgl. Adelung: Wörterbuch 1,1753*

---

33 *Am 29. März 1795 in der Konkordienkirche zu Landsberg an der Warthe*

Thema. Das lehrreiche der Geschichte |

27v   I. Verbindungen benehmen oft dem Menschen den Muth seine Pflicht zu thun.
       1. Erzählung Pilatus
       2. Anwendung – Wir alle   5
          a. es ist gewöhnlich
             α. in Verbindung mit höhern: man will gefällig seyn
             β. in Verbindung mit geringern: man will gütig seyn
             γ. in Verbindung mit gleichen: man will gefällig
                seyn   10
          b. es ist schädlich – denn es entstehn daraus
             α. Untreue in Geschäften wo wir unterworfen sind
             β. Unordnung in Geschäften die wir leiten
                (1) Dienst
                (2) Hauswesen   15
                (3) Gesinde
             γ. Pflichtwidriges und unkluges Betragen in der Gesellschaft
          c. es ist unnüz – denn wir erreichen dadurch
             α. weder unsern Vortheil – denn die Menschen 20
                sind nicht dankbar für Gefälligkeiten deren wir
                uns nicht rühmen dürfen
             β. noch unsre Freiheit – denn sie laßen uns nicht
                los wenn sie uns einmal gefangen haben.
    II. Man richtet nichts aus wenn man das gute bei andern durch 25
       fremde Triebfedern erreichen will
       1. Erzählung
          a. Pilatus gegen das Volk
          b. das Volk gegen die Frau
       2. Anwendung – auf alle   30
          a. es ist unnüz – denn
             α. die Leidenschaften sind stärker
             β. die Furcht ist stärker – nur gefühllose und träge
                kann es zum Guten antreiben
          b. es ist unnüz für uns – denn   35
             α. es kann uns nicht beruhigen – weil wir unsre
                Schuldigkeit dadurch nicht erfüllten
   III. Man will die Schuld auf andre schieben
       1. Erzählung
          a. Pilatus auf das Volk – unter andern Umständen 40
             auch
          b. das Volk auf die Aeltesten
       2. Anwendung – so machens alle – es ist ungewiß; denn
          a. man kann die Vorwürfe nicht übertragen denn

α. die Handlung bleibt unsre
β. die Gesinung bleibt unsre
γ. die Hülfsmittel waren unsre |
  b. man kann die Strafe nicht übertragen, denn   *28r*
α. Gott urtheilt so
β. die Welt urtheilt so
γ. das Schiksal trifft so
Schluß. Ermahnung zu Furchtlosigkeit, Ernst und Schärfung des Gefühls

Charfreitag und erster Ostertag fehlen.

XVI. Am zweiten Ostertag über Luc. 24, 13–27.

Eingang. Vom dogmatischen Einfluß wendet man sich gern zu den
Geschichten, welche den nächsten Zwek darstellen, Trost durch Be-
lehrung.
Thema. Das Verhältniß des tröstenden zu dem leidenden nach Anlei-
tung dieser Geschichte
  I. Von der Ursach der Trostbedürftigkeit
    1. Erzählung
      a. Sie konnten Jesum nicht sehen – nicht
        α. als ob er eine fremde Gestalt angenommen hätte;
          das widerspricht allen andern Berichten – son-
          dern
        β. weil der Schmerz sie verblendete
      b. Er legte ihnen die Schrift aus
    2. Anwendung
      a. Das Unglük verhindert Leidende dasjenige selbst zu
        sehn was sie beruhigen könnte nemlich
        α. das Falsche eines vergrößernden Wahns
        β. beruhigende Wahrheiten
        γ. Gründe zur Glükseligkeit, welche noch vorhan-
          den sind.

---

11 *Am 6. April 1795 in der Konkordienkirche zu Landsberg an der Warthe*

b. man muß also auf sie wirken indem man ihnen vorstellt

α. den wahren Zusammenhang der Umstände

β. den Lauf der Welt und der Vorsehung

γ. die übrigen annehmlichen Verhältniße ⁵

II. Von den Anstalten um dem Trost Eingang zu verschaffen

1. Erzählung

a. Jesus brachte sie nicht ab von ihrem Gegenstand, sondern

b. er bewog sie zu einer ausführlichen Mittheilung – ¹⁰ also auch

2. Anwendung

a. nicht Zerstreuung – diese hilft nur bei unedlen; sonst

α. überwältigt sie innige Empfindungen nicht – und

β. verschließt das Herz gegen denjenigen, der einen ¹⁵ Schmerz vertilgen will den man liebt und achtet – sondern

b. Mittheilung – diese

α. giebt uns Kenntniß der Sache

β. Kenntniß der individuellen Denkungsart | ²⁰

28v III. Vom Verhalten des Tröstenden gegen unrichtige Gesinnungen des Leidenden

1. Erzählung

a. Wir glaubten er sollte Israel erlösen

b. Christus schalt sie Thoren und träges Herzens ²⁵

2. Anwendung

a. überspannter Gram hat gewöhnlich seinen Grund in getäuschten Erwartungen welche man nicht haben sollte. – Dabei giebt es

α. eine Thorheit – wenn man nach eingeschränk- ³⁰ ten Einsichten urtheilt

β. eine Trägheit des Herzens – wenn man dem Gefühl höherer Absichten Gottes nicht Raum giebt

b. Dagegen muß der tröstende nicht nachsichtig seyn – denn ³⁵

α. man erreicht doch ohne das seinen Zwek nicht

β. es ist noch wichtiger unrichtige Gesinnung zu verbannen als unangenehme Empfindungen

Schluß. Laßt uns

1. immer auf diese Art andre trösten – es ist ein Geschäft welches ⁴⁰ Christus geheiligt hat

2. selbst so von Christo getröstet werden; Sein Geist ist nicht fern von uns, denn

a. seine Verheißungen sichern uns den Vortheil unser Herz vor Gott auszuschütten
b. seine Lehre hält uns die Wahrheiten vor die uns beruhigen
c. seine Auferstehung giebt uns die tröstliche Hofnung der Ewigkeit.

XVII. Am Sonntag Quasimodogeniti über Joh. 20, 19–23.

Eingang. Die abhängige Glükseligkeit kann der Mensch sich nicht schaffen; sie ist auch nicht seine Bestimmung; er sucht also eine unabhängige die auf seinen Gesinnungen beruht.
Thema. Von dem Frieden, den Christus den Seinigen wünscht
  I. Worin er besteht? – Es ist
    1. ein Friede mit Gott
      a. wie es ist – Die meisten Menschen streiten
         α. mit dem Urtheil Gottes; indem sie
            (1) für das Gute außer dem Beifall Belohnung
            (2) für das Böse Rechtfertigung wollen
         β. mit den Schikungen Gottes, indem sie
            (1) Unglük für Zorn und
            (2) Glük für Liebe ansehn.
      b. wie es seyn soll. – Zufriedenheit
         α. mit dem Urtheil Gottes
            (1) wenn ihr alles gethan habt
            (2) Herr ich habe gesündigt
         β. mit den Schikungen – indem wir
            (1) über den Schein hinwegsehn
            (2) auf den moralischen Zwek. |
    2. Ein Friede mit der Welt   *29r*
      a. Wie es ist – die meisten leben in Uneinigkeit
         α. mit denen die den nemlichen Dingen nachstreben
         β. mit ihren Scheinfreunden
      b. Wie es seyn soll
         α. Gelaßenheit in unsern Bestrebungen
         β. Festsezung der gegenseitigen Ansprüche der Welt an uns und unsrer an die Welt.

---

6 *Am 12. April 1795 in der Konkordienkirche zu Landsberg an der Warthe* 23 *Vgl. Lk 15,18*

3. Ein Friede mit uns selbst
    a. Wie es ist – Bei den meisten Menschen streitet
       α. der Verstand gegen das Herz
       β. die Neigungen unter einander
    b. Wie es seyn soll – Bei dem Christen soll seyn
       α. Unterwerfung unter die Vernunft
       β. Harmonie gemäßigter Triebe
II. Welches die Mittel dazu sind – Der heilige Geist
   1. Er besteht.
    a. Anhänglichkeit an das Gute
    b. Standhaftigkeit im Verfolgen: Man muß Gott mehr
       gehorchen
    c. richtige UnterscheidungsGefühle: Wem ihr die Sünde
       behaltet.
   2. Er hilft
    a. Wer vor allem nach dem Guten trachtet ist
       α. mit den Schikungen Gottes zufrieden
       β. unterwirft seine Neigungen der Vernunft
    b. Wer das Gute standhaft verfolgt wird sich nicht in
       die Verirrungen der Welt einlaßen
    c. Wer das feine Unterscheidungsgefühl hat wird
       α. imer mit dem Urtheil Gottes einig seyn
       β. nicht durch seine Neigungen unerwartet in Un-
       frieden mit sich selbst gerathen
Schluß. Um glüklich zu seyn muß man sich in den Besiz der Vortheile der Religion sezen. Um ihre Wolthaten zu genießen muß man
ihren Geist auffaßen. So entspringt wahres Glük aus wahrem Werth.

XVIII. Vorbereitungspredigt über 1. Cor. 10, 15–17.

Eingang. Die Menschen fehlen sehr häufig durch Verwechselung des
wesentlichen mit dem unwesentlichen, des äußern mit dem innern. So
auch in der Religion – das nemliche kann auch in Absicht auf das
Abendmahl geschehen

---

1 uns] *korr. aus* si   2 Wie es ist –] *Wiederholungszeichen*   2 Bei den] *korr. aus*
Die   5 Wie es seyn soll –] *Wiederholungszeichen*   8 Geist] Geist: er

---

11–12 *Vgl. Apg 5,29*   **28** *Am 18. April 1795 in der Konkordienkirche zu Landsberg
an der Warthe*

Thema. Von der nöthigen Unterscheidung des wesentlichen und unwesentlichen.

   I. Bestimmung
      1. wesentlich ist
         a. Gemeinschaft mit Christo |
            α. ihr Bekenntniß
            β. ihre Erneuerung
         b. Vereinigung mit den Christen
            α. Erneuerung derselben
            β. Stärkung derselben
      2. unwesentlich sind
         a. die Zeichen selbst
         b. die eingeführten Gebräuche
  II. Folgen des versäumten Unterschiedes
      1. Hinderung aller Verbesserungen
         Vergleiche mit der Reformationszeit
      2. Falsche Vorbereitung welche
         a. die Richtung des Herzens versäumt und sich
         b. an äußerliche Handlungen hängt.
      3. Zwekloser Genuß
         wenn man seine Gedanken auf das mysterium richtet und
         sich nur den daraus entstehenden Empfindungen öfnet.
      4. Zwekwidriger Genuß
         wenn man bei den Kirchengebräuchen stehn bleibt trennt
         man sich in Gedanken von den übrigen Christen
         nur wenn man sich über sie hinwegsezt wird wahre Bru-
         derliebe befördert

Schluß. Wir wollen also ganz auf das eine sehn.

XIX. Am Sonntag Miseric. Dom. über Joh. 20, 24 sqs.

Eingang. Der unvollkommene Zustand des Menschen macht ihm
mancherlei Gesinnungen nothwendig, die sonst weniger Werth haben

---

16 Reformationszeit] Reformat.Zeit

---

29 *Am 19. April 1795 in der Konkordienkirche zu Landsberg an der Warthe über*
Joh 20,24–29

würden z.B. Genügsamkeit wegen der Glükseligkeit, Demuth und Selbstmißtrauen wegen der Tugend, Glaube wegen der Einsicht

Thema. Wie glüklich diejenigen sind die sich in den Besiz des Glaubens zu sezen wißen den Jesus meinte.

Anm. Dieser Glaube war nicht Leichtgläubigkeit, sondern   5

1. In Absicht auf Dinge der Erfahrung – die Auferstehung als Begebenheit – Beruhigung bei der überwiegenden Wahrscheinlichkeit wenn auch manches noch unbegreiflich und ungewiß bleibt.

2. In Absicht auf Dinge des Verstandes – Tod und Auferstehung Jesu als begreiflich nothwendige Theile seines Plans – Beruhi-   10 gung bei überwiegenden Gründen gegen kleinliche Zweifel und Bedenklichkeit.

  I. Wie nothwendig der Glaube der ersten Art sei

  1. im Allgemeinen.

  Über die wenigsten Dinge aus dem Kreise unserer Erfah- 15 rung kommen wir zu einer ganz vollkommen gewißen Erkenntniß.

  Wollten wir dem ohnerachtet nicht ein Urtheil faßen so könnten wir auch nicht | handeln.

  Unser Leben würde also voll Unentschloßenheit und 20 Furcht seyn.

  2. Besonders in Beispielen

  a. Wir können nicht vollkommen gewiß seyn daß die Veränderungen der Natur nach den gewöhnlichen Gesezen fortgehn werden. 25

  Wollten wir also nicht glauben so könnten wir

  α. weder für die kommende Zeit sorgen in Absicht auf Bedürfniße, Geschäfte und Freuden

  β. noch den gegenwärtigen Augenblick genießen, weil uns die Furcht vor allgemeiner Zerstörung 30 immer begleiten würde.

  Alle Ruhe des Lebens und selbst die Fortdauer des menschlichen Geschlechts haben wir also dem Glauben zu danken (beßer: Hofnung auf die Zukunft)

  b. Wir können nicht vollkommen gewiß seyn daß die 35 Veränderungen unsers Körpers nach den gewöhnlichen Gesezen fortgehn werden.

  Wollten wir also nicht glauben so müßten wir beständig den Tod erwarten. Allen freudigen Lebensgenuß verdanken wir dem Glauben. 40

30r (margin)

15–16 Erfahrung] Erf.

c. Wir können in Absicht auf die Kenntniß der Menschen mit denen wir zu thun haben zu keiner vollkomnen Gewißheit kommen.
Wollten wir also nicht glauben, so würden wir uns
α. nie mit Festigkeit betragen
β. beständig mit dem Argwohn oder der Weichherzigkeit kämpfen müßen.
Alle milden geselligen Empfindungen und alle Freuden des geselligen Lebens verdanken wir dem Glauben.

II. Wie nothwendig der Glaube der andern Art sei.
  1. Im Allgemeinen.
Die wenigsten wichtigen Wahrheiten können wir unwiderleglich und vollkomen beweisen. Wollten wir also nicht glauben, so könnten wir sie nicht annehmen.
Da uns unser Verstand beständig zu solcher Beschäftigung hinreißt so wäre er uns zu einer immerwährenden Qual gegeben und das menschliche Daseyn wäre ein unglüklicher Zustand.
  2. Besonders durch Beispiele
    a. Wir können das Daseyn Gottes nicht unwidersprechlich beweisen.
Wollten wir es also nicht glauben so müßten wir immer in Ungewißheit bleiben und verlören alle tröstlichen Lehren die daraus herfließen.
    b. Auch das Daseyn Gottes vorausgesezt können wir die Unsterblichkeit der Seele nicht unumstößlich beweisen.
Wollten wir also nicht glauben so blieben wir immer in Ungewißheit und würden
α. manchen moralischen Antrieb
β. alle Kräfte gegen den schreklichen Gedanken von Tod und Zerstörung verlieren.
    c. Auch beides vorausgesezt können wir den zu erwartenden Zustand von Lohn und Strafe nicht über alle Zweifel hinaus beweisen.
Wollten wir also nicht glauben so würden wir zwar nicht unsre moralischen Verpflichtungen aber doch manches gute Hülfsmittel in Stunden der Versuchung verlieren.

21–22 unwidersprechlich] *korr. aus* unwiderleglich

Schluß. Laßt uns
1. Alle Religionsmittel, auch das Abendmahl als Andenken an Christum, deßen Würde uns Bürge für seine Lehre ist zur Stärkung des Glaubens anwenden
2. Laßt uns bedenken daß ein Zustand kommen wird wo sich Glaube   5
   und Hofnung in Gewißheit und Genuß verwandeln
3. Und daß wir doch etwas unumstößlich gewißes haben nemlich die Lehre von der Nothwendigkeit der Rechtschaffenheit und Liebe

———————— |

30v   XX. Am Sonntag Jubilate über Joh. 21, 18. 19.

Eingang. Die Menschen erinnern sich immer mit größerem Vergnü-   10
gen ihrer Jugend, dies muß doch in einer nachherigen Beschaffenheit
des Lebens seinen Grund haben
Thema. Von den mit den Jahren immer zunehmenden Einschränkungen des Willens
    I. Dies ist ein allgemeines Schiksal   15
        1. Beschreibung
            a. Die Jugend ist uneingeschränkter
                α. in ihren Sitten
                β. in ihren Freuden
                γ. in ihren ernsten Handlungen   20
            b. hernach muß man den Verhältnißen nachgeben
                α. in Absicht auf Sitten
                β. in Absicht auf Vergnügungen
                γ. in Absicht auf Beschäftigungen
                δ. sogar in Absicht auf Gesinnungen.   25
        2. Bemerkungen
            a. Dieser Unterschied trift nicht nur die höheren Stände
               sondern auch die niedrigen, wo von Jugend auf gear-
               beitet wird, und wo auch hernach nicht soviel Zwang
               zu herrschen scheint.   30
            b. Dieser Unterschied findet nicht nur zwischen dem
               Zustand der Jugend und dem Zustand der Männlich-
               keit Statt, sondern er nimt auch in den Jahren der
               Männlichkeit immer zu,
                α. weil die Verhältniße sich immer enger ziehn   35
                β. weil Zeit und Gewohnheit uns immer mehr fe-
                   ßeln.

────────────────────────────

9 *Am 26. April 1795 in der Konkordienkirche zu Landsberg an der Warthe*

II. Der Rath: Folge mir nach ist ein allgemeines Hülfsmittel –
Er besagt
1. Wir sollen unserm Willen eine andere Richtung geben,
dann hören diese Verhältniße auf Einschränkungen des
Willens zu seyn
   a. Beweis an Christo
      α. So handelte er – denn
         (1) er hätte auch auf der Bahn des Vergnügens und
         der Ehre sein Glük gemacht, Phil. 2, 6. 7.
         (2) es war also natürlicher Trieb daß er bloß das
         Gute zu seinem Zwek machte
      β. Dabei blieb er frei
         (1) er schmiegte sich nie unter Menschen und
         Umstände in Absicht auf sein Ziel
         (2) auch als die Umstände ihn zum Tode führten
         hatte er noch Freiheit – Macht über sein
         Leben
   b. Beweis an uns
      α. Gelegenheit solche Wünsche zu befriedigen ha-
      ben wir immer
      β. anstatt sich zu vermindern vermehrt sie sich im-
      mer; wir werden also imer freier; denn
         (1) je mehr Verhältniße desto größerer Kreis
         der Thätigkeit
         (2) je mehr Jahre desto mehr Ansehn
2. Wir sollen das immer für das wahre Gute halten was in
unsere Verhältniße paßt
   a. Beweis an Christo
      α. So handelte er
         (1) wenn er das Volk nicht belehren konnte be-
         lehrte er seine Jünger
         (2) wenn er nicht lehren konnte heilte er
      β. dabei blieb er frei – denn hätte er sich immer in
      andere Sphären verstiegen, so wäre er in die Ge-
      walt der Umstände gerathen.
   b. Beweis an uns
      α. Die wenigsten Menschen handeln so, sie wollen
      imer nur das Gute außer ihren Kreisen
         (1) die Jünger Christi – wann wirst Du das
         Reich Israel aufrichten
         (2) andere Menschen

39–40 *Vgl. Apg 1,6*

β. Dabei bleiben sie aber nicht frei
(1) was sie wollen können sie nicht |
31r (2) was sie könnten wollen sie nicht – durch Entwürfe nüzt man nicht, und überzeugt sich auch nicht von seinem Werth

γ. Man muß also mit Einfalt und Genügsamkeit in seinem Kreise bleiben, aber auch aufmerksam und eifrig da wirken

Schluß. Wenn sich der Mensch über die göttlichen Einrichtungen beklagt komt es daher daß er seine Bestimmung verkennt, und daß seine Seele nicht so beschaffen ist wie sie seyn sollte – Nur der weise ist frei.

XXI. Am Bußtage über Ps. 7, 12–14.

Eingang. Das Gefühl treibt uns an nach dem Willen der Obrigkeit um Abwendung allgemeinen Uebels zu beten; der Verstand hält uns ab.
Thema. Wie muß unser Gebet über diesen Gegenstand beschaffen seyn, da auch die Unglüksfälle ein Werk Gottes sind?
  I. Wie haben wir sie als Werk Gottes anzusehn
    1. ihr Ursprung
      a. hängt mit demjenigen zusammen was die Quelle unsers Glüks ist
        α. die physischen Uebel. Wasser, Feuer, Luft, Erde
        β. die moralischen rühren her
          (1) von der Geselligkeit – Krieg, Pest
          (2) von der Verfeinerung – Weichlichkeit, Despotie, Untergang
      b. dieser Zusammenhang ist aber nicht nothwendig. Denn Gott könnte
        α. die Kräfte der Natur leiten
        β. die Fehler der Menschen durch einen Zusammenfluß günstiger Umstände aufwiegen und unschädlich machen. – Also haben sie
    2. Auch eine Absicht. Gott braucht sie

---

10 Bestimmung] Bestmg   15 Uebels] Uebel

---

13 *Am 29. April 1795 in der Konkordienkirche zu Landsberg an der Warthe*

a. Als Gericht um Gesellschaften zu zerstören die auf
   Erden nichts mehr nüze sind – Beispiele
   α. von Gerichten durch physische Uebel
   β. von Gerichten durch moralische Uebel.
b. Als Besserungsmittel
   α. um die Trägheit der Menschen zu überwinden – Deren Kräfte müßen durch Bedürfniße
   gereizt werden
      (1) ihren physischen Zustand zu verbessern –
      physische Uebel – Deswegen waren sie
      [א] in unaufgeklärten Zeiten häufig
      [ב] in aufgeklärten selten
      (2) ihren geselligen Zustand zu verbessern
   β. um sie für ihre Fehler zu züchtigen
      (1) für Verstandesfehler – Uebel aus allgemei-
      nen Vorurtheilen
      (2) für Willensfehler – Uebel aus allgemeinen
      schlechten Gesinnungen
II. Was können wir deswegen Gott bitten
   1. nicht gradezu uns damit zu verschonen – denn
      a. verdienen wir sie, es sei nun
         α. zum Gericht oder
         β. zur Züchtigung so werden wir ihnen nicht ent-
         gehn
      b. verdienen wir sie nicht, so treffen sie uns auch
         nicht. – Also nur
   2. daß er geben möge daß wir sie nicht verdienen – Also
      Gebet
      a. gegen das Gericht, um
         α. Erhaltung eines guten Saamens
         β. Erhaltung der Tauglichkeit der Gesellschaft |
      b. Gegen die Strafe   *31v*
         α. um den Geist des Samens auf Verbesserung
         β. um willige Annahme des Guten
         γ. um Erhaltung und Ausbreitung einer rechtschaf-
         fenen männlichen Denkungsart.
Schluß. Ein solches Gebet bringt zugleich Entschließungen hervor.
Erfüllen wir diese, so werden wir ein Beispiel von der belohnenden
Gerechtigkeit Gottes seyn.

---

28 Gebet] *folgt* ⟨b. um den Geist des Samens auf Verbesserung⟩

XXII. Am Sonntag Cantate über Joh. 21, 21–23.

Eingang. Die Menschen leben großentheils mehr in einer eingebildeten als in der wirklichen Welt, davon giebt es mehrere Ursachen, eine
soll betrachtet werden
Thema. Von der Neigung kleinen Umständen eine große Bedeu-   5
tung beizulegen
   I.   Sie ist schädlich – indem sie uns
       1.   die Unbefangenheit des Gemüths raubt d. h. die Fähigkeit
           den Augenblik zu genießen zu benuzen
          a. es entstehn dadurch heftige Vorstellungen von der   10
              Zukunft, man lege nun die Wichtigkeit
              α. auf Kleinigkeiten die sich bei wichtigen Personen
                  äußern – oder
              β. auf kleine Umstände bei wichtigen Begebenheiten
          b. in einem solchen Zustande verliert man immer die   15
              Gegenwart
       2.   zu einem Spiel anderer Menschen macht
          a. in heftigen, abwechselnden Gemüthsbewegungen kann
              man nicht für sich selbst handeln
          b. man fällt alsdann denjenigen anheim die uns in die-   20
              sen Zustand gesezt haben
              α. der grob abergläubische denen die sich wunder-
                  barer Künste rühmen
              β. der ängstliche den schlauen Weltleuten die sich
                  wichtig zu machen wußten und seine Schwach-   25
                  heit benuzten
       3.   hindert nach den Gesezen der Vernunft zu handeln
          a. nach den Regeln der Sittlichkeit
              α. man handelt um des Ausgangs willen, wenn man
                  ihn schon zu wißen glaubt   30
              β. man urtheilt auch nicht mehr sittlich über die
                  Schuld die man am Ausgang hat
          b. nach den Vorschriften der Klugheit
              α. man hält es nicht mehr der Mühe werth Maaßre-
                  geln zu ergreifen wenn man glaubt daß schon al-   35
                  les entschieden ist
              β. man ist es nicht mehr im Stande weil man nicht
                  mehr unpartheiisch überlegen kann

---

17 zu] uns zu

---

1 *Am 3. Mai 1795 in der Konkordienkirche zu Landsberg an der Warthe*

II. Sie ist nicht zu rechtfertigen, denn es giebt immer wichtige
Dinge genug denen wir unsere Aufmerksamkeit widmen
können
   1. wichtig zum großen Geschäft unserer Beßerung
      a. im Betragen der Menschen
        α. ihre Fehler
        β. ihr Gutes
      b. im Gang unserer Geschäfte
        α. Werke zum lernen
        β. Werke zum Gutes stiften
   2. wichtig zu dem besondern Zwek uns Vorstellungen von
der Zukunft zu machen
      a. im Betragen der Menschen
        α. ihre Gesinnungen deuten auf das Gute welches
unter ihnen gedeihen kann oder nicht
        β. ihre Verhältniße auf die Brauchbarkeit die sie zu
unsern Absichten haben
      b. im Gang der Begebenheiten
        α. die Geseze der Natur zeigen uns den Gang
        β. der Gang der Vorsehung zeigt uns die Zwecke |

Schluß.
   1. Wenn wir das Geschäft der Besserung fürs wichtigste halten, so
werden wir weniger auf Kleinigkeiten achten, aus denen wir
höchstens nur auf Schiksalsdinge schließen können
   2. Wenn wir richtige Kenntniß und rechtes Vertrauen zu Gott haben,
so werden wir die Zukunft nicht mehr nach einem elenden Maaßstab beurtheilen

---

XXIII. Am Sonntage Rogate über Luc. 24, 46–49.

Eingang. Die Menschen beklagen sich oft über diejenigen Einrichtungen, die ihnen am heilsamsten sind z. B. Veränderlichkeit des
Glüks, Unterschied der Stände. So auch über ihre Abhängigkeit von
Menschen [und] Umständen in Absicht auf die Ausführung ihrer Entwürfe
Thema. Wie gut es sei daß der Mensch gemeiniglich unfähig ist etwas allein auszuführen

---

28 *Am 10. Mai 1795 in der Konkordienkirche zu Landsberg an der Warthe*

I. Die weisen Absichten der Vorsehung bei dieser Einrichtung
  1. Es werden dadurch edlere Verbindungen unter den Menschen gestiftet als durch die bloße Abhängigkeit in Absicht auf die Zufriedenheit
    a. solche die bloß aus dieser Quelle herrühren
    b. solche welche das Bedürfniß knüpft – häusliche und bürgerliche werden veredelt indem sie
      α. einen andern Gegenstand bekomen
      β. neue Verbindungen der Menschen und nicht bloß der Verhältniße sind
  2. Es entsteht eine edlere Menschenliebe
    a. die gewöhnliche ist eigennüzig, indem wir das allgemeine Wohl als Bürgschaft für unser eignes ansehn
    b. diese ist edler; wir nehmen an dem sittlichen Zustande Theil weil er
      α. die Fortschritte der Menschheit
      β. den Ausgang jedes nüzlichen Unternehmens bestimmt.
  3. Es wird dadurch viel Böses verhütet, welches bei gänzlicher Unabhängigkeit
    a. die bösen Menschen begehn würden
    b. auch die guten; entweder
      α. im Augenblik der Verstimmung oder
      β. [aus] Irrthum indem sie etwas Gutes zu thun glauben. Beides wird durch die Nothwendigkeit der Mittheilung und durch die Abhängigkeit verhindert
  4. Es wird viel mehr Gutes gestiftet. Wenn die Menschen unabhängig wären, so würden sie sich begnügen dasjenige zu thun, was in ihrem Kreise liegt. Nur die nothwendige Gewöhnung an fremde Hülfe erleichtert Verbindungen zu höherm Endzwek. – Was wir diesen alles werden wollen.
II. Die Nichtigkeit unserer Einwürfe dagegen
  1. Der Einwurf daß wir es dann doch nicht allein zu Stande gebracht haben
    Antw. Das Bewerkstelligen macht nicht den Werth unserer Bestrebung aus, sondern der Eifer, die Absicht, die Anstrengung.
  2. Der Einwurf daß manches ungethan bleiben muß, weil wir keine Gehülfen finden
    Antw. 1. Gott der alle ungetrockneten Thränen zählt, zählt auch alle unausgeführt ohne unsere Schuld gebliebnen guten Absichten

2. Wozu wir keine Gehülfen finden, das würde ohne dies nicht bestanden haben. Denn das ist ein sicheres Zeichen, daß es nicht in Zeit und Verhältniße paßt.

3. Der Einwurf daß manches durch Mißverstand gutmeinender Freunde verunglükt

Antw. 1. manches würde auch bei gänzlicher Unabhängigkeit durch eigene Mißverständniße verunglükt seyn, weil wir selten alle Seiten übersichten

2. die Zeit hebt gewöhnlich alle Mißverständniße wie das der Jünger Jesu, und dann verdoppeln sie ihren Eifer |

Schluß.   *32v*

1. Laßt uns die Freundschaft gleichgestimmter Menschen suchen, so werden wir in den meisten Fällen mit unsern Absichten glüklich seyn.

2. Laßt uns auf die Bildung der jungen Welt wirken, so werden wir den Trost haben von Christus daß auch das Gute geschieht von dem wir vor seiner Vollendung hinweggerißen werden.

XXIV. Am Himmelfahrtstage über Joh. 16, 5–7.

Eingang. Wir freuen uns dieses glorreichen Ausgangs; wenn wir aber die Geschichte der vergangenen Zeit betrachten, so muß uns der Gedanke einfallen, daß es wohl besser gewesen wäre, wenn Christus noch lange auf Erden verweilt hätte.
Thema. Die Nothwendigkeit des Hingangs Jesu zum Vater.
   I. Für die Ausbreitung der Religion Jesu.
      1. von Seiten der Jünger
         a. wäre er geblieben so würde das Verlangen immer mehr von ihm zu lernen sie immer um ihn versammelt haben
         b. da er fort war blieb ihnen nichts übrig als seine Ehre zu retten und seine lezten Wünsche zu erfüllen

---

1 das] *korr. aus* daß   30 ihn] *folgt* ⟨her⟩

---

21 *Am 14. Mai 1795 in der Konkordienkirche zu Landsberg an der Warthe*

    2. von Seiten der Juden

        a. wäre er geblieben so hätten sie es erfahren müßen und das würde den Vorwand ihrer Verfolgung, daß er ehrgeizige Absichten hege sehr begünstigt haben

        b. da er fort war so mußte am Ende die Meinung Gamaliels siegen, und dieses gleichmüthige Zusehen hat die Ausbreitung der Religion sehr befördert

II. Für die Erhaltung des Geistes der Religion

    1. in ihrer ersten Verkündigung

        a. Die fortdauernde Gegenwart Jesu hätte die falschpatriotische Hofnung der Jünger genährt, wie wir noch aus ihrer Frage kurz vor der Himelfahrt sehn, und so hätten sie den Geist der Religion verfälscht und mit der Wahrheit zugleich den Irrtum verbreitet.

        b. da er fort war, so mußten sie endlich einsehn, daß sein Reich mit dieser Welt gar nichts zu schaffen habe.

    2. in ihrer weitern Ausbildung

        a. Die W a h r h e i t wäre nicht Frucht innerer Ueberzeugung sondern nur Glaube an eine Autorität gewesen ganz dem Geist Jesu zuwider und dem wahren Werth der Religion hinderlich

        b. Die G e s i n n u n g hätte immer auf einer persönlichen dankbaren und ehrfurchtsvollen Anhänglichkeit beruht, da sie doch ihren Grund in dem unbedingten Gehorsam gegen die Geseze Gottes und der Vernunft haben soll.

S c h l u ß .

1. So weiß also Gott seine Absichten gerade durch dasjenige zu erreichen was uns denselben hinderlich zu seyn scheint.

2. Was wir durch die persönliche Gegenwart entbehren, dies ersetzt uns

    a. die Erfüllung des Versprechens: ich bin bei euch bis p. welche wir nur der Himelfahrt zu danken haben

    b. die schöne Aussicht auf die Zeit wo wir da seyn werden, wo er ist.

————— |

---

14 verbreitet] *korr. aus* verfälscht

5–6 *Vgl. Apg 5,34–39*

XXV. Am Sonntag Exaudi Friedenspredigt über Ps. 100, 4 u. 5.   *33r*

Eingang. In einsamen Stunden Nachdenken, in geselligen Freudens-
bezeugungen, in dieser Erhebung des Herzens zu Gott
Thema. Ermunterung zum Dank gegen den Höchsten

5   I.   Uebersicht der wolthätigen Folgen des Friedens
          1. für uns selbst
              wenig gelitten, aber auch das wenige hört auf
          2. für unsre Mitbürger
              a. Verwandte der Soldaten
10   α. Verlust
                 β. Angst
                 beides hört auf
              b. Rheinbewohner item
          3. für Deutschland
15   a. Rheingegend – Verwüstung
              b. Schaden an Menschen und Geld
          4. überhaupt
              a. Frankreich
              b. überhaupt
20   5. für das menschliche Herz
              daß man sich nicht mehr über anderer Unglük zu freuen
              braucht
     II. Daß wir Ursach haben ihn als ein Werk Gottes anzusehn
          1. seine Ursachen sind
25   a. Das wechselnde Kriegsglück, denn
                 α. es erschöpft Kräfte
                 β. vermindert Erbitterung
                 γ. bringt Achtung hervor
              b. Sturz der BlutMenschen
30   α. sonst hätten sie nicht gewollt
                 β. und wir nicht gekonnt.
          2. Diese sind ein Werk des Höchsten, denn

---

1 100,] *folgt* ⟨v.⟩   2–3 Freundensbezeugungen,] Freudensbezeug.   16 Schaden]
davor ⟨über⟩⟨⟨haupt⟩⟩

---

1 *Am 17. Mai 1795 in der Konkordienkirche zu Landsberg an der Warthe; das Thema*
der Predigt war veranlasst durch den Frieden, der während des 1. Koalitionskriegs am
5. April 1795 in Basel zwischen Preußen und Frankreich geschlossen worden war; vgl.
Frühe Predigten Nr. 38 (oben S. 306–316).

a. viele kleine unbeabsichtigte Umstände wirken dazu
b. sie beruhn auf den Gesezen der menschlichen Natur
α. der Glükswechsel auf Troz und Verzweiflung
β. der Sturz auf dem Fall jeder Macht wenn sie ihr
Höchstes erreicht hat.   5
Schluß. Laßt uns also dem Herrn unsern Dank bringen, aber er sei
auch rechter Art.

———————

XXVI. Am ersten Pfingsttag über Joh. 17, 20. 21.

Eingang. Zur Folge der Ausgießung des Geistes und der ersten Stif-
tung einer christlichen Gemeine wird auch das gerechnet, daß sie ein   10
Herz und eine Seele waren. Wir sollen es auch.
Thema. Von der Einigkeit die auch jezt noch unter den Christen
Statt finden soll |

33v   I. Daß sie auch jezt noch möglich ist
          1. nicht   15
              a. als Einförmigkeit aller Meinungen – es muß Ver-
                 schiedenheit geben
                 α. wegen der unerkennbaren Dinge
                 β. wegen der Beziehung auf Geschichte und ihre
                    verschiedene Auslegung   20
              b. als Einförmigkeit der Gebräuche – diese hängen ab
                 α. von NationalVerschiedenheiten
                 β. von Meinungsverschiedenheiten
                 γ. von Zeitverschiedenheiten
                 δ. von Gemüthsverschiedenheiten   25
          2. sondern
              a. als Uebereinstimmung in Gesinnungen
              b. als Uebereinstimmung in Handlungen.
          Die Möglichkeit dieses Zustandes kann man nicht leug-
          nen wenn man nicht die Wahrheit und den Werth der   30
          Religion leugnen will
      II. Daß wir die Mittel sie zu Stande zu bringen in unserer Gewalt
          haben.
          Gleichniß von der bürgerlichen Gesellschaft

———————

9 Zur] [Die]   13 finden] *korr. aus Unleserlichem*

———————

8 *Am 24. Mai 1795 in der Konkordienkirche zu Landsberg an der Warthe*

    1.   vertheidigende Einigkeit
       wir müßen von einem Geist beseelt seyn. – Dadurch
       muntert man sich gegenseitig auf seine Stimme gegen das
       Unrecht und gegen den schädlichen Irrthum zu erheben
    2.   belehrende Einigkeit.
       Wir müßen ununterbrochen Fortschritte machen. – Da-
       durch wird einer des andern Spiegel und der Anblik des
       einen erleichtert dem andern sein Geschäft.
    3.   handelnde Einigkeit
       Wir müßen jeder das seinige thun. – Dadurch unterstü-
       zen wir zugleich das Geschäft eines andern für das Ganze.
Schluß. Was sie uns noch liebenswürdiger macht ist die Vergleichung zwischen dem Verhältniß Christi und Gottes. Jeder einzelne soll
das Bild der ganzen Christenheit seyn. Laßt uns also ganz dem Körper
angehören an welchem Christus das Haupt ist.

XXVII. Am zweiten Pfingsttag über Joh. 16, 14.

Eingang. Die große Verschiedenheit der Meinungen die von je her
unter den Christen Statt gefunden macht ein Merkmal nöthig, um das
wahre vom falschen zu unterscheiden
Thema. Was Christum verklärt, und sonst nichts, gehört zur christlichen Wahrheit. Dahin gehört
    I.   Was seine Lehren deutlich macht
      1. die, daß Gott der Vater aller Menschen ist.
         a. im Gegensaz der Erbsünde – die uns Gott lieblos
            zeigt – die Lehre, daß die Fehler der Menschen in
            ihnen selbst ihren Ursprung haben.
            Hier zeigen sich die Anstalten Gottes, der die
            menschliche Natur nicht ändern konnte, väter-
            lich um unsern Zustand zu verbeßern
         b. im Gegensaz der Prädestination – die uns Gott lau-
            nig zeigt – die Lehre, daß der Mensch der Schmidt
            seines Glaubens und Unglaubens sei.

---

1 vertheidigende Einigkeit] *über der Zeile*   **27** zeigen] *korr. aus* zeigt   **31** Schmidt]
vgl. Adelung: Wörterbuch 4,185

---

15 *Vgl. Kol 1,18, auch Eph 1,22*   **16** *Am 25. Mai 1795 in der Konkordienkirche
zu Landsberg an der Warthe*

Hier zeigt sich, daß Gott als Vater keinen Unterschied der [Neigung] macht als den des Verdien-
stes. |

34r   c.   im Gegensaz der Lehre von der Ewigkeit der Strafen – wo Gott nicht als Vater handelt – die Lehre   5
daß seine Strafen auf Besserung abzweken und mit
ihrem Anfang endigen.

Hier zeigt sich Gott als ein weiser Vater, der da
weiß was seinen Kindern helfen kann, und als
ein gütiger Vater der dem Zwek sie glüklich zu   10
machen alles andere nachsezt.

d.   im Gegensaz von der Strafgerechtigkeit die durch den
Tod Jesu befriedigt werden mußte – wo Gott ungerecht und unväterlich gegen Christum erscheint –
die Lehre daß er den Tod Jesu um deswillen zugela-   15
ßen, weil ohne ihn die Belehrung der Menschen nicht
Statt finden konnte.

Hier zeigt sich Gott als Vater, der da allen wol
will und will daß seine Kinder sich lieben und
sich unter einander aushelfen sollen.   20

2.   Die Lehre, daß die Menschen Gottes Willen nachkomen
müßen, der im Gebot der Liebe besteht.

a.   im Gegensaz der Lehre vom Unvermögen der
menschlichen Natur, wo das nothwendige als unmöglich erscheint[,] die Lehre, daß der Mensch im Guten   25
imer zunehmen könne

b.   im Gegensaz der Lehre von der Unzulänglichkeit guter Werke die Lehre daß man dadurch Gottes Beifall
erlange

c.   im Gegensaz der Lehre von der späten Bekehrung,   30
welche die Tugend unnöthig macht[,] die Lehre daß
nichts anderes die Fertigkeit in guten Gesinnungen
ersezen könne

II.   Was Christum in seiner Würde zeigt

1.   als Lehrer   35

a.   im Gegensaz des Gewichts, welches man auf Wunder
legt[,] der Saz daß die innere Wahrheit uns für seine
Göttlichkeit bürgt. Denn diese ist für einen Lehrer ein
weit notwendigeres Erforderniß

b.   im Gegensaz des blinden Glaubens der Saz daß unser   40
Glaube auf Ueberzeugung beruhen muß. Denn einem
Lehrer ist es um wahre Bildung zu thun.

c. im Gegensaz gegen die Anhänglichkeit an das Alte
der Saz daß wir immer weitere Fortschritte machen
müßen. Denn ein Lehrer wird nie behaupten daß er
sein Werk vollendet habe.
2. Als Vorbild
a. im Gegensaz der beständigen Rüksicht auf seine göttliche Person der Saz, daß man alles was er gethan
und gedacht als menschlich ansehn müße. Denn sonst
könnten seine Handlungen und Gesinnungen nicht
unser Maaßstab seyn.
b. im Gegensaz der Traurigkeit und Verleugnung alles
Vergnügens der Saz daß wir zur Heiterkeit und Zufriedenheit berufen sind. Denn wenn etwas zur Tugend gehörte, was Christus nicht beobachtet hat, so
könnte er unser Vorbild nicht seyn.
Schluß. Mit diesem Grundsaz angethan brauchen wir weder
1. über unwichtige Verschiedenheiten Aufsehn zu machen – noch
2. in wichtigen uns von Vorurtheil oder fremdem Ansehn entscheiden zu laßen – sondern
3. wir können alle von Gott gelehrt seyn.

——————— |

XXVIII. Am Sonntag Trinitatis über Joh. 3, 12. *34v*

Eingang. Weil oft die Tugenden des Herzens und des Verstandes
nicht beisammen sind, so glauben viele daß Rechtschaffenheit und
Klugheit einander ausschließen. (Der Text enthält ein Beispiel davon).
Thema. Von der Verbindung der Klugheit und Rechtschaffenheit
I. Sie stehn nicht im Widerspruch
1. Schriftbeweis
2. Vernunftbeweis aus dem Begrif der Klugheit
a. Das Wählen der Unternehmungen beruht auf Kentniß der Kräfte und Umstände. Es findet statt
α. bei eigentlich guten
β. bei erlaubten Unternehmungen
Nur daß die Klugheit des Guten eine andre ist als die
der Bösen.

---

1 an das] das

---

20 *Vgl. Joh 6,45 mit Bezug auf Jer 31,33–34* 21 *Am 31. Mai 1795 in der Konkordienkirche zu Landsberg an der Warthe*

b. Das Bestimmen der Mittel findet auch statt; man
könnte sonst
α. unrechtmäßige
β. ungewissensmäßige wählen
Nur daß die Klugheit eine andere ist 5
II. Keine von beiden kann vollkomen seyn wenn sie nicht verbunden sind
1. Nicht die Klugheit – denn
a. sie unternimmt was über ihre Kräfte geht weil sich
Niemand den Genuß der ⌊Früchte⌋ böser Handlungen 10
sichern kann.
b. sie wählt unschikliche Mittel denn alles Böse schadet
am Ende der Glükseligkeit und der Ehre, sowol
α. in der großen Welt – als
β. im täglichen Leben, besonders 15
(1) bei Schmeichelei gegen die Wahrheit
(2) bei Doppelzüngigkeit im ⌊Zwist⌋ der Freunde
2. Nicht die Rechtschaffenheit – Denn
a. wenn sie nicht überlegt was ihren Kräften und den
Umständen angemessen ist, so verabsäumt sie das 20
wichtige und nothwendige über dem unmöglichen
und nuzlosen
b. wenn sie nicht die Mittel gehörig wählt, so verabsäumt sie eine Pflicht über der andern.
Schluß. Man muß also nach der Regel des Apostels keine gute Ei- 25
genschaft vernachläßigen. Die Vorzüge des Verstandes und der Sitten
sezen den Vorzügen des Charakters erst die Krone auf

XXIX. Am ersten Sonntag nach Trinitatis über 1. Joh. 4, 16.

Eingang. Wir müßen alle geoffenbarten Eigenschaften Gottes recht
erkennen und empfinden; Macht, Weisheit, Gerechtigkeit und Liebe 30
Thema. Gott ist die Liebe. Er zeigt sich so
I. In der Einrichtung der menschlichen Natur, indem alles was
zu höhern Absichten bestimt ist zugleich unsere Glükseligkeit befördert

---

25–26 *Vgl. 1Thess 5,21* 28 *Am 7. Juni 1795 in der Konkordienkirche zu Landsberg
an der Warthe*

1. die Kräfte der menschlichen Seele
   a. Sinnlichkeit – zum Erkennen und Unterscheiden – Quelle angenehmer Empfindungen.
   b. Gedächtniß und Fantasie – moralische Hülfsmittel – das erste hält die an|genehmen Empfindungen *35r* fest; die zweite malt die Zukunft aus.
   c. Verstand – höherer Zwek
      α. erhöht alle Vergnügungen
      β. gewährt uns die eigenthümlichen der Beobachtung und des Wizes.
   d. Moralisches Gefühl – höherer Zwek
      α. Gefühl des reichern Menschenwerths – Billigung und Mißbilligung
      β. Anschaun eines unwandelbaren.
2. Triebe der menschlichen Seele
   a. Selbsterhaltung – Zwek. unschuldige Freuden
   b. Thätigkeit – Zwek
      α. bewahrt vor Langeweile
      β. vertreibt unangenehme Vorstellungen
      γ. verschafft uns die Bequemlichkeiten und die Erfindungen.
   c. Geselligkeit – Zwek
      α. natürliche Freundschaft
      β. sympathetische
      γ. Mitleid
      δ. Kummer
   d. Moralität – Zwek
      α. Freude guter Handlungen
      β. Freude guter Gesellschaft
      γ. Ruhe der Seele
      δ. Ruhe der lezten Augenblike
II. In der Regierung des menschlichen Lebens
   1. allgemeine Beschaffenheit
      a. Der Jahresfortschritt – Zwek bessere Ausbildung und Aneignung
         α. erhält den Reiz der Neuheit
         β. beschränkt, aber sichert auch die eigenthümliche Glükseligkeit jeder Periode. Kind – Spiel. Jüngling – Kraftgefühl und Fantasie. Mann – Geschäftigkeit und Genuß. Greiß – gleichmüthiges Nachdenken und Aussicht auf jene Welt
      b. Der Glükswechsel – Zwek Uebung verschiedener Kräfte

    α. die unangenehmen erheben die angenehmen
    β. zum Theil verschwindet ihr Andenken
    γ. zum Theil wird es in der Folge angenehm
  2. besondere Beschaffenheit
    a. nach den Gemüthsarten – jede findet ihre Sphäre 5
    b. nach den Begebenheiten – sie sind
     α. Belehrungen die uns ohne Schaden klug werden
      laßen
     β. Wendungen wodurch wir manchen Folgen unsrer
      Thorheit entgehn 10
     γ. kleine ⌊Strafen⌋ die uns große vermeiden lehren
Schluß. Wir müßen Gott nachahmen und unsere Liebe muß so beschaffen seyn wie die seinige, nicht von schwacher Gutmüthigkeit,
sondern von Weisheit ⌊geboren⌋.

———————— |

   XXX. Am zweiten Sonntag nach Trin. über 1. Joh. 3, 15. 15

Eingang. Die Schrift weist uns überall mehr zu Gesinnungen an als
zu äußerlichen Handlungen. Beispiele. Sie preist die Liebe und verwirft den Haß.
Thema. Die Schändlichkeit des Haßes.
  I. Was ist Haß? 20
   1. Unterschiede.
    a. Nicht jede Abneigung, sondern nur eine thätige
    b. Nicht jede Thätlichkeit, sondern nur eine mit Uebel-
     wollen
    c. Nicht jedes Uebelwollen, sondern nur ein solches wo 25
     man ausdrüklich daran seine Freude hat
   2. Grade.
    a. Nicht nur wenn man einen Zeitlebens unglüklich
     macht – Das können nur wenige
     Jede Chikane, jedes anhaltende auf Schaden sinnen p. 30
    b. Nicht nur wenn man einen bestimmten Gegenstand
     des Haßes hat

---

11 große] *korr. aus Unleserlichem*

---

15 *Am 14. Juni 1795 in der Konkordienkirche zu Landsberg an der Warthe*

Jeder Augenblik wo man sich freut beleidigen zu können gehört schon dieser Gemüthsart an

II. In wie fern ist die Vergleichung des Textes gegründet.

Anm. Nicht nur weil Haß den Todtschlag hervorbringt und
dieser selten ohne jenen Statt findet sondern wegen verschied-
ner Aehnlichkeiten

1. Beide haben eine nemliche Quelle, die gänzliche Bösartigkeit.

Jeder andre Fehler ist nur unvernünftiges Uebertreiben
eines natürlichen erlaubten Triebes; der Haß ist ganz wi-
dernatürlich

Da er also in der schlechtesten Beschaffenheit des Gemüths seinen Grund hat, so hat er auch einerlei Werth
mit der schlechtesten Handlung

2. Beide haben einerlei Verfahrungsart und Folgen.

a. sie sind unmittelbar gegen die Person eines Menschen gerichtet

b. ihre Bestrebungen machen allen Schuz der Gesellschaft und der Geseze unnüz

c. sie verringern die Summe des menschlichen Lebens
und der menschlichen Glükseligkeit ohne daß irgend
Jemandem etwas davon zu Gute komt.

3. Gott hat beide auf eine besondere Weise gezeichnet und
gestraft.

a. sie haben nirgends Ruhe

b. sie tragen äußerlich die Kennzeichen ihrer Thaten

c. sie sind immer gequält

Schluß. Laßt uns jeden Keim dieser Denkungsart sorgfältig ausrotten. Vergleichung zwischen Liebe und Haß

——————— |

XXXI. Am dritten Sonnt. nach Trinit. über Luc. 16, 19–34.   *36r*

Eingang. Man kann wol in der Verschiedenheit der menschlichen
Schiksale Gottes Weisheit finden, man muß aber auch in ihrer Gleichheit seine Gerechtigkeit entdeken

———

[*Am Rand neben Z. 30:*] Gedrukt

---

30   *Am 21. Juni 1795 in der Konkordienkirche zu Landsberg an der Warthe*
34   *Vgl. Predigten. Erste Sammlung, Nr. 7 (KGA III/1)*

Thema. Die Gerechtigkeit Gottes in seinem gleichen Betragen gegen
die Menschen
  I. In der Austheilung dieses Lebens
    1. Der Fall des Textes
      a. Verschiedenheit
      b. Gleichheit
    2. andere Rüksichten
      a. Gelaßenheit – Leidenschaftlichkeit
      b. Bildung – Rohheit
      c. Verstand – Einfalt
      in allem verschiedne Art aber gleiches Maaß
 II. In der Austheilung des künftigen Lebens
    1. sie ist nicht
      a. Gleichmachung des vorigen Unterschiedes; denn
        α. der Ersaz wäre zu groß
        β. es ist schon gleich – auch nicht
      b. Vergeltung[;] denn
        α. die Bemühungen der Guten [verdienen] nicht so
          viel Lohn
        β. die Fehler der Bösen nicht so viel Strafe – son-
          dern
    2. sie ist Vertheilung nach Bedürfniß
      a. im Allgemeinen
        α. wer hier das Glük nicht benuzt hat, versteht es
          dort nicht
        β. wer hier durchs Unglük nicht gelernt muß es dort
          durch noch mehr
      b. im Text
        α. der Reiche
        β. der Arme.
III. In der Anleitung zur Beßerung
    1. Verschiedenheit
      a. Religion
      b. Erziehung
      c. Gesellschaft
    2. Gleichheit – denn
      a. alle Hülfsmittel sind nur Vernunft und Erfahrung in
        andrer Gestalt. Selbst die Sendung des Todten
      b. es komt also bloß darauf an wie man sich gegen diese
        nimt und sie werden Jedem dargereicht. |

---

9 Rohheit] Roheit

Schluß. Die Einsicht in die göttliche Gerechtigkeit giebt uns   36*v*
1. ein andres Resultat für die Betrachtung der Welt
2. einen festen Grund zur Zufriedenheit – wir lernen
   a. andre nicht beneiden
5 b. uns wegen unserer Vorzüge beruhigen
      α. Glüksumstände
      β. Moralitätshülfe
      γ. ewige Seligkeit

Anm. Vorstehende Predigt ist schon im vorigen Jahr gehalten wor-
10 den, aber unaufgeschrieben vor der Zeit der Dispositionen. Ich habe
sie also noch einmal gehalten, um sie zu disponiren und zu concipiren.

XXXII. Am vierten Sonntag nach Trinit. über Matth. 26, 42.

Eingang. Wir sind alle den Abwechselungen des irdischen Lebens
unterworfen, aber auch hier verdient sich jeder sein Schiksal durch
15 sein Betragen
Thema. Was ist zu thun in Absicht auf das bevorstehende unangenehme?
   I. Man muß sich bereiten ihm entgegenzuarbeiten
      1. Beschaffenheit
20   a. nicht – durch ängstliches Sorgen und allzufrühe
            [Vorrechnungsmittel]
            man kann in der Entfernung selten etwas ersprießli-
            ches thun, sondern
         b. dadurch – daß man sein Gemüth in Stand sezt zur
25   rechten Zeit thätig zu seyn
            α. indem man das Betragen anderer auf sich anwen-
               det – anstatt sie zu richten
            β. indem man sich das wahrscheinliche unange-
               nehme denkt und sich darüber prüft – anstatt
30   sich unnüzerweise in angenehmen Träumen zu
               wiegen.

---

10 *Schleiermachers Predigtdispositionen beginnen mit der Vorbereitungspredigt vom*
26. Juli 1794, vgl. oben S. 343   11 *Die angefertigte Predigtniederschrift ist nicht*
erhalten, sondern wurde vermutlich als Druckvorlage bei der Herstellung der ersten
Predigtsammlung genutzt.   12 *Am 28. Juni 1795 in der Konkordienkirche zu Lands-*
berg an der Warthe

2. Nuzen

Das Uebel komt oft unvermuthet, ist man alsdann nicht schon damit bekannt durch Beobachtung und Nachdenken, so verliert man den Kopf

II. Man muß sich bereiten das unvermeidliche zu ertragen

1. Beschaffenheit

    a. nicht – durch eine allgemeine Gleichgültigkeit – diese ist ein schlechtberechnetes Hülfsmittel

    b. sondern – dadurch daß man sich an keinen einzelnen Gegenstand allzusehr hängt – dies geschieht

        α. indem wir sehn wie

          (1) manche glüklich sind die dasjenige entbehren müßen was uns lieb ist

          (2) manchen weil sie sich allzusehr an etwas gehängt haben alles übrige unnüz wird.

        β. indem wir uns mancherlei Entbehrungen auflegen.

2. Nuzen

    a. es wird uns sonst manches wenn wir es verlieren unentbehrlich scheinen was uns jezt gleichgültig ist

    b. wir werden Beruhigungs und Trostgründe nicht so leicht ergreifen können

    doppelte Schilderung |

37r III. Wir müßen sorgen etwas zu haben was das Schiksal uns nicht nehmen kann

1. Nuzen

Nicht nur die Wahrscheinlichkeit, sondern schon der Gedanke an große Glükszerstörungen macht das nothwendig, denn es gehört zur Vollkomenheit daß auch dieser uns nicht ganz daniederwirft

2. Was

    a. Selbstzufriedenheit wird erlangt durch

        α. gewissenhafte Pflichterfüllungen

        β. bestmöglichen Genuß jedes Augenbliks

    b. Hofnung auf die bessere Zukunft

Schluß. Eine solche Sorge für die Zukunft ist

1. Schriftmäßig

    a. sie widerstreitet den Ermahnungen des Nichtsorgens nicht, denn diese verbieten nur Aengstlichkeit und Mißtrauen in die göttliche Fürsorge

    b. sie stimt mit andern überein, denn es gehört zu dem Geschäfte eines jeden Tages daß man sich für den künftigen geschikt macht

2. für uns alle, denn
   a. Niemand kann wißen was ihm bevorsteht
   b. sie sind eben so nöthig für kleine Unglüksfälle als für große

---

XXXIII. Am fünften Sonnt. nach Trinit. über Luc. 5, 30–32.

5 Eingang. Die Menschen betrügen sich selbst aus Weichlichkeit in Absicht ihrer wichtigsten Angelegenheiten, der Gewinn den sie davon haben ist nur scheinbar.
Thema. Die von Christo vorgeschriebene Bedingung um durch seine Lehre beseligt zu werden.
10 I. Was dazu gehört.
    1. Erklärung aus dem Text.
       a. nicht die Sünde – sondern
       b. das Gefühl der Sünde
    2. im Allgemeinen
15   a. Prüfung nach dem richtigen Maaßstab.
          α. nicht bloß Legalität der Handlung, sondern auch Moralität der Triebfeder
          β. nicht bloß Güte der Absicht, sondern auch Consequenz der Ausführung
20   γ. nicht bloß Zurükführung auf einen guten Grundsaz, sondern auch richtige Anwendung desselben.
       b. Vollständige Vergleichung
          α. aller Aeußerungen
             (1) nicht nur die Empfindungen
25   (2) nicht nur die Erkenntniß
          β. auch der Unterlaßungen.
             Es giebt viele Fehler die sich nur durch Unterlaßungen zu Tage [legen] – Trägheit, Mangel an Eifer, Hartherzigkeit
30 II. Warum sie so nothwendig ist
    1. Die Zeit – ändert zwar manche Eigenschaften und Gewohnheiten, aber sie bringt | keine wahre Beßerung hervor, denn es geschieht nicht absichtlich   *37v*
    2. Der natürliche Fortschreitungstrieb – wird nur alsdann
35   gewekt wenn uns der Mangel als ein wahres Uebel er-

---

4 *Am 5. Juli 1795 in der Konkordienkirche zu Landsberg an der Warthe*

scheint; dies geschieht bei der Vergleichung mit dem Gesez, nicht wenn man das übrige nur als einen Zuwachs
ansieht, denn die meisten Menschen wollen lieber genießen als noch mehr erwerben.

3. Die Vergleichung mit andern – enthält keinen hinlängli- 5
chen Antrieb, denn wir finden imer Entschuldigung in
dem Gedanken
   a. daß wir andere Tugenden haben, die jene aufwiegen
   b. daß wir die nemlichen nur in unserer Lage nicht so
      äußern können 10

Schluß. Vergleichung des Lebens mit einer Tagereise. Wer immer
vorwärts sieht hat zulezt den besten Rükblik.

Anm. Text und Idee aus meiner Probepredigt, aber ganz anders
bearbeitet.

XXXIV. Vorbereitungspredigt über 1. Cor. 10, 17. 15

Eingang. Das Abendmahl hat keinen wunderbaren geheimnißvollen
Einfluß; es stärkt nur auf eine eigenthümliche Weise die Ueberzeugungen und Gesinnungen die wir sonst schon haben müßen, dahin gehört
auch die Bruderliebe.

Thema. Von den Veranlaßungen die uns das Abendmahl giebt uns 20
in der Bruderliebe zu stärken
   I. Durch das Andenken an das Beispiel Jesu
      1. Kraft der Beispiele im allgemeinen
      2. besonders kommen noch hinzu
         a. allerlei rührende Umstände 25
         b. die Ueberzeugung von der Reinigkeit dieses Beispiels
         c. die genaue Verbindung worin wir mit ihm als seine
            Schüler stehn
   II. Durch die Gleichheit in der wir hier vor Gott erscheinen
      1. Die Ungleichheit hindert die Liebe 30
         a. von den Hohen gegen die Geringen – Mangel an
            Theilnahme

---

21 Bruderliebe] BrLiebe

13–14 *Seine Probepredigt zum Ersten theologischen Examen hielt Schleiermacher am
15. Juli 1790 in Berlin, vgl. oben s. 3–11* 15 *Am 11. Juli 1795 in der Konkordienkirche zu Landsberg an der Warthe*

b. von den Geringen gegen die Hohen – Neid und
   Schadenfreude
2. hier findet das nicht Statt
   a. wir haben keine Gelegenheit an diese Verschiedenhei-
      ten zu denken
   b. wir sehen sie hier als etwas unwichtiges an.
III. Durch die demüthigen Gesinnungen
   1. Der sittliche Eigendünkel hindert die Liebe
      a. er stellt sie als eine weniger wichtige Tugend dar
      b. er bringt Verachtung hervor
   2. hier wird er ausgetrieben
      a. durch die Selbstprüfung
      b. durch die Vergleichung mit Christo
Schluß. Laßt uns jedes Abendmahl auf diese Weise benuzen

───────── |

XXXV. Am sechsten nach Trinit. über Matth. 13, 33. *38r*

Eingang. Man klagt oft über Mängel an äußrer Achtung gegen die
Religion; es komt aber viel mehr auf innern Einfluß an, wenn es mit
diesem nur recht bestellt wäre.
Thema. Die Religion muß den ganzen Menschen beleben und regieren.
I. Sie ist sonst völlig unnüz
   1. alles was mit ihr zusammenhängt
      a. als Erkentniß muß sie unser Urtheil leiten
         α. über die Begebenheiten in der Welt – also auch
            über die unsrigen
         β. über die menschlichen Handlungen, also auch
            über die unsrigen
      b. als Gesinnung muß sie unsern Handlungen zum
         Grunde liegen
   2. Diejenigen also welche die Religion vom Leben trennen
      widersprechen sich dann

───────────

[Am Rand neben Z. 15:] 1802.

───────────

15 *Am 12. Juli 1795 in der Konkordienkirche zu Landsberg an der Warthe*   **32** *Vgl.*
Predigt vom 25. Juli 1802 vormittags (unten S. 799–800)

a. als Erkenntniß
   α. entweder ist ihre Ueberzeugung nur scheinbar
   β. oder sie wollen sich vom Verstand nicht regieren laßen.
b. als Gesinnung
   α. entweder herrscht sie – oder
   β. sie wird beherrscht und hilft doch demjenigen nicht von dem sie beherrscht wird
3. es hängt eben alles mit ihr zusammen
  a. Berufsgeschäfte
  b. äußere Sorgfalt
  c. Vergnügungen
II. Diese Foderung enthält nichts übertriebenes
  1. Der Einwurf von der beständigen Spannung
    a. diese findet nur bei demjenigen Statt der die religieuse Gesinnung noch nicht als Maxime aufgenommen hat.
    b. bei andern hört sie bald auf und die moralische Achtsamkeit wird natürlich und zur Gewohnheit.
  2. Der Einwurf daß man oft nicht Zeit habe die nöthigen Ueberlegungen anzustellen
    a. in Absicht auf das Vermeiden des Bösen –
    Das moralische Urtheil läßt sich sehr schnell faßen
    b. in Absicht auf Ergreifung des Guten
    Auch da ist der Weg des Rechtschafnen leichter. Es gehört weit mehr Zeit dazu nach einem andern Grundsaz reiflich zu überlegen und consequent zu handeln

Schluß. Das Leben desjenigen, der es hierin zur Vollkommenheit gebracht hat

---

XXXVI. Am siebenten nach Trin. über die Epistel, nach der concipirten Predigt des nemlichen Sonntags vor dem Jahr, mit geringen Abänderungen im zweiten Theil, welche nicht erst angeführt zu werden brauchen.

——————— |

---

30 *Am 19. Juli 1795 in der Konkordienkirche zu Landsberg an der Warthe über Röm 6,19–22*   **31** *Zur Predigt vom 3. August 1794 vgl. Frühe Predigten Nr. 25 (oben S. 231–237)*

XXXVII. Am achten nach Trinit. über Ebr. 13, 9.   *38v*

Eingang. Die meisten Menschen wandeln ihren Weg sehr abwechselnd und unstätt, man muß fest werden.
Thema. Die Festigkeit des wahren Christen
5   I.   Der Muth muß fest werden
        1.   Inhalt
             a. gegen äußere Bedenklichkeiten
             b. gegen innere
        2.   Nothwendigkeit
10   Der gute Fortgang hängt vom Anfang ab, und vom
             Schwung der Fantasie
        3.   Entstehung
             Man muß nur die Erfahrung benuzen, welche eine allge-
             meine Möglichkeit des wahren Guten lehrt
15   a. die äußere
             b. die innere
     II. Die Ueberzeugung muß fest werden
        1.   Inhalt
             a. im allgemeinen von den Grundwahrheiten
20   b. im besondern von den Anwendungen
        2.   Nothwendigkeit
             a. wegen der Verführungen von außen
             b. wegen der Täuschungen von innen
        3.   Entstehung
25   a. Man merke auf die innere Stimme
             b. Man beurtheile fleißig allerlei Handlungen, eigne
                 und fremde.
     III. Der Wandel muß fest werden.
        1.   Inhalt
30   a. überall Beschäftigung suchen
             b. gleich angreifen
        2.   Nothwendigkeit
             gegen die Trägheit
Schluß. Es ist das köstlichste Ding
35 Laßt uns nie vergeßen, daß es durch Gnade geschieht

[Am Rand neben Z. 1:] 1802.

---

1 *Am 26. Juli 1795 in der Konkordienkirche zu Landsberg an der Warthe*   36 *Vgl.*
Predigt vom 13. Juni 1802 (unten S. 783–785)

XXXVIII. Am neunten nach Trinit. über Luc. 16, 10.

Eingang. Die Menschen entschuldigen sich damit gegen die Vorwürfe der Welt daß sie keinen bösen Willen gehabt haben, man muß
aber auch einen positiv guten Willen haben. Dazu gehört
Thema. Daß man auch in Kleinigkeiten seine Schuldigkeit thun   5
muß.
    I. Sonst richtet man viel Schaden an
        1. in Absicht auf innere Verbeßerung – Vergleichung mit
           dem Körper
           a. üble Gewohnheiten sezen sich fest   10
           b. Fehler werden nicht abgelegt
           c. gute Eigenschaften werden nicht erworben, wenn
              man nicht bei | Kleinigkeiten anfängt
        2. In Absicht auf das gesellige Leben – es besteht aus lauter
           Kleinigkeiten   15
           a. man thut sich selbst Schaden, indem man sich ver-
              haßt macht
           b. Andern, indem ihnen oft das von Wichtigkeit ist, was
              uns Kleinigkeit scheint
        3. In Absicht auf Berufsgeschäfte   20
           Schilderung des Unheils welches aus NachläßigkeitsVer-
           gehungen entsteht.
    II. Es kann keine gute Gesinnung zum Grunde liegen
        1. wenn man nicht über die Pflicht nachdenken will. Denn
           a. dieses nicht nachdenken wollen ist keine Kleinigkeit,   25
              es zeigt einen Mangel an Liebe zur Pflicht an
           b. der Bewegungsgrund ist gewöhnlich der, daß wir
              schnell handeln wollen, weil die Neigung schon ent-
              schieden hat
        2. wenn man die erkannte Pflicht nicht ausüben will   30
           a. eine pflichtwidrige Handlung ist dem, der aus dem
              rechten Gesichtspunkt handelt, nie Kleinigkeit, denn
              sie unterbricht das vernünftige Leben und das gute

39r (Marginalzeile neben Z. 13)

[Am Rand neben Z. 1:] 1802.

---

1 16, 10.] 16, 9.   28 weil die] *korr. aus* weil der   28 Neigung] *über* ⟨Augenblik⟩
32 handelt,] handelt

---

1 *Am 2. August 1795 in der Konkordienkirche zu Landsberg an der Warthe*   34 *Vgl.*
Predigt vom 27. Juni 1802 (unten S. 788–790)

Bewußtseyn, ohne daß es dabei auf den Gegenstand
ankomt
b. wer also eine für Kleinigkeit hält, der muß einen andern Gesichtspunkt haben, also ist die Moralität bei
ihm untergeordnet
Schluß. Wer also im geringsten untreu und unrecht ist, der wird
auch im großen untreu und unrecht seyn theils unwillkührlich theils
willkührlich. Laßt uns lieber etwas andres für Kleinigkeit halten entweder Begebenheiten oder vollbrachte Handlungen. Nur nie dasjenige
was noch zu thun ist. Jeder Schritt vorwärts ist ein großer Gewinn;
jeder Schritt abwärts ist ein großer Schaden.

XXXIX. Am zehnten nach Trin. über Matth. 12, 41. 42.

Eingang. Man nennt unser Zeitalter aufgeklärt, es ist auch eine
Menge von Kenntnißen da, auf der andern Seite ist aber auch die
Klage nicht ungegründet, daß sie nicht benutzt werden.
Thema. Daß man jede Gelegenheit an Erkenntniß zuzunehmen er-
greifen muß
 I. Wir laden sonst große Verschuldung auf uns
     1. Der Vorwurf ist groß denn
         a. Gott fodert unmittelbar die Ausbildung unsers Ver-
             standes
             α. wir sollen verständig handeln
             β. verständig betrachten
         b. Wir können auch sonst unsre Pflichten nicht erfüllen
             α. wir hindern soviel an uns ist die Vervollkomnung
                 der Welt
             β. wir füllen unsre Stelle schlecht aus
             NB. Gott wird uns nach der Einsicht beurtheilen, die
             wir hätten haben können |
     2. Die Entschuldigung ist nichtig   *39v*
         a. es fehlt nicht an Gelegenheiten
         b. nicht an Zeit

[Am Rand neben Z. 12:] 1802.

12 *Am 9. August 1795 in der Konkordienkirche zu Landsberg an der Warthe*
33 *Vgl. Predigt vom 1. August 1802 nachmittags (unten S. 800–803)*

α. in allgemeinen Wahrheiten – Nachdenkens-
stunden
β. in Erfahrungskenntniß – Arbeitsstunden
für beide zusammen Geselligkeitsstunden
II. Wir berauben uns wesentlicher Vortheile – Der Verständige 5
hat
1. mehr Gefühl und innern Werth, denn
a. seine Handlungen
b. seine Gedanken
c. seine Schiksale hängen von ihm ab und sind nicht ein 10
Spiel des Zufalls
2. mehr Ehre unter den Menschen
a. Die im Besiz äußrer Güter sind achtet man einen Augenblik
b. die geschikt sind sie zu verwalten achtet man immer 15
3. ein angenehmeres Leben. Dem verständigen ist alles interessant
a. was er sieht – Gegenstand des Beobachtens und Un-
tersuchens
b. was er thut – Gegenstand des Lernens. 20
Schluß. Auch gegen uns können viele aufstehn
1. die roheren Zeitalter
2. die weniger begünstigten und [die] aufgeklärten Zeitgenoßen

---

XL. Am eilften nach Trinitatis über

Eingang. So wie der Mensch für sich selbst in die Zukunft sehen 25
muß so auch in seinen theilnehmenden Gesinnungen für andere mit
dem Glauben an ein beßeres Zeitalter
Thema. Wie wichtig es ist oft daran zu denken daß es in der Welt
beßer werden soll und wird.
I. Einfluß auf unser Betragen 30
a. Es giebt unsern Bemühungen zum Besten der Welt die
gehörige Richtung indem es uns lehrt unsre bürgerlichen
und häuslichen Pflichten auf die rechte Art und aus dem
rechten Gesichtspunkt zu erfüllen

---

3 Arbeitsstunden] *korr. aus* Ges   34 zu erfüllen] erfüllen

24 *Am 16. August 1795 in der Konkordienkirche zu Landsberg an der Warthe; die*
Bibelstellenangabe fehlt.

    2. Es hält uns von vielen gewöhnlichen Fehlern zurük
       nemlich von allen denen die ihren Grund in einer kleinli-
       chen Denkungsart haben.
    3. Es ist ein mächtiger Antrieb zu allen Zeiten, indem wir
       uns bestreben
       a. Des bessern Zeitalters würdig zu seyn
       b. Das Bild desselben durch uns Andern darzustellen |
II. Einfluß auf unsere Zufriedenheit   *40r*
    1. wir werden wichtig in unsern Augen, weil wir uns als
       Werkzeuge ansehn können, um diesen bessern Zustand
       herbeizuführen
    2. Wir verlieren nicht den Glauben an den Adel der
       Menschheit, wenn wir auch unter den Unvollkommen-
       heiten der Menschen leiden
    3. Es ist eine für Herz und Einbildungskraft angenehme Be-
       schäftigung, wenn wir uns in irgend einem unangeneh-
       mern Zustand befinden
Schluß. So laßt uns nun waker seyn und warten.

XLI. Am zwölften nach Trin. über Matth. 7, 6.

Eingang. Wir müßen überall in unserm Betragen gegen die Menschen eine gewiße Mittelstraße beobachten, so auch in dem Dienstlei-
sten
Thema. Man muß sich den Menschen nicht aufdringen
  I. Mit guten Lehren
    1. es hilft nicht andern
       a. nicht vorher – wenn sie keinen Sinn dafür haben
       b. nicht nachher – dann können sie es selbst
    2. es schadet uns, wegen der Gesinnungen die uns zuge-
       schrieben werden
       a. geistlicher Stolz – indem an [Gewißen] alle gleich
       sind, erscheint das als eine Anmaßung

[Am Rand neben Z. 19:] 1802.

---

8 Zufriedenheit] *davor* ⟨Betragen⟩   **9** als] *korr. aus* alle   **27** sie es] sies

19 *Am 23. August 1795 in der Konkordienkirche zu Landsberg an der Warthe*
32 *Vgl. Predigt vom 11. Juli 1802 vormittags (unten S. 793–795)*

      b. Heuchelei – der seinen Eifer für die Tugend durch
        Worte beweisen will weil er es durch Handlungen
        nicht kann.
  II. Mit guten Rathschlägen
    1. es hilft nicht, denn sie werden zurükgestoßen
      a. weil Niemand eine Vormundschaft will
      b. weil Niemand bemerkt seyn will
    2. es schadet uns
      a. die Menschen entfernen sich mehr von uns
      b. sie bekomen üble Meinung von uns
        α. Vorwiz
        β. Eitelkeit, die sich rühmen will überall unentbehr-
          lich zu seyn
 III. Mit guten Diensten
    1. es schadet andern
      a. weil es sie nicht glüklich macht
      b. weil es oft ihre Bemühung hindert
    2. es ist unrecht von uns – entweder
      a. großer Unverstand, denn der Saz ist sehr deutlich daß
        jeder auf seine Art glüklich seyn muß
      b. Herrschsucht die dadurch ihren Einfluß vermehren
        und glänzen will.
Schluß.
1. Was über unsre Pflicht hinausgeht, hört auf gut zu seyn
2. Wer mehr als seine Pflicht thun will, thut gewiß auf der andern
Seite weniger als seine Pflicht

—————— |

40v   XLII. Am dreizehnten nach Trin. über Matth. 22, 36–40.

Von der Nächstenliebe nach einer vorjährigen Disposition aber verändert. Die Predigt ist aufgeschrieben und die Abänderungen der Disposition brauchen also nicht hier ausgeführt zu werden.

——————

---

2 er es] ers

——————

27 *Am 30. August 1795 in der Konkordienkirche zu Landsberg an der Warthe*
28 *Vgl. Predigt vom 14. September 1794 über Mk 12,31 (oben S. 355–356)* **29** *Vgl.*
Frühe Predigten Nr. 39 (oben S. 317–325)

XLIII. Am vierzehnten nach Trinit. über Matth. 7, 1.

Eingang. Bei dem Betragen gegen Andere muß man sich hüten, daß
man nicht um eine Klippe zu vermeiden über eine andre gerath: Man
soll alle Menschen als dem Gesez unterworfen betrachten, aber man
5 soll doch nicht über sie richten.
Thema. Von der Einschränkung unserer Urtheile über andre
   I. Was enthält die Vorschrift Christi
     1. negativ
       a. nicht daß man überhaupt nicht urtheilen soll
10   α. urtheilen ist natürlich – wenn man immer han-
             deln sieht
          β. urtheilen ist nothwendig – wenn man die Men-
             schen soll kennen lernen
       b. nicht daß es einen Einfluß auf Gottes Urtheil über
15   uns hätte
          α. sein Urtheil beruht auf jeder Handlung selbst
          β. sein Maaßstab richtet sich nicht nach unsern
             willkührlichen sondern unsern natürlichen
     2. positiv – unser Urtheil soll seyn
20   a. nicht zu rasch – wenn wir die Handlung aus dem
         Zusammenhang reißen
       b. nicht zu streng – wenn wir nur eine Auslegungsart
         anerkennen
       c. nicht zu laut – wenn wir es auf gerathewol andern
25   mittheilen
          α. das unsichere nicht weil das an sich strafbar wäre
          β. das sichere nicht weil es so gut als auf einem Ge-
             heimniß beruht.
   II. Warum ihre Beobachtung so nothwendig ist
30   1. für den Beurtheilten – Er wird
       a. wenn er unschuldig ist unendlich gekränkt
       b. wenn er schuldig ist geschändet und dadurch von der
         Besserung abgehalten
     2. für den Beurtheilenden
35   a. er wird wieder gerichtet und zwar mit Recht
          α. er reizt dazu um fühlen zu laßen wie es thut
          β. er befugt dazu, weil er den Glauben zeigt, daß
             sich dem Jedermann unterwerfen muß,

---

1 *Am 6. September 1795 in der Konkordienkirche zu Landsberg an der Warthe*

es wird ihm ein volles Maaß gegeben dem er nicht
wird entgehn können
   b. es wird das Urtheil coactu über ihn gesprochen.
Schluß. Nicht sowol um des persönlichen Nachtheils willen sollen
wir es unterlaßen, sondern weil wir außer Stand gesezt werden gutes   5
zu wirken. Wir sollen die Fehler der Menschen benuzen, aber das
Gericht ist des Herrn.

———— |

41r   XLIV. Am fünfzehnten nach Trin. über Matth. 6, 34
in der Garnis.K.

Eingang. Die Religion zwekt darauf ab das Gemüth von andern   10
Dingen hinweg zur Ausübung unserer Pflichten hinzulenken. Die dahin gehörigen Vorschriften werden aber sehr oft mißverstanden. Unter
anderm auch die
Thema. Von der schriftmäßigen Einschränkung unserer Sorge für
die Zukunft.   15
   I. Worin besteht sie im Allgemeinen
     1. negativ
       a. Beschreibung – nicht so wie sie
         α. mißverstanden ist von unordentlichen und
         β. verunglimpft von ReligionsFeinden   20
       b. Beweis – denn
         α. viele andere deutliche Stellen bezeugen das Ge-
           gentheil
         β. es wäre der menschlichen Natur zuwider – son-
           dern   25
     2. positiv. Wer kein besonderes Geschäft
       a. Ursach: es entsteht Streit mit der Gegenwart
       b. Art und Weise: es geschieht alles von selbst wenn
         man für die Gegenwart sorgt
       c. Vortreflichkeit wenn es sich richtig bewiesen –   30

[Am Rand neben Z. 8–9:] Gedrukt

8 6, 34] *korr. aus* 7, 34

1 *Vgl. Lk 6,38*   8–9 *Am 13. September 1795 vormittags in der Garnisonkirche zu
Landsberg an der Warthe*   31 *Vgl. Predigten. Erste Sammlung, Nr. 9 (KGA III/1)*

II. Ausführung im besonderen.
  1. Bedürfniße
    a. der Befolgende
      α. sichert sich die Moglichkeit der Befriedigung durch Ordnung und Rechtschaffenheit
      β. schränkt den Genuß der Gegenwart ein durch Mäßigung und treue Haushaltung
    b. der Sorgende
      α. benimt diesen guten Eigenschaften ihre richtigen Bewegungsgründe
      β. sie arten bei ihm in Fehler aus, weil seine Sorge keine Grenze kennt.
  2. Pflichten
    a. der Befolgende
      α. erwirbt sich richtige Kenntniß von allen Verhältnißen durch Aufmerksamkeit
      β. schärft seine Beurtheilung durch fleißiges Nachdenken
      γ. belebt und stärkt sein Gefühl durch Gewöhnung zum Gehorsam
    b. der Sorgende
      α. verfehlt oft den richtigen Gegenstand
      β. ist in der Gegenwart nicht was er seyn soll
      γ. ist es in der Zukunft auch nicht, weil er dann schon wieder auf die Zukunft denkt
  3. Zufälle
    a. der Sorgende – Beschreibung
      α. schadet der Gegenwart in Absicht
        (1) auf Zufriedenheit
        (2) auf Pflichtübung
      β. hilft der Zukunft nicht
        (1) weder durchs Bekanntmachen, denn das Unglük überrascht doch
        (2) noch durchs Rathausdenken, denn es komt nie vollkomen so
    b. der Befolgende |
      α. vermeidet die aus eigner Schuld entstehn   *41v*
      β. sezt sich in die Gemüthsverfaßung des ertragens
Schluß. Die Last fällt von unsern Schultern, wollen wir nun die Ruhe recht genießen so laßt uns die Aufmerksamkeit ganz auf die

---

26 Zufälle] *davor* ⟨Pflichten⟩

Pflicht wenden, unsre Tage werden desto sorgenfreier seyn, je vor-
wurfsloser sie sind.

XLV. Am fünfzehnten nach Trin. Nachmittags in meiner Kirche
über Luc. 17, 11–19 unverändert nach einer vorjährigen Disposition.

XLVI. Am sechszehnten nach Trin. Vormittags über 1. Joh. 5, 4   5
Vom Sieg über die Welt, eine alte concipirte Predigt mit geringen
Veränderungen

XLVII. Am siebzehnten nach Trin. über Prov. 15, 2.

Eingang. Die Wahl zwischen dem nüzlichen und angenehmen ist
uns schwer in unsern eigenen Angelegenheiten, eben so in fremden.   10
Man muß beides verbinden
Thema. Man muß die Lehre lieblich machen
    I. Wie geschieht das?
        1. sie hat allemal etwas unangenehmes
            a. die wörtliche   15
               α. wer neue Erkenntniß eröfnet, zeigt sich überlegen
               β. wer Irrthümer und Vorurtheile berichtigt dekt
                    Schwächen auf
            b. die thätliche
               α. wer uns wider unsern Willen zu etwas nöthigt   20
                    um unserthalben zeigt sich als Vormund

---

5 Vormittags] Vormitt.   5 über] *folgt* ⟨L⟩

3–4 *Am 13. September 1795 nachmittags in der Konkordienkirche zu Landsberg an
der Warthe nach dem Predigtentwurf vom 21. September 1794 (oben S. 356–358)*   5–
7 *Am 20. September 1795 in der Konkordienkirche zu Landsberg an der Warthe nach
der undatierten Frühen Predigt Nr. 19 (oben S. 187–195)*   8 *Am 27. September
1795 in der Konkordienkirche zu Landsberg an der Warthe*

β. wer etwas versagt aus andern Gründen scheint
uns zurükzusezen
2. Die Versüßung daran liegt in Handhabung der Nebenum-
stände
a. bei der wörtlichen im Ton
α. der falsche
β. der rechte
b. bei der thätlichen im Betragen
α. freundschaftbeweisend
β. rechtfertigend
II. Das es nothwendig ist
1. um unsern Zwek zu erreichen
a. daß das Gute aufgenommen werde
üble Laune hindert daran, indem sie
α. überhaupt verdrossen macht
β. im Troz antreibt neue Bestätigung für das verwie-
sene zu suchen
b. das alles den rechtlichsten Gang gehe
ein erbitterndes Betragen hindert daran, indem es antreibt
α. die Absicht zu umgehen
β. unter dem Schein des Rechts zu chikaniren |
2. um richtig zu handeln   *42r*
a. es liegt beim entgegengesezten immer etwas unrichtiges zum Grunde
α. Eigendünkel und Begierde zu glänzen
β. Herrschsucht
b. es fehlt allemal die Liebe
Schluß. Diejenigen haben also Unrecht, welche glauben, daß das
Ganze nur zur feinen Lebensart gehöre. Wenn wir etwas gutes thun
können, laßt es uns ganz thun.

XLVIII. Am Vorbereitungstage über Matth. 26, 26–28.

Eingang. Die Andenkenden sind immer geneigt beim äußern stehn
zu bleiben. Dadurch werden die wichtigsten Dinge in leere Ceremo-

---

35 [*Am Rand neben Z. 32:*] 1802.

---

32 Am 3. Oktober 1795 in der Konkordienkirche zu Landsberg an der Warthe
35 Vgl. Predigt vom 4. September 1802 (unten S. 817–819)

nien und in schädlichen Aberglauben verwandelt. Vor einer Art wollen wir uns jezt verwahren

Thema. Vom Zusammenhang des Abendmahls mit der Lehre von der Vergebung unserer Sünden

 I. Was will die Lehre von der Vergebung der Sünden sagen 5
  1. nach der Vernunft
   a. Gott kann unsere Fehler in seinem Urtheil nicht übersehn
    denn das sezte eine Unvollkomenheit auf seiner Seite voraus 10
   b. Er kann die Folgen derselben nicht aufheben, denn
    α. sowol die natürlichen Strafen, als
    β. die positiven
    sind zu unserer Beßerung berechnet, und es stritte also gegen seine Liebe, aber 15
   c. sein Urtheil endet süß, und
   d. die Strafen fallen als unnöthig weg
    wenn die Fehler selbst wegfallen
  2. Nach der Schrift wird das bestätigt, denn
   a. viele Aussprüche sind gradezu dafür 20
   b. auch die dagegen scheinen, z. E. wo es heißet wie im Text[,] haben denselben Sinn.
 II. Was kann also der Genuß des Abendmahls dazu beitragen?
  1. unmittelbar nichts
   a. weder als äußere Handlung 25
   b. noch auch die Rührung womit er begleitet ist – Beschreibung derselben
  2. mittelbar etwas, wenn
   a. durch die Gemeinschaft mit den Christen
   b. durch Erinnerung an Christus 30
   Entschließungen entstehn die wir hernach ins Leben mitnehmen

Schluß. Diese Vorstellung und diese Art der Feier ist weit würdiger

——————— |

---

17 unnöthig] unnöth.

XLIX. Am achtzehnten n. Trin. Erndtefest über Ps. 104, 14.   *42v*

Eingang. Man muß nicht bei den zufälligen Vorzügen des gegenwärtigen Jahres stehn bleiben. Wir müßten auch danken, wenn es auch
nicht so reichlich wäre, wofern wir nur dabei aufs allgemeine und auf
5 die ganze Zeitreihe sehen.
Thema. Die Wolthätigkeit des Akerbaus.
     I. Was er zur Zufriedenheit beiträgt
          Anm. Vieles muß übergangen werden
          [1.] er ist die Quelle alles Wolstandes
10   [2.] alle Gewerbe auch die reichlicher belohnt werden hängen
             vom Akerbau ab
    II. Was er zur Bildung beiträgt
        1. Alle Erfindungen und Entdekungen in Wissenschaften
            und Künsten haben wir ihm zu danken
15   a. Nicht Akerbau treibende Völker sind nie dazu ge-
            langt
            α. Die ⌊Genies⌋ haben keine Aufmunterung zu ar-
               beiten
            β. Das Volk keine Muße anzuwenden
20   b. Der Akerbau allein bewirkt bei gesitteten Völkern
            das Gegentheil
            α. Er bringt einen Ueberfluß an Lebensmitteln her-
               vor, welcher
               (1) die Menschen bald auf Erfindungen zur Be-
25   quemlichkeit und zum Vergnügen bringt
               (2) manchen in einen dem Nachdenken günsti-
                 gen Zustand der Muße sezt
            β. Er legt selbst der arbeitenden Klaße nur mäßige
               Lasten auf, so daß sie
30   (1) Vermögen hat zu genießen
               (2) Zeit sich auf gewiße Weise zu bilden
  III. Was er zur Sittlichkeit beiträgt
        1. im Allgemeinen
          a. als Stifter der bürgerlichen Gesellschaft
35   α. die bürgerlichen Geseze weken das Bewußtseyn
               des moralischen

---

1 Erndtefest] Erndtef.

---

1 *Am 4. Oktober 1795 in der Konkordienkirche zu Landsberg an der Warthe*

β. die Bestimung der Rechte befreit ihn aus dem un-
   sittlichen Zustand
b. als Stifter alles deßen was den Menschen über den
   Zufall erhebt giebt er ihm ein höheres Gefühl seiner
   Würde   5
2. im Besondern
   a. als Stifter des sichern Eigenthums bringt er Tugenden
      des Fleißes, der Haushaltung p. hervor
   b. als Stifter der großen menschlichen Gesellschaft Tu-
      genden der Geselligkeit, der Menschenliebe p.   10
Schluß. Dank, Genuß und Anwendung gewinnen durch solche Betrachtungen

———————— |

43r   L. Am neunzehnten nach Trinit. über Prov. 15, 1.

Eingang. Die Verschiedenheit der Gemüthsarten unter den Men-
schen bringt überwiegende Vortheile hervor, es wird zwar auch über   15
Unbequemlichkeiten geklagt, aber einer muß den andern tragen.
Thema. Daß ein gelindes und gelaßnes Wesen das beste Betragen
gegen heftige Menschen ist.
   I. Wir können nur dadurch unsre Pflichten gegen sie erfüllen
      1. wir haben noch Pflichten gegen sie   20
         a. negativ
            α. wenn Beleidigungen uns davon nicht frei spre-
               chen, so kann es
            β. noch weniger das, was
               (1) oft keine wahre Beleidigung enthält   25
               (2) größtentheils nur in einem minderen Grade
                   verschuldet ist
         b. positiv – wir müßen
            α. sie vor mehreren Fehlern zu sichern
            β. sie zurükzuführen suchen   30
      2. diese Pflichten können nur durch das anempfohlne Betra-
         gen erfüllt werden
         a. negativ – weder dadurch

---

17 Daß] *korr. aus* Das   **18** heftige] *über* ⟨andre⟩   **22** Beleidigungen] Beleidig

---

13 *Am 11. Oktober 1795 in der Konkordienkirche zu Landsberg an der Warthe*

α. daß man harte Vorwürfe macht
diese rufen nur den Troz hervor – noch dadurch

β. daß man das lächerliche durch Spott hervorzieht
das erbittert

b. positiv – ganz sicher denn

α. es wird dadurch alles entfernt was noch mehr
reizt

β. die Unpartheilichkeit bringt ihn auf die Vermu-
thung des Unrechts

γ. das unerwartete und wolwollende beschämt

II. Unserm Vortheil ist dadurch am besten gerathen

1. Dieser besteht

a. nicht

α. im Rechtbehalten

β. im Uebertreffen und Abfertigen

b. sondern

α. in der fortdauernden Ungestörtheit

β. in der Geräuschlosigkeit

2. er wird erreicht

a. nicht

α. durch ein gegenseitiges Aufbieten unsrer Kräfte
denn

(1) dadurch werden wir mißmuthig

(2) wir geben am Ende selbst Blößen

β. nicht durch ein schrekhaftes Nachgeben

(1) dies ist nicht geboten

(2) es ist nicht zuträglich – sondern |

b. durch   *43v*

α. gelaßene Sanftmuth – denn

(1) wir sichern uns den Beistand

(2) wir schreken ab für die Zukunft

β. standhafte Beharrlichkeit – denn

(1) wir kürzen ab und vermeiden Thätlichkeiten

(2) wir bleiben vorwurfsfrei vor uns und andern

Schluß.

1. Der Entschluß wird aufgemuntert durch die Bemerkung, daß was
pflichtmäßig ist, auch heilsam sei

2. durch das Beispiel Christi welches uns lehrt

---

4 das] daß   29. 32 denn] *Die Unterpunkte von α. und β. sind gemäß Anweisung
getauscht.*

    a. daß man dabei die Achtung der Menschen sehr wol erhalten kann

    b. daß eine Tugend immer die andere unterstüzt

———

LI. Am 21. Sonnt. nach Trinit. über Luc. 10, 25 sqs.

Am 20. war ich verreist und predigte Herr Rothenburg für mich.   5

Eingang. Die Menschen erregen oft Streit und Erörterungen über die bekanntesten Wahrheiten, das komt daher weil sie ihnen nicht anstehn.

Thema. Warum wirft man die Frage auf, wer ist mein Nächster

  I. Aus Trägheit.   10

    1. was bedeutet die Frage bei dem Trägen

      a. daß jeder noch einen näheren habe als ihn

      b. daß seine Nächsten keine thätige Hülfe brauchen

    2. was hat er für eine Absicht dabei

      a. er will keine Mühe über sich nehmen und deswegen   15

      b. keine Verpflichtung eingestehn – Vergleichung mit dem, der sein Pfund vergiebt

    3. was ist die Folge davon

      a. es wird von ihm genomen – er wird imer hartherziger   20

      b. er wird ausgestoßen weil er nichts zur Verbeßerung der Welt gethan

    4. die Antwort Christi widerlegt ihn weil oft die dem Verhältniß nach Nächsten ihre Schuldigkeit nicht thun   25

  II. Aus Eigennuz.

    1. sein Sinn ist daß diejenigen die Nächsten seyen welche am meisten auf ihn zurükwirken

———

[Am Rand neben Z. 4:] 1802. 23.   30

———

5 Herr Rothenburg] H. Rothenb.   7–8 anstehn] *vgl. Adelung: Wörterbuch 1,343*

———

4 *Am 25. Oktober 1795 in der Konkordienkirche zu Landsberg an der Warthe über Lk 10,25–37*   5 *Der 1767 geborene August Gottlieb Ferdinand Rothenburg war nach dem Theologiestudium in Halle 1791–1800 Lehrer am Waisenhaus in Landsberg an der Warthe (vgl. EPMB 2, 717).*   **16–17** *Vgl. Lk 19,20–26*   **30** *Vgl. Predigt vom 12. September 1802 nachmittags (unten S. 821–824)*

    a. unter hohen

    b. gleichen

    c. niedern

  2. seine Absicht ist

    er will unter dem Schein des göttlichen Gesezes sein eig-
nes erfüllen welches heißt: Halte niemand für Deinen
Nächsten als Dich selbst

  3. Christus widerlegt ihn, indem er

    a. zeigt wie sich eines Jeden Gefühl dagegen empört daß
der Unglükliche Priester und Leviten nicht für die
Nächsten halten sollte, und doch müßte er das nach
den ⌊Grundsäzen⌋ des Eigennuzes

    b. daß vielmehr der der Nächste sei der am meisten zum
allgemeinen Besten zu wirken gesonnen ist. |

III. Aus Vorurtheilen   *44r*

  1. Der Sinn ist

    a. daß man unmöglich allen gleiche Achtung schuldig
sei

    b. daß die Ansprüche die auf den allgemeinen Vorzügen
beruhn gering seyen gegen die welche auf besondern
und zufälligen gegründet sind

  2. Folgen dieser sehr allgemeinen Gesinnung

    a. die Menschen werden getheilt

    b. gute Gefühle werden abgestumpft, indem man we-
nige Nächsten sondern nur Vor und Hintermänner
hat

    c. Selbstachtung findet nicht Statt

  3. Widerlegung Christi

    (der Schriftgelehrte hatte die nemliche Gesinnung)

    a. die zufälligen Vorzüge sind nicht immer mit wesentli-
chen verbunden

    b. also ist die Klaße welche vorzügliche Achtung ver-
dient nur die der rechtschafnen Leute

Schluß. Wenn auch wir solche Fragen aufwerfen so laßt uns auf die
Unlauterkeit unseres Herzens merken und zur Einfalt der Religion
zurükkehren

---

10 nicht für] für   12 Eigennuzes] Eigenuzes

LII. Am 22. Sonnt. nach Trinit. über Prov. 13, 7.

Eingang. Die Säze daß der Arme neben dem Reichen seyn muß, und
daß die irdischen Dinge nichts werth wären sind nicht hinlänglich um
die Vorsehung wegen der Ungleichheit zu rechtfertigen.
Thema. Die Menschen sind gewöhnlich selbst Schuld daran wenn   5
sie arm sind.
    I. Es komt auf das Gut nicht an
        1. Reichseyn besteht
            a. in der Sorgenfreiheit fürs gewöhnliche
            b. im Vorrath zum gütlich thun und   10
            c. zu Werken der Liebe
        2. Dazu thut das Gut nicht
            a. weder das absolute Gut – denn
                α. es giebt arme Reiche
                β. es giebt arme Könige   15
            b. noch das standesmäßige – denn
                α. man kann demohngeachtet nichts übrig haben,
                    wenn man ⌊anregen muß⌉
                β. mit den höhern leben müßte
    II. Sie sind selbst Schuld daran   20
        1. Warum sind sie arm
            a. weil ihr tägliches Leben ihr ganzes Vermögen er-
                schöpft, indem sie
                α. sich immer nach den höhern messen
                β. jedes Vergnügen zum Bedürfniß werden laßen   25
            b. denn auf diese Weise werden sie |
                α. in den Augen der Welt arm seyn
                     wenn sie bei dem kleinsten Unfall ihr gewöhnli-
                   ches Leben einschränken müßen
                β. in ihren eignen Augen   30
                   (1) wenn sie zu außerordentlichem nie etwas üb-
                     rig haben
                 (2) oft das überspannte gewohnte mit Aengst-
                   lichkeit zusammenscharren müßen
        2. wie könnten sie reich seyn   35
            a. wenn sie nicht nach äußerm Glanz streben
                er nimt die Kräfte zu wahren Freuden unnüz weg
            b. wenn sie das tägliche Leben einschränken

44v

---

22 ihr tägliches] *korr. aus Unleserlichem*

---

1 *Am 1. November 1795 in der Konkordienkirche zu Landsberg an der Warthe*

Schluß. Die Vorsehung ist auf diese Art völlig gerechtfertigt – denn
1. der Unterschied zwischen begüterten und unbegüterten besteht
   bloß in der Gewohnheit und diese macht alles gleich
2. der Weg zum wahren Reichthum steht allen offen

LIII. Am 23. Sonnt. nach Trin. über Philip. 3, 17. 18.

Eingang. Ob es mehr gute oder böse Menschen giebt, läßt sich so
nicht bestimen[,] aber es würde mehr gute geben, wenn es nicht oft
beschwerlich wäre
Thema. Daß diejenigen nicht zu der beßern Menschenklaße gehö-
ren welche nur so weit gut sind, als es nichts kostet.
  I. sie sind nicht brauchbar
     1. sie vernachläßigen ihren Theil
        a. häuslichen Beruf
        b. bürgerlichen
     2. sie tragen nichts zu fremden bei, sondern sind
        a. unbeständig in ihren Entschlüßen
        b. unzuverläßig in ihren Foderungen
  II. sie sind nicht liebenswürdig – denn
     1. sie zeigen sich schwach
     2. sie zeigen sich verstekt
     3. sie zeigen sich mißmuthig
  III. sie sind nicht achtungswürdig – denn
     1. entweder stimen ihre Handlungen nicht mit ihren Ein-
        sichten oder
     2. ihre Einsichten sind bestochen und grundlos, und |
     3. sie werden nicht vollkomner. 45r
Schluß. Es bleibt immer noch in andern Stüken Unvollkomenheit
genug; laßt uns also wenigstens von Seiten des Willens vollkomen
werden

---

5 *Am 8. November 1795 in der Konkordienkirche zu Landsberg an der Warthe*

LIV. Am 24. nach Trinit. Vormitt. über Prov. 18, 14.

Eingang. Einige sezen die menschliche Glükseligkeit ganz in äußere
Dinge, andere ganz in das Gemüth; wenigstens giebt es Menschen,
welche jene noch unzufrieden laßen und es giebt eine Beschaffenheit
des Gemüths die auch den Mangel von jenen erträglich macht.   5
Thema. Das fröhliche Herz
  I. Seine Eigenschaften. Wodurch soll es das Leiden erträglich
     machen?
     1. negativ
        a. nicht durch Unempfindlichkeit wie der Stumpfsinigen   10
          α. sie macht nicht frölich
          β. sie macht unzufrieden mit der Leere die man
            überall findet
        b. nicht durch Hinwegsehn von dem gegenwärtigen Zu-
          stand wie der Leichtsinn   15
          α. er macht Uebel aerger, weil er keinen Wider-
            stand leistet
          β. er erniedrigt den Menschen durch Kraftlosig-
            keit − sondern
     2. positiv   20
        a. durch Aufmerksamkeit auf die angenehmen Theile
          des gegenwärtigen Zustandes, sie sind
          α. Rükerinnerung des gehabten
          β. Betrachtung des möglich schlimmeren
          γ. Benuzung des gebliebenen   25
        b. durch thätigen Widerstand; diesen macht ein fröli-
          ches Herz
          α. muthiger
          β. überlegter
  II. Was dazu erfodert wird − es ist in jedes Gewalt.   30
     1. ein gutes Gewissen.
        a. das böse macht mißmuthig
          α. durch Vorwürfe überhaupt
          β. durch das Bewußtseyn der Verschuldung des ge-
            genwärtigen Leidens   35
        b. das gute befördert ein fröliches Herz
          α. die vornehmste Freudenquelle ist immer noch offen
          β. das Gefühl des innern Werths wird noch erhöht
            durch den Contrast mit dem niedrigen Zustand |

---

1 *Am 15. November 1795 vormittags in der Konkordienkirche zu Landsberg an der*
Warthe

2. mäßige Wünsche. *45v*

    a. heftige Begierden verhindern die Heiterkeit

        α. wenn uns die Gegenstände entrißen werden haben wir alles verloren

        β. auch ohne das durch das Bewußtseyn ihrer Vergänglichkeit

    b. mäßige befördern sie

        α. man genießt jedes gute als einen unberechneten Zuwachs

        β. man kann nie alles verlieren, weil man zu viel umfaßt

3. natürliche Lebensweise

    a. der Mensch ist zu einer einfachen Glükseligkeit bestimt

        α. diese ist ihrer Natur nach sicherer

        β. die Sorge dafür läßt die Seele frei

    b. die meisten Widerwärtigkeiten bestehn im Verlust künstlicher Bedürfniße

        α. je zusammengesezter die Glükseligkeit, desto zerbrechlicher

        β. je künstlicher desto weniger kann sie genoßen werden.

Schluß. Die Vorsehung ist also gerechtfertigt, denn man braucht nur der Natur treu zu bleiben.

LV. Am 25. nach Trinit. über 1. Tim. 5, 8.

Eingang. Man klagt daß die Einfalt der Sitten immer mehr abnehme; dies ist gegründet, wenn man darunter eine gewiße Sucht nach Zerstreuungen versteht.

Thema. Die Wichtigkeit der häuslichen Pflichten

I. Ihr Umfang

    1. es ist nicht nur vom Familienhaupt die Rede denn jeder hat einen Theil des Versorgens über sich

    2. sie bestehn nicht nur in dem ökonomischen Verhalten sondern in jedem möglichen Beitrag zum gemeinen Wolergehn

---

25 *Am 22. November 1795 in der Konkordienkirche zu Landsberg an der Warthe*

II. Der besondere Werth den die Religion darauf legt
  1. man sieht ihn daraus daß sie zum Gleichniß der allgemeinen Weltverhältniße gemacht werden
     a. entweder um uns diese angenehm zu machen
     b. oder um sie uns wichtiger vorzustellen   5
  2. er beruht darauf daß alle Endzweke der Religion mit dem Menschen dadurch erreicht werden müßen |

     a. daß er lerne das geistige dem sinnlichen vorziehn
        α. in der großen Welt gilt nur das sinnliche
        β. im häuslichen Leben auch das beßere   10
     b. die Leidenschaften der Vernunft unterordnen
        (1) α. in andern Verbindungen werden manche gar nicht gereizt
            β. auch die gereizten werden nur der Schaam untergeordnet   15
        (2) γ. im häuslichen Leben haben alle ⌊frei⌋ Spiel, weil man sich nicht verbirgt
            δ. es findet kein anderer Zwang statt als Vernunft.
     c. uneigennüzige Gesinnungen stärken
        α. in andern Verbindungen ist alles nur ein eigennü- 20 ziger Vertrag
        β. wie im häuslichen Leben uneigennüziges Wolwollen vorkomt.
        (1) Ertragung kleinen Unrechts
        (2) Duldsamkeit gegen Schwächen   25
        (3) Unterstüzung in Geschäften
     d. zum Besten der Welt etwas beitragen
        α. in andern Verbindungen nur scheinbar und unsicher
        β. im häuslichen Leben mannigfaltig. Beschreibung 30
Schluß. Laßt uns also zur Einfalt zurükgehn, und da auch unser Glük suchen, wo wir allein unsere Volkommenheit finden können

---

LVI. Am ersten Advent über Röm. 14, 13.

Eingang. Es hat immer eine doppelte Denkungsart unter den Christen gegeben, eine ängstliche und eine freiere   35

---

17 verbirgt] verbürgt   22 uneigennüziges] uneig.

---

33 *Am 29. November 1795 in der Konkordienkirche zu Landsberg an der Warthe*

Thema. Pflichten gegen die ängstlichen Christen
  I. In unseren Urtheilen – nicht richten
      1. negativ – vergleichen sollen wir wol
      2. positiv – aber nicht
          a. unser Mißfallen auf eine heftig scheinende Art zu er-
              kennen geben, denn manche haben das als Antrieb
              zum Guten nöthig
          b. die Gesinnungen nach den Meinungen beurtheilen,
              sie haben nicht ⌊imer schlime⌋ Folgen z. B.
              α. die Versöhnungslehre
              β. die ⌊heilig⌋ Geisteslehre
  II. In unsern Handlungen
      1. kein Anstoß ⌊d. h.⌋ kein Hinderniß auf ihrem Wege
          a. wer das Gewissen anderer nicht achtet sezt auch auf
              sein eignes keinen Werth |
          b. wer falsche Schaam geltend machen will zerstört das   *46v*
              Reich der Wahrheit und muß selbst keine Liebe zu
              ihr besizen
      2. kein Aergerniß – Veranlaßung zu üblen ⌊Meinungen⌋
          unserer Denkweise
          a. dies geschieht wenn wir die Ausübung derselben
              durch Uebertreibung ⌊auffallend⌋ machen wollen –
              denn
              α. alsdann läuft leicht etwas unrechtes mit unter
              β. wenigstens entsteht ein Schein des Leichtsinnes
          b. die Verbreitung der freien Denkungsart wird da-
              durch gehindert
Schluß. Die Eintracht besteht nicht in der Einförmigkeit, sondern
Duldsamkeit, und die Ausbreitung der Wahrheit beruht nicht auf
wörtlicher Belehrung sondern auf thätiger

――――――

LVII. Am 2. Advent über Luc. 11, 28.

Der erste Theil der vorjährigen Predigt am ersten Advent.

――――――

11 ⌊heilig⌋] ⌊h.⌋   **28** sondern] *korr. aus* und

31 *Am 6. Dezember 1795 in der Konkordienkirche zu Landsberg an der Warthe*
32 *Vgl. Predigt vom 30. November 1794 Teil I (oben S. 376–377)*

LVIII. Am 3. Advent über Luc. 21, 34.

Eingang. Man braucht nicht wie die meisten Menschen wünschen
die Zukunft vorherzuwißen, sondern nur diejenigen Regeln zu beobachten, die sie uns unschädlich [machte.]
Thema. Der Schaden einer allzugroßen Anhänglichkeit an irdische   5
Freuden
    I. In Zeiten der Noth
        1. Das Betragen des Weisen
            a. er trägt leicht, weil er etwas beßeres hat
            b. diese Leichtigkeit selbst ist ein Ersaz   10
        2. Der unweise
            a. über ihn komt dieser Tag schnell
               weil er nie vorbereitet war
            b. er komt schwer über ihn
               weil er eine Menge andere Uebel mitbringt   15
    II. In Zeiten wo unsere Pflicht etwas außerordentliches fodert
        1. Enthaltsamkeit wegen der Gesundheit
        2. Entbehrung wegen der Arbeitsamkeit
        3. Aufopferung wegen der Wolthätigkeit
Schluß.   20
1. Dieser Fehler findet unter allen Klaßen statt
2. Wir müßen über unser Glük herrschen aber nicht von ihm be-
    herrscht werden

——————— |

47r   LIX. Am 4. Advent Nachmitt. über Joh. 1, 45 sqs.

Eingang. Die Ursach warum viele Menschen von guten Anlagen   25
verderben liegt oft in der bösen Gesellschaft; bei der Wahl derselben
liegt oft nicht ein vorgängiges Wolgefallen am Bösen zum Grunde,
sondern Unvorsichtigkeit
Thema. Einige Vorsichtsmaaßregeln bei der Wahl unserer Freunde
    I. Man laße sich nicht vom ersten Eindruk beherrschen   30
        (Aus andern Quellen konnte Philippi Zuneigung nicht her-
        rühren.)
        Dieser beruht immer – entweder

---

2 wünschen] *Kj* zu wünschen

---

1 Am 13. Dezember 1795 in der Konkordienkirche zu Landsberg an der Warthe
24 Am 20. Dezember 1795 nachmittags in der Konkordienkirche zu Landsberg an der
Warthe über Joh 1,45–51

1. auf der bloßen Gestalt
    a. Gründe: diese kann zum Zwek der Freundschaft nichts beitragen
    b. Erfahrungen: unglükliche Ehen, kurze Freundschaften – oder
2. auf dem Ausdruk derselben (physiognomisch mimisch)
    a. er ist oft
        α. entweder unbedeutend
        β. oder verstellt
    b. deswegen sollte er nur warnend, nie anlokend gebraucht werden.
3. auf den Reden – dahinter ist teils
    a. Heuchelei
        α. absichtliche
        β. angewöhnte – theils
    b. Schwachheit die ihre Grundsäze nicht realisirt

II. Man bestimme das Urteil über einen Menschen nicht nach seinen äußern Verhältnißen (Nathanael that das contra, viele thuns pro.)
1. bloß blendende
    a. verraten eine kriechende Seele, die die Freundschaft bloß als Mittel zum Glanz brauchen will
    b. wenn das auch nicht ist, so sind die Besizer doch oft zur Freundschaft am ungeschiktesten
2. solche die als Mittel zur Vervollkomnung geschäzt werden
    a. oft hat man dabei die nemliche Absicht wie bei 1.a.
    b. sie besizen beweist noch nicht daß man sie genuzt hat. |

III. Man lasse sich nicht durch den Schein des wunderbaren verführen – wie Nathanael hernach tat.
1. dies geschieht zu unserer Zeit häufig in allen Ständen
2. es ist höchst gefährlich – denn
    a. gewöhnlich ist es dabei bloß auf Betrug abgesehen
    b. das Streben nach solchen Dingen bringt uns von dem Wege der Einfalt und Natur ab, auf welchem wir menschliche Glükseligkeit suchen sollen

Schluß. Es drängen sich zwei Bemerkungen auf

47v

---

1. Daß man vorsichtig seyn soll schließt nicht ein daß jedes vorläufige Urtheil nachtheilig seyn soll, sondern nur daß man sich in
Sicherheit sezt wenn das günstige unrecht wäre
2. Unsere Bewegungsgründe zur Anhänglichkeit an Christum müßen
beßer seyn als die der Jünger

LX. Am ersten Weihnachtstag über Luc. 2, 6. 7.

Eingang. Wenn wir die näheren Umstände der Geschichte nicht
schon wüßten, so würden wir sie uns ganz anders vorstellen.
Thema. Betrachtungen über den Stand, in welchem Christus von
Anfang an gelebt hat.
  I. Zu unserer Beruhigung bei einem ähnlichen Schiksal
      1. er konnte zufrieden leben
         a. durch innern Genuß bei nothdürftigem Unterhalt
         b. durch Freundschaft in einem eingezogenen Leben
      2. er konnte sich ausbilden
         a. durch gemeinen Unterricht zur Rechtschaffenheit
            und richtigen Denkungsart
         b. durch Aufmerksamkeit und Verstandesgebrauch zur
            Weltklugheit, andere Wissenschaften sind nicht noth-
            wendig.
  II. Zu unserer Ermunterung im Guten
      1. Das Gute was in einem niedrigen Stande gethan wird
         trägt auch zum Besten der Welt bei
         a. oft kann eine einzelne Handlung viel Unheil stiften,
            und das wird verhütet |
         b. Wir tragen das unsrige bei zu dem beßeren Zustand
            welcher eintreten würde, wenn alle so handelten
      2. Das gute Beispiel welches in einem niedrigen Stande gege-
         ben wird ist nicht verloren
         a. Fast alle großen Muster haben zu dieser Klaße gehört
         b. Eine durchgängig geprüfte Tugend ist zu selten, als
            daß sie nicht Aufmerksamkeit erregen sollte.
Schluß. Christus ist uns gleich geworden in allen Einschränkungen
des Lebens, laßt uns ihm gleich werden in allen menschlichen Vollkommenheiten.

48r

---

6 *Am 25. Dezember 1795 in der Konkordienkirche zu Landsberg an der Warthe*

LXI. Am zweiten Weihnachtstag über Gal. 4, 4.

Eingang. Die Menschen unterscheiden oft nicht diejenigen Begebenheiten die Gott ausdrüklich zum Besten der Menschen herbeiführt
Thema. Woran man die Begebenheiten erkennen kann, die Gott zu
5 besondern Absichten benüzen will
    I. Die Zeit muß erfüllt seyn.
        1. Auslegung im Beispiel
            a. es war eine Denkungsart da die das gute auffassen
               ließ
10   b. Umstände die ihre Verbreitung und Gedeihen si-
               cherten
        2. Anwendung aufs allgemeine
            a. auf religiöse
            b. auf bürgerliche Gegenstände
15   II. Es geht alles auf dem Wege der Natur
        1. Berufung auf das Beispiel
            a. die Geburt Christi
            b. die Entstehung der Kirche
        2. Anwendung aufs allgemeine – Alles gute dessen die
20   Menschen jezt genießen ist ihnen offenbart worden
            a. durch einen Zusammenfluß günstiger Umstände |
            b. durch ausdrüklich darauf angestellte Untersuchungen   *48v*
               Warnung.
  III. Alles bleibt dem Gesez unterthan
25   1. Berufung auf das Beispiel
            a. Christi
            b. aller großen Wolthäter der Menschen (Reformatoren)
        2. Anwendung aufs künftige
Schluß.
30 1. Die Uebereinstimmung dieses Beispiels mit der Erfahrung ist ein
    neuer Beweis, daß die Sendung Christi ein Werk Gottes gewesen
2. Wie Gott im allgemeinen zu Werke geht, so auch im einzelnen.
    Er kann uns also den Genuß der Wolthaten auch auf keinem an-
    dern Wege sichern

---

27 Reformatoren] Reformat.

---

1 *Am 26. Dezember 1795 in der Konkordienkirche zu Landsberg an der Warthe*

LXII. Am Sonnt. nach Weihnachten über Eccles. 2, 11.

Eingang. Das Klagen über das Dahinseyn des vergangenen hilft
nicht, sondern das Benuzen.
Thema. Daß uns das vergangene jezt nicht so erscheint, als damals
da es geschah   5
    I. Das, was uns begegnet ist
        1. Richtigkeit der Sache
           a. das angenehme
               α. die falschen Freuden ganz ⌊nichtig⌋
               β. die wahren bis auf wenige Ausnahmen weit   10
                  schwächer
           b. die unangenehmen
               α. die wahren Leiden gelindert
               β. die eingebildeten lächerlich
        2. das Lehrreiche   15
           Dies müßte uns zur Vernunft zurükbringen, wenn wir
           durch irgend etwas zu stark bewegt werden
    II. Das was wir gethan haben
        1. Wahrheit – das wahre Gute behält seinen Werth aber
           a. vieles was wir für edel hielten erscheint als gleichgül-   20
              tig |
           b. manches Böse was wir durch Trugschlüße rechtfertig-
              ten in seiner wahren Gestalt
        2. Lehre. – Dies mache uns
           a. behutsam im Beifall gegen uns selbst   25
           b. mißtrauisch gegen jedes künstliche moralische Rai-
              sonnement
   III. Der Zusammenhang zwischen beiden
        1. Wahrheit
           a. das Gute   30
               α. schien manchmal vergeblich
               β. jezt sehn wir
                  (1) außer guten Folgen
                  (2) seinen Werth als Uebung
           b. das Böse   35
               α. wir hoften es sollte ungestraft bleiben
               β. jezt sehen wir das Gegentheil
         2. Dies gebe uns

---

38 uns] *folgt* ⟨mehr Mu⟩

---

1 *Am 27. Dezember 1795 in der Konkordienkirche zu Landsberg an der Warthe*

    a. mehr Muth
    b. mehr Ueberzeugung von der göttlichen Nemesis
        α. dem schon gestraften
        β. dem noch nicht gestraften
5 Schluß. Wir haben Ursach alles auf die Zukunft und nicht nur auf
den gegenwärtigen Augenblick zu berechnen; jene giebt immer erst den
rechten Gesichtspunkt an.

                                    mundirt den 15. October 96.

———————— |

---

8 mundirt den 15. October] mund. d. 15. Octob.

1796.

I. Am Neujahrstag über Ps. 90

Eingang. Am Scheidewege zwischen Vergangenheit und Zukunft entstehn mancherlei Empfindungen auch wehmüthiger Art, aber die Klagen über die Vergänglichkeit der Zeit gehören eigentlich nicht dazu

Thema. Woher kommen diese Klagen

    I. Es sind die Klagen sinnlicher und zerstreuter Menschen – Beschreibung

        1. ihre Entstehung

           sie finden den Inhalt der vergangenen Zeit einförmig und leer

        2. Hülfsmittel

           a. versucht es mit dem Handeln – Zeitbenuzung oder

           b. Zeitgenuß beßern – nemlich

               α. Vergnügen die den Geist beschäftigen

               β. Anwendung der dadurch erlangten Kraft in Handlungen

           vielleicht entsteht dadurch beßere Einsicht von dem was dem Menschen geziemt und Gefallen an Thätigkeit, Geselligkeit und Sittlichkeit

    II. Es sind die Klagen schwacher Menschen – Beschreibung

        1. ihre Entstehung

           a. sie haben keinen Weg zurükgelegt

           b. ihr Fortkommen wird ihnen nur immer unwahrscheinlicher

        2. Schäzung

           a. sie sind nichts beßer als die vorigen denn ein unkräftiger Wille ist leerer Schall

           b. sie stehn gefährlich denn die ungenuzte Kraft verliert sich am Ende ganz

        3. Hülfsmittel

           a. statt prahlerischer Entschlüße ein Mistrauen in sich selbst

---

9 Beschreibung] Beschr   14 Zeitbenuzung] Zeitbenzg

---

2 *Am 1. Januar 1796 in der Konkordienkirche zu Landsberg an der Warthe*

b. statt schöner Einbildungen von entfernten Fehlern fangt einen kleinen Krieg mit den wirklichen Versuchungen an.

III. Es sind Klagen frommer und gutdenkender Menschen
    1. ihre Entstehung
        a. je weiter sie kommen, desto ausgeführter wird ihr Ideal von Vollkommenheit und sie verzweifeln es zu erreichen
        b. je mehr sie sich der Menschheit widmen, desto deutlicher sehn sie wie viel ihr noch fehlt, denn sie zweifeln es zu erleben |
    2. Schäzung   *50v*
        a. nur bei guten Menschen
        b. und bei ihnen nur aus dem Bewußtseyn das ihrige nicht versäumt zu haben
    3. Hülfsmittel
        a. man sehe nicht auf das was noch vorne ist, denn das ist Sache der Ewigkeit, sondern auf das zurükgelegte
        b. man bedenke, daß nichts einen Werth hat als was auf den langsamen Wegen der Natur gefunden wird

Schluß.
1. Man kaufe die Zeit aus
2. Gebet

II. Am Sonnt. n. Neujahr über 2. Tim. 3, 17.

Eingang. Gute Entschließungen müssen [jemer] fleißig auf das gerichtet werden was uns am meisten abgeht, man muß aber dabei das ganze nicht aus den Augen verlieren.
Thema. Die Vollkommenheit welche die Religion von uns fodert.
    I. Was gehört dazu
        1. zu allem gut aufgelegt seyn
            a. in allen Verhältnißen das gute ergreifen
            b. sich überall für das gute interessiren. Dies ist die Bürgschaft für die Aufgelegtheit zu dem guten, wozu man keine Gelegenheit hat
        2. zu allem guten geschikt seyn – d. h.
        Sich Kenntniß der Welt und Menschen erwerben, um das gute ausführen zu können

---

21 *Vgl. Eph 5,16*   **23** *Am 3. Januar 1796 in der Konkordienkirche zu Landsberg an der Warthe*

II. Warum kann die Religion nicht weniger verlangen
  1. Wer nicht zu allem Guten aufgelegt ist, bei dem hat auch
    das einzelne Gute keinen Werth
    a. Beweis im allgemeinen
      α. wer eine Liebe zum Guten an sich selbst hat, bei
         dem wird sie auch in allen Collisionen thätig seyn
      β. wo also das Gute nur in einigen Fällen bewirkt
         wird, da ist es nicht um sein selbst willen geübt
         worden, sondern nur weil es zugleich einer herr-
         schenden Neigung gemäß war
    b. Beweis aus Beispielen
      α. im allgemeinen − es zeigen sich dem andern mit
         dem vermeinten Guten aus einer Quelle kom-
         mende Schwächen
      β. in einzelnen Fällen
         (1) Gefälligkeit aus Weichherzigkeit ist verbun-
             den mit einer charakterlosen Schwäche
         (2) Gerechtigkeitsliebe aus Liebe zur Sorglosig-
             keit ist verbunden mit Härte |
  2. Wer sich nicht zu allem guten geschikt zu machen sucht,
    der ist
    a. in keinem ganz sattelfest
      α. weil sich auch bei denen Pflichten die ihm am
         leichtesten sind bisweilen in der Ausübung
         Schwierigkeiten finden können
      β. weil er zu manchem die Gelegenheit gar nicht
         wahrnehmen wird
    b. im Guten Wollen noch nicht vollkommen
      α. weil nichts dazu gehört, als was jeder Mensch
         durch Aufmerksamkeit und Erfahrungen lernen
         kann, so fehlt es noch immer an Eifer in dem
         Guten was er will
      β. weil es ihm an dem Bestreben fehlt alle Fähigkei-
         ten seines Gemüths anzubauen, denn alsdann
         würde diese Geschiklichkeit von selbst da seyn
Schluß. Laßt uns also auf alle Seiten unsere Aufmerksamkeit wenden, dann werden wir uns dem Ziel nähern vollkommen zu seyn wie
unser Vater im Himmel vollkommen ist.

51r

---

2 Guten] Guten guten   5 bei] *über der Zeile*   6 dem] *korr. aus der*   22 in]
korr. aus zu   37 wir] w *korr. aus Unleserlichem*

37–38 *Vgl. Mt 5,48*

III. Am 1. Sonnt. n. Epiphanias über Röm. 12, 12.

Eingang. Das schwankende Urtheil der meisten Menschen über unser Loos auf Erden kommt daher, weil sie weder das günstige noch ungünstige aus dem rechten Gesichtspunkt ansehn

5 Thema. Regeln für unsre Gesinnungen bei den verschiedenen Vorfällen des Lebens um jenen Fehler zu vermeiden

    I.   Regel im Glük: sei frölich in Hofnung

        1. sei frölich

            a. benuze alle unschuldigen Freudenquellen

10   b. gestehe daß das Leben wirklich Güter enthält

        2. denke dabei an die Zukunft in Hofnung

            a. nicht

                α. in traurigem Wahn als ob nun das Gegentheil erfolgen würde

                    dieser stimt die Seele gleich zum Trübsinn

15   β. noch in überspannter Einbildung daß es imer so fortgehn würde

                    denn Gewißheit ist nicht Hofnung

            b. sondern

20   α. in richtig gedachter Hofnung

                    (1) daß zwar Abwechslung bevorstehe

                    (2) daß aber doch die Quelle der gegenwärtigen Freuden nicht ganz verschloßen sei.

               β. in wolgegründeter Hofnung, nemlich

25   (1) auf unsere Schuldlosigkeit

                    (2) auf unsere Thätigkeit |

        3. Folgen. So wird man   *51v*

            a. theils die Erinnerung dieser Freuden noch in Zukunft zur Linderung hervorrufen,

30   b. theils nicht die wahre Beschaffenheit des Lebens übersehen

    II. Regel im Unglük: Sei geduldig in Trübsal

        1. Inhalt

            a. nicht kraftloses Brüten, sondern

35   b. ein gleichmüthiger Widerstand

        2. Folgen

            a. er erleichtert uns das Auffinden unterbrechender Freuden

---

1 *Am 10. Januar 1796 in der Konkordienkirche zu Landsberg an der Warthe*

     b. er bewahrt vor Trübsinn weil er auf einen bessern
       Zeitpunkt hofft
III. Allgemeine Regel: Haltet an am Gebet
  1. Inhalt
     a. physische Betrachtung Gottes
     b. moralisches Andenken an ihn
  2. Folgen
     a. wir lernen daß es Freuden giebt die von den Ab-
       wechslungen des Lebens nicht abhängen
     b. wir sehen ein daß auch widrige Begebenheiten sowol
       als freudige einen höhern Endzwek haben.
Schluß. Wir werden so vor der allzu großen Beweglichkeit [be-
wahrt], aber auch vor der entgegengesezten Stumpfheit.

IV. Am Vorbereitungstage über 1. Cor. 12,

Eingang. Alles Gute erhält seinen Werth nur durch die Gesinnung;
viel mehr noch dasjenige was gar keine äußere Wirkung oder Beziehung hat wie z. E. die Religionsübungen.
Thema. Von den noch jezt über das Abendmahl bei vielen vorwal-
tenden Mißbräuchen
  I. Der Wahn der Verdienstlichkeit
    1. Auseinandersezung der Idee
    2. Ihre moralische und christliche Unmöglichkeit
    3. Warnung dafür
 II. Daß man nur theilnimt um nicht für einen Unchristen zu
    gelten
    1. man findet dies bei irreligiösen – sie verdammen sich
      aber selbst dadurch |
52r   2. bei religiösen
      a. weil sie nicht von dem rechten Standpunkt ausgehn
      b. weil sie die menschliche Seele nicht in der Art ken-
        nen daß

12–13 [bewahrt]] *korr. aus Unleserlichem*   26 verdammen] verdam.   30–31 ken-
nen] ken

---

14 *Am 16. Januar 1796 in der Konkordienkirche zu Landsberg an der Warthe; die
Verszahl fehlt; die Vorbereitungspredigt knüpft vielleicht an 1Kor 12,27 an, doch
könnte auch eine falsche Kapitelangabe vorliegen.*

α. das gemeinschaftliche den Entschluß stärkt
β. das öffentliche Bekentniß ein neuer Sporn für den
    Eifer ist
Schluß. So gebraucht wird es uns nie unnüz seyn.

V. Am 2. Sonnt. nach Epiph. über Röm. 12, 7.

Eingang. Der gerechte Wunsch nach Freiheit wird oft zum Vorwand
genommen um uns von allem Vorgeschriebenen loszusagen, und doch
ist das vorgeschriebene Gute das vornehmste.
Thema. Betrachtungen über die im Text enthaltene Lehre
I.   Ueber den Inhalt
    1. Jeder hat ein Amt
        a. im häuslichen Leben
        b. in der bürgerlichen Gesellschaft, auch der Arbeiter
    2. Was es heißt seines Amtes warten
        a. nicht
            α. bloß grobe Versehen vermeiden
            β. und im übrigen dem Schlendrian folgen
        b. sondern
            α. jedem einzelnen Geschäft die treuste Aufmerk-
               samkeit widmen
            β. sich die Verbesserung und Vervollkomnung des
               ganzen Ganges angelegen seyn laßen
II. Ueber die Wichtigkeit desselben für alle
    1. für die Zufriedenheit
        a. unmittelbar – wenn
            α. jeder üblen Handlung auch übles folgt
            β. wieviel muß nicht denen folgen, die so oft wie-
               derholt werden
        b. mittelbar
            α. wenn wir auch bei andern Fehlern dem Tadel an-
               derer ausgesezt sind
            β. wieviel mehr bei denen, die ein Jeder genau be-
               urtheilen kann

---

14 warten] *vgl. Adelung: Wörterbuch 5,73*

---

5 *Am 17. Januar 1796 in der Konkordienkirche zu Landsberg an der Warthe*

        2. für die Zunahme im Guten
            a. um uns selbst zu überzeugen
                α. andere Handlungen können schwerlich von mo-
                    ralischen Bewegungsquellen herrühren
                β. wenn diese nicht auf diejenigen wirken die so ge-   5
                    nau bestimmt sind |
52v   b. um Fortschritte zu machen
                α. alle guten Eigenschaften werden wir durch Ue-
                    bung erwerben
                β. wir müßen alle unsre Versuche da machen wo   10
                    wir die meisten Uebungen haben
Schluß. Diese Betrachtung ist auch für die Theilnehmer des Abendmahls passend; sie wißen nun wie sie es anfangen müßen um ihre
Entschließungen ins Werk zu sezen.

<hr />

                VI. Am Sonntag Septuag. über Röm. 12, 16.   15

Eingang. Man will nicht nur an äußerm Glanz die Vorzeit übertref-
fen, sondern jeder Stand will es auch dem gleich thun der über ihm ist
Thema. Warnung der Religion vor der Liebe zum Aufwand
Anm. Vorher auseinandergesezt daß es nichts anderes heißen kann
        I. Warum wir gewarnt werden   20
            1. Der Zwek irdischer Güter wird verfehlt
                a. der Zwek der Gemeinnüzigkeit
                    denn man glaubt imer noch selbst bedürftig zu seyn
                b. der Zwek der Bildung
                c. der Zwek der Bequemlichkeit   25
                    α. wenn man sich hier einschränkt um dort zu ver-
                        thun
                    β. wenn man sich scheuen muß dasjenige zu ge-
                        brauchen was man hat
                    γ. wenn man den Ton gewaltsam heraufspannt   30
            2. Das richtige Gefühl menschlicher Würde geht verloren.

<hr />

4 Bewegungsquellen] Bewegungsqu.   14 Entschließungen] Entschließⁿ   15 Sonntag Septuag.] *geändert aus* dritten Sonntag nach Epiph.   22 Gemeinnüzigkeit] Gemei-
nüzigkeit

<hr />

15 *Am 24. Januar 1796 in der Konkordienkirche zu Landsberg an der Warthe*

a. Der Beifall der Welt macht uns immer mehr geneigt uns nach ihrer Meinung zu richten, denn die Liebe zum Aufwand wird durch Eitelkeit erzeugt und nährt auch wieder die Eitelkeit

b. die Welt richtet aber ihre Aufmerksamkeit zu wenig auf das, was den wahren Werth des Menschen ausmacht, und unser eignes Urtheil wird hintangesezt

3. Gefahr der Unsittlichkeit tritt ein

   a. wo alles mit Gelde berechnet wird werden Pflichten nur als Mittel zum Gewinnst geliebt und das wahre Gefühl für dieselben geht verloren

   b. insbesondere

      α. die häuslichen Pflichten werden

         (1) um desto eher verlezt weil man auf die Früchte derselben keinen Werth legt

         (2) desto leichtsiniger weil sie kein Gegenstand der Aufmerksamkeit für die Welt sind |

      β. die gesellschaftlichen Pflichten   *53r*

         (1) Leichtsinn in allen den Verhältnißen die zum Glanz nichts beitragen[,] Ungerechtigkeit gegen Untergeordnete, gegen Arbeiter

         (2) Nachläßigkeit und Schwindelei um zu gewinnen, und wenn der unredliche Sinn Wurzel geschlagen hat die schlechteste Ungerechtigkeit wenn man hoft unentdekt zu bleiben

II. Was für ein Hülfsmittel verordnet wird: Haltet euch zu den niedrigen d. h.

1. Sehet auf sie um von ihnen zu lernen

   a. wie leicht sich manche Dinge entbehren laßen

   b. was für ein eignes Glük Genügsamkeit und einfache Lebensart gewähren

2. Scheut euch nicht wenn die Welt euch ihnen gleich sezt, denn

   a. wenn alle Stände vorschreiten muß der, welcher stehn bleibt[,] nothwendig unter eine niedrigere Klaße gerathen

   b. um vom Strom nicht mit fortgerissen zu werden, muß man eine entgegengesezte Richtung nehmen.

S c h l u ß . Man zeige der Welt daß es eine andere Ehre giebt. Dadurch wird man andern die schon Sklaven des Beispiels sind Muth machen.

---

10 Gewinnst] *vgl. Adelung: Wörterbuch 2,661–662*   **24–25** Ungerechtigkeit] *folgt* ⟨um nur⟩   **39** Ehre] *folgt* ⟨macht⟩

Und es wird einem Uebel entgegengearbeitet welches in diesem Zeitalter so viel Nahrung findet.

VII. Am Sonnt. Sexages. über Luc. 8, 7 u. 14.

Eingang. Der Dienst Gottes und der Welt sind einander entgegengesezt, insofern wenigstens, daß man nothwendig eins dem andern un- 5
terordnen muß
Thema. Die Gefahr welche die Anhänglichkeit an Dinge dieser Welt
dem Gedeihen des Guten entgegensezt.
    I. Die Sorgen der Welt
        1. erzeugen Unkraut   10
            a. Begehrlichkeit
            b. Neid
            c. eingeschränkte selbstsüchtige Denkungsart
        2. erstiken guten Saamen
            a. den Geist der Nächstenliebe   15
                α. weil man zu sehr auf sich sieht um Acht zu geben
                β. weil man sich zu arm glaubt um zu helfen
            b. den Gemeingeist |

53v   3. Hülfe
            a. für die schrekhafte Einbildungskraft   20
                durch Betrachtung der Wege und Werke Gottes –
                sehet die Lilien auf dem Felde
            b. der Sucht nach Reichthum
                α. durch die Regel: es ist ein großer Gewinn wer
                    gottselig ist und läßt sich genügen   25
                β. durch Betrachtung wie sehr Reichthum auf die
                    Art auf Unkosten der Heiterkeit des Gemüths er-
                    worben wird
    II. Der Reichthum
        1. erzeugt Unkraut   30
            a. bei schlechten Menschen

----

2 findet] *korr. aus Unleserlichem*   3 Sonnt. Sexages.] *geändert aus* vierten Sonnt.
nach Epiph.   3 14.] 13.   5–6 unterordnen] o *aus* g   25 sich] ihm

----

3 *Am 31. Januar 1796 in der Konkordienkirche zu Landsberg an der Warthe*   **22** *Mt*
6,28   **24–25** *Vgl. 1Tim 6,6*

α. den Glauben daß man Gott durch gute Werke
ohne gute Gesinnungen [versöhnen] kann –
durch Mißbrauch der Religion

β. den Stolz der sich beßer glaubt als andere –
durch Schmeicheley

b. bei weniger verdorbenen

α. eine Ueberschäzung der geistigen Vortheile die
der Reichthum gewährt

β. und daher eine weichliche Nachsicht gegen eigene Fehler

2. erstikt guten Samen

a. die innere Ueberzeugung daß vor Gott nur ein reines
Herz gilt

b. das Gefühl der Gleichheit

3. Hülfe

a. die Erfahrung daß Glük und Würde nicht an Reichthum gebunden sind

α. aus der Bemerkung guter Handlungen in niedern Ständen

β. aus der Erfahrung wie [unwürdig] Menschen sind
die Bildung aber keinen Charakter haben wenn
ihr Reichthum sie verläßt

b. die Ueberzeugung daß der Reichthum unsere Pflicht
und Verantwortlichkeit vermehrt

aus der Bemerkung des Urtheils welches wir selbst
über den Mißbrauch Anderer fällen

III. Die Wollüste

1. erzeugen Unkraut

a. Gedankenlosigkeit

weil man an einen beständigen Wechsel gewöhnt ist

b. Schwäche des Willens

weil man immer nur genießen und empfangen will

2. erstiken guten Saamen

a. die Früchte allein Rührung und gute Anwandlung
sie vergehn in den gewohnten Zerstreuungen

b. die Unterstüzung die man vom Gedenken an die Zukunft hat.

3. Hülfe

a. in der Erinnerung an die Folgen eines solchen Lebens
geistige und weltliche

b. in dem Gedenken an das Ende

---

33 erstiken] erstikt   36 Unterstüzung] Unterstüz.

Schluß. Es steht in unserer Gewalt zum guten Acker zu gehören, das
natürliche Gefühl ist ein sicher Leitstern auf der Fahrt des Lebens
und wenn wir es durch Folgsamkeit nähren bringt es sicher gute
Früchte

————— |

54r   VIII. Am Sonntag Quinquag. über Röm. 12, 11.   5

Eingang. Viele Menschen sind nicht sowol mit der Welt als mit ihrer
Lage darin unzufrieden, und suchen das noch dazu mit Religion zu
beschönigen[,] diese schreibt uns aber ganz anderes vor.
Thema. Von der Fertigkeit sich in die Umstände zu schiken – die
Vorschrift des Textes enthält die Regeln   10
    I.   Unsere Wünsche nach den Umständen zu richten
        1. nach den allgemeinen Umständen der Welt
           a. wir sollen keine Vollkommenheit der Gesellschaft er-
              warten denn das unvollkommene darin ist zu unserer
              Uebung nöthig   15
           b. keinen moralisch regelmäßigen Gang
              denn diese Unregelmäßigkeit ist zu unserer Prüfung
              nöthig
           wer sich also in beides findet hat mehr Lust zum Guten
        2. nach unsern besondern Umständen   20
           a. Inhalt
              α. der Qualitaet nach
              β. der Quantitaet nach
           b. Grund
              α. wer das Gute seines Verhältnißes nicht benuzt 25
              der ist ungeschikt
              β. wem immer nur das als gut erscheint, was er
              nicht hat, der kann nie glüklich werden
   II. Unsere Entschließungen und Bestrebungen
        1. in Absicht zu erfüllender Pflichten   30
           a. man liebe diejenigen die man auf sich hat
           b. man erfülle die welche der Augenblik fodert
           Wer das immer für das schwerste hält was er über sich
           hat, dem fehlt es an wahrer Lust

---

5 *Am 7. Februar 1796 in der Konkordienkirche zu Landsberg an der Warthe*

2. in Absicht auf zu erwerbende Vollkommenheiten
   a. man lege sich auf die, welche durch die Umstände
      begünstigt werden
   b. man halte nicht das für Vollkommenheit was schön
      klingt, sondern das was in einem gegebenen Verhält-
      niß die Erfüllung unserer Pflichten erleichtert.
   Wer immer das seyn möchte was er nicht zu seyn braucht,
   bei dem hat sein vergebliches Streben nach Vollkommenheit keinen moralischen Grund.

III. Unser Betragen gegen die Menschen
   1. in Absicht auf ihr innerliches – Klugheit
      a. nicht alle als gut
      b. nicht alle als freundschaftlich
   Wer alle Menschen offen und zutraulich behandeln will,
   dem fehlt es daran, daß er zu träge ist um klüger zu seyn |
   2. in Absicht auf ihr äußerliches – Schiklichkeit   *54v*
      Nicht alle gleich behandeln
      a. in Absicht der Maximen
      b. in Absicht des nähern Zutritts
   Wer in seinem Leben nicht eine gewiße Uebereinstimmung des Aeußern mit dem Innern zu behaupten weiß,
   dem fehlt es an Sinn fürs Schöne und Anständige

Schluß. Diese Regel fodert uns also in allen Fällen zu einer größeren
moralischen Thätigkeit auf, und wer da nicht träge ist in dem was er
thun soll, der wird immer Ursach finden zufrieden zu seyn.

IX. Am Sonnt. Invocavit über Luc. 18, 31 sqs.

Eingang.
Thema. Von der Herzhaftigkeit, womit man unvermeidlichem Uebel
entgegengehn muß.

I. Worauf sie beruht.
   1. auf einer gewißen Kenntniß
      a. der Welt
         daß sich immer erleichternde Umstände finden
         werden

---

26 *Am 14. Februar 1796 in der Konkordienkirche zu Landsberg an der Warthe über*
Lk 18,31–34

b. der Seele
daß sich erheiternde Empfindungen hervorrufen
laßen
2. auf einer Anhänglichkeit an eine gewiße Sache
   a. Beweis
     α. man leidet imer für etwas
     β. dies muß uns also werth seyn, wenn wir es der
      Mühe werth halten sollen dem unangenehmen
      zu trozen
   b. Einschränkung
     α. es muß mit unserer Idee von der Menschheit nä-
      her verbunden seyn als das Gute was wir ent-
      behren
     β. daran liegt es wenn so viele von einer Sache ein-
      genomen sind und doch nichts um ihretwillen lei-
      den wollen
II. Was sie nuzt.
  1. wir lernen unsere Pflichten richtiger beurtheilen
   wenn man von Furcht eingenomen ist besticht das Herz
   den Verstand. |
  2. wir lernen die besten Mittel gegen das Uebel ergreifen
   dazu gehört eine Kaltblütigkeit die nur der herzhafte hat.
  3. wir entgehn mancher Versuchung
   denn die Menschen wagen sich nicht an einen festen Charakter
  4. wir erwerben der Wahrheit Anfang
   denn diese Herzhaftigkeit macht nur alsdann Eindruk
   wenn der Gegenstand derselben sich allen Menschen von
   selbst empfiehlt – den schwärmerischen Märtyrer be-
   mitleidet man.
Schluß. Möchte das Beispiel Jesu Christi diesen Eindruk auf uns
alle machen

55r

X. Am Sonnt. Reminisc. über Matth. 26, 39 sqs.

Eingang. Aus der Leidensgeschichte Jesu sehn wir die Kraft der Religion und besonders des Gebetes.

---

14 daran] *korr. aus Unleserlichem*   27 Herzhaftigkeit] *davor* ⟨Wahrheit⟩

33 *Am 21. Februar 1796 in der Konkordienkirche zu Landsberg an der Warthe über
Mt 26,39–46; vgl. Predigten. Erste Sammlung, Nr. 2 (KGA III/1)*

Thema. Der Nuzen des Gebets bei wichtigern Vorfällen des Lebens
I. Wie es beschaffen seyn muß – man muß es verrichten
   1. nicht
      a. um eine Veränderung hervorzubringcn. Dics ist
         α. unmöglich – und
         β. der Glaube daran hindert den wahren Nuzen des
            Gebets – weil
            (1) wir uns dann nur mit äußern Dingen be-
               schäftigen, und
            (2) unsere Denkungsart schon im voraus billigen
      b. als Dienst der Gott geleistet wird
         wenn wir uns Gott als willkührlich fodernd und herr-
         schend denken, so kann die Erinerung an ihn auf un-
         sere Gesinnungen keinen Einfluß haben
      c. als Hingebung an verworrene dunkle Gefühle
         α. diese haben gewöhnlich nur einen sinnlichen Ur-
            sprung
         β. was mit unsern gegenwärtigen Angelegenheiten
            in keiner nähern Verbindung steht, kann auch
            unsere Gesinnungen in Rüksicht auf sie nicht be-
            richtigen
   2. sondern
      a. als vernünftiges Nachdenken über die Eigenschaften
         und Absichten Gottes um unser Augenmerk zu erwei-
         tern und zu erhöhen |
      b. um unsere Gedanken und Absichten dagegen zu hal-   *55v*
         ten und zu läutern
II. Was es nuzt
   1. es stärkt die Beharrlichkeit beim Gesez – denn
      a. es ist nothwendig – wenn Gott Gesezgeber ist
      b. es ist ehrenvoll – wenn er Richter ist
      c. es ist angenehm – weil wir uns dadurch als seine
         Mitwirker denken.
   2. die Ergebung ins Unangenehme – sie ist
      a. nothwendig – in wie fern wir Gott als den allgemei-
         nen Versorger denken
      b. heilsam – in sofern alles auch zu unserm eignen Be-
         sten gereichen soll
   3. die Hofnung auf die Zukunft – sie wird als beßer gedacht
      a. weil Gott auch Absichten haben muß zu denen ange-
         nehme Begebenheiten Mittel sind

---

3 nicht] *korr. aus Unleserlichem*   39 als] *über der Zeile mit Einfügungszeichen*

   b. weil die hohe Freude, die wir in dem Andenken an
       ihn finden[,] uns dafür bürgt, daß diese Selbstzufrie-
       denheit und das Bewußtseyn seines Beifalls uns über
       das Schiksal erhebt.

Schluß. Wenn wir diese Kraft erfahren wird es uns an Freudigkeit   5
des Geistes nie fehlen.

XI. Am Sonnt. Oculi über Matth. 26, 50 sqs.

Eingang. Religion gebietet Verzeihung, Geseze das Nachsuchen ih-
rer Hülfe, beides überhört die Neigung zur Gewaltthätigkeit
Thema. Ueber die gewaltsame Selbstrache.   10
   I. Das Unrechte
       1. der Handlung selbst
           a. man verhindert die beßere Erkentniß, welche beför-
               dert wird
               α. auf dem Weg des Guten   15
               β. auf dem Weg des Rechts
           b. man beleidigt die Würde des Menschen
           c. man veranlaßt einen Zustand des Krieges |

56r   2. der Neigung – denn sie ⌊gründet⌋ sich
           a. in Leidenschaft   20
           b. in der Furcht man werde vor der Obrigkeit nicht
               Recht erhalten
           c. in dem Gedanken sie werde sich der Sache nicht an-
               nehmen – dies ist
               α. entweder leere Mißtreue   25
               β. oder wahr – dann müßen wir auf andere Weise
                   strafen
   II. Das schädliche – man schadet
       1. der Gesellschaft, indem man
           a. den Gesezen die schuldige Achtung versagt   30
           b. andere zur Nachfolge reizt.
       2. dem leidenden indem man
           a. gewöhnlich mehr böses thut als man wollte
           b. ihn den Vorurtheilen der Menschen Preis giebt
       3. sich selbst   35

---

7 *Am 28. Februar 1796 in der Konkordienkirche zu Landsberg an der Warthe über*
Mt 26,50–52

a. durch die Handlung
    α. man komt durchs Schwerdt um
    β. man scheucht die Vernünftigen von sich
b. durch dic Ncigung
    α. sie ist immer mit einer gewißen Rohheit ver-
    bunden
    β. man gewöhnt sich die Gewalt mehr zu ⌊scheuen⌋
    als das Recht
Schluß. Wir müßen unsere Leidenschaften der Ordnung opfern um
gute Bürger zu seyn und unsre Selbstsucht dem Gemeinbesten und
dem Gewissen um gute Christen zu seyn

—

XII. Am Sonnt. Laetare über Matth. 26, 69–73.

Eingang. Wir sind auch als Zuschauer auf der Welt, und sollen also
um uns sehn, aber es geschieht oft auf eine ganz unrechte Art
Thema. Von der fehlerhaften Aufmerksamkeit auf die Angelegenheiten Anderer
  I. Betrachtung der gewöhnlichen Fehler
    1. im allgemeinen
      Statt aus demjenigen zu lernen was zu Ende ist und |
      offenbar am Tage liegt, kundschaftet man das aus, was   *56v*
      erst geschieht und worüber noch nicht geurtheilt wer-
      den kann.
    2. insbesondere
      a. Beschreibung
        α. man drängt sich in das Vertrauen der Theilha-
        benden
          (1) ohne Unterschied der Person
          (2) ohne Unterschied der Mittel
        β. man sucht Gehülfen
          (1) die Ausforschenden durch Anstekung
          (2) die ⌊Mitwissenden⌋ – Kinder, Gesinde –
          durch Bestechung
        γ. man macht Resultate aus Muthmaßungen

---

10 dem Gemeinbesten] *geändert aus* der Geselligkeit   29 Gehülfen] *vgl. Adelung:*
Wörterbuch 2,501   30 Anstekung] *vgl. Adelung: Wörterbuch 1,342*

12 *Am 6. März 1796 in der Konkordienkirche zu Landsberg an der Warthe*

b. Schaden
   α. der ohnehin schwache Glaube an Freundschaft
      wird ganz erstikt, wenn der Schein davon sogar
      zur Befriedigung der Neugierde angenomen wird.
   β. die Nothwendigkeit der Verstellung wird ver-
      mehrt. Aufrichtigkeit kann nur gedeihen wo Be-
      scheidenheit stattfindet.
   γ. man ⌊verwundet⌋ die Gequälten sowol
      (1) wenn sie etwas sagen, als
      (2) wenn sie nichts sagen
   δ. Lebensglük und beabsichtigtes Gute wird gehin-
      dert denn beides gedeiht nur in der Stille

II. Die Quellen derselben
  1. Bosheit bisweilen – man sucht Stoff
    a. zum Spott
    b. zur Verläumdung
  2. Müßiggang öfter – man glaubt thätig zu seyn indem
    man anderer Thaten beurtheilt
    a. Beweis – sie findet sich am meisten
      α. bei wollebenden
      β. bei Geschäften die das Gemüth leer laßen |
    b. beßerer Rath
  3. Eitelkeit – man will sich das Ansehn geben gewußt und
    mitgeholfen zu haben – Aber
    a. zu diesem Endzwek ist es ein schlechtes Mittel, die Welt
      weiß schon was sie von solcher Weisheit zu halten hat.
    b. beßerer Rath ist wenn wir unsere Klugheit in unsern
      eignen Angelegenheiten beweisen, dann werden wir
      schon von selbst geschäzt und zu Rath gezogen

Schluß. Diese thörigte Neugierde hat traurige Folgen und schlechte
Quellen, die richtige Aufmerksamkeit auf andere trägt mancherlei
Früchte der Weisheit und Tugend.

XIII. Am Sonnt. Judica über Matth. 27, 3 sqs.

Eingang. Auf den Zustand der Seele den das Böse am Ende nach
sich zieht muß man acht geben.

---

4 wird.] hat.   6 Aufrichtigkeit] *korr. aus Unleserlichem*   8 ⌊verwundet⌋] *korr. aus*
Unleserlichem

33 *Am 13. März 1796 in der Konkordienkirche zu Landsberg an der Warthe über*
Mt 27,3–5

Thema. Das doppelte Ziel wohin das Böse führt
I. Verzweiflung – Erklärung
   1. man verzweifelt die Ruhe zu finden – durch böse Handlungcn
      a. absichtlich – Judas
         α. beim Genuß
         β. beim [Verfehlen]
      b. Leidenschaftlich – Kain
         α. bei Vergnügen
         β. bei Betrachtung
   2. man verzweifelt die Beßerung zu finden – bei bösen Gewohnheiten
      a. der Unmäßigkeit
         α. nach dem Genuß
         β. bei der Erinnerung an vernichtete Entschlüße
      b. der Trägheit
         α. bei Betrachtung der vergangenen Zeit
         β. beim Gefühl abnehmender Kräfte |
II. Verstokung – sie trift   *57v*
   1. den Heuchler
      a. weil er des moralischen Gefühls spottet
      b. weil er sich am Ende beredet der Werth der Tugend bestehe nur im äußern – die Priester
   2. den Eigennüzigen
      a. weil er sich beredet Recht sei ein erdichteter Begrif
      b. weil er glaubt es gebe keine sittliche Empfindung
Schluß. Beide Enden nehmen einen sehr gewöhnlichen Anfang, und wir müßen also beständig auf unserer Hut seyn.

XIV. Am Sonnt. Palmar. über Matth. 26, 75.

Eingang. Für Glükseligkeit und Wolstand liegt ein großer Werth in Kleinigkeiten, eben so für die Beßerung.
Thema. Ueber die Kunst Kleinigkeiten zur Beßerung zu benuzen.
   I. Die Wichtigkeit
      1. sie ist oft die einzige Zuflucht

---

21 des] *korr. aus Unleserlichem*

29 *Am 20. März 1796 in der Konkordienkirche zu Landsberg an der Warthe*

a. Die Freundschaft
α. hat man selten
β. unterrichtet man auch nicht immer
b. Das willkührliche Nachdenken
α. komt nicht vor im leidenschaftlichen Zustande
β. wird verdrängt von Künsteleien
2. immer ein schäzbarer Zuwachs
wer immer große Hülfsmittel will, ist oft im bloßen
a. nicht sowol bei wichtigen Gelegenheiten –
b. als vielmehr bei täglichen Vorfällen
II. Die Art wie sie geübt wird
1. durch selbstgewählte Kleinigkeiten
a. Beispiele
α. Uhr – in der Trägheit
β. [Sterbegloke] – in der Zerstreuung
γ. Naturschönheit – im Mißmuth |
b. Theorie – es gehört dazu
α. Aufmerksamkeit in ruhigen Zeiten
β. Betrachtung mit moralischen Augen
2. durch sich aufdrängende Kleinigkeiten
a. Beschreibung
α. Beispiel – Regel
β. Warnung an uns
γ. Sprüche überhaupt
b. Theorie
α. nicht nur Aufbewahrung – sondern
β. mit Anwendung auf sich selbst überlegt
Schluß. Da wir der Gefahren genug haben, müßen wir auch alle Hülfsmittel zusammennehmen.

———

XV. Am Charfreitag über Joh. 19, 30.

Eingang. Die verschiedenen Arten den Tod Jesu zu betrachten. Das erhabene daran verdient Bewunderung und Nachdenken
Thema. Das Zeugniß welches sich Jesus selbst gab. Der Sinn deßelben durch Gleichniß erklärt
I. Was dazu gehört um sich das sagen zu können

———

30 *Am 25. März 1796 in der Konkordienkirche zu Landsberg an der Warthe*

  1. es ist etwas zu vollbringen – Jedes MenschenLeben hat
     a. ein Werk in sich – Selbstbildung
     b. einen Zwek außer sich – Mitwirkung zum göttli-
        chen Plan
  2. wann man sich das Zeugniß geben kann, wird gezeigt
     a. an Christo – er benuzte
        α. zu dem Werk alle seine Zeit und Lagen
        β. zu dem Zwek alle Verhältniße mit andern, wo er
           (1) entweder in ihr Leben durch Wolthaten
           (2) oder in ihre Seele durch Lehre eingreifen
               konnte
     b. an uns – wir haben
        α. die Idee
           (1) zum Werk
           (2) zum Zwek |
        β. die Mittel   *58v*
           (1) zum Werk durch abwechselnde Schiksale
           (2) zum Zwek durch gesellige Verhältniße
     c. durch Gegensaz
        α. die Zerstreuten – haben kein Werk vollendet
        β. die Weltgeschäfte – haben keinen Zwek erreicht
           denn es wird alles zu andern Absichten ⌊über-
           reicht⌋

II. Von was für Gedanken ist dies Zeugniß begleitet.
    Anm. Der Gemüthszustand der lezten Stunde ist immer
    wichtig, denn jeder hat eine lezte Stunde der Besinnung
  1. über sich selbst – Erinnerungen
     a. über die Beschaffenheit der Seele – sie enthalten
        α. keine unangenehme Störung
           (1) weder durch positive – Laster
           (2) noch durch negative Verschuldung – Män-
               gel
        β. viel Genuß
           (1) in der Uebersicht deßen was da ist
           (2) in der Geschichte seiner Entstehung
     b. über die Handlungen, enthalten
        α. keine beunruhigenden Vorwürfe
           (1) über Ungerechtigkeit
           (2) über Unthätigkeit
        β. Viel Zufriedenheit

---

2 Selbstbildung] *korr. aus Unleserlichem*   17 abwechselnde] abwechs.   **31–**
32 Mängel] *über* ⟨Saumseligkeit und Schuld in der Zeit⟩

(1) mit den Spuren derselben
(2) mit ihren Triebfedern.
  2. über die Welt
    a. Zufriedenheit
      α. mit ihren Einrichtungen
      β. mit besondern Schiksalen – durch die gute Er-
        folge hervorgebracht.
    b. Antheil
      α. an den Anstalten die uns genuzt haben
      β. an dem Gedeihen derselben überhaupt
Schluß. Ein solches Ende ist beneidenswerth – Wir wollen es uns
auch zu verschaffen suchen.

—————— |

XVI. Am ersten Osterfeiertag über Marc. 16.

Eingang. Wir können bei der Auferstehung Jesu nicht das nemliche
empfinden als die Jünger. Auf die Christen unserer Zeit macht sie
nach ihrem System einen sehr mannigfaltigen Eindruk
Thema. Prüfung des Glaubens an die Auferstehung Jesu
  I. Was wir davon zu halten haben
    1. Die Jünger haben Christus wiedergesehen – dies beweist
      a. ihr Zeugniß, welches
        α. hinreichend
        β. unverdächtig ist – wegen
          (1) kleiner Widersprüche
          (2) vieler detaillirten Züge
      b. die Folgen, welche sie lieber sich selbst zugeschrieben
        haben würden
    2. Es ist eine für uns sehr wichtige Begebenheit
      a. als Mittel deßen sich Gott bediente um das stokende
        Werk wieder in Gang zu bringen
      b. als bestes und einziges Mittel – denn
        α. eignes Nachdenken hätte sie nie dahin gebracht
          besonders da sie sich schon zerstreuen wollten
        β. fremde Belehrung hätten sie nicht angenomen

---

6 besondern] bes.

—————

13 *Am 27. März 1796 in der Konkordienkirche zu Landsberg an der Warthe*

II. Was wir bei diesem Glauben vermeiden müßen
   1. Wir müßen der Sache keine andern Absichten unterlegen. Die Auferstehung Jesu ist
      a. weder ein Beweis von seiner göttlichen Sendung
         α. Christus wollte nicht um Wunder und Zeichen Glauben
         β. das Wolgefallen Gottes an seinem Unternehmen ist für sich klar
      b. noch ein Beweis für unsere Unsterblichkeit.
         α. Wir haben beßere Gründe
         β. Daß das Gemüth wenn es wieder mit dem nemlichen Körper vereinigt wird noch thätig sein kann beweist nichts für andere Umstände, so wenig als Lazarus. |
      c. noch ein Beweis für unsere Auferstehung
         α. Christus einen noch unverwesten alten Leib – wir einen neuen
         β. Christus zu irdischem Behuf auf alte Weise – wir zum neuen Leben
   2. Daß wir nicht die Erklärung der Art und Weise für eben so wichtig halten als die Sache selbst
      a. ehemals Streitigkeiten über den Auferweker
      b. jezt über die Auferwekung
         α. ob er todt gewesen oder nicht
            (1) wir wißen nicht was todt ist
            (2) es wäre eben so wunderbar
         β. ob es nur Schein gewesen

Schluß. Wir wollen uns vereinigen zum Dank gegen Gott für diese wunderbare Beförderung des Werkes Jesu.

XVII. Am zweiten Ostertag über Joh. 20, 1–10.

Eingang. Die Jünger empfanden alle Gemüthsbewegungen in die man bei unerwarteten Vorfällen versezt wird, ihr Betragen kann uns also lehrreich seyn

---

6 Glauben] glauben   28 Dank] *korr. aus Unleserlichem*

---

30 *Am 28. März 1796 in der Konkordienkirche zu Landsberg an der Warthe*

Thema. Von den Fehlern die man bei unerwarteten Begebenheiten
zu begehen pflegt
   I.   Fehler des Schrekens
       Aufhebens ehe man die Sache kennt
       1. Auseinandersezen an der Maria   5
          a. sie vermuthete zwar recht
          b. aber sie hatte doch keinen Grund
       2. Anwendung
          a. bei Gesichten – man verbreitet abergläubische Vor-
             urtheile   10
          b. bei Ideen
             α. unnüze Angst – wenn sie die Zukunft betreffen
             β. Mißtrauen und Zwietracht – wenn sie sich auf
                 andre beziehn
          c. bei Begebenheiten durch Vergrößerung   15
             man verursacht zuviel Schrek und Klagen |

60r   II. Fehler der Neugier – Beschreibung derselben
       1. man untersucht nicht
          a. Auseinandersezung – am Johannes
          b. Anwendung   20
             α. Beschreibung – man bleibt bei abgeleiteten
                 Quellen stehn
             β. Ursachen
                 (1.) man glaubt sicher genug zu gehn – oder
                 (2.) man fürchtet sich die Täuschung zu zerstö- 25
                     ren und das wunderbare ganz wegfallen zu
                     sehn
       2. man untersucht nicht gründlich
          a. Auseinandersezung – an Petro was er hätte thun
              sollen   30
          b. Anwendung
             α. man begnügt sich bei Umständen die die Erzäh-
                 lung verschönern
             β. man übersieht die, welche wahre Aufklärung
                 geben   35
  III. Fehler der Verwirrung
       1. man besinnt sich nicht auf das was die Sache erklären
          könnte
          a. Auseinandersezung an den Jüngern: sie wußten die
             Schrift nicht   40
          b. Anwendung
             α. es geschieht oft so

---

18 nicht] *folgt* ⟨recht⟩

        (1.) bei bösen Handlungen
        (2.) bei Unglüksfällen
        (3.) bei Weltbegebenheiten
   β. man könnte es verhindern – nil admirari
        (1.) durch Aufmerksamkeit auf das was wirk-
            lich geschieht
        (2.) durch Nachdenken was wol mit gewißen
            Umständen aus einem gewißen Gegenstand
            sich ergeben würde
  2. man begnügt sich mit dem ergründen und überlegt nicht
    was zu thun ist
    a. Auseiandersezung
      α. sie gingen zusamen – um zu erzählen
      β. sie vergaßen daß sie hätten Jesum aufsuchen
        müßen
    b. Anwendung
Schluß. Wir wollen aus der Auferstehung Jesu lernen
[1.] Bewunderung der Weisheit Gottes und Vertrauen
[2.] Nachahmung seines gemeinnüzigen Beispiels

—————— |

     XVIII. Am Sonnt. Quasimod. über Joh. 20, 19.   *60v*

Eingang. Man glaubt daß Offenherzigkeit übel angebracht sei und
hat Recht, man will aber diesen Saz auch auf die Religion anwenden
und hat Unrecht.
Thema. Ueber die Verheimlichung unserer religiösen Ueberzeugungen
  I. Was für Schaden dadurch angerichtet wird
    1. uns selbst
      a. unserm Ruf – Beispiele
        α. unter den ersten Christen
        β. hernach
          (1) auf der Seite des Unglaubens
          (2) auf der Seite der Schwärmerei
      b. unserer Belehrung
        α. ein unbestätigtes Urtheil kann nur einseitig seyn
        β. ein unbestrittnes unvollständig
    2. der Welt

---

20 *Am 3. April 1796 in der Konkordienkirche zu Landsberg an der Warthe*

a. wenn es wichtige Dinge betrift
  α. wir hindern allgemeine Belehrung
    (1) Christus und andere
    (2) die neuere Reformation
  β. Wir befördern nicht Klarheit der Erkentniße   5
    (1) durch bestätigende Mittheilungen
    (2) durch bestreitende Erörterungen
b. wenn es gleichgültige Dinge betrift
  α. die Toleranz
  β. die richtige Schäzung ihres Werths   10
II. Ob es sich dennoch rechtfertigen läßt
  1. es ist nicht natürlich – denn
    a. jeder Mensch hat eine Neigung seine Meinungen aus-
       zubreiten
    b. die Religion ist besonders geselliger Natur | 15
  2. es muß also besondere Veranlaßungen haben – und
     zwar
    a. Furcht vor Spott
      α. der Verständige kann ihn abwehren
      β. er trift den, der die Mittheilung am nöthigsten   20
         braucht
    b. Furcht vor Verdammungsurtheil
      α. man muß seinen Weg ungestört gehn
      β. die Rechtfertigung der Zeit überlaßen
    c. Furcht vor Verfolgung   25
      α. dies ist ein triftiger Grund
      β. er findet aber nicht Statt

Schluß. Christus selbst freute sich auf die Zeiten der Freimüthigkeit
wir wollen sie also bestens benuzen.

61r

XIX. Vorbereitungspredigt über Luc. 22, 15 sqs.   30

Eingang. Gewiße Gedanken wenn sie lebhaft werden haben einen
großen Einfluß auf alles, dahin gehört auch der an den Tod

---

3 andere] a.   5 befördern] *davor* ⟨hindern⟩   19 der] *korr. aus Unleserlichem*

---

30 *Am 9. April 1796 in der Konkordienkirche zu Landsberg an der Warthe über*
Lk 22,15–16

Thema. Heilsame Wirkungen der Todesgedanken bei der Abendmahlsfeier

    I.   In Absicht auf den gesellschaftlichen Zwek

        1. für den Genuß

            a. bei der [Forschung] überhaupt macht er

                α. die Zeit kostbar, und die Aufmerksamkeit schär-
fer um

                    (1.) glüklich zu seyn

                    (2.) alle Störungen zu vermeiden

                β. die Auswahl der Beschäftigungen strenger
NB. so auch bei Christus

            b. so auch bei uns

                α. größere Aufmerksamkeit

                    (1.) auf jede Gelegenheit wolwollende Gesinun-
gen zu üben

                    (2.) auf die Unterdrükung ungeselliger Leiden-
schaften

                β. strengere Auswahl unserer geselligen Hand-
lungen

                    (1.) nicht die angenehmen und schmeichelnden

                    (2.) sondern die nüzlichen und heilsamen |

        2. für die strengen Pflichten   *61v*

            a. der Todesgedanke ist ein Prüfstein unseres Eifers

            b. der Gedanke an das Urtheil der Welt ist ein Sporn

   II. Für den Erinnerungszwek

        1. wir sollen von Christi Gesinnung durchdrungen werden,
dies geschieht beßer wenn wir an den Tod denken

            a. irdische Zweke erscheinen uns in ihrer Nichtigkeit

            b. Leidenschaften in ihrem Unwerth

        2. wir sehn uns beßer als Glieder seines Reichs an

            a. der eingebildete Werth verschwindet

            b. der moralische Werth erhöht sich in unserm Bewußt-
seyn

        3. wir schwören aufrichtiger zu seinen Geboten

            a. Christus der Richter wird von uns fodern was er ge-
leistet hat

            b. Christus der in der Herrlichkeit wiederkehrt giebt
uns höhere Begriffe von unserer Kraft

Schluß. Wir wißen nicht wie oft wir noch eßen am Tisch des Herrn, in
diesem Bewußtseyn wollen wir uns als würdige Tischgenoßen darstellen

---

5 [Forschung]] Fosch

XX. Am Sonnt. Miser. Dom. über Joh. 21, 15.

Eingang. Dem ausgezeichnet Guten folgt immer auch ausgezeichnete Achtung. Wenn wir aber die Bemühungen jenes zu werden, als ein Mittel dieses zu erlangen anwenden verderben wir alles.
Thema. Von dem Schaden, den wir uns zufügen, wenn wir bei unserer Beßerung von dem Bestreben ausgehn beßer zu seyn als andere.
    I. Unsere Vervollkomnung bekomt eine falsche Richtung indem wir diejenigen nachahmen die vorzüglich von den weisen gelobt werden
        1. nicht gutes wird oft für gut gehalten
            a. böses – eingeschränkte Vaterlandsliebe; Verfolgungsgeist
            b. unnüzes – gottesdienstlicher Eifer, herzlose gute Werke
        2. unwichtiges wird dem wichtigen vorgezogen
            a. glänzende Eigenschaften den guten
            b. geselliger Schein dem sittlichen Werth |
        3. unpaßendes wird nachgeahmt
            a. jedes Verhältniß hat seine eignen Tugenden
            b. jeder Charakter seine eigne Manier
    II. Unser Bestreben danach wird verringert indem wir uns mit denen vergleichen die um uns sind
        1. es ist leicht die Menschen zu übertreffen
            a. sie bleiben auf halbem Wege stehn
            b. sie vervollkomnen sich einseitig
        2. es ist noch leichter es sich einzubilden
            a. indem man seine eignen Tugenden vergrößert
            b. indem man ihre Fehler vergrößert
    III. Alles Gute was auf diese Art erworben wird hat keinen Werth indem es nur auf Ehrgeiz beruht
        1. die Fertigkeiten sind nicht sicher und bleibend
        2. Liebe zum Guten ist nicht vorhanden, denn man hat es nur als Mittel gewollt.
Schluß. Man muß dem innern Gesez und Ideal nachstreben und nur auf den Beifall Gottes sehn.

---

11 eingeschränkte] eingeschr.

---

1 *Am 10. April 1796 in der Konkordienkirche zu Landsberg an der Warthe*

XXI. Am Sonnt. Jubil. über Proverb. 16, 24.

Eingang. Man muß auf die äußerlichen guten Eigenschaften weder
zu viel Werth legen, noch auch sie vernachläßigen
Thema. Die Wichtigkeit eines freundlichen Betragens
5   I.   Der Werth desselben
      1.   für andere
         a.   in Geschäften
            α.   man geht lieber daran – denn von Natur ist
               man abgeneigt dagegen
10   β.   sie werden beßer gefördert – durch Zutrauen.
               Gegensaz
         b.   im geselligen Leben
            α.   sie verscheucht steife Zurükhaltung
            β.   Freude wird erhöht |
15   2.   für uns selbst – nur das unmittelbare   *62v*
         a.   man lebt angenehmer
            α.   der beschwerliche ist sich selbst am meisten be-
               schwerlich
            β.   der freundliche fühlt sein Daseyn als Freudengeber
20   b.   man ist beßer daran bei Unannehmlichkeiten mit an-
            dern
            α.   frei von Vorwürfen – Gegensaz
            β.   leichter ins Geleise zu kommen – Gegensaz
   II.   Die Art wie es erworben wird
25   1.   es kann erworben werden – gewöhnliche Entschuldi-
         gungen
         a.   andere Ursachen haben keinen Werth
            α.   weder Temperament
            β.   noch Schiksal
30   b.   kein Hinderniß komt über den Willen
            α.   weder Naturanlagen und Erziehung
            β.   noch Schiksal
      2.   es ist nicht schwer zu erwerben
         a.   es ist natürlich
35   α.   jedem Bedürfniß entspricht eine natürliche Nei-
               gung – also auch dem der Gesellgkeit
            β.   alles trägt bei diese Neigungen zu cultiviren
         b.   man muß nur die Hinderniße aus dem Wege räumen
            α.   die Leidenschaften welche ungesellig machen un-
40   terdrüken – Stolz, Geiz, Neid.

---

1 *Am 17. April 1796 in der Konkordienkirche zu Landsberg an der Warthe*

β. die einsamen Beschäftigungen die einen finstern
      Ernst hervorbringen mäßigen
Schluß. Diese Tugend ist also aus doppelten Gründen eine Foderung
der Religion und gehört mit zu dem was lieblich ist und wollautet.

——————— |

63r   XXII. Am Bettage über Prov. 14, 34.   5

Eingang. Es ist der Obrigkeit daran gelegen, daß über gemeine Feh-
ler und Tugenden nachgedacht werde.
Thema. Von der Gerechtigkeit als Grundlage des bürgerlichen
Wohls
      I. Was ist Gerechtigkeit   10
          1. der Bürger gegen den Staat
              a. im Gehorsam
              b. in der Unterstüzung
              c. in den Aufopferungen
          2. der Bürger untereinander   15
              a. im Verkehr
              b. in der Concurrenz
              c. in der öffentlichen Meinung
          3. des Staats gegen die Bürger
              a. der richterlichen Gewalt   20
              b. der gesezgebenden
              c. der vollstrekenden – auch zu dieser müßen wir den
                  Grund legen
      II. Wie erhöht sie das Volk
          1. was ist Erhöhung des Volks   25
              a. negativ – nicht
                  α. Kriegsruhm – noch
                  β. Ländervermehrung
              b. positiv – sondern
                  α. Sicherheit   30
                  β. fortschreitende Bildung
          2. sie findet ohne Gerechtigkeit nicht statt
              a. die Sicherheit
                  α. Geseze und Strafen sind unzureichend
                  β. wenn nicht Gerechtigkeit herrscht | 35

—————————————————————————————————————

5 *Am 20. April 1796 in der Konkordienkirche zu Landsberg an der Warthe*

63v

  b. die Kultur – die Gerechtigkeit muß
   α. die ersten Anfänge jeder Beßerung gegen gehä-
    ßige Leidenschaften sichern
   β. den Wetteifer von niedern Kunstgriffen ab auf
    das wahre Beßere lenken
   γ. das Verdienst durch Schäzung und Belohnung
    aufmuntern wo es sich auch findet.

Schluß. Unter allen Fehlern sei uns die Ungerechtigkeit der verhaß-
teste.

concipirt den 24.–27. Oct. 96 aber verändert mundirt den 28.

   XXIII. Am Sonnt. Cant. über Röm. 12, 21.

Eingang. Die Herrschaft des Menschen über die Erde muß zugleich
eine Herrschaft über sein Schiksal seyn, über gute und böse Tage.
Thema. Der Inhalt der Lehre.
 I. Unser Wolwollen soll nicht überwunden werden
  1. es muß rechter Art seyn
   a. nicht
    α. bloße Naturäußerung von Freude – die schlä-
     fert ein bei Widerwärtigkeiten
    β. bloße Affektionsliebe, eingeschränkte
     (1.) sie wendet sich ab wenn sie nicht Genuß
      findet
     (2.) sie erstikt wenn sie oft getäuscht wird
   b. sondern reinvernünftig auf die Menschheit sich bezie-
    hend
    α. sie schiebt nicht alles auf Rechnung der Men-
     schen, sondern sieht ihre Gegenwirkungen als
     Schiksal an
    β. sie sieht ihre Schwachheiten als Beweise ihrer
     Hülfsbedürftigkeit an
  2. es muß unterstüzt seyn
   a. durch Selbstkenntniß
   b. durch Gleichmüthigkeit |

---

10 concipirt] conc. *rechts neben dem Abgrenzungsstrich zwischen den Predigten*
10 mundirt] mund. **18** bloße] *korr. aus* bloßer **21** Genuß] genuß

---

11 *Am 24. April 1796 in der Konkordienkirche zu Landsberg an der Warthe*

64r II. Unsere Thätigkeit soll nicht überwunden werden
　　1. Ursachen
　　　　a. wenn sie bloß ein von natürlicher Neigung geleiteter
　　　　　Drang ist – Dann nimt sie eine andere Richtung,
　　　　　wenn der Widerstand zu groß ist 5
　　　　b. wenn sie interessirt ist – Dann schlägt sie einen an-
　　　　　dern Weg ein, wenn dieser nicht zum Ziel führt
　　2. Hülfsmittel – Es muß reine Liebe zum Guten seyn –
　　　Dann
　　　　a. wird alles nur als Naturhinderniß angesehn, welches 10
　　　　　zu überwinden Pflicht ist
　　　　b. zeigen die Hinderniße erst wie sehr nothwendig es ist
III. Unsere Zufriedenheit muß nicht überwunden werden
　　1. Ursachen – falsche Vorstellungen
　　　　a. von der Beschaffenheit der Dinge 15
　　　　b. von dem eigentlichen Zwek
　　　　c. von dem rechten Verfahren
　　2. Hülfsmittel
　　　　a. Bewußtseyn der Unvollkomenheit
　　　　b. der Vorsaz sein eigentlicher Sachwalter zu seyn 20
　　　　c. die Idee
　　　　　α. durch eigene Kräfte
　　　　　β. durch Vielseitigkeit glüklich zu seyn
Schluß. Reinigkeit der Gesinnungen ist also die erste Bedingung des
Ausharrens gegen Schwierigkeiten 25

XXIV. Am Sonnt. Rogate über Jac. 1, 22.

Eingang. Mit schönen Worten statt der Tat betrügt man in andern
Dingen die Menschen, in der Religion sich selbst. |
64v Thema. Wie sich diejenigen betrügen, die nur Hörer des Wortes sind.
　　I. In Absicht auf den Werth, den sie sich beilegen. 30
　　　1. in der Moral
　　　　a. sie glauben gut zu sein wenn sie vom Guten gerührt
　　　　　werden

---

4 ist –] ist　　**6** ist –] ist

---

26 *Am 1. Mai 1796 in der Konkordienkirche zu Landsberg an der Warthe*

    b. sie glauben wenigstens auf dem Wege der Beßerung
       zu seyn und versäumen sie in Grundsäzen und Ge-
       wöhnung zu suchen
  2. in der Religion
    a. sie glauben man könne sich bei Gott nur durch Frö-
       migkeit auszeichnen weil die Tugend bei allen gleich
       unvollkomen bleibt
    b. sie glauben unthätige Demuth gebe allein Anspruch
       auf Gottes Gnade und versäumen sie durch ange-
       strengten treuen Gehorsam zu suchen
II. In Absicht auf den Einfluß, den es haben soll
  1. bei Menschen – man soll sie achten
    a. man vermuthet aber schon, daß nichts dahinter ist[,]
       und giebt also nur mehr auf ihre Fehler Achtung
    b. die Religiosität ist für die Menschen kein Grund zur
       Achtung sondern nur das praktisch gute, einerlei aus
       welcher Quelle.
  2. bei Gott.
    a. sie glauben er müße sie schon hier segnen um den
       Menschen zu zeigen was er liebt
    b. sie versäumen ihr Glük durch Rechtschaffenheit und
       Klugheit zu suchen

Schluß. Da dieser Betrug selbst unter Christen so häufig ist, so muß
die Neigung dazu sehr groß seyn. Man denke also fleißig an das:
Nicht alle die zur mir sagen p.

XXV. Am Himmelfahrtstag über Matth. 28, 18–20.

Eingang. Alle AbschiedsEmpfindungen vereinigen wir heute. Wir
müßen uns beruhigen daß Christus nicht mehr da ist
Thema. Die letzte Verheißung Christi als ein Trost bei seinem Ab-
schiede |
  I. Er ist noch unter uns als Freund   65r
    1. Inhalt
      a. Das vorige – Verfolgung und Versuchung
      b. Das nachherige – ⌊idem⌋

----

23 muß] *korr. aus Unleserlichem*

----

25 *Mt 7,21*   **26** *Am 5. Mai 1796 in der Konkordienkirche zu Landsberg an der*
Warthe

2. Anwendung
    a. es kann seyn
        denn auch ein abwesender kann Bewegungsgrund seyn
    b. es ist
        α. ehemals – bei Verfolgungen
        β. jezt – bei Hindernißen und Versuchungen
II. Er ist noch unter uns als Lehrer
    1. Inhalt
        a. extensive
        b. intensive
    2. Anwendung
        a. auf die Jünger
        b. auf die Kirche überhaupt
        c. auf uns

Schluß. Unsre frohe Empfindung über sein Glük kann ungetrübt
seyn[;] wenn wir ihn lieben und uns von ihm belehren laßen, erwarten
wir getrost unsere Vereinigung mit ihm.

XXVI. Am Sonnt. Exaudi über 1. Petr. 3, 17.

Eingang. Jeder ist seines Glükes Schmidt, es kommt eben darauf an
durch was für Handlungen er es sich zugezogen
Thema. Der Vorzug desjenigen der um des Guten willen leidet
I. Was heißt es
    1. Viele rühmen sich fälschlich wenn sie leiden
        a. wegen unzeitiger Dienstfertigkeit |
        b. wegen unvollkomner Pflichterfüllung wobei
            α. andere Pflichten verlezt
            β. Klugheit in der Ausführung verabsäumt wird
    2. Nur dem, der bei wirklich guten Handlungen unvermeid-
        lich leidet
        a. entweder freiwillig
        b. oder ohne sein Vorwissen
            α. durch Menschen
            β. durch gesellige Folgen
II. Worin der Unterschied sich zeige
    1. In Absicht auf den Gemüthszustand

65v

---

18 *Am 8. Mai 1796 in der Konkordienkirche zu Landsberg an der Warthe*

         a. das freiwillige erleichtert
             α. er würde immer wieder so handeln
             β. der Böse würde immer zurüknehmen
         b. die begleitenden Gedanken hemen die Schwere
   2. in Absicht auf die Folgen
         a. er überwindets leichter durch
             α. mehr Gleichmüthigkeit von innen
             β. mehr Hülfe von außen
         b. es ist ihm nuzbarer
             α. er hat schon die Gesinnung die ihn fähig macht
                 es zu benuzen
             β. es bringt ihn wirklich vorwärts
Schluß. Wer um des Guten willen leidet ist beßer dran als wer durch
Böses dem Uebel auf eine Zeitlang aus dem Wege geht.

———————

XXVII. Am ersten Pfingstt. VM. über Act. 2, 1–13.

Eingang. Die zu feiernde Begebenheit ist untern anderm auch der
erste öffentliche Auftritt einer christlichen Gemeine |
Thema. Nuzen der kirchlichen Vereinigung   66r
   I. Was sie damals stiftete
       1. Muth
             a. gegen die Feinde
             b. in Widerwärtigkeiten – Gegensaz mit vorigem Be-
                 tragen
       2. Aufklärung
             a. durch Erinnerung
             b. durch Besprechung
       3. Reinigung der Gesinnungen
  II. Was sie auch nachher nuzt
       1. Unterschied der folgenden Zeit von der ersten
             a. was damals war und hernach nicht
                 α. sie waren vorher schon Freunde
                 β. sie waren in der Kirche in gleichen Rechten
             b. was hernach war und damals nicht
                 α. eine ausgebreitetere Gemeinschaft
                 β. beßere Umstände von außen

———————

15 *Am 15. Mai 1796 vormittags in der Konkordienkirche zu Landsberg an der Warthe*

2. Aehnlichkeit der Wirkungen
    a. Muth – durch gesellige Zuversicht
        α. auf Schuz – gegen äußere Angriffe
        β. auf Geseze – unter einander
    b. Gesinnungen – durch gesellschaftliche Ehrliebe   5
        α. man will die Gesellschaft in guten Ruf bringen
        β. man will in ihr einen guten Ruf haben
    c. Aufklärung – durch gesellschaftliche Mittheilung
        α. es giebt Veranlaßung die beßere zu finden
        β. es giebt Bewegungsgründe es mitzutheilen   10
Schluß. Wir wollen diese Vortheile für uns benuzen, und sie noch
vermehrt unsern Nachkommen überliefern

———— |

66*v*   XXVIII. Am ersten Pfingstt. NM. über Joh. 14, 23–26.

Eingang. Nicht durch äußere Hülfsmittel, sondern durch ihr inneres
hat die Religion Jesu so lange der Zeit und den verschiedensten Schik-   15
salen getrozt.
Thema. Ueber den Geist, der die Religion Jesu erhält.
    I. Was ist dieser Geist?
      1. negativ
        a. nicht Meinungs und Geheimnißsucht – diese   20
          α. rührt nicht von Christo her
          β. hat der Religion immer geschadet
        b. nicht Sucht nach Verdienstlichkeit – sie ist
          α. antichristisch
          β. verderblich – sondern   25
      2. positiv
        a. Geschmak an einfachen Wahrheiten
          α. ohne Vermischung mit Vorurtheilen
          β. geeignet zu einer allgemeinen Religion
        b. Lust an dem gezeichneten Vorbild   30
          α. ohne Erwartung äußerer Folgen
          β. aus dem wahren innern Princip
   II. Was haben wir jezt von ihm zu erwarten?
      1. er reicht noch jezt hin – um
        a. Ehrfurcht gegen Jesum zu erhalten   35

---

13 *Am 15. Mai 1796 nachmittags in der Konkordienkirche zu Landsberg an der Warthe*

α. als Aufdeker der Wahrheit
β. als höchsten Vorzeiger auf dem Wege des Gesezes
   b. Anhänglichkeit an religiöse Veranstaltungen
      α. aus Gefühl der Hülfsbedürftigkcit
      β. um andern leicht zu machen was uns schwer ge-
         wesen
  2. er ist aber auch sehr nothwendig
    a. um nicht in bodenlose Zweifelsucht zu gerathen
      α. er giebt ein Fundament der Untersuchung
      β. einen Zwek derselben |
    b. um nicht in Zügellosigkeit zu gerathen
      α. er unterwirft das Gemüth einem Gesez
      β. er gibt dem Willen eine beßere Triebfeder als
         bloße Freiheitsucht

Schluß. Wenn wir in diesem Geist beharren werden wir immer die wolthätige Kraft der Religion erfahren.

XXIX. Am zweiten Pfingstt. über 1. Petr. 3, 15. 16.

Eingang. Freimüthige Vertheidigung des Glaubens war das auszeichnende der Pfingstrede; sie ist noch jezt Pflicht des Christen, und
natürliche Neigung
Thema. Von dem Betragen des Christen bei der Vertheidigung seines Glaubens
   I. Was muß derselben vorausgehn?
     1. er muß überzeugt seyn
       a. nicht nur überredet durch Ansehn
       b. nicht nur hingehalten durch dunkle Gefühle
     2. er muß gebeßert seyn
    a. in Absicht auf Handlungen
    b. in Absicht auf Gemüthsbewegungen
  II. Wie muß sie eingerichtet seyn
     1. in Absicht auf den Inhalt
       a. nur den Grund der Hofnung
         α. auf Reife

---

19 ist] *korr. aus* war

---

17 *Am 16. Mai 1796 in der Konkordienkirche zu Landsberg an der Warthe*

β. auf göttlichen und eignen Beifall
b. alles übrige auf seinem Werth beruhen
 α. Auseinandersezung des geschichtlichen
 β. Werthhaltung des gebräuchlichen
2. in Absicht auf die Art
 a. mit Sanftmuth
  α. die Hinderniße machen die Wahrheit oft unerreichbar
  β. die Inconsequenz der Irthum oft unschädlich
 b. mit Furcht |
  α. nicht Blößen zu geben
  β. nicht zu erbittern.

Schluß. Wenn wir uns dazu geschikt machen gewinnen wir immer an eigner Vollkommenheit.

67v

XXX. Am Sonnt. Trinit. über 2. Petr. 1, 3. 4.

Eingang. Man hat die Idee den Menschen Gott ähnlich zu machen bald aufgegeben, bald falsch ausgeführt.
Thema. Wie wir durch die Grundsäze der Religion Gott ähnlich werden können
 I. In Einsichten
  1. Inhalt der Aehnlichkeit
   a. Kenntniß des Zweks
   b. Kenntniß der Zukunft
  2. Art sie zu erlangen
   a. nicht die an den Lüsten der Welt hängen
    α. zum Behuf der Glükseligkeit läßt sich die Welt
nicht erklären
    β. keine beßere Zukunft wahrscheinlich vermuthen
   b. denen die mehr auf Sittlichkeit bedacht sind
    α. hat alles einen bessernden Zwek
    β. schwebt auch eine beßere Zukunft vor
 II. In Gesinnungen
  1. Inhalt der Aehnlichkeit
   a. Freiheit von äußrer Nöthigung

---

15 *Am 22. Mai 1796 in der Konkordienkirche zu Landsberg an der Warthe*

    b. Einstimmigkeit mit sich selbst unter unwandelbaren
       Gesezen

  2. Art sie zu erreichen
    a. nicht die Glükseligkeitsjäger
      α. sie haben imer zweierlei Willen
      β. sie müßen bald dies bald jenes Betragen annehmen
      γ. sie ändern öfters ihre Zweke und Lieblingsgegen-
        stände
    b. die sich dem Gesez unterworfen haben
      α. hängen von nichts ab, weil sie sich um keinen
        Erfolg kümmern |
      β. sind immer mit sich einig, denn es giebt nur   *68r*
        eine Tugend

III. Im Zustande
  1. Inhalt der Aehnlichkeit
    sich selbst genug
  2. wie sie erreicht wird
    a. nicht die Glükseligkeitsjäger
      ihr Zustand ist abhängig wenn er auch reich ist
    b. die Sittlichkeitsfreunde
      α. was sie wollen läßt sich unter allen Umständen
        bewirken
      β. sie lernen immer mehr alles zu ihrem Besten zu
        benuzen darum beschweren sie den Himmel
        nicht mit Bitten

Schluß. Die schönste Frucht der Religion wird dadurch erreicht, daß
man auf das Gesez merkt; also ist auch dies das Wesen derselben.

XXXI. Am 1. Sonnt. nach Trin. über 1. Joh. 4, 18.

Eingang. Es ist schon viel daß der Mensch Gott danken kann, er
soll aber sogar ein Gegenstand der Liebe für ihn werden.
Thema. Von der Liebe zu Gott ohne Furcht.
  I. Völlige Liebe kann nicht mit der Furcht bestehn

---

1 unwandelbaren] unwandelb   5 sie ... Willen] *am Rand mit Einfügungszeichen vor*
⟨sie hängen imer von den Dingen ab, denen sie nachjagen⟩

23–24 *Vgl. Röm 8,28*   **28** *Am 29. Mai 1796 in der Konkordienkirche zu Landsberg
an der Warthe*

  1. im Allgemeinen ist
     a. Furcht
        α. vor unbekannten
        β. vor widrig gesinnten Wesen
     b. Liebe
        α. gegen bekannte
        β. gegen gleichgestimte
  2. in Anwendung auf Gott ist
     a. Furcht das erste
        α. physische
        β. moralische
     b. Furcht und Liebe wechseln ab
        α. bei entgegengesezten Begebenheiten
        β. bei wandelbarer Moralität |
     c. völlige Liebe treibet die Furcht aus.
II. Wie gelangt man zu einer solchen Liebe
  1. durch nähere Bekanntschaft
     a. aus Regierung des Ganzen
     b. aus Führung der Einzelnen
  2. durch gleiche Gesinnung
     a. im allgemeinen
     b. in Absicht auf uns und unser Schiksal
  3. durch Gleichmüthigkeit
     a. diese verhindert ⌊manche⌋ schnelle Anwandlungen
     b. vermehrt wenn man alles ⌊benuzt⌋ hat die Dankbar- keit
Schluß. Eine solche Liebe zu Gott ist das höchste
[1.] wegen ihres Ursprunges
[2.] wegen ihrer Folgen

68v

NB. Am 2. und 3. Sonnt. nach Trin. war ich verreist und haben unterdeßen die Herren Gerlach und Kieter gepredigt.

---

2 Furcht] *korr. aus* Liebe

---

31 *Gottlieb Benjamin Gerlach, 1770–1844, war 1793–1805 Feldprediger beim Drago-ner-Regiment v. Katte in Landsberg an der Warthe (EPMB 2,244).* 31 *W. H. Kieter, geb. 1767, war seit 1796 lutherischer Prediger an der Konkordienkirche in Landsberg an der Warthe (vgl. EPMB 2,404).*

XXXII. Am 4. Sonnt. nach Trin. über Luc. 6, 41. 42.

Eingang. Die Belehrungssucht ist ein Eigendünkel, von dem uns die Religion zurükführt.

Thema. Wer nicht gebessert ist, kann nicht bessern.

5   I.   Er kann sie nicht so geben
        1. nicht so richtig
            a. in Absicht auf die Grundsäze
               α. die ableitenden
               β. die anwendenden
10   b. in Absicht auf Bewegungsgründe
        2. nicht so lehrreich
            a. um die Hinderniße aufzudeken
            b. um die Hülfsmittel mitzutheilen
              denn es fehlt ihm an Erfahrung und Menschenkennt-
15   niß |
        3. nicht so erweklich   69r
            a. durch warmes Interesse
            b. durch darstellendes Beispiel
   II. Sie kann nicht so aufgenommen werden
20   Anm. Belehrung wirkt nicht als Befehl, nur als Erinnerung
        1. als Gesezerkentniß – man findet dann
            a. weder den Sinn des Gesezes
               weil man Nebenabsichten vermuthen muß
            b. noch Erinnerung an die Gewalt des Gesezes
25   weil es über ihn selbst keine hat.
        2. als Selbsterkentniß
            a. weder in Vergleichung mit dem Rathenden
               denn er stellt die Menschenwürde nicht beßer dar als wir
            b. noch in Vergleichung mit dem Gesez
30   denn dieser weichen wir auf allerlei weise aus.

Schluß.
 [1.] Wenn uns gerathen wird müßen wir mehr auf Christum als andere Rathgeber sehn.
 [2.] Wenn wir bessern sollen, und das ist unsre Pflicht[,] müßen wir
35   erst in uns selbst Grund legen.
 [3.] Diese Veranstaltung gehört mit zur göttlichen Ordnung. Die Tugend würde sonst herabgewürdigt und keines Menschen Besserung wäre sein eignes Werk

---

37 herabgewürdigt] herabwürdigt

1 *Am 19. Juni 1796 in der Konkordienkirche zu Landsberg an der Warthe*

XXXIII. Am fünften Sonnt. n. Trin. über Marc. 12, 28–35.

Eingang. Wir achten die Vernunft für unsern höchsten Vorzug, und
doch wird ihr Gebrauch in ReligionsSachen aus Mißverstand von vielen verworfen. Das ist nicht christlich
Thema. Der Gebrauch der Vernunft in ReligionsSachen macht uns   5
zum Reich Gottes geschikt
    I. Er muß eben so eingerichtet seyn wie sonst – Aus dem Bei-
       spiel
       1. nicht nachbeten
          a. weder den Aeltesten   10
          b. noch Christo
       2. zusammenhängend denken |
          a. von Grundsäzen ausgehn um eigne Meinung zu ge-
             winnen
          b. fremde Meinung auf Grundsäze zurükführen   15
   II. Man komt dadurch dem Reich Gottes nahe
       1. man wird fähig zu werden was man seyn soll
          a. indirekter Beweis
             α. wenn der nachbetende ins Reich Gottes gehört,
                so gehört der nachgebetete nicht hinein, und wo-   20
                für würde man ihm nachbeten
             β. wenn man nicht zusammenhängend denken und
                handeln sollte, so müßte
                (1) die göttliche Belehrung
                    א. theoretisch   25
                    ב. praktisch
                (2) das menschliche Gemüth
                anders eingerichtet seyn
          b. direkter Beweis
             α. Der Mensch soll übereinstimend handeln   30
                (1) Handlungen können nicht mit Einsichten
                    stimmen, wenn nicht selbst gedacht wird
                (2) Handlungen können nicht unter sich stimen
                    wenn nicht zusammenhängend gedacht wird
             β. Der Mensch soll sein Theil ausrichten   35
                (1) er richtet nichts selbst aus wenn er nicht
                    selbst denkt

69v

---

5 Vernunft] Vnft *korr. aus* Rel   25 theoretisch] theoret.

---

1 *Am 26. Juni 1796 in der Konkordienkirche zu Landsberg an der Warthe*

(2) er richtet nichts richtig aus wenn er nicht zusammenhängend denkt
2. man wird fähig ein rechter Christ zu seyn
   a. Christus selbst
      α. suchte zum Nachdenken zu erweken
      β. gab allgemeine Grundsäze und verließ sich also
         auf den Zusammenhang
   b. Die Apostel
      α. zeichnen die Christen so – in der Pfingstrede
      β. bilden sie so in vernünftigen Vorträgen
   c. der Unterschied zwischen lehrend und lernend bleibt
      doch
Schluß.
[1.] An die unvernünftigen – Alle die Vorzüge sind nichtig um deretwillen sie sich einbilden ins Reich Gottes zu gehören
[2.] An die Vernünftigen – Sie sind nicht ferne, sie müßen aber
   auch suchen würklich hineinzukommen

———— |

XXXIV. Vorbereitungspredigt   *70r*

Eingang. Man sieht gewöhnlich zu sehr auf das Wunderbare, und
verabsäumt darüber klare Begriffe, so bei Lehren, und bei Gebräuchen
verliert man den offenbaren Nuzen um einem unbegreiflichen nachzugehn
Thema. Das Abendmal als gesellschaftliche Handlung
   I. Daß dies zum Wesentlichen dabei gehöre
      1. aus der Einsezung
         a. alle werden eingeladen
         b. auch Judas sogar
         c. es wird ein Bund genannt
      2. aus der Behandlung in der ersten Kirche
         a. Zusamenkünfte dazu
         b. Schilderung als Gemeinschaft
      3. aus der Behandlung der jezigen Zeiten
         a. Art und Weise
         b. Formulare
   II. Was daraus folge

---

18 *Am 2. Juli 1796 in der Konkordienkirche zu Landsberg an der Warthe*

1. Stände dürfen sich
    a. weder trennen
    b. noch durch Auszeichnung absondern
2. Meinungen sollten
    a. zwar wol die Katholiken   5
    b. aber nicht die Protestanten trennen
3. Kranke
    a. könnten sich theils ganz enthalten
    b. oder es mit ihren Vertrauten genießen

Schluß. Diese gesellschaftliche Ansicht wird das Abendmahl nie in 10
einen unfruchtbaren Gebrauch ausarten laßen.

——————— |

70v   XXXV. Am sechsten Sonnt. n. Trin. über Act. 5, 34–39.

Eingang. Menschliche Meinungen sind sehr veränderlich. Beispiel
vom Vaterland. Diese Veränderlichkeit ist in ReligionsSachen ein
wichtiger Gegenstand.   15
Thema. Wie muß man sich bei Neuerungen in der Religion verhalten
    I. Der Grundsaz von dem dabei ausgegangen wird
        1. sein Inhalt
            a. die Begriffe   20
                α. Gotteswerk
                β. Menschenwerk
            b. die Verhältniße
                α. Gotteswerk besteht
                β. Menschenwerk vergeht   25
        2. seine Anwendbarkeit
            a. auf die Vergangenheit
                α. viel Menschenwerk ist vergangen
                β. viel Gotteswerk ist geblieben
            b. auf die Zukunft   30
                α. der Gegenstand
                    (1) es muß noch viel Menschenwerk vergehn

---

12 Sonnt.] Sont.   13–14 Beispiel vom Vaterland.] Bspiel v Vaterland. *über der Zeile*
mit Einfügunszeichen

---

12 *Am 3. Juli 1796 in der Konkordienkirche zu Landsberg an der Warthe*

(2) es muß noch viel Gotteswerk gestiftet
werden
β. die Folgerung
(1) Neuerungen können also Gotteswerk seyn
(2) aber auch Widerstreben des Menschenwerks
II. Das Betragen welches daraus folgt
1. in Absicht auf andere Meinung
a. nicht
α. Gleichgültigkeit
β. im Eifer
(1) schwache Feigheit
(2) gewaltthätige Ausbrüche
b. sondern
α. aufrichtige Prüfung
β. freimüthige Aeußerung
2. in Absicht auf eigne Meinung |
a. man halte sich nur an das was Gotteswerk in uns ist   *71r*
b. man suche sie mit dem großen Gotteswerk einstim-
mig zu machen
Schluß. Mit Ruhe und Vertrauen können wir das Fest der Christen
begehn

––––––––––

XXXVI. Am 7. Sonnt. n. Trin. über 1. Joh. 4, 16.

Eingang. Die Liebe Gottes kann man nur in der belebten, denkenden Natur wahrnehmen.
Thema. Was heißt Gott ist die Liebe
I. Worin haben wir Gottes Liebe zu sezen
1. sie geht nicht auf ihn
a. weder leidenschaftlich –
grundlose Vorzüge
b. noch berechnet
α. auf Wolgefallen – Menschen sind zu unhübsch
β. auf Eigennuz – Opferdienst
2. sie geht auf uns

––

9 α. Gleichgültigkeit] *eingefügt in die Zeile*   **10** β.] *davor* ⟨b. noch⟩

––––––––––

22 *Am 10. Juli 1796 in der Konkordienkirche zu Landsberg an der Warthe*

a. nicht
   α. schwach – Beschreibung
     (1) das unangenehme ist nothwendig
       א. moralisch
       ב. physisch
     (2) Gott würde also nicht lieben wenn er so liebte
   β. streng
     (1) weder bloß sittlich – Sorge für Bildung ohne Freude
     (2) noch bloß klug – Sorge für Zukunft ohne Ersaz in der Gegenwart
b. sondern Uebereinstimmung
   α. des moralischen mit dem physischen
   β. des physischen Ganzen mit den Partikeln
II. Wie weit dürfen wir daran glauben?
  1. sie ist allgemein
    a. in dieser Art kann sie es seyn |
    b. sie ist es – ohnerachtet
      α. der verschiedenen Kulturstuffen
      β. der verschiedenen Schiksale
  2. sie ist in Gott alles – ohne Widerspruch vereinigt
    a. mit der Weisheit
      kein Theil leidet um des ganzen willen ohne eignen Gewinn
    b. mit der Gerechtigkeit
      keiner wird gestraft als zur Vermahnung seines Wolergehns
Schluß. Allgemeines Bild – Auf die nemliche Art sollen wir wirken.

XXXVII. Am 8. Sonnt. nach Trin. über Ps. 139, 14.

Den ersten Theil der anno 1795 am 1. p. Trin. gehaltenen Predigt

---

12 in] *über der Zeile mit Einfügungszeichen*   **12** Gegenwart] Ggnw.   **31** anno]
ao

---

30 *Am 17. Juli 1796 in der Konkordienkirche zu Landsberg an der Warthe*   **31** *Vgl.*
Predigt vom 7. Juni 1795 Teil I (oben S. 430–431)

XXXVIII. Am 8. Sonnt. nach Trin. in der Garnisonkirche
über Matth. 7, 15.

Eingang. Daß die Bösen unter den Guten leben müßen ist weise[,]
aber der Schein, den sie deswegen annehmen[,] ist gefährlich

5 Thema. Warnung vor der Gefahr sich mit verstektbösen Menschen
zu verbinden

    I. Gefahr für unsere Rechtschaffenheit
        1. wir verlieren den Umgang mit guten Menschen
            a. er besteht

10   α. im Beispiel
                β. in der Mitwirkung
            b. und hilft
                α. unsere ⌊Fertigkeit⌋ erhalten |
                β. unsere Anhänglichkeit zu beleben   *72r*

15   2. wir werden in unsern Begriffen mißleitet
            a. wir lernen den Schein mehr achten als das wahre
            b. Verstellung wird für Bekämpfung der Leidenschaft
               gehalten
        3. wir verlernen

20   a. Achtung für schlichte Redlichkeit
                α. denn das Gute wird nur um der Ehre willen ge-
                   liebt
                β. der Ruhm nur im ungewöhnlichen gesucht
            b. Abscheu vor dem Bösen

25   α. es wird verringert
                β. es wird als natürlich vorgestellt
   II. Gefahr für Zufriedenheit
        1. durch ihre Schiksale
            a. Mißtrauen der Menschen

30   b. Strafe und Schande
        2. durch ihre Lebensart
            a. sanfte Vergnügen kennen sie nicht denn
                α. entweder ihre heftigen oder
                β. ihre trübsinigen Leidenschaften oder

35   γ. ihre Gewissensunruhen brauchen heftige Eindrüke
            b. ihre Vergnügen laßen einen Stachel nach

---

15 werden] *korr. aus Unleserlichem*

---

1 *Am 17. Juli 1796 in der Garnisonkirche zu Landsberg an der Warthe*

Schluß. Die Gefahr ist uns bekannt[,] wir haben keine Entschuldigung.

XXXIX. Am 9. Sonnt. n. Trin. in der Garnisonkirche
über Luc. 16, 8.

Eingang. Manches wird unverdienterweise geringgeschäzt weil es   5
sich oft bei den Bösen findet, so ehemals mit Reichthum und Wißen-
schaft, so noch jezt mit der Klugheit
Thema. Die Klugheit des Christen |
72v   I. In wie fern ist Klugheit Pflicht
      1. Klugheit ist   10
          a. negativ – nicht
             α. Verbergung
             β. Kunst sich überall herauszuziehn
          b. sondern
             α. Mittel zu wählen durch die weder zu viel   15
             β. noch zu wenig geschehe
      2. der Christ braucht sie als solcher
          a. unmittelbar
             α. zur Erfüllung einzelner Pflichten, wenn er
                (1) gegen Neigungen der Menschen handeln   20
                (2) sie zum Guten gewinnen muß.
             β. zur Beharrlichkeit im Guten unter Verführern –
                denn man soll sich von den Bösen nicht ganz ent-
                halten
                (1) sich bei ihrem Spott gut zu wehren   25
                (2) ihren schlauen Nezen ohne Menschenscheu
                    zu entgehen.
          b. mittelbar
             α. im Genuß seiner Vergnügen
                (1) im Verhältniß zu seiner Gemüthsbeschaffen-   30
                    heit
                (2) zu den Menschen mit denen er lebt
             β. zur Erhaltung seines Zustandes
                (1) diese ist Pflicht, weil unser Wirkungskreis
                    dadurch bestimmt wird   35
                (2) ohne Klugheit nicht möglich

------

3 *Am 24. Juli 1796 in der Garnisonkirche zu Landsberg an der Warthe*

II. Worin unterscheidet sich die Klugheit der Kinder dieser Welt
   1. sie ist
      a. vielumfassender
         α. es komt bei allen ihren Unterhandlungen auf den
             Erfolg an
         β. der Gang derselben ist verwikelter, weil sie mit
             andern Menschen immer collidiren
      b. grenzenloser
         α. sie wird durch kein Gefühl gestört, weil sie be-
             ständig calculiren |
         β. sie wird durch kein Gesez eingeschränkt, weil sie   *73r*
             das begehrte auf jede Weise erreichen wollen
   2. sie ist nicht
      a. so fest und ehrenvoll
         α. ihr äußeres Betragen widerspricht ihrer innern
             Denkungsart
         β. ihre Gesinnungen selbst wechseln
      b. so sicher
         Ehrlich währt am längsten
Schluß. Laßt sie in ihrer Art klüger seyn, wenn wir es nur in unserer
so sehr sind, als wir können oder sollen.   Gebet.

XL. Am 9. Sonnt. n. Trin. über Ps. 23, 1–4.

Eingang. Wenn man die gute Ausrüstung der menschlichen Seele
nicht leugnen kann, so meint man doch daß in den Anordnungen des
Lebens sich mehr Strenge als Liebe zeige.
Thema. Der zweite Theil der Predigt 95. 1. Trin.
Schluß. Das Gute ist da wir müßen es nur gebrauchen, und bedenken
daß im unangenehmen das Wolwollen den Menschen erheben soll.
Wer in der Liebe bleibet, der bleibet in Gott (einig mit seinem Willen)
und Gott in ihm (Selbstzufriedenheit und Stärke).

XLI. Am 10. Sonnt. n. Trin. über Matth. 19, 16 sqs.

Eingang. Wir wißen daß unsre Selbstzufriedenheit darauf beruht, in wie fern wir das Gute wollen, aber wir müßen dies auch recht beurtheilen.

Thema. Von dem Grund der Selbstzufriedenheit   5
> I. Gewöhnliche Irrthümer
>> 1. einzelnes Gute
>>> a. erfodert Gunst der Gelegenheit
>>> b. ist ein unsicherer Maaßstab – wegen
>>>> α. unwillkührlicher flüchtiger Regungen   10
>>>> β. Nebenabsichten und geheimer Triebfedern |

73v
>> 2. das Meiden des Bösen
>>> a. eingeschränkte Bedeutung[:] nur vom äußern
>>> b. ungewiße Gesinnung
>>>> α. man braucht dazu nicht das Gute zu wollen   15
>>>> β. nicht einmal das Böse nicht zu wollen
> II. Das wahre
>> 1. Erklärung
>>> a. Folge mir nach d. h. Thue alles Gute was Du thun kannst.   20
>>> b. Verkaufe – entsage
>>>> α. nicht grade dem Golde
>>>> β. Deinen liebsten Neigungen
>> 2. Betrachtung
>>> a. es gilt auch für uns   25
>>>> α. man kann mehr oder weniger gutes thun, daran zeigt sich die Liebe
>>>> β. es giebt allerlei Entsagungen
>>> b. es ist der einzige Beweis
>>>> α. nur der Streit ⌊macht⌋ Tugend und beweist Kraft   30
>>>> β. nur die Lieblingsneigungen bringen Streit hervor.

Schluß.
1. Nicht betrübt zurük gehn
2. Nicht sich selbst gut nennen und voller Zuversicht einschlafen

---

26 man] *korr. aus Unleserlichem*

---

1 *Am 31. Juli 1796 in der Konkordienkirche zu Landsberg an der Warthe über Mt 19,16–22*

XLII. Am 11. Sonnt. n. Trin. über Matth. 5, 33 sqs.

Eingang. Bei denen Dingen, die uns heilig sind[,] muß man sich vorzüglich des richtigen Denkens und Unterscheidens sorgfältig befleißigen z. E. Ehre, Glaube, Eid.
5 Thema. Christlicher Unterricht vom Eide
   I. Was vom Eide zu halten ist
      1. Der Eid fügt keine Verbindlichkeit hinzu
         a. obrigkeitlicher Eid
            α. Zeugeneid
10   β. Versprechungseid |
         b. freiwilliger Eid   *74r*
            α. Erklärung meines Willens verpflichtet mich eben so
            β. sollte eben so viel Zutrauen hervorbringen
      2. Der Eid beruht bloß auf der schon vorher erkannten Ver-
15   pflichtung
         a. man kann nicht göttliche Strafe fürchten wenn man
            nicht das Unrecht erkennt
         b. man nimt niemand einen Eid ab als über bestimte
            Verpflichtungen
20   3. Die Strafen beziehn sich mehr auf Versprechen als auf Eid
         a. die der Menschen
            α. die vollkomnen – für diese ist der religiöse Feh-
               ler kein Gegenstand
            β. die unvollkomnen – treffen den Meineid an sich
25   nicht, denn daraus könnte man nur schließen daß
               er nicht an Gott glaubt
         b. die Göttlichen
            α. Gott ist nicht selbstsüchtig
            β. den Vater zu lästern wird vergeben aber nicht
30   den Geist
   II. Wie haben wir das Verbot zu verstehn
      1. nicht
         a. den Eid verweigern
            Christus verbot nie was die Obrigkeit befiehlt
35   b. ihn auf alle Weise vermeiden
            beides giebt dem Bösen im bürgerlichen Leben ein
            Uebergewicht über den guten
      2. sondern
         a. nicht ohne Noth schwören, weil man dadurch

---

1 *Am 7. August 1796 in der Konkordienkirche zu Landsberg an der Warthe über*
Mt 5,33–37

α. sich selbst schändet – nicht Wort halten
β. andere Menschen – Mißtrauen
b. die Verbindlichkeit nicht in die Eidesformel sezen
α. es verdirbt die Sittlichkeit
(1) die Grundsäze   5
(2) die Treue bei unbeeideten Versprechen
β. es verdirbt den Eid
weil ⌊Uneidliche⌋ dann durch jede Kleinigkeit
ihn eludiren
c. suchen den Eid entbehrlich zu machen   10
α. wie muß man leben
β. wie muß man sich trösten wenn man schwören
muß |

74v S ch l uß. Glükliche Zeiten wo die Vorschrift Christi in ihrem ganzen
Umfang geltend seyn wird.   15

XLIII. Am 12. p. Trin. über Matth. 5, 43 sqs.

E i n g a n g. Es giebt verschiedene Stufen der Liebe aber nur eine unter
die wir nie herabsinken sollen. Dies fodert Religion und Gewißen
T h e m a. Unterricht über die Feindesliebe
I. Wie muß man seine Feinde lieben   20
1. alles leisten, was sie als Menschen fodern können
a. Gerechtigkeit – weil sie Menschheit in sich tragen
b. unpartheiisches Zeugniß – weil wir Recht und
Wahrheit vertheidigen sollen
c. Hülfe in der Noth – weil wir alles menschliche Da- 25
seyn unterstüzen sollen
2. das übrige nach Vernunft und nicht nach Leidenschaft
beurtheilen
a. nicht anders behandeln als wenn sie es einem andern
gethan hätten   30
b. nicht länger ahnden als bis sie anders handeln.
II. Einige Anmerkungen
1. es wird oft das äußere davon nachgeahmt

---

8 ⌊Uneidliche⌋] *korr. aus Unleserlichem*

---

16 *Am 14. August 1796 in der Konkordienkirche zu Landsberg an der Warthe über*
Mt 5,43–44

a. Heuchelei ist nicht befohlen
b. aber dies ist ein neuer Beweis daß das Gebot in uns liegt
2. es wird für sehr bewundernswürdig gehalten
a. es beruht auf den nemlichen Gründen wie jedes Gute
b. das Gegentheil rührt von denselben Ursachen her
3. es giebt ohne das keine wahre Menschenliebe
Schluß. Wir haben alle Gelegenheit es zu üben und uns daran zu prüfen.

———————— |

XLIV. Am 13. Sonnt. n. Trin. über Ebr. 13, 9.   *75r*

Eingang. Alle Vollkommenheiten des Geistes können wir uns nicht
erwerben, wol aber die Festigkeit des Willens.
Thema. Von der Festigkeit des Herzens
I.   Die Ueberzeugung muß fest werden
1.   Die wankende
a.   Beschreibung
α.   Abweichung auf die laxe Seite
β.   Abweichung auf die bigotte Seite
b.   Schaden
α.   der ersten
(1) durch Verführung von außen
(2) durch Versuchung von innen
β.   der andern
durch Einwiegung in Trägheit
γ.   allgemein
(1) die Kraft des Gewißens wird geschwächt
(2) Verwirrung des Verstandes wird begünstigt
2.   Die feste
a.   Beschreibung
α.   Uebereinstimmung aller moralischen Urtheile
β.   kräftiges augenblikliches Treffen.
b.   Entstehung
α.   man baue
(1) nicht wie die meisten
א. auf Ansehn

---

31 kräftiges] *korr. aus Unleserlichem*

10 *Am 21. August 1796 in der Konkordienkirche zu Landsberg an der Warthe*

ב. auf dunkle Gefühle
(2) sondern
א. die Moral auf einen innern Grund
ב. die Religion auf Glauben an die Vorhaben der Vernunft 5
β. man vergleiche mit diesem Grund
(1) alle moralischen Urtheile – keins was Unordnung begünstigt
(2) alle religiösen Meinungen – keine die nicht
mit der höchsten Vernunft zusammenstimt | 10

75v II. Lust und Liebe muß beharrlich werden
1. Die wankende
a. Beschreibung
α. Abwechselnd in Absicht auf Stärke
β. abwechselnd in Absicht auf Rangordnung 15
b. Schaden
α. in Absicht auf Handlungen
(1) viel Gutes wird unterlaßen
(2) viel bösem Raum gegeben
β. in Absicht aufs ganze 20
(1) je öfter die Abwechslung desto geringer das
Bedürfniß sich wieder zu heben
(2) desto geringer auch die Kraft
2. Die beharrliche
a. Beschreibung 25
α. gleicher Eifer ohne Unterschied der Gemüthsstimmung
β. gleiche Liebe ohne Unterschied des Gegenstandes
b. Entstehung
α. Hülfsmittel zur Ermunterung 30
(1) religiöse Betrachtung
(2) Betrachtung guter Vorbilder
β. Hülfsmittel zur Uebung
(1) Gewöhnung an Consequenz
(2) Abgewöhnung von unthätigem Raisonne- 35
ment
III. Muth muß fest werden
1. Der zweifelhafte
a. Beschreibung
α. äußerliche Bedenklichkeiten 40
β. innerliche

---

13 Beschreibung] Be *korr. aus* ab

    b. Schaden
      α. man wird abgeschrekt
      β. je öfter man abgeschrekt wird
        (1) desto mehr verliert man Lust
        (2) desto leichter entschuldigt man sich mit Unvermögen |

  2. Der feste   76r
    a. Beschreibung
      α. Gewohnheit das äußerste zu versuchen
      β. Fertigkeit den Hindernißen etwas entgegenzusezen
    b. Entstehung
      α. Grund
        (1) a priori
            א. was man soll muß man können
            ב. es muß einen göttlichen Beistand geben
        (2) a posteriori
            א. jedes gute nüzt etwas
            ב. jedes zeigt sich als innerlich möglich
                [a] sowol durch das Gelingen
                [b] als durch das Mißlingen
      β. Hülfe
        (1) Uebung in der Selbstherrschaft
        (2) im Weltlauf

Schluß. Der Mensch hat nur Würde wenn er zeigt daß er sich selbst regiert. Seine Tugend ist nur gewiß, wenn sie fest ist.

Anm. Diese Predigt ist mit einigen Abänderungen meine Gastpredigt in der Dreifaltigkeitskirche geworden.

XLV. Am 14. Sonnt. n. Trin. über Röm. 12, 12.

Eingang. Zufriedenheit ist der allgemeine Wunsch auch der meinige zum Abschied. Sie ist Sache der Religion
Thema. Anleitung zur Zufriedenheit
  I. Regel fürs angenehme: Seid frölich in Hofnung

4–5 (1) ... (2)] א. ... ב.   30 Wunsch] *folgt* ⟨zum Abschie⟩

27–28 *Am 4. September 1796 vormittags in der Dreifaltigkeitskirche zu Berlin*
29 *Am 28. August 1796 in der Konkordienkirche zu Landsberg an der Warthe*

1. Inhalt
   a. seid frölich
      α. sucht das Leben annehmlich zu machen – Ge-
         genbild
      β. genießt was sich darbeut – Gegenbild   5
   b. in Hofnung – denket an die Zukunft
      α. negativ
         (1) nicht in gespannter Erwartung
         (2) nicht in Trübsinn |

76v   β. positiv   10
         (1) es wird von der jezigen Freude etwas bleiben
         (2) es wird neue entstehn
             nicht eitle so auf eigne Thätigkeit gegründet
2. was die Religion dazu thut
   a. sie macht frölich – nicht der zügellose Taumel   15
      α. indem sie Gott und Mensch von guter Seite dar-
         stellt
      β. indem sie an die Pflichten der Geselligkeit fesselt
   b. sie macht hofnungsvoll – nicht der Unglaube und
      das Laster   20
      α. durch Vertrauen auf Gott
      β. durch Schuldlosigkeit – wer die Ordnung der
         Vorsehung nicht stört der kann Gutes und Barm-
         herzigkeit erwarten
II. Regel fürs unangenehme[:] Geduldig in Trübsal   25
   1. Inhalt
      a. Ausdehnung
         α. nicht nur im großen
         β. sondern in kleinen Widerwärtigkeiten
      b. Beschreibung   30
         α. nicht unthätiges Brüten
         β. sondern widerstehe dem Eindruk – damit er
            (1) Dich nicht ungeschikt mache Freude aufzu-
                faßen
            (2) Dich nicht aus Deinen Maximen heraus-   35
                treibe
   2. was die Religion dazu thut
      a. man unterwirft sich lieber der Vernunft als der Noth-
         wendigkeit
         α. es wird nach Absichten geschikt   40
         β. auch nach Absichten wieder abgewendet.

---

7 negativ] negat.   38 man] *korr. aus Unleserlichem*

       b. sie fodert uns immer auf
         α. unsere Gesinnung zu ehren
         β. alles zu benuzen, und dann müßen wir es
            (1) gelaßen betrachten
            (2) kaltblütig regieren.
III. Allgemeine Regel
    1.   Andenken an Gott
       a. Inhalt |
         α. in der Natur   77r
         β. in der Welt
       b. Nuzen
         α. es macht uns größer
         β. es macht uns ruhiger
         γ. es macht uns stärker
    2.   Anhänglichkeit an das Gesez
       a. Inhalt
         α. Unterwürfigkeit
         β. Liebe
       b. Nuzen
         α. sichert vor Verderbniß indem es uns zurükhält
         β. sichert vor Ueberwältigung indem es uns etwas
            höheres giebt
Schluß. Möchten wir alle diesen Weg wandeln, so würden
1. wir zufrieden seyn
2. mir ein angenehmer Gedanke
3. von mir ein gutes Andenken zurükbleiben
Gebet.

—————— |

---

7 Andenken] *korr. aus* Inhalt   8 Inhalt] *davor* ⟨Andenken an Gott⟩

Predigtentwürfe
1797

Manuskript „Predigt-Entwüfe 1797.“
SN 52, S. 43; Faksimile (verkleinert auf 60 %); vgl. unten S. 580–582

Predigt-Entwürfe
1797.

Schleiermacher |

No. 1.　　　I. Am Neujahrstag VM. über Eccl. 1, 8. 9.　　　

Eingang. Wir ergözen uns nicht nur am Vergangenen, sondern wollen auch in die Zukunft sehn; dies wird durch überspannte Einbildung oft nachtheilig.
Thema. Ueber die Aehnlichkeit der Zukunft mit dem vergangenen.
　I.　Wie ist sie zu verstehn.
　　1.　nicht
　　　a.　als ob sich nichts veränderte: Gemälde eines Augenblicks
　　　　α.　in der physischen Welt
　　　　β.　in der moralischen
　　　b.　als ob jede Begebenheit ganz einer vorigen gliche
　　　　α.　zwei Dinge gleichen sich nicht vollkommen
　　　　β.　jede Begebenheit hat etwas eigenthümliches
　　2.　sondern: der Gang der Dinge bleibt der nämliche
　　　a.　in dem was geschieht
　　　　α.　Die Kräfte sind dieselben
　　　　　Die Individua nur wechseln
　　　　β.　Die Geseze sind die nemlichen
　　　　γ.　Die Tendenz ist die nemliche
　　　　　Gottes Ideen verändern sich nicht
　　　b.　in dem was gethan wird
　　　　α.　Verschiedenheit der Charaktere
　　　　　beruht noch auf den nemlichen Gründen
　　　　　verursacht noch die nemlichen Handlungen
　　　　β.　Consequenz und Inconsequenz
　　　　　ist noch überall verbunden
　II.　Was folgt daraus für Denkungsart und Betragen?
　　1.　als Zuschauer in der Welt müßen wir
　　　NB. Diese Rolle soll uns sehr wichtig seyn

---

4 *Am 1. Januar 1797 vormittags in der Charitékirche zu Berlin; vgl. Predigten. Erste Sammlung, Nr. 1 (KGA III/1), außerdem oben S. 388–389*

wir sollen Gottes Eigenschaften bewundern
wir sollen Antheil nehmen an der Menschheit
a. nichts außerordentliches erwarten
    α. alles erscheint gewöhnlicher, je näher mans be-
        trachtet
    β. alles löst sich natürlich und leicht
    γ. alles schreitet nur allmählich vorwärts |
b. in dem gewöhnlichen Gott suchen und bewundern
    α. die ganze Welt ist voll Wunder
        [1] man sehe nur imer beßer um sich
        [2] man führe nur alles auf Gott zurük
        denn dazu wird uns imer neue Zeit gegeben
    β. die Führung der Menschen ebenfalls
2. als handelnde Personen
    a. giebt uns diese Ueberzeugung Hofnung zum beßer
       werden
      α. sie sichert unsre Besonnenheit bei allem was ge-
        schieht. Das unerwartete verwirrt das Gemüth
        und verbirgt das Gesez
      β. sie sichert unsre Mäßigung bei Bestrebungen
      γ. sie zwingt uns das gewöhnliche nicht auszustu-
        diren. Darin zeigt sich Weisheit und Tugend.
    b. sie ermuntert uns vorzüglich zu geselligen Tugenden
      α. wir können nur bestehn durch gegenseitige Un-
        terstüzung
      β. wir können nur glüklich seyn, wenn wir Glük um
        uns wirken
Schluß. So ist uns also diese Erfahrung tröstlich und lehrreich.
Welch schönes Licht wirft es auf die göttliche Regierung, daß wir uns
nichts beßeres zu wünschen brauchen, als wir gehabt haben.

II. Am Neujahrstag NM. im Invalidenhause. Dieselbe.
confer die Neujahrspredigt 1795.

---

15 giebt] *davor* ⟨es⟩   15 diese Ueberzeugung] *über der Zeile mit Einfügungszeichen*

---

31 *Am 1. Januar 1797 nachmittags in der Invalidenhauskirche zu Berlin über* PredSal
1,8–9   **32** *Vgl. oben S. 388–389*

No. 2.   III. Am 3. Jan. Wochenpredigt über Ps. 23, 4.

Eingang. Die Freude Anderer könnte uns neidisch machen, unser
Zustand hat aber auch seine Vorzüge
Thema. Wie es vortheilhaft seyn kann einen neuen Abschnitt unter
5   unangenehmen Umständen anzufangen
    1. Wir werden mehr veranlaßt uns der geistlichen Güter zu
        freun
        a. der Glükliche komt selten dazu
        b. der Unglükliche eilt dahin von andern unangenehmen
10   Vorstellungen |
    2. Man richtet mehr das Auge auf Gott   5
        a. Der Glükliche glaubt Vertrauen zu ihm nicht nöthig zu
        haben
        b. Der Unglükliche findet darin viel erhebendes.
15   3. Die Aussicht auf die Veränderungen ist uns tröstlicher
        a. Der Glükliche erschrikt davor und kann sie doch nicht
        vermeiden
        b. Dem Unglüklichen entsteht daraus Hofnung
    4. Wir sind zu lehrreichen Betrachtungen geneigter
20   a. Der Glükliche überläßt sich seiner Einbildung, durch de-
        ren Spiel in der Zukunft er nichts lernen kann
        b. Der Unglükliche denkt lieber an das Vergangne, und dar-
        aus entsteht viel lehrreiches.
Schluß. Auch uns kann also dieser Zeitpunkt lehrreich und erfreu-
25 lich seyn

No. 3.   IV. Am 10. Jan. bei innern Männern
                    über Ps. 104, 14. 15.

Eingang. Die Vergänglichkeit aller irdischen Dinge fällt uns nicht
eher recht auf, bis unser eigner Körper Beispiel davon wird
30 Thema. Betrachtungen bei dem Gedanken an die Hinfälligkeit unsres Körpers
    1. Seine Unfälle kommen von Gott.

---

2 könnte] konnte   **16** davor] *korr. aus* dafür   **31** Körpers] Kprs

---

1. 26 *Wochenpredigt in einem Krankensaal der Berliner Charité*

  a. wenn sie Folgen unserer Thorheiten sind
  b. wenn sie es nicht sind – sie sollen zum Besten dienen
  2. Er ist nicht unser einziges
  a. der Leib ist eine hinfällige Blume
  b. der Geist eine himlische unvergängliche   5
  3. Wir müssen uns nur hüten, daß der Geist nicht mitleidet
  a. Schwachheit und Unthätigkeit können wir nicht ver-
      meiden
  b. aber doch Verderben
      α Unzufriedenheit mit Gott und Tugend   10
      β. Erstiken wolwollender Gesinnungen
      γ. Lust an Unthätigkeit

————— |

6 No. 4. V. Am 2. Sonnt. n. Epiphan. über Hiob 14, 1–3.

Eingang. Unsere Theilnahme ist Schuldigkeit, soll sie aber fromm
seyn, so muß sie auch Gesinnungen wirken, die sich auf uns beziehn   15
Thema. Was lernen wir aus einem solchen Vorfall
  I. Die Wege der Vorsehung schweigend verehren
  1. Wir dürfen nicht klagen daß nicht lieber alte ⌊und⌋ Un-
      glükliche gestorben sind
      a. wer es selbst ist und so denkt hat noch sehr nöthig   20
          mehr geläutert zu werden auf Erden.
      b. wer es nicht ist sollte bedenken, daß die Unglüklichen
          ganz besonders als Gegenstände unserer Thätigkeit
          da sind
  2. Wir dürfen nicht glauben, daß Gott so etwas zum Trost   25
      der Gedrükten thut.
      a. es ist nicht nöthig um sie selbst zu überzeugen, daß
          auch die Großen von Gott abhängen und den Unfäl-
          len des Lebens ausgesezt sind
      b. es ist nicht nöthig die Großen davon zu überzeugen   30
      c. es wäre dieser Gedanke allein ein schlechter Trost
  II. Auf jeden Augenblik des Lebens einen größern Werth legen.
  1. Jeder muß benuzt werden

---

13 *Am 15. Januar 1797 nachmittags in der Charitékirche zu Berlin*   **14** *Bezugnahme*
vermutlich auf Friedrich Ludwig Karl von Preußen, genannt Prinz Louis, der im Alter
von 23 Jahren am 28. Dezember 1796 in Berlin gestorben war.

a. es ist nicht gleichgültig wie wir zur Ewigkeit übergehn
b. der verlorene kann nie wieder ersezt werden
2. Jeder muß genoßen werden
a. Gott will daß wir uns des Lebens freuen sollen
b. wir verkürzen das ohnedies kurze Leben, wenn wir
es nicht genießen
Schluß. Mit Muth muss man dem Ende des Lebens entgegensehn,
und es als Sporn zu einer nüzlichen Thätigkeit gebrauchen

No. 5.   VI. Am 21. Jan. Vorbereitungspredigt
über 2. Tim. 2, 8.

Eingang. Es sollte kein besonderes Erinnerungsmittel nöthig seyn,
aber man denkt Christi selten und flüchtig.
Thema. Wie sollen wir Christum im Gedächtniß behalten?
I. Seine Aufopferung |
1. Beschreibung
a. was er hingab
b. was er übernahm
2. Endzwek
a. Daß wir mit Dankbarkeit genießen, was er erworben
„Wenn wir solche Gnade nicht achteten, wie wollten
wir dem Zorn entrinnen."
b. Daß wir kleinere Unannehmlichkeiten ertragen.
II. Seine Erhöhung
1. Beschreibung „Gott hat ihm einen Namen gegeben"
2. Endzwek
a. Vorbild der Erneuerung des Gemüths
α. frei von herabziehender Anhänglichkeit
β. frei von erniedrigenden Bedürfnißen
b. Vorbild unserer Hofnungen
Schluß. Wenn wir dies fleißig thun werden wir immer nur auf das
wesentliche sehn.

---

11 Eingang. Es sollte] *geändert aus* Eingang. Sollte

---

9 *Am 21. Januar 1797 in der Charitékirche zu Berlin*   **20–21** *Vgl. Hebr 2,3*
24 *Vgl. Phil 2,9*

No. 6.　　VII. Am 3. Sonnt. n. Epiph. VM. über Jes. 3, 10.

Eingang. Beim vorigen Trauerfall hatten wir mehr Veranlaßung auf
die verborgenen Wege der Vorsehung zu sehn, bei diesem erscheinen
die offenbaren, nemlich die Belohnung der Gerechten in ihrem ganzen Licht.

Thema. Das Wolergehn der Gerechten unter der Regierung der göttlichen Weisheit
   I. Sie haben es gut
      1. im Leben
         a. äußerlich
            α. sie genießen die Achtung und Liebe der Men-
               schen
            β. sie genießen ein verhältnißmäßiges Wolergehn
              [1] Die Königin genoß es
              [2] nun können es aber auch alle genießen, wie
                 die Erfahrung lehrt
         b. innerlich
            α. sie haben immer Ursach zur Zufriedenheit
            β. sie haben imer Mittel das unangenehme zu über-
               winden. Die Königin konnte das in bedenklichen
               Eräugnißen |
      2. im Tode
         a. Der Anblik des Todes ist ihnen erträglich – Königin
            andere stellen sich oft so, sind es aber nicht
            Die meisten bekennen es unverholen.
         b. Der Geist leidet nicht mit dem Körper
      3. nach dem Tode
         a. sie können ohne harte Mittel weiter gezogen wer-
            den – Königin
         b. sie brauchen nichts Neues anzunehmen.
  II. Das Wolergehn bekomt dadurch einen Werth, daß es die
     Frucht ihrer Werke ist.
      1. ihrer wolwollenden Gesinnungen
         Die Dienste der Menschen kann man wol erkaufen aber
         nicht ihre Liebe und Theilnahme
      2. ihrer Pflichterfüllung überhaupt
         beherrschende Begierden laßen imer Spuren der Sklaverei
         zurük unerfüllte Pflichten imer Vorwürfe

---

1 *Am 22. Januar 1797 vormittags in der Charitékirche zu Berlin*　　**2** *Vgl. Predigt
vom 15. Januar 1797, die auf den Tod Prinz Louis von Preußen bezogen war (oben
S. 532–533)*　　**3** *Am 13. Januar 1797 war Elisabeth Christine von Braunschweig, die
Witwe Friedrichs des Großen, gestorben.*

3. ihrer Selbstzufriedenheit
    [a.] das innerliche Wolseyn – denn jeder Zustand ge-
    währt ihnen Stoff zu dieser
    [b.] die Gelassenheit beim Tode.
       NB. Frohe Laune gewährt nicht so sichre Zufrieden-
       heit als Moralität und ihr Bewußtseyn
4. ihrer Gottergebung
S c h l u ß. Das Beispiel derer, die in alle diesem Beispiel war[,] möge
noch lange gesegnet seyn

No. 7.   VIII. Am 3. n. Epiph. NM. im Invalidenh.
                 über Hiob 14, 5.

E i n g a n g. Außerordentliche Beweise von der Gewalt des Todes machen die Vorstellung davon wieder mit neuer Lebhaftigkeit rege.
T h e m a. Wozu bestimt uns die Ueberzeugung daß Gott die Zeit uns-
res Todes festgesezt hat
 I. Ihn nicht zu wünschen.
    1. es ist thörigt bestimte Wünsche über dasjenige zu nähren
       worüber man gar nicht Herr ist – Gott sorgt
    2. es ist ungeschikt es aus Ueberdruß zu wünschen, weil das
       Leben nie so schlecht ist – Gott kennt das Ziel des Dul-
       dens
    3. es ist unrecht es aus Sehnsucht zu wünschen, denn wir
       haben hier imer zu lernen und zu thun – Gott weiß
       wann wir reif sind |
II. Ihn nicht zu fürchten   9
    1. nicht, weil er uns unbereitet finden könnte
       a. Wenn wir in der Gemüthsfaßung sind, die sowol die-
          sem als jenem Leben ansteht, ist der Tod nichts be-
          sondres.
       b. Für das, was immer von selbst zur rechten Zeit ge-
          schieht, bedarf es keiner besondern Vorbereitung
    2. nicht, weil er uns grade während einer menschlichen
       Schwachheit überraschen könnte
       a. Gott sieht nicht auf die äußerliche Handlung, son-
          dern auf den ganzen Zustand des Gemüths – er läßt
          also ablaufen ohne nach der ersten zu fragen

---

10 *Am 22. Januar 1797 nachmittags in der Invalidenhauskirche zu Berlin*

     b. Gott hat das ganze des Lebens vor Augen

  3. nicht, weil unser Geschäft unvollendet gelaßen wird

     a. Das Gute was in seinem Plan ist wird er schon zu
        Stande bringen, daran zweifeln wäre Eitelkeit oder
        Unglaube   5

     b. es sind dem Menschen nicht bestimte Werke aufgege-
        ben, sondern eine treue Anwendung der Zeit.

Schluß. Laßt uns gleichmüthig zu jeder Stunde bereit seyn

No. 8.   IX. Am 24. Jan. bei innern Weibern
                  über Prov. 14, 32.   10

Eingang. Man glaubt gewöhnlich auf den Unterschied der Gesinnungen komme es nur bei gewißen Fällen an, sein Einfluß zeigt sich
aber überall, besonders in Tagen der Prüfung
Thema. Der wolthätige Einfluß guter Gesinnungen im Unglük
  1. Geduld   15
  2. wolwollende Gesinnung
  3. Gottergebenheit

No. 9.   X. Am 4. nach Epiph. über Röm. 13, 12.

Eingang. Je mehr Kräfte desto mehr Verantwortlichkeit. Aus diesem
Grunde sollen wir uns aber nicht weniger Kräfte wünschen sondern   20
nur eifriger und thätiger seyn
Thema. Die Gesinnungen die aus dem Bewußtseyn unserer günsti-
gen Lage folgen müßen. |
10   I. Wir genießen Vorzüge
      1. Die Nacht ist vergangen   25
        a. Zustand der Unwissenheit
        b. Zustand der Hülflosigkeit
          α. von Seiten Gottes
          β. von Seiten der Menschen.

---

2 unvollendet] *korr. aus* unvollst

---

9 *Wochenpredigt in einem Krankensaal der Berliner Charité*   18 *Am 29. Januar 1797*
nachmittags in der Charitékirche zu Berlin

  2. Der Tag ist da.
    a. Nicht nur ungewiße Dämerung
    b. Nicht nur einzelne helle Stellen
    c. Alles ist vollkomen hell.
 II. Was müßen wir deswegen thun.
  1. Die Werke der Nacht ablegen
    a. Vorurtheile und Irrthümer – Bild
    b. Leidenschaften
    c. bedenkliche Trägheit
  Zu dem Ende
  2. die Waffen des Lichts
    a. Besonnenheit
     α. klare Uebersicht unseres Weges
     β. richtige Schäzung unsrer Mittel
    b. Gebet
Schluß. Je mehr wir es thun, desto würdiger werden wir Gott für
die Gnadenmittel danken

No. 10. XI. Am 5. nach Epiph. über Matth. 13, 12.

Eingang. Wenn auch die anfängliche Quantität alles Guten verschieden vertheilt wird, so hängt doch die Zu oder Abnahme von unserm
Betragen ab
Thema. Ueber das Gesez, dem die göttliche Vorsehung beim Vermehren und Vermindern unserer Güter folgt
 I. Es ist ein allgemeines Gesez
  1. äußerliche Güter
  2. Gemüthsstimmung
  3. Erkentnißkräfte
  4. Moralität |
 II. Es ist ein weises Gesez   *11*
  1. es ist natürlich
    a. das nicht geachtete
     α. im Besiz – wird verschleudert
     β. in der Ausübung wird durch Entwöhnung er-
      schwert.
    b. das nicht beschüzte
     unterliegt den Unfällen die es treffen

---

18 *Am 5. Februar 1797 vormittags in der Charitékirche zu Berlin*

      2. es ist billig
           a. wer keinen Werth auf eine Sache legt, verdient nicht
              sie zu haben
           b. wer eine Sache nicht anzuwenden versteht, verdient
              keinen Beistand um sie zu erhalten   5
Schluß. Laßt uns also unbekümmert um die Quantität, nur auf die
Treue bedacht seyn, dann werden wir schon über mehreres gesezt
werden.

No. 11.   XII. Am 7. Febr. äußere Männer Oschaz
               Gen. 42, 36–38.   10

Eingang. Dem vernünftigen Menschen ist das häusliche Glük das
liebste
Thema. Wie muß das Andenken an die Unsrigen in Zeiten der Entfernung beschaffen seyn.
      1. Nicht vergeßen   15
      2. Den Schmerz mäßigen
           a. wir waren es doch eigentlich nicht, die sie glüklich
              machten
           b. unter Gottes Obhut stehn sie noch immer
      3. eine Quelle der Annehmlichkeit daraus machen   20
           a. der hat noch viel dem Gott dies gelaßen hat
           b. der ist noch wichtig auf der Erde den Menschen ver-
              missen
      4. eine Ueberlegung über den Vortheil guter Gesinnung
           a. in wessen Hause Unordnung herrsche, der muß immer   25
              Angst hegen
           b. nur auf die, welche zum Guten gewohnt sind[,] kann man
              sich verlassen
Schluß. Es ist schön, wenn Brüder einträchtig bei einander wohnen.

7–8 *Vgl. Mt 25,21*   9 *Wochenpredigt in einem Krankensaal der Berliner Charité*
29 *Vgl. Ps 133,1*

No. 12. XIII. Am 11. Febr. Vorbereitungspredigt im Inv.H.   *12*
über Marc. 14, 25.

Eingang. Das Abendmal ist geschikt alle Religiöse Gesinnungen zu
erregen; auch die im Thema.
5 Thema. Andenken an unsere bevorstehende Verbindung mit Christo
    I.   Worin wird sie bestehn. (wie die der Jünger im Leben war)
        1. wir werden seiner Gesellschaft genießen
        2. wir werden Theilhaber an seinem Ergehen seyn.
    II. Welchen Einfluß muß diese Hofnung haben
10   1. wir müßen schon jezt gern seine Worte hören
        2. wir müßen auch jezt gern an seinem Schiksal theilnehmen
           a. die Verachtung derer nicht scheuen, die ihn verach-
              ten würden
           b. die Freundschaft derer suchen, die ihn lieben und eh-
15   ren würden.
Schluß. Dies müßen unsre Entschlüße seyn bei jeder Abendmalsfeier

---

No. 13.   XIV. Am Sonnt. Septg. im Invalid.Hause
über Matth. 20, 1–16.

Eingang. Es ist Unrecht die Gottesverehrung Gottesdienst zu nen-
20 nen[,] es giebt aber doch einen Dienst Gottes.
Thema. Betrachtung unsres Dienstverhältnißes gegen Gott
    I.   Was thut er von seiner Seite
        1. er kann jeden brauchen
        2. er sieht nicht auf die Menge des gethanen, sondern dar-
25   auf was man hat thun können.
    II. Was müßen wir thun
        1. gehn, wenn er uns dingt
        2. zufrieden seyn mit unsern Umständen
           Die Entschuldigung vom weniger gutes wirken besagt
30   nichts
        3. auf keine auszeichnende Belohnung Rechnung machen
           Die Gelegenheit zu vielen, auszeichnenden Handlungen
           ist selbst Gunst

---

5 bevorstehende] *korr. aus Unleserlichem*   17 Septg.] *korr. aus Sexag.*

1 *In der Invalidenhauskirche zu Berlin*   17 *Am 12. Februar 1797 vormittags in der*
Invalidenhauskirche zu Berlin

4. glauben daß nichts wird vergeßen werden.
Schluß. Laßt uns immer aufs neue uns zur Treue verbinden

———————— |

13   XV.   Am Sonnt. Sept. NM.
                             Dieselbe Predigt.

—————————

No. 14.   XVI. Am 21. Febr. äußere Weiber   5
                  über Luc. 8, 13.

Eingang. Die äußern Umstände haben immer Einfluß auf des Menschen Gesinnung; das Unglük reizt öfters zum Abfall
Thema. Betrachtungen, die uns abhalten müßen, vom Glauben ab-
zufallen, wenn wir unglüklich sind.   10
    1. es giebt im Unglük immer noch Ursach zur Zufriedenheit,
       also auch zur Dankbarkeit.
    2. es ist oft die Folge unserer eignen Thorheit, und wir würden
       also noch mehr auf uns laden, wenn wir dem Bösen noch
       mehr Raum gäben   15
    3. es wäre die größte Thorheit, nachdem wir zufällige Güter ver-
       loren, nun auch noch das wesentliche und bleibende nemlich
       ein gutes Gewissen wegzuwerfen.

—————————

No. 15. XVII. Am Sonnt. Esto mihi über Luc. 18, 35 sqs.

Eingang. Die Religion lehrt uns daß Gott sich auch der Ungüklichen   20
annimmt. Am besten wird es durch Beispiele gelehrt.
Thema. Betrachtungen über die Fürsorge Gottes aus dieser Geschichte
    1. er kam nicht um

—————————————————————————————

5 äußere Weiber] äuß. Weib.   11 noch] *folgt* ⟨Zufrie⟩

—————————

3–4 *Am 12. Februar 1797 nachmittags in der Charitékirche zu Berlin über Mt 20,1–*
16   5 *Wochenpredigt in einem Krankensaal der Berliner Charité*   **19** *Am*
26. Februar 1797 nachmittags in der Charitékirche zu Berlin über Lk 18,35–43

a. Die Wohlthätigkeit seiner Mitbürger erhielt ihn
b. jezt geschieht dies auf eine noch beßere Art
2. es muß Gemüthsruhe bei ihm gewesen seyn
    a. es kann seyn durch Zcit und allerlei Erleichterungen
    b. es war wirklich, weil er
       α. noch Interesse nahm an dem was in der Welt vorging
       β. noch Lust hatte etwas für sich zu thun
3. es war noch Gefühl von seiner Würde denn er ließ sich nicht
    abschreken. |
4. er war durch sein Unglük geschikter gemacht worden Jesu   *14*
    nachzufolgen.
5. es wurde ihm geholfen – aber gewiß auch nur nach vielen
    mißlungenen Versuchen
Schluß. An dem was Seelen glüklich macht läßt Gott es keinem
fehlen

No. 16.   XVIII. Am Sonnt. Invoc. über Matth. 26, 24.

Eingang. Christi Leiden ist ein sehr auffallendes Beispiel davon, wie
Gott seinen Rath durch die bösen Handlungen der Verworfenen aus-
führt. Diese Bemerkung wird oft von den Menschen zu ungültigen
Entschuldigungen gemißbraucht.
Thema. Wie wir es zu betrachten haben, daß Gott bisweilen seinen
Rath durch strafbare Handlungen der Menschen ausführt.
  I. Den Menschen gereicht dies nicht zur Rechtfertigung
    1. nicht daß er mit seinem Willen Gottes Rath ausgeführt
      hat
      a. er dachte nicht daran, sondern folgte nur seinen Lü-
        sten
      b. wenn er daran dachte, so sind wir doch nicht dar-
        auf gewiesen
        α. wir erkennen den Rath Gottes über einzelne
          Dinge nicht eher bis sie geschehen sind
        β. wir haben andre Gebote und müßen Gott zu-
          trauen daß er seinen Rath ohne unsere Sünde
          wird ausführen können.
        γ. der Rathschluß Gottes ist ein Trost für den, wel-
          cher leidet, aber nicht für den, der böses thut.

---

16 *Am 5. März 1797 vormittags in der Charitékirche zu Berlin*

    2. nicht daß Gott ihn gezwungen hätte
       a. Gott müßte sich widersprechen
       b. Der Mensch weiß, daß er in die Sünde gewilligt hat
  II. Gott ist darüber zu rechtfertigen
    1. es ist ein Beweis seiner Weisheit
       a. nichts darf seinen Planen sich entgegenstellen
       b. nichts darf für seine Plane vergeblich seyn
    2. es ist ein Beweis seiner Güte gegen die Menschen
       a. ihre Schuld würde noch schwerer auf ihnen liegen,
          wenn alle Uebelthaten lauter böse Folgen hätten
       b. dadurch daß Gott bisweilen Aeußerungen ihrer Bos-
          heit zuläßt werden sie nicht böser
          α. das innere macht den Menschen böse[:] Kain, Ju-
            das |
          β. der Mangel an Gelegenheit macht ihn nicht gut
Schluß. Vor dem einen bösen wollen wir uns hüten, so werden wir
nie zu so leeren Entschuldigungen fliehn, und nie ein so lautes Wort
der Verdammung hören müßen.

XIX. Am Sonnt. Invoc. NM. über Matth. 26, 24.

Dieselbe Predigt.

No. 17.   XX. Am Sonnt. Reminisc. NM.
              über Matth. 26, 36 sqs.

Eingang. Das Betragen der Menschen in Widerwärtigkeiten ist sehr
mannigfaltig, daran ist nicht nur ihre natürliche Gemüthsart Schuld
sondern auch ihre ReligionsGesinnungen
Thema. Welches Betragen ziemt einem Christen, wenn er die Unannehmlichkeiten des Lebens kommen sieht.
    1. Er darf seinen Besorgnißen durch Klagen Luft machen.
      a. nur müßen sie verhältnißmäßig seyn – Christus klagt

19–20 *Am 5. März 1797 nachmittags in der Invalidenhauskirche*   21–22 *Am*
12. März 1797 nachmittags in der Charitékirche zu Berlin über Mt 26,36–46

nicht bei geringen Unfällen; er sagte ganz gelaßen: die
Füchse haben Gruben

  b. sie müssen nur die Zeiten einnehmen, wo wir nichts
    thun können.

2. Er darf Trost bei der Freundschaft suchen

  a. Gesellschaft an sich beruhigt

  b. wir denken an das Gute, was wir mit ihnen genoßen
    haben

  c. wir muthen ihnen nichts zu, als was ihre Pflicht ist

  d. einen vernünftigen Menschen leiden zu sehn kann ihnen
    ⌊nicht⌋ unangenehm seyn

3. Er darf sich im Gebet zu Gott wenden

  a. das Herz wird dadurch geprüft

    [α.] Unechte Wünsche, und

    [β.] Entwürfe auf Kosten der Rechtschaffenheit werden
      vertrieben

  b. das Herz wird dadurch gestärkt

    [α.] Stufenweise Wirkung des Gebets bei Christo

    [β.] Allgemeine Kraft desselben

Schluß. Laßt uns an die bunten Abwechslungen des Lebens uns gewöhnen[,] Die Liebe der Menschen uns erwerben, und Ein gutes Gewissen bewahren, damit wir Freudigkeit zu Gott haben.

————— |

No. 18.   XXI. Am Sonnt. Oculi über Luc. 22, 47. 48.   16

Eingang. Gott hat die Menschen einfältig gemacht aber sie suchen
viele Künste; große und kleine Unredlichkeiten sind gemein und müßen vermieden werden.

Thema. Wie verächtlich ein falscher Mensch ist

  I. Wegen der Falschheit selbst

    1. er muß lügen – es ist sein tägliches Gewerbe

      a. es ist verächtlich keinen Sinn für die Wahrheit zu
        haben

        α. um es so weit zu bringen muß man tausendmal
          erröthen

        β. man sezt sich immer der schnödesten Behand-
          lung aus und ist immer in Angst

1–2 *Mt 8,20; Lk 9,58*   23 *Am 19. März 1797 vormittags in der Charitékirche zu
Berlin*   24–25 *Vgl. PredSal 7,29*

　b.　es ist verächtlich sich dasjenige zu erlauben, wovon
　　　man voraussezt daß andere es sich nicht wieder er-
　　　lauben
　　　α.　er weiß daß er auf einem Wege geht der andern
　　　　　schlecht ist　　　　　　　　　　　　　　　　　5
　　　β.　er weiß daß sein Glük vom beßeren Verfahren
　　　　　anderer abhängt
　2.　er muß sich widersprechen - seine Handlungen sind im-
　　　mer gegeneinander
　　　a.　er sezt also keinen Werth auf seine Handlungen und　10
　　　　　Gesinnungen
　　　　　α.　alles Gute was er an sich hat, giebt ihm keinen An-
　　　　　　　spruch auf Achtung, weil er es selbst nicht achtet
　　　　　β.　alles liebenswürdige erwirbt ihm keine Liebe,
　　　　　　　weil es ihm nicht Ernst damit ist　　　　　　15
　　　b.　er hat auch keinen Marktpreis.
　　　　　α.　man weiß nicht wie man auf ihn wirken soll
　　　　　β.　man kann sich auf seine Versicherungen nicht
　　　　　　　verlaßen
II.　Wegen deßen was damit verbunden ist　　　　　　　20
　1.　eine verkehrte Schäzung menschlicher Dinge
　　　a.　er trachtet nicht nach innerer Zufriedenheit
　　　　　α.　es muß ihm an moralischen Empfindungen
　　　　　　　fehlen
　　　　　β.　es muß ihm an der Lust mit sich selbst zu leben　25
　　　　　　　fehlen
　　　b.　er trachtet nicht nach wahrer Ehre
　　　　　α.　es muß ihm an wahrer Selbstliebe fehlen
　　　　　β.　es muß ihm an wahrer Geselligkeit fehlen
　　　c.　er trachtet nicht nach stillem Genuß　　　　　　30
　　　　　α.　er weiß also selbst nicht was er will
　　　　　β.　er rennt immer vergeblich und sieht es nicht
　2.　eine verkehrte Beschaffenheit seiner Absichten　– entweder
　　　a.　fürchtet er sich sie zu entdeken, weil sie böse sind
　　　　　oder auf bösen Wegen erreicht werden sollen, oder　35
　　　b.　er schämt sich, weil sie kleinlich oder seinem Zustand
　　　　　nicht angemessen sind
Schluß. Laßt uns auch in gleichgültigen Dingen redlich, und offen
seyn

――――――― |

---

2 man] *über* ⟨andere⟩　　4 er weiß daß er] *korr. aus* man weiß daß man

XXII. Am 21. März Männer Teubert $\quad$ *17*

s. No. 14

XXIII. Am Sonnt. Laet. Invalid.

s. No. 18

---

5 No. 19. $\quad$ XXIV. Am Sonnt. Laet. NM. Matth. 26, 67. 68.

Eingang. Die Empfindlichkeit der Menschen für fremdes Unglük ist verschieden, es kommt aber auch darauf an, ob die Empfindung stark genug ist zum Handeln anzutreiben. Dies muß aber rein und menschenfreundlich seyn.

10 Thema. Des Unglüklichen muß man nicht spotten.

    I. $\quad$ Es giebt keine Entschuldigung

        1. die nicht daß ihm sein Recht geschehe und man dieses nur vollbringen helfe.

           a. weder wenn er übermüthig gewesen ist

15   b. noch wenn er schadenfroh gewesen ist

              Bemerkung.

              1.) unsre Pflicht zu erleichtern hört nie auf weil wir das Unglük gewißer sehen als die Schuld

---

1 März] Febr. $\quad$ 4 18] 21 $\quad$ 16 Bemerkung.] Bemerk.

---

1 *Wochenpredigt in einem Krankensaal der Berliner Charité über Lk 8,13* $\quad$ **2** *Die Verschreibung des Monatsnamens ist schon, zusammen mit der an den ausgeführten Predigtentwürfen orientierten Zählung, ein Hinweis darauf, dass Schleiermacher die Predigt vom 21. Februar 1797 (oben S. 540) wiederholt hat.* $\quad$ **3** *Am 26. März 1797 vormittags in der Invalidenhauskirche* $\quad$ **4** *Schleiermacher hat die Predigt des Termins Nr. XXI und somit die Disposition Nr. 18 vom Sonntag Oculi (19. März 1797) über Lk 22,47–48 wiederholt. Das entspricht auch der üblichen Wiederholungspraxis. Die Disposition Nr. 21 wäre die Wochenpredigt zum Termin Nr. XXVI (am 4. April 1797). Veranlasst ist die Verwechslung der beiden Zählungen wohl durch die vorangehende Wiederholungsnotiz, bei der römische Terminzählung und arabische Dispositionszählung um zwei differieren.* $\quad$ **5** *Am 26. März 1797 nachmittags in der Charitékirche zu Berlin*

2.) was wir zum Recht beitragen können ist bloß
    daß wir ihm die Schönheit des moralischen zei-
    gen und ihn dadurch demüthigen
2. die nicht daß man sich nur über die guten Folgen freue
    a. Beschreibung
      α. daß er unschädlich gemacht werde
      β. daß er sich beßern werde
    b. Widerlegung
      α. moralische Empfindungen laßen nichts feindseli-
        ges und bitteres zu
      β. wen Beßerung erfreut, der wird sie auch beför-
        dern und das kann nie geschehen wenn wir nur
        Erbitterung hervorbringen
II. Es ist sehr viel verwerfliches darin |
    1. verkehrtes
    a. jeder der des andern spottet, spottet seiner selbst.
      α. er ist dem Unglük eben so ausgesezt
      β. auch der Selbstverschuldung desselben.
    b. er beraubt sich der Belehrungen, die er daraus neh-
      men könnte
      α. derer über die Weisheit Gottes
        diese will in ernster Stille überdacht seyn Bei-
        spiel Text
      β. derer über das Betragen des Leidenden
        dies kann nur mit einem unbefangenen und wol-
        wollenden Gemüth beobachtet werden.
    2. böses.
    a. er folgt blindlings dem angenehmen
      α. ohne zu sehn ob es ihn in dem Lauf seiner Pflich-
        ten aufhält
      β. ohne zu sehn ob es der menschlichen Natur an-
        ständig ist. (Text)
    b. er verliert alles Gefühl [von] Liebe.
      α. wer das tadelnswerthe zum Gegenstand seines
        Vergnügens macht gewöhnt sich es überall zu
        finden
      β. wer das lächerliche überall aufsucht, verliert das
        Achtungsgefühl
    Beide werden immer zum unrechten Thun geneigter
    c. er verliert sich selbst aus den Augen

---

16 jeder der] jeder   **16** seiner] sein   **22–23** Beispiel] Bsp

α. er stellt lauter Vergleichungen an, wobei er im
vortheilhaften Licht erscheint

β. es fehlt ihm gänzlich an solchen, welche ihm das
Ideal vor Augen stellen.

5 Schluß. Laßt uns die Schritte vermeiden die nach und nach zu dieser
Gesinnung hinleiten.

———————

No. 20. XXV. VorbereitungsPredigt im Dom den 1. April
über Marc. 14, 25

Eingang. Unsere Verbindung mit Christo erscheint uns besonders
10 beim Abendmahl lebhaft, aber wir müßen sie für unvollkommen halten wenn wir auf nichts künftiges Rüksicht nehmen
Thema. Das Abendmahl ist ein Unterpfand unserer künftigen Vereinigung mit Christo
   I. Dies ist eine tröstliche Aussicht |
15   1. wir werden seiner Gesellschaft genießen – tröstlich   *19*
        a. wegen unsrer Unwissenheit
          α. hier folgt aus unserer Unkentniß
            (1) der Wege Gottes
            (2) der Wahrheit
20   (3) des Guten
            mancherlei Unvollkommenheit, die wir uns bei
            der Prüfung des Abendmahls vorwerfen
          β. dort wird er uns dies aufklären, wie er hier schon
            seine Jünger nach der Auferstehung aufklärte
25   b. in Rüksicht unserer Glükseligkeit
          α. hier komt so manches Uebel daher, daß es uns
            fehlt
            (1) an einem leitenden moralischen Freund
            (2) an einem Theilnehmer unserer Empfindun-
30   gen
          β. dort wird er alles leisten
        c. in Rüksicht der schnelleren Fortschritte
          α. hier werden sie aufgehalten
            (1) durch die Gleichgültigkeit
35   (2) durch die Verführungen Anderer
          β. dort wird sein Reich die Menschen ganz anders
            stimmen

2. wir werden Antheil an seinem Schiksal nehmen
   a. er ist dort
      α. über Hinderniße
      β. über Versuchungen erhaben
      γ. im Genuß von Belohnungen
   b. diese Hofnung die uns so nothwendig ist haben
     auch wir.
II. Es ist eine große Ermunterung. – Um zur künftigen Verbindung zu gelangen müßen wir die jezige benuzen.
  1. Laßt uns gern sein Wort hören
   a. in der Schrift
   b. im Gewißen
   sonst möchten wir ihn auch dort nicht verstehn.
  2. Laßt uns gern seine Wege wandeln
   a. der Liebe und Gerechtigkeit
   b. der Wahrhaftigkeit
   Dies muß uns beim Abendmahl nothwendig einfallen,
   und sonst möchten wir auch dort nicht in sein Reich tau-
   gen |
  3. Laßt uns gern sein Schiksal theilen
   a. die Verachtung der Welt bei seinem Bekentniß nicht
     achten
   b. nach der Liebe derer trachten, die ihn geliebt haben
     würden
S c h l u ß. Das seien unsre Hofnungen und Entschließungen, so wird
uns jede Abendmahlsfeier heilsam seyn.

conf. No. 12, XIII.

No. 21.   XXVI. Wochenpredigt bei innern Weibern
         über Joh. 19, 25–27. den 4. April

E i n g a n g. Die Menschen versäumen oft über einem Theil der Bestimmung den andern. Der welchen uns die Natur am nächsten gelegt hat,
ist auch der wichtigste.

---

14 Wege] *korr. aus Unleserlichem*

---

27 *Vgl. Predigt vom 11. Februar 1797 (oben S. 539)*   **28–29** *Wochenpredigt in einem Krankensaal der Berliner Charité*

Thema. In der Anhänglichkeit an die Unsrigen müßen wir aushalten
bis an den Tod.
　　I.　Worin sie besteht
　　　　1.　Dienstleistungen
　　　　　　a.　die berufsmäßigen
　　　　　　b.　die freundlichen
　　　　2.　Empfindungen
　　　　　　a.　sympathetische
　　　　　　b.　dankbare.
　　II.　Es giebt keine Entschuldigung für den Nichtbeobachter
　　　　1.　Diese Pflichten streiten nicht mit denen gegen Gott.
　　　　2.　nicht mit denen gegen uns selbst
　　　　3.　nicht mit der Schwachheit der Natur
　　　　4.　sie hängen mit allem was gut ist sehr genau zusammen

———————

No. 22.　XXVII. Am Sonnt. Palm. über Matth. 27, 3 sqs.

Eingang. Christus lehrt Tugend und Frömmigkeit zu vereinigen, bei
den Menschen findet man oft das Gegentheil
Thema. Wie verderblich es sei die Frömmigkeit von der Rechtschaffenheit zu trennen
　　1.　Die Rechtschaffenheit wird gleichgültig
　　　　a.　weil man glaubt sie sei nur ein Dienst der Menschen
　　　　b.　weil man glaubt göttlicher Beifall folge der Gottseligkeit
　　2.　Das Gewissen wird abgestumpft
　　3.　man wird der Verachtung der Menschen Preis gegeben

————————— |

No. 23.　XXVIII. Am Charfreitag über Matth. 27, 38 sqs.　　　　*21*

Eingang. Ueber das allgemeine sind wir einig, wir wollen auf besondere Umstände Acht geben.

———————

22 ⌊folge⌋ der⌉ *geändert aus* ⌊sehe⌋ die

———————

15 *Am 9. April 1797 nachmittags in der Charitékirche zu Berlin über Mt 27,3–5*
25 *Am 14. April 1797 nachmittags in der Charitékirche zu Berlin über Mt 27,38–44*

Thema. Betrachtungen über das, was sich am Sterbebett Christi zugetragen
   I. Es ist uns tröstlich daß Christus auch unter unangenehmen
      Umständen gestorben
      1. er war umgeben von Leuten denen er gleichgültig war.   5
        [a.] Die Gegenwart von Freunden ist tröstlich
        [b.] Man muß aber auch ohne sie ruhig sterben können
      2. er starb ohne sein Werk vollendet zu sehn – denn alle
        diese Menschen hatten noch nicht die beßere Gesinnung
        [a.] Es ist schön etwas ausgerichtet zu haben.   10
        [b.] Das Werk des Gerechten ist imer vollendet, aber auch
        nie vollendet.
        [c.] Ein Trost für diejenigen die der Welt wenig mehr als
        gute Wünsche bringen können
        [d.] Auch weniges gute kann reichliche Früchte bringen   15
  II. Was wir an seinem Sterbebett bemerken ist uns lehrreich
      1. Das Betragen der Menschen.
        a. Der Tod muß uns nie gedankenlos lassen
          sein Eindruk kann sich zwar vermindern durch die
          Gewohnheit[,] ernste Betrachtungen muß er aber im-   20
          mer hervorbringen
        b. mit Sterbenden muß man nicht Spott treiben
          [α.] Der Tod nimmt alle Feindschaft hinweg
          [β.] es ist kein Triumf denn es betrift die allgemeine
          menschliche Ohnmacht   25
      2. Das Betragen Christi
        a. er war gleichgültig gegen die Urtheile der Menschen
          [α.] Das Zeugniß des Gewissens und Gottes über-
          wiegt jenes
          [β.] Nur eitlen Menschen oder solchen die sich auf   30
          ihr Gewißen nicht verlaßen können ist mehr an
          der Ehre gelegen
          [γ.] laßt uns so leben, daß wir etwas beßeres haben
        b. er verzieh seinen Feinden
          [α.] Von selbst komt die Neigung zur Versöhnlichkeit   35
          nicht in der lezten Stunde
          [β.] Laßt uns bei Zeiten alle feindseligen Neigungen
          bekämpfen
          [γ.] Nur der stirbt ruhig der ohne Groll stirbt.
Schluß. Ihm ähnlich lebend werden wir auch ihm ähnlich sterben   40
und mit ihm gleiches Schiksal genießen.

———— |

No. 24.   XXIX. Am ersten Ostertag   22
                 über 1. Cor. 15, 12–15.

Eingang. Die Auferstehung Christi war von der größten Wichtigkeit
für die Ausbreitung des Glaubens. Der Glaube an sie hängt sehr genau
5 zusammen mit dem Glauben an unsre eigne Auferstehung.
Thema. Der Einfluß des Glaubens an unsre Auferstehung
  I.   Auf unsre Einsichten
     1.   ein kräftiger Beweis für die Allmacht Gottes.
       [a.] Die Schöpfung ist zwar Beweis genug
10   [b.] Der Tod würde aber doch wenn er unwiderbringlich
          zerstörte der Allmacht Grenzen sezen
      [c.] Wer über die Zerstörung Herr ist, ist gewiß auch
          Herr über alle kleinen Unfälle des Lebens.
     2.   macht er uns die Aussicht auf die Ewigkeit erst werth.
15   [a.] Die Hofnung auf die bloße Unsterblichkeit wäre we-
          nig tröstlich
      [b.] Denn wir haben keinen Begrif von Thätigkeit ohne
          Körper
      [c.] Wir könnten uns kaum überzeugen dasselbe Wesen
20   zu seyn und müßten immer den Verlust dieses Le-
          bens bedauern.
      [d.] Die Auferstehung hellt alles auf.
 II. Auf unser Betragen
     1.   er macht uns den Theil unsers sittlichen Betragens wich-
25   tig der sich auf unsern Körper bezieht.
      [a.] Blieben wir ohne Körper so wären alle Tugendbemü-
         hungen nur ein Dienst der Glükseligkeit für dieses
         Leben.
      [b.] Die entgegengesezten Laster brauchten wir nicht zu
30   scheuen weil sie sich in der Ewigkeit von selbst verlie-
          ren würden.
      [c.] Der Glaube an die Auferstehung zeigt uns hierin Voll-
         kommenheiten die noch in der Ewigkeit Vorzüge be-
         gründen.
35   2.   er tröstet uns über die Mühe die wir anwenden müßen
       unsern Körper brauchbar zu machen.
      [a.] Es ist wahr, daß jener Körper ganz anders eingerich-
         tet seyn wird, als der gegenwärtige.

---

24 den] *korr. aus* die

1 *Am 16. April 1797 vormittags in der Charitékirche zu Berlin*

[b.] Doch bleibt die Fertigkeit und wird sich auch auf
einen etwas verschiedenen Gegenstand anwenden
laßen
[c.] Bei diesem Glauben erscheint uns also kein Theil unserer Pflichten als Kleinigkeit.   5

—————— |

23   XXX. Am ersten Ostertag NM. im Invalidenhause

Dieselbe Predigt.

—————

No. 25.   XXXI. Am zweiten Ostertag
                        über Marc. 16, 1 sqs.

Eingang. Wenn wir die Sache selbst überlegt haben, sollen wir auch   10
auf die einzelnen Geschichten merken, die gewiß zu unsrer Belehrung
geschrieben sind
Thema. Homiletisch
    1. Die Ehrenbezeugung
        [a.] An sich weder lobens noch tadelnswerth   15
        [b.] Beispiel von der Salbung
        [c.] Wer einen großen Werth darauf legt ist abergläubisch
            oder eitel
        [d.] Wer es als unwillkührliche Aeußerung thut ohne etwas
            wichtigeres zu versäumen thut recht.   20
    2. Der späte Anblik der Schwierigkeiten
        [a.] Der warme Eifer muß immer von kalter Ueberlegung be-
            gleitet seyn.
        [b.] Wir sind selbst Schuld, wenn auf die Art das Gute unge-
            than bleibt   25
        [c.] Gott räumt oft Hinderniße hinweg die uns zu schwer
            sind.
        [d.] Dies ist oft in der Vergangenheit geschehn, wird auch in
            der Zukunft nicht fehlen

6–7 *Am 16. April 1797 nachmittags in der Invalidenhauskirche zu Berlin über*
1Kor 15,12–15   8–9 *Am 17. April 1797 vormittags in der Charitékirche zu Berlin*
über Mk 16,1–8

3. Der sinnliche Beweis
   [a.] Vernünftige sollten uns mehr werth seyn
   [b.] Wir müßen aber diese Neigung des menschlichen Gemüths benuzen
      [α.] Wo es auf schnelle Ueberzeugung und Trost ankomt, wie hier
      [β.] Wo wir unsere Gesinnungen beweisen wollen, müßen wir uns auf keinen andern Beweis verlaßen als auf den praktisch sinnlichen
4. Das Gebot zu verkündigen
   [a.] Sie hätten von selbst dazu geneigt seyn sollen
   [b.] Freudige Nachricht gern zu bringen ist dem Menschen natürlich
   [c.] Wen dieses Mitgefühl nicht antreibt, dem wird es überall an Bewegungsgründen zum uneigennüzigen Wolthun fehlen
5. Die Furcht hinderte sie daran
   [a.] Heftige Gemüthsbewegungen machen unsre guten Eigenschaften unthätig
   [b.] Darüber geht viel Gelegenheit zum Guten verloren
   [c.] Besonnenheit und Herrschaft über die Affekten ist der Grund aller wahren Tugend.

———————— |

XXXII. Am Sonnt. Quasim. über Joh. 20, 19–23.

s. 1795 denselben Sonnt.

————————

No. 26.   XXXIII. Am Sonnt. Miseric. Domini
über 1. Petri 2, 19–23.

Eingang. In allen Ständen hört man über Unrecht klagen, und doch ist das richtige Betragen im Unrecht so selten.

———————

14 Mitgefühl] *davor* ⟨Gefühl⟩   **23** 20,] *korr. aus* 19,

23 *Am 23. April 1797 nachmittags in der Charitékirche zu Berlin*   **24** *Siehe Predigt vom 12. April 1795 (oben S. 411–412)*   **25** *Am 30. April 1797 vormittags in der Charitékirche zu Berlin*

Thema. Ueber das Verbot der Selbstrache.
I. Warum sollen wir uns nicht selbst rächen
    1. Wir können uns helfen ohne uns zu rächen
        a. theils durch die Geseze
        b. theils durch den Schuz, welche unsere Rechtschaffen- 5
            heit bei andern Menschen findet
    2. Wir theilen sonst die Verschuldung unsers Beleidigers
        a. er beleidigt uns weil uns etwas an ihm unangenehm
        b. wir beleidigen ihn, weil uns seine Beleidigung unan-
            genehm 10
            α. wir thun auch etwas, was an sich selbst Unrecht
                ist
            β. es ist auch das unangenehme Ursach davon, nicht
                die Unsittlichkeit, sonst müßten wir eben so ver-
                fahren wenn Jemand Andere beleidigt. 15
    3. Wir thun in der Leidenschaft zu viel und verlängern den
        Streit. „Der Zorn weiß nicht, was Recht ist.“
II. Was für Beruhigungen wir dabei haben.
    1. wir thun wozu wir berufen sind
        a. wir folgen Christo 20
        b. wir erhalten Friede
        c. wir üben unser Gemüth
    2. unsre Sache ist Gott anheimgestellt
        a. er sorgt dafür, daß die Bösen nicht die Oberhand be-
            kommen in der Welt 25
        b. er sorgt dafür daß wir durch Friedfertigkeit und Ver-
            söhnlichkeit nicht zu kurz kommen
        c. er wird ein so geübtes Gemüth in der Ewigkeit be-
            lohnen

——————— |

25 XXXIV. Am Sonnt. Jubilate über Röm. 12, 21. *30*

s. 1796 Sonnt. Cantate.

———————

17 Vgl. Jak 1,20 30 Am 7. Mai 1797 vormittags in der Invalidenhauskirche zu
Berlin 31 Siehe Predigt vom 24. April 1796 (oben S. 499–500)

No. 27.   XXXV. Am Sonnt. Jubil. Nachm.
                        über 1. Petr. 2, 11.

Eingang. Unser Leben wird Kampf genannt und zwar für alle Menschen ohne Unterschied des Standes und Alters. Nur der Feind wech-
5 selt, der Streit bleibt
Thema. Ermunterung sich der Lüste zu enthalten
  I. Wegen unseres Verhältnißes zu dieser Welt
        1. wir sind Pilger
              a. wir haben nicht Zeit uns auf der Reise aufzuhalten
10   α. weder mit dem Trachten nach außerwesentli-
                       chen Dingen
                    β. noch mit der Vermeidung von Unannehmlich-
                       keiten
              b. wir thun unklug uns Lasten aufzuladen.
15   2. wir sind Fremdlinge
              a. wir dürfen uns nicht an Dinge hängen, für die uns
                  unsre Heimath keine Befriedigung gewährt
              b. wir dürfen uns nicht an Sitten gewöhnen die unserm
                  Vaterland fremd sind.
20   c. Das angenehme und unangenehme was wir so bald
                  verlaßen muß uns gleichgültig seyn.
  II. Wegen ihres Verhältnißes zu unserm Gemüth: sie streiten ge-
        gen den Geist.
        1. sie machen uns unfähig zu Anstrengungen
25   2. sie unterbrechen jede fortgesezte Beschäftigung unsers
                  Gemüthes
        3. sie berauben uns der Hülfsmittel der Religion
              a. des Aufsehns auf Christum – man wagt es nicht
              b. des Gebetes – man findet keine Freude daran
30   c. des Gedankens an die Ewigkeit – man scheut ihn
Schluß. Jeder suche seinen Feind auf und stelle sich gegen ihn

———————— |

XXXVI. Am Bußtag über 2. Cor. 7, 8–10.   26

s. Charité 1796. VIII.

————————

1 *Am 7. Mai 1797 nachmittags in der Charitékirche zu Berlin*   **32** *Am 10. Mai 1797*
nachmittags in der Charitékirche zu Berlin   **33** *Die Predigtentwürfe vom September*
bis Dezember 1796 sind nicht erhalten. Nr. VIII meint vermutlich die Predigt vom
30. Oktober 1796 nachmittags in der Invalidenhauskirche.

No. 28.   XXXVII. Am Sonnt. Cantate Drfalt.K.
              über Röm. 12, 21.

E i n g a n g . Um unser Wolergehen zu befördern besiegen wir alle
Schwierigkeiten und zeigen uns als Herrn der Erde. Wenn wir uns nur
eben so wenig im Guten aufhalten ließen. Auch hier müßen wir uns   5
nicht überwinden laßen
T h e m a . Ermunterungen unser Gutes durch das Böse nicht überwinden zu lassen
    I.   Unsere Berufstreue soll nicht überwunden werden
         1. sie muß wahrhaft seyn und ohne Nebenabsichten   10
             a. nicht um der Sicherheit willen
             b. nicht um der Ehre willen – beides muß überwunden
                 werden, wenn man den Lauf der Welt kennen lernt
         2. man muß sich gewöhnen dabei mehr an Gott, als an die
             Welt zu denken   15
             a. an seinen Beifall
             b. an den natürlichen Lohn.
    II. Unser Wolwollen soll nicht überwunden werden
         1. es muß auf die Grundsäze der Religion gebaut seyn.
             a. das falsche wird überwunden   20
                 α. durch Widerwärtigkeiten welche den natürlichen
                     Frohsinn ⌊ermüden⌋
                 β. durch die Erfahrung daß die Menschen doch
                     nicht glüklicher werden
                 γ. durch den Ueberdruß wenn man nichts aus-   25
                     richtet
             b. das wahre hält aus
                 α. gegen den übeln Eindruk, den uns andere geben
                 β. gegen den Undank, denn die Dankbarkeit war
                     nicht Zwek   30
                 γ. gegen die Fehlschlagung, denn man hat doch sein
                     Herz beruhigt
                 δ. gegen die Fehler der Menschen, denn sie erschei-
                     nen nur desto bedürftiger
         2. andere christliche Gesinnungen müßen zu Hülfe kommen   35
             a. Gleichmüthigkeit die den Mißmuth hindert
             b. Glaube daß jeder Beitrag unentbehrlich ist um das
                 Ganze zu Stande zu bringen

---

7 unser] *korr. aus* uns   7 Gutes] *über der Zeile mit Einfügungszeichen*

---

1 *Am 14. Mai 1797 vormittags in der Dreifaltigkeitskirche zu Berlin*

  c. Ueberzeugung daß auch das Fehlgeschlagene etwas
     gutes wirkt
III. Unsre Gemüthsruhe muß nicht überwunden werden
  1. Es giebt viele Menschen welche das Uebel in der Welt
     nicht unzufrieden machen kann, aber das Böse macht ih-
     nen die Welt unangenehm
  2. Hülfe dagegen
     a. bedenken daß die Welt ein Erziehungsplaz ist, wo
        also Unvollkommenheiten seyn müßen
     b. nicht mehr auf das Böse sehen als wir nöthig haben.
     c. glauben daß es viel verborgenes Gute giebt.
Schluß. Dies sind alles Dinge die in unserer Gewalt stehen, wir sind
also auch hier Herren. Laßt uns alle Beharrlichkeit zeigen, die von
uns gefodert werden kann.

conf. 1796. Cantate

———— |

No. 29.   XXXVIII. Am 16. May innere Weiber Königin   27
          über 1. Reg. 3, 5 sqs.

E i n g a n g . Wir fühlen unsere Abhängigkeit und bitten also von Gott,
aber wir wißen auch oft nicht was wir bitten sollen.
T h e m a . Wie sich die Bitte um ein weises Herz von allen andern un-
terscheidet
  I. Es ist das vornehmste was wir brauchen
    1. es bleibt noch für die Ewigkeit.
    2. ohne das ist alles andre unnüz.
  II. Es ist das einzige wovon wir gewiß wissen daß es nüzlich ist
    1. manches einzelne kann zu unserm Wolergehn schädlich
       seyn
    2. manches Wolergehn kann zu unserer Besserung schäd-
       lich seyn
  III. Es ist die einzige wovon wir wissen daß sie Gott wolgefällt
    1. in den kurzen Augenbliken die wir dem Gebet widmen
       sollten wir billig nur das ewige im Auge haben

---

10 haben] *davor* ⟨glauben⟩

---

15 *Vgl. Predigt vom 24. April 1796 (oben S. 499–500)*   **16–17** *Wochenpredigt in
einem Krankensaal der Berliner Charité über 1Kön 3,5–12*

2. Gott der soviel Fehler an uns sieht, kann keinen Gefallen
daran haben wenn wir etwas anderes für wichtiger halten
3. Gott kann verlangen daß wir alles übrige ihm überlaßen
Schluß. Diese Enthaltsamkeit und Weisheit des Gebets konnte dem
Salomo nicht leichter seyn als uns. – Wenn wir so beten werden wir
auch das unsrige thun um es wirklich zu machen, und Gott wird dann
in den Schwachen mächtig seyn – Erlangen wir dies so wird es uns
gleichgültig seyn wie viel er uns von dem ungebetenen giebt.

XXXIX. Am Sonnt. Rogate NM. über Jac. 1, 22.

s. 1796 Landsb. XXIV.

No. 30. XL. Am Himmelfahrtstag NM. über Joh. 20, 17.

Eingang. Es ist gut für unsere Betrachtung, daß Christus zwei Aus-
gänge aus der Welt gehabt hat, denn bei dem ersten bleiben wir gewöhnlich beim Verdienstlichen stehen. Sein lezter ist zwar glorreicher
als der unsrige, er ist aber doch auch hier Vorbild.
Thema. Die Beruhigung desjenigen der seinen Hingang so ansieht
wie Christus
    I. Er bleibt unter der Regierung Gottes
        a. wo weder er selbst sich helfen kann
        b. noch andre ihm nüzlich seyn können
    II. Er bleibt unter der Zucht seines Vaters
        a. der seine Bedürfniße genau kennt
        b. der seine Erziehung nicht unvollendet laßen wird.
    III. Er fährt auf zu Gott
        a. er nähert sich ihm in Glükseligkeit
        b. er nähert sich ihm in Erhabenheit
        c. er nähert sich ihm in Erkentniß |

---

2 anderes] *folgt* ⟨vernachläßigen⟩

6–7 *Vgl. 2Kor 12,9*   9 *Am 21. Mai 1797 nachmittags in der Charitékirche zu Berlin*
10 *Siehe Predigt vom 1. Mai 1796 (oben S. 500–501)*   11 *Am 25. Mai 1797*
nachmittags in der Charitékirche zu Berlin

IV. Zu dem Gott und Vater seiner Brüder 28
    a. er kann sie ihm überlassen
    b. er kann eine Wiedervereinigung mit ihnen hoffen.
Schluß. Diese Denkungsart macht nicht nur den Tod erträglich, sondern auch das Leben ruhig.

No. 31. XLI. Vorbereitungspredigt über Matth. 26, 27. 28.

Eingang. Alle Völker haben etwas ausgedacht um die Gottheit zu versöhnen; viele Christen halten das Abendmahl dafür.
Thema. In wie fern das Abendmahl ein Versöhnungsmittel seyn könne
  I. Wodurch sollte es dies bewirken
    1. Als äußerliche Handlung
      a. Gottes Sucht nach Verehrung ist nicht so groß, als sein Abscheu gegen das Böse
      b. Was die Umstände nicht ändert kann auch den Erfolg der ewigen Geseze in keinem Fall ändern, und also ohne Besserung
        α. weder die positiven Strafen
        β. noch die, womit die Sünde sich selbst straft.
    2. Als Vereinigung mit Christo und mystischer Genuß seines Blutes
      a. Ischarioth behielt gewiß seine Sünde
      b. die rechte Vereinigung ist die der Reben mit dem Weinstok
  II. Was für Begriffe müßen wir uns von dem Nuzen desselben machen.
    1. es macht die Aenderung des Herzens nicht entbehrlich
    2. es ist ein Stärkungs und Versicherungsmittel für den, der schon fühlen muß daß ihm seine Sünden vergeben sind
    3. es ist demjenigen gar nicht nothwendig der die Welt verlaßen will
Schluß. Wir, die wir noch darin zu leben haben[,] wollen es zu allem Guten benuzen.

----

6 *Am 27. Mai 1797 in der Charitékirche zu Berlin*

No. 32.   XLII. Am Sonnt. Exaudi VM. über Joh. 15, 15.

Eingang. Wir sind nicht nur Unterthanen und Kinder, sondern auch Freunde
Thema. Unser Beruf Freunde Gottes zu werden
   I. Worin er besteht.
      1. Wir haben Einsicht in Gottes Wege
         a. mit uns selbst
         b. im allgemeinen
         Der ununterrichtete ist nur Knecht
      2. Wir können also auch übereinstimmen
         a. vertheidigen
         b. gern beitragen |
      3. Gottes Wesen ist uns offenbart
         a. wir wissen was ihm angenehm ist
         [b.]
   II. Worauf komt es an um es zu werden
      1. nicht auf äußere Vorzüge
         a. dieser Unterschied ist zu gering
         b. es ist nichts darin was einen unfähiger machte
      2. wir müßen immer verständiger werden
      3. wir müßen thun was er uns gebietet
         [a.] nur dadurch kann unsere Bekantschaft mit seinem Wesen und
         [b.] unsere Einsicht in seine Wege immer zunehmen

29

5

10

15

20

XLIII.   Am Sonnt. Exaudi NM. über Jac. 1, 22

s. XXXIX.

25

---

25 XLIII.] *davor am Rand irrtümlich No. 33.*

---

1 *Am 28. Mai 1797 vormittags in der Charitékirche zu Berlin*   **25** *Am 28. Mai 1797 nachmittags in der Invalidenhauskirche zu Berlin*   **26** *Siehe Predigt vom 1. Mai 1796 (oben S. 500–501) und deren Wiederholung am 21. Mai 1797 nachmittags*

No. 33.   XLIV. Männerstation Oschaz den 30. May
über Luc. 19, 41. 42.

Thema. Wie nüzlich es ist, daß wir nicht wißen was äußerlich zu
unserm Frieden dient.
5   1. wir können das gegenwärtige ruhig genießen
ohne ängstlich auf gewiße Umstände zu harren die wir doch
nicht herbeiführen können
2. wir dürfen uns ungetheilt unserer Pflicht widmen
weil wir zu den übrigen doch nichts thun können
10   3. wir werden angetrieben uns die Liebe der Menschen zu erwerben[,]
sie gehört zu den allgemeinen Mitteln, die unter allen Umständen nüzlich sind.
4. Wir können desto sicherer darauf rechnen daß Gott uns helfen
15   muß, da er es so eingerichtet hat daß wir uns nicht selbst
helfen können

No. 34.   XLV. Am ersten Pfingstt. NM. über Joh. 3, 8.

Eingang. Damals kam der Geist Christi über alle, jezt giebt es viele
Christen die ihn nicht haben und nicht einmal kennen. Das leztere
20 vermißen wir wenigstens um zu beurtheilen zu welcher Klaße wir gehören.
Thema. Merkmale des Geistes Christi
1. er bläset, wo er will
a. solche Handlungen und Empfindungen, die nur an gewiße
25   Zeiten und Stunden gebunden sind, gehören nicht dazu
b. Niemand darf glauben weil er nicht Gelegenheit hat seine
guten Gesinnungen auf eine auffallende Art zu äußern
habe er den Geist nicht |
2. Die Andern hören sein Sausen   *30*
30   a. er muß Handlungen hervorbringen die keinem andern
Grunde beigemessen werden können
b. noch mehr solche, die in Vergleichung mit dem übrigen Betragen des Menschen keinen andern Grund haben können.

----

1 No. 33.] No. 34.   **17** No. 34.] No. 35.

----

1 *Wochenpredigt in einem Krankensaal der Berliner Charité*   **17** *Am 4. Juni 1797*
nachmittags in der Charitékirche zu Berlin

   3. sie wissen nicht, woher er kommt.
      a. es liegt eine Begebenheit dabei zum Grunde, die Niemandem offenbar ist, als dem, in dem sie sich ereignete.
      b. man kann sie ihnen auch nicht deutlich machen, denn von dieser Art der Beßerung verstehn sie nichts
   4. sie wißen nicht, wohin es führt
      a. er bringt eine Gemüthsstimmung hervor, die Andre nicht kennen
      b. er führt zu dem Ziel welches sie vergeblich suchen

Schluß. Möchte jeder finden, daß er dies alles aus eigener Erfahrung kennt und möchte jeder sein Licht so leuchten laßen daß andre aufmerksam wären und begierig nach demselben Geist.

No. 35.   XLVI. Am zweiten Pfingstt. NM.
                 über Act. 2, 12–16.

Eingang. Man muß nicht nur seinen Grundsäzen gemäß handeln, sondern sich auch recht zu betragen wißen, wenn man darüber angefochten wird, und dagegen wird häufig gefehlt.
Thema. Was man zu thun hat, wenn man um des Guten willen von der Welt unrichtig beurtheilt wird.
   1. Man muß sich darüber nicht erzürnen
      a. es ist so natürlich daß man mißverstanden wird, und die Unwissenheit verdient keinen Zorn
      b. in der Heftigkeit ist man nicht im Stande die Gründe darzulegen durch welche die Wahrheit vertheidigt werden kann
      c. die Heftigkeit ist der erste Schritt seinen Grundsäzen untreu zu werden
   2. Man muß nicht feigherzig dazu schweigen
      a. Dies ist eine Art von Verleugnung
      b. Das Beispiel ist vergeblich, wenn man nicht den Menschen das Licht verständlich macht, welches man ihnen leuchten läßt
   3. Man muß den Umständen angemessen freimüthig reden
      a. den Leuten zeigen wie unmöglich ihre Vermuthungen sind
      b. sie auf den Zusammenhang dieser Erscheinung mit Dingen die auch ihnen bekant sind, aufmerksam machen

--------- |

13 *Am 5. Juni 1797 nachmittags in der Charitékirche zu Berlin*

No. 36.   XLVII. Am Sonntag Trinit. über Joh. 3, 10.   *31*

Eingang. Die Unwissenheit in mancherlei Kentnißen um deretwillen
Andere geschäzt werden ist uns nicht zuzurechnen, aber es giebt Kentniße, welche auch wir zu haben verpflichtet sind. Beides muß man
5 unterscheiden
Thema. Um welcher Unwissenheit willen verdient der Mensch Tadel
und Vorwürfe?
    I. Wenn er nicht weiß, was er in seinem Beruf zu wißen verbun-
       den ist
10   1. in der Gesellschaft
          a. die Geschäfte
          b. die Rechtsverhältniße
          c. die besondern Pflichten und dazu gehörige Geschik-
             lichkeiten
15   2. als Mensch
          a. was überhaupt recht und unrecht ist
          b. den Werth der verschiedenen Bestrebungen
      3. als Christ
          a. was Gott von ihm fodert
20   b. was er von Gott erwarten darf.
   II. Was er in seiner Lage Gelegenheit hatte zu lernen
      1. allerlei Einsichten ohne Rüksicht auf unmittelbaren
          Nuzen
          a. weil sie an sich einen Werth haben
25   b. weil man doch irgend Jemand damit nüzlich seyn
             kann
      2. Kenntniße der Welt und der Menschen
          a. um zu wißen was gelingen kann, und was vergeb-
             lich ist
30   b. um zu wißen wie man dies und jenes behandeln muß.
      3. Beobachtungen über unser eignes Gemüth
          a. was wir vermeiden müßen um uns unsre Zufrieden-
             heit zu erhalten
          b. was uns vorzüglich beruhigen kann bei diesem und
35   jenem
Schluß. Wenn wir dies alles erlernen und anwenden so sind wir so
viel [werth] als die Gelehrtesten in ihrer Art, unser Verstand ist eben
so ausgebildet, und wir können eben so sicher auf einen größern WirkungsKreis in der Ewigkeit rechnen.

---

1 *Am 11. Juni 1797 vormittags in der Charitékirche zu Berlin*

No. 37.   XLVIII. Wochenpredigt Weiber den 13. Juni

Eingang. Das Unglük ist Schule, aber nicht nur die Art, welche uns
neue Tugenden üben lehrt, sondern auch die welche uns Zeit zum
Nachdenken verschaft
Thema. Was gehört dazu um zu erfahren wie viel man gegen Gott   5
gesündiget hat
    I. Nach den unmittelbaren Uebertretungen forschen
        1. alle Handlungen mit dem Gesez vergleichen
        2. nach den Veranlaßungen und disponirenden Ursachen
           des Bösen forschen   10
    II. Nach den Unterlaßungssünden
        1. was habe ich Gutes nicht gethan |
32   2. wie habe ich die göttlichen Gaben angewendet.
Schluß. Von einer solchen Prüfung können wir die köstlichsten
Früchte ⌊einerndten⌋ und werden uns dann bewegt fühlen Gott auch   15
für die Widerwärtigkeiten zu danken, die uns so heilsam gewesen
sind.

XLIX. Vorbereitung im InvalidenHause über Marc. 7, 18 sqs.

s. Landsberg 1795, 4.

No. 38.   L. Am ersten Sonnt. p. Trin. im Inv. VM.   20
          über 1. Joh. 4, 20.

Eingang. Die Eintheilung unserer Pflichten in Pflichten gegen Gott
und gegen die Menschen hat mancherlei Irrthümer hervorgebracht:
theils den, daß man Gott auf die Art etwas schuldig wäre wie den

5 zu] *korr. aus* gege

1 *Wochenpredigt in einem Krankensaal der Berliner Charité*   18 *Am 17. Juni 1797
in der Invalidenhauskirche zu Berlin über Mk 7,18–23*   19 *Siehe Predigt vom
17. Januar 1795 (oben S. 393–394)*   20 *Am 18. Juni 1797 vormittags in der Invalidenhauskirche zu Berlin*

Menschen, theils den daß man gegen Gott recht gesinnt seyn könne
ohne die rechte Gesinnung gegen die Menschen zu haben.
Thema. Man kann Gott unmöglich lieben ohne die Brüder zu lieben
  I. Alles was Liebe erwekt liegt bei dem Menschen weit näher
    1. ihr Bedürfniß
    2. das Gute, was wir an ihnen wahrnehmen
  II. Alles was Liebe unterhalten und [nähren] kann
    1. die Erwiederung
    2. der Umgang
  III. Die Gemüthsstimmung, welche zur Liebe gegen Gott erfodert
      wird sezt schon Liebe zu dem Nächsten voraus
    1. man liebt Gott nur um seiner Güte willen
    2. man kann keinen Sinn für Güte haben ohne selbst gütig
        zu seyn
Schluß. Wahre Religion entsteht sogar erst aus wahrer Menschen-
liebe.

      LI. Am 2. Sonnt. n. Trin. in Landsberg an der Warthe
            Garnis.Kirche über Röm. 12, 21.

            s. No. 28. mit folgenden Veränderungen

Eingang. Der Mensch kämpft überall auch in der Sittlichkeit, er
muß nicht nur gegen das Uebel beharrlich seyn, sondern auch gegen
das Böse.
NB. Nach dem Text allgemeine Anm. Daß nur vom wahren Guten
die Rede sei.
  I. 1. Versuchungen
        a. sie klagen darüber
        b. sie vernichten das Gute was daraus entstehn soll
        c. sie mißbrauchen zu bösen Absichten
      2. Gegenbetrachtungen
        a. wir müßen mehr auf das ganze sehn
          α. Gründe
            [1] Der Gesellschaft gehören wir eigentlich an

----

17 in] *korr. aus* üb   19 28.] *korr. aus Unleserlichem*

17–18 *Am 25. Juni 1797 in der Garnisonkirche zu Landsberg an der Warthe*
19 *Siehe Predigt vom 14. Mai 1797 (oben S. 556–557)*

[2] Die Foderungen die der Einzelne macht müßen danach abgemessen werden
[3] Ordnung erhält alles gemeinschaftliche
β. Folgen |
b. Wir müßen das Gesez für etwas wichtigeres halten
als den Gegenstand
α. Dies gehört hieher: denn wir geben oft deswegen
nach weil uns die Sache unwichtig scheint
β. es ist nothwendig
(1) Wir können uns sonst auch wegen großer
Handlungen nicht loben
(2) es ist die einzige Art kleinen einen Werth zu
geben.
II. 1. Versuchungen
a. Andere suchen immer Nebenabsichten darin
b. Die Gegenstände des Wolwollens machen einen unge-
schikten Gebrauch davon und werden also doch
nicht glüklich
c. Die wolwollende Gemüthsart wird von Betrügern gemißbraucht.
2. Gegenbetrachtungen
a. Jeder ist schuldig durch sein Betragen die Lästerung
von der Menschheit abzuwenden als ob es keine un-
eigennüzige Liebe gäbe.
b. Die Fehler der Menschen machen sie nur noch bedürftiger.
c. Wir müßen uns in uns selbst der Neigung zum Argwohn widersezen.
III. Unsere Thätigkeit überhaupt muß nicht überwunden werden
1. Versuchungen
a. Die Schwachheit, womit oft das Gute unternommen
wird läßt bald nach
b. Die Bosheit ist in ihrer Vereinigung stärker
2. Gegenbetrachtungen
a. Jede Bestrebung eines rechtschafnen Mannes ist ein
nothwendiger Bestandtheil des Widerstandes gegen
das Böse
b. es gedeiht mehr Gutes in der Welt als man glaubt
c. Auch mißlungene Entwürfe sind unter der Leitung
Gottes nicht ganz vergeblich.

No. 39.   LII. Am 4. p. Trin. über Prov. 16, 31.

Eingang. Die verschiedenen Zustände der Menschen erfodern auch
verschiedene Aeußerungen und Erweisungen der Liebe. So das Alter.
Thema. In wie fern muß uns das Alter ehrwürdig seyn
5 I. Wenn es durch Tugend erworben ist
   1. Die Dauerhaftigkeit des Körpers an sich ist kein Grund
      zur Achtung. – Die welche ihren Sünden zum Troz alt
      werden sind sogar ⌊verächtlich⌋.
   2. Wol aber wenn Lebensordnung die Ursach gewesen ist
10   a. wir ehren überall den der etwas erworben hat als
         Sieger
      b. sie sind Beweise daß das Gute schon in diesem Leben
         belohnt wird.
   3. Achtungsbeweise
15   a. wir müßen ihnen die Ruhe gönnen, die sie nöthig
         haben
      b. uns in die Ordnung fügen, welche sie angenommen
         haben
      c. zu allen Diensten ihrer Schwachheit bereit seyn.
20 II. Wenn es das Zeugniß eines nüzlichen Lebens für sich hat. |
   1. Achtungsgründe   *34*
      a. die Zeit an sich ist keiner
      b. aber die Thätigkeit
         α. er hat alles Gute bewirken helfen, was wir ge-
25   nießen
         β. er hat sich die Denkmäler erworben nach denen
            wir streben
         γ. er hat ein reiches Gemüth
   2. Achtungsbeweise
30   a. laßt uns bei ihrer Erfahrung Raths holen und ihre
         Meinungen auch da ehren, wo wir ihnen nicht fol-
         gen können
      b. laßt uns ihren Erzählungen theilnehmend zuhören
      c. laßt uns zeigen daß sie bei uns auch ein Denkmal
35   haben
35 III. Wenn es noch jezt reich an Tugenden ist
   1. Achtungsgründe
      a. das Leben allein fodert nicht Achtung, sondern nur
         das menschliche vernünftige Leben
40   b. die Tugend der Alten ist eine geprüfte Tugend

_____

1 *Am 9. Juli 1797 vormittags in der Charitékirche zu Berlin*

    c. sie ist eine Tugend wobei die Gesinnung am deutlich-
       sten ist, weil es wenig Handlungen giebt
    d. sie ist eine uneigennüzige und reine Tugend
  2. Achtungsbeweise
    a. laßt uns gern um sie seyn, und uns an ihrem An-
       schauen erbauen
    b. laßt uns ihren Blick auf das jüngere Geschlecht
       nicht trügen
    c. laßt uns über ihrem Geist ihre kleinen Eigenheiten
       vergeßen.

Schluß.
1. An die Alten
    a. die unvollkomnen mögen sich so darstellen und sich hüten
       das Alter in Unehre zu bringen
    b. die vollkomnen mögen um des Guten willen was sie noch
       stiften die Schwachheiten des Alters ertragen und nicht mur-
       ren daß Gott sie noch leben läßt.
2. Die Jungen
    a. mögen nach der Ehrenkrone trachten
    b. dahin sehn daß wenn ihr Tod vor dem Alter komt, er ihnen
       eben so erwünscht und leicht, und ihr Andenken eben so ge-
       segnet sei

LIII. Am 4. p. Trin. NM. im Inval.

Dieselbe Predigt.

No. 40. LIV. Wochenpredigt den 11. Jul. über Ps. 66, 10.

Eingang. Der Unterschied des Leidens ist nicht so groß, als der Unterschied der Art, wie man das Leiden ansieht.

----

14 zu bringen] bringen

23–24 *Am 9. Juli 1797 nachmittags in der Invalidenhauskirche zu Berlin über Spr 16,31*
25 *Wochenpredigt in einem Krankensaal der Berliner Charité*

Thema. Welche Vortheile derjenige hat, der das Leiden als Beße-
rungsmittel ansieht.
1. er klagt nicht über die Vorsehung.
2. er jammert nicht über die Theile seines Betragens, deren Folgen er nicht voraussehn konnte
3. er sieht gleichgültiger in die Zukunft, denn es kümmert ihn
nicht, ob er etwas mehr zu leiden hat.
Schluß. Dieser Glaube kann nur bleibend seyn, wenn wir es wirklich benuzen.

———————— |

No. 41.   LV. Am 5. p. Trin. über Prov. 12, 14.   35

Eingang. Die Menschen übersehn vieles Gute, was sie genießen:
auch vieles, was sie thun könnten.
Thema. Das Gute was Jeder durch Mittheilung seiner Gedanken
wirken kann.
I. Wir verschaffen uns einen Einfluß auf Beßerung
  1. Durch Mittheilung deßen was Andere nicht wißen
    a. äußere Kentniße und Erfahrungen
    b. innere Beobachtungen
  2. durch Erinnerung an das was sie wißen, aber nicht
    daran denken
    a. dadurch wird viel Böses verhindert
    b. dadurch wird der Gewöhnung zum Guten sehr aufge-
      holfen
  3. durch Sympathetische Erwekung der Empfindungen die
    wir jezt haben
    a. dadurch werden interessante Ansichten ans Licht ge-
      zogen
    b. dadurch wird oft das Gemüth aus seinem morali-
      schen Schlummer gewekt
II. Einfluß auf Glükseligkeit
  1. Da wo das Unglük mehr in der Gemüthsstimmung liegt.
    a. Tröstliche Hofnung – dem Niedergeschlagenen
    b. gute Laune – dem mißmuthigen
    NB. Diese Gaben sind weit größer als die äußern, wel-
    che ohne sie nichts helfen können

---

10 *Am 16. Juli 1797 nachmittags in der Charitékirche zu Berlin*

2. Da wo das Unglük in Umständen liegt.
   a. wir helfen die Umstände heben – durch guten Rath
   b. wir bringen ein andres Vergnügen hervor – wenn
      wir das Mißvergnügen nicht heben können
S c h l u ß . Dieser Kreis der Wolthätigkeit ist allen angewiesen, uns be- 5
sonders die wir von Unglüklichen umgeben sind.

No. 42.   LVI. Am 6. p. Trin. über Prov. 3, 30.

E i n g a n g . Es giebt Streit genug. Das leichteste wäre zuerst den ⌊freu-
digen zu meiden⌋ zu dem es keine Ursach giebt.
T h e m a . Betrachtungen, die uns abhalten müßen nicht Streit ohne 10
Ursach anzufangen.
   I. Nicht deswegen, weil wir einen Menschen nicht leiden
     können
     1. Wir würden dann auch sehr viel leiden müßen
     2. Wir beweisen dadurch, daß wir auf Kleinigkeiten mehr 15
       Werth sezen als auf die menschliche Natur
     3. Wir müßen bedenken, daß er ein Gegenstand ist, gegen
       welchen wir die Gesinnungen auslaßen müßen, welche
       das Bewußtseyn unsrer Vorzüge hervorbringen.
   II. Nicht deswegen, weil er mit vielen Andern in Verbindung 20
     steht über die wir zu klagen haben.
     1. Aeußere Verbindungen beweisen keine Gemeinschaft
       der Gesinnung
     2. Das wodurch ein Mensch uns an sich selbst achtungs-
       werth ist, ist eben weit eigenthümlicher als alle seine Ver- 25
       bindungen |
36   III. Nicht deswegen weil wir unmuthig überhaupt sind
     1. Auf die Art würde jede Unannehmlichkeit allgemein ge-
       macht
     2. Wir beweisen deutlich daß wir unser Gemüth nicht be- 30
       herrschen
     3. Wie wollen wir Ersaz finden, wenn wir ihn nicht in der
       ⌊menschlichen⌋ Gesellschaft suchen wollen.
S c h l u ß .

7 *Am 23. Juli 1797 vormittags in der Charitékirche zu Berlin*

No. 43.   LVII. Wochenpredigt den 25. Jul.
                          über Jacob. 1, 13. 14.

Eingang. Man bedauert gewöhnlich nicht daß man das Böse gethan
hat, sondern daß dasjenige geschehn ist ohne welches wie man meint
5 das Böse nicht erfolgt seyn würde. So wirft man die Schuld auf Begebenheiten also auf Gott.
Thema. Warnung vor dieser Art sich zu entschuldigen
        1. Die Entschuldigung ist falsch
            a. Veranlassung ist nicht Ursach
10   b. Die Erfahrung beweist daß ein Widerstand fast immer
               geschieht, es liegt also nur daran daß er zu schwach ist
        2. Sie hilft nichts
            a. weder vor unserm Gewissen
            b. noch vor Gott.

———

15 No. 44.   LVIII. Am 7. p. Trin. über Prov. 13, 7.

Eingang. Die Religion hat mit dem äußern Glük nichts zu thun,
aber die Zufriedenheit ist auch für die moralische Bildung wichtig,
darum finden wir auch Rathschläge dafür
Thema. Betrachtungen darüber daß die Quelle der Zufriedenheit in
20 uns ist
        I. es ist wahr
            1. man kann arm seyn bei Reichthum
                a. in Rüksicht der Gegenwart
                b. in Rüksicht der Zukunft
25   α. eigne Hülfe
                  β. fremde Liebe
            2. man kann reich seyn in der Armuth
                a. in Rüksicht der Gegenwart
                  α. ⌊eingeschränkter⌋ sinnlicher Genuß
30   β. Naturgenuß.
                b. in Rüksicht der Zukunft
                  α. kräftiger

7 entschuldigen] Entschuldigen   25 Hülfe] *folgt* ⟨fremde⟩

1 *Wochenpredigt in einem Krankensaal der Berliner Charité*   15 *Am 30. Juli 1797*
vormittags in der Invalidenhauskirche zu Berlin

β. geliebter
II. Was für einen Einfluß muß es auf unser Betragen haben
1. wir müßen nicht die reichern beneiden
   a. wer weiß ob sie glüklicher sind
   b. wer weiß ob wir es seyn würden | 5
2. wir müßen von denen lernen bei denen wir ächte Zufriedenheit wahrnehmen
   a. die Gesinnung ist Grundsaz und Uebung, nicht Tem-
      peramentssache
   b. die Sparsamkeit   10
3. es ist ein großer Gewinn wer gottselig ist – ⌊läßt ohne
   geizen⌋
   a. die Gottseligkeit ist die Quelle der Genügsamkeit
      α. sie macht überhaupt froh
      β. sie gewährt eigne Freuden die den Geiz nach an-   15
         dern schwächen
   b. sie flößt alle Tugenden ein welche reich machen
      α. Enthaltsamkeit
      β. Sparsamkeit
      γ. Ordnung.   20
4. es ist eine Ursach die Weisheit Gottes zu bewundern
   a. er hat es so eingerichtet daß auf allen Abstufungen
      Zufriedenheit seyn kann
   b. in der Mannigfaltigkeit soll sich die Stärke des reli-
      giösen Gemüths zeigen   25

LIX. Am 7. p. Trin. NM. in der Charité

Dieselbe Predigt.

No. 45.   LX. Am 5. Aug. 1797 Vorbereitungspredigt
           in der Parochialkirche über Eph. 2, 19–21.

Eingang. Das Abendmahl ist außer seinen andern Bedeutungen   30
auch Erinnerung an unsere Aufnahme in die christliche Kirche

----

15 Geiz nach] *vgl. Adelung: Wörterbuch 2,513*

26–27 *Am 30. Juli 1797 nachmittags in der Charitékirche zu Berlin über Spr 13,7*

37

Thema. Ueber die Vorzüge, die wir als Christen genießen
  I. Wir sind Bürger
    1. Beschreibung
        a. nicht Gäste und Fremdlinge die nur geduldet werden
           aber sich um das ganze nicht zu bekümmern haben
        b. sondern wir haben Rechte
           α. unsre Meinung zu sagen
           β. unsere Maaßregeln zu ergreifen bei gemeinschaft-
              lichen Angelegenheiten
    2. Anwendung
        a. Es ist unsre Pflicht
           α. uns nichts auflegen oder abnehmen zu laßen
           β. Liebe und Anhänglichkeit an die Kirche auf die
              unsrigen fortzupflanzen
        b. das Abendmahl ist der Ort unsre Entschlüße darüber
           zu erneuern.
  II. Wir sind Bürger mit allen heiligen
    1. Was sie gethan haben ist uns zum Besten geschehen
        a. Beschreibung
           α. Unternehmungen
           β. Beispiele |
        b. Anwendung   38
           α. wir müßens benuzen
           β. wir müßen beim Abendmahl den Bund machen,
              dieser Gemeinschaft Ehre zu machen. Denn es ist
              nicht ein eitler Ruhm, sondern
    2. Der Geist der in ihnen war ist auch in uns ihren Mitbür-
        gern
        a. Beweis
           α. wir dürfen uns ihnen gleich schäzen – nur die
              Lage macht den Unterschied
           β. wir dürfen Antheil nehmen an ihrem Ruhm bei
              Gott und der Welt.
        b. Anwendung
           α. um uns das Gefühl zu erhalten müßen wir überall
              das unsrige thun.
           β. beim Abendmahl müßen wir uns verbinden
              durch kleine Beiträge das große zu Stande zu
              bringen.
  III. Wir sind Gottes Hausgenoßen.
    1. Beschreibung

---

17 heiligen] *folgt* ⟨1. Beschreibung⟩   **25** machen. Denn] machen ⟨Denn

    a. Familienvorgänge haben überall einen großen Ein-
       fluß auf die Bildung des Menschen
    b. Wir gehören zu einer Familie deren Ordnung und Le-
       bensweise Gott selbst eingerichtet hat.
2. Anwendung
    a. Wir erinnern uns dieser Verbindung vorzüglich beim
       Abendmahl.
    b. Wir geben einander das Gelübde alles zu entfernen
       was sich in einer solchen Familie nicht schikt.
Schluß. So wird uns jeder Genuß weiter dazu helfen eine Behausung
Gottes im Geist zu werden.

Am 8. p. Trin. predigt H. Cand. Herzog für mich

No. 46.   LXI. Am 8. Aug. Wochenpredigt
               über 1. Thess. 5, 12. 13.

Eingang. Die Menschen sind gewohnt Wolthaten hinzunehmen und
zu genießen ohne zu bedenken was für moralische Verhältniße daraus entstehn.
Thema. Von den Pflichten gegen die, die uns wolthun.
    1. wir müßen ihnen ihr Geschäft erleichtern
    2. wir müßen sie erfreuen durch Beweise, daß ihr Werk an uns
       nicht vergeblich ist
    3. wir müßen das Gute was sie an uns thun auch fortpflanzen
       auf Andere.
Schluß. Ohne diese wahre Dankbarkeit sind wir jedes Wolthuns unwürdig und stumpfen die Lust der Menschen dazu so viel an uns
ist ab.

--------------- |

---

10 dazu] *korr. aus zu*   14 1. Thess.] Thess

---

12 *Hier liegt vermutlich eine Verwechslung des Namens vor. Am 6. August 1797 vormittags in der Charitékirche zu Berlin predigte nach ‚Berliner Intelligenz-Blatt' Cand.
Pauli, während Cand. Herzog am 19. Februar 1797 vormittags und 10. Dezember
1797 vormittags die Vertretung übernahm.* **13–14** *Wochenpredigt in einem Krankensaal der Berliner Charité*

No. 47.   LXII. Am 9. p. Trin. über Luc. 16, 3.

Eingang. Ehrliebe ist dem Menschen natürlich, aber nichts wird
leichter mißverstanden und führt dann zu verderblichen Schritten.
Thema. Berichtigung unserer Urtheile über das was Ehre bringt
oder Unehre.

    I.   Von Wolthaten leben müßen ist eigentlich keine Schande
        1.   Es ist ein Schiksal, was man mit allen Menschen gemein
           hat.
           a. Jeder muß Wolthaten annehmen.
           b. Jeder muß Wolthaten annehmen die er dem Wolthä-
              ter selbst nicht erwiedern kann.
           c. Jeder der von Wolthaten lebt kann noch andern Men-
              schen nüzlich seyn und dadurch wird er also allen
              andern gleich.
        2.   Es ist immer nur eine Schuldigkeit die an uns erfüllt wird.
           a. Niemand hält es im Alter für Schande von den Seini-
              gen gepflegt zu werden.
           b. Wie kann es Schande seyn von der Gesellschaft ge-
              pflegt zu werden, deren Kinder wir alle sind.
   II. Aber zur Ungerechtigkeit seine Zuflucht nehmen ist Schande.
        1.   es beweiset daß man sein Gewissen etwas anderm unter-
           geordnet hat
           a. es ist gleichviel ob die Ungerechtigkeit groß oder
              klein ist
           b. es ist gleichviel ob Furcht oder Begierde uns dazu ge-
              trieben hat.
        2.   es beweiset daß man verachtet werden will – denn
           a. entweder macht man sich aus dem Urtheil der Men-
              schen überhaupt nichts
           b. oder man verachtet das Urtheil der guten Menschen
              und will nur unter den Bösen etwas gelten.
  III. Auf geringfügige Beschäftigungen eingeschränkt zu seyn ist
        keine Schande.
        1.   Die Gelegenheit kann dem Menschen nicht zugerechnet
           werden, sondern nur der Wille und die Thätigkeit
        2.   ohne die geringern Geschäfte würde zu den größern gar
           keine Veranlaßung seyn

---

1 3.] *davor* ⟨1–⟩   20 Schande] *davor* ⟨keine⟩   27 verachtet ... denn] *über* ⟨das
Urtheil der guten Menschen verachtet⟩

---

1 *Am 13. August 1797 nachmittags in der Charitékirche zu Berlin*

3. es können in einer geringen Lage viele gute Eigenschaften
   bewiesen werden und das erwirkt immer Ehre
IV. Aber die Unthätigkeit ist immer schändlich.
   1. wer keine Lust hat seine Kräfte zu üben, der schäzt sie
      nicht und ehrt also sich selbst nicht.
   2. wer die Thätigkeit nicht für Pflicht hält der zeigt daß es
      ihm gleichgültig ist ganz von andern Menschen abzuhän-
      gen. Denn
      a. er muß alles was sie für ihn thun für eine Wolthat
         halten – oder |
      b. er muß glauben daß er ein passives Wesen ist und
         unter ganz andern Gesezen steht.
Schluß. Alles was aus einem niedrigen Gemüth komt und nur das
macht Schande. Wer dies einsieht bei dem werden Ehrliebe und Gewissen nie in Streit kommen.

   Anm. Vielleicht wäre es beßer gewesen III. und IV. vor I. und II.
   zu sezen.

No. 48.   LXIII. Am 17. Aug. Wochenpredigt
                 über Matth. 8, 19. 20.

Eingang. Die Art wie die Menschen das Unangenehme oder auch
nur die Aussicht darauf ertragen ist sehr verschieden.
Thema. Wie kommen wir zu einer gewißen Gleichgültigkeit bei ungewohnten Widerwärtigkeiten
   1. Wenn wir wißen was wir wollen
      a. daß es etwas höheres giebt, dem wir auch unter diesen
         Umständen und zwar vielleicht auf eine vorzügliche Art
         nachtrachten können
      b. daß wir das irdische nur begehren in sofern das himlische
         nicht darunter leidet – so sind wir frei von unerlaubten
         Wünschen
   2. Wenn wir thun was wir könen
      a. wenn wir es uns nicht zugezogen haben
      b. wenn wir alles thun um es zu erleichtern oder zu ent-
         fernen.

---

18 *Wochenpredigt in einem Krankensaal der Berliner Charité*

LXIV. Am 19. Aug. Vorbereitung im Dom

s. No. 5. VI.

––––––––––

No. 49.	LXV. Am 10. p. Trin. über Prov. 3, 28.

Eingang. Das Leben der meisten Menschen ist ziemlich leer an wolthätigen und gemeinnüzigen Handlungen, nicht aus Mangel an Gelegenheit, sondern weil sie sie nicht benuzen
Thema. Daß man das Gute welches man andern erweisen kann
nicht aufschiebe
I.	Wer zum Aufschieben Lust hat dem thut die Uebung am nö-
thigsten
1.	er zieht gewiß etwas andres dem Wolthun vor
2.	er kennt also nicht recht den Genuß der damit verbun-
den ist
a.	je mehr er aufschiebt desto gleichgültiger
b.	je fleißiger er übt desto lieber wird er ihm werden.
II.	Wir wißen nicht ob wir das, was wir heute aufschieben, Mor-
gen noch thun können
1.	vielleicht ist die Gelegenheit nicht mehr da – es sei nun |
a.	daß die Umstände sich verschlimmert – oder	*41*
b.	daß sie sich gebeßert haben – beides ist unangenehm
2.	vielleicht ist der Empfänger nicht mehr da – er sei nun
a.	von uns entfernt durch unsre Lieblosigkeit – oder
b.	von der Erde hinweggenommen. Die lezten Stunden
bitter gelaßen zu haben ist besonders schmerzhaft.
3.	vielleicht sind wir nicht mehr da
a.	die Unterlaßung des Guten in den lezten Tagen drükt
noch mehr
b.	die nüzliche Anwendung derselben ist eine vorzügli-
che Erleichterung des Todes
III.	Jede Unterlaßung ist unersezlich
1.	wenn wir das heutige auf Morgen sparen müßen wir das
morgende liegen laßen

––

2 No. 5. VI.] No. 4. 5.

––––––––––

1 *Predigt über 2Tim 2,8*	2 *Siehe Predigt vom 21. Januar 1797 (oben S. 533)*
3 *Am 20. August 1797 vormittags in der Charitékirche zu Berlin*

2. Jede leere Stunde bleibt doch leer und man kann
    a. nicht berechnen wieviel üble Folgen aus einer unter-
       laßnen Pflicht entstehen
    b. es bleibt immer eine Undankbarkeit gegen Gott.

LXVI. Am 10. p. Trin. NM. im Invalidenhause

Dieselbe Predigt.

LXVII. Am 22. Aug. Wochenpredigt Weiber

s. No. 46.

No. 50.   LXVIII. Am 11. p. Trin. über 1. Cor. 14, 33.

Eingang. Alle Erkenntniß von Gott die wahr und richtig gefaßt ist
muß einen heilsamen Einfluß auf uns haben
Thema. Folgerungen daraus daß Gott ein Gott der Ordnung und
des Friedens ist
    I. Für unsre Beruhigung
      1. Was uns Unordnung scheint ist es nicht
        a. Wenn Güter und Leiden in der Welt uns nicht an ih-
          rem Plaz zu stehen scheinen
        b. Wenn auf unser Betragen etwas folgt, was nicht dar-
          aus folgt.
      2. Was uns übel zu seyn scheint, ist doch Friede
        a. in der Welt überhaupt
        b. in unsern eignen Schiksalen wenn wir es nur aufsu-
          chen

5–6 Am 20. August 1797 nachmittags in der Invalidenhauskirche zu Berlin über Spr 3,28   7 Wochenpredigt in einem Krankensaal der Berliner Charité über 1Thess 5,12–13   8 Siehe Predigt vom 8. August 1797 (oben S. 574)   9 Am 27. August 1797 nachmittags in der Charitékirche zu Berlin

II. Für unser Betragen
1. So wie in Gott alles Ordnung ist – wie man aus seinen
Werken und aus der Einrichtung des Menschen sieht –
so soll es auch bei uns seyn. |
a. Macht Ordnung in eurem Gemüth
b. Unterwerft euch den äußern Ordnungen in euren geselligen Verhältnißen
c. Macht Ordnung in euren äußern Angelegenheiten
2. So wie Gott überall den Frieden befördert so auch ihr

No. 51.   LXIX. Am 5. Sept. Wochenpredigt Männer
über 1. Reg.

Eingang. Viel Unzufriedenheit komt davon her daß der Mensch immer seinen Zustand mit andern vergleicht. Ganz hindern kann man
das nicht[,] es komt nur darauf an daß man die rechte Richtung beobachtet.
Thema. Worauf wir bei der Betrachtung des beßeren Glüks Anderer
merken müßen
1. Nicht jeder ist glüklich der es zu seyn scheint
a. Beschreibung
α. viele mögen den Ahab beneidet haben
β. er lag aber da und aß kein Brodt
b. Anwendung
α. was wir für Glük halten ist den Besizern oft
gleichgültig
β. sie leiden oft an verborgenem Uebel.
2. Alles äußere Glük hilft nichts ohne ein weises Herz
a. Beweise
α. Ahab hätte glüklich seyn können ohne Weinberg
β. Viele leiden an derselben Unersättlichkeit.
b. Anwendung
α. auch uns würde es nichts helfen
(1) der verschuldet unglükliche würde wieder
zurükfallen

2–3 ist – ... sieht –] *korr. aus* ist, ... sieht,

10–11 *Wochenpredigt in einem Krankensaal der Berliner Charité. Die Ahab-Naboth-*
Geschichte ist in 1Kön 21 überliefert.

       (2) der unverschuldete würde es durch Leicht-
          sinn verlieren
    β. haben wir uns das weise Herz erworben so wer-
       den wir ⌊bald⌋ sehn daß wir nicht nöthig haben
       nach noch etwas andrem zu streben.   5
3. Gott hat bei den äußern Umständen andre Absichten als
    verschiedne Grade der Glükseligkeit hervorzubringen
    a. diese Absicht erreicht er nicht, also hat er sie nicht
    b. er hat aber die das menschliche Herz ans Licht zu
       ziehn.   10
4. Statt der Vergleichung müßen wir unser eignes Schiksal
    ansehn.
    a. Das fehlte dem Ahab der
       [α.] noch viel genießen
       [β.] noch viel Gutes thun konnte   15
    b. Dies laßt uns vorzüglich betreiben.

—————— |

No. 52.   LXX. Am 13. p. Trin. im Invalidenh.
                       über Prov. 24, 29.

Eingang. Die Erwiederungen, die sich keiner nehmen laßen will[,]
verlängern immer die Streitigkeiten der Menschen   20
Thema. Die Gründe warum wir andern kleine Beleidigungen nicht
wieder vergelten dürfen
    I.   Es ist kein Mittel sie zu bessern
       1. Es wirkt mehr wenn man sie die guten Folgen der Liebe
          fühlen läßt, als wenn die bösen Folgen ihrer Handlungs- 25
          weise
       2. Man thut ihnen Unrecht.
          a. das kaltblütig zugefügte Uebel schmerzt mehr
          b. man giebt ihnen die Regel an die Hand dieses mehr
             nun auch nicht ungeahndet zu laßen   30
       3. Man hindert die Beßerung welche von selbst
          a. die Reue die schon auf dem Wege war wird zurükge-
             scheucht

---

8 diese] *korr. aus Unleserlichem*   9 Herz] *folgt* ⟨ihm⟩

---

17 *Am 10. September 1797 vormittags in der Invalidenhauskirche zu Berlin*

b. die gute Meinung von den Menschen wird verringert
II. Es bleibt immer ein Flek auf unserm Leben
   1. man darf nichts böses thun um einer guten Absicht willen
   2. man darf nicht schlecht handeln, weil Andere schlecht
      gehandelt haben.
III. Es ziemt dem nicht, der ein Gericht Gottes erwarte
   1. das strenge Richten und Vergelten ist ein Beweis, daß wir
      uns große Kenntniß von den Pflichten und von der
      menschlichen Natur zutraun
   2. wem viel gegeben ist von dem wird viel gefodert werden

LXXI. Am 13. p. Trin. NM. in der Charité

Dieselbe Predigt.

No. 53.   LXXII. Am 22. Sept. Wochenpredigt Weiber
über Luc. 7, 50

Eingang. Mit dem Gedanken an Gott stellt sich auch der Gedanke
an Verschuldung ein und die Einsicht daß wir seiner Gunst bedürfen.
Sie zu erwerben sind von je her viele falsche Mittel erdacht worden
Thema. Was unser Erlöser voraussezt zur Vergebung der Sünden
   1. Es war nicht die äußere Handlung
      hätte sie darauf einen Werth gelegt, so wäre sie in den Tem-
      pel gegangen
   2. Es war nicht der spekulative Glauben
      sonst hätte unser Erlöser sie nach dem Spruch beurtheilt:
      Nicht alle die zu mir sagen

---

20 wäre] *davor* ⟨hätte⟩

10 *Vgl. Lk 12,48*   **11–12** *Am 10. September 1797 nachmittags in der Charitékirche zu Berlin über Spr 24,29*   **13** *Wochenpredigt in einem Krankensaal der Berliner Charité*   **24** *Mt 7,21: „Es werden nicht alle, die zu mir sagen: HERR, HERR, in das Himmelreich kommen, sondern die den Willen thun meines Vaters im Himmel." (Biblia, das ist die gantze Heilige Schrifft Alten und Neuen Testaments, nach der Uebersetzung und mit den Vorreden und Randglossen D. Martin Luthers, mit neuen Vorreden, Summarien, weitläuffigen Anmerckungen und geistlichen Abhandlungen, auch Gebeten auf jedes Capitel, wobey zugleich noethige Register und eine Harmonie des Neuen Testaments beygefueget sind, edd. C. M. Pfaff / J. C. Klemm [Neues Testament], Tübingen 1729 [SB 206])*

3. Sie glaubte an seine Lehre und verstand ihren Geist
   a. bei ihr kanns leicht bloß an der ⌊Erkentniß⌋ gelegen haben
   b. bei uns muß es am Willen liegen

———— |

44 No. 54.   LXXIII. Am 15. p. Trin. über Röm. 12, 15.

Eingang. Die ungleiche Vertheilung der Glüksgüter sollte nach Got- *5*
tes Absicht keine eben so ungleiche Vertheilung der Glükseligkeit
seyn, denn wir sollen uns auch freuen über Anderer Glük.
Thema. Die Freude über Anderer Glük.
   I. Wie sehr unsre Glükseligkeit dadurch vermehrt wird.
      1. wenn wir glüklich sind sind wirs mehr   *10*
      2. wenn wir unglüklich sind kann es das Uebergewicht halten
  II. Wie sehr wir dazu verbunden sind
      1. im allgemeinen
         a. es ist menschlich
            α. der Mensch muß sich um andre mit Empfindun- *15*
               gen bekümmern von Natur
            β. es wäre widersprechend wenn er an Andrer Un-
               glük Freude haben wollte
         b. es ist christlich
      2. die verschiedenen Stände insbesondre   *20*
         a. die Reichen – wegen der Muße und Sorglosigkeit
         b. die Armen – wegen der eignen Dürftigkeit ihres
            Stoffs wenn sie sich nur auf sich selbst einschränken
            wollten
         c. wir besonders weil wir so viel Elend um uns sehn. *25*

————

No. 55.   LXXIV. Am 30. Sept. Vorbereitungspredigt
in der Parochialkirche über 1. Petr. 1, 18. 19.

Eingang. Die Erinnerung soll eine dankbare Erneuerung seyn. Die
Dankbarkeit besteht im Schäzen, genießen und vorbereiten

---

6 Glükseligkeit] *korr. aus* Glüksgüter   7 denn] *davor* ⟨als⟩   22 die Armen –] –
die Armen

---

4 *Am 24. September 1797 nachmittags in der Charitékirche zu Berlin*

Thema. Ueberlegung über die Größe der Wolthat Christi
  I. Wie wir sie nehmen müßen
      1. in der Schäzung
          größer als alles was durch Gold und Silber geschehen kann
      2. im Genuß
          a. Wir sollen nicht etwas bekommen wie bei Geldwol-
              thaten
          b. sondern etwas anderes werden – den natürlichen
              Wandel ablegen
      NB. Diejenigen genießen sie nicht recht die auch innerlich nur
      etwas dadurch bekomen wollen, einige Begriffe mehr einige
      Irrthümer weniger, einige Gebräuche p.
  II. Wie wir mit derselben fortwirken müßen
      1. Auch wir sollen Wolthaten erzeigen, die nicht mit Gold
          und Silber zu machen sind
          a. den Kindern
          b. schwächeren Gemüthern
      2. Wir sollen den neuen Wandel kräftig zu verbreiten suchen
          und uns eben so wenig an die Welt kehren

—————— |

No. 56.   LXXV. Am 16. p. Trin. Erndtefest   *45*
                        über Ps. 104, 27. 28.

Eingang. Alle allgemeinen NaturEinrichtungen, wenn wir einmal
recht daran denken, müßen Freude und Dankbarkeit in uns erregen.
Thema. Unsere Lokalgesinnungen bei dieser Gelegenheit
  I. Freude
      1. uneigennüzig – uns würde es doch nicht fehlen
      2. lebhaft – wir wißen wie es den Leidenden dieser Art ist
          aus alter Erfahrung
      3. weltbürgerlich – weil wolthätige Gesinung dadurch ein-
          geschränkt wird
  II. andere Betrachtungen
      1. Alle Menschen sind gleich abhängig von Gott. Die Kö-
          nige und die Vornehmen sehn eben so bange auf das Ge-
          lingen des Akerbaus als die Armen.

---

3 in der] *geändert aus* im Genu   **20** Erndtefest] Erndtef.

———

20 *Am 1. Oktober 1797 vormittags in der Charitékirche zu Berlin*

2. So wie Gott aus der mannigfaltigsten Folge der Witterung doch immer eine Erndte hervorzubringen weiß, so auch Gutes für die Menschen aus der mannigfaltigsten Folge von Schiksalen.

Gebet.

No. 57.   LXXVI. Am 16. p. Trin. NM. im InvalH.
über Phil. 2, 12.

Eingang. Je größer das Gut ist nach welchem der Mensch strebt, desto größer auch die Mühe die er sich darum geben muß. Um die Tugend also die größte.
Thema. Gründe welche beweisen daß wir unsre Seligkeit mit Furcht und Zittern [schaffen] müßen.
  1. Das Böse schleicht sich unmerklich ein
  2. Dem Bösen wird nur durch angestrengte Aufmerksamkeit auf Kleinigkeiten widerstanden
  3. Das Gute geht bei Unachtsamkeit sehr leicht verloren
  4. Wir sind sehr geneigt uns Gutes einzubilden, was wir nicht haben

---

LXXVII. Am 3. Octob. Wochenpredigt Männer

No. 53.

LXXVIII. Am 17. p. Trin. NM. über Jer. 17, 10.

nach einer Landsb. Predigt.

---

6 *Am 1. Oktober 1797 nachmittags in der Invalidenhauskirche zu Berlin*   **19** *Wochenpredigt in einem Krankensaal der Berliner Charité über Lk 7,50*   **20** *Predigt vom 22. September 1797 (oben S. 581–582)*   **21** *Am 8. Oktober 1797 nachmittags in der Charitékirche zu Berlin*   **22** *Vgl. Predigt vom 23. November 1794 (oben S. 374–376)*

No. 58.   LXXIX. Vorbereitungspredigt über Joh. 13, 35.

Eingang. Den ersten Endzwek der Ausbreitung können wir nur auf
eine sehr entfernte Art erreichen, aber des zweiten uns zur Liebe zu
verbinden bedürfen wir eben so sehr |

5 Thema. Geist der Liebe ist Geist der Jüngerschaft Christi   46
    1. Man kann nicht glüklich seyn ohne Liebe.
    2. Man kann von den Verhältnißen gegen Gott nicht die richti-
       gen Begriffe haben ohne Liebe.
    3. Man kann der Welt nicht nüzlich seyn ohne Liebe.

10 No. 59.   LXXX. Am 18. p. Trin. VM. über Matth. 22,

Eingang. Ueberall giebt es eine Gottesverehrung, aber sehr oft liegen falsche Ideen dabei zum Grunde.
Thema. Alle Gottesverehrung muß aus den beiden Grundgesinnun-
gen der Religion entspringen.

15   I. Alles was im Christenthum dazu gehört, hängt mit diesen Ge-
     sinnungen zusammen
    1. Gebete
    2. gemeinschaftliche Belehrung
    3. die beiden heiligen Gebräuche
20 II. Wenn diese nicht die Quellen sind, so ist sie falsch
    1. entweder Aberglaube – oder
    2. Heuchelei – oder
    3. bloße Gewohnheit.

No. 60.   LXXXI. Wochenpredigt über Ps. 56, 12.

25 Thema. Hofnung auf Gott
    1. Im Unglük

---

1 LXXIX.] *folgt* ⟨Am 18. nach Trin. NM. über Matth.⟩   13 muß] *über* ⟨die nicht⟩
14 entspringen] *korr. aus* entspringt ist   20 Wenn] *korr. aus* Was

---

1 *Am 14. Oktober 1797 in der Charitékirche zu Berlin*   10 *Am 15. Oktober 1797*
vormittags in der Charitékirche zu Berlin über Mt 22,35–40   24 *Wochenpredigt*
vermutlich am 17. Oktober 1797 in einem Krankensaal der Berliner Charité

2. In der Verläumdung
3. in Fehltritten

Schluß. Man muß aber von sich rühmen können v. 14.

LXXXII. Vorbereitungspredigt im Invalidenhause

No. 58.

LXXXIII. Am 19. p. Trin. VM.Predigt im I.H.

No. 59.

No. 61.   LXXXIV. Am 19. p. Trin. NMPredigt

Thema. Gelindigkeit thut dem Zorn Einhalt.
1. Sie giebt ihm keine Nahrung
2. Sie zeigt gute Eigenschaften an dem, in welchem man böse
   finden wollte
3. Sie giebt den Kontrast zwischen einem vernünftigen und unvernünftigen Betragen zu fühlen

--------------- |

47   LXXXV. Am 20. p. Trin. VM. Dreif.Kirche über Prov. 3, 30.

No. 42. mit folgenden Veränderungen

---

1 Verläumdung] *vgl. Adelung: Wörterbuch 4,1465*

---

3 *Ps 56,14*   4 *Am 21. Oktober 1797 in der Invalidenhauskirche zu Berlin über Joh 13,35*   5 *Predigt vom 14. Oktober 1797 (oben S. 585)*   6 *Am 22. Oktober 1797 vormittags in der Invalidenhauskirche zu Berlin über Mt 22,35–40*   7 *Predigt vom 15. Oktober 1797 vormittags (oben S. 585)*   8 *Am 22. Oktober 1797 nachmittags in der Charitékirche zu Berlin*   9 *Vgl. Spr 15,1*   15 *Am 29. Oktober 1797 vormittags in der Dreifaltigkeitskirche zu Berlin*   16 *Predigt vom 23. Juli 1797 vormittags (oben S. 570)*

I. 2. es hängt mit großen Fehlern zusammen
    a. mit Verachtung der eigentlichen Menschenvorzüge
    b. mit Ueberschäzung der Kleinigkeiten und Eitelkeit
      daß wir beßer darin sind
  3. Es veranlaßt bittre Klagen da diese Dinge größtentheils
    von Organisation und Erziehung herrühren
II. 2. Wer nicht die Menschen von den Verbindungen zu tren-
    nen weiß und auch andern dies zutraut der kann nie einen
    Freund finden. Christus nahm jeden Pharisäer und jeden
    Zöllner besonders

No. 62. LXXXVI. Am 21. p. Trin. NM. über Luc. 14, 27.

E i n g a n g. Der Mittelweg zwischen leidenschaftlichem Sträuben ge-
gen Unannehmlichkeiten und müßigem Jammern ist nicht nur für die
Glükseligkeit das Beste sondern auch sittlich nothwendig.
T h e m a. Wie nothwendig Geduld da seyn muß wo christliche Gesin-
nungen seyn sollen
  I. der Zusamenhang selbst.
    1. Jeder Augenblik bringt Pflichten die man sehn muß
      a. wer nur darauf denkt mit dem Schiksal zu kämpfen,
        der sieht sie nicht
      b. wer ganz in der Empfindung seines Unglüks versun-
        ken ist, bei dem wird das moralische Gefühl nicht
        reizbar genug seyn
    2. Es giebt immer einen innern Kampf zu dem man guten
      Muth braucht.
      a. wer vergeblich mit dem Schiksal kämpft ist verdrieß-
        lich
      b. wer sich gewöhnt in seinen äußern Angelegenheiten
        den Muth gleich sinken zu laßen dem wird noch weit
        mehr alles moralische zu schwer seyn
  II. Vermeidung einiger Mißverständniße.
    1. es ist thöricht das Leiden zu suchen um Geduld beweisen
      zu könen

---

13 nicht] *davor* ⟨fü⟩

---

11 *Am 5. November 1797 nachmittags in der Charitékirche zu Berlin*

   a. denn wer nur vollkomen rechtschaffen handelt und
     ein liebendes Herz hat wird deßen genug haben
   b. wir legen dadurch der Erfüllung unsrer Pflichten un-
     nüze Hinderniße in den Weg
2. diese Tugend allein kann uns nicht Gott wolgefällig machen
   a. sie ist nichts wenn sie nicht auf Ergebung und Liebe
     beruht
   b. sie ist nur Mittel um andere Tugenden zu erleichtern
3. die ewigen Belohnungen beziehn sich weder auf das Leiden noch auf die Geduld, sondern auf die Fähigkeit einen
   großen Wirkungskreis mit Nuzen auszufüllen

LXXXVII. Am 22. p. Trin. VM. über Ps. 56, 12.

No. 60.

Erweiterung

Eingang. Weder eigne noch fremde Kräfte reichen zu, und unsere
Hofnung auf sie ist thöricht wenn wir keine Hofnung zu Gott ha-
ben. |

I. 1. Gott hat gute Absichten wenn die Menschen auch böse
    haben
  2. Gott kann ein Ende machen, wenn es Menschen auch
    nicht können
II. 1. Ehre bei Gott tröstet für die Ehre bei Menschen
  2. Die Sache der Güte ist seine Sache und er wird sie wie-
    der herstellen.
III. 1. Wenn die Menschen uns auch verhöhnen wollen, Gott
    schüzt uns
  2. Wenn wir auch in der Menschen Hände fallen Gott sezt
    ihnen doch Ziele

---

13 *Am 12. November 1797 vormittags in der Charitékirche zu Berlin*   **14** *Predigt*
vom 17. Oktober 1797 (oben S. 585–586)

LXXXVIII. Am 22. p. Trin. NM. im IH.

Dieselbe.

No. 63.   LXXXIX. Am 14. Nov. Wochenpredigt Männer
über Ps.

Thema. Gründe die dem Gedanken widerstreiten als ob wir von
Gott verlaßen wären
  1. es bleibt uns noch vieles übrig was wir doch von ihm haben
  2. es bleibt die Hofnung daß wenn er uns vergäße er alles verge-
     ßen müßte
  3. es bleibt die Ueberzeugung daß er für unser moralisches We-
     sen noch sorgt

---

3 14. Nov.] 12. Nov.

1–2 *Am 12. November 1797 nachmittags in der Invalidenhauskirche zu Berlin über*
Ps 56,12   **3** *Wochenpredigt in einem Krankensaal der Berliner Charité*   **4** *Vermut-*
lich Ps 71,9

Erste gedruckte Predigt:

*Die Gerechtigkeit
ist die unentbehrliche Grundlage
des allgemeinen Wohlergehens*

*(in: Auswahl noch ungedruckter Predigten von Ammon u. a.,
Predigten von protestantischen Gottesgelehrten, 7. Sammlung,
[ed. Philipp Karl Buttmann],
Berlin 1799, Nr. 13, S. 231–256)*

Auswahl

noch

ungedruckter

Predigten

von

Ammon, Bartels, Dieterich, Löffler, Marezoll,
Sack, Schleiermacher, Spalding, Teller,
Zöllner, Zollikofer.

———————

Berlin,
bei August Mylius 1799.

Predigten

von

protestantischen

Gottesgelehrten

Siebente Sammlung.

———————

Berlin,
bei August Mylius 1799.

Dreizehnte Predigt.

———

Die Gerechtigkeit ist die unentbehrliche Grundlage des allgemeinen Wohlergehens.

Am einem allgemeinen Bettage.

Die Beherrscher aller nur einigermaßen gesitteten Nationen haben immer auf die Religion derselben einen großen Werth gelegt, und sie heilig gehalten, weil eine lange Erfahrung gelehrt hat, daß Ehrfurcht vor einem höhern Wesen, welches als der erste Urheber und höchste Beschützer aller geselligen Verbindungen und aller nützlichen Einrichtungen unter den Menschen angesehen wird, zu einem rechtlichen und schuldlosen Verhalten viel kräftiger wirkt, als die Furcht vor den angemessensten Strafen. Wie viel mehr muß also nicht allen Völkern und ihren Regenten die christliche Religion theuer und heilig seyn, welche von ihren Bekennern nicht nur vorübergehende Handlungen fordert, sondern sie zu bleibenden Gesin-

---

gen, so viel an euch war, die Fortschritte des Volks auf der Bahn seines Glückes aufgehalten habt; ob es auch euer Verdienst ist, daß die nachtheiligen Folgen eigennütziger beschränkter Gesinnungen sich nicht überall deutlicher zeigten? so wünsche ich, daß sie mehr Dankbarkeit für den Beistand der göttlichen Gnade, als tiefe, beschämende Gefühle der Reue veranlassen mögen. Welches aber auch unser Fall sei, laßt uns eifrig den besseren Weg antreten oder fortsetzen. So gewiß als mit jedem Jahre, mit jedem Tage, da das Vaterland uns mit seinen Wohlthaten überschüttet, auch unsre Schuld an dasselbe wächst: so fest wollen wir uns vorsetzen sie immer genauer abzutragen, und durch die große Tugend, welche die Grundlage aller übrigen ist, zu seinem Wohlergehn mitzuwirken. So gewiß es ist, daß die Langmuth Gottes alle Tage über uns neu wird, so fest wollen wir uns vorsetzen, sie nicht durch das unwürdigste aller Laster zu reizen. Es trete ab von der Ungerechtigkeit, wer den Namen Christi nennt: die kleinlichen Leidenschaften, welche die Quellen derselben sind, meide der Nachfolger des sanften, bescheidenen, billigen Jesu. Gerechtigkeit sey das Gut, dem wir alles aufopfern, der Ruhm, welchen wir über alles setzen: dann wird auch der Ruhm unsers Volkes immer mehr befestigt und erhöht werden. Amen.

Schleiermacher.

Vier-

Die Gerechtigkeit ist die unentbehrliche Grundlage des allgemeinen Wohlergehens.

An einem allgemeinen Bettage.

Die Beherrscher aller nur einigermaßen gesitteten Nationen haben immer auf die Religion derselben einen großen Werth gelegt, und sie
heilig gehalten, weil eine lange Erfahrung gelehrt hat, daß Ehrfurcht
vor einem höhern Wesen, welches als der erste Urheber und höchste
Beschützer aller geselligen Verbindungen und aller nützlichen Einrichtungen unter den Menschen angesehen wird, zu einem rechtlichen und
schuldlosen Verhalten viel kräftiger wirkt, als die Furcht vor den angemessensten Strafen. Wie viel mehr muß also nicht allen Völkern und
ihren Regenten die christliche Religion theuer und heilig seyn, welche
von ihren Bekennern nicht nur vorübergehende Handlungen fordert,
sondern sie zu bleibenden Gesin|nungen erhebt, welche nicht nur
durch unsichre Gefühle, und einen mit vielem Irrthum vermischten
Glauben, sondern durch die deutlichsten Einsichten und die unwider-
stehlichsten Empfindungen wirkt. Und heilig und theuer ist sie auch
seit vielen Jahrhunderten allen Königen und Fürsten christlicher Völker. Als eine so reiche Quelle geselliger Tugenden hat sie sich bewährt,
daß alle nicht nur die Aufrechthaltung derselben als ihre wichtigste
Angelegenheit angesehen haben, sondern daß auch von jeher die Gemeinen aufgefodert worden sind, gewisse Tage der öffentlichen Gottesverehrung ganz besonders zu einer frommen Erwägung ihrer bürgerlichen Verhältnisse anzuwenden, und in demüthiger Andacht zu
überlegen, was ein Jeder als Mitglied eines christlichen Volks Gott
vorzüglich zu geloben hätte und von ihm erflehen und erwarten
dürfte. Denn das ist unstreitig der vornehmste Endzweck unserer öffentlichen Bettage. Unser christliches Nachdenken soll eine Beziehung
haben auf unsern Stand als Bürger und Unterthanen. Wir sollen uns
erinnern, daß alles gute und löbliche was das Vaterland von uns fordert, eine Pflicht ist gegen den Gott, welcher der Stifter ist von Gesetz
und Recht, und von welchem der Segen bürgerlicher Verfassungen
herabkömmt. Wir sollen einsehen und fühlen, daß jede Abweichung
von einem Gesetz des Höchsten unvermeidlich üble Folgen über die
Gesellschaft bringen muß, der wir angehören. Einer solchen Betrach-
tung über die wichtigste Tu|gend des bürgerlichen Lebens soll der

---

3 An] Am   8 und aller] uud aller

folgende Vortrag gewidmet seyn. Möge er unter dem Beistand Gottes
zur Erbauung und Besserung gereichen.

Text. Spr. Sal. 14, 34.
Gerechtigkeit erhöhet ein Volk, aber die Sünde ist der Leute Verderben.   5

Es ist wohl gewiß, daß unter Gerechtigkeit in der heiligen Schrift sehr
oft, und so auch in den vorgelesenen Worten, nicht nur die Bewahrung der Treue und Redlichkeit verstanden wird, sondern überhaupt
alles was zum rechtschaffenen Wesen eines wahren Gottesverehrers
gehört. Laßt uns aber in der gegenwärtigen Betrachtung bei jener ein-   10
geschränkteren Bedeutung stehen bleiben, welche unsere Art zu reden
diesem Worte beilegt. Von diesem wichtigsten Theil unseres guten
Verhaltens in gesellligen Verbindungen kann es ganz vorzüglich gesagt
werden, daß dadurch ein Volk erhöht wird, und das Gegentheil davon
der Leute Verderben ist. In diesem Sinn ist der verlesene Denkspruch   15
ganz eigentlich dazu gemacht, an einem Tage, wie der heutige, unsere
Aufmerksamkeit zu beschäftigen. Die ihr als Mitglieder eines christlichen Volkes hier erschienen seid, um über die Verbindlichkeiten, die
euch dieser Vorzug auflegt, nachzudenken, um euer Gewissen zu prüfen, und die dunkle Ahndung eurer Mangelhaftigkeit in eine frucht-   20
bare Reue zu verwandeln, richtet mit mir eure Gedanken auf die
234 Worte der Schrift: „Gerechtigkeit erhöhet ein Volk!" Wie | wahr dies
sei, und wie wichtig also eurem Gewissen die Untersuchung seyn
müsse, ob ihr diese Tugend in allen euern Verhältnissen geübt habt,
davon wünsche ich euch durch meinen heutigen Vortrag zu überzeu-   25
gen, wenn ich
       die Gerechtigkeit, als die unentbehrliche Grundlage alles bürgerli-
       chen Wohlergehens
vorstellen werde.
       Ich glaube nicht, daß es nöthig seyn wird, eure Begriffe darüber,   30
was wir unter gemeinem Wohlergehen zu denken haben, noch erst zu
berichtigen. Die irrige Meinung, der Ruhm eines Volkes bestehe in
den siegreichen Fortschritten seiner Waffen, in dem Kriegsruhm seiner
Beherrscher, in der beständigen Erweiterung seiner Grenzen, und in
der zitternden Furcht, womit andere Völker zu demselben hinaufsehn,   35
diese Meinung hat ihre täuschende Kraft seit langem verloren, und
wir wenigstens, die wir in friedlicher Arbeitsamkeit das unsrige suchen, sind gewiß überzeugt, daß bey allen jenen Vorzügen ein Volk
nicht nur sehr unglücklich seyn, sondern auch sehr wenig Achtung
verdienen könne, und daß die wahre Ehre eines Volks vielmehr darin   40
bestehe, daß der große Endzweck seiner Vereinigung erreicht werde,
daß in tiefer Sicherheit jeder seine Hütte bewohne, und seinen Ge-

schäften nachgehen könne, daß frecher Eigennutz nicht den Bestrebungen anderer muthwillig Hindernisse in den Weg lege, und daß
alles, was menschliches Wohlbefinden vermeh|ren kann, ruhige und   235
sichere Fortschritte mache. Dies vorausgesetzt wird es leicht werden
5 zu zeigen, daß es um unser gemeinschaftliches Wohlergehen sehr übel
stehen muß, wenn wir nicht Gerechtigkeit üben
    gegen die Obrigkeit, die über uns gesetzt ist,
    gegen die Mitbürger, mit denen wir in Verbindung stehen,
    und gegen alle, über welche uns ein gewisses Ansehen verliehen ist.
10 Laßt uns diese Stücke einzeln durchgehn.

I.

Soll gemeine Wohlfahrt unter uns gegründet und gesichert werden, so
müssen wir gerecht seyn gegen die Obrigkeit, welche über uns ist,
müssen den Gesetzen gehorsamen, welche sie giebt, die guten Einrich-
15 tungen unterstützen, welche sie vorschlägt, und in ihre Weisheit überall ein gewisses Vertrauen setzen.

    Wenn ich Euch, so lieb euer Wohlergehen euch seyn kann, zum
Gehorsam gegen die Gesetze auffordere, so meine ich nicht nur jene
Gesetze, welche wir auch ohne äußere Vorschriften in unsern Herzen
20 finden, und deren Uebertretung auch die rohe ungebildete Menschheit
verdammt, sondern ganz vorzüglich diejenigen, welche erst aus der
bürgerlichen Verfassung entspringen, und eben in ihr Ruhe und
Wohlstand begründen sollen. Ist es das Geschäft | der Obrigkeit, und   236
wir verlangen es gewiß alle von ihr, Gewaltthätigkeit und Betrug nicht
25 nur zu bestrafen, sondern so viel es geschehen kann, auch zu verhüten,
so müssen auch wir uns verpflichtet halten, allen Ordnungen, welche
sie zu dieser Absicht nöthig findet, die treuste Folge zu leisten. Wer
aber, weil etwa die Nothwendigkeit solcher Veranstaltungen ihm nicht
in jedem einzelnen Fall einleuchtet, weil etwa seine Vergnügungen
30 dadurch eingeschränkt seine Willkühr begrenzt, seine Geschäfte ver-
wickelter gemacht werden, sich ihre Uebertretung als etwas unbedeutendes erlauben wollte, der wäre ein Feind seiner eigenen Ruhe, ein
Verräther des gemeinen Wohls. Denn wenn eine Handlung beurtheilt
werden soll, die auf unsere große Vereinigung mit so vielen Menschen
35 Bezug hat, so dürfen wir nicht bei ihren unmittelbaren Folgen allein
stehen bleiben, wir müssen bedenken, daß derselbe Antrieb, der uns
jetzt verleitet auch andern entstehen kann, daß der nehmliche Streit
zwischen dem, was gesetzlich, und dem was bequem ist, auch andere
in Versuchung führet, und also alles Uebel erwägen, was aus der öf-
40 tern Wiederholung solcher Uebertretungen entstehen kann. Wollt ihr

---

22 in ihr Ruhe] in ihre Ruh-

also ein beschwerliches Gesetz umgehen, welches zur Erhaltung der
Ruhe, zur Beschützung des Eigenthums und der Geschäfte gegeben
ist, so bedenkt ob nicht, wenn viele die gesetzlichen Förmlichkeiten
verschmähen wollten, unter der Larve des Zutrauens sich der Betrug
wieder einschleichen würde; ob nicht, wenn die Wohlgesinnten eine | 5
strenge Ordnung übertreten wollten, die freilich um ihretwillen nicht
nöthig wäre, auch dem Bösen die üble Gewohnheit zu statten kommen, und ihm die Gelegenheit zu ausgelaßenen, ruhestöhrenden
Handlungen erleichtern würde? Seid ihr dann auch unter denen gewesen, welche die Uebertretung herbeiführten, so wart ihr diejenigen,   10
welche das Ansehen der Gesetze geschwächt, die pflichtmäßigen Bemühungen der Obrigkeit vernichtet, und Mangel der Sicherheit und
Ordnung, diese Schande eines Volks über uns gebracht haben! ihr
waret es durch euer Beispiel, eure Fahrlässigkeit, eure Untreue. – Es
ist das Geschäft der Obrigkeit, welche allein das Ganze übersehen   15
kann, die Verhältnisse des Volks gegen andere Völker und jeder einzelnen Klasse von Bürgern gegen die übrigen so anzuordnen, wie es unter
den jedesmaligen Umständen dem gemeinen Besten förderlich ist, und
je weniger wir dies übersehen können, desto treuer sollten wir uns in
alle Vorschriften fügen, die eine Folge von höheren Einsichten sind.   20
Aber wenn, um einen Zweig nützlicher Thätigkeit empor zu heben,
um uns in unseren Bedürfnissen vom Auslande unabhängiger zu machen, dem Handel neue Schranken aufgelegt, die Gewerbe neuen Ordnungen unterworfen werden, so klagen wir nicht nur, wir übertreten
auch, wir rühmen uns wohl gar der List, womit wir die Wachsamkeit   25
der Gesetze zu hintergehen wußten. Ich will auf einen Augenblick
annehmen, damit die Entschuldigungen derer welche sich solcher
Uebertretungen bewußt sind, mir nicht | voraneilen, daß unter allen
Völkern von Zeit zu Zeit Gesetze dieser Art gegeben werden, welche
dem gesuchten Endzweck mehr nachtheilig als förderlich sind. Wohl,   30
aber hat die Obrigkeit wohl Gelegenheit, von ihrem Irrthum zurück-
zukommen, wenn der Gehorsam so selten und die Uebertretung so
häufig ist, daß die Folgen im Ganzen gar nicht geschätzt werden können? Wird sie nicht alle Ursach haben, bey ihrer Maaßregel zu beharren, und strenger darüber zu halten, in der Hoffnung, daß der erwar-   35
tete Nutzen sich schon zeigen werde, wenn man nur erst an die
Befolgung gewöhnt sey? Vernichtet ihr also nicht die gesetzmäßige
Erfüllung eurer eignen Wünsche? Aber nun nehmt auch ihr einmal
an, und wie oft seid ihr wohl in dem Fall das Gegentheil beweisen zu
können, daß das Unrecht auf eurer Seite sei, daß ihr ein wirklich heil-   40

237 *(left margin, line 6)*
238 *(left margin, line 28)*

---

sames Gesetz übertretet, und also den Fortschritten des gemeinen
Wohls entgegen arbeitet; bedenkt wenigstens, welches Unrecht ihr in
jedem Fall begeht, und welcher Schaden gestiftet wird, indem ihr die
Achtung gegen die Gesetze schwächt, und strenge Aufsicht, mißtraui
5 sche Anstalten durch euren Ungehorsam veranlaßt, welche einem
Volk warlich nicht zur Ehre gereichen. Gewiß wir sollten es mehr
überlegen, wie nothwendig der Gehorsam gegen alle Gesetze ist, um
Sicherheit und Wohlstand zu begründen.

Eben so sollten wir aber auch alle nicht ausdrücklich gebotenen
10 guten Einrichtungen, welche die Obrigkeit unter uns einzuführen
wünscht mit auf|richtigem Eifer unterstützen. Es würde ein Miß-   239
trauen gegen euer dankbares Gedächtniß verrathen, wenn ich aufzäh-
len wollte, wie unermüdet die höchste Gewalt bey uns geschäftig ist,
uns nicht nur gegen Verbrechen durch Gesetze, sondern auch durch
15 heilsame Anstalten gegen Unglücksfälle zu sichern. Wie weise sind
nicht unsere Häuser und Felder gegen die Gewalt des Feuers und Was-
sers geschützt! Wie unschädlich und gelinde vertheilt sich jetzt auf
viele die Last eines Unglücks, welches sonst einen einzigen erdrückte,
und oft noch mit furchtbarer Schwere auf Andere zurückfiel. Wieviel
20 gute Einrichtungen sind getroffen, wieviel heilsame Rathschläge gegeben, um dem Mangel vorzubeugen, den Müßigen zu beschäftigen, die
Gesundheit zu bewahren, um das Nothwendige zu erleichtern, und
mit dem Nützlichen etwas angenehmes zu verbinden. Wo mit solcher
Treue die Obrigkeit alle Kenntnisse, welche sie voraus hat, für das
25 gemeine Beste verarbeitet, da wäre es ungerecht und verkleinernd,
durch gleichgültige Unthätigkeit einen so schönen Eifer um die Frucht
seiner Bemühungen zu betrügen. Ihr also, von denen für irgend eine
Anstalt dieser Art kleine Aufopferungen verlangt werden, Ihr, denen
Verrichtungen dabey aufgetragen sind, für die es keine angemessene
30 Belohnung giebt, wenn ihr zweckmäßig gern und mit Eifer leistet, was
ihr könnt, so tragt ihr nicht wenig bey euer Volk zu erhöhen. Denn
warlich, wenn jeder gute Entwurf seine Unterstützung findet, wenn
man den weisen Absichten | einer thätigen Regierung Gerechtigkeit   240
wiederfahren läßt, und so ein Land immer mehr ein reicher Schau-
35 platz menschlicher Glückseligkeit wird, das ist ein edler und erhabe-
ner Ruhm. Wo man aber über jede kleine Bemühung, die einer heilsamen Absicht dienen soll, als über eine schwere Last seufzt, wo
vielleicht die besten Entwürfe gerade deswegen Widerstand finden,
weil die Obrigkeit sie begünstigt, wo aus Trägheit bei einer guten
40 Sache viele ihren Antheil vernachläßigen, und sich auf die übrigen
verlassen, da erkaltet sehr bald der Eifer auf Verbesserungen bedacht

---

3 die] bie   38 vielleicht] vielleich   40 ihren] ihr

zu seyn, die nur durch willige gemeinschaftliche Thätigkeit gedeihen
können; da ist der beste Wille vergeblich, und den heilsamsten Unternehmungen bleiben Unvollkommenheiten, die ihren Endzweck vereiteln. Ist es uns Ernst um unser gemeinschaftliches Wohl, so müssen
wir alle Bemühungen der Obrigkeit, welche sich darauf beziehn, mit   5
Eifer unterstützen.

Laßt uns aber auch überall ein gewisses Zutrauen zu der Weisheit
unserer Obern zeigen, weil sonst weder der Gehorsam gegen die Gesetze allgemein, noch die Vaterlandsliebe thätig seyn kann. Ich bin
weit entfernt zu verlangen, daß wir mit blinden Augen alles loben und   10
bewundern, in zitternder Unterwürfigkeit zu allem schweigen sollen;
aber wenn uns doch obliegt den guten Namen unserer Obern so wenig
anzutasten als Jeden andern, so müssen wir ihnen auch die höhere
Ehre nicht schmälern die ihnen eben so angehört, als jedem sein unbe-
241 scholte|ner Ruf. – Laßt uns deswegen nicht von jeder Aeußerung der   15
Gemüthsart einer obrigkeitlichen Person auf ihre öffentliche Handlungen schließen. Es ist hier, wo alles unvollkommen ist, nicht möglich, daß alle, die einen Antheil an der höchsten Gewalt haben, immer
die tugendhaftesten seyn, aber so wünschenswerth es auch seyn mag,
so ist es doch nicht nothwendig, weil jeder einzelne Obere über sich,   20
oder Rathgeber zur Seite hat, welche den Einfluß seiner Fehler verhüten und seine Schwachheiten unschädlich machen. Wollten wir von
jedem Fehler, der in dem Privatleben einer obrigkeitlichen Person
wahrgenommen wird, glauben, daß er auch in den Geschäften ihres
Amtes begangen werde, wollten wir deswegen auf alles einen Ver-   25
dacht werfen, was in öffentlichen Angelegenheiten durch sie geschieht, so würden wir sehr Unrecht, ja wohl gar verläumderisch handeln. – Laßt uns ferner nicht gleich böse Absichten vermuthen, wo
uns etwas hart oder unzweckmäßig scheint, sondern immer bedenken,
daß wir in den wenigsten Fällen im Stande sind, alle Seiten einer öf-   30
fentlichen Angelegenheit zu übersehen, daß es Umstände und Verbindungen giebt, die uns völlig unbekannt bleiben, und daß die ganze
künstliche wohl abgewogene Zusammensetzung jeder vernünftigen
Landesverfassung es immer überwiegend wahrscheinlich macht, daß
man von guten Absichten ausgehe, und nach geprüften Grundsätzen   35
handle. – Was wir aber auch, unserer besten Einsicht nach, über dies
242 und jenes denken, was wir auch von hef|tigen, ihr Mißvergnügen
überall äußernden Menschen hören mögen, so laßt uns mit unsern
eignen Gedanken sowohl, als mit den Aeußerungen Anderer, so behutsam umgehn, als es das Gewissen und die Wichtigkeit des Gegenstan-   40
des erfordert. Das Recht über die Handlungen der Obrigkeit zu spre-

---

7 ein gewisses] eingewisses

chen, und über die Gesetze, denen wir folgen müssen, unsere Meinung
sagen zu dürfen, ist ein herrlicher Vorzug den ich gar nicht herabset-
zen, sondern nur zu einem bescheidenen und vernünftigen Gebrauch
empfehlen will. Nachtheilige Vermuthungen über die Gesinnungen
5 der Menschen breiten sich immer schnell aus, aber sie nehmen einen
ganz vorzüglich reißenden Lauf, wenn Vorgesetzte der Gegenstand
sind; unglaublich nehmen sie unter den Händen böser und unverstän-
diger Menschen an Härte und Bösartigkeit eben so zu, als sie an
Wahrheit abnehmen. Gereicht nicht dem ersten Verbreiter eines Ge-
10 rüchts, welches in Verleumdung ausartet, alles zum Vorwurf, was als
Folge seiner Handlung so leicht vorauszusehen war? Hat nicht der
unbefugte Verbreiter eines übelwollenden Urtheils Antheil an allem,
was es noch während seines Laufes werden kann? Ist also dein Urtheil
über eine öffentliche Handlung nicht gehörig geprüft, so theile es nur
15 vorsichtig und zweifelhaft mit; hast du etwas dagegen, verbirg auch
das nicht, was sich dafür sagen läßt; mißbilligst du sie, so setze eher
einen Irrthum, als einen bösen Willen voraus. Strebst du aber nützlich
zu seyn durch deine Gedanken, über öffentliche Angelegenheiten, |
wohlan so erwirb dir den Ruhm eines wohlgesinnten und einsichtsvol- 243
20 len Mannes, mache dich beliebt und geachtet bey denen, die über dir
sind, und trage dann deine besten Einsichten da vor, wo sie nützlich
werden, und wirksam seyn können. – Dies alles sind Dinge, die wir
uns gegen jeden einzelnen Menschen zur Pflicht machen, und sie sind
also auch gegen die Obrigkeit nur eine Ausübung der Gerechtigkeit;
25 aber eben so gewiß ist ihre Beobachtung auch äußerst wichtig für das
allgemeine Wohl. Wo leichtsinnig getadelt, und Mißtrauen gegen die
Gesinnung der Obrigkeit verbreitet wird, da muß ein Geist der Unzufriedenheit mit allen ihren Unternehmungen und Grundsätzen im finstern schleichen. Wo durch unverständige Reden das Vorurtheil ge-
30 nährt wird, als ob die Obrigkeit ihrem besondern, vom allgemeinen
Besten unterschiedenen Vortheil nachgehe, da muß eine Lust ihre Absichten zu vereiteln, und eine Nachlässigkeit in Erfüllung bürgerlicher
Pflichten entstehn. Wo endlich die Zügellosigkeit der Urtheile in
fremde Verläumdung ausartet, und Achtung und Liebe gegen diejeni-
35 gen, welche die Gesetze handhaben erlöscht, da müssen allerley widrige Gesinnungen sich zeigen, die nicht ohne den größten Nachtheil
des gemeinen Wesens verbreitet werden können. Es gehört wenig
Nachdenken dazu, um einzusehen wie dies alles nach einander erfolgen muß, wo man es verabsäumt, allen Urtheilen über Regenten und
40 Vorgesetzten ein gewisses Zutrauen, und eine gute Meinung zum
Grunde zu legen. |

28–29 Vgl. Ps 91,6

244   Dies Vertrauen in die gute Gesinnung der Obrigkeit verbunden
mit dem Gehorsam gegen ihre Vorschriften, und dem Eifer für ihre
guten Absichten, macht die Gerechtigkeit aus, welche wir ihr schuldig
sind, und ohne welche unser Wohlergehn viel Gefahr läuft.

II.

Nicht weniger nothwendig ist es aber auch, daß wir gerecht untereinander seyn. Ich glaube, daß ich auch hier aller weitläuftigen Warnungen vor den groben und auffallenden Verletzungen fremder Rechte
entübrigt seyn kann, und daß ich nicht erst zu zeigen brauche, wie
strafbar und verderblich offenbarer Betrug und absichtliche Unred- 10
lichkeit sey. Es muß aber auch zu der Gerechtigkeit, welche wir unsern
Mitbürgern schuldig sind, noch mehr gerechnet werden, nemlich die
strengste Gewissenhaftigkeit in unsren Geschäfte mit ihnen, und die
aufmerksamste Vorsicht in allen Angelegenheiten, welche einen Einfluß auf sie haben können. 15
    Zur strengsten Gewissenhaftigkeit in euren Geschäften mit An-
dern fordere ich Euch alle vorzüglich auf, die ihr im Handel oder
nützlichen Gewerben mit euren Mitbürgern Verkehr treibt. Bedenkt,
daß nicht nur falsches Maaß und Gewicht dem Herrn ein Greuel ist,
sondern daß jeder Kunstgriff der darauf abzielt, die schlechte Waa- 20
re der besseren, die unvollkommene Arbeit der vorzüglichen un-
245 terzu|schieben, eben so verwerflich und strafbar ist, wenn er auch den
Gesetzen nicht zuwiderläuft, und die Obrigkeit ihn nicht ahnden
kann, ja auch dann, wenn er vielleicht durch eine allgemeine Gewohnheit gebilligt zu seyn scheint. Es wird bey manchen Geschäften fast 25
allgemein für erlaubt gehalten, kleine Täuschungen vorzuspiegeln, um
angenehmere Bedingungen zu erlangen, oder sich kleine Vortheile zu
verschaffen, die man leicht unbemerkt nehmen kann, deren man sich
aber doch schämt zu erwähnen. Sollte nicht eben diese Schaam beweisen, daß das Gewissen im Grunde dies Verfahren verdammt? Man 30
sagt, es sey doch allgemein bekannt daß dieß geschehe; jedermann
wisse, wie es damit zugeht und rechne darauf. Wenn also eigentlich
Niemand hintergangen wird, wozu denn der Schein des Hintergehens?
Wenn der kleine Vortheil Euch nicht ohne Wissen des Andern zufällt,
wozu das heimliche Wesen, welches euer Betragen dennoch mit dem 35
Stempel der Ungerechtigkeit bezeichnet? Durch solche Gewohnheiten,
wie geringfügig sie auch seyn mögen, wird die Anhänglichkeit an
offne Redlichkeit, und unverbrüchliche Wahrhaftigkeit verringert,
man lernt Vergnügen finden an hinterlistigem Wesen, und öffnet dem
Betrug und der Uebervortheilung ein neues gleichsam ehrenvolles 40
Thor. Was diese schädlichen Gäste einladet, und jene heiligen schüt-
zenden Wesen entfernt, muß sich immer verderblich zeigen. Wenn es

erst erlaubt ist, in geringfügigen Dingen die Gerechtigkeit zu verletzen,
so wird die | Versuchung immer größer auch diese durch eine üble   246
Gewohnheit erweiterten Grenzen gelegentlich zu überschreiten; die
Entschuldigung wird hervorgesucht, als ob das ein sehr verzeihliches
5 Unrecht wäre, welches dem Nächsten nur unmerklichen Schaden
bringt, dem Thäter aber durch die öftere Wiederhohlung großen Vortheil gewährt, und so wird die heilige Treue immer weiter verletzt.
Wer vielerley Dienste und Handreichungen von seinen Mitbürgern
braucht, wird in beträchtlichen Schaden gesetzt, das gegenseitige Zu-
10 trauen wird aufgehoben und eine argwöhnische Aengstlichkeit tritt
ein; der arbeitsame Stand verfällt in Unehre durch den Vorwurf, daß
er niedrige Gesinnungen erzeugt, und es wird zum allgemeinen Schaden die Neigung vermehrt, das bessere und vollkommnere, die auf-
richtigere Treue, die unsere Mitbürger nicht leisten wollen, an andern
15 Orten zu suchen, eine Neigung, durch welche das Gedeihen aller Künste und Gewerbe gehindert wird, und der Flor eines Landes verschwindet. – Seid aber nicht nur gegen diejenigen gerecht mit denen
ihr eure Geschäfte betreibt, sondern auch gegen eure Geschäftsgenos-
sen mit denen ihr leben müßt. Wenn ich überlege, wie oft in diesem
20 Theil unsres Verhaltens die natürliche Billigkeit aus den Augen gesetzt
wird, so wünsche ich, daß das verwerfliche davon recht tief empfunden werden möge. Demjenigen, der es wagt, auf derselben Laufbahn
sein Glück zu suchen, auf alle Weise hinderlich seyn, oft mit eignem
Schaden seine Fortschritte erschweren, und jedes | leere Gerücht zu   247
25 seinem Nachtheil ausbreiten; über denjenigen, der sich durch Verstand und Verdienst zu erheben trachtet, neidisch herfallen, seinen
Ruf schmälern, das bessere was er zuerst ausgedacht oder dargestellt
hat, verwerfen und verkleinern, dies ist ein Verfahren, worin so viel
schwarze Ungerechtigkeit enthalten ist, daß nur derjenige der für
30 Recht und Unrecht sehr wenig Gefühl hat, es mit der Nothwendigkeit
entschuldigen kann, man müsse klug seyn und für sich selbst sorgen.
Wer seine Vortheile auf keine bessere Art zu behaupten weiß, der verdient nicht nur sie völlig zu verlieren, sondern auch durch die Verachtung aller Redlichen bestraft zu werden für das Uebel, welches eine
35 solche Verfahrungsart über die Gesellschaft bringen muß. Es gehört
zum Besten eines Volkes, daß in allen Gewerben die vermehrte Theilnahme einen jeden bewege, nach wesentlichen Vorzügen zu streben,
und dieser Endzweck geht verloren, wo es gelingt durch die elendesten
Mittel Vortheile zu erschleichen. Es gehört zum Wohl eines Volks, daß
40 jedes aufgeweckte Gemüth Gelegenheit finde, sich einen Wirkungskreis zu machen, um mit seinen Gaben andern vorzuleuchten, und
dieser Endzweck wird verfehlt, wo man gelernt hat, jedes aufkei-
mende Talent zu ersticken, wo man aus Neid lieber das hergebrachte

aufrecht erhält, als das bessere fremde verbreitet. Da bleibt alles bey
der Väter Weise, wie mangelhaft sie auch sey, bessere Einsichten kön-
nen nicht in Umlauf kommen, und eine traurige Mittelmäßigkeit | ist
das allgemeine Loos. So kann also ohne die strengste Gewissenhaftigkeit in allen Geschäften der Wohlstand eines Volkes sich nicht unge- 5
hindert vermehren, und kein Zweig nützlicher Beschäftigungen sich
der Vollkommenheit nähern.

Zur aufmerksamsten Vorsicht in allen eignen Angelegenheiten,
die irgend einen Einfluß auf Andere haben können fordere ich Euch
alle auf, die ihr Eigenthümer, Hausväter, Familienhäupter seid. Wir 10
leben nicht in einem Zustande, wo der Schaden, den wir uns zufügen,
allein der unsrige bleibt, sondern durch die mannigfaltigen gegenseitigen Verbindungen verbreitet er sich über viele andere, und wer seine
eignen Angelegenheiten vernachlässigt, der verletzt in den meisten Fällen zugleich die Pflichten gegen seine Mitbürger. Dies sehen wir alle 15
schon an den unmittelbaren Folgen eines unachtsamen Verhaltens.
Die Nachläßigkeit in Bewahrung eures eignen Hauses kann auch das
eures Nachbarn den Flammen preisgeben. Die Sorglosigkeit womit
ihr eure Gärten und Felder dem Ungeziefer überlaßt, verbreitet ver-
heerenden Schaden über eure Mitbürger. Die mangelhafte Aufsicht, 20
welche ihr über euer Gesinde führt, macht denen böse Tage, welchen
es nach Euch dienen wird. Die schlechte Erziehung welche ihr euern
Kindern und Lehrlingen gebt, wird noch Andern die Veranlassung zu
vielen Klagen seyn. Wollen wir aber diese Pflichtverletzung in ihrer
ganzen Größe erblicken; so müssen wir auch auf die Verbreitung sol- 25
cher Fehler, und auf die | Macht des Beispiels dabei sehen. Ueble
Gewohnheiten von dieser Art nehmen nur gar zu leicht überhand,
Jeder der zur Saumseeligkeit und Trägheit geneigt ist, beruft sich auf
den Anderen, und der nachtheilige Einfluß einer solchen Denkungsart
auf das Ganze zeigt sich nur allzudeutlich darin, daß man in allen 30
Dingen vom Guten und Vollkommnen sich entfernt. Viel Unschuldige
leiden auf diese Art mit den Schuldigen; viel Wohlstand wird durch
fremde Fehler vernichtet, und wenn durch die Gedankenlosen und
Unachtsamen den Verständigen so viel Ungemach zuwachsen kann,
so werden die Vortheile der bürgerlichen Gesellschaft gar sehr vermin- 35
dert, indem zugleich die Lasten, welche sie verursacht erhöht werden.
Denn die Wohlthätigkeit wird beschwert durch Unfälle, welche vermieden werden konnten, die Anstalten zur Verhütung des Unglücks
müssen unnütz vermehrt, die kostbare Aufsicht auf geringfügige
Dinge vervielfältigt werden; kurz in jeder Rücksicht wird das gegen- 40
wärtige Geschlecht belastet, und das künftige in Nachtheil gesetzt.
Vorsicht in unsern eignen Angelegenheiten, ist im gesellschaftlichen
Zustande ein eben so nothwendiger Theil der Gerechtigkeit gegen die

Mitbürger, als die Gewissenhaftigkeit im unmittelbaren Verhalten gegen sie.

III.

Um den ganzen Umfang dieser Betrachtung zu erschöpfen, bitte ich
endlich noch alle die, denen ein gewisses Ansehen über Andere verliehen ist: seid ge|recht gegen die, welche unter Euch stehn. Die Gerechtigkeit der Hohen gegen die Niedrigen ist die schönste Blume in dem Ehrenkranz eines Volks, und die unentbehrlichste Grundlage aller Erhöhung und alles Ruhms. Dies gilt aber nicht nur denjenigen, in deren
Hände die erste Gewalt einen Theil ihres ehrwürdigen Geschäfts gegeben hat, sondern allen, die durch hervorragende Glücksgüter eines größeren Einflusses genießen, allen, von denen ihre selbsterworbene Würde als Herren und Versorger mehrerer Menschen abhängig macht. Diese alle bitte ich: Seid gerecht! die Religion gebietet es, das Vaterland verlangt es, der Geist der Zeit ruft es euch mit sehr vernehmlicher Stimme zu. Glaubt nicht, es sey genug, wenn ihr das Recht nicht beugt, und eure Gewalt nicht über ihre Grenzen ausdehnt – dagegen schützen uns die Gesetze – sondern seid auch in demjenigen gerecht, was eben deswegen, weil keine nähere Vorschriften darüber gegeben
werden können, eurer Willkühr überlassen bleiben muß. Vertheilt Lasten und Vergünstigungen mit der strengsten Billigkeit, untersagt euch jede unnöthige Strenge, und ehret die Menschheit überall, wo ihr sie antrefft.

Meßt nach der strengsten Billigkeit ab, was ihr jedem auflegt und
vergönnt. Die Gesetze müssen Euch hier freie Hand zu einem sehr verschiedenen Betragen lassen. Sie können nur die äußersten Grenzen eurer Gewalt abstecken und überlassen euch, innerhalb derselben Geschäfte, Lasten und Belohnun|gen nach bestem Gewissen zu vertheilen. Eure Untergebenen können darin die strengste Billigkeit von Euch
fodern. Habt ihr Gewalt in einer Familie an Gottes Statt, welcher die häuslichen Verhältnisse geheiligt hat, so müßt ihr auch handeln wie Er, der alle seine Kinder mit gleicher Liebe umfaßt, und keinem mehr auflegt, als er tragen kann. Seid ihr in größeren Kreisen Stellvertreter der bürgerlichen Gesellschaft, so handelt auch nach den Grundsätzen,
welche sie bekennt: sie weiß nichts von Begünstigungen und Rücksichten auf dies und jenes, sondern urtheilt was in jedem Fall recht und gerade ist. Wollt ihr von dieser Regel abweichen, und euch einer blinden Laune überlassen, die bald ohne Verdienste belohnt, bald ohne Ursach beschwerlich fällt, um nur überall den Abdruck ihrer eignen
Gemüthsstimmung hervorzubringen; wollt ihr einem partheyischen

---

40 hervorzubringen; wollt] hervorzubringen wollt;

Wohlgefallen Raum geben, welches unverdient den, der euch angenehm ist, begünstigt: so verderbt ihr diejenigen, die von euch abhängen, und schadet der Gesellschaft, welcher ihr durch euer Ansehn
nützlich werden solltet. Ihr verderbt diejenigen die von euch abhängen: denn der Günstling überhebt sich bald seines Vorzugs, um unge-   5
straft Nachlässigkeiten und Uebertretungen zu begehen, und der
Arme, Verstoßene, von bitterm Unmuth verzehrt, daß alle seine Treue
nicht erkannt wird, läßt endlich auch nach, und bequemt sich zu den
Wegen der List und der Ränke; ihr werdet Verantwortung ablegen für
252   ihre Seelen. – Ihr verderbt aber auch die | ganze Gesellschaft: denn   10
wo Gehorsam gefordert wird, da muß Laune und partheyisches We-
sen verbannt seyn. Ein festes Band der Liebe muß sich um alle herum-
schlingen, muß allen Bewegungen ihre Richtung und ihre Stärke geben, sonst ist die ganze Verbindung schwach, und jeden Augenblick
zur Auflösung geneigt. Können sich Untergebene untereinander lie-   15
ben, wenn jeder einige gewahr wird, deren Lasten ihm zur Ungebühr
aufgelegt sind, und die ihn dafür übermüthig verlachen? Können sie
ihre Oberen lieben, wenn sie sehen, daß nicht Vernunft und Recht ihr
Betragen leiten? Können sie die Verbindung werth halten, in der sie
stehen, es sey nun eine kleinere, oder größere, wenn sie sehen, daß sie   20
ihnen keinen Schutz gewährt, gegen die Unbilligkeit? O! partheyische
Väter und Herrn, Richter und Vorgesetzte, welche die Person ansehen,
wandeln in der verderblichsten Ungerechtigkeit, und zerstören so viel
an ihnen ist das Wohl der Gesellschaft.

Enthaltet euch ferner, ihr, die ihr Gewalt habt, jeder voreiligen   25
und unnöthigen Härte. Zwang und Strenge sollen die letzten Mittel
seyn, um diejenigen zu bewegen, die sich anders nicht lenken lassen,
und müssen also auch zuletzt versucht werden. Wer zu einem Endzweck, der ohne Mühe hätte erreicht werden können, große Anstrengungen anwendet, von dem urtheilen wir mit einem gewissen Wider-   30
willen, daß er an Heftigkeit und Gewalt seine Lust habe. Wieviel mehr
muß die Ungerechtigkeit desjenigen offenbar seyn, der im Betragen
253   gegen vernünftige | Menschen, überall mit der Strenge anfängt, ohne
sich zuvor mit Güte an das Herz, und mit Gründen an den Verstand
zu wenden. In den Händen desjenigen ist die Gewalt sehr gefährlich,   35
der an einer solchen Ausübung derselben Freude findet. Wenn eine
Pflanze nicht gedeiht, die in dem Bestreben, sich von selbst schön zu
entwickeln, durch eine unnatürliche Behandlung gestört wird: wie will
wohl der Mensch gedeihen, mit dem man eben so verfährt? Der beste
Wille muß zurückgedrängt werden, wenn man durch Drohungen er-   40
langen will, was er von selbst zu geben bereit war, die besten Gesinnungen müssen in Bitterkeit übergehn, wenn immer ohne Noth der
Stecken des Treibers sich aufgehoben zeigt. Die verständige Natur

muß geschwächt und in ihrer Ausbildung gehindert werden, wenn
man ihr niemals Zeit läßt zu wirken, und zu zeigen, was sie vermag.
Der Mensch muß den Glauben an seine Vernunft verlieren, wenn er
immer durch Furcht regiert wird, als ob Vorstellungen und Bewegungsgründe gar keine Kraft über ihn hätten. Die mißrathenen Pflanzen, die vertrockneten Keime in dem Garten Gottes bezeichnen sehr
deutlich jede Stelle, wo auch nur ein Arbeiter von dieser rauhen Gemüthsart angestellt ist.

Aber nicht nur in der Ausübung eurer Gewalt laßt eure Lindigkeit
kund werden Jedermann, sondern richtet in allen Stücken euer Betragen so ein, daß es beweise, ihr wollet auch an Niedrigen und Unterge-
benen die Menschheit anerkennen und ehren. | Daß wir als Menschen 254
alle gleich sind, und diese Gleichheit eben so wesentlich ist, als die
zufällige Verschiedenheit nothwendig seyn mag – welche ohne dies
in Vergleich mit den höheren Aussichten des Christen sehr wenig bedeutet – dieß ist eine Wahrheit, welche der Lehrer der Religion weder verschweigen darf, noch zu beweisen braucht. Die Schrift unterwirft uns nachdrücklich den Ordnungen der Gesellschaft, aber sie sagt
uns eben so laut, daß wir alle nach dem Ebenbilde Gottes geschaffen
sind. Jeder kann also verlangen, daß man ihn als Mensch achte, und
durch die äußern Bekleidungen hindurch auf das weit größere sehe,
welches er mit allen gemein hat. Und in der That, jede entgegengesetzte Gesinnung ist eben so verderblich als ungerecht. Die äußern
Glücksgüter sind ohne dies zu sehr der Gegenstand der rastlosen
Mühe, womit die Menschenkinder sich quälen, wenn nun ihr, denen
sie verliehen sind, die übertriebene Meinung von ihrem Werth noch
vermehrt, durch ein übermüthiges Betragen: so muß wahres Gefühl
für Menschenwerth entweder mehr und mehr unterdrückt werden,
oder sich aus diesem Gedränge einen Ausweg gewaltsam eröffnen, der
in den großen und kleinen Theilen der Gesellschaft Unordnung und
Zerrüttung hervorbringt. Jenes Verschwinden dieses herrlichen Gefühls sollte euch eben so fürchterlich seyn, als diese Gährung desselben: denn es läßt euch nur das traurige Loos, über verächtliche Menschen verächtlich zu herrschen. Denn verächtlich muß eine
Gesellschaft seyn, wo | jeder denjenigen kriechend verehrt, der ein 255
wenig über ihn erhoben ist, wo alles aufgeboten wird, um sich der
eingebildeten Hoheit zu nähern, wo jede gute Gesinnung feil ist um
diesen elenden Preis. Ihr also die ihr vom Glück begünstigt seid, erhebt euch zu einem Betragen, welches beweise, daß ihr auf die

---

1 und in] nnd in   4 durch] durcht   4 Vorstellungen] Vorstellunnen

---

9–10 *Phil 4,5*

menschliche Natur, die ihr mit allen gemein habt, einen größern Werth legt als auf die vergänglichen Kleinigkeiten der Welt! und wenn denn die allgemeine Denkungsart sich dieser schönen Stimmung nähert, wenn jeder ohne Anmaßung den andern gelten läßt, und jeder Stand den andern gegenseitig achtet, dann mögt ihr euch des schönen Bewußtseyns freuen, daß auch ihr zu diesem schönen Bau der herrlichsten Erhöhung eines Volks beygetragen habt durch eure Denkungsart und euer Beispiel. Nur dann werden wir den thörichten Anmaßungen der Schwärmerei und Zügellosigkeit vorbauen können, wenn wir durch Bescheidenheit, Güte und williges Anerkennen jedes wahren Vorzugs, die billigen Ansprüche befriedigen, die aus dem vernünftigen Gefühl einer natürlichen Gleichheit entstehn.

Dies alles, meine Freunde, gehört zu der Gerechtigkeit, welche unsere Pflicht ist, und alle ihre Theile sind nothwendig, um unser gemeinschaftliches Wohlergehn zu sichern. Wenn ich Euch jetzt noch einmal die der Absicht des heutigen Tages so angemessene Frage vorlege: ob ihr sie in ihrem ganzen Umfang erfüllt, ob ihr durch keinen Verstoß dage|gen, so viel an euch war, die Fortschritte des Volks auf der Bahn seines Glückes aufgehalten habt; ob es auch euer Verdienst ist, daß die nachtheiligen Folgen eigennütziger beschränkter Gesinnungen sich nicht überall deutlicher zeigten? so wünsche ich, daß sie mehr Dankbarkeit für den Beistand der göttlichen Gnade, als tiefe, beschämende Gefühle der Reue veranlassen mögen. Welches aber auch unser Fall sei, laßt uns eifrig den besseren Weg antreten oder fortsetzen. So gewiß als mit jedem Jahre, mit jedem Tage, da das Vaterland uns mit seinen Wohlthaten überschüttet, auch unsre Schuld an dasselbe wächst: so fest wollen wir uns vorsetzen sie immer genauer abzutragen, und durch die große Tugend, welche die Grundlage aller übrigen ist, zu seinem Wohlergehn mitzuwirken. So gewiß es ist, daß die Langmuth Gottes alle Tage über uns neu wird, so fest wollen wir uns vorsetzen, sie nicht durch das unwürdigste aller Laster zu reizen. Es trete ab von der Ungerechtigkeit, wer den Namen Christi nennt: die kleinlichen Leidenschaften, welche die Quellen derselben sind, meide der Nachfolger des sanften, bescheidenen, billigen Jesu. Gerechtigkeit sey das Gut, dem wir alles aufopfern, der Ruhm, welchen wir über alles setzen: dann wird auch der Ruhm unseres Volkes immer mehr befestiget und erhöht werden. Amen.

Schleiermacher.

Predigtentwürfe
1800–1801
und
1807–1808

Januar.

Manuskript „Predigt Entwürfe 1800.“
SN 53, S. 5; Faksimile (verkleinert auf 65 %); vgl. unten S. 612–613

1800. |

PredigtEntwürfe *3*

I. Neujahrstag Vormittag (Krankenstube)
1. Petri 5, 7.

Eingang. Einige kümmern sich zu wenig, Andere zu viel. Vor dem ersteren sind nur die Jungen und Glüklichen zu warnen, vor dem andern wir. Wol uns daß die Religion uns diese Last erleichtert

Thema. Die Kunst, sich von Sorgen frei zu machen

 I. Was dazu gehört
   1. der Glaube an eine Vorsehung überhaupt
   2. die wahre Einsicht von der Art, wie Gott sorgt.
    a. nicht für die Erfüllung unserer Wünsche p. sondern
    b. für die Möglichkeit Alles zum Guten zu benuzen
   3. der Sinn unsere Heiligung über Alles zu sezen
    wer den nicht hat, für den giebt es keine Rettung von Sorgen, als im Aberglauben.
 II. Wozu sollen wir sie anwenden.
   1. nicht um leichtsinnig in den Tag hinein zu leben
   2. sondern um desto aufmerksamer auf unsere moralischen Verhältniße zu sehen

Schluß. Daß wir das überhaupt im neuen Jahre, und auch schon unter den gegenwärtigen Umständen thun mögen

---

[Am Rand neben Z. 4:] Neues Gesangbuch 143.

---

4 I] *korr. aus* 1

---

3 *Der Predigtdienst in der Berliner Charité fand gemäß der neuen Dienstanweisung des Armendirektoriums vom 27. November 1799 statt (vgl. KGA III/1, Einleitung in die Abteilung, S. XXXI–XXXII)* **4** *Am 1. Januar 1800 vormittags Betstunde in einem Krankensaal der Berliner Charité* **24** *Gesangbuch zum gottesdienstlichen Gebrauch in den königlich-preußischen Landen, [edd. Johann Samuel Diterich / Johann Joachim Spalding / Wilhelm Abraham Teller], Berlin (bei August Mylius) 1781 (SB 756: Magdeburg), Lied Nr. 143 „Herr, der du mir das Leben bis diesen Tag gegeben, dich bet ich kindlich an!" (Melodie von „In allen meinen Thaten.")*

II. Neujahrstag Nachmittag Inval.H.

Eingang. Sorgen sind allgemein. Sie sind unvermeidlich weil Jeder
seine Ohnmacht in Beziehung auf das Ganze fühlt. Wir müßen sie nur
richtig behandeln.
Thema. Vertrauen auf Gottes Sorge macht unsern Sorgen ein Ende.   5
    I.   Unsern geistlichen
        1. Wenn uns das Alte zu lange währt
           Laßt uns fragen ob wir es schon erschöpft haben. Unser
           Zurüksehen auf die Vergangenheit sei uns darin lehr-
           reich. | 10
4   2. Wenn wir uns vor dem Neuen fürchten
           [a.] Laßt uns bedenken daß der Mensch Gottes zu allen
              guten Werken geschikt sein muß
           [b.] Laßt uns einsehen, wie nöthig es ist, daß unsere Träg-
              heit gespornt werde.   15
           [c.] So sollten wir auch nur alle irdischen Angelegenhei-
              ten behandeln. Wir sehn sie aber auch anders an. –
              Also
    II. Unsern irdischen Sorgen.
        1. Wir lernen   20
           [a.] Daß wir immer nur einen Theil sehn, und
           [b.] Nur um einen Moment uns kümmern
        2. Wir werden aufmerksam auf die Kräfte, die uns die Reli-
           gion geben wird.
Schluß. Mit diesem Gleichmuth laßt uns jezt der Zukunft entgegen-   25
gehn und sie uns immer zurükrufen wo es nöthig sein wird

[Am Rand neben Z. 1:] Altes Gesangbuch 685.

---

16 irdischen] *korr. aus* and

---

1 *Am 1. Januar. 1800 nachmittags in der Invalidenhauskirche zu Berlin über* 1Petr 5,7
12–13 *Vgl.* 2Tim 3,17   27 *Geistliche und Liebliche Lieder, Welche der Geist des
Glaubens durch Doct. Martin Luthern, Joh. Hermann, Paul Gerhard, und andere seine
Werkzeuge, in den vorigen und jetzigen Zeiten gedichtet, und die bisher in Kirchen und
Schulen Der Königl. Preuß. und Churfürstl. Brandenburgischen Landen bekandt, und
mit Königl. allergnäd. Approbation und Privilegio, zum 21sten mal mit grosser Schrift,
und zwar völlig nach der kleinen Edition, gedruckt und eingeführet worden; Nebst
Einigen Gebeten und einer Vorrede von Johann Porst, Berlin 1798 (Digitalisat Göttingen 2011), Lied Nr. 685 „Helft mir GOtt's Güte preisen, ihr lieben Kinderlein!" (Melodie von „Von GOtt will ich nicht lassen.")*

III. Sonnt. 5. Jan. VM. Dreifalt.Kirche
2. Chron. 1, 10.

Eingang. Wir müßen in diesen Tagen oft an die Nichtigkeit aller
menschlichen Wünsche gedacht haben. Dies sollte uns vom Aeußern
5 auf das Innere, vom Vergänglichen auf das Unvergängliche führen
Thema. Vorzug der Bitte um Weisheit und Erkentniß.
   I.   Sie ist die einzige von der wir gewiß wißen, daß ihre Erfüllung
       uns heilsam ist.
       Denn (der offenbar verkehrten Wünsche nicht zu denken)
10   1.   Physisch nachtheilig ist oft
          [a.] was wir unmittelbar als Wolbefinden
          [b.] was wir als Mittel dazu wünschen.
     2.   Und Beides oft moralisch nachtheilig[1]
   II. Sie ist die einzige, von der wir gewiß wißen, daß sie Gott wol-
15   gefällt.
     1.   Bitten für eigene Glükseligkeit
          [a.] Sind zwar heilsam, um die Begierde zu mäßigen. Ich
             ermahne in dieser Rüksicht alle dazu.
          [b.] Aber doch immer ein Beweis von einer Begierde die
20   nicht da sein sollte.
     2.   Bitten für fremde Glükseligkeit
          [a.] Sind eben den Bedenklichkeiten unterworfen.
          [b.] Wir sollten ihnen eben die Gleichgültigkeit gegen das
             Aeußere zutrauen und wünschen die wir von uns
25   selbst fodern, sonst lieben wir sie nicht als uns selbst.
Schluß. Gott kann wol fordern daß in den seltenen Augenbliken wo
unser Herz auf ihn gerichtet ist wir nur an das Eine Nothwendige
denken.

[*Am Rand neben Z. 1:*] Altes Gesangbuch 329.
30 [1] [*Randnote:*] Daß Erkentniß je schädlich sei, ist eine Täuschung

---

1 *Am Sonntag nach Neujahr 1800 vormittags in der Dreifaltigkeitskirche zu Berlin*
25 *Vgl. Mt 19,19; 22,39; Mk 12,31; Lk 10,27 mit Zitat von Lev 19,18*   **27** *Vgl.*
Lk 10,42   **29** *Geistliche und Liebliche Lieder, ed. Porst, Lied Nr. 329 „Christe!*
mein Leben, mein Hoffen, mein Glauben, mein Wallen,“ (Melodie von „Hast du denn,
JEsu, dein Angesicht.“)

5

IV. Sonnt. 12. Jan. VM. Lazareth.
Ps. 6, 7.

Eingang. Nicht Alles in der Schrift ist Muster Vieles auch Warnung
Thema. Unanständigkeit eines übermäßigen Schmerzes.
  I. Er hindert am Genuß des Guten, welches neben dem Bösen
    noch Statt findet
    [1.] Dies nicht zu genießen ist unvernünftig
    [2.] Es ist Versündigung gegen Gott
  II. Er hindert alle Thätigkeit des Gemüthes
    [1.] Die Pflichterfüllung die uns obliegt
    [2.] Den Gebrauch der Ueberlegung ohne den wir keine Men-
      schen sind.
    Dies Alles gilt auch vom moralischen Schmerz.
Schluß. Wenn es uns gelingt, in der Mäßigung zu bleiben, so laßt
uns das als Gnade Gottes preisen. Denn ohne den Beistand der Religion würden wir es nicht können.

[————]

V. Sonnt. 12. Jan. NM. Invalidenh.
2. Petr. 1, 5.

Eingang. Der Hochmuth ist ein sonderbares Laster bei der menschlichen Schwäche. Der auf irdische Dinge ist noch erklärlicher weil er
einen Grundirrthum, eine ganz falsche Schäzung voraussezt. Aber der
geistliche gar nicht: denn wer Vernunft und Gottseligkeit für das
höchste hält[,] wie kann der glauben sie erreicht zu haben
Thema. Die wahre Bescheidenheit als eine Frucht des Glaubens

[Am Rand neben Z. 1:] Neues Gesangbuch 321.
[Am Rand neben Z. 17:] Altes Gesangbuch 323.

---

1 *Am 1. Sonntag nach Epiphanias 1800 vormittags Betstunde in einem Krankensaal*
der Berliner Charité   17 *Am 1. Sonntag nach Epiphanias 1800 nachmittags in der*
Invalidenhauskirche zu Berlin   25 *Gesangbuch zum gottesdienstlichen Gebrauch*
(bei Mylius), Lied Nr. 321 „Mein Schutz ist Gott! ihn laß ich walten;" (Melodie von
„Wer nur den lieben Gott läßt walten.")   26 *Geistliche und Liebliche Lieder, ed.*
Porst, Lied Nr. 323 „O Weisheit aus der Höh!" (Melodie von „O GOtt, du frommer
GOtt.")

I. Worin sie besteht
   1. negativ
      [a.] Nicht in der Selbstverachtung
         weder der Gesinnung noch des Urtheils
      [b.] Nicht in der Ueberschäzung anderer
      Dies ist nur ein Schein von Tugend, den die Menschen
      aus Eitelkeit lieben
   2. positiv
      [a.] In der herrschenden Idee, daß wir nicht allein recht
         haben
      [b.] Daß es andere Denkungsarten giebt, die auch gut
         sind
      [c.] Daß andere Eigenschaften als die unsrigen auch et-
         was werth sind |
II. Wie ist sie eine Frucht des Glaubens   6
   1. Nur deßen, in dem Tugend dargereicht wird
      [a.] Der Wortglaube veranlaßt den dogmatischen Stolz
      [b.] Der Werkglaube den moralischen.
   2. Deßen aber gewiß.
      [a.] Durch Nachdenken über seine Meinungen lernt man
         die Verschiedenheit der Gesichtspunkte kennen

[Am Rand neben Z. 3:] Das kann nicht aus der Tugend hervorgehn
[Am Rand neben Z. 6:] Auch nicht nur in äußeren Manieren – das käme nicht aus
dem Glauben
[Am Rand neben Z. 8:] Wenn den Menschen das Bewußtsein leitet daß alles Gute an
ihm nur ein Theil des menschlichen Guten ist
[Am Rand neben Z. 11:] Er läßt Jeden sich äußern, ob er einen andern Theil der Tugend
bei ihm sehen einen andern Theil der Wahrheit von ihm hören kann
[Am Rand neben Z. 15:]
II. Über ihren Werth – Sezet allen Fleiß daran
   1. Es wird Liebe und Mäßigung mit dargereicht, die macht Menschen ange-
      nehm. – Der Unbescheidene ist anmaßend und lieblos.
   2. Es wird Gottseligkeit dargereicht nemlich das Bestreben das Gute aufzunehm-
      men.
   So ist sie für uns der Weg zur Vollendung.

---

25 Bewußtsein] Bw   **28** hören kann] hören

30–35 *Die neue Disposition des zweiten Predigtteils ist wie die vorangehenden vier*
Randbemerkungen dem Jahr 1803 zuzuordnen, als Schleiermacher die Predigt wieder-
holte. Diese Wiederholung ist parallel durch einen einzeln überlieferten Predigtentwurf
belegt (vgl. unten S. 760–761).

[b.] Durch das Bestreben überall nach Grundsäzen zu
handeln die Verschiedenheit moralischer Denkungs-
arten
[c.] Durch Prüfung seiner Handlungen die Unabhängig-
keit des Innern vom äußern Schein   5
Schluß. So hängt alles Gute und alles Verächtliche zusammen. Und
so laßt uns jeder Tugend nur in Verbindung mit allen übrigen nachstreben.

VI. Dienst. 14. Jan. Betstunde
Ps. 7, 18.   10

Eingang. Wir dürfen Gottes Eigenschaften nicht trennen
Nicht glauben daß er einige in Zukunft erst beweisen wird.
Thema. Die Gerechtigkeit Gottes ist schon jezt überall thätig
1. Wir übersehn das Causalverhältniß zwischen Handlung und
Schiksal nicht recht   15
[a.] Es liegt oft weiter zurük, als wir es suchen
[b.] Es liegt in den Handlungen der Menschheit überhaupt
die doch auch die unsrigen sind.
2. Wir müßen nicht Lohn und Strafe für die Moralität darin suchen.   20
[a.] Es ist gerecht wenn Gott weltliche Bemühungen mit weltlichen Gütern belohnt
[b.] Es ist gerecht wenn er weltliche Fehler mit weltlichen Leiden bestraft.
Schluß. Nur so ist unsere Gottesfurcht eine wahre und unsere Erge- 25
bung ungeheuchelt

[Am Rand neben Z. 9:] Neues Gesangbuch 296.

---

9 *Betstunde in einem Krankensaal der Berliner Charité* 27 *Gesangbuch zum gottesdienstlichen Gebrauch (bei Mylius), Lied Nr. 296 „Willst du der Weisheit Quelle kennen?" (Melodie von „Wer nur den lieben Gott läßt walten.")*

VII. Sonnt. 26. Jan. Betstunde
Ps. 8, 5–7.

Eingang. Der Gedanke an menschliche Schwäche soll nur gehen
1. auf die Abhängigkeit alles Guten von Gott
5 2. auf den besondern Zustand des Einzelnen im Vergleich mit dem
   was er sein könnte
Also ist der Gedanke an menschliche Würde und Vorzüge eben so
nothwendig und religiös |
Thema. Ueber die Würde und Herrlichkeit des Menschen   7
10 I. Worin sie besteht.
        1. Herrschaft über die Erde.
            [a.] sie geht auf alle Gegenstände
            [b.] alle Menschen haben Antheil daran.
        2. Aehnlichkeit mit Gott.
15   [a.] Vernunft
            [b.] Gewißen
            [c.] Erkenntniß Gottes.
    II. Wie wir uns ihrer unter allen Umständen bewußt werden
        können – in Beziehung auf den leidenden Zustand.
20   1. Je mehr das besondere in unserm Zustande uns unange-
            nehm ist, desto mehr
            a. haben wir Veranlaßung aufs gemeinschaftliche zu
                sehn. Wir beklagen ja so oft daß das Glük daran hin-
                dert[,] also muß doch das Unglük fördern
25   b. und eben so viel Recht
                [α.] Wir haben doch wirklichen Antheil daran[,] wie
                    viele trösten sich mit Scheingütern
                [β.] Wir sollen nicht auf jenes allein sehn sonst verlie-
                    ren wir doch den Hauptzwek uns jener Güter
30   würdig zu zeigen aus den Augen.
        2. Schilderung
            a. In Absicht auf die Herrschaft
            b. In Absicht auf das Ebenbild – man sezt entgegen

---

[*Am Rand neben Z. 1:*] Neues Gesangbuch 248.

---

1 *Am 3. Sonntag nach Epiphanias 1800 vormittags Betstunde in einem Krankensaal
der Berliner Charité*   34 *Gesangbuch zum gottesdienstlichen Gebrauch (bei Mylius),
Lied Nr. 248 „O Gott, ich preise deine Güte, die mich so wunderbar erschuf;“ (Melodie
von „Wer nur den lieben Gott läßt walten.“)*

[α.] dem Bewußtsein der unangenehmen Empfindungen das Bewußtsein der Vernunft
[β.] dem Bewußtsein der geselligen Leiden das Bewußtsein der Fähigkeit dazu
Schluß. So steht freilich dieses Gefühl mit unserm innern Werth im   5
genauesten Verhältniß. Das soll aber auch sein. Die Verachtung des
Menschen sei das Erbtheil der Bösen.

[―――――]

VIII. Sonnt. 26. Jan. NM. Charité
2. Tim. 2, 16. [1]

Eingang. Nicht nur über das Böse giebts Vorwürfe   10
Sondern auch über das Leere und unnüze.
Thema. Ueber die Schädlichkeit des losen Geschwäz.
    I.   Was ist ungeistliches und loses Geschwäz
       1. negativ – Ich will nicht erwähnen
          a. deßen welches schon an sich strafbar ist   15
             α. weil es Unrecht thut
             β. weil es auf Erwekung des Bösen in Andern ab-
                zwekt – Ich will
          b. auch nicht tadeln
             α. das was an sich außerhalb der Religion liegt   20
             β. was unschuldige Fröhlichkeit befördert. Son-
                dern |
       2. positiv
          a. das worin kein Geist ist
             α. leere Worte   25
             β. unbedeutende Erzählungen
          b. das worin kein Zusammenhang ist

8

[Am Rand neben Z. 8:] Neues Gesangbuch 371.
[1] *[Randnote:]* Anm. Zum Text wäre beßer
[Am Rand neben Z. 13:] Stolp den 23. Jan. 1803.   30

---

8 *Am 3. Sonntag nach Epiphanias 1800 nachmittags in der Berliner Charité*   **28** *Gesangbuch zum gottesdienstlichen Gebrauch (bei Mylius), Lied Nr. 371 „Herr, ich hab
aus deiner Treu, mir zum Heil, noch Zeit in Händen." (Melodie von „Sey Lob und Ehr
dem höchsten Gut.")*

Urtheil über Dinge die wir nicht verstehen.
    α. über fremde Handlungen
    β. über die Verbindung der Begebenheiten
II. Wie veranlaßt es ungöttliches Wesen.
    1. in Andern – den Hörenden
      a. wir nähren ihre Fehler
        α. den Kleinigkeitsgeist
        β. die Trägheit
      b. wir veranlaßen Böses
        α. indem wir sie mit Vorurtheilen gegen Andre er-
          füllen
        β.
    2. in uns selbst
      a. durch die Vorbereitung dazu
        α. unsre Aufmerksamkeit auf Kleinigkeiten ge-
          richtet
        β. Freude an Fehler und Unglük wird genährt
      b. durch die Rükwirkung.
        α. wir bilden uns ein beßer zu sein
          [1] weil wir ihre Fehler wahrnehmen
          [2] weil wir ihr Gutes übersehen
        β. wir entwöhnen uns, uns nur nach dem Gesez zu
          beurtheilen
Schluß. Laßt uns die Verantwortlichkeit wol bedenken.

IX. Dienst. 28. Jan. Betstunde
Ps. 10, 17.

Eingang. Ehe man nach dem Erhören fragt, sollte man erst gewiß
sein daß die Gebete würdig seien gehört zu werden.
Thema. Wie muß man beten um daran denken zu können daß
Gott hört?

[*Am Rand neben Z. 25:*] Neues Gesangbuch 188.

---

1 Urtheil] *davor* ⟨α.⟩   **27** Erhören] *davor* ⟨Hören⟩   **28** Gebete] Gebete erst

---

25 *Betstunde in einem Krankensaal der Berliner Charité*   **31** *Gesangbuch zum*
gottesdienstlichen Gebrauch (bei Mylius), Lied Nr. 188 „Von dir kommt jede gute
Gabe;“ (Melodie von „Wer nur den lieben Gott läßt walten.“)

I. Der Gegenstand muß Gott wolgefällig sein
    1. Gott kann nichts unvernünftiges gern hören
    2. Gott kann nichts sinnliches gern hören
II. Das Herz muß übereinstimmen
    1. es muß nicht im Ganzen das Gegentheil wollen
    2. es muß nicht die Mittel zum Zwek nicht wollen
    3. es muß nicht die Theile des Ganzen nicht wollen
    4. es muß nicht Ernst und Fleiß scheuen
Schluß. Anwendung auf die Wünsche der Communikanten beim
Abendmal.

———————— |

X. Sonnt. d. 2. Febr. Invalidenh.
    Text 1. Petr. 3, 15.

Eingang. Wir verachten den, der seine Ueberzeugung dem Urtheile
der Welt aufopfert. Aber auch den, welcher der öffentlichen Meinung
Hohn spricht. Es giebt keine Regel als die, daß man nicht zweien
Herren dienen kann. Die Achtung die wir der Welt schuldig sind muß
sich aus der Treue gegen unser Gewißen von selbst ergeben.
Thema. Wir sind der Welt nichts schuldig, als daß wir immer bereit
sind ihr Rechenschaft zu geben.
    I. Daß dies wirklich Pflicht ist
        1. Wer bloß nach Autorität handelt versündigt sich an der
            Welt
            [a.] denn er ist nur eine leere Formel
            [b.] und an dem Plaz den er einnimmt könnte ein eignes
                 Wesen stehn.
        2. Wer nur nach augenbliklichen Empfindungen handelt
            versündigt sich an der Welt
            [a.] es soll sich überall die ganze menschliche Kraft zeigen
            [b.] es soll sich nichts rohes zeigen

[Am Rand neben Z. 11:] Altes Gesangbuch 322.
[Am Rand neben Z. 20:] Zuerst im Allgemeinen Darstellung des Verpflichtungsgrun-
des[:] es soll auf allerlei Weise angeschaut werden das Ebenbild Gottes

11 *Am 4. Sonntag nach Epiphanias 1800 vormittags in der Invalidenhauskirche zu
Berlin; vgl. Predigten. Erste Sammlung, Nr. 6 (KGA I/1)*   **15–16** *Vgl. Mt 6,24*
30 *Geistliche und Liebliche Lieder, ed. Porst, Lied Nr. 322 „Kommt, laßt euch den
Herren lehren, kommt und lernet allzumal," (Melodie von „Freu dich sehr, o etc.")*

3. Wer nicht vollständig und von allen Seiten entweder im Einzelnen überlegt, oder im Ganzen sich selbst kennt – denn
   [a.] er ist ungeschikt zu einer vernünftigen Mittheilung
   [b.] er erregt der Menschen Aufmerksamkeit ohne sie befriedigen zu können.
4. Wer Grund hat und ihn nicht mittheilen will
   [a.] er läßt sein Licht nicht leuchten, und ist für die Welt als ob er nicht wäre
   [b.] er vermehrt ein Uebel welches auf alle Weise vermindert werden sollte nemlich das Geheimnißvolle

Übergang. Wie viel Achtung leuchtet nicht aus diesen Vorschriften hervor

II. Weiter giebt es keine Pflicht dieser Art.
   1. Im Gebiet des Gewißens.
      [a.] Auch die kleinste Abweichung ist ein Mangel von Achtung gegen die Welt.
      [b.] Der Zwek der Gemeinschaft wird aufgehoben, das Gemeinschaftliche wird geschändet. |
   2. Außerhalb des Gewißens giebt es nichts.
      [a.] Es giebt keine moralisch gleichgültigen Handlungen oder Gedanken.
      [b.] Auch die Art und Weise wie wir etwas verrichten gehört vor das Gewißen. Denn es ist immer die Frage dabei von der Verwendung unserer Kräfte[,] vom Verhältniß einer Handlung gegen die übrigen.

Schluß. So ist also auch hier die vollkommenste Harmonie unserer Pflichten. Laßt uns nur immer mehr darauf denken Grund zu haben – und uns ein freies und ofnes Gemüth zu erhalten.

———

XI. Sonnt. 2. Febr. VM. Betstunde
Ps. 12, 4.

Eingang. Wir denken uns Alle das Reich der Wahrheit als das schönste und in Allen ist doch der Keim zur Heuchelei

———

[Am Rand neben Z. 29:] Neues Gesangbuch 18.
[Am Rand neben Z. 31:] Stolpe d. 18. Sept. 1803.

———

7 *Vgl. Mt 5,16* **29** *Am 4. Sonntag nach Epiphanias 1800 vormittags Betstunde in einem Krankensaal der Berliner Charité* **33** *Gesangbuch zum gottesdienstlichen Gebrauch (bei Mylius), Lied Nr. 18 „Nie bist du, Höchster, von uns fern; du wirkst an allen Enden." (Melodie von „Mir nach, spricht Christus, unser Held.")*

Thema. Wodurch sollte Heuchelei immer mehr abnehmen.
  I. Reinigung der Religion
      1. der religiösen Vorstellungen bei dem Heuchler selbst
          [a.] Allwißenheit Gottes
          [b.] Urtheil Gottes aus dem Innern   5
      2. der religiösen Vorstellungen der Menschen überhaupt
          [a.] Vermindertes Gewicht auf die äußre Religion die der
               Heuchler doch am meisten nachahmt.
          [b.] Auf einzelne Handlungen.
  II. Beßerung der Menschen selbst   10
      1. der moralische Mensch versteht sich auf den Schein der
          Moralität
      2. er findet die Immoralität in den Kleinigkeiten aus auf die
          der Heuchler nicht sehen kann.
  III. Allmählige Auflösung der willkührlichen Verbindung zwi-   15
       schen Moralität und physischem Wolsein
      1. wenn Niemand mehr das Gute äußerlich belohnen will
          hört der Zwek der Heuchelei auf
      2. wenn man wirkliche Bedürfniße auch ohne Rüksicht auf
          den innern Werth zu befriedigen sucht[,] ebenfalls.   20
Schluß. Laßt uns lieber an die allgemeine Ueberzeugung von der
menschlichen Gebrechlichkeit appelliren als heucheln.

11   XII. Sonnt. 2. Febr. NM. CharitéKirche
                                    2. Tim. 3, 5.

Eingang. Der Einfluß der Gesellschaft ist anerkannt. Gegen die of-   25
fenbar böse sollte man nicht zu warnen brauchen. Sie ist aber auch
nicht die gefährlichste.
_____

[Am Rand neben Z. 23:] Neues Gesangbuch 193.

---

23 *Am 4. Sonntag nach Epiphanias 1800 nachmittags in der Charitékirche zu Berlin*
28 *Gesangbuch zum gottesdienstlichen Gebrauch (bei Mylius), Lied Nr. 193 „Bewahre
mich, Herr, daß der Wahn nie mein Gemüth bethöre, als wär es schon genug gethan,
wenn dir nur äußre Ehre der Mensch, dein Unterthan, erweist." (Melodie von „Es
wolle Gott uns gnädig seyn.")*

Thema. Schädlichkeit derer die nur den Schein des Guten haben.

I. Wer sind sie
    1. sie haben
        a. Schein der Religiosität
        b. Schein der Moralität
    2. ohne das Wesen – entweder
        a. aus absichtlichem Betrug – oder
        b. aus Unwißenheit.

II. Schaden den ihre Gesellschaft anrichtet
    1. Der Eifer für das Gute erkaltet.
        a. weil man schon mehr Gutes auf die Wageschale zu legen hat, wenn man aufs Einzelne sieht
        b. weil man über den guten Grund in sich sicher zu sein glaubt wenn man aufs Ganze sieht
    2. Man nimmt es mit dem Bösen nicht so genau
        a. weil man es bei ihm mit dem für gut gehaltenen vereinigt sieht
        b. weil vieles sich sogar aus dem Eifer für jenen Schein erklären läßt.
        [α.] Härte
        [β.] Versagung von Wolthaten

Schluß. Laßt uns die Wahl unserer Freunde für etwas höchst wichtiges und für den höchsten Gegenstand menschlicher Weisheit halten

---

XIII. Dienst. 4. Febr. VM. Betstunde
Ps. 1, 2. 3.

Eingang. Man streitet so viel über den Einfluß der Gottseligkeit auf den Zustand. Man muß nur nach dem rechten Wohlergehen fragen.
Thema. Worin das ausschließende Wolergehen des Gerechten besteht.

---

30 *[Am Rand neben Z. 24:]* Neues Gesangbuch 409.

---

24 *Am 4. Februar 1800 vormittags Betstunde in einem Krankensaal der Berliner Charité* **30** *Gesangbuch zum gottesdienstlichen Gebrauch (bei Mylius), Lied Nr. 409 „Mit dir, o Höchster, Friede haben, und deiner Huld versichert seyn," (Melodie von „Wer nur den lieben Gott läßt walten.")*

I. Er bringt Früchte |

12   1. Der Nicht-Gerechte nüzt nur zufällig der Welt, und auch
          das besteht selten |

11   2. Der gute Same den der Gerechte in die Welt ausstreut
          geht irgend wo auf | 5

12   3. Das gute Beispiel ist der wahre Nuzen
      4. Jeder Gerechte darf sich getrösten daß er diesen stiftet

II. Er behält immer Kraft und Muth
     1. Der Weltling wird
         a. auch im Glük abgestumpft   10
         b. im Unglük bezwungen
     2. Dem Gerechten
         a. fehlt nie die Gelegenheit zur Uebung
         b. auch das Unglük gereicht ihm zur Stärkung
     Dies komt daher weil es ihm nie an Befriedigung fehlt, [und]   15

III. Ihm gerät alles wol.
      1. Im Aeußern ist er mit den Andern unter gleicher Abwech-
          selung begriffen.
      2. Sein eigentlicher Zwek ist nur das Aeußern der Gesin-
          nung – dagegen   20
      3. der Ungerechte nichts hat was ihm gewiß geräth
          a. er erlangt vieles nicht
          b. das erlangte befriedigt ihn nicht

Schluß. Laßt uns hierauf sehn. Aber nicht anderes Glük als Belohnung fordern.   25

XIV. Sonnt. 9. Febr. VM. Dreifalt.Kirche
1. Cor. 6, 12.

Eingang. Der gottesdienstliche Tag ist zugleich Vergnügungstag.
Das lezte bringt oft einen ganz entgegengesezten Zustand hervor. Den-

---

[*Am Rand neben Z. 2:*] Anm. Der Gegensaz der Art zu nüzen sollte beßer auseinander-   30
gesezt sein, und die Haupteintheilung ausmachen.
[*Am Rand neben Z. 17:*] Anm. Eigentlich sollte auch hier mit Nr. 3 angefangen
werden.
[*Am Rand neben Z. 26:*] Altes Gesangbuch 758.

---

4 Gerechte] *über der Zeile mit Einfügungszeichen*

---

26 *Am Sonntag Septuagesimae 1800 vormittags in der Dreifaltigkeitskirche zu Berlin*
34 *Geistliche und Liebliche Lieder, ed. Porst, Lied Nr. 758 „Mir nach! spricht Chri-*
stus, unser Held, mir nach, ihr Christen alle!" (Melodie von „Auf Christenmensch.")

noch sind die Grundsäze der Religion dem Triebe zum Vergnügen
nicht entgegengesezt. Aber freilich wird sich der welcher ihr folgt auch
in diesem Zustande sehr auszeichnen.

Thema. Die Richtung, welche die religiöse Gesinnung unsern Vergnügungen giebt
    I. Durch eine Rüksicht auf Andere.
       1. Wir sollen überhaupt Rüksicht auf sie nehmen.
          [a.] Die Gesinnung des Wolwollens ist nicht in die Gren-
             zen des Berufs und der eigentlichen Mildthätigkeit
             eingeschloßen
          [b.] Auch in Allem was andere nur für sich thun sucht
             der Christ das was der Andern ist
          [c.] Jedes selbstsüchtige Vergnügen ist unedel weil es nur
             sinnlich ist|
          [d.] Wer sich gehn läßt und glaubt es ist genug wenn er
             mit seinem Vergnügen Niemandem schadet hat
             keine Religion.
          [e.] Wir sollen uns mit den Frölichen freuen: aber weil
             Andere mit uns weinen müßen wenn wir weinen mü-
             ßen wir sie auch zur Freude herbeirufen wenn wir
             frölich sind.
       2. Wir sollen sehen daß es ihnen fromme
         a. es frommt nicht
          [α.] wenn wir sie nur rufen um unserer Eitelkeit zu
             fröhnen. Leere Pracht erregt nur Neid und Miß-
             muth statt des Vergnügens. Es vergeht wenn man
             sieht daß soviel mühsame Anstalten dazu ge-
             macht sind
          [β.] wenn wir ihnen einen lästigen Zwang auflegen
             der ermüdet und die Offenheit verscheucht.
         Solche Vergnügungen kommen aus keinem guten
         Prinzip
         b. Wir sollen dahin sehn
          [α.] daß der Gedrükte und Bekümmerte auf eine wür-
             dige Art seine unangenehmen Empfindungen ver-
             geße
          [β.] daß jeder Gelegenheit habe seinen Beitrag zu ge-
             ben damit das Vergnügen ein gemeinschaftliches
             Produkt sei
          [γ.] daß neben dem Angenehmen auch dem nüzlichen
             und würdigen der Zutritt verstattet werde – das

---

18 *Vgl. Röm 12,15*

eigenthümliche des Vergnügens besteht nicht im Gegenstande sondern in der Behandlung.

II. Durch eine Rüksicht auf uns selbst.

   1. Sinn.

      [a.] Der Mensch Gottes soll zu allen guten Werken zu   5
      jeder Zeit geschikt sein

      [b.] Dazu gehört die vollkommenste Herrschaft über alle seine Kräfte

      [c.] Dies ist das eigentliche Wesen der Mäßigkeit, nicht Diät oder Oekonomie.   10

   2. Anwendung. Wir sind gefangen

      a. Wenn irgendein Vergnügen uns so zur Leidenschaft wird

        [α.] daß wir es immer begehren

        [β.] daß wir andere Handlungen also Beruf und   15
        Pflicht nur als Mittel ansehn um dazu zu gelangen

      Dies ist eine Knechtschaft der Sünde; denn die Verachtung des Berufs ist Sünde, und weder die Niedrigkeit des Lezteren, noch das Edle des Vergnügens ist   20
dafür Entschuldigung.

      b. Wenn es uns nach dem Genuß keine Lust oder Kraft zu höherer Beschäftigung übrig läßt, weil wir in zu lebhafte Bewegung gesezt sind.

        [α.] Der ist gefangen, der sich nicht nach seinem   25
        freien Willen bewegen kann. Dieser Zustand ausgemahlt.

        [β.] Der ist Andern hingegeben von dem man weiß daß man ihm durch ein Vergnügen seine Stärke rauben kann | 30

14   c. Wenn sich mit dem Genuß selbst

        α. kein Gedanke an etwas höheres verträgt

        [1] Wer sich nicht mitten im Vergnügen seiner Vernunft bewußt sein kann, die auch diesen Theil des Lebens anordnete   35

        [2] Wer nicht mitten im Vergnügen und unbeschadet desselben an den Geber denken kann

        Der ist gefangen: denn er hat einen Theil seines Wesens für diese Zeit hingegeben

        β. nicht der unmittelbare Uebergang zu andern Din-   40
gen

5–6 *Vgl.* 2 Tim 3,17

[1] wenn die Pflicht zum Handeln ruft
[2] wenn sich dem Verstande eine günstige Gelegenheit darbietet in der Erkenntnis zuzunehmen

Der ist gefangen – sein Vergnügen muß aus einem schlechten Grunde herstammen.

Schluß. So angesehen und behandelt erscheint uns das Vergnügen
nicht als etwas,
Was einen ganz besondern Trieb im Gemüth hätte und von der Religion nur zugelaßen würde sofern es ihr nicht widerspricht – Sondern
Es ist ein nothwendiger Theil des Lebens nach ihren Grundsäzen. Wir
wollen auch hier auf eine freiere Weise mit Menschen und auf Menschen wirken. Wir wollen uns auch hier unseres Daseins in der Welt
Gottes und unseres göttlichen Ebenbildes bewußt werden
Bei wem es solcher Art ist in dem kann es auch die religiösen Eindrüke
nicht vertreiben

XV. Sonnt. 23. Febr. Betstunde
Ps. 12, 2.

Eingang. Unrichtig ist diese Meinung immer, weil sie schon so alt
ist, daß gar keiner mehr übrig sein müßte, weil die Abnahme der
Guten bei der Zunahme der göttlichen Veranstaltungen mit der göttlichen Weisheit nicht bestehen kann. Was unrichtig ist, ist auch immer
schädlich.
Thema. Ueber die Meinung daß die Anzahl der guten in der Welt ab-
nimmt.
   I. Der Schade, den sie angerichtet
     1. Man läßt nach im Eifer für die gute Sache.
     2. Man läßt nach in seinen Foderungen an die Menschen
       Dies ist eine Verachtung an dieselben zu der wir nicht
       berechtigt sind

[*Am Rand neben Z. 17:*] Neues Gesangbuch 239.
[*Am Rand neben Z. 19:*] Wiederholt Stolpe 17. Julius 1803.

---

29 Verachtung] *davor* ⟨l ⟩

---

17 *Am Sonntag Estomohi 1800 vormittags Betstunde in einem Krankensaal der Berli-
ner Charité*   **31** *Gesangbuch zum gottesdienstlichen Gebrauch (bei Mylius), Lied
Nr. 239 „Mein Gott, du wohnest zwar im Lichte, dahin kein sterblich Auge dringt,"
(Melodie von „Wer nur den lieben Gott läßt walten.")*

II. Wie wir dem entgegen arbeiten
1. Wir müßen die Veranlaßung vermeiden
   a. im Leiden nicht ⌊den Eindruk⌋ auf ⌊andre⌋ Dinge übertragen
   b. so auch wenn wir von Menschen betrogen werden   5
   c. nicht soviel Werth auf unsere eigenthümliche Art legen |
2. Wir müßen es auf eine andere Seite wenden dadurch
   a. daß wir es dem Herrn empfehlen
      Das läßt Muthlosigkeit und Trägheit nicht auf-   10
      kommen
   b. daß wir uns vornehmen desto schärfer aufs wesentliche zu sehn
      Das läßt keine Einseitigkeit aufkommen
   c. daß wir die Menschen desto mehr mit Liebe umfaßen   15
      Das wird die Verachtung zurükhalten
Schluß. Je mehr wir ihr so entgegenarbeiten, desto weniger kann sie in uns aufkommen

15

XVI. Sonnt. 23. Febr. NM. Invalidenhaus
1. Cor. 12, 4. 5.   20

Eingang. Wenn die Klagen über Ungleichheit auf Vermögen und Lebensgenuß gehn, ist offenbar eine schlechte Gesinnung dabei. Es ist aber nicht beßer wenn sie auf die Wirksamkeit gehn.
Thema. Beruhigungsgründe bei der Ungleichheit unserer Bestimmung auf Erden   25
   I. In Rüksicht unserer Talente komt alles auf den Geist an.
      1. Ohne den Geist hat auch das größte keinen Werth –
         Dies bedarf kaum erinnert zu werden: und hätte der
         Liebe nicht

[Am Rand neben Z. 19:] Altes Gesangbuch 798.   30

---

3 ⌊den Eindruk⌋] *korr. aus Unleserlichem*   8 2.] II. 2.   17 kann] *korr. aus*
Unleserlichem   20 1. Cor. 12, 4. 5.] *davor* ⟨Ps. 19, 13.⟩   22 gehn, ist] gehn Ist

19 *Am Sonntag Estomihi 1800 nachmittags in der Invalidenhauskirche zu Berlin*
28–29 *1Kor 13,1*   30 *Geistliche und Liebliche Lieder, ed. Porst, Lied Nr. 798 „Ich*
halte GOtt in allem stille, er liebet mich in Freud und Schmerz,“ (Melodie von „Wer
nur den lieben GOtt läßt walten.“)

2. Der Geist kann auch im Kleinsten
    a. sich zeigen
    b. es heiligen – Dies wird schon weniger bemerkt.
3. Was fehlt uns also wenn wir den Geist haben
    a. Wir werden Alles was wir sein können
    b. wir können Alles was Andere sind als unser eignes
       ansehn. Der Geist giebt uns Zeugnis daß wir auch so
       sein und handeln würden
II. In Rüksicht unseres Wirkungskreises – es ist der Herr der
   ihn uns angewiesen hat.
   1. Das muß uns genügen
     a. Er allein weiß, was jezt ausgeführt werden soll
     b. Er allein weiß wo wir am besten stehen – wie leicht
       sich der Mensch in Rüksicht seiner Gaben irrt
   2. Es muß uns anspornen
     a. mit Lust und Achtung zu thun, was wir zu thun
       haben
     b. uns innerhalb unseres Berufs immer zu vervollkom-
       nen – Wie viel daran ein jeder noch zu thun hat
       sieht | man am besten aus der Vergleichung deßen,   *16*
       was man ist[,] mit dem, was man vor geraumer Zeit
       war
Schluß. Wer so gesinnt ist, der ist jezt schon über vieles gesezt
a. er ist unentbehrlich in der großen Gemeinschaft
b. er wirkt außerhalb derselben durch sein Beispiel

––––––––––

XVII. Dienst. 25. Febr. Betstunde
Ps. 19, 13.

Eingang. Es ist eine Wahrheit an die wir nicht ohne Betrübniß denken. Es ist eine Bitte die wir uns nicht leichtsinnig erlauben sollten.

––––––––––

[*Am Rand neben Z. 26:*] Neues Gesangbuch 250.
[*Am Rand neben Z. 28:*] Wiederholt Stemniz Febr. 1803. Stolpe den 8. Octob. 1803.

––––––––––

7 *Vgl. Röm 8,16*   **23** *Vgl. Mt 25,21.23*   **26** *Betstunde in einem Krankensaal der*
Berliner Charité   **30** *Gesangbuch zum gottesdienstlichen Gebrauch (bei Mylius),*
Lied Nr. 250 „Wer bin ich? welche wichtge Frage! Gott, lehre sie mich recht verstehn!"
(Melodie von „Wer nur den lieben Gott läßt walten.")

Thema. Ursachen warum der Mensch sich selbst verborgen bleibt
  I. Mangel an Nachdenken
      1. weder Zerstreuungen
      2. noch Sorgen entschuldigen es
          a. entweder laßen sie unmittelbar das Gemüth frei   5
          b. oder sie gewöhnen es an das Nachdenken so daß es
              leichter wird und weniger Anstrengung kostet
 II. Falsche Richtung deßelben
      1. Betrügerisch um sich zu täuschen
          a. man legt sich Ueberlegungen unter die man nie ange-   10
              stellt hat
          b. man verbirgt sich was im Bewußtsein wirklich vorge-
              gangen ist
      2. Einseitiges – man giebt nicht Achtung auf dasjenige was
          man übersehen hat ohnerachtet hierin vornemlich der   15
          Schlüßel zum Charakter liegt
          a. ohnerachtet wir selbst anders werden und also auch
              andere Standpunkte haben könnten
          b. ohnerachtet wir das Urtheil Anderer vernehmen wel-
              ches hierin besonders gültig ist   20

Schluß. Wir können nicht Vergebung verlangen wenn wir uns nicht
beßern, und wir können uns nicht beßern wenn wir nicht um Alles
wißen. Also müßen wir unsre Selbstkenntniß zu vollenden suchen und
jene Unwißenheit immer enger einschränken. Nur wenn wir auf diesem Wege fortgehn können wir auf Vergebung Anspruch machen   25

———————— I

17   XVIII. Sonnt. 9. Merz. Betstunde
                                  Ps. 14, 1.

Eingang. Man denkt dabei gewöhnlich daran, daß wer nicht an
Gott glaube ein Thor sein müße. Das ist auch wahr, denn der Glaube

[Am Rand neben Z. 26:] Neues Gesangbuch No. 190.   30

———————————————————————

26 *Am Sonntag Reminiscere 1800 vormittags Betstunde in einem Krankensaal der
Berliner Charité*   **30** *Gesangbuch zum gottesdienstlichen Gebrauch (bei Mylius),
Lied Nr. 190 „Wer kann, Gott, je was Gutes haben, das nicht von dir den Ursprung
hat?" (Melodie von „Wer nur den lieben Gott läßt walten.")*

dringt sich dem Verständigen hinlänglich auf. Hier ist es aber umgekehrt gemeint, und das laßt uns erwägen.

Thema. Die Thoren können keinen wahren und lebendigen Glauben
an Gott haben.

I. Wer sind Thoren
   1. Die ihr Herz an etwas hängen was sie nicht erreichen
      können
      a. im einzelnen – Beispiele
      b. im Ganzen
         α. im Bestreben
           Alle irdische Glükseligkeit ist von dieser Art
         β. im Denken
           [1] Die immer mit Bedauern an das unange-
              nehme denken was ihnen widerfahren ist
           [2] Die immer mit Kummer an das Angenehme
              denken, was sie hätten haben können
   2. Die Mittel und Zwek mit einander verwechseln.
      a. Im Einzelnen z. B. die Geizigen, die Ehrsüchtigen pp.
      b. Im Ganzen
         α. Die die Anstalten zur vernünftigen Bildung der
           Menschen
         β. Die die innern Vorrichtungen des Gewißens nur
           für Mittel zur Glükseligkeit halten
II. Warum kann in ihnen kein Glaube an Gott sein
   1. Sie können nicht glauben daß Gott regiert
      Sonst könnten sie nicht bedauern daß geschieht was
      geschieht und nicht geschieht was nicht geschieht
   2. Sie können nicht glauben daß Gott richtet
      Sonst müßten sie einen innern Werth der Handlun-
      gen annehmen
   3. Sie können nicht glauben daß Gott liebt
      Sonst müßten sie eine Aehnlichkeit zwischen sich und
      Gott annehmen

Schluß. Es giebt also keinen Glauben ohne geistliche Gesinnung. Die
Weisheit ist die Bedingung der Furcht Gottes. Auch wo wir in einzel-
nen Fällen noch thöricht sind fehlt es uns gewiß an lebendigem
Glauben.

———— |

18   XIX. Sonnt. 9. Merz NM.
                              Matth. 26, 31.

Eingang. Es giebt mannigfaltige Belehrungen und Meinungen darüber wie man Allen Alles werden soll. Das geht recht gut an wenn
man Handlungen ausdrüklich deswegen verrichtet um auf Andere zu   *5*
wirken. Was soll man aber machen, wenn Jeder nach seiner Art Aergerniß nimmt an dem was wir aus Beruf thun müßen.
Thema. Wie wir es ansehen müßen, wenn an unserm Rechthandeln
Aergerniß genommen wird
    I. Was that unser Erlöser   *10*
       1. Er ließ sich durch das Aergerniß welches sie nahmen
          nicht stören.
          a. Sie nahmen wirklich Aergerniß wie es an andern
              menschlichen Handlungen genommen wird; denn sie
              wurden wankend in ihrem Glauben und ihren   *15*
              Grundsäzen
          b. Sein Leiden wird überall als eine freie Handlung an-
              gesehn und er fuhr also fort demselben mit Freiheit
              entgegen.
       2. Obgleich soviel dabei auf dem Spiel stand. Nemlich   *20*
          a. Alle Verehrung welche sie gegen ihn hatten
          b. Alles Gute welches Er auf Erden stiften konnte
       3. Er sagte ihnen sogar er wiße daß sie sich ärgerten
       4. Und war
    II. Von welchen Grundsäzen muß er dabei ausgegangen sein?   *25*
       1. Am Rechthandeln kann nur Aergerniß genommen wer-
          den bei unvollkommener Einsicht
       2. Man muß mit dem Handeln nicht warten bis man diese
          mit Worten belehrt hat, sondern man belehrt sie am be-
          sten durch die That   *30*
       3. Man muß vertrauen daß bei Allen die es wirklich gut
          meinen das Aergerniß zur beßern Einsicht führt.

[Am Rand neben Z. 1:] Neues Gesangbuch 199.

***

22 Er] *folgt* ⟨für unser⟩

***

1 *Am Sonntag Reminiscere 1800 nachmittags in der Charitékirche zu Berlin*   **4** *Vgl.*
1Kor 9,22   **33** *Gesangbuch zum gottesdienstlichen Gebrauch (bei Mylius), Lied
Nr. 199 „Herr Jesu, Gnadensonne! des wahren Lebens Licht!" (in bekannter Melodie)*

III. Wie wenden wir diese auf die Fälle an, die uns vorkommen
können?
1. Nur der kann an reiner Sittlichkeit Anstoß nehmen
    a. der noch nicht den höchsten Begrif davon aufgcfaßt
       hat
    b. der noch unwesentliche Vorstellungen damit ver-
       bindet
2. Wir müßen nicht das Handeln nach unserer Ueberzeugung aufschieben bis wir etwa in andern eben diese Ueberzeugung hervorgebracht haben
    a. einen Wirkungskreis zu haben muß [jedenfalls] unser
       Zwek sein dem wir etwas aufopfern
    b. die Anschauung lehrt beßer als die Worte und ohne
       jene möchten diese vergeblich sein |
3. Wer es nur redlich meint, kommt doch durch und dann   *19*
   sind wir mit unserer Freimüthigkeit nüzlich gewesen
Schluß. So müßen wir das Reich Gottes befördern ohne auf irgend
etwas zurükzusehen.

XX. Dienst. d. 11. Merz. Betstunde
Matth. 26, 29.

Eingang. Niemand von uns ist jemals seines Endes so gewiß als
Christus war. Wir können also lernen was der Gedanke daran wirken
muß wie nahe oder fern auch die Sache selbst sei
Thema. Wie muß nach dem Beispiel Jesu der Gedanke an unser Ende
auf uns wirken.

[Am Rand neben Z. 19:] Neues Gesangbuch No. 379.

---

9 in] *über der Zeile mit Einfügungszeichen*

---

19 *Betstunde in einem Krankensaal der Berliner Charité*   **26** *Gesangbuch zum
gottesdienstlichen Gebrauch (bei Mylius), Lied Nr. 379 „Wie fleucht dahin der Menschen Zeit! wie eilen wir zur Ewigkeit!" (in bekannter Melodie)*

I. Er soll uns nicht stören
 1. in unserer gewohnten Art zu leben – (Christus)
   a. die äußerliche das hängt von Umständen ab. Ein
     Kranker zum Tode soll aber auch nicht anders krank
     sein wie ein Kranker zum Leben.   5
   b. die innere
     α. Wonach wir streben, darin können wir noch bis
       zum lezten Augenblik
     β. Wir brauchen nicht wie die weltlich gesinnten
       diese Thätigkeit nebst aller vorhergegangenen für 10
       vergeblich halten, weil jenseits das Alles ein Ende
       nimmt. Daher
 2. auch nicht in unserer Ruhe und Gelaßenheit
   a. Nur das äußerliche des Todes könnte uns beunruhi-
     gen und dagegen stärkt uns die Religion   15
   b. Das Eigentliche betreffend wißen wir ja, daß wir im
     Reiche Gottes bleiben
II. Er soll uns zur möglichsten Thätigkeit ermuntern – Christus
 1. Auch dann wenn uns das Ende selbst noch fern scheint
   a. Dieser Gedanke giebt uns doch den deutlichsten Be- 20
     grif daß unser Leben nur einen bestimten Raum ein-
     nimt, den wir ausfüllen müßen, und daß sich nichts
     versäumtes nachholen läßt.
   b. Christus brauchte sich in den lezten Augenbliken
     nicht zu sagen: hätte ich doch vorher noch dies und 25
     jenes gethan – dafür laßt uns auch bei Zeiten
     sorgen.
 2. Wenn es uns näher ist
   a. Wir können immer noch nüzlich sein
     [α.] durch Lehren   30
     [β.] durch Beispiel
   b. Wir müßen es
     weil ja (nach Th. 1.) die Nähe des Todes uns nichts
     andres darbietet wodurch unsere Kraft aufgezehrt
     würde
Schluß. Anwendung auf die Communikanten nach ihrem verschie- 35
denen Zustande.

------------------------------ |

---

2 Art zu leben] *am Rand mit Einfügungszeichen statt* 〈〈Thätigkeit〉〉   **3–5** Ein ...
Leben.] *am Rand mit Einfügungszeichen*   8 Augenblik] *zu ergänzen wohl* tätig sein

XXI.   Sonnab. 15. Merz Vorbereitung im Invalidenh.   *20*
Marc. 13, 33–37.

Eingang. Wir können das Abendmahl nicht feiern ohne an unsern
Beruf als Arbeiter des Herrn zu denken. Also auch an die Rechen-
schaft die wir davon ablegen müßen nicht nur an jenem Tage oder
wenn wir sterben[,] sondern bei jeder wichtigen Veränderung in un-
sern Verhältnißen und überhaupt in jedem Augenblik.
Thema. Ermahnung zur Wachsamkeit
   I.   Ueber unser Herz.
       1.   Daß das Gute nicht untergehe, was schon darin besteht
       2.   Daß wir keine Gelegenheit vorbeilaßen es zu vervoll-
          komnen
       3.   Daß das Böse sich nicht einschleiche
   II.   Ueber unsern Beruf.
       1.   Daß wir mit ganzer Seele bei unserm Werk sind
       2.   Daß uns der Herr zu aller Zeit thätig finde
       3.   Daß wir nichts aufschieben weil wir ja nicht Herren der
          Zukunft sind.
Schluß. Uns darin zu stärken sei der Zwek unseres Nachdenkens.
Die Erinnerung an den Bund zu welchem wir zu gehören bekennen
und an das Beispiel seines Stifters wird dazu kräftig mitwirken.

XXII.   Sonnt. 16. Merz Invalidenh.
Matth. 26, 47–50.

Eingang. Die Betrachtung der Leiden Christi ist eigentlich nicht eingesezt um unsere Dankbarkeit oder Liebe zu vermehren. Dazu brauchen wir der Leiden eben so wenig als zum Glauben der Wunder.
Sondern weil so viel lehrreiches sowol Gutes als Böses darin vor-

---

[Am Rand neben Z. 1:] Altes Gesangbuch No. 323.
[Am Rand neben Z. 22:] Altes Gesangbuch No. 105.

---

1 *Vorbereitungspredigt in der Invalidenhauskirche zu Berlin*   **22** *Am Sonntag Oculi*
1800 vormittags in der Invalidenhauskirche zu Berlin   **28** *Geistliche und Liebliche*
Lieder, ed. Porst, Lied Nr. 323 „O Weisheit aus der Höh!" (Melodie von „O GOtt,
du frommer GOtt."); vgl. Liednachweis zur Predigt vom 12. Januar 1800 nachmittags
(oben Seite 612)   **29** *Geistliche und Liebliche Lieder, ed. Porst, Lied Nr. 105 „O*
Haupt, voll Blut und Wunden! voll Schmerz und voller Hohn!" (Melodie von „Herzlich
thut mich verlangen.")

kommt, welches wir hier doch mit besonderer Aufmerksamkeit betrachten.

T h e m a . Homilie

  I. Daß die nächste Veranlaßung zu Christi Leiden einer von seinen Freunden war.   5

     1. Einige werden sagen das sei gewöhnlich. Undankbarkeit
und Verräterei kommen alle Tage vor

         a. Dies ist nur richtig von einer Freundschaft die auf
Eigennuz oder auf Annehmlichkeit gegründet ist.
Beide finden ihr Ende nicht nur sobald es aufhört, 10
sondern auch sobald sich anderswo etwas beßeres
darbietet

         b. Bei einer Freundschaft, die sich auf Achtung für die
Tugend und für den persönlichen Charakter gründet |

21   kann sie nicht Statt finden   15

            α. ein Gutes thut hier dem andern nicht Eintrag

            β. man hat auch nicht die Sucht immer Neues zu su-
chen

            γ. ein Ende kann die Achtung nicht nehmen, außer
in so fern sie übertrieben anfing.   20

         c. Auf eine solche Freundschaft also

            α. kann man sich allein verlaßen

            β. sie allein erfüllt den wahren Zwek der Freund-
schaft.

     2. Wie müßen wir dem zu Folge den Judas beurtheilen 25

         a. Sollen wir glauben Christus habe schlecht gewählt
Oder er habe es gleich gewußt es habe aber so seyn
sollen? – Dies wäre boshaft

         b. Wir müßen also über Judas kein so ganz schlechtes
Urtheil fällen – Möglichkeiten   30

         c. Die genaue Verbindung eines Menschen mit einem
anerkannt Vortreflichen muß immer einen Einfluß
auf unser Urtheil haben.

 II. Judas wählte den Kuß zum Zeichen des Verrathes
Frage: Verschlimmert dies die Handlung

     1. Einige werden sagen Nein   35

         a. Es komme nur auf den Entschluß an – war der ge-
faßt so war Alles Uebrige gleich

         b. Es verderbe das moralische Urtheil über Andere und
den Nuzen den es für uns haben soll, wenn wir bei
solchen Aeußerlichkeiten stehen bleiben die sich auf 40
das rührende beziehen

23–24 Freundschaft] Frschaft   **27** Oder] *davor* ⟨b.⟩

2. Dagegen läßt sich sagen.
    a. Das Böse wird schlechter unter solchen Umständen
        wo von selbst gute Gedanken entstehen sollten – So
        war es hier
    b. Es wird schlechter wenn in der Art wie es ausgeführt
        wird noch besonders etwas niedriges liegt wie hier
        die Falschheit
III. Wie Christus den Judas behandelte
  1. Haß fand auch gegen ihn nicht Statt
    a. nicht einmal gegen den, der wissentlich Unglük her-
        beiführt
    b. vielweniger gegen den, der es aus Leichtsinn
        Schwachheit oder ohne alles Verschulden thut
  2. Auch hier wollte er noch Gutes wirken indem er ihn zur
    Erkenntnis zu bringen suchte
    a. Das ist die wahre Verzeihung wenn wir unsere Wirk-
        samkeit zum Besten des Beleidigers nicht aufgeben
    b. Das ist die wahre Unpartheilichkeit, wenn wir einen
        nicht deshalb für unverbeßerlich halten, weil er das
        Böse gegen uns bewiesen.
  3. Auch hier blieben noch Spuren der ungeheuchelten
    Freundschaft |
    a. Das ist keine wahre Liebe, die sich so mit der Wurzel 22
        ausreißen läßt
    b. Man hat sich nicht zu schämen, wenn auch gegen
        einen Unwürdigen noch besondere Empfindungen
        zurükbleiben.
Schluß. Laßt uns Christo nachahmen, und möge Gott uns Allen frö-
lichere Veranlaßungen geben

XXIII. Sonnt. 23. Merz VM. Betstunde
Matth. 26, 36–46.
(Das Gebet)

Eingang. Mancher Christ macht sich von der materiellen Kraft des
Gebetes unrichtige Vorstellungen und wird wohl gar dadurch irre und

---

[*Am Rand neben Z. 30:*] Neues Gesangbuch No. 179.

---

30 *Am Sonntag Laetare 1800 vormittags Betstunde in einem Krankensaal der Berliner*
Charité; vgl. Predigten. Erste Sammlung, Nr. 2 (KGA III/1)   **35** *Gesangbuch zum*
gottesdienstlichen Gebrauch (bei Mylius), Lied Nr. 179 „Bis hieher halfst du mir, mein
Gott!" (Melodie von „Ich komme vor dein Angesicht.")

verzagt wenn er glaubt nicht erhört zu werden. Laßt uns davon ausgehen, daß es doch bei uns nicht kräftiger sein kann als bei Christo
Thema. Ueber die Kraft des Gebetes

 I. Worin sie besteht.
   1. Nicht im Abwenden   5
     a. Es wurde nichts abgewendet ohnerachtet Christus
       darum bat.
     b. Kann also auch uns nicht geschehen
   2. In der Stärkung und Beruhigung des Gemüths
     a. Erläuterung aus der Geschichte   10
       [α.] Es half bei jeder Wiederholung mehr
       [β.] Und jedes andre Trostmittel war fern (Trägheit
        und Verdrossenheit der Jünger)
     b. Anwendung – Wir sollen wie Christus
       [α.] aufhören um die Abwendung zu bitten 15
       [β.] Muth bekommen zu ertragen
       [γ.] Bewußtsein unserer Kräfte uns dabei wie es sich
        geziemt zu betragen
 II. Wie bewirkt das Gebet dieses
   1. Wir müßen an Gottes wesentliche Eigenschaften denken. 20
     Nemlich wir tragen unsere Wünsche vor einem Wesen,
     welches
     a. unveränderlich ist, in dem kein neuer Gedanke und
       Entschluß erzeugt werden kann. Daraus die Ueberle-
       gung, daß nicht sein Wille dem unsrigen, sondern nur 25
       unserer dem Seinigen ähnlich werden kann
     b. weise ist und den Zusammenhang des Ganzen kennt.
       Daraus entsteht Demuth und Mißtrauen in unsern
       Wunsch
     c. gütig ist und weiß was zu unserm Frieden dient. Dar- 30
       aus entsteht Vertrauen und Ruhe
   2. An Gottes beßre Absichten und sittliche Eigenschaften
     a. Alles physische hat einen moralischen Zwek in uns
       selbst. Wir müßen also
       [α.] auf diesen mehr sehn als auf die Mittel 35
       [β.] auf den Zustand unseres Gemüths mehr Acht ha-
        ben als auf die äußern Eindrüke
     b. Wir sollen Gott ähnlich werden

---

17 Kräfte] *zu ergänzen wohl* erlangen 20 wesentliche] *eckige Klammern wieder
aufgehoben* 24–26 Daraus ... kann] *am Rand mit Einfügungszeichen* 28–
29 Daraus ... Wunsch] *am Rand mit Einfügungszeichen* 32 beßre Absichten und]
beßre Absichten *am Rand mit Einfügungszeichen*

[α.] Also komt weit mehr darauf an wie wir Alles benuzen als darauf was uns begegnet.
[β.] Veranlaßung gute Gesinnungen zu äußern und zu
befestigen bictct Glük wie Unglük dar
5 Schluß. Wenn es dieses nicht in uns bewirkt, dann haben wir Ursach
über uns selbst bedenklich zu werden[,] so kann das nur daher
kommen
[1.] daß unser Gebet im Grunde gedankenlos ist
[2.] wir verkehrte Vorstellungen von Gott haben
10 [3.] unsere Gesinnung der des Erlösers gar nicht ähnlich ist

XXIV. Sonnt. 23. Merz NM.   23
Matth. 26, 36–44.
(Das Verhältniß gegen die Jünger)

Eingang. Die Geselligkeit gehört ganz nothwendig zum Wesen des
15 Menschen. Er ist und wird alles durch sie. Er sucht überall bei ihr
Hülfe und soll es auch
Thema. Homilie
  I. Christus versprach sich von der Gegenwart seiner Jünger
     Trost und Hülfe
20   1. Es ist recht
        a. Der verkennt die Geselligkeit der ihren Nuzen nur
           aufs leibliche und irdische beziehn will
        b. Auch der Beste muß fühlen, daß Andere ihn stärken
           und erheben können. Beispiel[:] ruhige Vorstellungen
25   bleiben jedem nothwendig und heilsam.
     2. Was dazu gehört
        a. Wir müßen uns mit guten Menschen in Verbindung
           sezen. Je beßer sie sind, desto werther müßen sie uns
           sein. Doch müßen sie nicht nothwendig beßer sein als

30 *[Am Rand neben Z. 11:]* Neues Gesangbuch 313.

5–6 dann ... zu werden] *am Rand mit Einfügungszeichen*

---

11 *Am Sonntag Laetare 1800 nachmittags in der Charitékirche zu Berlin*   **30** *Gesangbuch zum gottesdienstlichen Gebrauch (bei Mylius), Lied Nr. 313 „Christ, aus
deinem Herzen banne Sorg und Schmerzen!" (Melodie von „Jesu, meine Freude.")*

wir.[1] Wir können einen billigen Unterschied machen
im Grade des Vertrauens

    b. Wir müßen von Nichts so heftig bewegt werden daß
wir für diese Hülfe unempfänglich würden

II. Christus fand bei ihnen nicht was er hoffte.   5

    1. Laßt uns hüten, daß es Andern nicht so mit uns gehe.

        a. Wozu sollten wir wol immer lieber aufgelegt sein

        b. Was hilft uns Alles Gute wenn wir es nicht immer
gebrauchen können.

        c. Gleichgültigkeit ist ein Hindernis. Allzu starke aufs   10
sinnliche gerichtete Theilnahme das andere[2]

    2. Wenn es uns so mit Andern geht

        a. laßt uns nicht unbillig urtheilen

        b. aber arbeiten daß wir uns im Nothfall auf uns selbst
verlaßen können.   15

XXV. Dienst. 25. Merz Betstunde
Ps. 15, 1–2.

Eingang. Das wißen wir daß Rechtthun nothwendig ist um Gott
wolzugefallen. Niemand wird mehr glauben daß es mit Aeußerlichkeiten ausgerichtet ist. Nur bedenken wir nicht genug, was Alles zum   20
Rechtthun gehört, so auch das Wahrheit reden.

Thema. Wie nothwendig aufrichtiges Wesen zur Gottseligkeit sei

    I. Aufrichtigkeit im Reden

        1. Nicht aus Eigennuz – man muß nichts irdisches so su-
chen daß man sich schämen muß.   25

        2. nicht aus falscher Schaam –
man sieht daraus daß man sich aus dem Urtheil der Menschen mehr macht als aus Gottes Urtheil

        3. nicht aus falscher Gefälligkeit
man hat noch keine Aehnlichkeit von Gott wenn man   30
darin die Menschenliebe sucht

---

[1] *[Randnote:]* Dies gehört eigentlich zu 1.b.
[2] *[Randnote:]* Dies sollte eigentlich a. sein.
[Am Rand neben Z. 16:] Stolpe 1803.

---

16 *Betstunde in einem Krankensaal der Berliner Charité*

4. nicht aus guter Absicht
man hat keinen Glauben wenn man Gott nicht zutraut
daß er das Gute bewirken werde ohne daß wir sündigen |

II. Aufrichtigkeit im Leben 24
(Das Leben ist auch eine Sprache; es ist Zeichen der Gesinnungen und des Charakters.)

1. Suche nicht Deine wahren Gesinnungen zu versteken
   a. ohne Absicht geschieht das Niemandem; denn es ist
   der Natur zuwider
   b. Keine Absicht dabei kann lobenswürdig sein[;] es
   hilft nichts die Aeußerungen des Bösen zu unterdrüken wenn man das Böse doch hat.

2. Suche nicht einen falschen Schein von Gesinnungen, die
   Du nicht hast.
   a. Dies ist eine Betrügerei so gut als jede andere.
   b. Es ist ein Mißbrauch der göttlichen Einrichtungen
   vermöge deren das Aeußere ein Zeichen des Innern
   ist

Schluß. Laßt uns um jeden Preis der Wahrheit treu bleiben, wenn
uns auch Vortheile wenn uns auch gute Meinung entgeht. Diese ist
wenn sie falsch erworben ist auch ein unrechtes Gut das nicht gedeiht.

XXVI. Sonnt. 6. April Betstunde
Matth. 27, 39–44.

Thema. Man muß keine Schlüße machen vom Ergehen auf die Gesinnung Gottes gegen den Menschen

I. Kleinmüthigkeit thut es in Rüksicht auf uns selbst
   1. Das Gewißen ist die einzige Stimme Gottes

[Am Rand neben Z. 22:] Neues Gesangbuch No. 86.

---

8 Niemandem] Niemanden

---

22 *Am Sonntag Palmarum 1800 vormittags Betstunde in einem Krankensaal der Berli-*
ner Charité **28** *Gesangbuch zum gottesdienstlichen Gebrauch (bei Mylius), Lied*
Nr. 86 „Es ist vollbracht! so ruft am Kreuze des sterbenden Erlösers Mund." (Melodie
von „Wer nur den lieben Gott läßt walten.")

    2. Die guten Gesinnungen welche sich auch im Leiden of-
fenbaren sind Widerlegung

    3. Das Beispiel Christi ist Ermunterung

II. Parteisucht thut es in Rüksicht auf die Anders gesinnten

    1. Was hat doch die Wahrheit mit dem Schiksal zu thun

    2. Wie schlecht hätte uns doch Gott ⌊berathen⌋ wenn er uns
dies Kennzeichen gegeben hätte

    [a.] Jeder Mensch hat in seiner Meinung wahres und fal-
sches – worauf sollten wir also das Unglük beziehen

    [b.] Wenn die Meinung Ursach des Leidens ist dürfen wir
es am wenigsten.

III. Haß thut es in Rüksicht auf die Widersacher.

    1. Es ist vermeßenes Urtheil über den Rathschluß Gottes

    2. Es ist eine Zuversicht in unser Urtheil über einen Men-
schen die wir niemals haben können. Und am wenigsten
haben sollen wo wir Leidenschaft bemerken

    3. Laßt uns immer daran denken mit welchem Widerwillen
wir dies in der Geschichte Christi lesen. Und nicht vergeßen daß was wir dem kleinsten unter seinen Brüdern thun
wir ihm gethan haben

Schluß. Gott gebe uns Kraft im eigenen Leiden
Und hülfreiche Liebe gegen Andere.

———— |

XXVII. Sonnt. 6. Apr. NM. Invalidenhaus
Matth. 27, 45–54.

Eingang. Ueber das Thun sind die Vorschriften größtentheils leicht.
Das Empfinden scheint aber größtentheils frei zu sein. Dennoch giebt
es auch hier gewiße Grenzen. Bei rührenden Gelegenheiten nimmt
man sie am besten wahr.

[Am Rand neben Z. 23:] Altes Gesangbuch 94.

19–20 *Vgl. Mt 25,40*   **23** *Am Sonntag Palmarum 1800 nachmittags in der Invali-
denhauskirche zu Berlin*   **29** *Geistliche und Liebliche Lieder, ed. Porst, Lied Nr. 94
„JEsu, meines Lebens Leben! JEsu, meines Todes Tod!" (Melodie von „Du, o schönes
Welt-Gebäude.")*

Thema. Das verschiedene Betragen der Menschen am Kreuze Christi.

I. Einige ließen ihrem Haße Lauf.
    1. Man soll nicht einmal gleichgültig sein
        a. Auch die welche das Sterben von Menschen sehen, die ihnen nichts angehen
        b. Vielweniger mit denen man in irgend einem Verhältniß stand
    2. Noch weniger lieblosen Empfindungen Raum geben
        a. Der Grund fällt weg daß wir uns ihnen nemlich widersezen müßen
        b. Jezt müßen wir ihre Gesinnung nur in Beziehung auf sie betrachten als Unglük
        c. Und an die lezte Rechenschaft denken, in Rüksicht auf welche wir eben so wenig rein sind.

II. Andere bewunderten aus Erstaunen
    1. Kein Glaube den wir annehmen soll auf etwas ganz fremdem beruhn
        a. Dies ist die Quelle alles Aberglaubens
        b. Christus selbst hat sich sehr oft dagegen erklärt
    2. Keine äußere Erscheinung soll unser Urtheil über einen Menschen bestimmen
        a. Es deutet darauf daß das wahre Princip der Beurtheilung nicht klar ist
        b. Wir sollen auch schon mehr geneigt sein auf das Innere zu sehn
    3. Auch nicht das Innere das nur vorübergehend ist
        a. Wer kein Anfänger ist, weiß wie unsicher dies ist
        b. Und hat andere Gedanken dabei als ein Urtheil daraus zu machen.

Schluß. So laßt uns alle Dinge in der Welt ansehn daß nur das Eine für uns Gewicht hat. Dann wird es weder äußerer noch innerer Nebendinge bedürfen um die Menschen in eine heilsame Rührung zu versezen bei unserm Sterbebett.

---

6 ihnen nichts] *Kj* sie nichts *vgl. Adelung: Wörterbuch 1,265–266*   **32** Gewicht hat.] Gewicht.

XXVIII. Charfreitag 11. Apr. VM. Betstunde
Hebr. 5, 8. 9.

Eingang. Dankbarkeit sind wir freilich schuldig. Man sehe es als Vorsehung der göttlichen Vergebung an. Oder als Versiegelung seiner Lehre. Es ist aber nicht genug wir sollen auch lernen.

Thema. Christus ein Vorbild unseres Gehorsams
    I. Der Gehorsam im Leiden – Es giebt
        1. Gehorsam bei verschuldetem Leiden
            Wie still müßen wir sein, da der Unschuldige so still war
        2. Gehorsam im Leiden das mit unsern Handlungen nicht zusammenhängt.
        3. Gehorsam im Leiden um der Wahrheit willen
            Hierin hat Christus mehr gethan und gelitten als wir Alle
   II. Er ist uns worden Ursach zur Seligkeit
        1. Durch seinen Gehorsam
            [a.] in so fern dadurch das Christentum Bestand bekam
            [b.] indem dies als Begnadigungsmittel angesehn ward
        2. Es gilt uns besonders, die wir ihm gehorsam sind
            ohne diesen Gehorsam können wir Gott nicht wolgefallen |

26 Schluß. Laßt uns also was er that auf unsern Zustand anwenden.

XXIX. Charfreitag 11. Apr. NM.
Hebr. 12, 1. 2.

Eingang. Bewunderung und Liebe verdient Christus. Da es das größte ist sein Leben für seine Freunde zu laßen ließ er es für den

---

[Am Rand neben Z. 1:] Neues Gesangbuch 92.
[Am Rand neben Z. 22:] Neues Gesangbuch 99.

---

25 ließ] Ließ

---

1 *Vormittags Betstunde in einem Krankensaal der Berliner Charité* **22** *Nachmittags in der Charitékirche zu Berlin* **24–25** *Vgl. Joh 15,13* **26** *Gesangbuch zum gottesdienstlichen Gebrauch (bei Mylius), Lied Nr. 92 „Jesu, deine tiefe Wunden, deine Quaal bis in den Tod, die du auch für mich empfunden, laß mir geben Trost in Noth!" (in bekannter Melodie)* **27** *Gesangbuch zum gottesdienstlichen Gebrauch (bei Mylius), Lied Nr. 99 „Sey hochgepriesen, Herr, für deine Liebe!" (Melodie von „Herzliebster Jesu, was hast du.")*

künftigen Erfolg seiner Lehre. Laßt uns so handeln daß wir deßen
gewiß werden

Thema. Die Beweggründe, die uns der Tod Christi giebt von Sünden abzulaßen

5   I.   Sein Beispiel.
             NB. es paßt noch immer; denn Kampf und Entsagung ist uns
             Allen auch [vorgesezt]. Und die Lust macht träge
           1.   er hätte können Freude haben
                a.   er verdiente sie mehr wie wir
10   b.   er hatte mehr Versuchung und Leichtigkeit wegen der
                     allgemeinen Erwartungen
           2.   dennoch achtete er das Kreuz nicht
                a.   weit größeres Leiden als das unsrige
                b.   um einen weniger klaren Beruf
15   II.   Die Folgen dieses Beispiels. Seine Verheißung: Sizet zur Rech-
          ten Gottes
           1.   sie gehen uns auch an
                a.   es liegt in der Natur der Sache
                b.   wir haben seine ausdrükliche Verheißung
20   2.   sie sind nur so zu erlangen
                a.   nur wer bis ans Ende beharrt
                b.   nur wer immer tiefer eingeht in das, was überwunden
                    werden muß d. h. wer imer vollkomner wird

Schluß. So laßt uns diese Feier heiligen durch die Stimmung als seine
25 Nachfolger zu leben

—————

XXX. Erster Ostertag d. 13. Apr. NM. Invalidenh.
Röm. 8, 34.

Eingang. Viele Begebenheiten werden aus der Ferne richtiger beurtheilt als aus der Nähe. So ging es den Jüngern mit der Auferstehung.

—————

30 *[Am Rand neben Z. 26:]* Altes Gesangbuch No. 131.

—————

15 Die ... Beispiels.] *am Rand mit Einfügungszeichen*

—————

21 *Vgl. Mt 10,22; 24,13*   **26** *Nachmittags in der Invalidenhauskirche zu Berlin*
30 *Geistliche und Liebliche Lieder, ed. Porst, Lied Nr. 131 „Auf! auf! mein Herz mit*
Freuden, nimm wahr was heut geschicht," (Melodie von „Mein JEsu! schönstes etc.")

Erst überfiel sie Unglaube und Zittern. Nur in ihren spätern Aeußerungen finden wir das richtige.

T h e m a . Einfluß der Auferstehung Jesu auf die Stärke unserer Gesinnungen
    I. Befestigung im Glauben an seine Lehre
       1. als Zeichen – kein beßeres konnte es geben
       2. wegen ihrer Wirkung auf die Jünger
          Man sieht daraus wie ausdrüklich Gott die Fortpflanzung
          der Lehre Jesu und seines Werkes gewollt hat.
    II. Stärkung in unserer Hofnung auf die Zukunft
       1. auf ein ewiges Leben überhaupt
       2. auf eins in Gemeinschaft mit ihm
          [a.] weil er diese fortsezte und
          [b.] aufs neue verhieß
S c h l u ß . Da wir solche Verheißung haben laßt uns auch thun wie der
Apostel in den folgenden Worten sagt daß nichts uns scheiden soll
von der Liebe Gottes und Christi

—————— |

27   XXXI. Sonnt. 20. Apr. VM. Werdersche Kirche
                          Joh. 21, 15.[1]

E i n g a n g . Man fragt ob die Tugend den Menschen glüklich macht.
Eine Glükseligkeit ist freilich Begleiterin der Tugend. Wenn wir aber
um der Glükseligkeit willen die Tugend üben verlieren wir beides.

    Eben so ist es mit der Ehre. Eine Achtung folgt der Tugend; wenn
wir aber um ihretwillen tugendhaft sein wollen kommen wir von dem
rechten Wege ab.

T h e m a . Wie übel wir thun wenn wir bei unserm Bestreben beßer zu
werden davon ausgehen beßer werden zu wollen als Andere.

[Am Rand neben Z. 18:] Altes Gesangbuch 381.
[1] [Randnote:] S. 1796, XX.

---

16 Apostel] Ap.   **22** Glükseligkeit] Glükselkt

16–17 Vgl. Röm 8,38–39   **18** *Am Sonntag Quasimodogeniti 1800 vormittags in*
der Berliner Friedrichswerderkirche   **28** *Geistliche und Liebliche Lieder, ed. Porst,*
Lied Nr. 381 „Was kann ich doch für Dank, o HErr!" (Melodie von „O GOtt! du
frommer GOtt.")   **29** *Siehe Predigt vom 10. April 1796 (oben S. 496)*

I.   Unser Bestreben bekommt eine falsche Richtung
     1.   Weil
         a.   die Gesinnung nicht unser Maaßstab dabei sein kann:
              denn diese können wir bei dem Andern nicht sehn
              Also
         b.   die äußeren Handlungen, diejenigen nemlich welche für
              Aeußerungen guter Gesinnungen gehalten werden.
     2.   So daß
         a.   Oft Böses für Gutes gethan wird.
            [α.] Man hat die Liebe zu Christo durch Verfolgun-
                gen bewiesen
            [β.] Die religiöse Gesinnung durch äußere Ge-
                bräuche[1]
            [γ.] Die Aufklärung durch Verachtung der Religion
         b.   Oft unwichtiges dem wichtigen vorgezogen wird
            [α.] die Freigebigkeit der Gerechtigkeit
            [β.] Freundlichkeit dem wahren Wolwollen
            [γ.] Klugheit der Wahrheit
         c.   man nach Fremdem strebt statt des Eigenthümlichen
            [α.] Man wünscht Handlungen verrichten zu können
                in denen die Welt das Gute am leichtesten findet
            [β.] Und auf die Art wie es am besten ins Auge fällt
II.   Unser Eifer wird dadurch verringert
     1.   Es ist leicht beßer zu sein als Andere
         Wir dürfen uns das sagen ohne Furcht uns stolz zu ma-
         chen oder uns zu überheben
         a.   Die meisten bleiben doch sehr bald stehn in der Beße-
              rung
         b.   und gehn nur auf einzelne Zweke dabei aus
     2.   Es ist noch leichter es sich einzubilden
         a.   Weil man sehr viel Gutes übersieht, welches als nega-
              tiv nicht in die Augen fällt, die Fehler aber nicht
         b.   Bei uns selbst umgekehrt das Gute nicht welches
              Mühe kostet wol aber die Fehler die nicht ins Be-
              wußtsein kommen oder entschuldigt werden.

---

[1] *[Randnote:]* Ich danke dir Herr, daß ich nicht bin wie dieser.

---

2 Weil] *davor* ⟨| |⟩

---

36 *Vgl. Lk 18,11*

3. Wenn wir nun zu dieser Einbildung oder jener Wirklichkeit gelangt sind, oder auch schon je näher wir ihr kommen desto mehr muß der Eifer abnehmen weil man dem
Ziel nahe zu sein glaubt.

III. Das Gute was auf diesem Wege erworben wird hat keinen   5
Werth

  1. Weil

    a. Aus wahrer Lust am Guten diese Maxime gar nicht
hervorgehn kann – denn es findet sich darin gar
keine Veranlaßung auf Andere zu sehn   10

    b. Sondern nur aus Ehrliebe, die nichts beßer ist als ir-
gend eine andre erlaubte Neigung

    c. So daß also das Wollen des Guten nur untergeordnet
ist |

28   2. So daß   15

    a. die Thaten nicht vor Gott bestehn können

    b. die guten Fertigkeiten nicht sicher sind, sondern eben
so schnell ins Böse übergehen können

Schluß. Der Antrieb aus der Ehrliebe ist nur für die von denen man
glauben muß daß Gewissen und Religion nichts mehr auf sie wirken.   20
Uns laßt unsern graden Weg gehn und uns damit begnügen daß wir
uns wie Petrus auf das Zeugniß des Allwißenden berufen können daß
wahre Liebe zum Guten in uns ist.

XXXII. Sonnt. 20. Apr. NM. Charité
Joh. 21, 15.   25

Eingang. Vielerlei Fehler werden bei der Selbstprüfung begangen.
Darunter gehört auch der abzuhandelnde.

[Am Rand neben Z. 24:] Neues Gesangbuch 250.

----

13 So daß] *korr. aus* Sondern

----

24 *Am Sonntag Quasimodogeniti 1800 nachmittags in der Charitékirche zu Berlin*
28 *Gesangbuch zum gottesdienstlichen Gebrauch (bei Mylius), Lied Nr. 250 „Wer bin
ich? welche wichtige Frage! Gott, lehre sie mich recht verstehn!" (Melodie von „Wer
nur den lieben Gott läßt walten.") ; vgl. Liednachweis zur Predigt vom 25. Februar
1800 (oben S. 627)*

Thema. Daß man bei der Selbstprüfung nicht von der Vergleichung
mit Andern ausgehn müße.

    I.   Es ist eine Sache die nicht ausgemacht werden kann.
        1.   Nicht durch die bösen Handlungen Anderer
            a.   Wir können die Gesinnung nicht beurtheilen
            b.   Wir können uns selbst von der Gesinnung nicht frei-
                sprechen und
                α.   weder den Grad
                β.   noch die Wirkung, welche dieselben Umstände
                    auf uns gethan haben würden
                bestimmen
        2.   Nicht durch unsere guten Handlungen
            a.   Wir täuschen uns oft selbst über die Beweggründe
            b.   Wir können nicht wißen wie schwer ihnen das ist was
                uns leicht wird, oder ob es ihnen an Gelegenheit fehlt
        3.   Noch durch Vergleichung des Durchschnittes.
            Wir sind immer in Gefahr
            a.   bei ihnen Gutes
            b.   bei uns Böses
            zu übersehen

    II.   Es ist etwas, was zu wißen uns nicht hilft.
        1.   In Rüksicht auf Gott
            er wird Jeden für sich beurtheilen und es wird nichts dar-
            auf ankommen der wievielste ein Jeder ist.
        2.   In Rüksicht auf uns
            a.   Es wird dadurch nicht entschieden
                [α.] wieviel Gutes uns noch fehlt und
                [β.] wieviel Böses wir noch abzulegen haben
            b.   wir lernen daraus nicht
                [α.] wofür wir uns am meisten zu hüten haben und
                [β.] auf was für Art wir vorwärts kommen können.

Schluß. Laßt uns lieber so tief als möglich in unser eignes Herz hineinsehn. Vom Beispiel Anderer werden wir dann auch einen beßern
Gebrauch im Einzelnen machen können.

———————— |

---

10 würden] *folgt* ⟨bestimmen⟩

XXXIII. Mittw. 23. April Betstunde
Ps. 15, 4.

Eingang. Die Liebe gehört zu dem Wesentlichen der christlichen Gesinnung. Es scheint Anfangs nur das Thun dabei schwer zu sein. Aber
auch das Unterscheiden des Rechten und Unrechten ist nicht leicht
und wird von vielen verfehlt. Dahin gehört auch das Thema.
Thema. Die Nichtachtung der Gottlosen, die uns empfohlen wird
   I. Wir sollen auf ihr Urtheil keinen Werth sezen
     1. weder über unsern Charakter
     2. noch über einzelne Handlungen
     3. noch über andere Menschen
  II. Wir sollen uns in unserm Urtheil nicht durch ihre äußern Vor-
      züge blenden laßen.
     1. wir sollen sie nicht deshalb leichter entschuldigen
     2. wir sollen ihnen keine Ehrerbietung bezeigen die auf in-
      nere Achtung schließen ließe
     3. wir sollen uns nicht durch sie zurükhalten laßen von un-
      serer Pflicht.
Schluß. Dies verträgt sich sehr gut mit der allgemeinen Liebe. Wir
können ihnen deshalb doch helfen in der Noth. Wir beweisen ihnen da-
durch Güte daß wir gegen ihre Endzweke handeln. Wir ehren ihre
Menschheit am besten wenn wir so das Gegentheil vor ihnen aufstellen.

XXXIV. Sonnt. 27. Apr. VM. Invalidenh.
Röm. 8, 15.

Eingang. Es kommt nicht immer darauf an was man thut, sondern
wie und warum. So auch nicht bloß ob man an Gott denkt, sondern
wie und mit was für Gesinnungen.

[Am Rand neben Z. 1:] Neues Gesangbuch 199.
[Am Rand neben Z. 3:] Stolpe 1803 am 2. Advent
[Am Rand neben Z. 23:] Altes Gesangbuch 803.
[Am Rand neben Z. 25:] Stolpe 1803.

---

1 *Betstunde in einem Krankensaal der Berliner Charité*   **23** *Am Sonntag Misericor-*
dias Domini 1800 vormittags in der Invalidenhauskirche zu Berlin   **28** *Gesangbuch*
zum gottesdienstlichen Gebrauch (bei Mylius), Lied Nr. 199 „Herr Jesu, Gnadensonne!
des wahren Lebens Licht!" (in bekannter Melodie); vgl. Liednachweis zur Predigt vom
9. März 1800 nachmittags (oben S. 630)   **30** *Geistliche und Liebliche Lieder, ed.*
Porst, Lied Nr. 803 „O GOtt, du frommer GOtt! du Brunnquell aller Gaben!" (Melo-
die von „Nun danket alle GOtt.")

Thema. Ueber den kindlichen Geist des Christenthums.
   I.   Worin er im Gegensaz gegen den knechtischen besteht
        1. er gründet sich auf Abhängigkeit wie jener –
            aber auf eine übereinstimmende
        2. er ist Glaube an einen größern Verstand
            aber an einen wolwollenden
        3. er ist nur da wo das Gute gewollt wird[1]
            denn sonst müßen überall Gottes Führungen hart und ty-
            rannisch scheinen
   II. Woran wir erkennen können ob wir ihn haben
        1. an der Zufriedenheit im Unglük
        2. am Fleiß in guten Werken
        3. an der Sorglosigkeit
Schluß. Wenn unsere Religion nicht von dieser Art ist, warum geben
wir uns damit ab?

—————— |

            XXXV. Sonnt. 27. Apr. VM. Betstunde   30
                  Ps. 10, 10. 11. 12.

Eingang. Wenn der Mensch nur auf sich allein sähe, würde er sich
eher bei Gottes Führungen beruhigen; es kommen aber die Vergleichungen mit andern; besonders denen die weniger gut sind.
Thema. Wie sollen wir es ansehn wenn wir glauben daß es den Gottlosen beßer geht
   I.   Es ist nicht so
        1. oft ist es nur leerer Schein – das Uebelbefinden sizt in-
            nerlich
        2. gewiß gilt es immer nur von einzelnen Augenbliken
   II. Wenn es auch so wäre ist es Gottes Verhängniß
        1. er führt oft durch das Gelingen der Gottlosen seinen
            Rath aus

_____

30 [1] *[Randnote:]* Welche der Geist Gottes treibt, die sind Gottes Kinder. Röm. 8, 14.
[Am Rand neben Z. 16:] Neues Gesangbuch 25.

_____

16 *Am Sonntag Misericordias Domini 1800 vormittags Betstunde in einem Kranken-*
saal der Berliner Charité **31** *Gesangbuch zum gottesdienstlichen Gebrauch (bei*
Mylius), Lied Nr. 25 „Groß ist des Höchsten Güte.“ (Melodie von „Von Gott will ich
nicht lassen.“)

2. er bedient sich oft der unterdrükten Tugend zu seiner
Verherrlichung.
III. Sie müßen sich doch auf Irrthümer stüzen
1. auf den daß Gott nicht sieht
2. auf den daß er vergißt und daß es ihm nicht zu Haufe
kommt.
Schluß. So laßt uns denn dadurch nicht gestört werden.

XXXVI. Sonnt. 27. Apr. NM. Charitékirche
Joh. 21, 21–23.

Eingang. Es giebt so vieles worauf wir unsere Aufmerksamkeit richten müßen um unsere Pflichten zu erfüllen, doch scheinen die Menschen daran nicht genug zu haben.
Thema. Wie nachtheilig es ist in Kleinigkeiten eine große Bedeutung
zu suchen.
I. Es stört unsere Ruhe
1. Es erfüllt uns mit leeren Erwartungen
a. leer weil gewöhnlich
[α.] gar kein Zusammenhang, oder
[β.] gar kein Verhältniß Statt findet
b. um so störender weil
[α.] sie unbestimt sind, und
[β.] man das Maaß und das Hülfsmittel nicht gleich
mit sieht
2. Es bringt die Sucht hervor, überall etwas bedeutendes zu
vermuthen
II. Es hindert unsere Thätigkeit
1. in Beförderung unseres Wolergehens

[Am Rand neben Z. 8:] Neues Gesangbuch 186.

3 doch] *korr. aus Unleserlichem*   15 Es stört] *darüber* ⟨Es erfüllt uns mit leeren
Erwartungen⟩

8 *Am Sonntag Misericordias Domini 1800 nachmittags in der Charitékirche zu Berlin*
28 *Gesangbuch zum gottesdienstlichen Gebrauch (bei Mylius), Lied Nr. 186 „O Gott,
du frommer Gott, du Geber aller Gaben,“ (in bekannter Melodie)*

wenn wir glauben daß ein unabwendbares Uebel bevor-
stehe. Denn unabwendbar wird alles gedacht was auf
diese Art vorausgesehn wird.
    2. in Erfüllung unserer Pflichten gegen den Nächsten
        [α.] wenn wir seinen Charakter
        [β.] sein Schiksal
        [γ.] seine Verbindungen auf diese Art beurtheilen
    3. überhaupt
        [α.] wegen des Zeitverderbens
        [β.] und der Abspannung des Gemüths
Schluß. Es ist eines Christen desto unwürdiger je gleichgültiger ihm
die Zukunft sein soll und je edler er seine Zeit anwenden kann

———————— |

XXXVII. Sonnt. 4. Mai VM. Betstunde   *31*
              Ps. 13, 6.

Eingang. Wir glauben alle an Gottes Hülfe. Aber die Untugend die
oft dabei ist zeigt schon daß auch der Glaube oft unrechter Art ist
Thema. Wie ist die wahre Zuversicht auf Gottes Hilfe beschaffen
    I. Hofnung
        1. ohne Ungeduld weil man zugleich an Gottes Weisheit ge-
            denkt
        2. nicht auf bestimte Gegenstände gerichtet
    II. Freude
        1. nicht ausgelaßen und auf versäumten Genuß begierig
        2. nicht eigennüzig sondern eben so empfänglich für Ande-
            rer Wolergehn selbst unter eignem Leiden
    III. Lob
        1. Bekenntniß – aber darauf keinen weiteren Werth sezen,
            als daß es uns eben natürlich ist
        2. Anwendung nach Gottes Willen – besonders

[*Am Rand neben Z. 13:*] Neues Gesangbuch 182.
[*Am Rand neben Z. 15:*] Stolpe 1803.

---

13 *Am Sonntag Jubilate 1800 vormittags Betstunde in einem Krankensaal der Berliner*
Charité   **30** *Gesangbuch zum gottesdienstlichen Gebrauch (bei Mylius), Lied*
Nr. 182 „Du! deß sich alle Himmel freun, auch unsre Seele freut sich dein,“ (Melodie
von „Erinnre dich, mein Geist, erfreut.“)

3. Bereitwilligkeit selbst Werkzeuge der göttlichen Hülfe
    zu werden
Schluß. So handelt alle wenn Gott Euch zu guten Tagen zurükführt.

XXXVIII. Sonnt. 4. Mai NM. Predigt Char.
Röm. 8, 7.

Eingang. Die Menschen glauben daß sie das Zuwenig auf einer Seite
durch ein Zuviel auf der andern gut machen können. So bei einzelnen
Tugenden; auch im Ganzen mit der Tugend und dem Gottesdienst.
Die Schrift erklärt den Mangel der rechten Gesinnung ohne alle Ein-
schränkung für verwerflich
Thema. Verwerflichkeit der Fleischlichen Gesinnung
   I. Worin sie besteht.
      1. nicht in einem heitern frohen Sinn
      2. nicht darin daß man die Gaben Gottes auch wirklich mit
         Lust und Vergnügen genießt.
      3. man ist aber auch nicht deshalb rein davon weil man sich
         vor äußern Vergehungen hütet
      4. sie besteht darin wenn des Menschen Zwek und Sinn dar-
         auf gerichtet ist glüklich zu sein, und er das göttliche Ge-
         sez nur als Beschränkung dieses Triebes ansieht – Bei-
         spiele
   II. Sie ist Feindschaft wider Gott.
      1. sie vernichtet seine Absicht der innern Vervollkomnung
         des Menschen
      2. sie würdigt seine edelsten Gaben Vernunft, Gewißen,
         Ordnung zu niedrigem Spielwerk herab
  III. Sie kann dem Gesez Gottes nicht gehorsam sein
      1. Es findet in der Ausübung der göttlichen Gebote keine
         Genauigkeit statt

[Am Rand neben Z. 4:] Neues Gesangbuch 196.
[Am Rand neben Z. 6:] Rügenwalde 7. Aug. 1803. Stolpe 4. Sept. 1803.

---

7 einzelnen] Einzelnen

---

4 *Am Sonntag Jubilate 1800 nachmittags in der Charitékirche zu Berlin*   **30** *Gesang-
buch zum gottesdienstlichen Gebrauch (bei Mylius), Lied Nr. 196 „Herr, allerhöchster
Gott! von dem wir alle Gaben, und was uns nützlich ist, in reichem Maaße haben;"
(Melodie von „O Gott, du frommer Gott.")*

2. Es fehlt gänzlich an der Willigkeit die den Werth des Gehorsams ausmacht

3. Es fehlt an dem Vermögen den Willen Gottes recht zu erkennen

Schluß. Und dagegen hilft kein äußrer Gottesdienst. Laßt uns also
unser Herz reinigen

[Am Rande neben S. 652, Z. 12 Disposition aus dem Jahr 1803:]
Eingang. Über die Unsicherheit des Gewissens
  I. Worin sie besteht.
    1. allgemeine Erklärung. Fleisch ist Sinnlichkeit also vom
      sinnlichen regiert werden.
      a. Nicht nur die Lust gegen alle Vernunft suchen
      b. auch die Vernunft für das zweite halten
    2. Beispiele
      a. kein Böses meiden
      b. kein Gutes thun.
  II. Wie ist sie Feindschaft wider Gott
    1. Widrigkeit der Gesinnung
      [a.] Gott hat Schmerzen verbunden
      [b.] Gott schont die Lust nicht[,] das ist ihm verhaßt
      [c.] Sie zeigt sich in Urtheilen[,] im unwilligen Gehorsam
    2. Entgegenstreben gegen die Absichten

———— |

XXXIX. Mittw. 7. Mai Bettag. Betstunde
Ps. 32, 5.

32

Eingang. Von den Mitteln Vergebung bei Gott zu erlangen, welche
zu suchen wir auch heute aufgefordert werden sollen, machen sich
viele Menschen sehr falsche Gedanken

[Am Rand neben Z. 23:] Neues Gesangbuch 262.

10 allgemeine Erklärung.] allg. Erkl.   **23** XXXIX.] *am Rand* ⟨confer Bettag 1795.⟩

*8–22 Die Disposition auf dem Rand ist dem Jahr 1803 zuzuordnen; ob sie bei beiden
Wiederholungen (in Rügenwalde und Stolp, vgl. oben S. 652,31) vorgetragen wurde,
läßt sich nicht ermitteln.*   *23 Vormittags Betstunde in einem Krankensaal der Berliner
Charité*   *28 Gesangbuch zum gottesdienstlichen Gebrauch (bei Mylius), Lied Nr. 262
„Gott, dir gefällt kein gottlos Wesen; wer bös ist, bleibet nicht vor dir." (Melodie von
„Wer nur den lieben Gott läßt walten.")*

Thema. Das Bekennen der Sünden vor Gott die Ursache der Verge-
bung.
   I. Was heißt seine Sünde bekennen
      1. negativ
         a. nicht Gott vorrechnen der sie schon lange weiß   5
         b. oder eine Rührung darüber haben die wieder vergeht
      2. sondern
        sie als Unrecht sich vor Gott denken, d. h.
         a. Auf die Gesinnung dabei zurükgehn und
         b. Gegen diese thätigen Abscheu empfinden, der sich   10
            nur auf das Verhältniß dieser Gesinnung zu unserer
            Natur bezieht.
  II. Wie kann dies die Bedingung der Vergebung sein
      1. Was heißt Vergebung bei Gott
         a. nicht   15
            α. daß er die Folgen aufhebe,
            β. daß er es vergäße
         b. sondern
            daß er uns deßen ohnerachtet ansieht als solche die
            auf dem Wege zum Beßerwerden sind – denn
            α. beßer kann er auch von dem Vollkommensten   20
               nicht denken
            β. wenn er also von dem Sünder so denkt, so ist
               dieser gerechtfertigt.
      2. Dies erfolgt bei dem Bekennen wenn es rechter Art ist
         a. Der Abscheu wenn er auf die Gesinnung geht   25
            kann nicht sein ohne Lust zum Guten
            und wird also eine Ursach des beßern Wandels
         b. Diesen beßern Wandel sieht Gott voraus, und wir
            dürfen ihn also wenn wir uns dieses Abscheues so
            bewußt sind denken als so von uns urtheilend   30
Schluß. Möchten doch alle heutigen Empfindungen darauf hinaus-
laufen

[Am Rand neben Z. 3:] Wiederholt in Stolpe den 16. Julius 1803 als Vorbereitungspredigt

XL. Mittw. 7. Mai NM. Predigt im Invalidenhause.
Hebr. 12, 5. 6.

Eingang. Wir sollen Gott unter anderm um Abwendung allgemeiner
Uebel bitten. Dabei muß uns der Gedanke einfallen, daß doch auch
das im Großen heilsam sein muß, wie einzelnes Uebel dem Einzelnen.
Wie ist also dieses zu vereinigen.
Thema. Wie muß unser Gebet um Abwendung göttlicher Züchti-
gungen beschaffen sein.[1]
    I.   Alle Uebel laßen sich als göttliche Züchtigungen denken
          1. in so fern sie Folgen des Bösen sind, und also den Men-
              schen antreiben sollen davon abzulaßen. Dies gilt von
              allem
              a. was dem Einzelnen in seinem Hausstande begegnet
              b. was dem Einzelnen in seinem Bürgerstande begegnet
                  und von seinen Handlungen nicht herrührt. Es rührt
                  aber von der Unvollkommenheit des Ganzen her, wo-
                  von er ein Theil ist, und welche immer gewißermaßen
                  in ihm einen Theil ihres Grundes hat
                    wenn auch nur deshalb daß sich nicht jeder dem
                    Bösen mit gleichem Eifer widersezt wenn es ei-
                    nem Andern als wenn es ihm selbst begegnet. |
              c. was den kirchlichen und bürgerlichen Gesellschaften   33
                  [α.] in sich selbst
                  [β.] und gegen andere begegnet.
          2. in so fern es ein Sporn für die Menschen sein soll in aller-
              lei Gutem weiter zu kommen. Dies gilt von allen Natur-
              übeln
              a. in der äußern Welt
              b. im menschlichen Körper

[*Am Rand neben Z. 1:*] Altes Gesangbuch 359.
[*Am Rand neben Z. 3:*] confer Bettag 1795.
[1] [*Randnote:*] Der Hauptsaz müßte eigentlich anders gefaßt sein.

---

7 Abwendung] *korr. aus* Abhelfung   **17** immer] *davor* ⟨sich⟩   **20** widersezt] *korr.*
aus Unleserlichem

---

1 *Am Bußtag 1800 nachmittags in der Invalidenhauskirche zu Berlin*   **30** *Geistliche*
und Liebliche Lieder, ed. Porst, Lied Nr. 359 „In allen meinen Thaten laß ich den
Höchsten rathen," (Melodie von „O Welt, ich muß dich laßen.")   **31** *Vgl. Predigt*
vom 29. April 1795 (oben S. 418–419)

II. Wie können wir also Gott um die Abwendung derselben
bitten?
  1. nicht
    a. in so fern jene bösen Gesinnungen noch in uns sind
    b. wir solcher Antriebe noch bedürfen.
  2. sondern wir bitten
    a. er wolle uns von jenen Gesinnungen losmachen
      dann werden die Uebel von selbst aufhören
      (Beispiele)
    b. uns einen von selbst thätigen Eifer einflößen
      dann werden wir den andern zuvorkommen
      Gleichniß von der Erziehung.
Schluß. So ist es mit allen Bitten die auf etwas äußeres gerichtet sind.
Diese Vorsäze laßt uns Alle heute erneuern und Gott möge uns die
guten Früchte davon erleben laßen.

———

XLI. Sonnt. 11. Mai VM. Predigt Dreifalt.Kirche
1. Cor. 10, 13.

Eingang. Wir mögen alle gerne die Schuld von uns abwälzen. Wol
dem der sich immer rechtfertigen kann. Aber das Entschuldigen ist
etwas schlechtes, es läuft immer auf die Gewalt der Umstände hinaus,
darauf daß die Versuchung zu groß gewesen.
Thema. Keine Versuchung ist so groß, daß der Mensch ihr unterliegen müßte.[1] Wir sehen dabei
  I. auf Gott – der uns
    1. Das Gewissen gab.
      a. Dieses erneuert seine Urtheile auch über die vergan-
        genen Handlungen immer. Die Empfindungen welche
        es begleiten entstehen immer in gleicher Stärke

[Am Rand neben Z. 16:] Altes Gesangbuch 483.
[1] *[Randnote:]* conf. Landsberg Vol. I.

---

6 sondern] *folgt* ⟨es⟩   **18** mögen] *folgt* ⟨uns⟩

---

16 *Am Sonntag Cantate 1800 vormittags in der Dreifaltigkeitskirche zu Berlin*
29 *Geistliche und Liebliche Lieder, ed. Porst, Lied Nr. 483 „Treuer GOtt! ich muß dir*
klagen meines Herzens Jammer Stand," (Melodie von „Freu dich sehr, o etc.")
30 *Vgl. Predigt vom 17. August 1794 (oben S. 349–350)*

b. Die sinnlichen Genüße hingegen, welche uns zur Sünde reizen[,] sind veränderlich, sie können uns größer und kleiner vorkommen und vermindern sich daher in der Erinnerung

c. Gott kann also nicht den Menschen durch Umstände nöthigen a um b willen zu verlezen – es wäre ein boshaftes Spiel welches er mit uns triebe.

2. An unsere Beharrlichkeit und Zunahme im Guten unsern Antheil an der geistigen Welt hie und dort anknüpfte – wenn doch |

a. auch der geübteste etwas hat, dem er nicht widerstehn kann   *34*

b. Jeder Sieg des Bösen offenbar die Kraft desselben verstärkt.

II. Auf die menschliche Natur

1. Das Verderben ist kein Beweis[1]

a. es wird zwar allgemein, aber nur von den Einzelnen gesagt

b. es könnte auch kein Vorwurf daraus gemacht werden wenn es keinen Ruhm gäbe den wir vor Gott haben sollten.

2. Wir müßen alle menschlichen Kräfte als unendlich ansehn

[a.] wir können uns nichts wirkliches als lezte Grenze denken

[b.] wir können uns noch weniger denken daß sinnliche Empfindungen auf moralische als vernichtend wirken – darum

3. Müßen wir alle Beschränkung in der Wirklichkeit aus dem Willen erklären

4. Niemand hat auch eine absolute Unfähigkeit zu einzelnen Erweisungen im Guten

a. Das älteste – sollte uns am leichtesten geworden sein

b. Das Neueste – uns am warnendsten auffallen;

c. überhaupt ist das Gute allem Bösen auf gleiche Art entgegengesezt[2]

III. Auf die Erfahrung

1. eigene

a. Die nachtheilige bestätigt das Obige im Einzelnen

---

[1] *[Randnote:]* Röm. 2, 10 sqs. – 23.

[2] *[Randnote:]* Diese Nummer sollte eigentlich 2 sein: auch die Beschränktheit nicht

Wir fühlen immer hintennach
[α.] Daß der Sünde ein freiwilliges Aufhören im
    Streit voranging
[β.] Daß unsere Vorstellung
    [1] von künftigen Vorwürfen   5
    [2] vom Schmerz der Freunde
    [3] von der Unwürdigkeit der Sache und
    [γ.] auch unser Gebet hätte eifriger sein können und
        anhaltender
   b. Die tröstliche   10
     läßt uns das Gefühl zurük daß wir mit derselben
     Kraft auch einer größeren Versuchung hätten wider-
     stehen können
2. fremde
   a. wir sehn überall Helden der Tugend   15
     [α.] gegen den sthenischen Reiz des Vergnügens
     [β.] gegen den asthenischen des Leidens
     [γ.] gegen die Macht des Irrthums und unrechte Vor-
      stellungen
   b. wir sehen vor allen Dingen Christum   20
Schluß. Jede Entschuldigung dieser Art ist also nur ein anderer Ausdruk für das Maaß unseres Willens. Laßt uns also Muth faßen und
beständig handeln

——————— |

35   XLII. Sonnt. 18. Mai VM. Predigt im Invalidenh.
                   Jac. 1, 22–27.   25

Eingang. Es kann viel auch wenig damit gesagt sein, wenn man sich
einen Christen nennt. Viel, das Zeugniß vom Geist des Christenthums
beseelt zu sein. Wenig die Beziehung auf das äußere, und selbst die Erkentniß.

——————

[Am Rand neben Z. 24:] Altes Gesangbuch 821.   30

————————————————————

24 *Am Sonntag Rogate 1800 vormittags in der Invalidenhauskirche zu Berlin*
30 *Geistliche und Liebliche Lieder, ed. Porst, Lied Nr. 821 „Wenn einer alle Kunst
und alle Weisheit hätte," (Melodie von „O GOtt, du frommer.")*

Thema. Unterschied zwischen einem Hörer und Thäter
I. Das bloße Hören ist
  1. etwas höchst unbedeutendes
    a. Zum Gleichniß hätte nichts starkeres gewählt wer-
      den können
      [α.] etwas gewohnheitliches wobei man nichts denkt
      [β.] was ohne alle Folgen bleibt.
    b. Das Gegenbild
      oft werden die Vorstellungen gar nicht einmal durch
      die Worte erregt[,] wenigstens werden sie nicht auf
      das Subjekt bezogen. Dies geht aber auch auf die Er-
      kenntniß. Alles bloße Wißen ist etwas Leeres, und um
      so mehr je mehr es damit auf etwas anderes abge-
      sehn ist.
  2. ein Werk der Eitelkeit
    a. Diese ist die Ursach der zum Bilde gewählten Ge-
      wohnheit
    b. Im Gegenbilde ist es die eine wichtige Sache zu wißen
      und die Andern beurtheilen zu wollen
    c. Jede Eitelkeit ist um desto sträflicher je wichtiger der
      Gegenstand ist womit sie spielt.
  3. ein Selbstbetrug
    a. Man vergleicht sein Wissen mit dem Thun Anderer
    b. Die Empfindungen welche dabei entstehn
    c. Mit den Hofnungen die man sich davon macht, als
      ob es etwas verdienstliches wäre
II. Der Thäter ist
  1. selig in seiner That
    a. er lebt im Gesez der Freiheit
      [α.] von äußern Dingen
      [β.] von innern Bewegungen
    b. er hat seine Freude daran sich selbst zu beschauen
      denn seine Schönheit und Gesundheit ist sein eignes
      Werk.
    c. Diese Seligkeit in der That ist mehr werth als alle
      andern die er entbehrt[1]
  2. sein Dienst ist rein und unbeflekt vor Gott
    a. weil er auch das Herz nicht verführen läßt und die
      Zunge im Zaum hält, d. h. Reinigkeit in Worten
      und Gedanken

[*Am Rand neben Z. 2:*] Wiederholt in Stemniz und Rügenwalde 1803.
[1] [*Randnote:*] Dies ständ beßer als Exposition von II, 1.

b. weil er sich von der Welt unbeflekt erhält
   [α.] kein böses Beispiel
   [β.] kein Wechsel der menschlichen Thorheit hat Ein-
       fluß auf ihn[1][,] er ist durchaus immer er selbst
c. es fehlt ihm bei dieser innern Beschaffenheit an kei-   5
   nem äußern guten Werk
   Diese haben alle nur unter dieser Bedingung einen
   Werth sonst können sie auch andere Quellen haben
Schluß. Der Werth des bloßen Hörens fängt jezt auch an vor der
Welt aufzuhören. Laßt uns nur auch innerlich so denken und dem   10
Wahren allein nachgehn.

————— |

36   XLIII. Sonnt. 18. Mai VM. Betstunde
                               Ps. 24, 1.

Eingang. Es führt allemal zu einem Irrthum wenn wir uns Gott nur
unter einer einzelnen Eigenschaft denken, jeder entspricht eine andere   15
die wir dabei nicht vergeßen dürfen. So dem Vater der Herr
Thema. Was folgt für uns daraus daß Gott der Herr der Erde ist
   I. Daß Er uns keine Rechenschaft schuldig ist
       1. Begriff
          [a.] Wir dürfen wol Bewegungsgründe aufsuchen   20
          [b.] Aber keine Grundsäze vorschreiben
              keine Forderungen machen.
       2. Gegenstand
          [a.] Die Vertheilung der irdischen Güter
          [b.] Die Auflegung der irdischen Geschäfte.   25

---

[1] *[Randnote:]* dieser zeigt sich immer als Flek
[Am Rand neben Z. 12:] Neues Gesangbuch 21.

---

10 Welt] *korr. aus* Werth

---

12 *Am Sonntag Rogate 1800 vormittags Betstunde in einem Krankensaal der Berliner
Charité*   27 *Gesangbuch zum gottesdienstlichen Gebrauch (bei Mylius), Lied Nr. 21
„Dich, Herr und Vater aller Welt, preist mein Gesang,“ (Melodie von „Ich komme vor
dein Angesicht.“)*

II. Wir sind ihm Rechenschaft schuldig
    1. Begriff
       Wir haben in Beziehung auf ihn kein Eigenthum
    2. Gegenstand
       [a.] Die Anwendung deßen was uns gegeben ist
       [b.] Der Beitrag zur Verbeßerung der Erde, der bei einem
           Jeden in Betracht kommt weil nur aus dem Kleinen
           das Große entsteht.
Schluß. Diese Betrachtung muß uns alles was in unserm Leben vorkomt recht wichtig machen weil Alles eine Beziehung auf Gott erhält.

<hr/>

XLIV. Sonnt. 18. Mai NM. Predigt im Invalidenh.
Röm. 13, 5.

Eingang. Es gehört zum wesentlichen Charakter des Menschen, daß
allen seinen äußern Handlungen auch etwas Inneres entspricht, welches wir überall aufsuchen, und überall zur Hauptsache machen. Es
ist nur ein Schein[,] daß es Verhältniße gebe, wo es nur auf jene ankomme.
Thema. Man soll sich keinem Gesez um der Strafe willen fügen
    I. Es ist eine niedrige Gesinnung
       1. den Willen unter etwas fremdes beugend
          [a.] schwankend
          [b.] große Berechnungen und Anstalten um etwas Klei-
             nes treffend
       2. Gegenbild des Gewißenhaften
       3. Der welcher der Strafe trozt verdient noch mehr Achtung.
    II. Es ist eine betrügerische Gesinnung
       er geht immer darauf aus die Geseze zu umgehen
       [1.] Man kann sich in keinem Stük auf ihn verlaßen weil man
          nie weiß wieviel ihm auch ein geringes Vergnügen werth
          sein kann

<hr/>

[*Am Rand neben Z. 11:*] Altes Gesangbuch 795.

<hr/>

11 18.] 15.

<hr/>

11 *Am Sonntag Rogate 1800 nachmittags in der Invalidenhauskirche zu Berlin*
31 *Geistliche und Liebliche Lieder, ed. Porst, Lied Nr. 795 „Hilf mir, mein GOtt! hilf,*
daß nach dir" (Melodie von „Was mein GOtt will das g'scheh allzeit.")

2. Beßer ist mit dem umzugehn der offenbar mit den Gese-
zen Krieg führt |

37 III. Es ist eine freudenleere Gesinnung
    [1.] er macht sich Vorwürfe wenn er etwas Böses unterläßt
        weil er es doch vielleicht hätte thun können   5
    [2.] er hat keine Freude wenn er etwas Gutes thut
    [3.] er hat Angst wenn er etwas Böses thut
    Dagegen der Gewißenhafte.
Schluß. Wir haben noch mehr Ursach um des Gewissens willen un-
terthan zu sein. Brauchte es nur keiner Drohungen um Ordnung und   10
Eintracht hervorzubringen

XLV. Am Himmelfahrtstag VM. Predigt im Invalidenh.
Evang. Marc. 16, 14–20.

Eingang. Beim Gedächtniß der ersten Begebenheiten des Christenthums komt es weder auf die genauen Umstände an noch auf die   15
Versezung an die Stelle der Theilhabenden. Beides geht bei dem heutigen Feste vorzüglich gar nicht an. Sondern daß wir auf dasjenige Acht
geben was sich auch auf uns bezieht
Thema. Anwendung der lezten Worte Christi auf uns
    I. Auch wir sollen das Evangelium verkündigen   20
        1. nicht entfernten Völkern die noch nichts davon wißen.
            Dies kann jezt nur ein Beruf für wenige Menschen sein.
            Es ist aber auch weder das einzige noch das wichtigste
        2. sondern
            a. denen die auf Recht und Tugend halten, aber gleich-   25
                gültig gegen die Religion sind – nicht indem wir in
                unsern Aeußerungen ihre Tugend herabsezen und
                Fleke darin aufsuchen – sondern indem man

[Am Rand neben Z. 12:] Altes Gesangbuch 157.

26–28 nicht indem ... sondern] *am Rand mit Einfügungszeichen*

---

12 *Am 22. Mai 1800 vormittags in der Invalidenhauskirche zu Berlin*   **29** *Geistliche
und Liebliche Lieder, ed. Porst, Lied Nr. 157 „Du fährst gen Himmel, JEsu Christ! die
Stätt mir zu bereiten," (Melodie von „Nun freut euch, etc.")*

α. ihnen zeigt daß in der Tugend des religiösen noch
mehr Leben und Freude ist als in der ihrigen und
die Empfindungen der Religion alles erhöhen

β. daß wir immer noch weiter ausreichen als sie
[1] sowol in der Genauigkeit deßen was wir
thun
[2] als in dem vielumfaßenden Blik für das, was
zu thun ist.

b. denen die feindlich gegen die Religion gesinnt sind
nicht durch einen Verein zur Aufrechthaltung des öffentlichen Gottesdienstes, damit sie etwa sehen daß
er verständigen Menschen etwas werth ist – sondern indem wir ihnen zeigen

α. daß das Reich Gottes nicht in Eßen und Trinken
besteht sondern im Geist und in der Kraft

β. daß wir alles nur in dem Maaß werth achten als
es zur Erbauung beiträgt.

II. Auch unser Wort wird Gott durch mitfolgende Zeichen bekräftigen.

1. nicht
a. durch Wunder
b. durch Ertheilung äußerer Glükseligkeit zum Zeichen
seines Wolgefallens

2. sondern
a. dadurch daß auch die Widersacher sich der Ehrfurcht
gegen den religiösen Sinn nicht werden erwehren
können.

b. dadurch daß überall wo religiöse Menschen stehen
sich Spuren einer beßeren Ordnung der Dinge zeigen.

Mit diesen Zeichen können wir uns begnügen, sie können
unmöglich unwirksam bleiben |

Schluß. Laßt uns nur dies Christo heute geloben aus Dankbarkeit 38
Liebe und Gehorsam.

2–3 und die ... erhöhen] *am Rand mit Einfügungszeichen*   4 als] *korr. aus Unleserli-*
chem   10–13 nicht durch ... sondern] *am Rand mit Einfügungszeichen*   18 unser]
korr. aus Unleserlichem

14–15 *Vgl. Röm 14,17*   15 *Vgl. 1Kor 2,4*

XLVI. Himmelfahrtstag Betstunde
Joh. 17, 24.

E i n g a n g . Christi Erhöhung muß uns schon an sich Freude machen.
Noch mehr wenn wir an die Verheißungen denken, die er zurükgela
ßen hat.   5
T h e m a . Trost aus der Hofnung, daß wir bei Christo sein werden
  I. unter den Unvollkomenheiten die hier noch an uns bleiben
      1. was kein menschliches Beispiel hier auf Erden vermag
          weil es selbst der menschlichen Schwachheit unterworfen
          ist das wird dort das seinige ausrichten   10
      2. was keine menschlichen Einrichtungen vermögen die immer durch die Einwirkung des Bösen verschlimmert werden das wird in dem gereinigten Reiche Christi möglich
          sein
  II. unter den Unvollständigkeiten unserer Einsichten   15
      1. auch wir können hier noch nicht Alles tragen und begreifen sondern müßen auf dort hoffen wo uns mehrere
          Hilfsmittel zu Gebote stehn
      2. auch uns wird hier manches was uns klar gesagt ist durch
          Schuld unserer eignen Denkungsart verdunkelt und wir   20
          müßen auf dort hoffen wo die Beimischung des Sinnlichen nicht mehr so nachtheilig wirksam sein wird
  III. unter den Widerwärtigkeiten des Lebens
      1. Wir werden angewiesen uns Christi Zustand als Belohnung zu denken   25
          Also dürfen wir auch den unsrigen so denken, wenn er
          uns nach sich ziehen wird.
      2. Dieser Trost ist wol ein würdiger Trost wenn wir uns die
          Glükseligkeit nur auf die rechte Art denken.
S c h l u ß . So laßt uns denn durch die Gegenwart uns der Zukunft wür   30
dig machen.

[Am Rand neben Z. 1:] Neues Gesangbuch 114.

---

2 Joh.] *davor* ⟨Act.⟩   **18** stehn] *folgt* ⟨und durch ei⟩

---

1 *Am 22. Mai 1800 vormittags Betstunde in einem Krankensaal der Berliner Charité*
32 *Gesangbuch zum gottesdienstlichen Gebrauch (bei Mylius), Lied Nr. 114 „Auf,*
Christen, auf und freuet euch, der Herr fährt auf zu seinem Reich." (Melodie von „Dieß
ist der Tag, den Gott gemacht.")

XLVII. Himmelfahrtstag NM. Predigt in der Charité
Matth. 28, 20.

Eingang. Wir sind in vielen Stüken beßer daran als die ersten Jünger.
Auch darin daß wir über das Abscheiden Christi den Schmerz nicht
5 fühlen können und doch unsern Theil an den Verheißungen haben,
die ihnen dafür gegeben wurden.
Thema. Daß Christus nicht aufhört unter uns zu sein
    I. Mit seiner Lehre
        1. Wir haben sie eben so deutlich
10   2. Wir können sie eben so leicht zu Rathe ziehn
   II. Mit seinem Geiste
        1. Die Gemeinschaft mit allen den Seinigen
           [a.] wirkt eben so ermahnend
           [b.] flößt eben so viel Liebe ein |
15   2. Das vereinigte Beispiel aller Guten   39
           [a.] ist eben so lehrreich-aufmunternd, auch
           [b.] mit dem seinigen zusammen eben so vollständig
  III. Mit seinem Trost.
        1. Die Hofnungen die er uns eingeflößt hat sterben nicht
20   mehr aus
        2. Der Gedanke an die jezige und künftige Gemeinschaft
           mit ihm muß uns eben so erquikend sein.
Schluß. Laßt uns als unter seinen Augen leben, sie sehen doch auf
uns herab.

---

25   XLVIII. d. 1. Jun. Erster Pfingsttag VM. Betstunde
Ps. 143, 10.

Eingang. Wenn wir an die Wirkungen des heutigen Tages denken,
an die Eintracht und die Ruhe der Christen die darauf folgte, so wünschen wir uns gewiß denselben Geist zu haben.

---

30 *[Am Rand neben Z. 1:]* Neues Gesangbuch 116.
    [Am Rand neben Z. 25:] Neues Gesangbuch 119.

---

1 *Am 22. Mai 1800 nachmittags in der Charitékirche zu Berlin*   **25** *Vormittags*
Betstunde in einem Krankensaal der Berliner Charité   **30** *Gesangbuch zum gottes-*
dienstlichen Gebrauch (bei Mylius), Lied Nr. 116 „Wie herrlich, Jesu, starker Held, du
Retter einer Sünderwelt, hat sich dein Kreuz geendet!" (Melodie von „Wie herrlich
strahlt der Morgenstern.")   **31** *Gesangbuch zum gottesdienstlichen Gebrauch (bei*
Mylius), Lied Nr. 119 „Dein Wort, o Höchster, ist vollkommen; es lehrt uns unsre
ganze Pflicht;" (Melodie von „Wer nur den lieben Gott läßt walten.")

Thema. Der Geist Gottes der beste Führer der Menschen
I.   Wie haben wir uns den Geist Gottes zu denken
   1. Nicht
      a. als ein fremdes Wesen.
         Dies würde alle Zurechnung und alle Empfindungen   5
         die damit zusammenhängen unmöglich machen.
      b. als eine vorübergehende Ergreifung des Gemüths
         Wir wißen wie vergänglich Alles von dieser Art ist
   2. Sondern
      a. als eine Gesinnung der Rechtschaffenheit   10
      b. als eine Gesinnung des Muths und der Freudigkeit
      c. als eine Gesinnung der wahren Liebe
II. Dieser Geist führt den Menschen auf ebner Bahn
   1. Nicht
      a. als ob er uns von allen Widerwärtigkeiten befreite   15
      b. als ob gar keine innern Schmerzen dabei möglich
         wären
   2. Sondern
      a. auf einem Wege, der sich nicht verfehlen läßt
        α. (1) Der rechtschafne weiß immer was er soll   20
           (2) Dem Klugen zeigen sich immer tausend
               Möglichkeiten zwischen denen er nicht ent-
               scheiden kann
        β. (1) Der Muthige sieht sein Ziel imer vor sich:
              denn es besteht nur darin daß die Handlung   25
              vollbracht wird ohne Rüksicht auf die
              Folgen
           (2) Der Feige fürchtet immer anderswohin zu
               kommen und sucht doch am liebsten Neben-
              wege   30
        γ. [1] Der Liebevolle hat immer Antrieb in seinem
              Beruf
           [2] Der Eigennüzige schwankt immer und unter-
              bricht sich immer.[1]
      b. auf einem Wege wo man wirklich vorwärts komt.   35
        α. Das Gute wird mit der Zeit immer leichter
        β. Der äußern Dinge wird der Mensch nicht mehr
          Herr[2]

---

[1] *[Randnote:]* Ob dies nicht eigentlich zu II. 2. b. gehört?
[2] *[Randnote:]* Diese Nummer ist nicht genug bearbeitet und nicht klar genug von der   40
vorigen geschieden

Schluß. Wir wollen uns an die Jünger anschließen wenn wir uns
auch nicht indem wir diesem Geiste Raum geben soviel Leiden zu
widmen brauchen

[————————]‖

XLIX. Sonnt. 1. Jun. Erst. Pfingstt. NM. Charité K.   *40*
          Act. 2, 16–21.

Eingang. Der heutige Tag giebt denjenigen viel Nahrung, die auf das
Wunderbare einen großen Werth legen. Wir müßen aber unsere Aufmerksamkeit auf etwas höheres richten
Thema. Folgen aus der Wahrheit daß Alles was Gott geschehen läßt
die Seligkeit der Menschen zur Absicht hat.
    I.   Alle Mittel, deren er sich dazu bedient[,] müßen uns gleich
         werth sein.
         1.   Alles ist gleich unbegreiflich – nicht nur
              a.   das auf den ersten Anblik wunderbare – sondern
              b.   das ganz natürliche
                   [α.] die Erhaltung des göttlichen Worts
                   [β.] der kirchlichen Gemeinschaft
                   [γ.] des ächt christlichen Sinns
         2.   Alles wird von den Menschen gefodert werden.
              a.   Nicht nur die Ungehorsamen sind nicht zu entschul-
                   digen bei dem Wundergeschehen
              b.   auch wir – und zwar viel mehr
    II. Alles was geschieht soll uns nur soviel werth sein als es
         dazu beiträgt[1]
         1.   An den Begebenheiten des heutigen Festes
              a.   soll uns nicht das unerwartete, große p. erfreuen
              b.   sondern daß hinzugethan wurden dreitausend Seelen

[Am Rand neben Z. 4:] Neues Gesangbuch No. 123.
[1] [Randnote:] Wir können zwar dieses nirgends schäzen; aber unser Gefühl soll sich
doch nach dieser Ueberzeugung richten, sonst ist es kindisch und unwürdig.

4 XLIX.] LXIX.

4 *Nachmittags in der Charitékirche zu Berlin*   28 *Gesangbuch zum gottesdienstli-*
chen Gebrauch (bei Mylius), Lied Nr. 123 „Wir Menschen sind zu dem, o Gott, was
geistlich ist, untüchtig.“ (Melodie von „Sey Lob und Ehr dem höchsten Gut.“)

2. Die stille Wirkung der ordentlichen Gnadenmittel soll
   uns also mehr werth sein, weil sie unstreitig mehr gewirkt hat.
3. An unseren persönlichen Führungen soll uns Alles nach
   demselben Verhältniß lieb und denkwürdig sein.   5
   (Allerlei Vergleichungen)
Schluß. Laßt uns also durch Zeugniß und Leben beitragen zur Verherrlichung der Religion und zur Ausbreitung der Güte damit auch
unser Leben etwas denkwürdiger sei – ihnen gleich
[1.] An Eifer   10
[2.] An Eintracht
[3.] An Freimüthigkeit
[4.] An Verachtung des irdischen.

──────── |

41   L. Mont. 2. Jun. am zweiten Pfingsttage VM. Betstunde.
                              Act. 2, 37.   15

Eingang. Dies war der Eindruk von der ersten Verkündigung des
Evangelii. Daß sie jezt nicht immer eben so wirkt liegt gewiß nicht
daran, daß der Reiz der Neuheit nicht mehr Statt findet.
Thema. Von den Wirkungen der Verkündigung des Evangelii[1]
  I. Was soll dadurch hervorgebracht werden.   20
      1. Nicht
          a. eine bloße Bewunderung des Großen und Schönen,
              es sei nun
              [α.] von Gott, oder
              [β.] von Christo die Rede.   25
          b. eine flüchtige Rührung
              [α.] der Dankbarkeit und Liebe
              [β.] der Reue und des Gewißens – sondern

─────────

[Am Rand neben Z. 14:] Neues Gesangbuch No. 220.
[1] [Randnote:] Das Thema scheint mir noch nicht vollkommen so ausgedrükt zu sein   30
wie es sollte.

─────────

14 *Vormittags Betstunde in einem Krankensaal der Berliner Charité*   **29** *Gesangbuch*
zum gottesdienstlichen Gebrauch (bei Mylius), Lied Nr. 220 „Höchster Tröster, komm
hernieder." (Melodie von „Warum sollt ich mich denn grämen.")

2. Eine Anwendung aufs Leben
    a. Lehren von Gott
    b. Lehren von Christo
    c. Lehren vom göttlichen Geiste[1]
II. Unter welchen Bedingungen kann diese Wirkung erreicht werden?
    1. Es muß uns bei der Verkündigung um die Sache zu thun sein
        a. Die mündliche nicht um des schönen Redens
        b. Das Lesen nicht um der buchstäblichen Erkentniß
        c. beide nicht als ein für sich verdienstliches Werk
    2. Wir müßen nur das für wesentlich halten was einer Anwendung fähig ist
        a. Nicht die Geschichte
        b. Nicht die Geheimniße
Schluß. So laßt uns noch imer aus derselben Quelle dasselbe schöpfen.

LI. Mont. 2. Juni am zweiten Pfingsttag NM. Predigt Charité
Act. 2, 39.

Eingang. Was die Jünger so muthig machte war nicht nur ihre Anhänglichkeit an Jesum, sondern auch ihr Glaube an seine Verheißungen.
Thema. Woran erinnert uns die Ahndung der Apostel von der Ausbreitung des Christentums?
I. An ihre Erfüllung unter uns
    1. Wir sind aus der Ferne
        [a.] des Ortes
        [b.] der Zeit herzugeführt

---

[1] *[Randnote:]* I.2.a.b.c. gehörte unter II.2. als positives und hieher gehörte die verschiedne Art von Anwendung welche möglich ist.
[Am Rand neben Z. 18:] Neues Gesangbuch 227.

---

18 *Nachmittags in der Charitékirche zu Berlin*   **31** *Gesangbuch zum gottesdienstlichen Gebrauch (bei Mylius), Lied Nr. 227 „Komm, o komm du Geist des Lebens! hilf uns Schwachen mächtig auf!" (Melodie von „Gott des Himmels und der Erden.")*

   2. Wir wißen daß sie auch unsern Kindern gehört
     [a.] die Schrift
     [b.] die kirchliche Gemeinschaft sichern es
 II. An die Gesinnung die dabei zum Grunde liegt
   1. Ausgebreitete Theilnahme   5
     [a.] an Andern neben uns
     [b.] an Andern nach uns
   2. Mitwirkung zu dieser Verbreitung
     [a.] durch Zeugniß
     [b.] durch Beispiel   10
Schluß. Diese Hofnung und diese Geschäftigkeit tröste uns bei allen
übeln Aussichten.

[————]‖

42

LII. Sonnt. 8. Jun. VM. Predigt Invalidenh.
1. Cor. 4, 15.

Eingang. Vieles was die Menschen thun widerspricht den Grundsä-   15
zen die sie bekennen. Man muß das nicht für üblen Willen halten,
sondern nur für Unverstand, der sich nicht deutlich macht was er
thut. Indeß ist es doch verderblich. Dahin gehört auch das anma-
ßende Urtheilen.
Thema. Warnung vor zu raschem Urtheil
   I. Es ist unstatthaft   20
   1. Religionsmeinungen – nicht eher bis der Herr komt.
     a. über ihre Wahrheit
       [α.] in wie fern sie über Vernunft und Schrift hinaus-
         gehn   25
       [β.] in wie fern sie daraus abgeleitet sind.

[Am Rand neben Z. 13:] Altes Gesangbuch 780.

---

26 sind.] *folgt* ⟨Anm.⟩

---

13 *Am Sonntag Trinitatis 1800 vormittags in der Invalidenhauskirche zu Berlin*
22 *Vgl. 1Kor 4,5*   **27** *Geistliche und Liebliche Lieder, ed. Porst, Lied Nr. 780 „Ach, höchster GOtt! verleihe mir, daß ich nur dich begehre,“ (Melodie von „Was mein GOtt will das g'scheh allzeit.“)*

b. über ihren subjektiven Zusammenhang
  α. ob sie aus dem Verlangen nach Bösem herkommen
     komt doch nicht aller Glaube an das, was wir
     Wahrheit nennen[,] aus dem Verlangen nach dem
     Guten.
  β. ob sie Böses hervorbringen werden
     bringt doch nicht alle Rechtgläubigkeit Gutes
     hervor
2. Handlungsweisen – Hierüber müßen wir immerfort urtheilen, aber doch nicht eher
  a. bis wir ein Ganzes vor Augen haben
  b. bis wir an den Empfindungen des Menschen beim Erfolg sehn was er eigentlich gewollt hat.[1]
     (Dies ist auch ein Kommen des Herrn)
II. Es hat nachtheilige Folgen für uns selbst.
  1. es vernichtet den Endzwek des Urtheilens
    a. das Lehre nehmen – wenn wir den Fall unrichtig stellen
    b. das richtige Vertheilen unserer helfenden Kräfte – sowol
       [α.] wenn wir zu gut – als
       [β.] wenn wir zu schlecht urtheilen
  2. es führt zur Lieblosigkeit
    a. Widerwille aus Täuschung wenn man die Menschen für beßer gehalten hat
    b. gradezu im entgegengesezten Fall
  3. es vernichtet die Thätigkeit
    a. die innere – weil man sich über die andern erhaben dünkt, und – so gut zu sein glaubt als das Urtheil
    b. die äußere – weil es die Gegenstände des Urtheils vermehrt, und also zerstreut.[2]

Schluß. Laßt uns nicht zu unserm Schaden mißbrauchen was zu unsrer Beßerung ein Mittel sein soll
durch Gründlichkeit gegen Andere gründlich gegen uns selbst sein lernen – und
durch Achtung für Andere uns selbst der Achtung werth machen.

---

[1] *[Randnote:]* Diese No. 2 genügt mir noch nicht.
[2] *[Randnote:]* Diese beiden Stüke sind wol beßer umgekehrt.

---

1 Zusammenhang] *davor* ⟨Grund⟩   **2–7** α. ... β.] 1.) ... 2.)   **10–11** Hierüber ... doch] *am Rand mit Einfügungszeichen*

[Am Rand neben S. 670, Z.16:]
Eingang. Von Bekundungen aus Selbstsucht kann nicht die Rede
sein
I. Was ist zu rasch.
   1. entscheidender Punkt für den Thäter
     [a.] wo der [Verdacht] sich bestätigen muß
     [b.] wo das Leben sich bewähren muß
   2. entscheidender Punkt für den Hörer
     [a.] wo er ein Ganzes vor Augen hat
     [b.] wo er in ähnliche Lagen kommt.
II. Alle Absichten gehn dadurch verloren
   1. das Lehre nehmen
   2. die Anwendung der helfenden Kräfte
   3. die Hingebung der Liebe und Achtung.
NB. Das Ganze mehr auf die Art gute Menschen zu beurtheilen
gerichtet.

43   LIII. Sonnt. 15. Jun. VM. Betstunde Ps. 23, 4.

Eingang. Es giebt gewiß eben so viel falsches Vertrauen auf Gott als
Gleichgültigkeit.
Thema. Zwei nothwendige Eigenschaften des wahren Vertrauens
auf Gott.
  I. Es muß sich zur rechten Zeit äußern
    1. Nicht nur wenn wir Andere trösten sollen
      das sind gewöhnlich nur leere Worte

[Am Rand neben Z. 17:] Neues Gesangbuch 300.
[Am Rand neben Z. 20:] Hauptsaz oder 2. Theil müßen anders ausgedrükt werden
[Am Rand neben Z. 22:] Wiederholt in Stolpe 1804.

---

10 wo er] *folgt* ⟨sich⟩   **22** zur] korr. aus Unleserlichem

---

17 *Am 1. Sonntag nach Trinitatis 1800 vormittags Betstunde in einem Krankensaal
der Berliner Charité* **25** *Gesangbuch zum gottesdienstlichen Gebrauch (bei Mylius),
Lied Nr. 300 „Auf Gott und nicht auf meinen Rath will ich mein Glücke bauen, und
dem, der mich erschaffen hat, mit ganzer Seele trauen.“ (Melodie von „Was Gott thut,
das ist wohl gethan.“)*

2. Nicht nur wenn wir voraussehn daß wir uns durch eigne oder menschliche Kräfte helfen können

3. Sondern wenn wir im finstern Thale wandeln d. h. wenn wir vom Ausgang nichts vermuthen können

II. Es muß sich auf die rechte Art äußern.

    1. Wir sollen nicht glauben das Unglük werde uns nicht treffen oder nicht dauerhaft schaden

        a. Weder unsere Rechtschaffenheit

        b. Noch unser Glaube berechtigen uns dazu.

    2. Wir sollen es nur nicht fürchten d. h.

        a. Wir sollen wißen daß es uns an unsrer guten Thätigkeit nicht hindere

        b. daß es uns das nicht rauben wird was zum innern Frieden gehört – weil der Herr bei uns ist

        α. das stärkende Andenken an ihn ist bei uns

        β. der schüzende Geist ist bei uns

        γ. die auf unser wahres Wohl gerichtete Liebe waltet über uns.

Schluß. Das können wir Alle auch jezt beweisen. Theilnahme an den Communikanten

----

LIV. Sonnt. 15. Junius NM. Predigt Charité
1. Cor. 13, 8.[1]

Eingang. Nur aus dem Zusammenhang menschlicher Handlungen und aus ihrer Uebereinstimmung unter einander kann man auf einen guten Grund schließen

Thema. Beharrlichkeit, eine nothwendige Eigenschaft der wahren Liebe

----

[Am Rand neben Z. 21:] Neues Gesangbuch 362.
[1] [Randnote:] Nach der Uebersezung[:] die Liebe wird nicht müde.

----

21 *Am 1. Sonntag nach Trinitatis 1800 nachmittags in der Charitékirche zu Berlin*
28 *Gesangbuch zum gottesdienstlichen Gebrauch (bei Mylius), Lied Nr. 362 „So jemand spricht: ich liebe Gott, und haßt doch seine Brüder, der treibt mit Gottes Wahrheit Spott, und handelt ganz darwider." (Melodie von „Mir nach, spricht Christus, unser Held.")*

I.   Wenn es ihr gelungen ist
  1. Wer dann wieder etwas anderes thut,
      a. hatte einen Endzwek, der mit vielen andern in glei-
          cher Reihe steht – es kam ihm nur auf eine Art der
          Thätigkeit an   5
      b. oder er weiß selbst nicht was er gethan hat und
          wollte etwas ganz anderes.
  2. Wer wahre Liebe hat kann nicht müde werden, weil er
      weiß daß
      a. die Verpflichtung nicht aufhört   10
      b. die Gelegenheit nicht aufhört
      in beidem macht Stand und äußeres Vermögen keinen
      Unterschied
II. Wenn Aufopferungen nöthig sind
  1. Wer dann fahren läßt was er wollte | 15

44   a. für den hat das Gute einen Preis – oder
      b. er suchte nur ein Vergnügen und einen Nuzen
  2. Wer Liebe hat
      a. der findet darin keinen Zusammenhang
      b. er sieht nur in der Anstrengung den Grad der thätigen 20
          Kraft, und möchte also nicht gern ihre Grenze sehn.
III. Wenn es mißlingt.
  1. Wir bekommen kein Recht aufzuhören wenn –
      Menschen das Gute nicht benuzen
      undankbar gegen die Geber sind   25
      a. sonst dürfte schon lange kein Gutes mehr gethan
          werden
      b. wir dürfen auch nicht von einigen auf andere
          schließen
  2. Wahre Liebe   30
      a. findet auch darin einen Grund der Beharrlichkeit weil
          noch soviel Gutes verloren geht
      b. der Glaube an das Gute der Menschen und das Fort-
          schreiten darin kann nie ⌊von⌋ ihr weichen
          ⌊α.⌋ weil er ihr innerstes Wesen ausmacht   35
          ⌊β.⌋ mit dem Glauben an Gott Eins ist.
Schluß. Kein unmännlicher ⌊Vorsaz⌋ keime in unsrer Seele
Alles nur Vorübergehende laßt uns gering achten
Gebet.

LV. Dienst. 17. Junius Betstunde
Ps. 25, 10.

Eingang. Man sollte denken die Menschen müßten immer bereit
sein Gott zu loben, und doch ist es bei den Meisten nur augenbliklich,
und dagegen die Unzufriedenheit herrschender. Es gehört aber um
zum Lobe Gottes immer bereit zu sein etwas mehr, als daß man nur
etwa die Größe seiner Werke kennt.
Thema. Nur den Rechtschaffenen können Gottes Wege immer als
Güte erscheinen
I. Im niedrigen Stande.
    1. Sie
        a. sehen auf das Verhältniß des Lebens zur Bestim-
            mung – nicht auf den äußeren Gehalt
        b. auf das Verhältniß der Erfüllung zum Gebot – nicht
            auf den Gegenstand der Handlung
    2. Die irdisch gesinnten
        a. finden es unbillig daß ihrem Stolz weniger geschmei-
            chelt wird
        b. daher sind sie auch im hohen Stande unzufrieden, so
            lange sie noch Andere über sich sehen
II. Im Unglük
    1. Sie
        a. sehen die Begebenheiten nur als Mittel und haben
            also Ursach mit dem Unglük zufrieden zu sein |
        b. behalten dabei immer dasjenige Gefühl welches ihnen   *45*
            das unentbehrlichste ist
    2. Die irdisch gesinnten
        a. Sehn jeden Schmerz als eine Beraubung desjenigen an
            was ihnen gebührt
        b. Aber auch jede getäuschte Begierde und darum sind
            sie auch mitten im Glük unzufrieden
III. Bei der Annäherung des Todes
    1. Sie
        a. denken dabei daß Gott sie würdig hält einen größern
            Schauplaz zu betreten

[Am Rand neben Z. 1:] Neues Gesangbuch 3.

1 *Betstunde in einem Krankensaal der Berliner Charité*   36 *Gesangbuch zum gottes-*
dienstlichen Gebrauch (bei Mylius), Lied Nr. 3 „Auf, Christen, bringet Preis und Ehr
dem Herrscher aller Welt;" (Melodie von „Ich singe dir mit Herz und Mund.")

    b. wißen daß Gott seine Absichten in dieser Welt auch
       ohne sie erreichen werde
2. Die Irdisch gesinnten
    a. finden immer die Zeit da sie sterben müßen als die
       beste um das Leben anzufangen, weil man doch zu-   5
       lezt immer am klügsten ist
    b. sie haben keine Ahndung von der Beschaffenheit de-
       ßen was ihnen dort bevorsteht, und geben also das
       Bekannte nur ungern gegen das Unbekannte hin.
Schluß. An diesem Bilde wollen wir uns prüfen   10
Gebet. Gott befestige uns immer mehr in der Gesinnung welche der
Grund der Zufriedenheit ist.

LVI. Sonnt. 22. Junius NM. FrWerdersche Kirche
1. Cor. 12, 31; 13, 1.

Eingang. Wir leben in einem Zeitalter wo der Verstand Alles gilt.   15
Der größte Ruhm ist ihn immer mehr in die Gewerbe, ins gesellige
Leben und ins allgemeine Nachdenken einzuführen. – Der gewöhnliche sogenannte gute Wille hat freilich gar keinen Werth ohne Verstand – er ist aber oft nur Mangel an bösem Willen oder an Willen
überhaupt. Dagegen ist der wahrhafte gute Wille nicht möglich ohne   20
den gewissenhaften Gebrauch aller Geisteskräfte, und alle Vorzüge
des Geistes haben gar keinen Werth ohne diesen guten Willen.
Thema. Daß Vorzüge des Geistes für sich, abgesondert von denen
des Herzens keinen Werth haben.
    I. Sie verdienen keine Achtung   25
       1. ihres Ursprungs wegen
          a. sie rühren zwar nicht ganz von äußern Umständen
           her

[Am Rand neben Z. 13:] Altes Gesangbuch 821.

---

19 an Willen] an W.

---

13 *Am 2. Sonntag nach Trinitatis 1800 nachmittags in der Friedrichswerderkirche zu
Berlin; vgl. Predigten. Erste Sammlung, Nr. 4 (KGA I/1)*   **29** *Geistliche und Liebliche
Lieder, ed. Porst, Lied Nr. 821 „Wenn einer alle Kunst und alle Weisheit hätte,“ (Melodie von „O GOtt, du frommer.“); vgl. Liednachweis zur Predigt vom 18. Mai 1800
vormittags (oben S. 658)*

    b. bedürfen aber doch ihrer Begünstigung – und man achtet nur das was vom freien Entschluß herrührt

  2. ihrer Zweideutigkeit wegen

    a. auch in wie fern sie selbsterworben sind fragen wir doch nach der Absicht welche dabei zum Grunde gelegen hat

    b. also schäzen wir auch in ihnen nur die Gesinnung – dies ist natürlich

  3. wegen des Verhältnißes zum göttlichen Ebenbild

    a. wir würden Gott nur fürchten nicht verehren, wenn wir nur die sogenannten metaphysischen Eigenschaften kennten |

    b. eben so mit Menschen   46

II. Sie können keine Zuneigung erwerben. Diese beruht immer auf einer nähern Beziehung fremder Freiheit auf uns

  1. An dieser fehlt es zwar den Talenten nicht – sie haben

    a. eine stärkende – Sie vermehren unsere Kraft zum Gutes thun

    b. eine belehrende

    c. eine erfreuende – Dies Alles ist ⌊Wohllaut⌋

  2. Nur wenn die Vorzüge des Herzens fehlen, so ist dabei

    a. Stolz – nichts macht so stolz als geistige Vorzüge. Nichts scheucht die Liebe so zurük als Stolz.

    b. unschonende Behandlung der Schwachen

III. Sie geben dem Menschen nicht einmal einen bestimmten Werth für die Gesellschaft.

  1. Es ist keine Sicherheit über die Art ihrer Anwendung

    a. Leidenschaften wirken eben so oft Böses als Gutes

    b. Eigennuz zum allgemeinen Besten zu gebrauchen ist zwar das höchste Kunststük der Staatsmänner; aber grade für den größten Verstand kann der Eigennuz am besten durch Uebertretung befriedigt werden.

    c. Trägheit – macht daß man oft wünscht es stände ein minder talentvolles Subjekt an dem Plan.

    d. fremde ⌊Foderung⌋

  2. Es ist der Geist der Ordnung nicht drin

    a. An diesem liegt der Gesellschaft am meisten und nichts ist gut ohne ihn

---

21 Herzens] *korr. aus Unleserlichem*   **29** zu] *korr. aus* zum

        b. Da sie häufig Unvollkommenheiten in den bestehen-
        den Ordnungen finden, so behandeln sie diese selbst
        auch als Schwäche
Schluß. Laßt uns also zuerst unser Herz bilden – der Verstand
komt dann unfehlbar von selbst nach. Laßt uns vor Allen bezeugen   5
daß dies unsre Gesinnung ist.

LVII. Sonnt. 29. Junius VM. Betstunde
Ps. 26, 8.

Eingang. Die Lust zur Verehrung muß mit der Erkenntniß wachsen.
Also jezt mehr als damals; aber auch völlig anders.   10
Thema. Von der wahren Lust an der Verehrung Gottes.
    I. Wir müßen ihn gern öffentlich verehren. Nicht bloß mit den
      Lippen
    II. Wir müßen ihn gern häuslich verehren
      [1.] Die Kirche ist nicht allein die Stätte seines Hauses   15
      [2.] Wer nicht die tägliche Veranlaßung zu religiösen Empfin-
      dungen wahrnimt
      [3.] Wer nicht Religion in Anderen zu erweken und zu bele-
      ben strebt, hat keine
    III. Wir müßen gern in der Welt sein. In dieser wohnt seine Ehre   20
      ganz eigentlich
      1. Zufrieden mit seinen Fügungen
      2. In allem was geschieht seine Verherrlichung suchend
Schluß.

[*Am Rand neben Z. 7:*] Neues Gesangbuch 189.   25

---

10 völlig] *v korr. aus* l

---

7 *Am 3. Sonntag nach Trinitatis 1800 vormittags Betstunde in einem Krankensaal der
Berliner Charité*   25 *Gesangbuch zum gottesdienstlichen Gebrauch (bei Mylius),
Lied Nr. 189 „Von ganzer Seele preis ich dich, Herr, der du mich so väterlich bis diesen
Tag erhalten;“ (Melodie von „Ich weiß, mein Gott, daß all mein Thun.“)*

LVIII. Sonnt. 29. Junius NM. Predigt im Invalidenhause
1. Cor. 7, 28 sqs.

Eingang. Wir sollen nicht gleichgültig sein gegen die Abwechslungen des Lebens. Stumpfheit auch gegen den Schmerz ist kein Ver-
5 dienst, und unter den härtesten Leiden ist es der beste Trost daß man
sie empfinden kann. Dennoch sollen wir uns in anderer Rüksicht darüber erheben und ihnen keinen Einfluß auf uns gestatten.
Thema. Die Unabhängigkeit des Christen in seinen Handlungen von
seinen äußeren Verhältnißen
10   I.   Worin sie besteht – Sie sollen nemlich kein Hinderniß der
           Pflichterfüllung werden.
           1.   Gesellige Verbindungen – lähmen oft den Muth des
                Menschen sich dem Bösen zu widersezen und gegen das
                Unrecht zu reden – sie meinen sie hätten etwas was sie
15   näher anginge. Denen sei gesagt: die da Weiber haben p.
           2.   Unangenehme Begebenheiten – machen sie oft untheil-
                nehmend gegen die Freunde, und lau in ihrem Beruf –
                Die da rennen als renneten sie nie p.
           3.   Angenehme Ereigniße – machen unbesonnen und zer-
20   streuen die Aufmerksamkeit. Die sich freuen p.
           4.   Irdische Besizungen – erzeugen oft eine übertriebene
                Anhänglichkeit und ziehen das Herz vom Beßeren ab: Die
                da kaufen als besäßen sie nicht.
      II. Gründe – nemlich außer dem daß die Pflicht über Alles geht.
25   1.   Die Zeit ist kurz
                a.   Empfindungen und irdische Verhandlungen sind an
                     sich kein Zeitverderb. Wol aber wenn sie uns an dem
                     hindern, was unsere Zeit erfüllen soll
                b.   Unser Beruf ist lang, und was wir einmal versäumt
30   haben können wir nicht nachholen
           2.   Das Wesen der Welt vergeht.
                a.   Wir opfern doch unser Inneres nur auf um Etwas
                     festzuhalten, was sich nicht festhalten läßt. Es ruht
                     hernach ein Flek auf der Erinnerung an den rechten
35   Genuß.

[Am Rand neben Z. 1:] Altes Gesangbuch No. 718.
[Am Rand neben Z. 3:] Wiederholt in Stolpe 1803.

---

1 *Am 3. Sonntag nach Trinitatis 1800 nachmittags in der Invalidenhauskirche zu Berlin über 1Kor 7,28–31* **36** *Geistliche und Liebliche Lieder, ed. Porst, Lied Nr. 718
„Meine Seele, laß es gehen, wie es in der Welt jetzt geht," (Melodie von „HErr, ich
habe mißgehandelt.")*

         b. Es vergeht um so sicherer, wenn es Aufopferungen
            dieser Art fordert – und ist gar nicht der Mühe der
            Erhaltung werth

Schluß.

————— |

₄₈   LIX. Mittw. 2. Jul. Betstunde
                     Ps. 26, 9.

Eingang. Gott hat das Gute neben dem Bösen gemacht, und den
Guten neben den Schlechten gesezt. Daraus entsteht mancherlei was
die Menschen sich anders wünschen; unter anderm auch das worauf
der Text geht.
Thema. Der Wunsch nicht in dasselbe Schiksal verflochten zu werden wie die Bösen
    I.   Die Gründe weshalb man es wünscht halten nicht Stich
        1.   Daß der Verdacht derselben Gesinnung entsteht
           a. Fälle: Krankheiten die sonst wol aus Ausschweifun-
              gen, Zerrüttungen des Wolstandes die sonst wol aus
              Unordnungen entstehn – Allgemeines Unglük das
              aus gemeinschaftlichen Unvollkommenheiten her-
              rührt.
           b. Das Urtheil der Menschen überhaupt sollte für uns
              nichts so wichtiges sein.
           c. Nur vorschnelle Menschen werden ein solches Ur-
              theil fällen, und dieses ihr Urtheil können wir doch
              nicht regiren
           d. Es ist grade gut wenn es Fälle giebt wo sie hernach
              das Gegentheil inne werden – sonst würden sie noch
              immer bestärkt werden

[Am Rand neben Z. 5:] Neues Gesangbuch No. 312.

20–21 b. Das ... sein.] *am Rand mit Einfügungszeichen*   **22** c.] *korr. aus* b.

5 *Betstunde in einem Krankensaal der Berliner Charité*   28 *Gesangbuch zum gottes-*
dienstlichen Gebrauch (bei Mylius), Lied Nr. 312 „Auf deine Weisheit schauen, Gott,
deiner Güte trauen, das schafft Zufriedenheit." (Melodie von „In allen meinen Tha-
ten.")

2. Daß die Bösen selbst sich uns dann gleichstellen
   a. Absichten
     [α.] Um uns zu verhöhnen als hätten wir uns unnüze
       Mühe gegeben mit der Tugend
     [β.] Um uns zur Theilnahme an ihrer Ansicht und an
       ihren Tröstungen einzuladen.
   b. Gegengründe
     [α.] Wir haben desto beßere Gelegenheit uns von ih-
       nen zu unterscheiden
     [β.] Wir können ihnen nur desto klarer zeigen was
       Grundsäze auf den Menschen wirken und wie
       wir
     [1] über ihren Spott erhaben sind – und
     [2] ihrer Tröstungen nicht bedürfen
II. Es giebt noch eigne Beruhigungsgründe.
   1. Wir könnten unserer eigenen Tugend nicht sicher sein,
     wenn auch nur unser Unglük immer etwas ausgezeichne-
     tes hätte
   2. Diese Vermischung mit den Gottlosen ist ein Theil unse-
     res Berufs – sie erleichtert das Wirken auf sie
   3. Ihre Gleichstellung ist Veranlaßung zu einer Selbstprü-
     fung, die niemals so ganz rein ablaufen wird.
Schluß. Laßt uns also auch hier die überall pflichtmäßige Unterwerfung unter den göttlichen Willen üben

—————— |

LX. Sonnt. 13. Jul. VM. Betstunde   49
Ps. 27, 10.

Eingang. Wenn uns auch die Menschen nicht aus übeln Gesinnungen verlaßen so verläßt uns doch einer nach dem andern, und dies ist
der größte Verlust. Auch darüber müßen wir uns trösten.

[Am Rand neben Z. 25:] Neues Gesangbuch 298.

───────────────

28 so] So

───────────────

25 *Am 5. Sonntag nach Trinitatis 1800 vormittags Betstunde in einem Krankensaal
der Berliner Charité* **30** *Gesangbuch zum gottesdienstlichen Gebrauch (bei Mylius),
Lied Nr. 298 „Ach, wie ist der Menschen Liebe so veränderlich, so kalt!" (in bekannter
Melodie)*

Thema. Tröstung über die Vergänglichkeit aller irdischen Verhältniße ist unser Verhältniß gegen Gott.
   I. Es tröstet uns über den verlorenen Schuz
      1. Gott läßt uns zwar seinen gewöhnlichen Schuz nur durch
         Menschen angedeihen, und der Glaube an außerordentli-   5
         che Hülfsleistungen kann uns das nicht ersezen
      2. Aber
         a. Die schüzenden Geseze und Ordnungen in der Welt
            hängen nie von einzelnen Menschen ab.
         b. Auch treten immer einzelne Menschen in die Stelle 10
            der andern, wenn auch nicht in denselben Verhält-
            nißen
         c. Für jede Kraft die gefährlich werden könnte läßt sich
            immer ein Gegengewicht hervorbringen
  II. Es tröstet uns über die verlorene Liebe 15
      1. Gott selbst können wir zwar nicht so lieben wie Men-
         schen und das kann uns also keinen Ersaz geben
      2. Aber
         a. Wir können Gottes Werk und das Menschenge-
            schlecht immer und ewig loben und Gott sieht das 20
            als Liebe zu ihm an.
         b. Wir können jede besondere Liebe mit Freiheit auf an-
            dere übertragen
      3. So nimmt uns also Gott auf und stillt das Bedürfniß un-
         sers Herzens. 25
 III. Es tröstet uns über die verlorene Thätigkeit.
      1. Gott selbst können wir zwar gar nichts thun zu seinem
         Wolergehen, und es wäre doch kein Ersaz
      2. Aber
         a. Wir behalten immer einen Beruf und treten nie aus 30
            dem allgemeinen Kreise der Wirksamkeit heraus
         b. Wir finden immer Hülfe im Guten weil wir nie aus
            dem allgemeinen Bunde herausträten.
Schluß. In diesem Glauben und Festhalten an Gott laßt uns Allem
trozen was der irdische Zustand mit sich bringen kann 35

―――――― |

[Am Rand neben Z. 1:] Da diese Predigt offenbar [ ] ist sollte sie billig mit aufgenommen werden.

---

5 angedeihen] angedeihen laßen   33 Bunde herausträten] *korr. aus Unleserlichem*

LXI. Sonnt. 13. Jul. NM. Predigt
2. Cor. 8, 11. 12.

Eingang. Die meisten Menschen rechtfertigen sich nur aus den Handlungen und Unterlaßungen ohne auf die Gesinnungen und Bewegungsgründe zu sehn. So wenig dies auch taugt, so ist es doch eben so unrecht auf das allein zu sehn, was im Innern des Gemüthes vorgeht oder vorzugehen scheint.

Thema. Ueber den guten Willen, der den Menschen Gott angenehm macht

    I. Was ist dieser gute Wille. Ein Vollbringen des Thuns.

        1. überhaupt

            a. Das bloße Wollen des Guten ist nichts

                [α.] Alles Gute ist Eins, es ist Ein allgemeines Geschäft.

                [β.] Das Gute Wollen heißt wollen daß jeder das Seinige thue, und wer das seinige nicht thut, will es auch nicht thun. Dagegen möchte man zwar einwenden, der Mensch soll auch willig sein nach dem was er hat aber

            b. Das Wollen des Fremden Guten ist auch nichts
Wer seine Pflicht nur thun will wenn sie so und so beschaffen wäre, der will eigentlich nicht seine Pflicht. Dies ist die leerste Täuschung denn der beneidete kann eben so sagen.

        2. In Rüksicht auf einzelne Tugenden

            a. Das Wesen der Liebe ist in allen Aeußerungen dasselbe

                α. Denkt euch einen Menschen der da liebt so werdet ihr denken daß er tröstet wo zu trösten, giebt wo zu geben ist pp.

[*Am Rand neben Z. 1:*] Neues Gesangbuch 355.

18–19 der Mensch ... hat] *am Rand*

1 *Am 5. Sonntag nach Trinitatis 1800 nachmittags in der Charitékirche zu Berlin* **31** *Gesangbuch zum gottesdienstlichen Gebrauch (bei Mylius), Lied Nr. 355 „Gieb mir, o Gott, ein Herz, das jeden Menschen liebet, bey seinem Wohl sich freut, bey seiner Noth betrübet;" (Melodie von „O Gott, du frommer Gott.")*

β. Aber auch umgekehrt – wer es nicht so macht
    der liebt nicht denn was sollte ihn hindern? er
    kennt alle Uebel und alle Mittel
3. In Rüksicht auf den Grad der Vollkommenheit – Viele
    glauben, wenn sie ungeschikt sind Gott nehme den Wil-   5
    len für die That. Wer so denkt ist auch nicht willig nach
    dem, was er hat
II. Nur dabei ist der Mensch Gott angenehm und mit sich selbst
    zufrieden, welches Beides einerlei ist.
    1. er kann auf das Gute was Andere thun mit Lust sehn   10
        a. ohne Neid
        b. ohne Schaam
    2. er kann auf seine Vergangenheit mit Lust sehn
        [a.] Andern geht dann erst das Licht auf über das was sie
             hätten thun sollen   15
        [b.] Andere seufzen dann erst über die Schwäche der
             menschlichen Natur
    3. er kann auf die Zukunft mit Lust sehn
        [a.] Auf die zeitliche
        [b.] Auf die ewige   20

———— |

51   LXII. Donnerst. 17. Julius Betstunde bei Männern
                           Ps. 30, 6.

Eingang. Das Uebergewicht des Leidens scheint uns oft sehr groß
zu sein. Bei ruhiger Betrachtung finden wir es anders.

[*Am Rand neben Z. 21:*] Neues Gesangbuch 329.   25
[*Am Rand neben Z. 23:*] Stolpe 6. November 1803

6 für] *folgt* ⟨thun⟩   **9** ist] *korr. aus Unleserlichem*   **17** Natur] φ   **21** Julius] *in
der vorangehenden Zeile als Kolumnentitel*

21 *Betstunde in einem Krankensaal der Berliner Charité*   **25** *Gesangbuch zum
gottesdienstlichen Gebrauch (bei Mylius), Lied Nr. 329 „Was Gott thut, das ist wohlgethan; es bleibt gerecht sein Wille." (in bekannter Melodie)*

Thema. Daß die Freude sich im menschlichen Leben immer erneu-
ern soll.
  I. Eingerichtet ist es so
      1. Bild – tägliche Erneuerung
         a. für den Kranken
         b. für den Leidenden überhaupt
      2. Anwendung
         a. man muß sich – wie es auch gehe – über das Be-
            wußtsein seines Zustandes erheben zu dem seiner
            Natur
         b. man muß sich recht oft neue Abschnitte machen, weil
            wirklich durch den Willen Alles eine Aenderung be-
            wirken kann
  II. Laßt uns nur sehen daß es durch unsere Schuld nicht anders
      komme.
      1. wir müßen uns nicht Uebel schaffen die sich immer wie-
         der erneuern – Vorwürfe nemlich
      2. wir müßen uns nicht Leidenschaften überlaßen die gleich
         wieder mit uns erwachen – Haß, Neid, Begierde
      3. wir müßen uns nicht die tröstliche Aussicht auf eine be-
         ßere Zukunft in der Ewigkeit versperren.

[Am Rand neben Z. 1:]
Ueber das Verhältniß der Freude zum Leid
1. Der gewisse Wechsel
   Der Abend ist die Zeit schrekhafter Vorstellungen
   So lange sich der Mensch diesen überläßt wächst der Schmerz
2. Erschöpfung bringt Schmerz, Erholung Freude
   Bild vom Unglüklichen
   Die Ruhe ist die Entfernung des Gegenstands, das stille Nach-
   denken
3. Das Fortleben bringt Schmerz, das ⌊Neue Anfangen Freude⌋
   Der Kranke komt erst nach und nach zu Bewußtsein
   Wir müssen uns Abschnitte machen

---

27 Unglüklichen] *davor* ⟨Kranken⟩   **28** Gegenstands] Ggsts   **31** Bewußtsein] BW.

22–32 *Die Disposition auf dem Rand ist der Predigtwiederholung vom 6. November*
1803 zuzuordnen.

LXIII. Sonnab. 19. Julius Vorbereitung im Inv.Hause.
1. Cor. 11, 29.

Eingang. Es ist natürlich daß wir die Handlung mit einer gewißen Feierlichkeit behandeln, wir müßen aber darauf keinen Werth legen. Thema. Daß man sich vor dem Abendmal desselben nicht erst würdig machen kann
   I. Wer nicht würdig ist erlangt dies durch keine Vorbereitung.
      1. Nicht durch äußere
         a. Fasten p. beruht auf Aberglauben über das Wesen der Handlung oder über das was Gott wolgefällig ist
         b. Entfernung von den gewöhnlichen Gegenständen der Beschäftigungen und des Vergnügens hilft nichts wenn das Herz doch aus Eigennuz oder Sinnlichkeit sich danach sehnt. Denn Gott sieht ja eben auf das Herz.
      2. Nicht durch innere.
         a. Lesen der Schrift und fromme Bücher – macht einen ganz falschen Eindruk wenn es nur dann geschieht
         b. Erregung reuiger und erschütternder Empfindungen
           [α.] Sie sind nur um desto stärker je seltner man sich mit diesen Dingen beschäftigt denn diese Stärke hängt vom ungewöhnlichen und erzwungenen ab |
           [β.] Sie verlieren sich hernach, wie die tägliche Erfahrung lehrt ohne allen Nuzen, und dies weiß Gott schon in demselben Augenblik.
  II. Wer würdig ist bedarf dergleichen nicht besonders.
      1. Christus beobachtete nichts dergleichen bei den Aposteln sondern sezte voraus
      2. Die gewöhnliche Gemüthsverfaßung eines wahren Christen ist weit beßer als alles jenes
         a. Die Gedanken der Religion sind ihm eigentlich immer gegenwärtig, und sein Herz ist nie fern von Gott.

52

[*Am Rand neben Z. 1:*] Altes Gesangbuch 264.

1 Julius] *am Seitenkopf als Kolumnentitel*

1 *Vorbereitungspredigt in der Invalidenhauskirche zu Berlin*   34 *Geistliche und Liebliche Lieder, ed. Porst, Lied Nr. 264 „Ich will von meiner Missethat zum HErren mich bekehren:" (Melodie von „Nun freut euch lieben Christ'n gemein.")*

  b. Jede Pflichterfüllung und jedes Vergnügen ist bei ihm
     Gottesdienst.
  c. Er ist immer im Zustande der Selbstprüfung
Schluß. Laßt uns überlegen ob wir so beschaffen sind.

———

LXIV. Sonnt. 20. Jul. VM. Invalidenhaus
1. Cor. 3, 16.

Eingang. Es ist wol gut und heilsam an das menschliche Verderben
zu denken; aber das Verderben kommt großentheils daher, daß man
die menschliche Würde nicht genug denkt.
Thema. Die Würde des Menschen als eines Tempel Gottes.
  I. Was sollen wir uns dabei denken.
      1. Tempel ist Ort, wo Alles zur Anbetung aufmuntert
         a. Wir nennen gewöhnlich die Natur einen Tempel
            Gottes
         b. Der Mensch ist es weit mehr
            α. er ist wunderbarer
            β. er ist Ebenbild der beseelenden Kraft
      2. Tempel ist Ort wo die Thaten der Gottheit verkündigt
         werden.
         Jeder Mensch verkündigt die Thaten Gottes
         a. Durch sein Dasein troz der stärkern Natur
         b. Durch seinen Antheil an aller Weisheit der vorigen
            Zeiten
      3. Tempel ist Ort wo die Gottheit ihren Willen verkündigt
         a. Durch das Gewissen
         b. Durch den Trieb zur Thätigkeit
      4. Tempel ist Ort wo die Gottheit sich durch Wunder ver-
         herrlicht
         a. Durch die Wunder des Verstandes
         b. Durch die Wunder der Liebe

———

[*Am Rand neben Z. 5:*] Altes Gesangbuch 208.

———

6 1 Cor. 3, 16.] *am Rand*   **18–19** Thaten ... werden.] *am Rand mit Einfügungszei-*
chen statt ⟨Gottheit mit ihrem Geiste wohnt⟩

———

5 *Am 6. Sonntag nach Trinitatis 1800 vormittags in der Invalidenhauskirche zu Berlin*
31 *Geistliche und Liebliche Lieder, ed. Porst, Lied Nr. 208 „Wir Menschen sind zu*
dem, o GOtt! was geistlich ist, untüchtig:" (Melodie von „Es ist das Heil etc.")

II. Beseitigung der Einwürfe.[1]
    1. Daß man gebildet sein müße
    2. Daß man einen großen Wirkungskreis haben müße.
Schluß. Nur Unsittlichkeit und Trägheit schließen davon aus

—————— |

53   LXV. Sonnt. 27. Julius VM. Betstunde   5
                      Ps. 28, 1.

Eingang. Die Religion ist dem Menschen nicht nur deshalb nothwendig, weil sie ihm manches unangenehme erleichtert oder vor manchem Bösen bewahrt[,] sondern weil etwas was sie allein geben kann
unmittelbar und an sich selbst höchst nothwendig ist   10
Thema. Die unentbehrliche Gemeinschaft des Menschen mit Gott.
   I. Worin sie besteht
      1. Nicht darin
         a. daß Gott uns auf unsre Fragen wegen deßen was uns
           bevorsteht antworte   15
         b. daß er unsere Bitten wegen irdischen Wolergehens er-
           fülle
         c. daß er uns Geheimniße die auf unser Leben keinen
           Einfluß haben offenbare[2]
      2. Sondern darin, daß er uns antworte   20
         a. wenn wir wißen wollen was wir zu thun haben
         b. wenn wir Stärkung unseres Glaubens an seine Verhei-
           ßungen bedürfen

---

[1] *[Randnote:]* Ein andermal weiter auszuführen
[Am Rand neben Z. 5:] Neues Gesangbuch No. 182.   25
[2] *[Randnote:]* Bei jedem einzelnen damit geschloßen daß uns dies nicht gleich macht
denen, die in die Hölle fahren

---

5 Julius] *in der vorangehenden Zeile als Kolumnentitel*   15 bevorsteht] besteht

---

5 *Am 7. Sonntag nach Trinitatis 1800 vormittags Betstunde in einem Krankensaal der
Berliner Charité*   25 *Gesangbuch zum gottesdienstlichen Gebrauch (bei Mylius),
Lied Nr. 182 „Du! deß sich alle Himmel freun, auch unsre Seele freut sich dein, daß
du, deß Macht unendlich ist, daß du, Gott, unser Vater bist.“ (Melodie von „Erinnre
dich, mein Geist, erfreut.“)*

c. wenn wir Stärkung unseres Eifers im Guten brauchen[1]
II. Wie wir dazu gelangen.
    1. Durch Aufmerksamkeit auf unser Gewissen
        a. Gott antwortet uns in demselben wenn wir nur keine
           andere Stimme anhören
        b. Gott stärkt dadurch unsre Lust zum Guten, weil es
           uns jede Pflicht in ihrem ganzen Zusammenhang
           zeigt.[2]
    2. Durch Aufmerksamkeit auf Gottes Werke.
        a. Wir lernen dadurch sein Thun kennen, und das uns-
           rige darnach bestimmen
        b. Unser Vertrauen auf seine erhaltende Vatersorge
           muß zunehmen
    3. Durch Aufmerksamkeit auf sein Wort.
        a. Das Beispiel Jesu muß
           [α.] unsere Erkenntniß des Rechten vermehren
           [β.] unsere Lust dazu beleben
        b. Sein Muth und seine Verheißung müßen unser Ver-
           trauen beleben.
Schluß. Ermahnung zur Nachfolge Jesu. Anwendung auf die Communikanten.

————— |

LXVI. Sonnt. 27. Julius NM. Predigt CharitéKirche   *54*
1. Cor. 12, 6. 7.

Eingang. Die Menschen versteken oft ihr Verlangen nach irdischen
Dingen unter dem Vorwande, daß sie gern etwas ausrichten möchten.

---

[1] *[Randnote:]* Bei jedem damit geschloßen wie übel der Mensch in diesen Fällen
daran ist.
[2] *[Randnote:]* Wir können dies beßer als der Psalmist, weil unser Gewißen ausgebilde-
ter ist. Eben so bei No. 2.
[Am Rand neben Z. 23:] Neues Gesangbuch No. 190.

---

5 nur] *davor* ⟨auch⟩   **24** 1. Cor. 12, 6. 7.] *am Rand*

---

23 *Am 7. Sonntag nach Trinitatis 1800 nachmittags in der Charitékirche zu Berlin*
31 *Gesangbuch zum gottesdienstlichen Gebrauch (bei Mylius), Lied Nr. 190 „Wer
kann, Gott, je was Gutes haben, das nicht von dir den Ursprung hat?" (Melodie von
„Wer nur den lieben Gott läßt walten."); vgl. Liednachweis zur Predigt vom 9. März
1800 Betstunde (oben S. 628)*

Thema. Richtige Denkungsart über dasjenige was uns in der Welt
zu thun vergönnt.
  I. Das Ausrichten ist überall Gottes Sache.
      1. es ist das Werk vereinigter Kräfte nie das eines einzelnen
          Menschen   5
          [a.] Der mächtigste kann oft nichts
          [b.] Der beste Wille richtet oft nichts aus.[1]
      2. Hier gebührt also das Lob Gott allein, und wir haben
          also nicht Ursach einen zu beneiden[2]
      3. Weder Gott noch würdige Menschen werden uns da-   10
          nach schäzen.
  II. Unsere Sache ist nach dem gemeinen Nuzen zu streben.
      1. Jeder kann dazu beitragen
          a. daß die gemeinschaftlichen Geschäfte ihren Gang
              gehen   15
              [α.] Die Heiterkeit des geringern hat immer Einfluß
                   auf die Heiterkeit des größern der zunächst über
                   ihm steht und so fort.
              [β.] Die Treue hat Einfluß darauf daß der größere das
                   seinige thun kann.   20
          b. daß Tugend und Vernunft oben auf kommen
              [α.] durch die Aeußerung seines Urtheils
              [β.] durch die Auszeichnung in seinem Betragen
      2. Dies ist der eigentliche Ruhm des Menschen
          a. seine Gesinnung ist alsdann die, welche überall sein   25
              sollte.
          b. er kann sicher sein daß sie sich auch in andern Ver-
              hältnißen auf die gehörige Art äußern würde
          c. er kann sich einen Theil an allem Guten zuschreiben
              was wirklich geschieht.   30
Schluß. Niemand verachte also seinen Beruf
[1.] Es ist eine Verachtung Gottes
[2.] Es ist ein Zeichen des größten Unverstandes in den wichtigsten
     Dingen.

————————— |

---

[1] *[Randnote:]* Dagegen sich Gott oft zu großen Dingen des Geringen bedient   35
[2] *[Randnote:]* 1. Cor. 3, 7.

LXVII. Freit. 1. Aug. Betstunde   *55*
Ps. 32, 10.

Eingang. Die Menschen suchen vielerlei Ursachen des beßeren Glükes auf. Es ist an sich nicht gegründet daß sich das Glük nach der
5 Rechtschaffenheit richtet, doch hat in einem Sinne der Text recht
Thema. Die eigne Plage des Gottlosen, und das eigne Gute des Gerechten
    I. Die eigne Plage des Gottlosen
       1. Die Unersättlichkeit der Begierden
10   a. ist ihm natürlich
          b. Der Gerechte weiß nichts davon[1]
       2. Der Neid gegen die Glüklichen
          a. ist ihm zwar nicht nothwendig, aber doch sehr natür-
             lich und gewöhnlich
15   b. ist dem Gerechten fremd [2]
       3. Die Vorwürfe des Gewißens
          a. er entgeht ihnen nicht ganz
          b. der Gerechte zwar auch nicht; aber er hat doch im
             Ganzen das Zeugniß eines guten Gewissens
20   II. Das eigne Gute des Gerechten
       1. Das Gefühl der Freiheit
          Was er am meisten will hängt ganz von ihm ab
       2. Die Stille des Herzens
       3. Die Freude an der göttlichen Güte
25 Schluß. Ermahnung sich dafür immer empfänglicher zu erhalten
und Gebet.

[Am Rand neben Z. 1:] Neues Gesangbuch 279.
[1] *[Randnote:]* Es ist ein großer Gewinn wer Gottselig ist und läßt ihm genügen
[2] *[Randnote:]* Er freuet sich mit den Frölichen.

----

28 ihm] *Kj* sich

1 *Betstunde in einem Krankensaal der Berliner Charité*   **27** *Gesangbuch zum gottes-*
dienstlichen Gebrauch (bei Mylius), Lied Nr. 279 „An dich, mein Gott, zu denken, ist
Pflicht und Trost für mich." (Melodie von „Von Gott will ich nicht lassen.")   **28** *Vgl.*
1 Tim 6,6   **29** *Vgl. Röm 12,15*

LXVIII. Sonnt. 3. Aug. NM. Predigt Charité
1. Cor. 1, 13–17.

Eingang. Wir sehen sonntäglich taufen. Wenn es doch weder gedankenlos noch abergläubisch geschähe.
Thema. Zwei unrichtige Gedanken über die Taufe   5
    I. Daß sie an und für sich etwas zur Seligkeit des Menschen thue.
        1. Paulus glaubte das nicht; sonst würde er sie nicht so tief unter die Predigt des Evangelii herabgewürdigt haben
            a. Wir müßen also auf unsere Taufe allein keine Hof-   10
nungen gründen
            b. Wir müßen nicht glauben daß für andere das Getauftsein oder nicht getauft sein etwas entscheide
                α. weder für die Kinder
                β. noch für die Nichtchristen   15
        2. Paulus will damit nicht sagen daß sie für den Menschen unnüz sei.
            a. Es folgt auch daß es gleichviel sei von wem sie verrichtet werde, welches von allen Handlungen gilt welche | nichts bewirken sondern nur etwas be-   20
deuten
            b. daß nur gewiße Personen dazu berechtigt sind ist eine Nachahmung der bürgerlichen Einrichtung bei ähnlichen Handlungen.
            c. Was sie bedeutet   25
                α. ist die Bürgschaft und Sicherheit welche die Kirche gewährt.
                β. Das Versprechen von Seiten des Täuflings findet nun nicht mehr Statt also ist die Idee eines Bundes auch in dieser Rüksicht leer.   30
    II. Daß sie Christum nicht zertrenne
        1. Paulus sagt ausdrüklich man würde dadurch keines andern Schüler als Christi

56 (margin, left of lines 19–20)

[*Am Rand neben Z. 1:*] Neues Gesangbuch 125.

---

18 auch] *korr. aus Unleserlichem*

---

1 *Am 8. Sonntag nach Trinitatis 1800 nachmittags in der Charitékirche zu Berlin* **34** *Gesangbuch zum gottesdienstlichen Gebrauch (bei Mylius), Lied Nr. 125 „Ich bin getauft, nach Jesu Lehren, dich, Vater, deinen Sohn und Geist so zu bekennen und zu ehren, daß Herz und Mund und That dich preist;" (Melodie von „Wer nur den lieben Gott läßt walten.")*

2. Was von den damaligen Trennungen galt gilt auch noch
   von den jezigen
   a. Die Meinungen müßen zwar in einer großen Gesell-
      schaft getrennt sein; aber die Gemeinschaft der Sa-
      kramente nicht
   b. Das wäre abgeschmakt denn indem man die Sakra-
      mente genießt erklärt man ja nicht seinen Glauben an
      die Sakramente, sondern den Glauben an Christum.
   c. Bei der Taufe ist dies auch der allgemeine Sinn, und
      sie verpflichtet also keinen zu einer Sitte, deren An-
      nahme ja erst in späteren Jahren von freier Willkühr
      abhängt.
Schluß. Laßt uns also nur fragen
1. Ob wir auch unsre Pflicht als Glieder der versprechenden Kirche
   erfüllen
   a. so oft wir Taufzeugen sind
   b. so oft wir überhaupt mit der Jugend umgehen
2. Ob wir einfältig in der Gemeinschaft mit Christo stehn und Alles
   übrige für nichts achten.

LXIX. Sonnt. 10. Aug. Betstunde
Ps. 33, 4. 5.

Eingang. Wir denken uns Gott nothwendig wahrhaftig, weil wir
schon Menschen verachten die es nicht sind. Es ist schon bei Menschen tröstlich, wieviel mehr noch bei Gott. Dennoch täuschen sich
die Menschen so oft in ihren Erwartungen weil sie falsche Vorstellungen von Gottes Wort und Zusage haben.
Thema. Was ist Gottes unverbrüchliche Zusage

[Am Rand neben Z. 20:] Neues Gesangbuch 35.
[Am Rand neben Z. 22:] Stemniz. Oct. 1803.

----

20 *Am 9. Sonntag nach Trinitatis 1800 vormittags Betstunde in einem Krankensaal
der Berliner Charité* **28** *Gesangbuch zum gottesdienstlichen Gebrauch (bei Mylius),
Lied Nr. 35 „O könnt ich dich, mein Gott, recht preisen, wie du des Preises würdig
bist!" (Melodie von „Wer nur den lieben Gott läßt walten.")*

I. In Absicht seines Urtheils über uns
    1. Er liebet Gerechtigkeit und Gericht
        a. Wer dem Guten nachtrachtet der ist des göttlichen
            Wolgefallens gewiß.
        b. Dem wird auch die Zuversicht darauf niemals ver-   5
            gehn.
    2. Falsche Vorstellungen
        a. Gnade um Christi willen ohne Gerechtigkeit[1]
        b. Rechtfertigung durch äußere Religion
    3. Diesen vergeht auch die Hofnung   10
        a. wenn das Gewißen erwacht |
        b. wenn der Tod herannaht.
    Sie dürfen aber Gott keine gebrochene Zusage vorhalten
II. In Absicht auf die Leitung unserer Schiksale.
    1. Versicherung: Die Erde ist voll der Güte des Herrn   15
        a. Gott läßt allen Menschen immer Wolthaten zufließen
        b. Alles was er geschehen läßt ist Wolthat.
    2. Warnung
        a. Falsche Hofnungen sind
            [α.] Errettung aus bestimmten Uebeln Kraft des Ge-   20
            betes
            [β.] Verlängerung des Lebens
            [γ.] Gewährung bestimmter Wünsche
        b. Denn
            α. alles dieses zwekt auch zu unserm Besten ab   25
            β. Selbst indem wir leiden ist nicht nur die Erde um
               uns voll der Güte des Herrn, sondern wir selbst
               genießen sie
               (1) unmittelbar durch Naturanstalten
               (2) mittelbar durch menschliche Hülfen   30
S c h l u ß. Wunsch daß die Communicanten sich nur in billigen Hofnungen möchten befestigen wollen. Auffoderung zur Vereinigung
des Gebetes.

---

[1] *[Randnote:]* kommt in der Schrift auch gar nicht vor

LXX. Sonnt. 10. Aug. NM. Predigt im Invalidenhause
1. Cor. 6, 7.

Eingang. Wir sollen aufs Geistige mehr achten als aufs Zeitliche.
Allein das Zeitliche ist die Sphäre unserer Thätigkeit, die wir uns nicht
5   sollen verkümmern laßen, sonst sind wir faule Knechte. Es fragt sich
wie Beides zu vereinigen sei.
Thema. Ueber das Verbot nicht zu rechten.
   I.   In wie fern es nicht mehr anwendbar ist
         1.   In so fern wir uns der Bosheit entgegensezen müßen
10   a.   Damals war von einem Christen nur Uebereilung
                    oder Irrthum zu vermuthen. Jezt sichert dies Religi-
                    onsbekenntniß uns gegen keine Gesinnung.
               b.   Bösen Absichten aber dürfen wir nicht weichen
                    α.   Die Herrschaft der Bösen wird befördert indem
15   böses Beispiel Andern den Muth nimmt
                    β.   Was ein Werkzeug des Guten sein könnte muß
                         dann der Ungerechtigkeit dienen
         2.   In so fern wir uns dem Mißbrauch der Macht entgegense-
              zen müßen
20   a.   Damals waren noch keine Gewaltigen der Erde be-
                    rufen
               b.   Dies ist jezt unser gemeinschaftlicher Beruf
                    α.   hier muß man keine Gefährlichkeit scheuen
                    β.   Es liegt unter dem Gegentheil gewöhnlich der
25   Wunsch daß sie ein ander Mal zugeben sollen
                         daß wir Unrecht thun.
   II.   In wie fern es noch anwendbar ist.
         1.   Es ist ein Fehler zu rechten

[Am Rand neben Z. 1:] Altes Gesangbuch 803. weil sie jenes nicht singen konnten.

---

29 803] *unter* ⟨787⟩

---

1 *Am 9. Sonntag nach Trinitatis 1800 nachmittags in der Invalidenhauskirche zu Berlin*   **5** *Vgl.* Mt 25,26   **29** *Geistliche und Liebliche Lieder, ed. Porst, Lied Nr. 803
„O GOtt, du frommer GOtt! du Brunnquell aller Gaben!" (Melodie von „Nun danket
alle GOtt."); vgl. Liednachweis zur Predigt vom 27. April 1800 vormittags (oben
S. 648). Nicht gesungen wurde aus demselben Gesangbuch Lied Nr. 787 „Es glänzet
der Christen inwendiges Leben, obgleich sie von Außen die Sonne verbrannt;" (in eigener Melodie).*

a. Eine unrechte Gemüthsstimmung liegt zum Grunde
   bei dem der Unrecht hat[1]
b. Bei dem Andern fehlt es sehr oft an dem rechten
   Wunsch den Andern zur Einsicht zu bringen, oder an
   der Anwendung der rechten Mittel dazu. | 5

58   2. Wir sollten uns die besondern Beweggründe welche enge
       Verbindungen gewähren auch aneignen
   a. welche?
       α. Uneinigkeit bringt Schande von außen
       β. Verhindert die Erreichung des gemeinschaftli-   10
          chen Endzweks
   b. wie?
       α. Ebenfalls noch aus dem Gesichtspunkt der Reli-
          gion: denn die wahren Christen machen doch nur
          ein kleines Häuflein aus.   15
       β. Aus andern
          [1.] Jeder Staat ist eine eigne kleinere Gesell-
               schaft und sollte diese Ehrliebe haben
          [2.] Jede Gemeinheit
          [3.] Jede Familie   20
          [4.] Jeder gesellige Kreis.

Schluß. Wir sehn auch aus diesem Beispiel daß der Geist der Liebe
das Höchste ist, und daß er ⌊allein⌋ alle scheinbaren Widersprüche in
den moralischen Forderungen vermittelt.

LXXI. Donnerst. 14. Aug. Betstunde   25
Ps. 33, 9.

Eingang. Bei den meisten Menschen ist die Verehrung der göttlichen
Eigenschaften entweder kalte Bewunderung, oder sie wißen sie so zu

---

[1] *[Randnote:]* Anm. Vorher sehr oft haben beide Unrecht – sonst würde Einer sehr
leicht dem Andern klar machen können.   30
[Am Rand neben Z. 25:] Neues Gesangbuch 45.
[Am Rand neben Z. 27:] Stolpe 1803 d. 11. Septemb.

---

25 Donnerst.] *korr. aus* Dienst.

---

25 *Betstunde in einem Krankensaal der Berliner Charité*   31 *Gesangbuch zum
gottesdienstlichen Gebrauch (bei Mylius), Lied Nr. 45 „Dein Reich, o Gott, ist herrlich;“ (Melodie von „Herzliebster Jesu, was hast du.“)*

wenden daß auch dadurch ihren unrichtigen Gesinnungen Vorschub
geschieht
T h e m a . Ueber die Anwendung des Gedankens an die göttliche Allmacht

5   I. Mißbrauch. Indem man auf das mögliche sieht
      A. Schilderung
          1. Als Stüze und Rechtfertigungsgrund für unsere Wün-
             sche
             a. Man hält sich eher im Zaum wenn man nur an
10   die menschlichen Verhältniße denkt und sich also
               bescheidet dies und Jenes könne nicht sein
             b. Dagegen wenn man einmal glaubt es sei gut oder
               wenigstens unschädlich so pocht man auf die
               göttliche Allmacht
15   2. Als Maaßstab bei der Beurtheilung deßen was ge-
             schehn ist
             a. Menschen denkt man sich immer als gebunden
               und mäßigt deshalb seine Foderungen
             b. Ueber Gottes Thaten nimmt das Tadeln auf die
20   [Art] niemals ein Ende.
      B. Beurtheilung
          1. Wir finden uns hier auf einem ganz fremden Felde
             a. Wir sind immer, nur unbemerkter in demselben
               Widerspruch als wenn man fordert Gott solle
25   2 mal 2 fünf machen laßen: denn wir sehen im-
               mer den Zusammenhang nicht als identisch mit
               der Sache an.
             b. Es ist ein unendliches Geschäft wobei nicht ein-
               mal eine Annäherung Statt findet.
30   2. Wir sind in einer unrechten Gesinnung
             a. Es liegen immer sinnliche Forderungen zum
               Grunde wenn sie sich auch auf das moralische zu
               beziehen scheinen
             b. Wir verderben unsere Zeit indem wir auf das
35   mögliche sehn, wir haben genug am wirklichen |
    II. Rechter Gebrauch – indem man vom Wirklichen ausgeht.   *59*
         1. Alles was geschieht ist Gottes Wille, und was nicht Gottes
             Wille ist, ist unmöglich
         2. Gottes Macht und seine Weisheit sind Eins

---

3 Gedankens] *oder* Gedenkens   35 mögliche] *korr. aus Unleserlichem*

3. Unsere Freiheit ist auch Gottes Wille; wir können ihr nicht entgehn und mögen also sehen, wie wir sie jedesmal gebrauchen.

Schluß. Gebet um Ergebung

LXXII. Sonnt. 17. Aug. VM. Betstunde   5
Ps. 34, 2. 3.

Eingang. Wenn einer der immer glüklich war dies sagte, könnten wir Einwendungen dagegen machen, bei David finden diese nicht Statt

Thema. Die Bereitwilligkeit Gott immer zu loben

1. Wer Gott nur dann und wann lobt bei dem ist es nicht   10
   anerkennen der göttlichen Weisheit, sondern nur Freude
   darüber daß die göttliche Weisheit einmal mit seinen
   Wünschen zusammengetroffen ist.

2. Es giebt einen Glauben an die göttliche Weisheit der noch
   kein Lob hervorbringt, weil keine Freudigkeit und keine   15
   eigne Ueberzeugung dabei ist.

3. Jene eigne Ueberzeugung können wir nur haben wenn
   wir alles
   a. Aus dem moralischen Gesichtspunkt als zu unserer
      Beßerung dienlich   20
   b. Aus dem religiösen Gesichtspunkt als zum Ganzen
      nothwendig betrachten
   und wenn uns diese beiden Ansichten mehr als alles andere werth sind.

4. Dieses Lob Gottes äußert sich von selbst durch ein heite- 25
   res Gemüth, und man braucht es sich nicht erst besonders
   vorzunehmen.

[Am Rand neben Z. 5:] Neues Gesangbuch No. 2.
[Am Rand neben Z. 7:] Stolpe 21. Aug. 1803 sehr verändert.

---

5 *Am 10. Sonntag nach Trinitatis 1800 vormittags Betstunde in einem Krankensaal der Berliner Charité*   28 *Gesangbuch zum gottesdienstlichen Gebrauch (bei Mylius), Lied Nr. 2 „Anbetungswürdiger Gott, mit Ehrfurcht stets zu nennen!" (Melodie von „Nun danket alle Gott.")*

5. Wir bewirken aber dadurch allerdings daß die Elenden
    sich freuen denn die Heiterkeit des Menschen wenn sie
    gründlich ist, ist imer zugleich ein Beweis der göttlichen
    Güte
5 Schluß. Wer nicht in diese Gesinnung eingehn kann dem ist kein
   andrer Rath zu geben als daß er seinen ganzen Sinn ändern muß: denn
   er ist noch irdisch gesinnt.

——————— |

LXXIII. Sonnt. 17. Aug. NM. Predigt   *60*
1. Cor. 5, 6. 7.

10 Eingang. Man glaubt an einzelne Fehler, bei denen man ein guter
Mensch sein kann, als ob sie etwas abgesondertes wären im Gemüth.
Thema. Daß das Böse sich allemal über das Ganze erstrekt.
    I.   Umfang der Wahrheit
         1.   Im einzelnen Menschen
15   a.   Jeder mit einem besondern Namen benannte Fehler
                     kann mit jeder Pflicht in Collision kommen. – Bei-
                     spiele
                b.   Jeder Fehler beruht auf einer moralischen Schwäche
                     die sich auch auf andere Gegenstände erstreken kann.
20   Der Gegenstand beruht nur auf der Gewohnheit und
                     es können also dergleichen sich verstärken und neue
                     entstehn. Daher oft der Schein daß ein Mensch sich
                     geändert oder ein neues Laster angenommen habe, es
                     ist aber im Grunde das Alte.
25   2.   In menschlichen Verbindungen.
                a.   Einzelne, welche böse sind, verderben das Ganze
                     α.   mit der Trägheit – die Treue der Andern hilft
                          dann nicht, es ist keine Harmonie im Ganzen
                     β.   mit den Leidenschaften – es komt ein falsches
30   [Princip] hinein dem erst entgegengewirkt wer-

———————

[*Am Rand neben Z. 8:*] Neues Gesangbuch No. 245.

———————

8 *Am 10. Sonntag nach Trinitatis 1800 nachmittags in der Charitékirche zu Berlin*
31 *Gesangbuch zum gottesdienstlichen Gebrauch (bei Mylius), Lied Nr. 245 „Du, der
kein Böses thut! du schufst den Menschen gut;" (Melodie von „Wo soll ich fliehen
hin.")*

den muß und das Fortgehen des Ganzen wird
aufgehalten.

b. Schlechte Einrichtungen wenn sie auch nur auf einzelne Theile gehn verderben das Ganze.

α. in häuslichen Gesellschaften   5

β. im Staate.

γ. in der Kirche

II. Verpflichtung die daraus entsteht

1. In einem beständigen Zustande der Prüfung zu sein

a. gegen sich selbst   10

b. gegen alle Verbindungen denen wir angehören
es ist thöricht etwas so zu lieben daß man das Unrechte
daran nicht sieht

2. Das Böse auszufegen

a. in sich: nicht nur die Gewohnheiten des Handelns ab-   15
zustellen sondern den innern Grund anzugreifen

b. in andern: nicht die Menschen zu verstoßen – das
kann nur selten Recht sein sondern das Böse aus ihnen herausjagen helfen – dagegen alle Mißbräuche
bekämpfen und ausrotten wo wir eine Stimme haben   20

Schluß. Beides wird Jedem in seiner Lage genug zu thun geben.

————————— |

LXXIV. Dienst. 26. Aug. Betstunde
Ps. 34, 20.

Eingang. Dies ist eine von den Wahrheiten, über welche viele Bedenklichkeiten und Zweifel unter den Menschen herrschen.   25

Thema. Ueber die Leiden des Gerechten

I. Warum muß der Gerechte viel leiden

1. Weil nicht zu leiden ein Unsinn wäre
[a.] Sobald das Leben nicht gleichförmig ist werden wir
denselben Unterschied finden; wir werden uns durch   30

[Am Rand neben Z. 22:] Neues Gesangbuch No. 301.

25 unter] *korr. aus* über

22 *Betstunde in einem Krankensaal der Berliner Charité*   **31** *Gesangbuch zum
gottesdienstlichen Gebrauch (bei Mylius), Lied Nr. 301 „Auf meinen lieben Gott trau
ich in aller Noth." (Melodie von „Wo soll ich fliehen hin.")*

Vergleichung dies und jenes zu Leiden machen: denn
es ist nur ein Unterschied zwischen mehr und weniger

[b.] Sobald es gleichförmig wäre würde es kein menschliches Leben sein: ja es läßt sich gar nicht einmal so
denken

[c.] Viel heißt nicht mehr als der gottlose, sondern nur
mehr als der unthätige, der weniger lebt – je mehr
Leben desto mehr Leiden.

  2. Weil es ihm heilsam ist

[a.] Man hat Unrecht das Leiden all ein als eine Schule
der Tugend anzusehn, sonst müßte uns ja Gott billig
immer im Unglük haben. Eins ist es so gut als das Andere

[b.] Viel heißt hier wieder nicht mehr als der Gottlose,
sondern mehr als der Unempfindliche: denn die heilsamsten Leiden sind die, durch welche dem feineren
Gefühle weh geschieht.

II. Wie hilft der Herr aus dem Allen.

  1. Irrthümer

    a. Nicht wenn und wie wir bitten

[α.] Wir dürfen uns ja Gott nicht so vorstellen als ob
ihm etwas leid thun könne

[β.] Auch nicht so als ob er sich durch den schmerzlichen Ausdruk der ersten Empfindung bewegen
ließe

[γ.] Dieser Ausdruk ist freilich dem Menschen erlaubt, wie Christus sich ihn auch erlaubte, man
muß aber deßen Meister bleiben und nichts davon erwarten

    b. Nicht durch den Tod – wie Viele diesen immer an-
sehn

[α.] Wenn die Leiden dieser Zeit nicht werth sind p.
so sind sie auch nicht werth daß man bei dem
Uebergange in dieselbe an sie denkt.

[β.] Der Tod ist etwas so wichtiges und heiliges daß
man bei seiner Annäherung den Unterschied gar
nicht fühlen kann. Was ihn schwer macht bleibt
dem Armen eben so gut als dem Reichen

[γ.] Wer den Tod so ansieht, der ist jener Herrlichkeit
gar nicht werth weil er von ganz anderen Dingen
voll ist, wird sich auch nicht auf sie bereiten

---

32 *Vgl. Röm 8,18 (ergänze: „der Herrlichkeit")*

2. sondern – durch den natürlichen Lauf der Dinge indem
   a. entweder die Veranlaßung des Leides aufhört
   b. oder die Empfindung sich abstumpft
   c. oder durch neues Gute überwogen wird.
Einer von diesen Fällen tritt allemal ein, wenn der
Mensch die Leiden nach Gottes Absicht benuzt.
Schluß. Dies ist also das lezte worauf wir immer zurükkommen

———— |

62   LXXV. Sonnt. der 31. August VM. Predigt im Invalidenhause
                      1. Cor. 13, 7.

Eingang. Wir wünschen immer daß Alles in der Welt nach Verdienst
gehn soll. Das geht eben nicht, und wir müßen dem oft selbst entge-
genhandeln in den bürgerlichen Verhältnißen. Warum beschränken
wir nicht diesen Wunsch auf dasjenige wo seine Erfüllung in unserer
Gewalt stehe, auf unsre Liebe und Achtung. Es scheint aber als ob die
Religion auch das verböte.
Thema. Die Geseze der Liebe in Rüksicht der Nachsicht
   I. Im Urtheil – Alles glauben und hoffen
      1. Ein Gemüth
         a. ohne Argwohn, und
         b. durchdrungen von dem Gedanken daß jeder Mensch
             dem Besseren zuschreitet[,]
        ist etwas sehr wünschenswerthes und glükseliges
      2. Allein wir sollen nicht glauben
         a. dem Heuchler oder Schwindler
         b. dem Arglistigen
        wir dürfen nicht hoffen
         a. von dem willenlosen der Beßerung verspricht
         b. von dem Bösen den eine flüchtige Rührung überfällt

---

[Am Rand neben Z. 8:] Altes Gesangbuch No. 821.

---

8 August] *in der vorangehenden Zeile als Kolumnentitel*

---

8 *Am 12. Sonntag nach Trinitatis 1800 vormittags in der Invalidenhauskirche zu Ber-*
lin; vgl. Predigten. Erste Sammlung, Nr. 10 (KGA III/1)   29 *Geistliche und Liebliche*
Lieder, ed. Porst, Lied Nr. 821 „Wenn einer alle Kunst und alle Weisheit hätte," (Melo-
die von „O GOtt, du frommer.“); vgl. Liednachweis zur Predigt vom 18. Mai 1800
vormittags (oben S. 658)

Denn wir fühlen ja, wie das Gute bei uns nicht etwas so
abgerißnes ist sondern aus Einem Stük.
3. Es gilt nur von guten Menschen unter einander. Es war
von den Christen unter sich die Rede.
    a. wer da nicht glaubt, dem fehlt es an Liebe
    b. wer da nicht hofft, muß bei sich selbst wenig erfreuli-
       ches bemerken.
II. Im Handeln – Verträgt Alles und duldet Alles
  1. Gegen die draußen
    a. Vertragen – was sich unmittelbar auf einen Men-
      schen bezieht, gleich viel ob auf uns oder einen andern
    α. kein Unrecht, das böse gemeint ist
    β. keinen Spott über die Guten
    b. Dulden
    α. keinen Aberglauben der den Schein der Religion
      annimmt
    β. keinen Leichtsinn der über das Laster entschuldi-
      gend philosophirt
    γ. keine unvernünftigen Vorurtheile
Schluß. Die allgemeine Liebe die allen Menschen auf gleiche Art ge-
bührt bezieht sich auf die Erleichterungen des Lebens.
Gebet. Gieb daß in uns wir in der Weisheit Liebe und Gerechtigkeit
Eins seien

—————— |

LXXVI. Sonnt. 7. September VM. Betstunde Männer   63
Ps. 37, 1.

Eingang. Unzufriedenheit ist immer die erste Ursache; denn man
kümmert sich nicht um das mehr wenn man genug hat. Wenn die
beßeren glüklicher sind giebt man sich eher zufrieden.

———————

[*Am Rand neben Z. 24:*] Neues Gesangbuch No. 342.

1–2 Denn ... Stük.] *am Rand mit Einfügungszeichen*   **3–4** Es war ... Rede.] *am Rand
mit Einfügungszeichen*   **23** seien] sei   **24** September] *in der vorangehenden Zeile
als Kolumnentitel*

---

24 *Am 13. Sonntag nach Trinitatis 1800 vormittags Betstunde in einem Krankensaal
der Berliner Charité*   **29** *Gesangbuch zum gottesdienstlichen Gebrauch (bei Mylius),
Lied Nr. 342 „Gott, du bleibst ewig unsrer Wohlfahrt Meister." (Melodie von „Herzliebster Jesu, was hast du.")*

Thema. Das Glük der Gottlosen soll unser Gemüth nicht bewegen
Anm. Zorn geht hier nicht auf das Böse, sondern nur auf das
Glük der Bösen. Der Gegensaz zwischen beiden Theilen liegt nur
in der verschiedenen Art des Ausbruchs derselben Gesinnung.[1]
I. Weder die Summe ihres Genußes   5
   1. sie ist an sich nicht größer
      a. Sind sie in einem höheren Kreise, so muß man die
         Gewohnheit abrechnen.
      b. Sind sie uns gleich, so muß man bedenken
         α. daß sie im Streben viele Gelegenheiten vorbei-   10
            laßen
         β. daß ihnen viele Annehmlichkeiten fehlen, die
            wir genießen.
   2. sie ist durch mehr Unannehmlichkeiten aufgewogen
      a. die Leidenschaften von denen sie nie frei sind   15
      b. das Mißlingen was sie viel stärker drükt.
      c. andere Kränkungen von denen wir nicht wißen
II. Noch der Besiz der Mittel
   1. Man könnte denken es wäre doch Schade daß nicht einer
      sie besäße dem sie wirklich nuzen   20
   2. Allein
      a. dem Gerechten ist auch das Entbehren heilsam
      b. sehr oft ist der Besiz nur eine Wirkung der Ungerech-
         tigkeit, man muß den ganzen Zustand und die ganze
         Gesinnung vergleichen. Der Böse kann es nicht genie-   25
         ßen mit seiner Gesinnung; der Gute hätte es nicht
         erworben mit seiner Gesinnung. Man muß sie also
         ansehen als gar nicht da seiend.
Schluß. Ungegründet ist also so Zorn als Neid. Wir müßen uns dafür hüten, weil wir uns sonst dem Bösen gleichstellen: denn Beides ist   30
Quelle von Unzufriedenheit. Wer diese Betrachtungen nicht so weit
verfolgen kann, der sehe gar nicht auf den Zustand anderer Menschen, und lerne dadurch desto beßer den Seinigen zu benuzen. So
wird zulezt jeder einsehen Ps. 37 v. 16.

──────── |

---

[1] *[Randnote:]* Diese Stellung ist in der gewöhnlichen Predigtform die rechte. Wenn der   35
Text vor dem Eingang verlesen ist, muß die Anmerkung auch das erste im Text sein.

---

24 Zustand] *korr. aus Unleserlichem*

LXXVII. NM. Predigt Charité
1. Cor. 13, 11.

64

Eingang. Die Kindlichkeit wird uns überall empfohlen in der Religion, und der kindliche Geist des Christenthums gepriesen. Das kindische Alter ist aber das unreifste und unvollkommenste: daher giebt es
auch kindisches in der Religion was zu tadeln ist
Thema. Von dem Kindischen in der Religion
    I. Reden wie ein Kind
        1. Kinder übersehen
            [a.] das Wichtige über dem Neuen
            [b.] das Innere und wesentliche über dem äußern Glanze
        2. Ein Kindisches Reden war das Streiten der Christen und
            ihr Wetteifer über die Wundergaben.
        3. Kindisch ist noch jezt jedes Reden und Streiten über die
            Wunder und die geheimnißvollen Lehren: Wenn wir
            Männer geworden sind, und wissen worauf es an-
            kommt[,] müssen wir das abthun.
    II. Klug sein wie ein Kind.
        1. Kinder
            [a.] verstehen nicht die Mittel zu ihren Absichten zu
            finden
            [b.] haben nicht Kraft sie anzuwenden
            [c.] laßen demnach gern
                [α.] Andere für sich handeln
                [β.] und suchen sie durch Bitten und Schmeicheln
                dazu zu bewegen
        2. Kindisch ist es in der Religion
            [a.] wenn man das was man selbst thun soll Andern zu-
            schiebt
            [b.] wenn man von Gott Alles durch Bitten zu erlangen
            sucht
        3. Das müßen wir abthun

[Am Rand neben Z. 1:] Neues Gesangbuch No. 199.
[Am Rand neben Z. 18:] Der zweite und dritte Theil sind hier doch nicht wesentlich
genug unterschieden.

---

12 war] *korr. aus Unleserlichem*   **34** zweite] *folgt* ⟨Theil⟩

---

1 *Vermutlich am 13. Sonntag nach Trinitatis 1800 nachmittags in der Charitékirche
zu Berlin*   **33** *Gesangbuch zum gottesdienstlichen Gebrauch (bei Mylius), Lied
Nr. 199 „Herr Jesu, Gnadensonne! des wahren Lebens Licht!" (in bekannter Melodie)*

[a.] wir wißen daß es unsere eigene Kraft gilt
[b.] wir wißen daß der weise Gott sich nichts abgewin-
　　nen läßt.
III. Kindische Anschläge
　1. Die Kinder denken sich immer aus
　　　[a.] wie ihnen Alles auf eine wunderbare Weise kommen
　　　soll
　　　[b.] wie sie Dinge können werden wozu sie sich gar nicht
　　　geschikt gemacht haben
　　　[c.] wie sie durch bloße Reue Verzeihung erhalten wollen
　2. Kindische Anschläge in der Religion sind also
　　　[a.] der Genuß ihrer Freuden ohne die Gesinnung aus
　　　welcher sie entspringen
　　　[b.] die Heiligung ohne Ernst und Fleiß oder in den lezten
　　　Zeiten des Lebens
　　　[c.] die göttliche Verzeihung ohne Beßerung.
　3. Wir sollen hierin Männer sein denn wir haben alle Ein-
　　sichten die uns hierin richtig leiten können, und alle
　　Kräfte durch die wir uns von Kindern unterscheiden
Schluß. Laßt uns nicht die Weisheit für irreligiös halten die ernste
Forderungen macht, und Muth und Zuversicht einflößt. Sie ist die
wahre männliche Religion und Christus und seine Jünger waren
auch so.

65
　　　　　LXXVIII. Betstunde bei Weibern
　　　　　　　　Ps. 37, 3.[1]

Eingang. Wir sollen Rechtschaffenheit mit Gottseligkeit verbinden
und nur in dieser Verbindung unser Heil suchen. Dies ist der allge-

_____

[Am Rand neben Z. 24:] Neues Gesangbuch No.
[1] *[Randnote:]* nur die lezte Hälfte

_____

4 Kindische] *davor* ⟨Die⟩　　25 37, 3.] 37, 4.

_____

24 *Vermutlich am 14. September 1800, dem 14. Sonntag nach Trinitatis vormittags
Betstunde in einem Krankensaal der Berliner Charité*　　28 *Gesangbuch zum gottesdienstlichen Gebrauch (bei Mylius), Liednummer fehlt*

meine Rath den uns die heilige Schrift giebt. Wir wären aber übel
daran wenn sie es dabei bewenden ließe. Sie sagt uns auch wie wir
das anzufangen und wofür wir uns zu hüten haben.

Thema. Zwei Rathschläge zum gottgefalligen Leben in Rüksicht auf
5   die Berufsverhältniße.

    I.   Bleibe im Lande.

        1.   Bedeutung

            a. Nicht bloß das Herumschweifen von einem Ort zum
                andern denn der Ort macht moralisch nichts aus

10   b. Sondern von einem Verhältniß zum andern

        2.   Schädlichkeit

            a. für die Sittlichkeit

                α. Es gehört Zeit dazu seine Pflichten kennen zu ler-
                    nen[,] vorher fehlt man und wer also oft wechselt
15   fehlt immer

                β. Nur durch die Dauer richtet man etwas aus. Wer
                    bald im Anfange weggeht läßt alles wieder zer-
                    stören

            b. für die Gottseligkeit

20   α. Man bekommt keine rechte Anschauung von der
                    Ordnung in der Welt

                β. Man verliert das r e c h t e Vertrauen ohne welches
                    keine wahre Frömmigkeit möglich ist

            c. für die Zufriedenheit

25   α. Leichtsinn und Unstätigkeit giebt nur ein negati-
                    ves Glük

                β. Ordentliche Einrichtung ist die einzige wahre Si-
                    cherheit und Erleichterung in den Unfällen

                γ. Achtung und Liebe der Menschen das einzige un-
30   entbehrliche Gut

    II. Nähre Dich redlich

        1.   Bedeutung

            a. Habe ein ordentliches und bestimmtes Geschäft. Man
                nährt sich unredlich wenn man nicht etwas recht ver-
35   steht

            b. Erlaube Dir keine kleinen Betrügereien

            c. Suche nicht Deinen Gewinn aus etwas das Deiner
                Seele schädlich werden kann

         2.   Schädlichkeit

40   a. für die Sittlichkeit

                α. Man kann nicht wißen wo man aufhören wird

                β. Man gewöhnt sich auf die Größe des Gegenstan-
                  des zu sehen und verunreinigt sie dadurch.

b. für die Gottseligkeit

c. Für die Zufriedenheit

66   LXXIX. Sonnt. 21. September Betstunde bei Weibern
Ps. 37, 8.

Eingang. Die Schrift läßt sich mit wenigen andern einzelnen Leiden-   5
schaften so ein als mit dem Zorn, weil wenige mit so vielem Schein
entschuldigt werden können. Der Text faßt nun den Punkt aus dem
uns die Sache in einem ganz andern Lichte erscheint.
Thema. Die Bösartigkeit des Zorns.
    I. Er verleitet zum Bösen.   10
       1. er ist ungerecht
          a. indem er einem Menschen zuschreibt, was er nicht
             gethan hat
             [α.] aus eignem allzuschnellen Urtheil
             [β.] durch fremde Vorspiegelungen verleitet.   15
          b. indem er die Schuld und die Strafe übertreibt
       2. er versündigt sich an der Menschheit
          a. indem er die Achtung gegen den Beleidiger aus den
             Augen sezt
          b. indem er die Mittel die man gegen ein vernünftiges   20
             Wesen brauchen soll verabsäumt[1]
       3. er giebt Ursach zur Feindschaft
          a. durch alles dieses
          b. durch bittere Reden in denen sich vergangene Dinge
             wieder darstellen   25

[Am Rand neben Z. 3:] Neues Gesangbuch No. 349.
[Am Rand neben Z. 5:] Stolpe Jul. 1803.
[1] *[Randnote:]* a. und b. sollen in umgekehrter Ordnung stehn.

---

3 September] *in der vorangehenden Zeile als Kolumnentitel*

---

3 *Am 15. Sonntag nach Trinitatis 1800 vormittags Betstunde in einem Krankensaal
der Berliner Charité* **26** *Gesangbuch zum gottesdienstlichen Gebrauch (bei Mylius),
Lied Nr. 349 „Allen, welche nicht vergeben, wirst du, Richter, nicht verzeihn;" (Melodie von „Herr, an dir hab ich gesündigt.")*

II. Darum sind gewiß alle Entschuldigungen ungültig
    1. Daß er bei vielen Menschen eine natürliche Gemüthsanlage ist
        a. Was so gegen die Vernunft angehen kann muß auch durch die Vernunft bezwungen werden können, und soll es.
        b. Der von Natur lebhafte und heftige kann freilich nicht eine natürliche Schläfrigkeit und Gleichgültigkeit erlangen aber wol eine durch freien Willen und Uebung gewirkte Besonnenheit
    2. Daß doch viel Gutes durch ihn gewirkt werde.
        a. Es kann nichts Gutes gewirkt werden durch einen Zustand von dem der Uebergang ins Böse gar nicht mehr verhütet werden kann.
        b. Niemand ist ungeschikter die Bösen im Zaum zu halten als gutartige zornige Menschen – denn sie vergeben sich hernach immer etwas aus Gefühl des begangenen Unrechts.
    3. Daß er aus dem pflichtmäßigen Unwillen gegen das Böse entspringe
        a. Dann müßte er auf Böses das uns nicht betrift eben so gerichtet sein
        b. Dürfte sich auch nicht legen sobald man merkt daß der besorgte Nachtheil nicht Statt gefunden habe oder sobald die Empfindung davon vorüber ist.
        c. Dann müßte er aus einer kaltblütigen Untersuchung entspringen, wodurch doch jede Leidenschaft unmöglich wird
        d. Dann würde er niemals selbst Böses thun.

Schluß. Wenn wir uns selbst prüfen, werden wir die schlechten Quellen desselben unfehlbar entdeken. Laßt uns also kämpfen gegen ein so großes Uebel auf daß wir uns nicht bittere Reue bereiten

—————— |

67   LXXX. Sonnt. 21. September NM. Predigt im Invalidenhause
1. Cor. 15, 56.

Eingang. Die Sünde macht allen Menschen bittere Stunden genug,
Theils durch ihre natürlichen Folgen theils durch die im ganz äußern
bleibenden Vorwürfe. Wenn aber auch der Mensch beides lange genug   5
von sich abgefallen weiß, gewiß verbittert sie ihm die lezte Stunde die
er mit Besonnenheit auf Erden zubringt. Laßt uns auch diesen ernsten
Augenblick einmal erwägen.
Thema. Die Sünde ist des Todes Stachel
   I.   Wenn wir auf das sehen, dem wir entgegen gehn.   10
      1.   Nicht stattfindende Voraussezungen sind
         a.   Daß es nichts giebt dem wir entgegen gehn
            obgleich auch hier sich leicht zeigen läßt daß nur die
            Sünde der Stachel des Todes ist.
         b.   Daß wir nur Belohnung oder Strafe entgegen gehn   15
      2.   Wir denken beßer
         a.   An eine fortgehende Erziehung Gottes zum Guten
            α.   Der Sünder fühlt daß ihm immer noch der erste
               Anfang bevorsteht der immer das bitterste und
               schwerste ist, daß er sich noch ganz umkehren   20
               muß und dies drükt wie Vernichtung.
            β.   Der Gerechte freut sich Fortschritte zu machen,
               die er hier nicht machen könnte.
         b.   An eine engere Gemeinschaft mit den Guten
            α.   Der Sünder braucht grade dieselbe Vermischung   25
               die es hier gab, und die Aussicht auf eine engere
               Vereinigung der Guten muß ihm peinigend sein
            β.   Wie freut sich deßen der Gerechte
Anm. Nur als Folge von beidem glauben wir an ein
wachsendes Wolergehn. Gesezt aber der Sünder wollte   30
sich das alles anders denken, auch so ist ihm die Sünde
Stachel, weil ihm dasselbe begegnet

[Am Rand neben Z. 1:] Altes Gesangbuch No. 889.
[Am Rand neben Z. 3:] Stolpe 1803.

1 September] *in der vorangehenden Zeile als Kolumnentitel*

1 *Am 15. Sonntag nach Trinitatis 1800 nachmittags in der Invalidenhauskirche zu
Berlin*   33 *Geistliche und Liebliche Lieder, ed. Porst, Lied Nr. 889 „Wie flieht dahin
der Menschen Zeit! Wie eilet man zur Ewigkeit!" (Melodie von „Ich hab mein' Sach
GOtt heimgestellt.")*

II. Wenn wir an das denken, was wir zurüklaßen
    1. Die irdischen Dinge
        a. hier ist die Sünde Stachel
            α. weil sie für den Sünder das einzige waren worin
                er lebte
            β. weil er doch auch sie zu seinen Zweken oft nicht
                genug und nicht recht gebraucht hat.
        b. Dem Gerechten machen sie keinen Schmerz
            α. Werkzeuge zur Thätigkeit muß er auf jeden Fall
                wieder finden
            β. Mittel zur Beßerung sind ihm alle irdischen Ver-
                hältniße gewesen
        Anm. Diese Beziehung auf den Beruf fehlt dem Sünder
        ganz und eine solche Nullität ist auch ein Stachel. Daher
    2. Die Freunde
        a. dem Sünder zwar keinen Stachel machen. Aber
        b. für den Gerechten ist dies auch kein Stachel
            α. Von Seiten der Sorgen macht eigne Genügsam-
                keit ihn auch zuversichtlich[1]
            β. Von Seiten der Einwirkung weiß er wol daß diese
                nur etwas Geringes ist |
III. Wenn wir auf das sehen was wir sind   68
    1. Nichts andres ist Stachel
        a. Nicht die irdische Unwissenheit und Unbildung
        b. Nicht die auf einen engen Wirkungskreis be-
            schränkte Tugend.
    2. Aber die Sünde
        a. Troz aller rühmlichen Eigenschaften
            Wir streifen eins nach dem andern ab und erkennen
            es als fremdes Gut
        b. Troz aller glänzenden Thaten
            Denn es erscheint uns nun der innere Grund.
Schluß. Was hindert daß nicht jede Stunde für uns Stunde des Todes
werde? Nicht so daß er jede Stunde kommen kann. Sondern so daß
wir jede Stunde an ihn denken müßen da wir auf tausend Arten an
ihn gemahnt werden, und das Leben ein continuum ist und man nicht

---

[1] *[Randnote:]* Ich habe noch nie gesehen den Samen des Gerechten nach Brodt gehen

---

37 Ps 37,25

sagen kann wann die lezte angeht. Laßt uns also nicht das Leben verbittern.

LXXXI. Montag d. 22. Sept. Betstunde
Ps. 37, 3.[1]

Eingang. Die Schrift giebt uns überall für unser Wolergehn keinen   5
andern Rath als Frömmigkeit mit Rechtschaffenheit zu verbinden. –
Sie weiset uns auf nichts drittes hin, und es steht auch nichts weiter
in unserer Macht – Aber auch beides muß wirklich mit einander verbunden werden
Thema. Der allen Menschen heilsame Rath Gutes zu thun und auf   10
den Herrn zu hoffen
    I. Thue Gutes
        1. In der obigen Verbindung – nemlich
            a. nicht um des Vortheils willen – was Dein Wolergehn
               betrift hoffe lediglich auf den Herrn   15
            b. Nicht um der Ehre willen – Soviel Gutes kann nicht
               jeder Mensch thun; aber sich auf den Herrn, der es
               siehet
            c. Sondern um des Gewissens willen – Glaube fest daß
               das des Herrn Stimme ist   20
        2. So wird Dir wolsein[2]
    II. Hoffe auf den Herrn
        1. Nicht daß er Dir wunder welche Glükseligkeit wird zu-
           kommen lassen
           Das ist eine Hofnung welche zu Schanden werden läßt.   25
        2. Nicht daß er Dir das Elend des Lebens vergelten wird
           Das sezt ein unglükliches Gefühl von diesem Elende vor-
           aus welches wir gar nicht haben sollen

[Am Rand neben Z. 3:] Neues Gesangbuch No. 209.
[1] *[Randnote:]* erste Hälfte   30
[2] *[Randnote:]* Muß bei a. b. c. gleich eingeschaltet werden

---

4 37, 3.] 37, 4.   7 hin] an   17 Herrn] *zu ergänzen wohl* verlassen

---

3 *Betstunde in einem Krankensaal der Berliner Charité*   29 *Gesangbuch zum gottes-*
dienstlichen Gebrauch (bei Mylius), Lied Nr. 209 „Mache dich mein Geist bereit! wa-
che, fleh und bete!" (in bekannter Melodie)

3. Sondern: Daß er Dir Dein Gutes wird gedeihen lassen
    Dies giebt eine frohe Ansicht des Lebens
4. Daß er Dein gnädiger Gott ist
    Darüber komen jedem Zweifel der nicht Gutes thut.
5 Schluß. So sucht eure Ruhe

[————————]||

LXXXII. Sonnt. d. 5. Octob. Erndtefest VM. Predigt   69
        in der Werderschen Kirche
        Ps. 104, 14.

Eingang. Diese Vereinigung zur Dankbarkeit nach eingesammelten
10 Früchten ist ein rührender Gedanke; es könnte das schönste Fest sein.
Aber Viele werden Klage anstimmen, und Andere sich nur mit der
Freude des Eigennuzes und der Habsucht freuen. Laßt uns auf das
Größere und Allgemeinere sehen
Thema. Nachdenken über die Dankbarkeit, die wir Gott schuldig
15 sind für den Segen des Akerbaues
    (Deduktion. Die Israeliten wurden später akerbauende Völker
    und waren es damals noch nicht lange (S. v. 21–23.). Doch zählen
    sie es schon unter die größten Wolthaten. Bei uns hat sich seitdem
    das Menschengeschlecht schon 60–70 mal erneuert.)
20 I. Gründe dazu
    Anm. Ich will nicht erwähnen, daß alle Bequemlichkeiten des
    Lebens daß hinreichende Lebensmittel, stete Wohnungen und
    weiter herab jede Gemächlichkeit Folge davon ist: sondern
    1. Er hat den Menschen zum Herrn der Erde gemacht
25   a. er erfüllt sie reichlicher – Alles ist verwandelt zu ei-
            nem Wohnplaz für den Menschen; sonst könnte er
            nur in den glüklichsten Gegenden leben

[*Am Rand neben Z. 6:*] Neues Gesangbuch 168.

---

8 Ps. 104, 14.] *am Rand*   16 Deduktion.] Dedukt.

---

6 *Am 17. Sonntag nach Trinitatis 1800 vormittags in der Friedrichswerderkirche zu
Berlin*   17 *Siehe Ps 104,21–23*   28 *Gesangbuch zum gottesdienstlichen Gebrauch
(bei Mylius), Lied Nr. 168 „Aus deiner milden Segenshand, du Geber aller Gaben, muß
jedes Volk und jedes Land des Guten Zufluß haben." (Melodie von „Sey Lob und Ehr
dem höchsten Gut.")*

b. er beherrscht ihre Kräfte – Er ist die Anleitung zu
jeder Naturkenntniß, und ohne ihn sind keine Fortschritte darin möglich – Sonst war er den Thieren
gleich mit denen er Mann gegen Mann stritt

2. Er hat dem Menschen zur Ausbildung seiner Kräfte verholfen

   a. Durch die Trennung der Beschäftigungen. (Vorher
treibt Jeder alles nur als Nebensache gegen die Her-
beischaffung der Nahrung.)

      α. Ausbildung aller mechanischen Geschiklich-
keiten

      β. Entstehung einer unterrichteten Klaße – und
daher

      γ. Erziehung, Belehrung und gemeinschaftliche
Gottesverehrung.

   b. Durch die große Völkergemeinschaft. (Der welcher
Lebensmittel im Ueberfluß hat sucht die Andern auf.)

      α. Kenntniß fremder Weisheit

      β. Lehrreiche Kenntniß fremder Irrthümer

3. Er hat dem Menschen zur Erreichung seiner höhern Bestimmung verholfen.

   a. Durch ihn entstehn Staaten und Geseze.

   b. Durch ihn milde Sitten und gesellige Freuden

   c. Durch ihn Wolthätigkeit jeder Art[1]

II. Art sie zu beweisen

1. Durch ein richtiges Verhalten gegen die welche sich unmittelbar damit beschäftigen – Zwietracht dieser Art ist
die Quelle aller Unseligkeit.

   a. ehret sie

      α. ihr Geschäft ist ehrwürdig

      β. ihr Charakter ist ehrwürdig

   b. dienet ihnen

      α. laßt sie eure Erkenntniße ehren

      β. theilet sie ihnen mit |

2. Durch weisen Genuß der Gaben – ich will nur auf die
Sparsamkeit (nicht die für sich selbst, sondern die) für die
Gesellschaft aufmerksam machen.

   a. Nichts komme um und werde verschwendet, was
nicht zu den ursprünglichen oder noch wichtigern
Endzweken verwendet werde.

---

[1] *[Randnote:]* Gegensaz bei diesen drei Punkten

    b. Suchet immer mehr dasselbige mit einem geringern
       Material auszurichten als vorher
    c. Verstokt euch nicht gegen Vorschläge zu Verbeßerun-
       gen die darauf abzweken. – Es wird nöthig sein pp.
  3. Durch Uebung der Tugenden zu denen wir aufgefordert
    werden.
    a. Rechtlichkeit und Ordnung.[1]
    b. Menschenliebe und Wolthätigkeit.[2]
Schluß. Laßt uns wenn wir so unseres Bürgerbundes gedenken auch
unseres Christenbundes nicht vergeßen

LXXXIII. Sonnt. 5. Oct. NM. Predigt in der Charité
Röm. 12, 11.

Eingang. Der Tag wird nicht, wie er sollte, ein Tag allgemeiner
Freude sein. Man hört überall Klagen. Laßt uns diese recht ins Auge
faßen um unser Herz der Freude aufzuschließen
Thema. Die Kunst sich in die Zeit zu schiken
   I. Man muß die Umstände von allen Seiten betrachten
     1. Vergleichungsweise
      a. Länder des Krieges
      b. Länder der Krankheit
      c. Länder der innern Zwietracht.

---

[1] *[Randnote:]* Bleibet im Lande und nähret euch redlich.
[2] *[Randnote:]* Ein jeder suche was des Andern ist, und: theilet dem dürftigen euer
Brodt.
[Am Rand neben Z. 11:] Neues Gesangbuch No. 169.
[Am Rand neben Z. 13:] Wiederholt Stolpe am Erndtefest 1803.
[Am Rand neben Z. 16:] Röm 12, 11. Die lezten Worte

---

3 Vorschläge] *korr. aus Unleserlichem*   9 unseres] *davor* ⟨als⟩

---

11 *Am 17. Sonntag nach Trinitatis 1800 (Erntefest) nachmittags in der Charitékirche
zu Berlin* 22 *Vgl. Ps 37,3* 23 *Vgl. Phil 2,4* 23–24 *Vgl. Jes 58,7* 25 *Gesangbuch zum gottesdienstlichen Gebrauch (bei Mylius), Lied Nr. 169 „Gott sorgt für uns!
O, singt ihm Dank, ihr Christen singt ihm gern!" (Melodie von „Ich singe dir mit Herz
und Mund.")*

    2. An und für sich
       a. Der Fleißige hat noch immer die Nothdurft
       b. Die Ursachen der Klagen sind noch vorübergehend
       c. Diese Ursachen sind für uns eine Quelle ⌊wichtiger
          Belehrungen⌋ gewesen
       d. Die Klagen selbst sollen für uns eine Quelle neuer
          Vortheile werden, da die Noth die Mutter aller Erfin-
          dungen ist, sie werden es auch wenn wir
II. Das unsrige thun um sie uns zu erleichtern.
    1. Ordnung und Sparsamkeit in der Verwaltung
       a. Wir haben hierin schon viel gewonnen gegen die Vor-
          zeit
       b. Laßt uns aber auch glauben daß wir noch viel zu ler-
          nen haben
       c. Es kommt nicht darauf an daß man weniger Geld
          braucht sondern darauf daß man weniger Sachen
          braucht.[1]
    2. Beschränkung unserer Wünsche
       a. sie geht auch der Eitelkeit nicht so schwer an wenn
          mehrere sie zugleich thun
       b. Wir können dabei immer noch den Genuß vermehren
          wenn wir uns mehr in Liebe vereinigen
    3. Gehorsam gegen die Obrigkeit
       a. Sie kann am besten wißen wo die Einschränkung an-
          fangen muß
       b. Wir können uns auf ihre Weisheit und Gerechtigkeit
          verlaßen
Schluß. So werden wir erfahren Ps. 37, 19. 20 und so laßt uns
Gott danken

———————— |

---

[1] *[Randnote:]* c. sollte a. sein

---

8 ist,] *folgt* ⟨und Uebung.⟩

LXXXIV. Dienstag d. 7. October Betstunde bei Männern   71
Ps. 37, 5. 6.

Eingang. Es ist der allgemeine Trost Aller die sich Christen nennen
daß man seine Wege dem Herrn befielt. Großer Mißbrauch wird da-
5   mit getrieben und durch diesen großer Schaden angerichtet. Aus den
beigefügten Worten ist erst der rechte Sinn zu ersehen
Thema. Wie steht es um den Trost dem Herrn unsere Wege zu befehlen.
    I.   Nur der Gerechte kann ihn haben
10   1.   Nur er kümmert sich nicht um den Ausgang
          a.   Er kann gar nicht auf den Gedanken kommen um
            irgend eines Ausganges willen vom Wege der Gerech-
            tigkeit abzuweichen
          b.   Er muß es also darauf ankommen laßen, wohin ihn
15   dieser Weg führt
            Dagegen die Klugen sowol als die Leidenschaftlichen
            nichts der Führung überlaßen weil es ihnen auf eine
            bestimte Begebenheit ankommt
       2.   Er weiß aber auch, daß der Herr es wohl machen wird.[1]
20   [a.] Weil alles zu seiner Beßerung gereichen muß
         [b.] Weil Alles der Ordnung unterthan ist, die er auch zu
            seinem Willen gemacht hat
            Dagegen die Andern täglich sehen, daß gar Vieles nicht
            wohl gemacht wird nach ihrem Sinne
25   II.   Nur in Sachen der Gerechtigkeit ist er gültig.[2]
       1.   Das Wolergehen des Gerechten gehört nicht zur Sache
            der Gerechtigkeit
          a.   Oft wird sie durch ihren Druk am besten befördert
          b.   Auch sollen die Menschen nicht dadurch zum Guten
30   aufgemuntert werden daß sie es belohnt sehn

[Am Rand neben Z. 1:] Neues Gesangbuch No. 302.
[1] *[Randnote:]* Wenn der Saz angekündigt ist muß vor der Ausführung der Gegensaz
mit seiner Ausführung vorangehn.
[2] *[Randnote:]* Zur Sache der Gerechtigkeit gehört daß immer mehrere Menschen lernen
35 das Gute wählen, und daß die Wirksamkeit der Guten die Oberhand gewinne

---

1 October] *in der vorangehenden Zeile als Kolumnentitel*   **3** Aller] *korr. aus Unleser-*
lichem

---

1 *Betstunde in einem Krankensaal der Berliner Charité*   **31** *Gesangbuch zum gottes-*
dienstlichen Gebrauch (bei Mylius), Lied Nr. 302 „Befiehl dem Höchsten deine Wege,
und mache dich von Sorgen los!" (Melodie von „Wer nur den lieben Gott läßt walten.")

2. Aber wol seine Rechtfertigung
   a. Wenn der Gute fortdauernd verkannt oder übersehen
      wird, so geht die Wirkung aus der Anschauung des-
      selben verloren
   b. Wenn der Gute verkannt wird so gehn seine Kräfte   5
      für die Vereinigung verloren
3. Nicht das Gelingen seiner auch noch so gut gemeinten
   Handlungen
   a. Sie können als Begebenheiten nachtheilig sein
   b. Sie können zu einer Idee gehören, die noch nicht rea-   10
      lisirt werden kann.
4. Wol aber daß das was er gewollt hat irgend einmal geschehe
   a. Alles Gute muß einmal hervorgebracht werden
      können   15
   b.

Schluß. Darauf also wird auch euer Vertrauen eingeschränkt sein.
Alles übrige erwartet in kindlicher Ergebung.

72   LXXXV. Sonntag d. 12. Oct. VM. Predigt Invalidenhaus.
                     Prov. 21, 25.   20

Eingang. Wo kein guter Wille ist, da ist entweder sinnliche Begierde
oder Trägheit. Das Böse geschieht gewöhnlich unter der ersten Form.
Die Folgen sind sehr anschaulich, Warnungen dagegen fehlen nicht.
Die Trägheit wird leichter übersehen als bloßer Mangel, und dadurch
ist sie schädlicher (das Unterlaßen ist ärger als das Begehen, und die   25
Wirkung hört nie auf) unwürdiger (ich will lieber die falsch gerichtete
Kraft sehen als die Leerheit) und unbesieglicher.
Thema. Das Leben und Ende des Trägen

[Am Rand neben Z. 19:] Altes Gesangbuch No. 803.

19 *Am 18. Sonntag nach Trinitatis 1800 vormittags in der Invalidenhauskirche zu*
Berlin **29** *Geistliche und Liebliche Lieder, ed. Porst, Lied Nr. 803 „O GOtt, du*
frommer GOtt! du Brunnquell aller Gaben!" (Melodie von „Nun danket alle GOtt.");
vgl. Liednachweis zur Predigt vom 27. April 1800 vormittags (oben S. 648)

I. Wie steht es mit seinem irdischen Wolergehn.
  1. Leben
    a. er erlangt nichts
      α. Vergnügen
        א. will er durch Passivität
           Zerstreuung
           ⌊wizige⌋ Gesellschaften
        ב. findet nur
           Langeweile
           Ueberdruß
        Das Vergnügen ist eine Blume die nur auf Gärten
        und Feldern wächst
      β. Wolstand
        א. will er
           durch Müßiggang ⌊   ⌋ Schmeichelei
           durch Spiel pp.
        ב. hat großentheils auf Sand gebaut
           Ich ging vorüber an dem Aker pp.
      γ. Achtung
        א. will er
           nicht durch Handlungen
           sondern durch Fügen in ihre Meinungen,
           Anhänglichkeit an das Alte
        ב. Dies scheint leicht
           ist aber unendlich mühsam
    b. positiv
      α. er verdirbt
        [א.] Empfänglichkeit für Vergnügen – stumpft
           sich ab
        [ב.] Statt zu erwerben – verliert er auch die Ge-
           schiklichkeit zu erhalten
        [ג.] Statt der Achtung – trifft ihn Schande
      β. er wünscht
        immer vorwärts und thöricht, bis endlich beim
  2. Tode
    a. seine Wünsche rükwärts gehen müßen
    b. das ganze Leben ihm in Nichts zerfließt.

---

2 Leben] *davor* ⟨er will Verg⟩   17 großentheils] *korr. aus Unleserlichem*

II. Wie weit kommt er unserer höhern Bestimmung nach
   1. Leben
      a. negativ
         α. Verstandesbildung
            א. will er durch bloße Belehrung
            ב. erlangt also nur Mißverständniß
         β. Selbstherrschaft
            [א.] will er nur durch Aufsicht
            [ב.] fällt daher nur aus einer Gewohnheit und Fehler in eine andere. |
         γ. gute Handlungen
            [א.] will er alle durch Wolthätigkeit abmachen
            [ב.] Erwirbt sich daher weder Verdienste noch Dank.
      b. positiv[1] – er verdirbt
         [α.] der Mangel an Verstandesgebrauch ⌊endet⌋ in Stumpfsinn
         [β.] der Mangel an Wachsamkeit in gänzlicher Ohnmacht und Zerstreuung
         [γ.] der Mangel an Tugend in Gewissenlosigkeit.
   2. Tod
      [a.] über vergeblichen Wünschen
      [b.] über einsamen Wünschen.

73

Schluß.
1. So bestätigt sich die Schäzung der Trägheit
   a. Herabwürdigung
   b. Laster welche sie erzeugt
      α. Heuchelei
      β. Betrug des gemeinen Wesens
   c. Widerstand den sie dem Guten entgegensezt.
      α. nicht dem einzelnen guten Menschen
      β. aber der Gemeinschaft
2. Sie zeigt sich immer nur zertheilt. Wir leiden dann
   a.
   b.
   c.

---

[1] *[Randnote:]* α. er verdirbt
        β. er wünscht

LXXXVI. Sonnt. 12. Oct. NM. Predigt Charité
über Röm. 12, 8.

Eingang. Bei allem was wir thun kommt sehr viel auf die Art an wie
man es thut, die immer selbst wieder ein Gegenstand der Pflicht ist.
5 Thema. Barmherzigkeit muß man üben mit Lust.
    I.   In Rüksicht auf uns selbst.
        1. Weil es schändlich ist seine Berufspflicht nicht mit Lust
            zu verrichten
            a. Es giebt einzelne Fälle wo die Barmherzigkeit im eng-
10   sten Sinne Berufspflicht ist: dem Arzt, dem Kranken-
              wärter, dem Kinderwärter, dem Erzieher
            b. Auf dieselbe Art ist es im Grunde immer unsere Be-
              rufspflicht
              α. Wir haben übernommen in häusliche Verbindung
15   zu treten
              β. Wir haben übernommen in der bürgerlichen Ge-
                sellschaft zu leben.
        2. Weil es uns sonst an Achtung für die Menschheit fehlt.
            a. Indem wir Barmherzigkeit üben zeigen wir, daß es
20   gegen alle Unvollkommenheiten derselben Mittel in
              ihr selbst giebt. Dies sollte ein Gegenstand der Freude
              für uns sein
            b.
        3. Weil es uns sonst an Liebe zu Gott fehlt.
25   Durch Barmherzigkeit üben werden wir ihm ähnlich, das
            sollte also allerdings mit Lust geschehen |
  II. In Rüksicht auf die, an denen wir sie üben   74
        1. Wir nehmen sonst mit der andern Hand was wir mit der
            einen gegeben haben
30   2. Wir benehmen ihnen den Muth ihre Bedürfniße zu erken-
            nen zu geben
        3. Wir bringen ihnen Argwohn gegen die menschliche Na-
            tur bei.

[*Am Rand neben Z. 1:*] Neues Gesangbuch No. 351.

---

23 b.] *folgen zwei Leerzeilen*

---

1 *Am 18. Sonntag nach Trinitatis 1800 nachmittags in der Charitékirche zu Berlin*
34 *Gesangbuch zum gottesdienstlichen Gebrauch (bei Mylius), Lied Nr. 351 „Du aller*
Menschen Vater, du gütigster Berather in allem, was uns drückt!" (Melodie von „In
allen meinen Thaten.")

Schluß.
1. [Vorsaz] sei um so fester da wir jede Gelegenheit zur Freude [mit-
    nehmen] müßen, und es uns doppelt werth sein muß daß wir auch
    Barmherzigkeit üben können
2. Gebet.   5

LXXXVII. Sonnt. 19. Oct. Betstunde
Ps. 37, 16.

Eingang. Zufriedenheit mit dem Maaß von Gaben welches Gott uns
anweiset ist etwas sehr wesentliches. Zum Glük kommt es dabei nicht
auf die Größe dieses Maaßes an, sondern auf die Gesinnung des Emp-   10
fängers.
Thema. Die Rechtschaffenheit giebt den äußern Gütern erst ihren
Werth.
    I. Für den Menschen selbst.
        1. Viel und wenig sind überhaupt relative Begriffe, bei de-   15
            nen es auf den Zwek ankommt den man hat.
            a. Wenig ist alles für den Gottlosen
                [α.] Der Gottlose ist zum mindesten der, welcher nur
                    auf sinnlichen Genuß denkt.
                [β.] Dem wird sehr bald wenig was er Anfangs für   20
                    viel gehalten hat.
                    [1] Sein Begriff von Glükseligkeit dehnt sich im-
                        mer aus.
                    [2] Er verändert sich immer, so daß Vieles ganz
                        aufhört ein Theil davon zu sein.   25

[*Am Rand neben Z. 6:*] No. 342.

---

2 [Vorsaz]] *Kj* Unser Vorsaz

---

6 *Am 19. Sonntag nach Trinitatis 1800 vormittags Betstunde in einem Krankensaal*
der Berliner Charité   26 *Gesangbuch zum gottesdienstlichen Gebrauch (bei Mylius),*
Lied Nr. 342 „Gott, du bleibst ewig unsrer Wohlfahrt Meister." (Melodie von „Herz-
liebster Jesu, was hast du."); vgl. Liednachweis zur Predigt vom 7. September 1800
vormittags Betstunde (oben S. 703)

b. Viel ist Alles für den Gerechten

[α.] Er will eigentlich Pflichterfüllung und die Mittel dazu

[β.] Daraus bringt ihn alles wenige nicht heraus.

[γ.] Wenig wird ihm sogar viel

[1] Weil er immer mehr lernt auch das negative als Mittel betrachten

[2] Weil er sich mit seinen Pflichten immer mehr ins intensive zieht.

2. Viel und wenig sind relative Begriffe in so fern es dabei auf die Geschiklichkeit ankommt.

a. Der Gottlose nimmt an Geschiklichkeit eher ab als zu.

b. Der Gerechte hat ganze Manieren der Anwendung die dem Gottlosen gänzlich fehlen.

II. Für die menschliche Gesellschaft.

1. Die Gottlosen

a. machen nur zufällig einen guten Gebrauch

b. machen sehr oft einen schändlichen Gebrauch

c. was sie auf ihre Erhaltung verwenden ist für die Gesellschaft verloren

2. Der Gerechte

a. wendet soviel als möglich zum gemeinen Besten

b. auch was er für sich verwendet ist gut angelegt.

Schluß. Dies tröste uns, die wir so Viele über uns sehn.

LXXXVIII. Sonnt. 19. Octob. NM. Predigt Charité   75
über Röm. 12, 10.

Eingang. Viel Unrechtes geschieht nicht aus bösem Willen sondern aus Mißverstand. Besonders aus der Verwechselung des Wesent-

30 *[Am Rand neben Z. 26:]* Neues Gesangbuch No. 352.

---

9 intensive] *über* ⟨negative⟩   **19** schändlichen] *davor* ⟨offenbar⟩   **20** Erhaltung]
davor ⟨eigene⟩

---

26 *Am 19. Sonntag nach Trinitatis 1800 nachmittags in der Charitékirche zu Berlin*
31 *Gesangbuch zum gottesdienstlichen Gebrauch (bei Mylius), Lied Nr. 352 „Du liebst, o Gott, Gerechtigkeit, und hassest den, der sie entweiht, am Nächsten Unrecht übet." (Melodie von „Herr, meiner Seele großen Werth.")*

lichen[1] mit dem Zufälligen. In der Religion und im Leben hält man
viel zufälliges für wesentlich. Aber auch besonders im Leben viel wesentliches für zufällig.
Thema. Wir sollen einander mit Ehrerbietung zuvorkommen
  I. Was heißt es   5
    1. Werthschäzung ist doppelt.
      a. die moralischen
      b. die nach außen Guten.
      Leztere ist nicht gemeint; theils weil es damals noch keine
      vornehmen Christen gab theils weil wir immer gewarnt   10
      werden unsere Achtung nicht nach diesem Maaß zu ver-
      schenken.
    2. Was heißt zuvorkommen
      a. sie geben ehe sie in Beziehung auf uns eigentlich ver-
      dient ist   15
      b. überhaupt jedes gesellige Verkehr damit anfangen
  II. Bewegungsgründe dazu
    1. Bei bekannt Rechtschaffnen versteht es sich von selbst
    2. Bei unbekannten
      a. Gewöhnliche Fehler   20
      [α.] Wir folgen oft nachtheiligen Gerüchten
      [β.] oft einem nachtheiligen Ausdruk den der Mensch
      für uns an sich hat.
      b. Gründe zum beßern
      [α.] Wenn er sich hintennach beßer zeigt müßen wir   25
      uns Vorwürfe machen
      [β.] Der Schmerz zuviel gethan zu haben kann nie so
      empfindlich sein
    3. Bei solchen von denen wir Böses zu denken Grund
    haben[2]   30
      a. Wir müßen die Ehrerbietung seines Berufs nicht aus
      den Augen sezen. So lange er in diesem gelaßen wird
      hat er die Präsumtion für sich daß er ihn treulich er-
      füllt.
      b. wir müßen die Ehrerbietung der Natur nicht aus den   35
      Augen sezen

---

[1] *[Randnote:]* Wesentlich ist was seiner Natur nach das Zeichen einer Gesinnung sein
kann
[2] *[Randnote:]* Der Apostel macht hier zum Theil um deswillen keine Ausnahme weil
es unter den Christen damals dergleichen   40

---

6 Werthschäzung] Wehrtschäzung   16 jedes ... Verkehr] *vgl. Adelung: Wörterbuch
4,1453*   39 Apostel] Ap.

c. Wir müßen keinen für so verhärtet halten daß er
   nicht das nächste Mal beßer handeln könne als er
   vorher gehandelt hat.
   [α.] Durch Liebe und Sanftmuth öfnen wir uns den
        Weg so auf ihn zu wirken
   [β.] Durch Härte verhärten wir nur.

Schluß. Der Charakter eines Christen ist durchaus überall mit Liebe
anzuheben. Es bleibt uns unbenommen unsern Unwillen gegen das
Böse zu bezeigen. In Christi Strafreden selbst ist noch Liebe und Achtung. Ihm laßt uns ähnlich werden.

———————— |

LXXXIX. Dienst. d. 21. Oct. Betstunde bei Weibern   76
            Ps. 37, 30.

Eingang. Der Gedanke an die Vergänglichkeit des Lebens (s. Gesang) soll uns bewegen nicht nur das offenbar schlechte zu meiden,
sondern auch dahin zu sehn daß wir immer das Beste thun was grade
in diesem Augenblik gethan werden kann. Hiergegen wird häufiger
gefehlt besonders auch im Sprechen. Wichtigkeit desselben für uns
und andere
Thema. Die Weisheit des Gerechten im Reden
   I. Wo von Beurtheilung der Menschen die Rede ist
       seine Lippen lehren das Recht.
       1. er ist fern von Verläumdung
          a. nicht nur von boshafter – diese gehört zum ärgsten
             Unrecht
          b. sondern auch von scherzhafter – der Scherz muß
             sich ein anderes Feld suchen z.B. die kleinen Aeußer-
             lichkeiten

[Am Rand neben Z. 11:] Neues Gesangbuch No. 375.
[Am Rand neben Z. 19:] Uebergang vom Text zum Thema: Man wird einwenden nicht
jedermann könne Weisheit reden, und es sei nicht immer Zeit das Recht zu lehren

---

11 *Betstunde in einem Krankensaal der Berliner Charité*   **13–14** *Siehe die Gesang-
buchangabe in der Fußnote*   **28** *Gesangbuch zum gottesdienstlichen Gebrauch (bei
Mylius), Lied Nr. 375 „Ohne Rast und unverweilt, Strömen gleich, o Seele, eilt deine
kurze Pilgrimzeit in das Meer der Ewigkeit." (Melodie von „Gott sey Dank in aller
Welt.")*

2. er ist fern von leichtsinnigen Absprachen
    a. wo die Person nicht hinlänglich bekannt ist
    b. wo der Gegenstand nicht hinlänglich bekannt ist.
3. wo er hinlänglich unterrichtet ist
    a. redet er nach dem strengsten Recht
        Die Gottlosen recht sprechen ist eben so mißfällig als
        die Gerechten verläumden.
    b. redet er lehrreich

II. Wo von seinen Geschäften und Pflichten die Rede ist
Anm. Gleichviel ob von den allgemeinen oder von den besondern sein Mund redet Weisheit
1. theilt er sich gern mit.
    [a.] Viel Gutes kommt durch die Frucht des Mundes
    [b.] Es ist ein wichtiges Theil des moralischen Berufs
2. redet er mit der genausten Sachkenntniß.
    a. Der Gerechte muß sie haben von allen Theilen sei-
        nes Berufs
    b. er muß auch verstehn sie mitzutheilen, weil er auch
        dies immer als Beruf angesehen und geübt hat.
    c. er muß auch wissen was einem Jeden heilsam ist.[1]

III. Wo es auf leichte Erhebung des Gemüths ankommt
1. er sucht mehr was des Andern ist
2. er schweift nie in das Gebiet der Thorheit
3. er bleibt immer bereit und fähig zur Weisheit und zum
    Ernst überzugehn.

Schluß. Wir haben alle diese Weisheit nöthig zu welchem Gesell-
schaftskreise wir auch gehören. Die Zeit der Abgeschiedenheit ist sehr
bequem um über das gesellige Verhalten nachzudenken.

——————— |

---

[1] *[Randnote:]* und wieviel sich ziemt unter allen Umständen. Dies ist Uebergang zu III.

---

3 hinlänglich bekannt] hinl. b.

XC. Sonnt. 26. October VM. Predigt Dreifaltigk.Kirche   77
Matth. 6, 34.

Eingang. Die Weisheit der Religion vermeidet die Widersprüche der
weltlichen Klugheit und ist den meisten zu einfach. Daher wird sie
5 mißbraucht von Thoren, verworfen von Weisen, falsch vertheidigt
von eingebildeten Frommen. Dies gilt besonders von der Lehre über
die Sorge für die Zukunft. Aus der gewöhnlichen Vertheidigung derselben leuchtet ebenfalls irdischer Sinn hervor. Man muß sie in der
ganzen Einfalt wie sie ist annehmen
10 Thema. Die schriftmäßige Einschränkung unserer Sorge für die Zukunft.
Einfache Auslegung des Textes
   I.   In Beziehung auf die zufälligen Begebenheiten
       1.   Die Sorghaftigkeit
15   a.   Beschreibung
             α.   Veranlaßung
                [1] Gewöhnliche menschliche Wechsel
                [2] Besonders verwirrte Zeiten
             β.   Verfahren
20   [1] Man sucht allerlei Befestigungsmittel
                [2] Man ist bei jeder Handlung über die unver-
                    schuldeten Folgen bedenklich
          b.   Beurtheilung
             α.   Nuzen
25   Es giebt in beiden Arten von Mitteln nichts gewi-
                ßes – und gesezt auch
             β.   Zustand
                [1] Die Gegenwart geht über der Verwirrung
                    und Anstrengung des Gemüths verloren
30   [2] Die Zukunft um derentwillen man alles ver-
                    absäumt hat wird dann wenn sie Gegenwart
                    ist eben so behandelt.

[Am Rand neben Z. 1:] Altes Gesangbuch No. 365.

---

1 VM.] *korr. aus* Dre

---

1 *Am 20. Sonntag nach Trinitatis 1800 vormittags in der Dreifaltigkeitskirche zu Berlin; vgl. Predigten. Erste Sammlung, Nr. 9 (KGA III/1)* 33 *Geistliche und Liebliche
Lieder, ed. Porst, Lied Nr. 365 „Warum willst du doch für morgen, armes Herz! immer-
wärts, als ein Heide sorgen?" (Melodie von „Warum sollt ich etc.")*

γ. Schluß
Nicht nur der höchste Grad ist auf diese Art verwerflich, jeder geringere ist eben so wenig heilsam oder erlaubt.

2. Die Sorglosigkeit.
  a. Christi Beispiel
    α. Er benuzte keine Gelegenheit zur Vorbereitung
      auf die Zukunft[1]
    β. Er überlegte bei keiner Handlung was dabei her-
      auskomen könnte
      [1] Als er die Worte aussprach die man zum
        Zeugniß gegen ihn brauchte
      [2] Als er den Judas Ischarioth aufnahm.
  b. Wesen der Denkungsart – Sie hat keinen Raum für
    die Sorge
    α. Die Frage, was zu thun ist, wird lediglich durch
      die Pflicht entschieden
    β. Die Frage, wie – durch die Einheit des Charak-
      ters
    γ. Der Endzwek ist die Erhaltung des Innern, nicht
      des Aeußern
  c. Folgen derselben
    α. Für den Endzwek giebt es nichts beßeres als an
      jedem Tage das seinige zu thun
    β. Für den Genuß der Gegenwart bleibt das Ge-
      müth frei
    γ. Für die Zukunft ist am besten gesorgt wenn man
      die Sachen gelassen herankommen sieht.

3. Vergleichung – Wer von beiden ist Spiel des Zufalls?

II. In Beziehung auf die bestimmten Bedürfniße
  1. Die Sorghaftigkeit
    a. Scheinbare Nothwendigkeit derselben – wegen
      [α.] Der nicht täglichen Bedürfniße
      [β.] Des auf einmal zufließenden Besizes für lange
        Zeit |
      [γ.] Des Aufwandes, deßen Unverhältnißmäßigkeit
      [δ.] Der Vergnügungen deren Schädlichkeit nur ein-
        gesehen werden kann wenn man eine beträchtli-
        che Zeitlänge vor Augen nimmt

78

---

[1] *[Randnote:]* Z.B. Wenn er mit Mächtigen im Volk zu thun hatte.

    b. Mögliches Verfahren
       α. Unrechtmäßige Mittel
         [1] Geiz
         [2] Betrug
       β. Rechtmäßige
         [1] Nicht mehr nehmen als einem Tage zukommt
         [2] Mäßig sein in seinen Vergnügungen
         [3] Ordentlich in seinen Angelegenheiten
         [4] Fleißig und Arbeitsam
  2. Die Sorglosigkeit
    a. thut das Nöthige dennoch – weil sie alles dieses thut ohne an die Zukunft zu denken
      Gründe warum
    b. Sie ist in diesem Verfahren viel beständiger. Sie folgt festen Grundsäzen
      Der sorgsame läßt sich durch die Begierde täuschen über das zuviel oder durch die Sorge
    c. Sie befindet sich dabei weit beßer
      Weil dieses Handeln selbst die innere Zufriedenheit hervorbringt
III. In Beziehung auf die veränderten Pflichten
  1. Vorbereitung auf die spätere Zeit des Lebens
    a. Die Sorgsamkeit
       α. Beschreibung – sie bringt bei
         [1] Anfangsgründe des Wissens
         [2] Religion
         [3] nüzliche Kenntniße – um der Zukunft willen
       β. Beurtheilung
         (1) Es ist gegen die Achtung die wir dem Leben schuldig sind
         (2) Es ist unter der Würde der Erkenntniße und der Religion
         (3) Es ist Schaden
           [א.] für den Erzieher
           [ב.] für den Erzogenen
           [ג.] für die Gesellschaft.
    b. Entgegengesezter Rath.
  2. Vorbereitung auf besonders schwere Pflichten
    a. Die Uebungsmittel kommen von selbst vor in der Reihe unserer Pflichten
    b. Die Tugenden sind nicht so ganz von einander unterschieden daß man jede besonders üben müßte.

c. Dem Christen der Sich und Andere genau beobachtet
kann nichts ferner sein weder eine Versuchung noch
ein Hülfsmittel.
Schluß. Preis der Weisheit die in dieser Lehre liegt.

———————— |

79   XCI. Sonnt. d. 2. November VM. Betstunde   5
                              Ps. 37, 25.

Eingang. Vertrauen auf Gott ist eine nothwendige und sehr herrliche Frucht der Religion. Je unbedingter es ist, desto vortreflicher ist
es und desto beßer befinden wir uns dabei. Der Mensch aber kann
sich nicht ganz von den Forderungen der Sinnlichkeit losmachen. Da-   10
her denkt sich jeder Mensch gewiße gute Folgen der Religion und
Rechtschaffenheit auch fürs Ergehen. Man muß sie nur nicht falsch
und nicht zu groß denken
Thema. Zwei Tröstungen, die dem Frommen nicht fehlen
    I.   Der Gerechte ist nicht verlaßen   15
        1.   Wie niedrig er auch in der Gesellschaft stehe, er hat im-
             mer Freunde.
             a.   Die welche es sind, sind es um der Gesinnung willen
             b.   Für diese kann kein Schiksal ein Bewegungsgrund
                  sein ihn zu verlaßen. Denn sie behalten immer das   20
                  Anschauen seiner Gesinnung und das Lernen von
                  ihm
        2.   Der Gottlose wird, wenn ihn Unglük trift, gewöhnlich
             verlaßen
             a.   Von denen die ihn aus Eigennuz liebten   25
             b.   Von denen die ihn als Genoßen ihrer Freuden liebten
        3.   Es ist ein großer Trost
             a.   Wieviel können Freunde helfen

[*Am Rand neben Z. 5:*] Neues Gesangbuch No. 308.

---

5 November] *in der vorangehenden Zeile als Kolumnentitel*   16 1.] *folgt* ⟨a.⟩
18 a.] b.   19 b.] c.   23 trift,] trift

*5 Am 21. Sonntag nach Trinitatis 1800 vormittags Betstunde in einem Krankensaal
der Berliner Charité   29 Gesangbuch zum gottesdienstlichen Gebrauch (bei Mylius),
Lied Nr. 308 „In allen meinen Thaten laß ich dich, Höchster, rathen, der alles kann
und hat." (in bekannter Melodie)*

       b. Und wie gut ist es auch im Unglük einen Wirkungs-
          kreis zu behalten.
  II. Sein Samen geht nicht nach Brodt.
    1. Gefahr des Ungerechtcn.
       a. Er nährt in den Seinigen Begierden
       b. Die erwerbenden Tugenden werden verabsäumt
       c. Die Hofnung des Besizes macht sorglos
    2. Hülfe des Gerechten
       a. Gewöhnung an Mäßigkeit
       b. Gewöhnung an Fleiß
       c. Mittheilung der Gesinnungen welche Vertrauen und
          Liebe einflößen
    3. Trost selbst wenn es fehlschlägt.
       a. er wird im Zustande der Abhängigkeit noch sein
          möglichstes thun um die Schuld abzutragen
       b. er wird so kurz als möglich darin verharren
       c. es ist keine reine Wolthat, sondern immer nur eine
          Art von Vergeltung

—————— |

XCII. Sonnt. d. 2. November NM. Predigt Invalidenhaus   *80*
              Act. 17, 24–27.[1]

Eingang. Der besondere Eindruk, den ein Frommer macht[,] rührt
nicht her von seiner Rechtschaffenheit; auch nicht von seiner Gleichmüthigkeit bei allen Vorfällen; auch nicht von seiner Liebe[,] sondern
von seiner Heiligkeit.
Thema. Die Gemeinschaft des Menschen mit Gott
    I. Worin sie besteht

[Am Rand neben Z. 19:] Altes Gesangbuch No. 343.
[1] [Randnote:] S. No. LXV.

---

19 November] *in der vorangehenden Zeile als Kolumnentitel*   **26** Worin] *korr. aus*
Unleserlichem

---

19 *Am 21. Sonntag nach Trinitatis 1800 nachmittags in der Invalidenhauskirche zu*
Berlin; vgl. Predigten. Erste Sammlung, Nr. 11 (KGA III/1)   **27** *Geistliche und*
Liebliche Lieder, ed. Porst, Lied Nr. 343 „Mein GOtt, du weißt am allerbesten, das,
was mir gut und nützlich sey,“ (Melodie von „Wer nur den lieben GOtt läßt walten.“)
28 *Vgl. Predigt vom 27. Juli 1800 vormittags Betstunde (oben S. 688–689)*

1. negativ – nicht
   a. im Finden der göttlichen Natur
      [α.] Grübeleien haben auf das Herz keinen Einfluß
      [β.] Auch für die Erkentniß kann nichts dadurch er-
         langt werden[1]
      [γ.] Eben so geht es denen die Christum auf diese
         Art suchen
   b. im Finden der göttlichen Gunst
      [α.] Dann müßte Gott im Menschen leben und weben
      [β.] Wer dergleichen Verlangen hat kann nicht
         fromm sein
2. sondern
   a. im Finden des Göttlichen Willens[2]
      α. Allgemeine Erkentniß von Pflichten hat man
         sonst auch. Aber nicht in concreten Fällen Ent-
         scheidung ohne allen Streit.
      β. Erkenntniß des Berufs in seinem ganzen Umfang
         [1] Hier fehlen Andre und es entsteht daraus ein
            unruhiges Treiben
         [2] Die Festigkeit hierin macht eben die große
            Ruhe.
   b. Im Finden der göttlichen Rathschlüße.
      α. Nicht im Einzelnen
         [1] Der Mensch kann die göttliche Allwissenheit
            eben so wenig erreichen als ihr entfliehen
         [2] Was es von Voraussehn giebt, das beruht
            nicht sowol auf der Frömmigkeit der Besizer
            als auf ihrer Klugheit
      β. Sondern im Ganzen.
         [1] Er hat keinen Zweifel über das Stillstehn
            oder Fortschreiten der Menschen
         [2] Er hängt auch seine Wünsche nicht an ir-
            gendein einzelnes Unternehmen

---

[1] *[Randnote:]* Gott wohnt in einem Licht zu dem niemand kommen kann.
[2] *[Randnote:]* Das Wort ist Dir nahe in Deinem Herzen daß Du es thuest. Deut.
30, 11–13

---

9 weben] *folgt in neuer Zeile* ⟨Das Voraussehn Christi und der Profeten gehört nicht⟩
28 als auf ihrer] *korr. aus Unleserlichem*

---

9 *Vgl. Apg 17,28*   **34** *Vgl. 1Tim 6,16*   **35** *Vgl. Dtn 30,14; das Zitat wird
vorbereitet in Dtn 30,11–13.*

[3] Dafür ist auch nichts leidenschaftliches in
    seiner Theilnahme
  c. Im Finden des göttlichen Reiches
    α. Die Gemeinschaft besteht auch ohne äußerliche
      Verbindung
    β. Alles Gute was gethan wird ist für sie und mit
      ihr wirksam
II. Wie sie erlangt wird.
  1. Beschreibung
    a. Durch Beobachtung der Wege Gottes mit den Men-
      schen[1]
    b. Aufmerksamkeit auf Natur. Offenbarungen sind ei-
      gentlich nur Theile von jener.
  2. Erläuterung – es gehört dazu
    a. ein reines Herz
    α. Wer Glükseligkeit sucht, sieht auch überall nur
      Veranstaltungen zur Glükseligkeit
    β. Dies erzeugt Widersprüche bei denen die Ruhe
      des Herzens nicht erlangt werden kann
    b. ein zur Betrachtung aufgelegtes Gemüth
    α. es ist nothwendig
    β. es fehlt keinem dazu an Zeit und Gelegenheit.

———— |

XCIII. Dienst. d. 4. November Betstunde bei Weibern.   81
Ps. 39, 14.

Thema. Gründe warum wir uns der Hülfe Gottes getrösten können
  I. Wir sind Pilgrimme Gottes. |

---

[1] *[Randnote:]* Wißet Ihr nicht daß Ihr Tempel Gottes seid
[Am Rand neben Z. 23:] Neues Gesangbuch No. 405.

---

23 November] *in der vorangehenden Zeile als Kolumnentitel*

---

23 *Betstunde in einem Krankensaal der Berliner Charité*   **27** *1Kor 3,16*   **28** *Ge-*
sangbuch zum gottesdienstlichen Gebrauch (bei Mylius), Lied Nr. 405 „Ich weiß, an
wen mein Glaub sich hält, kein Feind soll mir ihn rauben." (Melodie von „Sey Lob
und Ehr dem höchsten Gut.")

82   XCIV. Sonnt. 16. November Betstunde
Ps. 50, 16. 17. |

83   XCV. Sonnt. 16. November NM. Predigt
1. Cor. 13, 7.

Siehe No. LXXV mit einigen Abänderungen   5

XCVI. Dienst. 18. November Betstunde
Ps. 51, 3–5.|

84 XCVII. Sonnabend d. 22. November Vorbereitung im Invalidenh.
Col. 3, 2. |

85 XCVIII. Sonnt. d. 23. Novemb. VM. Predigt im Invalidenhause   10
über Eph. 2, 19.|

[Am Rand neben Z. 1:] Neues Gesangbuch No. 196.
[Am Rand neben Z. 3:] Neues Gesangbuch No.
[Am Rand neben Z. 6:] Neues Gesangbuch No. 262.

---

1 November] *in der vorangehenden Zeile als Kolumnentitel*   **3** November] *in der vorangehenden Zeile als Kolumnentitel*   **6** November] *drei Zeilen höher als Kolumnentitel*   **8** November] *in der vorangehenden Zeile als Kolumnentitel*

---

1 *Am 23. Sonntag nach Trinitatis 1800 vormittags Betstunde in einem Krankensaal der Berliner Charité*   **3** *Am 23. Sonntag nach Trinitatis 1800 nachmittags in der Charitékirche zu Berlin*   **5** *Predigt vom 31. August 1800 (oben S. 702–703)*   **6** *Betstunde in einem Krankensaal der Berliner Charité*   **8** *Vorbereitungspredigt in der Invalidenhauskirche zu Berlin*   **10** *Am 24. Sonntag nach Trinitatis 1800 vormittags in der Invalidenhauskirche zu Berlin*   **12** *Gesangbuch zum gottesdienstlichen Gebrauch (bei Mylius), Lied Nr. 196 „Herr, allerhöchster Gott! von dem wir alle Gaben, und was uns nützlich ist, in reichem Maaße haben;" (Melodie von „O Gott, du frommer Gott."); vgl. Liednachweis zur Predigt vom 4. Mai 1800 nachmittags (oben S. 652)*   **13** *Gesangbuch zum gottesdienstlichen Gebrauch fehlt*   **14** *Gesangbuch zum gottesdienstlichen Gebrauch (bei Mylius), Lied Nr. 262 „Gott, dir gefällt kein gottlos Wesen; wer bös ist, bleibet nicht vor dir." (Melodie von „Wer nur den lieben Gott läßt walten."); vgl. Liednachweis zur Predigt vom 7. Mai 1800 Betstunde (oben S. 653)*

XCIX. Sonnt. d. 30. November NM. Predigt   *86*
über Ps. 26, 8.|

C. Dienstag d. 2. December Betstunde   *87*

[Am Rand neben Z. 1:] Neues Gesangbuch No. 239.

---

1 November] *in der vorangehenden Zeile als Kolumnentitel*   3 December] *in der*
vorangehenden Zeile als Kolumnentitel   3 Betstunde] *folgt auf S. 88:* Am zweiten
Weihnachtstag 1807. Berlin Neue Kirche. ; *auf S. 89:* Berlin 1808. I. Am Neujahrstag.
Werdersche Kirche VM.

---

1 *Am 1. Sonntag im Advent 1800 nachmittags in der Charitékirche zu Berlin*   3 *Bet-*
stunde in einem Krankensaal der Berliner Charité   4 *Gesangbuch zum gottesdienstli-*
chen Gebrauch (bei Mylius), Lied Nr. 239 „Mein Gott, du wohnest zwar im Lichte,
dahin kein sterblich Auge dringt,“ (Melodie von „Wer nur den lieben Gott läßt wal-
ten.“); vgl. Liednachweis zur Predigt vom 23. Februar 1800 Betstunde (oben S. 625)

Predigt Entwürfe

1801. |

1.   Neujahrstag NM. Predigt im Invalidenhause über |

2.   Sonntag 4. Jan. VM. Invalidenhaus.
            S. 1800 No. III.   5

        3.   Sonntag 4. Jan. NM. Invalidenhaus
            über die Epistel Tit. 3, 4–7.

Eingang. Die Menschen legen einen Werth auf fremdes Urtheil –
Sobald sie sich Gott denken also auch noch weit mehr auf Gottes
Urtheil. Verschiedene Versuche sich seines Wolgefallens zu versi-   10
chern – höchst wichtig ihnen nicht zu irren
Thema. Von der wahren Beruhigung über Gottes Urtheile von uns.
    I.   Grund derselben
        1.   Nicht Werke der Gerechtigkeit
            [a.] Weder Gottesdienstliche Handlungen und Mei-   15
            nungen
                    Daraus kann keine feste Beruhigung entstehn,
                    weil immer der Zweifel übrig bleibt daß diejeni-
                    gen Recht haben könnten, die es anders halten
            [b.] Noch einzelne Handlungen, die dem Buchstaben   20
            nach mit dem göttlichen Gesez übereinstimmen
                [α.] Wenn wir des Geistes nicht gewiß sind entstehn
                    immer Zweifel über die Bewegungsgründe
                [β.] Auch kann der Kummer über einzelne entgegen-
                    gesezte Handlungen dadurch nicht getilgt werden 25
        2.   Sondern die Erneuerung des Geistes

---

6 Invalidenhaus] *folgt* ⟨S. 1800. No. I⟩   7–737,19 über die Epistel ... Wünsche] *mit
Einfügungszeichen hinter Entwurf Nr. 4 (unten S. 738,10)*   11 wichtig] wichtige

3 *Am 1. Januar 1801 nachmittags in der Invalidenhauskirche zu Berlin*   4 *Am
Sonntag nach Neujahr 1801 vormittags in der Invalidenhauskirche zu Berlin über 2Chr
1,10*   5 *Siehe Predigt vom 5. Januar 1800 (oben S. 611)*   6 *Am Sonntag nach
Neujahr 1801 nachmittags in der Invalidenhauskirche zu Berlin*

[a.] Umkehrung der Denkart

    [α.] Richtung vom Angenehmen aufs Gute

    [β.] Vom Eigenzwek aufs gemeinschaftliche

[b.] Erweisung derselben in Worten Werken und Gedanken

    [α.] So daß jene Denkart immer herrschend erscheint

    [β.] Daß sie immer vollkomner ausgedrükt wird.

II. Eigenthümliche Beschaffenheit derselben.

  1. So allein werden wir gerecht.

    [a.] Auf andere Weise findet man immer zu viel und zu
wenig

    [b.] Es giebt keine andere menschliche Gerechtigkeit als
gleichförmige Annäherung an das Ziel

  2. Besizer des ewigen Lebens.

    [a.] Nicht es erst erwartend zur Belohnung als etwas un-
gleichartiges in jenem Leben

    [b.] Sondern es schon besizend und eine noch imer grö-
ßere Vollkomenheit zuversichtlich hoffend.

Schluß. Wünsche.

[————]

4. Sonntag 11. Jan. VM. Betstunde
über Ps. 55, 7. 8.

Thema. Ueber den Widerwillen gegen die Welt.

  I. Gewöhnliche Ursachen desselben

    1. Erfahrungen von dem Verderben der Menschen

    2. Unglükliche Schiksale

      [a.] getäuschte Hofnungen

      [b.] Unerwartete Widerwärtigkeiten

  II. Hülfsmittel dagegen

    1. Emsigkeit in unserm Beruf

      [a.] Läßt die Aufmerksamkeit nicht so anhaltend auf das
fallen was uns begegnet

      [b.] Läßt alles mehr aus dem Gesichtspunkt betrachten
was dabei zu thun ist

---

15 es] *korr. aus Unleserlichem*   **25** Unglükliche] *korr. aus Unleserlichem*   **32** Läßt
alles] Sieht alles

---

20 *Am 1. Sonntag nach Epiphanias 1801 vormittags Betstunde in einem Krankensaal
der Berliner Charité*

2. Vielseitigere Aufmerksamkeit auf die Welt
   [a.] Lehrt uns das überall vertheilte Gute, worüber wir
   uns sonst freuen[,] auch dann bemerken wenn wir
   selbst weniger davon genießen
   [b.] Lehrt uns das mit allem Leiden verknüpfte Ange- 5
   nehme und Beruhigende und das übrig bleibende
   Gute finden
   [c.] Macht daß man alle Uebel nicht nach ihrer Entfernung von uns schäze sondern nach ihrem Verhältniß
   zum Ganzen 10

[————————]

5. Sonntag d. 11. Jan. NM. Predigt in der Charité.
   S. 1800 No. I.

[————————]|

95   6. Dienstag d. 13. Jan. Betstunde bei äußern Männern

Eingang. Die Veranlaßung ist mir Gestern erbeten und auf heute
verschoben. Communion. Es ist das schon oft geschehen scheint aber 15
noch imer ein Gegenstand der Verwunderung zu sein. Ich will also
um desto beßer dabei bleiben zu können ohne Text darüber reden.
Thema. Ueber die Einrichtung der KrankenCommunion in diesem
Hause
   I. Gründe dazu 20
      1. Um des Commnunicirenden selbst willen
         a. Damit er es würdiger genieße.
            [α.] Die es plözlich verlangen haben gewöhnlich eben
                  gehört daß es bedenklich um sie steht

---

11 *Am 1. Sonntag nach Epiphanias 1801 nachmittags in der Charitékirche zu Berlin*
12 *Siehe Predigt vom 1. Jan. 1800 (oben S. 609)*   13 *Betstunde in einem Kranken-*
saal der Berliner Charité   14 *Mit dem Wort „Veranlaßung" spielt Schleiermacher*
vermutlich darauf an, dass er den spontan geäußerten Wunsch einer Kranken nach
einer persönlichen Abendmahlfeier nicht sofort erfüllte, weil die allgemeine Dienstrege-
lung vom 27. November 1799 (KGA V/3, Nr. 735) das Abendmahl erst an dem der
Anmeldung folgenden Tag vorsah. Dass der Arzt Johann Friedrich Fritze (1735–1807)
Schleiermacher zur sofortigen Abendmahlsfeier dringend aufforderte, veranlasste
Schleiermacher zu einer Beschwerde beim Armendirektorium (vgl. KGA V/5, Nr. 1011;
1012; 1018) und zur ausführlichen Darstellung des Falls und seiner Handlungsmotive.

[β.] Dann findet Statt eine vermehrte Aufmerksamkeit auf alles was in und mit dem Körper vorgeht

[γ.] Auch eine unruhige Stimmung des Gemüths welche der Andacht nicht günstig ist

b. Damit er keinen Mißbrauch damit treibe

[α.] Weder als ein leibliches Mittel zum Brechen der Krankheit

Dieser Gedanke kann keinem einfallen, wenn er das Abendmahl nicht grade in der Krise bekommt

[β.] Noch als ein geistliches als Eingangsschein in den Himmel und Anspruch auf Vergebung der Sünden

Hat er Zeit so muß ihm doch ⌊näherbei⌋ auch das Richtigere einfallen.

2. Um der Anwesenden willen

a. Damit es eine gemeinschaftliche Erbauung werden könne

[α.] Wie unerbaulich es sonst oft zugegangen ist wenn die Leute das Abendmahl erst im Sterben bekamen

[β.] Wie wenig andächtige Theilnahme bei den Andern zu finden war.

[γ.] Der Aufschub ⌊vorgenanter⌋ Betstunde

b. Damit sie nicht im Aberglauben bestärkt werden

Wenn sie sehen daß der Prediger dem doch das Wohl seiner Anvertrauten am Herzen liegen muß nicht soviel daraus macht.

II. Einwürfe dagegen

1. Daß doch andre Prediger mit ihren Gemeinegliedern nicht so handeln.

[a.] Sie haben sie zu zerstreut und sind des folgenden Tages eben so wenig sicher als des heutigen

[b.] Auch von den leidenden können Viele wegen ihrer häuslichen Verhältniße nicht bestimmen ob sie am folgenden Tage soviel Ruhe haben werden

2. Daß es doch für den hart sei den es treffe, wenn er nun so sterben müße oder den Tag in Angst zubringen

[a.] Das Sterben ist kein Unglük; das Abendmal ändert sein Verhältniß zur Ewigkeit nicht im geringsten ab. Wer sich in einem guten Zustande befindet wird dies auch fühlen, wer nicht dem müßte erst der Prediger recht Angst machen.

[b.] Die Angst braucht er nicht zu ertragen: denn wenn auch das Abendmal versagt wird[,] wird doch der Besuch nicht versagt zu dem wir immer bereit sind, eben indem wir aufgefordert werden.

Schluß. Anwendung auf den Communikanten, Wunsch daß bei ihm kein Aberglaube zum Grunde liegen möge   5

─────────

7. Sonnabend d. 17. Jan. Betstunde bei Männern
über Ps. 55, 7. 8.

Thema. Der Widerwille gegen die Welt
I. Seine Ursachen   10
  1. Das treulose Betragen der Menschen, wie im Text
  2. Die verschiedenen unangenehmen Ereigniße
II. Hülfsmittel
  1. Auf das Gute in der Gesellschaft sehn, welches auch entfernt von uns anzutreffen ist. Wie sollte der Fromme sich   15
nicht auch darüber freuen; und sich hüten daß uns das Böse nicht darum weil es uns näher ist größer scheine
  2. Auf das Gute in der Natur, woran wir in guten Tagen unsere Freude haben

─────────

8. Sonntag d. 25. Jan. VM. Betstunde bei Weibern über Ps. 56, 5.   20

─────────

9. NM. Predigt im Inval.H. über Ps. 1, 1–3.
S. 1800 No. 13.

─────────────────────────────────

14 in der Gesellschaft] *über der Zeile mit Einfügungszeichen*

─────

7 *Betstunde in einem Krankensaal der Berliner Charité*   **20** *Am 3. Sonntag nach Epiphanias 1801 vormittags Betstunde in einem Krankensaal der Berliner Charité* **21** *Am 3. Sonntag nach Epiphanias 1801 nachmittags in der Invalidenhauskirche zu Berlin*   **22** *Siehe Predigt vom 4. Februar 1800 (oben S. 621–622)*

10. Dienst. d. 27. Jan. Betstunde bei Männern über Ps. 57, 8.

11. Sonnt. d. 8. Febr. Betstunde bei Weibern über Ps. 62, 2.

12. NM. Predigt über 1. Cor. 7, 28 sqs.
S. 1800 No. 58.

5   13. Dienst. d. 10. Betstunde über Ps. 8, 5–7.
S. 1800 No. 7. |

---

1 *Betstunde in einem Krankensaal der Berliner Charité*   **2** *Am Sonntag Sexagesimae 1801 vormittags Betstunde in einem Krankensaal der Berliner Charité*   **3** *Am Sonntag Sexagesimae 1801 nachmittags in der Charitékirche zu Berlin über 1Kor 7,28–31* **4** *Siehe Predigt vom 29. Juni 1800 (oben S. 679–680)*   **5** *Betstunde in einem Krankensaal der Berliner Charité*   **6–2** *Siehe Predigt vom 26. Januar 1800 (oben S. 615–616)*

96   Am zweiten Weihnachtstag 1807
       Berlin Neue Kirche |

97   Berlin 1808.

       I. Am Neujahrstag. Werdersche Kirche |

98   II. Am Sonnt. nach dem Neuen Jahr. Neue Kirche. | 5

99   III. Am 24. Jan. 3. p. Epiph. Dreifaltigkeitskirche
       Zum Druk abgegeben |

100   IV. Am 7. Febr. 5. p. Epiph. Dreifaltigkeitskirche

Eingang. Die Sehnsucht nach einer ganz andern Zukunft nicht bloß
im Gefühl der Beschwerden des Lebens oder in der Unersättlichkeit   10
sinnlicher Triebe gegründet. Vielmehr im tiefen Gefühl sittlicher Unvollkommenheit; zusammenhängend mit der Klage daß auf Erden nichts
rein und unvermischt sei. Daher auch der Mythus ausgehend von einer Scheidung des Guten und Bösen. Freilich nichts von dieser Art soll
wol bloß in die Zukunft verschoben werden, aber indem wir diesem   15
Unvermischtem nachtrachten geschieht viel Unrechtes in der besten
Absicht. Darum muß uns nichts so wünschenswerth sein als die Belehrung Christi hierüber zu vernehmen.
Text. Matth. XIII, 24 flgd.
Wie Christus Säen und Samen immer braucht wissen wir. Auch wie   20
das Himmelreich zunächst seine Gemeine auf Erden, dann aber auch
Symbol aller Vorstellungen Gottes sei. In diesem allgemeinen Sinne
Thema. Vom Zusammensein des Guten und Bösen – Christus
zeichnet uns offenbar dreierlei Punkte aus.

---

14 Freilich] *korr. aus Unleserlichem*   **22** sei] *korr. aus* sein

---

1–2 *Am 26. Dezember 1807 vormittags in der Neuen Kirche zu Berlin über Gal 4,4–5*
(vgl. den Predigtentwurf unten S. 895–896)   4 *Am 1. Januar 1808 vormittags in der*
Friedrichswerderkirche zu Berlin über Mt 6,33 (vgl. Tageskalender 1808)   5 *Am*
3. Januar 1808 vormittags in der Neuen Kirche zu Berlin über 1Petr 4,17–19 (vgl.
Tageskalender 1808)   6 *Am 3. Sonntag nach Epiphanias 1808 vormittags über*
Mt 24,1–2 (vgl. Tageskalender 1808)   7 *Vgl. Predigten. Zweite Sammlung, Berlin*
1808, Nr. 12 (KGA III/1)   8 *Am 5. Sonntag nach Epiphanias 1808 vormittags über*
Mt 13,24–30

I. Im Entstehen desselben. – Damit wir uns nicht verwik-
keln[,] erklären wir gleich, der Akker sei hier nicht die ganze
Welt, weil es sonst keinen Feind geben könne, sondern nur
einzelne Theile in Zeit und Raum
1. Alles einzelne Gute findet sich sehr zeitig mit feindseli-
gem vermischt
[a.] In der Religion Aberglaube und Eigendünkel
[b.] Im Familienleben und der Freundschaft Mißtrauen
und gegenseitiges Abwägen der Rechte
[c.] Im Staate Neid und Argwohn oder Unterdrükkung.
2. Je mehr nun Einer theilnimt an dem Guten, desto mehr
windet er sich. Der Herr aber ganz gelassen, das hat ein
Feind gethan.
   a. Gewiß mit Anspielung auf die herrschende Vorstellung vom Teufel. Diese war aber das Symbol alles
Unerklärlichen, Unbewußten, und so kommt auch
das auf Rechnung der Finsterniß und Unwissenheit
und fließt zusammen in dem[:] Sie wissen nicht was
sie thun.
   b. Laßt uns nur ja nicht glauben der Same sei nicht rein
gewesen, zweifeln an der Aechtheit des Göttlichen im
Menschen, der Liebe des Glaubens. Dies die gefährlichste Quelle aller Abweichungen
Auch nicht das Böse sei das Ursprüngliche. Wo der
Feind säet hat überall der Herr schon vorher gesäet.
Das Böse ist nur am Guten, verschwindend bei der
Vollendung
II. Im Fortgange desselben. – Wenn auch nicht gleich bemerkt in der Folge wird es zu klar
1. Das Gebot nicht mißverstehn. Er tadelt nicht den Eifer,
er läßt sie die Hände nicht in den Schooß legen. Er rechnet auf die Zeiten des Leidens; sie müßten gewiß alle Geschäfte verrichten um den Weizen zu pflegen.
2. So ist abgebildet der Wunsch daß Gott mit Gewalt auf
eine äußere Weise das Böse ausrotten solle. Aber auch
das Gute beruht lediglich auf der Freiheit und würde also
mit ausgejätet. Die Kräfte des Himmelreiches sollen indeß thätig sein, die liebenden, pflegenden, das Gute schü-
zenden und nur in diesem Maaß gegen das Böse streitenden. – Und so laßt uns wirken in Geduld.

---

10 Staate] Staate,

18–19 *Lk* 23,34

III. Bei der Vollendung desselben. – Nemlich einer einzel-
nen Veranstaltung, eines Zeitraums, denn vom zeitlichen
Ende der Welt ist eben so wenig die Rede als vom ganzen
Umfang der Welt.

1. Dann würde Jeder der ein sorgsamer Pfleger gewesen ist   5
ein Schnitter, wol vorhabend daß nichts von dem vorigen
Bösen wieder in die neue Ordnung der Dinge ⌊übergehe⌋
damit guter Same könne gesäet werden. – Dann ist es
Zeit zur Strenge

2. Das Gute wird dann aufbewahrt. Als Samen für die neue   10
Ordnung. Als Nahrung in der Geschichte. Ganz rein und
unverfälscht zu genießen, das ⌊heilige⌋ Brodt.

Schluß. Darauf ⌊weises zusehn⌋ daß wir auch dazu *[Der Text endet
hier.]* |

101 V. Am 14. Febr. Sonnt. Septuag. Neue Kirche. | 15

102 VI. Am 21. Febr. Sonnt. Sexag.
über Luc. 8, 4. 5. 11. 12.

Eingang. Bei dem Reichthum an Belehrungen und Ermunterungen
erscheinen sowol die Fortschritte des Guten im Allgemeinen als auch
die der Einzelnen nur gering. Viel belebende Kraft muß also verloren.   20
Aber auch dies ist ein Uebel welches zu verhindern zur Heiligkeit gehören muß.
Text. Luc. 8, 4. 5. 11. 12. Christus durch dieselbe Veranlassung auf
sein Gleichniß gebracht. Das Ganze allerlei Ursachen vom Zurükbleiben. Nur herausgehoben was sich bezieht auf   25
Thema. Das Nicht Aufgehen des Guten

---

6 nichts] nicht   12 Brodt] *korr. aus Unleserlichem*   20 verloren] *zu ergänzen
wohl* gehen *oder* sein   21 Heiligkeit] Heil.   26 Nicht] *korr. aus* nicht

---

15 *Am Sonntag Septuagesimae 1808 vormittags in der Neuen Kirche zu Berlin vermutlich über Ps 15,1–4 (vgl. den Predigtentwurf unten S. 768–769)*   16 *Am Sonntag
Sexagesimae 1808 vormittags in der Jerusalemskirche zu Berlin (vgl. Tageskalender
1808)*

I. Wie es zugeht.
    Anm. Christus schildert die bei denen es überhaupt nicht
    aufgeht[,] aber was dies bei uns im Einzelnen verhindert ist
    dasselbe was bei ihnen im Ganzen
    1. Allgemeine Darstellung
        a. Im Bilde. Wege nothwendig bei jedem Aker, eben
            so fruchtbar, unbearbeitetes verhindertes Land. Zur
            Gemeinschaft bestimt. Aber darüber weg ohne Rük-
            sicht zu nehmen auf das was da liegt und so wird der
            Samen vertreten und verschleppt
        b. Im Gegenbilde. Nicht zu verkennen der Zustand des
            Leichtsinns, Mangel an Ernst Nachdenken p. Alles
            dem Zufall überlassen. Alles macht denselben Ein-
            druk[,] nemlich ein ⌊ganzer Wurf⌋ des Guten wird
            aufgenommen, es bringt Rührungen hervor, aber ver-
            schleppt vom Zufall oder von denen die dem Guten
            feind sind die an das Gute nicht erinnert sein wollen.
            Daher hat Christus Recht den Teufel zu nennen dem
            alles aus unbekannten Ursachen zugeschrieben wird.
    2. Anwendung auf uns
        a. Wir haben Zeiten des Leichtsinns und der Zerstreu-
            ung. Zu träge und abgespannt um etwas festzuhalten
            [α.] Jezt häufiger als je. ⌊Wir sehnen uns reich weil
            wir andern⌋ müßten zu Gute thun. Richtig[,] aber
            soll deshalb der Saame des Guten verloren gehn
            [β.] Jezt gefährlicher als je. Es wird so schon soviel
            erstikt durch die Sorgen.
        b. Wir haben alle ein ⌊Gebiet leichter Gemeinschaft⌋.
            Aber soll es uns untüchtig machen für den Ernst; soll
            der Saame dadurch verloren gehn: Es muß beides ver-
            einigt werden.
II. Wie ist ihm abzuhelfen
    Anm. Die durchaus leichtsinnigen können nur durch Freunde ge-
    heilt werden. Wir haben unsern Freund noch in uns. Was er zu
    thun hat ist
    1. Das Feld rein zu halten
        a. Daß nicht Andere uns den Weg darüber legen. Zum
            Nachdenken zur Betrachtung müssen wir nur uns
            selbst und vertraute Freunde zulassen. Das wird für
            die Saat und nach der Saat bearbeitet.

---

6 Wege] 1.) Wege

b. Daß wir nicht selbst imer mehr zum Wege einräumen. Viele trachten imer nach Zeiten dem Ernst zu entgehn. Alles entweder harte Arbeit oder leichtes Vergnügen. Das beßre Leben ist in der Mitte.
2. Auch in die Geselligkeit mehr Ernst zu legen
   a. Durch ein kräftiges [Wort] muß man den guten Samen in Besiz nehmen können und schüzen daß er nicht gleich vernichtet werde – Jezt soviel in der Unterhaltung Stoff aus den Weltbegebenheiten
   b. Die Leichtigkeit wird sonst eine Fessel die uns zum Irdischen niederdrükt, wird Unfähigkeit zu ernster Behandlung wie bei den Franzosen
3. Jeder lerne seine Stärke kennen.
   a. die Schwachen, leichter
     [α.] ergriffen vom Reize der Geselligkeit
     [β.] abgeschrekt von Auffassungen des Guten durch Wiz und Spott
   b. Wer stark ist kann [mehr vertragen]. Kennen aber muß sich Jeder

Schluß. [Ohne Nachdenken Besorgte] Selbstprüfung kein treuer Haushalter. Wer da hat dem wird gegeben. Wer Ohren hat zu hören der höre.

———— |

103
              VII. Am 6. Merz Sonnt. Invoc.
              über Luc. 22, 47–54.

Eingang. Das Leiden ist ein so reicher Gegenstand für die Andacht, daß man nicht braucht auf falsche Ansichten zu kommen. Falsch ist das Abmessen des Leidens als Strafe, man kann dabei leicht das rechte Maaß für die Sünde verlieren. Falsch das Ausmalen des einzelnen körperlichen als wäre Christus mitleidswürdig. Denn wie er sein ganzes Leben hindurch gelitten hat und dabei doch die Herrlichkeit Gottes sich in ihm offenbarte, so müssen wir dieses Zusammensein der Er-

---

4 beßre] *oder* beste   8 vernichtet] vernicht.   25 Leiden ist ein] Leiden

———

21 *Lk 19,26*   21–22 *Mt 11,15; 13,9*   23 *Am Sonntag Invocavit 1808 vormittags in der Dreifaltigkeitskirche zu Berlin (vgl. Tageskalender 1808)*

niedrigung, der Knechtsgestalt mit dem Göttlichen auch in dem unmittelbaren Leiden sehn.
Text. Luc. 22, 47–54. An diesen ersten Auftritten, die ihn seinem
Tode entgegenführten, sehn wir
5   Thema. Wie in dem Leiden Christi zugleich seine Herrlichkeit sich
offenbarte. (auch als Vorbild)
    I. Indem er verrathen ward von seinen Angehörigen.
        [A.]Leiden.
           Daß ihm das Verderben so nahe kam, die Verunreinigung
10   auch aus der kleinen Zahl nicht ausschloß; und so verei-
           nigte sich das Verderben mit der allgemeinen Masse daß
           es Veranlaßung seines Todes ward.
        [B.] Herrlichkeit.
          1. Ruhiges Ertragen dieser nothwendigen Fügung seit
15   langer Zeit ohne das eingegangene Bündniß brechen
             zu wollen
          2. Kein Gefühl beleidigter Persönlichkeit, kein Haß, nur
             sorgliches Zurechtweisen
        [C.]Anwendung.
20   Der Unterschied zwischen der innern und äußern Kirche
           geht immer wachsend fort. In allen Verbindungen und in
           der Gemeine selbst entsteht das meiste Unheil aus dem
           scheinbaren Innern. Laßt uns so wenig richten wie Chri-
           stus richtete. Menschliches Recht und Gewissen richten
25   selbst
          [1.] Auch äußerliche nuzen so lange sie da sind
          [2.]An die Stelle eines Gefallenen immer neue Apostel
            des Guten treten.
    II. Indem er schlecht vertheidigt ward von seinem
30   Freunde. Unzwekmäßig weil keine [Verbindung] da war.
        Seiner Absicht zuwider weil er in keinen gewaltsamen Wider-
        stand durfte verwikkelt werden
        [A.]Leiden.
          1. Unmittelbar hingegeben allen möglichen Folgen ei-
35   ner Verirrung
          2. Vorbildlich voraussehend den äußern gewaltsamen
             Gang des Christenthums, das Blutvergießen statt ei-
             nes sanften belehrenden Fortbildens

---

7 Angehörigen] *davor* ⟨Freunde⟩   12 Veranlaßung] *korr. aus Unleserlichem*   14–
18 1. Ruhiges ... 2. Kein ...] *durch nachträgliche Zählung umgestellt aus* Kein ... Ruhiges ...

[B.] Herrlichkeit.
1. Er wendete die milde heilende Kraft an welche die
   Religion nach jedem Streit gleich wieder als Liebe erkennen läßt und ihr Eingang verschafft
2. Er erkannte auch in der Verirrung den Muth, und
   von ihm ging der Geist aus durch den dieser geläutert
   wurde bis zum Man muß Gott mehr gehorchen

[C.] Anwendung.
Jede Zeit des Streites muß auch uns ein Leiden sein. Aber
wie Christus und seine Jünger Eins so auch in der Kirche
überall zusammen die Milde und der Muth; dann wird
sie immer denselben Gang gehn wie anfänglich.

III. Hingegeben der Gewalt seiner Feinde.
[A.] Leiden.
Nicht die Gewißheit und die Nähe des Todes; sondern
das Zusamentreffen mit der rohen Härte der Menge und
dem hinterlistigen [Procedere] der Anführer. Schilderung
des verhöhnenden Sinnes

[B.] Herrlichkeit.
1. Das Bewußtsein und das Aufzeigen ihres unreinen
   Verfahrens daß sie ihn nicht im Tempel angegriffen
2. Die Vertheidigung ohne Bitterkeit und Hize zu der
   auch der Beste am leichtesten verleitet wird unter solchen Umständen
3. Das gewisse Gefühl vom endlichen guten Erfolg daß
   es nur eine vorübergehende Erscheinung war, daß
   Finsteniß nur nichts ist gegen das Licht

[C.] Anwendung solcher Leiden immer und jezt am meisten.
Wir wollen uns dem Gefühl des Leidens nicht entziehn.
Aber auch derselbige Muth und dasselbe Vertrauen mü-
ßen uns aufrecht halten. Die Gemeine sizt mit Christo zur
Rechten Gottes.

Schluß. Nie können wir nöthiger gehabt haben vom leidenden Christus zu lernen.

——————— |

---

17 [Procedere]] [Proced.]   **20** Bewußtsein] BW   **28** solcher … meisten] *über der*
Zeile mit Einfügungszeichen

---

7 *Apg 5,29*

VIII. Am 19. Merz Vorbereitungspredigt Dreifaltigkeitskirche   *104*
      über Luc. 22, 15.

Eingang. In der Passionszeit das Abendmahl doppelt feierlich
Thema. Weshalb verlangte Christus das Osterlamm zu eßen
5   I.   Um sich durch Erinnerung an göttliche Wohlthaten zu
         stärken
         1.   Er. Das Osterlamm Erinnerung an die Erlösung aus Egyp-
              ten woran sich alle andern Wolthaten Gottes gegen das
              Volk knüpften. So durfte er dann hoffen daß auch das
10   Gute das er ausrichten wollte nicht würde vergeblich sein
         2.   Wir. Das Abendmahl Andenken an die größte Wohlthat
              an die größte Erlösung. Wie sollte uns Gott mit ihm nicht
              alles schenken, wenn wir uns von Uebeln gedrükt fühlen
    II. Um durch religiöse Feier das lezte Zusamensein mit seinen
15   Jüngern zu erhöhen
         1.   Er. immer belehrend mit ihnen, aber doch wollte er sich
              noch besonders erbauen und zugleich sein Andenken
              stiften
         2.   Wir. Nicht zulezt – Aber jedes Abendmahl bilde uns ei-
20   nen neuen Abschnitt wegen der Selbstprüfung und so
              liege uns daran uns unter einander zu erbauen
Schluß. So wird uns Abendmahl und Leidensbetrachtung gesegnet
sein

<hr />

IX. Am 20. Merz Sonnt. Oculi Jerus.Kirche
25   über Joh. 19, 1–5.

Eingang. Sehet das ist Gottes Lamm, vorzüglich auch auf das Leiden
zu beziehen. Es kam durch die Sünden der Welt auf ihn. So trug er
sie indem er sie wegnahm. Alles wesentliche werden wir so ansehn
können und uns im Unwillen gegen das Verderben stärken
30 Thema. Das Leiden Christi in dieser Erzählung auf seine Quelle zurükführen. Es ist zwiefach

<hr />

1 *Am Samstag 19. März 1808 mittags in der Dreifaltigkeitskirche zu Berlin (vgl. Tages-*
kalender 1808)   24 *Am Sonntag Oculi 1808 vormittags in der Jerusalemskirche zu*
Berlin (vgl. Tageskalender 1808)   26 *Joh 1,29*

I. Das heiligste in seinem Wesen dem Spotte Preis gegeben
    1. Leiden war nicht das körperliche, nicht die gereizte Emp-
        findlichkeit, sondern das Gefühl wie schweren Kampf das
        Gute noch würde zu bestehen haben da es ihm so ging
    2. Ursprung. Nicht vom Volk, sondern vom Richter, nicht   5
        wegen dessen was Jesus ihm über seine Königswürde ge-
        sagt hatte, sondern wie er wußte daß sie vom Volk ange-
        sehn würde. Sie hofften politische Erlösung von der reli-
        giösen Verbesserung auf wunderbare Weise. Er wollte
        ihnen an Jesum zeigen wie wenig so würde auszurichten   10
        sein und wie sehr er diese Hofnung verachtete. Christus
        hatte sie nie gehegt und mußte dafür büßen.
    3. Anwendung
        a. Es ist noch oft in der Kirche eben so gegangen. Viele
            haben sich eingeschlichen um Aeußerliches zu errei- 15
            chen. Daher Kampf mit der weltlichen Macht. Oft
            die Unschuldigen mit den Schuldigen leiden und das
            Beste auf diese Art unterdrükt. Das Aergste aber
            wenn sich Irreligiöse heuchlerisch einschleichen.
            Dann wird Christus ins Angesicht geschlagen und   20
            sein Reich verhöhnt
        b. Dieses Verderben müssen wir ausrotten wenn wir
            Christi Leiden ehren wollen. Erst sich selbst prüfen
            dann aber auch keinen gelten lassen, der [niedere]
            Absichten hat. Jedem Widerstand leisten der die   25
            ganze Anstalt mißbrauchen will. Die Stime des Vol-
            kes gilt in der Gemeine
II. Dem Mitleiden seiner Ankläger empfohlen
    1. Leiden ist solches Mitleiden weil es erniedrigt. Aber das
        größte Leiden war die Gefahr das Leben geschenkt zu   30
        bekommen. Nur sein Tod konnte noch seiner würdig
        sein.
    2. Ursprung. Pilatus verkannte das Höchste und hielt ihn
        für einen Fantasten weil eben im Volk alles voll Aberglau-
        ben und Schwärmerei war. Dafür büßte Christus. Daher 35
        dies als höchsten Moment der Erniedrigung so oft vorge-
        stellt.
    3. Anwendung.
        a. So haben auch die Dünkelweisen oft Mitleid mit den
            Gläubigen. Die wahre Frömmigkeit für sich kann nie 40

---

7 hatte] *korr. aus Unleserlichem*   20–21 ins ... verhöhnt] *am Rand mit Einfügungs-*
zeichen

diesen Eindruk machen. Aber weil alles unter den
Christen so gemischt ist. Sie geben sich auch das Ansehn als ob sie uns nur mitleidig durchließen.

  b. Immer mehr alle Menschensazungen von uns thun.
      Den Aberglauben und die Schwärmerei strafen.
      Wahre Früchte der Gottseligkeit ans Licht bringen

Schluß. Christus hat gelitten um sich ein unbeflektes Volk zum Eigenthum zu suchen. Danach müssen wir trachten, sonst dürfen wir
uns nicht den Ruhm aneignen daß wir seine Bedürfnisse gestillt
hätten.

——————— |

4 *Vgl. Kol 2,20*   **7–8** *Vgl. Tit 2,14*

Einzeln überlieferte Predigtentwürfe
1802–1808

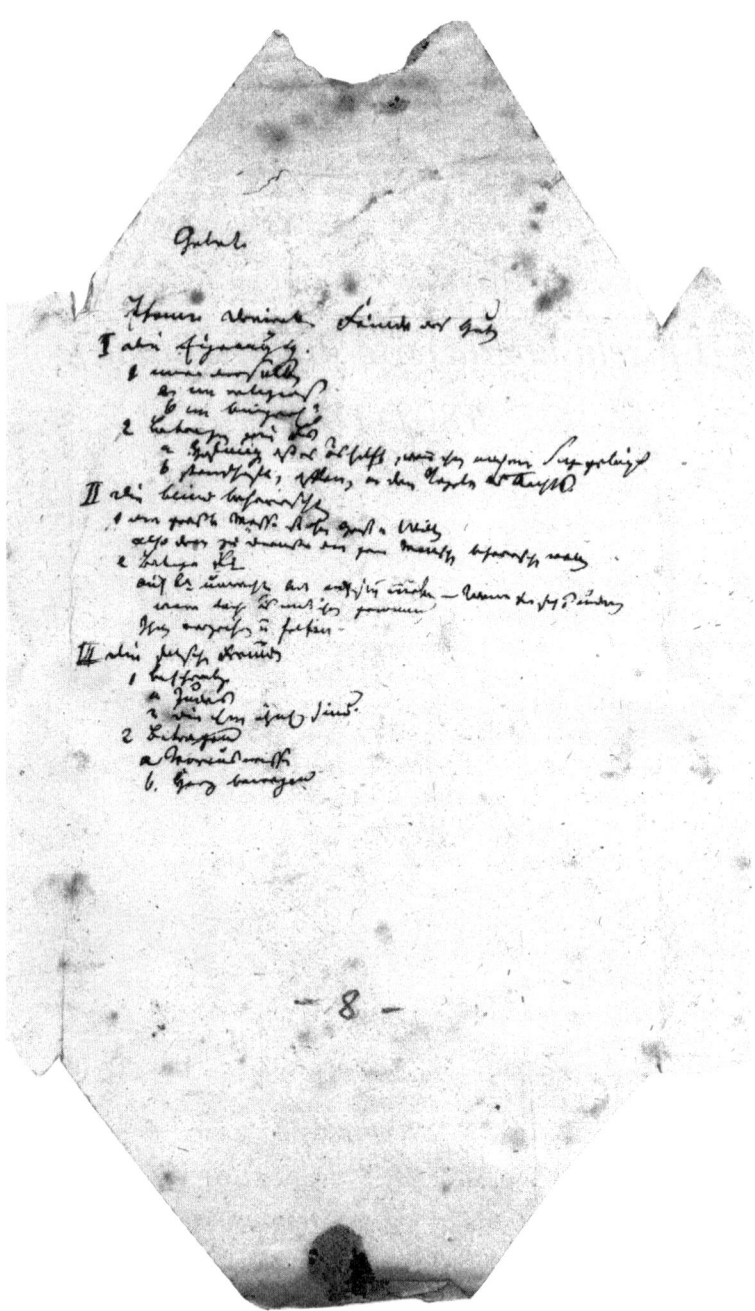

Manuskript des nach dem 11. Februar 1804 entstandenen Predigtentwurfs
SN 58, Bl. 8r; Faksimile (verkleinert auf 71 %); vgl. unten S. 766–767

Nr. 1
Januar bis Mai 1802

Termin:	*Unbekannt*
Ort:	*Berlin*
Bibeltext:	*Lk 19,41–42*
Textzeuge:	*Autograph Schleiermachers; SN 144, S. 18*
Texteditionen:	*KGA I/3, Gedanken V, Nr. 125, S. 313,12–18*
Andere Zeugen:	*Keine*
Besonderheiten:	*Der Predigtentwurf gehört gemäß seinem Kontext im Heft „Gedanken V" in das Jahr 1802. Näher muss er in die Berliner Zeit bis Mai 1802 datiert werden, weil die Predigtentwürfe der Stolper Zeit ab Juni 1802 lückenlos überliefert sind (vgl. SN 54). Der Predigtentwurf vom 30. Mai 1797 ist zwar auf denselben Bibelabschnitt bezogen, hat aber ein anderes Thema und einen anderen Gedankengang.*

Predigtentwurf Luc. 19, 41 sqs. Ueber das Vermögen in die Zukunft zu sehn. Eingang. Daß allem irrigen und allen Verdrehungen des Verstandes etwas wahres zum Grunde liege. Eintheilung. 1.) Von den Grenzen desselben aus seinen Quellen[.] 2.) Von seiner Benuzung angenehm und unangenehm, eigen und fremd. Bedenken was zum Frieden dient, Theilnahme. – Ihr fodert selbst das Vorhersehn in der moralischen Welt da wir es gewissermaßen in der physischen sogar haben.

18

---

3 Eintheilung. 1.)] Einth.

Nr. 2
Am 11. Juli 1802 vormittags (vermutet)

Termin:	*4. Sonntag nach Trinitatis*
Ort:	*Schloßkirche (Johanniskirche) zu Stolp*
Bibeltext:	*Mt 10,14*
Textzeuge:	*Autograph Schleiermachers; SN 58, Bl. 9r*
Texteditionen:	*Keine*
Andere Zeugen:	*Autograph Schleiermachers; SN 54, S. 18–19*
Besonderheiten:	*Auf dem Doppelblatt 9–10 ist umseitig eine Kollektenauf-stellung der Pfarrwitwe Krüger vom 30. März 1802. Schleiermachers undatiertes eigenhändiges Manuskript ist wohl die Vorlage für die Dispositionsreinschrift (vgl. unten S. 793–795).*

9r

Matth. 10, 14.

Eingang. In der Art wie die Liebe geübt wird großer Unterschied zwischen den Anvertrauten und den Fremden.
Text. Christus selbst macht diesen Unterschied.
Thema. Von der Zudringlichkeit welche ihn verscheucht. Erstlich 5
Lehre. Zweitens Rathschläge. Drittens Dienste. Sehn wo in diesem Stük der Anfang dieser Zudringlichkeit sei und welches ihre Folgen sein müssen.
 I. Lehre
  1. Sie geht an 10
  Wo wir Jemand für arg oder zweifelhaft halten ohne daß er etwas geäußert hat
   a. Von jedem muß man glauben er habe ein richtiges Gewissen
   b. er kenne seinen Kreis von Welt und Menschen 15
   c. er habe sich eine seinem Charakter angemessene Ueberzeugung gemacht

[Am Rand neben Z. 1:] conf. 95, XLI.

---

18 *Vgl. Predigt vom 23. August 1795 (oben S. 445–446)*

2. Sie bewirkt
    a. eine Meinung von geistlichem Stolz
    b. eine Abneigung
3. Auskunft. Soll man über nichts ernsthaftes sprechen? –
    Ja aber
    a. ohne individuelle Beziehung und vom Zaune gebro-
        chen. Das ist Nachahmung Gottes
    [b.] Wer so nicht hören will von dem kehrt unser Friede
        zu uns
II. Rathschläge
    1. Sie geht an
        a. wo das aufhört was man aus öffentlichen Quellen
            weiß
        b. wo eine Kenntniß vorausgesezt wird die er uns nicht
            selbst gegeben
    2. Folgen
        a. ängstliche Verschloßenheit
        b. Meinung von Vorwiz und Eitelkeit
    3. Auskunft
        a. Fange damit an Dir Vertrauen zu erwerben
        b. Seze Dich in den Kredit, daß Du kein Recht darauf
            gründest
        Gottes Rath sind die Umstände die [   ] nichts wissen.
III. Dienste
    1. Sie geht an
        [a.] Wo wir der Zustimmung nicht gewiß sind
        [b.] Wo die Zurüstungen zu groß sind und das Geheimniß
            nicht gehalten werden kann
    2. Folgen.
        [a.] Undankbarkeit über die wir uns nicht beklagen
            dürfen
        [b.] Unnüze Verschwendung der Kraft und Mißmuth –
            Herrschsucht
    3. Auskunft
        Hinwegräumung der Hindernisse – Vertheidigung
        Anm. Religiöse Quelle der Lebensweisheit – Gefühle
        sind gleich. *[Der Text endet hier.]*

---

23 Gottes … wissen.] *am Rand*

8–9 *Vgl. Mt 10,13*

Nr. 3
Am 1. August 1802 nachmittags

Termin:	*7. Sonntag nach Trinitatis*
Ort:	*Schloßkirche (Johanniskirche) zu Stolp*
Bibeltext:	*Lk 11,31–32*
Textzeuge:	*Autograph Schleiermachers; SN 58, Bl. 13r*
Texteditionen:	*Keine*
Andere Zeugen:	*Autograph Schleiermachers; SN 54, S. 24–26*
Besonderheiten:	*Umseitig sind Sätze eines Briefs von fremder Hand. Schlei-ermachers undatiertes eigenhändiges Manuskript ist wohl die Vorlage für die Dispositionsreinschrift (vgl. unten S. 800–803).*

13r Eingang. Man sezt Verstand und Wille in Streit anstatt auf ihre Harmonie zu denken – daß Verstand ohne Wille nichts ist, ist klar – aber
auch Wille ohne Verstand nichts, es ist eine eben so große Pflicht.
Thema. Ermunterung an Kentnissen zuzunehmen (nicht unmittelbar
zur Pflicht gehörigen)   5
    I.   Verpflichtung
        1.   Unmittelbar
            a. Verstand gehört zum Ebenbilde Gottes und ⌊wem⌋
               zeigt es sich mehr?
            b. Betrachten zu dem Endzwek des Menschen   10
               [α.] Es giebt Gegenstände bloß zum Betrachten
               [β.] Es giebt eine Neigung bloß zu betrachten
        2.   Religiöse Verbindung
            a. Gott kann nicht geliebt werden ohne Tugend aber
               auch nicht ohne Verstand. Denn der kennt ihn nicht,   15
               und findet nicht einmal die göttliche Liebe
            b. Man kann nichts zur Verherrlichung Gottes beitragen
        3.   Moralische Verbindung
            a. Ohne Menschenkentniß keine Menschenliebe
            b. Ohne Geschichtskentniß keine ⌊Vaterlandsliebe⌋   20
            c. Ohne Naturkentniß keine Berufsliebe

8–9 und ... mehr?] *über der Zeile mit Einfügungszeichen*

II. Aufforderungen
   1. Gelegenheit giebt es
      a. Allgemeine Mittheilungen – alle Stände ⌊grenzen⌋
         an einander
      b. Besondere Anstalten für jeden
      c. Wer jene nicht benuzt verdient in ⌊Grönland⌋ zu leben
         Wer diese nicht benuzt gegen den werden die minder
         Begünstigten aufstehn.
   2. Annehmlichkeiten sind damit verbunden
      a. Selbstgefühl
      b. Achtung
      c. Interesse. *[Der Text endet hier.]*

---

9 2.] *korr. aus* II.

Nr. 4
Nach dem 4. September 1803

Termin: *unbekannt, wohl Oktober / November 1803*
Ort: *Schloßkirche (Johanniskirche) zu Stolp*
Bibeltext: *2Petr 1,5*
Textzeuge: *Autograph Schleiermachers; SN 58, Bl. 12r*
Texteditionen: *Keine*
Andere Zeugen: *Autograph Schleiermachers; SM-SN 53, Nr. 5 Rand (oben
                     S. 613)*
Besonderheiten: *Der Predigtentwurf ist bezogen auf den Entwurf vom
                     12. Januar 1800, dessen Randnotizen wohl bei der Wieder-
                     holung formuliert worden sind. Die umseitige fragmentari-
                     sierte Aufgebotsnotiz von Meister Christian Treun... und
                     Jungfer Maria Elisabeth R.... für den 11., 12., 13. Sonntag
                     nach Trinitatis deutet auf das Jahr 1803, weil Schleierma-
                     cher 1808 und 1809 zu dieser Kirchenjahreszeit keine
                     Trauung vornahm. Für Schleiermachers Jahre in Stolp lie-
                     gen keine Kirchenbücher vor.*

12r Eingang. Die meisten Tugenden sind nur auf den Nuzen abgesehn.
Jede Tugend muß nüzlich sein; aber sie wollen nicht den wahren
Nuzen.
Thema. Von der Bescheidenheit die aus dem Glauben und der Tu-
gend herrührt   5
    I. Was sie ist
        1. negativ
           [a.] Nicht Ueberschäzung Anderer im Voraus, Herabse-
           zung des Guten weil es unser ist. Dergleichen kann
           nicht aus der Tugend hervorgehn. Ist auch nur Heu-   10
           chelei um den Neid zu beschwichtigen
           [b.] Nicht äußere Manieren eines demüthigen Wesens.
           Dergleichen komt nicht aus dem Glauben.
        2. Sondern
        Allgemein. Das leitende Gefühl daß Alles Gute in uns nur   15
        ein Theil des menschlichen Guten ist
        [a.] Er läßt Jeden sich äußern um andere Tugenden zu
           sehn, andere Weisheit zu hören
        [b.] Er will nichts allein ausfüllen weil zu Jedem Ganzen
           mehrere Theile gehören.   20
        Dies geht erst recht an mit dem Glauben und der Tugend

II. Ueber ihren Werth
   1. Es wird zugleich Mäßigung und Liebe dargereicht
      [a.] Mäßigung in
           Ansprüchen auf Genüße
           Leidenschaften
      [b.] Die Liebe entspringt aus derselben Wurzel
   2. Es wird zugleich Gottseligkeit dargereicht
      Man kann das Ganze nicht im Auge haben ohne Gott
      vor Augen zu haben *[Der Text endet hier.]*

Nr. 5
Am 4. Dezember 1803

Termin: *2. Sonntag im Advent*
Ort: *Schloßkirche (Johanniskirche) zu Stolp*
Bibeltext: *Ps 15,4*
Textzeuge: *Autograph Schleiermachers; SN 58, Bl. 6r*
Texteditionen: *Keine*
Andere Zeugen: *Keine*
Besonderheiten: *Der Predigtentwurf ist bei erweiterter Gliederung dem Entwurf der Predigt vom 23. April 1800 (oben S. 648) ähnlich, den Schleiermacher in Stolpe am 4. Dezember 1803 wiederholte. Der Entwurf vom 14. Februar 1808 (unten S. 768–769) zeigt bei gleichem Thema deutliche Abweichungen.*

6r   Eingang. Es scheint hart zu sein und nur dem alten Testament angemessen. Näher betrachtet nicht.
Thema. Die Nichtachtung der Gottlosen
     I.   Wir sollen ihr Urtheil nicht achten.
         1.   nicht über unsere Thaten   5
         2.   nicht über andere
         3.   nicht über sich selbst um sie zu entschuldigen
     [Imer] die Gefahr für das Besserwerden nach dem Vordersaz des Textes
     II.   Wir sollen ihre andern Vorzüge nicht achten   10
         1.   Man liebt das [liebenswürdige] nicht beim Bösen, so auch soll man das [achtungswürdige] nicht achten, weil es nur [Vergrößerung] des Bösen ist (der Verstand dient doch nicht der Wahrheit)

[Am Rand neben Z. 3:] 1–3. 4–7. 9   15

---

1 Testament] Testam.   **3** Thema] Th.   **11** [liebenswürdige]] [liebensw^e]
12 [achtungswürdige]] [achtungsw^e]

8–9 *Vgl. Ps 15,1–3*

   2. Am wenigsten ⌊ihre⌋ äußern Vorzüge (das gesellschaftli-
        che ist ausgenommen.)
 III. Wir sollen ihren Widerstand nicht achten.

Fürbitte
5 Collecte   *[Der Text endet hier.]*

---

1 wenigsten] *folgt* ⟨f⟩   **1–2** gesellschaftliche] gesellschl^e

Nr. 6
Nach dem 21. Januar 1804

Termin:	*Unbekannt*
Ort:	*vermutlich Schloßkirche (Johanniskirche) zu Stolp*
Bibeltext:	*Joh 1,43–51*
Textzeuge:	*Autograph Schleiermachers; SN 58, Bl. 1r*
Texteditionen:	*Keine*
Andere Zeugen:	*Keine*
Besonderheiten:	*Der undatierte Predigtentwurf befindet sich auf der Rückseite eines wohl an Schleiermacher gerichteten Briefs vom 21. Januar 1804.*

1r I. Der erste Eindruk – Philippus in seinem besondern Falle besser daran, wir nicht
    1. Ausdruk der Seele durch den Körper
      a. Schönheit
      b. Bedeutsamkeit – dunkle zusamengesezte Vorstellungen   5
        Es giebt einen sichern Ausdruk der einfachen Würde und Güte wie auch Christus ihn hatte, aber selten
    2. Aeußerungen
      a. Wiz und Lebhaftigkeit   10
      b. Geselligkeit
        Warnung vor bösen Zuständen des Herzens
  II. Nicht durch den Schein des Wunderbaren. Philippus. Nathanael. Die meisten Jünger
    1. übernatürlich
    2. ungewöhnlich   15
      [a.] Begebenheiten
      [b.] Gedanken
        Beide sagen eigentlich etwas nachtheiliges aus.
    Das rechte ⌊wunderbare⌋ ist ein hoher Grad von Sittlichkeit   20
und Religiosität.
  III. Nicht durch Vorurtheile
    1. sich abhalten lassen
      [a.] Stände Meinungen Partheien
      [b.] Trauer über ⌊die Verkümerungen⌋ *[Der Text endet hier.]*   25

13–14 Philippus. Nathanael.] Philipp. Nathan.   **19** Beide ... aus.] *zweizeilige Spalte neben* Begebenheiten ... Gedanken

Nr. 7
Am 29. Januar 1804 (vermutet)

Termin:	*Septuagesimae*
Ort:	*vermutlich Schloßkirche (Johanniskirche) zu Stolp*
Bibeltext:	*keine Angabe*
Textzeuge:	*Autograph Schleiermachers; SN 58, Bl. 5r*
Texteditionen:	*Keine*
Andere Zeugen:	*Keine*
Besonderheiten:	*Der Entwurf hat keine Jahresangabe und keine Ortsangabe. Wegen des Schriftbildes und der Kalenderbelegung wird Schleiermachers Amtszeit in Stolp vermutet, also entweder der 6. Februar 1803 oder der 29. Januar 1804, hier der spätere Termin (vgl. Kalendarium im Anhang zu KGA III/1).*

Septuag.

1. Wie verhält es sich zu den Erwartungen der Menschen
   [a.] nichts außerordentlich denn alle ⌊Dienste⌋ sind nur ordentlich
5 [b.] Anderwärts verheißt Christus größeres, wo nicht nach Belohnung gefragt wird
   Dies kann also allerdings nur auf die natürlichen Folgen gehn.
   Das tägliche Brodt des ⌊Geistes⌋
2. In welchem Verhältniß steht es zu den Thaten der Menschen
10 [a.] Die Menge und der Werth des Bewirkten ist zufällig
   [b.] Aber die Gesinnungen müssen gleich sein. Hier tritt das mit den Pfunden ein. Auch dieser Unterschied ist natürlich. *[Der Text endet hier.]*

---

7 Dies] *davor* ⟨2.⟩

Termin:	*Unbekannt*
Ort:	*vermutlich Schloßkirche (Johanniskirche) zu Stolp*
Bibeltext:	*keine Angabe*
Textzeuge:	*Autograph Schleiermachers; SN 58, Bl. 8r*
Texteditionen:	*Keine*
Andere Zeugen:	*Keine*
Besonderheiten:	*Umseitig ist die Briefanschrift „An den Herrn Hofprediger Schleiermacher zu Stolpe in Hinter-Pommern. den 11. Febr. zur reitenden Post"; dieses Briefumschlagblatt stammt wohl aus dem Jahr 1804, beschrieben vermutlich von Heinrich Eberhard Gottlob Paulus (1761–1851), vgl. KGA V/7, Nr. 1655.*

8r Gebet
Thema. Dreierlei Feinde des Guten
  I. Die Eigennüzigen
      1. imer dieselben
          a. im religiösen   5
          b. im bürgerlichen
      2. Betragen wie Christus
          a. Hofnung daß es nichts hilft, wenn ihnen noch ein Sieg gelingt
          b. standhaft, offen, in den Regeln des Rechts   10
  II. Die blind beherrschten
      1. Die größte Masse ist ohne Geist und Willen
      also denen zu Diensten die gern Menschen beherrschen wollen
      2. Betragen Christi.   15
         [a.] Auf keine unrechte Art auf sie wirken – Wenn sie sich nicht ändern wäre doch nichts mit ihnen gewonnen
         [b.] Ihnen verzeihen und helfen
  III. Die falschen Freunde   20
      1. Beschreibung
          a. Judas
          b. Die ihm ähnlich sind.

2. Betragen
   a. Vorauswissen
   b. Herz bewegen   *[Der Text endet hier.]*

Nr. 9
Am 14. Februar 1808 (vermutet)

Termin:	*Septuagesimae*
Ort:	*Neue Kirche zu Berlin*
Bibeltext:	*Ps 15,1–4*
Textzeuge:	*Autograph Schleiermachers; SN 58, Bl. 11r*
Texteditionen:	*Keine*
Andere Zeugen:	*Keine*
Besonderheiten:	*Der Predigtentwurf ist undatiert. Umseitig steht ein Brief vom 9. Februar 1808. In SN 53, 1808, Nr. 5 ist nur die Überschrift mit Termin und Ort, aber ohne Bibelstelle notiert (oben S. 744), es fehlt die Ausführung. Zum Psalmwort vgl. die Entwürfe der Predigten vom 25. März 1800 (oben S. 638–639), vom 23. April 1800 (oben S. 648) und vom 4. Dezember 1803 (oben S. 762–763).*

11r   Eingang. Liebe bleibt das Höchste – Aber es giebt für jedes Gute einen ähnlichen Schein. Jedes begünstigt ihn auf irgend eine Weise; hüten daß er ⌊uns nicht einfließe⌋

Text. Ps. 15, 1–4. – Alttestamentlicher Text oft leidenschaftlich auf dieser Seite. Um desto lieber aber das echt christliche aufnehmen   5

Thema. Nichtachtung der Gottlosen

    I. Ihr Urtheil nicht achten

        1. Zwar mögen sie sich auf vieles verstehn. Talente. Da frage man sie und lerne. Aber nicht Gesinnung. Blind mit Augen, ⌊verborgen auch⌋ den Unmündigen   10

            a. Scheut nicht ihren Tadel: Handlungen, unklug nicht zeitgemäß – über Triebfedern⌊:⌋ das verworrenste ⌊nie⌋ Aehnlichkeit mit sich. Außer ⌊der Belohnung wegen kümert Euch nichts.⌋ Der natürliche Mensch vernimmt nichts   15

            b. Sucht nicht ihren Beifall. Er ist böses Zeichen, wegen gänzlicher Ungleichartigkeit und weil sie nich-

---

4 Alttestamentlicher] A.   9 Aber] *korr. aus Unleserlichem*   16 Sucht] *korr. aus Unleserlichem*

---

10 Vgl. Mt 11,25

tig genug fühlen. Ob nicht Fehler oder Mißverständnisse sind.

Noch weniger suchen. Lob kann nur die Gleichgesinnten erfreuen. Sonst Eitelkeit[,] zieht Aufmerksamkeit ab.

2. Darum keine feste ⌊Wohnung⌋. Der Eitle kann kein treuer
Arbeiter sein, hat kein reines Herz. Darum nur Gottes
Urtheil und derer welche Sünden behalten können.

II. Ihre Kraft nicht achten

1. Zwar viele Fertigkeiten
Aber hier zugleich die Richtung
a. Achtet weder ihren Beistand. – Sie sollen gebraucht
werden im ⌊Verkehr, wo Vortheil gewogen wird⌋. –
Aber ⌊nicht eure Absicht, sie selbst als Theilneh-
mer⌋. – Sie können nicht bleiben. Was hat das Licht
mit der Finsterniß – Das ⌊Bitten⌋ wäre immer unnüz.
b. Achtet nicht ihren Widerstand. Sie können wol verhindern, darauf ist zu sehen. Aber selbst den Sieg ⌊ge-
ring⌋ achten; denn der Herr hat es gethan. Aber es ist
ihnen nur kleine Zeit gegeben. Wenn Gott mit uns
ist wer kann wider uns sein. – Wer ⌊nachläßt⌋ säet
Unkraut, zerstört statt zu bauen.

2. So ⌊wohnt man auf dem heiligen Berge⌋ *[Der Text endet hier.]*

---

6 kein] k.   9 Kraft] *korr. aus Unleserlichem*   9 achten] achtend

15–16 *Vgl. 2Kor 6,14*   **20–21** *Vgl. Röm 8,31*

Termin:	*22. Sonntag nach Trinitatis*
Ort:	*Domkirche zu Berlin*
Bibeltext:	*Mt 18,23–35*
Textzeuge:	*Autograph Schleiermachers; SAr 14, Bl. 2r*
Texteditionen:	*Keine*
Andere Zeugen:	*Keine*
Besonderheiten:	*Der Entwurf hat keine Jahresangabe und keine Ortsangabe. Wegen des Schriftbildes und der Kalenderbelegung wird das Jahr 1808 in Berlin vermutet. Aber auch spätere Jahre bis 1816 sind möglich (vgl. Kalendarium im Anhang zu KGA III/1).*

2r   Am 22. p. Trin.

Eingang. Viel von Vergeben – Lob desselben. Gnadenbund Bund
der Treue. Leichtsinn daraus. Das Große zersplittert, das lebendigste
ertödtet, das wahrste in Lüge verkehrt
Text. Matth. 18, 23–35. Die ⌊Fälle erstrebend recht⌋ Einen Gesichts-   5
punkt
   I. Gerichtstag. Unterschied der Zeiten. ⌊Geht Sünde⌋ auf Angst
      der Menschen ⌊ein⌋
      1. ⌊Stunde naht⌋. Nicht umsonst droht er mit Kerker und
         Knechtschaft   10
      2. Möchten wir auch nicht immer an des Andern Fehler
         denken, wir würden Stunden erwarten wo wir milde wä-
         ren und ⌊fähig⌋ zu genießen
  II. Der Mitknecht
      1. Ihm schuldig. In Gottes ⌊Sicht⌋ nichts zu vergeben⌊:⌋ wer   15
         bist du daß du richten willst? Nach andern ⌊Regeln⌋ han-
         deln.

2–3 Gnadenbund ... Treue] *über der Zeile mit Einfügungszeichen*   3 daraus] *folgt*
⟨Leichtsinn⟩   11 2.] b.

15–16 *Vgl. Mt 7,1–5*

2. ⌊wie⌋ wenig. Entweder gegen Gott nichts und nur gegen uns. ⌊Dann⌋ auch zu recht dem 7 mal 70 mal wenig. Oder es ist der kleine ⌊Anhang⌋

3. auch hier kein unbedingtes Vergeben. Stelle vor dem Evangelium. Die Würde des Herrn auch in uns ehren.

4. Bei dem König Rükweisung auf die göttlichen Gebote.

Schluß. Im gewöhnlichen Leben ist das Abendmahl der Rechentag

---

2 dem 7 mal 70 mal wenig] *mit Einfügungszeichen sieben Zeilen tiefer über* Schluß.

---

2 *Vgl. Mt* 18,22   4–5 *Vgl. Mt* 18,15–17

Predigtentwürfe
Stolp 1802

Manuskript „Predigt Entwürfe. Stolpe. 1802.“
SN 54, S. 46; Faksimile (verkleinert auf 57 %); vgl. unten S. 828–830

Stolpe. 1802. |

1.)   Am Ersten Pfingsttage Antrittspredigt.   *3*

Eingang.
5 1. Allgemeine Bedeutung des Tages. – Aenderung in den Gesinnun-
      gen der Jünger, erste Frucht von den lezten Belehrungen Jesu, Stif-
      tung der ersten Gemeine, die unser Aller Mutterkirche ist.
   2. Besondere Veranlaßung. – Ich freue mich meinen ersten Auftritt
      an dieses Fest anzuknüpfen; wir werden desto eher auf das we-
10   sentliche unserer Verbindung hingeführt: a. Daß auch wir uns
      erbauen und erhalten sollen auf demselben Grunde, b. Daß auch
      wir je länger je mehr von demselben Geiste durchdrungen
      werden.
Wie dies geschehen müsse, laßt uns erwägen.
15 Text. Röm. 1, 16. „Ich schäme mich des Evangelii von Christo nicht,
denn es ist eine Kraft Gottes selig zu machen Alle, die daran glauben." – Das war die Erfahrung jener Apostel und auch des Spätling
Paulus; es sollte auch die Erfahrung aller Christen sein.
Thema. Ueber die göttliche seligmachende Kraft des Evangelii.
20 Erstlich. Worin sie besteht. Zweitens. Wie sie durch Lehre und
Verkündigung in Thätigkeit gesezt wird.
      I. Worin sie besteht. – Es kann nicht gefordert werden ihre
         Wirkungen einzeln aufzuzählen; auch möchte daraus nicht
         einmal die richtigste Vorstellung entstehen. Nur den Geist mit
25   Wenigem darzustellen.
         1. Den Menschen über das Sinnliche zu erheben – so daß
            er
            a. im Genuß – nicht nur die Lust empfinden, sondern
               die Vortreflichkeit des Ganzen
30   b. in der Betrachtung – nicht nur die einzelnen Dinge
               wahrnehmen sondern den großen Zusammenhang,
               die höhere Ordnung, die symbolische Absicht

---

2 *Die zu Schleiermachers Zeit „Stolpe" genannte Stadt in Pommern östlich der Oder*
wurde durch die preußische Schreibnormierung der Ortsnamen zu „Stolp" und heißt
seit der Geltung des Potsdamer Abkommens vom 2. August 1945 mit polnischem Na-
men „Słupsk". 3 *Am 6. Juni 1802 vormittags in der Schlosskirche (Johanniskirche)*
zu Stolp über Röm 1,16

    c. in der Wirksamkeit – nicht nur auf Eigennuz gerichtet sein, sondern auf die Zweke der Vernunft und des Gefühls, auf Rechtthun und Gottesdienst.

2. Die Vorstellung des Uebersinnlichen von allem Wahne zu reinigen.

    a. Die Liebe muß ohne Furcht sein

    b. Der Geist der Wahrheit und des Erkentnißes losgemacht vom Buchstaben. |

[3.] Dies ist selig machend.

    [a.] So lebt der Mensch ruhig – ohne von gewaltsamen Begierden ergriffen zu werden

    [b.] So handelt der Mensch ruhig – ohne Angst über den Erfolg

    [c.] So leidet der Mensch ruhig – weil er seinen Endzwek auch im Unangenehmen findet

    [d.] So stirbt der Mensch ruhig – weil er sicher ist, was er sucht überall zu haben.

[4.] Dies ist die Kraft des Evangelii

    [a.] In Christo. Er erscheint uns als der Liebenswürdigste und Seligste jener übersinnlichen Denkart wegen – als der Sohn des Wohlgefallens jener ganz dissonanzlosen und kindlichen Liebe wegen.

    [b.] Im andern. So wirkte es

        [α.] Unter den Juden zur Reinigung von aller kleinlichen Denkart. Petrus. Paulus.

        [β.] Unter den Heiden sie zu lehren den unbekannten Gott.

II. Wie sie durch Lehre und Verkündigung in Thätigkeit gesezt wird.

1. In Beziehung auf die allgemeine Veranlaßung.

    [a.] Damals nur Verkündigung nothwendig der Unbekanntschaft wegen

    der Glaube kommt durch die Predigt.

    [b.] Sie war gesegnet,

        [α.] wo es Lehrer gab die Kraft und Einsicht hatten

        [β.] wo es Hörer gab die geistige Bedürfnisse empfanden.

2. In Beziehung auf das gegenwärtige Verhältniß

    a. Im Allgemeinen zwischen Christlichen Lehrern und Gemeinen

---

7 des Erkentnißes] *vgl. Adelung: Wörterbuch 1,1761–1762*   **25** Paulus.] Paul.

[α.] Es scheint nun anders zu sein[:] wir haben die Urkunden und werden von Kindheit an unterwiesen.

[β.] Es ist doch nicht minder nothwendig.

[1] Das erste Unterweisen ist aber auch der wichtigste Theil des Geschäfts. Es wird oft wieder weggeworfen und verdunkelt.

[2] Alles soll gesellig sein, also die Betreibung des Heiligsten auch

[γ.] Es kann auch noch gesegnet sein, wenn

[1] Von Seiten der Gemeine das Bedürfniß das ächte ist, und

[א.] Nicht Gewohnheit sie zur Andacht führt

[ב.] Nicht nette Ohrenlust zur Predigt

[ג.] Nicht Parteigeist zur Wißbegierde und zur Gemeinschaft.

[2] Von Seiten des Lehrers.

[א.] In der Lehre – es ihm nur auf den rechten Geist ankommt ohne Menschenfurcht oder Menschengefälligkeit.

[ב.] Im Leben. – sich die Kraft des Evangelii in ihm zeigt

[a] im übersinnlichen Denken und Gesinntsein

[b] in der Weisheit die von Wahn und Vorurtheilen frei ist |

b. Anwendung auf uns insbesondere. – Dies sind meine Gedanken über unser Verhältniß die ich mittheilen zu müssen geglaubt habe. Es wird uns gut gerathen wenn es so mit uns steht.

Wir kennen uns nicht

α. Mein Entschluß ist deswegen

[1] Euch zu vertrauen. –

א. Eure Aeltesten haben Ernst bewiesen warum solltet Ihr es nicht auch. –

ב. Ihr gebt Euch für Christen, warum sollte ich nicht glauben daß Ihr es seid.

[2] Mich nicht zu ärgern wenn ich nicht alles so finde, sondern in guter Hofnung das Meinige zu thun daß es so werde.

---

32 α.] 1.)   34–36 א. ... ב.] α. ... β.   37 Ihr] ihr

β. Mein Wunsch ist
(1) Daß Ihr mir auch vertraut als ob ich gleich der
    Empfehlung entbehre – ich kann es fordern
    um derer willen die mich gesendet haben
    א. an die Stelle eines würdigen Lehrers
    ב. nicht einen Jüngling sondern einen schon
       Erfahrenen.
(2) Daß Ihr (bis ich mir eine eigne Liebe er-
    werbe, wozu freilich Zeit gehört) die Liebe
    zur Sache auf mich übertragt, was Euch
    zweifelhaft ist nicht gleich streng beurtheilt,
    und vornemlich auf das wesentliche seht.
Dazu empfehle ich mich der Gemeine, den Aeltesten,
dem Collegen.

Gebet. Um Segen für die ganze Gemeine, für unser künftiges Beisam-
mensein, für die Verkündigung des Wortes an dieser Stätte, für die
Sorge der Aeltesten. Anfang des gewöhnlichen.

2.)   Am Zweiten Pfingsttage Nachmittag
Anm. Vergleiche Landsberg 1795 No. XXVI.

Eingang. Als eine Frucht der Ausgießung des Geistes wird die Ein-
müthigkeit angeführt. Gemeinschaft der Erbauung; Gemeinschaft der
Güter. Vieles davon kann jezt nicht mehr Statt finden. Aber die Gesinnung selbst soll doch bleiben, und sie wird auch ihre Art haben wie
sie sich äußern kann.
Text. Joh. 17, 20. 21. „Ich bitte aber nicht allein für sie, sondern
auch für die, so durch ihr Wort an mich glauben werden; auf daß sie
Alle Eins seien gleichwie Du Vater in mir, und ich in Dir, daß auch sie
in uns Eins seien, auf daß die Welt glaube Du habest mich gesandt."
Diese Worte schildern die Wichtigkeit der Sache, und enthalten eine
deutliche Hinweisung auf uns. |
6   Thema. Die genaue Vereinigung die unter den Christen noch jezt
Statt finden soll. Erstlich ihr inneres Wesen, Zweitens ihre natürlichen Aeußerungen.

1–8 β. ... (1) ... א. ... ב. ... (2)] 2.) ... a. ... α. ... β. ... b.   2–3 als ob ... entbehre] *über
der Zeile*   21 angeführt] *davor* (beschrieben)

---

18 *Am 7. Juni 1802 nachmittags in der Schlosskirche (Johanniskirche) zu Stolp über
Joh 17,20–21*   19 *Vgl. Predigt vom 24. Mai 1795 (oben S. 426–427)*

I. Ihr inneres Wesen. Wir wollen es uns aus den Worten des
Textes deutlich machen.

   1. Der Grund ist zu folge

      a. des Bildes, nemlich Christi Gleichheit mit Gott, wel-
che war

         α. eine allgemeine – Gleichheit des Wesens, des
denkenden, vernünftigen, sittlichen

         β. eine besondere – die Gleichheit des Willens und
der Ansicht

      b. im Gegenbilde unsere Gleichheit mit Gott

         α. Auch die allgemeine – Sagt Paulus: wir sind
göttlichen Geschlechts, könnten wir Christi Brüder sein, wenn nicht dasselbe in uns wäre?

         β. Als Christen auch die besondere vermittelst seiner.

   2. Das Wesen – Diese Gleichheit soll uns vereinigen. Eins
in Gott und Christo.

      a. Das in Allen gleiche göttliche auch gleich zu lieben

         α. es mit dem Unsrigen zu vereinigen

         β. es zu bewahren und fortzupflanzen

         γ. das Irdische um seinetwillen hinzugeben und ge-
ring zu achten.

      b. Christum in Allen zu lieben

         α. Alle sollen ihn darstellen – sein Gemüth lieben

         β. Alle sollen ihm nacharbeiten – Sein Werk
lieben.

So wird gewiß keine Parteisucht daraus entstehn. Daher

II. Ihre Aeußerungen

   1. Laßt mich falsche Vorstellungen hinwegräumen. – Aus
jenem Grunde folgt nicht

      a. Uebereinstimmung in Meinungen. – Meinungen
sind menschlich. Ihre Verschiedenheit beruht auf der
von Gott eingesezten Verschiedenheit der Menschen
überhaupt. Wer den Sinn Christi hat wird keine demselben widerstreitende Meinung a l s e i n e s o l c h e in
sich hegen, also kann diese Verschiedenheit auch jene
Gemeinschaft nicht hindern.

      b. Uebereinstimmung in Gebräuchen. – Sie sind theils
historisch theils national. Die schlechten bestehn oft

[Am Rand neben Z. 18:] NB. Die Darstellung sehr innerlich zu halten

---

4 Gott,] Gott.,   **26** So ... Daher] *zwischen den Zeilen*

11–12 *Vgl. Apg 17,28*

lange noch, wenn der unvollkomne Geist aus dem sie
herrührten nicht mehr existirt.

2. Die wahren werden folgende sein.
    a. Gegenseitiger Schuz
       [α.] Gegen die Feinde der Wahrheit und des Guten –
       Die Stimme erheben ohne Menschenfurcht.
       [β.] Gegen die Schwachheiten der Brüder, eigne und
       fremde.
    b. Gegenseitige Belehrung
       [α.] Was man an ihnen beobachtet; was an sich
       selbst. Auch die traurigen Geheimnisse des Her-
       zens nicht geschont.
       [β.] Wie sie sich verbreiten soll – bis wir Alle von
       Gott gelehrt sind. |
    c. Gegenseitige Unterstüzung. – Hier scheint der äu-
       ßere Zustand Viele freizusprechen, und die gesell-
       schaftliche Trennung manches zu hindern. Allein
       α. Jeder thue das Seinige. Schon dadurch wird au-
       ßer diesem viel Gutes befördert, das sonst an ent-
       fernten und kaum merklichen Hindernissen ge-
       scheitert wäre. Es sind viele Aemter aber es ist
       ein Herr.
       β. Auch außerdem wird Jeder Gelegenheit genug
       finden, wenn wir nur nicht denken, daß es mit
       Gelde gemacht sein muß. Gold und Silber habe
       ich nicht, dachte der Apostel; die geistigen Kräfte
       müssen wirksamer sein als diese die nur auf ei-
       nem Wahne beruhen.

Schluß. Die Möglichkeit eines solchen Zustandes wird Niemand
läugnen können. Auch nur Etwas gethan zu haben um ihn wirklich
zu machen muß vortreflich sein.

3.) Vorbereitungspredigt
(Vgl. 1794 vor dem 16. post Trin.)

Eingang. Ueberall ist große Verschiedenheit im Denken über Religionssachen. Im Allgemeinen zwei Partheien, eine ängstliche und eine

---

13–14 *Vgl. Joh 6,45 mit Zitat von Jes 54,13*   21–22 *Vgl. 1Kor 12,5*   25–26 *Vgl.*
Apg 3,6   32 *Am 12. Juni 1802 in der Schlosskirche (Johanniskirche) zu Stolp über*
1Joh 3,21   33 *Vgl. Predigt vom 4. Oktober 1794 (oben S. 362–364)*

freie. In beiden kann richtiges sein und falsches. Ehe der Religionslehrer seine Gemeine nicht kennt weiß er nicht welchen er entgegenzuarbeiten hat. Das Abendmahl und die Vorbereitung dazu ist auch ein
Gegenstand dieser Verschiedenheit. Laßt uns also über Beides reden
und das Wahre darin aufsuchen.

Text. 1. Joh. 3, 21. „Ihr Lieben, so uns unser Herz nicht verdammt
haben wir eine Freudigkeit zu Gott." – Diese Freudigkeit ist es, was
wir besonders beim Abendmahl suchen, und sie zu erlangen ist der
Zwek alles Vorbereitens. Nach diesem Maaßstabe laßt uns also

Thema. Den Werth alles dessen prüfen was man zur Vorbereitung
zum Abendmahle zu rechnen pflegt. Es gehört dazu Erstlich Enthaltung von sinnlichen Vergnügungen. Zweitens. Vorzügliche Beschäftigung des Gemüths mit religiösen Dingen. Drittens Strenge Selbstprüfung.

I.   Enthaltung von sinnlichen Vergnügungen.

    1.   Der ängstliche Christ
        Es soll kein irdischer Gedanke in seine Seele kommen und
        keine sinnliche Lust. Gott und die Welt, meint er, haben
        nichts mit einander zu schaffen.

    2.   Der freiere
        Was sonst unschuldig ist, ist es zu dieser Zeit auch. Wenn
        ich bei der Feier nur andächtig bin[,] schadet das Andere
        nicht. |

    3.   Beurtheilung   8
        a.   Wenn man alles weltliche schlechthin für ungöttlich
           hält, so muß das Herz ja verdammen wegen des vori-
           gen. Diese Verdamniß hört nicht auf wenn man sich
           eine Zeitlang enthält, besonders wenn Gelegenheiten
           kommen, wo man sich der inwohnenden Lust be-
           wußt werden muß.

        b.   Wenn man nur davon ausgeht, daß das weltliche un-
           schuldig ist: so hat doch alles unschuldige seine Zeit.
           Es ist Anmaßung wenn man dann Herr darüber zu
           sein glaubt andächtig zu sein; man wird die Erinne-
           rungen nicht verscheuchen, man wird die religiösen
           Gefühle auf keinen hohen Grad bringen.

        c.   Das Vollkomne wäre dieses. Der wahre Christ schei-
           det nicht so das Göttliche und das Weltliche; er sieht
           seine Vergnügungen auch als Pflichten an. Diejenigen
           bei denen er dieser Ansicht gewiß ist, wird er auch
           darin als eine Uebung der Gottseligkeit ansehn, die

welche ihm zu reizend sind wird er sorgfältiger meiden um nicht gestört zu werden.

II. Vorzügliche Beschäftigung des Gemüths mit religiösen
Dingen.

1. Der ängstliche Christ erzwingt sie durch Einsamkeit und
Abstraktion, unterstüzt sie durch fremde Gedanken.

2. Der freiere. Die Gefühle wären etwas Zufälliges und jede
Anspannung könne nicht lange dauern, wenn man nur
das allgemeine Bewußtsein der Frömmigkeit hätte. Es
wäre besser etwas Nüzliches zu thun als zu brüten.

3. Beurtheilung.

    a. Fromme Gedanken erzwingen zu müssen zeigt ja daß
sie nicht natürlich sind; fremden nachzugehn zeigt
daß man keine eignen hat – daraus kann keine
Freudigkeit zu Gott entstehn; ihm sind nur die Gedanken und Gefühle werth die in der Liebe thätig
sind.

    b. Wer aber keiner Erhöhung religiöser Gefühle fähig
ist; wem sie nicht bei einer solchen Veranlaßung natürlich und von selbst kommt, der muß wenig Empfänglichkeit haben; sein Herz muß ihn der Härtigkeit
verdammen.

    c. Das Vollkomne ist dieses. Die religiösen Gedanken
und Gefühle sind etwas immer begleitendes. Sie werden sich auch mitten im Leben äußern und bei einer
solchen Veranlassung natürlich desto stärker. So
kann das Herz nicht verdammen. |

III. Strenge Selbstprüfung

1. Der ängstliche Christ

    a. sucht jeden einzelnen Fehler mit Mühe auf, hat einen
ganz andern Maaßstab als gewöhnlich.

    b. Das Verdammen und Lossprechen des Herzens be-
ruht nicht auf den einzelnen Handlungen, das giebt
auf der einen Seite zu viel, auf der andern zu wenig. – Wer einen verschiedenen Maaßstab hat
⌊trügt⌋ sich selbst einmal oder das andre.

2. Der freiere Christ

    a. meint der Mensch müsse wissen wie er mit seinem
Gewissen steht; wer nichts Böses gethan habe, habe
immer Freudigkeit zu Gott.

    b. ist zu warnen.

---

23 Die] *davor* ⟨1.⟩⟩   **26** So] *davor* ⟨2.⟩ Zur Herrschaft⟩

      α. Das Herz will gefragt sein, ob es auch nicht ver-
           dammt. Schwächen wollen aufgesucht sein sonst
           verbergen sie sich.
      β. Wer sich nur nach der äußern Rechtlichkeit be-
           urtheilt, der kann auch die rechte Freudigkeit zu
           Gott nicht haben, weil er sein Verhältniß zu ihm
           gar nicht kennt.
  3. Der vollkomne
      a. denkt beständig über alles nach, die Reflexion beglei-
           tet seine Uebungen immer, und also auch jezt.
      b. er sieht aufs Fortschreiten, denn dies ist es, was Gott
           von uns fordert.
Schluß. Dieser Denkungsart wollen wir uns Alle je länger je mehr
nähern. Dann wird unsere Religion eine beständige Führerin und die
Religiöse Glükseligkeit uns nichts fremdes und seltnes sein.

          4.) Am Sonnt. Trinit. Vormittags
    Anm. Vergleiche 1795 No. 37 und 1796 No. 44.

Eingang. Das äußere Leben hat seine Abwechslungen. Je größer sie
sein können desto unvollkomner halten wir den Zustand; je mehr der
Mensch ihnen unterworfen ist, um so geringer seine Glükseligkeit. –
Es giebt innere Abwechslungen, die von diesen äußern nicht abhän-
gen; wir sollten eben so darüber urtheilen.
Text. Hebr. 13, 9. „Es ist ein köstlich Ding, daß das Herz fest werde,
welches geschieht durch Gnade."
Thema. Von der Festigkeit des Herzens, die wir suchen sollen. Erst-
lich Was dazu gehört, Zweitens Wie sie erworben wird.
  I. Was dazu gehört.
    1. Die Ueberzeugung muß fest werden. Denn Alles Gute soll
        aus der Ueberzeugung hervorgehn.
      a. Nicht von Allem – Es ist Weisheit sich zu be-
           schränken.
           Nicht [innerlich genau] – Wir sehn nur dunkel
           durch Nebel
           Nur vom Wahren und Guten

1–4 α. ... β.] 1.) ... 2.)   9–11 a. ... b.] 1.) ... 2.)   25 Von der] *geändert aus* Vom

16 *Am 13. Juni 1802 vormittags in der Schlosskirche (Johanniskirche) zu Stolp über*
Hebr 13,9   **17** *Vgl. Predigt vom 26. Juli 1795 (oben S. 441) und Predigt vom*
14. August 1796 (oben S. 520–521)

b. Wenn diese Ueberzeugung nicht fest ist (Jeder muß
den Zustand kennen) | so ängstiget den Menschen
[α.] bald die Vorstellung des Ewigen (wenn er eine
  Zeitlang dem Vergänglichen nachgegangen ist),
  bald die des Vergänglichen
[β.] bald der Ruf des Gewissens, bald die Regung
  der Lust
und die kleinste Veranlassung kann diesen Wechsel
hervorbringen.

2. Trieb und Lust zum Guten muß fest werden.
   a. Von der Ueberzeugung kann dies nicht sein – Der
   Mensch ist dann unterworfen den Versuchungen.
   Nach der Ueberzeugung und erlangter Herrschaft
   über die Leidenschaften ist er ausgesezt der Trägheit
   b. Er komt nicht vorwärts, und muß wenn er die Uebung im Guten unterlassen hat immer wieder vom
   alten Punkt anfangen. Er hat sich Vorwürfe zu machen über die schlechte Anwendung

3. Der Muth muß fest werden
   a. Man fürchtet
   [α.] den Spott der Menschen über die Gesinnungen
   [β.] ihren Widerstand gegen die Handlungsweise.
   b. Widerspruch wenn der welcher Allen überlegen ist
   sich fürchten soll vor denen die weit unter ihm sind –
   er muß sich bewußt werden daß es nur verkleidete
   Furcht ist vor der Schwachheit seines eignen Herzens.
   Man sieht also wie vortreflich es sein muß wenn alle diese
   Noth überstanden ist. Laßt uns sehn

II. Wie dies geschieht, nemlich durch Gnade. – Gnade ist das
was eigentlich und unmittelbar göttliche Wirkung ist ohne an
etwas übernatürliches zu denken, Einwirkung Gottes, Gemeinschaft mit den Menschen

1. Hört auf die Stimme Gottes
   a. Im Menschen – Euch selbst und Andern
   [α.] Ihr erscheint Euch am achtungswürdigsten in den
   Augenbliken wo Ihr Euch an die höhere Welt anschließt
   [β.] Was Ihr an andern Menschen und am gemeinschaftlichen Wirken verehrt, das ist das Hinzielen
   auf diese höhere Welt
   b. In der Natur.
   Sie macht den größten Eindruk, wenn Ihr alles auf
   jenes bezieht und sie anseht als das Mittel und den
   Schauplaz zum Gutes thun.

Das ist die Stimme Gottes. Traut ihr, sie wird Eure Ueberzeugung befestigen.

2. Schauet an das Wirken Gottes.

   Er ruht und rastet nicht – Wenn Ihr es nicht in jedem
   Augenblik wahrnehmt: so erscheint es Euch hernach auf
   einmal – so in den Menschen. – Die Kräfte der Natur
   sind in beständiger Bewegung. | Er ist nicht einseitig im   11
   Fördern und Vernachläßigen.

   Sezt Euch in Gemeinschaft mit dieser ausdauernden Thätigkeit. Das wird Euern Trieb befestigen

3. Betrachtet die göttliche Kraft

   Ein Widerstand nach dem andern wird überwunden. Das
   entgegengesezte selbst muß als Hülfsmittel dienen; das
   Geringere muß immer veredelt werden. Dieselbe Kraft in
   Euch ist also auch Kraft Gottes, und muß am Ende gewiß
   siegen. Das muß den Muth befestigen.

Schluß. An die Communicanten. Wir wollen die Jüngerschaft erneuern, dazu gehört besonders Festigkeit des Herzens. Christus hat nicht
Gefallen an denen die vom Winde bewegt werden, an denen die zurüksehen. Wir haben aber auch besondere Ermunterung. Aus Niemand redete so deutlich die Stimme Gottes. Niemand stellte so seine
Wirksamkeit dar; Niemand hatte einen solchen ⌊Triumph⌋. Laßt uns
die Kraft des Beispiels eines Vorangehenden benuzen.

5.) Am 1. Sonnt. n. Trin. Nachmitt. über Prov. 17, 22.
    Anm. Vergleiche 1795 No. 54.

Eingang. Das Wohlbefinden des Menschen besteht in seinen angenehmen Vorstellungen. Diese kommen von außen, aber auch von innen. Im Großen und im Kleinen können wir diese innere Quelle nachweisen.

Wehe nun dem, der sich für den Mangel des Innern durch das
äußre schadlos halten will; die angenehmen Gegenstände, wenn er sie

---

10 Euern] euern   15 am] *korr. aus Unleserlichem*

---

19 *Vgl. Mt 11,7*   **19–20** *Vgl. Lk 9,62*   **24** *Am 20. Juni 1802 nachmittags in der*
Schlosskirche (Johanniskirche) zu Stolp   **25** *Vgl. Predigt vom 15. November 1795*
(oben S. 460–461)

auch erlangt[,] werden sich ihm in gleichgültige oder unangenehme
verkehren

Vielmehr müssen wir suchen unsere Glükseligkeit unabhängig zu
machen von den äußeren Dingen – Nicht durch Unempfindlichkeit,
da heben wir das Angenehme mit auf, und gewiß äußert sie ihren
nachtheiligen Einfluß auch auf den innern Bestandtheil, sondern
durch Ausbildung der Anlage das Vergnügen aus uns selbst hervorzubringen

Text. Prov. 17, 22. „Ein fröliches Herz macht das Leben lustig."
Thema. Der Werth eines frölichen Herzens – Er wird erkannt wenn
wir sehen Erstlich Woher es entsteht, Zweitens wie es wirkt.

   I. Wie es entsteht.
      1. Nicht das welches der Jugend eigen ist. Entsteht aus Un-
          bekanntschaft mit der Welt – Aeußert sich durch Aufsu-
          chung des Angenehmen, durch Fliehen vor Allem ernst-
          haften. – Es leert sich aus und stumpft sich ab.
      2. Nicht das welches aus einer gewißen körperlichen Be-
          schaffenheit entsteht
          Ist Zufällen unterworfen, und dann fehlt die Kunst das
          zu behandeln, was nur so vorübergehend war |

12   Wenn auch beide heilsam wären, sie könnten nicht gefordert
     werden – sondern
      3. Die welche entsteht a. aus einem rechtschaffenen Wandel
          b. einem liebevollen Gemüth c. einem religiösen Sinn –
          Man glaubt dies nicht
          a. Rechtschaffner Wandel erzeugt Selbstzufriedenheit –
             der günstigste Boden für die Freude. Die ganze Welt
             ein heiteres Ansehn. Vertrauen daß es so fortdauern
             wird.
          b. Liebe macht froh durch Rükwirkung der Freude –
             durch das Gefühl der immer vermehrten Kraft
          c. Religiöser Sinn. Besondere Aufforderung zum Ge-
             nuß, leichte Behandlung der irdischen Dinge.
          Die heitersten Menschen sind die gewesen, die dies Alles
          vereinigten. Jesus.
   II. Wie es wirkt.
      1. Wer ein fröliches Herz hat weiß sich im Leiden zu hal-
          ten – weil es die Quelle seiner Freuden nicht stört. Es
          giebt ihm
          a. Neue Gelegenheit zur Selbstzufriedenheit.
          b. Schöne Aeußerungen der Liebe.

---

23 Die] *zu ergänzen wohl* Fröhlichkeit des Herzens

c. Stört ihn nicht in der Beziehung auf Gott, weil er es
im Zusammenhange betrachtet.
2. Es bewahrt vor vielen Unannehmlichkeiten – Es erzeugt
a. Eine einfache Lebensweise – [Verkünstelung] ist
Quaal
b. Mäßige Wünsche – Die Fantasie hat anderes zu thun.
3. Es hat seine eigene Freude. Ein großes Feld des Gemüthes, das fremde Glük, die ganze Vergangenheit.
Schluß. Laßt uns immer mehr diese Ansicht von der Glükseligkeit
gewinnen daß sie aus dem Frohsein des Herzens entsteht, und diese
Ansicht von Tugend und Religion daß sie diesen Frohsinn befördern.
So Jesus, so die Apostel die uns ermahnen uns zu freuen im Herrn.

––––––––––––

6.) Montag d. 21. Junius in Stemniz

Eingang. Die Menschen suchen oft das Ferne anstatt des Nahen und
das Zufällige anstatt des Wesentlichen in der Glükseligkeit in der
Pflichtübung. Beides kommt zusammen in der Religion.
Text. 1. Joh. 4, 20. „So Jemand spricht ich liebe Gott und haßet
seinen Bruder der ist ein Lügner. Denn wer seinen Bruder nicht liebt
den er siehet, wie kann der Gott lieben, den er nicht siehet." |
Thema. Die nothwendige Verbindung der Liebe Gottes mit der   13
Liebe zu den Menschen. Erstlich die Gründe dieser Verbindung.
Zweitens einige Folgen daraus.
I. Die Gründe dieser Verbindung
1. Soll Liebe zu Gott sich auf Dankbarkeit gründen
a. so muß man die Menschen lieben, welche die sichtbaren Wohlthaten sind. Das meiste Gute kommt uns
durch sie, und Jeder mit dem wir in nähere Verbindung kommen hat Antheil daran.
b. Und wie will man die Dankbarkeit gegen Gott anders
beweisen als durch Fortpflanzung seiner wohlthäti-
gen Liebe
2. Soll sie aus Anschauung seiner Vollkommenheit entstehn
a. Die Menschen sind sein sichtbares Ebenbild. Durch
ihre Betrachtung bekommen wir die ersten Begriffe
von Allem was wir an Gott bewundern und lieben –
also müssen wir sie auch [zuvor] geliebt haben.

––

12 *Vgl. Phil* 3,1; 4,4

   b. Alle Vollkommenheiten Gottes machen ihn nicht lie-
    benswürdig sondern nur die Liebe. Das ist ⌊überdies⌋
    die christliche Ansicht von ihm. Also muß man die
    Liebe lieben; also auch sie haben
  II. Einige Folgerungen daraus
   1. Aller Dienst Gottes ohne Liebe zu den Menschen ist nicht
    Liebe zu Gott sondern entweder Furcht oder vorüberge-
    hende Aufwallung.
   2. Es giebt von der Liebe zu den Menschen auch einen fal-
    schen und leeren Schein. Laßt uns nach derjenigen trach-
    ten aus welcher Liebe zu Gott entsteht.
   3. Im Verhältnis zu Christo werden wir am deutlichsten
    inne werden, wie beides Eins und dasselbe ist.

———

  7.) Am 2. Sonntag nach Trinitatis Vorm.
     (Vgl. 1795. No. 38)

Eingang. Kein Tag sollte ohne einige Fortschritte sein, weil es keinen Stillstand giebt. Dies wird so selten erreicht weil man immer nur
das Große will. Laßt uns sehen wie nachtheilig dies ist
Text. Luc. 16, 10. „Wer im Kleinen untreu ist, der ist es auch im
Großen"
Thema. Untreue in Kleinigkeiten die pflichtmäßig sind führt zur Untreue im Großen. Dies erhellt Erstlich aus den Folgen der Vernachläßigung im Kleinen, Zweitens aus den Gesinnungen, die dabei zum
Grunde liegen. |
14 I. Die natürlichen Folgen
   1. In dem was zu unserer Besserung gehört
    a. α. Die gewöhnlichen Fehler sind nicht die heftigen
      Leidenschaften und Laster, die in gewaltigen
      Handlungen ausbrechen, sondern die weichlichen
    β. Die mangelnden Tugenden nicht Gerechtigkeit,
      errettende Menschenliebe und alle die sich in
      großen Thaten äußern sondern Ueberlegung,
      Emsigkeit

---

13 werden,] *davor* ⟨⟨,⟩⟩ ⟨welches auch zeigt⟩ **27–1** α. ... β. ... γ.] 1.) ... 2.) ... 3.)

---

*14 Am 27. Juni 1802 vormittags in der Schlosskirche (Johanniskirche) zu Stolp über
Lk 16,10* *15 Vgl. Predigt vom 2. August 1795 (oben S. 442–443)*

γ. Das gemeine Hinderniß alles Guten ist die Macht
     der Gewohnheiten

b. Alles dies entsteht durch Kleinigkeiten und ist nur die
     Wiederholung von Kleinigkeiten. Einzelne Uebertre-
     tungen, einzelnes Nachgeben an sinnliche Triebe, ein-
     zelne mechanische Handlungen die Gewohnheiten
     begründen sind Kleinigkeiten. So merkt man nicht
     wie oft man sie wiederholt, und das Uebel wurzelt
     ein.

2. Im freien geselligen Verhältniß – hat man überall nur
     Gelegenheit zu Kleinigkeiten aber

   a. Wir können nie beurtheilen was dem Andern Kleinig-
        keit ist

   b. Die Kraft die aus einem freundlichen Betragen ent-
        steht ist etwas Großes, und es kann keine Kleinigkeit
        sein sie zu vermindern

   c. Die Uebellaunigkeit, die aus den Unterlassungen des
        Wohlwollens entsteht ist etwas sehr Großes.

3. In Berufssachen – Diese sind überall mit Kleinigkeiten
     überladen

   a. Wer herrschend oder unabhängig ist suche sie zu ver-
        tilgen

   b. Was aber zum Gesez gehört muß heilig sein

      α. es ist gewiß ein Hinderniß für manches Böse

      β. Das Uebertreten bringt größere Zumuthungen
           ⌊hervor⌋

II. Die Gesinnungen die dabei zum Grunde liegen

   1. Mangel an Nachdenken

      a. Ist schon an sich eine Untreue im Großen, weil der
           Verstand das größte ist unter unsern Gütern

      b. Wenn wir den Reiz des Gegenstandes brauchen um
           zum Nachdenken erwekt zu werden so stumpft sich
           dieser nach und nach ab, und Alles wird gedan-
           kenlos.

   2. Maxime es nicht genau zu nehmen

      a. Hat man überlegt und handelt anders, so muß man
           nach andern Trieben handeln und diesen wird da-
           durch Gewalt eingeräumt

      b. Ist man gegen einige Sachen gleichgültig geworden so
           fängt man an die nächsten für Kleinigkeiten zu hal-
           ten – am Ende bleibt nur die Rechtlichkeit übrig

---

18 entsteht] *davor* ⟨ist⟩   **29** eine] *korr. aus Unleserlichem*

c. Wer nur auf den Gegenstand, nicht auf die Gesin-
nung sieht, der wird also um so weniger handeln, je
weniger Gesinnung er hat zu reüssiren
Schluß. Die beiden Hauptgrundsäze der Religion sind [hierbei] im
Spiel
1. Der welcher uns tröstet und aufrichtet daß nemlich Alles im
Zu|sammenhange betrachtet werden muß; er lehrt uns nichts für
Kleinigkeit ansehn.
2. Der welcher die Reinigkeit unserer Religion ausdrükt und uns von
Aberglauben und Vorurtheilen befreit: daß nemlich beim Dienst
Gottes und des Gewissens Alles auf das Innere ankommt. Er lehrt
uns also daß dieses einen unabhängigen und zwar den höchsten
Werth hat.

8.) Sonnab. d. 3. Julius Vorbereitung in Marienfelde
(confer 1794. No. 1.)

Eingang. Die Religion Christi ist geistig; auch alle ihre Gebräuche;
sie sind weder magisch noch narkotisch, sondern symbolisch. So auch
das Abendmahl von mehreren Seiten
Text. Luc. 22, 19. „Das thut zu meinem Gedächtniß."
Thema. Wie sich beim Abendmahl besonders die Erinnerung an
Christum gestaltet. Erstlich an das was ihm bevorstand. Zweitens
an seine Gemüthsstimmung dabei. Drittens an seine Verheißungen.
 I. Laßt uns an das denken was ihm bevorstand – Das Abend-
    mahl ist
    1. Erinnerung durch seine Symbole
    2. Aufmunterung
       a. In Verbindung mit ihm zu bleiben – Text
       b. In dem Bunde den er gestiftet wirksam zu sein. Das
          ist das neue Testament in meinem Blute.
 II. Laßt uns denken an seine Gemüthsstimmung
    1. Erinnerungen
       a. Liebe zu seinen Jüngern (Mich hat herzlich verlangt.)
          Ohnerachtet sie ihn noch so wenig verstanden
       b. Nachsicht und Warnung an Judas: Doch siehe der
          mich verräth p.

---

15 *Vgl. Predigt vom 26. Juli 1794 (oben S. 343–344)*   28–29 *Vgl. Lk 22,20*
32 *Lk 22,15*   34–35 *Vgl. Lk 22,21*

2. Aufmunterungen
    a. Indem wir uns in Gemeinschaft mit allen Christen
       denken finden wir auch die Schwachen. Laßt uns
       auch sagen: mich hat herzlich verlangt
    b. Es kann sein daß wir auch Feinde haben. Laßt uns
       hier keine bittere Leidenschaft stören.
III. Laßt uns denken an seine Verheißungen
    1. Erinnerung: bis ich es trinke im Reich meines Vaters. |
    2. Aufmunterungen.   16
    a. Was wir hier bestätigen ist ein Bund der auf die Ewig-
       keit gerichtet ist. Wenn wir auch hier die Früchte
       nicht sehn wie Christus.
    b. Die Grundsäze die wir hier bekomen erinnern uns
       imerfort an die höhere Welt der sie angehören. So
       laßt uns mit Ruhe an die Zeit denken wenn wir es
       hier nicht mehr trinken.
Schluß. Diese heitere Stimmung welche das Andenken an Christum
hervorbringt ist die beste bei der Feier des Abendmahls.

9.)   Am dritten Sonntag nach Trin. über Röm. 6, 20–22.
             Vergleiche 1794 am 7. p. Tr.

Eingang. Man stellt oft die Sittlichkeit und Frömmigkeit als den
Weg zur Glükseligkeit vor. Es hat sein Wahres, kann aber gefährlich
werden, wenn man es zu früh verwendet und falsch versteht. Christus
stellt es anders vor. Unnüze Knechte, Aufwarten wenn man schon
gedient hat. Den Zustand als einen solchen kennen, und ihn doch
allen übrigen vorziehen ist das Rechte.
Text. „Denn da ihr der Sünde Knechte waret, da wart ihr frei von
der Gerechtigkeit. Was hattet ihr nun zu der Zeit für Frucht? Welcher
ihr euch izt schämet, denn das Ende derselben ist der Tod. Nun ihr
aber seid von der Sünde frei und Gottes Knechte worden habt ihr eure
Frucht daß ihr heilig werdet, das Ende aber das ewige Leben.“
Thema. Paulus kennt nur diese beiden Zustände. Laßt uns also vergleichen den Dienst der Gerechtigkeit mit dem Dienst der Sünde.

32–33 vergleichen] Vergleichen

---

8 *Vgl. Mt 26,29*   **19** *Am 4. Juli 1802 in Marienfelde*   **20** *Vgl. Predigt vom*
3. August 1794 (oben S. 345–347)

E r s t l i c h Der Mensch muß entweder der Gerechtigkeit dienen oder
der Sünde. Z w e i t e n s Wieviel besser der daran ist, der das erste gewählt hat.
    I. Der Mensch muß entweder der Sünde dienen oder der Ge-
       rechtigkeit
      1. Was heißt dienen? – Seinen Willen einem fremden un-
         terwerfen. Der Actus des Unterwerfens ist aber immer ein
         actus des eignen Willens
      2. Anwendung auf das sittliche
         [a.] Dies Verhältniß findet bei jedem Menschen Statt. Es
           giebt einen späteren einzelnen Willen, der dem frühe-
           ren allgemeinen wi|derspricht.
         [b.] Auch da wo man keine Leidenschaften sieht, wird der
           Klugheit oder der Trägheit gedient.
      3. Schluß.
         [a.] Jeder Zustand der nicht ein Dienst der Gerechtigkeit
           ist, ist Dienst der Sünde.
         [b.] Wenn er seinen besondern Willen einem andern allge-
           meinen unterwirft[,] so sezt er etwas sinnliches über
           das Geistige und das ist Sünde.
         [c.] Wenn er glaubt ihn gar keinem zu unterwerfen und
           also nur frei sein will von der Gerechtigkeit: so unter-
           wirft er die sittlichen Forderungen der Bedingung,
           daß etwas sinnliches dabei sein soll – das ist Sünde.
    II. Wieviel besser der daran ist, der der Gerechtigkeit dient.
      1. Wer gebietet.
         a. Im Dienst der Gerechtigkeit Gott der uneigennüzigen
           Vernunft die zum Gebieten gemacht ist.
         b. Im Dienst der Sünde. Triebe die eigentlich thierisch
           sind und zum Dienen gemacht.
           V g l . Im irdischen gehorchen wir lieber dem, was zur
           ersten Art gehört[,] wie sollten wir uns nicht glüklich
           schäzen es im Ganzen auch zu können.
      2. Wie wird geboten.
         a. Im Dienst der Gerechtigkeit. Mit Ordnung und Ruhe,
           nach übereinstimmenden Regeln.
         b. Im Dienst der Sünde. Mit Ungestüm, und so das was
           dem andern widerspricht, oft ehe noch eines vollen-
           det ist. Ein solcher Dienst kränkt und erniedrigt im
           Einzelnen wieviel mehr im Ganzen.
      3. Welches ist die Frucht.

[Am Rand neben Z. 23:] Röm. 8, 7.

a. Die Sünde gleicht einem Herrn, der

   α. in seinen Diensten alle Fähigkeiten unterdrükt, die er nicht brauchen kann – er wird frei von der Gerechtigkeit, von dcr Liebe, vom Verstande – die Frucht, welcher ihr euch jezt schämt.

   β. durch Uebertreibung sie zum Dienst selbst unfähig macht, und sie dann wegwirft – das Ende ist der Tod.

b. Die Gerechtigkeit gleicht einem Herrn, der

   α. in seinen Dienern alle Talente ausbildet und durch mäßige Uebung erhöht. – daß ihr euch heiliget

   β. Der sie liebt, und sie nach und nach als Glieder | seines Hauses ansieht – Das ist das ewige *18* Leben

Schluß. Ist alles gesagt nicht um die Wahl frei zu stellen, die muß lange getroffen sein: es trete ab nun die Ungerechtigkeit – Sondern um uns einmal recht bewußt zu werden wie es um uns steht damit wir uns nicht überheben. Wir wollen im Dienst bleiben als Christen, denn der Gedanke, daß der Herr die Liebe ist, Alles erleichtert, bis wir endlich zur vollen Freiheit gelangen

---

10.)   Am 4. Sonnt. n. Tr. 11. Julius über Matth. 10, 14.
(Vgl. 1795 No. 41.)

Eingang. Die allgemeine Liebe kann keine gleiche Liebe sein. Gleich nur darin, daß wir nicht auf uns selbst sehn; nicht aber darin, wie wir auch auf Wunsch und Wollen des Andern zu sehn haben. Hierin Unterschied zwischen Anvertrauten und Fremden. Bei leztern muß man sich genau an sie selbst halten, sonst Zudringlichkeit.

Text. „Und wo Euch Jemand nicht annehmen wird noch eure Rede hören, so gehet heraus von demselbigen Hause oder Stadt und schüttelt den Staub von euren Füßen."

[Am Rand neben Z. 15:] Ephes. 2, 19.

2–14 α. ... β. ... α. ... β.] 1.) ... 2.) ... 1.) ... 2.)   **32** Füßen] Füssen

---

23 *Am 11. Juli 1802 vormittags in der Schlosskirche (Johanniskirche) zu Stolp; vgl. Einzeln überlieferte Predigtentwürfe 1802–1808, Nr. 2 (oben S. 756–757)*   **24** *Vgl. Predigt vom 23. August 1795 (oben S. 445–446)*

Man sieht hieraus daß Christus selbst diesen Unterschied aner-
kennt denn den Jüngern unter einander empfiel er eine weit größere
Beharrlichkeit. Daher
Thema. Daß wir uns Andern nicht aufdringen sollen. Erstlich mit
guten Lehren. Zweitens mit guten Rathschlägen. Drittens mit gu- 5
ten Diensten.
    I. Mit guten Lehren, Glaubens oder Sitten
        1. Grenze der Zudringlichkeit. Das Unerbetene. Man muß
            jedem zutrauen
            a. ein richtiges Gewissen 10
            b. einen seinem Charakter gemäßen Glauben
        2. Folgen
            a. Widersezung gegen das wirklich Gute
            b. Meinung von geistlichem Stolz
        3. Gründe. Es liegt doch gewöhnlich in der Sucht unsere 15
            eigne Meinung und Denkungsart zu verbreiten.
        4. Auskunft. Redet ohne individuelle Beziehung und nicht
            grade in dem Moment des Gefehlthabens.
    Dies ist religiös. Denn grade so belehrt uns Gott.
    II. mit guten Rathschlägen in weltlichen Angelegenheiten 20
        1. Grenze
            a. Wo man die Sache nur aus indirekten Nachrichten
               weiß. |

19
            b. Wo etwas mit im Spiel sein kann was man nicht weiß.
        2. Folgen. 25
            a. Die Geheimnißsucht wird genährt.
            b. Es wird für Vorwiz und Eitelkeit gehalten.
        3. Auskunft
            a. Suche Dir Vertrauen zu erwerben damit man Dich
               frage. 30
            b. Seze Dich in den Ruf daß Du kein Vormundschaftli-
               ches Recht darauf gründest.
    Gott drängt uns auch seinen Rath nicht auf sondern ertheilt
    ihn uns durch die Umstände, welche von unsern Absichten
    nichts zu wissen scheinen 35
    III. Mit guten Diensten
        1. Grenze
            a. Wo wir der Zustimmung nicht ganz sicher sind

---

2 denn den] denn   9 zutrauen] Zutrauen   18 in] *über* ⟨bei⟩

2–3 *Vgl. Joh 13,34–35; 15,12.17*

      b. Wo die Zurüstungen eine gewisse Oeffentlichkeit er-
         fordern
  2. Gründe.
      a. Gewöhnlich eine verborgene Herrschsucht
      b. Mangel an Ueberlegung
  3. Folgen
      a. Unnüze Verschwendung der Kräfte
      b. Undankbarkeit die man verdient hat.
  Gott drängt uns seinen Dienst nicht auf.
  4. Auskunft
      a. Suche ihn zu unterstüzen in dem, worin er schon be-
         griffen ist.
      b. Suche ihn zu vertheidigen
  Gott bringt die Gerechtigkeit herfür wie ein Licht.
Schluß.
  1. Die Gefühle welche diese Zudringlichkeit schädlich machen findet
    man unter allen Ständen
  2. Religiöser und liebevoller Sinn sind die besten Quellen der Lebens-
    weisheit.

11.)   Am 5. Sonnt. n. Tr. 18. Julius über 1. Petr. 2, 12.
       (Vgl. eine concipirte Predigt von 1794.)

Eingang. Ein sehr weit verbreiteter Fehler ist die Verläumdung in
allen ihren verschiedenen Graden. Viele sind gleichgültig dagegen.
Wer eigensüchtige Absichten hat kann immer ein anderes Hülfsmittel
aufbringen um den Schaden zu ersezen. Nicht so der welcher durch
seine Gesinnungen wirken will. Ihm muß daran liegen daß diese Gesinnungen erkannt werden.
Text. „Führet einen guten Wandel unter den Heiden, auf daß die, so
von euch afterreden als von Uebelthätern[,] eure guten Werke sehn
und Gott preisen so es nun an den Tag kommen wird.“
Thema. Der gute Wandel das einzige Sicherungsmittel gegen die Verläumdung. Erstlich Daß alle andern unzureichend sind. Zweitens
Daß der gute Wandel, recht ver|standen[,] hinreicht.   20

10–14 4. Auskunft … Licht.] *am Rand mit Einfügungszeichen*   **21** concipirte] concip.

---

20 *Am 18. Juli 1802 nachmittags in der Schlosskirche (Johanniskirche) zu Stolp*
21 *Vgl. Frühe Predigten Nr. 24 (oben S. 222–230)*

I. Andere unzureichend, wegen der Art der Verbreitung, der Quellen der Verläumdung, der Gründe warum ihr gern Gehör gegeben wird. Möglich sind nur folgende

  1. Gerade Aufdekung und Zuredestellung gerichtlich und gesellschaftlich

    a. Das Geschäft ist

      [α.] widrig – heraufschwimmen eines unreinen Stromes zu tausend kleinen trüben Quellen

      [β.] lächerlich – wegen Unverhältnißmäßigkeit des Mittels gegen den Zwek, weil es doch für die Folge nicht hilft

    b. der Ausgang – der Verläumder

      [α.] entzieht sich oder

      [β.] verbirgt sich besser

  2. Den Verläumder gewinnen – Hinderniß die verschiedenen Quellen

    a. Läßt sich vielleicht durch Unterwürfigkeit und Demuth

      [α.] der feindselige persönliche

      [β.] der herrschsüchtige

    b. Gewiß aber nicht

      [α.] der Ungläubige an die Tugend

      [β.] der neidische auf guten Ruf

      [γ.] der feindselige gegen den Stand

      [δ.] der Knecht seines Wizes

      Mittel dagegen sind unwürdig oder unmöglich

  3. Sich bei den Hörern in Ansehn sezen – Hinderniß das eingewurzelte Wohlgefallen

    a. In ein Ansehn der Achtung

      Dem entziehn sie sich gern insgeheim aus Stolz oder um ihre eigne Schaam zu lindern

    b. In ein Ansehn der Liebe – Sie übersehn es

      [α.] Weil sie es nicht böse meinen, oder

      [β.] Aus Langeweile.

II. Der gute Wandel hilft.

Einwurf. Das Rechthandeln kann ja nicht gegen das Erdichten helfen. Antw. es kommt auf die Beschaffenheit an

  1. offen und freimüthig

    a. keine besondere Rüksicht auf das Urtheil der Menschen: so wird man es nicht mit einigen durch eigne Schuld verderben und andern Gelegenheit zu der Verläumdung geben daß man sich unter jene schmiegen wolle

        b. kein Geheimniß – so denkt bei einer Verläum-
           dung jeder er würde es selbst gefunden haben. Das
           Geheimniß lokt wie alles verbotene.
    2. gleichförmig
        a. Wenn man noch auf einigen Seiten leidenschaftlich
           oder sinnlich ist, weiset man die Feinde der Tugend
           selbst darauf das Andere auch so auszulegen
        b. Bei der Gleichförmigkeit sind schlechte Auslegungen
           zu schwer wahrscheinlich zu machen, noch weniger
           können sie sich hernach lange halten
    3. ohne Eitelkeit und Ruhmsucht
        a. Diese reizt die Neidischen
        b. ein schlichter Mensch ist zu wenig interessant. |
Schluß.
1. Man sieht auch hieraus, daß wir zu Beförderung unserer Glükseligkeit nichts besonders zu thun brauchen.
2. Frömmigkeit und Tugend braucht keinen fremden Schuz, sondern
   findet alle Hülfe in sich selbst
3. Wir bilden uns oft ein um des Guten willen zu leiden, es ist aber
   nur wegen der Unvollkommenheit des Guten
4. Dem Gerechten muß Alles zum Besten dienen; auch dieses schwer
   verwundende Uebel, es gehört zu den Trübsalen durch die man in
   das Reich der Vollkommenheit eingeht. Diesem laßt uns zueilen
   und schneller durch die unvollkomnen ⌊Grade⌋ hindurchgehn wo
   jenes noch unvermeidlich ist. Dann komt die Zeit Prov. 4, 18.

12.)   Am 24. Julius Vorbereitungspredigt über Matth. 5, 8.
               (Vgl. 1795 No. 4.)

Eingang. In allen Religionen hat es besondere Darstellungen vor
Gott gegeben. Dies widerspricht auch recht verstanden den richtigen
Begriffen nicht. Bei uns ist dies das Abendmahl. Der Geist jeder Reli-
gion zeigt sich darin, was zur reinen Darstellung vor Gott gefordert

---

[Am Rand neben Z. 11:] 2. Cor. 1, 12.

---

22 durch] in

---

26 *Vorbereitungspredigt in der Schlosskirche (Johanniskirche) zu Stolp*   **27** *Vgl.*
Predigt vom 17. Januar 1795 (oben S. 393–394)

wird. Lasst uns dankbar daran denken, wie weit uns Christus hierin
geholfen hat.

Text. „Selig sind die reines Herzens sind, denn sie werden Gott
schauen." Es war die alte Lehre, sie war aber untergegangen.

Thema. Werth der christlichen Begriffe von der Reinigung vor Gott   5
   I. Danket Christo dass er uns gelehrt hat nichts äußeres dazu
      zu rechnen.
     1. Das Herz wird beschwert, wenn es außer der sittlichen
       Pflichterfüllung noch auf äußere Kleinigkeiten sehen soll.
     2. Das Gewissen wird verfälscht weil man leicht auf den Ge-   10
       danken geräth sittliche Mängel dadurch beheben zu wollen.
     3. Die dennoch etwas Aehnliches in das Christenthum hin-
       einbringen wollen handeln Christo zuwider
  II. Danket Christo daß er uns gelehrt hat nicht auf die Handlun-
     gen zu sehn.   15
     1. Die unbedeutend scheinenden verlieren sich aus dem Ge-
       dächtniß – es ist auch recht daß die linke Hand nicht
       weiß, was die rechte thut.
     2. Nicht jedes schöne Kleid ist ein hochzeitliches; man
       kann | sich leicht einen falschen Werth beilegen.   20
 III. Danket ihm daß er uns gelehrt hat auf das reine Herz zu
    halten. Beschreibung des reinen Herzens.
     1. Dann können wir über das andere auch ruhig sein, wir
       haben gewiß gethan was wir schuldig waren. Die Prüfung
       wird abgekürzt und ist jeden Augenblik möglich.   25
     2. So ist Religion und Moral, Gesinnung und Leben eins
       und es kann kein innerer Widerstreit stattfinden.
     3. Es findet keine Täuschung statt. Das Kainzeichen ist das
       ob man Gott schaut. Wer ohne Hinderniß zu Seiner Voll-
       kommenheit, Seiner Liebe, Seiner Weisheit aufsehn kann   30
       ist reines Herzens
 IV. Danket ihm daß er es uns nicht nur gelehrt, sondern auch ver-
    schafft hat. – Das Blut Christi macht uns rein von Sünden
    [1.] Seine Lehre – hat uns aufgeklärt.
    [2.] Sein Muth – macht uns tapfer.   35
    [3.] Seine Liebe – reinigt und entzündet die unsrige
Schluß. Laßt uns unsere Anhänglichkeit auch jetzt würdig erneuern

22

[*Am Rand neben Z. 13:*] Matth. 15, 11–14.

17–18 *Vgl. Mt 6,3*

13.)   Am 6. Sonnt. n. Trin. 25. Julius VM. über Matth. 13, 33.
                    (Vgl. 1795. No. 35.)

Eingang. Man nennt zu Vieles Frömmigkeit was es nicht ist. Einzelne Eindrüke hat jeder. Daher die Klagen über die Unwirksamkeit
5   der Religion.
Text. „Das Himmelreich ist gleich einem Sauerteig, den ein Weib
nahm, und mengte ihn unter viele Scheffel Mehl daß es ganz durch-
säuert war." – Der Sinn ist klar, nemlich
Thema. Die Forderung daß die Religion den ganzen Menschen
10 durchdringen soll. Erstlich Was dazu gehört. Zweitens Daß sie
nothwendig ist.
      I.   gehört dazu
           1.   Sie muß das ganze Gemüth durchdringen
                a.   Erkentniß
15   [α.] des Menschen – Beziehung auf Verderben und
                          Geist Gottes
                     [β.] der Welt – Beziehung auf göttliche Zweke und
                          Mittel
                     [γ.] der Geschäfte – Beziehung auf die Idee der Ver-
20   vollkomnung |
                b.   Willen   23
                     [α.] Handlungen der Selbstliebe – um das Ebenbild
                          Gottes würdig zu behandeln
                     [β.] Der Rechtlichkeit – um den Geist der Ordnung
25   darzustellen
                     [γ.] Des Wohlwollens – um Gott zu gleichen und
                          seine Absichten zu finden
                c.   Gefühl
                     [α.] Naturgefühl – versteht sich von selbst
30   [β.] Kunstgefühl – als göttliche Eingebung
                     [γ.] Freundschaftsgefühl
           2.   Dann durchdringt sie auch das Leben
                a.   Alle Handlungen
                     [α.] Berufsgeschäfte
35   [β.] Vergnügungen
                b.   Alle Zeiten
                     [α.] Gesellschaft und Einsamkeit
                     [β.] Glük und Unglük

---

1 *Am 25. Juli 1802 vormittags in der Schlosskirche (Johanniskirche) zu Stolp*   2 *Vgl.*
Predigt vom 12. Juli 1795 (oben S. 439–440)

II. Ist sie nothwendig
1. Sie ist keine Anstrengung, deren der Mensch nicht fähig
   wäre. Dies ⌊halten⌋ nur die Ungewohnten
   a. Es giebt beständig begleitende Gedanken und Emp-
      findungen – warum sollten es diese nicht sein kön-   5
      nen, da wir uns besondere Zeit nehmen sie zu nähren.
   b. Alles herrschende begleitet alles – warum nicht die-
      ses da ihm nichts so fern ist als ⌊manches mancher
      sinnlichen Antriebe⌋
2. Die Religion kann sonst nichts würken   10
   a. Bei der Trennung im Gemüth
      α. Erkenntniß ohne Willen und Gefühl ist todt
      β. Wille ohne Erkentniß findet das innerste nicht
         von dem was zu thun ist und wird am Ende nega-
         tiv.   15
         NB. Ist sie im Gefühl wirklich, so ist sie auch
         ⌊verbunden⌋, wenn sie innerlich immer da ist.
   b. Bei der Trennung in der Zeit
      [α.] Weicht der gute Geist so stellt sich der böse ein
      [β.] Verläßt sie unser Nachdenken so muß etwas an-   20
         dres uns wichtiger sein und dies muß gewiß ins
         praktische übergehn
S c h l u ß. Ermahnung besonders zur Benuzung der freien und gottesdienstlichen Stunden.

―――――――― |

24   14.)   Am 7. Sonnt. n. Trin. d. 1. Aug. NM. über Luc. 11, 30–32.   25
       (conf. 1795. No. 39)

E i n g a n g. Verstand und Wille sind die allgemeinsten Erscheinungen.
Man glaubt häufig gegen die Natur man könne bei der Vollkommenheit des einen die des Andern entbehren. Daß Verstand ohne Wille
nichts ist muß dem Religiösen klar sein, aber auch der Wille ohne   30
Verstand ist nichts.

---

25 *Am 1. August 1802 nachmittags in der Schlosskirche (Johanniskirche) zu Stolp;*
vgl. Einzeln überlieferte Predigtentwürfe 1802–1808, Nr. 3 (oben S. 758–759)
26 *Vgl. Predigt vom 9. August 1795 (oben S. 443–444) über Mt 12,41–42*

Text. „Die Königin vom Mittage wird auftreten vor dem Gerichte
mit den Leuten dieses Geschlechtes und wird sie verdammen, denn sie
kam von der Welt Ende um zu hören die Weisheit Salomonis, und
siehe hier ist mehr denn Salomon. Die Leute von Ninive werden auftreten vor dem Gerichte mit diesem Geschlecht und werdens verdammen: denn sie thaten Buße nach der Predigt Jonas, und siehe hier ist
mehr denn Jonas."

Christus tadelt hier Ungelehrigkeit und zwar eine doppelte, die
unmittelbar moralische (Jonas) die nicht so unmittelbar moralische
ursprünglich auf das Wissenswürdige in der Natur gerichtete (Salomo). Hier lezte

Thema. Ueber die Forderung der Religion unsern Verstand auszubil-
den. Erstlich Gründe der Verpflichtung dazu. Zweitens Besondere
Aufforderungen welche wir haben ihnen zu folgen

    I.   Verpflichtungsgründe
        1.   unmittelbar
            a.   Ebenbild Gottes ist nicht möglich ohne Tugend, aber
                auch nicht ohne Verstand. Nicht nur das Erkennen
                des Guten und Bösen gehört dazu, sondern auch das
                Herr sein über die Erde.
                Stufenleiter desselben
                α.   Der Ungebildete ohne Besiz dieser Herrschaft.
                β.   Der Ungebildete im Besiz
                γ.   Der Gebildete im Besiz.
            b.   Gott hat genugsam angedeutet daß auch das un|ei-
                gennüzige Betrachten ein Endzwek des Menschen ist
                α.   Durch fremde Gegenstände, die keine andere Be-
                   ziehung auf uns haben als diese – Gesteine. In-
                   sekten
                β.   Durch den bei allen vorhandenen Trieb, der nur
                   unterdrükt wird durch Sinnlichkeit mißleitet
                   durch Trägheit zu Neugierde pp.
        2.   Verbindung mit den moralischen Pflichten
            a.   Ohne Menschenkenntniß keine Menschenliebe
                weder wirksam, weil sie nicht zum Zwek kommt[,]
                noch dauerhaft, weil sie zurükgestoßen werden
                muß.

[*Am Rand neben Z. 26:*] NB. b. sollte lieber zuerst gestanden haben

---

6 Buße] Busse   **22–24** α. ... β. ... γ.] 1.) ... 2.) ... 3.); *so auch folgend*

1–7 *Lk 11,31–32*

    b. Ohne W e l t k e n n t n i ß keine Vaterlandsliebe

      α. Kenntniß des fremden zugleichseienden gründet
        eine vernünftige Liebe – Der Ungebildete hat
        nur eine blinde, die eben so leicht zum Gegentheil
        übergeht, wenn er fremdes kennen lernt oder   5
        wenn er sich übel fühlt.

      β. Kenntniß des vorhergegangenen gründet Dul-
        dung. Die Unwissenheit gebiert Ruhestörende
        Entwürfe.

      γ. Ohne N a t u r k e n n t n i ß keine Berufsliebe für 10
        die erwerbenden[,] ohne G e s c h i c h t s k e n n t n i ß
        keine für die Staatsdienenden Stände.

  3. Verbindung mit der religiösen Gesinnung.

    a. Gott kann nicht verherrlicht werden durch uns (nicht
      ohne Tugend weil die sinnliche Denkart den Men- 15
      schen von ihm abführt, aber auch nicht ohne Ver-
      stand)

      α. Nicht um unserer guten Werke willen – denn sie
        machen keinen Eindruk auf die Menschen

      β. Nicht um unseres Daseins willen – denn wir er- 20
        scheinen zu unvollkommen

    b. Gott kann nicht geliebt werden (Siehe a.) wenn er
      nicht erkannt wird aus den Werken
      Der Glaube an seine Eigenschaften artet in leere
      Worte aus; die Empfindung in ein unbestimmtes Er- 25
      staunen. Ja man kann sagen er wird Aberglauben. |

26 II. Aufforderungen

    1. Gelegenheit

      a. Allgemeine Mittheilung der Kenntnisse

        α. Verbindung der Völker   30
        Wer sie nicht benutzt verdiente außerhalb dieser
        Gemeinschaft zu leben. Gegen ihn werden auf-
        stehn
        (1) unsere Vorfahren welche sich diese durch Ge-
        walt erworben   35

[Am Rand neben Z. 14:] gehört nach b.
[Am Rand neben Z. 18:] 1. Petr. 2, 12.
[Am Rand neben Z. 23:] Röm. 1, 19. 20.

---

14 durch uns] *über der Zeile mit Einfügungszeichen*

(2) unsere Zeitgenossen, welche sie durch Handel erhalten.

β. Annäherung der Stände durch welche sich die Kentnisse von selbst auf die zwekmäßigste Art Stufenweise vertheilen
Wer sie nicht benuzt gegen den werden aufstehn
(1) diejenigen welche die Scheidewände aufgehoben haben
(2) Alle die das Band der verschiedenen Volksklassen sind

b. Besondere Anstalten für jeden Stand – In der Jugend der Unterricht, im Alter die Geselligkeit, die besondern Gesellschaften
Wer ⌊die⌋ nicht benuzt gegen den werden
α. die minder begünstigten aufstehn die dies vorbereitet
β. Alle welche an der Verbesserung thätig arbeiten

2. Annehmlichkeiten die damit verbunden sind
a. Selbstgefühl
α. Das beim Besiz
β. Das bei der Erwerbung.
Es ist nicht das moralische, aber das der Kräfte. Man fühlt daß man der Meinung der Menschen entbehren kann.

b. Achtung der Welt. – nemlich verbunden mit der Güte. Man kann über den Glanz der Geburtsvorzüge hinausstrahlen

c. Lebensgenuß.
α. Sicherheit vor der Langeweile wegen der unendlichen Mannigfaltigkeit welche sich eröfnet
β. Sicherheit vor dem Gefühl des Unbedeutenden weil Alles Interesse bekommt durch die Verbindung

Schluß. Die Werke Jesu mögen uns erinnern daß im Gericht die Rede davon sein wird.

——————— |

7–10 diejenigen ... sind] *durch Nummerierung der Gesichtspunkte die Reihenfolge der Teilsätze umgestellt*

27   15.) Am 8. Sonnt. n. Trin. d. 8. Aug. VM. über Col. 3, 18–22.
         (Vgl. 1795, No. 55.)

Eingang. Die verschiedenen Verhältnisse des Menschen wechseln in
Absicht auf ihre Wichtigkeit. In Zeiten und Stunden der Noth ist das
erdbeherrschende Vermögen fast das ausschließende[,] in Zeiten der   5
Unruhe schließt das Politische Alles übrige aus. Nur in Zeiten der
Ruhe und der Bildung kommt der Mensch zum Genuß des häuslichen
Glükes. Dieses ist uns das Wichtigste; es sollte es aber nicht nur von
Seiten der Glükseligkeit sondern auch von Seiten der Sittlichkeit sein.
Text. „Ihr Weiber seid unterthan euren Männern in dem Herrn wie   10
sichs gebührt; Ihr Männer liebet eure Weiber und seid nicht bitter
gegen sie! Ihr Kinder seid gehorsam den Eltern in allen Dingen, denn
das ist dem Herrn gefällig. Ihr Väter erbittert eure Kinder nicht auf
daß sie nicht scheu werden! Ihr Knechte seid gehorsam in allen Dingen euren leiblichen Herren."   15
    Nicht um die einzelnen Pflichten durchzugehn sondern nur um zu
zeigen wie die Religion sie einschärft. – Daher
Thema. Wie wichtig die häuslichen Verbindungen sind um den Endzwek der Religion mit dem Menschen zu erreichen. Erstlich den
Umfang unserer Verpflichtungen darin. Zweitens den Zusammen-   20
hang derselben mit der Erreichung unserer Bestimmung.
    I. Umfang
        1. Nicht
            a. die bloße Versorgung, das ökonomische Verhalten in
                seinem ganzen Umfang wie es nicht nur das Haupt   25
                angeht sondern jeder seinen Antheil daran hat.
            b. Nicht die bloßen bestimmten Pflichten, aus deren
                Verlezung offenbare Klage entsteht.
        2. Sondern
            a. Weit activer muß jeder mögliche Beitrag zum innern   30
                Wohlergehen geleistet werden
                Gegenseitige Duldung Auffoderung Unterstüzung

---

[Am Rand neben Z. 26:] 1. Tim. 5, 8.

---

4 ihre] *korr. aus Unleserlichem*

---

1 *Am 8. August 1802 vormittags in der Schlosskirche (Johanniskirche) zu Stolp*
2 *Vgl. Predigt vom 22. November 1795 (oben S. 461–462)*

b. Die verschiedenen Verhältnisse müssen sich überall darstellen und aussprechen. Das ganze äußere Betragen muß zeugen von Ehrerbietung, Liebe, Eifer p. |

c. Jeder muß beitragen dem Ganzen einen harmoni- 28
schen Charakter zu geben. Einheit des Tons in Geschäften, Vergnügungen, Sitten, Umgang.

II. Wer dieses leisten will, an dem werden die Endzweke der Religion gewiß erreicht

  1. Seine Leidenschaften müssen ausgerottet werden

    a. In andern Verhältnissen geschieht dies nicht

      [α.] Viele werden gar nicht angeregt

        [1] wegen der Einfältigkeit ⌊des Verhältnißes⌋

        [2] wegen der ⌊Fassung⌋

      [β.] Die angeregten werden nur unterdrükt durch Schaam und Klugheit

    b. Im häuslichen Leben kommen alle zum Vorschein

      [α.] Nicht nur die starken, welche selten einen Gegenstand finden

      [β.] Sondern auch die geringfügigen welche täglich wiederkehren

    Im häuslichen Leben findet keine Unterdrükung Statt

      [α.] Man schämt sich nicht wegen des zu großen Vertrauens

      [β.] Der Zwang wäre zu anhaltend als daß er vortheilhaft wäre

    Sie müssen also wirklich ausgerottet werden

  2. Das Geistige erweken

    a. Liebe

      α. In den bürgerlichen Verhältnissen ist Alles Gute ohne sie zu erreichen durch Hinsicht auf Vortheil und Ehre.

      β. Im häuslichen kommt es auf uneigennüzige Liebe an[,] und man sieht darin ganz deutlich die Kraft der Gesinnung.

    b. Religion

      α. Die großen Verhältniße führen dazu

        (1) entweder gar nicht

        (2) oder nur auf eigennüzige Art.

      β. Im häuslichen Glük wird sie gewiß ⌊erregt⌋ und zwar am meisten das moralische in Gott zum Bewußtsein gebracht.

---

19 geringfügigen] geringfügen   29–32 α. ... β.] 1.) ... 2.) ; *so auch folgend*

3. Beitrag zum gemeinen Besten
    a. ist in den Weltgeschäften
        α. abhängig von Vielen auf die wir gar keinen Ein-
            fluß haben
        β. unsicher wegen des Wetteifers zwischen Natio-
            nen und Ständen der alle Triebfedern und jede
            Ausführung verunreinigt. Man kann oft nicht
            wissen ob das was man thut zum Guten oder
            zum Bösen in der Welt gehört.
    b. Im häuslichen Leben
        α. von uns abhängig – aus dem obigen
            Denn wir haben auf die selbst die uns zuwider
            sein könnten einen unmittelbaren Einfluß. |
        β. ganz sicher
            [1] Weil er unmittelbar ist – nicht erst Mittel
                zu einem Zwek sondern Theil eines Ganzen
            [2] Weil er moralisch ist – Zusammenleben,
                Erziehung

Schluß. Mit Recht werden also die häuslichen Verhältnisse zum
Ebenbilde des Religiösen gebraucht – elterliches, eheliches. Laßt sie
uns immer heiliger werden (lezte Worte des Textes).

29

16.) Sonnab. d. 14. Aug. Vorbereitungspredigt in Rügenwalde
            über Ephes. 2, 19.
        Vergleiche 1797. No. 60 (45.)

Eingang. Beim Abendmahl kommen wir nicht zu allgemeinen Belehrungen zusammen, die mehr den Menschen als Christen angehn, sondern ganz eigentlich als Christen. Es gehört also dazu daß wir uns
auch an die Vorzüge erinnern die wir als solche genießen
Text. „So seid ihr nun nicht mehr Gäste und Fremdlinge sondern
Bürger mit allen Heiligen und Gottes Hausgenossen." Gegründet auf
einen damals sehr wichtigen Unterschied – Also
Thema. Von der Art wie wir Antheil haben am Reiche Gottes.
    I. Als Bürger
        1. Beschreibung
            a. Gäste und Fremdlinge genossen Schuz, mußten sich
                aber übrigens ganz leidend verhalten

---

24 *Vgl. Predigt vom 5. August 1797 (oben S. 572–574)*

    b. Bürger hingegen durften und sollten
      [α.] ihre Meinung sagen
      [β.] mitwirken zu einzelnen Veränderungen
      [γ.] beitragen zur Fortdauer des Ganzen

2. Anwendung – So auch in der christlichen Gesellschaft.
    a. Gäste und Fremdlinge
      α. waren damals die Proselyten bei den Juden, wer Christ wurde sollte gleich zu einem höheren Range erhoben werden
      β. sind jezt noch die Gleichgültigen Trägen die nur dann und wann von der Religion eine Erhebung des Herzens genießen sie aber nicht zu einer wichtigen Angelegenheit machen wollen
    b. Bürger sollen wir alle sein
      α. Nichts blindlings und ohne Ueberlegung annehmen oder beibehalten
      β. Das Beste der Kirche zu einer thätigen Angelegenheit machen
      γ. Liebe und Anhänglichkeit an sie fortpflanzen unter den Unsrigen.

Schluß. Das Abendmahl ist der Ort unsere Entschließungen zu erneuern.

II. Bürger mit allen Heiligen – enthält zweierlei
    1. Benuzung der Thaten
      a. ihrer Unternehmungen zur Ausbreitung und Reinigung der Lehre und der Verfassungen |
      b. ihres Beispiels an christlichem Leben und religiösem Sinn
    2. Gemeinschaft der Handlungen und des Geistes
      a. Wir dürfen glauben, daß das Wenige was wir thun in demselben Geiste gethan ist, und daß dieser uns fähig machen würde in ihrer Lage auch das Größte zu thun
      b. Wir dürfen Antheil nehmen an ihrem Ruhm bei Gott und Menschen als ob es der unsrige wäre, wie es im Vaterlande geschieht[1]

Schluß. Im Abendmahl können wir diese Gemeinschaft besonders fühlen und erneuern weil wir das Ganze bis zu seinem ersten Ursprunge zurükverfolgen.

---

[1] *[Randnote:]* Würde dies nicht auch besser als Bild vorangestellt und weiter ausgeführt, wie es im ersten Teil ist?

---

6 Gäste] *korr. aus Unleserlichem*   **7–10** α. ... β.] 1.) ... 2.) ; *so auch folgend*

III. Als Gottes Hausgenossen
  1. Mißverstand – Nicht überheben als ob der Vorzug in
     der Sache läge und Gott
     a. Andere nicht eben so im väterlichen Sinn liebte
     b. Sich um ihre Angelegenheiten nicht eben so genau
        bekümmerte – sondern
  2. richtige Ansicht – Der Vorzug liegt im Bewußtsein
     a. Andere
        α. fühlen nicht so seine Nähe
        β. sehen den Zusammenhang des Kleinen mit dem
           Großen nicht so ein
     b. Wir sollen es
        α. recht inne werden daß wir in einer Familie leben
           deren Ordnungen und Lebensweise Gott selbst
           eingerichtet hat.
        β. uns einen dies ausdrükenden Familiencharakter
           anschaffen, und es einen großen Einfluß haben
           lassen auf unsere Bildung.
Schluß. So wollen wir uns aufs neue kindlich an Gott dankbar an Christum anschließen, uns brüderlich umfassen, und
uns versprechen Alles zu entfernen was sich in einer solchen
Familie nicht schikt.

17.) Am 9. Sonnt. n. Tr. d. 15. Aug. 1802 Vorm. in Rügenwalde
          über 1. Cor. 14, 33.
          (Vgl. 1797. No. LXVIII. (50.))

Eingang. Auch die Erkentniß Gottes, wenn er unter einer einzelnen
Eigenschaft gedacht wird[,] ist dem Mißbrauch unterworfen (Liebe,
Allmacht, Gerechtigkeit). Wir müssen uns immer wieder an die hal-
ten, die nicht mit einer einseitigen menschlichen Neigung oder Thätig-
keit verglichen werden kann, sondern auch im Menschen Einheit und
Uebereinstimmung ausdrükt.
Text. „Denn Gott ist nicht ein Gott der Unordnung sondern der
Ordnung und des Friedens." |
31 Thema. Betrachtungen darüber daß Gott ein Gott der Ordnung ist.
Erstlich beruhigende Zweitens bessernde.

---

25 *Vgl. Predigt vom 27. August 1797 (oben S. 578–579)*

I. Beruhigende
1. Laßt uns glauben an Ordnung in der Natur, auch da wo wir sie nicht sehn.
    a. Der dem Menschen einwohnende Glaube hat ihn veranlaßt zur Betrachtung der Natur, durch die er so weit in seiner Einsicht gekomen ist. – Der durch so viele Wahrnehmungen bestätigte Glaube möge uns nun noch weiter führen in der Erforschung, und diese allein kann uns beruhigen über unsere unverschuldete Unwissenheit.
    b. Der Glaube daß auch Ordnung sei in den zerstörenden Umwälzungen erhebe uns über abergläubische Besorgnisse.
2. Laßt uns glauben an Ordnung in den menschlichen Schiksalen auch da wo wir sie nicht sehen.
    a. Dieser Glaube muß noch thätiger sein, weil das Gesez dieser Ordnung unmittelbar mit unserm Wohlergehn zusammenhängt. Wir dürfen nicht glauben daß der Grund desselben erst in der Zukunft liegt. Die Fälle laufen hinaus auf ungleiche Vertheilung, auf Mangel an Vergeltung.
    b. Die Ordnung wird gefunden durch die echt moralische Ansicht, sowol was
        α. den einzelnen Menschen als
        β. was die Gesellschaft betrift.
Schluß. Wo Ordnung ist, ist auch Friede
II. Bessernde – noch unmittelbarer
1. aus der Anschauung
    a. Ordnung ist Zusammenhang auch des Kleinen mit dem Großen überhebt uns also alles Leichtsinns
    b. Ordnung ist leidenschaftlose Vernunft deren Anschauen uns gleichmüthiger machen muß und fest.
2. Aus dem Streben nach dem Ebenbilde – Laßt uns Ordnung machen
    a. In unsern rechtlichen Verhältnissen durch Unterwürfigkeit unter die bestehende Ordnung NB. daß auch unser Bestreben sie zu bessern in der Ordnung sei
    b. In unsern freien geselligen Verhältnissen durch Billigkeit und Zusammenhang unseres Lebens.
    c. In unserm religiösen Bestreben (Dies war Veranlaßung des Textes) daß da alles frei sei von Leiden-

---

24–25 α. ... β.] 1.) ... 2.)   25 was] *korr. aus Unleserlichem*

schaft und Alles nach Verhältniß der Wichtigkeit abgemessen

32 d. Im innern unseres Gemüthes, durch Einheit der | Ge-
sinnung, durch bestimmte Zweke.

Schluß. So wird mit der Ordnung auch Friede entstehen 5
zwischen Gott, der Welt und uns.

18.) Montag d. 16. Aug. in Stemniz über Joh. 15, 15.
(Vgl. 1797. No. XLII. 32.)

Eingang. Beim Abendmal sehen wir besonders von irdischen Verhältnissen weg auf geistliche, von allgemeinen auf christliche. 10
Text. „Ich sage hinfort nicht daß Ihr Knechte seid: denn ein Knecht
weiß nicht was sein Herr thut. Euch aber habe ich gesagt daß Ihr
Freunde seid: denn Alles was ich habe von meinem Vater gehört habe
ich Euch kund gethan"
Thema. Unser Beruf Freunde Christi zu sein. Erstlich Was Christus 15
gethan hat uns dazu zu machen. Zweitens Was wir thun müssen um
in dieses Verhältniß einzutreten
 I. Was Christus gethan hat.
  1. Er hat uns mit dem bekannt gemacht was Er und Sein
   Vater thun. 20
   a. Beitragen dazu müssen auch die Unwissenden und
    die Bösen; aber sie thun es als Knechte weil sie Grund
    und Zusammenhang nicht absehen
   b. Wir kennen die göttlichen Absichten und Führungen
    und können also nach Maaßgabe unserer Ueberein- 25
    stimmung mitwirken als freie Genossen
  2. Er hat uns seine Geheimnisse eröfnet, seine Einsichten
   und seine Weisheit.
   a. Das ist das Vorrecht von Freunden, welches in Ab-
    sicht auf Gott immer nur ein Theil des menschlichen 30
    Geschlechts genossen hat.
   b. Christus hat es uns reichlich geschenkt, und beson-
    ders in seinen lezten Zeiten recht dafür gesorgt daß
    es nicht untergehn könnte.

---

8 XLII.] *korr. aus Unleserlichem*

---

8 *Vgl. Predigt vom 28. Mai 1797 (oben S. 560)*

II. Was wir nun thun müssen.
    1. Die Liebe ist vorausgesezt. Das durfte Christus zu seinen
         Jüngern nicht erst sagen, und auch uns soll man es nicht
         erst sagen dürfen
    2. Wir müssen immer verständiger werden.
        [a.] In diese Einsichten kann ein jeder Aufmerksame ein-
        dringen
        [b.] Jeder hat dazu Zeit und ein Feld der Beobachtungen
        und Erfahrungen
    3. Wir müssen in der Gesinnung zunehmen die uns überein-
         stimmend macht mit Christo
        [a.] Das irdische mit Gleichgültigkeit ansehen
        [b.] Ueberall das Gute im Sinn haben.
S c h l u ß . Laßt uns den hohen ⌊Rang⌋ recht erwägen. Christus der Vertraute Gottes und wir seine Freunde

—————— |

19.) Am 10. Sonnt. n. Trin. d. 22. Aug. VM. über Röm. 12, 18.   33
      Vgl. 1794 derselbe Sonnt. Disposition und Concept.

E i n g a n g . Die Vorschriften der Religion scheinen uns oft unerreichbar. Die Schuld liegt weder in der menschlichen Natur noch in dem
wesentlichen und guten der menschlichen Einrichtungen sondern in
eignen oder gemeinschaftlichen ⌊Mängeln⌋ und wir müssen uns also
anzunähern suchen. Dies gilt auch von Eintracht und Friedfertigkeit.
T e x t . „Ists möglich soviel an Euch ist, so habt Friede mit allen Menschen." – Der Apostel fühlte selbst die Schwierigkeiten; indeß war
es auch damals besonders schwer und kann also von uns gewiß gefordert werden
T h e m a . Ermunterung Alles unsrige zu thun um Frieden zu halten.
E r s t l i c h wie sehr es unsre Pflicht sei. Z w e i t e n s auf was für Gesinnungen es dabei ankommt.

---

17 Disposition und Concept] Disp. u. Conc.   **21** und wir] und *korr. aus Unleserli-*
chem

---

16 *Am 22. August 1802 vormittags in der Schlosskirche (Johanniskirche) zu Stolp*
17 *Vgl. zur Predigt vom 24. August 1794 den Entwurf (oben S. 350–351) und die*
Ausarbeitung in Frühe Predigten Nr. 28 (oben S. 252–258)

I. Wie sehr es unsere Pflicht sei
Anm. Vom Aufsuchen und Anfangen des Streits durch Unrecht thun und Beleidigungen soll gar nicht die Rede sein sondern nur von Vermeidung aller Veranlassungen.
1. Unsere Aufmerksamkeit wird gefesselt 1.) durch die ei- 5
gene Thätigkeit 2.) durch das ⌊Auflauern⌋ auf fremde
Thätigkeit so daß
  a. das eigne Wohlergehn gehindert wird.
    [α.] Andere Angelegenheiten werden vernachläßigt
    [β.] Die Gelegenheiten zur Freude entgehen der üb- 10
    len Laune
  b. Vielweniger die allgemeine
    [α.] Die Menschen werden nur in Beziehung auf den
    Streit angesehn.
    [β.] Der vermeinte Stand der Nothwehr macht gleich- 15
    gültiger und hart.
  c. Noch weniger die Vervollkomnung
    [α.] Die ruhige Selbstbetrachtung fehlt
    [β.] Auch ohne Erbitterung schleicht sich Böses ein
    [γ.] Die wohlwollenden Empfindungen sind die be- 20
    ste Stüze.
2. Unser Wirkungskreis wird eingeschränkt
  a. Die Gegner selbst sollten Gegenstände unserer sittlichen Thätigkeit sein – denn der Streit ist nie mit
  ganz Fremden sondern mit auf irgend eine Art Ver- 25
  bundenen
  b. Wir schließen aus Argwohn und Parteisucht im Streit
  immer noch mehrere aus.
  c. Dadurch berauben wir uns zugleich der Stüzen für
  unsre eignen anderweitigen guten Unternehmungen 30
  d. Wir werden durch unsere Stimmung unfähig von Andern zu ihren guten Absichten gebraucht zu
  werden. |
34   3. Weil alle diese Uebel sich auf andere fortpflanzen
  a. Auch Andere werden in ihrer Wirksamkeit einge- 35
  schränkt aus Mangel an Unterstüzungen
  b. Auch ihre Aufmerksamkeit wird festgehalten durch
  allerlei Vorsichtigkeitsregeln welche sie beobachten
  müssen.

10–11 der üblen Laune] *neben einer die beiden Zeilen 9–10 zusammenhaltenden Klam-*
mer

II. Auf was für ein Betragen es dabei ankommt.
   1. Es ist der Gesinnung nach
     a. negativ – nicht schwache Nachgiebigkeit. Denn
       α. Die Religion welche uns Treue gegen unser Ge-
         wissen befiehlt kann dies nicht wollen, und wel-
         che befiehlt Gott mehr zu gehorchen als den
         Menschen
       β. „Ists möglich" geht auf die moralische Möglich-
         keit, die überall eine so starke Einschränkung ist
         als die physische.
       γ. Schwache Nachgiebigkeit erreicht auch den
         Zwek nicht
         [1] Wir werden dadurch ein Mittel vornemlich
           in der Hand der Bösen also dem gemeinen
           Besten nicht nüzlich
         [2] Unsere Vervollkomnung wird vernichtet,
           und unsere Glükseligkeit von Andern abhän-
           gig gemacht.
     b. positiv – nur die allgemein empfohlene
       α. Gleichgültigkeit gegen Beeinträchtigungen
         (1) des Eigennuzes
         (2) des Stolzes
         (3) der Eitelkeit
         Denn hieraus entstehn die meisten Streitigkeiten,
         nicht aus dem was wir aus Pflicht thun müssen.
         In Hinsicht dieses lezten aber gehört dazu nur
       β. daß die Gesinnung der Billigkeit und Liebe bei
         der Art wie sie ihre Endzweke ausführt zugleich
         auf diese Endzweke gerichtet sei.
         Denn hiebei kommt es immer nur auf die Art und
         Weise an.
    Uebergang. Daß dies zureicht ergiebt sich wenn man sieht
   2. Wie es sich ⌊rüstet⌋. Nemlich
     a. Zur Vermeidung der Verwiklung in fremde Streitig-
       keiten, als
       α. Muth
         (1) ihnen die Seiten zu zeigen die sie nicht sehn
         (2) ihren unbilligen Zumuthungen auszuweichen

---

34 Zur] Zu

6–7 *Vgl. Apg* 5,29

β. Gerechtigkeit, gleiche Beweise des Wolwollens
und gleiche Mißbilligungen unpartheiisch auszutheilen

γ. Gleichmuth sich nicht ansteken zu lassen
durch diese Leidenschaftlichen

δ. Klugheit nicht leichtgläubig ihre Ansicht für
das Factum zu nehmen

b. Zur Vermeidung eigner

α. bei an sich gleichgültigen Handlungen

[1] Gegen Jeden Unbekannten vorsichtiger

[2] Gegen Jeden Bekannten mit Schonung nach
seiner Art und Weise

β. bei solchen wo man ihnen unangenehmes thun
muß

[1] Suchet die Unmöglichkeit deutlich zu machen

[2] Suchet das Uebel zu erleichtern

Es ist oft nur dieser Mangel an Weisheit und an thäti-
gem Wolwollen |

c. Zur Wiederherstellung des ohne unsre Schuld unter-
brochnen Friedens.

α. Habt Selbstbeherrschung genug Euch imer nur
zu vertheidigen

β. Gerechtigkeit genug auch im Urtheil und den
Aeußerungen den Gegner nicht zu unterdrüken

γ. Beharrlichkeit genug die eine Hand immer zur
Versöhnung auszustreken

Anm. Es muß bewahrt sein daß dies alles nicht kalt-welt-
kluge Behandlung und Benuzung fremder Leidenschaft
ist sondern reines Wolwollen

Schluß. Der Friedfertige ist der Großdenkende, der welcher allein
sich ununterbrochen heiligen kann, er ist das Kind Gottes.

6–7 δ. Klugheit ... nehmen] *am Rand mit Einfügungszeichen*   8 Zur] Zu   8 eig-
ner] *zu ergänzen wohl* Streitigkeiten

20.) Am 11. p. Tr. d. 29. Aug. NM. über Matth. 9, 30. 31.
    (Vgl. 1794. Am 12. p. Tr. Disposition und Concept)

Eingang. Was nicht für sich selbst gut ist, ist auch des Mißbrauchs
fähig, und auch das köstlichste am meisten. Dies gilt daher auch be-
sonders von der menschlichen Rede. Nicht nur die Bosheit stiftet hier
Unheil sondern auch die Unvorsichtigkeit.
Text. „Und ihre Augen wurden geöfnet. Und Jesus bedräuete sie und
sprach: Sehet zu, daß es Niemand erfahre. Sie aber gingen hin und
machten ihn kund in demselbigen ganzen Lande.“
So groß war ihre Neigung daß sie auch der Bitte eines solchen
Wohlthäters vergaßen. Deshalb
Thema. Ueber die Neigung das Anvertraute auszubreiten. Erstlich
Das Unrecht welches darin liegt. Zweitens der Zusammenhang die-
ser Neigung mit andern Theilen des Verhaltens.
    I. Das Unrecht darin.
        1. Gründe
            a. es ist ein vollkomnes.
                [α.] Die Religion lehrt uns nicht nur das äußere Ei-
                    genthum eines Menschen heilig halten, sondern
                    noch wol mehr das, was zu ihm selbst gehört
                [β.] Jede Mittheilung ist eine auch auf unser Bestes
                    abzwekende Güte und wir müssen die dabei ge-
                    machten Bedingungen erfüllen
            b. Daher keine Entschuldigung
                α. Weder unsere Meinung daß es nur zum Schein
                    verboten worden – so auch vielleicht die Blin-
                    den. Diese ist gewöhnlich ein Schluß von eignen
                    Fehlern auf fremde |
                β. Noch die vom Nuzen oder wenigstens der Un-   36
                    nöthigkeit. Dies sezt voraus ein gänzliches Ver-

---

[Am Rand neben Z. 1:] (No. 222.)

---

2 Diposition] Dispos   16 Gründe] *korr. aus Unleserlichem*

---

1 *Am 29. August 1802 nachmittags in der Schlosskirche (Johanniskirche) zu Stolp*
2 *Vgl. zur Predigt vom 7. September 1794 den Entwurf (oben S. 353–354); die Ausar-*
beitung („Concept“) ist nicht überliefert.   31 *Zur Identifizierung der Liedernummer-*
angabe ist denkbar: Sammlung neuer geistlicher Lieder, zum Gebrauch öffentlicher und
häuslicher Andachtsübungen. Ein Anhang zu Freylinghausens Gesangbuch, Halle 1801
(SB 761), Lied Nr. 222 „Sey uns gesegnet, Tag des HErrn! Zu Gottes Preise nah’ und
fern weckst du der Christen Menge.“ (Melodie von „Wie schön leucht’t uns etc.“)

trauen ohne Rükhalt, oder eine Ueberzeugung
von dem Unverstande des Andern.
Sämmtlich also Anmaaßungen
2. Umfang – Dies gilt außer dem Anvertrauten
   a. Auch von dem Erschlichenen – Welches zwar billig   5
      gar nicht vorkommen sollte, theils aus Religiosität,
      theils weil wir eine zu große Kentniß als ein lästiges
      Depositum ansehn müssen
   b. Und von dem unbesonnen Preisgegebenen.
      Hier tritt das Gesez der Liebe ein auch für die Erhal-   10
      tung fremden Eigenthums und Abwendung von Scha-
      den geschäftig zu sein.
Uebergang. Wir leisten dadurch oft die wesentlichsten
Dienste. Dies wird sich zeigen, wenn wir p.
II. Auf den Zusammenhang   15
  1. mit dem menschlichen Leben – Folgen
    a. Für den Verrathenen
      α. Er kommt in den Zustand der Beschämung
         Wenn wir auch befugt sind zum Danken und Ur-
         theilen so doch nicht zum Mittheilen, denn die   20
         Wirkung unseres Urtheils können wir zurükhal-
         ten aber nicht die des Fremden.
      β. Er kann leicht in Zwietracht gerathen – Beru-
         fung auf die sehr gewöhnliche Erfahrung
      γ. Er kann leicht wenn von einem Unternehmen die   25
         Rede war seinen Endzwek verfehlen.
    b. Für den Verräther
      α. Das Urtheil über ihn ist immer nachtheilig auch
         bei denen die ihn nuzen
      β. Die Reue wird ihm nicht leicht ausbleiben   30
      γ. Wie der Lügner den Glauben, so verliert der Ge-
         schwäzige das Vertrauen.
    c. Für die Gesellschaft überhaupt
      α. In jedem einzelnen Fall eine Menge unnüzes Ge-
         schwäz und leere Beschäftigungen: Denn die   35
         zweiten Empfänger sind nicht behutsamer als
         die ersten
      β. Wenn es eingerissen ist
         (1) In der bürgerlichen Ordnung beschränkende
            Maaßregeln und Aufteurungen. Hinweisung   40

---

13 Uebergang.] Ueberg.

auf vergangene Zeiten und Entschuldigung
dieser Maaßregeln
(2) In der freien Geselligkeit
[א.] Abneigung von allen ernsthaften und
belehrenden | praktischen Unterredungen.   37
[ב.] Aufsuchung von leerem Zeitvertreib, den
man immer entschuldigt mit den Gefahren
der Verläumdung und der Geschwäzigkeit.
Uebergang. Um das Gemälde zu vollenden ist nur noch
zu merken
2. Auf den Zusammenhang mit der Gesinnung. Quellen
a. Schwachheit, welche der Neugierde nicht widerstehn
kann. Diese steht ganz entgegen der wahren und weisen Liebe zu der uns die Religion erzieht
b. Eitelkeit, welche sich des Rühmlichen der Freunde
oder ihres Vertrauens überhaupt rühmen will –
kann in einem religiösen Herzen nicht wohnen
c. Müßiggang, der sich mit nichts ernstem zu beschäftigen weiß – dazu läßt es die Religion nicht kommen
Schluß. Es ist also gut auch von der Kanzel hierüber zu reden. Bist
Du weise, so bist Du Dir weise

21.)   Sonnab. d. 4. Sept. Vorbereitungspredigt
über Matth. 26, 27. 28.
conf. 1795. XLVIII.

Eingang. Alle symbolischen Handlungen werden zum Theil entweder bedeutungslos betrieben oder in Aberglauben und Vorurtheile verwandelt. Beides ist auch das Schiksal des Abendmahls gewesen, und
zum lezten gehört auch der Gedanke seines Zusammenhangs mit der
Vergebung der Sünden der sich selbst in die Liturgie eingeschlichen
hat.
Text. „Und er nahm den Kelch, dankte, gab ihnen den und sprach
Trinket Alle daraus. Das ist mein Blut des neuen Testaments welches

---

24 XLVIII.] *davor* ⟨XX⟩

22–23 *Vorbereitungspredigt in der Schlosskirche (Johanniskirche) zu Stolp*   24 *Vgl.*
Predigt vom 3. Oktober 1795 (oben S. 451–452)

vergossen wird für Viele zur Vergebung der Sünden." Diese Worte
sind wohl die erste Veranlassung jenes Glaubens gewesen.
T h e m a . Ueber den Zusammenhang des heiligen Abendmahls mit der
Vergebung der Sünden. E r s t l i c h Was ist eigentlich die Lehre von der
Vergebung der Sünden? Z w e i t e n s Was ist in Beziehung auf dieselbe   5
in unserm Text vom heiligen Abendmahl gesagt? |

38   I. Was enthält die Lehre von der Vergebung der Sünden
    1. Nach der Vernunft.
        a. In Beziehung auf die Folgen
            α. Strafe ist eigentlich eine menschliche und sehr   10
                unvollkomne Idee
            β. Es giebt in einem gewissen Sinne auch göttliche
                Strafen
                [1] Innere Unannehmlichkeiten beim Bewußt-
                sein des Bösen   15
                [2] Aeußere Uebel bei der Ausübung desselben.
            γ. Diese können nur hinweggenommen werden
                durch das Verschwinden der Ursachen.
        b. In Beziehung auf das Urtheil.
            α. Dieses geht immer auf das Innere und kann also   20
                durch nichts Aeußeres verändert werden
            β. Wir sind immer nur in einer Annäherung des bes-
                sern Urtheils, nie im völligen Genuß
    2. Nach der Schrift. Sie stimmt überein
        a. unmittelbar – in Allem was sie sagt von der Art wie   25
            Gott die Menschen richtet
        b. mittelbar – Wenn sie uns auf die Vergebung durch
            Christum weiset ist es nur in so fern er uns den Weg
            geöfnet hat besser zu werden.
  II. Was besagen Christi Worte.   30
    1. negativ
        a. Nicht daß das Abendmahl ein Mittel sein soll die Ver-
            gebung der Sünden zu erlangen
            [α.] weder als eine magische Kraft
            [β.] noch um der etwanigen Rührung   35
        b. Auch führen es die Apostel niemals an wo sie von der
            Vergebung der Sünden reden.
    2. positiv. Nur Erinnerung daran daß in seinem Blut Verge-
        bung der Sünden ist. – Dieses stimmt ganz mit dem
        oben gesagten überein.   40

10–17 α. ... β. ... γ.] 1.) ... 2.) ... 3.)   **16** desselben] *folgt gestrichen Unleserliches*

Anm. Es ist aber natürlich daß wir uns beim Abendmahl besonders fragen wie wir im Urtheil Gottes stehen

(1) ob wir durch das Blut Christi dessen wir uns erinnern Vergebung der Sünden haben

(2) ob wir in dem Bündniß Gutes gestiftet und dadurch die Folgen des Bösen in der Welt aufgehoben haben.

S c h l u ß . Uns über beides gewiß zu machen und in beidem zu stärken dazu sei uns dies Abendmahl gesegnet.

———————— |

22.)   Am 12. Sonnt. p. Tr. d. 5. Sept. VM über Eph. 6, 7.   *39*
(conf. 1794 am 21. p. Tr.)

E i n g a n g . Die Religion ist eine besondere Denkungsart. Der Religiöse wird vermittelst ihrer Vorstellungen von Allem anders ⌊afficirt⌋. Er liebt anders[,] er leidet anders. – Er soll auch anders handeln. Diese Denkungsart soll sich auch auf das verbreiten was zunächst unser Beruf ist; dies soll nicht das dem Göttlichen entgegengesezte weltliche sein.

T e x t . „Laßet Euch dünken daß Ihr dem Herrn dienet und nicht den Menschen." Dies folgt auf Ermahnungen zu geselligen Pflichten. Daher

T h e m a . Wie gut es ist, wenn wir uns auch unsern Beruf als Dienst Gottes denken. E r s t l i c h zu unserer Heiligung. Z w e i t e n s zu unserer Beruhigung.

I.   Zu unserer Heiligung

1.   Wir werden bewahrt vor Abweichung von unsrer Pflicht

a.   [α.] Wenn man nur den Menschen dient denen es auf ihren Vortheil ankommt so geräth man leicht in denselben Eigennuz, und sucht nur den mit dem fremden verbundenen eignen Vortheil

[β.] Der Religiöse sieht die Erhaltung von Ordnung und Geschäft als etwas von allem Vortheil unabhängiges an

b.   [α.] Man läßt sich leicht bereden auch ohne Eigennuz dem augenscheinlichen Vortheil Anderer die eigene Ueberzeugung aufzuopfern.

---

9 *Am 5. September 1802 vormittags in der Schlosskirche (Johanniskirche) zu Stolp*
10 *Vgl. Predigt vom 9. November 1794 (oben S. 372–373)*

[β.] Der Religiöse weiß, was nicht aus dem Glauben
kommt ist Sünde.

2. Wir werden bewahrt vor einer unrichtigen Schäzung dessen was wir gethan haben.

   a. [α.] Es ist oft etwas anfänglich größer als es hernach   5
bleibt weil noch nicht genug dazu vorbereitet ist.
Wer nur den Menschen dient rühmt sich dessen
weil es doch unmittelbar wirkt.

   [β.] Der Fromme sieht Alles außerhalb seiner eignen
That als Werk Gottes an.   10

   b. [α.] Die Menschen sehn auf den Erfolg, und schreiben oft besonders in der Dankbarkeit den Wohlthätern zu viel zu

   [β.] Die Religion führt uns nicht nur auf den Beistand
der Umstände zur That sondern auch auf die   15
fremden Triebfedern in der Hofnung. Ohne fal-
sche Demuth macht sie bescheiden. |

40   3. Wir werden zu einer Liebe bewegt welche Andere nicht
kennen

   a. [α.] Die meisten Menschen denken mit der Zeit ge-   20
ring von ihrem Beruf, weil wirklich das was man
den Menschen leistet mit der Zeit gering erscheint.

   [β.] Der religiöse kennt die gleiche Unentbehrlichkeit
eines jeden Standes[,] ehrt sich selbst auch im Ge-   25
ringen und fühlt seinen Antheil am Größern

   b. [α.] Die meisten wünschen deshalb in einen Zustand
zu kommen wo sie ohne bestimte Pflichten den
Menschen dienen könnten

   [β.] Der Religiöse wünscht sich nie unthätige Ruhe,   30
er liebt das Gute, was sich in seinen Geschäften
darstellen läßt, und sieht sie nie bloß als Erwerb
an.

II. Zu unserer Beruhigung

  1. Wenn wir manches Gute nicht zu Stande bringen können   35

   a. Dem der den Menschen dient ist dann sein ganzer
Endzwek verfehlt, seine Anstrengung vergeblich, daher Unzufriedenheit mit dem Geschik.

---

21 das was] daß was

1–2 *Röm 14,23*

b. Der Religiöse begnügt sich dabei daß dieses nun kein Dienst Gottes gewesen wäre, daß er seine Schuldigkeit gethan hat im Versuch, und daß ihm Gott diesen als Dienst anrechnet.

2. Wenn es nicht nach seinem innern Werth erkannt wird.

    a. Dies schmerzt den Menschendiener nicht nur aus Eitelkeit, sondern weil dann auch gewiß leichtsinnig damit umgegangen wird.

    b. Der Religiöse legt sobald er gehandelt hat Alles übrige in Gottes Hand; er wird ⌊wieder⌋ unlustig zum Handeln

3. Wenn es von den Menschen wieder verdorben und gerichtet wird.

    a. Der den Menschen dient bereut dann, und beschließt nicht mehr zu thun als das nothwendige und nicht mehr zu versuchen als das gewisse.

    b. Der Religiöse denkt sich Alles was ihm möglich ist als seinen Beruf, und rechnet auf die entfernten und verborgenen Folgen die in einem Reiche Gottes Alles haben muß.

    [α.] Vergebliche Versuche sind unentbehrliche Bedingungen der Möglichkeit desjenigen welcher gelingt.

    [β.] Alles wirkt irgendwo und wann als Beispiel und Anregung.

Schluß. Dies ist die thätige Ruhe des Christen, die Gesinnung dessen von dem es wahr ist daß Alles was er thut zur Ehre Gottes gereicht.

———— |

23.) Am 13. Sonnt. n. Tr. d. 12. Sept. NM. über Luc. 10, 25 sqs.   *41* Vgl. 1795 No. LI.

Eingang. Allgemeine Neigung sich die Pflicht abzuwehren. Im Augenblik des Handelns ist sie zwar auch sehr fehlerhaft doch aber ein

---

[Am Rand neben Z. 27:] No. 227.

---

26 *Vgl. 1Kor 10,31*   **27** *Am 12. September 1802 nachmittags in der Schlosskirche (Johanniskirche) zu Stolp über Lk 10,25–37*   **28** *Vgl. Predigt vom 25. Oktober 1795 (oben S. 456–457)*   **31** *Zur Identifizierung der Liedernummerangabe ist denkbar: Sammlung neuer geistlicher Lieder, Lied Nr. 227 „HErr! meiner Seele großen Werth, den mir dein theures Wort erklärt, laß mich mit Ernst bedenken;" (Melodie von „Kommt her zu mir, etc.")*

Zeichen daß man sich nicht gradezu widersezen will. Wer aber auch
bei den bloßen Ueberlegungen schon Winkelzüge macht, mit dem
steht es schlecht.

Text. „Und siehe da stand ein Schriftgelehrter auf versuchte ihn und
sprach: Meister was muß ich thun daß ich das ewige Leben ererbe?   5
Er aber sprach zu ihm, wie steht im Gesez geschrieben? wie liesest
Du? Er antwortete und sprach[:] Du sollst Gott Deinen Herrn lieben
von ganzem Herzen von ganzer Seele von allen Kräften und von ganzem Gemüthe, und Deinen Nächsten als Dich selbst. Er aber sprach:
Du hast recht geantwortet, thue das so wirst Du leben. Er aber wollte   10
sich selbst rechtfertigen und sprach zu Jesu, wer ist mein Nächster?“
Es war ihm vielleicht unerwartet; im Gefühl seiner Unfähigkeit und
Unlust wünschte er eine einschränkende Auslegung. Daher mit Beziehung auf Christi Antwort.

Thema. Von den Ursachen warum die Frage aufgeworfen wird wer   15
ist mein Nächster. Erstlich. Aus Trägheit. Zweitens. Aus Eigennuz. Drittens. Aus partheisüchtigen Vorurtheilen.
    I. Aus Trägheit.
        1. Princip
            a. positiv. Er will seine Kräfte sparen und unthätig   20
                bleiben
            b. beschränkend. Daher möchte er gern die Pflicht ei-
                nem Andern aufbürden unter dem Vorwande dieser
                sei ihm näher. Er will seinen Nächsten lieben als sich
                selbst; aber er will wenige Nächste haben.   25
        2. Effekt.
            a. Nur das unumgänglichste würde geschehen
            b. Ein Fehler würde nie durch die Tugend eines Andern
                gut gemacht werden, sondern immer einen neuen
                nach sich ziehen   30
        3. Widerlegung
            a. Der Samariter hätte getrost voraussezen können daß
                Andere ihm näher wären
            b. er konnte gewiß sein daß man gegen ihn nicht | so
                gehandelt haben würde   35
            c. Er sah aber die Pflichtverlezung der Andern mit als
                das Unglük an, daß er gut zu machen berufen war.

[Am Rand neben Z. 32–33:] Vielleicht sah er sie noch vor sich gehn.

---

13 Daher] Dacher

II. Eigennuz
   1. Princip
      a. Positiv. Man ist sich selbst der Nächste und kann Alles für sich brauchen, wenn auch nicht so nothwendig
      b. Beschränkend. Liebe Deinen Nächsten als Dich selbst aber nur um Deiner selbst willen. Daher suche Dir gute Nächste aus.
   2. Effekt.
      a. Ueberall Anschmiegen an den Nüzlichen bewirkt überall Wegwenden von dem Dürftigen; so muß am Ende jeder für sich bleiben und ⌊mißachtet⌋ sich jede Hülfe
      b. Es ist ein geiziges Princip und spart überall. Selbst die gesezlichen gemeinnüzigen Anstalten müßten dadurch unnüz werden
   3. Widerlegung.
      a. Der Levit war vielleicht dem Priester nachgelaufen; aber der Priester hat sich auch nicht nach dem Leviten umgesehn (sonst hätten sie sich vor einander schämen müssen).
      b. Im Samariter war keine ⌊Möglichkeit⌋ des Eigennuzes. Wer das nun loben muß, der gesteht daß sein Gewissen ein Gleiches von ihm fordert.
III. Partheisucht
   1. Princip
      a. positiv. Die Feindschaft ist das erste, und die Liebe beruht nur auf der Feindschaft
      b. beschränkend. Liebe Deinen p. aber Dein Nächster ist nur der, der Dir in Leidenschaften und Meinungen der Nächste ist. – (So ungereimt so weitverbreitet.)
   2. Effekt.
      a. Spaltungen die Gleichgültigkeit und Haß hervorbringen
      b. Verschwendung ohne alles Verhältniß an die Mitgenossen
      c. Es wird ein Aufruhr der Knechte gegen den Herrn, sie wollen sich nur unter einander theilen
   3. Widerlegung
      a. Er hätte alle Ursach gehabt. Religionshaß und Nationalhaß kamen zusammen

---

5 Beschränkend.] Beschr.   26 a. positiv] *über der Zeile mit Einfügungszeichen*   26–27 und die Liebe beruht] und die Liebe beruht und die Liebe beruht   28 beschränkend.] beschr.

b. Dies die vorzüglichste Absicht Christi. Wo wir einen
Vorzug zugestehen müssen sei es nur der Klasse der
rechtschafnen Leute. [Darauf] geht das: am allermei-
sten aber des GlaubensGenossen.

Schluß. Wenn Ihr es einseht: so geht hin und thut desgleichen. 5

———— |

43 24.) Am 14. Sonnt. n. Tr. d. 19. Sept. VM. über Luc. 12, 13–20.
(Vgl. 1794)

Eingang. Dem Gesungenen welches vor übertriebener Anhänglichkeit warnt wird wohl jeder beistimmen. Es erreicht aber doch die
Lehre des Evangeliums nicht, für welche dies immer noch ein Dienst 10
zweier Herrn ist. Wenn man diese vorträgt wird sie eine übertriebene
Moral genannt werden; das ist ein gutes Zeichen, sie muß Aergerniß
und Thorheit seyn.
Thema. Warnung Christi vor dem Geiz. Erstlich welchen Sinn legt
er diesem Worte bei. Zweitens welche Gründe führt er dagegen an. 15
  I. Wovor warnt Christus
    1. Geiz ist ihm nicht nur
      a. Das unrechtmäßige Bestreben – Weder der Erb-
        lustige, noch der es vom Aker genommen hatte.
      b. Das bloß auf den Besiz gerichtete – Von dem 20
        einen wußte er es nicht; der Andere wollte offenbar
        genießen
    2. Mit einer solchen Warnung wäre wenig geholfen.
      a. Der Mensch kann mit dem Recht genug spielen, und
        unser Gefühl sagt uns daß man vor dem moralischen 25
        schon lange vorbei sein kann.
      b. Der Anschauende hat am Ende auch Vergnügen, und
        warum soll dies nicht so gut sein als ein anderes?
    3. Sondern Geiz ist Christo
      wenn man sich das Erwerben irdischer Güter zu seinem 30

[Am Rand neben Z. 6:] No. 204.

6 *Am 19. September 1802 vormittags in der Schlosskirche (Johanniskirche) zu Stolp*
7 *Vgl. Predigt vom 31. August 1794 (oben S. 351–352)* 8 *Vgl. die Gesangbuchan-*
gabe in der Fußnote 31 *Zur Identifizierung der Liedernummerangabe ist denkbar:*
Sammlung neuer geistlicher Lieder, Lied Nr. 204 „Was soll ich ängstlich klagen, und in der
Noth verzagen? Der Höchste sorgt für mich." (Melodie von „In allen meinen Thaten.")

Zwek macht so daß man Alles, oder das meiste oder Einiges um des willen ganz eigen thut.

  a. Entwiklung

     α. Daher sein Unwillen

        (1) Wenn dieser Mensch nur das Recht gesucht hätte, so hätte er es auf dem rechten Wege gesucht denn anders kann es doch nicht entstehn

        (2) Wenn er einen höhern Zwek gehabt hätte, so würde er bei Jesu diesem hohen Zweke nachgegangen sein.

        (3) Wenn Jesus es für erlaubt gehalten hätte irgend etwas für sich selbst um irdischer Güter willen zu thun, so würde er es auch für einen Andern gethan haben nach seiner Regel.

     β. Daher der Tadel gegen den lezten

        (1) Wenn es auch nicht sein Zwek gewesen war soviel zu gewinnen, so nahm er es doch nun als seinen Zwek auf.

        (2) Er hätte wenigstens nur um des Gewinns willen sein Feld gebaut nicht um des Berufs willen, weil er jezt aufhören wollte.

  b. Erörterung

     α. Es werden nicht alle getadelt welche erwerben

        (1) bei Manchen ist es natürliche Folge ihres Berufs

        (2) bei Manchen zufällige Folge ihrer pflichtmäßigen Handlungen

     β. Es werden aber alle getadelt welche

        (1) dies zum Mittelpunkt eines eignen Kreises ihrer Thätigkeit machen

        (2) sich mit darauf beziehenden Wünschen und Fantasien beschäftigen |

II. Weshalb warnt er.   *44*

  1. Wer hat mich zum Erbschlichter gesezt.

     a. Erklärung. – Kannst Du mir sagen daß das zu meinem Beruf gehört. Ich muß sein in dem das meines Vaters ist.

4–12 α. ... (1) ... (2) ... (3)] 1.) ... α.) ... β.) ... γ.) ; *so auch folgend*   **35** Erbschlichter] Erschichter

37–38 *Vgl. Lk 2,49*

      b. Anwendung davon ist ganz allgemein. Wer kann sagen daß dies sein Beruf ist – Es hat aber ein Jeder seinen Beruf und dessen warte er.

2. Es lebt Niemand davon

      a. Sinn. Es ist nicht unmittelbar Theil des Lebens, sondern nur Mittel. Erwerb und Gebrauch sind abgesonderte Handlungen, und sobald ihr Zusammenhang gestört wird erscheint das erste als Thorheit.

      b. Umfang. Dies gilt vom Geldgeiz, vom Ehrgeiz[,] von der Schmeichelei. Man suche dies Alles um eignes Gebrauchs willen (deine Seele kan von dir genommen werden) um des Seinigen willen (sie können sterben oder verderben) um des Gutesthuns willen (alle Umstände können sich ändern).

      c. Erläuterung. Diese Thorheit ist allen Kindern der Welt gemein. Man denke sich den Augenblik des Todes als im Voraus bekannt. Wer dann noch fort erwirbt, erscheint thöricht; wer dann noch fort genießt erscheint verächtlich. Wer noch fortgesezt pflichtmäßig thätig ist erscheint vernünftig, weil er nichts thut als fort leben.

Schluß.

1. Frage. Würde die Welt bei einer falschen Gleichgültigkeit gegen irdische Dinge bestehn können? – Antwort. Gewiß, wenn der Pflichteifer da ist der diese Gleichgültigkeit allein möglich macht. 1.) Wenn alles aus Beruf geschähe würde es besser geschehn und weder die Art und Weise noch der Grund der Thätigkeit würde vom wahrscheinlichen Erfolge abhängen. 2.) Man würde nicht nöthig haben das menschliche Wohl auf die schwierige Aufgabe zu gründen daß der allerseitige Eigennuz müßte zum gemeinen Besten gelenkt werden.

2. Frage. Ist dies auszuführen der menschlichen Natur möglich. Antwort. Gewiß wenn überhaupt Tugend möglich sein soll. 1.) Nur so können wir von Widersprüchen befreit werden. 2.) Nur so können wir durch Zufälle nicht gestört werden, welches ein schönes Kennzeichen ist. 3.) Nur so können wir zu der Rechenschaft bereit sein.

---

30 gemeinen] gem.   36 3.)] 2.)

25.) Am 25. Sept. Vorbereitungspredigt in Marienfelde
Matth. 26, 29.
Vgl. 1796. 19.

Gebet.
Text. „Ich sage Euch ich werde von nun an nicht mehr von diesem
Gewächse des Weinstoks trinken bis an den Tag, da ichs neu trinken
werde mit Euch in meines Vaters Reich."
Christus dachte an seinen Tod als die ihm bevorstehende Begeben-
heit; so laßt auch uns an den unsrigen denken.
Thema. Heilsamkeit des Andenkens an den Tod beim Abendmahl
  I. Für den Zwek der Erinnerung
     1. Um uns seine Gesinnungen einzuflößen
        [a.] Das irdische Streben erscheint uns in seiner Nichtig-
           keit |
        [b.] Alle Leidenschaften erscheinen in ihrem Unwerth   *45*
     2. Um uns als Glieder seines Reiches anzusehn
        [a.] Der eingebildete Werth aus jedem irdischen Stand-
           punkt verschwindet
        [b.] Der moralische Werth erhöht sich in unserm Be-
           wußtsein
  II. Für den Zwek der Befestigung unseres Christlichen Bundes.
    Jedes Freundschaftsgefühl wird dadurch erhöht. Schilderung.
     1. Wir werden beßer bedenken daß die Zeit kostbar ist, um
        a. Jede Bewegung der Seele zu unterdrüken die dieses
           Bundes unwürdig ist
        b. Jede Gelegenheit zur Ausübung des Guten zu benu-
           zen durch Belehrung, durch Beispiel, durch helfende
           That.
     2. Wir werden es auch mit unsrer Thätigkeit strenger
        nehmen
        a. Nicht nur das Angenehme sondern das wahrhaft heil-
           same. Das ist die Feuerprobe ob man glaubt, man
           würde dasselbe gethan haben wenn man das nahe
           Ende gewußt hätte
        b. Ueberall das ausdruksvollste um unsere ganze Seele
           hineinzulegen
Schluß. Der Gedanke war natürlich, da wir den Stifter dieser Ge-
meine unter uns vermissen. Laßt uns die Worte Christi ansehn als ein
Zeichen daß es auch eine Gemeinschaft jenseits giebt. Laßt uns ihm

---

3 *Vgl. Predigt vom 9. April 1796 (oben S. 494–495)*

durch eine Fortsezung seiner Handlungen ein Denkmal unter uns
sezen.

———————

26.) Am 15. Sonntag n. Tr. d. 26. Sept. Marienfelde
über Jer. 17, 10.
(Vgl. 1794. 23. p. Tr.)   5

Eingang. Gebet. Laß Deine Erkentniß in uns immer lebendig und
heilsam sein.
Text. „Ich der Herr kann die Herzen ergründen und die Nieren
prüfen"
Thema. Was soll der Gedanke in uns wirken daß Gott unser Herz   10
kennt.
   Anm. Nicht daß wir uns deshalb bemühen besser zu werden.
Schon Menschen in allerlei Verhältnissen sind mit solchen Bewegungsgründen nicht zufrieden. In Beziehung auf Gott wäre es Unsinn, weil er ja den Gedanken auch wüßte.   15
I. Daß wir auf das Urtheil der Menschen keinen Werth sezen.
    1. Wenn sie uns tadeln
        a. Indem sie unsern Fleiß oder Eifer nach dem Ausgang
            beurtheilen
        b. Oder uns falsche Bewegungsgründe andichten   20
        c. Oder vieles Gute ganz übersehn. |
    2. Wenn sie uns loben
        a. Wo wir etwa ihnen nüzlich gewesen sind
        b. Wo etwa die Umstände ihre Bewunderung erregen
        c. Wo der Zusammenhang ihnen verborgen ist.   25
II. Daß wir suchen uns selbst eben so kennen zu lernen (da wir
    ja Gott ähnlich werden sollen).
    1. Es kommt eine Zeit, wo wir es doch erfahren
        a. Laßt uns dabei nicht nur an jenen Tag denken
        b. Es ist immer Gericht Gottes und schreklich wenn wir   30
            etwas das uns betrift zu spät erfahren
        c. Es ist immer zu spät, wenn wir die Erkentniß schon
            früher hätten haben und gebrauchen können. Also
            jezt schon Kentniß

46

———————

33–2 Also ... Unterlaßungen] *am Rand mit Einfügungszeichen*

———————

5 *Vgl. Predigt vom 23. November 1794 (oben S. 374–376)*

α. der Bewegungsgründe unsrer Handlungen

β. der Veranlaßungen zu Unterlaßungen

2. Mit Gottes Erkentniß von uns hängt seine Anordnung unserer Schiksale zusammen. Diese würden wir dann auch besser verstehn. Also jezt schon Kentniß

   a. Von unsern sittlichen Mängeln und Ungeschiktheiten

   b. Von den Versuchungen gegen die wir uns stählen müssen

3. Gottes Erkentniß des Einzelnen hängt zusammen mit seiner Erkentniß der ganzen menschlichen Natur. Bei uns muß die Menschenkentniß überhaupt lediglich von der gründlichen Selbstkenntniß ausgehn. Also jezt schon Kentniß

   a. Von dem innern geheimen Spiel der Gedanken und Empfindungen

   b. Von den sonst unbemerkten Aeußerungen des Innern.

Schluß. Gott weiß Alles auf einmal, wir nur nach einander. Laßt das also ein fortgehendes Geschäft sein.

27.) Am 16. p. Tr. Erndtefest. d. 3. Oct. über Ps. 104, 13. 14.

Eingang. Die Feste wo die religiösen und bürgerlichen Angelegenheiten sich vereinigen haben etwas besonders schönes, weil diese Betrachtungen gewöhnlich so gänzlich getrennt werden. Wir sollten mehr dergleichen haben; aber keines könnte schöner sein als dieses. Nemlich Vereinigtes Abhängigkeitsgefühl wol immer; hier auch Dank, Frohsinn.

Text. „Du feuchtest die Erde von oben herab, Du machst das Land voll Früchte die Du schaffest. Du läßest Gras wachsen für das Vieh und Saat zu Nuz den Menschen daß Du Brodt aus der Erde bringest, und daß der Wein erfreue des Menschen Herz."

5–8 Also ... müssen] *am Rand mit Einfügungszeichen*   21–22 Betrachtungen] Betracht. ; *vgl. Adelung: Wörterbuch 1,845*   24 wol immer; hier auch] *über der Zeile mit Einfügungszeichen*   26 Du machst] Du *korr. aus Unleserlichem*

---

19 Am 3. Oktober 1802 vormittags in der Schlosskirche (Johanniskirche) zu Stolp über Ps 104,13–15. Der in der Disposition als „Text" zitierte Bibelabschnitt umfasst neben Vers 13–14 auch den Anfang von Vers 15.

Thema. So laßt uns unsere Gedanken bei dem Segen der Erndte auf
Gott richten, und zwar
　　I.　Unsere Gedanken an die Gaben selbst.
　　　　1.　Daß wir sie mit Dank annehmen
　　　　　　a.　Möge doch in diesem Augenblik unser Dank ein ge- 5
　　　　　　　　meinschaftlicher Dank sein.
　　　　　　　　[α.] Jeder sich über das Allgemeine freun, nicht über
　　　　　　　　　　das Seinige, darüber daß Alles da ist, nicht grade
　　　　　　　　　　wie und in welchen Verhältnißen.
　　　　　　　　[β.] Denn die Freude des Eigennuzes und der Hab- 10
　　　　　　　　　　sucht wäre ein Mißlaut und so auch der Miß-
　　　　　　　　　　muth aus ähnlichen Gründen
　　　　　　b.　Möchten wir ihn aber auch mitnehmen und er eigent-
　　　　　　　　lich immerwährend sein
　　　　　　　　[α.] Dies geschieht so wenig daß die Menschen darin 15
　　　　　　　　　　den Aussäzigen Christi gleichen. |
47　　　　　　　　[β.] Wir genoßen eigentlich immerwährend und die
　　　　　　　　　　Natur ⌊wirkt⌋ immerwährend. Dann aber denken
　　　　　　　　　　wir nur an die Besorgniß für die Zukunft, nicht
　　　　　　　　　　mehr an den Dank für das Vergangene 20
　　　　　　　　[γ.] Im Augenblik des Genußes sind unsere Aufforde-
　　　　　　　　　　rungen zu schwach für den Zustand der Ge-
　　　　　　　　　　schäfte und Zerstreuungen; die alten Opfer
　　　　　　　　　　konnten eher etwas wirken als die Gebete.
　　　　　　　　[δ.] Hülfsmittel sind in den Zeiten der Muße öfterer 25
　　　　　　　　　　Naturgenuß wodurch wir uns das Wirken an-
　　　　　　　　　　schaulich machen. In den Zeiten der Geschäfte
　　　　　　　　　　Zurükführung unsrer Bestrebungen nicht auf
　　　　　　　　　　Gold sondern auf die ersten Bedürfnisse.
　　　　2.　Dann werden wir sie auch nach Gottes Absicht behan- 30
　　　　　　deln
　　　　　　a.　Als gemeinschaftliches Gut.
　　　　　　　　α.　Durch Mittheilung an die dürftigen und gleich
　　　　　　　　　　mit uns berechtigten
　　　　　　　　β.　Durch eine auf das Allgemeine gerichtete Spar- 35
　　　　　　　　　　samkeit und Ordnung
　　　　　　b.　Als nicht bloß sinnliches Gut

[Am Rand neben Z. 33–34:] Theilet den dürftigen euer Brodt.
[Am Rand neben Z. 35–36:] Jeder sehe auf das was des Andern ist.

---

16 *Vgl. Lk 17,11–19*　　**38** *Vgl. Jes 58,7*　　**39** *Vgl. Phil 2,4*

α. Als Vermittlung der Geselligkeit in Verwendung
und Genuß. Daher der Wein hier auch erwähnt.

β. Mit Anknüpfung an das Höhere. Die Erde muß
überall dem Himmel dienen

II. Unsre Gedanken an das Geschäft.

1. Jeder sehe es als ein Glük an das Gott gern jedem gönnt
und suche Theil daran zu nehmen

   a. Wohl uns daß es uns allen gewißermaßen möglich ist.
Vergleichung mit großen Städten

   b. Es ist ein Bewährungsmittel vor vielem Unheil, eine
kräftige Unterstüzung alles Guten.

2. Ehret es.

   a. In wie fern

      α. Als die Vollendung des Werkes Gottes, nemlich
die Bildung der Erde, wozu wir von ihm berufen sind.

      β. Als die Quelle aller übrigen menschlichen Bil-
dung.

      γ. Als die unmittelbarste Gemeinschaft mit der
Natur

   b. Wodurch.

      α. Durch Uebertragung dieser Gesinnung auf die
welche es führen

         [1] Dem Vorurtheil des Standes steht entgegen
der ⌊Vorzug⌋ des Standes in den Adel

         [2] Der Entschuldigung von der Unbildung
steht entgegen

            [א.] daß daran so sehr vieles nur Schein ist,
und dieser Stand einen großen Fond von
Rechtlichkeit verwahrt.

            [ב.] daß dieser Zustand aber aufhören soll

         [3] Dazu sollen wir eben beitragen durch unsre
brüderliche Art mit ihnen umzugehn

      β. Dadurch daß wir es zu vervollkomnen suchen

         [1] Als Ausüber des bessern auch wenn wir ⌊nur⌋
sehr im Kleinen es betreiben können |

         [2] Als Berichterstatter im gesellen Umgang; *48*
insofern der Akerbau auch Bücher und Ge-

[Am Rand neben Z. 17–20:] NB. Die Ordnung umgekehrt wäre besser.

---

6 es] *korr. aus Unleserlichem*

sprächssache geworden ist – Wieviel soll
auf diesem Wege gewirkt werden.
[3] Dadurch daß wir im Allgemeinen die Denkungsart des Prüfens und vernünftigen Ver-
suchens zu befestigen suchen.   5
Schluß. Kurze Wiederholung aller eingeschärften Gesinnungen.

––––––––––

28.) Am 17. S. n. Tr. d. 10. Oct. NM. über Matth. 7, 15–18.
(conf. 1794 am 8. n. Tr.)

Eingang. Die Schrift redet von einer doppelten Weisheit, der Kinder
Gottes und der Kinder der Welt. Diese ist sich in allen Theilen entge-   10
gengesetzt. Menschenkenntniß rechnet Jedermann zur Weisheit. Also
auch diese muß doppelt sein.
Text. „Sehet Euch für vor den falschen Propheten, die in Schafsklei-
dern zu Euch kommen, inwendig aber sind sie reißende Wölfe. An
ihren Früchten sollt ihr sie erkennen. Kann man auch Trauben lesen   15
von den Dornen, oder Feigen von den Disteln? Also ein jeglicher guter
Baum bringet gute Früchte; ein fauler Baum bringet faule Früchte. Ein
guter Baum kann nicht arge Früchte bringen, ein fauler Baum kann
nicht gute Früchte bringen." –
Dasselbe Unterscheidungszeichen der Einfachheit welches wir in   20
andern Theilen der Weisheit finden.
Thema. Das Eigenthümliche der Menschenkentniß welche zur religiösen Weisheit gehört. Erstlich in Beziehung auf ihren Zwek.
Zweitens Auf die Art wie sie erworben wird.
    I. In Beziehung auf ihren Zwek.   25
       1. Die weltliche Menschenkentniß
          a. hat nur weltliche Zweke
          α. Wie man die Menschen bewegen kann

––––––––

[Am Rand neben Z. 7:] No. 196.

––––––––––

7 *Am 10. Oktober 1802 nachmittags in der Schlosskirche (Johanniskirche) zu Stolp*
8 *Vgl. Predigt vom 10. August 1794 (oben S. 347–348)*   29 *Zur Identifizierung der
Liedernummerangabe ist denkbar: Sammlung neuer geistlicher Lieder, Lied Nr. 196
„In allen meinen Thaten lass' ich den Höchsten rathen, der alles kann und hat." (Eigne
Melodie)*

β. Wozu man einen jeden wird brauchen können. – Daher
b. Geht sie nur
α. Auf die besondere Gestalt ihrer Neigungen und
Schwächen
β. Auf die Kenntniß ihrer Verbindungen
γ. Auf ein gewißes Voraussehn ihrer Urtheile und
Handlungsart.
c. Alles dieses ist nur äußerlich
α. Menschen von ganz verschiednen Neigungsge-
genständen können innerlich ganz dieselben sein;
und umgekehrt.
β. Man kann viel von einem Menschen voraussehn
ohne die innere Bedeutung desselben zu wissen
Also geringer Werth bei großen Zurüstungen
2. Die religiöse Menschenkenntniß.
a. höherer Zwek
α. Uns zu hüten vor denen die uns verderben kön-
nen |
β. eben so aber auch zu unterscheiden, die uns heil-   49
sam sind.
b. Daher geht sie auf das Innere – – Er wußte was ein
Mensch war.
α. Die Gesinnung zu unterscheiden aus welcher Alles hervorgeht
β. In einzelnen Fällen zu unterscheiden was für ein
inneres hier dargestellt ist
γ. Die scheinbaren Widersprüche aufzulösen.
c. Werthschäzung derselben
α. Sie ist allein eine würdige Menschenkentniß
β. Sie ist allein eine auf das Innere zurükwirkende
II. In Beziehung auf die Art wie sie erworben wird.
1. Die Regel: – Früchte (und die Handlungen welche eigentlich Zwek an sich sind). Also
a. Nicht alle Handlungen. Was ein Mensch nur zu andern Absichten thut ist keine Frucht.
b. Auch die bloßen Geisteshandlungen, Reden und Urtheile. Christus deutet selbst darauf hin: Ihr Ottern-
gezücht. Wenn Reden nicht Thaten wären würden
wir nicht zur Rechenschaft darüber aufgefordert.

38–39 *Mt* 12,34

Dem Guten Menschen sagt das auch sein Gefühl
denn er beurtheilt sich selbst so.

2. Die Anwendung – scheint auf diese Art sehr schwer,
    liegt aber schon in der Sache.

    a. Vergleicht absichtliche Handlungen mit den unab-   5
        sichtlichen Reden

        α. Scheinbare Menschenliebe mit Aeußerungen des
            Unglaubens an wahre Tugend.

        β. Scheinbare Gleichmüthigkeit mit dem Unglauben
            an die Möglichkeit sein Temperament zu beherr-   10
            schen

    b. Absichtliche Reden mit den unabsichtlichen Hand-
        lungen

        α. Aeußerung der Ehrfurcht gegen die Religion mit
            einem unwürdigen Leben   15

        β. Aeußerungen des Gemeingeistes mit Unordent-
            lichkeit im Privatleben.

Schluß.

[1.] Aus dem Gleichniß geht noch eine größre Vollkommenheit hervor, wenn man schon an der Gestalt den Baum kennt. Das sind   20
die wahren Naturkundigen.

[2.] Unsere Menschenkentniße müßen nur übereinstimen mit dem
Wunsche mit demselben Maaße gemessen zu werden.

[3.] So muß endlich der Umgang der Menschen mit einander ein
Reich der Wahrheit und der Einfalt werden.   25

————— |

50   29.) Mont. d. 11. Octob. In Stemniz über Ps. 19, 13.
              (conf. 1800, 17.)

Gebet. Um Ernst und Beistand zur Selbstkentniß in Beziehung auf
das Abendmahl.

Text. „Wer kann merken wie oft er fehlet. Verzeihe mir die verborge-   30
nen Fehler." Es ist eine allgemeine Bemerkung. Wir sollten aber möglichst aus diesem Zustande herauszugehn suchen.

Thema. Ursachen warum der Mensch sich selbst verborgen bleibt.

---

27 *Vgl. Predigt vom 25. Februar 1800 (oben S. 627–628)*

I.   Mangel an Nachdenken
     1.   Aus Zerstreuung.
        Diese tadeln wir schon bei irdischen Geschäften.
     2.   Aus Mangel an Muße.
        a.   Jeder Mensch hat Muße, und zwar mehr als er zur Erholung braucht – Wieviel Zeit wird nicht gedankenlos verträumt.
        b.   Die mechanischen Arbeiten selbst lassen das Gemüth frei.
          [α.] Jeder wird wissen daß er dabei viele Gedanken hat die nicht zum Geschäft gehören.
          [β.] Diese werden aber lieber auf fremde Angelegenheiten gerichtet oder auf eigene irdische.

II.   Unrichtiges Verfahren dabei.
     1.   falsche Auslegung dessen was man gethan
        a.   Man legt sich Bewegungsgründe unter, die man nie gehabt hat.
        b.   Man verbirgt sich oder legt anders aus was wirklich im Bewußtsein vorgegangen.
        So geschieht dann – allerlei Beispiele.
     2.   Uebersehen des Unterlassenen
        a.   Dieses macht einen großen Theil nicht nur unserer Fehler aus
        b.   Sondern gerade daraus können wir uns sehr genau kennen lernen. Das Nichtsehn ist die schwächste Seite.
        c.   Hülfsmittel dazu
          α.   Achtung auf das Urtheil Anderer, welches bei Unterlassungen mehr Gewicht hat als bei Begehungen
          β.   Rükblik auf uns selbst da wo wir Andere über Unterlassungen tadeln.

Schluß. Nochmalige Ermunterung. Nur wer nach Vollendung in der Selbstkentniß strebt kann Anspruch machen daß ihm die verborgenen Fehler sollen vergeben werden.

———— |

[*Am Rand neben Z. 2–3:*] No. 1 kan ganz wegfallen und unter 2.a. mit abgemacht werden.

51   30.) Sonnab. d. 16. Oct. Vorbereitungspredigt
über Marc. 13, 33 sqs.
conf. 1800, 21.

G e b e t. Wunsch die Verbindung mit Christo recht von ihrer thätigen
Seite zu betrachten und damit im Urtheil über sich aufs Reine zu   5
kommen.
T e x t. „Sehet zu, wachet und betet, denn ihr wisset nicht wann es
Zeit ist. Gleich als ein Mensch der über Land zog, und ließ sein Haus,
und gab seinen Knechten Macht, einem jeglichen sein Werk [...]. So
wachet nun denn ihr wißt nicht wann der Herr des Hauses kommt   10
[...]; auf daß er nicht schnell komme und finde Euch schlafend. Was
ich aber Euch sage, das sage ich Allen[:] wachet." Wir können das
Abendmahl nicht begehen ohne uns in diesem Verhältniß zu sehen als
Diener Gottes an einem bestimmten Werk; denn das ist der gestiftete
Bund.   15
T h e m a. Ermunterung zur wachsamen Treue in unserm Christen-
Beruf.
    I.   Laßt uns mit ganzer Seele dabei sein
        [1.] E r k l ä r u n g. Man macht sich seine Ordnung – Das
            Gutesthun im bestimten Kreise wird eine Gewohnheits-   20
            sache.
        [2.] W ü r d i g u n g.
            a. So verliert es im Werth vor Gottes Auge, weil es nicht
                mehr aus dem unmittelbaren Antrieb des Herzens
                hervorgeht, sondern nur eine Nachwirkung von ehe-   25
                dem ist.
            b. Es geschieht auch weniger, weil man übersieht was
                außer dieser Ordnung liegt und wozu eine unterhal-
                tene Anstrengung gehört.
        [3.] E r m a h n u n g. Das Andenken an Christum und sein Ver-   30
            mächtniß muß die schlummernde Kraft wieder aufregen.
    II. Laßt uns immerfort thätig sein.
        [1.] E r k l ä r u n g. Dies scheint unmöglich wegen der geselli-
            gen Verhältnisse und der nothwendigen Erholung –
            Aber es kommt nur darauf an auf welchen Zwek wir   35
            auch diese richten, und welche Gesinnungen dabei in uns

---

10 nun] nu   23–27 a. ... b.] 1. ... 2.

1–2 *Vorbereitungspredigt in der Schlosskirche (Johanniskirche) zu Stolp über*
Mk 13,33–37   3 *Vgl. Predigt vom 15. März 1800 (oben S. 633)*

sind. – Dem zu folge findet uns der Herr wachend oder
schlafend.

[2.] Ermahnung. Das Abendmahl ist Symbol von der Möglichkeit der Vereinigung: Herzerhebendes an gesellige
Fröhlichkeit angeknüpft.

III. Laßt uns nichts aufschieben

[1.] Erklärung. Dies ist die Frucht des strafbaren Vergnügens und der Trägheit – Man will es gar nicht thun oder
leichter thun, und giebt vor es besser thun zu wollen.

[2.] Würdigung. Das übersteigt unsern Dienerberuf, und es
würde Nichtsthun daraus folgen, weil es immer noch etwas Beßeres giebt.

[3.] Ermahnung. Das Abendmahl war auch ein Abschieds-
mahl – Alles religiöse muß uns an die Ewigkeit erinnern
d. h. daran daß jeder Augenblik für sich besteht.

Schluß. Im Abendmahl denken wir uns auch die Gemeine als richtenden Repräsentanten Gottes. Laßt uns bemühen würdig vor ihr zu
erscheinen.

31.) Am 18. p. Tr. d. 17. Oct. VM. über Matth. 5, 20.   *52*
(conf. Landesberg 94. 6. p. Tr.)

Eingang. Es giebt Zwei im Ganzen fehlerhafte Zustände[:] wenn
Geseze die Neigungen nicht überwinden können; und wenn die
Grundsäze selbst falsch sind. Alter Streit welches Verderben größer
sei. Christus erklärt das lezte dafür.

Text. „Denn ich sage Euch es sei denn eure Gerechtigkeit besser
denn der Schriftgelehrten und Pharisäer so könnt Ihr nicht in das

---

[*Am Rand neben Z. 19:*] No. 144.
[*Am Rand neben Z. 21:*] Geist ist willig

---

22 Geseze] GeSeze

---

19 *Am 17. Oktober 1802 vormittags in der Schlosskirche (Johanniskirche) zu Stolp*
20 *Vgl. Predigt vom 27. Juli 1794 (oben S. 344–345)*   **27** *Zur Identifizierung der*
Liedernummerangabe ist denkbar: Sammlung neuer geistlicher Lieder, Lied Nr. 144
„Erbarm' dich HErr! mein schwaches Herz, geneigt zu Eitelkeiten, läßt bald durch
Freude, bald durch Schmerz sich auf den Irrweg leiten." (Melodie von „Ein Lamm geht
hin etc.")   **28** *Vgl. Mt 26,41*

Himmelreich kommen." Die genannten sind von der lezten Art im
Gegensaz der Zöllner und Sünder.

Thema. Von der falschen Gerechtigkeit

 I. Die verschiedenen Arten derselben

   1. Die Gottesdienstliche

     a. Beschreibung. Gutmachenwollen der Fehler durch
äußere Religionsübungen. – Ruhm mit frommen
Empfindungen.

     b. Würdigung. Zwar sehr peinlich aber doch leicht.
Gott wird doch nothwendig als Weltregierer gedacht;
hier aber noch außerdem als einer der sich durch das
Angenehme beschmeicheln läßt.

   2. Die negative.

     a. Beschreibung. Der Eigennuz soll Triebfeder sein,
und die Gerechtigkeit nur seine Grenze.

     b. Würdigung. Sie wird also gedacht als nothwendi-
ges Uebel. So erscheint sie nicht im Gewissen, welches auch für Unterlassungen straft, so nicht in der
Welt und Natur. Gott wird also zum Lügner gemacht.

   3. Die partielle

     a. Beschreibung. Fleiß in einer Art von Tugend-
übung und Meinung daß Gott nicht mehr verlangen
könne.

     b. Würdigung.

       α. Der Grund davon kann nicht der rechte sein
denn die Vernunft haßt eine Neigung um ihrer
selbst willen befolgt eben so als die andere. –
Dem widerstreitet nicht die natürliche ungleiche
Vollkommenheit, das Bestreben muß auf Alle gerichtet sein.

       β. Gott wird also gedacht als des äußern Dienstes
bedürftig[,] er kann aber Alles was wir thun können auch auf einem andern Wege erreichen (Kinder aus den Steinen)

Summarische Wiederholung.

---

9 Zwar] 1.) Zwar   25–31 α. ... β.] 1.) ... 2.) ; *so auch folgend*

33–34 *Vgl. Mt 3,9*

II. Die natürliche Folge davon. Nicht ins Himmelreich
   1. In Beziehung auf die Ewigkeit.
      a. h y p o t h e t i s c h. Als Belohnung gedacht.
        Er wird sagen „er kenne ihrer nicht" (durch alle
        3 Klassen)
      b. k a t e g o r i s c h. Als höhere Bestimung gedacht.
        Wenn wir uns die unvollkomnen Einrichtungen die-
        ser Welt hinwegdenken
        α. die Wirkung vorübergehender Stimmungen |
        β. die Furcht und die Klugheit   *53*
        γ. die Wirkung äußerer Gegenstände,
        so muß ein solcher dort noch ungeschikter sein.
   2. In Beziehung auf dieses Leben. Er ist kein ⌊Mitglied⌋
      a. In Beziehung auf Gott – er ist im Widerspruch mit
        ihm
      b. Als menschliche Gesellschaft
        α. hat nur die leere Gestalt
        β. meint es nicht redlich
        γ. ist ein leerer Großsprecher.
S c h l u ß. Die richtige Gesinnung und Ueberzeugung ist die unnach-
läßlichste Bedingung. – Widerspruch mit sich selbst ist nicht zu vermeiden so lange wir noch unvollkomen sind. Dabei genießen wir doch
Gnade, laßt uns nur diese benuzen.

―――――

32.)   Am 19. S. n. Tr. d. 24. Oct. in Koenigsberg über Ps. 1, 2. 3.

E i n g a n g. Die welche nicht von selbst gut sein wollen fragen was
ihnen dafür wird. Einige suchen die Hofnung zu erhalten daß der
Gute glüklicher sei; Andere finden es gefährlich. Beide sind durch Nebenabsichten befangen; eine natürliche Stimme sagt uns der Tugend-
hafte sei glüklich.
T e x t. „Wol dem [...] der Lust hat am Gesez des Herrn [...]; der ist
wie ein Baum gepflanzet an Wasserbächen, der seine Frucht bringt zu
seiner Zeit, und seine Blätter verwelken nicht, und was er macht das
geräth wohl."

――――――――――

3 hypothetisch] hypothet.   6 kategorisch] kategor.

――――――――――

4 *Vgl. Lk 13,25*   24 *Am 24. Oktober 1802 in Königsberg (Ostpreußen)*

Thema. Worin besteht das ausschließende Wohlergehen des Guten?
Erstlich in Beziehung auf seine Handlungen. Zweitens In Beziehung auf seinen ganzen Zustand. – Wir wollen ihn nur entgegensezen dem, der seine Lust in etwas Anderm hat, gleichviel ob ihn dies
geradezu gegen das Gesez des Herrn treibt.   5
    I.   In Beziehung auf seine Handlungen
        1. Sie gerathen ihm wol.
            a. Der Weltling kann das nicht von sich sagen.
               α. Auch der klügste erlangt Vieles nicht
               β. Sieht sich oft getäuscht durch das was er erlangt   10
                   hat
               γ. Bedauert nicht selten das, was ihn wirklich be-
                   friedigt wenn hintennach etwas widriges als
                   Folge davon erscheint.
            b. Der Gute.   15
               α. Hat er denn den Erfolg in seiner Gewalt? Nein;
                   aber was er wollte ist auch nur die That, die
                   Aeußerung seiner Gesinnungen, das Handeln
                   nach seinen Ideen.
               β. Andere Handlungen sind die durch welche er   20
                   selbst noch besser werden will. Demuth daß das
                   nicht nach seinem Wunsche ausschlägt. Aber er
                   lernt doch jedes mal, selbst durch das was er be-
                   reut.
               γ. Was einmal gut gewesen ist kann nie die Ursache   25
                   werden von etwas, was er für mißrathen halten
                   müßte. |
54   2. Er bringt Frucht.
             a. Der Weltling nicht.
                α. Fast alle gemeinschaftlichen Anstalten zweken   30
                   dahin ab ihn unschädlich oder wider Willen nüz-
                   lich zu machen.
               β. Er fühlt gewiß selbst sein feindschaftliches Ver-
                   hältniß gegen das allgemeine Wohlergehn.
             b. Der Gute.   35
                α. Ist seiner Natur nach fruchtbar. – Wahrheit,
                   Gerechtigkeit, Treue und Liebe sind etwas für
                   Andere, das weiß Jeder.

9–12 α. … β. … γ.] 1.) … 2.) … 3.) ; *so auch folgend*   **21** selbst] s.   **33** sein] *korr.*
aus seine

β. Er ist es immer. Wenn auch die Frucht nicht genossen wird, so ist Saamen darin der aufgeht. Er
erhält die Gesinnungen und den Glauben an sie:
er bringt Schaam hervor.

II. In Absicht auf den Zustand.
  1. Er findet sich an einer guten Stelle. – An Wasserbächen
    a. Der Gute gewiß.
      α. Er kann was er will überall
        [1] Die bestimte Stelle macht daß er sich auch
            bestimmt ausbilden kann
        [2] Die Abwechslungen daß nach einander Alles
            in ihm ans Licht kommt.
      β. Er befindet sich als Zuschauer überall gut.
        [1] er sieht die Welt als Offenbarung Gottes
        [2] er sieht das Werden der Menschen
    b. Nicht so der Weltling
      α. seine Stelle erscheint ihm schlecht
        [1] Der Niedere erkennt nur die Höheren für
            Bäume und Wasserbäche
        [2] Der Höhere wünscht immer mehr als er hat,
            er hat sich übertrieben und es fehlt ihm an
            Nahrung
      β. Als Zuschauer erscheint ihm die Welt schlecht
        [1] Sie erscheint ihm als Jammerthal wenn sie
            auf das Verhältniß des Angenehmen und Un-
            angenehmen sehn
        [2] Das Treiben der Menschen als eitel wenn sie
            auf den Werth sehn den man auf die ver-
            schiedenen Quellen des Vergnügens legt.
  2. Er behält immer Lebenskraft und Muth.
    a. Der Weltling gewiß nicht.
      α. Schon jene Betrachtungen haben etwas vertrok-
        nendes
      β. Dann ist bei ihm ein nothwendiger Wechsel zwi-
        schen Anspannung und Erschlaffung, der Ver-
        nichtung vor der Zeit bringt.

[Am Rand neben Z. 1:] Es wird gesäet verweslich.

---

9 bestimte] *korr. aus Unleserlichem*   21 hat sich] hat. sich   35 Anspannung]
A *korr. aus* E

---

24 *Vgl. Ps* 84,7   37 *1Kor* 15,42

b. Der Gute.
    α. ist ein immergrüner Baum, Leben und Freude er-
       neuert sich immer in ihm
    β. Glük und Unglük behandelt er auf gleichem Fuß.
       Der zweite Gedanke ist bei beiden die moralische   5
       und religiöse Beziehung.
Schluß. Dies aber nicht mehr gehört zum Wohlergehen des Guten.
Dadurch könen keine Freuden angelokt werden; es ist ihm nur Aergerniß und Thorheit. Uns aber kann es Maaßstab sein wie weit wir
fortgerükt sind.   10

———————— |

55   33.) Am 20. Sonnt. n. Tr. d. 31. Oct. in Königsberg
                       über Röm. 12, 21.

Eingang. Der erste Eintritt in die Welt ist bei gutartigen Menschen
eifrig – In der Folge wird das anders. Etwas trauriges ist immer bei
dieser Veränderung. Es giebt etwas Jugendliches das sich mit dem Al-   15
ter verlieren muß; aber es giebt auch ein Feuer, das unter allen trauri-
gen Erfahrungen bleiben muß.
Text. „Laß Dich nicht vom Bösen überwinden, sondern überwinde
Du das Böse mit Gutem." – Nicht vom Bösen in uns, sondern dem
Zusammenhange nach vom Bösen in Andern. Daher   20
Thema. Ermunterung uns nicht überwinden zu lassen durch das
Böse in der Welt.
    I. Unsere Wahrheitsliebe
        1. Sie ist sehr das Gute. – Nicht eine einzelne Tugend, die
           man etwa auch entbehren kann, sondern eine ganze Seite   25
           des menschlichen Berufs Zeugniß von sich zu geben, sein
           Urtheil hinzustellen. – Es ist die natürliche Mitgabe ei-
           nes guten Gemüths.

[*Am Rand neben Z. 26–27:*] Dieser Beruf ist früher als der bürgerliche.

———————————————————————————————————

18 vom Bösen überwinden,] das Böse überwinden,

———————————

11 *Am 31. Oktober 1802 in Königsberg (Ostpreußen)*

2. Sie ist Angriffen ausgesezt. –
   a. Feindschaften die aus Urtheilen über Menschen ent-
      stehen
   b. Verdrehungen freimüthiger Aeußerungen über Ange-
      legenheiten
   c. Wendungen ins Lächerliche.
3. Sie wird überwunden, wenn man sich entschließt, seine
   Gedanken lieber zu verschließen.
   a. Die Verächter der Tugend und der Religion werden
      dann desto unverschämter
   b. Die Sache, deren Vertheidigung nicht gewagt wird[,]
      kommt in ein schlechtes Licht.
4. Sie muß überwinden.
   a. Man füge Klugheit und Vorsicht hinzu, um weniger
      Blößen zu geben.
   b. Man sei unparteiisch und beharrlich so zeigt sich
      am Ende doch, was eigentlich gemeint ist. Wer immer
      die Wahrheit äußert dem kann nicht leicht ein fal-
      scher Sinn untergelegt werden.
   c. Religiöse Unterstüzung
II. Unsere Berufstreue
1. Anfangs eifrig.
   a. Gewöhnlich ist der Beruf ein Gegenstand der Wahl
      und der Liebe
   b. Das Gefühl eigner Kräfte und der Glaube an den äu-
      ßeren Schein der Menschen erregen schöne Hof-
      nungen.
2. Sie ist in Gefahr überwunden zu werden.
   a. Von der Opposition derer gegen welche sie gerichtet
      ist.
   b. Von der Trägheit derer, welche sie unterstüzen sollten
   c. Von den Klagen derer Mitarbeiter, die in ihrer Träg-
      heit aufgestört werden. –
   Dann denkt man wir allein kommen doch nicht ⌊weit⌋.
3. Sie muß überwinden
   a. Durch das Andenken an die Zerstreuten welche uns
      doch gleich sind.
   b. Durch Gedenken an Gott
      α. die Art wie er Rechenschaft fodert
      β. die Mittel die er an der Hand hat.
   c. Gedenken an Christum

---

28 Sie] S   39–40 α. ... β.] 1.) ... 2.)

III. Unser Wolwollen.
1. Natürliche Anlage in Beziehung auf die Zwischenräume und Erweiterung der Berufstreue. – Eifer durch den Glauben an die Menschen erhöht. |

56

2. Ist in Gefahr.
   a. Mißbrauch der Unbedürftigen für den Eigennuz.
   b. Schlechte Anwendung der Unbesonnenen, und noch mehr der Schlechten.
   c. Urtheile derer, welche uns falsche Bewegungsgründe unterlegen –
   So geht es dem mitfühlenden, dem mittheilenden, dem erziehenden Wolwollen
3. Es muß überwinden.
   a. Jedes Wolwollen sei im Voraus ein verzeihendes.
   b. Es sei Gott ähnlich, der immerfort über Gute und Böse regnet
   c. Es sei christlich
      α. Ein dankbarer unter zehn
      β. Teufel austreiben durch Teufel
      γ. Apostel selbst Thoren und träges Herzens

IV. Unsere Gemüthsruhe.
1. a. Sie ist etwas Gutes – nicht nur Grund der Glükseligkeit, sondern auch Zeichen und Frucht des richtigen Zustandes.
   b. Auch das ist gut daß sie leiden kann durch das Böse, was uns nicht unmittelbar betrift.
2. Sie wird überwunden
   a. Durch den Glauben an das Stillstehen der Welt
   b. Durch den an die Uebermacht der Bösen in unserer Sphäre. Dies überwiegt dem Frommen das eigne Glük und [schärft] ihm [das] Leiden
3. Sie muß überwinden.
   a. Durch Erweiterung des Gesichtskreises also durch Schauen
   b. Durch Glauben
      α. an göttliche Regierung
      β. an ein Jenseits, welches nicht möglich wäre, wenn es nicht diesseits schon anfinge.

18–20 α. ... β. ... γ.] 1.) ... 2.) ... 3.)   38 diesseits] disseit

---

15–16 *Vgl. Mt 5,45*   18 *Vgl. Lk 17,12–19*   19 *Vgl. Mt 12,24.27*   20 *Vgl. Lk 24,25*

Schluß. Der Glaube ist der Sieg, der die Welt überwindet. – Nur
wer bis ans Ende beharrt empfängt die Krone.

NB.   Am 21. Sonnt. n. Tr. d. 7. Nov. in Schlobitten ohne Predigt.

34.)   Am 22. S. n. Tr. VM. ein Auszug aus No. 33.

35.)   Am 23. S. n. Tr. NM. über Matth. 22, 16–21.

Eingang. Die unangenehmste Lage ist der Streit der Pflichten gegen
einander. Dem gegen sich selbst und gegen Andere entgeht man nie
ganz
Text. „Da sandten die Pharisäer zu ihm ... was Gottes ist.“ Sie wollten ihn in einen Widerstreit verwikeln, den er aufhob. Daher
Thema. Ueber die Uebereinstimmung unserer Pflichten gegen Gott
mit denen gegen die Menschen.
　　I.   Diese Erkenntniß ist nicht allgemein.
　　　　1.   Widerstreit war nothwendig, so lange
　　　　　　a.   Man nur an einen partiellen Gott glaubte – Schilde-
　　　　　　　　rung
　　　　　　b.   Man eigne Handlungen, die auf Menschen keine Be-
　　　　　　　　ziehung haben zum Dienste Gottes nöthig hielt.
　　　　2.   Christus konnte keinen solchen Widerstreit finden
　　　　　　a.   Sein Gott war ein allgemeiner
　　　　　　b.   Ein im Geist und in der Wahrheit anzubetender |
　　　　3.   Dennoch findet sich der alte Irrthum unter Christen　57
　　　　　　wieder

---

5 16] *korr. aus Unleserlichem*　　5 21] 25　　7 einander] ein/der　　18 nöthig] *Kj*
für nöthig

---

1 *Vgl. 1Joh 5,4*　　2 *Vgl. Jak 1,12*　　4 *Am 14. November 1802 vormittags in der*
Schlosskirche (Johanniskirche) zu Stolp　　5 *Am 21. November 1802 nachmittags in*
der Schlosskirche (Johanniskirche) zu Stolp　　21 *Vgl. Joh 4,23–24*

       a. falsche Vorstellungen von der Art wie man die Wahrheit ausbreiten muß.

       b. falsche Vorstellungen von dem Werth des äußerlichen in der Religion – Daher

II. Laßt uns sehen wie eigentlich beide zusammenstimmen.

   1. Der Gedanke an die Pflichten gegen Gott unterstüzt die Erfüllung der Pflichten gegen die Menschen

       a. Wenn die Neigung zu den Menschen abnimmt: Gott ist zugleich Gegenstand

       b. Wenn der Erfolg nicht klar ist

       c. Wenn die gereizte Selbstsucht in Streit kommt.

       d. Wenn die Vorstellung der Pflicht sich verunreinigt hat.

   2. Die Erfüllung der Pflichten gegen die Menschen unterstüzt die Erhaltung unsers richtigen Verhältnißes gegen Gott.

       a. Dies besteht in einer leichten und frohen Erhebung des Herzens.

       b. Hiezu ist das gute Gewissen und das Gefühl der Liebe ein kräftigerer Reiz als selbst die Naturbetrachtung und die Dankbarkeit.

S c h l u ß . Laßt uns Alles für unchristlich halten was uns aus dieser Uebereinstimung herauswerfen will.

––––––––––

36.)   Am ersten Advent VM. über Luc. 17, 20. 21.
        (Vgl. 1794. 15. Trin.)

Die Theile waren umgekehrt. So

   I. In Absicht auf die Religion

     [1.] Nicht das Außen

     [2.] Nur von Innen

  II. In Absicht auf das gesellige Leben

     [1.] Nicht das Aeußere

     [2.] Nur die Gesinnung

––––––––––

18 Herzens] Hzens

––––––––––

24 *Am 28. November 1802 vormittags in der Schlosskirche (Johanniskirche) zu Stolp*
25 *Vgl. zur Predigt vom 28. September 1794 den Entwurf (oben S. 359–362) und die Ausarbeitung in Frühe Predigten Nr. 30 (oben S. 261–269)*

III. In Absicht auf die bürgerliche Verfassung
[1.] Nicht die Form
[2.] Nur die Treue
Schluß wie im Concept.

37.) Am zweiten Advent. NM. Matth. 11, 16–19.

Gebet. Laß uns dem Wege treu bleiben, und uns durch nichts irre
machen lassen in dem was wesentlich ist.
Thema. Von den beiden verschiedenen Gestalten der Religiosität. | 58
I. Wie haben wir sie zu beurtheilen nach dem Beispiel Christi.
   1. Ihm waren beide gleich werth
   2. Er ließ sich aber nicht durch den Schein von Frommen
      blenden
      [a.] Weder durch den Pharisäischen
      [b.] Noch durch den Schein solcher die seiner höheren
         Lehre Beifall zu geben schienen aber das Wahre doch
         nicht in sich hatten.
II. Wie in Beziehung auf die Welt.
   1. Die Welt verkennt beide und dichtet ihnen an.
   2. Das Wahre findet unter keinen von beiden Gestalten
      viel Eingang.
Es bleibe nur jeder seinem eigenen Herzen treu.

38.) Am Dritten Advent VM. über Matth. 11, 2–6.

Eingang. Beziehung auf No. 36. Die innere Verbesserung soll aus
dem Christenthum hervorgehn. Nicht daß alle Christen besser werden
oder daß jeder Bessere auch äußerlich ein Christ sein müßte. Sondern
aus seinem Geist.
Thema. Ursachen warum sich die Menschen am Christenthum ärgern

---

11 nicht] noch   **21** treu.] *folgt* ⟨Johannes⟩   **25** Christ] *davor* ⟨⌊ ⌋⟩

4 Vgl. den Schluß in Frühe Predigten Nr. 30 (oben S. 267–269)   *5 Am 5. Dezember
1802 nachmittags in der Schlosskirche (Johanniskirche) zu Stolp*   *22 Am 12. Dezember 1802 vormittags in der Schlosskirche (Johanniskirche) zu Stolp*

I. Einigen ist es nicht vernünftig genug.
    a. Sie ärgern sich an der Beschaffenheit der Geschäfte –
       Diese hat Christus selbst nur zum Beweise gebraucht
    b. Sie ärgern sich daran daß es überhaupt ⌊ein Ge-
       schäft⌋ – Wenn man den Menschen die Anhänglich-   5
       keit an ⌊die⌋ Urheber des Guten raubt kann man ih-
       nen nichts ersezen.
    c. Sie wollen alles mit Verstandesbeweisen haben. –
       Man sieht täglich an allen moralischen Dingen daß
       das Beweisen nichts hilft.   10
II. Andern ist es zu unscheinbar.
    a. Weil die Aufgeklärten so ⌊ungleich⌋ darüber den-
       ken. – Gott hat es den Unmündigen offenbart: es ist
       in der Schwachheit mächtig.
    b. Weil so viel Mißbrauch p. darin ist – Das Innere ist   15
       dabei doch rein und ⌊heilig⌋ und unbeflekt.
III. Andern ist es zu langsam – So war es auch bei Johannes.
    a. Die Schnelligkeit ist selbst der göttlichen Allmacht
       unmöglich, weil es unmöglich das Rechte sein
       könnte.   20
    b. Wir Späteren wissen doch daß schon Vieles gesche-
       hen ist.
Schluß. Laßt Jeden in Geduld das Seinige thun.

39.)   Am 4. Adv. NM. über Luc. 2, 25 sqs.

Eingang. Die Gegenwart bekommt ihren Werth nur durch Vergan-   25
genheit und Zukunft; Es ist also ein natürlicher Trieb und ein Theil
unserer Bestimmung daß wir in beiden leben. Dieser kann wie jeder
gemißbraucht werden[,] es kann sich in ihm wie in jedem eine gute
und eine schlechte Gesinnung äußern. So Vergangenheit, so Zukunft.
Daher   30

---

1 nicht] *davor* ⟨zu ⌊ ⌋⟩   3 gebraucht] *korr. aus Unleserlichem*   4–5 ⌊ein Geschäft⌋]
zu ergänzen wohl giebt   17 Johannes] Johans

---

14 Vgl. 2Kor 12,9   24 *Am 19. Dezember 1802 nachmittags in der Schlosskirche
(Johanniskirche) zu Stolp über Lk 2,25.27–32*

Text. (v. 26 ausgelassen) Hier ist von einer Zukunft die Rede die für
ihn nicht mehr Gegenwart werden konnte und diese ist das ernste
Thema der Zukunft

Thema. Ueber die richtige Beschaffenheit unserer Theilnahme an der
5 Zukunft. |

     I. Gegenstand   61

         1. Nichts Äußerliches und Sinnliches

             a. So nehmen Viele Theil

                 [α.] An den Ihrigen

10   [β.] An der Welt überhaupt

             b. Es ist verderblich

                 [α.] Quälend weil die Erfahrung zeigt daß es an aller
                      Bürgschaft fehlt

                 [β.] Verächtlich. Es ist nur ein längeres Fortsezen des-
15   sen was überhaupt nicht sein sollte. Simeon
                    würde uns bedauerlich sein wenn er nur gemei-
                    nen jüdischen Nationalstolz gehabt hätte.

         2. Das Kommen des Reiches Gottes.

             a. So laßt uns der Unsrigen ⌊denken⌋ und der ganzen
20   Welt.

             b. Das ist nothwendig erfreulich und ehrenvoll.

   II. Die Art und Weise.

         1. Ohne Klage daß wir es noch nicht erleben

             a. Dies ist selbstsüchtig – ⌊Verdacht⌋ daß es uns nur
25   darauf ankomme, welche angenehme ⌊Einwirkung⌋
                der Zustand auf uns haben könnte.

             b. Es ist unverständlich – Denn das wahre Gute ist
                nicht eine bestimmte Stufe sondern das beständige
                Hinaufsteigen. Dies müssen wir für die Gegenwart
30   glauben aus denselben Gründen als für die Zukunft.

         2. Sie muß nicht mit den ⌊Jahren⌋ abnehmen

             a. Dem wäre jede Theilnahme die aufs Sinnliche gerich-
                tet ist unterworfen. Denn alle Neigungen nehmen ab;
                noch mehr also die Beziehung der Fantasie auf sie.

35   b. Desto mehr aber kann die Neigung zum Guten wach-
                sen. So Simeons.

  III. Die Kraft mit der sie wirksam sein muß.

         1. Beschreibung

             a. Daß wir unsere eignen Ereignisse darüber verges-
40   sen. – Simeon fühlte selbst die ⌊Liebe⌋ zum Leben
                verschwinden

---

30 Gründen] *korr. aus Unleserlichem*

    b. Daß wir selbst überall im Geist der Zukunft reden
       und handeln – Simeon äußerte mitten im Tempel
       seine Neutestamentische Denkart.
  2. Anwendung
    a. In diesem [Sinn] ist unserer Theilnahme an der Zu-   5
       kunft vieles [vertraut]. Jedes große Werk – der An-
       fang – darf nicht hoffen die Vollendung zu sehen.
       Besonders die Erziehung. Hiebei muß man beides be-
       obachten.
    b. Wenn nicht dieses Handeln der Prüfstein ist so ist es 10
       nur leere Fantasie mit unsern Wünschen.
Schluß. Möge dieses Vorbild uns recht oft vorschweben, so wird
auch unser lezter Augenblick so sein können. Nur unter der Bedingung
daß wir schon lange so gedacht haben. (Er hatte lange den heiligen
Geist gehabt) 15

———————— |

62   40.)   Am ersten Weihnachtstage VM. über Luc. 2, 15–19.

Eingang. Das Interesse an einer Begebenheit soll sich nicht nach der
Zeit richten, sondern nach der Beziehung auf die Gesinnungen. Daher
können wir zu einer lebhaften Theilnahme aufgefordert werden.
Thema. Die Gesinnungen derer welche die erste Nachricht von der 20
Geburt Jesu empfingen, angewendet auf die unsrigen
  I. Das bloße Erforschen der Sache
    1. So die Hirten
      [a.] Sie erkundeten mit Fleiß und Überzeugung von der
        Wichtigkeit der Sache 25
      [b.] Aber man hört nicht, daß sie Christen geworden
    2. So noch jetzt
      [a.] Viele suchen Geschichte und Meinungen in Ordnung
        zu bringen.

———————

[*Am Rand neben Z. 5–9:*] Diese beiden Säze würden sich in umgekehrter Ordnung 30
besser an das vorhergehende anschließen.

———————————

8 Besonders] Besonders,   20 der] *korr. aus* dieser

———————

16 *Am 25. Dezember 1802 vormittags in der Schlosskirche (Johanniskirche) zu Stolp*

[b.] Aber sie sind keine thätigen Mitglieder im Reiche
Gottes, wenn gleich nüzlich
II. Die gleichgültige Verwunderung
1. Damals der Meisten
[a.] Wie alle messianische Weissagung und Erwartung
auf ein Kind angewendet
[b.] Welchen Verlauf die Sache nach einiger Zeit nehmen würde
2. Auch jezt der Meisten
[a.] Wundern sich wie es noch immer fortdauert und
man einen solchen Werth darauf legt.
[b.] Das Wunderbare soll freilich nicht anziehn, darf
aber auch nicht allein ein verwerfendes Urtheil bestimmen bei Begebenheiten so wenig als bei Menschen.
III. Die wahre Beherzigung. Maria.
1. Aufmerksamkeit auf die weitere Entwiklung
a. Bei Maria natürlich erregt.
b. Auch wir können das Reich Christi noch ansehn als
in seiner Kindheit.
2. Dankbarkeit für ihre Auserwählung
a. Sie war begnadigt ohne Vorrechte vor vielen andern
b. Auch wir durch die Verpflanzung des Christentums
in unser Vaterland und durch unsere zeitige Aufnahme in dasselbe
3. Entschluß mit verdoppelter Treue ihre Pflichten zu erfüllen
a. Bei Maria Mutterpflichten, Entwiklung des Geistes
und Körpers
b. Bei uns auch Pflichten zur Fortbildung des Werkes
Christi
Schluß. So wollen wir diese Tage feiern.

41.) Am Zweiten Weihnachtstage NM. über Gal. 4, 4.

Eingang. Weihnachtsfest und Jahresschluß unserer Versamlungen
scheint schwer zu vereinigen. Ist leicht. Die Geburt Christi ist Symbol

---

[Am Rand neben Z. 21:] Die natürlichere Ordnung ist 2. 1. 3.

---

33 *Am 26. Dezember 1802 nachmittags in der Schlosskirche (Johanniskirche) zu Stolp*

für alle göttlichen Wohlthaten und Fügungen; die Ordnung die hier
beobachtet worden ist überall dieselbe. So laßt uns an die Vergangenheit denken.

Thema. Ueber die Ordnungen nach denen Gott den Menschen
wohlthut.

 I. Wenn die Zeit erfüllt ist.

  1. So Christus als seine Lehren Raum gewinnen konnten.

  2. a. So auch können wir sicher sein daß auch uns Alles
    geschehen ist.

   b. Laßt uns nur fragen ob auch wir in unserm Thun
    nichts übereilt oder keinen Augenblik vorbeigelassen
    haben. |

 II. Alles ist selbst eine vorübergehende Begebenheit.

  1. So Christus. Es wäre nicht gut gewesen für die Ausbreitung seiner Lehre wenn er immer hier geblieben wäre.

  2. So geht es

   a. Mit allen Zuständen in welche Gott uns sezt und welche überflüssig werden wenn ihr Endziel erreicht, sowol äußere als auch freundschaftliche.

   b. Jede Kraft muß wandern um bald hier bald da zu
    wirken und jeder muß bald so bald anders bewegt
    werden.

  3. Laßt uns fragen ob wir nicht oft unverständigerweise
   mißvergnügt gewesen sind daß es so war, und laßt uns in
   Zukunft klüger werden

 III. Alles geht nach den Regeln der Gerechtigkeit und Ordnung

  1. Christus ohnerachtet bestimt dem Reich der Mißbräuche
   ein Ende zu machen und ein inneres Gesez aufzurichten
   war selbst unter das Gesez gethan

  2. Alles wodurch menschliches Wohl wirklich befördert
   wird muß unter denselben Bedingungen stehen – Beispiele haben es bewiesen – Was Gott sonst geschehn
   läßt ist nur Mittel damit das Böse an den Tag komme

  3. Laßt uns prüfen ob wir nicht oft entgegengesezt gewünscht haben und uns von nun an gern dieser Regel ergeben

Schluß. Alles Vergangene sei uns Beförderung der Weisheit für die
Zukunft

Predigtentwürfe
Stolp 1803

Manuskript „Predigt Entwürfe. Stolpe 1803."
SN 55, S. 3; Faksimile (verkleinert auf 58%); vgl. unten S. 855–856

Stolpe 1803.

Schleiermacher |

1.) Am Neujahrstage VM. über Eccl. 1, 4.   *3*

5 Eingang. Betrachtungen über die Vergänglichkeit sind immer mit
gleichem Rechte anzustellen. Doch ist ein besonderer Zeitpunkt nüzlich; man hat allgemeinere Gesichtspunkte wenn man einen größeren
Zeitraum des Lebens vor sich hat
Text. Ein Geschlecht p. Nicht das einzelne Factum ist es, worauf es
10 ankomt. Es giebt noch vergänglichere Dinge als die Geschlechter der
Menschen und noch ewigeres als die Erde, sondern es ist ein besonders an diesem Tage schikliches Symbol dieses Gegensazes überhaupt.
Thema. Gegensaz des Ungewissen und Ewigen im menschlichen
Leben.
15 I.   In unserem äußeren Zustande
        1.   ungewiß sind die Ereignisse
             allen Ständen und Altern
             wie die bisherige Erfahrung beweiset
        2.   gewiß die Geseze nach denen sie zu unserm Besten wir-
20   ken sollen
             a. Wer die Kräfte als zu hohem Endzwek [von] Gott
                 [verordnet] ansieht
             b. Bei den Ereignissen nach der moralischen Behand-
                 lungsart fragt
25   dem wird gewiß Alles zum Besten gereichen
        Anwendung.
             a. Wehe dem, der bei der Zukunft nur an das erste
                 denkt.
             b. Wer das Andere im Auge hat, dem ist auch der erste
30   Gedanke nur aufmunternd.

---

4 *Am 1. Januar 1803 vormittags in der Schlosskirche (Johanniskirche) zu Stolp*
25 *Vgl. Röm 8,28*

II. In unsern freundschaftlichen Verhältnissen (Sie sind nicht mit
jenen zu vermengen)
  1. Ungewiß ist der Genuß
    [a.] oft thun kleine Hindernisse viel
    [b.] große Trennungen bringt jedes Jahr hervor
  2. Gewiß und bleibend ist die Wirkung guter Menschen
    auf Andere
    [a.] Mitgetheilte Erweiterung des Verstandes
    [b.] Befestigung der Gesinnungen
Anwendung. Wir können uns doch bei unsern Glükwünschen
des ersten Gedankens nicht erwehren. Die Schwermuth wird
eine sanfte und heilige sein wenn wir den zweiten recht festhalten
III. Die Dauer unseres eignen Lebens
  1. Ungewiß ist das Ende.
    [a.] Das lezte Jahr wird wahrscheinlich auch anfangen
        ohne Ahndung
    [b.] Eben so kann jedes das lezte sein.
  2. Gewiß daß es eine Gemüthsfassung giebt worin man dem
    Tode gelassen entgegensieht
    [a.] Niemand kann es doch weiter bringen als zur Zufrie-
        denheit mit sich selbst und zur Ueberzeugung vom
        ächten ⌊menschlichen⌋ Werth
    [b.] Diese giebt höhere Lust zu leben aber auch Muth zu
        sterben.
Schluß. Dieser Gegensaz des Vergänglichen und Ewigen drükt die
Bestimmung des Menschen aus. Die wahre Vereinigung desselben ist
die Quelle des ächten Muthes und der heiligen Fröhlichkeit. Möge
sich das Alter der bereits gemachten Schritte auf diesem Wege freuen
und die Jugend ihn zeitig betreten.

———————— |

4   2.) Sonnt. n. Neujahr NM. über 2. Chron. 1, 10.

Gebet. Gott bei dessen Gedenken alle Wünsche Gebete werden.
Möchten sie sich auch alle auf das beziehen was Dir wohlgefällt, was
wir gern mit dem Gedenken an Dich zusammen denken können.

---

31 *Am 2. Januar. 1803 nachmittags in der Schlosskirche (Johanniskirche) zu Stolp*

Text. 2. Chr. 1, 10. Ein merkwürdiger Zeitpunkt, wo Andere wol
ganz andere Wünsche gehabt. So auch beim Anfang des Jahres –
Daher

Thema. Vorzug der Bitte um Weisheit und Erkenntniß.

5   I.   Sie allein ist uns gewiß heilsam

       1.   Alles andere kann schädlich sein

          a.   Durch die entfernten Folgen dem Wohlergehen

          b.   Durch moralische Einwirkungen der Seele, um so
              mehr da man gewöhnlich das zu wünschen pflegt was

10   man recht genießen will.

       2.   Sie aber gewiß nicht

          a.   Es ist nur von der Weisheit des Berufs die Rede

             [α.] des allgemein menschlichen

             [β.] des besonderen bürgerlichen

15   b.   Diese ist gewiß heilsam

             [α.] Wieviele Fehler entstehn beim besten Willen aus
                 Mangel derselben

             [β.] Wie zeigt sich auch nach der besten Ausführung
                 hintennach noch ein höherer Grad der Vollkom-

20   menheit.

       3.   Aber ist nicht die Gesinnung der Wille noch etwas hö-
          heres?

          a.   Ja. Aber hier ist der Wunsch entweder leer oder
             schon erfüllt.

25   b.   Die Weisheit aber wird nicht durch das bloße Wol-
             len erworben.

    II.   Sie allein ist gewiß Gott wohlgefällig.

       1.   Gott erlaubt wohl andere

          a.   Aber nur unserer Schwachheit um die Begierde zu

30   mäßigen.

          b.   Schon der Streit der Selbstliebe und des Wohlwollens
             sollte sie zum Schweigen bringen, denn mit dem soll-
             ten wir nicht vor Gott erscheinen

       2.   Gott billigt nur diese

35   a.   Er kann wohl verlangen[,] wenn wir uns ihm nahen,
             daß es mit ungetheiltem Herzen geschehe.

          b.   Sie allein hängt mit solchen Betrachtungen zusammen
             welche würdig sind unsere frommen Augenblike aus-
             zufüllen.

40 Schluß. Möge es uns recht von Herzen gehn Alles Andere Gott zu
überlassen. Den Sinn wollen wir einander wünschen, der die Weisheit
immer im Auge hat.

3.) 1. Sonnt. n. Epiph. über Röm. 12, 2.

Eingang. Im geselligen Leben dreierlei. Die welche den gemeinen Gang gehen, die welche Neuerungen zuerst aufbringen, die welche hinter der Zeit zurükbleiben. Im moralischen auch so; zu welchen sollen wir da gehören

Thema. Verhältniß des Christen gegen die herrschenden Gesinnungen

I. Vergleicht Euch nicht mit dem großen Haufen
1. Wer das thut verliert die bessern aus dem Gesicht, also auch das allmähliche Fortschreiten, und bleibt am Ende zurük
Daher die welche die vergangene Zeit loben mit ihren Mißbräuchen ihren falschen und unvollkomnen Tugenden
2. Sondern mit dem göttlichen Gesez
So werden wir von selbst zu den ersten gehören. |

II. Verändert Euch nicht wie der große Haufe
1. Dieser bloß weil es Andere thun. – So könnt Ihr eben so leicht ins Schlimmere gerathen als ins Bessere
2. Sondern durch Erneuerung euers eignen Sinns
a. Nicht nur in Hinsicht der Fertigkeit
b. Sondern auch durch imer größere Vollkommenheit des Ideals welches Euch vorschwebt.

III. Kühlt nicht imer wieder ab wie der große Haufe
1. Sein Eifer verliert sich wenn die Sache alt wird[,] ⌊daher hat er⌋ keine bleibenden Fortschritte
2. Man muß jede Anregung benuzen um den Eifer wieder zu erneuern.

Schluß. So zeigt sich daß hier die Weisheit ist ⌊voran⌋ zu stehn, und auf die Welt gar keine Rüksicht zu nehmen.

9–15 1. ... 2.] a. ... b. ; *so auch folgend*   19 leicht] *korr. aus* gut   21–22 a. ... b.] α.) ... β.)

---

1 *Am 9. Januar. 1803 vermutlich vormittags in der Schlosskirche (Johanniskirche) zu Stolp*

Predigt
bei Eröffnung
des Akademischen Gottesdienstes
der Friedrichs-Universität (1806)

Predigt

bei

Eröffnung

des akademischen Gottesdienstes

der Friedrichs-Universität.

Am

Geburtstage des Königes

den 3ten August 1806,

gesprochen

von

F. Schleiermacher.

Berlin
im Verlag der Realschulbuchhandlung.
1806.

Predigt
bei Eröffnung
des akademischen Gottesdienstes
der Friedrichs-Universität.

Am Geburtstage des Königes
den 3ten August 1806.
gesprochen von F. Schleiermacher.

Berlin
im Verlag der Realschulbuchhandlung. 1806. |

Altargebet.

Anbetung, dankbare hoffende Anbetung sei es, heiliges, liebevolles, väterliches Wesen, womit wir diesen Ort und diese Stunde allen Bezeugungen unserer gemeinschaftlichen Verehrung gegen Dich von nun an widmen. Aber wenig würde es fruchten, Ort und Zeit Dir zu weihen, Der Du nicht wohnest in Tempeln, die mit Händen gemacht sind, sondern im Geist willst angebetet sein, und in der Wahrheit, wenn wir nicht uns selbst Dir weiheten zum Heiligthume, unsere Herzen zu einem Tempel Deines Geistes, in dem er wohne. Dies Gelübde sei von uns Allen in Wahrheit ausgesprochen, ein Dir wohlgefälliges, ewig unverlezliches. Leite Du uns immer mehr in das Leben aus Gott und in Gott! Laß uns immer mehr gestaltet werden in das Bild Jesu Christi, durch Ihn Dir ähnlich und Eins mit Dir! So gesinnt mögen wir uns immer hier versammeln, andächtig und verehrungsvoll, um so immer mehr zu werden! dazu segne dann unsere Betrachtungen, den gemeinschaftlichen Ausdrukk unserer christlichen Frömmigkeit in Gesang und Gebet, und laß reichlich auch von hier aus die Früchte eines gereinigten Herzens gereift und verschönt sich darstellen in einem heiligen Wandel, in dem Jeder zu Deiner Verherrlichung erkenne die Kraft des Evangelii von Christo und den mächtigen Beistand seines reichlich ausgegossenen Geistes.

Das Gebet des Herrn. |

---

6 *Am 9. Sonntag nach Trinitatis um 11 Uhr in der Schulkirche zu Halle an der Saale*
15–16 *Vgl. Apg 7,48; 17,24*   **16–17** *Vgl. Joh 4,23–24*

4 Predigt.

Durch mancherlei unvermeidliche beunruhigende Begebenheiten nur allzu lange aufgehalten, ist er doch nun endlich erschienen, der Tag, an dem unser durch königliche Gesinnung und Milde gestiftete akademische Gottesdienst beginnt. Zwar noch ist nicht alles Aeußerliche 5 vollendet, noch bedürfen wir einer fremden Unterstüzung für die dem heiligen Gesang ausschließend gewidmeten Töne. Aber auch so schien mit Recht dieser Tag nicht dürfen vorüber gegangen zu werden, der Tag, an welchem unser ganzes Vaterland das Fest unseres Königes feiert.

Wie könnte auch unsere Akademie es besser begangen haben, als 10 durch diese Weihe! Denn alle Lobpreisungen, welche sonst von einzelnen Abtheilungen des Volkes den Fürsten dargebracht werden, treiben entweder ein leeres Spiel mit allgemeinen Ausdrükken, oder sie sehen sich genöthiget, aus der Ferne mühsam den Stoff herbeizuholen, diejenigen ausgenommen, welche unmittelbar hinweisen können auf heil- 15 same Einrichtungen, wodurch der Führer des Volkes als solcher sich des Ruhmes und der Lobpreisungen würdig beweiset, und wofür sie zugleich der Ausdrukk der Dankbarkeit sind. Wiederum giebt es keine schönere Dankbarkeit, und welche sicherer ihre Wahrheit beurkun-
5 dete, als den unmittelbaren | und frohen Genuß dessen, was von dem 20 Höheren als Wohlthat bereitet ist, und als solche soll anerkannt werden. Darum werden wir am besten unsern König preisen, und beweisen, wie wir seine sich immer erneuernden Verdienste um uns zu schäzen wissen, indem wir heute unsere gemeinschaftlichen Gottesverehrungen anfangen, und so in seinem Sinne zum ersten Male seiner 25 neuesten Wohlthat genießen, aus welcher eine so weise Sorgfalt und eine so edle Gesinnung hervorleuchtet.

Aber auch auf der andern Seite: wann könnten wol würdiger unsere Versammlungen begonnen haben, als an dem heutigen Tage! Denn indem wir bei unserer ersten Zusammenkunft natürlich ganz 30 mit dem eignen Geist und der besonderen Beschaffenheit dieser Anstalt beschäftiget sind, und hierauf unsere Betrachtung richten: so möchte leicht bei Vielen über dem Geiste der Ursprung derselben vergessen werden, und indem wir uns zuerst der Absicht erfreuen, des Gebers nicht so einmüthig gedacht werden, als gewiß heute, wo Sein 35 Andenken in uns Allen lebendig ist, Allen, auch ohne daß sie immer aufs neue daran erinnert werden, gegenwärtig bleiben muß, daß der König es ist, der unsere Gottesverehrungen gegründet hat, und dem wir alles Gute verdanken, was dadurch in uns hervorgebracht werden kann und soll. 40
6 Keinesweges also wird diesem Andenken Ab | bruch geschehen, sondern es wird auf das würdigste erregt und unterhalten werden, wenn wir uns izt unmittelbar den eigentlichen Zwekk, die Bedeutung

unseres akademischen Gottesdienstes, vor Augen halten, um uns der gemeinschaftlichen Gesinnung bewußt zu werden, durch welche er uns allein gedeihlich sein kann.

Getreu der Gewohnheit christlicher Gemeinden legen wir dabei
5 zum Grunde folgende, in unsern heiligen Schriften aufbehaltene, Worte Paulus des Apostels:

Römer 1, 16.
Ich schäme mich des Evangelii von Christo nicht: denn es ist eine Kraft Gottes, die da selig macht Alle, die daran glauben.

10 An diese Worte sich anschließen, und zu der Gesinnung, welche sie ausdrükken, sich bekennen: das heißt, eine lebendige Vorstellung haben von dem Zwekk aller und jeder gemeinschaftlichen christlichen Gottesverehrung, und besonders auch der unsrigen. Indem wir eine Anstalt, wie diese, entstehen sehen, müssen wir auf das bestimmteste
15 inne werden, daß eine herrschende Gesinnung da ist, welche das Evangelium von Jesu als eine Kraft Gottes anerkennt, die da selig macht Alle, die daran glauben, und daß diese Gesinnung Stärke genug hat, um eine Vereinigung zu stiften zu ihrem Bekenntniß und ihrer Belebung. Indem wir aber auf den Geist | der Zeit einen Blikk werfen,   7
20 müssen wir auch die ersten Worte des Apostels bei dieser Gelegenheit für unsere Betrachtung angemessen finden. Denn wie es jezt etwas gar Allgemeines ist, daß man das Evangelium von Christo übersieht, oder wo man das nicht kann, sich dessen schämt: so tritt dieser herrschenden Denkart nichts so stark, so laut, so öffentlich entgegen, als wenn
25 auch jezt noch, und unter diesen Umständen, wo die Verlassenheit der alten mit Klagen bemerkt wird, neue Vereinigungen zu einem christlichen Gottesdienste entstehen, zu Handlungen, welche nur für diejenigen einen Sinn haben, die in dem Evangelio ihr Heil, in der immer wachsenden Macht des Christenthums über ihr Gemüth die Befesti-
30 gung in diesem Heile finden. Unsere heutige Feier ist also nichts anders, als ein lebendiges Bekenntniß zu den vorgelesenen Worten des Apostels; und wir wollen sehen, wie und in welchem Sinne durch die Errichtung eines akademischen Gottesdienstes diese ausgesprochen und angenommen werden, von dem Staate und dem Könige, dem
35 diese Anstalt ihr Dasein verdankt; von der Akademie, welche sie als eine Wohlthat, von der sich Schönes und Gutes erwarten läßt, angenommen hat; von denjenigen endlich, als ihr beständiger und einziger Wahlspruch, welche bestimmt sein werden, von nun an von dieser Stätte das Evangelium zu verkündigen, und deren Reihe zu eröffnen
40 ich den schönen Beruf habe. |

8   I. Zuerst also, von Seiten des Staates und des Königes, scheint
mir nicht leicht ein deutlicheres Bekenntniß abgelegt werden zu können, davon, daß er das Evangelium ohne Scheu als eine beseligende,
göttliche Kraft verehrt, als, indem er uns die Einrichtung einer eigenen
gemeinschaftlichen Gottesverehrung anbietet und gewährt.   5

Ueberall freilich schüzt der Staat die Kirche, überall fast hat sie
ihre Haltung, ihr äußeres Bestehen durch ihn; allein es herrscht über
dieses Verhältniß ein wunderlicher, allgemein verbreiteter Irrthum. So
nemlich meinen Viele, Es sei nur die große Masse des Volkes, nur die
roheren, ungebildeteren Seelen, um derentwillen der Staat die Reli-   10
gion, die Erwekkung der christlichen Frömmigkeit für etwas Nothwendiges oder Heilsames ansehe; wo er aber scheine auch die Uebrigen dazu zu verpflichten, welche in sich selbst fest und sicher, nach
Grundsäzen ihr Leben führend, dergleichen Ermunterungen und
Hülfsmittel ja nicht bedürfen, da geschehe dies nur, damit sie Jenen   15
ein Beispiel seien, auch den Nachahmungstrieb in ihnen zu williger
Annahme des Dargebotenen aufregen, also nur, damit sie mittelbar
helfen, an Andern einen Zwekk zu erreichen, welcher an ihnen selbst
unmittelbar erreicht zu werden nicht bedarf. Dieser Wahn, denke ich,
kann durch nichts kräftiger vernichtet werden von Seiten des Staates, | 20

9   und durch nichts kann er sich bestimmter von einer solchen Ansicht
lossagen, als durch diese von ihm selbst veranlaßte Einrichtung. Denn
wir haben noch nicht gesehen, daß es ein Grundsaz der höchsten Verwaltung wäre, hier auf der Universität, dem Sammelplaz der wissen-
schaftlich sich bildenden Jugend, geltend zu machen und als Leitung   25
zu gebrauchen eine steife zwingende Gewöhnung. Vielmehr, wohl uns,
daß wir es mit Wahrheit sagen dürfen! ist deutlich und ungeschwächt
die Achtung des Staates vor der zuerst sich entwikkelnden Kraft seiner
nächsten Generationen und derer vornehmlich, welche sich an der
Leitung der öffentlichen Angelegenheiten in irgend einer Richtung   30
künftig Antheil zu nehmen berufen fühlen; deutlich ist ja, daß er dieser Entwikkelung des Geistes nach allen Seiten einen gewissen freien
Spielraum vergönnt, daß er eben deshalb die Akademie als ein abgesondertes Ganzes auf ihre eigene Weise bestehen läßt, und der in diesem Sinne versammelten Jugend Freiheit verstattet, von manchem   35
Zwange, an welchen erst später die bloß äußere Sitte uns fesselt.
Wozu also eine einzelne solche Fessel, in einer Beziehung überdies, in
welcher man am wenigsten auf die akademische Jugend zu achten
gewohnt ist? Was hätte sich unter uns zu versprechen eine einzelne
Einrichtung, die in einem offenbaren Widerspruche stände mit allem   40

10   Uebrigen? Nein, meine theuern akade|mischen Mitbürger! wir sollen
hier nicht etwa angeleitet werden, uns an etwas zu gewöhnen, woran
schon gewöhnt zu sein uns künftig einmal gut sein wird, einer Einrich-

tung jezt schon zu huldigen, die doch auch dann keinen unmittelbaren
Werth für uns selbst haben wird; sondern indem uns gemeinschaftliche Erbauungen gestiftet werden, wird auch die Meinung ausge-
drükkt, daß sie für uns selbst wünschenswerth und heilsam sind. Und
diese Meinung stimmt auch ganz überein mit dem Geiste der Verfassung, unter welcher wir leben. Denn wie der Staat, der uns hier die
Gelegenheit zur wissenschaftlichen Ausbildung verschafft, ein Staat
ist gegründet allein auf die Macht der Gesinnung, nur dadurch, nicht
durch Ueberfluß äußerer Hülfsmittel eingetreten in die Reihe der ersten Mächte von Europa: so beweisen auch seine Thaten, daß er nur
durch die Gesinnung auf die Gemüther zu wirken wünscht, und nur
auf sie den höchsten Werth legt. Ja ich denke auch bei dieser Gelegenheit ihn ganz vernehmlich sagen zu hören, daß, wie er es verschmähen
würde, seine schüzende Sorgfalt auf Menschen zu verwenden, welche
bestimmt wären immer nur in den niederen Gegenden des Lebens zu
verweilen, und sich nie zu jenem edleren Genusse zu erheben, der von
dem Eintritt des Geistes in ein höheres Gebiet der Bildung und des
Bewußtseins abhängt; sondern seine liebste Sorgfalt darauf richte,
daß | allmählig alle Abtheilungen des Volkes dieses Gutes theilhaftig   11
würden: so sei er noch weit weniger gesonnen, sich auf eine noch
nähere Weise als Gehülfen und Werkzeuge derjenigen zu bedienen,
denen selbst das höhere Leben fremd ist.

Indem er uns also als Genossen dieses Lebens ansieht, und in der
Absicht es zu unterhalten und zu verschönen, stiftet der Staat die Einrichtung, welche heute ihre Wirksamkeit unter uns beginnen soll, und
giebt dadurch zu erkennen, daß er sich nicht schämend des Evangelii
von Christo es vielmehr für eine beseligende Kraft halte, und am liebsten die, welche dadurch beseligt werden, sich aneignen wolle, zu
Theilnehmern an seinem wohlthuenden und beglükkenden Geschäft.
Denn selig ist ja der, welcher den Geheimnissen der Natur nachforschend überall, am meisten aber in der wundervollen Werkstätte unseres Lebens, das Walten Gottes des ewigen unendlichen Wesens aner-
kennt! und von dieser Seligkeit durchdrungen wünscht der Staat die,
welchen er seine Leidenden anvertraut, welche er zum Lager der Er-
schöpften, der Kranken, der Sterbenden herbeiruft. – Selig ist ja, wer
auch dem Thun und Treiben der Menschen nachforschend in allem,
was sie im Großen, sei es absichtslos oder mit Bewußtseyn, schaffen
und bilden, den göttlichen Ursprung erkennt und die Wirksamkeit des
göttlichen Geistes, der dem | Menschengeschlecht einwohnt! und   12
diese ruhige und heilige Ansicht von der Geschichte der Menschen,
freut sich das Vaterland bei denen zu finden, die sich anschikken,
dereinst nicht nur aufrecht zu halten, sondern auch selbst an die Hand
zu geben und einzuleiten die Geseze und Ordnungen, auf welchen das

eigenthümliche Wohlergehen eines Staates allein beruhen kann. –
Selig ist ja, wer geheiligt ist durch die göttliche Wahrheit, so daß jeder
Trug und jede Falschheit für ihn das verlezendste ist, und wen nichts
so betrübt, als wenn einer von seinen Brüdern nicht versöhnt ist mit
dem andern, oder feindselig sich beträgt gegen das Ganze, dem er   5
angehört, und also auch das nicht genießt, was ihm selbst das Höchste
ist, nämlich versöhnt zu seyn mit Gott! und dies Bewußtsein wünscht
der Staat denen, welchen er die Pflege des Rechts anvertraut, für dessen Handhabung er ja keine Bürgschaft hat, als wenn dem Gemüth
selbst des Richtenden rein und ungetrübt einwohnt der Sinn für Recht   10
und Wahrheit und die heilige Treue. Selig, wen fromme Selbstbetrach-
tung oft mit solcher Liebe in die Zeiten der schuldlosen Kindheit zurükführt, oder wer so rein das Werk der Natur und der Gnade von
allem Fremden und Verderblichen zu scheiden weiß, daß er in der
Kindheit am reinsten erblikt den stillen, ungestörten Frieden Gottes! 15
13 und diese innere Anmuth wünscht der Staat Allen, | deren schönstes
Geschäft es sein soll, allen Vorzügen des ausgebildeten und vollständigen Menschen die Jugend zuzuführen, ohne daß jener Friede gestört
werde. Und weil er weiß, daß, wer diese Gesinnungen hegt, auch Gemeinschaft sucht mit den Gleichgesinnten, und sich gestärkt und be-   20
lebt fühlt in dieser Gemeinschaft der stillen andächtigen Erhebung,
der frommen nachsinnenden Betrachtung, der ungeheuchelten Bespie-
gelung in dem Bilde des Erlösers: deshalb ordnet er auch uns, die
ihm vorzüglich nahe sind, diese religiöse Gemeinschaft. Dies also das
Bekenntniß, welches durch diese Einrichtung unser Vaterland ablegt; 25
dies die Wünsche, welche darin enthalten sind.

II. Das Nemliche finden wir aber auch ausgesprochen und dar-
gelegt von Seiten unserer Akademie, indem sie so bereitwillig und gern
dem königlichen Wunsche entgegen gekommen ist, und von nun an
unter ihre bleibenden und gemeinnüzigen Einrichtungen mit Dank-   30
barkeit auch die des akademischen Gottesdienstes zählt.

Um diese Einstimmung gehörig zu würdigen, müssen wir freimüthig und ernst auf einen Wahn hinsehen, der so allgemein ist, daß ich
nicht weiß, ob nicht auch von den hier Anwesenden Einige damit
mögen behaftet sein. Den Wahn meine ich, als ob Wissenschaft und   35
Frömmigkeit auf irgend eine Weise im Streit mit einander lägen, so |
14 nemlich, daß die leztere, um das Beste von ihr zu sagen, nur ein
schwaches Ergänzungsmittel, ein kärglicher Ersaz wäre für diejenigen,
welche nicht in das Heiligthum der Wissenschaft einzudringen ver-
möchten, und so weit hinter dieser zurükbliebe, daß, wem im Gebiete 40

---

37 von ihr] von ihn

des Wissens zu wohnen vergönnt wäre, je mehr er darin einheimisch
würde, um desto mehr auf Religion und Frömmigkeit herabsehen
müsse, wie von einer größern Höhe auf das nur den niederen Stufen
Angemessene. Diesem Wahne steht nun gegenüber ein anderer, den
unwissenschaftlichen Abtheilungen der Gesellschaft eigenthümlicher,
als ob die Wissenschaft in der That das Gemüth austrokkene und das
Herz erkälte, als ob die Empfindung sich in eben dem Grade ab-
stumpfe, in welchem der Verstand sich schärft, und als ob der wissen-
schaftliche Mensch auf seine abgezogene Beschäftigung beschränkt, je
länger je mehr die Fähigkeit verliere, von dem ergriffen und bewegt
zu werden, was Jenen das Heiligste und das Wichtigste ist in ihrem
Leben. O! verderblich ist dieser zwiefache Irrthum! Denn nehmen wir
dies einen Augenblikk an, wie wollte länger die ganze so heilsame
Einrichtung der Gesellschaft bestehen, vermöge deren nur die wissen-
schaftlich gebildeten Menschen die Leiter der übrigen sind, in allen
wichtigsten und größten Angelegenheiten des Lebens? Ausgeschlossen
wie diese übrigen sind aus unserm eigenthümlichen | Gebiet, und sich
auch selbst dafür anerkennen, woher sollte die Gemeinschaft kommen, die für ein solches Verhältniß erfordert wird, wenn auch wir
eben so ausgeschlossen wären aus dem gemeinsamen Gebiet der Gesinnung und des frommen Gefühls! Oder könnten wir es rechtfertigen
bei einer solchen gänzlichen Trennung, und müßten es nicht vielmehr
für eine sträfliche Anmaßung halten, daß wir Vertrauen von denen
fordern, und sie leiten wollten, deren Weise und Werthschätzung des
Lebens uns eben so fremd sein müßten, als wir ihnen unverständlich?
Aber nicht bestimmter und deutlicher kann sich irgend eine Vereinigung von Freunden der Wissenschaft erklären, daß sie keinen Theil
habe an dieser Denkungsart, als unsere Akademie es gethan hat, indem sie zu dieser Königlichen Einrichtung die Hand bot. Denn wahrlich! sie wird doch nicht so eng in ihren unmittelbaren Lebenskreis
wissentlich etwas Nichtiges und Leeres aufnehmen! sie wird nicht
hierbei einen Vorwurf auf sich laden, von dem sie noch immer frei
blieb, nemlich da unthätig geschwiegen zu haben, wo die Freunde der
Wahrheit laut widerstreben sollten! Indem sie also diese Einrichtung
aufnimmt, erklärt sie sie auch für etwas uns Wünschenswerthes und
Heilsames, erklärt sie auch, es solle sein, und es müsse vorausgesetzt
werden in den Söhnen der Wissenschaft eben das, was zur gemein-
schaftlichen Aeußerung und Erwek|kung überall die Christen versam-
melt in den Tempeln des Herrn, erklärt sie auch, daß sie glaube an
eine Uebereinstimmung der wahren christlichen Frömmigkeit mit aller
Weisheit und Erkenntniß.

Und gewiß, wie dies das freiwillige Bekenntniß der Gesammtheit
ist, so ist es auch die innere Ueberzeugung eines jeden Einzelnen, der
in der That und Wahrheit mit lebendigem Geist, nicht als ein unterge-

ordnetes Werkzeug nur oder gar trüglich und zum Scheine, der Wissenschaft, was er auch davon ergriffen habe, sich gewidmet hat. Denn ist es wohl irgend möglich, den großen Geheimnissen der Natur nachzuforschen, so daß dies ein einseitiges Geschäft des Verstandes bleibe, wie man meint? Wird nicht vielmehr, je tiefer unser Blikk eindringt, 5 auch um desto mehr unser ganzes Wesen bewegt, ja vielmehr nur stärker und inniger auch von dem ergriffen werden, wobei aus Unbekanntschaft Andere gleichgültig vorübergehen? Und wenn wir uns selbst doch auch als Natur unter ewigen Gesezen betrachten: kann uns irgend etwas in ihrem Innern deutlicher sein, als die wesentliche 10 Gleichheit und die nothwendige Zusammenstimmung der wahren Einsicht und des lebendigen Gefühls, in welcher allein sich die Gesinnung zeigt, um derentwillen uns der Mensch heilig ist, ohne welche hingegen Beides nur leer und nichtig sein kann? – Was aber die For-
17 .schun|gen betrifft, über das Handeln der Menschen und Alles, was 15 sie gebildet haben in der Welt: wer kann sie anstellen, ohne inne zu werden, daß bei allem Guten und Schönen, was im gemeinschaftlichen Handeln gedeiht, das Gefühl die gemeinschaftlich treibende Kraft ist, vorangehend in allen Einrichtungen und Werken der Menschen, der später erst und in Wenigen sich entwikkelnden deutlichen Einsicht? 20 Oder wer kann sich diesen Forschungen hingeben, ohne mitempfindend von denselben Bewegungen ergriffen zu werden, welche bei dem Streit menschlicher Kräfte die jedesmalige Wirksamkeit des göttlichen Geistes in den Besten und Edelsten offenbaren? Darum also können gewiß wir Alle, die wir der Wissenschaft dienen, am wenigsten umhin, 25 dieses heilige Durchdrungenseyn des Gemüthes von einem innern Gefühle der Gottheit, diesen frommen Sinn, sie andächtig zu suchen und ihr ehrfurchtsvoll nachzubilden, auch für das an sich Heilige, nie einem andern Zwekke unterzuordnende, uns eben so sehr als allen Andern Wichtigste und Größte anzuerkennen; einzusehen, daß Alle, in 30 denen sich der Geist Gottes so in frommer Gesinnung offenbart, unabhängig von der Wissenschaft auf gleicher Stuffe der Würde und Vortrefflichkeit stehen, und auf gleiche Weise Kinder des Höchsten sind; zu fühlen, daß für sie Alle, und mithin auch für uns, auf gleiche
18 Weise gemeinschaftlicher Erguß und Darstellung dieses | Sinnes eine 35 unentbehrliche Bedingung ist, für das Beharren in dem höheren, geistigen Leben.

In diesem Sinne demnach wird auch durch die Stiftung unseres akademischen Gottesdienstes, und durch sie auf eine besonders anschauliche Weise geschlossen und besiegelt der schöne heilige Bund 40 zwischen Gefühl und Wissenschaft, zum deutlichen Zeichen, daß wir uns der leztern nicht überheben, und sie niemals absondern wollen von dem ersteren. Darum eben wollen wir unsere frommen Gesinnun-

gen pflegen und unterhalten, wie unsere Brüder, und verbinden uns
eben so zu einer christlichen Gemeine. Auch ist nur die gewohnte
einfache Weise derselben hier zu erwarten, nicht irgend etwas Sonderbares, sich Auszeichnendes, oder Andere Ausschließendes. Vielmehr
5 soll uns gastfrei Jeder auch nicht zu unserer Gesellschaft gehörige willkommen sein, der sich mit uns erbauen, der sehen will, wie die Betrachtung des Heiligen uns Alle lebendig und fruchtbar ergreift.

III. Merken wir endlich noch darauf, daß die apostolischen
Worte, an welche unsere Betrachtung sich immer wieder anschließt,
10 auch der Wahlspruch aller derer sein müssen, welche hier das Amt
der Religionslehrer werden zu verwalten haben.
Es freut mich, daß ich auch bei dieser Gelegenheit nicht nöthig
habe, wie es der Fall der Meisten ist, die in einem Verhältniß, wie
dieses, zum ersten | Mal auftreten, von mir selbst zu reden. Meine   19
15 Persönlichkeit trete vielmehr gänzlich zurükk, und daß der Erste in
einer jeden Reihe auch der Unvollkommenste sein muß, möge gern
auch auf mich seine Anwendung finden. Aber auch dieser Erste in
einer jeden Vereinigung, welche mit Besonnenheit angelegt wird, muß
sich des ganzen Gedankens, der darin liegt, bewußt sein, und be-
20 stimmte Rechenschaft zu geben wissen von dem, was er will und soll.
Und so glaube ich nicht für mich allein, sondern im Namen Aller, die
mir folgen werden, zu reden, wenn ich diese nicht besser abzulegen
weiß, als ebenfalls durch die Worte des Apostels.
Zart ist es und schwierig, mit wenigen Worten auf ein Verhältniß
25 hinzudeuten, über welches so verschiedene Ansichten Statt finden,
daß nemlich unter den Lehrern des Christenthums selbst in unsern
Zeiten sich mehrere gefunden haben, welche sich, ich will nicht sagen
jeder Idee von Religion im Allgemeinen, wohl aber des Evangelii von
Christo und seiner eigenthümlichen Beschaffenheit geschämt, und ge-
30 sucht haben, diese auf alle Weise bei Seite zu schieben oder zu unter-
drükken. O nie kann und darf hier Einer auftreten, nie von dieser
Stätte herab Einer als Diener der Religion reden, dem ein solcher Sinn
einwohnt! Denn wenn auch möglich wäre, wiewol schwer ist es zu
glauben, mit leeren Worten und heimlichen Ausflüch|ten einen Hau-   20
35 fen ungebildeter Christen zu hintergehen : so könnte doch wer vor den
Mitgliedern der Akademie redet, den Widerspruch zwischen seinem
Herzen oder seiner Ueberzeugung und der Lehre, die er vorträgt, unmöglich hoffen zu verbergen. Denn der Wahrheit geöffnet ist das Herz
der Jugend, zumal der auf der Bahn der Erkenntniß wandelnden, und
40 leicht bemerkt sie jeden Trug und jeden innern Widerspruch. Verschwinden würden also Vertrauen und Liebe, vernichten würde diese
Anstalt sich selbst, wenn je ein solcher angetroffen würde an dieser

Stätte. Als eine Kraft Gottes muß, wer hier redet, das Evangelium Christi anerkennen, in seiner eigenthümlichen Beschaffenheit mit Allem, was es zur Erlösung der Welt gewirkt hat und noch wirkt, als die Botschaft von dem, welcher Gottes Ebenbild an sich tragend es in uns Allen herzustellen bestimmt ist, von dem, der gekommen und hingegangen ist zum Vater, damit sein Geist über uns käme, durch welchen geheiligt und in Liebe mit ihm verbunden wir Eins werden können mit Gott.

Nur daß der Geist des Evangelii, wie es ursprünglich war und wie es sich fortgebildet hat in der Kirche, allein in Ehrfurcht und Liebe den Lehrer binde, nicht irgend ein äußeres Wort, welches keinen, am wenigsten aber den fesseln darf, der zugleich Lehrer der Wissenschaft ist! Nur daß nicht dem Göttlichen gleich gestellt werde die einseitige, | vorübergehende menschliche Sazung, der lebendigen Wahrheit selbst der todte Buchstabe! Nicht in wie fern es ein irdisches, von Menschen bald so bald anders bekleidetes, sondern in wie fern es ein ewiges unveränderliches ist, bewährt sich das Evangelium als die beseligende Kraft Gottes. – Aber wenn es auch hier unter uns sich also bewähren soll: so sei es auch das allein kräftige, und durch nichts Fremdes werde der Eindrukk verfälscht, den der Vortrag religiöser Gesinnungen und Wahrheiten machen soll. Wenn ein unterrichteter und gebildeter Mensch über einen Gegenstand zu reden hat, der sein Gemüth selbst bewegt, und für ihn selbst zu dem würdigsten und heiligsten gehört: so wird er dies immer um so würdiger thun, je mehr er jenen Namen verdient, je mehr Alles, was er ist und weiß, in innigem Zusammenhange steht, je mehr er deshalb immer ganz bei Allem ist, was er redet und thut. Aber ferne und verbannt sei auch von dieser Stätte Alles, was auf eine andere Weise nur Beifall und Aufmerksamkeit erregen und verwöhnten Ohren und Augen wohlthun will, Alles was nicht aus dem Innern hervorgegangen, ohne Nothwendigkeit und Zusammenhang mit dem Gegenstande nur äußerer Schmukk und Zierrath sein soll, nur angeklebte gekünstelte Verschönerung! Ich habe mich nicht gedünkt, sagt eben derselbe Apostel zu einer Gemeine, die damals leicht am meisten | Anspruch machen konnte auf äußere Ausbildung und Anmuth des Lebens, unter euch etwas zu wissen, als nur Jesum den Gekreuzigten; ich habe mich nicht mit menschlicher Weisheit und Kunst der Worte unter Euch erwiesen, sondern mit der Kraft Gottes. Das sei denn in diesem Stükk die Richtschnur derer, welche hier aufzutreten bestimmt sind, und jeder, der auch nur ein oder das andere Mal diese Stätte betritt, erinnere sich dieser Worte.

32–38 *Vgl. 1Kor 2,2–5*

Dies, meine theuren Zuhörer, ist die Idee des akademischen Gottesdienstes, wie sie sich darstellt in der wohlwollenden Absicht des
Königes, wie sie freudig aufgefaßt worden ist von der Akademie, wie
sie nach Vermögen von Jedem soll ausgeführt werden, der an diesem
5 Orte der Sprecher der gemeinschaftlichen christlichen Gesinnung sein
will. O es ist mir nicht ein Wunsch, dem seine Erfüllung als etwas
Unsicheres vorschwebt, sondern eine feste Zuversicht, daß immer die
besten unter unsern akademischen Mitbürgern am liebsten sich hier
einfinden werden, und unter diesen keinen ein solcher Bund der Wis-
10 senschaft und der Religion ohne begeisternden Antheil lassen wird;
daß, wie die Akademie im Allgemeinen, so auch einzeln jeder würdig-
ste unter unsern Lehrern am meisten zum Gedeihen dieser Anstalt
gern und freudig mitwirken wird! Es ist nicht Wunsch, sondern auf
die Natur der Sache gegründete Zuversicht, daß Jeder, | der sich in   23
15 dem rechten Sinne hier bei unsern Gottesverehrungen einfindet, auch
Ursach finden wird, die der Andacht gewidmeten Stunden unter die
fruchtbareren und schöneren des Lebens zu zählen, und daß auch
diese Anstalt je länger je mehr beitragen wird, allerlei irrigen Wahn
aufzulösen, der die wohlthätige Herrschaft der Religion zurückhält,
20 und die gesunkene Achtung des Christenthums unter denen wieder
aufzurichten, welche dessen kräftigste Verfechter und schönste Zier-
den sein können. Dies die Hoffnungen und Aussichten, mit welchen
ich meine Wirksamkeit in dieser Beziehung beginne, und welche alle
Anwesende mit mir theilen mögen. Und so sei diese nun eröffnete
25 religiöse Anstalt der wohlwollenden Theilnahme aller derer empfohlen, welche für die Idee derselben, wie weit auch meine Darstellung
dahinter mag zurükgeblieben sein, sich zu erwärmen fähig sind! Sie
sei empfohlen dem fernern Schuze des Königes, dessen religiöser Eifer
sie gestiftet, und dessen huldreiche Güte sie zwekmäßig ausgestattet
30 hat! Sie sei empfohlen zur Achtung und Liebe Allen, zu deren Besten
sie vorhanden ist, und zur freudigen Benuzung Allen denen, welche
es für etwas Hohes und Würdiges halten, sich hier aufs neue durchdringen zu lassen von dem Geiste des Christenthums; Allen, welche
fühlen können den Werth der wahren Gottseligkeit, und ihre schöne
35 Uebereinstimmung mit jedem Edlen, Anmuthigen und Großen, was
wir in unser Leben zu verflech|ten suchen. Und diese guten Wünsche   24
mögen als unser gemeinschaftliches Gebet zu dem, welcher hier verehrt wird, in dieser Stunde emporsteigen. Er segne dieses ihm wohlgefällige Werk! Er sei uns gegenwärtig und nahe bei allen Handlungen
40 der Religion, welche hier sollen vollzogen werden, und sei stets mit
denen, welche sich hier in Christi Namen versammeln werden, seien
es Viele oder Wenige! Ihm sei empfohlen der König, dessen Geburts-
fest wir heute so ausgezeichnet begehen; Erfüllung sei erbeten seinen

weisen und frommen Absichten, glüklicher Erfolg allen seinen landesväterlichen Unternehmungen! Ihm lohne Gott noch ferner durch die
treue Liebe der Völker, durch das blühende und wachsende Wohl unseres Vaterlandes! Ihm erleuchte der Herr noch ferner den Weg, den
Er als Führer eines großen Volkes, als Beschüzer eines größeren, zu   5
gehen hat in den Zeiten der Zerrüttung! Segen von Gott über den
ehrenvollen Bund der Wissenschaft, dem wir Alle angehören, über die
treue Thätigkeit eines Jeden in diesem großen Beruf.

Ja uns Alle segne der Herr! Das Licht der Wahrheit von seinem
Angesicht erleuchte uns! Sein Friede erfülle unsere Herzen und   10
beselige unser Leben.

Predigtentwürfe
beim Akademischen Gottesdienst
1806

Manuskript „Predigt Entwürfe beim Akademischen Gottesdienst. 1806.“
SN 56, S. 8; Faksimile (verkleinert auf 63 %); vgl. unten S. 882–884

Predigt Entwürfe
beim
Akademischen Gottesdienst.
1806. |

I. Am 3. Aug. 9. p. Tr. Antrittspredigt

Gedrukt.

[————————]

II. Am 10. Aug. 10. p. Tr. 1. Cor. XII v. 4–6.

Eingang. Wie Religion überhaupt mit Besinnung anfängt, so auch unsere Constitution. Daß wir eine eigene Gemeine bilden[,] hat seinen Grund in Beruf und Talent; und muß uns hier immer einfallen. Es geschehe auf eine religiöse Weise. Widerlicher Hochmuth. Falsche Demuth. Darum die rechte Denkungsart über die Verschiedenheit der Talente.
Text. Kleine Bibel in der Bibel. Abriß der Kirche. Das Kapitel handelt besonders von unserm Gegenstand. Unser Text das Princip der Beurtheilung.

[Am Rand neben Z. 5:] Gesänge gedrukt
[Am Rand neben Z. 7:] No. 281. No. 35 v. 5 und 6.

---

8 Besinnung] Besing   9 Constitution] Constitut.

---

5 Am 3. August 1806 vormittags 11h in der Schulkirche zu Halle an der Saale
6 Vgl. Predigt bei Eröffnung des akademischen Gottesdienstes der Friedrichs-Universität. Am Geburtstage des Königs den 3ten August 1806, Berlin 1806 (vgl. oben S. 861–872)   7 Am 10. August 1806 vormittags 11h in der Schulkirche zu Halle an der Saale; vgl. Predigten. Zweite Sammlung, 1808, Nr. 1 (KGA III/1)   18 Sammlung neuer geistlicher Lieder, zum Gebrauch öffentlicher und häuslicher Andachtsübungen. Ein Anhang zu Freylinghausens Gesangbuch, Halle 1801 (SB 761), Lied Nr. 281 „Herr, der du alles giebst, von dem ich alles habe," (Melodie von „O Gott, du frommer Gott."); Lied Nr. 35 „O Gott! du bist die Liebe!" (Melodie von „Nun lob' mein' Seel' etc.")

I. Es ist Ein Geist

[1.] Der Apostel redet zu solchen die den Geist haben. Als
solche wollen wir uns auch ansehn. – Daher nichts darüber daß doch auch große Gaben in denen erscheinen die
ihn nicht haben. Wir reden nur von den Gaben der Chri-   5
sten.

[2.] Diesen Geist kennen wir, die Gesinnung die ein göttliches
Leben gestalten will. Sie kann nicht da sein ohne im wirklichen Handeln auf alle Weise herauszutreten

[3.] Es giebt darin ein Allgemeines was Jeder thun muß; dar-   10
über ist kein Streit

[4.] Aber auch ein besonderes, beruhend auf besonderer
Tüchtigkeit und hier kann der Schein verführen. – Ue-
ber Einiges kann nur die Eitelkeit streiten (Wissenschaft,
Kunst, Gewalt über die Menschen. So auch das was Pau-   15
lus zuerst angiebt.) – Anderes scheint nur eine äussere
Fertigkeit zu erfodern, keinen eigenthümlichen Geist

[5.] Das Mechanische ist gar nicht Gabe – Jeder muß aber
eine Gabe haben. Da treten die Gaben des Charakters
ein. Zweite Stuffenleiter[:] Helfer Tröster Pfleger. Panegy-   20
rikos. Das sind freilich allgemeine Tugenden; aber durch
den Geist zum besonderen Talent ausgebildet, durch den
Geist wie er sich als Liebe zeigt.

[6.] Daher hat Paulus recht daß dies der köstlichste Weg ist.
Sie ist das vollkomne Band. Durch sie sind wir gewor-   25
den[,] durch sie allein können wir auch wirken

[7.] Die Liebe aber richtet nicht bläht sich nicht, sucht nicht
das ihre. In ihr löset sich alles selbstsüchtige auch das
lezte auf. |

4   II. Es ist ein Herr   30
Wir denken jezt nicht an die Gaben derer die sich ausschließen, sondern nur an uns, die wir die Herrschaft ererben.

1.   Er hat einem Jeden sein Amt angewiesen. Er richtet nicht
nach viel oder wenig, sondern nach der Treue; und so

[Am Rand neben Z. 24:] v. 31.   35

---

1 I.] 1.   **15–16** So ... angiebt.] *am Rand mit Einfügungszeichen*   **20–21** Panegyri-
kos] *am Rand mit Einfügungszeichen*   **27** bläht] *korr. aus Unleserlichem*   **30** II.]
2.

15–16 *Vgl. 1Kor 12,8–10*   **20** *Vgl. 1Kor 12,28*   **27–29** *Vgl. 1Kor 13,4–7*
35 *Vgl. 1Kor 12,31 als Einleitung zum Lobpreis der Liebe in 1Kor 13*

sollen wir auch richten. – Er kann auch nicht dulden
daß einer gering geschäzt wird

2. Die Aemter kann er nicht entbehren, aber jeden Diener
leicht. Ohne diese Denkungsart hat man keinen Herrn.
Hier der wahre Stolz und die wahre Demuth.

III. Es ist Ein Gott

[1.] Wir denken nicht ⌊erst dann⌋ daß es oft nicht von Gott
gewirkt ist; sondern erzwungen, ob dies auch ist oder
nicht.

[2.] Offenbar meint Paulus hier Gott nicht als Geist, sondern
als Vater daß auch schon die natürlichen Anlagen mit
dem Dasein zugleich gegeben sind

[3.] ⌊Kann also einer⌋ etwas besseres thun als das ⌊recht sein⌋.

[4.] Jeder fange seine Gottesverehrung in sich selbst an dann
wird er sie auch in Anderen fortsezen.

[5.] Dann aber auch einsehn, daß Gott Alles in Allen wirkt.
Keiner ist von etwas ganz ausgeschlossen

[6.] Der ehrwürdigste ist der, welcher sein Maaß findet und
ihm treu bleibt. In dem können wir das göttliche so am
reinsten anschauen.

Schluß. Zu diesem bestärke jeder Blikk auf uns selbst; zu dieser Gottesverehrung jeder Blikk auf Andere und beides immer vereinigt. –
Dazu wollen wir uns ermuntern daß unser Herr uns wachend finde –
er ist ⌊allen⌋ allgegenwärtig nahe – Daß man überall finde die alte

_____

[Am Rand neben Z. 5] Er erscheint bestimt, ⌊   ⌋ ⌊Alles⌋, als ⌊   ⌋
Gottes Anordnung.
[Am Rand neben Z. 6–13:] Werk fremder oder eigner Eitelkeit. Aber auch keine ⌊Reali-
tät⌋ – Nicht so im freien, natürlichen Reiche Gottes.
Der Eine vertheilt sie, indem alles auf gleiche Weise muß gegründet sein.
Der Gerechte hat die Kraft vertheilt diese gewiß gleich. Jede Natur ist gut – Ist dir
ein Sinn aufgethan, so hat ein andrer einen andern. Erkenn ihn nur damit Du nicht die
Wirkungen Gottes mißkennst.
Wenn es wahr ist daß Jeder nur sich selbst ausbilden muß so muß auch jede Natur
gleich gut sein.
[Am Rand neben Z. 17–20:] Eine gute Adventspredigt geben die Worte[:] Ihr habt mich
nicht erwählet sondern ich habe Euch erwählet.

_____

6 III.] 3.   24–2 Daß man ... Geist] *mit Umstellungszeichen drei Zeilen höher hinter*
vereinigt. –

_____

35–36 Joh 15,16

Weissagung erfüllt. Das ist es daß der Herr ausgegossen hat ⌊von⌋ seinem Geist. Dann werden wir ⌊rein⌋ werden

[—————]

III. Am 17. Aug. 11. p. Trin. Joh. 15, 15.

Gebet.
Text.
Dies ist der wahre Gegensaz. Wir denken uns Feinde, das ist nur bildlich. Helfen müssen Alle. Aber sie sind nur untergeordnet, nicht miterbende Werkzeuge. Diesen Gegensaz wollen wir untersuchen. Freunde Gottes und Christi ist einerlei |

5 I. Sie wissen nicht was ihr Herr thut.
       [1.] Beschreibung der Sklaven. – fremde Sprache und Sitte,
       barbarische Abkunft, erniedrigend bis zur 2. Generation.
       Nie wissend wie ihre eignen Handlungen eingreifen –
       etwas wollend was durch ihres Herrn Thun nicht herbei-
       geführt wird ist es ihnen immer im Wege.

[Am Rand neben Z. 3:] No. 190 v. 1–6. 198 v. 5 und 6.
[Am Rand neben Z. 10–12:] 1.) sie konten im Allgemeinen nicht verstehen
2.) nicht im Einzelnen
sie verstehen nicht einmal was sie sich auf ihres Herrn Geheiß thun, sie wissen nicht
was sie beigetragen haben zu dem Ganzen was vor ihren Augen entsteht, sie verstehn
das schönste daran nicht.
[Am Rand neben Z. 15–879,7:] So alle persönlich leidenschaftlichen. – Vollständige
Befriedigung ist freilich leztes Ziel aber im Maaß und als lezte Folge. Niemand kan dies
was ungesucht komen muß verwechseln mit dem Einen Streben. Schönheit, Ordnung
⌊Recht sind ihnen fremd, thierische Abkunft, vernehmen⌋ nur niederes. In ihrem allge-
meinen Streben wollen sie ihre Glükseligkeit schaffen, ⌊nur diese Begehren verstehn sie von⌋ allein. Auch Gewissen und Theilnahme verstehen sie nicht
Die groben die es nicht haben, die rohen die es läugnen bis der Herr sich strafend
offenbart, die feinen die umgekehrt Vernunft und Tugend als Mittel ansehn, Gefühl
⌊und Leben⌋ in einzelnen Elementen, ⌊die⌋ weil sich die Gewalt des allgemeinen auf-
drängt ⌊bis zur allgemeinen Glükseligkeit gekomen sind.⌋

---

12 Generation] Generat.   **22** Vollständige] Vollst.

---

3 *Am 17. August 1806 vormittags 11h in der Schulkirche zu Halle an der Saale; vgl.*
Predigten. Zweite Sammlung, 1808, Nr. 2 (KGA III/1)   **16** *Sammlung neuer geistli-*
cher Lieder, Lied Nr. 190 „Quelle der Vollkommenheiten, Gott, mein Gott, wie lieb'
ich dich!" (Melodie von „JEsu, meines Lebens etc."); Lied Nr. 198 „Auf ewig ist der
Herr mein Theil, mein Führer und mein Tröster!" (Melodie von „Ein' feste Burg ist
unser.")

[2.] Anwendung. – So die welche nicht Freunde Gottes
sind. – Ihr Leben ein gezwungener Dienst. Gebote die
sie nicht ohne Gefahr übertreten können. – Etwas anderes wollend, nemlich ihre Glükseligkeit rauben oder stehlen – Alles göttliche ist ihnen fremd anfangend [von]
dem in ihnen selbst

[3.] Umfang von der gröbsten Sinnlichkeit bis zur feinsten
Klügelei – das Bild der allgemeinen Glükseligkeit

[4.] Beschreibung des Freundes. In die Denkungsart eingeweiht versteht er auch das scheinbar abweichende. –
Von jedem kleinen Dienst weiß er wie er in das Ganze
eingreife. – Er darf gar nicht erst warten auf Belohnung

[5.] Anwendung. So wie Freunde Christi und Gottes. Er hat
uns offenbart. Das Innen Ebenbild Gottes. Das Leben Leben in Gott. Alles Veränderliche ein Gestalten ein zu ihm
führen – Freilich unübersichtlich; aber worauf wir sehen das verstehen wir auch; alles wahre ist am göttlichen.

[6.] Umfang. Aber nur denen hilft die Offenbarung die wirklich seine Schüler geworden sind. Lebendig muß die Erkentniß bleiben. – Laßt uns imer mehr Christum verstehen, auch wo er das Schwerdt bringt p.

II. Sie sind nicht in der Liebe sondern in der Furcht.

[1.] Beschreibung. Zusammenhang mit dem obigen – Wenn
ein Knecht sich zur Liebe erhebt hört die Furcht auf –
So lange er nicht versteht muß er fürchten unter die
Macht gestellt.

[Am Rand neben Z. 9:] Fordert alle auf Aehnlich dem Gesez
[Ineinanderzuarbeiten]
[Am Rand neben Z. 12:] Je mehr er Freund ist desto weniger
[Am Rand neben Z. 13:] Was er von seinem Vater gehört hat und was uns gethan
[Am Rand neben Z. 18–19:] [Von denen] die in einfältigem Glauben nur was sie unmit-
telbar angeht bestimmt sehen
[Am Rand neben Z. 20–21:] Und immer mehr [da, wo] das Eigene am meisten darauf
geht

---

4 Glükseligkeit] Glks   4–5 stehlen] *folgt gestrichen durch eckige Klammern* ⟨werden
sie imer wieder von der dunkeln Gewalt ergriffen⟩   16 unübersichtlich] unübersil.

---

21 *Vgl. Mt 10,34*

[2.] Anwendung. Alles ist ihnen nur frölich und lieb in wie fern es menschlich ist in ihrem Sinn. So auch die Tugenden. Alles göttliche scheuen sie auch das in ihnen selbst. – Und wie die Kinder wenn sie sich fürchten suchen sie sich zu täuschen mit Hofnungen Gott könne dies nicht thun und jenes nicht thun.

[3.] Umfang. Von der knechtischen Opferfurcht bis zur Theodicee, zur Tugend als Aufopferung, zur Vertröstung auf die Ewigkeit.

[4.] Beschreibung des Freundes – Der Freund und Bundesgenosse Christi hat keinen andern Willen und keine andere Lust. – In die Liebe Gottes sind wir so aufgenommen daß wir überall nur Gott lieben

[5.] ⌊Nuzung⌋. In jedem Augenblik Gott so lieben wie er sich offenbart in Schmerzen in Züchtigung in Zerstörung.

6   IV.   Am 24. Aug. 12. p. Trin. Eph. 2, 19.

Eingang. Man klagt über Mangel an Gemeinsinn. Nicht nur bei den Lasterhaften für die es nichts gemeinschaftliches giebt. – Auch bei den Guten daß Jeder für sich existiren will; sie meinen was zugleich trenne könne nicht das rechte sein – Dies ist das Uebergehn aus Extremen – Wie das Meer, so die göttliche Liebe.

[Am Rand neben Z. 10–13:] Das erste ist daß wir in dieser Erhabenheit keine Furcht fühlen, auch bei der größten Strenge sagen Herr wo sollten wir hingehen Du allein hast Worte des Lebens.
[Am Rand neben Z. 16:] No. 182. 190 v. 6.

2–3 in ihrem ... Tugenden.] *mit Umstellungszeichen in der folgenden Zeile vor* ihnen
8 ⌊als⌋ *oder der*

---

16 *Am 24. August 1806 vormittags 11h in der Schulkirche zu Halle an der Saale; vgl. Predigten. Zweite Sammlung, 1808, Nr. 3 (KGA III/1)*   23–24 *Vgl. Joh 6,68*
25 *Sammlung neuer geistlicher Lieder, Lied Nr. 182 „An dich, mein Gott! gedenken, ist Pflicht und Trost für mich;" (Melodie von „Von Gott will ich nicht etc."); Lied Nr. 190 „Quelle der Vollkommenheiten, Gott, mein Gott, wie lieb' ich dich!" (Melodie von „JEsu, meines Lebens etc.")*

Text. Die Gleichsezung der Heiden und Juden. – Dabei aber geht er
aus vom Judenthum. Dieses war Kirche und Staat. Und ein Gegensaz
offenbar dem entsprechend. Die größere Würde derer welche einer
bestimmten Verbindung aufs genaueste angehören
 5 I. Dargestellt an dem Verhältniß zu Gott.
        Es scheint entgegengesezt. Als ob nur Ein großes wäre. –
        Allein damals war nur Ein Staat zu denken. – Das Christen-
        thum zu klein um Theilung zu vermuthen. – In meines Va-
        ters Hause viele Wohnungen. – Wie jeder Staat aus Fami-
10   lien: so das Reich Gottes aus vielen solchen.
        Es ist also nicht so. Gott selbst stiftet diese Mannigfaltig-
        keit – Die Zerstörung hängt nur mit allgemeinen Zerstörun-
        gen zusamen – Weil getrennt sein muß[,] will er eine solche,
        die zugleich starke Vereinigung ist
15   1. nicht Gäste und Fremdlinge. – Sie genießen Liebe; aber
            sie tragen nichts bei zu dem Ganzen. – Wenn es Zeiten
            giebt wo man sich zurükzieht, so sind sie nicht da. – In
            Trübsal ahnden sie gleich Zerstörung.
        2. Sondern Hausgenossen. – Die ihr Leben ganz in dem
20   haben und außer dem nicht sein mögen – die arbeiten
            und tragen und entsagen – auf die das Ganze sich ver-
            lassen kann und sie wieder trägt – die ihr Leben daran
            sezen, und lieber mit untergehn wollen – Gottes Haus-
            genossen, denen das göttliche Ordnung und göttlicher
25   Wille ist
    II. Dargestellt durch unser Verhältniß zu Andern
        Es scheint nicht so, weil Aller – Das soll auch sein wie hier
        gegen keine. Es giebt eine höchste Einheit
        Es ist dennoch so – Die Berufenen sind die welche das
30   besondere bilden: also gehören wir denen besonders zu.

[Am Rand neben Z. 1–2:] Zwei Schwierigkeiten[:] 1.) er scheint nur auf die Kirche zu
gehn. 2.) er scheint alle vereinigen zu wollen
[Am Rand neben Z. 6–9:] Sie stehen einander so gegenüber
1.) In Absicht auf die Geschäfte die sie zu verrichten haben.
35 2.) In Absicht auf die Einsichten die sie in das Ganze haben.
[Am Rand neben Z. 15–17:] sie glauben zur Ehre Gottes zu reden wenn sie sagen die
Erde ist ⌊überall⌋ des Herrn.

---

8 meines] ms   9 Wohnungen] Wohn^n 11 Es] *folgt* ⟨Es⟩

8–9 *Joh* 14,2   36–37 *Vgl. Ps* 24,1

1. Nicht Gäste und Fremdlinge. – denen eben alles gleich
   nahe und alles fremd ist – die nur den Menschen loben
   und tadeln unpartheiisch aber kalt |

7
2. sondern Mitbürger. – Denen Liebe und Gemeinschaft
   ein Recht geben, alle Thaten als die ihrigen anzusehn –   5
   weil sie wissen es ist in demselben Geiste gethan. Denen
   das Wohl des Ganzen ihre Ehre ist und ihre Schande.

Es muß Gemeinschaft der Kräfte geben
Findet sich in Familie und Kirche
⌊Wenn uns⌋ die Kirche und der Staat ⌊zerbirst⌋   10
⌊als⌋ das Verstehen ⌊erleichternd⌋
   Ausführen
Jeder Bürger kennt seine Ordnung wenn auch nicht alle allgemeinen
Geseze. So wird Lust zum Recht. Gute angeleitet durch vaterländi-
sches Gefühl   15

⌊————⌋|

8   Berlin d. 14. Jun. 7.

Eingang. Es ist ein köstlich Ding daß das Herz fest werde. Dies jezt
besonders einleuchtend. In ruhigen Zeiten wird der Mensch auch von
außen gehalten. In stürmischen wol dem, dem nichts den Weg verdun-
keln und den Gang wankend machen kann. Es geschieht durch Gnade   20
aber deshalb dürfen wir uns nicht bei der Unsicherheit beruhigen.
Denn was nicht Gnade ist ist Sünde.
Text. Röm. 14, 23. Was nicht aus dem Glauben komt ist Sünde
   I.   Was ist der Glaube.
        [1.] Hier scheint es nur die feste Ueberzeugung von dem was   25
        Recht ist. Allein die läßt sich nicht isoliren, angelerntes
        reicht nicht zu für neue Fälle, auch nicht angewöhntes.

[Am Rand neben Z. 17–18:] erscheint oft durch die allgemeine Kraft besser als er ist.
[Am Rand neben Z. 22:] Auch bei den äußern Gebräuchen war die Frage inwiefern sie
mit dem Geist bestehen können.   30
[Am Rand neben Z. 26–27:] angewöhntes nicht für andere Umgebungen

8 Gemeinschaft] Gmschft   23 Röm. 14, 23.] Röm.   23. ; *folgt Absatz*

16 *Am 14. Juni 1807 vormittags (3. Sonntag nach Trinitatis) in der Domkirche zu
Berlin; vgl. Predigten. Zweite Sammlung, 1808, Nr. 9 (KGA III/1)*   **17** *Hebr 13,9*
20 *Hebr 13,9*

Es muß das anweisende Gesez sein. Einheit von Glaube
und Liebe

[2.] Aber auch als Liebe isolirt sie sich nicht. Widerstand im
Herzen und Widerstand von der Welt erscheint uber-
mächtig

[3.] Daher muß man um die Einheit des Göttlichen in und
außer uns wissen und auch in der Welt erkennen.

[4.] Durch den Glauben merken wir daß die Welt durch dasselbe Wort Gottes

[5.] Durch den Glauben wissen wir daß Gott sich von denen
die ihn suchen ⌊vergeltend⌋ finden läßt.

[6.] Wir müssen auch den Streit für nicht seiend erkennen.
Das ist die Erlösung, der Sohn, das komen zum Vater
durch den Sohn.

[7.] So ist ⌊nichts zu trennen⌋ von dem was die Schrift meint
wenn sie das ganze Christenthum durch Glaube ausdrükt

[8.] Wer in diesem handelt der thut recht, das trüget nie. Aber

II. Wie handelt der, der nicht aus dem Glauben handelt?

1. entweder aus einem zweifelhaften Gemüth.
(Zweifel hat man oft auch während der Wirksamkeit des
Glaubens weil man nicht gleich das rechte findet. Das ist
Schwäche. Man muß Ehrfurcht vor diesen Zweifeln ha-
ben, aber nicht damit handeln. Wo es Noth thut ist der
Glaube auch rasch zufahrend)

a. Zweifel welcher recht sei. Das Unrechte früher oder
später immer aus dem unreinen Herzen und muß
vom Glauben ⌊überlegt⌋ werden

[*Am Rand neben Z. 3–5:*] Darum nennen die Menschen so vieles schöne Träume.
[*Am Rand neben Z. 11:*] Wie aber Fehler und Uebel wenn Gott vergibt
[*Am Rand neben Z. 13:*] Ohne Glaube ist nicht möglich Gott zu gefallen
[*Am Rand neben Z. 15–17:*] Kan nicht Unwahres wählen. Falsche Eingebungen immer
aus Scheu vor irrdischem oder aus gesezwidrigem Eingreifen also aus Unglauben
[*Am Rand neben Z. 27–884,9:*] Die Zweifel müssen sich immer in Klarheit lösen, wenn
nur auf einer Seite das Rechte ist. Jeder einzelne Fall soll zur Ueberwindung beitragen.
Es ist nur Ungeduld. Der Glaube ist im Leben, er sieht das Besondere nicht das Allgemeine, eben weil er Liebe ist. Im zweiten Fall erwächst aus irgend einer Unreinigkeit
des Herzens der Zweifel. Wir sind ⌊nicht würdig zu halten⌋ bis diese gelöst sind. Auf
fortgerissene Uebereilung kam er beim Nichtunterscheiden der Speisen.

---

6 Einheit] *folgt* ⟨Gottes⟩   6 Göttlichen] G.n   9 Gottes] *zu ergänzen wohl* gemacht
ist   20 der Wirksamkeit] Wirksamkeit   25 welcher] *korr. aus* welches   30 Gott
zu] Gott

8–9 *Vgl. Hebr 11,3*   10–11 *Vgl. Mt 6,4.18*

   b. Zweifel ob ⌊weiter⌋ zu thun sei. Mangel an rechtem
      Willen oder an wahrem Vertrauen auf Gott – Läßt
      im Zweifel die rechte Zeit vorbei – Auch furchtsa-
      mer Knecht.
   2. oder ohne Ueberlegung – ⌊freilich⌋ wenn der Glaube   5
      gleich da ist. Aber es giebt leichtsinniges Zusehen. – Das
      sollte nicht Sünde sein was nur den Augenblik ⌊andauert⌋
      a. von eigner Bewegung fortgerissen
      b. von der Nachahmung
Man kann recht thun aus beidem und es ist doch Sünde   10
Schluß. Also immer eine ungöttliche Gewalt. Je mehr desto weiter
komen wir ab besonders in Versuchungsreichen Zeiten – Wenn alles
entheiliget wird, wir wahren den Tempel Gottes in uns. Wachet im
Gebet.

⁹ Eingang.   15
   1. Behauptung. Denn Liebe nicht ohne Verbundenheit. Gehorsam
      ohne Liebe wäre schlecht. Auch ⌊kennen⌋ weil uns Ernst sein soll
      mit Gott.
   2. Einschränkung. Im Einzelnen ist es Vorwiz und macht abergläu-
      bisch   20
   3. Schwierigkeit. Aber auch im Herzen überall ⌊Widersprüche. Ei-
      genschaften⌋ Gottes, eine gegen die andere, manchmal in die
      Ewigkeit
   4. Aufgabe. *[Der Text endet hier.]*

      _____

[Am Rand neben Z. 10–11:] auch übler Zustand der Mangel an Ahndung[,] auch Sünde   25
der leidenschaftliche Rausch? – Aus der Ruhe durch allgemeine Bewegung. Masse
⌊umgarnt⌋, läßt sich verführen wer führen sollte.

      _____

19 Im] *davor* ⟨Ueberall Widersprüche⟩   **21** ⌊Herzen]] *oder* ⌊Ganzen⌋   **21** Wider-
sprüche] Wdspr.

      _____

13–14 *Vgl. Mt 26,41*   **15** *Diese Notizen zum Predigteingang lassen sich wohl der
Predigt zum 2. Sonntag im Advent am 7. Dezember 1806 in der Domkirche zu Halle
an der Saale über 1Kor 14,33 zuordnen, vgl. Predigten. Zweite Sammlung, Nr. 4 (KGA
III/1).*

[Randspalte auf der Rückseite des Titelblatts,
wohl im Sommer 1807:]

  1. Drei akademische Predigten
  4. Erste nach der Occupation
     Adventpredigt (die Erlösung von der Furcht des Todes)
     Hebr. 2, 14. 15.
  5. Lezter Sonntag des Jahres
  6. Neujahrstag
  7. Gott ist ⌊in der⌋ Ordnung
  8. Hochzeit zu Cana
  9. Uebereinstimmung mit dem Urtheil Gottes Joh. 20, 22. 23.
10. Ueber die Fortschritte des Wortes Gottes Joh. 21, 18. 19.
11. Ohne den Glauben alles Sünde

Vorbereitungspredigt nach der Confirmation

---

1 akademische] akadem.   4 Hebr. 2,] Hebr. 1,   7 ⌊in der⌋] ⌊in der der⌋   9 Uebereinstimmung] Uebeinstmg

---

11 *Vgl. Predigten. Zweite Sammlung, Nr. 9 (KGA III/1)*

Predigtentwürfe und Predigten
1806–1808

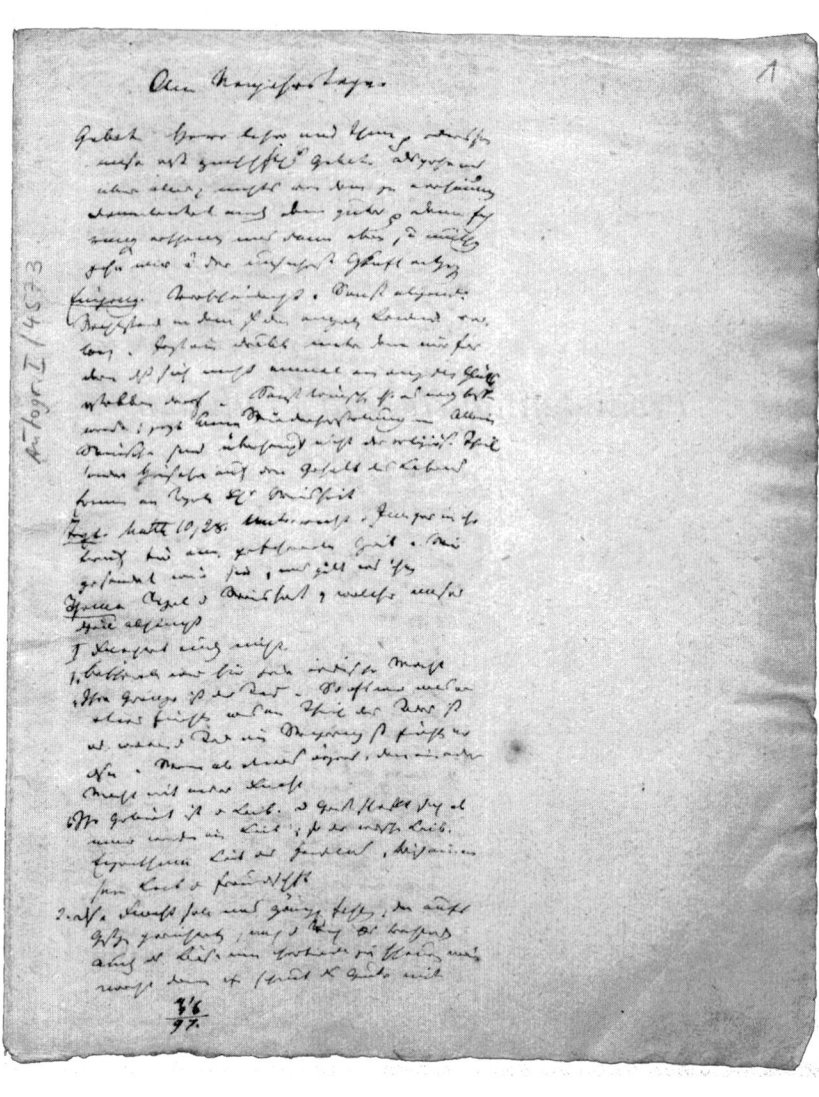

Manuskript Predigtentwürfe und Predigten 1806–1808
Autogr. I/4573, Bl. 1r; Faksimile (verkleinert auf 63 %); vgl. unten S. 889

Gebet. Herr lehre uns thun p. Dies sei unser erstes gemeinschaftliches Gebet. Das gehe uns über alles, nichts von dem zu versäumen.
Dann leitet auch Dein guter p. Deine Führungen erscheinen uns dann
5 eben, und muthig gehn wir auch der unsichersten Zukunft entgegen
Eingang. Verschiedenheit. Sonst allgemeiner Wohlstand in dem sich
die einzelnen Leidenden verloren. Jezt ein Drukk unter dem wir fordern daß sich nicht einmal ein einzelner Glüklicher verstekken darf.
Sonst Wünsche daß es noch besser werde; jezt ⌊kaum⌋ Wiederherstel-
10 lung – Allein Wünsche sind überhaupt nicht der religiöse Theil sondern Hinsehn auf den Gehalt des Lebens. Erinnern an Regeln christlicher Weisheit
Text. Matth. 10, 28.
Unterricht der Jünger in ihrem Beruf für eine gefahrvolle Zeit. Wir
15 gesendet wie sie, uns gilt was ihnen.
Thema. Regel der Weisheit von welcher unser Heil abhängt
   I.   Fürchtet euch nicht.
      1.   Beschrieben wird hier jede irdische Macht
         a.   Ihre Grenze ist der Tod. So oft wir uns vor etwas
20   fürchten was ein Theil des Todes ist oder wovon der
            Tod die Steigerung ist fürchten wir diesen. Wenn aber
            etwas ärgeres, dann eine andere Macht mit anderer
            Furcht
         b.   Ihr Gebiet ist der Leib. Der Geist schafft sich aber
25   imer wieder einen Leib; so der irdische Leib. Eigen-
            thum Leib des Handelns, Beisammensein Leib der
            Freundschaft
      2.   Diese Furcht soll uns gänzlich fehlen, den aufs Geistige
         gerichteten, nach dem Reich Gottes trachtenden. Auch
30   das Böse um ihretwillen zu scheuen wäre unrecht denn
         man scheut das Gute mit |

2–3 gemeinschaftliches] gmschftl^s **9** ⌊kaum⌋] *oder* ⌊keine⌋   **14** Unterricht] *davor
kein Absatz*

---

1 *Am 1. Januar 1807 in der Domkirche zu Halle an der Saale; vgl. Predigten. Zweite
Sammlung, Nr. 7 (KGA III/1)*

1v   a. In unserm Thun.
    [α.] Falsche Meinung als ob der Muth auf Einige
    übertragen wäre und Andere sich durch Feigher-
    zigkeit entschuldigen könnten – Auch die Boten
    des Friedens   5
    [β.] Wer imer scheu nur sich sucht kann nichts voll-
    bringen. Dem ⌊stillsten⌋ Beruf tritt feindselige Ge-
    walt entgegen. Im häuslichen Leben feigherzige
    Sorge
    Wäre das aber auch nicht; dann doch   10
b. Im Betrachten
    [α.] Wenn nichts Verwundern das Ende ist, so ist
    nichts fürchten der Anfang.
    [β.] Die Furcht erzeugt Schattenbilder. Man sieht was
    nicht ist.   15
    [γ.] Sie beengt und verzerrt den Blikk; man sieht das
    nicht was ist. ihre Wünsche und Hofnungen.
    Es könnte also Alles Gute wiederkehren, für den der
    sich fürchtet wäre es nicht da
    Wol aber uns, wenn wir die Furcht los sind. Widriges   20
    kann uns nichts begegnen. Indem wir das Leben hin-
    geben erlangen wir immer etwas. Wir können immer
    die Kraft des Geistes fühlen die sich Neues schafft.
    Denn freilich nichts fürchten wenn man sich der To-
    desfurcht entledigt hat ist Rohheit. Daher   25
II. Fürchtet Euch
  1. Die Furcht muß, wenn auch die Worte ganz ähnlich klin-
    gen, als entgegengesezt doch eine ganz andere sein
    a. Nicht vor Strafen weder zeitlichen. Dies sind aber
    jene Uebel und diese eben so gut Schikungen Gottes.   30
    Noch ewigen. Wir können sie uns doch nur jenen
    ähnlich denken
    Ich richte nicht, sondern er ist schon gerichtet.

[*Am Rand neben Z. 1:*] Sie ist thörigt weil der Geist imer wieder schafft, weil man
stirbt indem man fürchtet.   35
[*Am Rand neben Z. 18–19:*] Nach unserer Ansicht nicht. Nicht erschrekken wenn es
noch ärger kommt wir werden das Unbeschädigtsein des Geistes fühlen

---

20 die Furcht] der Furcht

---

33 *Vgl. z. B. Mt* 7,1.26–27

     b. Sondern die Furcht räth damit die Liebe Eins ist.
        Furcht vor Abweichung und Mißfallen
        Furcht davor daß uns nicht die Seele ⌊davon⌋ gehe
        indem der Leib bleibt.

Dieser Ausdrukk sehr gut für jene Umstände. Verwirrte
Zeiten heftig bewegend führen leicht ab. Die meisten
Pflichtverlezungen daher.

  2. Sie lehrt uns
     a. Im Thun auf jeden Wink achten – tritt der Zer-
        streutheit – Trägheit entgegen
        Alles aufs Beste ⌊ausfachen,⌋ Eins sein = heilig sein –
        sie giebt neben dem frohen Sinn Ernst und Treue.
     b. Im Betrachten was uns leider das meiste zu sein
        scheint Wie viel unweise lästerliche Rede aus Mangel
        an Gottesfurcht. Sie lehrt uns finden – Er ist nahe
        denen die ihn suchen.

Die Harmonie von beidem ist die wahre Ruhe und Seligkeit |
Was ist nun außer diesem noch zu wünschen, neben diesem noch   *2r*
zu nennen? Wenn ich nur Dich habe p.

Gebet. Das ist das wohlgefällige Gebet um Weisheit und Treue[,]
dem treu der auch durch Leiden eingehn mußte, laß uns nichts Anver-
trautes verlassen und auf die auferwekkende Kraft hoffen. So
Deutschland und Vaterland
Der König fortfahre als Beispiel. Laß ihn solche Unterthanen finden
auch in den abgerissenen Theilen. Leite durch die Furcht die Diener
des allgemeinen Wohls. Segne die religiösen Zusamenkünfte, gieb
Muth und Weisheit

Am lezten Sonntage des Jahres.

Eingang. Das rükwärts sehen und das Vergleichen ist nicht zu vermeiden aber keine muthlose Anhänglichkeit, keine Lüsternheit leite
dabei, sondern religiöse Besonnenheit

---

5 Verwirrte] *korr. aus Unleserlichem*   **11** ⌊ausfachen⌋] *vgl. Adelung: Wörterbuch*
1,526 (im Sinne von „in Fächer teilen")   **11** Eins sein = heilig sein] *über der Zeile*
mit Einfügungszeichen   **29** Eingang.] *darüber* ⟨Gebet. Danksagung für Alles.⟩

---

19 Ps 73,25   **28** *Am 28. Dezember 1806 in der Domkirche zu Halle an der Saale;*
vgl. Predigten. Zweite Sammlung, Nr. 6 (KGA III/1)

Text. Pred. 7, 11.

Das meiste in dem Buch Ausdrukk der Uebersättigung[,] dazwischen Regeln köstlicher Weisheit wie diese. Laßt uns diese anwenden auf die Vergleichung zu der wir jezt aufgefordert sind

Thema. Daß die entgegengesezten Theile des Jahres sich nicht so   5
verhalten wie wir zu glauben geneigt sind.

I. Im häuslichen Leben.

[1.] Laßt uns erblikken damals nicht nur das ruhige Zusammensein, den wachsenden Wohlstand

sondern auch ⌊durch⌋ Ruhe und Gewöhnung sich ent-   10
wikkelnde Abgestumpftheit, Sucht nach Neuem, Mißmuth, Laune, Spuren von Selbstsucht

[2.] Jezt nicht nur besorgte, zerstörte, des Versorgers mannigfaltig beraubte Familien, Wohlstand zerrüttet, Quellen versiegt   15

sondern auch ganz unglüklich nur die Gedankenlosen[,] die Weinenden durch schönen Trost aufgerichtet[,] erhöhter Genuß des übrigen[,] Näheres Aneinanderschließen[,] feineres geselliges Leben mit Verbannung vieles lästigen.   20

[3.] Warum wären ⌊also⌋ nun die ersten besser? Der wahre Inhalt dieses Lebens ist Aussprechen und Mittheilung der Gesinnung, Theilnahme am ⌊innern⌋ Dasein. | Alles andere nur Nebensache

[4.] Der rechte Maaßstab ist Liebe und Treue und Verstand,   25
die wissen sich mit allem einzurichten alles zu brauchen andächtig hinzugeben und scherzend zu entbehren.

II. Bürgerliches Zusammensein. – Der Schein des Unterschiedes hier noch weit größer. Aber

[1.] Damals nicht nur die freie Wirksamkeit des Einzelnen auf   30
das Ganze, fortschreitende Entwikklung im inneren, glänzende Stellung im äußern, fast Zünglein an der Wage – sondern auch überhand nehmende Gleichgültigkeit, Stokung und Schlaffheit, Mißtrauen der Stände ge-

2v (margin, left of lines 22–24)

[*Am Rand neben Z. 26–27:*] Der Herr hats gegeben, der Herr hats genommen   35

---

24 Nebensache] *davor* ⟨Mittel⟩

---

1 *Der Bibeltext aus dem Prediger Salomo, von Schleiermacher zeittypisch 7,11, heute häufig 7,10 gezählt, lautet: „Sprich nicht: Was ists, daß die vorigen Tage besser waren denn diese? Denn du fragst solches nicht weise." (Biblia, edd. Pfaff / Klemm, Tübingen 1729, S. 645)* 35 *Hiob 1,21*

gen einander (recht oder unrecht imer ein übles Zeichen)
Bedürfniß großer Erschütterungen

[2.] Jezt nicht nur die mit dieser Erschütterung verbundenen
Uebel[,] viele gelähmte Glieder, Wirksamkeit unnatürlich
gerichtet, Zusammenhang des Ganzen gerissen, leitender
Mittelpunkt ganz von uns getrennt, Gegenstand des Be-
dauerns und der Schadenfreude – sondern auch ⌊Ergeb-
niß⌋ der Schulden von alters her (⌊immer⌋ ein reinigendes
Uebel) aufgedekte Schäden, der erste Schritt zur Heilung;
gewekte Liebe und Thätigkeit.

[3.] Darum die ehemalige nicht besser.
Der wahre Maaßstab ist daß in Eintracht alle verschiedenen Theile ein eigenthümliches Dasein sich bilden[,] daß
nach den Regeln dieses Daseins froh und frisch jeder lebe
und sein Glükk so darin finde daß er alles andre aufopfert.

[4.] Daher die Zeiten der Prüfung anders aber nicht schlechter als der Reife. Denn es scheidet sich untaugliches und
schlechtes
Der Verlust ist nur scheinbar wie dort der Reichthum.
Wenn sich jezt Vaterlandsliebe über Selbstsucht erhebt
wenn im Geiste des Ganzen auch ohne Beifall gehandelt
wird so müßten wir uns erfreun
Wenn aber auch das Ganze sich nicht erheben sollte, so
offenbart doch die Prüfung nichts als was vorher schon
war.

III. Religiöse Gemeinschaft – darf hier nicht vergessen werden.

[1.] Damals nach aufgehobenem äußern Werth baute sich die
Gemeine in der Stille, ungestörter Gang der Betrachtung,
Ruhe des Gemüths.

[2.] Jezt verunstaltete Kirchen unterbrochener Unterricht die
Gemüther vom Irdischen ergriffen

[3.] Aber auch damals weichliche Stimmung, beschränkte Ansicht, die nur die gemeine Ordnung ⌊zum Stoff⌋ begehrte.

[4.] Jezt ein aufgeregtes Gefühl, ein erweiterter Blikk der
leichter den großen Gang der Vorsehung begreift, eine
Stimmung der herrlichsten Zeiten des Christenthums
ähnlich |

[5.] Es komt doch darauf an daß das Reich Gottes kome,   *3r*
Alles irdische vom geistigen durchdrungen werde, Gottes Gedanken verständige Werkzeuge finden Andacht
schnell umlaufe

---

33 damals] *korr. aus* jezt   40 durchdrungen werde,] durchdrungen

[6.] Wenn uns hiezu die Trübsalszeit verhilft können wir uns
freuen indem sie zweifelhafte Gemüther entscheidet, un-
aufmerksame wekt.

Gebet. Dank für die Schikkungen, für Erhaltung des Königes für die
guten Keime im Volk. Vorsaz mit Gott Christus und Geist auch der   5
Zukunft entgegen zu gehen.

Am lezten Trinitatis.

Gebet. Segen des Gottesdienstes als eines Ortes der Ruhe
Text. Röm. 8, 28.
Eingang. Unterscheidung von Menschen gegen Menschen zu Härte   10
und Aberglauben. Darum vom demüthigen Bewußtsein ausgehend in
uns selbst suchen.
Das Streben nach dem Angenehmen und Erfreulichen im Aeußerli-
chen ist nicht was Gott liebt. Wenn das göttliche auch Grenze ist, ist
es doch nicht Maaßstab. Freude wächst auch mit dem göttlichen,   15
wächst und nimt ab ohne göttliches.
Dem kann ich nichts verbürgen und weiß ihn nicht zu trösten. Eben so
ist es mit allen Verbindungen [keine] Liebe die auf Glanz und Größe
ausgeht – Für diese weiß ich keinen Trost und werde ihn auch nicht
geben   20
Das Beste des Gott liebenden. Er ist im [Begriff] alles [irdische] zu
beherrschen und nur Erkentniß thut ihm Noth. Daher 1.) Selbsterkentniß 2.) GottesErkentnis
    I.   *[Der Text endet hier.]*

---

10 Unterscheidung] Untersch.   10 gegen Menschen] *zu ergänzen wohl* führt
21 [Begriff]] [B.]

---

7 *Am 23. November 1806 (25. Sonntag nach Trinitatis) in der Domkirche zu Halle an
der Saale; vgl. Predigten. Zweite Sammlung, Nr. 5 (KGA III/1)*

Am zweiten Weihnachtstage 1807.   *3v*

Eingang. Wenige ⌊vom politischen weg⌋, auch ⌊die Macht⌋. Die meisten ⌊vom religiösen weg⌋. Aber Christus Anfang und Vorbild alles
Heils. In den göttlichen Führungen derselbe Charakter. Daher unsere
5 Erwartungen am meisten beruhigt wenn wir auf das Heil in Christo
sehen.
Text. Gal. 4, 4. 5. – Bloß unter äußern Sazungen befangen ist großes Elend. Befreit durch den Sohn.
Thema. Wie ist die Befreiung gekommen. 1.) Als die Zeit 2.) Durch
10 den vom Weibe geborenen 3.) Durch den unter das Gesez gethanen
  I.   Als die Zeit erfüllt ward
       1.   Oft schien ⌊fast verstummt⌋ der Messias. Die Zeit mußte
            erfüllt sein – ⌊nicht erstaunlich⌋. Vorbereitungen gehör-
            ten dazu, in späterer Zeit sieht man ihre Nothwendigkeit
15   ein. Nichtverstandene Handlungen von Menschen.
       2.   So jedes Heil eine Offenbarung des Uebels. Vermehrung
            des Lichts. Es giebt keine Willkühr in der Ordnung der
            Dinge – Thorheit[:] Gott konnte gleich helfen, die Er-
            folge wären leerer Schein – Laßt uns nur vorbereitende
20   Stimmen sein. ⌊In⌋ dieselben Regeln und Einsichten. Auch
            die im Glauben sterben sind selig.
  II. Vom Weibe geboren
       1.   Christus. Ausdrüklich das Natürliche, die Gleichheit und
            eben daher auch die Milde, nicht weichlich aber einla-
25   dend die mühseligen, das Docht nicht auslöschend, Ver-
            ehrung ablehnend
       2.   Jedes bleibende Heil aufmunternd mittheilend hinaufzie-
            hend, was Dankbarkeit äußert auch annehmend. Das
            Einzelne immer natürlich, Mann des Volkes ⌊gemeiner⌋
30   Sinn.

[*Am Rand neben Z. 3–4:*] Es giebt nur Ein Erlösungswerk
[*Am Rand neben Z. 7:*] Paulus ⌊auch hier⌋ nur was am nächsten auf die Zeit geht.
[*Am Rand neben Z. 12–14:*] Auch nicht ⌊verstanden⌋ als ob es nur auf das Zerstören an-
käme.

2 politischen] polit.   **17–19** Es ... Schein –] *mit Umstellungszeichen fünf Zeilen*
höher vor Oft schien   **29** ⌊gemeiner⌋] ⌊gem^r⌋

1 *Am 26. Dezember 1807 vormittags in der Neuen Kirche zu Berlin*   **21** *Vgl.*
Offb 14,13   **25** *Vgl. Jes 42,3*

III. Unter das Gesez
  1. Christus. Es war das wovon er erlösen sollte. Aber nicht
     ⌊als der fremde Zerstörer⌋ sondern selbst unterworfen.
     Gegensaz gegen ⌊Philister⌋ und Heiden aber alle Miß-
     bräuche streng negirend   5
  2. Ueberall nicht die Ordnung zerstörend, nicht ⌊hochfah-
     rend, sondern Neues aufdringend⌋, von innen heraus
     durch Erleuchtung.
So urtheilen, so handeln

⌊————————⌋‖

Was ist es doch um den großen wunderbar erfreuenden und erhebenden Eindruk dieses Festes auf jedes christliche Gemüth. Es ist ja nicht
daß wir wie die ersten Jünger in Schmerz versunken sein könnten über
den Tod des Erlösers und nun getröstet würden; denn unser Glaube
hat ja von Anfang an darin gelebt daß indem er sich dahingab wir
ihn auf ewig gewonnen haben. Es ist noch weniger daß unser Glaube
durch seinen Tod geschwächt wäre und seine Stüze erst fände in seiner
Auferstehung, denn er ruht auf der christlichen Geschichte so vieler
Jahrhunderte, und auf der Erfahrung eines jeden, daß seine Lehre thut
daß sie und er von Gott sei. Es ist auch nicht daß wir in seiner Auferstehung eine unmittelbare Erfahrung von dem was in irgend einer
Gestalt die schönste und liebste Hofnung eines jeden ist, aber eben
auch in jede bestimte Gestalt, die sie sich ausbilden mag[,] wieder
Zweifel erregt, nemlich von dem Leben nach dem Tode[,] denn wenn
auch der Erstandene hier und da scheint den Beschränkungen des irdischen Daseins enthoben zu sein: so erscheint er doch wieder völlig als
derselbe der er vor seinem Tode war, mit den Mahlen zwischen seinen
Wunden, kentlich in seiner Gestalt, irdische Nahrung zu sich neh-
mend und die Stimme dieses irdischen Leibes redend und mit den
Gliedern desselben einherschreitend und sich gebehrdend. Sondern es
ist | die Befriedigung die wir darin fühlen daß derjenige der die Sünde 5v
nicht kannte auch den Tod den wir als den Sold der Sünde fühlen
nicht so ⌊ganz⌋ schmeken durfte wie wir daß der Heilige Gottes die
Verwesung nicht sehn durfte und nicht gesehn hat; es ist die Befriedigung die wir alle darin finden daß Anfang und Ende der irdischen
Laufbahn des Erlösers in geheimnißvolles Dunkel gehüllt ist. Zwar ist
auch Anfang und Ende unsers und jedes Lebens dunkel[,] zwar verbirgt sich uns geheimnißvoll jede bedeutende That, jede Offenbarung
Gottes in ihrem ersten Ursprung und in der ⌊Ausdehnung⌋ ihrer lezten
Folgen[,] aber auf eine eigenthümliche Art, in einem noch höhern Sinn

10 daß seine] daß *korr. aus Unleserlichem*   12 dem] *zu ergänzen wohl* haben
15 von] *korr. aus Unleserlichem*   19 irdische] *über* ⟨menschliche⟩

1 *Vermutlich am 29. März 1807 in der Domkirche zu Halle an der Saale Predigt über*
Lk 24,5   22–23 *Vgl. 2Kor 5,21*   23 *Vgl. Röm 6,23*   24 *Mk 1,24*   25 *Vgl.*
Apg 2,27; 13,35 mit Bezug auf Ps 16,10

begehren wir dieses zu sehn an Ihm der die Quelle des höhern Lebens
und der Mittelpunkt aller göttlichen Offenbarungen ist.

Aber wenn wir dies [ursprüngliche] erhebende Gefühl recht benu-
zen wollen   *[Der Predigteingang endet hier.]* |

6r Was sucht ihr den Lebenden unter den Todten. Mit diesem Zuruf wird   5
die Auferstehung unsers Herrn den Freundinnen zuerst angekündigt
welche komen seinen Leichnam nach damaliger Sitte zu schmüken
und zu verehren. Mit diesem Zuruf wollen auch wir in den verschiedenen eben angedeuteten Beziehungen die Auferstehung Christi feiern.

I.   Zuerst in wiefern der Erstandene ein Urbild ist denen die im   10
Herrn schlafen und der Erstling unter den Todten.

Von den alten Völkern kann man weniger sagen daß sie sich ein
Leben jenseits des Todes dachten als vielmehr daß sie den Gedanken
des Todes nicht zu Ende führten. Wie man in alten [wunderbaren]
Geschichten liest von Menschen die mit übernatürlichen Kräften be-   15
gabt waren daß sie einen geliebten Gegenstand im Sterben festgehalten und ihn so in diesem imer ganz nahe am Tode hinstreifenden [duf-
tigen] Dasein gefesselt hätten um ihn nicht ganz ihren Augen verschwinden zu lassen: so [folgern] sie ein ähnliches schattengleiches mit
kraftlosem Körper geführtes aus duftigem [Erwägen] und Träumen   20
bestehendes Leben ihrer Todten in der Unterwelt (nur ein Abbild der
Art wie geliebte Freunde und verehrte Vorältern im Gedächtniß fortleben) und wie sie den Tod nicht völlig ausdachten so war er ihnen
freilich auch weniger fürchterlich. Wir und auch schon das Volk unter
dem Christus lebte haben den Gegensaz zwischen Fleisch und Geist   25
6v schärfer und enger gefaßt, und wie wir uns daher unter mannig|falti-
gen Gestalten zu Vorstellungen eines unabhängigen Lebens des Geistes emporschwingen: so denken und fühlen wir auch bestimmter das
gänzliche Ende dieses mit dem Leibe verbundenen Lebens ohne daß
etwas davon zurükbliebe, so dringt auch unser Auge tiefer in die [Oer-   30
ter] des Grabes in die Werkstätte der Verwesung, und tiefer werden
wir von dem Schauder der Zerstörung ergriffen. Wie hell uns auf jener
Seite Unsterblichkeit entgegen glänzt unbegreiflich[,] wir fühlen desto
tiefer daß das begreifliche Leben an welchem alle unsre Bilder und
Fragen hängen an dem allein wir die Person der Geliebten festhal-   35

---

19 sie] *folgt* ⟨sich⟩   **20** [Erwägen]] *vgl. Adelung: Wörterbuch 1,1801–1802 (im Sinne
von „bewegen")*   **29** gänzliche] *korr. aus Unleserlichem*

---

5 *Lk* 24,5

ten, daß dieses gänzlich vernichtet ist. O so oft unser Schmerz um
geliebte Todte diese düstere Richtung nimmt wollen wir uns durch
den Zuruf erheitern[:] Was suchet ihr p. [Der Funke des göttlichen
der nur allein lebt und währt,] ist nicht mit seiner leiblichen und sinn-
5 lichen [Hülle] im Grab eingeschlossen, der Lebende kann nicht unter
den Todten sein. Wenn wir auch das Grab nicht leer finden wenn auch
dort die zerstörende Gewalt der Natur alle ihre Rechte behauptet,
über den Geist werden sie nicht ausgeübt.
   Ja auch jenen Zuruf des Erlösers selbst an die Frauen sie sollten
10 seinen Jüngern sagen er werde vor ihnen hergehen nach Galiläa ist
uns nicht ohne große [Bedeutung]. Galiläa war der Schauplaz der
Thaten des Erlösers, da hatte sich am meisten sein göttlicher Mund
in Reden der Weisheit ergossen, da hatte sich der Bund der Freundschaft und Verehrung zwischen ihm und seinen Jüngern geknüpft, da
15 hatte sich in wunderbaren Werken die in ihm wohnende hohe Kraft
offenbart, und dahin wies er sie auch jezt wieder. So mögen auch wir
unsere Geliebten die in dem Herrn entschlafen sind aufsuchen wenn
wir unsere Schmerzen beruhigen und erheitern wollen, nicht | im stil-   7r
len Grab, sondern auf dem Schauplaz ihrer Thaten, überall wo wir
20 schönes und herrliches von ihnen gesehen in allen Verhältnissen, wo
sie sich unsrer innigen Liebe und Verehrung würdig bewährt haben[,]
auch da vorzüglich, wo zuerst unser Herz zu ihnen hingezogen
wurde[,] und wir werden eben so lebendig überzeugt werden wie die
Jünger da sie ihren Herrn mit [leiblichen] Augen sahen daß man das
25 Lebende nur vergeblich bei den Todten suchen würde. Und wie die
Auferstehung Jesu die Bürgschaft war daß er gewiß auffahren würde
zum Vater so sei auch uns diese fortgehend sich immer erneuernde
und verklärende Einwirkung der Abgeschiedenen auf unser Gemüth
die Bürgschaft daß die so wirkende lebendige Kraft wenn wir auch
30 nicht wissen wie zusamengehalten und bewahrt werde in den Händen
des ewigen Vaters. An dies heitere Gefühl wollen wir jeden kleinmüthig Trauernden verweisen wenn wir ihm zurufen Was suchst Du? p.

   II. Eben dieses wollen wir uns zurufen insofern die Auferstehung
Jesu in Verbindung stand mit der ersten Verklärung seiner Lehre. Wir
35 wissen wie die alten Aussprüche der heiligen Profeten von einem zu
erwartenden Erlöser sich durch die [Auslegungen] der Väter sehr natürlich gestaltet hatte zu dem Bilde eines mächtigen Königes der den
äußern Glanz des alten Volkes Gottes schöner als je wiederherstellen
würde. Dasselbe hofften auch die Jünger Jesu wie viele ihrer Wünsche

---

18 nicht] *davor* ⟨auf⟩   34 in] *korr. aus* die

bezeugen. Diese Vorstellung war die erste Hülle unter welcher der
große Keim des Christenthums verborgen lag; in dieser drohte er zu
sterben als der Erlöser starb; aber sie ⌊plazte unverhofft⌋ als er aufer-
stand. Der große Keim trat ans Licht und in seiner eigenthümlichen
geistigen Gestalt fing nun das Christenthum an sich zu entwikeln.   5
Nun erkannten sie wie sein Reich nicht von dieser Welt wäre; in seinen verklärten Erscheinungen verklärte sich ihre Einsicht. Aber frei-
7v   lich nur allmählig erhoben sie sich zu | dieser höhern Stufe. Wie man-
che mögen tief bekümert gewesen sein daß sie sich trennen mußten
von Vorstellungen die ihnen ⌊werth⌋ gewesen waren seitdem ihr Sinn   10
angefangen hatte sich auf ein allgemeines hohes Wohl hinzurichten,
welche mit ⌊allen ihren Einsichten von dem⌋ Erlöser aufs innigste ver-
woben waren⌊,⌋ weil sie alles was sie von ihm sahen und hörten auf
diese Hofnung bezogen hatten. Und wer mag es ihnen verdenken
wenn sie sich ⌊nun ermuntern⌋ und sich die schöne Gestalt loben lie-   15
ßen die ⌊der verstorbene⌋ verhinderte. Ein solcher Traum und die
Nothwendigkeit eines solchen ⌊erneuernden⌋ Zurufs hat sich seitdem
oft wiederholt in der christlichen Kirche.

Im ersten Anfang so lange Christi und seiner ersten Jünger lebendiges Wort erschallte dachte man nicht daran irgend einen Buchstaben   20
ängstlich festzuhalten, lebendig gab jeder wieder was und wie es ihm
am meisten eindrüklich gewesen war, in allem großen alle so eins wie
Christus einer war. Späterhin als diese Stimmen verstummten als man
sich ferner fühlte von der ursprünglichen Quelle war man bange sich
zu verwirren wenn man zu sehr sich selbst überlassen wäre, und damit   25
man nicht mit scheinbarem Widerspruch die Lehre gegen einander
stelle, so suchte man jederzeit das ganze was am meisten Gegenstand
der Theilnahme und der Untersuchung war im Buchstaben festzuhalten. Das war löbliche Bescheidenheit der Zeit angemessene weise Vorsicht. Aber das Wort jedes Zeitalters konte doch auch nur seinen Sinn   30
darstellen, nur in der ⌊herrschenden⌋ Denkweise die ewige Lehre des
Evangeliums ausprägen und festhalten. Darum verliert mit der Zeit
jedes solche menschliche Wort seine rechte Kraft. Viele Ausdrüke die
sonst von der höchsten Bedeutung waren sind gleichgültig⌊,⌋ viele die
sonst an die besprochensten Gegenstände aufs lebendigste erinnerten,   35
viele die sonst am ⌊umfassendsten⌋ ausdrükten sind unverständlich.

---

2 große] *über* ⟨verborgene⟩   3–5 aber sie … entwikeln.] *am Rand mit Einfügungszei-*
chen   6 Nun] *davor* ⟨Der Herr war gesto⟩   7 Erscheinungen] *korr. aus Unleserli-*
chem   10 seitdem] *über* ⟨so lange⟩   12 ⌊Einsichten⌋] ⌊Eins.⌋   25–26 damit man]
damit

---

6 *Vgl. Joh 18,36*

Dann bildet sich von selbst durch das Bedürfniß des Gemüths ein
anderes Wort. | Aber wenn eins als das Neue auftritt sind viele da die   *8r*
das Alte noch wenngleich nicht mehr in seiner blühendsten ⌊Kraft⌋
gekant haben doch sich ⌊wie ein Knecht dran⌋ halten mußten weil es
5 noch kein andres gab. Diese trauern dann, als ob ihnen die wahren
Stüzen ihres Glaubens und ihrer Erbauung geraubt, als ob ihnen Christus genomen und aufs neue seinen Feinden überantwortet würde. Wo
wir das hören wollen wir rufen. Was sucht ihr den Lebendigen bei
den Todten. Der Geist allein ist lebendig das Wort ist sterblich und
10 wenn seine Zeit kommt ist es todt, der Geist erzeugt sich ein neues
Wort wie er es braucht. Ihr würdet doch nur noch vergeblich den
todten Buchstaben schmüken und ehren, bewundert lieber die aufer-
stehende Kraft des Geistes und freut euch mit ihnen auch euch werde
bei dem erstandnen wohl sein⌊,⌋ wenn ihr euch werdet überzeugt ha-
15 ben daß es derselbe Christus ist jezt wie damals. – Und warlich wie
die Jünger nicht in Gefahr gewesen wären sich verleiten zu lassen
wenn sich ihnen ein Anderer für Christus ausgegeben hätte⌊,⌋ denn
der Erstandene hatte ja dieselbe Gestalt und dieselben unverkenbaren
Zeichen und sie konten mit ihm auf alles zurükkomen was sie im
20 früheren Leben mit ihm gesprochen und erlebt hatten: so ist es auch
eine leere Besorgniß daß wenn wir irgend in einem Stük der Lehre
den Buchstaben von frühen ⌊Jahren⌋ nicht mehr festhalten könen wir
in Gefahr wären aller Willkühr preisgegeben zu werden und nicht
unterscheiden zu könen wenn man uns auch das unchristlichste für
25 christlich ausgäbe. Nein! sind wir doch auch seine Schafe und hören
seine Stimme und folgen ihr, kein Miethling und kein Räuber wird
uns verführen könen.

    III. So wollen wir uns zurufen, insofern die Auferstehung zu-
gleich war die Wiederbelebung der gesunkenen Hofnung für sein
30 Reich; wir hofften er sollte Israel erlösen, sagten jene Jünger, und was
sie nicht wirklich hinzusezten das fühlt man doch aus dem Ton ihrer
Rede heraus, jezt hoffen wir es nicht mehr da er schon vor drei Tagen
überantwortet ist zum Tode und eben dies war die Stimmung aller
andern Jünger. Schon ⌊daher⌋ hatten sie geglaubt die Zeit sei nahe wo
35 er sein Reich aufrichten werde. Diese Hofnung war nun ganz gesunken. Die Herde war zerstreut; sie waren schon als der Hirte geschlagen ward im Begriff wieder zu gehn jeder seinen Weg wie die verirrten

---

30–34 wir hofften ... Jünger.] *im unteren Fünftel von Bl. 7r mit Umstellungszeichen*
32 hoffen] *korr. aus Unleserlichem*   36–37 als ... ward] *am Rand*

25–26 *Vgl. Joh 10,27*   30 *Vgl. Lk 24,21*

Schafe. Da erschien der Erstandene öfnete ihre Augen daß sie die
Herrlichkeit die ihnen durch Leiden komen müßte erkannten und nun

8v richtiger | als zuvor begriffen wie sein Reich wolle ⌊gefördert⌋ sein
[Der Text endet hier.]

Wo unser Leben dem Leben der Auferstehung Jesu gleichen soll.

Am Osterfeste.

Es ist gewiß ein ganz eigenthümliches Gefühl mit welchem wir uns in die Tage der Auferstehung des Erlösers hineindenken nachdem wir
5 uns sein Leiden und Sterben mit aller Angst und Verwirrung seiner Jünger die damit verbunden war vergegenwärtiget haben. Nach den bitteren Schmerzen der Trennung und des Todes sahen wir ihn nun wieder auf der Erde und doch nicht mehr ganz der Erde angehörig, thätig wie er sonst war, aber auf eine verklärte Weise, erhaben über
10 allen Schmerz der ihn sonst überall hin begleitete, jeder Möglichkeit des Leidens entgegen. Bei diesem eigenthümlichen gewissermaßen schauerlichen Eindruk, bei der Vergleichung seines dermaligen Zustandes mit dem seiner Jünger und mit dem unsrigen getrösten wir uns gewiß jener geheimnißvollen Worte des Jüngers den Jesus liebte.
15 Es ist noch nicht erschienen was wir sein werden, wir wissen aber, wenn es erscheinen wird[,] werden wir ihm gleich sein, denn wir werden ihn sehen, wie er ist. Diese sind uns eine theure Gewährleistung, daß es uns erlaubt ist unsern dermaligen Zustand als einen unvollkomnen anzusehen, und uns nach einem besseren zu sehnen, ja unsre
20 Wünsche kühn zu erheben bis zur Gleichheit mit Ihm. Wenn wir Ihn aber wie er ist aufsuchen zur Rechten des Vaters, so ist es uns natürlich Ihn zu sehen in dem Bilde und den Zügen seiner Auferstehung, dem lezten was uns von Ihm anschaulich geworden ist. | Und so machen wir uns, so haben sich die Christen von je her gemacht dieses
25 Leben seiner Auferstehung zu einem bestimmten Bilde eines künftigen herrlicheren Daseins, in welchem wir eben so wie Er den Beschwerden und Leiden der Erde werden entnommen sein. Allein m. Fr. wie fest diese Hofnung auch stehe, so hat doch die Auferstehung des Erlösers für uns eher eine andere Bedeutung. Denn es war ja nicht sein Dasein

---

2 Osterfeste.] *darunter mittig in einer neuen Zeile* ⟨Röm. 6, 3–5.⟩   5–6 seiner Jünger ... war] *am Rand mit Einfügungszeichen statt* ⟨die es begleiteten⟩   6 haben] *über der Zeile mit Einfügungszeichen*   17 Diese] *über* ⟨Sie⟩   17 Gewährleistung] leistung *über der Zeile mit Einfügungszeichen*

1–2 *Vermutlich am 17. April 1808 vormittags in der Dreifaltigkeitskirche zu Berlin Predigt über Röm 6,3–5*   **14** *Vgl. Joh 19,26; 21,7.20*   **15–17** *1Joh 3,2*

jenseits der Erde was sich während dieser Zeit offenbarte, sondern es
war das lezte freilich nur kurze aber herrlichste seines Daseins auf der
Erde. Und selbst jener Jünger des Erlösers, als er die angeführten
Worte aussprach, dachte vielleicht, wie wir ja wissen, daß die Jünger
des Erlösers lange Zeit gethan haben, nicht sowol an ein Leben auf   5
einem ganz andern Schauplaz jenseits der Erde, als vielmehr an ein
Leben auf der Erde selbst, wenn nemlich der Erlöser siegreich würde
zurükgekehrt sein um sein Reich hier aufzurichten. Wie natürlich
pflanzt sich daher von den ersten Jüngern des Erlösers der Wunsch
auf uns fort, o möchten doch auch wir schon auf dieser Erde, wie wir   10
ja alle Segnungen seiner Erlösung schon hier genießen sollen, ein Leben führen können wie das seiner Auferstehung, so ruhig und fried-
sam, so allen äußeren Sorgen entnommen, ein ganz ungetrübtes wie
göttliches Dasein, wäre es dann auch nur ein kleiner Theil unseres
Lebens, es wäre doch der herrlichste[,] wäre ein Vorschmak des Him-   15
mels!
Wolan, laßt uns diesen Wunsch, weil er doch etwas ausspricht,
woran wir durch Christum und seine Auferstehung ein Recht haben,
laßt uns ihn verfolgen, und indem wir in dieser der Feier der Auferstehung Jesu gewidmeten Stunde sein höheres Leben betrachten, laßt uns 20
sehen, wie und in wiefern er uns kann gewährt werden. |

10r   Text. Röm. 6, 3–5.
Wisset ihr nicht daß alle die wir in Jesum Christ getauft sind, die
sind in seinen Tod getauft? So sind wir ja mit ihm begraben durch
die Taufe in den Tod, auf daß, gleichwie Christus ist auferweket   25
von den Todten durch die Herrlichkeit des Vaters, also sollen
auch wir in einem neuen Leben wandeln.

Oefters wiederholt sich in den Schriften dieses Apostels das Bild unseres Textes, daß er nemlich die Weihung in den Bund der Christen
durch die Taufe darstellt als eine Gemeinschaft des Todes Jesu auf der 30
einen und seiner Auferstehung auf der andern Seite. Die Fluthen waren von jeher vorzüglich bei dem jüdischen Volke das Bild der Leiden,
und das untergetaucht werden in dieselben das Bild des Todes. Aber
gereinigt in neuer Schönheit und frischem Glanze seiner Glieder stieg
der Getaufte aus den Fluthen empor, gleichend also der Auferstehung 35
dessen, auf dessen Tod er getauft wurde. Unmittelbar freilich haben
die Worte des Apostels eine andere Beziehung als auf die ich vorher
hingedeutet habe. Er will den Christen zu Rom zu Gemüthe führen

---

22 6, 3–5.] *korr. aus* 6, 2–5.

daß diejenigen, welche durch die Taufe mit Christo in den Tod begraben wären, eben durch ihn der Sünde sollten abgestorben sein, und in einem neuen Leben wandeln. Immer aber zieht er doch diese Hofnung, daß wir der Auferstehung Jesu gleich sein werden, wieder in
5 das Gebiet dieses unseres jezigen Lebens hinein. Und hängt nicht auch beides zusammen? Ist es nicht der allgemeine und feste Glaube aller Christen, daß alles Uebel und alle Noth dieser Welt nichts anderes sei als die natürliche Folge der Sünde, und | daß also, wenn diese getödtet und begraben sei, auch alle Noth und alle Beschwerde hinweggenom-
10 men sein müsse? Nun wissen wir freilich, daß so lange wir hier wandeln, weder in uns die Sünde ganz erstirbt, also die Quelle des Leidens und der Noth in uns nie ganz versiegt, noch auch außer uns wir sie ganz besiegen, und daß wir also auf keine Weise über ihr ganzes unseliges Gefolge hier schon triumfiren können wie der Erlöser. Also, das
15 brauche ich wol nicht erst zu erinnern, kann auch freilich nie unser ganzes irdisches Leben in dieser Befreiung von Noth und Leiden den Tagen der Auferstehung unseres Erlösers gleichen. Allein je mehr die Sünde ertödtet wird in und außer uns, je mehr der Wandel in dem neuen Leben gedeiht, um desto mehr muß doch offenbar auch das
20 Gebiet der Noth und des Uebels beschränkt werden, und es muß je länger je mehr einen Zufluchtsort geben, wohin die Sorge und das Leiden nicht reichen; irgendwo muß sich dieses Recht ihm zu gleichen geltend machen lassen, irgendwie muß diese herrliche Hofnung in Erfüllung gehen. Das sei also die Frage die wir uns in dieser festlichen
25 Andachtsstunde beantworten, Wo ist dieser Zufluchtsort? welches ist dasjenige Gebiet unseres Lebens, Wo wir auch hier schon seiner Auferstehung darin gleich sind, daß wir alle Noth und Last der Erde von uns genommen fühlen wie sie von ihm genommen war in jenen verklärten Tagen? Und ich glaube, wir haben es da zu suchen, E r s t -
30 l i c h wo wir uns in stiller andächtiger Betrachtung mit einander unseres Glaubens erfreuen, und Z w e i t e n s da wo wir dem Getümmel der Welt entgegen nur mit denen leben, die unsern Herzen die nächsten und liebsten sind. Wie nun diese Theile unseres Lebens dem Leben des auferstandenen Jesu gleichen sollen, das laßt uns mit einander
35 betrachten: |

   I. Zuerst also in solchen Stunden wo wir in andächtiger inniger Betrachtung uns unseres Glaubens freuen und ihn genießen, da darf und soll alle Noth und Last der Erde uns eben so fremd sein, wie sie es dem erstandenen Erlöser war.

10v

11r

---

12 nie ganz versiegt,] *umgestellt aus* versiegt nie ganz,   **22** reichen;] *korr. aus* reichen.
22–24 irgendwo ... gehen.] *am Rand mit Einfügungszeichen*

Die Schrift sagt, der Gerechte lebt seines Glaubens, und, was nicht
aus dem Glauben kommt ist Sünde, sezt sie hinzu. Demnach muß der
Glaube allerdings sein und ist auch eine Taufe, welche nicht nur dann
und wann wirksam ist, sondern uns in jedem Augenblik und unter
allen Verhältnissen des Lebens beseelt. Aber m. a. Fr. wir dürfen doch　5
nicht übersehen den Unterschied zwischen dieser Wirksamkeit des
Glaubens in uns, welche sich durch alle Sorgen und Geschäfte des
Lebens hindurchzieht, und zwischen der höheren Verklärung desselben in unserm Gemüth, wenn wir in ruhiger Andacht uns seiner ganz
eigen bewußt werden, jener Wirksamkeit uns dankbar erfreuen, die　10
göttliche Kraft desselben genießen wenn ich mich so ausdrüken darf
und fein durch Genuß und Betrachtung erhöhen und auch für die
Zukunft sichern und stärken. – Was wir auch beginnen und zu
schaffen haben in der Welt, da unser gesammter Beruf unsere Stelle
ist im Reich Gottes, der Posten in seinem Weinberge wo wir angewie-　15
sen sind vorzuarbeiten zu pflanzen auszujäten zu begießen, es sei auch
alles immer in der Kraft des Glaubens gethan, in der festen Ueberzeugung, daß wir das Rechte wollen und thun, daß, was wir uns vorsezen, der Geist Gottes in uns zum Entschluß ausgeboren habe, und daß
also auch dieses einen Beitrag geben müsse zur Erfüllung der göttli-　20
chen Rathschlüsse. Aber diese Wirksamkeit des Glaubens wird uns
nicht hindern alle Noth und Last der Erde zu fühlen, und zu leiden
11v　wie der Erlöser litt in seinem irdischen Leben | vor dem Tode. Denn
auch Er that alles in der Kraft des Glaubens, und war fest überzeugt,
daß er das Werk seines Vaters vollbringe in jedem Augenblik; aber　25
das hinderte nicht, daß er die Last fühlte die auf ihn gelegt war, daß
er Schmerz empfand über den Misverstand des Bösen und dessen
wenngleich nur vorübergehenden Sieg. Denn in diesem Gefühl hören
wir ihn rufen, Ist es möglich so gehe dieser Kelch vorüber, und die
schönste Frucht des Glaubens blieb die, daß er hinzufügte, doch nicht　30
mein sondern dein Wille geschehe. So auch bei uns wird mitten im
Gewühl des täglichen Lebens und unter den vorkommenden Erfahrungen des Mißlingens der Glaube immer zulezt stille Ergebung in
den Willen des Ewigen hervorbringen; aber seine Wirksamkeit wird
uns nicht hindern oft auszurufen, Ists möglich so gehe dieser Kelch　35
vorüber! wenn uns wieder eine Hofnung etwas Gutes zu vollbringen

---

12 fein] *korr. aus Unleserlichem*　18 Rechte] *korr. aus Unleserlichem*　19 ausgebo-
ren] *vgl. Adelung: Wörterbuch 1,534*　20 also] *davor* ⟨es⟩　20 dieses] *über der
Zeile mit Einfügungszeichen*

---

1 *Vgl. Röm 1,17; Gal 3,11; Hebr 10,38 mit Zitat aus Hab 2,4*　1–2 *Röm 14,23*
29–31 *Mt 26,39; vgl. Mt 26,42*

im Begriff ist zu scheitern, wenn wieder die Macht des Bösen die vereinten Kräfte der Guten zu überwinden droht, wird uns nicht hindern,
wenn wir uns in unsern Erwartungen von Andern betrogen finden,
wenn es uns nicht gelingen will die Schwachen zu befestigen, die Irrenden zu lenken, dann schmerzlich zu fühlen, daß diese Welt nur ein
Schauplaz des Kampfes ist wo auch dem Vertrauen und den Freuden
frommer Gemüther immer Sorge und Schmerz beigemischt bleibt. –
Dagegen in den Tagen der Auferstehung finden wir den Erlöser niemals auf diese Art bewegt; er stellt uns überall das Bild der heilesten
ungetrübtesten Ruhe dar; nirgends wird uns eine bittere Nachempfin-
dung des Leidens und Todes sichtbar, ohnerachtet er die Spuren davon
noch deutlich an sich trägt, und eben so wenig ein wemüthiges Vorge-
fühl, wenngleich die Zukunft seines Werkes | eben so vor ihm steht   *12r*
wie er oft hineingeschaut hatte. Zurükweisend auf die Schrift stellt er
alles, was ihm begegnet war, als unter der heilsamen Nothwendigkeit
des göttlichen Rathschlusses stehend dar; hinweisend auf die herrliche
Verheißung der Kraft aus der Höhe, scheint ihn alles einzelne bevorstehende weniger zu bewegen. Und so bestimmt tritt uns dieser Eindruk aus den wenigen Zügen, die uns von jener Zeit aufbehalten sind,
entgegen, daß wir uns gar nicht als möglich denken können, daß irgend ein unangenehmes Gefühl ihm hätte nahen dürfen in jener Zeit.
Woher nun dieses? Zunächst, m. Fr., und wenn wir uns nicht fruchtlos
in das unbegreifliche jener Begebenheit vertiefen wollen[,] gewiß daher, daß der Erlöser nun aus dem unmittelbaren Zusammenhang mit
der Gegenwart herausgerissen war, er hatte nicht mehr zu thun und
zu leisten, nicht mehr persönlich in den Lauf der Begebenheiten einzu-
greifen. Darum trat nun auch nicht dies und jenes Einzelne näher an
ihn in persönlicher Beziehung heran, woraus vorzüglich der oft so
schroffe Gegensaz des angenehmen und unangenehmen in unsern
Empfindungen entsteht, er sah sich selbst ganz in seiner allgemeinen
und ewigen Beziehung zu Gott und zur Welt, und alles bevorstehende
nur in seinem allgemeinen und nothwendigen Zusammenhang, im
Ganzen der göttlichen Führungen. Eben dieses aber ist es ja auch m.
Fr. wozu wir uns immer in den Stunden der Andacht und der Betrachtung zu erheben suchen, und wodurch sich diese von allen andern
Theilen des Lebens unterscheiden. Hier wollen auch wir uns von den
Umstrikungen der nächsten Gegenwart losmachen; wir wollen die Geschäfte und Sorgen und die wechselnden Ereignisse des Lebens von
uns und hinter uns werfen. Wenn wir auch unmittelbar von ihnen

---

5 dann] *über* ⟨es⟩   **19** Zügen] *korr. aus Unleserlichem*   **28** in persönlicher
Beziehung] *am Rand mit Einfügungszeichen*

14–17 *Vgl.* Lk 24,25–26.44–49

herkommen und also auch an sie unsere Betrachtung anknüpfen[,] |
12v so geschieht es doch nur um uns in ein Allgemeineres und größeres
zu vertiefen, und alle besondern Beziehungen sich in dieses verlieren
zu lassen. Ja wenn wir auch, um uns der Kraft und Herrlichkeit des
Glaubens zu erfreuen, ihn betrachten wie er sich thätig erweiset in   5
diesen verschiedenen Beziehungen des Lebens, im Sieg über die Welt
und über die Sünde, in der Hervorbringung göttlicher Werke: so ist
er auch hier nur die innere Bewegung und ihr lezter lebendiger Grund,
was wir mit Aufmerksamkeit betrachten, die Kraft die wir dem Tode
und der Auferstehung Jesu verdanken, und welche Sünde und Welt   10
überwindet, das Bewußtsein des höheren geistigen Lebens selbst: was
⌊grade⌋ einzelnes uns abwechselnd in demselben begegnen mag, ob
und wie ein einzelner Erfolg zu Stande kommt oder nicht, ob und
wie die Hindernisse überwunden werden oder nicht, das liegt unserer
Betrachtung fern und kann also auch unser Gefühl weder verlezen   15
noch ihm schmeicheln. Daher m. Fr. wenn wir in den Stunden der
Andacht und der Betrachtung dasjenige wirklich erreichen, wozu sie
bestimmt sind, so kann während derselben von aller Noth und allem
Kummer der Erde eben so wenig eine Spur in uns sein, wie dem Erlöser etwas davon nahen durfte während der Tage seiner Auferstehung.   20
Wenn der Ewige unser Gemüth ausfüllt, Er vor dem tausend Jahre
sind wie Ein Tag, und wir unser Herz erweitern um hineinzuschauen
in seine Geheimnisse und in seine das Ganze umfassenden Rathschlüsse: wie könnte wol der erheiternde Anblik auf den Glanz des
ewigen über alles erhabenen Reiches Gottes getrübt, wie könnte die   25
beruhigende Gewißheit seiner Allmacht und Weisheit gestört werden
durch das Gefühl einer irdischen Noth? etwa durch kindische Unge-
13r duld | daß sich die Entwiklung seiner Rathschlüsse in diesem und jenem
einzelnen Stück verzögert über unsere Erwartung? etwa durch bange
Sorge, ob dies und jenes Einzelne, und wäre es auch das worauf wir   30
am meisten Werth legen in unserm Leben, gelingen werde oder mißlingen? etwa durch Furcht vor dem was die Kinder dieser Welt durch
Spott und Verfolgung uns noch verursachen können an Trübsal, ehe
auch wir eingehen in die Herrlichkeit die uns beschieden ist? Nein,
wir sind in diesen köstlichen Augenbliken so vollkommen im Besiz   35

---

9 die Kraft] die *über* ⟨Die⟩   12–16 ob und wie ein ... schmeicheln.] *neun Zeilen
höher mit Umstellungszeichen hinter* betrachten, *und am Rand die Anweisung:* Nb.
Die eingeklammerte Stelle ist unten zu sezen wo das Zeichen (...) steht.   21 Er] *über
der Zeile mit Einfügungszeichen*   30 worauf] *korr. aus* was   33 uns] *über der
Zeile mit Einfügungszeichen*   34 ist] *über* ⟨sind⟩

21–22 *Vgl. 2Petr 3,8 mit Aufnahme von Ps 90,4*

derselben, daß wenn wir auch, wie der Erlöser, noch die frischen Nar-
ben an uns tragen von allen Wunden, welche die Welt uns geschlagen
hat, wir doch dann keine Spur mehr von Schmerz in denselben empfinden, eben wie der Erlöser über allen Schmerz erhaben, ohne alle
5   Besorgniß vor Verlezung seine Nägelmale und seine Seitenwunde dar-
bot zu Betastung und Untersuchung. – Wenn der Erlöser vor uns
steht als der von Ewigkeit gesetzte Herr und König der Menschen der
alles unter ihnen schlichtet und ordnet, als das himmlische Haupt in
und unter welchem wir alle als Glieder vereint sind, als der welcher
10 uns so hoch ⌊zuvor⌋ geliebt hat damit wir uns auch untereinander
lieben sollen, als der einige mit Gott durch dessen Kraft nun auch
Einheit in Gott uns alle unauflöslich verbindet: kann wol der stärkende Blik auf den heiligen Bund den er gestiftet getrübt[,] jenes beseligende Gefühl der Liebe die von ihm ausgeht gestört werden durch
15 das Gefühl irgend einer irdischen Unvollkommenheit? etwa durch Erinnerung an die Mißverständnisse welche hie und da seine Jünger ent-
zweien? durch bittere Erfahrung von ihrer Unzuverläßigkeit im Einzelnen? Nein, wir sind in diesen Augenbliken so eingetaucht in die
ewige Liebe, daß wenn wir auch nur so eben verläugnet worden wä-
20 ren und verlassen, wie der Erlöser, eben so wenig eine bittere schmerz-
hafte Empfindung | davon in uns zurükbleiben dürfte, wie ihm keine   *13v*
geblieben war. – Wenn wir in dankbarer Andacht die Kraft des göttlichen Geistes in uns den neuen Menschen gestaltend fühlen und ihr
Weben und Wirken in der Gemeine das hören, soll diese Freude an
25 der Fülle christlicher Tugend und gottseligen Wesens gestört werden
durch den Gedanken an die um uns her noch schleichende Sünde?
So wenig können wir uns in solchen Augenbliken mit diesem
nichtigen Wesen beschäftigen, wie der Erlöser in den Tagen der Auferstehung sich noch beschäftigte mit der verkehrten Menge in welcher
30 die Sünde wohnte; ja was noch mehr ist auch unsere eigene Sünde,
deren Bewußtsein der Erlöser nicht zu besiegen brauchte, kann uns
nicht kränken, eben weil wir sie nur unter der Gewalt des göttlichen
Geistes fühlen. So sind wir, wie immer freilich auch in diesen Augenbliken der Erde angehörig, aber durch die höhere Verklärung unseres
35 inneren sind wir zugleich über ihre Noth und Unvollkommenheit erhaben wie es der erstandene Erlöser war.

II.   Ferner kann und soll unser Leben den Tagen der Auferstehung Christi dann gleich sein, wenn wir fern vom Getümmel der Welt
nur mit unseren Vertrauten und Geliebtesten leben. So wenig wir uns

---

1 der] *korr. aus* die   13 getrübt] *über der Zeile*   20 wie] *über* ⟨eben⟩

5–6 *Vgl. Joh* 20,25.27

denken können daß der Erlöser in diesem seinem erhöhten Zustande
sich wieder könnte unter den großen Haufen der zweideutig oder
feindselig gesinnten Menschen gemischt haben, dem Gedränge und
den [Bedrükungen] des Volkes ausgesezt das ihn bald zum König aus-
rufen bald steinigen wollte, sondern wir ihm das Recht zugestehn sich   5
nun ganz zurükgezogen zu haben von der Welt nachdem er ihr durch
sein früheres Leidensleben und seinen Tod gerecht geworden und vollkommen mit ihr abgefunden war, daß sie nun weiter keine Ansprüche
an ihn machen konnte: so wäre es auch wunderlich, wenn wir uns |
14r einbilden wollten, wir könnten uns eines solchen erhöheten Zustandes   10
ohne Leid und Noth auch wol erfreuen mitten im Getümmel der Welt
und im thätigen Verkehr mit den mancherlei Arten von Menschen die
uns umgeben. Nein, m. Fr., denen müssen wir auch erst gerecht werden, indem wir mit ihnen leiden, jezt für sie jezt durch sie. Wir dürfen
weder wollen, daß die mannigfaltigen Uebel, welche sich in dieser   15
großen ungleichartigen Gemeinschaft erzeugen, uns gar nicht berühren, noch dürfen wir sie in diesem Leben mitten unter der Welt nicht
schmerzlich fühlen wollen. Um jenes auch nur zu versuchen müßten
wir uns weit mehr als uns gebührt von denen absondern, die, wie sie
auch sein mögen, doch das Feld sind, welches, wenngleich erst von   20
weitem und noch mit wenig Erfolg, der Geist Gottes bearbeitet. Und
wenn wir, in der Meinung dieses sei möglich, den erhöhten Zustand
dessen wir uns fähig fühlen mit in das Geräusch des bunten Lebens
hinübernehmen wollten: so würden wir eben so gewiß aber mit mehrerem Recht nicht für wahre Menschen sondern für Gespenster gehal-   25
ten werden, wie der Erlöser dafür wäre genommen worden, wenn er
als der Erstandene mitten unter das Volk getreten wäre. Sondern wie
ihm diese Tage nur gegeben wurden um noch einige Zeit abgeschieden
von der Welt mit den Seinigen zu leben, und ihnen zu erscheinen sowol wenn sie ihren irdischen Beruf trieben, als wenn sie seiner gedach-   30
ten oder zum Lobe Gottes versammelt waren, eben so können auch
wir eines jenen Tagen ähnlichen Lebens uns nur erfreuen, wenn uns,
nachdem wieder ein Theil unseres geschäftigen Lebens abgeschlossen
ist, und wir für diesen Theil der Welt gerecht geworden sind, ein ruhiges Zusammensein mit den uns am meisten befreundeten Gemüthern   35
14v beschieden ist. Niemand unter uns darf sagen, daß es ihm an solchen
fehle, und daß also unter dieser Bedingung ihm auch jenes schö|nere
Leben versagt sei. Nein, wer überhaupt in das Reich Jesu gehört, der

---

4 [Bedrükungen]] *korr. aus Unleserlichem*   11 erfreuen] *korr. aus Unleserlichem*
17 dürfen wir] *folgt* ⟨wollen daß wir⟩   34 geworden] worden

---

3–4 *Vgl. Lk 8,45*

ist nicht nur in einen allgemeinen Bund der Liebe aufgenommen, sondern weil dieser lebendig ist, so müssen sich auch jedem einige Gemüther vor andern besonders ⌊eröfnen⌋ ihn näher an sich ziehn oder sich
ihm anschließen, es müssen sich ihm engere und innigere Verhältnisse
5   bilden es sei nun durch die Bande der Natur oder durch die freie Wahl
der Zuneigung und Freundschaft. Wolan, wo ein solches Häuflein,
ein Hauswesen mit den ihm zunächst angehörigen Freunden, ein paar
verbündete Familien oder ein kleiner Kreis einzeln eng verbundener
Menschen, wo ein solches Häuflein in frommem Sinn versammelt ist;
10 da ist nicht nur nach seiner Verheißung Christus unter ihnen, sondern
es ist auch die Kraft und das höhere Leben seiner Auferstehung in
ihnen. Denn ein solches Häuflein bildet für sich ein schönes Ganze,
mannigfaltige äußere und innere menschliche Verhältnisse sind darin
vereint, ein voller Kranz christlicher Tugenden, denn die dem einen
15 fehlt deren erfreut sich demüthig der andere, ein reicher Schaz herrlicher Erinnerungen an göttliche Gnade die in den Schwachen mächtig
ist, das ganze Werk des göttlichen Geistes von seinen ersten Anfängen
bis zur Reife des neuen Menschen, stellt sich in denselben dar; ein
solcher Kreis ist ein kleines aber treues und vollständiges Bild der
20 ganzen Gemeine Jesu. Und eben wie die Jünger welche damals die
ganze Gemeine Jesu darstellten[,] wol, wenn sie so versammelt waren,
die Thüren verschließen durften, weil sie sich unter einander genüg-
ten, und ihnen nichts fehlte als derjenige, der auch troz der verschlos-
senen Thüren oft unter sie trat, und der auch ohnedies immer unsicht-
25 bar unter ihnen war: so darf auch ein solcher Kreis wol, nachdem er
im thätigen Leben der Welt gerecht worden ist, die Thüren hinter sich
verschließen und sich selbst genügend sich einer den anderen erfreu-
end auf eine Weile | der Welt vergessen, aus deren Gemeinschaft ihm   *15r*
allein ein Gefühl von Noth und Leiden kommen könnte. Denn in sich
30 haben sie dazu keine Veranlassung. Sie theilen was in jedem das Werk
des göttlichen Geistes ist, sie stellen dar unwillkührlich und ohne Anmaßung, was in jedem sich gutes und vollkomnes gestaltet hat, sie
öfnen einander das Innere des Herzens das Jeder vom andern lerne,
sich an ihm stärke und kräftige, sie befestigen einander in der treuen
35 Ergebenheit gegen den gemeinsamen Herrn und Meister. Was kann
bei einem solchen Zusammensein anderes aufgeregt werden, als die
reinste Freude am Herrn, die durch nichts gestört werden kann weil

---

2 einige] *über* ⟨einzelne⟩   3 vor andern besonders] *über* ⟨mehr⟩   3 näher] *am
Rand mit Einfügungszeichen*   24 oft] *über der Zeile mit Einfügungszeichen*
25 war:] *korr. aus* war,

10 *Vgl. Mt 18,20*   16–17 *Vgl. 2Kor 12,9*   21–24 *Vgl. Joh 20,19.26*

sie über allem steht? was kann jeder Athemzug anderes aushauchen,
als seinen Frieden wie er seine Jünger damit anhauchte? was anderes
mitgetheilt werden, als die lebendigen beseligenden Bewegungen seines Geistes, wie Er ihn einst unter die versammelten Jünger brachte?
Fern ist also da alle Noth und alles Leiden, und wie sehr auch der   5
Erde angehörig, sind wir doch verklärt und über das irdische erhaben.
Denn wenn auch, die so zusammen sind, in ihren Verhältnissen gegen
die Welt wirklich leiden, wenn sie sich auch finden mit den frischen
Wunden: sie bluten dann nicht[,] so wenig als Christi Seite noch blu-
tete da er Thomas' Hand hineinlegte; sondern wie nur an den Wunden   10
am meisten Christus erkant wurde: so dienen auch den Seinigen ihre
Leiden dann nur dazu daß jeder desto inniger den Andern erkenne,
weil das Leiden zusammenhängt mit dem Thun, und darin vorzüglich
der mit der besonderen Natur eines jeden schon wie verschmolzene
göttliche Geist sich am meisten verherrlicht. Ihre Liebe ist auch nicht   15
eine solche weichliche, die dann glaubt sich nicht schöner als im Mitleiden bewähren zu können, nicht eine Liebe die nur dann Freude ist
wenn es dem Geliebten äußerlich wohl geht, und die sich niederschlagen läßt wenn sie ihn unter den Lasten der Erde findet; sondern eine
Liebe, die sich weniger darum kümmert, ob dem Geliebten begegnet   20
15v was wir in irdischem Sinne Glük oder | was wir Unglük nennen, son-
dern eine tapfere Liebe die in dem geistigen Leben des geliebten mit-
lebt, und sich dessen vorzüglich freut was der Geist Gottes in ihm
wirkt und was unter dem Weh und den Schmerzen des Lebens nur
um so herrlicher hervorstrahlt. Darum sieht ruhig, und ohne daß die   25
schmerzenlose Seligkeit solcher Stunden dadurch getrübt wird, einer
des anderen Leiden gegenwärtig schon oder noch kommend, wie
Christus ruhig den Seinen verkündigte was auch sie würden zu leiden haben. – Ja auch die Unvollkommenheiten die Einer in dem andern bemerkt, ja die Fehler die nur eben einer gegen den andern be-   30
gangen hat, sie thun dem reinen schmerzlosen Zusammensein keinen
Eintrag. Denn die Ueberzeugung steht ja vorher fest, daß alle nur
Sünder sind, daß das überwundene Verderben nur allmählig ganz ab-
stirbt, und eine Erfahrung mehr daß es noch vorhanden ist, wie
könnte sie so besonders verlezen? In dieser Nähe des Erlösers, bei   35
diesem lebendig aufgeregten Gefühl, daß Alle ihm angehören und in
fortgehender Heiligung die Früchte seiner Erlösung genießen: wie

---

9–12 so wenig als ... nur dazu] *am Rand mit Einfügungszeichen*   12 daß jeder]
davor ⟨und sie dienen nur⟩   25 hervorstrahlt] strahlt *über* ⟨sticht⟩   27 gegenwärtig]
über ⟨da⟩   27 oder noch] *über* ⟨und⟩

---

2 Vgl. *Joh 20,22*   9–10 Vgl. *Joh 20,27*   28–29 Vgl. *Mt 16,24*

leicht wird da das einzelne vergeben, so leicht wie Christus den Unglauben des Thomas vergab, wie wird es nur zur Lehre und Warnung
benuzt, oder als Erfahrung, welche desto mehr in Stand sezt die
schwachen Brüder zu stärken, wie Christus nicht anders an die Ver-
5 leugnung des Petrus erinnert. Aber freilich, nur das innige vertraute
Zusammensein eng verbundener auf Christum gegründeter Menschen, zwischen denen kein Mißtrauen stattfindet, denen alles je länger je mehr in Glauben und Liebe aufgeht, nur ein solches kann jenes
höhere Gepräge eines verklärten Zustandes an sich tragen.
10 Beides nun, m. a. Fr. die stille andächtige Betrachtung, der zu
neuem Glanz und höherem Licht im Herzen sich entwikelnde Glaube
an das Reich Gottes und Jesu auf der einen Seite | und auf der andern
das innige geistige Zusammenleben mit denen die uns in Christo am
nächsten befreundet sind, wie soll und kann beides mehr zusammen-
15 treffen, von wo kräftiger ausgehen, als von diesem Orte, wo wir so
besonders als Christen bei einander sind, wo wir zu gegenseitiger Belebung und Erleuchtung uns versammeln, wo das gemeinschaftliche
Aufsehn auf Jesum den Vollendeten dem Geist kräftigere Schwingen
umgürtet und das Herz den Regungen der reinsten Liebe öfnet! Das
20 bedeutet es, daß von Anbeginn an der Tag der Auferstehung Jesu zugleich der Tag des Herrn wurde; dieser Tag der andächtigen Betrachtung und dem Gefühl der reinsten Liebe geweiht ist es, an dem auch
wir vorzüglich ein den Geschäften und Sorgen der Erde enthobenes
ein höheres und verklärtes Leben gleich dem seiner Auferstehung füh-
25 ren sollen. Mögen wir das recht bedenken, und so den Tag seiner
Auferstehung feiern daß wir aus der Erfahrung des eignen Lebens uns
den alten Gruß der Christen zurufen können. Ja, der Herr ist wahrhaftig auferstanden. M. a. Fr. in dem Bilde welches ich gezeichnet habe
von einem der Auferstehung Jesu gleichen Leben ist gewiß kein Zug
30 den nicht Jeder von uns auch schon in sich selbst gefühlt hätte in
solchen Stunden heiliger Ruhe und Liebe, und keiner zu dem nicht
Jeder hie und da wäre aufgeregt worden in unseren christlichen Versammlungen. Laßt uns diesen Werth derselben recht fühlen, laßt uns
den Entschluß befestigen, daß so oft wir hier erscheinen so oft wir
35 uns hier als seine Brüder und Nachfolger versammeln und aufs neue

---

1–3 vergeben, ... oder als] *geändert aus* vergeben, [*über der Zeile* ⟨und⟩] nur zur Lehre
und Warnung benuzt, wie Christus leicht den Unglauben des Thomas vergab, nur als
5 innige] *davor* ⟨eng⟩   15 von diesem] von *über* ⟨wo⟩   21 Tag der] der *korr. aus*
dem   26 feiern] *über der Zeile mit Einfügungszeichen*   34 befestigen] *korr. aus*
Unleserlichem

1–2 *Vgl. Joh 20,24–29*   4–5 *Vgl. Lk 22,31–34*   27–28 *Lk 24,34*

verbinden, wir kein geringeres Leben führen wollen als ein solches
seiner Auferstehung ähnliches, daß wir hier dieses Segens den wir von
ihm haben uns recht erfreuen von Ihm gestärkt, ihm immer näher
kommend alle Noth und Last der Erde von uns abstreifen, dann aber

16v auch den Glauben und die Liebe, die Lust | und Freude die wir aus   5
seiner Fülle empfangen außer uns offenbaren wollen, wenn auch unter
der Noth und Last der Erde, an allen wozu ein Jeder unter uns in der
Welt mag berufen sein.   Amen.

---

7 wozu] *korr. aus* was

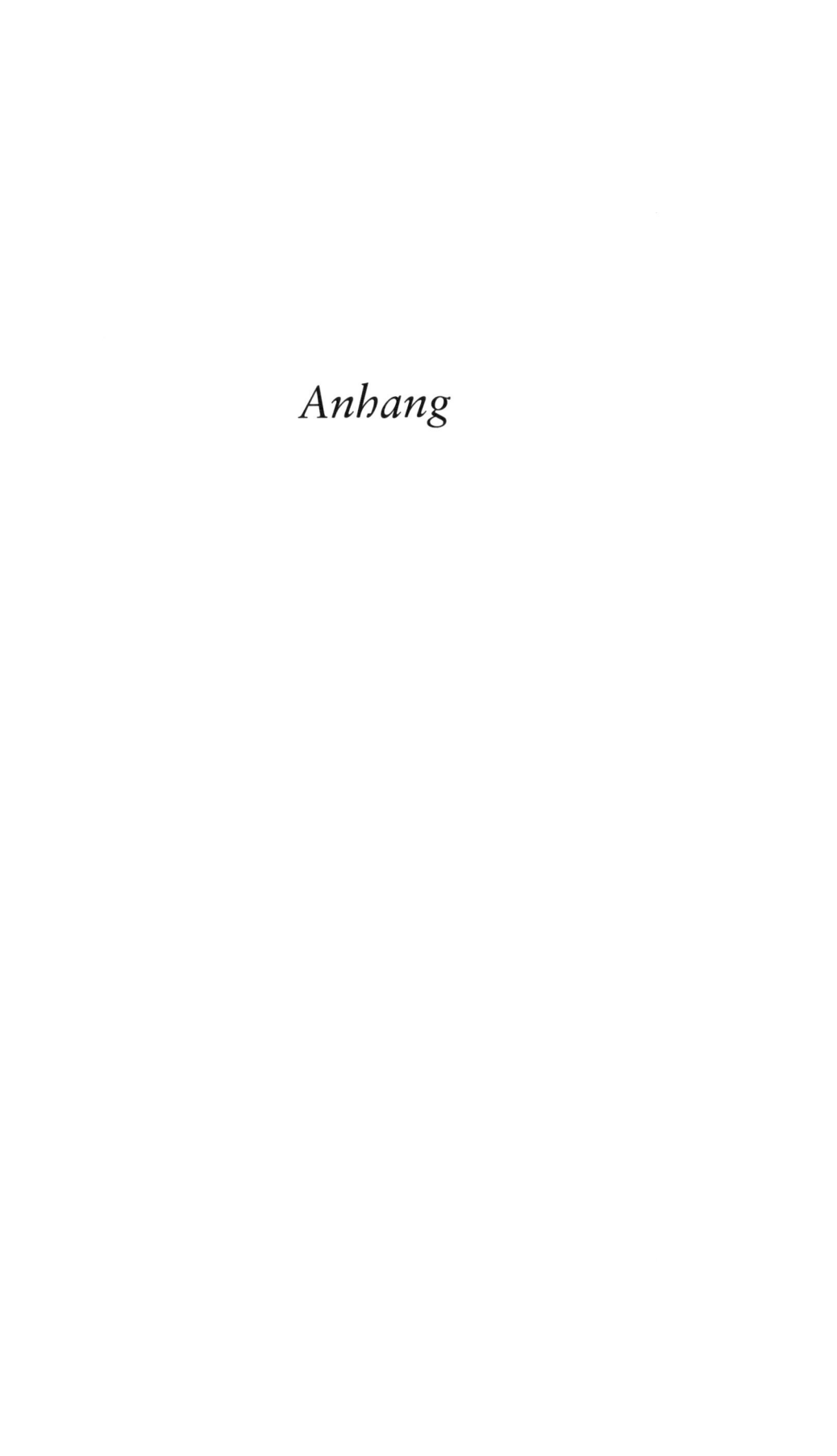

Anhang

Kirchen-AGENDA,

Das ist:
Gebeth, und andere Formulen,
Welche bey denen Evangelisch-Reformirten Gemeinden,
in Sr. Königl. Majestät in Preussen Königreich,
und andern Landen gebrauchet werden,
Samt beygefügten Symbolis,
oder Glaubens-Bekänntnissen der alten Christlichen Kirchen.

Mit Sr. Königl. Majestät in Preussen allergnädigstem
Privilegio.

Berlin, gedruckt bey Christian Ludewig Kunst, privil. Buchdrucker. |

Form die Kinder zu tauffen. *1*

Unsere Hülffe stehet im Namen des HErrn, der Himmel und Erden erschaffen hat, Amen.

Geliebte in dem HErrn.

Dieweil unser HErr JEsus Christus sagt, daß wir anders nicht in das Reich GOttes mögen kommen, es sey dann, daß wir neu gebohren werden: So gibt Er uns eine gewisse Anzeigung, daß unsere Natur durchaus verkehrt und vermaledeyet sey, und vermahnet uns derhalben hiermit, daß wir uns für GOtt demü|thigen, und ein Mißfallen haben an uns selbst, und bereitet uns also seine Gnade zu begehren, durch welche alle unsere Boßheit und Vermaledeyung unserer alten Natur abgetilget werde; Dann wir der Gnaden GOttes nicht werth sind, es sey dann, daß zuvor alles Vertrauen auf unser eigen Vermögen, Weißheit und Gerechtigkeit, aus unsern Hertzen genommen sey, ja auch, bis daß wir alles, was in uns ist, ganz und gar verdammen.

Nachdem uns aber Christus unser Elend also für die Augen gestellet, so tröstet Er uns auch vielmehr, durch seine Barmherzigkeit, indem Er uns und unsern Kindern verheisset, daß Er uns von allen unsern Sünden waschen, das ist, uns dieselbigen, von wegen seines Blut-Vergiessens, nicht zu rechnen, auch unsere Natur wieder zu seinem Ebenbild, durch seinen Heiligen Geist, erneuren wolle; Und solche Verheissung un|serm schwachen Glauben zu bestätigen, und an unserm eigenen Leib zu versiegeln, hat Er befohlen, daß wir in dem Nahmen GOttes des Vaters, und des Sohnes, und des Heiligen Geistes, sollen getaufft werden.

Derhalben zum Ersten, da Er will, daß wir mit Wasser in dem Nahmen des Vaters getaufft werden, bezeugt Er uns, gleich als mit einem sichtbahren Eyd, all unser Lebenlang, daß GOtt unser und unsers Saamens Vater 5 seyn wolle, uns mit aller Nothdurfft Leibes und der Seelen versorgen, und alles Ubel uns zu gut wenden, dieweil alle Creaturen, von wegen des Bundes, so wir mit GOtt haben, uns nicht schaden können, sondern zu unserm Heyl dienen müssen.

Zum Andern, Indem wir in dem Namen des Sohns getaufft werden, 10 verspricht Er uns, daß alles, was der Sohn GOttes gethan und gelitten hat,
4 unser eigen sey, also, | daß Er unser und unserer Kinder Heyland sey, uns mit seiner heilsamen Gnade salbe, und durch seine heilige Empfängniß, Geburt, Leiden und Sterben, von aller Unreinigkeit und Sünden erlöset habe, und allen unsern Fluch und Vermaledeyung ans Creutz genagelt, die- 15 selbige mit seinem Blut abgewaschen, und mit ihm vergraben habe, und also uns von der höllischen Pein erlediget, auf daß Er uns, durch seine Auferstehung und Himmelfahrt, mit seiner Gerechtigkeit bekleide, und jetzt für dem himmlischen Vater vertrete, und am jüngsten Gericht, herrlich und ohne Mackel, für das Angesicht des Vaters darstelle. 20

Zum Dritten, da wir in dem Namen des Heiligen Geistes getauffet wer-den, wird uns verheissen, daß der Heilige Geist, unser und unserer Kinder Lehrer und Tröster in Ewigkeit seyn werde, und zu wahren Gliedern des
5 Leibes JESU CHristi mache, auf daß wir an Christo und allen seinen | Gütern, samt allen Gliedern der Christlichen Kirchen, Gemeinschafft haben, also, 25 daß unserer Sünden in Ewigkeit nicht mehr gedacht, auch die Sünde und Schwachheit, die in uns noch übrig bleibet, je länger je mehr getödtet, und in uns ein neues Leben angefangen, und endlich in der seeligen Auferste-hung (da diß unser Fleisch, dem herrlichen Leib CHristi gleichförmig seyn wird) in uns vollkömmlich offenbahret werden soll. 30

Nachdem aber in einem jeden Bund beyde Theil sich verpflichten, so verheissen auch wir, GOTT dem Vater, Sohn und Heiligen Geist, daß wir, durch seine Gnade, ihn allein, für unsern einigen, wahren, und lebendigen GOTT, erkennen und bekennen wollen, Ihn allein in aller Noth anruffen, und als gehorsame Kinder leben, wie diese neue Geburt erfordert, welche in 35
6 diesen zweyen Stücken bestehet: Erstlich, daß wir | aus wahrer Reu und Leid, über unsere Sünde, alle unsere Vernunfft und Lüste verleugnen, und dem Willen GOttes unterwerffen, und alle Sünde von Hertzen hassen und fliehen: Darnach auch, daß wir anheben, Lust und Liebe zu haben, nach dem Wort GOttes, in aller Heiligkeit und Gerechtigkeit zu leben. 40

Wann wir aber unterweilen, aus Schwachheit, in Sünde fallen, so sollen wir doch nicht darinnen liegen bleiben, noch verzagen, oder durch einige andere Mittel, dann durch Christum, Vergebung der Sünden suchen, son-

dern allezeit durch unsere Tauffe erinnert werden, darvon abzustehen, und
festiglich zu vertrauen, daß derselben, um des Blutvergiessens CHristi wil-
len, für GOTT nimmermehr solle gedacht werden, sintemahl uns die heilige
Tauffe ein ungezweiffeltes Zeugniß Ist, daß wir einen ewigen Bund mit GOtt
5 haben, und in dem leben|digen Brunnen der ewigen Barmherzigkeit des   7
Vaters, und des allerheiligsten Leidens und Sterbens JESU CHristi, durch die
Krafft des Heiligen Geistes getaufft seyn.

Derhalben so lasset uns GOtt also anruffen:
Allmächtiger ewiger GOTT! der Du hast durch die Sünd-Fluth, nach deinem
10 strengen Urtheil, die ungläubige und unbußfertige Welt gestrafft, und den
gläubigen Noah, selb Acht, nach deiner grossen Barmhertzigkeit erhalten,
und den verstockten Pharao, mit allem seinem Volck, im rothen Meer erträn-
cket, Dein Volck Israel aber truckenes Fußes hindurch geführet, durch welches diese Tauffe bedeutet ward: Wir bitten Dich durch deine grundlose
15 Barmhertzigkeit, Du wollest diß dein Kind, (oder diese deine Kinder)
gnä|diglich ansehen, und durch deinen Heiligen Geist, deinem Sohn JEsu   8
Christo einleiben, daß es (sie) mit Ihm in seinen Todt begraben werde, (werden) mit Ihm auch auferstehe in einem neuen Leben, indem es (sie) sein
Creutz Ihm täglich nachfolgend frölich trage (tragen) Ihm anhange (anhan-
20 gen) mit wahrem Glauben, fester Hoffnung, und inbrünstiger Liebe, daß es
(sie) dieses Leben, das doch nichts anders ist, denn ein Todt, um deinet
willen getrost verlassen möge (mögen) und am Jüngsten Tage für dem
Richter-Stuhl JEsu Christi deines Sohns, unerschrocken erscheine, (erscheinen) durch denselben unsern HErrn JEsum Christum deinen Sohn, der mit
25 Dir und dem Heiligen Geist, ein einiger GOtt, lebet und regieret in Ewigkeit, Amen.

Unser Vater, etc. |

Bekennet auch, mit mir, die Articul, unsers alten   9
allgemeinen, ungezweiffelten Christlichen Glaubens,
30 daß diß Kind (diese Kinder) getaufft wird: (werden)
Ich glaube an GOtt Vater, den allmächtigen Schöpffer Himmels und der
Erden.
Und an JEsum Christum, seinen eingebohrnen Sohn, unsern HErrn, der
empfangen ist von dem Heiligen Geist, gebohren aus Maria der Jungfrauen,
35 gelitten hat unter Pontio Pilato, gekreutziget, gestorben und begraben, ab-
gestiegen zu der Höllen, am dritten Tage wieder auferstanden von den
Todten, aufgefahren gen Himmel, sitzet zur Rechten GOttes, des allmächtigen Vaters, von dannen Er kommen wird, zu richten die Lebendigen und
die Todten.

10 Ich glaube an den Heiligen Geist, eine heilige, allgemeine, Christliche
Kirche, die Ge|meinschafft der Heiligen, Vergebung der Sünden, Auferste-
hung des Fleisches, und ein ewiges Leben, Amen.

Frage an die Gevattern.

Begehret ihr Gevattern dann, aus wahrem Glauben an die Verheissung GOt-   5
tes, in JESU Christo, welche uns und unsern Kindern gegeben ist, daß Er
nicht allein unser, sondern auch unsers Saamens GOtt seyn wolle, bis ins
tausende Glied, daß dieses Kind (diese Kinder) darauf getaufft werde (werden) und die Versiegelung der Kindschafft GOttes empfahe? (empfahen) So
Antwortet: Ja!   10

Hierauf spricht der Prediger, daß die Gevattern dem Kind
den Nahmen geben, und darnach begießt Er es mit Wasser,
und spricht: Mit Beyfügung des Nahmens: |

11 N. N. Ich tauffe dich im Nahmen GOttes des Vaters, und des Sohnes, und
des Heiligen Geistes.   15

Dancksagung.
Laßt uns GOtt dem HErrn dancken.

Allmächtiger, barmhertziger GOtt und Vater, wir sagen Dir Lob und Danck,
daß Du uns und unsern Kindern, durch das Blut deines lieben Sohns JEsu
Christi, alle unsere Sünde verziehen, und uns, durch deinen Heiligen Geist,   20
zu Gliedern deines eingebohrnen Sohns, und also zu deinen Kindern angenommen hast, und diß alles uns mit der heiligen Tauffe versiegelt und be-
12 kräfftiget: Wir bitten Dich auch durch denselben dei|nen lieben Sohn, daß
Du diß Kind (oder diese Kinder) mit deinem Heiligen Geist allezeit wollest
regieren, auf daß es (sie) Christlich und gottseelig auferzogen werde, (wer-   25
den) und in dem HErrn JEsu Christo wachse und zunehme, auf daß es (sie)
deine Väterliche Güte und Barmhertzigkeit, die du ihm (ihnen) und uns
allen bewiesen hast, bekennen, und in aller Gerechtigkeit, unter unserm
einigen Lehrer, König und Hohenpriester Christo JEsu, leben, und ritterlich
wider die Sünde, den Teuffel, und sein gantzes Reich, streiten und siegen   30
möge, (mögen) Dich und deinen Sohn JEsum Christum, samt dem Heiligen
Geist, den einigen und wahren GOtt, ewiglich zu loben und zu preisen,
Amen.

Ermahnung an die Gevattern.

Ihr Geliebten in dem HErrn JEsu Christo, dieweil ihr euch dieses Kindes   35
13 (dieser Kinder) angenommen habt, so geden|cket, daß unser GOtt ein
wahrhafftiger GOtt ist, und will, daß wir ihm in der Wahrheit dienen, und
derhalben sollen insonderheit die Eltern selbst, und denn auch, wenn es an
Eltern mangelt, die Gevattern, Freunde und Verwandten, allen Fleiß anwen-

den, daß diß Kind (diese Kinder) in rechter Erkäntniß und Furcht GOttes,
laut der Articul des Christlichen Glaubens, und der Lehre, welche von GOtt
aus dem Himmel geoffenbahret, und im Alten und Neuen Testament begriffen ist, dem HErrn Christo auferzogen werde, (werden) und wann es (sie)
5 zum Verstand kommt, (kommen) ermahnen, daß es (sie) durch Empfahung
dieses Göttlichen Bund-Zeichens und Siegels der heiligen Tauffe, öffentlich
für dem Angesicht GOttes, seinen heiligen Engeln, und der Christlichen Gemeine, dem Teuffel und der Welt, mit allen ihren Wercken und Lüsten abge-
sagt, und sich dem HErrn ergeben und ver|pflichtet habe, (haben) Ihm sein   14
10 (Ihr) gantzes Lebenlang in aller Heiligkeit und Gehorsam seines heiligen
Evangeliums zu dienen: Das verleihe euch und ihm (ihnen) der ewige Vater
unsers HErrn JEsu Christi, Amen.

          Empfahet hierauf den Seegen des HErrn.
     Der HERR segne euch, und behüte euch:
15 Der HERR erleuchte sein Angesicht über euch, und sey euch gnädig:
     Der HERR erhebe sein Angesicht auf euch, und gebe euch seinen Frieden,
     Amen.

————— |

                 FORMULAR,   15
     Die Bejahreten, nach denen Niederländischen Agenden, zu tauffen.

20 Unsere Hülffe stehet im Nahmen des HErrn, der Himmel und Erden gemacht
     hat, Amen.

            Vielgeliebte in dem HERRN JESU CHristo.
     Obwohl unsere Kinder, die es zwar nicht verstehen, krafft des Gnaden-Bun-
     des in Christo JEsu, müssen getauffet werden, so ist dennoch nicht zugelas-
25 sen, diejenigen, so zu ihren Jahren des Verstandes kommen seynd, zu tauf-
     fen, es sey dann, daß sie zuvor ihre Sünde und | verdammlichen Stand   16
     erkennen, und Bekänntniß von ihrer Busse und Glauben an JEsum Chri-
     stum thun.
          Welcher Ursachen halben nicht allein Johannes der Täuffer, welcher,
30 nach dem Befehl GOttes, die Tauffe der Busse, zur Vergebung der Sünde,
     geprediget, diejenigen, so ihre Sünden bekenneten, getaufft, sondern es
     hat auch unser HErr JESUS CHristus seinen Jüngern befohlen, alle Völcker
     zu lehren, und, im Nahmen des Vaters, des Sohnes und des Heiligen Geistes,
     zu tauffen, mit angehengter Verheissung, daß, wer da gläubet, und getaufft
35 wird, werde seelig werden: Wie auch die heilige Apostel keine, so erwach-

sen, und zu ihren Jahren gekommen, getaufft, bevor sie die öffentliche
Bekänntniß ihres Glaubens und Busse gethan haben. Zu folge dessen, auch
noch heutiges Tages zugelassen ist, die zu ihren Jahren gekommen seynd,
17 zu tauf|fen, wann sie das Geheimniß der heiligen Tauffe, aus der Predigt
des heiligen Evangelions, gelernet, und zugleich ihres Glaubens, durch 5
mündliche Bekänntnis, Rechenschafft geben können.

Dieweil nun ihr, hier gegenwärtig, der ihr ein gebohrner Türcke, (Jude
oder Heyde) gewesen seyd, auch begehret mit der heiligen Tauffe getauffet
zu werden, so sollet ihr, damit euch die heilige Tauffe ein Siegel der Einver-
leibung in die Kirche GOttes sey, und damit erscheinen möge, daß ihr nicht 10
allein die Christliche Religion, in welcher ihr absonderlich seyd unterrichtet
worden, und von den Haupt-Stücken der Christlichen Religion Bekänntnis
gethan habt, annehmet, sondern auch euer Leben, durch GOttes Gnade,
nach derselben anstellen wollet, vor GOtt und seiner Gemeine, ohne Heu-
cheley, aufrichtig, auf nachfolgende Puncta antworten. | 15
18 Erstlich, glaubet ihr an den einigen wahren GOtt, unterschieden in drey
Personen, Vater, Sohn und Heiligen Geist, der Himmel und Erden, samt allem, was darinnen ist, aus nichts geschaffen hat, und noch unterhält und
regieret, also, daß nichts im Himmel und auf Erden geschehen kan, ohne
seinen göttlichen Willen? 20

Ist dieses euer Glaube, so antwortet, Ja!

Zum Andern, glaubet ihr auch, daß ihr in Sünden empfangen und gebohren seyd, und also ein Kind des Zorns von Natur, ungeschickt zu einigem Guten, und geneigt zu allem Bösen, und daß ihr mit Gedancken, Worten und Wercken, die Gebote GOttes offtmals habt übertreten, und laßt 25
euch eure Sünde auch hertzlich leid seyn?

So antwortet abermahl, Ja! |
19 Drittens, glaubet ihr auch, daß JEsus Christus, der wahre und ewige
GOtt, auch ein wahrer Mensch sey, welcher seine menschliche Natur, aus
dem Fleisch und Blut der Jungfrauen Mariä, angenommen hat; daß er auch 30
euch zu einem Seeligmacher von GOtt geschencket sey, und daß ihr, durch
den Glauben an ihn, empfanget Vergebung der Sünden in seinem Blut, und
daß ihr ein Glied Christi und seiner Kirchen durch Krafft des Heiligen Geistes,
geworden seyd?

So antwortet abermal, Ja! 35

Vierdtens, nehmet ihr auch alle Articul der Christlichen Religion, wie
solche hier in der Reformirten Christlichen Kirche, aus dem heiligen Worte
GOttes, gelehret werden, an, und saget zu, in derselben Lehre, bis zum
End eures Lebens, beständig zu verharren, und saget darneben ab, allen
20 Ketze|reyen, Irrthümern, und sonderlich dem verfluchten Heydnischen Göt- 40
zendienst und Türckenthum (oder unglaubigen Judenthum) so mit der heilsamen Lehre unserer Kirchen streiten, und verheisset, daß ihr in der Gemeinschafft unserer Christlichen Kirche, nicht allein im Gehör Göttlichen

Worts, sondern auch im Gebrauch des heiligen Abendmahls verharren
wollet?

So antwortet wiederum, Ja!

Fünftens, habt ihr auch von gantzem Herzen euch vorgesetzet, allezeit
5 Christlich zu wandeln, dem Teuffel, der Welt, und allen ihren bösen Lüsten,
abzusagen, gleichwie den Gliedern Christi und seiner Gemeine zustehet,
und wollet ihr euch auch allen Christlichen Vermahnungen unterwerffen?

So antwortet ebenfalls, Ja!

Nun! der gute und grosse GOtt, gebe euch, zu diesem eurem Vorneh-
10 men, seine Gnade und Seegen, Amen. |

Laßt uns bäten: 21

Allmächtiger und ewiger GOtt, wir bitten dich durch deine grundlose Barmhertzigkeit, du wollest gegenwärtige Person, so ietzo die heilige Tauffe
empfangen soll, gnädiglich ansehen, und durch deinen Heil. Geist, deinem
15 Sohn JEsu Christo einverleiben, daß sie mit ihm in seinem Todt begraben
werde, und mit ihm auch auferstehe in einem neuen Leben, indem sie sein
Creutz, ihme nachfolgend, frölich trage, ihm anhange mit wahrem Glauben,
fester Hoffnung, und inbrünstiger Liebe, daß sie dieses Leben, das doch
anders nichts ist, als ein Todt, um deinet willen getrost verlassen, und am
20 Jüngsten Tage vor dem Richterstuhl Christi deines Sohns, unerschrocken
erscheinen möge, durch denselben unsern HErrn JEsum Christum deinen
Sohn, der mit dir und dem Heil. Geist, lebet und regieret in Ewigkeit, Amen.

Unser Vater. |

Frage an den Täuffling: 22

25 Begehret ihr dann aus wahrem Glauben, an die Verheissung GOttes in JESU
Christo, welche uns und unsern Kindern gegeben ist, daß er unser und
unsers Saamens GOtt seyn wolle, bis ins tausende Glied, daß ihr darauf
getauffet werdet, und die Versiegelung der Kindschafft GOttes empfanget?
So antwortet, Ja!

30 Zur Bestätigung eures Glaubens, wiederholet noch einmal die Articul
unsers Christlichen Apostolischen Glaubens, darauf ihr itzt sollet getauffet
werden.

Hier sagt der Täuffling das Glaubens-Bekäntnis,
und darnach spricht der Prediger zu ihm:

35 Tretet nun herzu, und empfanget die heilige Tauffe.

Hier wird der Tauff-Actus verrichtet mit denen Worten:

N.N. Ich tauffe dich im Nahmen GOttes des Vaters, und des Sohnes, und
des Heiligen Geistes. |

23   Laßt uns GOtt dem HErrn dancken.
Allmächtiger, barmhertziger GOtt und Vater, wir sagen Dir Lob und Danck,
daß du uns, durch das Blut deines lieben Sohnes JEsu Christi, alle unsere
Sünden verziehen, und also, durch deinen Heiligen Geist, zu deinen Kindern
angenommen hast, und das alles uns mit der heiligen Tauffe versiegelt und   5
bekräfftiget; Wir bitten Dich auch, durch denselben deinen lieben Sohn,
daß du diese getauffte Person, mit deinem Heil. Geist, allezeit wollest regieren, daß sie, in ihrem Christenthum, gottseelig möge leben, und in dem
HErrn JEsu Christo wachsen und zunehmen, daß sie deine väterliche Güte
und Barmhertzigkeit, die du ihr und uns allen erwiesen hast, bekennen, und   10
unter unserm einigen Lehrer, König und Hohenpriester JEsu Christo leben,
und ritterlich wider die Sünde, den Teuffel, und sein gantzes Reich, streiten
24 und siegen möge, dich und deinen | Sohn JEsum Christum, samt dem
Heiligen Geist, den einigen und wahren GOtt, ewiglich zu loben und zu
preisen, Amen.   15

    Empfahet hierauf den Seegen des HErrn.
Der HERR segne euch, und behüte euch:
Der HERR erleuchte sein Angesicht über euch, und sey euch gnädig:
Der HERR erhebe sein Angesicht auf euch, und gebe euch seinen Frieden,
Amen.   20

———————— |

25   FORM
Der Vorbereitung zum Heil. Abendmahl.

Vor der Vorbereitungs-Predigt wird gesungen
Der LI. Psalm.

1. HErr GOtt! nach deiner grossen Gütigkeit,   25
Wollst du dich gnädig über mich erbarmen,
Tilg aus mein Boßheit, und genad mir Armen,
Durch dein vielfältige Barmhertzigkeit;
Mein grosse Missethat wasch sauber ab,
Und reinig mich vom Unflath meiner Sünden,   30
Damit ich mich so sehr beflecket hab,
Und lösch die aus mit deiner Gnaden Unden. |
26   2. Dann ich erkenn meine Gebrechlichkeit,
Mein Ubertretung stets vor mir thut stehen,
Und daß die wider dich allein geschehen,   35
Das ist mir, HErr, von gantzem Hertzen leid.

Ich habe gesündigt für deinm Angesicht,
Daß, wann du mich schon züchtigtest rechtschaffen,
Du mir recht dran thätst, und man dein Gericht,
Und Urtheil, nicht könt tadeln oder straffen.
5   3. Dann schau, ich weiß, befind auch in der That,
Daß ich in Boßheit erstlich bin gebohren,
In Sünden meine Mutter auch zuvoren,
Von meinem Vater mich empfangen hat.
Ich weiß auch, daß des Hertzens Reinigkeit
10 Und Warheit, dir allzeit hat wohlgefallen,
Und daß du deiner Weißheit Heimlichkeit,
Mir hast entdeckt und offenbahrt für allen.
     4. Mit Ysop mich bespreng, O lieber HErr!
So wird kein Ding so sauber seyn auf Erden,
15 Wasch mich, so werd ich schön gereinigt werden,
Und weisser dann ein Schnee ist immermehr.
Daß ich nun mög lustig und frölich seyn,
So laß mir wiederum dein Gnad ansagen,
So wird gantz frölich hüpffen mein Gebein,
20 Das du mir hast zerknirschet und zerschlagen.
     5. Birg dein Antlitz für meinen Sünden groß,
Und meinen Missethaten grob und schwere, |
Dein zornig Angesicht von mir wegkehre,
Mach mich von meinen Sünden frey und loß.
25 Ein reines Hertz schaff in mir allermeist,
Zu gutem Wandel mir Genad thu geben,
Gib mir, HErr! einen rechten neuen Geist,
Auf daß dir wohlgefallen mag mein Leben.
     6. Verwirf mich nicht von deinem Angesicht,
30 Von mir nicht deinen Heilgen Geist abwende:
Sondern den Trost und Freud deins Heils mir sende,
Daß ich an deiner Hülffe zweiffel nicht,
In meinem Hertzen Frölichkeit erweck,
Mit einem freywilligen Geist mich stärcke,
35 Und mich dadurch mach wolgemuth und keck,
So, daß ich deiner Gnaden Trost vermercke.
     7. Dann will ich andern ein Exempel seyn,
Und deine Weg die Ubertreter lehren,
Auf daß die Sünder sich zu dir bekehren,
40 Und zu dir haben ihr Zuflucht allein.
O HErr, der du mein GOtt und Heyland bist,
Du wollst mir die Blutschuld gnädig vergeben,

27

So soll mein Zung dein Güt zu aller Frist,
Und dein Gerechtigkeit mit Lob erheben.
    8. Derhalben thu mir auf die Lippen mein,
Auf daß mein Mund von deinem Lob mag sagen,
Dann wann dir einig Opfer thät behagen,   5
So solt dir das geopffert worden seyn: |
28 Brandopffer aber dir gar nicht geliebt,
Das Opffer, welches dir gefällt für allen,
Ist ein zerknirschter Geist, und der betrübt,
Laß dir, HErr, ein bußfertig Hertz gefallen.   10
    9. Durch deine Güt thu wol, HErr, an Sion,
Damit die Mauren, samt den hohen Zinnen
Der Stadt Jerusalem, wiedrum beginnen
Gebaut und aufgericht zu werden schon
Alsdann man opffern wird Gerechtigkeit,   15
Das wirst du dir nicht lassen seyn entgegen,
Brandopffer werden dir da seyn bereit,
Farren wird man auf deinen Altar legen.

                    Nach der Predigt.
Allein zu dir HErr JEsu Christ,   20
Mein Hoffnung steht auf Erden:,:
Ich weiß, daß du mein Tröster bist,
Kein Trost mag mir sonst werden.
Von Anbegin ist nichts erkohrn,
Auf Erden war kein Mensch gebohrn,   25
Der mir aus Nöthen helffen kan,
Ich ruff dich an,
Zu dem ich mein Vertrauen han.
    2. Mein Sünd sind schwer und übergroß,
Und reuen mich von Hertzen:,: | 30
29 Derselben mach mich quit und loß,
Durch deinen Tod und Schmertzen,
Und zeig mich deinem Vater an,
Daß du hast gnug für mich gethan:
So werde ich quit der Sünden-Last,   35
HErr halt mich fest,
Wes du dich mir versprochen hast.
    3. Gib mir nach dein'r Barmhertzigkeit,
Den wahren Christen-Glauben:,:
Auf daß ich deine Süßigkeit   40
Mög inniglich anschauen:
Für allen Dingen lieben dich,

Und meinen Nechsten, gleich als mich,
Um letzten End dein Hülff mir send,
Damit behend,
Des Teuffels List sich von mir wend.
5   4. Ehr sey GOtt in dem höchsten Thron,
Dem Vater aller Güte:,:
Und JEsu Christ sein'm liebsten Sohn,
Der uns allzeit behüte,
Und GOtt dem Heiligen Geiste,
10 Der uns sein Hülff allzeit leiste,
Damit wir ihm gefällig seyn,
Hie in dieser Zeit,
Und folgends in der Ewigkeit. |

Vorbereitung.

30

15   Ihr Geliebten in dem HErrn JEsu Christo!
Dieweil uns das Wort GOttes diese drey Stück fürhält: Erstlich, unsere Sünde:
Zum Andern, unsere Erlösung: Zum Dritten, unsere Danckbarkeit, so wir
GOTT dagegen schuldig seyn.
         I. So stelle ihm nun erstlich, ein jeglicher, zu wahrer Erkäntniß seiner
20 Sünden, für die Augen, die Summa der Gebote GOttes, nemlich: Du solt
lieben GOtt deinen | HErrn, von gantzem Hertzen, von gantzer Seelen, von   31
gantzem Gemüth, und allen Kräfften, und deinen Nächsten, als dich selbst.
In dieser Summa wird uns der Wille GOttes fürgehalten: Dargegen auch,
nachdem wir deren Stücke nie keines gehalten, wird uns unsere Sünd und
25 Elend, endlich auch die ewige Verdammniß, als in einem Spiegel, vorge-
stellet.
         Derohalben frag ich Euch fürs Erste: Ob ihr mit mir, solches für dem
Angesicht GOttes bekennet; und derowegen euch selbst mißfallet; | und   32
ob euch auch dürstet nach der Gerechtigkeit und Gnade JEsu Christi?
30   Antwort: Ja!
         II. Zum Andern: Gläubet ihr auch, daß GOtt nicht allein barmhertzig,
sondern auch gerecht sey, der die Sünde nicht will ungestrafft lassen hingehen; Und (weil alle Creaturen solche Straffe für uns nicht möchten ertragen)
daß der einige Sohn GOttes, aus Barmhertzigkeit des Vaters, in diese Welt
35 gesandt sey, wahren menschlichen Leib und Seel an sich genommen, auf
daß er | an demselben unserm Fleisch und Blut, die Straff und Zorn GOttes,   33
so wir verdienet hätten, für uns trüge: Und daß, laut der gewissen Verheissung des Evangelions, diese vollkommene Bezahlung des Sohns GOttes,
für unsere Sünde, einem jeden insonderheit, der sie mit hertzlichem Ver-
40 trauen annimmt, zu eigen geschencket sey: Und daß ein jeder, für sich

selbst, Vergebung seiner Sünden habe, so gewiß, als wenn er nie keine Sünde begangen noch gehabt hätte; Wird auch forthin für GOTT so gerecht und |

34 heilig gehalten, als hätte er selbst alle Gerechtigkeit vollbracht, die JEsus Christus, sein Heyland, für ihn geleistet, und ihm, ohn allen seinen Verdienst, aus Gnaden, geschencket hat: Unangesehen, daß er dessen alles unwürdig   5 ist, und daß noch viel Schwachheiten in ihm seynd; Denn auch dieselbige alle, mit dem Leiden und Gehorsam JEsu Christi bedecket sind, bis sie endlich gar hinweg genommen werden.

Ferners, gläubet ihr auch, daß Christus einem jeden unter euch, inson-

35 derheit diese Erlösung, so er ihm | einmal in der heiligen Tauffe verspro- 10 chen und geschencket hat, wiederum mit seinem heiligen Abendmahl, als mit gewissen Brieffen und Siegeln, durch die Wirckung des Heiligen Geistes, in seinem Hertzen also bestätiget:

Erstlich, daß sein Leib so gewiß für ihn am Creutz geopffert, und sein Blut vergossen sey, als er mit seinen Augen siehet, daß das Brodt, welches 15 der HERR seinen Leib nennet, ihm gebrochen, und der Kelch der Dancksagung ihm mitgetheilet wird; |

36 Und zum Andern, daß der HErr CHristus selbst, sein hungeriges und zerschlagenes Hertz, und matte Seele, durch Wirckung des Heiligen Geistes, mit seinem gekreutzigten Leib, und vergossenen Blut, so gewiß zum ewigen 20 Leben speise und träncke; Als er aus der Hand des Dieners empfähet, und mündlich isset und trincket, vom heiligen Brodt und Kelch des HErrn, zu seiner Gedächtniß: Und daß derhalben das Leiden und Sterben Christi so

37 gewiß sein eigen sey, als wenn er selbst an seinem eigenen | Leib alles gelitten hätte, das der HERR an seinem gebenedeyeten Leib für ihn gelitten 25 hat; Wie dann, um dieses Trostes willen, der HErr JEsus sein heiliges Nachtmahl hat zu seiner Gedächtnis eingesetzet: Auf daß wir es mit hertzlicher Dancksagung und Freuden halten, bis daß Er in den Wolcken kommen wird, und uns von dem Creutz, das wir in diesem Jammerthal ihm gedultig nachtragen, vollkömmlich errette, und in das ewige Reich seines Vaters, mit Leib 30 und Seel zu Ihm nehme. |

38 Ist das euer Glaube:

Antwort: Ja!

III. Zum Dritten, soll ein jeglicher wissen, daß er sich selbst prüffe, und nicht, als ein unwürdiger Tischgenoß, zu dem Tisch des HERRN komme; 35 Sondern, mit einem Christlichen Vorsatz, sich GOtt dem HErrn, in einem gottseeligen Leben, danckbar zu erzeigen, darstelle.

Derohalben wir auch, nach dem Befehl Christi und des Apostels Pauli,

39 alle, die sich mit nachfolgenden Lastern behafftet wissen, von | dem Tisch des HErrn abmahnen, und ihnen verkündigen, daß sie kein Theil am Reich 40 Christi haben: Als da sind alle Abgöttische, alle, so verstorbene Heiligen, Engel, oder andere Creaturen anruffen, die Bilder verehren; alle Zauberer

und Wahrsager, die Vieh und Leute, samt andern Dingen, seegnen, und die
solchem Seegen Glauben geben; alle Verächter GOttes und seines Worts,
und der heiligen Sacramenten; Alle Gottes-Lästerer, alle die Spaltungen und
Meuterey, in der Kirchen und weltlichem Regiment, begehren | anzurichten:　40
5　alle Meineydige, alle, die ihren Eltern und Obrigkeit ungehorsam sind: alle
Todtschläger, Balger, Haderer, die in Neid und Haß wider ihren Nechsten
leben. Alle Ehebrecher, Hurer, Vollsäuffer, Diebe, Wucherer, Räuber, Spieler,
Geitzige, und alle die, so ein ärgerliches Leben führen, oder noch keinen
Christlichen ernsten Vorsatz haben, von demselben abzustehen: Diese alle
10　mit einander sollen bedencken, daß sie sich dieses Abendmahls, welches
Christus allein seinen Gläubigen verordnet hat, enthal|ten: Auf daß nicht　41
ihr Gericht und Verdammniß desto schwerer werde.

　　Diß aber wird uns nicht fürgehalten, lieben Christen, die zerschlagene
Hertzen der Gläubigen kleinmüthig zu machen; Als ob niemand zum
15　Abendmahl des HErrn gehen möchte, dann die ohn alle Sünde wären; Denn
wir kommen nicht zu diesem Abendmahl, damit zu bezeugen, daß wir vollkommen und gerecht sind in uns selbst, sondern dagegen, weil wir unser
Leben ausserhalb uns, in JEsu Christo | suchen, bekennen wir, daß wir mit-　42
ten im Tode liegen; Derhalben, wiewohl wir noch viel Gebrechen und
20　Elends in uns befinden: Als da ist, daß wir nicht einen vollkommenen Glauben haben, daß wir uns auch nicht mit solchem Eifer GOtt zu dienen begeben, wie wir zu thun schuldig seyn; Sondern täglich mit der Schwachheit
unsers Glaubens, und bösen Lüsten unsers Fleisches, zu streiten haben;
Nichts desto weniger, weil, durch die Gnade des Heiligen Geistes, solche
25　Gebrechen uns von Hertzen leid sind, und wir hertz|lich begehren unserm　43
Unglauben Widerstand zu thun, und nach allen Geboten GOttes zu leben;
Sollen wir gewiß und sicher seyn, daß keine Sünde noch Schwachheit, so
noch wider unsern Willen in uns übrig ist, hindern kan, daß uns GOtt nicht
zu Gnaden annehme, und also dieser himmlischen Speise und Trancks, wür-
30　dig und theilhafftig mache.

　　Allein werden hier die rohen, sichern Hertzen erinnert, wo sie sich nicht
wahrhafftig gedencken zu bessern; Sondern in ihrer Sicherheit | und Un-　44
bußfertigkeit, muthwillig verbleiben und verharren, daß sie sich dieser
himmlischen Speise enthalten, die allein den Gläubigen, bußfertigen Sün-
35　dern, und zerschlagenen Hertzen bereitet ist.

　　Derowegen erforsche ein jeder sein Hertz, ob er begehre sich dem
HERRN Christo danckbar zu erzeigen: Ob er auch allen oberzehlten Lastern,
allem Neid, Haß und Bitterkeit von Hertzen abgesaget, und seinem Näch-
sten verziehen habe: Wie auch der HERR JEsus uns armen Sündern viel
40　tausend | mal mehr verziehen hat: Ob er auch allem Fluchen, unzüchtigen　45
Worten und Wercken, Fressen und Sauffen, und andern Sünden also von
Hertzen feind sey, daß er dieselben, durch GOttes Gnade, hinführo sein
Lebenlang nicht mehr zu thun, festiglich hier für dem Angesicht des HERRN
ihm fürnehme?

Ist das euer Christlicher Vorsatz?
So antwortet: ja!

Beuget nun die Knie gegen dem Vater, der der rechte Vater ist,
über alles was Kinder heisset, und bekenne dem ein jeder
seine Sünde von Hertzen, mit folgenden Worten: |　　　　5
46　Ich armer Sünder, bekenne für dir, meinem GOTT und Schöpffer, daß ich
leider schwerlich und mannigfaltig wider dich gesündiget habe: Nicht allein
mit äusserlichen groben Sünden; Sondern vielmehr mit innerlicher angebohrner Blindheit, Unglauben, Zweifelung, Kleinmüthigkeit, Ungedult, Hoffart, bösem Geitz, heimlichem Neid, Haß und Mißvergunst, auch andern　10
bösen Tücken, wie du, mein HErr und GOTT, an mir erkennest, und ich leider
47　nicht gnugsam erkennen kan: Die reuen | mich, und sind mir leid, und
begehre von Hertzen Gnade, durch deinen lieben Sohn JESUM Christum.
Unser Vater, etc.

ABSOLUTIO.　　　　15
Nun höret an den gewissen Trost der Gnaden GOttes, welche er allen Gläu-
bigen in seinem Evangelio verheissen hat:
Also spricht der HErr Christus, Joh. III. vers. 16. Also hat GOtt die Welt
geliebet, daß er seinen eingebohrnen Sohn gab, auf daß alle, die an ihn
48　gläuben, | nicht verlohren werden, sondern das ewige Leben haben.　20
So viel nun euer seynd, die an ihnen selbst, und an ihren Sünden ein
Mißfallen haben; Und doch vertrauen, daß sie ihnen, durch das Verdienst
JESU Christi allein, gantz und gar vergeben sind, und den Vorsatz haben, je
länger, je mehr von Sünden abzustehen, und dem HErrn in wahrer Heiligkeit
und Gerechtigkeit zu dienen: Denselben, (dieweil sie gläuben an den Sohn　25
49　des lebendigen GOttes) verkündige ich aus dem Befehl | GOttes, daß sie
von allen ihren Sünden (wie er in seinem heiligen Evangelio verheisset) in
dem Himmel entbunden sind, durch die vollkommene Genugthuung des
allerheiligsten Leidens und Sterbens unsers Herrn JEsu Christi.
Darauf spreche ein jeder, der solches von Hertzen begehret, Amen!　30

Der GOtt des Friedens heilige euch gantz und gar, und euer gantzer Geist,
Seel und Leib, werde unsträfflich, bis auf die Zukunfft unsers HErrn JESU
50　Christi, behalten. Getreu ist, der euch | rufft; Der wirds auch thun, Amen.
Da aber auch jemand ein sonderbahres Anliegen hätte, darum er sich
mit uns Kirchen-Dienern gerne besprechen wolte: Der komme im Nahmen　35
GOttes, es soll ihm unverweigert seyn.

* * *

NB. Auch werden diejenigen, welche hierbevor bey dieser Gemeine noch nicht zum Heil. Abendmahl gewesen sind, erinnert, sich vorher zu melden.

Emphahet nun auch den Seegen des HErrn:
Und lobet darauf GOtt mit eurem Christlichen Gesang:
Der HERR segne euch, und behüte euch: |
Der HERR erleuchte sein Angesicht über euch, und sey euch gnädig: 51
Der HERR erhebe sein Angesicht auf euch, und gebe euch seinen Frieden, Amen.

* * * * * * * * * * * *

Der 103. Psalm.

Nun lob, mein Seel, den HErren,
Was in mir ist, den Nahmen sein,
Sein Wolthat thut er mehren,
Vergiß es nicht, O Hertze mein,
Hat dir dein Sünd vergeben,
Und heilt dein Schwachheit groß,
Errett dein armes Leben,
Nimmt dich in seinen Schooß,
Mit reichem Trost beschüttet,
Verjüngt dem Adler gleich,
Der König schafft Recht, behütet,
Die leid'n in seinem Reich. |
    2. Er hat uns wissen lassen   52
Sein heil'ges Recht und sein Gericht,
Darzu sein Güt ohn Massen,
Es mangelt an sein'r Erbarmung nicht,
Sein'n Zorn läßt er wol fahren,
Strafft nicht nach unser Schuld,
Die Gnad thut er nicht sparen,
Den Blöden ist er hold,
Sein Güt ist hoch erhaben,
Ob den, die fürchten ihn,
So fern der Ost vom Abend,
Ist unser Sünd dahin.
    3. Wie sich ein Vat'r erbarmet
Ub'r seine junge Kindlein klein:

So thut der HErr uns Armen,
So wir ihn kindlich fürchten rein.
Er kenn't das arme Gemächte,
GOtt weiß, wir sind nur Staub,
Gleichwie das Graß vom Rechen,   5
Ein Blum und fall'ndes Laub,
Der Wind nur drüber wehet,
So ist es nimmer da;
Also der Mensch vergehet,
Sein Ende ist ihm nah.   10
    4. Die GOttes Gnad alleine
Steht fest und bleibt in Ewigkeit, |
53 Bey sein'r lieben Gemeine,
Die steht in seiner Furcht bereit,
Die seinen Bund behalten,   15
Er herrscht im Himmelreich,
Ihr starcken Engel waltend
Seins Lobs und Dienst zugleich,
Dem grossen HErrn zu Ehren,
Und treibt sein heil'ges Wort,   20
Mein Seel soll auch vermehren
Sein Lob, an allem Ort.

———————

Des folgenden Tages,
nach der Predigt, wird gesungen:

Allein GOtt in der Höh sey Ehr   25
Und Danck, für seine Gnade,
Darum, daß nun, und nimmermehr
Uns rühren kan kein Schade:
Ein Wolgefall'n GOtt an uns hat,
Nun ist groß Fried ohn Unterlaß: 30
All Fehd hat nun ein Ende.
    2. Wir loben, preis'n, anbäten dich,
Für deine Ehr wir dancken, |
54 Daß du, GOtt Vater, ewiglich
Regier'st ohn alles Wancken.   35
Gantz ungemeß'n ist deine Macht,
Fort geschicht, was dein Will hat bedacht,
Wol uns des feinen HErren.

3. O JEsu Christ, Sohn eingebohrn,
Deines himmlischen Vaters,
Versöhner der, die war'n verlohrn,
Du Stiller unsers Haders,
5 Lamm GOttes, heil'ger HErr und GOtt,
Nimm an die Bitt von unser Noth,
Erbarm dich unser aller.
4. O Heil'ger Geist, du höchstes Gut,
Du allerheilsamster Tröster,
10 Fürs Teuffels Gewalt fortan behüt,
Die JEsus Christus erlöset
Durch grosse Marter und bittern Tod,
Abwend all unser Jammer und Noth,
Dazu wir uns verlassen.

———————— |

15 FORM 55
Das Heilige Abendmahl zu halten.

Ihr Geliebten in dem HErrn JEsu Christo, höret an die Worte der Einsetzung des Heiligen Abendmahls unsers HErrn JEsu Christi, welche uns
beschreibet der heilige Apostel Paulus, in der I. an die Corinther am
20 II. Capitel.
Ich habe es von dem HErrn JEsu Christo empfangen, das ich euch gegeben
habe. Denn der HErr JEsus, in der Nacht, | da er verrathen ward, nahm er 56
das Brodt, dancket und brachs, und sprach: Nehmet, esset, das ist mein
Leib, der für euch gebrochen wird, solches thut zu meiner Gedächtniß; Des-
25 selbigen gleichen auch den Kelch, nach dem Abendmahl, und sprach: Dieser Kelch ist das Neue Testament in meinem Blut: Solches thut, so offt ihrs
trincket, zu meiner Gedächtniß; Denn so offt ihr von diesem Brodt esset,
und von diesem Kelch trincket, sollt ihr des HErrn Tod verkündigen, bis daß
er kömmt. Welcher nun unwürdig von diesem | Brodt isset, und von dem 57
30 Kelch des HErrn trincket, der ist schuldig an dem Leib und Blut des HErrn.
Der Mensch aber prüffe sich selbst, und also esse er von diesem Brodt, und
trincke von diesem Kelch. Denn welcher unwürdig isset und trincket, der
isset und trincket ihm selber das Gericht; Damit, daß er nicht unterscheidet
den Leib des HErrn.
35 Auf daß wir nun, zu unserm Trost, des HErrn Nachtmahl mögen halten:
Ist uns für allen Dingen vonnöthen, daß wir uns zuvor recht prüffen. Zum
andern, daß | wir es dahin richten, darzu es der HErr Christus verordnet 58
hat, nemlich, zu seiner Gedächtniß.

I. Die wahre Prüffung unser selbst, bestehet in diesen dreyen Stücken:
Zum Ersten, bedenck ein jeder bey sich selbst seine Sünde und Verma-
ledeyung, auf daß er ihm selbst mißfalle, und sich für GOTT demüthige;
Dieweil der Zorn GOttes, wider die Sünde, also groß ist, daß er dieselbige,
ehe denn er sie ungestrafft liesse hingehen, an seinem lieben Sohn JEsu   5
59   Christo, | mit dem bittern und schmählichen Tod des Creutzes gestrafft hat.
Zum Andern, erforsche ein jeder sein Hertz, ob es auch dieser gewissen
Verheissung GOttes gläube, daß ihm alle seine Sünde, allein um des Leidens
und Sterbens JESU Christi willen, vergeben sind: Und die vollkommene Gerechtigkeit Christi, ihm, als sein eigen, zugerechnet und geschencket sey,   10
als wenn er selber, in eigener Person, für alle seine Sünde bezahlet, und alle
Gerechtigkeit erfüllet hätte. |
60   Zum Dritten, erforsche ein jeder sein Gewissen, ob er auch gesinnet
sey, forthin, mit seinem gantzen Leben, GOTT dem HErrn sich danckbar zu
erzeigen, und für dem Angesicht GOttes aufrichtig zu wandeln: Ob er auch,   15
ohn alle G l e i ß n e r e y , aller Feindschafft, Neid und Haß, von Hertzen absage, und einen ernstlichen Fürsatz habe, hernachmals, in wahrer Liebe und
Einigkeit, mit seinem Nächsten zu leben?
61   Die nun also gesinnet seyn, die will GOtt gewißlich zu Gnaden | anneh-
men, und für würdige Tischgenossen seines Sohnes JESU Christi erkennen.   20
II. Zum Andern, laßt uns auch betrachten, worzu uns der HErr sein
Abendmahl habe eingesetzet: Nemlich, daß wir solches thun zu seiner Gedächtniß.
Also aber sollen wir seiner dabey gedencken: Nemlich, daß wir gäntz-
lich in unserm Hertzen vertrauen, daß unser HERR JEsus Christus, laut der   25
Verheissung, welche den Ertzvätern von Anbegin geschehen, vom Vater in
62   diese | Welt gesandt sey, unser Fleisch und Blut an sich genommen, den
Zorn GOttes, unter dem wir ewiglich hätten müssen versincken, von Anfang
seiner Menschwerdung, bis zum Ende seines Lebens, auf Erden, für uns
getragen, und allen Gehorsam des Göttlichen Gesetzes und Gerechtigkeit   30
für uns erfüllet: Fürnemlich, da ihm die Last unserer Sünden, und des Zorns
GOttes, den blutigen Schweiß im Garten ausgedrücket hat, da er ist gebun-
63   den worden, auf daß er uns entbinde; Darnach unzähliche | Schmach erlit-
ten, auf daß wir nimmehr zu Schanden würden: Unschuldig zum Tod verurtheilet, auf daß wir, für dem Gerichte GOttes, frey gesprochen würden: Ja,   35
seinen gebenedeyeten Leib ans Creutz lassen nagelen, auf daß er die Handschrifft unserer Sünden daran nagelte: Und hat also die Vermaledeyung,
von uns, auf sich geladen; Auf daß er uns mit seiner Benedeyung erfüllete:
Und hat sich geniedriget, bis in die allertieffeste Schmach und höllische
64   Angst, Leibes und der Seelen, am Stamm | des Creutzes, da er schrey mit   40
lauter Stimme: Mein GOtt, mein GOtt, warum hast du mich verlassen! Auf
daß wir zu GOtt genommen, und nimmermehr von ihm verlassen würden:
Endlich, mit seinem Tod und Blutvergiessen, das Neue und ewige Testa-

ment, den Bund der Gnaden und Versöhnung beschlossen, wie er gesagt hat: Es ist vollbracht.

Damit wir aber festiglich glaubeten, daß wir in diesen Gnadenbund gehören, nahm der HErr JEsus in seinem letzten Abendmahl | das Brodt, dancket, brachs, gab es seinen Jüngern, und sprach: Nehmet hin und esset, das ist mein Leib, der für euch gegeben wird, das thut zu meiner Gedächtniß. Desselbigen gleichen, nach dem Abendmahl, nahm er den Kelch, saget Danck, und sprach: Nehmet hin, und trincket alle daraus: Dieser Kelch ist das Neue Testament in meinem Blut, das für euch und für viele vergossen wird, zur Vergebung der Sünden: Solches thut, so offt ihrs trincket, zu meiner Gedächtniß. |

Das ist: So offt ihr von diesem Brodt esset, und von diesem Kelch trincket, solt ihr dadurch, als durch ein gewisses Gedächtniß und Pfand, erinnert und versichert werden, dieser meiner hertzlichen Liebe und Treue gegen euch, daß ich für euch, die ihr sonsten des ewigen Todes hättet müssen sterben, meinen Leib, am Stamm des Creutzes, in den Tod gebe, und mein Blut vergiesse, und eure hungerige und durstige Seelen, mit demselben meinem gekreutzigten Leib, und vergossenem Blut, zum ewigen Leben speise und | träncke: So gewiß, als einem jeden dieses Brodt für seinen Augen gebrochen, und dieser Kelch ihm gegeben wird: Und ihr dieselbige, zu meiner Gedächtniß, mit eurem Mund esset und trincket.

Aus dieser Einsetzung des heiligen Abendmahls unsers HERRN JESU Christi sehen wir, daß er unsern Glauben und Vertrauen auf sein vollkommen Opffer, einmal am Creutz geschehen, als auf den einigen Grund unserer Seeligkeit weiset; Da er, unsern hungerigen und durstigen Seelen, zur wah|ren Speiß und Tranck des ewigen Lebens worden ist; Dann, durch seinen Tod, hat er die Ursach unsers ewigen Hungers und Kummers, nemlich die Sünde, hinweg genommen, und uns den lebendigmachenden Geist erworben: Auf daß wir, durch denselbigen Geist, der in Christo, als dem Haupt, und in uns, als seinen Gliedern wohnet, wahre Gemeinschafft mit ihm hätten: Und aller seiner Güter, ewigen Lebens, Gerechtigkeit und Herrlichkeit, theilhafftig würden. |

Darnach, daß wir auch, durch denselben Geist, unter einander, als Glieder eines Leibes, in wahrer brüderlicher Liebe verbunden würden: Wie der heilige Apostel spricht: Ein Brodt ist es, so sind wir viel ein Leib; Dieweil wir alle eines Brodts theilhafftig sind; Denn, wie aus vielen Körnlein ein Mehl gemahlen, und ein Brodt gebacken wird: Und auch aus vielen Beerlein zusammen gekeltert, ein Wein und Tranck fleußt, und sich in einander menget; Also sollen wir alle, so durch wahren Glauben | Christo eingeleibt sind, durch brüderliche Liebe, um Christi unsers lieben Heylandes willen, der uns zuvor so hoch geliebet hat, allesammen ein Leib seyn, und solches, nicht allein mit Worten, sondern auch mit der That, gegen einander beweisen. Das helffe uns der allmächtige, barmhertzige GOtt und Vater unsers HErrn JEsu Christi, durch seinen Heiligen Geist, Amen.

Kniet nieder, und laßt uns bäten:

Barmhertziger GOtt und Vater, wir bitten dich, daß du in diesem Abend-
71 mahl, in welchem | wir begehen die herrliche Gedächtniß des bittern Todes
deines lieben Sohns JEsu Christi, durch deinen Heiligen Geist, in unsern
Hertzen wollest wircken, daß wir uns, mit wahrem Vertrauen, deinem Sohn   5
JEsu Christo, je länger je mehr ergeben: Auf daß unsere mühseelige und
zerschlagene Hertzen, mit seinem wahren Leib und Blut, ja mit ihm, wahren
GOtt und Menschen, dem ewigen Himmel-Brodt, durch die Krafft des Heiligen Geistes, gespeiset und erquicket werden: Auf daß wir nicht mehr in
72 unsern | Sünden, sondern er in uns, und wir in ihm leben, und wahrhafftig   10
des Neuen und ewigen Testaments, und Bunds der Gnaden also theilhafftig
seyn: Daß wir nicht zweifeln, daß du ewiglich unser gnädiger Vater seyn
wollest, uns unsere Sünden nimmermehr zurechnen; Sondern uns in allem,
an Leib und Seel, versorgen, wie deine liebe Kinder und Erben. Verleihe uns
auch deine Gnade, daß wir getrost unser Creutz auf uns nehmen, uns selbst   15
73 verleugnen, unsern Heyland bekennen, und, in aller Trüb|sal, mit aufgerich-
tetem Haupt, unsers HErrn JEsu Christi, aus dem Himmel erwarten, da er,
unsere sterbliche Leichnam, seinem verklärten Leib gleichförmig machen,
und uns zu ihm nehmen wird, in Ewigkeit, Amen.

Unser Vater, etc.   20

Wollest uns auch, o HErr! durch diß Abendmahl stärcken, in dem allgemeinen, ungezweiffelten, Christlichen Glauben, von welchem wir Bekänntniß
thun, mit Mund und Hertzen sprechende: |
74   Ich glaube an GOtt Vater, den Allmächtigen Schöpffer Himmels und
der Erden.   25
Und an JESUM Christum, seinen eingebohrnen Sohn, unsern HERRN,
der empfangen ist vom Heiligen Geist, gebohren aus Maria der Jungfrauen,
gelitten hat unter Pontio Pilato, gekreutziget, gestorben, und begraben, niedergefahren zu der Höllen, am dritten Tage wieder auferstanden von den
Todten, aufgefahren gen Himmel, sitzet zu der Rechten GOttes des Allmäch-   30
75 tigen Vaters, von dannen | er kommen wird, zu richten die Lebendigen und
die Todten.
Ich glaube an den Heiligen Geist, eine heilige, allgemeine, Christliche
Kirche, die Gemeinschafft der Heiligen, Vergebung der Sünden, Auferstehung des Fleisches, und ein ewiges Leben, Amen.   35

Auf daß wir nun mit dem wahren Himmel-Brod, Christo, gespeiset werden:
So lasset uns mit unsern Hertzen nicht an dem äusserlichen Brod und Wein
76 hafften; Sondern unsere Hertzen und Glau|ben gründen auf das Wort der
Verheissung: Und nicht zweiffeln, daß wir so wahrhafftig, durch die Wirckung des Heiligen Geistes, mit des HErrn Leib und Blut, an unsern Seelen   40
gespeiset und geträncket werden, als wir das heilige Brod und Tranck, zu
seiner Gedächtniß, empfangen.

Bey Austheilung des Brodts des HErrn,
werden folgende Worte gebrauchet:
Das Brodt, das wir brechen, ist die Gemeinschafft des Leibes JEsu Christi. |

Bey Austheilung des Kelchs des HErrn: 77
5 Der Kelch der Dancksagung, damit wir dancksagen, ist die Gemeinschafft
des Bluts JEsu Christi, zur Vergebung unserer Sünden.

* * * * * * * * * * * *

Unter Handlung der Communion werden gesungen:

Der 103. Psalm.
Nun preis' mein Seel den HErren lobesame,
10 Alles in mir lob seinen werthen Name,
Dazu sein unaussprechliche Wohlthat:
Nun lob und preis' den HErren meine Seele, |
Und in Vergessenheit mit nichten stelle, 78
Was er dir Guts jemals bewiesen hat.
15 2. Sag Lob und Danck dem, der dir aus Genaden,
Dein Sünd vergiebt, und heilet deinen Schaden,
Und nimmt von dir deine Gebrechlichkeit,
Der aus Verderbnis dir errett dein Leben,
Das mit Gefahr des Todes ist umgeben,
20 Krönt dich mit Gnaden und Barmhertzigkeit.
3. Der dich erhält, und so viel dir geliebet,
Dir für dein Mund zu deiner Nothdurfft giebet,
Macht dich, wie einen Adler, jung und neu:
Der denen Recht mittheilt, die Unrecht leiden
25 Von den'n die sie verfolgen und sehr neiden,
So fromm, barmhertzig, ist er, und getreu.
4. Mosen er seine Weg hat wissen lassen,
Den Kindern Israel gleicher massen
Hat er sein grosse Wunderwerck gezeigt.
30 Er ist der HErr, barmhertzig und sanfftmüthig,
Genädig und gedultig, fromm und gütig,
Und der zu Zoren gar nicht ist geneigt.
5. Und ob er schon durch unser Sünd verletzet,
Offtmahls von uns mit seiner Gnaden setzet,
35 So zürnet er doch mit uns ewig nicht,
Er fährt auch mit uns nicht so gar geschwinde,

Und handelt nicht mit uns nach unser Sünde,
Vergilt auch nicht, was böß von uns geschicht. |
79   6. Denn er sein Güt so hoch ob den'n läst walten,
Die ihn recht fürchten und für Augen halten,
So hoch der Himmel ob der Erden geht,   5
All unser Schuld er von uns thut abwenden,
So weit als von der Werlet beyden Enden
Morgen und Abend von einander steht.
        7. Wie sich erbarm't ein Vater seiner Kinder,
Also erbarm't er sich auch der nicht minder,   10
Die ihn recht fürchten, ihm bezeigen Ehr,
Dann er weiß unser Schöpffung und Gebrechen,
Und daß wir arme Leute seynd, und zu rechen,
Gleich einem leichten Staub, und sonst nichts mehr.
        8. Des Menschen Leben ist gleich einem Grase,   15
Es grünt daher, und blühet gleicher masse
Als eine Blum auf einer Heiden breit:
Bald, wann ein scharffer Wind darüber wehet,
So fällt sie hin, verdorret und vergehet,
Man weiß dann nicht, wo sie stund vor der Zeit.   20
        9. Des HErren Gnad aber thut ewig währen,
Ja über die, so ihn fürchten und ehren,
Und über Kinds-Kind seine Gütigkeit,
Ich mein bey den'n, die seinen Bund fest halten,
Und im Gedächtniß sein Gebot behalten,   25
Daß sie darnach also thun allezeit.
        10. Er hat ihm einen Thron fest zugerichtet,
Im Himmel droben, da er sitzt und richtet, |
80   Sein Königreich geht über alle Welt.
Ihr Engel GOttes, lobet euren HErren!   30
Ihr starcken Helden, die ihr ausricht geren,
Was er euch heißt, und was ihm wolgefällt.
        11. Nun lobt den HErren ihr seine Heerscharen,
Und die ihr seinen Willen thut bewahren,
Und, als die Diener, den ausricht mit Fleiß,   35
All Creaturen und Geschöpff des HErren,
Ihn loben, und in seiner Herrschafft ehren,
Mein Seel den HErren ewig lob und preiß.

                    Ein Anders.
            Im Thon des 91. Psalms Lobwassers.
                Wer in des Allerhöchsten Hut, etc.   40
Als JEsus itzund sterben wolt
Für uns're Missethaten,

Die Nacht, da er, um schnöden Gold,
Vom Judas ward verrathen,
Satzt er sich, mit den Jüngern sein,
In einem grossen Saale,
5 Den ihm der Wirth bereitet fein,
Zum Osterlichen Mahle.

    2. Und sprach: Mich hat verlanget sehr |
Dies'n überschritt zu essen,
Dann ich wird keinen essen mehr,
10 Bis daß ich sey gesessen
Auf meinem Stul, in meinem Reich,
Das mir der Vater giebet,
Und dem, der hie mit mir zugleich
In seiner Lieb sich übet.

    81

15   3. Nahm drauf das Brodt, und danckt darbey,
Allso daß sie's all hörten,
Und brachs, und hieß sie's essen frey,
Und sprach mit G'heimniß-Worten:
Das ist mein Leib, der durch viel Quaal
20 Itzt wird für euch gebrochen,
Auf daß eur Sünd und Adams-Fall
Nicht wird an euch gerochen.

    4. Bald griff er auch zum Trinckgeschirr,
Und danckt mit Wolgefallen,
25 Und daß sie dran nicht giengen irr,
Sprach er zu ihnen allen:
Nehmt hin, und trinckt: Das ist mein Blut,
Das für euch wird verschüttet,
Auf daß ihr für der Höllen-Glut
30 Werdt ewiglich behütet.

    5. Das Blut, das in dem alten Bund
In Opffern ward vergossen,
Das kont nicht heilen eure Wund, |
Drum hat's GOtt so beschlossen,

    82

35 Daß ich mein Blut vergiessen solt,
Ein'n neuen Bund zu schliessen,
Damit nicht mehr an seiner Huld
Dürfft zweiffeln eu'r Gewissen.

    6. Den Brauch halt offt mit Brodt und Wein,
40 Auf daß ihr mein gedencket,
Wie daß ich, durch das Leiden mein,
Euch g'speist hab und geträncket.
Dann wann ich nicht gestorben wär,

So hätt ihr müssen sterben,
Gleich wie der, der nicht isset mehr
Noch trinckt, der muß verderben.
    7. Ihr wißt, wie's gieng dem reichen Mann,
Die Pein dürfft ihr nicht leiden,   5
Wann ihr nun glaubt, und hebet an
Die Sünd forthin zu meiden.
Dann wer nicht glaubt, daß ich ihn hab
Am Creutz mit GOtt versöhnet,
Der hat kein Theil an dieser Gab,   10
Und wer mich ferner höhnet.
    8. Die Welt, so die Ding nicht versteht,
Die bleibt an Zeichen hangen,
Und will damit, wann's übel geht,
Mein Gnad und Gunst erlangen;   15
Es hilfft aber kein Brodt und Wein, |

83 Für GOttes strengem G'richte:
Wer darauf setzt die Hoffnung sein,
Dem wird sein Trost zunichte.
    9. Mein Blut der rechte Labtranck ist,   20
Mein Fleisch die rechte Speise:
Wer jenes trinckt, und dieses ißt,
Nach geistelicher Weise:
Das ist, wer gläubt, daß ich's in Tod
Hab für ihn hingegeben,   25
Ist frey von Durst und Hungers-Noth,
Und hat das ewig Leben.
    10. Ich bleib in ihm, und er in mir,
Ich treib ihn mit mein'm Geiste,
Und mach, daß er GOtt sein Gebühr   30
Von Hertzen willig leiste.
Er ist mein Glied, mein Eigenthum,
Ich kan ihn nicht verlassen:
Ich will ihn, wann ich wiederkomm,
Mit meiner Gnad umfassen.   35
    11. O JEsu Christe, GOttes Sohn!
Laß uns den Trost bekleiben,
So wollen wir für deinem Thron
Wohl ungerichtet bleiben:
Und ob die Welt uns richten will,   40
Hilf, daß wir nicht drum sorgen: |

84 Wir haben dort ein ander Ziel,
Das ist uns unverborgen.

12. Dein Wort das wird uns fehlen nicht,
Das glauben wir von Hertzen:
Nur gib, daß wir, nach unsrer Pflicht,
Auch bedencken deine Schmertzen:
5 Und, dir zu Lieb, auf rechter Bahn
Nach deinen G'bothen wandeln,
Und also, wie du uns gethan,
Mit unsern Brüdern handeln.

Der CXI. Psalm.
10 In der Melodey des XXIV. Psalms.
Ich danck dir, HErr, von Hertzen rein,
Ich will auch für aller Gemein,
Do, da versammlet seyn die Frommen,
Bekennen deine Herrlichkeit:
15 Dein Lob zu preisen allezeit
Hab ich mir in den Sinn genommen.
2. Groß seynd des HErren Wunderwerck,
Und wer drauf acht hat und gemerck,
Demselben sie ein Lust gebären:
20 Sein Majestät und Herrlichkeit,
Dazu seine Gerechtigkeit,
Wird zu ewigen Zeiten währen. |
3. Der HErr, durch seine Wunderthat,
Ein'n Nahmen ihm bereitet hat,
25 Grosser Barmhertzigkeit und Güte:
Er hat gegeben ihre Speiß,
Den'n, die ihn fürchten rechter Weiß,
Sein'n Bund führt er ihm zu Gemüthe.
4. Viel grosse Werck hat er gethan,
30 Und solche sein Volck wissen lahn,
Da er ihm gab das Erb der Heyden:
Gerechtigkeit, Recht und Gericht,
Wahrheit und Glauben man frey sicht
In Wercken seiner Händ bescheiden.
35 5. Seine Gebot und sein Befehl
Gewiß seynd, und ohn allen Fehl,
Rechtschaffen, ewig und bewähret:
Er hat erlöst sein Volck mit Macht,
Und mit ihm einen Bund gemacht,
40 Der immerdar und ewig währet.
6. Sein Nahme groß und heilig ist,
Des HErren Furcht zu aller Frist,

85

Ist zu der Weißheit ein Anfange.
Der sein Gebot hält stetiglich,
Des Lob soll bleiben ewiglich,
Beständig, und ohn Untergange. |

86   Der CXVI. Psalm.   5
                    In der Melodey des LXXIV. Psalms.
Ich lieb den HErren und ihm drum Danck sag,
Daß er mein Flehen gnädig hat erhöret,
Und fleißig her zu mir sein Ohr gekehret,
Anruffen will ich ihn mein Lebetag.   10
    2. Dann mich hätt bald erhascht der schnelle Tod,
Er hätt mich schier mit seinem Strick gefangen,
Für Angst der Höllen heftig mir thät bangen,
Ich war in Jammer und in grosser Noth.
    3. Den Nahmen GOttes ich anruffen thät,   15
Errett mein Seel, bald er mir Hülff erzeiget,
Der HErr gerecht ist, und zu Gnad geneiget:
Die Einfältigen er behüt und rett.
    4. Und da ich lag und unterdrücket war,
Da hat er mir errett mein armes Leben,   20
Drum wollstu dich, mein Seel! zufrieden geben,
Weil er dir geholffen aus Gefahr.
    5. Dann du mein Seel behüt't hast für dem Tod,
Mein Aug für weinen, meine Füß für fallen;
Ich will, im Land der Lebendigen, wallen   25
Für deinem Angesicht, mein HErr und GOtt.
    6. Ich hab geglaubt, drum redet ich auch frey,
Mein arme Seel betrübt war und geplaget,
Derhalben ich auch in Entzückung saget: |
87 Ich weiß wohl, daß der Mensch ein Lügner sey.   30
    7. Sag nun, wie ich das GOtt verdancken kan?
Frölich ich den Danck-Becher will aufheben,
Und GOtt der seiner Wohlthat Zeugniß geben,
Und seinen werthen Nahmen ruffen an.
    8. Mein G'lübd ich ihm, für seines Volcks Gemein,   35
Mit Danckbarkeit bezahlen will und gelten:
Der Tod der seinen frommen Auserwehlten
Dem HErren werth und theuer pflegt zu seyn.
    9. Ich danck dir, HErr! mein Helffer und Heyland,
Den du zu einem Diener hast erkohren,   40
Ich bin dein Knecht von deiner Magd gebohren,
Zerrissen hast du mir all meine Band.

10. Danck opffern will ich dir für männiglich,
Für allen will ich deinen Nahmen loben,
Und was ich dir zuvor hab thun geloben,
Für allem Volck bezahlen williglich.
5   11. In den Vorhöffen, bey dem Hause dein,
Und in Jerusalem, will ich dich ehren,
Darum kommt her, und lobt mit mir den HErren,
Und sprechet Alleluja in gemein.

Der XXIII. Psalm.

10 Mein Hüter und mein Hirt ist GOTT der HErre, |
Drum fürcht ich nicht, daß mir etwas gewehre,
Auf einer grünen Auen er mich weidet,
Zum schönen frischen Wasser er mich leitet,
Erquickt mein Seel, von seines Nahmens wegen,
15 Gerad er mich führt auf den rechten Stegen.
    2. Solt ich im finstern Thal des Tods schon gehen,
So wolt ich doch in keinen Furchten stehen,
Dieweil du bey mir bist zu allen Zeiten,
Dein Stab mich tröst, mit dem du mich thust leiten,
20 Für meiner Feind Gesicht du mir mit Fleise,
Zurichtest einen Tisch mit Füll der Speise.
    3. Mein Haupt du salbst mit Oel, und mir einschenckest,
Ein vollen Becher, damit du mich tränckest:
Dein Mildigkeit und Güt mir folgen werden,
25 So lang ich leben werd allhier auf Erden,
Der HErr wird mir mein Lebetag vergönnen,
Daß ich in seinem Haus werd wohnen können.

88

Ferner kan gesungen werden:
Ps. XLII. Ps. CXVIII. Psalm CXXX. Psalm XXX.

* * * * * * * * * * * *

30   Nach verrichteter Communion.

Ihr Geliebten in dem HERRN, dieweil itzund der HERR, an seinem Tisch, | un-   89
sere Seelen gespeiset hat, so lasset uns sämtlich, mit Dancksagung, seinen
Namen preisen.

Kniet derowegen nieder, und spreche ein jeder in seinem Hertzen also:

Allmächtiger, barmhertziger GOtt und Vater, wir dancken dir von gantzem
Hertzen, daß du, aus grundloser Barmhertzigkeit, uns, deinen eingebohrnen
Sohn, zum Mittler und Opffer für unsere Sünde, und zur Speise und Tranck
des ewigen Lebens, geschencket hast; Und giebst uns wahren Glauben,
90   dadurch wir solcher deiner Wohltha|ten theilhafftig werden: Hast uns auch,   5
zu Stärckung desselben, deinen lieben Sohn JEsum Christum, sein heiliges
Abendmahl einsetzen lassen. Wir bitten dich, getreuer GOtt und Vater, du
wollest, durch Wirckung deines Geistes, uns, diese Gedächtniß unsers HErrn
JESU Christi, und Verkündigung seines Todes, zu täglichem Zunehmen, in
wahrem Glauben, und der seligen Gemeinschafft Christi, gedeyen lassen.   10
Durch denselbigen deinen lieben Sohn JEsum Christum, Amen. |

91   Empfahet den Seegen des HErrn: Und lobt
          darauf GOtt, mit eurem Christlichen Gesang:
Der HERR segne euch, und behüte euch:
Der HERR erleuchte sein Angesicht über euch, und sey euch gnädig: 15
Der HERR erhebe sein Angesicht auf euch, und gebe euch seinen Frieden,
Amen.

          Dancksagung, nach dem Heiligen Abendmahl.

GOtt sey gelobet und gebenedeyet,
Der uns selber hat gespeiset :,: | 20
92   Mit seinem Fleische und mit seinem Blute:
Das gib uns, HErr GOtt! zu gute, Kyrieleison.
          HErr, durch deinen heiligen Leichnam,
Der von deiner Mutter Maria kam,
Und das heilige Blut,   25
Hilf uns, HErr, aus aller Noth, Kyriel.
          2. Der heilig' Leichnam ist für uns gegeben,
Zum Tod, daß wir dadurch leben :,:
Nicht grösser Güte konte er uns schencken,
Dabey wir sein soll'n gedencken, Kyriel.   30
HErr, dein' Lieb' so groß dich gezwungen hat,
Daß dein Blut an uns groß Wunder that,
Und bezahlet unser Schuld,
Daß uns GOtt ist worden huld, Kyriel.
          3. GOtt geb' uns allen seiner Gnaden-Seegen,   35
Daß wir geh'n auf seinen Wegen,

In rechter Lieb' und brüderlicher Treue,
Daß uns die Speiß nicht gereue, Kyriel.
HErr, dein'n Heil'gen Geist uns immer laß,
Der uns geb' zu halten rechte Maaß,
5 Daß dein' arme Christenheit,
Leb' in Fried' und Einigkeit, Kyrieleyson.

———————— |

Die Ehe-Einleitung. 93

Unsere Hülffe stehet im Namen des HErrn, der Himmel und Erden erschaffen hat, Amen.

10   Geliebte in dem HErrn!
Dieweil den Eheleuten gemeiniglich vielerley Widerwärtigkeit und Creutz,
von wegen der Sünde, zukommen, auf daß nun ihr neuangehende Eheleute, die ihr in GOttes Namen, eure eheliche Pflicht für der Christlichen
Kirchen wollet bestätigen lassen, in euren Hertzen versichert seyd der ge-
15 wissen Hülffe GOttes, in eurem Creutz: So höret aus GOttes Wort, wie daß
der Ehestand ehrlich sey, und eine Einsetzung GOttes, die ihm gefällt, |
darum er auch die Eheleut will segnen, und ihnen beystehen; Die Hurer 94
aber und Ehebrecher, will er urtheilen und straffen.
       Und erstlich sollt ihr wissen, daß GOtt unser Vater, nachdem er Himmel
20 und Erden, und alles was darinnen ist, erschaffen hatte, den Menschen
schuff zu seinem Ebenbilde und Gleichniß, der ein Herr wäre über die Fische
im Meer, und über die Vögel des Himmels.
       Und nachdem er den Mann erschaffen hatte, sprach er: Es ist nicht gut,
daß der Mensch allein sey, ich will ihm eine Gehülffen machen, die um ihn
25 sey. Da ließ GOTT der HERR einen tieffen Schlaf fallen auf Adam, und er
entschlief: Und GOtt nahm seiner Rippen eine, und schloß die Stätte zu mit
Fleisch, und GOtt der HErr erschuff ein Weib aus der Rippe, die er von dem
Menschen nahm, und brachte sie zu ihm, da sprach der | Mensch: Das ist 95
einmal Bein von meinen Beinen, und Fleisch von meinem Fleisch, man wird
30 sie nach dem Mann heissen, darum, daß sie vom Manne genommen ist.
Darum wird der Mann seinen Vater und Mutter verlassen, und seinem
Weibe anhangen, und werden seyn zwey ein Leib. Derhalben sollt ihr nicht
zweiffeln, der eheliche Stand gefalle GOTT dem HErrn, weil er dem Adam
sein Ehgemahl erschaffen und selbst zugeführet, und zum Ehgemahl gege-
35 ben hat, damit zu bezeugen, daß er noch heutiges Tages einem jeden sein
Ehgemahl, gleich als mit seiner Hand, zuführet. Darum hat auch der HErr

Christus den ehelichen Stand also hoch geehret, mit seiner Gegenwärtig-
keit, Geschenck und Wunderzeichen, zu Cana in Galilea, damit zu bezeugen,
daß der eheliche Stand solle ehrlich gehalten werden bey allen, und daß er
den Eheleuten seiner Hülffe und | Beystand allezeit wolle beweisen, auch
wann man sichs am wenigsten versiehet.

Damit ihr aber in diesem Stande gottselig leben möget, so sollet ihr die
Ursachen wissen, um deren willen GOtt den ehelichen Stand hat eingesetzt.

Die erste Ursach ist, daß eines dem andern treulich helffe und beystehe
in allen Dingen, so zum zeitlichen und ewigen Leben gehören.

Die Andere, daß sie, nachdem sie Leibes-Erben bekommen, dieselben,
in wahrer Erkänntniß GOttes, ihm zu Ehren, erziehen.

Die Dritte, daß ein jeder alle Unkeuschheit und böse Lüste vermeiden,
und also mit gutem geruhigem Gewissen leben möge; Dann Hurerey zu
vermeiden, soll ein jeder sein eigen Weib haben, und ein jedes Weib ihren
eigenen Mann, also daß alle, die zu ihren | Jahren kommen, und die Gabe
der Enthaltung nicht haben, nach dem Befehl GOttes verpflichtet und schuldig sind, sich in Ehestand, nach Göttlicher Ordnung, mit Willen und Wissen
ihrer Eltern oder Vormünder und Freunde zu begeben, auf daß der Tempel
Gottes, das ist, unser Leichnam, nicht verunreiniget werde; Dann so jemand
den Tempel GOttes zerstöret, der wird GOtt zerstören.

Darnach sollt ihr auch wissen, wie eins gegen dem andern, nach GOttes
Wort, sich zu halten schuldig sey.

Erstlich, sollt ihr, (Tit.) Bräutigam, wissen, daß euch GOTT gesetzet hat
zum Haupt des Weibes, auf daß ihr sie, nach eurem Vermögen, vernünftig-
lich leitet, unterweiset, tröstet und beschützet, gleichwie das Haupt den
Leichnam regieret, ja, gleichwie Christus, das Haupt, Weißheit, Trost und
Beystand seiner Gemeine ist. Uberdiß, so sollt | ihr eure Haußfrau lieben,
als euren eigenen Leib: Solt nicht bitter gegen sie seyn, sondern bey ihr
wohnen mit Vernunft, und dem Weibe, als dem schwächsten Gefäß, seine
Ehre geben, als auch Mit-Erben der Gnaden des Lebens, auf daß euer Gebät
nicht verhindert werde.

Und, nachdem der Befehl GOttes ist, daß der Mann, im Schweiß seines
Angesichtes, sein Brodt essen soll, so solt ihr treulich und fleißig in eurem
göttlichen Beruff arbeiten, auf daß ihr euch und die Euren, mit GOtt und
Ehren, möget ernehren, und auch etwas dem Dürfftigen mitzutheilen habt.

Herwiederum solt ihr (Tit.) Braut wissen, wie ihr euch, nach dem Wort
GOttes, gegen euren Mann halten sollet: Ihr solt euren ehelichen Mann
lieben, ehren und fürchten, auch ihm unterthan und gehorsam seyn, in
allen billigen Dingen, als eurem Herrn und Haupt, gleich wie der Leib dem
Haupt, und | die Gemeine Christo unterthänig ist. Ihr sollt nicht herrschen
über euren Mann, sondern still seyn, denn Adam ist am ersten gemacht,
darnach Eva, dem Adam zum Gehülffen, und Adam ward nicht verführet,
das Weib aber ward verführet, und hat die Ubertretung eingeführet, und,

nach dem Fall, hat GOtt zu Eva, und in ihrer Persohn zu dem gantzen Weiblichen Geschlecht gesprochen: Dein Wille soll deinem Mann unterworffen seyn, und er soll dein Herr seyn.

Dieser Ordnung GOttes solt ihr nicht wiederstehen, sondern vielmehr dem Gebot GOttes, und dem Exempel der heiligen Weiber folgen, welche GOtt vertraueten, und waren ihren Männern unterthänig, gleich wie Sara gehorsam gewesen ist ihrem Haußwirth Abraham, und nennet ihn ihren Herrn. Ihr solt auch eurem Mann | in allen guten Dingen behülflich seyn, auf eure Kinder und Haußhaltung gute Acht haben, in aller Zucht und Ehrbarkeit, ohne weltliche Pracht, wandeln, auf daß ihr andern ein gut Exempel zur Zucht gebet.

Derhalben ihr (Tit.) Bräutigam und (Tit.) Braut, nachdem ihr erkannt habt, wie, und warum GOTT den ehelichen Stand habe eingesetzt, und was euch beyderseits von GOtt befohlen: Seyd ihr dann Willens, in den heiligen Stand der Ehe also zu leben, wie ihr hie bezeuget für der Christlichen Gemeine, und begehret, daß derselbige euer eheliche Stand soll bestätiget werden? So antwortet, Ja!

Ihr (Tit.) Bräutigam N.N. bekennet für GOtt und seiner heiligen Gemeine, daß ihr genommen habt, und nehmet zu eurem ehelichen Gemahl, und Haußfrauen N.N. hie zugegen, und verheisset sie nimmermehr | zu verlassen, sie zu lieben, und treulich zu ernehren, wie ein getreuer Gottsfürchtiger Mann, seinem Weibe schuldig ist: Daß ihr auch heiliglich mit ihr leben wollet, ihr Treu und Glauben halten, in allen Dingen, nach dem Wort GOttes, und seinem heiligen Evangelio?

Ist das euer wohlbedachter, fester Wille und Zusage, so antwortet, Ja!

Ihr (Tit.) Braut, N.N. bekennet hie für GOtt und seiner heiligen Gemeine, daß ihr habt genommen, und nehmet N.N. zu eurem ehelichen Mann, und verheisset ihm gehorsam zu seyn, und ihm zu dienen und zu helffen, ihn nimmermehr zu verlassen, heiliglich mit ihm zu leben, ihm Treu und Glauben in allen Dingen zu halten, wie eine fromme und getreue Haußfrau ihrem ehelichen Mann zu thun schuldig ist, nach dem Wort GOttes, und seinem heiligen Evangelio? |

Ist das auch Euer wohlbedachter, fester Wille und Zusage, so antwortet gleichfalls, Ja!

Hier geben sie einander die Trau-Ringe und die rechte Hand:

Demnach ihr dann eure Hertzen und Hände verbunden habt, so spreche ich euch, als ein ordentlicher Diener JESU Christi, im Nahmen GOttes, zusammen:

Der Vater der Barmhertzigkeit, der euch, durch seine Gnade, zu diesem heiligen Stand der Ehe beruffen hat, verbinde euch mit rechter Liebe und Treu, und gebe euch seinen Seegen, AMEN!

Zeilennummern: 5, 10, 15, 20, 25, 30, 35, 40
Marginalnummern: 100, 101, 102

---

28 ihm zu] ihme zu

Kniet nieder, und laßt uns bäten:
Allmächtiger GOTT, der du deine Güte und Weißheit in allen deinen Ge-
schöpffen und Ordnungen erzeigest, und von Anfang gesprochen hast, daß
103   es nicht gut, daß | der Mensch allein sey, und derhalben ihm eine Gehülffin,
die um ihn wäre, erschaffen hast, und verordnet, daß zwey Eins seyn sollen,   5
straffest auch alle Unreinigkeit, wir bitten dich, daß, nachdem du diese zwo
Personen, zu dem heiligen Stand der Ehe beruffen und verbunden hast,
wollest ihnen geben deinen heiligen Geist, auf daß sie in wahrem und festem Glauben, heiliglich leben, nach deinem Göttlichen Willen, allem Bösen
Widerstand zu thun: Wollest sie auch segnen, wie du die gläubigen Väter,   10
und deine Freund und getreue Diener, Abraham, Isaac und Jacob gesegnet
hast, auf daß sie, als Mit-Erben des Bundes, mit denselben Vätern aufgericht,
auch an ihrem Seegen Theil haben, und, wenn du sie mit Leibes-Frucht
segnest, daß sie dieselbe gottseliglich erziehen mögen, zu der Ehre deines
104   heiligen Nahmens, und zur Beförderung ihres Nechsten, und | Ausbreitung   15
deines heiligen Evangelions. Erhöre uns, o Vater aller Barmhertzigkeit! durch
JEsum Christum deinen lieben Sohn unsern HERRN, Amen.
Unser Vater, usw.

Höret an die Verheissung GOttes, vom Seegen
gottseliger Eheleute, aus dem 128. Psalm.   20
Wohl dem, der den HErrn fürchtet, und auf seinen Wegen gehet. Du wirst
dich nehren deiner Hände Arbeit, wohl dir, du hast es gut.
Dein Weib wird seyn wie ein fruchtbarer Weinstock um dein Hauß
herum, deine Kinder, wie die Oelzweige, um deinen Tisch her.
Siehe, also wird gesegnet der Mann, der den HErrn fürchtet. Der HErr   25
wird dich segnen aus Zion, daß du sehest das Glück Jerusalem, dein Leben-
lang. |
105   Und sehest deiner Kinder-Kinder, Friede über Israel.
Unser lieber HErr GOtt erfülle euch mit seiner Gnade, und gebe, daß
ihr, in allem Guten, lang und heiliglich bey einander leben möget, Amen.   30

Der HERR segne euch, und behüte euch:
Der HERR erleuchte sein Angesicht über euch, und sey euch gnädig:
Der HERR erhebe sein Angesicht auf euch, und gebe euch seinen Frieden,
Amen.

——————— |

FORM   106

Einen zum Predigt-Amt zu ordiniren.

Ihr Geliebte unsers HErrn JESU Christi! Nachdem diese Person, hier gegenwärtig, erstlich von GOtt der hohen Majestät, und darnach auch von der
5 Obrigkeit, als durch von GOtt verordnete Mittel, zum Kirchen- und Predigt-
Amt beruffen, von uns bittet und begehret die Ordnung und Einsetzung zu
solchem Amt; Wir aber, nach Erforderung unsers Beruffs, und überantworte-
ter Macht und Gewalt von GOtt und seiner Kirchen, auch von wegen geistli-
cher Liebe, ihme in dem Fall | zu dienen bereit und willig: Wollen wir, im   107
10 Nahmen des HErrn, dis hohe und Göttliche Werck anfahen, und diese Person, welche wir, in fleißiger Erforschung, zum Kirchen-Amt tüchtig und geschickt befunden, ihrem Begehren nach, vollkommliche Macht und Gewalt,
mit unserm und eurem Gebät, mit Auflegung unserer Hände, nach dem
Gebrauch der Apostolischen und ersten Kirche, überreichen und geben,
15 GOttes Wort lauter und rein, ohn alle menschliche Zusetzung, auch ausserhalb allen Irrthümern und Ketzereyen, zu predigen, die Sacramenta, nach
Einsetzung und Befehl des HErrn Christi, zu verrichten, und alle andere
Aemter der Kirchen zu gebrauchen und zu unternehmen.

    Zuvor aber wollet ihr, neben dieser Person, anhören, was zu diesem
20 Amt zu wissen nützlich und dienlich, wie, und von wem, dasselbige gestiff-
tet und eingesetzet? wie hoch | dasselbe über alle andere Aemter erhoben   108
sey? auch was für Personen zu diesem Amt beruffen und gefordert sollen
werden? was sie auch endlich in diesem ihrem Beruff thun und ausrichten
sollen? Darum höret nun erstlich, wie unser HErr und Heyland solch Amt,
25 im Neuen Testament, selber eingesetzt, auch täglich Personen, zu diesem
Amt tüchtig und geschickt, erwecke, beruffe und erfordere. Das meldet der
heilige Apostel Paulus, Eph. 4. da er also spricht: Der HErr ist aufgefahren in
die Höhe, und hat das Gefängnis gefangen geführet, und hat den Menschen
Gaben gegeben, und er hat etliche zu Aposteln gesetzet, etliche aber zu
30 Propheten, etliche zu Evangelisten, etliche zu Hirten und Lehrern, daß die
Heiligen zugerichtet werden zum Werck des Amts, dadurch der Leib Christi
erbauet werde, bis daß wir alle hinan kommen zu einerley Glauben und
Erkäntnis des Sohns GOttes. |

    Zum Andern, was für Personen zum Kirchen-Amt sollen beruffen und   109
35 angenommen werden, das erkläret der Apostel Paulus weiter und spricht
1. Tim. am 3. Capitel. Das ist je gewißlich wahr, so jemand ein Bischoffs-Amt
begehret, der begehret ein köstlich Werck, es soll aber ein Bischoff unsträflich seyn, eines Weibes Mann, nüchtern, mäßig, sittig, gastfrey, lehrhafftig,
nicht ein Weinsäuffer, nicht pochen, nicht unehrliche Handthierung treiben,
40 sondern gelinde, nicht haderhafftig, nicht geitzig, der seinem Eigenthum
wohl fürstehe, der gehorsame Kinder habe, mit aller Ehrbarkeit. So aber
jemand seinem eigenen Hause nicht weiß vorzustehen, wie wird er die

Gemeine GOttes versorgen? Nicht ein Neuling, auf daß er sich nicht auf-
blase, und dem Lästerer ins Urtheil falle, er muß aber auch ein gut Zeugnis
110   haben von denen, die draussen sind, auf daß er nicht | falle dem Lästerer
in die Schmach und Stricke.

Zum Dritten, zeiget der heilige Apostel ferner an, was der Kirchen-   5
Diener und Prediger Amt, und auch ihr Leben und Wandel seyn soll, im
2. Tim. 4. Cap. und spricht: So bezeuge ich nun für GOtt und dem HErrn JEsu
Christo, der da zukünfftig ist, zu richten die Lebendigen und die Todten, mit
seiner Erscheinung und mit seinem Reich. Predige das Wort, halte an, es
sey zu rechter Zeit oder zur Unzeit, straffe, dräue und vermahne mit aller   10
Gedult und Lehre; Dann es wird eine Zeit seyn, da sie die heilsame Lehre
nicht leiden werden, sondern, nach ihren eigenen Lüsten, werden sie ihnen
selber Lehrer aufladen, nachdem ihnen die Ohren jucken, und werden die
Ohren von der Warheit wenden, und sich zu den Fabeln kehren, du aber
111   sey nüchtern allenthalben; leide dich, und thue | das Werck eines Evangeli-   15
schen Predigers, richte dein Amt treulich aus.

Nachdem wir nun, aus GOttes Wort, mit einander haben angehöret, was
vom Kirchen- und Predigt-Amt zu wissen, und uns in diesem unsern Fürneh-
men dienstlich, wollen wir nun diese Person, an welcher wir keinen Mangel
wissen, der demjenigen, so wir itzund aus dem heiligen Paulo vorgelesen,   20
entgegen, mit Auflegung unserer Hände, mit eurem und unserm Gebät zum
Kirchen- und Predigt-Amt ordiniren und einsetzen, ihr alle Macht und Gewalt,
so der HErr Christus seiner Kirchen und derselben Dienern überantwortet und
hinter sich gelassen hat, überantworten, und vollkömmlich überreichen: Und
fragen euch demnach, ob ihr solches alles, was wir anitzo gelesen haben, zu   25
thun, und bestes Fleisses in acht zu nehmen, bereit seyd?
Antwort, Ja! |

112   Da lege der, so die Ordination verrichtet, samt denen Andern, so dabey
seynd, dem Ordinando die Hände auf das Haupt, und darnach spreche er: 30
So nehmen wir dich an zu einem Diener Christi, und Prediger seines heiligen Evangelii, und geben dir, mit Auflegung unserer Hände, nach dem Apostolischen und ersten Kirchen-Gebrauch, vollkommene Macht und Gewalt,
GOttes Wort öffentlich, lauter und rein, ohne und ausserhalb menschlicher
Satzung, Irrthum und Ketzereyen fleißig und treulich zu predigen. Ferner   35
überantworten wir dir auch hiermit Macht und Gewalt, im Nahmen des
HErrn Christi, die Sünde zu lösen und zu binden, die heiligen Sacramenta
zu verrichten, und andere gebräuchliche Aemter der Kirchen Christi zu unternehmen, und selbige zu gebrauchen; Mit unserer treuen und ernsten
113   Vermahnung, daß du dir dieses Amt wollest aufs höchste | und mit gant-   40
zem Ernst lassen befohlen seyn, daß du der Gemeine des HErrn Christi,

mit reiner Lehre, und gutem Christlichen Leben, wollest treulich und fleißig
vorstehen und vorgehen: Das alles geben und überreichen wir dir, im Nahmen GOttes des Vaters, und des Sohnes, und des Heil. Geistes, Amen.

Laßt uns bäten:

5 Allmächtiger, barmhertziger, gnädiger GOtt und Vater unsers lieben HErrn
und Heylandes JEsu Christi, deines einigen Sohnes, wir dancken dir von
Hertzen, loben und preisen deinen Göttlichen Nahmen, daß du uns aus der
grausamen, greulichen und verdammlichen Finsterniß des Menschen der
Sünden, und des Kindes des Verderbens, so väterlich erlöset und errettet
10 hast, dein heiliges Wort und Evangelium von deinem lieben Sohn, lauter
rein und klar wiederum an den Tag bracht, und uns täglich läßt verkündi-
gen, | auch tügliche und geschickte Prediger erweckest und beruffest: Wir   114
bitten dich nun ferner, du getreuer GOtt und Vater, du wollest uns in deiner
grossen Gnade, und bey deiner reinen Lehr des heiligen Evangelii, samt
15 unsern armen Kindern und Nachkömmlingen, gnädiglich erhalten, fromme
und getreue Prediger, uns und unsern lieben Kindern, ferner erwecken, und
in deine Erndte senden. So wollest du dir auch diesen deinen Diener, welchen du zu diesem Amte durch ordentliche Mittel beruffen, und wir, nach
deinem Befehl, und Ordnung der Kirchen, zum Predigt-Amt angenommen
20 und eingesetzet, lassen in deinen grossen Gnaden-Schutz befohlen seyn,
denselben mit deinem Heiligen Geist reichlich begnaden, damit er diesem
Amte möge fleißig und treulich vorstehen, zu deiner Ehre und Erbauung
der Kirchen deines lieben Sohnes: Darzu wollest du ihm Krafft und Stärcke
verlei|hen, daß er die Bürde, Last, Unruhe, des Teuffels Unwillen, Haß, Un-   115
25 danckbarkeit und Ungunst, mit welchem dieses Amt höchlich beladen und
beschweret, möge tragen und dulten, und in grosser Beständigkeit ausste-
hen, damit du himmlischer Vater, mit deinem lieben Sohn, samt dem Heiligen Geist, allein gelobet und gepreiset, und deine Christliche Kirche ferner
ausgebreitet und erbauet werde: das bitten wir von dir, du gnädiger und
30 getreuer GOtt und Vater, in dem Nahmen deines einigen Sohnes, unsers
lieben HErrn und Heylandes JEsu Christi, Amen.
Unser Vater, etc.

So gehe nun hin, und weyde die Heerde Christi, so dir befohlen ist, und
siehe wohl zu, nicht gezwungen, sondern williglich, nicht um schändliches
35 Gewinstes willen, sondern von Hertzengrund, nicht, als die über das Volck
herrschen, sondern werde ein Fürbild der | Heerde, so wirst du, wann der   116
Ertz-Hirt erscheinen wird, die unverwelckliche Krone der Ehren empfangen:
Indes aber warte deines Amts fleißig, wie du nun von GOtt darzu beruffen
bist, daß du ein getreuer Diener JEsu Christi seyn solt, seinen heiligen Na-

---

22 treulich] teulich

men zu fördern, und mit reiner Lehre des heil. Evangelii, zu welchem wir
dich durch GOttes Gewalt beruffen und senden, gleich wie uns GOtt gesandt hat. Derhalben wache mit Ernst, und bitte GOtt, daß er dich in dieser
hohen Vocation erhalten wolle, daß du nicht durch falsche Lehre, Ketzereyen, Secten, auch durch eigene Gedancken, mögest abfallen, sondern in   5
Gottesfurcht, treuem Fleiß, stetem Gebät solches anfahen, und im HErrn
Christo recht und wohl ausrichten.

Der HErr segne euch, und etc.

———————— |

117   Von Besuchung der Krancken.

Das Amt, eines rechten und getreuen Kirchen-Dieners, erfordert nicht allein,   10
daß er öffentlich dem Volck, dem er zum Hirten verordnet ist, predige, sondern auch, so viel es immer möglich, einen jeden insonderheit vermahne,
straffe und tröste.

Nun hat aber der Mensch der Göttlichen Lehr, und wahren Trostes nimmermehr und höher vonnöthen, denn wenn er von GOTT heimgesucht   15
wird, mit Widerwärtigkeit und Kranckheit: Fürnemlich aber in Todes-Nöthen.

Denn, alsdann ist sein Gewissen mehr geängstiget, denn sonst im gantzen Leben, dieweil er fühlet, daß er für das Gericht GOttes erfordert wird:
Auch von wegen der Anläuffe und Anfechtung des Teuffels, welcher dem
118   Menschen alsdann mit Gewalt zusetzt, | auf daß er das arme krancke und   20
betrübte Hertz, gar unterdrucken, und endlich in Abgrund der Verzweiffe-
lung stürtzen möge.

Derhalben, dieweil die Kirchen-Diener GOttes Diener sind, und aber
GOtt unter andern seinen Ehren-Titulen, fürnemlich diesen führet, daß er
sey eine Zuflucht der Elenden, ein Heyland deren, so zerbrochenes und   25
zerschlagenes Hertzens sind, so sollen auch die Diener GOttes mit allem
Mitleiden, Treu und Fleiß, die betrübten Hertzen trösten, und zu dem Sohn
GOttes, durch die Verkündigung seines heiligen Evangelions, weisen, der

———————

[*Am Rand neben Z. 10–13:*] Kirchendiener sind schuldig, sich eines jeden ihrer Schäf-
flein auch insonderheit anzunehmen. Actor. 20. v. 20.   30
[*Am Rand neben Z. 14–16:*] Warum solcher sonderbarer Besuchung die Krancken am
meisten vonnöthen haben.
[*Am Rand neben Z. 18:*] 1.
[*Am Rand neben Z. 19:*] 2.
[*Am Rand neben Z. 23–25:*] Warum Kirchen-Diener solche Treu den Kranken schuldig   35
sind. Ps. 9. v. 10. Jes. 57. v. 15.

ihnen, mit diesen überaus tröstlichen Worten, Hülffe verspricht: Kommt her zu mir, alle, die ihr mühselig und beladen seyd, ich will euch erquicken.

Wenn aber nun ein Kirchen-Diener zu einem Krancken kommt, muß er anfänglich wahrnehmen, was es für eine Gelegenheit mit ihm habe, was eigentlich sein Anliegen und Beschwerniß sey, ob er ihm allein den leiblichen Schmertzen der Kranckheit und Furcht des Todes, lasse angelegen seyn, oder aber, ob er der Sünden und Verdammniß halben beschweret und geängstiget sey, oder andere | Anfechtung habe. Dann nachdem er's befindet, soll er die Unterweisung und Tröstung des Krancken anstellen, und die Artzeney auf die Kranckheit, und sein Anliegen und Beschwerung, mit Vernunfft und Bescheidenheit richten, damit er weder zu wenig, noch zu viel thue.

Wiewohl aber nicht alle Krancken einerley Bekümmerniß und Anliegen haben, und derowegen auch keine solche Form, dieselbigen zu trösten, kan fürgeschrieben werden, die auf eines jeden Anliegen gerichtet wär, und sich schicket, jedoch können diese nachfolgende Pünctlein und Lehren den Krancken (doch nach Befindung eines jeden Gelegenheit) ohn gefehrlich, wie hernach folget, fürgetragen werden.

Erstlich: Daß alle Kranckheiten nicht ohnegefehr, sondern von der Hand GOttes und seiner Väterlichen Vorsehung, uns geschickt werden, auf daß wir unsere Sünden, als die Ursach alles unsers Elendes und Jammers, erkennen, und uns für GOtt demüthigen, und seiner Gnad und Hülf begehren.

Und allhie muß der Kirchen-Diener wohl acht haben, ob der Krancke seine Sünde recht | erkenne und fühle, und hertzlich Reu und Leyd darüber habe oder nicht? Denn wenn er die Sünde nicht recht erkennet, muß ihm der Kirchen-Diener dieselbe aus dem Gesetz wohl schärffen, und für Augen stellen, daß er den Zorn GOttes wider die Sünde, und die verdiente Straffe erkenne und fühle, und die Gnade zu begehren verursacht werde, weil er ohne solche Erkänntniß, des rechten und beständigen Trostes nicht kan fähig seyn.

Wann er aber vermercket, daß der Krancke mit Schmertzen des Gewissens geängstiget, soll er ihn nicht ferner durch das Gesetz schrecken, sondern durch die Verheissung des Evangelii, dem betrübten Gewissen aufhelfen.

Und derhalben fürs ander, ihme die heilsame Gnad GOttes in JEsu Christo verkündigen, die allen bußfertigen und glaubigen Sündern im Evangelio verheissen und versprochen ist. Joh. 3. v. 16. Matth. 11. v. 28. Ezech. 33. v. 11. Rom. 8. v. 1. 31. 32. 33. 34. 38. 39. etc. 1. Tim. 1. v. 15. 1. Joh. 1. v. 7. 9. Jes. 53. v. 4. 5. etc.

[Am Rand neben Z. 1–2:] Matth. 11. v. 15.
[Am Rand neben Z. 3–5:] Worauf anfänglich ein Kirchendiener bey dem Krancken acht soll haben.
[Am Rand neben Z. 18–19:] Was dem Krancken fürnemlich fürzuhalten.
[Am Rand neben Z. 20–21:] Ursach aller Kranckheiten.
[Am Rand neben Z. 34–35:] Gnad GOttes von Vergebung der Sünden.

Und solchen Trost, kan er ihm fein weisen aus der ersten Frage des
121 Catechismi, und | mit den daselbst angezogenen, oder andern Sprüchen
der heiligen Schrifft wohl einbilden, daß nemlich der arme krancke Leib,
wie er da liegt, samt der matten und betrübten Seelen, des HErrn Christi
eigen sey, und durch sein theuer Blut, von allen Sünden und aus aller Ge-   5
walt des Teufels erlöset, und durch Krafft des heil. Geistes, im Glauben bewahret werde zu dem ewigen Leben. Desgleichen kan er ihm auch erklären
die Artickel des Christlichen Glaubens, und aus dem Wort GOttes anzeigen,
wie er sich eines jeden Artickuls, sonderlich der letzten vier, in seiner Kranckheit zu trösten habe.   10

Zum dritten: Soll auch der Kirchen-Diener, dem Krancken guten Grund
aus Gottes Wort fürhalten, warum er sich dem Willen Gottes gantz und gar
ergeben solle, also daß, so es ihm, als dem weisen und treuen Vater im
Himmel, gefällig wär, ihn, durch diese Kranckheit, aus diesem Jammerthal
abzufordern, er gerne diesem mühseligen und vergänglichen Leben, und   15
allem, was in der Welt ist, absagen, und sich gantz und gar zu dem ewigen
und seligen Leben schicken wolle, sich nicht lassen irren oder anfechten,
122 Weib, | Kinder, Freund, Gut, Geld, oder was er sonsten in der Welt liebes hat.

Dann ja keine Vergleichung dessen, was wir hier verlassen, gegen
deme, daß wir dort überkommen: Weib und Kind wird GOTT, der ein Vater   20
ist der Wittwen und Waysen, wohl versorgen: Unsere gute Freunde, die wir
hie lassen, werden uns bald folgen, und zu uns kommen: Die zeitlichen
Güter sind vergänglich, können uns nicht helffen, dort finden wir Freude die
Fülle, und liebliches Wesen, zu der Rechten des HErrn immer und ewiglich.

Auch mag bisweilen, sonderlich wenn der Krancke zum erstenmahl be-   25
sucht wird, ihm diese folgende Vermahnung, mit solchen oder dergleichen
Worten fürgehalten werden:

Lieber Freund, weil euch, unser HErre GOtt, mit Schwachheit eures Leibes
heimgesucht, solt ihr solche Väterliche Züchtigung des Allmächtigen mit
123 Gedult annehmen, und es seinem gnädigen und guten Wil|len heimstellen,   30
der gewissen Zuversicht, daß denen die GOtt lieben, alle Ding zum Besten
dienen.

[Am Rand neben Z. 12:] Vermahnung zur Gedult.
[Am Rand neben Z. 15:] Phil. 1. v. 23. Matt. 10. v. 37.
[Am Rand neben Z. 16–17:] 1 Cor. 7. v. 29. 30. 31.   35
[Am Rand neben Z. 18:] Phil. 3. v. 8. 9.
[Am Rand neben Z. 19:] Ps. 68. v. 6.
[Am Rand neben Z. 20–21:] Ps. 46. v. 9.
[Am Rand neben Z. 22:] 2 Sam. 12. v. 23.
[Am Rand neben Z. 22–23:] Ps. 49. v. 18.   40
[Am Rand neben Z. 23–24:] Ps. 16. v. 11.
[Am Rand neben Z. 24:] 1 Cor. 2. v. 9.
[Am Rand neben Z. 31:] Röm. 8. v. 28.

Und damit ihr solches desto besser und leichter thun könnet, solt ihr nachfolgende Puncten, aus GOttes Wort fleißig und wohl betrachten.

Zum ersten: Daß alle Leibes-Kranckheiten den Menschen von GOtt dem HErrn, um der Sünden willen, zugeschickt werden. Dann durch die Sünde
5 ist der Tod, und alles was in des Todes Reich gehöret, in die Welt gekommen, und herrschet über alle Menschen, und wenn die Sünde nicht gewesen wäre, hätte weder Tod noch einigerley Kranckheit den Menschen beleidigen können. Nachdem aber die Sünde, durch unsere erste Eltern, Adam und Even, aus Anstiftung des | Teuffels, auf uns gebracht, so sind wir auch   124
10 der Straffe, welche GOtt der Sünde gedräuet, nehmlich, dem Tod und allem, was zum Tode führet, als, allerley Gebrechen, Kranckheiten, Elend und Jammer unterworffen.

Zum andern: Damit wir aber in unsern Sünden, Kranckheiten und allerley Anfechtungen, auch in des Todes Angst und Noth, nicht verzweiffeln
15 müsten, so hat GOtt aus grosser Liebe und Barmhertzigkeit, uns seinen eingebohrnen Sohn JEsum Christum zum Mittler, Erlöser und Seligmacher, verordnet und geschenckt, der hat unser Natur an sich genommen, und ist in derselben ein Opffer worden, zur Bezahlung für unsere Sünde, welche der himmlische Vater alle auf ihn geworffen, und läst uns solches im Evange|lio   125
20 fürtragen und anbieten, gebeut auch allen Menschen, daß sie sollen Busse thun, glauben und vertauen, daß er, von wegen dieser Gnugthuung und Bezahlung JEsu Christi seines Sohns, wiederum unser gnädiger Vater in Ewigkeit seyn will, uns unsere Sünde vergeben, als hätten wir nie keine gethan noch gehabt, auch den Heil. Geist schencken, der uns erneuern soll,
25 zum Ebenbild GOttes und zum ewigen Leben, wird auch, durch denselben seinen Sohn JEsum Christum, am Jüngsten Tag, unsern Leib aus der Erden wieder auferwecken, mit seiner Seel wieder vereinigen, und seinem verklärten Leibe gleichförmig machen, und uns, als die durch ihn Gesegnete, in das himmlische Erbe, zu einer solchen Seligkeit einführen, die kein Aug |
30 gesehen, kein Ohr gehöret, und die in keines Menschen Hertz kommen ist.   126
Wie er uns solches denn auch versiegelt und versichert, durch den rechten Gebrauch der heiligen Sacramenten.

Dann so gewiß als wir und unsere Kinder, mit Wasser, welches die leibliche Unreinigkeit pfleget abzuwaschen, getaufft seyn, so gewiß sind wir
35 auch gewaschen, gereiniget, geheiliget, durch das Blut und Geist Christi, von unserer innerlichen Unreinigkeit, das ist, GOtt hat uns, um das Blutvergiessens JEsu Christi willen, alle unsere Sünde verziehen, und heiliget uns, durch seinen heiligen Geist, zum ewigen Leben.

[*Am Rand neben Z. 3–4:*] Krankheiten und Tod sind durch die Sünde verursachet worden.
40 [*Am Rand neben Z. 4–5:*] Röm. 5. v. 12.
[*Am Rand neben Z. 16:*] Christus erlöset von Sünden und dem Tod.
[*Am Rand neben Z. 33–34:*] Versicherung der Vergebung der Sünden durch die Tauffe.

Und so gewiß, als wir im heiligen Abendmahl mit unsern Augen sehen,
127　daß das Brodt des HErrn uns | gebrochen, und uns der Kelch mitgetheilet
wird, und wir, vom Brodt und Kelch des HErrn, zu seiner Gedächtniß, essen
und trincken, so gewiß ist auch der Leib unsers Heylands JEsu Christi, am
Creutz für uns geopffert und gebrochen, und sein Blut für uns vergossen,　5
und also uns worden das wahre Himmel-Brodt, die rechte Speise und Tranck
unserer Seelen zum ewigen Leben.

　Sollen derhalben, aus der Verheissung der Gnaden GOttes, welche uns
im Evangelio fürgetragen, und in den heiligen Sacramenten bestätiget wird,
gewiß schliessen, daß keine Sünde so groß und schwer sey, die da hindern　10
könte, daß uns Gott nicht solte gnädig seyn, um Christi willen, woferne wir
128　uns nur, mit wahrem Glauben des | Verdiensts seines Leidens und Sterbens
trösten, und dasselbe mit hertzlicher Zuversicht fassen und annehmen.

　Zum dritten: So sollen wir unseren Willen, dem gütigen und ewig gerechten Willen unsers getreuen himmlischen Vaters, gantz und gar ergeben,　15
uns für dem Tod nicht entsetzen noch fürchten, weil wir wissen, daß der
zeitliche Tod, den Gläubigen kein Tod, sondern ein Schlaf, ja ein End des
Jammers und Elends dieses sündlichen Lebens, und ein Eingang ist in das
ewige Leben. Auch Weib, und Kind, Vater, Mutter, Freunde, und was uns
lieb ist in dieser Welt, nicht lassen anfechten, weil wir sie hinter uns lassen,　20
und von ihnen scheiden müssen, sintemahl alles, was wir hier verlassen,
129　nichts ist zu rechnen, gegen demjeni|gen, daß wir dort finden, und unser
himmlischer Vater, welcher uns in diesem Leben bißhero erhalten, auch ein
Vater ist der Unsrigen, die wir hinter uns lassen, wird sich derselben auch
annehmen, und für sie sorgen, wie er bis daher für uns gesorget hat.　25

　Darum, lieber Freund, solt ihr eure Seel mit Gedult fassen, und euch
gantz und gar, euer Leib und Seel, dem getreuen himmlischen Vater, und
eurem Heyland JEsu Christo, der sie erlöset hat, befehlen, und nicht zweiffeln, er werde euch über euer Vermögen nichts auflegen, sondern euch
helffen tragen, und es dahin richten, daß es einen solchen Ausgang mit　30
eurer Kranckheit gewinne, daß ihrs nicht allein werdet ertragen können,
130　sondern daß sie auch zu seiner Ehre, und zu eurer ewigen | Wohlfahrt und
Seligkeit gereichen werde. Ihr solt williglich jedermann, so euch beleidiget,
und euren Feinden, verzeihen, und mit Gedult auf eure Erlösung warten.
Wo es aber Gottes Wille wäre, daß ihr von diesem eurem Lager aufstehen,　35
und wieder gesund soltet werden, solt ihr euch destomehr rechtschaffener
und wahrer Buß, und eines gottseligen Wandels befleißigen, und euch stets
des Befehls Christi erinnern: Siehe zu, du bist gesund worden, sündige fort
nicht mehr, daß dir nicht etwas ärgers wiederfahre.

[Am Rand neben Z. 1:] Durch das Heil. Abendmahl.
[Am Rand neben Z. 10:] Röm. 5. v. 20.　40
[Am Rand neben Z. 19:] Im Fall der Krancke derer hat.
[Am Rand neben Z. 38:] Joh. 5. v. 14.

Und nachdem die Kirchen-Diener, die Krancken nicht allein einmahl, sondern zum öfftermahl, auch unerfordert, besuchen sollen, damit solches
nicht ohne Frucht abgehe, sollen sie, wenn es anders dem Krancken,
Schwachheit halben, zu hören nicht beschwerlich, ihme | ein Capitel aus   131
5   heiliger Schrifft, so fürnemlich zum Trost der Krancken dienlich, fürlesen, als
da sind: Das 10. 14. 15. 16. 17. Capitel Johannis. Das 15. Capitel Luc. Das 5.
und 8. Capitel an die Römer. Das 15. Capitel der 1. an die Corinther. Das 53.
Capitel Jesaia. Item, aus den Psalmen den 22. 23. 25. 27. 42. 51. 91. 103. etc.
   Im Fall es aber dem Krancken, wegen Leibes-Schwachheit, ein gantz
10   Capitel oder Psalm zu hören beschwerlich, soll ihm alsdann ein kurtzer, aus
den allertröstlichen Sprüchen der Schrifft, zu behalten jedesmahl fürgespro-
chen und wohl eingebildet werden, als Matth. 9. v. 2. Sey getrost, mein
Sohn, deine Sünde sind dir vergeben. 1 Joh. 1. v. 7. Das Blut JEsu Christi,
des Sohns GOttes, macht uns rein von aller Sünde. Phil. 1. v. 21. 23. Christus
15   ist mein Leben, und Sterben ist mein Gewinn. Denn es lieget mir beydes
hart an, Ich habe Lust abzuscheiden und bey Christo zu seyn, welches auch
viel besser wäre. Psal. 73. v. 25. 26. Wenn ich nur dich habe, so frag ich
nichts nach Himmel und Erden. Wann mir gleich Leib und | Seel ver-   132
schmacht, so bist du doch, GOtt, allezeit meines Hertzens Trost, und mein
20   Theil. Rom. 14. v. 8. Leben wir, so leben wir dem HErrn, sterben wir, so
sterben wir dem HErrn, darum wir leben oder sterben, so sind wir des HErrn.
Ps. 37. v. 5. 7. Befiehl dem HErrn deine Wege, und hoffe auf ihn, er wirds
wohl machen. Sey stille dem HErrn, und warte auf ihn. Hiob 19. v. 25. Ich
weiß, daß mein Erlöser lebet, und er wird mich hernach aus der Erden
25   auferwecken. Ps. 30. v. 6. Sein Zorn währet ein Augenblick, und er hat Lust
zum Leben, den Abend lang währet das Weinen, aber des Morgens die
Freude.
   Es soll auch der Kirchen-Diener bey dem Krancken, mit samt den Bey-
wesenden, so offt es seyn mag, das Christliche Gebät thun, auf folgende,
30   oder dergleichen Weise:

Gebät bey den Krancken.

Ewiger barmhertziger GOtt und Vater, der du Tod und Leben in deiner Hand
hast, und ohne Unterlaß für uns also sorgest, daß uns, ohne dei|nen Willen,   133
kein Haar von unserm Haupt fallen kann, auch alles, was uns in diesem
35   Leben begegnet, zu unserm Heyl und Seligkeit dienen muß: Wir bitten dich,
demnach du uns mit Leibs-Schwachheit und Trübsal heimsuchest, daß du
uns die Gnade deines Heiligen Geistes wollest verleihen, daß wir aus solcher
deiner väterlichen Ruthen, deine Gerechtigkeit und Güte recht erkennen.
Dann wir ja mit unsern mannigfaltigen Sünden, solches wohl verdienet ha-
40   ben: Doch ist uns diese gnädige Heimsuchung nicht ein Zeichen deines
Zorns, sondern deiner väterlichen Liebe gegen uns, weil du uns darum

züchtigest, daß wir nicht mit der argen Welt verdammet werden. O himmlischer Vater, verzeihe uns gnädiglich alle unsere Sünde, um des bittern
134 Lei|dens und Sterbens JEsu Christi, deines eingebohrnes Sohns, unsers eini-
gen Mittlers und Seligmachers willen, gib uns Gedult und Beständigkeit, in
rechtem Vertrauen auf deine Barmhertzigkeit, lindere uns gnädig unser   5
Creutz, das uns deine Hand hat aufgeleget, und wende dasselbe, nach deinem Väterlichen Willen, zu der Ehren deines heiligen Nahmens, und unser
Seelen Heyl und Seligkeit, durch deinen allerliebsten Sohn, unsern HERRN
JEsum Christum, Amen.

Unser Vater, etc.   10

Wollest uns auch Standhafftigkeit und tägliches Zunehmen geben, in dem
alten, wahren und ungezweiffelten Christlichen Glauben:
Ich gläub in GOtt Vater, etc. |

135 Gebät bey den Sterbenden.

Allmächtiger barmhertziger GOtt und Vater, ich sage dir Lob und Danck,   15
daß du mir Leib und Seel gegeben, und dieselbigen bis daher so väterlich
und gnädiglich erhalten und bewahret hast: Insonderheit aber dancke ich
dir, daß du mir deinen lieben Sohn JEsum Christum geschenckt, der mich
von Sünden, und der Gewalt des ewigen Todes, und des Teuffels, und der
ewigen Verdammniß erlöset hat. Und so es nun dein väterlicher Wille ist,   20
mich aus diesem Jammerthal, zu dir, in die ewige Freude und das selige
Leben, abzufordern, daß ich der Herrlichkeit, die mir dein lieber Sohn, mein
136 Heyland erworben, vollkömmlich theilhafftig werde, so bitte | ich dich, du
wollest mir die Schmertzen und Schrecken des leiblichen Todes, gnädiglich
lindern, und mich über das Vermögen, das du mir verliehen hast, nicht   25
lassen versucht werden. O HErr, stärcke die Blödigkeit meines Fleisches,
durch die Krafft des heiligen Geistes, damit ich in wahrem und beständigem
Vertrauen, auf deine Barmhertzigkeit, die du uns in Christo erzeiget hast,
und in rechter Anruffung deines Nahmens, möge in Friede, mit dem alten
Simeon dahin fahren, und zu dir kommen in dein ewiges Reich. O Vater in   30
deine Hände befehle ich meinen Geist, du hast mich erlöset du getreuer
GOtt, Amen! |

137 Wie es mit der Communion bey den Krancken zu halten.

Und dieweil es die Erfahrung giebt, daß viel Leuth sich selbst, und die ihren,
in Kranckheit also versäumen, daß sie auch bißweilen dahin sterben, ohne   35
alle Besuchung und Trost der Kirchen-Diener, und zu vielen Personen sie
alsdann erst beruffen werden, sie zu trösten, und ihnen das Nachtmahl zu
reichen, wenn sie allbereit in Todes-Nöthen, oder mit der Kranckheit also

---

[Am Rand neben Z. 29:] Psalm 50. v. 5.
[Am Rand neben Z. 34–35:] Die Kranken soll man nicht lang unbesucht liegen lassen.   40

beschweret seyn, daß sie keinen Bericht mehr einnehmen, oder keinen Bescheid von sich geben können:

So ist für nöthig angesehen, daß man keinen Krancken, sonderlich der
sonst nIcht Leute um sich hätte, die ihm tröstlich seyn, über drey oder vier
5 Tage, ohne Beruffung eines Kirchen-Dieners soll lassen liegen, im Fall aber
diesem zuwieder gehandelt würde, sollen die Kirchen-Diener, auch unberuf-
fen, sich selbst anzugeben schuldig seyn.

Wiewohl nun die Leuth in Predigten, und der wöchentlichen Unterwei-
sung, wie auch sonst fleißig unterrichtet sollen werden, | wie sie sich der   138
10 Gemeinschafft Christi, deren sie zuvor in der heiligen Tauf und Nachtmahl,
zugleich in Verkündigung der gnädigen Verheissung GOttes vergewisset
sind, zu trösten haben: Jedoch, so die Krancken das Nachtmahl des HErrn,
auch daheim in den Häusern, zu halten begehren, soll es ihnen nicht abge-
schlagen werden, aber doch mit diesen zweyerley Bescheid, deren beyder
15 man fleißig wahrnehmen soll.

Erstlich, so der Kirchen-Diener sich zu vermuthen hätte, daß der Krancke in der Opinion de opere operato, und von Nothwendigkeit solcher Communion zu seiner Seligkeit, wäre, daß er treulich und fleißig von solchem
abgöttischen Irrthum abgewiesen, und vom rechten Brauch des Nacht-
20 mahls unterrichtet werde.

Und zum andern, daß die in dem Hauß, oder sonst um den Krancken
sind, vermahnet werden, mit ihm zu communiciren, auf daß diese Ordnung
des HErrn nicht gebrochen werde, darinnen versehen, das sein Abendmahl
von einer Versammlung der Christen solle gehalten werden, sie sey gleich
25 groß oder klein. |

Belangend die Form, wie diese Communion bey den Krancken zu hal-   139
ten sey: Soll der Kirchen-Diener aus der obgesetzten Form ihme eine kurtze
Summa fassen, zu Unterrichtung des Krancken.

Demnach die Bekänntniß der Sünden, wie man die pflegt abzulesen,
30 und beygesetzten Trost, dem Krancken fürsprechen, auch das Gebet des
HErrn, Artickel des Christlichen Glaubens, samt den Worten der Einsetzung
des Nachtmahls, dazu thun, darauf das Nachtmahl reichen, und mit gewöhnlicher Dancksagung und Segen beschliessen.

Eine solche kurtze Formul der Vorbereitung und Handlung des heiligen
35 Abendmahls bey Krancken, ist unten im Anhang zu finden.

[Am Rand neben Z. 8–9:] Wie fern das Nachtmahl in Häusern den Kranken zu reichen.
[Am Rand neben Z. 16:] 1.
[Am Rand neben Z. 21:] 2.
[Am Rand neben Z. 22–23:] 1 Cor. 11. v. 17. 18. 20. 33. 34.
40 *[Am Rand neben Z. 26–27:]* Form der Communion bey Kranken.

Von Besuchung der Gefangenen.

Dieweil aber die Gefangenen nicht weniger Trost bedürffen, als die Krancken, so sollen sie nicht allein, dann erst durch die Kirchen-Diener getröstet
werden, wenn das Recht über sie ergehen soll, und sie durch Schrecken
140   des Todes überfal|len, und den Trost schwerlich verstehen oder annehmen   5
können; sondern da Gefangene vorhanden sind, sollen sie offt und fleißig
von einem Kirchen-Diener besucht und getröstet werden, und mögen solches, da mehr Kirchen-Diener dann einer sind, einer um den andern verrichten:
     Da aber ein Gefangener sich sehr kleinmüthig erzeigte, sollen die Kir-   10
chen-Diener ihn desto öffter und fleißiger besuchen.
     Und weil die Gefangenen offtermahl wenig oder gar nichts von dem
Grund unser Seeligkeit wissen, sollen sie die Kirchen-Diener anfänglich, um
die fünf Hauptstück Christlicher Lehr fragen, und dieselben erzehlen lassen.
     Darnach ihnen dieselben, nach Gelegenheit der Zeit, der Personen, und   15
ihrer Mißhandlung, erklären: Sonderlich aber ihnen die Lehr von der Sünd,
dem Gericht GOttes, und unser Rechtfertigung, wohl einbilden: auch sie zu
vermahnen, und zu trösten, diese und dergleichen Sprüche ihnen fürhalten,
und kürtzlich erklären. |

141   Vermahnung zur Erkäntnüß der Sünden,   20
                   und zu wahrer Bekehrung zu GOTT.
Jes. 55. v. 6. 7. Suchet den HErren, weil er zu finden ist, ruffet ihn an, weil
er nahe ist. Der Gottlose laß von seinem Wege, und der Ubelthäter seine
Gedancken, und bekehre sich zum HErrn, so wird er sich sein erbarmen,
und zu unserm GOtt, dann bey ihm ist viel Erbarmung.   25
     Ezech. 18. v. 23. Meynst du, daß ich gefallen habe am Tode des Gottlo-
sen (spricht der HERR) und nicht viel mehr, daß er sich bekehre und lebe.
vers 27. Wenn sich der GOttlose bekehret von seiner Ungerechtigkeit, die
er gethan hat, und thut nun recht und wohl, der wird seine Seele lebendig behalten.   30
     Jerem. 3. v. 7. 13. 22. Bekehre dich zu mir: Erkenne deine Missethat,
daß du wieder den HErrn, deinen GOtt gesündiget hast: kehret wieder, so
will ich euch heilen.
     Malach. 3. v. 7. Bekehret euch zu mir, so will ich mich zu euch kehren,
spricht der HErr. | 35

[Am Rand neben Z. 2–3:] Gefangene sollen zeitlich oft und fleißig besucht werden.
[Am Rand neben Z. 10-11:] Sonderlich aber die gar Kleinmüthigen.
[Am Rand neben Z. 15:] Wie Gefangene zu unterrichten.

Hose 14. v. 3. Bekehret euch zum HErrn, und sprechet zu ihm, vergib 142
uns alle Sünde und thue uns wohl.

Joel 2. v. 12. 13. Bekehret euch zu mir von gantzem Hertzen, mit Fasten,
mit Weinen, mit Klagen, zerreisset eure Herzen, und nicht euer Kleider, und
5 bekehret euch zu dem HErrn eurem GOtt, dann er ist gnädig, barmhertzig,
und gedultig, und von grosser Güte, und reuet ihn bald der Straffe.

Jes. 1. v. 16. Waschet, reiniget euch, thut euer böses Wesen von meinen
Augen, lasset ab vom Bösen, lernt Guts thun, trachtet nach Recht: Wenn
euer Sünde gleich blutroth ist, soll sie doch Schneeweiß werden, und wenn
10 sie gleich ist wie Rosinfarben, soll sie doch wie Wolle werden.

Jerem. 31. v. 18. Bekehre du mich, so werde ich bekehret, dann du HErr
bist mein GOtt.

Trost-Sprüche.

Matth. 11. v. 28. 29. Kommt her zu mir alle, die ihr mühselig und beladen
15 seyd, ich will euch erquicken. Nehmet auf | euch mein Joch und lernet von 143
mir, dann ich bin sanftmüthig und von Hertzen demüthig, so werdet ihr
Ruhe finden für euere Seele.

Rom. 5. v. 8. 9. 10. Darum preiset GOtt seine Liebe gegen uns, daß
Christus für uns gestorben ist, da wir noch Sünder waren. So werden wir je
20 vielmehr durch ihn behalten werden für dem Zorn, nachdem wir durch sein
Blut gerecht worden sind. Dann so wir GOtt versöhnet sind, durch den Tod
seines Sohnes, da wir noch Feinde waren, vielmehr werden wir selig werden, durch sein Leben, so wir nun versöhnet sind.

Rom. 8. v. 1. So ist nun nichts verdammlichs an denen, die in Christo
25 JEsu sind, die nicht nach dem Fleisch wandeln, sondern nach dem Geist.
vers 31. 32. 33. 34. 35. 38. 39. Was wollen wir dann weiter sagen? Ist GOtt
für uns, wer mag wieder uns seyn? welcher auch seines eigenen Sohnes
nicht hat verschonet, sondern hat ihn für uns alle dahin gegeben, wie sollte
er uns mit ihm nicht alles schencken? Wer will die Auserwehlten GOttes
30 beschuldigen? GOtt ist hie, der da Gerecht machet. Wer will verdammen?
Christus ist hie, der gestorben ist, | ja vielmehr, der auch auferweckt ist, 144
welcher ist zur rechten GOttes, und vertritt uns. Wer will uns scheiden von
der Liebe GOttes? Trübsal oder Angst? oder Verfolgung? oder Hunger? oder
Blösse? oder Fehrlichkeit? oder Schwerdt? Dann ich bin gewiß, daß weder
35 Tod noch Leben, weder Engel noch Fürstenthum, noch Gewalt, weder Gegenwärtiges noch Zukünfftiges, weder Hohes noch Tieffes, noch keine andere Creatur mag uns scheiden von der Liebe GOttes, die in Christo JEsu
ist, unserm HErren.

Luc. 23. v. 32. 39. 41. 42. 43. Es wurden aber auch hingeführt zwene
40 andere Ubelthäter, daß sie mit ihme abgethan würden. Aber der Ubelthäter
einer, die da gehenckt waren, lästerte ihn und sprach: Bist du Christus, so
hilf dir selbst und uns. Da antwortet der ander, straffete ihn und sprach:

Und du fürchtest dich auch nicht für GOtt, der du doch in gleicher Verdammniß bist? Und zwar, wir sind billig drinnen, denn wir empfahen, was
unser Thaten werth sind, Dieser aber hat nichts ungeschicktes gehandelt.
145 Und sprach zu JEsu: HErr, gedenck | an mich, wenn du in dein Reich kom-
mest. Und JEsus sprach zu ihm: Wahrlich ich sage dir, heut wirst du mit mir 5
im Paradeis seyn.

Luc. 18. v. 13. Und der Zöllner stund von ferne, wolte auch seine Augen
nicht aufheben gen Himmel, sondern schlug an seine Brust und sprach:
GOtt sey mir Sünder gnädig.

Matth. 9. v. 2. Sey getrost, mein Sohn, deine Sünden sind dir vergeben. 10

1. Joh. 1. v. 7. Das Blut JESU Christi seines Sohns, machet uns rein von
aller Sünde.

1 Tim. 1. v. 15. Das ist je gewißlich wahr, und ein theuer wehrtes Wort,
daß Christus JEsus kommen ist in die Welt, die Sünder seelig zu machen,
unter welchen ich der Fürnehmste bin. 15

Joh. 6. v. 39. 40. Das ist der Wille des Vaters, der mich gesandt hat, daß
ich nichts verliehre von allem, das er mir gegeben hat, sondern daß ichs
auferwecke am Jüngsten Tage. Das ist der Wille des, der mich gesandt hat,
146 daß wer den Sohn siehet, und glaubet an ihn, habe das ewige | Leben, und
ich werde ihn auferwecken am Jüngsten Tage. 20

Joh. 10. v. 28. 29. Ich gebe meinen Schäfflein das ewige Leben, und sie
werden nimmermehr umkommen, und niemand wird sie mir aus meiner
Hand reissen. Der Vater, der sie mir gegeben hat, ist grösser dann alles, und
niemand kan sie aus meines Vaters Hand reissen.

Exempel grosser Sünder, die da Gnade erlanget haben. 25
David, Manasses, Maria Magdalena, der Mörder am Creutz, Petrus, Paulus,
der verlohrne Sohn, etc.

Es können auch bißweilen den Gefangenen fürgelesen werden, der 32.
Psalm. Item, Psalm 50. 51. 130. Das Gebet Manaßis.

ENDE. 30

——————— |

Anhang.

Kurtze Tauf-Formul, bey krancken Kindern, in den Häusern.

Unsere Hülffe stehet im Nahmen des HERRN, der Himmel und Erden erschaffen hat, Amen.

5   Geliebte in dem HErrn.

Dieweil unser HErr JEsus Christus sagt, daß wir anders nicht in das Reich
GOttes mögen kommen, es sey dann, daß wir Neu gebohren werden: So
hat er befohlen, daß wir in dem Nahmen GOttes des Vaters, und des Sohnes, und des Heiligen Geistes sollen getauffet werden.

10   Derhalben, zum Ersten, da er will, daß wir mit Wasser, in dem Nahmen
des Vaters, getaufft werden, bezeugt er uns, gleich als mit einem sichtbaren
Eyd, all unser Lebenlang, daß GOtt unser und unsers Saamens Vater seyn
wolle. |

Zum Andern, indem wir in dem Nahmen des Sohns getaufft werden,   148
15 verspricht Er uns, daß alles, was der Sohn GOttes gethan und gelitten hat,
unser eigen sey, also daß Er unser und unserer Kinder Heyland sey, uns mit
seiner heilsamen Gnaden salbe, und durch seine heilige Empfängniß, Geburt, Leiden, und Sterben, von aller Unreinigkeit und Sünden erlöset habe.

Zum Dritten, da wir in dem Nahmen des Heiligen Geistes getauffet
20 werden, wird uns verheissen, daß der Heilige Geist, unser und unserer Kinder Lehrer und Tröster in Ewigkeit seyn werde, und uns zu Glieder des
Leibes JEsu Christi mache. Nachdem aber in einem jeden Bund beyde Theile
sich verpflichten, so verheissen auch wir, GOtt dem Vater, Sohn und Heiligen
Geist, daß wir, durch seine Gnade, ihn allein für unsern einigen wahren und
25 lebendigen GOtt erkennen und bekennen wollen, ihn allein in aller Noth
anruffen, und als gehorsame Kinder leben, wie diese neue Geburt erfordert.

Wann wir aber unterweilen aus Schwachheit in Sünde fallen, so sollen
wir doch nicht darinnen liegen bleiben, noch verzagen, oder durch einige
andere Mittel, denn durch Christum, Vergebung der Sünden suchen, son-
30 dern allezeit durch unsere Tauffe erinnert werden, darvon abzustehen, und
festiglich | zu vertrauen, daß derselben, um des Blut-vergiessens Christi   149
willen, für GOtt nimmermehr solle gedacht werden; sintemahl uns die heilige Tauffe ein ungezweifeltes Zeugniß ist, daß wir einen ewigen Bund mit
GOtt haben, und in dem lebendigen Brunnen der ewigen Barmhertzigkeit
35 des Vaters, und des allerheiligsten Leidens und Sterbens JEsu Christi, durch
die Krafft des Heiligen Geistes, getaufft seyn.

Derhalben lasset uns GOtt also anruffen.

O Allmächtiger ewiger GOtt, wir bitten dich durch deine grundlose Barmhertzigkeit, du wollest diß dein Kind, (oder diese deine Kinder) gnädiglich
40 ansehen, und durch deinen Heiligen Geist, deinem Sohn JESU Christo einlei-

ben, daß es (sie) mit Ihm in seinen Tod begraben werde, (werden) mit Ihm
auch auferstehe in einem Neuen Leben, indem es sein (sie Ihr) Creutz, ihm
täglich nachfolgend, frölich trage, (tragen) ihm anhange mit wahrem Glauben, fester Hoffnung, und inbrünstiger Liebe, daß es (sie) dieses Leben, das
doch nichts anders ist, denn ein Tod, um deinet willen getrost verlassen   5
150   möge, (mögen) und, am Jüng|sten Tage, für dem Richter-Stuhl JEsu Christi
deines Sohns, unerschrocken erscheine, (erscheinen) durch denselben unsern HErrn JEsum Christum deinen Sohn, der mit dir und dem heiligen Geist
ein einiger GOtt, lebet und regieret in Ewigkeit.
Unser Vater etc.   10

Bekennet auch mit mir die Articul unsers alten, allgemeinen, ungezweiffelten Christlichen Glaubens, darauf dieß Kind getauffet wird.

Ich glaube in GOtt Vater, den allmächtigen Schöpffer Himmels und der
Erden.
  Und in JEsum Christum, seinen eingebohrnen Sohn, unsern HErrn, der   15
empfangen ist von dem Heiligen Geist, gebohren aus Maria der Jungfrauen,
gelitten hat unter Pontio Pilato, gekreutziget, gestorben und begraben, ab-
gestiegen zu der Höllen, am dritten Tage wieder auferstanden von den
Todten, aufgefahren gen Himmel, sitzet zur Rechten GOttes, des Allmächtigen Vaters, von dannen er kommen wird, zu richten die Lebendigen und   20
die Todten.
  Ich glaube in den Heiligen Geist, eine heilige, allgemeine, Christliche
151   Kirche, die Gemeinschafft der | heiligen, Vergebung der Sünden, Aufersteh-
ung des Fleisches, und ein ewiges Leben, Amen.

Frage an die Gevattern.   25
Begehret ihr Gevattern dann, aus wahrem Glauben an die Verheissung GOttes, in JEsu Christo, welche uns und unsern Kindern gegeben ist, daß er
nicht allein unser, sondern auch unsers Saamens GOtt seyn wolle, bis ins
tausende Glied, daß dieses Kind (diese Kinder) darauf getaufft werde, und
die Versiegelung der Kindschafft GOttes empfahe?   30
So antwortet, Ja!

Dancksagung.
Lasset uns GOTT dem HERRN dancken.
Allmächtiger, barmhertziger GOtt und Vater, wir sagen dir Lob und Danck,
daß du uns und unsern Kindern, durch das Blut deines lieben Sohns JEsu   35
152   Christi, alle unsere Sünde verziehen, | und uns, durch deinen Heiligen Geist,
zu Gliedern deines eingebohrnen Sohns, und also zu deinen Kindern angenommen hast, und diß alles uns mit der heiligen Tauffe versiegelt und bekräfftiget. Wir bitten dich auch, durch denselben deinen lieben Sohn, daß

du diß Kind (oder diese Kinder) mit deinem Heiligen Geist allezeit wollest
regieren, auf daß es (sie) Christlich und gottselig aufertzogen werde, (werden) und in dem HErrn JEsu Christo wachse (wachsen) und zunehme, (zunehmen) auf daß es (sie) deine väterliche Güte und Barmhertzigkeit, die du
5 ihm (ihnen) und uns allen bewiesen hast, bekennen, und in aller Gerechtigkeit, unter unserm einigen Lehrer, König und Hohenpriester Christo JEsu,
leben, und ritterlich wieder die Sünde, den Teuffel und sein gantzes Reich,
streiten und siegen möge (mögen) dich und deinen Sohn JEsum Christum,
samt dem Heiligen Geist, den einigen und wahren GOtt, ewiglich zu loben
10 und zu preisen, Amen.

Ihr Geliebten in dem HERRN JESU Christo!
Dieweil ihr euch dieses Kindes, (oder dieser Kinder) angenommen habt, so
gedencket, daß unser GOtt ein wahrhafftiger GOtt ist, und will, daß wir ihm
in | der Wahrheit dienen; und derhalben sollen insonderheit die Eltern   153
15 selbst, und denn auch, wenn es an Eltern mangelte, die Gevattern, Freunde
und Verwandten, allen Fleiß anwenden, daß diß Kind (diese Kinder) in rechter Erkäntniß und Furcht GOttes, laut der Articul des Christlichen Glaubens,
und der Lehre, welche von GOtt aus dem Himmel geoffenbahret, und im
Alten und neuen Testament begriffen ist, dem HErrn Christo auferzogen
20 werde, (werden) und, wann es (sie) zum Verstand kommt, (kommen) ermahnen, daß es, (sie) durch Empfahung dieses göttlichen Bund-Zeichens und
Siegels der heiligen Tauffe, öffentlich für dem Angesicht GOttes, seinen heiligen Engeln, und der Christlichen Gemeine dem Teuffel und der Welt, mit
allen ihren Wercken und Lüsten abgesagt, und sich dem HErrn ergeben und
25 verpflichtet habe, (haben) ihm, sein (ihr) gantzes Lebenlang, in aller Heiligkeit und Gehorsam seines heiligen Evangeliums, zu dienen. Das verleihe
euch und ihm, der ewige Vater unsers HErrn JEsu Christi, Amen.
Der HErr segne euch, und behüte euch, etc.

——————— |

Kurtze Formul der Vorbereitung und Handlung   154
30   des Heil. Abendmahls, bey Krancken, in denen Häusern.

Geliebte in dem HErrn!
Dieweil wir jetzt entschlossen sind, zu unserm Trost, des HErrn Nachtmahl
zu halten, so beuget zuvor die Knie gegen dem Vater, der der rechte Vater
ist, über alles was Kinder heisset, und bekenne dem ein jeder seine Sünde
35 von Hertzen, mit folgenden Worten.
Ich armer Sünder, bekenne für dir, meinem GOtt und Schöpffer, daß
ich leider schwerlich und mannigfaltig wider dich gesündiget habe: nicht

allein mit äusserlichen groben Sünden; Sondern vielmehr mit innerlicher angebohrner Blindheit, Unglauben, Zweiffelung, Kleinmüthigkeit, Ungedult, Hoffart, bösem Geitz, heimlichen Neid, Haß und Mißgunst, auch andern bösen Tücken, wie Du mein HErr und GOtt an mir erkennest, und ich leider nicht genugsam erkennen kan: Die reuen mich, und sind mir leid, und be- 5
gehre von Hertzen Gnade, durch deinen lieben Sohn JEsum Christum.
Unser Vater, etc. |

155   ABSOLUTION.

Nun höret an den gewissen Trost der Gnaden GOttes, welche er allen Gläubigen, in seinem Evangelio, verheissen hat.   10
    Also spricht der HErr Christus, Joh. III. v. 16. Also hat GOtt die Welt
geliebet, daß er seinen eingebohrnen Sohn gab, auf daß alle, die an ihn
gläuben, nicht verlohren werden, sondern das ewige Leben haben.
    So viel nun euer seyn, die an ihnen selbst, und an ihren Sünden ein
Mißfallen haben, und doch vertrauen, daß sie ihnen, durch das Verdienst 15
JEsu Christi allein, gantz und gar vergeben sind, und den Vorsatz haben, je
länger, je mehr, von Sünden abzustehen, und dem HErrn in wahrer Heiligkeit und Gerechtigkeit zu dienen: Denenselben, dieweil sie glauben an den
Sohn des lebendigen Gottes, verkündige ich aus dem Befehl GOttes, daß
sie von allen ihren Sünden, wie er in seinem heiligen Evangelio verheisset, 20
in dem Himmel entbunden sind, durch die vollkommene Genugthuung des
allerheiligsten Leidens und Sterbens unsers HErrn JEsu Christi. |
156   Darauf spreche ein jeder, der solches von Hertzen begehret, Amen.

Der GOtt des Friedens heilige euch gantz und gar, und euer gantzer Geist,
Seel und Leib, werde unsträfflich, bis auf die Zukunfft unsers HErrn JEsu 25
Christi, behalten. Getreu ist der euch ruffet; der wirds auch thun, Amen.
    Ferner höret an die Worte der Einsetzung des Abendmahls unsers
HErrn JEsu Christi, welche also lauten:
    Unser HErr JEsus Christus, in der Nacht, da er verrathen ward, nahm er
das Brodt, dancket, und brachs, und gabs ihnen und sprach: Nehmet, esset, 30
das ist mein Leib, der für euch gebrochen wird, solches thut zu meiner Gedächtniß.
    Desselbigen gleichen auch den Kelch, nach dem Abendmahl, und
sprach: Dieser Kelch ist das Neue Testament in meinem Blut, solches thut,
so offt ihrs trincket, zu meiner Gedächtniß.   35
157   Denn, so offt ihr von diesem Brodt esset, und | von diesem Kelch
trincket, solt ihr des HErrn Tod verkündigen, bis daß er kommt: und diese
Verheissung wird auch wiederholet durch Sanct Paulum, da er spricht: der
Kelch der Dancksagung, damit wir Dancksagen, ist der nicht die Gemeinschafft des Bluts Christi? das Brodt, das wir brechen, ist das nicht die Ge- 40

meinschafft des Leibs Christi? dann ein Brodt ist es, so sind wir viel ein Leib, dieweil wir alle eines Brodts theilhafftig sind.

Kniet nieder, und laßt uns bäthen:
Barmhertziger GOtt und Vater! wir bitten dich, daß du in diesem Abend-
5 mahl, in welchem wir begehen die herrliche Gedächtniß des bittern Todes deines lieben Sohns JEsu Christi, durch deinen Heiligen Geist in unsern Hertzen wollest wircken, daß wir uns, mit wahrem Vertrauen, deinem Sohn JEsu Christo je länger je mehr ergeben; Auf daß unsere mühseelige und zerschlagene Hertzen, mit seinem wahren Leib und Blut, ja mit ihm, wahren
10 GOtt und Menschen, dem ewigen Himmel-Brodt, durch die Krafft des Heili-gen Geistes, gespeiset und erquicket werden: Auf daß wir nicht mehr in unsern Sünden; sondern er in uns, und wir in ihm leben, und wahrhafftig des Neuen und ewigen Testa | ments, und Bunds der Gnaden also theilhaftig seyn: daß wir nicht zweiffeln, daß du ewiglich unser gnädiger Vater seyn 158
15 wollest, uns unsere Sünden nimmermehr zurechnen; sondern uns in allem, an Leib und Seel versorgen, wie deine liebe Kinder und Erben. Verleihe uns auch deine Gnade, daß wir getrost unser Creutz auf uns nehmen, uns selbst verleugnen, unsern Heyland bekennen, und in aller Trübsal, mit aufgerichte-tem Haupt, unsers HErrn JESU Christi, aus dem Himmel erwarten, da er
20 unsere sterbliche Leichnam seinem verklährten Leib gleichförmig machen, und uns zu ihm nehmen wird in Ewigkeit, Amen.
Unser Vater, etc.

Auf daß wir nun mit dem wahren Himmel-Brodt, Christo, gespeiset werden: So lasset uns, mit unsern Hertzen, nicht an dem äusserlichen Brodt und
25 Wein hafften; Sondern unsere Hertzen und Glauben gründen auf das Wort der Verheissung: Und nicht zweiffeln, daß wir so wahrhafftig, durch die Wirckung des heiligen Geistes, mit des HErrn Leib und Blut, an unsern See-len gespeiset und geträncket werden, als wir das heilige Brodt und Tranck, zu seiner Gedächtniß, empfangen. |

30 Nach verrichteter Communion. 159

Ihr Geliebte in dem HErrn!
Dieweil ietzund der HErr, an seinem Tisch, unsere Seelen gespeiset hat, so lasset uns sämtlich mit Dancksagung seinen Nahmen preisen.

Kniet derowegen nieder, und spreche, ein jeder, in seinem Hertzen also:
35 Allmächtiger, barmhertziger GOtt und Vater, wir dancken dir von gantzem Hertzen, daß du, aus grundloser Barmhertzigkeit, uns, deinen eingebohrnen Sohn, zum Mittler und Opffer für unsere Sünde, und zur Speise und Tranck

des ewigen Lebens geschencket hast; Und giebst uns wahren Glauben, dadurch wir solcher deiner Wohlthaten theilhafftig werden: Hast uns auch, zu Stärckung desselben, deinen lieben Sohn JEsum Christum, sein heiliges Abendmahl einsetzen lassen. Wir bitten dich, getreuer GOtt und Vater, Du
160 wollest, durch Wirckung deines | Geistes, uns diese Gedächtniß unsers 5
HErrn JEsu Christi, und Verkündigung seines Todes, zu täglichem Zunehmen, in wahrem Glauben, und der seeligen Gemeinschafft Christi, gedeyen lassen. Durch denselbigen deinen lieben Sohn JEsum Christum, Amen.

Empfahet den Seegen des HErrn.
Der HERR segne euch, und behüte euch: 10
Der HERR erleuchte sein Angesicht über euch, und sey euch gnädig:
Der HERR erhebe sein Angesicht auf euch, und gebe euch seinen Frieden,
Amen.

——————— |

161 Symbolum Nicaenum.
Das ist: 15
Glaubens-Bekänntniß,
gestellet im Concilio zu Nicaea Anno 325.
Ich gläube an einen allmächtigen GOtt, den Vater, Schöpffer Himmels und der Erden, alles das sichtbar und unsichtbar ist.
Und an einen einigen HErrn JEsum Christum, GOttes einigen Sohn, der 20
vom Vater gebohren ist, vor der gantzen Welt, GOtt von GOtt, Licht von Licht, warhafftigen GOtt vom warhafftigen GOtt gebohren, nicht geschaffen, mit dem Vater in einerley Wesen, durch welchen alles geschaffen ist, welcher um uns Menschen, und um unser Seeligkeit willen, vom Himmel kommen ist, und hat Menschliche Natur an sich genommen durch den 25
Heiligen Geist, von der Jungfrau Maria, und ist Mensch worden, auch für uns gecreutziget unter Pontio Pilato gelitten und begraben, und am dritten Tage auferstanden, nach der Schrifft, und ist aufgefahren gen Himmel, und sitzet zur Rechten des Vaters, und wird wiederkommen mit Herrlichkeit zu richten die Lebendigen und die Todten, des Reich kein Ende haben wird. | 30
162 Und an den HErrn den Heiligen Geist, der da lebendig macht, der vom Vater und dem Sohn ausgehet, der mit dem Vater und dem Sohn zugleich angebetet und zugleich geehret wird, der durch die Propheten geredt hat. Und eine heilige Christliche Apostolische Kirche.
Ich bekenne ein einige Tauffe zur Vergebung der Sünden, und warte 35
auf die Auferstehung der Todten, und ein Leben der zukünftigen Welt,
Amen.

Symbolum Athanasianum,

oder

Glaubens-Bekänntniß,

Welches dem Kirchen-Lehrer Athanasio wird zugeschrieben,

und gestellet worden Anno 333.

Wer da will selig werden, der muß vor allen Dingen den rechten Christlichen Glauben haben, wer denselben nicht gantz und rein hält, der wird ohn Zweiffel ewiglich verlohren seyn.

Dis ist aber der rechte Christliche Glaube, daß wir einen einigen GOtt in drey Persohnen, und drey Persohnen in einiger Gottheit ehren: Und nicht die Persohnen in einander mengen, noch das Göttliche Wesen zertrennen. |

Ein andere Persohn ist der Vater, ein anderer der Sohn, ein andere der heilige Geist. 163

Aber der Vater und Sohn und heiliger Geist, ist ein einiger GOtt, gleich in der Herrlichkeit, gleich in ewiger Majestät.

Welcherley der Vater ist, solcherley ist der Sohn, solcherley ist auch der heilige Geist.

Der Vater ist nicht geschaffen, der Sohn ist nicht geschaffen, der heilige Geist ist nicht geschaffen.

Der Vater ist unmeßlich, der Sohn ist unmeßlich, der heilige Geist ist unmeßlich.

Der Vater ist ewig, der Sohn ist ewig, der heilige Geist ist ewig.

Und sind doch nicht drey Ewige, sondern es ist ein Ewiger.

Gleichwie nicht drey unerschaffene, noch drey unmeßliche, sondern es ist ein Unerschaffener, und ein unmeßlicher.

Also auch der Vater ist allmächtig, der Sohn ist allmächtig, der heilige Geist ist allmächtig.

Und sind doch nicht drey Allmächtige, sondern es ist ein Allmächtiger.

Also der Vater ist GOtt, der Sohn ist GOtt, der heilige Geist ist GOtt.

Und sind doch nicht drey Götter, sondern es ist ein GOtt. |

Also der Vater ist der HErr, der Sohn ist der HErr, der Heilige Geist ist der HErr. 164

Und sind doch nicht drey HErren, sondern es ist ein HErr.

Denn gleichwie wir müssen nach Christlicher Wahrheit, eine jegliche Person für sich, GOtt und HErrn bekennen:

Also können wir im Christlichen Glauben nicht drey Götter oder drey HErren nennen.

Der Vater ist von Niemand weder gemacht noch geschaffen, noch gebohren.

Der Sohn ist allein vom Vater, nicht gemacht, noch geschaffen, sondern gebohren.

Der Heilige Geist ist vom Vater und Sohn nicht gemacht, nicht geschaffen, nicht gebohren, sondern ausgehend.

So ist nun ein Vater nicht drey Väter, ein Sohn nicht drey Söhne, ein Heiliger Geist nicht drey Heilige Geister.

Und unter diesen drey Persohnen ist keine die erste, keine die letzte, keine die grösseste, und keine die kleineste.

Sondern alle drey Persohnen sind mit einander gleich ewig, gleich 5 groß.

Auf daß also wie gesagt ist, drey Persohnen in einer Gottheit, und ein GOtt in drey Persohnen geehret werde. |

165   Wer nun will selig werden, der muß also von denen drey Persohnen in GOtt halten. 10

Es ist aber auch noth zur ewigen Seligkeit, daß man treulich gläube, daß JEsus Christus unser HErr, sey wahrhafftiger Mensch.

So ist nun dis der rechte Glaube, so wir glauben und bekennen, daß unser HErr JEsus Christus GOttes Sohn, GOtt und Mensch ist.

GOtt ist er aus des Vaters Natur vor der Welt gebohren, Mensch ist er 15 aus der Mutter Natur in der Welt gebohren.

Ein vollkommener GOtt, ein vollkommener Mensch, mit vernünfftiger Seelen, und menschlichem Leibe.

Gleich ist er dem Vater nach der Gottheit, kleiner ist er denn der Vater nach der Menschheit. 20

Einer, nicht daß die Gottheit in die Menschheit verwandelt sey, sondern daß die Gottheit hat die Menschheit an sich genommen.

Ja einer ist er, nicht daß die zwo Naturen vermenget seynd, sondern daß er ein einige Persohn ist.

Denn gleichwie Leib und Seel ein Mensch ist, so ist GOtt und Mensch 25 ein Christus.

Welcher gelitten hat um unser Seligkeit willen, zur Höllen gefahren, am dritten Tage auferstanden von den Todten. |

166   Aufgefahren gen Himmel, sitzend zur Rechten GOttes des allmächtigen Vaters. 30

Und wiewol er GOtt und Mensch ist, so ist er doch nicht zween, sondern ein Christus.

Von dannen er kommen wird, zu richten die Lebendigen und die Todten.

Und zu seiner Zukunfft müssen alle Menschen auferstehen mit ihren 35 eignen Leibern.

Und müssen Rechenschafft geben, was sie gethan haben.

Und welche Gutes gethan haben, werden ins ewige Leben gehen, welche aber Böses gethan, ins ewige Feuer.

Das ist der rechte Christliche Glaube, wer denselben nicht fest und 40 treulich glaubt, der kan nicht selig werden.

Symbolum Ephesinum,
oder
Glaubens-Bekänntniß,
gestellt im Concilio zu Epheso Anno 431.

5 Wir bekennen, daß unser HERR JEsus Christus der eingebohrne Sohn GOttes, vollkommener GOTT sey, und vollkommener Mensch, aus einer ver-
nünfftigen Seel und Leib, der vor allen Zeiten nach der Gottheit aus dem
Vater, in | diesen letzten Zeiten aber eben derselbige von unsert und unsers   167
Heils wegen, nach der Menschheit aus Maria der Jungfrauen gebohren ist,
10 dann eine Vereinigung beyder Naturen geschehen ist. Derhalben bekennen
wir auch einen Christum, einen Sohn und HErrn. Wir bekennen auch das,
daß nach diesem Verstand dieser unvermischten Einigkeit, die heilige Jungfrau eine Gottes-Gebererin sey, darum daß GOtt (das Wort) Fleisch angenommen, und Mensch worden ist, und den Tempel, den er aus ihr ange-
15 nommen, von der Empfängniß an ihm vereiniget hat. Wir wissen auch, daß
die Theologi, und in der Schrifft gelehrte Männer die Evangelische und
Apostolische Sprüche, ob sie gleich von einer Persohn des HErrn reden,
dennoch von wegen zwoer Naturen in ihm unterscheiden, und etliche, als
welche die Gottheit antreffen, auf die Gottheit Christi, die andern aber und
20 niedrigen, auf seine Menschheit ziehen.

Symbolum Chalcedonense,
oder
Glaubens-Bekänntniß,
welches gestellet im Concilio zu Chalcedon Anno 451.

25 Wir halten es mit den heiligen Vätern, und lehren einhelliglich, bekennende,
daß eben der einige unser HErr JEsus Christus zugleich vollkommen in |
der Gottheit, und vollkommen in der Menschheit, wahrhafftig GOtt und   168
wahrhafftig Mensch sey, eben einer aus vernünfiger Seel und Leib, daß er
nach der Gottheit eines Wesens mit dem Vater, nach der Menschheit eines
30 Wesens mit uns sey, und uns in allen Dingen gleich, ausgenommen die
Sünde, welcher zwar vor allen Zeiten nach der Gottheit vom Vater gebohren, in diesen letzten Tagen aber eben derselbige, von unsert und von unsers Heils wegen, aus Maria der Jungfrauen und Gottes Gebererin gebohren
nach der Menschheit. Wir bekennen auch, daß dieser einige Christus, der
35 eingebohrne Sohn und HErr, in zweyen Naturen unvermischt, unverwandelt,
unzertheilt und unzertrennt erkennet werden solle, und daß der Naturen
Unterscheid, von wegen der Einigkeit der Persohn, gar nicht solle aufgehoben werden, sondern daß vielmehr beyder Naturen Eigenschafften behalten, und in einer Persohn und in eine hypostasin zusammen gefasset und
40 nicht in zwo Persohnen sollen getrennet oder zertheilt werden, sondern

---

6 vollkommener Mensch] vollnkommener Mensch

daß eben der einige und eingebohrne Sohn GOttes (das Wort) unser HErr JEsus Christus seye und erkannt werde, wie das von Anfang die heilige Propheten von ihm geweissaget, auch er selbst uns gelehrt, und uns die Väter in ihrem Bekänntniß des Glaubens verlassen haben.

——————— |

169

Register, über die Agenda.

5

Form die Kinder zu tauffen.	pag. 1.
Formular die Bejahreten zu tauffen.	pag. 15.
Form der Vorbereitung zum Heiligen Abendmahl.	pag. 25.
Form das heilige Abendmahl zu halten.	pag. 55.
Die Ehe-Einleitung.	pag. 93.
Form einen zum Predigt-Amt zu ordiniren.	pag. 106.
Von Besuchung der Krancken.	pag. 117.
Von Besuchung der Gefangenen.	pag. 139.	
170 Anhang.	
Kurtze Tauff-Formul bey krancken Kindern etc.	pag. 147.
Kurtze Formul der Vorbereitung und Handlung des Heil. Abendmahls bey Krancken etc.	pag. 154.
Symbolum Nicaenum.	pag. 161.
Symbolum Athanasianum.	pag. 162.
Symbolum Ephesinum.	pag. 166.
Symbolum Chalcedonense.	pag. 167.

10

15

20

Kirchen-Gebethe,

Welche
Von Seiner Königlichen Majestät
in Preussen, in allen Evangelisch-Reformirten
und Evangelisch-Lutherischen Gemeinen Dero
Königreichs und anderen Landen;
Und zwar
An denen Sonn- und hohen Fest-
Tagen vor und nach der Predigt,
So dann
Bey denen Wochen-Predigten,
und
In denen Bethstunden und Bußtagen,
vorzubethen verordnet seynd.
Mit
Sr. Königl. Majestät in Preussen
Allergnädigstem Privilegio,
Von neuem wieder aufgelegt im Jahr 1741.

Berlin, gedruckt bey Johann Gottfried Michaelis. |

Kirchen-Gebeth,
an Sonn- und Fest-Tagen des Morgens vor der Predigt.

Geliebte in dem HErrn JEsu Christo: Lasset uns für dem Angesichte GOttes uns demüthigen, und ihn aus Grund unserer Hertzen also anruffen:

Barmhertziger, getreuer GOTT, du ewiger Vater unsers HErrn JEsu Christi, der du mit deinem Sohne und Heiligen Geiste regierest in Ewigkeit. Wir sagen dir Lob und Danck, für aller deine Wohlthaten, die wir ohn Unterlaß von deiner milden Güte empfangen: Daß du uns die gantze Zeit unsers Lebens, wie auch die vergangene Nacht, so gnädiglich behütet, und uns den heutigen Tag gesund hast lassen erleben. | Insonderheit dancken wir dir, daß du bey uns die schreckliche Finsterniß des Pabstthums vertrieben, und das helle Licht des Evangelii hast lassen aufgehen, bey welchem wir dich und deinen Willen recht erkennen und lernen können, wie wir Christlich leben, und selig sterben sollen.

Wir bitten dich gütiger GOtt und Vater, du wollest solch Gnaden-Licht deines Evangelii uns und unsern Nachkommen erhalten; Und damit wir dein angenehmes Volck seyn und bleiben, so vergib uns alle unsere Sünde und Missethaten, umb deines lieben Sohnes, unsers Heylandes JEsu Christi willen, und heilige uns durch deinen Heiligen Geist, je länger je mehr, daß wir der Welt und allen weltlichen Wollüsten von Hertzen absagen, und unsere Freude und Wollust darinnen suchen, daß wir dir dienen in Heiligkeit und Gerechtigkeit, die dir gefällig ist. |

5 Und demnach wir auf deinen Befehl allhier bey einander seyn, den Sabbath zu feyren;

So eröffne unsre Ohren und Hertzen, daß wir dein heiliges Wort mit Freuden hören, mit Fleiß erwegen, und in reinem Hertzen behalten, dich getrost anruffen, und nicht allein diesen Tag, sondern auch alle übrige Tage unsers kurtzen Lebens, von allen bösen Wercken feyren, biß daß wir endlich zu dem ewigen Sabbath-Tag gelangen, da wir mit Englischen Zungen und Hertzen, deine grosse Thaten, mit allen Auserwehlten, Engeln und Menschen, rühmen und preisen werden in alle Ewigkeit, Amen. Unser Vater etc.

Der GOtt des Friedens heilige euch gantz und gar, und euer gantzer Geist, Seel und Leib werde unsträflich, biß auf die Zukunfft unsers HErrn JEsu Christi, behalten. Getreu ist der euch ruffet, der wirds auch thun, Amen. |

6 Es ist zu mercken:
Daß in den nachfolgenden Gebethen, wo ein Raum gelassen worden, nach jedes Landes und Orts Gelegenheit, folgendes mit einzurücken sey:

Als nemlich,
I.
Wo ein Königlicher Stadthalter geordnet, kan
bey Lit. A. eingerücket werden:
Den Königl. Herrn Stadthalter und alle etc.

II.
In den Städten wird beygefüget, nach den Worten:
Die der Königl. Herrschafft und des Landes Bestes, sowol hier, als anderswo, treulich suchen und befördern;
Wie auch einen Hoch- (oder Wohl-) weisen Rath und geordnete Gerichte dieser Stadt. |

7 III.
Wo Königl. Haupt-Leute gesetzet seyn, wird beygefüget:
Imgleichen, den Königl. Herrn Hauptmann allhier, samt dessen Familie.

IV.

Wo Lehns- und Gerichts-Herren seyn, wird hinzugesetzet:
Dabeneben, unsere hiesige Lehns- und Gerichts-Herrschafft, samt allen ihren Angehörigen.

V.

Wenn zu Königsberg in Preussen, die Vernal- oder
Autumnal-Juridic des Königl. Tribunals, abgekündiget
wird, kan solches dergestalt hier eingerücket werden;
Und weil das Königl. Ober-Appellations-Gericht allhier künfftigen Dienstag
soll geöffnet werden; so bitten Wir dich, | O! grosser GOtt! von Hertzen, du   8
wollest sowol den Herrn Praesidenten, als auch die gesamten Räthe und
Assessores nicht allein mit guter Gesundheit und Kräfften des Leibes dazu
begaben, sondern auch Sie durch deinen Heil. Geist erleuchten, daß Sie in
allen vorkommenden Sachen, suchen, finden, und sprechen, was recht ist;
damit das Böse gestrafft, das Gute belohnet, und die Unschuld gerettet und
geschützet werde; Auf daß Du noch weiter, als ein GOTT der Gerechtigkeit,
mögest Lust haben unter uns zu wohnen, und dem Lande Gutes zu thun!

————————— |

Kirchen-Gebeth,   9
Am Sonntage nach der Predigt zu sprechen und vorzubeten:

Allmächtiger Ewiger GOtt! Barmhertziger Vater in JEsu Christo, wir dancken
dir von Hertzen, daß du uns in diesem zeitlichen Leben bisher gnädiglich
erhalten, und durch dein Evangelium von deinem Sohne, auch zu dem ewigen Leben beruffen und zubereiten lässest; Wie wir dann eben jetzo dein
heiliges Wort im Frieden und Ruhe zu dem Ende anhören können. |

  Wir bitten dich demüthiglich, siehe uns ferner in Gnaden an, vergib   10
uns unsere Sünden und Uebertretungen, und erneure uns im Geist unseres
Gemüths, daß wir Dir dienen in Heiligkeit und Gerechtigkeit, die Dir gefällig ist.

  Erhalte unter uns die Predigt deines Worts, samt dem reinen Gebrauch
deiner Heil. Sacramenten, und gib treue Hirten und Lehrer, uns und unsern
Nachkommen!

  Steure und wehre mächtiglich allen Verführungen und Verleitungen
von der Krafft der Gottseeligkeit; Damit also dein Nahme einmühtiglich, wie
in der gantzen Christenheit, also auch in diesen unsern Landen geheiliget,
dein Reich vermehret, und des Satans Reich mehr und mehr gestöhret
werde. |

11   Nimm dich allenthalben gnädiglich deiner Kirchen an, sonderlich der Verfolgten, und schaffe ihr Pfleger und Säug-Ammen an allen Herrschafften und Regenten.

Absonderlich laß dir, O GOTT! in deinen Schutz und Gnade befohlen seyn, Ihro Römische Käyserliche Majestät, auch alle Könige, Churfürsten, 5 Fürsten, und Stände des Römischen Reichs.

Fürnehmlich aber laß deine Barmhertzigkeit groß werden über Seiner Königlichen Majestät in Preussen, Unserm allergnädigsten König und Herrn, über Dero Königlichen Gemahlin, der Königin Majestät, über der Königlichen Frau Mutter Majestät, über der Königlichen Printzen und Printzeßinnen 10 Königlichen Hoheiten, wie auch über der Herren Marggraffen und Marggräf-

12   finnen, auch Dero Printzen und | Printzeßinnen Hoheiten, und allen die dem Königl. Hause anverwandt und zugethan seyn.

Setze Sie bey gesundem und langem Leben zum beständigen Seegen, und Christlichem Fürbilde, deinem Volcke für und für. 15

Sonderlich wollest Du O HERR! unserm Könige zu seiner Regierung geben und verleihen ein weises Hertz, Königliche Gedancken, heilsame Rath-schläge, gerechte Wercke, einen tapffern Muth, starcken Arm, verständige und getreue Räthe zu Krieges- und Friedens-Zeiten, sieghaffte Krieges-Heer, getreue Diener, und gehorsame Unterthanen, damit wir noch lange Zeit, 20 unter Seinem Schutz und Schirm, ein geruhiges und stilles Leben führen mögen, in aller Gottseligkeit und Ehrbarkeit. |

13   Nimm auch in deinen väterlichen Schutz alle hohe und niedere Officirer und Soldaten, bewahre sie auf ihren Wegen und Stegen, regiere ihre Her-tzen jederzeit, daß sie dem Eyd, welchen sie so theuer geleistet, fleißig und 25 gehorsamlich nachleben: Behüte sie vor Kranckheiten und ansteckenden Seuchen, auch allem andern Uebel: Laß sie deine väterliche Liebe und Für-sorg dergestalt erkennen, daß ihre Dienste gereichen zu deiner Ehre, zum Schutz der Kirchen und des Vaterlandes, wie auch zu ihrer zeitlichen und ewigen Wohlfahrt. 30

Wir befehlen dir auch (A.) alle hohe und niedere Civil-Bediente, die sowol anderswo, als hier insonderheit, des Königs und des Vaterlandes Be-stes treulich suchen und befördern.

Lehre sie alle einmühtig dahin trachten, daß Recht und Gerechtigkeit gehandhabet, und hingegen alles unrechte Wesen durch ihren Dienst getil- 35 get werde; Stehe ihnen bey mit deiner väterlichen Hülffe, daß der Sünden und Seufftzer des Landes weniger, und dein Seegen unter uns vermehret werde. |

14   Segne, liebreicher GOTT, uns und alle Königliche Länder, die Christliche Kinder-Zucht, alle ehrliche Handthierung und Nahrung zu Wasser und zu 40 Lande. Hilff einem jeden in seiner Noth, und erbarme Dich aller, die wo zu Dir schreyen! Behalte uns in deiner Liebe, und laß uns alles in der Welt zum Besten dienen.

Wende von uns in Gnaden ab, alle wohl verdiente Land-Plagen: Krieg, Hunger und theure Zeiten, Feuer und Wassers-Noth, Pestilentz und andere Seuchen an Menschen oder Vieh, und was wir sonst mit unseren Sünden verdienet haben. Gib gedeyliches Gewitter, und laß wohl gerathen die
5 Früchte der Erden! Sey ein Heyland aller Menschen, sonderlich deiner Gläubigen. |

Du heiliger GOtt, bewahre uns für Sünden und Schanden, und stehe 15 uns bey mit Deinem guten Geist, damit wir nicht durch Uebertretungen deinen Seegen verschertzen, und deine gerechte Straffe uns zuziehen.
10 Wir erkennen, O HErr, wann du uns nach deiner Langmuth damit verschonest, daß es nicht ist unsere Gerechtigkeit, die Dich hierzu beweget, dann wir sind unnütze Knechte für Dir, sondern allein Deine grundlose Barmhertzigkeit: Nach derselben sey uns ferner gnädig, und lencke unsere Hertzen auch zur Liebe gegen den Nechsten und Mitleiden gegen alle
15 Nothleidende, daß wir nie vergessen Jederman, auch unseren Feinden Guts zu thun, damit wir erweisen, daß wir deine Kinder sind.

Bewahre uns für einem bösen und schnellen Tod, und bereite uns mehr und | mehr durch deinen Geist und Gnade zu einem seeligen Ende. 16

Fürnehmlich aber in der letzten Todes-Stunde, treib von uns den Satan
20 mit allen seinen Anfechtungen, und vermehre uns den Glauben an deinen Sohn JEsum, daß wir überwinden alle Schrecken des Todes.

Wenn denn unsere Ohren nicht mehr hören können, so laß deinen Heiligen Geist Zeugniß geben unserem Geist, daß wir, als deine Kinder und Christi Mit-Erben, bald sollen mit JESU bey Dir im Paradiese seyn.
25 Wenn auch unsere Augen nicht mehr werden sehen können, so thue unsere Glaubens-Augen auf, daß wir alsdenn vor uns deinen Himmel offen sehen, und den HErrn JEsum zu seines Vaters Rechten. Auch wir seyn sollen, wo Er ist! |

Wenn auch unsere Zunge nicht mehr wird sprechen können; dann laß 17
30 sonderlich deinen Geist uns für dir vertreten, mit unaussprechlichen Seufftzen! und einen jeden lehren in seinem Hertzen ruffen: Abba, lieber Vater! Vater! in deine Hände befehl ich meinen Geist.

Gib also, getreuer GOTT! daß wir leben in deiner Furcht, sterben in deiner Gnade, dahin fahren in deinem Friede, ruhen im Grabe unter deinem
35 Schutz, auferstehen durch deine Krafft, und darauf ererben die seelige Hoffnung, das ewige Leben; um deines lieben Sohnes willen, | JESU CHristi 18 unseres HErren, welchem samt Dir und dem Heiligen Geiste sey Lob und Preiß, Ehre und Herrlichkeit, itzt und immerdar!   Amen, Amen.

———— |

19   Das Gebeth,
                                So
              Nach denen Wochen-Predigten vorzusprechen:

Allmächtiger Ewiger GOtt! Barmhertziger Vater in JEsu CHristo! wir dancken
Dir von Hertzen, daß Du uns in diesem zeitlichen Leben bisher gnädiglich   5
erhalten, und durch dein Evangelium von deinem Sohne, auch zu dem ewigen Leben beruffen und zubereiten lässest; Wie wir denn eben itzo dein
20   heiliges Wort in Friede und Ruhe zu dem Ende anhören können. | Wir
bitten Dich demüthiglich, siehe uns ferner in Gnaden an, vergib uns unsere
Sünden und Uebertretungen; und erneuere uns im Geist unsers Gemüths,   10
daß wir Dir dienen in Heiligkeit und Gerechtigkeit, die Dir gefällig ist; Erhalte
unter uns die Predigt deines Worts, samt dem reinen Gebrauch deiner Heil.
Sacramenten, und gib treue Hirten und Lehrer, uns und unsern Nachkommen; Steure und wehre mächtiglich allen Verführungen und Verleitungen,
von der Krafft der Gottseeligkeit, damit also dein Nahme einmüthiglich, in   15
der gantzen Christenheit geheiliget, dein Reich vermehret, und des Satans
Reich mehr und mehr gestöhret werde.
     Nimm Dich allenthalben gnädiglich deiner Kirchen an, sonderlich der
Verfolgten, und schaffe ihr Pfleger und Säug-Ammen, an allen Herrschafften
und Regenten. | 20
21   Absonderlich laß Dir, o GOTT! in deinen Schutz und Gnade befohlen
seyn, Ihro Römische Käyserliche Majestät, auch alle Könige, Chur-Fürsten,
Fürsten und Stände des Römischen Reichs.
     Fürnehmlich aber, laß deine Barmhertzigkeit groß werden, über Seiner
Königlichen Majestät in Preußen, Unsern Allergnädigsten König und Herrn,   25
über Dero Königlichen Gemahlin, der Königin Majestät, über der Königlichen Frau Mutter Majestät, über der Königlichen Printzen und Printzeßinnen
Königlichen Hoheiten, wie auch über der Herren Marggrafen und Marggräfinnen, auch dero Printzen und Printzeßinnen Hoheiten, und allen die dem
Königlichen Hause anverwandt und zugethan seyn.   30
     Setze Sie bey gesundem und langem Leben zum beständigen Seegen,
und Christlichem Fürbilde, deinem Volck für und für. |
22   Sonderlich wollest Du o HErr! Unserem Könige zu Seiner Regierung
geben und verleihen, ein weises Hertz, Königliche Gedancken, heylsame
Rathschläge, gerechte Wercke, einen tapffern Muth, starcken Arm, verstän-   35
dige und getreue Räthe, zu Krieges- und Friedens-Zeiten, sieghaffte Krieges-
Heer, getreue Diener, und gehorsame Unterthanen, damit wir noch lange
Zeit unter seinem Schutz und Schirm ein geruhiges und stilles Leben führen
mögen, in aller Gottseeligkeit und Ehrbarkeit. |
23   Nimm auch in deinen väterlichen Schutz alle hohe und niedere Officirer   40
und Soldaten, bewahre sie auf ihren Wegen und Stegen, regiere ihre Hertzen jederzeit, daß sie dem Eyd, welchen sie so theuer geleistet, fleißig und

gehorsamlich nachleben: Behüte sie vor Kranckheiten und ansteckenden Seuchen, auch allem anderen Uebel: Laß sie deine väterliche Liebe und Fürsorge dergestallt erkennen, daß ihre Dienste gereichen zu deiner Ehre, zum Schutz der Kirchen und des Vater-Landes, wie auch zu ihrer zeitlichen und ewigen Wohlfahrt.

Wir befehlen Dir auch (A.) alle hohe und niedere Civil-Bediente, die so wol anderswo, als hier insonderheit, des Königes und des Vater-Landes Bestes treulich suchen und befördern. |

Lehre sie alle einmüthig dahin trachten, daß der Sünden und Seufftzer des Landes weniger, und hingegen dein Seegen unter uns vermehret werde.

Segne, liebreicher GOTT! uns und alle Königliche Länder, die Christliche Kinder-Zucht, alle ehrliche Handthierung und Nahrung zu Wasser und Lande; Hilf auch einem jeden in seiner Noth, und erbarme Dich aller, die wo zu Dir schreyen; Thue wohl unsern Wohlthätern, verzeihe unsern Widerwärtigen, behalte uns in deiner Liebe, und laß uns alles in der Welt zum Besten dienen.

Wende von uns in Gnaden ab, alle wohlverdiente Land-Plagen und Straffen! Dagegen gib gedeyliches gesundes Gewitter, und laß wohl gerathen die Früchte der Erden! Sey ein Heyland aller Menschen, sonderlich | deiner Gläubigen! Bewahre uns für einem bösen und schnellen Tod, bereite uns mehr und mehr zu einem seligen Ende, und bringe uns endlich allesamt in Dein ewiges Himmelreich! durch unsern HERRN JESUM CHristum, welchem samt Dir und dem Heiligen Geiste, sey Lob und Preiß, und Ehre und Herrlichkeit, itzt und immerdar!   Amen.

Unser Vater! etc.

NOTA.

Dieses vorhergehende Gebeth, kan auch des Sonntags bey der Nachmittags-Predigt, vorgebethet werden, wo es bräuchlich ist, nach dieser Predigt ein Gebeth zu thun.

26
Das Gebeth,
So in denen Beth-Stunden,
Und Buß-Tagen, vorzusprechen.

HERR, HERR GOTT! barmhertzig, und gnädig, und geduldig, und von grosser
Güte und Treue, der Du Gnade beweisest bis ins tausende Glied, und vergie-
best Missethat, Uebertretung und Sünde, und für welchem niemand in der
27 Welt unschuldig ist; Du hast keinen | Gefallen auch am Tode des Gottlosen,
sondern wilst vielmehr, daß er sich bekehre und lebe; Und drum liegen
auch wir hier für Dir, mit unserm Gebethe, nicht auf unsere Gerechtigkeit,
denn die ist wie eine beflecktes Kleid; Sondern auf Deine grosse Güte,
Gnade und Barmhertzigkeit, die hat nimmer ein Ende.

Wir bekennen demüthiglich, daß wir nicht allein in Sünden empfangen
und gebohren worden, sondern daß wir auch täglich, in Gedancken, Ge-
behrden, Worten und Wercken, Deine heilige Gebote mannigfaltig übertreten haben, daß, wenn Du mit uns handeln woltest nach unserm Verdienst,
müsten wir verlohren gehen; Aber Deine Barmhertzigkeit die ist viel zu
brünstig, und hat noch kein Ende, ja Deine Güte und Treue ist bey uns alle
Morgen neu; |

28
HERR! wir müssen uns schämen, daß wir Deine Gnade offt auf Muthwillen gezogen, und sie vielfältig gemißbraucht, zu fleischlicher Sicherheit,
Ruchlosigkeit, Uppigkeit, mancherley Eitelkeit, und vielen andern groben
und schweren Sünden, welche viele und offt Deinen Zorn gereitzet, daß wir
leicht drum geworden wären, wie Sodom und Gomorha.

Nur, wir bitten um Gnade! vergib uns um CHristi willen alle unsere
Missethaten, und werde doch über uns des Erbarmens nicht müde! Schone
ferner unser mit denen harten Straffen, und wo Du uns wilst züchtigen, so
thue es mit massen, daß Du uns nicht aufreibest:

Insonderheit wollest Du uns Dein Wort nicht enthalten, noch es je lassen weichen von unserm Munde, noch von dem Munde unserer Kinder und
29 Kindes-Kinder! | Entzeuch uns auch nicht den rechten Gebrauch der heili-
gen Sacramenten, damit Dein Wort allezeit sey unser Füsse Leuchte, und
unser aller Hertzens Trost, in allem unserm Elende.

Erwecke noch ferner treue Hirten und Lehrer nach deinem Hertzen, die
Warheit und Friede lieben, die nicht suchen das Ihre, sondern was JESU
CHristi ist. Dagegen steure und wehre allen reissenden Wölffen und Mied-
lingen!

Erleuchte auch, O HERR, und regiere mit dem Geist der Weißheit, der
Wahrheit, der Gerechtigkeit und des Friedens, alle weltliche Obrigkeit.

Absonderlich laß Dir, O GOTT! in Deinen Schutz und Gnade befohlen
30 seyn, Ihro Römische Käyserliche Majestät, auch | alle Könige, Chur-Fürsten,
Fürsten und Stände des Römischen Reichs.

Fürnehmlich aber, laß deine Barmhertzigkeit groß werden, über Seine Königliche Majestät in Preußen, Unsern Allergnädigsten König und Herrn, über Dero Königlichen Gemahlin, der Königin Majestät, über der Königlichen Frau Mutter Majestät, über der Königlichen Printzen und Printzeßinnen
5 Königlichen Hoheiten, wie auch über der Herren Marggraffen und Marggräfinnen, auch Dero Printzen und Printzeßinnen Hoheiten, und allen die dem Königlichen Hause anverwandt und zugethan seyn.

Setze Sie bey gesundem und langem Leben zum beständigen Seegen, und Christlichem Fürbilde, deinem Volck für und für. |

10 Sonderlich wollest Du, o HErr! Unserem Könige zu Seiner Regierung 31 geben und verleihen, ein weises Hertz, Königliche Gedancken, heylsame Rathschläge, gerechte Wercke, einen tapffern Muth, starcken Arm, verständige und getreue Räthe, zu Krieges- und Friedens-Zeiten, sieghaffte Krieges-Heer, getreue Diener, und gehorsame Unterthanen, damit wir noch lange
15 Zeit unter seinem Schutz und Schirm eine geruhiges und stilles Leben führen mögen, in aller Gottseeligkeit und Ehrbarkeit. |

Nimm auch in deinen väterlichen Schutz alle hohe und niedere Officirer 32 und Soldaten, bewahre sie auf ihren Wegen und Stegen, regiere ihre Hertzen jederzeit, daß sie dem Eyd, welchen sie so theuer geleistet, fleißig und
20 gehorsamlich nachleben: Behüte sie vor Kranckheiten und ansteckenden Seuchen, auch allem anderen Uebel: Laß sie deine väterliche Liebe und Fürsorge dergestallt erkennen, daß ihre Dienste gereichen zu deiner Ehre, zum Schutz der Kirchen und des Vater-Landes, wie auch zu ihrer zeitlichen und ewigen Wohlfahrt.

25 Wir befehlen Dir auch (A.) alle hohe und niedere Civil-Bediente, die so wol anderswo, als hier insonderheit, des Königes und des Vater-Landes Bestes treulich suchen und befördern. |

Lehre sie alle einmühtig dahin trachten, daß Recht und Gerechtigkeit 33 gehandhabet, und hingegen alles unrechte Wesen durch ihren Dienst getil-
30 get werde; Stehe ihnen bey mit deiner väterlichen Hülffe, daß der Sünden und Seufftzer des Landes weniger, und dein Seegen unter uns vermehret werde.

Laß Dir auch empfohlen seyn alle hohe und niedrige Schulen in denen Königlichen Ländern, insbesonderheit diejenige, welche unter uns gestifftet
35 seynd; Gib, daß so wohl die Lehrende als Lernende deinen Seegen und Beystand empfinden, zur Beförderung nützlicher Wissenschafften und Künste, welche zur Ausbreitung deiner Ehren, auch deiner Kirchen und gemeinen Vater-Landes Wohlfahrt und Nutzen gedeyen können! |

Segne alle Christliche Haus-Väter und Hauß-Mütter in der Arbeit ihres 34
40 Beruffs, daß hinfort ein jeglicher in seiner Hütten im Frieden wohne. Gib Gnade zu der Christlichen Kinder-Zucht, verleihe deinen Seegen zu den Früchten der Erden, befiehl deinen dienstbaren Geistern, daß sie uns und

unsere Kinder, und alles was wir von deiner Hand haben, für allem Unglück beschützen und behüten.

Wende auch ferner gnädiglich von uns ab alle wohl-verdiente Land-Plagen, feindlichen Einfall und Räuber-Hauffen, schädliches Gewitter, Hunger und theure Zeit, Pestilentz und ansteckende Seuchen an Menschen oder Vieh, Feuer- und Wassers-Noth, und was wir sonst mit unsern Sünden verdienet haben. |

35 Sende auch Trost und Hülffe allen andern angefochtenen Hertzen: Erhöre die Seufftzer der unschuldig Vertriebenen, errette die Bedrängten und Verfolgten, erleuchte und bekehre die Irrenden, ernähre und versorge die Armen und Dürfftigen, sey ein Vater und Richter der verlassenen Wittwen und Wäysen, behüte die Schwangern und Säugenden, stärcke und erquicke die Schwachen und Krancken, geleite und bewahre die Reisenden. Lehre uns auch bedencken, daß wir Pilgramme und Fremdlinge hier auf Erden seynd; Lehre uns bedencken, daß wir sterben müssen, auf daß wir klug werden. Behüte uns für einem bösen schnellen, sonderlich für dem geistlichen und ewigen Tode: Mache uns aber zu aller Zeit und Stunde bereit, und erlöse uns endlich durch ein sanfftes seeliges Ende aus allem Elende, und nimm uns auf zu Dir in dein ewiges himmlisches Reich. |

36 Erhöre uns, O Vater aller Barmhertzigkeit! Laß diß unser Gebeth und Flehen für Dich kommen in deine heilige Wohnung, laß es ein angenehmes Opffer seyn für deinem Angesicht, um deines eingebohrnen Sohnes JESU CHristi willen, in dessen Nahmen wir Dich um diese und andere Wohlthaten anruffen, wie Er uns selbst gelehret, und zu bethen befohlen hat.

Unser Vater! etc.

———————— |

37 Die Gebethe,
So
An denen hohen Fest-Tagen, nach der Vormittags-Predigt,
vorzusprechen.

————————

Kirchen-Gebeth am Christ-Feste.
Ewiger und allmächtiger GOTT, wir dancken Dir von gantzem Hertzen, daß Du also die Welt geliebet hast, und deinen eingebohrnen Sohn gesandt,

———————————————————————————————

20 Barmhertzigkeit] Barnmhertzigkeit

gebohren von einem Weibe, der reinen Jungfrau Maria, daß wir die Kind-
schafft | empfingen; Wir haben es freylich nur allein zu dancken deiner   38
hertzlichen Barmhertzigkeit, daß uns also besucht hat, der Aufgang aus der
Höhe, und derselbe dein Sohn, JEsus Christus, unser HERR, eben wie die
5   Kinder Fleisch und Blut an sich haben, dessen gleichermassen auch theilhafftig worden, damit er durch seinen Tod, die Macht nehme dem, der des
Todes Gewalt hatte, das ist, dem Teuffel, und erlösete die, so durch Furcht
des Todes, im gantzen Leben Knechte seyn musten.

   Wir bitten dich hertzlich, verleih uns die Gnade, daß wir Dir unser Le-
10   benlang dafür mögen danckbar seyn, und von Tage zu Tage mehr und
mehr erkennen, wie uns Dein Sohn JESUS von Dir seye gemacht worden,
zur Weißheit, Gerechtigkeit, Heiligung und Erlösung, daß wir alles für Scha-
den achten, gegen der überschwencklichen Erkäntniß JESU CHristi. Gib |
daß wir an Ihn, unsern HErrn und Heyland, aufrichtig glauben, uns Ihm   39
15   gantz und gar vertrauen und ergeben, Ihme willig dienen in Heiligkeit und
Gerechtigkeit! und durch Ihn deine Kinder, und seine Mit-Erben seyn Deiner
ewigen Herrlichkeit! Ehre sey Dir also stets, O GOTT in der Höhe! und Friede
auf Erden, und den Menschen ein Wohlgefallen!

   Erhalte unter uns die Predigt deines Worts, samt dem reinen Gebrauch
20   deiner Heil. Sacramenten, und gib treue Hirten und Lehrer, uns und unsern
Nachkommen!

   Steure und wehre mächtiglich allen Verführungen und Verleitungen
von der Krafft der Gottseeligkeit; damit also Dein Nahme einmüthiglich, wie
in der gantzen Christenheit, also auch in diesen unsern Landen geheiliget,
25   dein Reich vermehret, und des Satans Reich mehr und mehr gestöhret
werde. |

   Nimm Dich allenthalben gnädiglich deiner Kirchen an, sonderlich der   40
Verfolgten, und schaffe ihr Pfleger und Säug-Ammen, an allen Herrschafften
und Regenten.

30   Absonderlich laß Dir, O GOtt! in deinen Schutz und Gnade befohlen
seyn Ihro Römische Käyserliche Majestät, auch alle Könige, Chur-Fürsten,
Fürsten und Stände des Römischen Reichs.

   Fürnehmlich aber, laß deine Barmhertzigkeit groß werden, über Seine
Königliche Majestät in Preußen, Unsern Allergnädigsten König und Herrn,
35   über Dero Königlichen Gemahlin, der Königin Majestät, über der Königlichen Frau Mutter Majestät, über der Königlichen Printzen und Printzeßinnen
Königlichen Hoheiten, wie auch über der Herren Marggraffen und Marggräfinnen, auch Dero Printzen und Printzeßinnen Hoheiten: über das sämtliche
Königliche Haus und alle Anverwandten. |

40   Setze Sie, bey gesundem und langem Leben, zum beständigen Seegen,   41
und Christlichem Fürbilde, Deinem Volck für und für.

   Sonderlich wollest Du, O HERR! Unserem Könige zu Seiner Regierung
geben und verleihen, ein weises Hertz, Königliche Gedancken, heylsame

Rathschläge, gerechte Wercke, einen tapffern Muth, starcken Arm, verstän-
dige und getreue Räthe zu Krieges- und Friedens-Zeiten, Sieghaffte Krieges-
Heer, getreue Diener und gehorsame Unterthanen, damit wir noch lange
Zeit, unter seinem Schutz und Schirm, ein geruhiges und stilles Leben füh-
ren mögen, in aller Gottseeligkeit und Ehrbarkeit. |					5

42	Nimm auch in deinen väterlichen Schutz alle hohe und niedere Officirer
und Soldaten, bewahre sie auf ihren Wegen und Stegen, regiere ihre Hertzen jederzeit, daß sie dem Eyd, welchen sie so theuer geleistet, fleißig und
gehorsamlich nachleben: Behüte sie vor Kranckheiten und ansteckenden
Seuchen, auch allem anderen Ubel: Laß sie deine väterliche Liebe und Für-		10
sorg dergestalt erkennen, daß ihre Dienste gereichen zu Deiner Ehre, zum
Schutz der Kirchen und des Vater-Landes, wie auch zu ihrer zeitlichen und
ewigen Wohlfahrt.

Wir befehlen Dir auch (A.) alle hohe und niedere Civil-Bediente, die so
wol anderswo, als hier insonderheit, des Königes und des Vater-Landes Be-		15
stes, treulich suchen und befördern. |

43	Lehre sie alle einmühtig dahin trachten, daß Recht und Gerechtigkeit
gehandhabet, und hingegen alles unrechte Wesen, durch ihren Dienst, getilget werde; Stehe ihnen bey mit deiner väterlichen Hülffe, daß der Sünden
und Seufftzer des Landes weniger, und dein Seegen unter uns vermehret		20
werde.

Segne, liebreicher GOtt, uns und alle Königliche Länder, die Christliche
Kinder-Zucht, alle ehrliche Handthierung und Nahrung zu Wasser und zu
Lande. Hilff einem jeden in seiner Noth, und erbarme dich aller, die wo zu
dir schreyen! Behalte uns in deiner Liebe, und laß uns alles in der Welt zum		25
Besten dienen.

Wende von uns in Gnaden ab, alle wohl verdiente Land-Plagen: Krieg,
44	Hunger und theure Zeiten, Feuer und Wassers-|Noth, Pestilentz und andere
Seuchen an Menschen oder Vieh, und was wir sonst mit unseren Sünden
verdienet haben. Gib gedeyliches Gewitter, und laß wohl gerahten die		30
Früchte der Erden! Sey ein Heyland aller Menschen, sonderlich deiner Gläu-
bigen.

Du heiliger GOTT, bewahre uns für Sünden und Schanden, und stehe
uns bey mit deinem guten Geist, damit wir nicht durch Uebertretungen
deinen Segen verschertzen, und deine gerechte Straffen uns zuziehen.		35

Wir erkennen, O HERR! wann Du uns, nach deiner Langmuth, damit
verschonest, daß es nicht ist unsere Gerechtigkeit, die Dich hierzu beweget,
dann wir sind unnütze Knechte für Dir, sondern allein deine grundlose
45	Barmhertzigkeit: Nach derselben sey | uns ferner gnädig, und lencke unsere
Hertzen auch zur Liebe gegen den Nechsten, und Mitleiden gegen alle		40
Nothleidende, daß wir nie vergessen jedermann, auch unseren Feinden
Guts zu thun, damit wir erweisen, daß wir deine Kinder sind.

Bewahre uns für einem bösen und schnellen Tod, und bereite uns mehr und mehr, durch deinen Geist und Gnade, zu einem seeligen Ende.

Fürnehmlich aber in der letzten Todes-Stunde, treib von uns den Satan mit allen seinen Anfechtungen, und vermehre uns den Glauben, an deinen Sohn JEsum, daß wir überwinden alle Schrecken des Todes.

Wenn dann unsere Ohren nicht mehr hören können, so laß deinen Heiligen Geist Zeugniß geben unserem Geist, daß wir, als | deine Kinder und CHristi Mit-Erben, bald sollen mit JESU bey Dir im Paradiese seyn.

Wenn dann unsere Augen nicht mehr werden sehen können, so thue unsere Glaubens-Augen auf, daß wir alsdann vor uns deinen Himmel offen sehen, und den HErren JEsum zu seines Vaters Rechten. Auch wir seyn sollen, wo Er ist!

Wenn auch unsere Zunge nicht mehr wird sprechen können; dann laß sonderlich deinen Geist uns für Dir vertreten, mit unaussprechlichen Seufftzen! und einen jeden lehren in seinem Hertzen ruffen: Abba lieber Vater! Vater! in deine Hände befehle ich meinen Geist!

Gib also, getreuer GOTT! daß wir leben in deiner Furcht, sterben in deiner | Gnade, dahin fahren in deinem Frieden, ruhen im Grabe unter deinem Schutz, auferstehen durch deine Krafft, und darauf ererben die seelige Hoffnung, das ewige Leben; um deines lieben Sohnes willen, JESU CHristi unseres HErren, welchem samt Dir und dem Heiligen Geiste, sey Lob und Preiß, Ehre und Herrlichkeit, itzt und immerdar!   Amen, Amen.

———————— |

Kirchen-Gebeth,
Am Neuen-Jahrs-Tage.

Allergütigster GOTT und himmlischer Vater, wir loben und preisen deinen heiligen Nahmen, wie für alle deine unzählige Wohlthaten, die Du uns von Jugend auf, an dem Leibe, wie an der Seelen, so reichlich erwiesen hast: Also insonderheit, daß Du das letzt vergangene Jahr uns so gnädiglich erhalten, auch Dein heiliges Wort, welches unsers Hertzens Trost in allen unsern Nöthen ist, so reichlich unter uns bisher wohnen lassen;

Vergib uns aus Gnaden, um deines lieben Sohnes willen, alle unsere Sünden, damit wir im vergangenen Jahr, und auch | sonsten jemahls deinen Zorn gereitzet! und laß deine Güte und Treu, mit diesem Neuen Jahr, und auch forthin unter uns, alle Morgen neu werden! Erneure uns allesamt im Geist unsers Gemühts, daß wir mehr und mehr ablegen den alten Menschen, und anziehen den neuen Menschen, damit wir stets zunehmen in einem neuen Gehorsam, und denen Fußstapffen JESU willig folgen und nachgehen, auch durch Ihn dahin kommen, da man Dir singt das neue Lied, in dem neuen Jerusalem, da Du alles neu machen wirst, droben in dem Himmel;

Erhalte unter uns die Predigt deines Worts, samt dem reinen Gebrauch ⁵ deiner Heil. Sacramenten, und gib treue Hirten und Lehrer, uns und unsern Nachkommen!

Steure und wehre mächtiglich allen Verführungen und Verleitungen 50 von der Krafft der Gottseeligkeit; damit also Dein | Nahme einmüthiglich, wie in der gantzen Christenheit, also auch in diesen unsern Landen, geheili- ₁₀ get, dein Reich vermehret, und des Satans Reich mehr und mehr gestöh- ret werde.

Nimm Dich allenthalben gnädiglich deiner Kirchen an, sonderlich der Verfolgten, und schaffe ihr Pfleger und Säug-Ammen, an allen Herrschafften und Regenten. ₁₅

Absonderlich laß Dir, O GOtt! in deinen Schutz und Gnade befohlen seyn Ihro Römische Käyserliche Majestät, auch alle Könige, Chur-Fürsten, Fürsten und Stände des Römischen Reichs.

Fürnehmlich aber, laß deine Barmhertzigkeit groß werden, über Seine Königliche Majestät in Preußen, Unsern Allergnädigsten König und Herrn, ₂₀ über Dero Königliche Gemahlin, der Königin Majestät, über der Königlichen 51 Frau Mutter Maje|stät, über der Königlichen Printzen und Printzeßinnen Königlichen Hoheiten, wie auch über der Herren Marggraffen und Marggrä- finnen, auch Dero Printzen und Printzeßinnen Hoheiten: über das sämtliche Königliche Haus und alle Anverwandten. ₂₅

Setze Sie, bey gesundem und langem Leben, zum beständigen Seegen, und Christlichem Fürbilde, Deinem Volck für und für.

Sonderlich wollest Du, O HERR! Unserem Könige zu Seiner Regierung geben und verleihen, ein weises Hertz, Königliche Gedancken, heylsame Rathschläge, gerechte Wercke, einen tapffern Muth, starcken Arm, verstän- ₃₀ dige und getreue Räthe zu Krieges- und Friedens-Zeiten, sieghaffte Krieges- Heer, getreue Diener und gehorsame Unterthanen, damit wir noch lange Zeit, unter seinem Schutz und Schirm, ein geruhiges und stilles Leben füh- ren mögen, in aller Gottseeligkeit und Ehrbarkeit. |

52 Nimm auch in deinen väterlichen Schutz alle hohe und niedere Officirer ₃₅ und Soldaten, bewahre sie auf ihren Wegen und Stegen, regiere ihre Her- tzen jederzeit, daß sie dem Eyd, welchen sie so theuer geleistet, fleißig und gehorsamlich nachleben: Behüte sie vor Kranckheiten und ansteckenden Seuchen, auch allem anderen Ubel: Laß sie deine väterliche Liebe und Für- sorg dergestalt erkennen, daß ihre Dienste gereichen zu Deiner Ehre, zum ₄₀ Schutz der Kirchen und des Vater-Landes, wie auch zu ihrer zeitlichen und ewigen Wohlfahrt.

Wir befehlen Dir auch (A.) alle hohe und niedere Civil-Bediente, die so wol anderswo, als hier insonderheit, des Königes und des Vater-Landes Bestes, treulich suchen und befördern. |

Lehre sie alle einmühtig dahin trachten, daß Recht und Gerechtigkeit 53
gehandhabet, und hingegen alles unrechte Wesen, durch ihren Dienst, getilget werde; Stehe ihnen bey mit deiner väterlichen Hülffe, daß der Sünden und Seufftzer des Landes weniger, und dein Seegen unter uns vermehret werde.

Segne, liebreicher GOtt, uns und alle Königliche Länder, die Christliche Kinder-Zucht, alle ehrliche Handthierung und Nahrung zu Wasser und zu Lande. Hilff einem jeden in seiner Noth, und erbarme dich aller, die wo zu dir schreyen! Behalte uns in deiner Liebe, und laß uns alles in der Welt zum Besten dienen.

Wende von uns in Gnaden ab, alle wohl verdiente Land-Plagen: Krieg, Hunger und theure Zeiten, Feuer und Wassers-|Noth, Pestilentz und andere 54
Seuchen an Menschen oder Vieh, und was wir sonst mit unseren Sünden verdienet haben. Gib gedeyliches Gewitter, und laß wohl gerahten die Früchte der Erden! Sey ein Heyland aller Menschen, sonderlich deiner Gläubigen.

Du heiliger GOTT, bewahre uns für Sünden und Schanden, und stehe uns bey mit deinem guten Geist, damit wir nicht durch Uebertretungen deinen Seegen verschertzen, und deine gerechte Straffen uns zuziehen.

Wir erkennen, O HERR! wann Du uns, nach deiner Langmuth, damit verschonest, daß es nicht ist unsere Gerechtigkeit, die Dich hierzu beweget, dann wir sind unnütze Knechte für Dir, sondern allein deine grundlose Barmhertzigkeit: Nach derselben sey | uns ferner gnädig, und lencke unsere 55
Hertzen auch zur Liebe gegen den Nechsten, und Mitleiden gegen alle Nothleidende, daß wir nie vergessen jedermann, auch unseren Feinden Guts zu thun, damit wir erweisen, daß wir deine Kinder sind.

Bewahre uns für einem bösen und schnellen Tod, und bereite uns mehr und mehr, durch deinen Geist und Gnade zu einem seeligen Ende.

Fürnehmlich aber in der letzten Todes-Stunde, treib von uns den Satan mit allen seinen Anfechtungen, und vermehre uns den Glauben, an deinen Sohn JEsum, daß wir überwinden alle Schrecken des Todes.

Wenn dann unsere Ohren nicht mehr hören können, so laß deinen Heiligen Geist Zeugniß geben unserem Geist, daß wir, als | deine Kinder 56
und CHristi Mit-Erben, bald sollen mit JESU bey Dir im Paradiese seyn.

Wenn dann unsere Augen nicht mehr werden sehen können, so thue unsere Glaubens-Augen auf, daß wir alsdann vor uns deinen Himmel offen sehen, und den HErren JEsum zu seines Vaters Rechten. Auch wir seyn sollen, wo Er ist!

Wenn auch unsere Zunge nicht mehr wird sprechen können; dann laß sonderlich deinen Geist uns für Dir vertreten, mit unaussprechlichen

Seufftzen! und einen jeden lehren in seinem Hertzen ruffen: Abba lieber
Vater! Vater! in deine Hände befehle ich meinen Geist!

    Gib also, getreuer GOTT! daß wir leben in deiner Furcht, sterben in
57   deiner | Gnade, dahin fahren in deinem Friede, ruhen im Grabe unter dei-
nem Schutz, auferstehen durch deine Krafft, und darauf ererben die seelige   5
Hoffnung, das ewige Leben; um deines lieben Sohnes willen, JESU CHristi
unseres HErren, welchem samt Dir und dem Heiligen Geist, sey Lob und
Preiß, Ehre und Herrlichkeit, itzt und immerdar!   Amen, Amen.

—————— |

58   Kirchen-Gebeth,
                             Am
                       Char-Freytag.   10

Heiliger und gerechter GOTT, wie können wir Dir genugsam dancken für
die unaussprechliche Gnade? da wir, durch die Sünde, alle Kinder des Zorns,
und auf ewig verlohren waren, auch uns selbst nicht rathen oder helffen
konten aus dem grossen Elende: daß Du, heiliger GOTT! gleichwohl eine 15
Versöhnung für uns Sünder erfunden hast in deinem eingebohrnen Sohn,
und denselben uns dargestellt zum beständigen Gnaden-Thron; Ja, Du hast
nicht verschonet dieses deines eingebohrnen Sohns, sondern hast densel-
59   ben für uns | alle dahin gegeben. Er hat an sich genommen unser armes
Fleisch und Blut, damit Er unsere Sünde möchte tragen in unserm Fleisch. 20
Er hat blutigen Schweiß geschwitzt in seiner grösten Todes-Angst, damit
wir in Ihm Friede, Trost und Freude erlangten. Er hat sich lassen binden, als
einen Missethäter, damit wir von Sünden entbunden und frey würden. Er
hat Schmach, Spott und Schand erlitten, daß wir, unserer Sünden halber,
nie zu Schanden werden dörfften. Er ist drauff zum Tode gantz unschuldig 25
verurtheilet, damit unsere Schuld würde getilgt, und wir für Dir leben kön-
ten. Er ließ seinen heiligen Leib an das Creutz annageln, damit also die
Handschrifft unserer Sünden würde abgethan. Er ist an dem verfluchten
Holtz gar zum Fluch für uns worden, damit wir möchten werden die Geseg-
neten des HErrn. Er hat in Höllen-Angst geklagt: Mein GOtt! Mein GOtt! | 30
60   warum hast Du mich verlassen! daß wir nimmer verlassen würden. Endlich
hat Er im Tode sein Blut für uns vergossen, damit uns sein Blut reinige, von
allen unsern Sünden, und wir also mit Dir versöhnt, im Leben, Leiden und
Sterben, möchten versichert seyn, daß wir durch Ihn ewig solten seelig
werden. 35

    Laß dann, liebster Vater, auch uns alle zusammen, in diesem deinem
lieben Sohn, um seines Leidens und Sterbens willen, für Dir Gnade finden,

daß auch unserer Sünden für Dir nimmer werde gedacht, und durch deines
Geistes Krafft, mit Ihm unser alter Mensch mehr und mehr gekreutziget,
auch wir, darauf in Ihme, und durch Ihn, hier heilig, und dort ewig leben
mögen! Hilff daß wir uns insonderheit in der Stund unsers Todes, seines
5 Todes recht trösten, und alsdann voller Freuden, von hinnen | abscheiden   61
mit seinen letzten Worten: Vater, in deine Hände befehl ich itzt meinen
Geist, denn Du hast mich erlöset durch deinen Sohn, Du getreuer GOTT!

Erhalte unter uns die Predigt deines Worts, samt dem reinen Gebrauch
deiner Heil. Sacramenten, und gib treue Hirten und Lehrer, uns und unsern
10 Nachkommen!

Steure und wehre mächtiglich allen Verführungen und Verleitungen
von der Krafft der Gottseeligkeit; damit also Dein Nahme einmüthiglich, wie
in der gantzen Christenheit, also auch in diesen unsern Landen, geheiliget,
dein Reich vermehret, und des Satans Reich mehr und mehr gestöhret
15 werde.

Nimm Dich allenthalben gnädiglich deiner Kirchen an, sonderlich der
Verfolgten, | und schaffe ihr Pfleger und Säug-Ammen, an allen Herrschafft-   62
ten und Regenten.

Absonderlich laß Dir, O GOtt! in deinen Schutz und Gnade befohlen
20 seyn Ihro Römische Käyserliche Majestät, auch alle Könige, Chur-Fürsten,
Fürsten und Stände des Römischen Reichs.

Fürnehmlich aber, laß deine Barmhertzigkeit groß werden, über Seine
Königliche Majestät in Preußen, Unsern Allergnädigsten König und Herrn,
über Dero Königlichen Gemahlin, der Königin Majestät, über der Königli-
25 chen Frau Mutter Majestät, über der Königlichen Printzen und Printzeßinnen
Königlichen Hoheiten, wie auch über der Herren Marggraffen und Marggräfinnen, auch Dero Printzen und Printzeßinnen Hoheiten: über das sämtliche
Königliche Haus und alle Anverwandten. |

Setze Sie, bey gesundem und langem Leben, zum beständigen Seegen,   63
30 und Christlichem Fürbilde, Deinem Volck für und für.

Sonderlich wollest Du, O HERR! Unserem Könige zu Seiner Regierung
geben und verleihen, ein weises Hertz, Königliche Gedancken, heylsame
Rathschläge, gerechte Wercke, einen tapffern Muth, starcken Arm, verständige und getreue Räthe zu Krieges- und Friedens-Zeiten, sieghaffte Krieges-
35 Heer, getreue Diener und gehorsame Unterthanen, damit wir noch lange
Zeit, unter seinem Schutz und Schirm, ein geruhiges und stilles Leben füh-
ren mögen, in aller Gottseeligkeit und Ehrbarkeit. |

Nimm auch in deinen väterlichen Schutz alle hohe und niedere Officirer   64
und Soldaten, bewahre sie auf ihren Wegen und Stegen, regiere ihre Her-
40 tzen jederzeit, daß sie dem Eyd, welchen sie so theuer geleistet, fleißig und
gehorsamlich nachleben: Behüte sie vor Kranckheiten und ansteckenden
Seuchen, auch allem anderen Ubel: Laß sie deine väterliche Liebe und Für-

sorg dergestalt erkennen, daß ihre Dienste gereichen zu Deiner Ehre, zum Schutz der Kirchen und des Vater-Landes, wie auch zu ihrer zeitlichen und ewigen Wohlfahrt.

Wir befehlen Dir auch (A.) alle hohe und niedere Civil-Bediente, die so wol anderswo, als hier insonderheit, des Königes und des Vater-Landes Bestes, treulich suchen und befördern. | 5

65 Lehre sie alle einmühtig dahin trachten, daß Recht und Gerechtigkeit gehandhabet, und hingegen alles unrechte Wesen, durch ihren Dienst, getilget werde; Stehe ihnen bey mit deiner väterlichen Hülffe, daß der Sünden und Seufftzer des Landes weniger, und dein Seegen unter uns vermehret 10 werde.

Segne, liebreicher GOtt, uns und alle Königliche Länder, die Christliche Kinder-Zucht, alle ehrliche Handthierung und Nahrung zu Wasser und zu Lande. Hilff einem jeden in seiner Noth, und erbarme dich aller, die wo zu dir schreyen! Behalte uns in deiner Liebe, und laß uns alles in der Welt zum 15 Besten dienen.

Wende von uns in Gnaden ab, alle wohl verdiente Land-Plagen: Krieg, 66 Hunger und theure Zeiten, Feuer und Wassers- | Noth, Pestilentz und andere Seuchen an Menschen oder Vieh, und was wir sonst mit unseren Sünden verdienet haben. Gib gedeyliches Gewitter, und laß wohl gerahten die 20 Früchte der Erden! Sey ein Heyland aller Menschen, sonderlich deiner Gläubigen.

Du heiliger GOTT, bewahre uns für Sünden und Schanden, und stehe uns bey mit deinem guten Geist, damit wir nicht durch Uebertretungen deinen Seegen verschertzen, und deine gerechte Straffen uns zuziehen. 25

Wir erkennen, O HERR! wann Du uns, nach deiner Langmuth, damit verschonest, daß es nicht ist unsere Gerechtigkeit, die Dich hierzu beweget, dann wir sind unnütze Knechte für Dir, sondern allein deine grundlose 67 Barmhertzigkeit: Nach derselben sey | uns ferner gnädig, und lencke unsere Hertzen auch zur Liebe gegen den Nechsten, und Mitleiden gegen alle 30 Nothleidende, daß wir nie vergessen jedermann, auch unseren Feinden Guts zu thun, damit wir erweisen, daß wir deine Kinder sind.

Bewahre uns für einem bösen und schnellen Tod, und bereite uns mehr und mehr, durch deinen Geist und Gnade, zu einem seeligen Ende.

Fürnehmlich aber in der letzten Todes-Stunde, treib von uns den Satan 35 mit allen seinen Anfechtungen, und vermehre uns den Glauben, an deinen Sohn JEsum, daß wir überwinden alle Schrecken des Todes.

Wenn dann unsere Ohren nicht mehr hören können, so laß deinen 68 Heiligen Geist Zeugniß geben unserem Geist, daß wir, als | deine Kinder und CHristi Mit-Erben, bald sollen mit JESU bey Dir im Paradiese seyn. 40

Wenn auch unsere Augen nicht mehr werden sehen können, so thue unsere Glaubens-Augen auf, daß wir alsdenn vor uns deinen Himmel offen sehen, und den HErren JEsum zu seines Vaters Rechten. Auch wir seyn sollen, wo er ist!

Wenn auch unsere Zunge nicht mehr wird sprechen können; dann laß sonderlich deinen Geist uns für Dir vertreten, mit unaussprechlichen
5 Seufftzen! und einen jeden lehren in seinem Hertzen ruffen: Abba lieber Vater! Vater! in deine Hände befehle ich meinen Geist!

Gib also, getreuer GOTT! daß wir leben in deiner Furcht, sterben in deiner | Gnade, dahin fahren in deinem Friede, ruhen im Grabe unter deinem Schutz, auferstehen durch deine Krafft, und darauf ererben die seelige 69
10 Hoffnung, das ewige Leben; um deines lieben Sohnes willen, JESU CHristi unseres HErren, welchem samt Dir und dem Heiligen Geist, sey Lob und Preiß, Ehre und Herrlichkeit, itzt und immerdar! Amen, Amen.

———————— |

Kirchen-Gebeth, 70
Am
15 Oster-Fest.

Allmächtiger, ewiger und barmhertziger GOTT, Du Vater unsers HErrn JEsu CHristi! wir dancken Dir demüthiglich, daß Du diesen deinen eingebohrnen Sohn, um unserer Sünden willen, in den Tod dahin gegeben, und um unserer Gerechtigkeit willen wieder aufferwecket hast. Ja gelobet seyst Du hertz-
20 inniglich, auch von uns dieses Orts, daß Du nach deiner grossen Barmhertzigkeit, uns hast wiedergebohren zu einer lebendigen Hoffnung, durch die Aufferstehung JESU CHristi von den Todten, zu einem unvergänglichen, und unbefleckten, und unver|welcklichen Erbe, das behalten wird im Himmel, 71
uns, die wir aus GOttes Macht durch den Glauben bewahret werden zur
25 Seeligkeit! denn, da wir nun gewiß wissen, daß unser Erlöser ewiglich lebet, glauben und vertrauen wir auch deiner Verheissung, daß unsere sterbliche Leiber wieder aufferwecket, und dem verklärten herrlichen Leibe CHristi unsers HERRN und Heylandes gleichförmig werden sollen.

Wir bitten Dich von Hertzen, da wir in JESU CHristi Tod getauffet, auch
30 mit Ihm also begraben seynd, daß, gleich wie CHristus aufferwecket ist von den Todten durch deine Herrlichkeit, als des himmlischen Vaters, wir auch die Krafft seiner Aufferstehung mehr und mehr in uns empfinden, von dem Tode der Sünden aufferwecket werden, und in einem neuen Leben wandeln, auch also entgegen gehen der | Aufferstehung der Todten, da diß 72
35 Verweßliche wird anziehen die Unverweßlichkeit, und diß Sterbliche wird anziehen die Unsterblichkeit.

Erhalte unter uns die Predigt deines Worts, samt dem reinen Gebrauch deiner Heil. Sacramenten, und gib treue Hirten und Lehrer, uns und unsern Nachkommen!

Steure und wehre mächtiglich allen Verführungen und Verleitungen von der Krafft der Gottseeligkeit; damit also Dein Nahme einmüthiglich, wie in der gantzen Christenheit, also auch in diesen unsern Landen, geheiliget, dein Reich vermehret, und des Satans Reich mehr und mehr gestöret werde.

73 Nimm Dich allenthalben gnädiglich deiner Kirchen an, sonderlich der Verfolgten, | und schaffe ihr Pfleger und Säug-Ammen, an allen Herrschafften und Regenten.

Absonderlich laß Dir, O GOtt! in deinen Schutz und Gnade befohlen seyn Ihro Römische Käyserliche Majestät, auch alle Könige, Chur-Fürsten, Fürsten und Stände des Römischen Reichs.

Fürnehmlich aber, laß deine Barmhertzigkeit groß werden, über Seine Königliche Majestät in Preußen, Unsern Allergnädigsten König und Herrn, über Dero Königlichen Gemahlin, der Königin Majestät, über der Königlichen Frau Mutter Majestät, über der Königlichen Printzen und Printzeßinnen Königlichen Hoheiten, wie auch über der Herren Marggraffen und Marggräfinnen, auch Dero Printzen und Printzeßinnen Hoheiten: über das sämtliche Königliche Haus und alle Anverwandten. |

74 Setze Sie, bey gesundem und langem Leben, zum beständigen Seegen, und Christlichem Fürbilde, Deinem Volck für und für.

Sonderlich wollest Du, O HERR! Unserem Könige zu Seiner Regierung geben und verleihen, ein weises Hertz, Königliche Gedancken, heylsame Rathschläge, gerechte Wercke, einen tapffern Muth, starcken Arm, verständige und getreue Räthe zu Krieges- und Friedens-Zeiten, sieghaffte Krieges-Heer, getreue Diener und gehorsame Unterthanen, damit wir noch lange Zeit, unter seinem Schutz und Schirm, ein geruhiges und stilles Leben führen mögen, in aller Gottseeligkeit und Ehrbarkeit. |

75 Nimm auch in deinen väterlichen Schutz alle hohe und niedere Officirer und Soldaten, bewahre sie auf ihren Wegen und Stegen, regiere ihre Hertzen jederzeit, daß sie dem Eyd, welchen sie so theuer geleistet, fleißig und gehorsamlich nachleben: Behüte sie vor Kranckheiten und ansteckenden Seuchen, auch allem anderen Ubel: Laß sie deine väterliche Liebe und Fürsorg dergestalt erkennen, daß ihre Dienste gereichen zu Deiner Ehre, zum Schutz der Kirchen und des Vater-Landes, wie auch zu ihrer zeitlichen und ewigen Wohlfahrt.

Wir befehlen Dir auch (A.) alle hohe und niedere Civil-Bediente, die so wol anderswo, als hier insonderheit, des Königes und des Vater-Landes Bestes, treulich suchen und befördern. |

76 Lehre sie alle einmühtig dahin trachten, daß Recht und Gerechtigkeit gehandhabet, und hingegen alles unrechte Wesen, durch ihren Dienst, getilget werde; Stehe ihnen bey mit deiner väterlichen Hülffe, daß der Sünden

und Seufftzer des Landes weniger, und dein Seegen unter uns vermehret werde.

Segne, liebreicher GOtt, uns und alle Königliche Länder, die Christliche Kinder-Zucht, alle ehrliche Handthierung und Nahrung zu Wasser und zu Lande. Hilff einem jeden in seiner Noth, und erbarme dich aller, die wo zu dir schreyen! Behalte uns in deiner Liebe, und laß uns alles in der Welt zum Besten dienen.

Wende von uns in Gnaden ab, alle wohl verdiente Land-Plagen: Krieg, Hunger und theure Zeiten, Feuer und Wassers-|Noth, Pestilentz und andere   77 Seuchen an Menschen oder Vieh, und was wir sonst mit unseren Sünden verdienet haben. Gib gedeyliches Gewitter, und laß wohl gerahten die Früchte der Erden! Sey ein Heyland aller Menschen, sonderlich deiner Gläubigen.

Du heiliger GOTT, bewahre uns für Sünden und Schanden, und stehe uns bey mit deinem guten Geist, damit wir nicht durch Uebertretungen deinen Seegen verschertzen, und deine gerechte Straffen uns zuziehen.

Wir erkennen, O HERR! wann Du uns, nach deiner Langmuth, damit verschonest, daß es nicht ist unsere Gerechtigkeit, die Dich hierzu beweget, dann wir sind unnütze Knechte für Dir, sondern allein deine grundlose Barmhertzigkeit: Nach derselben sey | uns ferner gnädig, und lencke unsere   78 Hertzen auch zur Liebe gegen den Nechsten, und Mitleiden gegen alle Nothleidende, daß wir nie vergessen jedermann, auch unseren Feinden Guts zu thun, damit wir erweisen, daß wir deine Kinder sind.

Bewahre uns für einem bösen und schnellen Tod, und bereite uns mehr und mehr, durch deinen Geist und Gnade, zu einem seeligen Ende.

Fürnehmlich aber in der letzten Todes-Stunde, treib von uns den Satan mit allen seinen Anfechtungen, und vermehre uns den Glauben, an deinen Sohn JEsum, daß wir überwinden alle Schrecken des Todes.

Wenn dann unsere Ohren nicht mehr hören können, so laß deinen Heiligen Geist Zeugniß geben unserem Geist, daß wir, als | deine Kinder   79 und CHristi Mit-Erben, bald sollen mit JESU bey Dir im Paradiese seyn.

Wenn auch unsere Augen nicht mehr werden sehen können, so thue unsere Glaubens-Augen auf, daß wir alsdenn vor uns deinen Himmel offen sehen, und den HErren JEsum zu seines Vaters Rechten. Auch wir seyn sollen, wo er ist!

Wenn unsere Zunge nicht mehr wird sprechen können; dann laß sonderlich deinen Geist uns für Dir vertreten, mit unaussprechlichen Seufftzen! und einen jeden lehren in seinem Hertzen ruffen: Abba lieber Vater! Vater! in deine Hände befehle ich meinen Geist!

Gib also, getreuer GOTT! daß wir leben in deiner Furcht, sterben in deiner | Gnade, dahin fahren in deinem Friede, ruhen im Grabe unter deinem Schutz, auferstehen durch deine Krafft, und darauf ererben die seelige   80 Hoffnung, das ewige Leben; um deines lieben Sohnes willen, JESU CHristi unseres HErren, welchem samt Dir und dem Heiligen Geist, sey Lob und Preiß, Ehre und Herrlichkeit, itzt und immerdar!   Amen, Amen.

——————— |

81

Kirchen-Gebeth,
Am
Himmelfahrts-Fest. 5

HErr GOTT himmlischer Vater, wir erheben billig deine grosse Güte, für das Menschliche Geschlecht, und loben und rühmen deine Liebe gegen uns; daß, da wir das Paradieß durch die Sünde verlohren in dem ersten Adam, durch den zweyten Adam, JEsum CHristum unsern HErrn, wiederum haben erlanget einen Eingang und Zugang zu deinem himmlischen Reich! Ja, weil 10 unser Heyland, von der Erden aufgehoben für seiner Jünger Augen, und auf einer Wolcken in den Himmel gefahren, uns die Stätte zu bereiten, |

82 auch für Dir uns nun vertritt, und zu deiner Rechten sitzt; so vertrauen und glauben wir seiner theuren Verheissung, daß Er wiederkommen, und uns zu sich nehmen wird, daß wir seyn, wo Er ist, allezeit und ewiglich. 15

Wir bitten Dich hertzlich, lieber himmlischer Vater! wie Er zu Dir aufgefahren, als zu seinem GOTT, und zu unserem GOTT, als zu seinem Vater, und zu unserm Vater auch; so wollest Du Väterlich, uns durch deinen Geist stets regieren und führen, daß wir suchen was droben ist, wo unser Heyland CHristus ist, und nicht mehr so trachten nach dem was auf Erden ist; Vergib 20 uns aus Gnaden, um deines lieben Sohnes willen, was wir hierin bisher versehn, und lehr uns auf Erden so unsern Wandel im Himmel haben, daß wir alle mit Freuden, allzeit mögen erwarten der seeligen Hoffnung und

83 Erscheinung der | Herrlichkeit des grossen GOttes und unsers Heylandes JEsu CHristi. 25

Erhalte unter uns die Predigt deines Worts, samt dem reinen Gebrauch deiner Heil. Sacramenten, und gib treue Hirten und Lehrer, uns und unsern Nachkommen!

Steure und wehre mächtiglich allen Verführungen und Verleitungen von der Krafft der Gottseeligkeit; damit also Dein Nahme einmüthiglich, wie 30 in der gantzen Christenheit, also auch in diesen unsern Landen, geheiliget, dein Reich vermehret, und des Satans Reich mehr und mehr gestöret werde.

Nimm Dich allenthalben gnädiglich deiner Kirchen an, sonderlich der

84 Verfolgten, | und schaffe ihr Pfleger und Säug-Ammen, an allen Herrschafften und Regenten. 35

Absonderlich laß Dir, O GOtt! in deinen Schutz und Gnade befohlen seyn Ihro Römische Käyserliche Majestät, auch alle Könige, Chur-Fürsten, Fürsten und Stände des Römischen Reichs.

Fürnehmlich aber, laß deine Barmhertzigkeit groß werden, über Seine
Königliche Majestät in Preußen, Unsern Allergnädigsten König und Herrn,
über Dero Königlichen Gemahlin, der Königin Majestät, über der Königlichen Frau Mutter Majestät, über der Königlichen Printzen und Printzeßinnen
5 Königlichen Hoheiten, wie auch über der Herren Marggraffen und Marggräfinnen, auch dero Printzen und Printzeßinnen Hoheiten: über das sämtliche
Königliche Haus und alle Anverwandten. |

    Setze Sie, bey gesundem und langem Leben, zum beständigen Seegen,   85
und Christlichem Fürbilde, Deinem Volck für und für.

10   Sonderlich wollest Du, O HERR! Unserem Könige zu Seiner Regierung
geben und verleihen, ein weises Hertz, Königliche Gedancken, heylsame
Rathschläge, gerechte Wercke, einen tapffern Muth, starcken Arm, verständige und getreue Räthe zu Krieges- und Friedens-Zeiten, sieghaffte Krieges-
Heer, getreue Diener und gehorsame Unterthanen, damit wir noch lange
15 Zeit, unter seinem Schutz und Schirm, ein geruhiges und stilles Leben füh-
ren mögen, in aller Gottseeligkeit und Ehrbarkeit. |

    Nimm auch in deinen väterlichen Schutz alle hohe und niedere Officirer   86
und Soldaten, bewahre sie auf ihren Wegen und Stegen, regiere ihre Hertzen jederzeit, daß sie dem Eyd, welchen sie so theuer geleistet, fleißig und
20 gehorsamlich nachleben: Behüte sie vor Kranckheiten und ansteckenden
Seuchen, auch allem anderen Ubel: Laß sie deine väterliche Liebe und Für-
sorg dergestalt erkennen, daß ihre Dienste gereichen zu Deiner Ehre, zum
Schutz der Kirchen und des Vater-Landes, wie auch zu ihrer zeitlichen und
ewigen Wohlfahrt.

25   Wir befehlen Dir auch (A.) alle hohe und niedere Civil-Bediente, die so
wol anderswo, als hier insonderheit, des Königes und des Vater-Landes Be-
stes, treulich suchen und befördern. | Lehre sie alle einmüthig dahin trach-   87
ten, daß Recht und Gerechtigkeit gehandhabet, und hingegen alles unrechte Wesen, durch ihren Dienst, getilget werde; Stehe ihnen bey mit
30 deiner väterlichen Hülffe, daß der Sünden und Seufftzer des Landes weniger, und dein Seegen unter uns vermehret werde.

    Segne, liebreicher GOtt, uns und alle Königliche Länder, die Christliche
Kinder-Zucht, alle ehrliche Handthierung und Nahrung zu Wasser und zu
Lande. Hilff einem jeden in seiner Noth, und erbarme dich aller, die wo zu
35 dir schreyen! Behalte uns in deiner Liebe, und laß uns alles in der Welt zum
Besten dienen.

    Wende von uns in Gnaden ab, alle wohl verdiente Land-Plagen: Krieg,
Hunger und theure Zeiten, Feuer und Wassers-|Noth, Pestilentz und andere   88
Seuchen an Menschen oder Vieh, und was wir sonst mit unseren Sünden
40 verdienet haben. Gib gedeyliches Gewitter, und laß wohl gerahten die
Früchte der Erden! Sey ein Heyland aller Menschen, sonderlich deiner Gläubigen.

Du heiliger GOTT, bewahre uns für Sünden und Schanden, und stehe uns bey mit deinem guten Geist, damit wir nicht durch Uebertretungen deinen Seegen verschertzen, und deine gerechte Straffen uns zuziehen.

Wir erkennen, O HERR! wann Du uns, nach deiner Langmuth, damit verschonest, daß es nicht ist unsere Gerechtigkeit, die Dich hierzu beweget, 5 dann wir sind unnütze Knechte für Dir, sondern allein deine grundlose 89 Barmhertzigkeit: Nach derselben sey | uns ferner gnädig, und lencke unsere Hertzen auch zur Liebe gegen den Nechsten, und Mitleiden gegen alle Nothleidende, daß wir nie vergessen jedermann, auch unseren Feinden Guts zu thun, damit wir erweisen, daß wir deine Kinder sind. 10

Bewahre uns für einem bösen und schnellen Tod, und bereite uns mehr und mehr, durch deinen Geist und Gnade, zu einem seeligen Ende.

Fürnehmlich aber in der letzten Todes-Stunde, treib von uns den Satan mit allen seinen Anfechtungen, und vermehre uns den Glauben, an deinen Sohn JEsum, daß wir überwinden alle Schrecken des Todes. 15

Wenn dann unsere Ohren nicht mehr hören können, so laß deinen 90 Heiligen Geist Zeugniß geben unserem Geist, daß wir, als | deine Kinder und CHristi Mit-Erben, bald sollen mit JESU bey Dir im Paradiese seyn.

Wenn auch unsere Augen nicht mehr werden sehen können, so thue unsere Glaubens-Augen auf, daß wir alsdenn vor uns deinen Himmel offen 20 sehen, und den HErren JEsum zu seines Vaters Rechten. Auch wir seyn sollen, wo er ist!

Wenn auch unsere Zunge nicht mehr wird sprechen können; dann laß sonderlich deinen Geist uns für Dir vertreten, mit unaussprechlichen Seufftzen! und einen jeden lehren in seinem Hertzen ruffen: Abba lieber 25 Vater! Vater! in deine Hände befehle ich meinen Geist!

Gib also, getreuer GOTT! daß wir leben in deiner Furcht, sterben in 91 deiner | Gnade, dahin fahren in deinem Friede, ruhen im Grabe unter deinem Schutz, auferstehen durch deine Krafft, und darauf ererben die seelige Hoffnung, das ewige Leben; um deines lieben Sohnes willen, JESU CHristi 30 unseres HErren, welchem samt Dir und dem Heiligen Geist, sey Lob und Preiß, Ehre und Herrlichkeit, itzt und immerdar!   Amen, Amen.

—————— |

92   Kirchen-Gebeth,
                      Am
                      Pfingst-Fest.   35

O Heiliger GOTT und Vater des Lichts! der Du wohnest in einem Licht, dazu niemand kommen kan, und bey welchem nicht ist irgend eine Veränderung

oder Wechsel des Lichts, von dem auch nur herkommen alle und jede gute
und vollkommene Gaben; Wir loben Dich hertzlich, für die herrliche Gabe,
die Du den Aposteln deines lieben Sohnes, an dem Tage der Pfingsten ins
besondere geschencket, da sie, nach dem Befehl ihres HErrn und Meisters,
5 einmüthig beysammen waren, und im Gebeth und Flehen recht gläubig
warteten auf deine Verheissung: Du hast damahls reich|lich ausgegossen   93
deinen Geist, daß deine grosse Thaten darauf aller Welt seynd verkündiget,
und das Evangelium von deinem lieben Sohne auch auf uns gekommen ist,
die wir in unsern Vorfahren gar weit waren entfernet, von denen Testamen-
10 ten deiner grossen Verheissung; daß wer nur den Nahmen JEsu CHristi unsers HErrn, im Glauben anruffen würde, ewig seelig werden solt. Ja, dein
Sohn verspricht auch uns, deinen heiligen guten Geist, wann wir Dich den
Vater darum hertzlich bitten. Darum bitten wir Dich, lieber Vater im Himmel!
sieh uns nicht in uns selbsten an, sondern in deinem lieben Sohn, an wel-
15 chem Du Wohlgefallen hast. Reinige uns von Sünden, daß wir alle zusammen recht mögen wiedergebohren seyn, aus dem Wasser und Geist! und
geuß deine Liebe durch denselben deinen Geist itzt auch in unser aller
Hertzen, die uns dringe und treibe, aus Liebe zu Dir und | zu deinem Sohn,   94
alles das zu meiden, was Dir irgend mißfällig ist, und alles das gern zu thun,
20 was Dir wohlgefällig ist, damit also derselbige Geist Zeugniß gebe unserm
Geist, daß wir Deine Kinder seyn.

Erhalte unter uns die Predigt deines Worts, samt dem reinen Gebrauch
deiner Heil. Sacramenten, und gib treue Hirten und Lehrer, uns und unsern
Nachkommen!
25 Steure und wehre mächtiglich allen Verführungen und Verleitungen
von der Krafft der Gottseeligkeit; damit also Dein Nahme einmüthiglich, wie
in der gantzen Christenheit, also auch in diesen unsern Landen, geheiliget,
dein Reich vermehret, und des Satans Reich mehr und mehr gestöret werde.

Nimm Dich allenthalben gnädiglich deiner Kirchen an, sonderlich der
30 Verfolgten, | und schaffe ihr Pfleger und Säug-Ammen, an allen Herrschaff-   95
ten und Regenten.

Absonderlich laß Dir, O GOtt! in deinen Schutz und Gnade befohlen
seyn Ihro Römische Käyserliche Majestät, auch alle Könige, Chur-Fürsten,
Fürsten und Stände des Römischen Reichs.
35 Fürnehmlich aber, laß deine Barmhertzigkeit groß werden, über Seine
Königliche Majestät in Preußen, Unsern Allergnädigsten König und Herrn,
über Dero Königlichen Gemahlin, der Königin Majestät, über der Königlichen Frau Mutter Majestät, über der Königlichen Printzen und Printzeßinnen
Königlichen Hoheiten, wie auch über der Herren Marggraffen und Marggrä-
40 finnen, auch Dero Printzen und Printzeßinnen Hoheiten: über das sämtliche
Königliche Haus und alle Anverwandten. |

Setze Sie, bey gesundem und langem Leben, zum beständigen Seegen,   96
und Christlichem Fürbilde, Deinem Volck für und für.

Sonderlich wollest Du, O HERR! Unserem Könige zu Seiner Regierung geben und verleihen, ein weises Hertz, Königliche Gedancken, heylsame Rathschläge, gerechte Wercke, einen tapffern Muth, starcken Arm, verständige und getreue Räthe zu Krieges- und Friedens-Zeiten, sieghaffte Krieges-Heer, getreue Diener und gehorsame Unterthanen, damit wir noch lange   5
Zeit, unter seinem Schutz und Schirm, ein geruhiges und stilles Leben führen mögen, in aller Gottseeligkeit und Ehrbarkeit. |

97   Nimm auch in deinen väterlichen Schutz alle hohe und niedere Officirer und Soldaten, bewahre sie auf ihren Wegen und Stegen, regiere ihre Hertzen jederzeit, daß sie dem Eyd, welchen sie so theuer geleistet, fleißig und   10
gehorsamlich nachleben: Behüte sie vor Kranckheiten und ansteckenden Seuchen, auch allem anderen Ubel: Laß sie deine väterliche Liebe und Fürsorg dergestalt erkennen, daß ihre Dienste gereichen zu Deiner Ehre, zum Schutz der Kirchen und des Vater-Landes, wie auch zu ihrer zeitlichen und ewigen Wohlfahrt.   15

Wir befehlen Dir auch (A.) alle hohe und niedere Civil-Bediente, die so wol anderswo, als hier insonderheit, des Königes und des Vater-Landes Bestes, treulich suchen und befördern. |

98   Lehre sie alle einmüthig dahin trachten, daß Recht und Gerechtigkeit gehandhabet, und hingegen alles unrechte Wesen, durch ihren Dienst, getilget werde; Stehe ihnen bey mit deiner väterlichen Hülffe, daß der Sünden   20
und Seufftzer des Landes weniger, und dein Seegen unter uns vermehret werde.

Segne, liebreicher GOtt, uns und alle Königliche Länder, die Christliche Kinder-Zucht, alle ehrliche Handthierung und Nahrung zu Wasser und zu   25
Lande. Hilff einem jeden in seiner Noth, und erbarme dich aller, die wo zu dir schreyen! Behalte uns in deiner Liebe, und laß uns alles in der Welt zum Besten dienen.

Wende von uns in Gnaden ab, alle wohl verdiente Land-Plagen: Krieg,
99   Hunger und theure Zeiten, Feuer und Wassers-|Noth, Pestilentz und andere   30
Seuchen an Menschen oder Vieh, und was wir sonst mit unseren Sünden verdienet haben. Gib gedeyliches Gewitter, und laß wohl gerahten die Früchte der Erden! Sey ein Heyland aller Menschen, sonderlich deiner Gläubigen.

Du heiliger GOTT, bewahre uns für Sünden und Schanden, und stehe   35
uns bey mit deinem guten Geist, damit wir nicht durch Uebertretungen deinen Seegen verschertzen, und deine gerechte Straffen uns zuziehen.

Wir erkennen, O HERR! wann Du uns, nach deiner Langmuth, damit verschonest, daß es nicht ist unsere Gerechtigkeit, die Dich hierzu beweget, dann wir sind unnütze Knechte für Dir, sondern allein deine grundlose   40
100   Barmhertzigkeit: Nach derselben sey | uns ferner gnädig, und lencke unsere Hertzen auch zur Liebe gegen den Nechsten, und Mitleiden gegen alle

Nothleidende, daß wir nie vergessen jedermann, auch unseren Feinden Guts zu thun, damit wir erweisen, daß wir deine Kinder sind.

Bewahre uns für einem bösen und schnellen Tod, und bereite uns mehr und mehr, durch deinen Geist und Gnade, zu einem seeligen Ende.

Fürnehmlich aber in der letzten Todes-Stunde, treib von uns den Satan mit allen seinen Anfechtungen, und vermehre uns den Glauben, an deinen Sohn JEsum, daß wir überwinden alle Schrecken des Todes.

Wenn dann unsere Ohren nicht mehr hören können, so laß deinen Heiligen Geist Zeugniß geben unserem Geist, daß wir, als | deine Kinder 101 und CHristi Mit-Erben, bald sollen mit JESU bey Dir im Paradiese seyn.

Wenn auch unsere Augen nicht mehr werden sehen können, so thue unsere Glaubens-Augen auf, daß wir alsdenn vor uns deinen Himmel offen sehen, und den HErren JEsum zu seines Vaters Rechten. Auch wir seyn sollen, wo er ist!

Wenn auch unsere Zunge nicht mehr wird sprechen können; dann laß sonderlich deinen Geist uns für Dir vertreten, mit unaussprechlichen Seufftzen! und einen jeden lehren in seinem Hertzen ruffen: Abba lieber Vater! Vater! in deine Hände befehle ich meinen Geist!

Gib also, getreuer GOTT! daß wir leben in deiner Furcht, sterben in deiner | Gnade, dahin fahren in deinem Friede, ruhen im Grabe unter deinem Schutz, auferstehen durch deine Krafft, und darauf ererben die seelige Hoffnung, das ewige Leben; um deines lieben Sohnes willen, JESU CHristi unseres HErren, welchem samt Dir und dem Heiligen Geist, sey Lob und Preiß, Ehre und Herrlichkeit, itzt und immerdar! Amen, Amen.

———————— |

Register 103
Ueber die Kirchen-Gebethe.

Kirchen-Gebeth an Sonn- und Fest-Tagen vor der Predigt	pag. 3.
Kirchen-Gebeth am Sonntag nach der Predigt	p. 9.
Kirchen-Gebeth nach denen Wochen-Predigten	p. 19.
Gebeth in denen Beth-Stunden und an denen Buß-Tagen	p. 26.
Kirchen-Gebeth am Christ-Fest	p. 37.
Kirchen-Gebeth am Neuen Jahrs-Tage	p. 48.
Kirchen-Gebeth am Char-Freytag	p. 58.
Kirchen-Gebeth am Oster-Fest	p. 70.
Kirchen-Gebeth am Himmelfahrts-Fest	p. 81.
Kirchen-Gebeth am Pfingst-Fest	p. 92.

————————

Unierte Agende
der Dreifaltigkeitskirche zu Berlin (1822)
zusammengestellt von
Friedrich Schleiermacher

92r   Morgen-Gebet.

Geliebte in dem Herrn. Laßt uns unsere Herzen zu Gott erheben und
mit einander also beten:

Heiliger Gott, barmherziger Vater in Jesu Christo! Wir sind vor
deinem heiligen Angesicht versammelt, um uns an unserm christlichen   5
Ruhetage zum Heil unserer Seelen aus deinem göttlichen Worte zu
erbauen. Wohne du darum nach deiner Verheißung auch in dieser
Stunde unter uns! Segne Gesang und Gebet! Gieb deinen Dienern
Muth und Weisheit um dein Wort in aller Freudigkeit zu verkünden
und mit rechtem Verstand auszulegen! Sammle unser Aller Gemüther   10
zu einer heiligen Stille, und entferne alle störenden Gedanken, damit
wir durch wahre Andacht einander erbauen! Sei du durch deinen
Geist wirksam den Verstand zu erleuchten den Willen zu heiligen und
alle Begierde auf dich zu richten; ja thue Aller Herzen auf, damit dein
Wort in uns Wurzel fasse, und viele Früchte bringe zum ewigen Leben.   15
92v Erhöre | uns um Jesu Christi deines lieben Sohnes willen, welchem
sammt dir und dem heiligen Geiste sei Lob und Ehre und Preis und
Herrlichkeit in Ewigkeit.   Amen.

Der Gott des Friedens heilige euch ganz und gar, daß euer Geist
sammt Seele und Leib unsträflich behalten werde bis auf die Zukunft   20
unseres Herrn Jesu Christi. Getreu ist der euch ruft, der wird es auch
thun.   Amen.

Ein Anderes.

Geliebte in dem Herrn! Laßet uns vor dem Angesichte Gottes uns
demüthigen und ihn aus Grund unserer Herzen also mit einander an-   25
rufen:

Barmherziger getreuer Gott und Vater, der du mit deinem Sohn
und heiligen Geiste regierest in Ewigkeit! Wir sagen dir Lob und Dank
für alle Wohlthaten die wir ohne unterlaß von deiner milden Güte
93r empfangen, welche mit | weisem und mächtigem Schutz über uns   30
Allen waltet. Insonderheit danken wir dir, daß du auch unter uns die

---

29 milden] *über* ⟨Milde und⟩

Finsterniß des Aberglaubens und der Unwissenheit vertrieben, und
uns das helle Licht der christlichen Wahrheit hast lassen aufgehen, so
daß wir deinen Willen recht erkennen und lernen können, wie wir
christlich leben und seelig sterben sollen.

5   Wir bitten dich gütiger Gott und Vater du wollest solch Gnaden-
licht deines Evangelii uns und unsern Nachkommen erhalten; und damit wir auch wahrhaft zu deinem Volke gehören, so vergib uns alle
Sünde und Uebertretung um deines Sohnes Jesu Christi willen, und
heilige uns durch seinen Geist je länger je mehr daß wir der Welt und
10 aller weltlichen Lust von Herzen absagen und unsere Freude darin
suchen dir zu dienen in Heiligkeit und Gerechtigkeit.

   Und da wir nach deinem Befehl hier versammelt sind unsern
christlichen Ruhetag in rechter Andacht zu feiern: so richte du selbst
Herz und Sinnen auf das Eine nothwendige. Gieb deinen Dienern
15 Gnade dein Wort freimüthig und lauter | zu verkündigen! oefne die   93*v*
Herzen der Hörer, und erleuchte ihren Verstand zu lebendiger Erkenntniß, daß wir Alle dein Wort zu unserm Heil annehmen und in
reinem Herzen bewahren. Verleihe uns getroste Zuversicht dich anzu-
rufen, und erhöre Gebet und Fürbitte! Mache uns aber auch treu,
20 deinem Worte gehorsam zu folgen, und es auch mitten unter unserer
Berufsarbeit fleißig zu erwägen und auszuüben! Damit unser ganzes
Leben ein rechter Gottesdienst sei, und wir nicht allein diesen Tag
sondern auch alle übrige unseres kurzen Lebens von allen bösen Werken feiern, bis wir endlich in dein ewiges Reich eingehen, wo wir
25 deine großen Thaten mit allen deinen Auserwählten rühmen und preisen werden immerdar.   Amen.

   Der Gott des Friedens heilige euch ganz und gar, daß euer Geist
sammt Leib und Seele unsträflich behalten werde bis auf die Zukunft
unsres Herrn Jesu Christi. Getreu ist, der euch rufet, der wird es auch
30 thun.   Amen!

——————— |

Handlung der Kindertaufe.   94*r*

I.

Unsere Hülfe und Anfang steht im Namen des Herrn, der Himmel
und Erde gemacht hat. Amen.

1–2 und uns] uns uns   **24** feiern] *vgl. Adelung: Wörterbuch 2,139 (im Sinne von*
„*ruhen*")

Geliebte in dem Herrn Jesu.
Weil alle Menschen in Sünden empfangen und geboren sind: so sind
wir hier vor den Augen Gottes gegenwärtig um auch dieses Kind
durch die heilige Taufe ihm zu übergeben, damit er es durch das Blut
Christi reinige und durch seinen heiligen Geist an Herz und Sinn än-   5
dere. Damit wir nun in rechtem gottgefälligem Glauben diese heilige
Handlung verrichten, und fest vertrauen, daß auch für unsere Kinder
die heilige Taufe ein ungezweifeltes Zeugniß ist von der Barmherzigkeit und Gnade Gottes in Christo Jesu: so laßt uns hören was wir
lesen im Ev. Marci cap. 10 v. 13–16. | 10

94v   Und sie brachten Kindlein zu Jesu daß er sie anrührete. Die Jünger
aber fuhren die an, die sie trugen. Da es aber Jesus sah, ward er
unwillig, und sprach zu ihnen: Laßet die Kindlein zu mir kommen
und wehret ihnen nicht; denn solcher ist das Reich Gottes. Warlich ich sage euch, wer das Reich Gottes nicht empfängt als ein   15
Kindlein, der wird nicht hineinkommen. Und er herzte sie, und
legte die Hände auf sie und segnete sie.

So laßt uns nun auch für dieses Kind beten:
Allmächtiger ewiger Gott, wir bitten dich um deiner Barmherzigkeit
willen, du wollest in Jesu Christo deinem Sohn auch dieses Kind gnä-   20
dig ansehen, es durch deinen heiligen Geist ihm unserm Heiland einverleiben, daß es mit ihm in seinen Tod begraben mit ihm auch auferstehe zu einem neuem Leben; damit es so den ewigen Segen dieses
himmlischen Bades der Wiedergeburt erlange, und dermaleinst, christlich und gottselig auferzogen, in der Gemeinschaft unsres Herrn Jesu   25
95r   Christi wachse und zunehme, ihm an|hangend in wahrem Glauben
fester Hoffnung und inbrünstiger Liebe, zuletzt aber dieses Leben auch
getrost wieder verlassen, und sich mit uns Allen unerschrocken darstellen könne vor dem Richterstuhle deines Sohnes Jesu Christi, welchem mit dir und dem heiligen Geist sei Lob und Preis in Ewigkeit.   30
Amen.

Die Taufzeugen wollen dem Kinde die Hände auflegen, indem wir
diese christliche Fürbitte besiegeln durch ein gläubiges Gebet des
Herrn.
Unser Vater p. p.   35

Wir bekennen nun ferner mit einander unsern allgemeinen christlichen Glauben:
Ich glaube an Gott p. p.

Begehren nun die erbetenen Taufzeugen aus wahrem Glauben an die göttlichen Verheißungen in Christo, daß dieses Kind auf das jetzt abgelegte Bekenntniß getauft werde, und die Versiegelung der Kindschaft Gottes empfange: so antworten sie, Ja. |

5 N. N. Ich taufe dich im Namen des Vaters, des Sohnes und des heiligen Geistes.

Der allmächtige Gott und Vater unsres Herrn Jesu Christi, der dich neu geboren hat aus dem Wasser und Geist, und hat dir alle deine Sünde vergeben, der stärke dich mit seiner Gnade zum ewigen

10 Leben. Frieden sei mit dir. Amen.

II.

Unsere Hülfe und Anfang steht im Namen des Herrn, der Himmel und Erde gemacht hat. Amen.

Geliebte in dem Herrn! Unser Herr Christus sagt, daß wir anders

15 nicht in das Reich Gottes kommen können, es sei denn daß wir neu geboren werden; und um diese Gabe der Wiedergeburt zu empfangen, hat er befohlen daß | wir sollen getauft werden im Namen des Vaters und des Sohnes und des heiligen Geistes.

Hiermit verheißt er uns nun, daß Gott der Vater um seinetwillen

20 auch uns und unserer Kinder gnädiger Vater sein wolle all unser Lebelang; daß alles, was Er selbst, der Sohn Gottes für uns gethan und gelitten hat, unser eigen sei und er uns durch sein heiliges Leben Leiden und Sterben von aller Unreinigkeit der Sünde erlöset habe; endlich auch daß der heilige Geist unser und unserer Kinder Lehrer und Trö-

25 ster sei und uns zu Gliedern des Leibes Jesu Christi mache.

Solcher Verheißung zufolge wollen wir nun auch dieses Kind durch die heilige Taufe Gott übergeben. Wie aber Alle, die durch dies heilige Sakrament in die Gemeinschaft der Christen aufgenommen werden, sich auch ihrerseits verpflichten, daß sie Gott den Vater uns-

30 res Herrn Jesu Christi für ihren einigen lebendigen Gott und Vater erkennen und bekennen und ihn allein in aller Noth anrufen; daß sie, wenn | sie aus Schwachheit in Sünden fallen nur allein durch Christum Vergebung der Sünde suchen, endlich auch daß sie dem heiligen Geiste nicht wollen Wiederstand leisten, sondern sich von ihm

35 regieren lassen zu einem gottgefälligen Leben: so laßt uns Gottes Gnade zur Erfüllung dieser Zusage über dies Kind anrufen:

---

10 Amen.] *folgt* ⟨Ich gebe dir mein Gott aufs neue Leib Seel und Geist zum Opfer hin.⟩
16 um] *korr. aus* nun

Allmächtiger ewiger Gott und Vater unsres Herrn Jesu Christi! Wir rufen dich an über dieses Kind, für welches wir deine Gnade durch die geistliche Wiedergeburt begehren, damit es mit deinem Sohn Jesu Christo begraben werde in seinen Tod und mit ihm auferstehe zu einem neuen Leben, in welchem es, ihm anhangend mit wahrem Glau- ben fester Hoffnung und inbrünstiger Liebe, sein Kreuz fröhlich trage, bis es dereinst in Vertrauen auf sein Verdienst dieses irdische Leben wieder verläßt um nach deiner Barmherzigkeit einzugehen in das ver- heißene Reich deiner Gnade durch Christum unsern Herrn und Hei- land, Amen. |

97r Die Taufzeugen wollen dem Kinde die Hände auflegen, indem wir diese christliche Fürbitte bekräftigen durch ein gläubiges Gebet des Herrn.
Unser Vater p. p.

Wir erinnern uns auch unsres allgemeinen christlichen Glaubens, von dem wir also Bekenntniß thun.
Ich glaube an Gott p. p.

Begehren die christlichen Taufzeugen aus wahrem Glauben an die göttlichen Verheißungen in Christo, der auch über die Kindlein sprach:
„Lasset sie zu mir kommen, und wehret ihnen nicht, denn solcher ist das Reich Gottes,"
daß auf das abgelegte Bekenntniß auch dieses Kind getauft werde, und die Versiegelung der Kindschaft Gottes empfange, so antworten sie: Ja.

N. N. Ich taufe dich im Namen des Vaters und des Sohnes und des heiligen Geistes.

Laßt uns Gott dem Herrn danken. |
97v Allmächtiger barmherziger Gott und Vater, wir sagen dir Lob und Dank, daß du auch uns an der vollkommenen Erlösung, welche dein Sohn gestiftet, Antheil gegeben, und uns in der heiligen Taufe versi- chert hast, daß wir durch ihn zu deinen Kindern angenommen sind. Verleihe uns nun auch deinen gnädigen Beistand dazu, daß wir alle Güter deines Reiches dem künftigen Geschlecht unverrückt erhalten helfen, und zu dem Ende die christliche Jugend aufziehen in der Zucht und Vermahnung zum Herrn. Insonderheit bitten wir dich, du wollest

---

2 dieses] *korr. aus* dies

auch an diesem Kinde väterliche und mütterliche Treue und Weisheit
gesegnet sein lassen, daß es christlich und gottselig auferzogen werde,
und in dem Herrn Jesu Christo wachse und zunehme, damit es deine
väterliche Gnade und Barmherzigkeit bekenne, unter unserm einigen
5 Lehrer und Haupt Christo Jesu in aller Gerechtigkeit lebe, und in der
Kraft deines heiligen Geistes allem Bösen Widerstand leiste, dich und
deinen Sohn Jesum Christum sammt den heiligen Geist ewig | zu lo-   98r
ben und zu preisen.   Amen.

Ermahnung an die Gevattern.

10 Ihr Geliebte in dem Herrn, dieweil ihr euch dieses Kindes angenommen habt: so bedenket, daß, wenn es je an den Eltern ermangeln
sollte, ihr vornehmlich allen Fleiß anzuwenden habt, damit dieses
Kind in rechter Erkenntniß und Furcht Gottes dem Herrn Christo
auferzogen werde; und daß euch obliegt, wenn es zu den Jahren des
15 Verstandes kommt[,] es christlich zu ermahnen und daran zu erinnern,
daß es durch Empfahung dieses heiligen Sakraments öffentlich vor
dem Angesichte Gottes der Welt mit allen ihren Werken und Lüsten
abgesagt, und sich dem Herrn ergeben und verpflichtet habe ihm sein
ganzes Leben lang im Gehorsam seines heiligen Evangeliums zu die-
20 nen. Das verleihe euch, und ihm der ewige Vater unseres Herrn Jesu
Christi.
Der Herr segne p. p.

——————— |

Vorbereitung zum heiligen Abendmahl.   98v

I.

25 Geliebte in dem Herrn! Dieweil ihr euch bereiten wollt das Abendmahl unseres Herrn Jesu Christi würdig zu begehen: so bedenket daß
niemand zu diesem heiligen Mahle gehen soll, als wer ein wahrer Jünger Jesu Christi ist; und hütet euch, daß keiner unter euch wie ein
Gottloser oder Heuchler oder mit einem unbekehrten und unversöhn-
30 lichen Herzen sich zum Tisch des Herrn nahe, sondern nur mit einem
wohlgeprüften Gemüth. Denn nur ein solcher wird hier wahrhaft erfreut und erquicket und an dem geistigen Menschen im wahren Glauben und ungefärbter Liebe kräftig gestärkt werden.

---

1 Weisheit] *korr. aus* Weißheit   4 bekenne,] *folgt* ⟨und⟩   6 Widerstand] *korr. aus*
Wiederstand   7 den heiligen] dem heiligen

Nehmet daher zu Herzen die Summa der Gebote Gottes, wie sie
unser Herr Jesus Christus selbst uns vorhält, nämlich: |

99r   Du sollst lieben Gott deinen Herrn von ganzem Herzen von ganzer Seele von ganzem Gemüth und aus allen Kräften und deinen
Nächsten als dich selbst.

Bekennet ihr nun mit mir, daß ihr diese Gebote Gottes niemals
im Stande gewesen seid vollkommen zu erfüllen, sondern euch darin
nur eure Sünde und Strafwürdigkeit vorgehalten wird; daß euch aber
alles, was ihr gegen Gottes heiligen Willen gesündigt habt, von ganzem Herzen leid ist, und daß euch dürstet nach der Gerechtigkeit und
Gnade, die da ist in Christo Jesu, endlich daß ihr auch ernstlich gesonnen seid euer sündliches Leben zu bessern und euch dem Herrn Christo mit eurem ganzen Leben dankbar zu erzeigen, und in rechtem
Glauben vor ihm zu wandeln: ist das euer aufrichtiges Bekenntniß
und christlicher Vorsatz: so antwortet Ja.

So /:kniet nun nieder und:/ bekennet Gott eure Sünde mit mir
also:

Allmächtiger Gott und Vater unsres Herrn und Heilandes Jesu
Christi! ich bekenne, daß ich durch vielfältige schwere Versündigun-
99v   gen dich höchlich beleidiget | und zeitliche sowohl als ewige Strafe
verdienet habe. Es thut mir aber solches alles von Grund meines Herzens leid, und reuet mich sehr, und bitte durch deine grundlose Barmherzigkeit und durch das heilige unschuldige Leiden und Sterben deines lieben Sohnes Jesu Christi, du wollest mir alle meine Sünde
verzeihen mir gnädig und barmherzig sein und mir den Beistand deines Geistes verleihen zu meiner Heiligung.   Amen.

Oder:

Ich armer Sünder bekenne vor dir meinem Gott und Schöpfer, daß ich
leider schwer und mannigfaltig wider dich gesündiget habe, nicht allein mit äußerlichen groben Vergehungen, sondern noch viel mehr mit
innerlicher Blindheit und Unglauben, Zweifel und Kleinmüthigkeit,
Ungeduld und Hoffahrt, Anhänglichkeit an den Dingen dieser Welt
und Mangel an Liebe gegen meinen Nächsten, und was du sonst mein
100r   Herr und Gott dir mißfälliges an mir erkennest und | ich leider nicht
genugsam erkennen kann. Das reut mich und ist mir leid und begehre
von Herzen Gnade durch deinen lieben Sohn Jesum Christum.   Amen.

Absolution.

Auf solch euer Bekenntniß verkündige ich euch allen, dieweil ihr euch
des Verdienstes Jesu Christi in wahrem Glauben tröstet, auch euer

---

14 vor] *über der Zeile mit Einfügungszeichen*

Leben zu bessern gedenkt, kraft meines Amtes als ein berufener und
verordneter Diener des Wortes die Gnade Gottes und Vergebung der
Sünden im Namen Gottes des Vaters des Sohnes und des heiligen Geistes.   Amen.

5   Sollte jemand noch ein besonderes Anliegen haben, weshalb er
sich zu besprechen wünschte, der komme in Gottes Namen: es soll
ihm unverweigert sein.

Der Herr segne: p. p. |

II.   *100v*

10 Geliebte in dem Herrn! Da wir in dem heiligen Abendmahl unseres
Herrn zu dessen würdigem Genuß ihr eure Seelen bereiten wollt gedenken sollen, sowol unsrer Sünde und unserer Erlösung als auch der
Dankbarkeit, die wir Gott dafür schuldig sind: so stellet euch nun
zuerst vor Augen die Summa der Gebote Gottes, du sollst lieben Gott
15 deinen Herrn von ganzem Herzen von ganzer Seele von ganzem Gemüth und aus allen Kräften und deinen Nächsten als dich selbst. Und
da wir diese Gebote nie vollkommen erfüllt haben, sondern uns nur
darin unsere Sünde und Strafwürdigkeit vorgestellt wird: so frage ich
euch fürs erste, ob ihr dieses mit mir vor dem Angesicht Gottes beken-
20 net, und ob euch auch verlange nach der Gerechtigkeit und Gnade,
die da ist in Christo Jesu, so antwortet Ja.

Zum Andern wissen wir, daß der gerechte Gott die Sünde nicht
konnte ungestört herrschen lassen, und daß der einige Sohn Gottes in
die Welt gesandt worden, damit durch seine vollkommene Erlösung
25 einem jeden, der sie mit herzlichen Vertrauen annimmt, Vergebung
seiner Sün|den zu eigen geschenkt sei, und wir nun vor Gott um der   *101r*
Gerechtigkeit willen, die Jesus Christus für uns geleistet hat für gerecht und heilig gehalten werden, ohnerachtet noch viele Schwachheiten in uns sind, indem auch diese mit dem Leiden und Gehorsam
30 Christi bedeckt sind, bis sie ganz und gar hinweggenommen werden.
Wie nun der Herr uns diese Erlösung einmal in der heiligen Taufe
geschenkt hat, so will er sie uns in seinem heiligen Abendmahl durch
Wirkung seines Geistes bestätigen, indem sein Leib so gewiß für uns
am Kreuz geopfert und sein Blut vergossen ist, als das Brodt, welches
35 der Herr seinen Leib nennt[,] uns gebrochen und der Kelch der Danksagung uns dargereicht wird, und er will uns so gewiß mit seinem
gekreuzigten Leibe und vergossenem Blute zum ewigen Leben speisen
und tränken, als jeder aus der Hand des Dieners empfängt von dem
gesegneten Brodt und Kelch des Herrn. Um dieses Trostes willen hat
40 der Herr sein heiliges Abendmahl eingesezt, daß wir es mit herzlicher

---

33 seines] *folgt* ⟨heiligen⟩

101v Freude und Danksagung halten | sollen bis er uns in das Reich seines
Vaters zu sich nehmen wird. Ist das euer Glaube: so antwortet Ja.

Zum dritten soll ein jeder bedenken, daß er nicht als ein Unwürdiger zum Mahl des Herrn kommen dürfe, sondern mit einem christlichen Vorsaz sich in einem gottseligen Leben Gott dem Herrn dankbar 5
zu erzeigen. Daher wir von dem Tisch des Herrn alle diejenigen abnehmen welche verderblichen und abgöttischen Aberglauben der die
Herzen von dem rechten Vertrauen in die allmächtige Barmherzigkeit
unseres Gottes abwendet in sich selbst unterhalten und bei Andern
auszubreiten suchen, alle diejenigen, welche das Wort Gottes und die 10
Sakramente der christlichen Kirche geringschätzen und verspotten,
alle diejenigen welche Spaltung und Zwietracht in der Kirche oder
dem weltlichen Regiment anzurichten suchen, alle welche ihren Eltern
und Obrigkeiten ungehorsam sind, oder dem Neid und Haß wider
ihren Nächsten Raum geben, alle welche die eheliche Treue nicht be- 15
wahren, oder die irdischen Gaben Gottes seinem heiligen Willen ent-
102r gegen zu sündlicher | Lust mißbrauchen. Kurz alle diejenigen, so ein
unchristliches ärgerliches Leben führen, und noch keinen ernsten Vorsatz haben von demselben abzustehen, mögen sich dieses heiligen
Mahles enthalten, auf daß nicht ihr Gericht desto schwerer werde. 20

Diese Vorhaltung soll aber nicht die zerknirschten Herzen der
Gläubigen kleinmüthig machen, als ob niemand das Mahl des Herrn
genießen dürfte, denn wer sich frei wüßte von Sünden. Denn wir kommen ja nicht zu diesem Mahl als solche, welche vollkommen und gerecht sind in sich selbst; sondern indem wir unser Leben in Christo 25
suchen, bezeugen wir, daß wir ohne ihn noch im Tode liegen würden.
Deshalb, wiewol wir noch nicht vollkommen sind im wahren Glauben
und im rechten Eifer Gott zu dienen, sondern noch täglich mit der
Schwachheit unseres Glaubens und den Lüsten unseres Fleisches zu
streiten haben; nicht destoweniger, weil solche Gebrechen uns durch 30
die Gnade des heiligen Geistes von Herzen leid sind, und wir aufrichtig begehren unserm Unglauben Widerstand zu thun und nach allen
102v Geboten Gottes zu leben, dürfen wir ge|wiß und sicher sein, daß Gott
uns zu Gnaden annimmt, und uns aller Segnungen dieses heiligen
Mahles theilhaftig macht. Sondern nur die rohen und sichern Gemü- 35
ther werden hier erinnert, wenn sie in ihrer Unbußfertigkeit verharren
wollen, daß sie sich dieser himmlischen Speise enthalten.

Darum nun erforsche ein jeder sein Herz, ob er gesonnen sei, sich
dem Herrn Christo dankbar zu erzeigen, ob er seinem Nächsten von
Herzen vergeben wolle, wie Gott uns um Christi willen viel tausend- 40
mal mehr vergeben hat, ob er allen ungöttlichen Worten und Werken

---

3–4 Unwürdiger] *korr. aus* unwürdiger

hier vor dem Angesicht Gottes aufs neue von Herzen absage? Ist das
euer christlicher Vorsatz, so antwortet Ja.

So kniet nun nieder, und bekennet Gott eure Sünden also: Allmächtiger Gott und Vater unsres Herrn und Heilandes Jesu Christi!
ich bekenne daß ich durch mannigfaltige schwere Versündigungen
dich höchlich beleidiget und zeitliche sowol als ewige Strafe wohl verdient habe. Es ist mir aber solches alles von Grund meines Herzens
leid und reuet mich sehr, und bitte durch deine grundlose Barmherzig-
keit und durch das heilige unschuldige Leiden und Sterben | deines   *103r*
lieben Sohnes Jesu Christi, du wollest mir armen Sünder alle meine
Sünde verzeihen, mir gnädig und barmherzig sein und mir den Beistand deines Geistes verleihen zur Besserung meines Lebens.   Amen.

Oder.

Ich armer Sünder bekenne vor dir meinem Gott und Schöpfer, daß ich
leider schwer und mannigfaltig wider dich gesündiget habe, nicht allein
mit äußerlichen groben Vergehungen sondern auch viel mehr mit innerlicher Blindheit und Unglauben, Zweifel und Kleinmüthigkeit, Ungeduld und Hoffahrt, Anhänglichkeit an den Dingen dieser Welt und
Mangel an Liebe gegen meinen Nächsten, und was du sonst mein Herr
und Gott dir mißfälliges an mir erkennst, und ich leider nicht genugsam
erkennen kann. Das reuet mich und ist mir leid, und begehre von Her-
zen Gnade durch unsern Herrn Jesum Christum.   Amen. |

Absolution.   *103v*

Auf solch euer Bekenntniß verkündige ich euch allen, dieweil ihr euch
des Verdienstes Jesu Christi in wahrem Glauben tröstet, auch euer
Leben zu bessern gedenkt, kraft meines Amtes als ein berufener und
verordneter Diener des Wortes die Gnade Gottes und Vergebung der
Sünden im Namen Gottes des Vaters des Sohnes und des heiligen Geistes.   Amen.

Unser Vater p. p.

Sollte jemand ein besonderes Anliegen haben, weshalb er
wünschte sich einzeln zu besprechen, der komme in Gottes Namen es
soll ihm unverwehrt sein.

Der Herr segne p. p.

———————— |

---

1 absage] *korr. aus* absagen

104r   Vor der Austheilung des heiligen Abendmahls.

I.

Die Gnade unsres Herrn Jesu Christi sei mit uns Allen. Amen.

Geliebte in dem Herrn! Nachdem ihr euch vor dem allgegenwärtigen Gotte geprüft und von dem Kündiger der Herzen die Vergebung 5
eurer Sünden um Christi willen erbeten habt, jezt aber gesonnen seid
im Namen unsres Herrn Jesu die Handlung seines heiligen Abendmahles vorzunehmen: so bedenket zuförderst in heiliger Furcht, daß
ihr hier nicht nur irdisches und sichtbares empfangen wollt, welches
ist das gesegnete Brodt und der gesegnete Kelch des Herrn, sondern 10
auch himmlisches und unsichtbares, nämlich den Leib und das Blut
unsres Herrn Jesu Christi, wie die Worte des Apostels bezeugen: das
Brodt das wir brechen ist das nicht die Gemeinschaft des Leibes Chri-
104v   sti, und | der Kelch welchen wir segnen, ist der nicht die Gemeinschaft
des Blutes Christi? 15

Demnächst aber bedenket auch, wozu uns der Herr dieses heilige
Mahl habe eingesezt, daß wir es nämlich halten zu seinem Gedächtniß. Also aber sollen wir seiner dabei gedenken, daß wir in unserm
Herzen gänzlich vertrauen, daß unser Herr Jesus Christus laut der
Verheißung des Vaters in diese Welt gesandt sei, von Anfang seiner 20
Menschwerdung an bis ans Ende seines Lebens alle göttliche Gerechtigkeit erfüllet, und zulezt mit seinem Tode und Blutvergießen das
neue Testament der Gnade und Versöhnung beschlossen als er ausrief:
es ist vollbracht. In diesem seinem Versöhnungstode wird er uns hier
vor Augen gestellt und ins Herz gedrückt und versichert uns Alle, daß 25
wir an seinen verdienstlichen Leiden und Sterben Theil haben sollen,
und daß er auch unsre Seelen mit seinem Fleisch und Blut zum ewigen
Leben speisen und tränken will.

Dann aber sollen wir als Glieder Eines Leibes, indem wir mit
Christo als unserm hochgelobten Haupt auf das genaueste vereint 30
105r   worden, auch unter | einander in brüderlicher Liebe Eines sein, und
solches nicht allein mit Worten sondern auch mit der That gegen einander beweisen. Dazu helfe Gott uns Allen, und segne uns nach seinem heiligen Wohlgefallen.

Kniet nun nieder und laßt uns beten. Barmherziger Gott und Va- 35
ter! ich bitte dich du wollest in diesem Abendmahle durch deinen
heiligen Geist in meinem Herzen wirksam sein, daß ich mich im rechten Glauben dir und meinem Herrn Jesu Christo je länger je mehr
ergebe, so daß ich nicht mehr in meinen Sünden, sondern er in mir
und ich in ihm lebe, und wahrhaftig des neuen und ewigen Bundes 40

---

21 Menschwerdung] *korr. aus* Verschwendung   29 sollen wir] *folgt* ⟨auch⟩

der Gnade theilhaftig sei, nicht zweifelnd, du wollest ewiglich mein
gnädiger Vater sein, mir meine Sünden nimmermehr zurechnen sondern mich in allem an Leib und Seele versorgen um Jesu Christi meines Herrn willen. Amen.

5 Unser Vater p. p.
Unser Herr Jesus Christus p. p.
Des Herrn Gnade und Friede sei mit euch zum würdigen und seligen
Genuß des heiligen Abendmahls. Amen.
Austheilung. |

10   II.   *105v*
Die Gnade unsres Herrn Jesu Christi sei mit uns Allen. Amen.
Geliebte in Christo! Bei gegenwärtiger Handlung des heiligen
Abendmahls zu welcher ihr versammelt seid bleibet mit eurem Herzen
nicht an dem äußerlichen Brodt und Wein haften: sondern gründet
15 Herz und Glauben auf das Wort der Verheißung, und zweifelt nicht
daß ihr so wahrhaftig auch an euren Seelen mit des Herrn Leib und
Blut durch die Wirkung des heiligen Geistes sollet gespeiset und getränket werden, als ihr das irdische und sichtbare nämlich das gesegnete Brodt und den gesegneten Kelch des Herrn empfanget.
20   Demnächst aber bedenket auch, wozu uns der Herr dieses heilige
Sakrament seines Leibes und Blutes habe eingesetzet, nämlich daß wir
es halten sollen zu seinem Gedächtniß. Also aber sollen wir seiner
dabei gedenken, daß er uns in seinem heiligen Versöhnungstode fest
ins Herz gedrückt werde, und wir nicht zweifeln, daß unser Herr Jesus |
25 Christus vom Vater in diese Welt gesandt sei, Fleisch und Blut an sich   *106r*
genommen, und von Anfang seiner Menschwerdung an alle Gerech-
tigkeit erfüllet hat, bis er endlich mit seinem Tod und Blutvergießen
das neue und ewige Testament, den Bund der Gnade und Versöhnung
beschloß als er ausrief: Es ist vollbracht. So oft wir nun von diesem
30 Brodt essen und von diesem Kelch trinken, sollen wir dadurch erinnert und versichert werden seiner herzlichen Liebe und Treue gegen
uns, daß er für uns, damit wir nicht des ewigen Todes sterben müßten,
seinen Leib am Stamme des Kreuzes in den Tod gegeben und sein Blut
vergossen hat. Und er weiset in der Einsetzung dieses heiligen Mahles
35 ganz besonders unsern Glauben auf sein vollkommenes Opfer einmal
am Kreuz geschehen als auf den einigen Grund unserer Seligkeit.
Denn durch seinen Tod hat er die Ursache unseres Elendes nämlich die
Sünde und ihre Herrschaft hinweggenommen und uns den lebendig
machenden Geist erworben, daß wir durch denselben Geist, der in
40 ihm als dem Haupt und in uns | als seinen Gliedern wohnet, aller   *106v*

---

23 er] *über der Zeile mit Einfügungszeichen*   26 Menschwerdung] Men *über* ⟨Ver⟩

seiner Gerechtigkeit und Herrlichkeit in der wahren Gemeinschaft mit
ihm teilhaftig würden. Wir sollen aber auch als Glieder Eines Leibes
durch dieses heilige Abendmahl in wahrer brüderlicher Liebe unter
einander verbunden werden. Wie der Apostel spricht: Ein Brodt ist es
so sind wir viele Ein Leib, und dieses sollen wir um deswillen, dem   5
wir einverleibt sind, und der uns zuvor so hoch geliebet hat, nicht nur
mit Worten sondern auch mit der That gegen einander beweisen.
      Kniet nun nieder und bete ein jeder mit mir also:
      Barmherziger Gott und Vater! ich bitte dich du wollest in diesem
Abendmahl durch deinen heiligen Geist in meinem Herzen wirksam   10
sein, daß ich mich in rechtem Glauben dir und unserm Herrn Jesu
Christo je länger je mehr ergebe, so daß ich nicht mehr in meinen
Sünden, sondern er in mir und ich in ihm lebe und wahrhaftig des
neuen und ewigen Bundes der Gnade theilhaftig sei, nicht zweifelnd
107r   du wollest ewiglich mein gnädiger Vater sein, mir | meine Sünde nim-   15
mermehr zurechnen, sondern mich in allem an Leib und Seele versor-
gen als dein liebes Kind um Jesu Christi deines Sohnes willen. Amen.
      Unser Vater p. p.
      Unser Herr Jesus Christus p. p.
Des Herrn Gnade und Friede sei mit euch zum würdigen und seligen   20
Genuß des heiligen Abendmahls.   Amen.
      Austheilung.

——————— |

107v   Nach der Austheilung des heiligen Abendmahls.

I.

Allmächtiger ewiger Gott wir sagen deiner göttlichen Barmherzigkeit   25
Lob und Dank, daß du uns mit dem Leib und Blute deines Sohnes in
seinem heiligen Abendmahl gespeiset und getränket hast, und bitten
dich du wollest durch deinen heiligen Geist bewirken, daß wir deine
göttliche Gnade und die heilsame Vereinigung mit Christo, die uns
darin zugesaget ist, auch mit wahrem Glauben ewiglich festhalten mö-   30
gen. Laß es uns gedeihen zum täglichen Zunehmen im wahren Glauben und in der seligen Gemeinschaft Christi; und verleihe uns, daß
wir auch getrost unser Kreuz auf uns nehmen, uns selbst verläugnen
und in aller Trübsal unsers Heilandes warten bis er uns zu sich nehmen wird in Ewigkeit.   Amen.   35
      Der Herr segne p. p. |

---

12 meinen] *über* ⟨unsern⟩   13 lebe] *korr. aus* leben   20 zum] *korr. aus* beim

II.   *108r*

Allmächtiger, barmherziger Gott und Vater! wir danken dir von ganzer Seele daß du uns deinen eingebornen Sohn zum Mittler und zum
Opfer für unsere Sünde geschenkt hast, und uns wahren Glauben ge-
5 geben, durch den wir solcher Wohlthat theilhaft werden. Wie nun zu
Stärkung dieses Glaubens in uns unser Herr und Heiland sein heiliges
Abendmahl eingesezt hat: so bitten wir dich getreuer Gott und Vater,
du wollest auch die heutige Feier desselben uns gesegnet sein lassen
zur kräftigen Verkündigung seines Todes, zum starken Glauben an
10 dich und zur inbrünstigen Liebe unter einander durch unsern Herrn
Jesum Christum deinen Sohn, der mit dir und dem heiligen Geiste
lebet und regieret in Ewigkeit.   Amen.

———— |

Form der ehelichen Vertrauung   *108v*

I.

15 Unsere Hülfe steht im Namen des Herrn der Himmel und Erde gemacht hat.   Amen.

Demnach Sie beide hier zugegen sind in der Absicht, daß das eheliche Bündniß, welches Sie miteinander schließen wollen, solle bestätiget und gesegnet werden: so wende ich mich zuerst zu Ihnen, Herr
20 Bräutigam; und indem ich Sie erinnere, daß Sie nicht nur vor dieser
christlichen Versammlung, sondern vor dem Angesichte Gottes stehen, frage ich Sie, ob es Ihr fester Wille und Entschluß sei, diese Ihre
geliebte Braut als Ihre christliche Ehegattin zu lieben und zu ehren ihr
unverbrüchliche Treue zu halten, mit ihr zu theilen Freude und Leid,
25 Reichthum und Armuth, wie Gott beides nach seinem väterlichen Willen zu Ihrer Seligkeit schicken wird? Ist dies Ihr fester Entschluß, so
bekräftigen Sie solches mit einem vernehmlichen Ja. |

Gleichermaßen wende ich mich zu Ihnen / Frau / Jungfer / als /   *109r*
Braut, und zweifle nicht, auch Sie werden nach diesem Gelöbniß Ihres
30 Bräutigams sich erklären, daß Ihnen gebühre ihn als Ihren christlichen
Ehegatten zu lieben und zu ehren, ihm von ganzem Herzen treu und
in allen billigen Dingen gehorsam zu sein, mit ihm zu theilen Glück
und Unglück, Leid und Freude, wie Gott beides nach seinem heiligen
Willen geben wird, und sich nimmer von ihm zu wenden. Ist das auch
35 Ihr fester Entschluß und Zusage: so antworten Sie gleichfalls Ja.

Ringwechsel und Handschlag.

---

6 Stärkung] *korr. aus* ⌊ Wirkung]   10 und] *über der Zeile mit Einfügungszeichen*
28 / Frau /] *am Rand*   28 als /] *über* Braut

Nach dieser Ihrer beiderseitigen Erklärung spreche ich Sie nun als ein
verordneter Diener des göttlichen Wortes vor Gott und dieser christlichen Versammlung als rechte christliche Eheleute zusammen im Namen Gottes, des Vaters des Sohnes und des heiligen Geistes. Amen.

Was Gott zusammengefügt hat, das soll der Mensch nicht scheiden. Der Vater der Barmherzigkeit aber, der Sie zu diesem heiligen
109v Stande berufen hat, der verbinde Sie in rechter Liebe und | Treue und
gebe Ihnen viel Gnade Friede und Segen durch Christum unsern
Herrn.

Allmächtiger Gott, der du Mann und Weib geschaffen und zu
dem heiligen Stande der Ehe verordnet hast, wir bitten dich, du wollest diese weise und gesegnete Ordnung auch unter uns nicht verrükken noch verderben lassen. Insonderheit rufen wir dich an, du wollest
auch diesen angehenden Eheleuten den Beistand deines Geistes verleihen, daß sie in wahrem und festem Glauben nach deinem heiligen
Willen leben mögen, und wollest die treue Liebe, die du in ihrem
Herzen entzündest hast[,] mehr und mehr so auf das Geistige richten,
daß sie mit vereinten Kräften allem Bösen Widerstand thun, und sich
in wahrer Gottseligkeit gegenseitig fördern mögen. Und wenn du Ihnen den Ehesegen zugedacht hast, wollest du sie ausrüsten mit väterlicher und mütterlicher Liebe und Weisheit, damit sie ihre Kinder zur
Ehre deines Namens erziehen, und so ihr eheliches Bündniß sowol zu
ihrer eignen Heiligung als auch zur Beförderung gemeinen christlichen
Wohlergehens und zur Ausbreitung deines Evangeliums gereiche. |
110r Unser Vater p. p.
Der Herr segne p. p.

II.

Geliebte in dem Herrn! Dieweil Sie begehren zu dem heiligen Stande
der Ehe vertraut und eingesegnet zu werden: so erinnern Sie sich zuerst aus Gottes Wort, wie der Ehestand für eine Einsegnung Gottes
des Herrn zu achten ist, indem er selbst gesprochen hat: Es ist nicht
gut, daß der Mensch allein sei; ich will ihm eine Gehülfin machen,
die um ihn sei. Weshalb wir denn vertrauen dürfen, daß auch noch
jezt, wo zwei mit rechtem christlichen Sinn in diesen heiligen Stand
treten, Er nach seiner Weisheit und Liebe jedem sein Ehegemahl zuführt. Damit Sie aber in diesem Stande gottselig leben mögen, so vernehmen Sie, weshalb Gott denselben habe eingesezt.

22–23 zu ihrer eignen] *geändert aus* ihnen selbst zur   35 sein] *korr. aus* seinem

---

5–6 *Mt* 19,6   31–33 *Gen* 2,18

Zuerst nämlich daß christliche Ehegatten einander treulich beistehen in allem was zum zeitlichen und ewigen Leben gehört. Zum an-
dern daß, wenn Gott ihre Ehe | mit Kindern segnet, sie dieselben in   *110v*
wahrer Erkenntniß Gottes ihm zu Ehren erziehen.

5   Demnach sollen nun Sie Herr Bräutigam wissen, daß Gott den
Mann gesezt hat zum Haupt des Weibes, gleich wie Christus das
Haupt ist der Gemeine[,] indem er sie leitet, unterweiset, tröstet und
beschützet; darum soll auch der Mann sein Weib lieben, wie Christus
die Gemeine. Wie auch der Apostel spricht: Wer sein Weib liebet, der
10 liebet sich selbst. Um des willen wird der Mann verlassen Vater und
Mutter und wird seinem Weibe anhangen. Und nachdem der Befehl
Gottes ist, daß der Mann im Schweiß seines Angesichts sein Brodt
esse: so soll jeder christliche Ehemann in seinem Beruf treulich arbeiten, damit er sich und die Seinen redlich ernähre und auch etwas habe
15 dem Dürftigen mitzutheilen.

Sie aber / Titel / Braut sollen Ihren Ehemann lieben und ehren,
ihm gehor|sam und behülflich sein in allen Dingen, wie ja Gott der   *111r*
Herr sprach, er wolle dem Manne eine Gehülfin machen; und der
Apostel spricht: Wie die Gemeine ist Christo unterthan also auch die
20 Weiber den Männern in allen Dingen. Dieser göttlichen Ordnung soll
keine christliche Ehefrau widerstreben, vielmehr nach dem Beispiel
aller gottgefälligen Frauen in Zucht und Demuth auf Kinder und
Hauswesen gute Acht haben, und ohne weltliche Pracht ehrbarlich
wandeln um auch Andern ein gutes Beispiel gottseliger Häuslichkeit
25 zu geben.

So frage ich Sie denn nun beide, ob Sie Willens sind in Ihrem
ehelichen Stande so zu leben, wie Ihnen hier vor dieser christlichen
Versammlung aus dem Worte Gottes ist vorgehalten worden, und ob
Sie begehren, daß Ihr Ehebündniß soll bestätigt werden? So antwor-
30 ten Sie beide, Ja. |

Sie also Herr N. N. versprechen vor Gott und dieser christlichen   *111v*
Versammlung, indem Sie gegenwärtige / Titel / N. N. zu Ihrem ehelichen Gemahl nehmen, sie herzlich zu lieben und zu ehren, sie treulich
zu versorgen, sie nimmermehr zu verlassen, und ihr in allen Dingen
35 Treue und Glauben zu halten, nach dem Worte Gottes. Ist das Ihr
fester Wille und Zusage: so bekräftigen Sie dies mit einem deutlichen Ja.

---

24 um] *korr. aus* und   25 zu] *über der Zeile mit Einfügungszeichen*   32 Ihrem]
ihrem   34 nimmermehr] *korr. aus* nimmerhin

9–10 *Eph 5,28*   10–11 *Gen 2,24; Mt 19,5; Mk 10,7; Eph 5,31*   12–13 *Vgl.*
Gen 3,19   14–15 *Vgl. Eph 4,28*   18 *Vgl. Gen 2,18*   19–20 *Eph 5,24*

Sie / Titel / N. N. versprechen vor Gott, indem Sie Herrn N. N.
zu Ihrem ehelichen Gemahl nehmen, daß Sie ihn wollen herzlich lieben und ehren, ihm gehorsam sein, ihm dienen und helfen, ihm Treue
und Glauben halten in allen Dingen, ihn nimmermehr verlassen und
heilig nach dem Worte Gottes mit ihm leben. Ist das auch Ihr fester   5
Wille und Zusage: so antworten Sie gleichfalls: Ja.

Ringwechsel und Handschlag. |

112r Demnach Sie denn Herzen und Hände verbunden haben, spreche ich
Sie hiermit öffentlich, als ein verordneter Diener der Kirche, ehelich
zusammen im Namen Gottes, des Vaters, des Sohnes und des heiligen   10
Geistes. Amen. Was Gott zusammengefügt hat, das soll der Mensch
nicht scheiden. Der gnädige Gott aber erhalte Sie in rechter Liebe und
Treue verbunden und lasse Sie lange fromm und fröhlich miteinander leben.

Gebet.   15
Allmächtiger Gott, der du deine Güte und Weisheit in allen Ordnungen offenbarst, nach welchen du deine vernünftigen Geschöpfe re-
gierst, der du auch den heiligen Stand der Ehe eingesezt hast, und
Wohlgefallen findest an treuer und keuscher Liebe, Wir bitten dich du
wollest auch diesem neuen Ehepaar deinen Segen gnädig verleihen,   20
112v und sie durch deinen heiligen | Geist regieren und führen, damit ihr
künftiger Stand dir zur Ehre und ihnen selbst zur zeitlichen und ewigen Wohlfahrt gereiche. Und wenn du ihre Ehe mit Kindern segnest,
so verleihe ihnen dieselben gottselig zu erziehen zur Förderung des
gemeinen Wohls und Ausbreitung deines Reiches. Erhöre uns Vater   25
der Barmherzigkeit durch Jesum Christum deinen Sohn unsern
Herrn. Amen.
      Unser Vater p. p.
      Der Herr segne p. p.

————————

1 versprechen] versprachen

————————

11–12 *Mt 19,6*

Agende

für

die evangelische Kirche

in den

Königlich Preußischen Landen.

Mit

besonderen Bestimmungen und Zusätzen
für die
Provinz Brandenburg.

Berlin, 1829.
Gedruckt in der Dietericischen Buchdruckerei. |

———————

Wir Friedrich Wilhelm, von Gottes Gnaden König von Preußen etc. etc.
Thun kund und fügen zu wissen. Unsere Ahnherren, so wie alle Landes-
fürsten, welche in der Zeit der großen Kirchen-Reformation mit ihren Unterthanen die wiederhergestellte, reine, evangelische Lehre annahmen, erkannten bald die dringende Nothwendigkeit, in ihren Ländern Kirchen-
Ordnungen und Agenden einzuführen, welche, ohne die theuer errungene
Glaubens- und Gewissens-Freiheit zu beschränken, eine heilsame Einhellig-
keit in gottesdienstlichen Gebräuchen bewirken, und der, ganz wider die
Absicht der Reformatoren, schnell einreissenden Willkühr Schranken setzen
sollten. Mittelst dieser, von angesehenen Geistlichen, größtentheils unter
specieller Leitung und mit Beirath, oder wenigstens in dem Geiste der Reformatoren entworfenen, und in Folge landesherrlicher Sanction und Anordnung eingeführten Kirchen-Agenden verbreitete sich, da sie alle nach denselben Grundsätzen abgefaßt waren, in der sich gestaltenden evangelischen
Kirche, namentlich in Deutsch|land, eine beinahe gänzliche Uebereinstim-
mung der gottesdienstlichen Handlungen und Gebräuche. Jahrhunderte
lang erhielten sich diese trefflichen Kirchen-Ordnungen in ihrer ursprünglichen Form und im gesegneten Gebrauche; als aber unrichtige Ansichten
über kirchliche Angelegenheiten, Neuerungssucht, Lauheit und Gleichgültigkeit immer mehr überhand nahmen, so kamen sie in demselben Verhält-

nisse nach und nach so sehr in Verfall und Vergessenheit, daß an den meisten Orten kaum eine traditionelle Erinnerung davon übrig geblieben ist.
Der daraus hervorgegangenen und fast überall eingerissenen Unordnung
und Willkühr endlich ein Ziel zu setzen, war für alle, denen es um den
innern Frieden und festern Zusammenhang der evangelischen Kirche wah-   5
rer Ernst ist, schon lange ein fühlbares Bedürfniß. Nur ein Mittel gab es, um
dahin zu gelangen und dieses war, den Versuch zu machen, vor allem jene,
in der evangelischen Kirche bestandenen, ächt-christlichen Anordnungen
der Vergessenheit zu entreißen und ins Leben zurückzurufen, dabei aber
auch auf die Anforderungen der Zeit die erforderliche und zuläßige Rück-   10
sicht zu nehmen. Diese Betrachtung gab die erste Veranlassung zu der am
V   Ende des Jahres 1821 er|schienenen und später noch vermehrten und ver-
besserten Kirchen-Agende für die Dom-Kirche in Berlin. Der Beifall, dessen
sich diese Agende, welche durch mehrere von Unsern Ansichten und Absichten wohl unterrichtete und in begründetem Rufe und Achtung ste-   15
hende Geistliche nach den obigen Grundsätzen entworfen worden war, von
vielen Seiten zu erfreuen hatte, veranlaßte gleichzeitig den vielfach ausgesprochenen Wunsch, daß recht bald zu einer allgemeinen Verbreitung derselben übergegangen werden möge. Um dies einzuleiten, erfolgte bald
nachher die von Uns gutgeheißene vorläufige Umfrage an die Geistlichen   20
jeder Provinz, wonach sie sich für oder wider die Annahme derselben auszusprechen aufgefordert wurden. Der harten und ungerechten Angriffe der
Widersacher der Agende ohnerachtet, war das Resultat dennoch ein höchst
günstiges zu nennen, indem die bei weitem größere Mehrzahl der evangelischen Kirchen sich in ziemlich kurzer Frist für dieselbe erklärten. Es kamen 25
jedoch hierbei mancherlei Bedenken und Wünsche, oft von sehr widerspre-
chender Art, wie dies unter den obwaltenden Umständen nicht wohl anders
seyn konnte, zur Sprache, die theils auf Local-Verhältnisse sich stützten,
VI   theils in der Anhäng|lichkeit an das Gewohnte und in andern Beweggrün-
den ihren Ursprung fanden und zu denen sich noch die verschiedenartig-   30
sten Gründe gesellten, welche die Nichtannahme der Agende rechtfertigen
sollten. Um nun in dieser Angelegenheit, Unserm Wunsche und Grundsatze
gemäß, auf alle Weise mit möglichster Schonung zu verfahren und zugleich
das Provinziell-Herkömmliche, worauf man sich bei Darlegung vieler solcher
Wünsche berief, so weit, als es, seiner Entstehung nach, nicht als etwas   35
Unbefugtes betrachtet werden mußte, zu berücksichtigen, ließen Wir die
Einleitung treffen, daß jene Bedenken und Anträge durch die Consistorien
der Provinzen gesammelt und geordnet wurden, um sie sodann nach fest-
gesetzten Grundsätzen einer besondern Commission, bestehend aus den
geistlichen Räthen des Provinzial-Consistoriums und mehrern der würdig-   40
sten Geistlichen der Provinz, zu sorgfältiger Erwägung und Berathung übergeben, demnächst aber über das Resultat dieser Verhandlungen Uns durch
das Ministerium der geistlichen Angelegenheiten berichten zu lassen. Nach-

dem nun dies hinsichtlich der Provinz Brandenburg vor einiger Zeit geschehen, ließen Wir die von der Geistlichkeit der Provinz in Antrag gebrachten
und zugestandenen | Bewilligungen in einen besondern Nachtrag zur Kir-   VII
chen-Agende zusammenfassen, welcher bereits der gesammten Geistlichkeit dieser Provinz zugefertigt worden ist. Gleichzeitig mit diesem Nachtrage ließen Wir auch diese neue, noch mehr vervollständigte Ausgabe der
Kirchen-Agende veranstalten, damit nunmehr das Ganze im bessern und
gehörigen Zusammenhange erscheine. Solche Gegenstände, die nur auf
einseitigen Ansichten und Wünschen beruhten und sich zu einer Festset-
zung im Allgemeinen nicht eigneten, konnten, damit das Grundprinzip der
Agende, die möglichste Allgemeingültigkeit, nicht gestört werde, nicht in
dieselbe aufgenommen werden. Doch ist das Consistorium der Provinz mit
besonderer Instruction und Vollmacht versehen, um auf sie die billigste
Rücksicht zu nehmen. Nach allem, was demnach in dieser wichtigen Angelegenheit geschehen ist, erwarten Wir nun mit Bestimmtheit und fester Zuversicht, daß alle Geistliche der Provinz im dankbaren Anerkenntnisse Unserer Landesväterlichen Absichten und unermüdeten Fürsorge für das innere
und äußere Wohl der evangelischen Landeskirche, sich, wie es treuen Unterthanen pflichtmäßig gebührt, die Beförderung derselben willig und ge-
horsamlich angelegen seyn lassen und | zugleich auf ihre Gemeinden ein-   VIII
zuwirken redlich beflissen seyn werden, um die etwa noch vorhandenen
irrigen Ansichten und Mißverständnisse zu heben, damit diese von Uns gut
geheißene und auf Unsern Befehl herausgegebene erneuerte Kirchen-
Agende fördersamst und überall eingeführt und überall im unveränderten
Gebrauche erhalten werde.

Möge Gott dies Werk in seinen gnädigen und allmächtigen Schutz neh-
men, es segnen und es Uns und Unsern Nachkommen bis auf die spätesten
Zeiten erhalten zur Beförderung wahrer Gottesfurcht und aller christlichen
Tugenden.

Berlin, den 19ten April 1829.

Friedrich Wilhelm.

v. Altenstein. |

Vorrede.   IX

Daß es bei der Feier des öffentlichen Gottesdienstes und für die Verwaltung
der kirchlichen Handlungen einer feststehenden Ordnung bedürfe, ist in
der christlichen Kirche von jeher als Grundsatz betrachtet worden, und das

durch alle Zeitalter derselben hindurch gehende Streben, eine solche Ordnung herbeizuführen, aufrecht zu erhalten oder wieder herzustellen, dient
zum Beweise, daß sich hierin das Gefühl von einer in der Natur der Sache
liegenden Nothwendigkeit geltend gemacht hat. Dabei fällt in die Augen,
wieviel die Uebereinstimmung in den gottesdienstlichen Formen dazu bei-   5
trägt, das Gefühl der christlichen Gemeinschaft zu erhalten und zu verstär-
ken, und wie wünschenswerth es dem Erbauung suchenden Christen seyn
muß, überall dem Bewährten und Gediegenen zu begegnen und gleichsam
einen heimathlichen Boden wieder zu finden.

    Die Agende für die evangelische Kirche in den Königlich Preußischen   10
Landen ist zunächst aus der Absicht hervorgegangen, | diese Ueberein-
stimmung, deren allmähliges Verschwinden in der letzten Zeit oft mit Bekümmerniß wahrgenommen worden, zurückzuführen, und den kirchlichen
Gebräuchen, gegen den Wechsel der menschlichen Ansichten und Behand-
lungsweisen, einen festen, auf dem evangelischen Lehrbegriffe beruhenden   15
Grundtypus zu sichern, ohne eine gewisse Mannigfaltigkeit auszuschließen
und der freien Bewegung Hindernisse in den Weg zu legen.

    Bei der Anordnung des Gottesdienstes ist zugleich, in Berücksichtigung
eines Bedürfnisses, welches sich auf mancherlei Weise bemerkbar gemacht
hat, darauf Bedacht genommen worden, dasjenige Element desselben, in   20
welchem die Gemeinde ihre gemeinsamen Bekenntnisse und Gefühle selbst
ausspricht, wieder mehr hervortreten zu lassen, wodurch jedoch der Predigt
des göttlichen Wortes nichts von ihrem Rechte hat entzogen werden sollen.

    Da die neueren Versuche auf dem Gebiete der Liturgik in ihrem Mißlin-
gen sattsam gelehrt haben, daß die Redeweise, in welcher die gegenwär-   25
tige Zeit ihre Angelegenheiten verhandelt, für die feierliche Ansprache und
für den Ausdruck der öffentlichen Anbetung und gemeinschaftlicher Bekenntnisse, welchen ein alterthümliches Gepräge in so hohem Grade zu-
sagt, sich weniger eignet; da überdies das bei dem öffentlichen Gottesdienste und den kirchlichen Handlungen Feststehende von dem Einsseyn der   30
kirchlichen Gegenwart mit der kirchlichen Vergangenheit Zeugniß geben
soll: so schien es dringend nöthig, auf das Zeitalter der Reformation zurück-
zugehen, und aus | den von den Reformatoren selbst, oder doch in ihrem
Sinne abgefaßten und von den Landesherren bestätigten, durch eine kräftige und würdevolle Sprache sich allgemein auszeichnenden Agenden, das   35
zum Gebrauche für alle Zeiten Geeignete zusammenzustellen.

    Wenn diese Agenden aus der frühern Zeit manches herüber genom-
men haben, so geschah solches zuverlässig mit vollem Bedacht und nie
auch nur mit der mindesten Abweichung von dem evangelischen Lehrbegriffe oder Aufopferung der dem evangelischen Kirchenwesen angemesse-   40
nen Gestalt, und kann dies ächt-evangelischen Christen keinesweges zum
Anstoße gereichen, vielmehr werden sie erfreut seyn müssen, wahrzuneh-

men, wie die christliche Kirche das Allgemeingültige zu allen Zeiten festgehalten, was auch die in die Agende aufgenommenen Glaubensbekenntnisse, denen gemäß die Kirche sich zu allen Zeiten ausgesprochen hat, zur
Genüge darthun.

5   Die im Jahre 1821 zuerst erschienene Agende hat sich im Gebrauche
so segensreich bewährt, daß die allgemeine Einführung derselben wünschenswerth erscheinen mußte.

Die jetzige neue, insbesondere für die Provinz Brandenburg bestimmte,
Ausgabe hat indeß einen noch größern Werth erhalten, indem bei Veran-
10 staltung derselben Seine Majestät der König, unser Allergnädigster Herr, in
Ihrer treuen Fürsorge für das Heil der evangelischen Kirche, soviel es nur
irgend zulässig gewesen, die Wünsche haben berücksichtigen lassen, welche Allerhöchst Ihnen, auf Ihren Befehl, in Folge der bei dem Konsistorio
der Provinz Bran|denburg, unter Zuziehung einiger der geachtetsten   XII
15 Geistlichen dieser Provinz, gepflogenen Berathungen, vorgelegt worden
sind, und insbesondere auf Beibehaltung langgewohnter, provinzieller litur-
gischer Eigenthümlichkeiten gerichtet waren. So bietet nun die Agende
eine reiche Mannigfaltigkeit dar, die den Geistlichen Gelegenheit giebt, in
eigener Auswahl den Bedürfnissen ihrer Gemeinden zu entsprechen.

20 Nachdem wir Unterzeichnete die obige Darstellung haben vorangehen
lassen, fühlen wir uns verpflichtet, als verordnete und berufene Diener des
Wortes noch zu erklären: daß nach unserer festen Ueberzeugung die
Agende mit den Lehren der heiligen Schrift, als der alleinigen Glaubens-
norm unserer evangelischen Kirche, so wie mit dem daraus entnommenen
25 Lehrbegriffe derselben, in allen Theilen völlig übereinstimmt, und können
nicht zweifeln, daß die sämmtlichen Geistlichen der Provinz zur Einführung
dieser, von Seiner Majestät bestätigten Agende, wie sich gebührt, ernstlich
mitwirken und dieselbe, zur ächt-christlichen Erbauung ihrer Gemeinden,
in unverändertem Gebrauche erhalten werden.

30 Möge denn Gott über diesem Werke, wie es in allen seinen Theilen von
der Grundlehre des Christenthums: J e s u s C h r i s t u s g e s t e r n u n d h e u t,
u n d d e r s e l b e a u c h i n E w i g k e i t uns gemacht von Gott zur Weisheit und zur Gerechtigkeit und zur Heiligung und zur Erlösung
(Ebr. 13, 8. 1. Corinth. 1, 30.) durchdrungen ist, mit seiner Gnade walten,
35 und es | gereichen lassen zur Ehre seines herrlichen Namens, zur Förderung   XIII
seines Reiches auf Erden und zum unvergänglichen Segen denen, die in
Christo Jesu zum ewigen Leben berufen sind.
Berlin, den 26sten Mai 1829.

Die geistlichen Räthe des Königlichen Ministerii der Geistlichen etc. Angele-
40 genheiten und des Königlichen Konsistorii der Provinz Brandenburg.

Dr. Eylert, evangelischer Bischof, Hof- und Garnison-Prediger in Potsdam.
Dr. Ehrenberg, wirkl. Oberconsistorial-Rath, erster Hof- und Dom-Prediger.
Dr. Neander, wirklicher Oberconsistorial-Rath, erster General-Superintendent der Provinz Brandenburg, Propst zu Cölln an der Spree und Pastor zu St. Petri.
Roß, wirklicher Oberconsistorial-Rath, zweiter General-Superintendent der Provinz Brandenburg, Propst zu Berlin und Pastor an der St. Nicolai- und Marien-Kirche.
Dr. Theremin, Oberconsistorial-Rath und zweiter Hof- und Dom-Prediger.
Gillet, Consistorial-Rath und Prediger an der Friedr. Werderschen Kirche.
Dr. Nicolai, Consistorial-Rath und Prediger an der St. Nicolai-Kirche
Dr. Brescius, Consistorial-Rath.
Palmié, Consistorial-Rath und französischer Prediger.

———————— |

XIV   Inhalt.

		Seite.
Allerhöchste Verordnung		III.
Vorrede		IX.

Erster Theil.

	Seite.
Liturgie zum Hauptgottesdienste an Sonn- und Festtagen und zur Abendmahlsfeier	1–19.
Allgemeine Bestimmungen und Erläuterungen über die Liturgie	20. 21.
Auszug aus der Liturgie	22–26.
Abgekürzte und mit Chören versehene Liturgie	27–32.
Die Vorbereitung zum heiligen Abendmahle	33–36.
A. Sprüche und Gebete an Kirchenfesten und bei andern besondern Veranlassungen:	
1) Im Advent	37. 38.
2) Zu Weihnachten	38–41.
3) Zum Neujahr	41. 42.
4) Zur Passions-Zeit	42.
5) Am grünen Donnerstage	43.
6) Am Charfreitage	44–47.
7) Zu Ostern	47–49.|
8) Am Bußtage	50–52.
9) Am Himmelfahrtstage	53. 54.
10) Zu Pfingsten	54–57.

XV

11) Zur Todtenfeier   57. 58.

12) Am Gedächtnißtage der Friedensfeier nach dem
      Befreiungskriege   58. 59.

B. Sündenbekenntnisse zum abwechselnden Gebrauche   59–61.

C. Sprüche nach dem Sündenbekenntnisse zum
     abwechselnden Gebrauche   61–65.

D. Gebete (Collecten) vor der Epistel z. abwechs. Gebrauche   66–79.

E. Sprüche vor dem Alleluja zum abwechselnden Gebrauche   80–83.

F. Sprüche nach dem Glauben zum abwechselnden
     Gebrauche   84–86.

G. Beliebig einzulegende Stellen in das allgemeine Gebet   86–88.

H. Beilagen:
     1) Ermahnung an die Communicanten   89.
     2) Dankgebet nach der Communion   90.

Musik-Anhang   1–39.

                        Zweiter Theil.

Tauf-Form   3–7.

Confirmation der Kinder   7–11.

Trauungs-Form   11–15.

Kranken-Communion   15. 16.

Begräbniß   16–18.

Ordination der Prediger   19–30.

Die drei allgemeinen Glaubensbekenntnisse der christl. Kirche   31–39.|

Katechismus für evangelische Christen   40–44.   XVI

Beilagen: 1. Anrede an die Pathen   44.
             2. Anrede an den Bräutigam   45.
             3. Anrede an die Braut   45.
             4. Schlußgebet nach der Trauung   46.

Anhang von Formularen. Vorerinnerung   47.
             1. Abendmahls-Formular   48–54.
             2. Tauf-Formular   54–58.
             3. Gebet nach der Taufe   58–59.
             4. Trauungs-Formular   59–62.

Nachrichten und Bemerkungen über einige Gebete, Formulare und Chöre, die sich in den ältesten evangelischen
Agenden vorfinden   63–86.

———————— |

Liturgie
zum Hauptgottesdienste
an Sonn- und Festtagen und zur Abendmahlsfeier.

Gesang der Gemeinde. [Eingangslied.][1]
Der Geistliche [tritt während des Gesanges im priesterlichen Ornate vor den Altar und ⁵
hält ein stilles Vorbereitungsgebet. Nach Endigung desselben wendet er sich gegen die Ver-
2 sammlung, welche aufsteht, und | in gebührender Ehrerbietung so lange stehen bleibt[2], bis
die Altargebete und Chöre beendigt sind, und spricht]:
Im Namen des Vaters und des Sohnes und des heiligen Geistes. Amen.[3]
Unsere Hülfe sey im Namen des Herrn, der Himmel und Erde gemacht hat. ₁₀
[Folgt eins der Sündenbekenntnisse nach eigener Wahl des Geistlichen.]
Chor. Amen. [Siehe Musik-Anhang.]
Geistliche. [Folgt einer der Sprüche, die nach dem Sündenbekenntnisse von dem Geistli-
chen zu sprechen bestimmt sind, nach dessen eigener Wahl[4].]
Chor. Ehre sey dem Vater und dem Sohne und dem heiligen Geiste, wie ₁₅
3 es war von Anfang, | jetzt und immerdar und von Ewigkeit zu Ewigkeit;
Amen. [s. Musik-Anhang.]
Kyrie eleison!
Christe eleison!
Kyrie eleison! [s. Musik-Anhang.][5] ₂₀
Geistliche. Ehre sey Gott in der Höhe.
Chor. Und Friede auf Erden und den Menschen ein Wohlgefallen[6].
Wir loben Dich, wir benedeien Dich, wir beten Dich an, wir preisen Dich,
wir sagen Dir Dank um Deiner herrlichen großen Ehre willen[7], Herr, Gott,

---

[1] Oder ein kurzes Präludium der Orgel, sollte es vorgezogen werden, den Gesang der ₂₅
Gemeinde erst nach dem Sündenbekenntnisse folgen zu lassen. Wenn dies Statt findet,
oder wenn überhaupt Gesänge der Gemeinde in die Liturgie selbst eingelegt werden,
so kann während dessen der Geistliche entweder in die Sakristei zurückkehren, oder
sich in der Nähe des Altars niedersetzen. Im lezten Falle wird ein Stuhl zur rechten
Seite des Altars an die Wand gestellt, so daß sich der Geistliche mit dem Gesichte ₃₀
demselben zuwendet.
[2] Es versteht sich von selbst, daß bei alten, kränklichen, oder schwächlichen Personen hierin eine Ausnahme statt findet.
[3] Oder: Gelobet sey das Reich des Vaters und des Sohnes und des heiligen Geistes jetzt
und immerdar und in Ewigkeit; Amen. ₃₅
[4] Folgt der Gesang der Gemeinde (Eingangslied) dem Sündenbekenntnisse, so fällt dieser Spruch aus, eben so das darauf folgende Chor; statt dessen spricht der Geistliche:
Lob und Preis sey Gott, dem Vater u. s. w. Dann folgt das Kyrie vom Chor gesungen.
[5] Das Kyrie kann auch deutsch gesungen werden: Herr, erbarme Dich über uns! Christe,
erbarme Dich über uns! Herr, erbarme Dich über uns! ₄₀
[6] Wird der folgende Abschnitt ausgelassen, so singt der Chor: Amen. Amen. Amen.
[7] Oder: „um Deiner großen Herrlichkeit willen."

himmlischer König, allmächtiger Vater! Herr, Du eingeborner Sohn, Jesus
Christus. Herr, Gott, Du Lamm Got|tes, Sohn des Vaters, der Du die Sünde   4
der Welt trägst, erbarme Dich unser; der Du die Sünde der Welt trägst,
nimm an unser Gebet; der Du sitzest zur Rechten des Vaters, erbarme Dich
5 unser! Denn Du allein bist heilig, Du allein bist der Herr, Du allein bist der
Allerhöchste, Jesus Christus mit dem heiligen Geiste in der Herrlichkeit Gottes des Vaters; Amen. Amen. Amen.[8] [s. Musik-Anhang.]
Geistliche. Der Herr sey mit euch![9]
Chor. Und mit deinem Geiste. [s. Musik-Anhang.] |
10 Geistliche. [Folgt eins der Gebete (Collecten), die vor der Epistel zu lesen bestimmt sind,   5
nach des Geistlichen eigener Wahl.]
Chor. Amen. [wie oben.][10]
Geistliche. Die Epistel stehet geschrieben:
[Vorlesung derselben.] [11]
15 [Folgt einer von den Sprüchen, die vor dem Alleluja vom Geistlichen zu sprechen be-
stimmt sind.]
Chor. Alleluja. [s. Musik-Anhang.][12] |
Geistliche. Das heilige Evangelium stehet geschrieben: 6
[Vorlesung desselben.]
20 Gelobt seyst Du, o Christus. Amen.[13]
Chor. Amen. [wie oben.]

---

[8] Der Abschnitt des Chores, der mit den Worten anfängt: „Wir loben Dich u. s. f. bis
     zum Schlusse und den Worten: „in der Herrlichkeit Gottes des Vaters" wird nach
     Belieben des Geistlichen und jedenfalls nur an Kirchenfesten gebraucht. Dieser in den
25   ältesten Zeiten der christlichen Kirche schon gewöhnliche Lobgesang findet sich un-
     ter andern in der Sammlung lateinischer und deutscher, evangelischer Kirchenge-
     sänge von Spangenberg, vom Jahre 1545. Statt des obenerwähnten Abschnittes kann
     auch die Gemeinde singen: Allein Gott in der Höh sey Ehr u. s. w. oder ein ähnliches
     Lied. In diesem Falle aber muß das Eingangslied der Gemeinde vor den Worten: Im
30   Namen des Vaters u. s. w. gesungen werden.
[9] Oder: Friede sey mit euch!
[10] Wünscht man dieses und die beiden nächstfolgenden, vom Chor zu singenden, einfa-
     chen Amen wegzulassen, so kann es geschehen.
[11] Wenn über die gewöhnlichen Perikopen gepredigt wird, so kann dies auf folgende
35   Weise angezeigt werden: z. B. Das heilige Evangelium (die Epistel, die) das wir unseren
     nachfolgenden Betrachtungen zum Grunde zu legen Willens sind, stehet geschrieben
     u. s. w. Die abgelesene Perikope wird dann nicht ferner von der Kanzel verkündigt.
     Oder der Geistliche bezeichnet blos von dem Evangelio oder der Epistel das Kapitel
     und die Verse, ohne sie abzulesen, und verkündigt dieselben erst vollständig zum
40   Eingange der Predigt von der Kanzel.
[12] Wo der Gebrauch von Alters her besteht, z. B. an hohen Festtagen, nach dem Alleluja
     ein Gesangstück, oder Lied der Gemeinde einzulegen, da mag solches auch ferner
     Statt haben.
[13] Oder: Ehre sey Dir, o Herr, Ehre sey Dir. Oder das Chor singt: Ehre sey Dir, Herr.
45   [s. Musik-Anhang.] Das Amen fällt sodann hinweg.

Geistliche. Ich glaube an Gott den Vater, allmächtigen Schöpfer Himmels und der Erde; Und an Jesum Christum, seinen eingebornen Sohn, unsern Herrn, der empfangen ist vom heiligen Geiste; geboren von der Jungfrau Maria; gelitten unter Pontio Pilato; gekreuziget, gestorben und begraben; niedergefahren zur Hölle; am dritten Tage wieder auferstanden von den Todten; aufgefahren gen Himmel; sitzet zur Rechten Gottes des allmächtigen Vaters, von dannen er kommen wird, zu richten die Lebendigen und 7 die Todten. Ich glaube an den heiligen Geist; eine heilige | allgemeine christliche Kirche; die Gemeinschaft der Heiligen; Vergebung der Sünden, Auferstehung des Fleisches und ein ewiges Leben. Amen.[14]

Chor. Amen. Amen. Amen.

Geistliche. [Folgt einer der Sprüche, die nach dem Glauben zu lesen bestimmt sind, nach der Wahl des Geistlichen.]

Erhebet eure Herzen und lasset uns danken dem Herrn unserm Gotte:[15]

Recht ist es, und wahrhaft würdig und heilbringend, Dir, Allmächtiger, Dank 8 zu sagen, zu | allen Zeiten und an allen Orten, durch Jesum Christum unsern Herrn, um dessenwillen Du uns verschonet hast, uns unsere Sünden vergiebst, und die ewige Seligkeit verheißest, und mit allen Engeln und Erzengeln und dem ganzen Heere der himmlischen Heerschaaren, singen wir dir und Deiner unendlichen Herrlichkeit Einen Lobgesang: –

Chor. Heilig, heilig, heilig ist (Gott) der Herr Zebaoth! Alle Lande sind seiner Ehre voll.[16]

Hosianna in der Höh'! Gelobt sey der da kommt, im Namen des Herrn! Hosianna in der Höh'. [s. Musik-Anhang.]

Geistliche. Herr Gott, himmlischer Vater! wir bitten Dich, Du wollest Deine christliche Kirche mit allen ihren Lehrern und Dienern, durch Deinen heiligen Geist regieren, daß sie bei der reinen Lehre Deines Wortes erhalten, 9 der wahre | Glaube in uns erweckt und gestärkt werde, auch die Liebe gegen alle Menschen in uns erwachse und zunehme.

Laß, o Herr, Deine Gnade groß werden über den König, unsern Herrn, den Kronprinzen, die Kronprinzessinn, das ganze Königliche Haus, und alle, die ihm anverwandt und zugethan sind. Erhalte sie uns bei langem Leben, zum beständigen Segen und christlichen Vorbilde. Verleihe unsrem Könige eine lange und gesegnete Regierung. Beschütze das Königliche Kriegesheer und alle treuen Diener des Königes und des Vaterlandes. Lehre sie, stets wie Christen, ihres Eides gedenken und laß dann ihre Dienste gesegnet

---

14　Statt des Apostolischen Glaubensbekenntnisses kann auch von der Gemeinde das Lied: Wir glauben all' an einen Gott, gesungen werden.

15　Oder: Der Herr sey mit euch! Chor. Und mit deinem Geiste. Geistliche. Erhebet eure Herzen. Chor. Wir erheben sie zum Herrn. Geistliche. Lasset uns danken dem Herrn unserm Gotte! Chor. Recht und würdig ist es. [s. Musik-Anh.] Geistliche. Recht ist es und wahrhaft würdig u. s. w.

16　Oder anstatt: alle Lande – Himmel und Erde.

seyn zu Deiner Ehre und des Vaterlandes Bestem. Segne uns und alle königliche Länder. Hilf einem jeden in seiner Noth, und sey ein Heiland aller
Menschen, vorzüglich Deiner Gläubigen. Bewahre uns vor | einem bösen,   10
unbußfertigen Tode, und bringe endlich uns Alle in Dein ewiges Himmel-
5   reich, durch Jesum Christum unsern Herrn. Amen.[17]
Chor. Amen. [wie oben.]
Geistliche. Unser Vater[18], der Du bist im Himmel! Geheiliget werde Dein
Name; Dein Reich komme; Dein Wille geschehe, wie im Himmel, also auch
auf Erden; unser täglich Brodt gieb uns heute; vergieb uns unsere Schulden,
10   wie auch wir vergeben unsern Schuldigern; führe uns nicht in Versuchung,
sondern erlöse uns vom Uebel; denn Dein ist das Reich, die Kraft und die
Herrlichkeit, in Ewigkeit. Amen. |

Der Segen.   11

Geistliche. Der Herr segne dich und behüte dich! Der Herr lasse sein An-
15   gesicht leuchten über dir und sey dir gnädig! Der Herr hebe sein Angesicht
über dich und gebe dir Frieden.† Amen.
Chor. Amen. Amen. Amen. [s. Musik-Anhang.]
> [Die Predigt folgt entweder nach dem Glauben, oder nach dem Unser Vater. Im
> ersten Falle hebt der Gesang der Gemeinde (das Predigtlied) nach dem dreimaligen
20   Amen des Chors an, das den Glauben beschließt, und diesem folgt die Predigt. Nach
> derselben und einem kurzen Liede, tritt der Geistliche wieder vor den Altar, wo er mit
> dem Spruche nach dem Glauben (aus der Liturgie) wieder anhebt und bis zum Schlußse-
> gen fortfährt, auf welchen noch ein kurzer Gesang der Gemeinde folgen kann[19].
>
> Im zweiten Falle singt der Chor nach dem Unser Vater ein dreimaliges Amen, dem
25   der Gesang der Gemeinde und die Predigt mit dem Segen und dem Schlußliede folgt.
>
> In Betreff der Predigt selbst folgt nach dem Segenswun|sche: „Die Gnade unsers   12
> Herrn Jesu Christi, die Liebe Gottes des Vaters und die Gemeinschaft des heiligen Geistes
> sey mit euch allen, Amen;" oder nach einem kurzen Eingangsgebete in der Regel sogleich
> der Text zur Predigt, welches Beides die Gemeinde stehend anhört, so wie auch stehend
30   empfangen wird der am Schlusse der Predigt gesprochene Segen. Wird der Segen vor
> dem Altare ertheilt, so steht es frei, demselben nach Umständen eine der Collecten
> S. 66–79. gesprochen oder gesungen vorangehen zu lassen.
>
> Wenn keine Communion Statt findet, ist der Gottesdienst mit dem Schlußgesange,
> der auf den Segen folgt, beendigt; wenn aber Communion gehalten wird, so tritt der zur

---

35   [17] In denjenigen Kirchen, wo der Gebrauch besteht, die Fürbitte für den Kirchenpatron
in das allgemeine Gebet aufzunehmen, ist dieser auch ferner beizubehalten. Sie erhält
ihre Stelle nach den Worten: „zu Deiner Ehre und des Vaterlandes Bestem."
[18] Die Anrufung „Unser Vater" nicht: Vater Unser - befindet sich wörtlich in der Uebersetzung Luthers. Ev. St. Matthäi Cap. 6. Vers. 9.
40   [19] Sollten durch Local-Verhältnisse veranlaßt bedeutende Hindernisse sich der Abhal-
tung der Schlußliturgie vor dem Altare entgegenstellen, so ist der Geistliche befugt,
hierbei und bei Einleitung der Communion in Gemäßheit des Auszuges aus der Liturgie mit Chören S. 31 u. 32. zu verfahren.

Administration des heiligen Abendmahls bestimmte Geistliche während des Gesanges
wieder vor den Altar und spricht:]

Geliebte in dem Herrn! Da wir jetzt das Gedächtnißmahl unsres Herrn Jesu
Christi zu halten Willens sind, das zur Stärkung und Befestigung unsres
Glaubens von ihm eingesetzt worden ist, so prüfe ein jeder sich selbst, wie   5
uns hiezu der Apostel Paulus ermahnt; denn dies heilige Sacrament ist den
betrübten Gewissen, die ihre Sünden bekennen, Gott fürchten und die
13   Erlö|sung begehren, zur Stärkung und zum Troste gegeben, wenn sie zu-
gleich dabei den ernsten Vorsatz fassen, sich zu bessern, die Sünde zu fliehen und ein rechtschaffenes Leben zu führen. Da wir uns nun sündhaft und   10
schuldig erkennen müssen, und uns selbst zu helfen unvermögend sind, so
hat Christus der Sohn Gottes, unser geliebter Herr, sich über uns erbarmet,
und ist um unsrer Sünden willen Mensch geworden, auf daß Er das Gesetz
und den Willen Gottes uns zu gute erfülle, und den Tod und alles, was wir
mit unsern Sünden verschuldet haben, zu unsrer Erlösung auf sich nehme   15
und erdulde. Um dieses zu bekräftigen, setzte Er sein heiliges Abendmahl
ein, auf daß ein jeder, der von diesem Brodte isset und aus diesem Kelche
14   trinket, an die dabei gesprochene Worte [und empfangene Zeichen][20] | Jesu
Christi glaube, auf daß er in dem Herrn Christo, und Christus in ihm, bleibe
und ewig lebe. Dabei sollen wir sein gedenken, und seinen Tod verkündi-   20
gen, nämlich daß Er für unsre Sünden gestorben und zu unsrer Rechtfertigung wieder auferstanden sey. Dankbar für diese unaussprechliche Gnade
nehme daher jeder von uns sein Kreuz auf sich, um Ihm nachzufolgen und
uns nach seinen Geboten untereinander zu lieben, wie Er uns geliebet hat;
denn wir sind alle Ein Leib, weil wir alle Eines Brodtes theilhaftig sind, und   25
aus Einem Kelche trinken. Wer aber unwürdig, d. i. mit unbußfertigem Herzen, ohne Glauben an die Verheißung Gottes, ohne Versöhnlichkeit und
ohne Vorsatz der Besserung von diesem Brodte isset und aus diesem Kelche
trinket, der ist schuldig des Leibes und des Blutes des Herrn und erndtet
15   die Ver|dammniß, wovor Gott uns alle gnädiglich bewahren möge.[21]   30
Geistliche. Knieet nieder und vernehmet die Einsetzungsworte: [Der Geistliche wendet sich nun gegen den Altar und spricht die Einsetzungsworte. Die Gemeinde hört
dieselben knieend an und erhebt sich erst wieder nach dem Segenswunsch: „Der Friede des
Herrn etc."]

Unser Herr Jesus Christus in der Nacht, da Er verrathen ward, nahm Er das   35
Brodt, dankete, brach es, gab es seinen Jüngern und sprach: Nehmet hin
und esset: das ist mein Leib †, der für euch gegeben wird, das thut zu
meinem Gedächtniß.

Desselbigen gleichen nach dem Abendmahl, nahm Er den Kelch, sagte
Dank und sprach: Nehmet hin und trinket alle daraus, dieser Kelch ist das   40

---

[20] Die eingeklammerten Worte können auch weggelassen werden.
[21] Statt dieser Anrede kann auch die S. 89. gebraucht werden. Auch steht es dem Geistlichen frei, das Unser Vater unmittelbar vor oder nach den Einsetzungsworten zu beten.

Neue Testament in meinem Blute †, das für | euch und für viele vergossen   16
wird zur Vergebung der Sünden, solches thut, so oft ihr's trinket, zu meinem Gedächtniß.

[Hierauf wendet sich der Geistliche wieder gegen die Versammlung und spricht:]

5 Der Friede des Herrn sey mit euch allen[22]. Amen.

Lasset uns beten:

Herr! der Du mit Deinem Tode der Welt das Leben gabst, erlöse uns von
allen unsern Sünden und von allem Uebel; verleihe uns die Kraft des Willens, Deinen Geboten immer treu zu bleiben, und gieb nicht zu, daß wir

10 uns jemals von Dir trennen, der Du mit dem Vater und dem heiligen Geiste
regierest in Ewigkeit. Amen.[23]

Chor. Amen. Amen. Amen. [wie oben.][24] |

O, Lamm Gottes welches der Welt Sünde trägt,   17
Erlöse uns lieber Herre Gott.

15 O, Lamm Gottes welches der Welt Sünde trägt,
Erhöre uns lieber Herre Gott.

O, Lamm Gottes welches der Welt Sünde trägt,
Verleihe uns Deinen Frieden und Segen[25].

[s. Musik-Anhang.]

20 [Unter Absingung des vorstehenden Chors nimmt die Austheilung des heiligen Abendmahles ihren Anfang. Es wird mit andern angemessenen geistlichen Liedern, die von der
Gemeine gesungen werden, bis zu Ende der Communion fortgefahren.]

Geistliche. [Bei Austheilung des Brodtes:]

Nehmet hin und esset, spricht unser Herr und Heiland Jesus Christus: Das

25 ist mein Leib, der für euch gegeben wird; das thut zu meinem Gedächtniß.

[Bei Austheilung des Kelches:]

Nehmet hin und trinket Alle daraus, spricht unser Herr und Heiland | Jesus   18
Christus: Dieser Kelch ist das Neue Testament in meinem Blute, das für euch
vergossen wird; solches thut zu meinem Gedächtniß.

30 [Nach beendigter Communion spricht der Geistliche:]

Lasset uns beten:

Allmächtiger, Ewiger Gott! wir sagen Dir unsern inbrünstigen Dank für die
unaussprechliche Gnade, deren wir durch den Genuß des heiligen Abendmahls theilhaftig geworden sind; wir bitten Dich demüthiglich, Du wollest

---

35 [22] Der Chor kann antworten: „und mit Deinem Geiste."

[23] Dieses Gebet findet sich in seiner frühern Gestalt im 2ten Theile S. 75 No. 2. und kann
auch nach dieser Form gebraucht werden.

[24] Will sodann der Geistliche noch vor dem Hinzutreten der Communicanten einen der
im 2ten Theile S. 76 verzeichneten Sprüche gebrauchen, so ist es nicht unangemessen.

40 [25] Statt des Chorgesanges kann von der Gemeinde auch das Lied: O Lamm Gottes u. s. w.
oder, wenn dieses sich nicht in ihrer Liedersammlung findet, ein anderes passendes
Abendmahlslied gesungen werden.

uns der Wirkungen Deines heiligen Geistes eben so gewiß werden lassen, als wir Dein heiliges Sacrament jetzt empfangen haben, damit wir Deine göttliche Gnade, Vergebung der Sünden, Vereinigung mit Christo, und ein ewiges Leben, so uns allen darin verheißen ist, mit festem Glauben ergreifen, und ewig behalten mögen. Wir danken Dir auch, Allmächtiger, daß Du uns durch Deine göttliche | Gnade erquickt hast, und bitten Dich, daß Deine Barmherzigkeit uns solches gedeihen lasse zum starken Glauben an Dich, zur brüderlichen Liebe gegen alle Menschen und zum Wachsthum in der Gottseligkeit und allen christlichen Tugenden, durch unsern Herrn Jesum Christum, der vereint mit Dir und dem heiligen Geiste regieret in Ewigkeit. Amen.[26]

Der Herr segne dich und behüte dich!

Der Herr lasse sein Angesicht leuchten über dir und sey dir gnädig!

Der Herr hebe sein Angesicht über dich und gebe dir Frieden.† Amen.[27]

Chor. Amen. Amen. Amen. [s. Musik-Anhang.]

Gesang der Gemeinde.|

Allgemeine Bestimmungen und Erläuterungen über die Liturgie.

Anordnung des Altars.

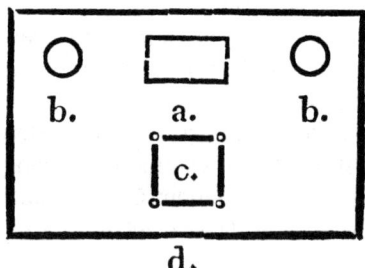

a. Das Kruzifix.

b. b. Die Leuchter mit brennenden Wachskerzen.

c. Die große Bibel.

d. Die Stelle für den Liturgen.

---

[26] Statt dieses Gebets kann auch das S. 90. gebraucht werden.

[27] Dem Segen kann auch noch folgender Dankspruch, gelesen oder gesungen, vorangehen: Danket und lobet den Herrn! Dem Herrn sey Dank und Lob! Beuget eure Herzen zu Gott und empfahet den Segen.

Der Hauptgottesdienst an Sonn- und Festtagen darf zwar in der Regel nicht das Zeitmaaß Einer oder höchstens Einer und einer halben Stunde überschreiten; es können jedoch Ausnahmen gestattet werden an Orten, wo Local-Verhältnisse eine Verlängerung desselben erforderlich machen sollten. Diese sind in dem Falle dem Consistorio nahmhaft zu machen, welches, in
5   Gemäßheit seiner Instruction, die Befugniß hat, über solche und ähnliche Fälle zu entscheiden.

Wenn sich nicht das ganz ausdrückliche Verlangen der Gemeinde dagegen aussprechen sollte, so wird im allgemeinen ein kürzerer Gottesdienst dem längeren vorzuziehen seyn. Anzeigen, die sich auf den Gottesdienst beziehen, geschehen vor | dem Segen am Schlusse der   21
Predigt. Ueber die Stelle, welche den übrigen Bekanntmachungen, Aufgeboten u. s. w. anzu-
10   weisen ist, hat nach den jedesmaligen Local-Verhältnissen das Consistorium zu bestimmen.

Die Chöre werden von den Kirchensängern in der Regel ohne Orgelbegleitung gesungen; sie sind vierstimmig und müssen aus wenigstens acht Personen bestehen. Die Gesänge der Gemeinde geschehen unter Begleitung der Orgel und werden von den Sängern ebenfalls mitgesungen.
15   Bei denjenigen Kirchenfesten, deren die Agende nicht erwähnt und die von Alters her in gewissen Kirchen gefeiert werden, können, bis darüber Bestimmungen erfolgt seyn werden, in den Gemeinden fortwährend die bisher nach den älteren Agenden im Gebrauch gewesenen Gebete und Formulare angewendet werden, so wie auch das Intoniren des Geistlichen, das Absingen des „Unser Vater", der Einsetzungsworte etc. wo dergleichen gebräuchlich ist, ferner
20   gestattet wird. Eben dies gilt von allen kirchlichen Handlungen, z. B. Früh- und Nachmittags-Gottesdienst etc., für welche die Agende noch keine besonderen Vorschriften enthält.

Wo außer den Perikopen noch andere biblische Vorlesungen gewünscht werden, (als etwa die der 10 Gebote etc.), da können dieselben ihre Stelle am Anfange des Gottesdienstes vor dem Eingangsliede erhalten.

——————— |

25   Auszug aus der Liturgie[28].   22

Gesang der Gemeinde.

Der Geistliche spricht:
Im Namen des Vaters und des Sohnes und des heiligen Geistes. Amen.
Unsere Hülfe sey im Namen des Herrn, der Himmel und Erde gemacht hat.
30   [Folgt eins der Sündenbekenntnisse.]
——————

[28] Die Varianten und Erläuterungen, die in der großen Liturgie vermerkt sind, haben auch Bezug auf diesen und den folgenden Auszug aus derselben, insofern sie auf dieselben anzuwenden sind.

Herr erbarme Dich unser, (und erhöre uns gnädiglich!)[29]
Ehre sey Gott in der Höhe, und Friede auf Erden und den Menschen ein
Wohlgefallen. Amen.
Der Herr sey mit Euch!
[Folgt eins der Gebete (Collecten) vor der Epistel.]   5
Die Epistel stehet geschrieben: [Vorlesung derselben.]
[Folgt einer der Sprüche vor dem Alleluja.] |
23   Das heilige Evangelium stehet geschrieben: [Vorlesung desselben.]
Gelobt seyst Du, o Christus. Amen.

Ich glaube an Gott den Vater, allmächtigen Schöpfer Himmels und der Erde;   10
und an Jesum Christum, seinen eingebornen Sohn, unsern Herrn, der empfangen ist vom heiligen Geiste; geboren von der Jungfrau Maria; gelitten
unter Pontio Pilato; gekreuziget, gestorben und begraben; niedergefahren
zur Hölle; am dritten Tage wieder auferstanden von den Todten; aufgefahren gen Himmel; sitzet zur Rechten Gottes des allmächtigen Vaters, von   15
dannen er kommen wird zu richten die Lebendigen und die Todten. Ich
glaube an den heiligen Geist; eine heilige, allgemeine christliche Kirche;
die Gemeinschaft der Heiligen; Vergebung der Sünden, Auferstehung des
Fleisches und ein ewiges Leben. Amen. |
24   Herr Gott, himmlischer Vater! wir bitten Dich, Du wollest Deine christli-   20
che Kirche mit allen ihren Lehrern und Dienern, durch Deinen heiligen Geist
regieren, daß sie bei der reinen Lehre Deines Wortes erhalten, der wahre
Glaube in uns erweckt und gestärkt werde, auch die Liebe gegen alle Menschen in uns erwachse und zunehme.
        Laß, o Herr, Deine Gnade groß werden über den König, unsern Herrn,   25
den Kronprinzen, die Kronprinzessinn, das ganze Königliche Haus, und alle,
die ihm anverwandt und zugethan sind. Erhalte sie uns bei langem Leben,
zum beständigen Segen und christlichen Vorbilde. Verleihe unserm Könige
eine lange und gesegnete Regierung. Beschütze das Königliche Kriegsheer
und alle treuen Diener des Königs und des Vaterlandes. Lehre sie, stets wie   30
Christen, ihres Eides gedenken und laß dann ihre Dienste gesegnet seyn
25   zu | Deiner Ehre und des Vaterlandes Bestem. Segne uns und alle königliche
Länder. Hilf einem jeden in seiner Noth, und sey ein Heiland aller Menschen,
vorzüglich Deiner Gläubigen. Bewahre uns vor einem bösen, unbußfertigen
Tode, und bringe endlich uns Alle in Dein ewiges Himmelreich, durch Jesum   35
Christum unsern Herrn. Amen.
        Unser Vater, der Du bist im Himmel! geheiliget werde Dein Name; Dein
Reich komme; Dein Wille geschehe, wie im Himmel, also auch auf Erden;
unser täglich Brodt gieb uns heute; vergieb uns unsere Schulden, wie auch
wir vergeben unsern Schuldigern; führe uns nicht in Versuchung, sondern   40

---

[29] Oder anstatt der eingeklammerten Worte: „und sey uns gnädig!"

erlöse uns von dem Uebel; denn Dein ist das Reich, die Kraft und die Herrlichkeit, in Ewigkeit. Amen.

Der Herr segne dich etc. |

[Die Predigt folgt entweder nach dem Glauben oder nach dem Unser Vater. Im 26
erstern Falle hebt der Gesang der Gemeinde (Predigtlied) unmittelbar nach dem Glauben
an, diesem folgt die Predigt, das allgemeine Gebet, das Gebet des Herrn und der Segen.
Zum Schlusse ein kurzer Gesang der Gemeinde. Im zweiten Falle folgt dem Unser Vater
das Predigtlied, diesem die Predigt u. s. w. Der Gebrauch dieses und des folgenden
Auszuges aus der Liturgie wird unbeschränkt freigestellt; nur ist zu beachten, daß, wo
gute Sängerchöre vorhanden sind, oder allmählig gebildet werden, die größere Liturgie
in der Regel wenigstens an den hohen Festen Anwendung finden möge.

Da sich diese Auszüge indeß nur auf das Allerwesentlichste der Liturgie beschränken, so darf in keinem Falle noch etwas Mehreres ausgelassen werden; vielmehr steht es
dem Geistlichen allezeit frei, von den übrigen Sprüchen und Gebeten der vollständigen
Liturgie, in der Art Gebrauch zu machen, wie es die Vorschrift besagt.]

——————— |

Abgekürzte und mit Chören versehene   27
Liturgie,
nach Anleitung des Auszuges aus der Liturgie[30].

Geistlicher. Im Namen des Vaters und des Sohnes und des heiligen Geistes. Amen.

Unsere Hülfe sey im Namen des Herrn, der Himmel und Erde gemacht hat.

[Folgt eins der Sündenbekenntnisse.] [31]

Chor. Kyrie Eleison!

Christe Eleison!

Kyrie Eleison![32] |

Geistlicher. Ehre sey Gott in der Höhe!   28

Chor. Und Friede auf Erden und den Menschen ein Wohlgefallen. Amen.
Amen. Amen.

---

[30] Die Chöre sind kurz und einfach, damit sie nach Belieben der Gemeinde von dieser und
dem Chor unter Orgelbegleitung gemeinschaftlich gesungen werden können.

[31] Folgt dem Sündenbekenntnisse das Eingangslied, so kann nach diesem der Geistliche
mit den Worten anheben: Lob und Preis sei Gott dem Vater und dem Sohne und
dem heiligen Geiste, wie es war von Anfang, jetzt und immerdar, von Ewigkeit zu
Ewigkeit. Amen.

[32] Oder: Kyrie Eleison nur allein; oder: Herr erbarme Dich über uns! (dreimal oder auch
nur einmal.)

Geistlicher. Der Herr sey mit euch!

Chor. Und mit deinem Geiste!

Geistlicher. [Folgt eins der vorgeschriebenen Gebete (Collecten) vor der Epistel.]
Die Epistel steht geschrieben: [Vorlesung derselben.]

    [Folgt einer der Sprüche vor dem Alleluja.]

Chor. Alleluja! Alleluja! Alleluja!

Geistlicher. Das heilige Evangelium steht geschrieben: [Vorlesung desselben.]
Gelobt seyst Du, o Christus!

Ich glaube an Gott den Vater, allmächtigen Schöpfer Himmels und der Erde;
und an Jesum Christum, seinen eingebornen Sohn, unsern Herrn, der empfangen ist vom heiligen Geiste; geboren von der Jungfrau Maria; gelitten
unter Pontio | Pilato; gekreuziget, gestorben und begraben; niedergefahren
zur Hölle; am dritten Tage wieder auferstanden von den Todten; aufgefahren gen Himmel; sitzet zur Rechten Gottes des allmächtigen Vaters, von
dannen er kommen wird zu richten die Lebendigen und die Todten. Ich
glaube an den heiligen Geist; eine heilige, allgemeine christliche Kirche;
die Gemeinschaft der Heiligen; Vergebung der Sünden, Auferstehung des
Fleisches und ein ewiges Leben. Amen.

Chor. Amen. Amen. Amen.

Geistlicher. Herr Gott, himmlischer Vater! wir bitten Dich, du wollest
Deine christliche Kirche mit allen ihren Lehrern und Dienern, durch Deinen
heiligen Geist regieren, daß sie bei der reinen Lehre Deines Wortes erhalten,
der wahre Glaube in uns erweckt und gestärkt werde, auch die Liebe gegen
alle Menschen in uns erwachse und zunehme. |

    Laß, o Herr, Deine Gnade groß werden über den König, unsern Herrn,
den Kronprinzen, die Kronprinzessinn, das ganze Königliche Haus, und alle,
die ihm anverwandt und zugethan sind. Erhalte sie uns bei langem Leben,
zum beständigen Segen und christlichen Vorbilde. Verleihe unserm Könige
eine lange und gesegnete Regierung. Beschütze das Königliche Kriegsheer
und alle treuen Diener des Königs und des Vaterlandes. Lehre sie, stets wie
Christen, ihres Eides gedenken und laß dann ihre Dienste gesegnet seyn zu
Deiner Ehre und des Vaterlandes Bestem. Segne uns und alle königliche
Länder. Hilf einem jeden in seiner Noth, und sey ein Heiland aller Menschen,
vorzüglich Deiner Gläubigen. Bewahre uns vor einem bösen, unbußfertigen
Tode, und bringe endlich uns Alle in Dein ewiges Himmelreich, durch Jesum
Christum unsern Herrn. Amen. |

    Unser Vater, der Du bist im Himmel! geheiliget werde Dein Name; Dein
Reich komme; Dein Wille geschehe, wie im Himmel, also auch auf Erden;
unser täglich Brodt gieb uns heute; vergieb uns unsere Schulden, wie auch
wir vergeben unsern Schuldigern; führe uns nicht in Versuchung, sondern
erlöse uns von dem Uebel; denn Dein ist das Reich, die Kraft und die Herrlichkeit, in Ewigkeit, Amen.

Der Herr segne dich etc.

Chor. Amen. Amen. Amen.

[Die Predigt folgt entweder nach dem Glauben oder nach dem Unser Vater. Im ersten Falle hebt der Gesang der Gemeinde (Predigtlied) nach dem dreimaligen Amen des Chors, das den Glauben beschließt, an, und diesem folgt die Predigt, das allgemeine Gebet, das Gebet des Herrn und der Segen mit dem dreimaligen Amen. Zum Schlusse ein kurzer Gesang der Gemeinde.

Im zweite Falle singt der Chor nach dem Unser Vater ein dreimaliges Amen, dem der Gesang der Ge|meinde und die Predigt mit dem Segen und dem Schlußliede folgt.   32

Wird das heilige Abendmahl gefeiert, so werden die Nicht-Communicanten mit oben erwähntem Segen entlassen. Der zur Administration des heiligen Abendmahls bestimmte Geistliche ist während des Gesanges der Gemeinde vor den Altar getreten und verlieset nach Beendigung desselben einen der Sprüche nach dem Glauben aus d. K. Ag., am passendsten:

Es segne uns Gott etc.

oder: Die Gnade unsers Herrn etc.

Ferner das Dankgebet: Erhebet eure Herzen etc. mit seinem Chor; und

Die Anrede an die Communicanten u. s. w.

———————— |

Die Vorbereitung zum heiligen Abendmahle.   33

[Diese geschieht entweder am Tage vor der Communion, oder am Communiontage selbst, vor der Liturgie. Der Gottesdienst fängt mit Absingung eines Liedes der Gemeinde an. Der Geistliche tritt inzwischen vor den Altar, oder er besteigt die Kanzel und spricht nach Beendigung des Gesanges die Worte]:

Im Namen des Vaters und des Sohnes und des heiligen Geistes. Amen.

[Hierauf folgt die Beichtrede. Diese Rede, die nicht über eine halbe Stunde währen muß, stellt das allgemeine Sündenverderben unsers Geschlechts und seine Wirkungen vor; wie durch Abweichung von Gott alle Seligkeit verscherzt, doch, vermöge der theuern Versöhnung Jesu, Gnade angeboten, und allen bußfertigen Sündern mitgetheilt wird. Es muß sich in diesem Vortrage auch die Beschaffenheit einer wahren Besserung und eines lebendigen Glaubens verständlich und zart ausgedrückt finden, und die deutliche Hinweisung darauf, daß ohne diese Eigenschaften keine Sündenvergebung, keine Theilhaftigkeit an Jesu Sache gewonnen werden kann; hingegen uns, wenn das Herz bußfertig und voll Zuversicht auf Jesu Verdienst ist, Barmherzigkeit und Verzeihung wiederfährt. |

Nach geendigter Beichtrede spricht der Geistliche das Sündenbekenntniß und die Absolution wie folgt]:   34

Geistliche. Geliebte in Christo! Da wir allhier versammelt sind im Namen des allerhöchsten Gottes, und sein heiliges, allein seligmachendes Wort angehört haben, so wollen wir uns auch vor ihm demüthigen, und ihm von Herzen alle unsere Sünden bekennen und mit einander also sprechen:

Allmächtiger Gott, barmherziger Vater! ich armer, elender sündiger
Mensch, bekenne Dir alle meine Sünde und Missethat, (die ich begangen
mit Gedanken, Worten und Werken,) damit ich Dich jemals erzürnt, und
Deine Strafe zeitlich und ewiglich verdienet habe. Sie sind mir aber alle
herzlich leid und reuen mich sehr, und ich bitte Dich, um Deiner grundlosen   5
Barmherzigkeit und um des unschuldigen bittern Leidens und Sterbens Dei-
35 nes lieben Sohnes Jesu Christi willen, | Du wollest mir armen sündhaften
Menschen gnädig und barmherzig seyn, (mir zu meiner Besserung Deines
Geistes Kraft verleihen und mir alle meine Sünden vergeben). Amen.

Ist dies euer ernstlicher Wille und habt ihr also den festen und aufrichti-   10
gen Vorsatz euer sündliches Leben zu bessern, so antwortet: Ja.
Gemeinde. Ja.
Geistliche. Auf solch' euer Bekenntniß verkündige ich allen, die ihre Sünde
herzlich bereuen und sich des Verdienstes Jesu Christi in wahrem Glauben
trösten, Kraft meines Amtes, als ein berufener und verordneter Diener des   15
Wortes, die Gnade Gottes, und die Vergebung eurer Sünden, im Namen des
Vaters und des Sohnes und des heiligen Geistes. † Amen.
Sollten sich Personen unter uns befinden, die durch etwanige Gemüthsbe-
36 kümmerniß gedrückt | unseres besonderen Rathes und Trostes bedürfen
möchten, so sind wir bereit, ihnen solchen vermöge unseres Amtes und   20
nach unseren Kräften zu gewähren.

> [Diese Bekanntmachung wird auch jedesmal verlesen, wenn der Geistliche für einen der
> folgenden Tage die Communion ankündigt. Auch kann die Privatbeichte und Absolution,
> wo sie mit Nutzen Anwendung findet, ferner beibehalten werden.
> Den Schluß macht das Unser Vater und der Segen, nach welchem die Gemeinde noch   25
> einen Vers singt.]

————————— |

37 Gebete, Sprüche u. s. w.
aus mehreren ältern Agenden zusammengetragen, und zum Gebrauche
für die Liturgie an Sonn- und Festtagen eingerichtet.

A. Sprüche und Gebete   30
an Kirchenfesten und bei andern besondern Veranlassungen[33].

1. Im Advent.
Nach dem Sündenbekenntnisse.
So spricht der Herr: haltet das Recht und thut Gerechtigkeit, denn mein Heil
ist nahe, daß es komme, und meine Gerechtigkeit, daß sie offenbaret werde.   35

---

[33] Diese Sprüche und Gebete dürfen nicht gegen andere vertauscht werden.

Der Herr sey barmherzig und segne uns, er lasse sein Angesicht leuchten über uns und sey uns gnädig. |

Vor der Epistel.

Lieber Herr Gott, wecke uns auf, daß wir bereit seyen, wenn Dein Sohn
5 kommt, ihn mit Freuden zu empfangen, und Dir mit reinem Herzen zu dienen, durch denselbigen Deinen Sohn, Jesum Christum, unsern Herrn. Amen.

Vor dem Alleluja.

Lasset uns frohlocken, es nahet der Heiland, den Gott uns verheißen. Der Name des Herrn sey gelobet in Ewigkeit. Alleluja.

10
Nach dem Glauben.

Gott hat seinen eingebornen Sohn gesandt in die Welt, daß wir durch ihn leben sollen. Gelobt sey er!

2. Zu Weihnachten.
Nach dem Sündenbekenntnisse.

15 Dem in der Finsterniß wandelnden Volke erschien ein helles Licht. Es ist Tag
geworden über die, die vom Schatten des Todes umgeben waren! Herr, Du
hast Deine Erde gesegnet und unsere Bande hast Du gelös't.

Vor der Epistel.

Herr Gott, himmlischer Vater! wir danken Dir und Deiner großen Gnade und
20 Barmherzigkeit, daß Du Deinen eingebornen Sohn um unsertwillen hast
Mensch werden lassen, und durch ihn uns von der Sünde und dem ewigen
Tode gnädiglich | geholfen hast, und bitten Dich, erleuchte unsere Herzen   39
durch Deinen heiligen Geist, daß wir für solche Deine Gnade Dir dankbar
seyen, und derselben in aller Noth und Anfechtung uns trösten, durch den-
25 selben Deinen Sohn Jesum Christum, unsern Herrn. Amen.

Vor dem Alleluja.

Frohlocket ihr Völker der Erde und preiset Gott! der Heiland ist erschienen,
den der Herr verheißen, er hat seine Gerechtigkeit der Welt offenbaret. Alleluja.

30
Vor dem Evangelium[34].

Ewiger und allmächtiger Gott! wir danken Dir von ganzem Herzen, daß Du
die Welt also geliebet hast, und Deinen eingebornen Sohn gesandt, gebo-

---

[34] Es ist dem Geistlichen überlassen, an den hohen Festen, als auf Weihnachten, am
Charfreitage, auf Ostern, Himmelfahrt und Pfingsten, dieses und die weiter unten mit
35 gleicher Ueberschrift bezeichneten Gebete, die schon in den alten Kirchengebeten
als eingelegte Stücke vorgefunden werden, vor dem Evangelio abzulesen.

ren von der Jungfrau Maria, daß wir die Kindschaft empfingen. Wir haben es nur allein zu danken Deiner herzlichen Barmherzigkeit, daß uns also besuchet hat der Aufgang aus der Höhe, und daß dieser Dein Sohn, Jesus Christus, unser Herr, wie andere Kinder Fleisch und Blut haben, dessen gleichermaßen auch theilhaftig geworden ist, damit er durch seinen Tod dem   5
Tode die Macht nehme und erlöste die, so durch Furcht vor dem Tode im ganzen Leben Knechte seyn mußten. |

40   Wir bitten Dich herzlich, verleihe uns die Gnade, daß wir Dir unser Lebenlang dafür mögen dankbar seyn, und von Tage zu Tage mehr und mehr erkennen, wie uns Dein Sohn Jesus von Dir sey gemacht worden zur   10
Weisheit, Gerechtigkeit, Heiligung und Erlösung; damit wir alles für Schaden achten, gegen die überschwengliche Erkenntniß Jesu Christi. Gieb, daß wir an ihn, unsern Herrn und Heiland, aufrichtig glauben, uns ihm ganz und gar vertrauen und ergeben, ihm willig dienen in Heiligkeit und Gerechtigkeit, und durch ihn Deine Kinder und seine Miterben seyen Deiner ewigen   15
Herrlichkeit. Ehre sey Dir also stets, o Gott, in der Höhe, und Friede auf Erden, und den Menschen Dein Wohlgefallen. Amen.

Nach dem Glauben.

Der Herr ist König und herrlich geschmücket, und hat ein Reich angefangen, so weit die Welt ist, und zugerichtet daß es bleiben soll. Heiligkeit ist die   20
Zierde Deines Hauses.

Vor dem Heilig, heilig etc.[35]

(Einzuschalten in's Dankgebet nach den Worten: „durch Jesum Christum unsern Herrn") „der heut von der Jungfrau Maria Mensch geboren ist, und als der Welt Heiland, von den Engeln verkündiget, und von den Hirten in einer Krippe gefunden   25
ist; also hat sich Deine göttliche hohe Majestät auf Erden erniedrigt, auf daß wir arme Menschen im Himmel erhöhet werden. Das Wort ist heute
41   Fleisch geworden, auf daß wir, die wir Dich, | Gott Vater in Christo sichtbar bekennen, zu den unsichtbaren Gütern durch ihn gereizt würden."
    Darauf folgt: und mit allen Engeln u. s. w.   30

3. Zum Neujahr.
Nach dem Sündenbekenntnisse.

Gott, gieb Fried' in Deinem Lande, Glück und Heil zu allem Stande; hilf Deinem Volke und segne Dein Erbe und weide sie und erhöhe sie ewiglich. Herr, hebe an zu segnen Dein Volk, denn was Du segnest, das ist gesegnet   35
ewiglich. Gelobt seyst Du.

---

[35] S. Anmerkung S. 39.

Vor der Epistel.

Herr Gott, himmlischer Vater! von dem wir ohne Unterlaß allerlei Gutes ganz unverdient empfangen, und täglich vor allen Uebeln gnädiglich behütet werden, wir bitten Dich, gieb uns durch Deinen Geist solches alles, (auch in
5 diesem neuen Jahre), mit ganzem Herzen im rechten Glauben zu erkennen, auf daß wir Deiner milden Güte und Barmherzigkeit, hier und dort, ewiglich danken, und Dich loben durch Jesum Christum, Deinen Sohn, unsern Herrn. Amen.[36]

Vor dem Alleluja.

10 Herr, Gott, Du bist unsre Zuflucht für und für. Ehe denn die Berge worden, und die Erde und die Welt erschaffen worden, bist Du Gott, von Ewigkeit zu Ewigkeit. Alleluja. |

Nach dem Glauben.   42

Die Gnade des Herrn währt von Ewigkeit zu Ewigkeit, über die, so ihn
15 fürchten.

4. Zur Passionszeit.
Nach dem Sündenbekenntnisse.

Herr, gedenke unser nach Deiner Barmherzigkeit, bewahre uns vor der Gewalt unserer Feinde, und befreie uns aus unserem Elende! Zu Dir, o Herr,
20 erhebe ich meine Seele, auf Dich, mein Gott, vertraue ich, laß mich nicht zu Schanden werden.

Vor der Epistel.

Gieb, o Herr, der Du uns mitten in den uns umgebenden Gefahren, durch die Hoffnung unserer ewigen Seligkeit erhältst, daß wir, ohne das Zeitliche
25 zu achten, nur nach dem Ewigen blicken mögen. Amen.

Vor dem Alleluja.

Herr, gedenke nicht unserer Uebelthaten, und erbarme Dich unseres Elendes! Herr, der Du unser Heiland bist, stehe uns bei, erlöse uns, und vergieb uns unsere Sünden, um der Herrlichkeit Deines Namens willen. Alleluja.

30 ### Nach dem Glauben.

Christus hat geliebt die Gemeinde und sich selbst für sie gegeben; fürwahr Er trug unsere Krankheit, und lud auf sich unsere Schmerzen. |

---

[36] Diese Collecte kann auch bei andern Gelegenheiten angewendet werden, und sind alsdann die eingeklammerten Worte wegzulassen.

43

5. Am Grünen Donnerstage.
Nach dem Sündenbekenntnisse.
Gott ist die Liebe, und wer in der Liebe bleibet der bleibet in Gott und Gott
in ihm. Er hat ein Gedächtniß gestiftet seiner Wunder, der gnädige und
barmherzige Herr. Gelobt sey unser Herr, Jesus Christus, hochgelobet in   5
Ewigkeit.

Vor der Epistel.
Allmächtiger, ewiger Gott! gieb, daß wir bei dem wunderbaren Sakramente
Deines Sohnes, seines Leidens und Sterbens so gedenken und es so verkündigen, als er uns befohlen hat, und verleihe uns, es so zu gebrauchen, daß   10
wir dadurch seiner Erlösung täglich mehr theilhaftig werden mögen, durch
denselben Deinen Sohn, Jesum Christum unsern Herrn. Amen.

Vor dem Alleluja.
So oft ihr von diesem Brodte esset und von diesem Kelche trinket, sollt ihr
des Herrn Tod verkündigen, bis daß er kommt. Gelobt sey Er! Alleluja.   15

Nach dem Glauben.
Wende Dich zu uns, o Herr, und gieb uns neues Leben, und laß Dein Volk
sich Deiner Gnade erfreuen. Erbarme Dich unser, o Herr, und erlöse uns. |

44

6. Am Charfreitage.
Nach dem Sündenbekenntnisse.   20
Herr, durch Deinen blutigen Tod hast Du uns das Leben wieder gegeben,
Dir gebühret die Ehre, der Ruhm, die Macht und die Herrlichkeit.

Vor der Epistel.
Barmherziger, ewiger Gott! der Du für uns Deinen Sohn des Kreuzes
Schmach hast lassen leiden, auf daß Du von uns treibest des Feindes Ge-   25
walt, verleihe uns so zu begehen dieses heilige Fest, und zu gedenken unse-
res Erlösers, daß wir dadurch der Sünden Vergebung und vom ewigen Tode
Erlösung erlangen, durch denselben Deinen Sohn, Jesum Christum, unsern
Herrn. Amen.
Vor dem Alleluja.   30
Um unserer Sünden willen hat sich Christus erniedriget und ist gehorsam
geworden bis zum Tode am Kreuze; darum hat ihn Gott erhöhet, und ihm
einen Namen gegeben, der über alle Namen ist. Alleluja.

Vor dem Evangelium[37].
Heiliger und gerechter Gott! Wie können wir Dir genug danken für die un-   35
aussprechliche Gnade, daß, da wir durch die Sünde alle Kinder des Zorns,

---

[37] S. Anmerkung S. 39.

und auf ewig verloren waren, auch uns selbst nicht rathen oder helfen
konnten aus dem großen Elende, daß Du, heiliger Gott! gleichwohl eine
Versöhnung | für uns Sünder erfunden hast, in Deinem eingebornen Sohne,   45
und denselben uns dargestellt zum beständigen Gnadenthrone. Ja, Du hast
5 nicht verschonet Deines eingebornen Sohnes, sondern hast denselben für
uns alle dahin gegeben. Er hat an sich genommen unser armes Fleisch und
Blut, damit er unsere Sünden mögte tragen in unserm Fleische. Er hat blutigen Schweiß geschwitzet in seiner größten Todesangst, damit wir in ihm
Friede, Trost und Freude erlangten. Er hat sich lassen binden, als einen
10 Missethäter, damit wir von Sünden entbunden und frei würden. Er hat
Schmach, Spott und Schande gelitten, daß wir unserer Sünden wegen nie
zu Schanden werden dürften.

Er ist darauf zum Tode ganz unschuldig verurtheilt worden, damit unsere Schuld würde getilgt und wir vor Dir leben könnten. Er ließ seinen
15 heiligen Leib an das Kreuz annageln, damit die Handschrift unserer Sünden
würde abgethan. Er ist am Kreuze zum Fluch für uns geworden, damit wir
mögten werden die Gesegneten des Herrn. Er hat in höchster Herzensangst
geklaget: Mein Gott! Mein Gott! warum hast Du mich verlassen! daß wir
nimmer verlassen würden. Endlich hat er im Tode sein Blut für uns vergos-
20 sen, damit sein Blut uns reinige von allen unsern Sünden, und wir also mit
Dir versöhnt, im Leben, Leiden und Sterben mögten versichert seyn, daß
wir durch ihn ewig selig werden.

Laß dann, lieber Vater, auch uns alle zusammen, in diesem Deinem
lieben Sohne, um seines Leidens und Sterbens willen, | vor Dir Gnade fin-   46
25 den, daß auch unsere Sünden vor Dir nimmer gedacht, und durch Deines
Geistes Kraft mit ihm unser alter Mensch mehr und mehr gekreuziget
werde, und wir darauf in ihm, und durch ihn, hier heilig und dort ewig
leben mögen. Hilf, daß wir uns insonderheit in der Stunde unseres Todes,
seines Todes recht trösten, und alsdann voller Freuden von hinnen abschei-
30 den mögen mit seinen letzten Worten: Vater! in Deine Hände befehle ich
meinen Geist, denn Du hast mich erlöset, durch Deinen Sohn, Du getreuer
Gott. Amen.

Nach dem Glauben.

Das Lamm, das erwürget ist, ist würdig zu nehmen Preis und Ehre, Dank
35 und Anbetung von Ewigkeit zu Ewigkeit.

Im allgemeinen Gebete.

(Einzuschalten nach der Stelle: „Bewahre uns vor einem bösen unbußfertigen Tode") Bereite
uns mehr und mehr zu einem seligen Ende; vornämlich aber in der letzten
Todesstunde, treibe von uns alle Anfechtungen, und vermehre unsern Glau-
40 ben an Deinen Sohn Jesum, daß wir überwinden alle Schrecken des Todes.
Wenn dann unsere Ohren nicht mehr hören können, so laß Deinen Geist
Zeugniß geben unserm Geiste, daß wir als Deine Kinder und Christi Miter-

ben, bald sollen mit Jesu bei Dir im Himmel seyn. Wenn dann unsere Augen
nicht mehr werden sehen können, so thue unsere Glaubensaugen auf, daß
wir alsdann vor uns Deinen Himmel offen sehen, und den Herrn Jesum zu
47 seines Vaters Rechten, daß auch wir seyn sollen, | wo Er ist! Wenn dann
unsere Zunge nicht mehr wird sprechen können, dann laß Deinen Geist uns   5
vertreten, mit unaussprechlichen Seufzern, und einen jeden lehren in seinem Herzen rufen: Vater, in Deine Hände befehle ich meinen Geist! Gieb
also, getreuer Gott, daß wir leben in Deiner Furcht, sterben in Deiner Gnade,
dahin fahren in Deinem Frieden, ruhen im Grabe unter Deinem Schutze,
und auferstehen durch Deine Kraft, und dann ererben die selige Hoffnung,   10
das ewige Leben, um Deines lieben Sohnes willen, Jesu Christi unsers Herrn,
welchem samt Dir und dem heiligen Geiste, sey Lob und Preis, Ehre und
Herrlichkeit, jetzt und immerdar. Amen.

7. Zu Ostern.
Nach dem Sündenbekenntnisse.   15
Christus ist auferstanden! den Tod hat er besiegt! Tod wo ist nun dein Stachel? Hölle wo ist dein Sieg? Lob und Preis sey Gott. In Deiner Herrlichkeit,
gerüstet mit Gewalt und Stärke, herrschest Du, o Herr, auf Deinem Throne.

Vor der Epistel.
Herr Gott, himmlischer Vater! der Du Deinen Sohn um unserer Sünden wil-   20
len dahin gegeben, und um unserer Gerechtigkeit willen auferwecket hast,
wir bitten Dich, Du wollest Deinen heiligen Geist uns schenken, durch ihn
48 uns regieren und führen, im wahren Glauben erhalten, vor aller | Sünde
uns behüten, und endlich nach diesem Leben uns zum ewigen Leben auch
wieder auferwecken, durch denselben Deinen Sohn, Jesum Christum, un-   25
sern Herrn. Amen.

Vor dem Alleluja.
Lasset uns frohlocken! dies ist der Tag den der Herr gemacht. Lobsinget
und preiset ihn, denn er ist gütig und seine Barmherzigkeit währet ewiglich.
Gelobt sey Gott! Um unserer Sünden willen ist Christus dahingegeben, und   30
um unserer Gerechtigkeit willen ist er auferwecket. Alleluja.

Vor dem Evangelium[38].
Allmächtiger, ewiger und barmherziger Gott, Du Vater unsers Herrn Jesu
Christi! Wir danken Dir demüthig, daß Du diesen Deinen eingebornen Sohn
um unserer Sünden willen in den Tod dahin gegeben, und um unserer   35
Gerechtigkeit willen wieder auferwecket hast. Ja, gelobt seyst Du von gan-
zem Herzen, auch von uns dieses Orts, daß Du nach Deiner großen Barm-

---

[38] S. Anmerkung S. 39.

herzigkeit uns hast wiedergeboren zu einer lebendigen Hoffnung, durch
die Auferstehung Jesu Christi von den Todten, zu einem unvergänglichen,
unbefleckten und unverwelkten Erbe, das behalten wird im Himmel, uns,
die wir aus Gottes Macht durch den Glauben bewahret werden zur Seligkeit!
5 Denn, da wir nun gewiß wissen, daß unser Erlöser ewig lebet, so glauben
und vertrauen wir auch Deiner Verheißung, daß unsere sterblichen Leiber
wieder auferwecket, und dem ver|klärten herrlichen Leibe Christi unsers   49
Herrn und Heilandes ähnlich werden sollen.

Wir bitten Dich von Herzen, da wir auf Jesu Christi Tod getauft, auch
10 mit ihm also begraben sind, daß, gleichwie Christus auferwecket ist von
den Todten, durch Deine Herrlichkeit, als des himmlischen Vaters, auch wir
die Kraft seiner Auferstehung mehr und mehr in uns empfinden, von dem
Tode der Sünden auferwecket werden, und in einem neuen Leben wandeln,
auch also entgegen gehen der Auferstehung der Todten, da dies Verwesli-
15 che wird anziehen die Unverweslichkeit, und dies Sterbliche wird anziehen
die Unsterblichkeit. Amen.

Nach dem Glauben.

Christus litt und starb für unsere Sünden, der Gerechte für die Ungerechten;
denn um uns mit Gott zu versöhnen, starb er nach dem Fleische, und ist
20 auferstanden nach dem Geiste. Gelobt sey Gott.

Vor dem Heilig, heilig[39].

(Einzuschalten in's Dankgebet nach den Worten: „durch Jesum Christum unsern Herrn") „der
für uns ist geopfert. Er ist das wahre Lamm Gottes, das die Sünde der Welt
getilgt; der durch seinen Tod unsern ewigen Tod zerstört hat, und als er
25 auferstanden ist, hat er das Leben wiederbracht."
Darauf folgt: und mit allen Engeln u. s. w. |

8. Am Bußtage.   50
Nach dem Sündenbekenntnisse.

Herr, wir liegen vor Dir mit unserm Gebete; nicht auf unsere Gerechtigkeit,
30 sondern auf Deine große Barmherzigkeit. Herr, handle nicht mit uns nach
unsern Sünden, und vergilt uns nicht nach unserer Missethat.

Vor der Epistel.

Allmächtiger Gott, himmlischer Vater! der Du nicht Lust hast an der Sünder
Tod, lässest sie auch nicht gern verderben, sondern willst, daß sie sich be-
35 kehren und leben, wir bitten Dich herzlich, Du wollest die wohlverdienten
Strafen unserer Sünden gnädiglich abwenden, und uns hinfüro zu bessern,
Deine Barmherzigkeit mildiglich verleihen, um Jesu Christi, unsers Herrn
willen. Amen.

---

[39] S. Anmerkung S. 39.

Vor dem Alleluja.

Gnädig und barmherzig ist der Herr, geduldig und von großer Güte. Hilf uns, Gott unsers Heils, um Deines Namens willen, errette uns und vergieb uns unsere Sünden, um Deines Namens willen. Alleluja.

Nach dem Glauben. 5

Rufe mich an, spricht der Herr, in der Zeit der Noth, so will ich dich erretten und du sollst mich preisen.

Anstatt des allgemeinen Gebets, die Litaney.

Ewiger allmächtiger Gott! erbarme Dich über uns; Herr erhöre unser Gebet!
51 Herr, Gott, Vater im Himmel, Herr, | Gott, Sohn, Erlöser der Welt, Herr, Gott, 10
heiliger Geist, erbarme Dich über uns! Sey uns gnädig, schone und hilf uns, lieber Herr Gott! Bewahre uns vor allen Sünden, vor allem Irrsal, vor allem Uebel, vor Nachstellung und List des Bösen, vor Pest und Hungersnoth, vor Krieg, vor Aufruhr und Zwietracht, vor Hagel und Unwetter, vor Feuer und Wassersnoth, vor einem unseligen plötzlichen Tode, vor dem ewigen Tode. 15
Hilf uns, lieber Herr, durch Deine heilige Geburt, durch Dein Kreuz und Deinen Tod, durch Deine Auferstehung und Himmelfahrt, in der Stunde des Todes, im jüngsten Gerichte. Erhöre uns, lieber Herr Gott, wir flehen zu Dir, wir arme Sünder, daß Du gnädiglich schützest und schirmest, Deine heilige christliche Kirche; daß Du alle Bischöfe, Lehrer und Diener, in der wahren 20
Lehre und einem heiligen Leben bewahrest, falsche Lehre und Aergerniß abwendest, alle Irrende und Verführte zurückrufest, uns den Sieg verleihest über alle unsere geistige Feinde; treue Arbeiter in Deine Aerndte sendest, das Wort begleitest mit Deinem Geiste und Deiner Kraft; helfest und tröstest die Betrübten und Schwermüthigen; Friede und Eintracht den Königen und 25
Fürsten verleihest; segnest, tröstest und beschirmest unsern geliebten Kö-
nig und sein Haus und seine Anverwandten, und alle treue Beamten, und segnest die Regierung; stärkest und bewahrest die Kriegsmacht; errettest alle, die in Noth und Gefahr sind, bewahrest und helfest den Schwangern, erquickest die Kranken, befreiest die schuldlos Gefangenen, schützest und 30
52 versorgest die Wittwen und Waisen, | die Armen und Unterdrückten, und ein versöhnliches Herz verleihest gegen unsere Feinde und Verfolger, und ihr Herz umwendest; daß Du durch Deine heiligen Engel geleitest und be-
wahrest die Reisenden; segnest die Frucht der Erde, den Bergbau, die See-
fahrt und andere erlaubte Nahrungszweige, und Gnade verleihest, alles sol- 35
ches recht zu gebrauchen; daß Du Dich erbarmest über alle Menschen, und uns gnädiglich erhörest. O, Jesu Christ, Sohn Gottes, erbarme Dich über uns! O, Lamm Gottes, welches der Welt Sünde trägt, erlöse uns, lieber Herr, Gott! Lamm Gottes, welches der Welt Sünde trägt, gieb uns Deinen Frieden und Segen! Christe erhöre unser Gebet! Herr erbarme Dich über uns! Christe 40

erbarme Dich über uns! Herr erbarme Dich über uns! Handle nicht mit uns
nach unsern Sünden, und vergilt uns nicht nach unserer Missethat.

    Lasset uns beten. Herr, allmächtiger Gott! der Du hörest das Flehen der
Bußfertigen, und tröstest die betrübten Herzen, erhöre das Gebet, welches
5 wir in unserer Noth vor Dich bringen, und hilf uns, auf daß durch Deines
Geistes Kraft zerstöret und vernichtet werde das Böse, was Sünde und Welt
uns zufüget, und wir, also erlöset von allem Uebel, in Deiner Gemeinde, Dir
allezeit Dank und Preis bringen, durch Deinen Sohn Jesum Christum, unsern
Herrn. Amen. |

10   **9. Am Himmelfahrtstage.**   53
               Nach dem Sündenbekenntnisse.
Preiset Gott! ihr Völker der Erde! Preiset den Herrn, der zum Himmel sich
erhob uns dort die Stätte zu bereiten. Gelobt sey Gott!

Vor der Epistel.

15 Allmächtiger Gott! verleihe uns die wir glauben: daß Dein eingeborner
Sohn, unser Heiland, zum Himmel aufgefahren ist, daß auch wir mit ihm
geistig, im geistigen Wesen wandeln und wohnen, durch denselbigen Deinen Sohn, Jesum Christum, unsern Herrn. Amen.

Vor dem Alleluja.

20 Erhaben o Herr, über alles Lob, über alle Herrlichkeit, herrschest Du von
Ewigkeit zu Ewigkeit. Alleluja.

Vor dem Evangelium[40].

Herr Gott, himmlischer Vater! Wir erheben billig Deine große Güte für das
menschliche Geschlecht und loben und rühmen Deine Liebe gegen uns;
25 daß, da wir das Paradies durch die Sünde verloren in dem ersten Adam,
durch den zweiten Adam, Jesum Christum unsern Herrn, wiederum haben
erlangt einen Eingang und Zugang zu Deinem himmlischen Reiche. Ja, weil
unser Heiland von der Erde aufgehoben worden vor seiner Jünger Augen,
und auf einer Wolke in den Himmel gefahren, uns die Stätte zu bereiten,
30 und uns auch dort vor | Dir vertritt, und zu Deiner Rechten erhöhet ist; so   54
vertrauen und glauben wir seiner Verheißung, daß er wiederkommen und
uns zu sich nehmen wird, daß wir seyen, wo er ist, allezeit und ewiglich.

    Wir bitten Dich von Herzen, lieber himmlischer Vater! wie er zu Dir
aufgefahren als zu seinem Gott, und zu unserm Gott, als zu seinem Vater,
35 und zu unserm Vater; so wollest Du väterlich uns durch Deinen Geist stets
regieren und führen, daß wir suchen, was droben ist, wo unser Heiland
Christus ist, und nicht mehr trachten nach dem, was auf Erden ist. Vergieb

---

40 S. Anmerkung S. 39.

uns aus Gnaden, um Deines lieben Sohnes willen, was wir hierin bisher versehen haben, und lehre uns auf Erden so unsern Wandel für den Himmel führen, daß wir alle mit Freuden allezeit mögen erwarten die selige Hoffnung und Erscheinung der Herrlichkeit, des großen Gottes und unsers Heilandes Jesu Christi. Amen.

Nach dem Glauben.

Herr, Deine Rechte ist herrlich erschienen in ihrer Kraft; Deine Rechte, Herr, hat die Feinde gestürzt, und die Fülle Deiner Herrlichkeit hat die Widersacher vernichtet.

10. Zu Pfingsten.
Nach dem Sündenbekenntnisse.

Komm heiliger Geist, erleuchte uns, und stärke uns, gieb uns Deinen Trost und Frieden, und befestige uns immer mehr in der rechten Erkenntniß unsers Glaubens. |

Vor der Epistel.

Herr Gott, lieber Vater! der Du Deiner Gläubigen Herzen durch Deinen heiligen Geist erleuchtet und gelehrt hast, gieb uns, daß wir auch durch denselbigen Geist, rechten Verstand Deines Wesens und Willens haben, und zu aller Zeit seines Trostes und seiner Kraft uns freuen, durch Jesum Christum, unsern Herrn. Amen.

Vor dem Alleluja.

Komm heiliger Geist, erfülle die Herzen Deiner Gläubigen und entzünde in ihnen das Feuer Deiner göttlichen Liebe. Alleluja.

Vor dem Evangelium[41].

O heiliger Gott, Vater des Lichts, der Du wohnest in einem Lichte, dazu Niemand kommen kann, und bei welchem nicht ist irgend eine Veränderung oder Wechsel des Lichts, von dem auch nur herkommen alle und jede gute und vollkommene Gaben! Wir loben Dich von Herzen, für die herrliche Gabe, die Du den Aposteln Deines lieben Sohnes an dem Tage der Pfingsten geschenket hast, da sie nach dem Befehle ihres Herren und Meisters einmüthig beisammen waren, und im Gebet und Flehen recht gläubig warteten auf Deine Verheißung. Du hast damals reichlich ausgegossen Deinen Geist, daß Deine große Thaten darauf aller Welt sind verkündiget worden, und das Evangelium von Deinem lieben Sohne auf uns gekommen ist, die wir in unsern Vorfahren gar weit entfernt waren von den Testamen|ten Deiner großen Verheißung, so daß, wer nun den Namen Jesu Christi unsers Herrn im Glauben anrufen wird, ewig selig werden soll. Ja, Dein Sohn ver-

---

[41] S. Anmerkung S. 39.

spricht auch uns Deinen heiligen, guten Geist, wenn wir Dich, den Vater, darum herzlich bitten. So bitten wir Dich denn darum, lieber Vater im Himmel! siehe uns nicht in uns selbst an, sondern in Deinem lieben Sohne, an welchem Du Wohlgefallen hast. Reinige uns von Sünden, daß wir alle
5 zusammen recht mögen wiedergeboren seyn aus dem Wasser und Geist, und gieße Deine Liebe durch denselben Deinen Geist jetzt auch in unsre Herzen; gieb, daß sie uns dringe und treibe aus Liebe zu Dir und zu Deinem Sohne, alles zu meiden, was Dir mißfällig, und alles gern zu thun, was Dir wohlgefällig ist, damit also derselbe Geist Zeugniß gebe unserm Geiste, daß
10 wir Deine Kinder sind. Amen.

Nach dem Glauben.

Himmlischer Tröster, Geist der Wahrheit, der Du alles mit Deiner Allgegenwart erfüllst, komm, wohne in uns, und reinige uns von allen Sünden.

Vor dem Heilig, heilig etc.[42]

15 (Einzuschalten in's Dankgebet nach den Worten: durch Jesum Christum unsern Herrn) „der über alle Himmel gefahren, sitzet zu Deiner Rechten, und hat heut den heiligen Geist, welchen er verheißen hat, ausgegossen in Deine auserwählten Kinder. | Darum ist die ganze Welt voll Freude, und frohlocken alle   57 Menschen im ganzen Umkreis der Erden,"
20   Darauf folgt: und mit allen Engeln u. s. w.

11. Zur Todtenfeier.[43]
Nach dem Sündenbekenntnisse.

Christus ist die Auferstehung und das Leben, wer an ihn glaubt, der wird leben, ob er gleich stürbe. Darum preiset Gott seine Liebe gegen uns, daß
25 Christus für uns gestorben ist, da wir noch Sünder waren.

Vor der Epistel.

Nach dem Chor: und mit Deinem Geiste.

Geistliche. Selig sind die Todten, die in dem Herrn sterben.

Chor. Ja, der Geist spricht: daß sie ruhen von ihrer Arbeit. Alleluja. [Siehe
30 Musik-Anhang.]

Geistliche. Allmächtiger, ewiger Gott! der Du durch den Tod Deines Sohnes die Sünde und den Tod zunichte gemacht, und durch seine Auferstehung, Unschuld und ewiges Leben wiedergebracht hast, auf daß wir von der Furcht des Todes erlöset, in Deinem Reiche leben: verleihe uns, daß wir
35 solches von ganzem Herzen glauben, und, in solchem Glauben beständig,

---

42 S. Anmerkung S. 39.
43 Am letzten Sonntage des Kirchenjahres.

Dich allezeit loben und Dir danken, durch denselben Deinen Sohn, Jesum Christum, unsern Herrn. Amen.[44] |

58   Vor dem Alleluja.
Der Herr wird mich erlösen von allem Uebel und mir aushelfen zu seinem himmlischen Reiche. Ihm sey Ehre von Ewigkeit zu Ewigkeit. Alleluja.   5

                         Nach dem Glauben.
Leben wir, so leben wir dem Herrn! Sterben wir, so sterben wir dem Herrn! Christus hat dem Tode die Macht genommen, und das Leben ans Licht bracht.

                        Im allgemeinen Gebet.
                 (Einzuschalten wie am Charfreitage.)   10

   12. Am Gedächtnißtage der Friedensfeier, nach dem Befreiungskriege[45].
                        Im allgemeinen Gebet.
(Einzuschalten nach den Worten: „und laß dann ihre Dienste gesegnet seyn zu Deiner Ehre und des Vaterlandes Bestem.")
   „Gieb, o Herr, daß wir die heutige Gedächtnißfeier des glorreich erkämpf-   15
ten Friedens mit frommer Dankbarkeit gegen Dich begehen mögen, und laß nie unter uns das Andenken an das, was Du in jener ewig denkwürdigen Zeit, an uns und so vielen andern Völkern der Erde Großes gethan hast, erlöschen. Erfülle, o allgültiger Gott, mit dem Geiste der Weisheit, des Rathes und der Ein-tracht, alle christliche Regenten Europa's. Segne und beschütze insbesondere   20
59   den heiligen Bund | damit er fortbestehe im Geiste der Monarchen, die ihn schlossen, im Glauben an Dich und Deinen Sohn, den Erlöser der Welt, ihre Völker zu regieren und zu beglücken. Laß ihr heiliges Werk gedeihen zum Preise Deines großen Namens, zur Beförderung des allgemeinen Wohles, da-mit überall Friede, Ordnung und Recht walte, und unsere spätesten Nachkom-   25
men sich noch Deiner Segnungen dankbar erfreuen mögen."
Darauf folgt: Segne uns und alle königliche Länder etc.

                        ─────────

                    B. Sündenbekenntnisse
                 zum abwechselnden Gebrauche.

                              1.   30
Geliebte in Christo! Lasset uns in tiefer Demuth vor dem Herrn unsere Un-würdigkeit und unsere Sünden bekennen und mit einander sprechen:[46]

---

[44] Diese Collecte kann auch an dem Osterfeste gebraucht werden.
[45] Am vorletzten Sonntage des Kirchenjahres, in Beziehung auf den Frieden zu Paris v. 20. Nov. 1815.   35
[46] Oder: Kommt, laßt uns anbeten und knieen und niederfallen vor dem Herrn, der uns gemacht hat. Allmächtiger Gott, barmherziger Vater! Ich u. s. w.

Ich armer sündiger Mensch bekenne vor Dir, allmächtiger Gott, daß ich oft und viel gesündigt habe, mit Gedanken, Worten und Werken; ich erkenne meine Schuld, meine ganze Schuld: aber ich bereue sie von Herzen, und nehme mir fest vor, unter Verleihung Deiner Gnade mich ernstlich zu bessern, und nie mehr zu sündigen. |

Der allmächtige Gott erbarme sich über euch und vergebe euch alle euere Sünden! Er stärke und bevestige euch durch seinen Geist in allem Guten, und bringe euch in sein ewiges Reich, durch Jesum Christum, unsern Herrn. Amen.[47]

60

2.

Allmächtiger Gott, barmherziger Vater! wir erkennen und bekennen vor Dir unser sündliches Verderben, und unsere vielfachen und schweren Verschuldungen. Siehe erbarmend auf uns nieder, und nimm unsere Reue und unsere Vorsätze der Besserung gnädiglich an. Vergieb uns alle unsere Sünden und Missethaten um Deines lieben Sohnes, unsers Heilandes Jesu Christi willen und gewähre uns den Beistand Deines heiligen Geistes, damit wir dem Bösen von ganzem Herzen entsagen, und Dir in Gerechtigkeit dienen mögen, die Dir gefällig ist.

3.

Vor Dir, allmächtiger Gott und Vater, vor Deiner unwandelbaren Heiligkeit bekennen wir es, wir sind strafbar von unserer Geburt an, und zum Bösen geneigte Sünder; denn mit inniger Betrübniß müssen wir bekennen, daß wir Deinen Geboten zuwider gehandelt haben und mit ernster Reue verdammen wir uns und unsere Sünden. Siehe erbar|mend auf uns nieder um Deines Sohnes Jesu Christi, unsers Heilandes willen, vergieb uns unsere Sünden und gewähre uns den Beistand Deines heiligen Geistes, damit wir dem Bösen von ganzem Herzen entsagen und Dir wohlgefällig werden mögen. Amen.

61

4.

Allbarmherziger Gott und Vater! In tiefer Demuth erkennen und bekennen wir vor Dir unsere vielfachen Sünden und Vergehungen. Siehe erbarmend auf uns nieder und vergieb uns Reuigen alle unsere Sünden, um des Verdienstes Deines lieben Sohnes, unsers Heilandes, Jesu Christi willen. Amen.

---

[47] Oder: Der allmächtige ewige Gott verzeihe uns nach seiner unergründlichen Barmherzigkeit und um des Erlösers Jesu Christi Verdienstes willen alle unsere Sünden und gebe uns Gnade unser Leben zu bessern und mit ihm ein ewiges Leben zu empfangen. Amen.

C. Sprüche nach dem Sündenbekenntnisse,
zum abwechselnden Gebrauche[48].

1.

Herr, Du bist unser Hort und Hülfe, Schutz und Trost, unsere Seele harret
nur auf Dich, denn Du bist allein unsere Hoffnung, bei Dir ist unser Heil　5
und Zuversicht. |

62

2.

Herr, laß uns herzlich verlangen und sehnen nach Deinem Tempel; laß uns
in Deinem Hause zusammen kommen Dir zu dienen; so hoch der Himmel
über der Erde ist, laß Deine Gnade über uns walten, so fern der Morgen ist　10
vom Abend, laß unsere Uebertretung von uns seyn, und wie sich ein Vater
über seine Kinder erbarmet, so erbarme Dich, Herr, über uns.

3.

Herr, unsere Seele verlangt nach Deinem Heil, und hofft auf Dein Wort; Dein
Wort ist unsers Fußes Leuchte, und ein Licht auf unserem Wege; Du bist　15
unser Schirm und Schild; erhalte uns durch Dein Wort, daß wir leben, und
laß uns nicht zu Schanden werden über unsere Hoffnung.

4.

Erhöre uns, unser Gott, nach Deiner Gerechtigkeit, sey uns gnädig und
segne uns, laß uns Dein Antlitz leuchten, daß wir auf Erden erkennen Deine　20
Wege! Herr, unsere Sünde ist Dir nicht verborgen, aber Du, unser Gott, sey
uns gnädig durch Deine große Güte und erhöre uns mit Deiner treuen
Hülfe.

5.

Herr, lehre uns die Rechte Deiner Gerechtigkeit, verlasse uns nicht; öffne　25
unsere Augen, daß wir sehen das Licht Deines Heils; stärke uns mit Deinem
Wort; wende von uns ab falsche Lehre, und leite uns auf Deinen Wegen,
daß wir in Deiner Erkenntniß leben und sterben, zu Deinem Lob und Preis. |

63

6.

Herr unser Gott, laß uns nicht wandeln im Rathe der Gottlosen, noch treten　30
auf den Weg der Sünder, noch sitzen da die Spötter sitzen, sondern gieb

---

[48] Diese Sprüche, so wie die unter E. und F. zum abwechselnden Gebrauche bestimmten,
dürfen mit gehöriger Auswahl auch auf andern der benannten Stellen benutzt werden. So kann z. B. ein Spruch der vor dem Alleluja zu gebrauchen bestimmt ist, nach
dem Sündenbekenntnisse gesprochen werden, und umgekehrt.　　35

uns Lust und Liebe zu Deinem Gesetz, laß uns rühmen und fröhlich seyn in
Dir, und Dich von Herzen lieben; segne Du uns, unser Gott, und kröne uns
mit ewiger Gnade und Barmherzigkeit.

7.

5 Herr hilf Deinem Volke und segne Dein Erbe; wache über die Fülle Deiner
Kirche, heilige immer mehr diejenigen, welche die Zierde Deines Hauses
sind; verherrliche sie durch Deine Macht, und verlasse uns nicht, denn wir
trauen auf Dich.

8.

10 Herr, ich habe lieb die Stätte Deines Hauses und den Ort, wo Deine Ehre
wohnet. Kommt, laßt uns anbeten und knieen und niederfallen, vor dem
Herrn, der uns gemacht hat.

9.

Deine Güte, Herr, ist alle Morgen neu, und Deine Treue ist groß. Unserm
15 Gott sey Anbetung, Preis und Ehre, von Ewigkeit zu Ewigkeit.

10.

Wandelt würdiglich dem Herrn zu allem Gefallen, und seyd fruchtbar in
allen guten Werken. Dienet dem Herrn mit Freuden, kommt vor sein Ange-
sicht mit Frohlocken. |

20   ### 11.   64
Herr lehre mich thun nach Deinem Wohlgefallen, denn Du bist mein Gott.
Dein guter Geist führe mich auf ebner Bahn. Verwirf mich nicht von Deinem
Angesicht, und nimm Deinen heiligen Geist nicht von mir.

12.

25 Der Herr ist nahe allen, die ihn anrufen, allen, die ihn mit Ernst anrufen. Selig
sind, die Gottes Wort hören und bewahren, und bringen Frucht in Geduld.

13.

Wo ist ein Gott der größer wäre als unser Gott! Du bist der Gott, der Wunder
thut. Du hast Deine Macht den Völkern kund gethan. Zu Dir, o Herr! habe
30 ich meine Stimme erhoben; zu meinem Gotte habe ich meine Stimme erhoben, und er hat mich erhöret.

14.

Was betrübst du dich, meine Seele, und bist so unruhig in mir? Harre auf
Gott; denn ich werde ihm noch danken, daß er meines Angesichts Hülfe,
35 und mein Gott ist.

15.

Es sollen wohl Berge weichen und Hügel hinfallen; aber meine Gnade soll nicht von dir weichen, und der Bund meines Friedens soll nicht hinfallen, spricht der Herr, dein Erbarmer.

16.

Lobe den Herrn, meine Seele, und was in mir ist, seinen heiligen Namen. Lobe den Herrn, meine Seele, und vergiß | nicht, was er dir Gutes gethan hat! Der dir alle deine Sünden vergiebt, und heilet alle deine Gebrechen, der dein Leben vom Verderben erlöset, der dich krönet mit Gnade und Barmherzigkeit.

17.

Selig sind, die da Leid tragen; denn sie sollen getröstet werden. Selig sind, die hungert und dürstet nach der Gerechtigkeit; denn sie sollen satt werden. Selig sind, die reines Herzens sind; denn sie werden Gott schauen.

18.

Kommt her zu mir Alle, die ihr mühselig und beladen seyd, ich will euch erquicken. Nehmet auf euch mein Joch, und lernet von mir: denn ich bin sanftmüthig und von Herzen demüthig, so werdet ihr Ruhe finden für eure Seelen; denn mein Joch ist sanft und meine Last ist leicht.

19.

Also hat Gott die Welt geliebt, daß er seinen eingebornen Sohn gab, auf daß Alle, die an ihn glauben, nicht verloren werden, sondern das ewige Leben haben.

20.

Ob jemand sündiget, so haben wir einen Fürsprecher bei dem Vater, Jesum Christum, der gerecht ist, und derselbe ist die Versöhnung für unsere Sünde, nicht allein aber für die unsere, sondern auch für der ganzen Welt.

———————— |

D. Gebete (Collecten) vor der Epistel,
zum abwechselnden Gebrauche, die auch mit gehöriger Auswahl
als Schluß-Collecten vor dem Segen anzuwenden sind.

1.

Allmächtiger Gott! der Du durch Deinen heiligen Geist die ganze Christenheit heiligest und regierest, erhöre unsere Bitte, und gieb gnädiglich, daß

sie mit allen ihren Gliedern, im reinen Glauben, durch Deine Gnade Dir
diene, durch Jesum Christum, Deinen Sohn, unsern Herrn. Amen.

2.

Allmächtiger Gott! gieb uns den rechten wahrhaften Glauben, und mehre
5　denselben täglich in uns; verleihe uns auch wahre Liebe und Hoffnung,
damit wir Dir und unserm Nächsten nach Deinem Wohlgefallen dienen mögen, durch Jesum Christum Deinen Sohn, unsern Herrn. Amen.

3.

Herr, wir bitten Dich, gieb uns allezeit gnädiglich einen Geist, zu denken
10　und zu thun was recht ist, auf daß wir, die wir ohne Dich nicht seyn können,
nach Dir auch leben mögen durch Jesum Christum, Deinen Sohn, unsern
Herrn. Amen.

4.

Allmächtiger Gott, der Du uns die Gnade gegeben hast, einmüthig unser
15　gemeinschaftliches Gebet vor Dich zu bringen, und verheißen hast, daß wo
zween oder drei versammelt sind in Deinem Namen, Du ihnen ihre Bitte
gewähren willst, er|fülle jetzt o Herr, die Bitte Deiner Knechte, wie es ihnen　　67
am dienlichsten seyn mag; gieb uns in dieser Welt die Erkenntniß Deiner
Wahrheit und in der zukünftigen das ewige Leben. Amen.

20
5.

Allmächtiger Gott, himmlischer Vater, wir bitten Dich, gieb Deiner christlichen Gemeinde Deinen Geist und göttliche Weisheit, daß Dein heiliges
Wort rein geprediget werde, und immer wachse und zunehme, auf daß
Deine Christenheit dadurch vermehrt werde, und mit beständigem Glauben
25　Dir diene und bis ans Ende beharren möge; der Du mit dem Sohne und
heiligen Geiste regierest in Ewigkeit. Amen.

6.

Herr Gott, himmlischer Vater, der Du heiligen Muth, guten Rath und rechte
Werke schaffest, gieb Deinen Dienern Friede, welchen die Welt nicht kann
30　geben, auf daß unser Herz an Deinen Geboten hange, und wir unsere Zeit
durch Deinen Schutz stille und sicher vor Feinden leben, durch Jesum Christum Deinen Sohn, unsern Herrn. Amen.

7.

Barmherziger, getreuer Gott, der Du bei uns das helle Licht Deines Evangelii
35　hast lassen aufgehen, bei welchem wir Dich und Deinen Willen recht erkennen, und lernen können, wie wir christlich leben und selig sterben sollen,
wir bitten Dich, heilige uns durch Deinen Geist, je länger je mehr, daß wir

der Welt und allen weltlichen Lüsten von Herzen absagen, und unsere |
68 Freude darin suchen, Dir zu dienen in Heiligkeit und Gerechtigkeit, die Dir
gefällig ist, durch Jesum Christum unsern Herrn. Amen.

8.[49]

Allmächtiger Gott und Vater, demnach wir allhier versammelt sind, den Tag 5
des Herrn zu feiern, so eröffne unsere Ohren und Herzen, daß wir Dein
heiliges Wort hören, mit Fleiß erwägen und in reinem Herzen behalten,
Dich getrost anrufen, und alle noch übrigen Tage unseres kurzen Lebens
uns zubereiten zu der Seligkeit, da wir mit englischen Zungen und Herzen
Deine große Thaten mit allen auserwählten Engeln und Menschen rühmen 10
und preisen werden, in alle Ewigkeit. Amen.

9.

Allmächtiger Gott, gütiger Vater, wir bitten Dich, laß Dein Wort kräftig in
uns werden, durch den Beistand Deines heiligen Geistes, damit es uns lehre,
Dich durch eine aufrichtige Frömmigkeit und einen tadellosen Lebenswan- 15
del zu verehren, und uns so, je länger je mehr, Deines Segens und Deiner
Gnade würdig zu machen. Heilige und befestige, o Herr, unsere Entschlüsse
durch Jesum Christum, unsern Herrn. Amen.

10.

Herr, unser Gott, dessen Macht unaussprechlich, dessen Herrlichkeit unbe- 20
69 greiflich, dessen Gnade unermeßlich, dessen Liebe | unbeschreiblich ist,
sieh auf uns und auf diese heilige Stätte nach Deiner Barmherzigkeit herab,
und gieb uns und denen, die mit uns ihr Gebet darbringen, den Reichthum
Deiner Gnade und Güte durch Jesum Christum unsern Herrn. Amen.

11.

25
Allmächtiger, ewiger Gott, der Du uns in diesem zeitlichen Leben bisher
gnädiglich erhalten hast, und durch Dein Evangelium von Deinem Sohne
auch zu dem ewigen Leben berufen und zubereiten lässest, wie wir denn
eben jetzt Dein heiliges Wort in Friede und Ruhe zu dem Ende anhören
können, wir bitten Dich demüthiglich, stehe uns ferner in Gnaden bei, und 30
erneuere uns im Geiste unseres Gemüths, daß wir Dir dienen in Heiligkeit
und Gerechtigkeit, die Dir gefällig ist, durch Jesum Christum unsern Herrn.
Amen.

12.

Herr Gott, himmlischer Vater, wir bitten Dich, nimm Dich allenthalten gnä- 35
diglich Deiner Kirchen an, und schaffe ihnen Pfleger und Beschützer; erhalte

---

[49] Dieses und das vorhergehende Gebet können auch in eins zusammengezogen
werden.

unter uns die Predigt Deines Worts samt dem reinen Gebrauche Deiner
heiligen Sakramente, und gieb treue Hirten und Lehrer, uns und unsern
Nachkommen; steure und wehre mächtiglich allen Verführungen und Verleitungen von der Kraft der Gottseligkeit: damit also Dein Name einmüthiglich in der ganzen Christenheit geheiligt, Dein Reich vermehrt, und des
Bösen immer weniger werde, durch den Beistand Deines lieben Sohnes Jesu
Christi unsers Herrn. Amen. |

13.

Allmächtiger, ewiger Gott, der Du uns gelehret hast, in rechtem Glauben zu
wissen und zu bekennen, daß Du Vater, Sohn und Geist ein einiger ewiger
Gott und dafür anzubeten bist, wir bitten Dich, Du wollest uns bei solchem
Glauben allezeit fest erhalten, und uns Gnade verleihen, Dich mit Herz und
Mund allezeit zu loben und zu preisen, der Du lebest und regierest von
Ewigkeit zu Ewigkeit. Amen.

14.

Gott, Du weißt, daß wir in so mancher und großer Gefahr ohne Anfechtung
nicht mögen bleiben, o sende uns Schwachen Muth und Kraft, daß wir
ohne Unterlaß wachen und beten, an dem bösen Tage Widerstand thun,
alles wohl ausrichten, das Feld behalten und alle Hindernisse unserer Seligkeit durch Deine Hülfe überwinden, um Jesu Christi unsers Heilandes willen. Amen.

15.

Wir preisen Dich, Allgütiger. Auch an uns hast Du Leben und Wohlthat
gethan, uns mächtig beschützet und bis hieher gnädiglich erhalten. Wir
bitten Dich, Du wollest Deine Güte auch ferner mit jedem Morgen über uns
erneuen, ja, Deine Gnade walten lassen über uns in Ewigkeit, durch Jesum
Christum Deinen Sohn, unsern Herrn. Amen.

16.

Herr, Deine Wege sind lauter Güte und Wahrheit, und was Du thust, ist
wohlgethan. Darum stehet fest unser Glaube und unsre Hoffnung, daß Du
uns, obschon wunderbarlich, doch | allezeit gut und selig führest und füh-
ren werdest. Dort werden wir im Lichte erkennen, was hier uns dunkel war;
dort für Freude und Leid Dich preisen in Ewigkeit. Amen.

17.

Herr Gott, lieber Vater! wir bitten Dich, Du wollest uns durch Deinen heiligen Geist leiten und regieren, auf daß wir mit ganzem Herzen Dein Wort
anhören und annehmen, und dadurch geheiliget werden, und auf Jesum

Christum, Deinen Sohn unser ganzes Vertrauen und unsere Hoffnung setzen; unser Leben nach Deinem Worte bessern, und ewig selig werden, durch Jesum Christum, unsern Herrn. Amen.

18.

Allmächtiger Gott und Vater unsers Herrn Jesu Christi, der Du uns ernstlich 5
befohlen hast, daß wir Dich bitten sollen um Arbeiter in Deiner Erndte, das ist: um rechtschaffene Prediger Deines Worts; wir bitten Deine grundlose Barmherzigkeit, Du wollest uns rechtschaffene Lehrer und Diener Deines göttlichen Worts zuschicken und denselben Dein heilsames Wort in das Herz und in den Mund legen, daß sie Deinen Befehl treulich ausrichten, 10
und nichts predigen was Deinem heiligen Wort entgegen sey, auf daß wir durch Dein himmlisch ewiges Wort ermahnet, gelehrt, gespeiset, getröstet und gestärkt werden, thun was Dir gefällig und uns fruchtbarlich ist. Gieb, Herr, Deiner heiligen christlichen Kirche Deinen Geist und göttliche Weisheit, daß Dein Wort unter uns laufe und wachse, und mit aller Freudigkeit, 15
72 wie sichs gebührt, gepredigt, und Deine | heilige christliche Gemeinde dadurch gebessert werde, auf daß wir mit beständigem Glauben Dir dienen, und in Erkenntniß Deines Namens bis an das Ende verharren durch unsern Herrn Jesum Christum. Amen.

19. 20

Der Herr, unser Gott, sey uns freundlich und fördere das Werk unserer Hände;
Ja, das Werk unsrer Hände wolle er fördern!
Gott, an dessen Segen alles gelegen ist, und der Du so gern segnest alle, die auf Dich hoffen, wir bitten Dich, Du wollest auch mit uns seyn, und zu 25
allem, was wir in Deinem Namen anfangen und vollbringen, Dein gnädiges Gedeihen mildiglich verleihen, aber auch uns tüchtig machen, in allen guten Werken zu thun Deinen Willen, und in uns schaffen, was vor Dir gefällig ist, durch Jesum Christum, unsern Herrn. Amen.

20. 30

Seyd Thäter des Worts und nicht Hörer allein,
Damit ihr euch selbst betrüget.
Wir danken Dir, unserm Gott und Vater, daß Du uns jetzt von neuem durch den Unterricht Deines Worts gestärket, erfreuet und getröstet hast. Hilf uns nun auch dies Wort treu bewahren und die Früchte davon in unserm Leben 35
zeigen, damit wir immer reifer zum ewigen Leben und hier und dort selig werden, um Jesu Christi Deines lieben Sohnes, unsers Herrn willen. Amen. |

73
21.

Der Name des Herrn sey gelobt und gebenedeyet,
Von nun an bis in Ewigkeit. 40

Gott, Allgütiger, Allbarmherziger, siehe uns kommen und Dank Dir opfern
für zahllose Beweise Deiner segnenden Güte. Ach, wir sind zu gering aller
Barmherzigkeit und Treue, die Du an uns gethan hast! Laß dies Gefühl Dir
wohlgefallen und nimm gnädig auf den Lobgesang unserer Lippen. Mit
5 ganzer Seele wollen wir Dir anhangen, mit Freuden Deinen Geboten gehorchen. Gepriesen werde von uns Dein großer Name, hier und dort, jetzt und
in Ewigkeit. Amen.

22.

    Jedermann sey unterthan der Obrigkeit;
10   Denn es ist keine Obrigkeit, ohne von Gott verordnet.
Der Du der König aller Könige und Herr aller Herren bist, und die Obrigkeit
als Deine Dienerin uns zu gut verordnet, verleih aller christlichen Obrigkeit
die Gnade, daß sie sich durch Weisheit, Gerechtigkeit und Güte als Deine
Dienerin beweise, uns aber und alle christliche Unterthanen regiere durch
15 Deinen heiligen Geist, daß wir unterthan sind unsrer Obrigkeit, nicht um
der Strafe, sondern um des Gewissens, und um unsers Herrn Jesu Christi
willen, und thun allezeit Bitte, Gebet, Fürbitte und Danksagung für die Könige und für alle Obrigkeit, auf daß wir ein ruhiges und stilles Leben führen
mögen in aller Gottseligkeit und Ehrbarkeit. Amen. |

20   ### 23.   74
    Aller Augen warten auf Dich, Herr, gelobt seyst Du!
    Und Du giebst ihnen ihre Speise zu seiner Zeit, gelobt seyst Du!
Gott, der Du alles in allem erhältst und regierest, allen gütig bist und Dich
aller Deiner Werke erbarmest, täglich Deine milde Hand aufthust und mit
25 Wohlgefallen sättigest, was da lebet, auf Dich hoffen wir mit fester Zuversicht, Du werdest Dich auch an uns nicht unbezeugt lassen, Regen, Sonnen-
schein und fruchtbare Zeiten geben und uns die Erndte treulich behüten,
zum Lobe Deiner immerwährenden Gnade und Barmherzigkeit. Amen.

24.

30   Rufe mich an, spricht der Herr, in der Zeit der Noth,
    So will ich dich erretten und du sollst mich preisen.
Wir hören Deine Stimme, gnädiger, barmherziger Vater, zu Dir kommen wir
in unsrer Noth, und rufen Dich an um Hülfe, um Beistand und Errettung,
aber auch um Weisheit und Kraft und Muth, geduldig zu seyn und auf
35 Deine Hülfe zu hoffen. Du, unser Herr und Vater, wirst uns nicht verlassen,
noch versäumen. Du wirst uns erretten nach Deiner Weisheit und Güte,
und wir werden Dir noch danken, daß Du unsre Hülfe und unser Gott bist.
Amen. |

75   **25.**

Leben wir, so leben wir dem Herrn!

Sterben wir, so sterben wir dem Herrn!

Der Du der Herr bist über Todte und Lebendige, Dein sind wir, o Jesu, wir
mögen leben oder sterben. Unter Deinem allmächtigen Schutze fürchten   5
wir kein Unglück, wenn wir auch wandern im finstern Thale. Weder Tod
noch Grab kann uns Deiner Hand entreißen. Dir leben wir, Dir sterben wir,
Dein sind wir, wir mögen leben oder sterben. Ach, hilf uns dazu, um Deines
Leidens und Sterbens willen! Amen.

26.   10

Herr, lehre mich thun nach Deinem Wohlgefallen; denn Du bist mein Gott,

Dein guter Geist führe mich auf ebner Bahn.

[50]Gnädiger Gott, himmlischer Vater, wir bitten Dich, Du wollest uns den Geist
der Gnade verleihen, daß wir von Tage zu Tage im Glauben, in der Liebe,
Zucht und Demuth, wie Maria, die gebenedeyete und hochgepriesene, zu-   15
nehmen, dadurch Dein heiliger Name verherrlicht und unserm Nächsten
nach Deinen Geboten gedienet werde, durch Deinen lieben Sohn, Jesum
Christum, unsern Herrn. Amen. |

76   **27.**

Selig sind, die Gottes Wort hören und bewahren   20

In einem feinen Herzen, und Frucht in Geduld bringen.

Herr Gott, himmlischer Vater, wir danken Dir von Herzen, daß Du uns Dein
heiliges Wort hast verkündigen und hören lassen, und bitten Deine Barmherzigkeit, Du wollest uns den heiligen Geist mildiglich verleihen, daß wir
Dein Wort zu Herzen nehmen, unsern schwachen Glauben daraus stärken, 25
das Leben danach richten, und ewig selig werden, durch Jesum Christum
Deinen Sohn, unsern Herrn. Amen.

28.

Unser Hülfe kommt vom Herrn.

Der Himmel und Erde gemacht hat.   30

Allmächtiger Gott, himmlischer Vater, der Du bist ein Helfer und Beschützer
aller, die auf Dich hoffen, ohne dessen Hülfe und Gnade Niemand etwas
vermag, noch vor Dir gilt, laß Deine Barmherzigkeit uns reichlich wiederfahren, auf daß wir durch Dein heiliges Eingeben denken, was recht ist, und
durch Deine Hülfe dasselbe vollbringen, um Jesu Christi Deines lieben Soh- 35
nes unsers Herrn willen. Amen.

---

[50] Nach dem Evangelio Lucä Cap. 1, an den in mehreren Kirchen gebräuchlichen Marien-
festen zu verlesen.

29.

Herr, nimm nicht von meinem Munde das Wort der Wahrheit.

Denn ich hoffe auf Deine Rechte.

Wir danken Dir, himmlischer Vater, von Grund unsers Herzens, daß Du uns
5 Dein heiliges Evangelium gegeben | hast; und bitten Deine grundlose   77
Barmherzigkeit, Du wollest solch selig Licht Deines Worts uns gnädiglich
erhalten, und durch Deinen heiligen Geist uns also leiten und führen, daß
wir nimmermehr davon abweichen, sondern fest daran halten und endlich
dadurch selig werden, durch Jesum Christum Deinen Sohn, unsern Herrn.
10 Amen.

30.

Gnädig und barmherzig ist der Herr.

Geduldig und von großer Güte.

O, Herr Gott, himmlischer Vater, wir armen Sünder bitten Dich von Grund
15 unsers Herzens, Du wollest uns unsere Sünden aus Gnaden vergeben, und
uns Deinen heiligen Geist verleihen, daß wir unser sündhaftes Leben und
Wesen bessern, uns von Herzen zu Dir bekehren und ewig selig werden,
durch Jesum Christum Deinen Sohn, unsern Herrn. Amen.

31.

20   Schaffe in uns, Gott, ein reines Herz.

Und gieb uns einen neuen gewissen Geist.

Herr Gott, himmlischer Vater, wir bitten Dich, Du wollest Deinen heiligen
Geist in unsre Herzen geben, uns in Deiner Gnade erhalten und in aller
Anfechtung behüten, auf daß wir durch Hülfe Deines Geistes nach Deinem
25 Willen wandeln und in aller Noth uns Deiner Güte trösten mögen, durch
Jesum Christum Deinen Sohn, unsern Herrn. Amen. |

32.   78

Gott will, daß allen Menschen geholfen werde.

Und daß alle zur Erkenntniß der Wahrheit kommen.

30 O, allmächtiger, barmherziger Gott und Vater, wir bitten Dich von ganzem
Herzen, Du wollest die, so vom wahren Glauben abgewichen und in Irrthum
verführt sind, väterlich heimsuchen, und sie wieder bringen zur Erkenntniß
ihres Irrthums, daß sie Lust und Gefallen gewinnen an Deiner beständigen,
einfältigen, ewigen Wahrheit durch Jesum Christum, unsern Herrn. Amen.

35   ### 33.

Wirf dein Anliegen auf den Herrn, der wird dich versorgen.

Und wird den Gerechten nicht ewiglich in Unruhe lassen.

O, allmächtiger, ewiger Gott, ein Tröster der Traurigen und eine Stärke der
Schwachen, laß vor Dein Angesicht gnädiglich kommen die Bitte aller derer,
40 so in Kümmerniß und Anfechtung zu Dir seufzen, daß Jeder Deine Hülfe

merke und Deinen Beistand in der Noth empfinde, durch Jesum Christum, unsern Herrn. Amen.

34.

Herr lehre uns thun nach Deinem Wohlgefallen.

Dein guter Geist führe uns immerdar auf ebener Bahn!

O, allmächtiger Gott, der Du der Elenden Seufzer nicht verschmähest, und der betrübten Herzen Verlangen nicht verach|test, sieh' an unser Gebet und erhöre uns, daß alle Versuchungen zum Bösen an uns zu nichte werden, und wir in Deiner Gemeinschaft beständig bleiben, Dir danken und Dich allezeit loben, durch Jesum Christum, unsern Herrn. Amen.

35.

Sey getreu bis in den Tod.

So will ich dir die Krone des Lebens geben.

Allmächtiger, barmherziger Gott, wir bitten Dich herzlich, Du wollest uns im Glauben stärken, damit wir in Deinem Gehorsam wandeln, und das Ende des Glaubens, welches da ist der Seelen Seligkeit, davon bringen mögen, um Jesu Christi Deines Sohnes willen. Amen.

36.

Ich weiß daß mein Erlöser lebt.

Und er wird mich hernach aus der Erden auferwecken.

Barmherziger, ewiger Gott, der Du willst daß wir hier mit Christo leiden und sterben sollen, damit wir einst mit ihm zur Herrlichkeit erhoben werden, verleihe uns gnädiglich, daß wir uns alle Zeit in Deinen Willen ergeben, im rechten Glauben bis an unser Ende beständig bleiben, und uns der zukünftigen Auferstehung und Herrlichkeit getrösten und freuen mögen, durch Jesum Christum, unsern Herrn. Amen.

———————— |

E. Sprüche vor dem Alleluja, zum abwechselnden Gebrauche.

1.

Ach Herr, von großer Güte und Gnade, handle mit uns nach Deiner unendlichen Barmherzigkeit, sey Du unsere feste Burg und Zuflucht, unsere Hülfe, unser Schutz und Schirm, daß uns kein Unfall stürzen könne, so groß er auch ist! Nimm Deinen heiligen Geist nicht von uns, tröste uns mit Deiner Hülfe, und erhalte uns, daß wir Dich loben und preisen von nun an bis in Ewigkeit. Alleluja.

2.

Du allein, o Herr, bist unser Helfer und Erretter, unsere Zuversicht und unsere Hoffnung; auf Dich allein verlassen wir uns, und befehlen unsern Geist in Deine Hände, denn Du hast uns erlöset, getreuer Gott; Dir wollen wir
5 lobsingen immerdar. Alleluja.

3.

Herr, der Du kein Gutes lässest mangeln denen, die Dich fürchten, sich auf Dich verlassen, und zu Dir rufen, wir bitten Dich, sey unser Ruhm und Stärke, unser Schutz und Schild, daß wir errettet und erlöset, in Dir fröhlich
10 seyen, und Dich loben und preisen in Ewigkeit. Alleluja.

4.

Behüte uns, o Herr, vor denen, die Deinen Namen nicht kennen, laß uns in Deiner Furcht und Liebe wandeln, und lehre | uns thun nach Deinem   81
Wohlgefallen, denn Du bist unser Gott, unsere einzige Hoffnung, Trost und
15 Stärke; Dein heiliger Geist führe uns auf rechter Bahn der Wahrheit, und erhalte uns bei Deinem Worte, auf daß wir Dich und Deinen Namen loben und preisen ewiglich. Alleluja.

5.

Lasset uns unter einander lieben, denn die Liebe kommt von Gott, und
20 jedermann der seinen Bruder liebt, ist von Gott, und erkennet Gott. Liebt nicht mit Worten, noch mit der Zunge, sondern mit der That und mit der Wahrheit. Selig sind die Barmherzigen, denn sie werden Barmherzigkeit erlangen. Alleluja.

6.

25 Nicht jene, die das Wort anhören, sind gerecht vor Gottes Auge; nur die, die es thun, werden vor ihm gerechtfertigt stehen; doch, nicht uns, nicht uns, o Herr, nur Deinem Namen allein ist die Ehre. Alleluja.

7.

Wachset in der Gnade und Erkenntniß unsers Herrn und Heilandes Jesu
30 Christi; demselbigen sey Ehre nun und zu ewigen Zeiten. Alleluja.

8.

Lobet den Herrn alle Heiden, preiset ihn alle Völker; denn seine Gnade und Wahrheit waltet über uns in Ewigkeit. Alleluja.

9.

35 Groß sind die Werke des Herrn, gelobt sey er; wer ihrer achtet, der hat eitel Lust daran. Alleluja. |

82

10.

Gelobt sey der Herr und gelobet sey sein herrlicher Name ewiglich, und alle Lande müssen seiner Ehre voll seyn. Alleluja.

11.

Meine Seele erhebet den Herrn, gelobt sey er. Und mein Geist freuet sich 5 Gottes, meines Heilandes. Alleluja.

12.

Herr, Deine Güte reicht so weit der Himmel ist, und Deine Wahrheit so weit die Wolken gehen. Alleluja.

13.

10

Der Herr behütet alle, die ihn lieben und wird vertilgen alle Gottlosen. Er thut was die Gottesfürchtigen begehren und hört ihre Stimme und hilft ihnen. Gelobt sey Gott! Wir wissen, daß denen, die Gott lieben, alle Dinge zum Besten dienen. Alleluja.

14.

15

Herr, gedenke unser nach Deinem Worte, auf welches Du uns lässest hoffen! Laß unsere Seele in Deinem Worte leben, daß sie Dich lobe immer und ewiglich. Alleluja.

15.

Herr, ich danke Dir von rechtem Herzen, daß Du mich lehrest die Rechte 20 Deiner Gerechtigkeit. O, daß mein Leben Deine Rechte mit ganzem Ernst hielte! Alleluja.

16.

Ich habe Lust zu Deinen Rechten und vergesse Deiner Worte nicht. Oeffne mir die Augen, daß ich sehe die Wunder an Deinem Gesetz. Alleluja. | 25

83

17.

Zeige mir, Herr, den Weg Deiner Rechte, daß ich sie bewahre bis ans Ende. Alleluja.

18.

Großen Frieden haben, die Dein Gesetz lieben und werden nicht strau- 30 cheln. Alleluja.

19.

Selig sind, die Gottes Wort hören und bewahren. Alleluja.

20.

Herr, wohin sollen wir gehen? Du hast Worte des ewigen Lebens; und wir haben geglaubt und erkannt, daß Du bist Christus, der Sohn des lebendigen Gottes. Alleluja.

21.

Nehmet das Wort an mit Sanftmuth, das in euch gepflanzt ist, welches kann eure Seelen selig machen. Alleluja.

22.

Seyd Thäter des Worts, und nicht Hörer allein, damit ihr euch selbst betrüget. Alleluja.

23.

Lobet Gott in dem Himmel, preiset ihn in der Höhe! Das Gedächtniß des Gerechten wird ewiglich währen. Er wird sicher seyn vor aller Furcht des Bösen. Alleluja.

—————— I

F. Sprüche nach dem Glauben, zum abwechselnden Gebrauche.

84

1.

Dein sind die Himmel, Dein ist die Erde. Die Welt und alles was in ihr ist, hast Du geschaffen. Gerechtigkeit und Milde sind Deines Thrones Stütze.

2.

Bekennen will ich Dich, o Herr, aus vollem Herzen. Deine Worte will ich achten und bewahren; laß mich nach ihnen leben, o Herr!

3.

Lob und Preis sey Gott dem Vater und dem Sohne, und dem heiligen Geiste, wie es war von Anfang, jetzt und immerdar, von Ewigkeit zu Ewigkeit.

4.

Beschirme uns unter dem Schatten Deiner Flügel, o unser Gott, jetzt und immerdar.

5.

Die Gnade unsers Herrn Jesu Christi, und die Liebe Gottes des Vaters und die Gemeinschaft des heiligen Geistes sey mit euch allen.

6.

Der Gott des Friedens heilige euch ganz und gar, und euer ganzer Geist, Seel' und Leib, werde unsträflich bis auf die Zukunft unseres Herren Jesu Christi behalten. Getreu ist der euch ruft, der wirds auch thun. |

85

7.

5

Befiehl dem Herrn deine Wege und hoffe auf ihn, er wirds wohl machen.

8.

Lobe den Herrn, meine Seele, und was in mir ist seinen heiligen Namen.

9.

Der Herr segne unsern Ausgang und Eingang von nun an bis in Ewigkeit.

10

10.

Gott hat uns geliebet in seinem Sohne, ehe denn der Welt Grund gelegt war! Gelobt sey er!

11.

Der Herr hat Großes an uns gethan, gelobt sey er! Der Herr hat Großes an uns gethan, deß sind wir fröhlich. Gelobt sey er!

15

12.

Danket dem Herrn, denn er ist freundlich, und seine Güte währet ewiglich. Gelobt sey er!

13.

20

Es segne uns Gott, unser Gott, es segne uns Gott und alle Welt fürchte ihn!

14.

Wachet, stehet im Glauben, seyd männlich, und seyd stark.

15.

So wendet allen Fleiß daran, und reichet dar in eurem Glauben Tugend,

25

86   und in der Tugend Bescheidenheit, und | in der Bescheidenheit Mäßigkeit, und in der Mäßigkeit Geduld, und in der Geduld Gottseligkeit, und in der Gottseligkeit brüderliche Liebe, und in der brüderlichen Liebe gemeine Liebe. Denn wo solches reichlich bei euch ist, wird es euch nicht faul noch unfruchtbar seyn lassen in der Erkenntniß unsers Herrn Jesu Christi.

30

16.

Wie ihr nun angenommen habt den Herrn Jesum Christum, so wandelt in ihm, und seid gewurzelt und erbauet in ihm, und seyd fest im Glauben, wie ihr gelehret seyd, und seyd in demselben reichlich dankbar.

———————

G. Beliebig einzulegende Stellen
in's allgemeine Gebet.

1.

(Einzuschalten nach den Worten: „Verleihe unserm Könige eine lange und gesegnete Regierung") „ein weises Herz, königliche Gedanken, heilsame Rathschläge, gerechte Werke, einen tapferen Muth, starken Arm, verständige und getreue Räthe, sieghafte Kriegsheere, getreue Diener, und gehorsame Unterthanen, damit wir noch lange Zeit unter seinem Schutz und Schirm ein geruhiges und stilles Leben führen mögen in aller Gottseligkeit und Ehrbarkeit."

2.

(Einzuschalten nach den Worten: „und des Vaterlandes Bestem") „auf daß Recht und Gerechtigkeit gehandhabet, und hingegen | alles ungerechte Wesen durch   87
ihren Dienst getilget werde, und stehe ihnen bei mit Deiner väterlichen Hülfe, daß der Sünden und Seufzer des Landes weniger, und Dein Segen unter uns vermehrt werde.

3.
Bei Kriegszeiten.
„O Gott der Heerschaaren! ziehe allenthalben aus mit des Königs Heere und Truppen, verleihe ihnen Glück und Sieg, damit ein redlicher Friede baldigst herbeigeführt werde."

4.

(Einzuschalten nach den Worten: „Segne uns und alle Königliche Länder") „Wende von uns ab durch Deine Güte alle Landplagen und jedes Unglück, das wir erfahren können. Gieb uns reiche Erndten, und segne die Früchte des Landes. Nimm in Deinen Schutz die christliche Kinderzucht, jedwedes nützliche Gewerbe, und jede rechtmäßige Unternehmung.

5.

„Sey eine Stütze aller Wittwen und Waisen, ein Beschützer der Schwachen, ein Tröster der Bekümmerten. Gewähre den Leidenden Deinen göttlichen Beistand, gieb, daß sie gestärkt durch den Gedanken an Deine Vorsehung und durch die Hoffnungen des Glaubens, mit frommer Ergebung dulden, was Du über sie verhängt hast, und laß die Prüfungen, die Du ihnen gesendet, zu ihrem Heil gereichen. |

6.   88
„Gieb daß wir durch den Beistand Deines heiligen Geistes stets in dem Werke unserer Heiligung fortschreiten, und befestige in unsern Herzen die

Gesinnungen einer aufrichtigen Liebe zu Dir. Erhalte in unserem Vaterlande den Gehorsam gegen die rechtmäßige Obrigkeit, die Achtung für die Gesetze, die Betriebsamkeit, die Mäßigkeit und die Neigung zu den schuldlosen Freuden des häuslichen Lebens.

7.

„Gieb daß wir vom Mitgefühl der Leiden unserer Nächsten bewegt, stets bereit seyn mögen, ihnen beizustehen und jede Pflicht der brüderlichen Liebe gegen sie zu erfüllen, auf daß wir dadurch, daß wir allen unseren Nebenmenschen und selbst unseren Feinden wohlthun, zu erkennen geben, daß wir Deine Kinder, und Nachfolger unseres Herrn, Deines Sohnes Jesu Christi sind.

8.

„Wende von uns in Gnaden ab, alle wohlverdiente Landplagen, Krieg, Hunger und theure Zeiten, Feuer und Wassersnoth, ansteckende Krankheiten und Seuchen, und was wir sonst mit unsern Sünden verdient haben. Gieb gedeihliches Wetter und laß wohlgerathen die Früchte der Erden.

9.

„Bewahre uns vor Sünden und Schanden und stehe uns bei mit Deinem guten Geiste, damit wir nicht durch Uebertretung Deinen Segen verscherzen, und Deine gerechte Strafe uns zuziehen.

———————— |

89   H. Beilagen.

1. Ermahnung an die Communikanten.

Lieben Christen, auf daß ihr das heilige, hochwürdige Sakrament des Leibes und Blutes Jesu Christi nicht zum Gericht, sondern zur Seligkeit eurer Seelen empfangen möget, so ermahne ich euch im Herrn, daß ihr zum ersten in wahrer Gottesfurcht eure Sünden erkennet, sie euch lasset von Herzen leid seyn und euch im heiligen Geiste von Herzen zu Gott bekehret.

Zum andern, daß ihr der gnadenreichen Zusage des Evangelii fest glaubet, daß euch Gott der Vater durch seinen einigen Sohn, Jesum Christum, unsern Mittler, alle Sünden aus Gnaden vergeben wolle, den heiligen Geist und das ewige Leben schenke.

Zum dritten, darauf sollet ihr das heilige Sakrament unsers Herrn Jesu Christi empfangen, Gott dem Vater danken, daß er seinen lieben Sohn für euch in den Tod gegeben hat, und bitten, daß er durch den heiligen Geist in dem Glauben euch erhalte bis ans Ende.

7um vierten, gehet auch zum heiligen Sakrament mit dem Vorsatz, daß ihr im heiligen Geist, Gott zu ehren, euer sündliches Leben gerne wollet
5 bessern, Gott fürchten, sein heiliges Wort gern hören, in eurem Stande gott- selig | leben, in Trübsal geduldig seyn, dem heiligen Geiste gehorsam in 90 der Liebe zu Gott und dem Nächsten. Das verleihe euch allen Gott der Vater, im Namen seines lieben Sohnes Jesu Christi, durch den heiligen Geist. Amen.

———————

10 2. Dankgebet nach der Communion.
Danket dem Herrn, denn er ist freundlich. Alleluja!
Und seine Güte währet ewiglich. Alleluja!
Wir danken Dir, allmächtiger Herr Gott, daß Du uns durch das heilige Sakra- ment Deines Sohnes hast erquicket, und bitten Deine Barmherzigkeit, daß
15 Du uns solches gedeihen lassest zum starken Glauben an Dich, und zu herzlicher Liebe unter uns allen, durch Jesum Christum Deinen Sohn, un- sern Herrn. Amen.

——————— |

Zweiter Theil.

―――――――― |

Tauf-Form.

Geistliche. Im Namen des Vaters und des Sohnes und des heiligen Geistes. Amen!

[Kurze Anrede und Ermahnung des Geistlichen vor der Taufe, wobei im Allgemeinen die   5
Worte Christi im Evangelio St. Matthäi Cap. 28, V. 18.19.

„Mir ist gegeben alle Gewalt im Himmel und auf Erden, darum gehet hin und lehret alle
Völker und taufet sie im Namen des Vaters, und des Sohnes, und des heiligen Geistes,
und lehret sie halten alles, was ich euch befohlen habe;" und Marci 16, 16. „Wer da
glaubet und getauft wird, der wird selig werden, wer aber nicht glaubet, der wird ver-   10
dammt werden."

zum Grunde zu legen sind.]

Geistliche. (Der Geist des Unreinen gebe Raum dem heiligen Geiste)[1]. |

  [Zeichen des Kreuzes an Stirn und Brust.] ·

Nimm an das Zeichen des Kreuzes an Stirn und Brust, zum Zeichen, daß du   15
durch den gekreuzigten Jesus Christus erlöset bist. Allmächtiger, Vaters unsers Herrn Jesu Christi, ich rufe Dich an um diesen Täufling, der Deine Taufe
erbittet, und Deine ewige Gnade durch die geistliche Wiedergeburt begehrt. Nimm ihn auf Herr, der Du gesagt hast: Bittet, so werdet ihr nehmen;
suchet, so werdet ihr finden; klopfet an, so wird euch aufgethan. So reiche   20
ihm nun dies Gut, damit er den ewigen Segen Deiner himmlischen Taufe
erlange und das verheißene Reich Deiner Güte empfange durch Christum
unsern Herrn. Amen.

Allmächtiger, der Du durch Deinen lieben Sohn, unsern Herrn Jesum
Christum, die Taufe eingesetzt, und zu einem Bade der Wiedergeburt | und   25
Erneuerung im heiligen Geiste verordnet hast, wir bitten Dich, erbarme Dich
auch dieses Täuflings, beselige ihn mit dem wahren Glauben im Geiste,
damit an ihm alles, was sündhaft ist, untergehen, damit er mit Inbrunst und
mit froher Hoffnung Dir dienen möge, auf daß er mit allen Gläubigen, nach
Deiner Verheißung, das ewige Leben zu erlangen würdig werde, durch Je-   30
sum Christum unsern Herrn. Amen.

Lasset uns hören das Evangelium St. Marci: Und sie brachten Kindlein
zu Jesu, daß er sie anrührte. Die Jünger aber fuhren die an, die sie trugen.
Da es aber Jesus sahe, ward er unwillig und sprach zu ihnen: Lasset die
Kindlein zu mir kommen, und wehret ihnen nicht, denn solcher ist das Reich   35
Gottes. Wahrlich ich sage euch, wer das Reich Gottes nicht empfängt als

―――――――――――

[1] Die eingeklammerte Stelle kann nach Belieben weggelassen werden.

ein Kind|lein, der wird nicht hineinkommen; und er herzte sie und legte 6
die Hände auf sie, und segnete sie.

> [Der Geistliche legt mit den Pathen die Hände auf des Kindes Haupt und betet das Unser
> Vater etc.]

[Der Täufling wird zur Taufe vorbereitet.]

Geistliche. Der Herr behüte deinen Eingang und Ausgang von nun an,
bis zu ewigen Zeiten.
Entsagest du dem Bösen, in seinen Werken und seinem Wesen?[2]
Antwort. Ja.
Geistliche. Glaubest du an Gott etc.

> [Der apostolische Glaube.]

Antwort. Ja.
Geistliche. Willst du getauft seyn?
Antwort. Ja.

[Er tauft das Kind und spricht]:

Ich taufe dich (N.) im Namen des Vaters, des Sohnes, und des heiligen Gei-
stes. |
Geistliche. Der allmächtige Gott und Vater unsers Herrn Jesu Christi, der 7
dich wiedergeboren hat durch Wasser und den heiligen Geist, und dir alle
deine Sünde vergeben hat, der stärke dich mit seiner Gnade zum ewigen
Leben, Amen.
Friede mit dir!
Antwort. Amen[3].
Geistliche. Der Herr segne dich etc.

Confirmation der Kinder[4].

[Nach geendigtem Unterricht der Confirmanden erfolgt, nach vorangegangener Abkündi-
gung von der Kanzel, die Confirmation. Die Confirmanden, Knaben und Mädchen, stellen
sich dazu in zwei Reihen, dem Altar gegenüber, auf. | Ein passender Confirmationsgesang 8
z. B. Komm heiliger Geist etc., macht den Anfang.
Der Geistliche tritt vor den Altar und spricht]:

„Unsere Hülfe sey im Namen des Herrn, der Himmel und Erde gemacht hat."

---

[2] Oder: Entsagest du der Sünde und allem ungöttlichen Wesen?
[3] Falls der Geistliche nicht schon in der Rede vor der Taufe den Pathen ihre Pflicht ans
Herz gelegt hat, kann er die S. 44 befindliche Anrede an dieselben halten.
[4] Wo es Sitte ist, daß die öffentliche Prüfung der Confirmanden in der Kirche an einem
der Confirmation vorhergehenden Tage besonders vorgenommen wird, da kann es
auch ferner so bleiben.

[Dann folgt eine Rede an die Confirmanden, worin er sie auf die Heiligkeit des Taufbundes und auf die Gnade, die Gott ihnen durch denselben erwiesen, so wie auf die Nothwendigkeit, treu darin zu beharren bis an's Ende, aufmerksam macht. Mit einem passenden Uebergange fordert er sie nun auf, öffentliche Rechenschaft zu geben über die Gründe ihres christlichen Glaubens, worauf das Examen vor der anwesenden Versammlung sei   5 nen Anfang nimmt.

In der Prüfung werden die wichtigsten christlichen Hauptstücke und die Glaubensartikel im Zusammenhange kurz durchgegangen, nach deren Beendigung redet der Geistliche die Kinder folgendermaßen vom Altar an]:

„Lieben Kinder, dies ist die Lehre, die Jesus Christus und seine Apostel in   10 der heiligen Schrift uns gegeben haben; dies ist der Glaube, den unsere 9 christliche Kirche bekennet. Ich frage euch nun – | ihr habt es vor Gott und vor dieser christlichen Versammlung, als euren Zeugen, am jüngsten Tage, zu beantworten und zu bekennen: – Erkennet ihr diese Lehre als eine göttliche Wahrheit, als den rechten Weg zur Seligkeit?"   15

so antwortet: Ja.

[Der Geistliche fährt fort]:

„So leget nun selbst euer Bekenntniß ab und erneuert das Gelübde, welches ihr schon in der Taufe gegeben habt."

„Glaubt ihr an Gott den Vater etc. [Das apostolische Glaubensbekenntniß.]   20

so antwortet: Ja.

„Wollet ihr auch die Pflichten erfüllen, zu welchen dieses Glaubens-Bekenntniß euch verbindet, eurem Erlöser lebenslang nachzufolgen, Gott lieben von ganzem Herzen, von ganzer Seele und von ganzem Gemüthe, und euren Nächsten wie euch selbst, und gewissenhaft die Mittel benutzen, die euch   25 10 Gott | gegeben hat, um euch im wahren Christenthum zu stärken?

so antwortet: Ja.

„Wollet ihr alle diese Gelübde und Versicherungen mit Jesu heiligem Abendmahl bekräftigen?"

so antwortet: Ja.   30

[Jetzt hält der Geistliche an die Confirmanden noch eine kurze Ermunterungsrede, nach welcher sie, vor dem Altar niederkniend, den Segen durch Auflegung der Hände mit folgenden Worten empfangen]:

„Der Segen Gottes, des Allmächtigen, des Vaters, des Sohnes und des heiligen Geistes komme über euch, und verbleibe mit euch jetzt und immerdar.   35 Amen."[5] |

11   [Nach der Einsegnung spricht der Geistliche zu den Confirmanden]:

---

[5] Oder: Nachdem ihr so durch Ablegung eures Glaubensbekenntnisses und Gelübdes euren Taufbund erneuert habt, so ertheile ich, als ein verordneter Diener der Kirche, euch die Befugniß, das Abendmahl des Herrn zu feiern, und an allen Segnungen und   40 Rechten der Gemeinde Theil zu nehmen, deren Haupt unser Herr, Jesus Christus ist, im Namen des Vaters und etc. Will der Geistliche noch ein kurzes Gebet hinzufügen, so bleibt ihm dieß überlassen.

„Kniet nieder und lasset uns beten:
Unser Vater etc.
„Der Herr segne euch etc.

　　[Die Confirmanden erheben sich wieder.]

5　Gesang der Versammlung

———————

Trauungs-Form.

　　[Der Geistliche macht den Anfang mit den Worten]:

Im Namen des Vaters und des Sohnes und des heiligen Geistes.

　　[Es folgt eine Anrede an die Versammlung, worin, mit besonderer Beziehung auf die
10　　weiter unten in diesem Formulare bezeichneten Schriftstellen, ganz kurz von der Heilig-
　　keit des Ehestandes und den gegenseitigen Pflichten der Ehegatten, und einer dem Wil-
　　len Gottes gemäßen Führung der Ehe gehandelt und welche mit den Worten geschlos-
　　sen wird]:

Dazu wollen wir auch über dieses Brautpaar die Gnade und den Segen des
15　Allmächtigen erflehen. |

　　[Nun wendet sich der Geistliche an den Bräutigam]:   12

Vor Gott dem Allwissenden und in Gegenwart dieser Zeugen frage ich dich
N. N., ob du diese N. N. zu deiner Gattin haben und sie lieben willst in Leid
und Freude bis daß der Tod euch scheidet?[6]

20　　[Eben so frägt er die Braut. [7] Antworten beide, Ja, so wird mit der Trauung fortgefahren.]
　　[Hier lasse man die Trauringe wechseln, und füge die beiden rechten Hände zusammen
　　und spreche]:

Was Gott zusammen fügt, soll der Mensch nicht scheiden.

Da nun N. N. und N. N. einander zu ehelichen entschlossen sind und solches
25　hier öffentlich vor Gott und der Welt bekennen und sich darauf die Hände
geben, auch die Trauringe gewechselt haben, so | spreche ich, als ein ver-   13
ordneter Diener der Kirche, sie hiermit ehelich zusammen im Namen des
Vaters und des Sohnes und des heiligen Geistes. Amen.[8]

　　[Der Geistliche fährt fort]:

30　Daß der Ehestand ein von Gott selbst eingesetzter heiliger Bund ist, der
nicht ohne Kreuz aber vor Gott angenehm und gesegnet ist, und nicht nach
Willkühr der Menschen aufgelöst werden darf, lehrt uns ausdrücklich sein

———————

[6] Daß da, wo es passend ist, statt Du, Sie gesagt werden kann, versteht sich von selbst.
[7] Diese Fragen können auch so gefaßt werden, wie dieses S. 45. angegeben ist.
35　[8] Diese Worte können auch in eine directe Anrede an das Brautpaar verwandelt werden.

göttliches Wort im 1. Mos. 1., 2., und 3. Cap.; in den Sprüchwörtern Salomonis im 18., Matthäi im 19., Epheser im 5. Cap. Erwäget also recht den Willen
unseres Gottes und seines theuern Sohnes, unsers Herrn Jesu Christi. Ver-
gesset es nie, daß euer Ehebündniß heilig und unverbrüchlich seyn soll,
14 und nehmet hin mit Ge|duld und Ergebung alles, was euch in eurem Ehe-   5
stande nach Gottes Schickung wiederfahren wird.

   Der Herr sey mit euch, und geleite euch in seiner Wahrheit und Furcht,
jetzt und ewiglich. Amen.

   Ewiger Gott, Schöpfer Himmels und der Erden! der Du, nachdem alle
Dinge geschaffen waren, den Menschen schufst, um Herr darüber zu seyn,   10
der Du, da es für den Mann nicht gut war allein zu seyn, ihm ein Weib zur
Hülfe gabst! O Gott, der Du Mann und Weib vereinet und ihnen Deinen
Segen verliehen hast, und dadurch den heiligen Bund Deines lieben Sohnes
Jesu Christi, und seiner Kirche sinnbildlich bezeichnest, blicke nun gnädiglich herab auf dieses Paar, welches sich in den Ehestand begeben hat, und   15
nach Deinem Schutze sich sehnet. Gieb Gnade, daß sie leben in Liebe und
Frieden, in Ehrbarkeit und Treue, und fest bleiben allezeit in Deiner Furcht.
15 Um|fasse sie mit allem geistlichen und leiblichen Segen, und laß sie zu
einem erwünschten Alter gelangen, auf daß sie der Tugenden ihrer Nachkommen sich erfreuen, und nach diesem Leben die ewige Seligkeit ererben,   20
durch Jesum Christum, unsern Herrn. Amen.[9]

   [Das Gebet des Herrn.]
Der Herr segne dich etc.

_____

Kranken-Communion.

[Wenn ein Kranker, der nicht zur Kirche kommen kann, den Prediger begehrt und die   25
Communion verlangt, so lasse dieser, nach vorbereitenden Gesprächen, den Kranken das
Th. 1. S. 34. 35. befindliche Sündenbekenntniß lesen, oder er lese es dem Kranken selbst
vor, spreche dann die Absolution, wie sie vorgeschrieben steht, und den Zusatz]:

„Der Herr stärke dein Herz mit seiner Gnade und lasse das Gedächtniß des
Todes Jesu, welches du jetzt begehen willst, deinen Glauben besiegeln, | 30
16 deine Liebe beleben, und feste machen deine Hoffnung zum ewigen
Leben."

[Darauf lese der Geistliche den apostolischen Glauben; ferner die Einsetzungsworte des
heiligen Abendmahls, bete sodann das Gebet des Herrn, und lese die Worte des Liedes:

_____

[9]   Statt dieses Gebets kann auch das Th. 2. S. 46. gebraucht werden.   35

_____

1 1., 2.,] 1, 2,

„O Lamm Gottes etc.", theile das heilige Mahl auf die gewöhnliche Weise aus, und schließe mit dem Dankgebet aus der Liturgie und dem Segen. Je nachdem die Kräfte des Kranken es gestatten, steht es dem Geistlichen völlig frei, dieser Communion in Gemäßheit des eigentlichen Communion-Formulars eine größere Ausdehnung zu geben.]

Begräbniß.

[Vor oder an dem Eingange des Kirchhofes empfängt der Geistliche, insofern der Verstorbene oder seine Hinterbliebenen die religiöse Feier des Begräbnisses begehrt haben, die Leiche; worauf der Gesang eines passenden Sterbeliedes, durch den Chor gesungen, beginnt, und die Procession unter Glockengeläute zur Grabstätte geht[10]. |

Nachdem hier der Sarg eingesenkt worden, wirft der Geistliche zu dreien Malen Erde auf den Sarg, welches auch von den anwesenden Leidtragenden geschehen kann, und spricht:

„Von Erde bist du gekommen, zur Erde sollst du wieder werden. (1. Mos. 3, 19.) Jesus Christus unser Erlöser wird dich auferwecken am jüngsten Tage."

[Dann fährt der Geistliche fort]:

„Lasset uns beten: – Allmächtiger, barmherziger, ewiger Gott! der Du, um der Sünde willen, dem Menschen auferlegt hast zu sterben, der Du aber auch, auf daß wir nicht ewiglich in des Todes Gewalt bleiben möchten, den Tod auf Deinen eingebornen Sohn Jesum Christum gelegt hast, auf ihn, der ohne Sünde war; der Du also durch seinen Tod unsern Tod umgewandelt hast, daß er uns nicht schade, | wende nun zu uns Deinen Kindern Dein väterliches Angesicht, und gieb uns Gnade, damit wir, ein jeglicher für sich, also dieses Begräbniß begehen mögen, daß wir allezeit bedenken, wie auch wir, wenn es Dir gefällt uns heimzurufen, wieder Erde werden sollen, und es sorgfältig beherzigen, wie wir in dieser Welt keine bleibende Stätte haben. Verleihe uns Gnade, barmherziger Vater, das zu suchen, was ewig ist, und allezeit zu wandeln nach Deinem heiligen Willen, auf daß wir am jüngsten Tage erstehen mögen zum ewigen Leben durch Deinen Sohn Jesum Christum unsern Herrn. Amen."

[Auch kann statt dieses Gebets, das Gebet aus der Liturgie zur Gedächtnißfeier der Todten, gewählt werden, dem alsdann die Responsorien vorangehen müssen.

---

[10] An den Orten, wo es üblich ist oder gewünscht wird, daß der Geistliche die Leiche vom Sterbehause bis zum Bestattungsorte begleite, kann dies auch fernerhin Statt finden; so wie auch hier|bei die etwa gebräuchlichen Gebete und Sterbelieder beibehalten werden können. Eben so, daß nach dem Begräbnisse die Versammlung noch in die Kirche gehe.

Nach dem Gebet ist es dem Geistlichen freigelassen noch einige Trostsprüche aus
der heiligen Schrift, als 1. Thess. 4, 13. 14. Joh. 11, 25. 26. Joh. 5, 28. 29. Hiob 14, 1. 2.
Psalm 39, 5 bis 9. 1. Cor. 15, 54 bis 57. Hebr. 9, 27. Offenb. Joh. 14, 13. u. a. m. anzuführen
und nach Umständen mit einigen Worten zu begleiten. Endlich spricht der Prediger das
Gebet des Herrn und den Segen.   5

Soll zum Schluß gesungen werden, so geschieht dies vor Aussprechung des Segens.]

——————— |

19   Ordination der Prediger.

[Die Ordination der Prediger geschiehet in der Regel an einem Sonntage (oder Festtage),
nach geendigtem Haupt-Gottesdienst, wo nach der Predigt, zunächst vor dem Segen,   10
die bevorstehende Handlung bekannt gemacht, und für die Ordinanden gebetet wird,
folgendermaßen]:

Nach geendigtem Gottesdienst wird in diesem Hause des Herrn eine feierliche Einweihung zum heiligen Predigtamt vollzogen werden. Die christliche
Gemeinde wolle daher im vereinten Gebet den Allmächtigen um Gnade   15
und Segen für die, welche nun eingeweiht werden sollen, anrufen.

Barmherziger Gott, liebreicher Vater! Wir danken Dir von Herzen, daß
Du durch Deinen Sohn Jesum Christum das Predigtamt auf Erden eingesetzt
und bisher gnädiglich unter uns erhalten hast.

Wir bitten Dich, Du wollest durch Deinen heiligen Geist alle treuen   20
Lehrer in Deiner Kirche leiten und regieren, auf daß die lautere Wahrheit
20 Deines Wor|tes überall verkündigt werde. Verleihe Wahrheit, Kraft und
Gnade denen, welchen nun dieses Amt zu Theil werden soll, damit durch
ihren Dienst das Evangelium Jesu Christi viele Seelen erleuchte, zur wahren
Bekehrung und zu einer ewigen Seligkeit führe, auf daß Dein großer Name   25
recht geehrt, und unser Heiland Jesus Christus in seiner Kirche immer mehr
verherrlicht werde. Amen.

[Nach Endigung des Haupt-Gottesdienstes wird von der Gemeinde das Lied: Komm heiliger Geist etc. oder: Der du uns als Vater etc. gesungen, unter welchem der weihende
Geistliche, die Assistenten und die Ordinanden zum Altar treten, letztere diesem gegen-   30
über. Nachdem der Gesang geendigt ist, spricht der weihende Geistliche vom Altar]:

Im Namen des Vaters und des Sohnes und des heiligen Geistes.

[Dann hält er eine Rede, die sich auf die Ordinanden individuell bezieht; und spricht das
folgende Gebet]:

—————————————————————————————

2 Thess.] Tess.

Allmächtiger Gott, himmlischer Vater, wir bitten Dich, Du wollest durch Dei-   21
nen heiligen Geist | diese Deine Diener mit allen nöthigen Gaben zu Aus-
richtung ihres Amtes reichlich und gnädiglich erfüllen, auf daß sie in Lehre
und Leben sich unsträflich halten mögen, Dir zu Ehren und uns allen zur
5   Besserung um Christi unsers Herrn willen. Amen.

[Nun folgt die Vorlesung der Namen der Ordinanden, wobei auch der Dienst, zu dem sie
berufen sind, genannt wird, worauf der ordinirende Geistliche fortfährt]:

Dieweil ihr berufen seyd zu dem heiligen Predigt-Amt, und bereit dasselbe
anzutreten: so höret an mit Aufmerksamkeit und bewahret in euern Herzen
10   die theuren Lehren, die euch aus Gottes Wort jetzt sollen vorgelesen
werden.

[Die assistirenden Geistlichen lesen nun abwechselnd, einige der folgenden Stellen,
Matth. 28, 18. 20. Apostelgesch. 20, 28 etc. 1. Timoth. 3, 1 etc. Titus 1, 7 bis 9. 1.
Tim. 5, 21. 22. Joh. 20, 21 bis 23. 1. Tim. 4, 7 bis 11. 1. Tim. 4, 12 bis 16. Matth. 5, 16. 2.
15   Tim. 2, 24. 25. 2. Tim. 2, 22. 2. Tim. 2, 15. 1. Petri 5, 2 bis 4. worauf der weihende Geistliche
nun noch einmal in kurzen | und kräftigen Worten, am besten in Bibelsprüchen, ermahnt   22
und zur Ablegung des apostolischen Glaubensbekenntnisses aufffordert, welches der Ordinandus abliest, worauf der weihende Geistliche ausruft]:

„Der Herr gebe euch Gnade, in diesem Glauben zu beharren bis ans Ende,
20   und darin zu stärken die Brüder." Aus dem was ihr jetzt gehört, habt ihr
ersehen, daß ihr berufen seyd, die Gemeine Jesu Christi, die er durch sein
eigen Blut erworben, mit dem reinen Worte Gottes zu weiden, auch darauf
zu wachen und Acht zu haben, daß nicht Wölfe und Rotten sich in die
Heerde einschleichen, darum es der Apostel Paulus ein köstlich Werk nennt;
25   nicht aber euch mit Dingen befassen sollt, die eures Amtes nicht sind. Auch
sollt ihr züchtig leben und euer Haus, Weib, Kind und Gesinde christlich
halten und ziehen.

Hiernach wird euch Folgendes vorgehalten:

„Erstens keine andere Lehre predigen und aus|breiten zu wollen als   23
30   die, welche gegründet ist in Gottes lauterem und klarem Worte, den prophetischen und apostolischen Schriften des alten und neuen Testaments,
unserer alleinigen Glaubens-Norm, und verzeichnet in den drei Hauptsymbolen, dem Apostolischen, dem Nicänischen und Athanasianischen [hier werden, wie herkömmlich, die Symbolischen Schriften genannt] und in deren Geiste die
35   Agende unserer evangelischen Landeskirche abgefaßt ist und der zu folgen
euch obliegt. Zweitens habt ihr mit allem Fleiß und Treue die Catechismuslehre bei der christlichen Jugend zu treiben, sie zu würdigen Mitgliedern
der evangelischen Kirche zu bilden, sie als solche aufzunehmen, eure Zuhörer in Gotteswort zu unterweisen, nach der Einsetzung und Anordnung Jesu
40   Christi die heiligen Sakramente auszutheilen, und alle abweichende und
willkührliche Lehren als Gift der Seele zu fliehen. |

„Drittens habt ihr dahin zu streben, in der euch anvertrauten Gemeine   24
die rechte und gehörige kirchliche Ordnung aufrecht zu erhalten, den von
Seiner Majestät unserm rechtmäßigen Könige und großmächtigsten Lan-

desherrn publicirten Gesetzen gemäß; sie zu ermahnen zur Uebung der Gottseligkeit, des Landesfriedens, eines frommen Lebens und Umganges und gegenseitiger Liebe und Einigkeit; ihr habt zu Gott zu beten für den König und alle Obrigkeit, und alle eure Gemeindeglieder zu erinnern an die ihnen obliegende Ehrfurcht und Treue, und zu Gehorsam und Folgsamkeit   5
sie zu ermahnen; eben so euren geistlichen Vorgesetzten gebührende Ehre und Gehorsam zu erweisen und allem, was euch in eurem Amte auferlegt wird, getreulich nachzukommen.

25 „Viertens, fortwährend habt ihr dahin zu trachten, in Erkenntniß des Wortes Gottes und | der Glaubensartikel, und in den andern euch nothwen-   10
digen Wissenschaften fortzuschreiten und habt euch zu verpflichten mit Gottes Gnade das Wort der Wahrheit recht auszutheilen und euer Amt red-lich auszurichten, auch euch zu befleißigen eines rein frommen, nüchter-nen, schicklichen und einem rechtschaffenen Lehrer anständigen Lebens, also daß ihr darin mit einem guten Beispiele Andern vorgehen könnt, euch   15
auch nicht in weltliche und für euer Amt sich nicht passenden Sachen, die einem Geistlichen und Lehrer nicht wohl anstehen, zu mengen. Diesen Zusagen und allem, was sonst die Kirchenordnung vorschreibt, habt ihr nun nach aller eurer Kraft und der Gnade, die Gott euch verleihet, getreulich nachzukommen, wie es einem aufrichtigen und rechtschaffenen Geistlichen   20
geziemt und es vor Gott und Menschen zu verantworten ist.

26 „Noch haben wir euch darauf hinzuweisen, daß | ihr die euch, als Un-terthanen, in eurem Amte obliegenden Pflichten durch euren Amtseid zu bekräftigen habt, der euch besonders vorgelegt wird. Ich frage euch nun, seyd ihr bereit dies alles zu geloben und williget ihr ein, über euch zu   25
nehmen das theure Predigtamt mit allen seinen Pflichten?

Ja.

„Verbindet ihr euch, diesem Amte aufzuopfern alle Kräfte eurer Seele und eures Leibes?"

Ja.   30

„Verbindet ihr euch nach Gottes Wort, die Versöhnung durch Christum zu predigen zur Weisheit, zur Gerechtigkeit, zur Heiligung und zur Erlö-sung?"

Ja.

„Verbindet ihr euch, durch Gottes Gnade Anderen ein Vorbild zu seyn   35
in Rechtschaffenheit und Tugend?" |

27   Ja.

„Ihr erkennt also eure Pflichten, ihr habt erklärt euren ernsten Vorsatz, sie zu erfüllen.

„Gott der Allmächtige stärke und helfe euch, solches alles zu halten!   40
Und ich, Kraft der Vollmacht, die mir von Gotteswegen, von seiner Kirche und dem Könige zu diesem Geschäft ist anvertraut worden, überantworte euch hiermit das Predigtamt im Namen des Vaters † und des Sohnes † und des heiligen Geistes †.

„Es verleihe der Höchste, daß solches gereiche zu eurer und derer ewigen Seligkeit, die euch anvertraut sind. Darum wollen wir Gott bitten, Ihn,
von dem alle gute und vollkommene Gabe kommt, indem wir jetzt unser
Flehen vereinigen, in dem Gebete, welches uns unser theurer Heiland ge-
5 lehrt hat.

Unser Vater, der Du bist im Himmel! Geheiliget werde Dein Name; Dein
Reich komme; | Dein Wille geschehe, wie im Himmel, also auch auf Erden; 28
unser täglich Brodt gieb uns heute; vergieb uns unsere Schulden, wie auch
wir vergeben unsern Schuldigern; führe uns nicht in Versuchung, sondern
10 erlöse uns vom Uebel; denn Dein ist das Reich, die Kraft und die Herrlichkeit, in Ewigkeit. Amen.

[Sämmtliche Geistliche legen jetzt ihre Hände auf die Häupter der Ordinirten, und der
weihende spricht]:

„Der Herr segne dich, daß du viel Frucht schaffest in dem Weinberge des
15 Herrn und diese Frucht bleibe ewiglich. Amen.

„Barmherziger Gott, himmlischer Vater, Du hast durch den Mund Deines lieben Sohnes unsers Herrn Jesu Christi zu uns gesagt: die Erndte ist
groß, aber wenig sind der Arbeiter. Bittet den Herrn der Erndte, daß er
Arbeiter in seine Erndte sende. Auf solch Deinen göttlichen Befehl, bitten |
20 wir von Herzen, Du wollest diesen Deinen Diener, sammt uns und allen die 29
zu Deinem Worte berufen sind, Deinen heiligen Geist reichlich geben, daß
wir als Deine wahren Diener, erkennen und bekennen, treu und fest bleiben
unter allen Versuchungen, damit Dein Name geheilig, Dein Reich gemehrt,
Dein Wille vollbracht werde. Wollest auch allen Widersachern, welche dahin
25 trachten, Deinen Namen zu lästern, Dein Reich zu zerstören, Deinem Willen
zu widerstreben, mächtiglich steuern und ein Ende machen. Solch unser
Gebet, welches Du uns geheißen, gelehrt und damit vertröstet hast, wollest
Du gnädiglich erhören, wie wir glauben und trauen, durch Deinen lieben
Sohn unsern Herrn Jesum Christum, der mit Dir und dem heiligen Geiste
30 lebt und herrschet in Ewigkeit. Amen."

So gehet nun hin und weidet die Heerde Christi, so euch befohlen ist,
und sehet wohl zu, nicht ge|zwungen, sondern williglich, nicht um schänd- 30
lichen Gewinnes willen, sondern von Herzensgrunde; nicht als die über das
Volk herrschen, sondern werdet Vorbilder der Heerde. So werdet ihr, wenn
35 der Erzhirte erscheinen wird, die unverwelkliche Krone der Ehre empfahen.
(1. Petri 5, 2. 3. 4.) Beuget eure Herzen und Kniee zu Gott, und empfanget
den Segen: der Herr segne dich und behüte u. s. w."

[Schließlich werden noch einige Verse aus einem passenden Liede gesungen, worauf
sämmtliche Geistliche sich mit den Ordinirten in die Sakristei zurückbegeben. Wo es
40 üblich ist, daß den Ordinanden, unmittelbar nach der Ordination, das heil. Abendmahl
gereicht werde, kann dies auch ferner geschehen.]

———————— |

31   Die drei allgemeinen Glaubensbekenntnisse
                der christlichen Kirche.

                Das apostolische Glaubensbekenntniß.

Ich glaube an Gott den Vater etc. [s. Liturgie Th. 1. S. 6.][11]

                Das Nicänische Glaubensbekenntniß   5
                    vom Jahr 325[12].

Ich glaube an einen einigen allmächtigen Gott, den Vater: Schöpfer Him-
mels und der Erden: alles, das sichtbar und unsichtbar ist. |

32   Und an einen einigen Herrn Jesum Christum, Gottes einigen Sohn, der
vom Vater geboren ist vor der ganzen Welt: Gott von Gott: Licht von Licht: 10
wahrhaftigen Gott vom wahrhaftigen Gott: geboren; nicht geschaffen: mit
dem Vater in einerlei Wesen: durch welchen alles geschaffen ist: welcher
um uns Menschen und um unsrer Seligkeit willen vom Himmel kommen ist
und leibhaftig worden durch den heiligen Geist von der Jungfrau Maria und
Mensch worden; auch für uns gekreuziget unter Pontio Pilato, gelitten und   15
begraben und am dritten Tage auferstanden nach der Schrift und ist aufgefahren gen Himmel und sitzet zur Rechten des Vaters und wird wiederkommen mit Herrlichkeit, zu richten die Lebendigen und die Todten: des Reich
kein Ende haben wird.

        Und an den Herrn, den heiligen Geist, der da lebendig macht: der vom   20
33 Vater und dem Sohne aus|gehet: der mit dem Vater und dem Sohne zu-
gleich angebetet und zugleich geehret wird: der durch die Propheten geredet hat.

        Und eine einige, heilige, christliche apostolische Kirche.

        Ich bekenne eine einige Taufe zur Vergebung der Sünden und warte   25
auf die Auferstehung der Todten und ein Leben der zukünftigen Welt,
Amen.

---

[11] Wo der alte Gebrauch noch bestehen sollte, sich zu Zeiten statt des apostolischen
    Glaubensbekenntnisses, auch des Nicänischen und Athanasianischen in der Liturgie
    zu bedienen, mag dies auch ferner geschehen.   30
[12] Vervollständigt auf dem Concil zu Constantinopel im Jahre 381.

Das Athanasische Glaubensbekenntniß.

Wer da will selig werden, der muß vor allen Dingen den rechten christlichen Glauben haben.

Wer denselben nicht ganz und rein hält, der wird ohne Zweifel ewiglich
5 verloren seyn.

Dies ist aber der rechte christliche Glaube, daß wir einen einigen Gott in drei Personen und drei Personen in einiger Gottheit ehren. |

Und nicht die Personen in einander mengen; noch das göttliche We- 34 sen zertrennen.

10 Eine andere Person ist der Vater: eine andere der Sohn: eine andere der heilige Geist.

Aber der Vater und Sohn und heilige Geist ist ein einiger Gott, gleich in der Herrlichkeit: gleich in ewiger Majestät.

Welcherlei der Vater ist, solcherlei ist der Sohn: solcherlei ist auch der
15 heilige Geist.

Der Vater ist nicht geschaffen: der Sohn ist nicht geschaffen: der heilige Geist ist nicht geschaffen.

Der Vater ist unmeßlich: der Sohn ist unmeßlich: der heilige Geist ist unmeßlich.

20 Der Vater ist ewig: der Sohn ist ewig: der heilige Geist ist ewig.

Und sind doch nicht drei Ewige; sondern es ist ein Ewiger.

Gleichwie auch nicht drei Ungeschaffene; noch | drei Unmeßliche; son- 35 dern es ist ein Ungeschaffener und ein Unmeßlicher.

Also auch, der Vater ist allmächtig: der Sohn ist allmächtig: der heilige
25 Geist ist allmächtig.

Und sind doch nicht drei Allmächtige; sondern es ist ein Allmächtiger.

Also, der Vater ist Gott: der Sohn ist Gott: der heilige Geist ist Gott.

Und sind doch nicht drei Götter; sondern es ist ein Gott.

Also, der Vater ist der Herr: der Sohn ist der Herr: der heilige Geist ist
30 der Herr.

Und sind doch nicht drei Herren; sondern es ist ein Herr.

Denn gleich wie wir müssen nach christlicher Wahrheit eine jegliche Person für sich Gott und Herrn bekennen. |

Also können wir im christlichen Glauben nicht drei Götter, oder drei 36
35 Herren nennen.

Der Vater ist von Niemand weder gemacht; noch geschaffen; noch geboren.

Der Sohn ist allein vom Vater: nicht gemacht; noch geschaffen; sondern geboren.

40 Der heilige Geist ist vom Vater und Sohn: nicht gemacht: nicht geschaffen: nicht geboren; sondern ausgehend.

So ist nun ein Vater; nicht drei Väter: ein Sohn; nicht drei Söhne: ein heiliger Geist; nicht drei heilige Geister.

Und unter diesen drei Personen ist keine die erste: keine die letzte: keine die größeste: keine die kleinste.

Sondern alle drei Personen sind mit einander gleich ewig; gleich groß.   5

37   Auf daß also, wie gesagt ist, drei Personen in | einer Gottheit und ein Gott in drei Personen geehret werde.

Wer nun will selig werden, der muß also von den drei Personen in Gott halten.

Es ist aber auch noth zur ewigen Seligkeit, daß man treulich glaube,   10 daß Jesus Christus unser Herr sey wahrhaftiger Mensch.

So ist nun dies der rechte Glaube, so wir glauben und bekennen, daß unser Herr Jesus Christus Gottes Sohn, Gott und Mensch ist.

Gott ist er aus des Vaters Natur vor der Welt geboren: Mensch ist er aus der Mutter Natur in der Welt geboren.   15

Ein vollkommener Gott: ein vollkommener Mensch mit vernünftiger Seele und menschlichem Leibe.

Gleich ist er dem Vater, nach der Gottheit: kleiner ist er denn der Vater, nach der Menschheit. |

38   Und wiewol er Gott und Mensch ist; so ist er doch nicht zween, son-   20 dern ein Christus.

Einer, nicht daß die Gottheit in die Menschheit verwandelt sey; sondern daß die Gottheit hat die Menschheit an sich genommen.

Ja einer ist er, nicht daß die zwo Naturen vermenget sind; sondern daß er eine einige Person ist.   25

Denn gleich wie Leib und Seele ein Mensch ist; so ist Gott und Mensch ein Christus.

Welcher gelitten hat um unsrer Seligkeit willen: zur Höllen gefahren: am dritten Tage auferstanden von den Todten.

Aufgefahren gen Himmel: sitzet zur Rechten Gottes des allmächtigen   30 Vaters.

Von dannen er kommen wird, zu richten die Lebendigen und die Todten.

Und zu seiner Zukunft müssen alle Menschen auferstehen mit ihren eignen Leibern. | 35

39   Und müssen Rechenschaft geben, was sie gethan haben.

Und welche Gutes gethan haben, werden ins ewige Leben gehen; welche aber Böses gethan, ins ewige Feuer.

Das ist der rechte christliche Glaube: wer denselben nicht fest und treulich glaubet, der kann nicht selig werden.   40

———————— |

Catechismus   40
für Evangelische Christen.

1. Die heiligen zehen Gebote Gottes.

Das erste Gebot.
5 Ich bin der Herr dein Gott. Du sollst nicht andere Götter haben neben mir.

Das zweite Gebot.
Du sollst den Namen deines Gottes nicht unnützlich führen, denn der Herr
wird den nicht ungestraft lassen, der seinen Namen mißbraucht.

Das dritte Gebot.
10 Du sollst den Feiertag heiligen. |

Das vierte Gebot.   41
Du sollst deinen Vater und deine Mutter ehren, auf daß dirs wohlgehe, und
du lange lebest auf Erden.

Das fünfte Gebot.
15 Du sollst nicht tödten.

Das sechste Gebot.
Du sollst nicht ehebrechen.

Das siebente Gebot.
Du sollst nicht stehlen.

20   Das achte Gebot.
Du sollst nicht falsch Zeugniß reden wider deinen Nächsten.

Das neunte Gebot.
Du sollst nicht begehren deines Nächsten Haus.

Das zehnte Gebot.
25 Du sollst nicht begehren deines Nächsten Weib, Knecht, Magd, Vieh, oder
alles was sein ist. |

[2. Buch Moses Cap. 20. V. 5 u. 6.] Denn ich der Herr, dein Gott, bin ein eifriger   42
Gott, der da heimsuchet der Väter Missethat an den Kindern, bis in das
dritte und vierte Glied, die mich hassen. Und thue Barmherzigkeit an vielen
30 Tausenden, die mich lieb haben und meine Gebote halten.

II. Das apostolische Glaubensbekenntniß.

Ich glaube an Gott den Vater etc. [s. Liturgie Th. 1. S. 6.]

III. Das Gebet des Herrn.

Unser Vater etc. [s. Liturgie Th. 1. S. 10.]

IV. Das Sakrament der Taufe.   5

[Unser Herr Christus spricht, Matthäi am letzten]: Gehet hin in alle Welt, und lehret
43   alle Völker, und tau|fet sie im Namen des Vaters und des Sohnes und des
heiligen Geistes.

[Unser Herr Christus spricht, Marci am letzten]: Wer da glaubet und getauft wird,
der wird selig werden, wer aber nicht glaubet, der wird verdammet werden.   10

V. Das Sakrament des Altars.

[Es schreiben die heiligen Evangelisten Matthäus, Marcus, Lucas und St. Paulus]: Der Herr
Jesus in der Nacht, da Er verrathen ward etc. [s. Liturgie Th. 1. S. 15.]

———————

[Evangelium St. Matthäi Cap. 22. V. 37 bis 39.][13] Du sollst lieben, Gott, deinen Herrn,
von ganzem Herzen, von ganzer Seele, und von ganzem Gemüth. Dies ist   15
das vornehmste und größeste Gebot. Das andere aber ist dem gleich: du
sollst deinen Nächsten lieben als dich selbst.

——————— |

44   [Evangelium St. Johannis Cap. 20. V. 21. bis 23.][14] Da sprach Jesus abermals zu ihnen:
Friede sey mit euch! Gleichwie mich der Vater gesandt hat, so sende ich
euch. Und da er das sagte, blies er sie an, und spricht zu ihnen: Nehmet   20
hin den heiligen Geist; welchen ihr die Sünden erlasset, denen sind sie
erlassen, und welchen ihr sie behaltet, denen sind sie behalten.

———————

[13] Dies wird die Summe des Gesetzes genannt.
[14] Dies nennt man das Amt der Schlüssel, und hierauf bezieht sich die Absolution, siehe
Liturgie Th. 1. S. 35. 36.   25

---

12 Matthäus] Mathäus

Beilagen.

1. Anrede an die Pathen.

Geliebte in dem Herrn, Taufzeugen und Freunde, nehmet euch nun mit
Ernst des Kindes an, daß es ein lebendiges Glied unsers Herrn Jesu Christi
5 bleibe, und viele Früchte der Gottseligkeit bringe, zum ewigen Leben.
Amen.
Der Herr segne dich etc. |

2. Anrede an den Bräutigam. 45

N. N. Ihr stehet allhier vor Gottes Angesicht und vor dieser christlichen
10 Versammlung, und begehret mit dieser Eurer Braut ehelich getraut zu seyn,
demnach frage ich Euch, ob es Euer Wille sey, Eure Braut als Ehegattin mit
unverbrüchlicher Treue zu lieben und zu ehren, mit ihr zu theilen Glück und
Unglück, Freude und Leid, wie es Euch Gott nach seinem väterlichen Willen
zu Eurer Seligkeit zuschicken wird, und sie in keinem Wege verlassen, Euch
15 auch nicht von ihr scheiden; es scheide Euch denn der allmächtige Gott
durch den zeitlichen Tod wieder von einander? So Ihr das in Euerm Herzen
beschlossen habt, wollt Ihr es mit einem Ja-Wort bekräftigen!
„Ja."

3. Anrede an die Braut.

20 Desgleichen frage ich Euch N. N., ob Ihr Euern gegenwärtigen Bräutigam
N. N. als Euern Ehegatten und Herrn annehmen, mit unverbrüchlicher Treue
lieben, ehren und ihm gehorsam seyn, mit ihm Glück und Unglück, Freude
und Leid, wie es Euch Gott, nach seinem väterlichen Willen zuschicken und
geben wird, theilen, ihn auch nicht verlassen, noch Euch von ihm abwenden
25 und scheiden wollt, es scheide Euch denn der allmächtige Gott durch den
zeitlichen Tod wieder von ihm? So Ihr dies gleichfalls in Euerm Herzen beschlossen habt, wollet Ihr es mit einem Ja-Wort bekräftigen!
„Ja." |

4. Schluß-Gebet nach der Trauung. 46

30 Allmächtiger Vater, ewiger Gott, Schöpfer Himmels und der Erden! Du, der
Du bei Erschaffung aller Dinge auch den Menschen schufest, um darüber
ein Herr zu seyn, und ihm, da es für den Mann nicht gut war, allein zu seyn,
das Weib zur Hülfe gabst; o Gott! der Du Mann und Weib vereinigt und
ihnen Deinen Segen gegeben hast, siehe nun mildiglich auf diese Personen,
35 welche sich in den Ehestand begaben, und erheischen, von Dir beschützt
zu werden. Wir bitten Dich, daß Du dieser Deiner Diener Herzen mit Deinem
heiligen Geiste erfüllen, und sie mit jedem geistigen und leiblichen Segen
gnädiglich umfassen mögest! Segne den Bund, den sie heute vor Dir eingegangen sind. Gieb Gnade, daß Güte und Treue sich stets in ihrem Hause
40 begegnen, Einigkeit und Liebe ihre Mühen versüßen und Tugenden der

Nachkommen erfreuen ihr Alter! Höre, gütiger Gott, ihre Gebete und sey ihr Schutz, wenn sie Dich anrufen. Leite sie nach Deinem Rath, damit sie nach vollendeter Wallfahrt zu den ewigen Wohnungen der Seligen mögen entrückt werden, durch Deinen Sohn Jesum Christum, unsern Herrn. Amen.

——————— |

47 ## Anhang von Formularen.

Vorerinnerung.

Die folgenden Formulare, deren Entstehung schon in die Zeit der Reformation fällt, fanden Eingang in einigen Gegenden und einzelnen Oertern Deutschlands, in denen sie sich theilweise bis auf den heutigen Tag erhalten haben.

Jetzt erscheinen sie von Neuem dem Geiste nach als dieselben, nur dem Sprachgebrauche gemäßer eingerichtet und in etwas gedrängterer Kürze als früher.

Obschon die in der Kirchen-Agende enthaltenen Formulare genügen dürften, so soll es dennoch, in sofern es besonders gewünscht wird, den Geistlichen überlassen bleiben, auch von den nachfolgenden Formularen beliebig Gebrauch zu machen. |

48 ## Abendmahls-Formular.

[Ein Formular, für die eigentliche Vorbereitung zum heiligen Abendmahle bestimmt, schien hier um deswillen nicht nöthig aufzunehmen, da in denjenigen Gemeinden, in welchen bereits bewährte, erweislich autorisirte, und aus ältern Zeiten herstammende Vorbereitungs-Formulare im Gebrauche geblieben sind, sie es auch ferner bleiben mögen, wenn zuvor das Consistorium über ihre Brauchbarkeit, auch ob sie in ihrer ganzen Ausdehnung oder nur im Auszuge anzuwenden sind, entschieden haben wird. Jedenfalls dürfen die in der Agende Th. 1. S. 33. angegebenen Hauptmomente nicht darin fehlen, und es kann in sie auch die in der Anmerkung zu dem nachfolgenden Abendmahls-Formulare befindliche Abmahnung der groben Sünder aufgenommen werden.]

Geliebte in dem Herrn! Höret an, was der heilige Apostel Paulus in der 1sten Epistel an die Corinther im 11ten Kapitel schreibet von dem würdigen Genusse des heiligen Abendmahls unsers Herrn Jesu Christi: „So oft ihr von diesem Brodte esset, und von diesem Kelche trinket, sollt ihr des Herrn Tod verkündigen, bis daß er kommt. Welcher nun unwürdig von diesem Brodte isset oder von dem Kelch des Herrn trinket, der ist schuldig an dem Leibe und Blute des Herrn. Der Mensch prüfe aber sich selbst, und also esse er von diesem Brodte und trinke von diesem Kelch; denn, welcher unwürdig isset und trinket, der isset und trinket ihm selber das Gericht, damit, daß er nicht unterscheidet den Leib des Herrn."

In Befolgung dieser Vorschrift, mahnen wir alle, welche in ihren Sünden
49 und Missethaten beharren, ein lasterhaftes, un|bußfertiges Leben führen und Anstoß und Aergerniß geben, von diesem hochheiligen Sakramente

ab, damit sie dasselbe, welches der Herr allein seinen Gläubigen und Hausgenossen bereitet hat, nicht zu ihrer eigenen Verdammniß entweihen[15].

    So prüfe denn nach dem Rathe und der Ermahnung des Apostels ein
jeder sich selbst und sehe zu, ob er seine Sünden bereue, über sie einen
5 tiefen Schmerz empfinde, und begehre künftighin sein Leben heilig und
unsträflich zu führen, vornehmlich aber, ob er auf die Barmherzigkeit Gottes
sein Vertrauen setze, sein ganzes Heil bei Jesu Christo suche und dabei
aller Feindschaft und allem Groll entsage, und beflissen sey, fortan seinen
Nächsten mit brüderlicher Liebe zu umfassen.

10 Mögen wir nun aber auch hierbei viel Schwachheit, Elend und Verderben in uns antreffen, so lasset uns dennoch uns versichert halten, daß unsere Gebrechen den Herrn nicht hindern, uns zuzulassen und würdig zu
machen, dieses allerheiligste Sakrament zu empfangen, da es den kranken
und betrübten Herzen zum Heilmittel gegeben ist; vielmehr daß alle Wür-
15 digkeit, die Gott bei uns sucht, darin besteht, daß wir uns selbst auf die
rechte Art erkennen, Schmerz und tiefe Traurigkeit über unsere Sünden
fühlen und alle Lust und Freude bei ihm finden. | Lasset uns demnach den 50
Verheißungen Glauben schenken, welche Jesus Christus, die ewige unveränderliche Wahrheit selbst, uns vorhält, er wolle uns nämlich sein Fleisch und
20 sein Blut wahrhaft mittheilen, daß wir ihn ganz und vollständig besitzen,
und er in uns lebe und wir in ihm. Und obgleich wir nichts sehen als Brodt
und Wein, lasset uns doch nicht zweifeln, daß er dies alles in uns vollbringt
und das himmlische Brodt ist, welches uns nährt zum ewigen Leben. Denn
indem er sich uns dahingiebt, bezeugt er, daß er alles was er hat, über uns
25 ausgieße. Darum lasset uns dies Sakrament empfangen als ein Pfand der
Gerechtigkeit, welche uns in der Kraft seines Todes und der von ihm erdul-
deten Strafe zugerechnet werden soll, als wenn wir selbst die Strafe erduldet hätten. Lasset uns unsere Herzen hinauf erheben, wo Christus ist in der
Herrlichkeit des Vaters, und woher wir ihn zu unserer Erlösung erwarten!

30   Nach dieser Anrede spricht der Geistliche die Einsetzungsworte und fügt die hier fol-
     gende Betrachtung, mit dem sich ihr anschließenden Gebete oder nur dieses allein hinzu,
     worauf das Unser Vater etc. folgen kann. Es steht dem Geistlichen auch frei, statt dessen,
     nach den Einsetzungsworten, das Gebet, S. 16 Th. 1. der Kirchen-Agende, mit dem vorher-
     gehenden Segenswunsche zu sprechen und ihr gemäß fortzufahren.

35 Aus dieser Einsetzung des heiligen Abendmahles unsers Herrn Jesu Christi
sehen wir, daß er unsern Glauben und unser Vertrauen hinweiset auf sein
vollkommenes Opfer, einmal am Kreuz geschehen, als auf den einzigen

---

15 Im Original werden namentlich vom Sakramente ausgeschlossen: alle Götzendiener,
    Gotteslästerer, Gottesverächter, Frevler, alle, welche Sekten und Irrlehren anhangen,
40   die Gemeinschaft der Kirche zu schwächen, alle Meineidigen, Widerspenstigen gegen
    Eltern und Vorgesetzte, alle, welche Partheiung und bürgerliche Unruhen anzurichten
    suchen, alle Meuchelmörder, Jähzornigen, Ehebrecher, Hurer, Diebe, Räuber, Geitzige,
    Trunkenbolde und Schwelger.

51 Grund unserer Se|ligkeit. Er ist unsern hungrigen und durstigen Seelen
Speise und Trank des ewigen Lebens geworden, hat durch seinen Tod die
Ursach unsers ewigen Elendes, nämlich die Sünde, hinweggenommen und
uns den lebendigmachenden Geist erworben, der in ihm, als dem Haupte,
und in uns, seinen Gliedern, wohnet, damit wir mit unserm Heilande und   5
Herrn wahre Gemeinschaft haben, und aller seiner Güter, des ewigen Lebens, der Gerechtigkeit und Herrlichkeit theilhaftig werden mögen. Lasset
uns aber auch bedenken, daß er durch diesen seinen Geist uns unter einander zu Gliedern eines Leibes in brüderlicher Liebe verbinden will, denn nach
dem Ausspruche des heiligen Apostels: Ein Brodt ist es, so sind wir viele Ein   10
Leib, dieweil wir alle Eines Brodtes theilhaftig sind, sollen wir alle, die wir
durch wahren Glauben Christo einverleibt sind, durch herzliche Liebe, um
Christi willen, zusammen Ein Leib seyn, und solches nicht allein mit Worten,
sondern auch durch die That gegen einander beweisen. Dazu helfe uns der
allmächtige, barmherzige Gott und Vater unsers Herrn Jesu Christi durch   15
seinen heiligen Geist. Amen. – Lasset uns beten:
    Barmherziger Gott und Vater, wir bitten Dich, Du wollest in diesem
Abendmahle, in welchem wir das herrliche Gedächtniß des bittern Todes
Deines lieben Sohnes Jesu Christi begehen, durch Deinen heiligen Geist in
unsern Herzen wirken, daß wir uns mit wahrem Glauben Deinem Sohne je   20
52 länger je mehr ergeben, damit unsere mühseligen und | zerschlagenen
Herzen mit seinem wahren Leibe und Blute, als dem ewigen Himmels-
Brodte, gespeiset und erquicket werden.
    Gieb denn, daß wir nicht mehr in unsern Sünden, sondern Er in uns,
und wir in Ihm leben, und, aufgenommen in den neuen und ewigen Bund   25
der Gnade, nicht zweifeln, Du wollest ewiglich unser gnädiger Vater seyn,
und uns unsere Sünden nimmermehr zurechnen, sondern uns an Leib und
Seele versorgen, als Deine lieben Kinder und Erben. Verleihe uns auch Deine
Gnade, daß wir getrost unser Kreuz auf uns nehmen, uns selbst verläugnen,
unsern Heiland bekennen, und in aller Trübsal mit aufgerichtetem Haupte   30
unsers Herrn Jesu Christi warten, welcher unsern sterblichen Leib seinem
verklärten Leibe ähnlich machen und uns zu sich in den Himmel aufnehmen
wird in Ewigkeit. Amen.
    Unser Vater etc.
    Die Austheilung folgt hierauf.   35

Dankgebete nach dem Abendmahle.

Himmlischer Vater, wir sagen Dir Lob und Dank in Ewigkeit, für die große
Wohlthat, welche Du uns jammervollen Sündern erwiesen, da Du uns zur
Gemeinschaft Deines Sohnes Jesu Christi geführt, welchen Du für uns in
den Tod dahin gegeben und nun zur Nahrung des ewigen Lebens uns mit-   40

theilst. Fahre fort mit Deiner Gnade gegen uns und | gieb, daß wir das   53
niemals vergessen, sondern es beständig im Herzen tragen und in dem
Glauben wachsen, welcher zu allen guten Werken sich kräftig erweiset,
durch denselben Deinen lieben Sohn, welcher vereint mit dem heiligen
5 Geiste mit Dir lebet und regieret in Ewigkeit. Amen.

Oder:

Lobe den Herrn, meine Seele, und was in mir ist, seinen heiligen Namen.
Lobe den Herrn, meine Seele, und vergiß nicht, was er dir Gutes gethan
hat, der dir alle deine Sünden vergiebt, und heilet alle deine Gebrechen,
10 der dein Leben von dem Verderben erlöset, der dich krönet mit Gnade und
Barmherzigkeit. Barmherzig und gnädig ist der Herr, geduldig und von großer Güte. Er handelt nicht mit uns nach unsern Sünden und vergilt uns
nicht nach unserer Missethat. Denn so hoch der Himmel über der Erde ist,
läßt er seine Gnade walten über die, so ihn fürchten. So fern der Morgen
15 ist vom Abend, läßt er unsere Uebertretung von uns seyn.

Wie sich ein Vater über seine Kinder erbarmet, so erbarmet sich der
Herr über die so ihn fürchten. Welcher auch seines eigenen Sohnes nicht
hat verschonet, sondern hat ihn für uns alle dahin gegeben; wie sollte er
uns mit ihm nicht alles schenken? Darum beweiset Gott seine Liebe gegen
20 uns, daß Christus für uns gestorben ist, da wir noch Sünder waren; so werden wir vielmehr durch ihn behalten werden vor dem Zorn, nachdem wir
durch sein Blut gerecht worden sind. |

Denn so wir Gott versöhnet sind, durch den Tod seines Sohnes, da wir   54
noch Feinde waren, vielmehr werden wir selig werden durch sein Leben,
25 nachdem wir ihm versöhnet sind.

Darum soll mein Mund und Herz des Herrn Lob verkündigen von nun
an bis in Ewigkeit. Amen.

Tauf-Formular.

Unsere Hülfe sey im Namen des Herrn, der Himmel und Erde gemacht hat.[16]
30 Dieweil unser Herr und Heiland, Jesus Christus, spricht, daß wir anders
nicht in das Reich Gottes mögen kommen, es sey denn, daß wir von neuem

---

[16] Zöge der Geistliche vor, statt der folgenden, eine selbst verfaßte Rede zu halten, so
ist ihm dies unbedingt zu gestatten, sobald sie dem Wesen nach mit derselben, die
nun wegbleibt, übereinstimmt. Nach dieser kann der Geistliche, wenn er es wünscht,
35 einige Schriftstellen in Beziehung auf die Taufe hinzufügen und mit den Worten beginnen: „Erhebet eure Herzen zu Gott!" Unser Herr Jesus Christus hat die heilige Taufe
selbst gestiftet, als er zu seinen Jüngern sprach: Matth. 28, 18. 19. Mir ist gegeben
alle Gewalt im Himmel u. s. w. Marc. 16, 16. Wer da glaubet und getauft wird, der

55 geboren werden, so zeiget er da|mit deutlich an, wie groß das Elend und
die Verderbniß unserer Natur sey, und vermahnet uns, daß wir vor Gott uns
demüthigen und Mißfallen haben sollen an uns selbst, damit wir die Gnade
Gottes suchen lernen, deren wir erst fähig werden, wenn alles Vertrauen
auf unser eigenes Vermögen, Weisheit und Gerechtigkeit aus unsern Herzen   5
genommen ist.

Nachdem uns aber Christus unser Elend also vor Augen gestellt, tröstet
er uns auch nach seiner Barmherzigkeit, indem er uns und unsern Kindern
verheißt, daß er uns von unsern Sünden reinigen und durch seinen heiligen
Geist uns zu dem neuen Leben erwecken wolle, welches der Eintritt ist in   10
sein Reich. |

56 Diese Wohlthat empfangen wir, wenn er uns durch die Taufe in die
Gemeinschaft der Kirche aufnimmt. Denn in diesem Sakramente macht er
uns der Vergebung unserer Sünden gewiß. Wie nämlich durch das Wasser
die Befleckungen des Leibes hinweggethan werden, will er auch unsere   15
Seele reinigen und entsündigen. Ueberdies bietet er uns auch in diesem
Sakramente die Erneuerung dar, welche in der Tödtung unsers Fleisches
und in dem geistlichen Leben besteht, das er in uns hervorbringt. Also
werden wir in der Taufe einer doppelten Wohlthat theilhaftig; (nur daß wir
nicht durch Vergessenheit und Undank die Kraft dieses Sakramentes auslö-   20
schen:) denn wir haben in demselben das gewisseste Zeugniß, Gott wolle
uns ein gnädiger Vater seyn und uns unsere Sünden nicht zurechnen, dann
aber auch mit seinem Geiste uns beistehen, daß wir dem Teufel, der Sünde
und den Begierden unsers Fleisches so lange widerstehen können, bis wir
endlich den Sieg erlangen.   25

---

wird seligwerden, wer aber nicht glaubet, der wird verdammet werden. Joh. 3, 5. Es
sey denn, daß Jemand geboren werde aus dem Wasser und Geiste, so kann er nicht
in das Reich Gottes kommen. Will der Geistliche diese Bibelsprüche seiner Rede zum
Grunde legen, so thut er nicht unrecht daran. Eben so steht ihm frei, seiner Rede
nachstehendes Gebet folgen zu lassen, und dagegen das im Formulare befindliche   30
55   „Herr Gott, ewiger und allmächtiger Vater" u. s. w. zu übergehen. | Allmächtiger, ewi-
ger Gott, liebreicher Vater! Wir bitten Dich, daß Du dieses Kind, welches Du zur Theilnahme an Jesu Christo berufen hast, mit Deiner Gnade umfassen wollest. Nimm es
durch die heilige Taufe an zu Deinem Kinde und zu einem Mitgliede in dem Reiche
Deines Sohnes. Erleuchte es mit Deiner Weisheit! Heilige sein Herz und verleihe ihm   35
durch Deinen heiligen Geist Kraft, die Sünde zu fliehen und Dir in Heiligkeit und
Gerechtigkeit zu dienen, durch Jesum Christum, unsern Herrn. Amen. Hier bleibt es
der Wahl des Geistlichen überlassen, ob er nach obigem Formulare fortfahren, oder
zu dem in der Kirchen-Agende verzeichneten übergehen will. Im letzteren Falle fährt
er fort: (s. S. 5. Th. 2. d. K.-Ag.) Lasset uns hören das Evangelium St. Marci u. s. w. bis   40
zu Ende. Auch können daselbst, wenn es gewünscht wird, die Worte (S. 6. Th. 2. d. K.-
Ag.) Entsagest Du u. s. w. weggelassenwerden, und es ist gestattet, als Variante zu
sagen nach den Worten: „bis zu ewigen Zeiten." Er bewahre Dich vor der Gewalt der
Sünde und erhalte Dich in seiner Wahrheit und Furcht. Desgleichen können die hierauf
folgenden Fragen in die eine zusammengezogen werden: Wollet ihr (die Taufzeugen)   45
daß gegenwärtiges Kind auf diesen Glauben getauft werde?

Es leidet keinen Zweifel, daß auch unsere Kinder Erben des Heils und Lebens sind, welches Christus uns verheißen hat, denn Marci 10. stehet geschrieben: „und sie brachten Kindlein zu ihm, daß er sie anrührte. Die Jünger aber fuhren die an, die sie trugen. Da es aber Jesus sahe, ward er unwillig und sprach zu ihnen: lasset die Kindlein zu mir kommen, und wehret ihnen nicht, denn solcher ist das Reich Gottes. Wahrlich ich sage euch, wer das Reich Gottes nicht empfänget als ein Kindlein, der wird nicht hinein|kommen. Und er herzte sie und legte die Hände auf sie und segnete sie." 57

Darum lasset uns auch dieses Kind der Gnade Gottes empfehlen und also für dasselbe beten:

Herr Gott, ewiger und allmächtiger Vater, da Du nach Deiner grenzenlosen Barmherzigkeit uns verheißen hast, Du wollest unser und unserer Kinder Gott seyn, so bitten wir Dich, Du wollest dieses Kind solcher Wohlthat theilhaftig machen. Nimm es in Deine Obhut, erweise Dich als seinen Gott und Helfer, vergieb und erlaß ihm die Sünde, heilige es durch Deinen heiligen Geist, daß es, wenn es zum Alter des Verstandes wird gekommen seyn, Dich, den einigen Gott und Helfer, erkenne und verehre und sein ganzes Leben hindurch Dich lobe und verherrliche. Damit es aber diese Wohlthaten empfangen könne, so nimm es in die Gemeinschaft unsers Herrn Jesu Christi auf, daß es als ein Glied seines Leibes an allen seinen Gütern Theil habe. Erhöre uns, Vater der Barmherzigkeit, und laß die Taufe, welche wir ihm nach Deiner Anordnung ertheilen, an ihm die Kraft beweisen, welche die Lehre Deines Evangeliums ihr zuschreibt.

Unser Vater, der Du bist u. s. w.

Lasset uns nun die Artikel des christlichen Glaubens, auf welchen dieses Kind getauft werden soll, mit einander bekennen:

Ich glaube an Gott den Vater u. s. w. Dies ist der christliche Glaube, zu dem wir uns bekennen, und der sich da|durch thätig erweiset, daß wir nach 58 dem Gebote unsers Heilandes leben: Matth. 27, 37–39. „Du sollst lieben Gott deinen Herrn, von ganzem Herzen, von ganzer Seele, und von ganzem Gemüthe. Das ist das vornehmste und größte Gebot. Das andere aber ist dem gleich, Du sollst Deinen Nächsten lieben als Dich selbst."

Begehret ihr nun, daß dieses Kind auf diesen Glauben getauft werde?

Die Taufzeugen antworten: Ja!

Der Geistliche tauft das Kind und spricht:

Ich taufe Dich N. N. im Namen des Vaters und des Sohnes und des heiligen Geistes.

Zum Schlußgebet kann man das in der Kirchen-Agende Th. 2. S. 7. befindliche oder das nachfolgende anwenden.

Daß mit dem Segen geschlossen wird, bedarf keiner Erwähnung. Eben so kann auch letzteres zum Schlußgebete in der Taufform der Agende an vorerwähnter Stelle gesprochen werden.

Gebet nach der Taufe.

Lasset uns Gott dem Herrn danken!

Allmächtiger, barmherziger Gott und Vater, wir sagen Dir Lob und Dank,
daß Du uns und unsern Kindern um Christi willen alle unsere Sünde vergeben, uns durch Deinen heiligen Geist zu Gliedern Deines eingebornen Soh- 5
nes, und also zu Deinen Kindern gemacht, und dies alles uns mit der heiligen Taufe versiegelt und bekräftiget hast. Wir bitten Dich durch denselben
59 Deinen Sohn, Du wollest dieses Kind mit Deinem | heiligen Geiste allezeit
regieren, auf daß es christlich und gottselig erzogen werde, und in dem
Herrn Jesu Christo wachse und zunehme, Deine väterliche Güte und Barm- 10
herzigkeit, die Du uns allen bewiesen hast, bekenne, und ritterlich wider
die Sünde, den Teufel und sein ganzes Reich streiten und siegen möge, zu
Deinem ewigen Preise, der Du mit Deinem Sohne und dem heiligen Geiste
lebest und regierest in Ewigkeit. Amen.

Trauungs-Formular. 15

Unsere Hülfe sey etc.

Nachdem Gott, unser Vater, den Himmel und die Erde und alles, was darinnen ist, erschaffen hatte, schuf er auch den Menschen nach seinem Bilde,
daß er herrsche über alle Thiere, die auf der Erde, im Wasser und in den
Lüften sich bewegen. Darauf aber sprach er: es ist nicht gut, daß der Mensch 20
allein sey, und schuf ihm das Weib zu einer Gehülfin, die um ihn wäre,
indem er zugleich deutlich zu erkennen gab, daß Mann und Weib nach
seinem Willen Eins seyn sollen. Darum wird der Mensch seinen Vater und
seine Mutter verlassen, und seinem Weibe anhangen, das er lieben soll
gleich wie Christus auch geliebet hat die Gemeine und sich für sie hingege- 25
ben. Das Weib dagegen soll dem Manne, der ihr Haupt ist, gleichwie Christus das Haupt der Gemeine, in der Furcht des Herrn ergeben und folgsam
60 seyn. Beide sollen das | Gelübde der Treue, das sie abgelegt haben, unver-
brüchlich halten und in Frieden und Eintracht mit einander leben, damit sie
der göttlichen Segnungen theilhaftig werden, und ihre Ehe, wie es einem 30
Stande, den Gott eingesetzt hat, gebührt, unwandelbar sey.

 Da ihr nun die göttliche Einsetzung der Ehe und eure Pflichten in derselben kennt: habt ihr nach ernstlicher Ueberlegung beschlossen, in diesem
heiligen Stande mit einander zu leben, wie ihr es durch euer Erscheinen vor
dieser Versammlung kund thut: so sprechet: Ja! 35

 Der Herr befestige den guten Vorsatz, den er in euch gewirket hat, und
euer Anfang sey im Namen des Herrn, der Himmel und der Erde gemacht
hat.

Bekennest Du N. N. vor Gott und dieser christlichen Versammlung, daß
Du die hier gegenwärtige N. N. zu Deiner Gattin und Ehefrau nimmst, gelobst Du, sie zu lieben und zu beschützen, wie es einem frommen, rechtschaffenen Ehemanne geziemt, heilig mit ihr zu leben und ihr Treue und
5 Glauben zu halten in allen Dingen nach dem Worte Gottes und seinem
heiligen Evangelio? Ist das Dein wohlbedachter, fester Wille, so sprich: Ja!

Bekennest Du N. N. vor Gott und dieser christlichen Versammlung, daß
Du den hier gegenwärtigen N. N. zu Deinem Gatten und Ehemann nimmst:
gelobst Du ihn zu lieben und ihm folgsam zu seyn, wie es einer frommen,
10 rechtschaffenen Ehefrau geziemt, heilig mit ihm zu leben, und ihm Treue
und | Glauben zu halten in allen Dingen und nach dem Worte Gottes und   61
seinem heiligen Evangelio? Ist das Dein wohlbedachter, fester Wille, so
sprich: Ja!

Hier werden die Trauringe gewechselt und die rechten Hände zusammengelegt.

15 Da nun N. N. und N. N. einander zu ehelichen entschlossen sind und solches
hier öffentlich vor Gott und der Welt bekennen und sich darauf die Hände
gegeben, so spreche ich, als ein verordneter Diener der Kirche, sie hiermit
ehelich zusammen im Namen des Vaters etc. Amen.

Der Vater aller Barmherzigkeit, der euch nach seiner Gnade in diesen
20 heiligen Ehestand geführt hat, verleihe euch um seines Sohnes, Jesu Christi,
willen, (welcher durch seine heilige Gegenwart den Ehestand geheiligt
hat)[17], seinen heiligen Geist, daß ihr in diesem preiswürdigen und edlen
Stande ihm dienen und ohne Aufhören ihm zur Ehre leben möget. Amen.

Daß der Ehestand heilig gehalten werden und fest und unauflöslich
25 bestehen soll, lehrt uns unser Herr selber, denn er spricht Matthäi 19. Was
Gott zusammen gefügt hat, soll der Mensch nicht scheiden.

Glaubet diesen heiligen Worten, die, wie der Evangelist bezeuget, Jesus, unser Herr, selbst gesprochen, und haltet euch versichert, daß Gott
euch selbst nach seiner Gnade in diesem Stande vereinigt hat. Führet dem-
30 nach euer Leben zusammen | ehrbar und heilig, in Liebe, Friede und Ein-   62
tracht, und bewahret einander die angelobte Treue, wie Gottes Wort es vorschreibt.

Lasset uns einmüthig Gott anrufen!

Allmächtiger, guter und weiser Gott, wir bitten Dich demüthig, daß Du die-
35 sen Beiden, die Du zum Ehestande berufen hast, nach dem Reichthum Deiner Gnade Deinen heiligen Geist verleihest, auf daß sie im wahren, beständ-
digen Glauben Deinem Willen gehorchen, ihr Leben unsträflich führen und
allem Bösen Widerstand thun, zu ihrer gegenseitigen, so wie des Nächsten Erbauung.

---

40 [17] Diese eingeklammerte Stelle kann auch weggelassen werden.

Segnest Du ihre Ehe mit Kindern, so gieb ihnen die Gnade, daß sie dieselben zum Glauben und zur Gottseligkeit erziehen mögen: auf daß durch ihre Verbindung Dein Name gepriesen, Dein Ruhm vermehrt und Dein Reich verbreitet werde.

Erhöre uns, Vater der Barmherzigkeit, durch Jesum Christum, Deinen Sohn. 5

Unser Vater u. s. w.

[Hier verliest der Geistliche, wenn es gewünscht wird, den 128. Psalm.]

Der Herr erfülle euch mit allen Gütern seiner Gnade und gebe, daß ihr unter seinem Schutze lange und friedlich mit einander leben möget. Amen. 10

Der Herr segne Dich u. s. w.

Gehet hin im Frieden des Herrn!

————— |

63   Nachrichten und Bemerkungen
über einige Gebete, Formulare und Chöre, die sich in
den ältesten evangelischen Agenden vorfinden. 15

Nach dem Kirchenbuche des Kurfürsten Joachim II. vom J. 1568 lautet das allgemeine Sündenbekenntniß folgendermaßen:

Geistlicher. Ich bekenne Gott, dem Allmächtigen und euch Brüdern, daß ich viel gesündiget mit Gedanken, Worten und Werken, und nachlassen (unterlassen) daß ich nicht gethan, das ich thun sollte, welches alles meine 20 Schuld ist, bitte euch, Brüder! bittet für mich armen Sünder.

Chor. Gott der Allmächtige erbarme sich über euch, und führe euch nach Vergebung aller eurer Sünden zum ewigen Leben.

Geistlicher. Amen.

Chor. Ich bekenne Gott, dem Allmächtigen und euch etc. [wie oben.] 25

Geistlicher. Ablaß und Vergebung aller eurer Sünde, auch Gnade und Trost des heiligen Geistes gebe euch der ewige und barmherzige Gott.

Chor. Amen. |

64   Die große Doxologie,
[auch der englische Lobgesang genannt.] 30

Dieser Hymnus, dessen Ursprung mit ziemlicher Wahrscheinlichkeit in das zweite oder
dritte Jahrhundert der christlichen Zeitrechnung gesetzt werden kann, ist hier aus dem
griechischen, dagegen Th. 1. S. 3. aus dem lateinischen Grundtexte übergetragen. Ob

schon die Abweichungen zwischen beiden nicht bedeutend sind, so schien es doch nicht
überflüssig beide Uebersetzungen aufzunehmen.

Ehre sey Gott in der Höhe und auf Erden Friede:
Und den Menschen ein Wohlgefallen!
5 Wir loben Dich, wir preisen Dich, wir beten Dich an.
Wir danken Dir für Deine große Herrlichkeit.
Herr, himmlischer König:
Gott, allmächtiger Vater.
Herr, einiger Sohn:
10 Jesu Christe!
Und Du, heiliger Geist:
Herre Gott
O Du Lamm Gottes:
Des Vaters Sohn!
15 Der Du hinweg nimmst die Sünden der Welt:
Erhör unser Gebet!
Der Du sitzest zur Rechten des Vaters:
Erbarm Dich unser!
Denn Du allein bist heilig, Du allein bist der Herr
20 Jesus Christus, zu Gottes des Vaters Preis! |

Nach einigen alten Agenden wird die Ankündigung der evangelischen Perikope (in der 65
Liturgie) auf folgende Weise von dem Geistlichen intoniret:
Der Herr sey mit euch!
Der Chor antwortet:
25 Und mit deinem Geiste.
Der Geistliche:
Das heilige Evangelium steht geschrieben etc.
Der Chor:
Ehre sey Dir, Herr!
30 Nun folgt die Vorlesung des angekündigten Evangeliums.

In dem Kirchenbuche des Kurfürsten Joachim II. gehen folgende einleitende Worte dem
Unser Vater vor:
Lasset uns beten, wie uns der Herr Christus befohlen hat, daß wir mit rech-
ter Zuversicht und Vertrauen dürfen sagen: Unser Vater etc.

Das allgemeine Kirchen-Gebet,

wie es im Jahre 1713 von des Königs Friedrich Wilhelm I. Majestät an Sonn- und Festtagen vorzubeten verordnet worden[18].

Allmächtiger, ewiger Gott, barmherziger Vater in Jesu Christo, wir danken
66   Dir von Herzen, daß Du uns in diesem | zeitlichen Leben bisher gnädiglich   5
erhalten, und durch Dein Evangelium von Deinem Sohne auch zu dem ewigen Leben berufen und zubereiten lässest, wie wir denn eben jetzo Dein
heiliges Wort in Friede und Ruhe zu dem Ende anhören können.

Wir bitten Dich demüthiglich, siehe uns ferner in Gnaden an, vergieb uns
unsre Sünden und Uebertretung, und erneuere uns im Geist unsers Gemüths,   10
daß wir Dir dienen in Heiligkeit und Gerechtigkeit, die Dir gefällig ist.

Erhalte unter uns die Predigt Deines Worts, sammt dem reinen Gebrauch Deiner heiligen Sakramente, und gieb treue Hirten und Lehrer uns
und unsern Nachkommen.

Steure und wehre mächtiglich allen Verführungen und Verleitungen   15
von der Kraft der Gottseligkeit; damit also Dein Name einmüthiglich, wie in
der ganzen Christenheit, also auch in diesem unsern Lande geheiliget, Dein
Reich vermehret, und des Satans Reich mehr und mehr gestöret werde.

Nimm Dich allenthalben gnädiglich Deiner Kirchen an, sonderlich der
Verfolgten, und schaffe ihnen Pfleger und Säugammen, an allen Herrschaf-   20
ten und Regenten.

Absonderlich laß Dir, o Gott! in Deinem Schutz und Gnade befohlen
67   seyn: Alle mit uns verbündete Kaiser, Kö|nige und Fürsten, damit sie alles
befördern mögen, was zum allgemeinen Wohl und Frieden ersprießlich ist.

Zu dem Ende laß Dir, o Gott! in Deinem Schutz und Gnade befohlen   25
seyn alle christliche Potentaten. Fürnehmlich laß Deine Barmherzigkeit groß
werden über unsern allertheuersten König und Herrn, über die königlichen
Prinzen und Prinzessinnen, und alle die dem königlichen Hause anverwandt
und zugethan sind.

Setze sie bei gesundem und langem Leben, zum beständigen Segen   30
und christlichen Vorbilde Deinem Volke für und für. Sonderlich wollest Du,
o Herr, unserm Könige zu seiner Regierung geben und verleihen ein weises
Herz, königliche Gedanken, heilsame Rathschläge, gerechte Werke, einen
tapfern Muth, starken Arm, verständige und getreue Räthe zu Krieges- und
Friedenszeiten, sieghafte Kriegesheere, getreue Diener und gehorsame Un-   35

---

[18] Dieses schöne, aber unverhältnißmäßig lange und deshalb ermüdende Gebet, welches, mehr oder weniger abgekürzt, länger als ein volles Jahrhundert im Gebrauche
geblieben war, erhält hier, als etwas historisch denkwürdiges, seinen | Platz, wenn
gleich es, wenigstens in seiner ganzen Ausdehnung nicht füglich Anwendung finden
dürfte. Ueberdies sind die wesentlichsten Stellen desselben für die Liturgie benutzt   40
worden, insbesondere in dem allgemeinen Gebete selbst (S. 9. Th. 1. d. K.-Ag.) wie
auch bei den in dieses allgemeine Gebet nach Belieben einzuschaltenden Stellen.

terthanen, damit wir noch lange Zeit unter seinem Schutz und Schirm ein geruhiges und stilles Leben führen mögen in aller Gottseligkeit.

Nimm auch in Deinem väterlichen Schooß alle hohe und niedrige Offiziere und Soldaten, bewahre sie auf ihren Wegen und Stegen; regiere ihre
5 Herzen jederzeit, daß sie dem Eid, welchen sie so theuer geleistet, fleißig und gehorsamlich nachleben. Behüte sie vor Krankheiten und ansteckenden Seuchen, und allem andern Uebel. Lasse sie Deine väterliche Liebe und Fürsorge dergestalt erkennen, daß ihre Dienste gereichen zu Dei|ner Ehre,   68 zum Schutz der Kirchen und des Vaterlandes, wie auch zu ihrer zeitlichen
10 und ewigen Wohlfahrt.

Wir befehlen Dir auch alle hohe und niedrige Civilbediente, die sowohl anderswo, als hier, insonderheit des Königs und des Vaterlandes Bestes treulich suchen und befördern; wie auch einen hochweisen Rath und verordnete Gerichte dieser Städte.

15 Lehre sie alle einmüthig dahin trachten, daß Recht und Gerechtigkeit gehandhabt, und hingegen alles ungerechte Wesen durch ihren Dienst getilget werde. Stehe ihnen bei mit Deiner väterlichen Hülfe, daß der Sünden und Seufzer des Landes weniger, und Dein Segen unter uns vermehret werde.

20 O Du Gott der Heerschaaren! Zieh' allenthalben aus mit des Königs Armee und Truppen, verleihe ihnen Glück und Sieg, damit ein redlicher allgemeiner Friede beständig erhalten werde.

Segne, liebreicher Gott, uns und alle Königliche Länder, die christliche Kinderzucht, alle ehrliche Handthierung und Nahrung zu Wasser und zu
25 Lande. Hilf einem jeden in seiner Noth, und erbarme Dich aller, die wo zu Dir schreien. Behalte uns in Deiner Liebe, und laß uns alles in der Welt zum Besten dienen.

Wende von uns in Gnaden ab alle wohlverdiente Landplagen, Krieg, Hunger und theure Zeiten, Feuer- und Wassersnoth, Pestilenz und andere Seu-
30 chen an Menschen oder Vieh, oder was wir sonst mit unsern Sünden verdienet haben. | Gieb gedeihliches Gewitter, und laß wohlgerathen die Früchte   69 der Erden. Sey ein Heiland aller Menschen, sonderlich Deiner Gläubigen.

Du heiliger Gott! bewahre uns vor Sünden und Schanden, und stehe uns bei mit Deinem guten Geiste, damit wir nicht durch Uebertretung Dei-
35 nen Segen verscherzen und Deine gerechte Strafe uns zuziehen.

Wir erkennen, o Herr, wenn Du uns nach Deiner Langmuth damit verschonest, daß es nicht ist unsere Gerechtigkeit, die Dich hierzu beweget, denn wir sind unnütze Knechte vor Dir, sondern allein Deine grundlose Barmherzigkeit. Nach derselben sei uns ferner gnädig, und lenke unsere
40 Herzen auch zur Liebe gegen den Nächsten, und Mitleiden gegen alle Nothleidende, daß wir nie vergessen jedermann, auch unsern Feinden, Gutes zu thun, damit wir erweisen, daß wir Deine Kinder sind.

Bewahre uns vor einem bösen und schnellen Tode, und bereite uns mehr und mehr durch Deinen Geist und Gnade zu einem seligen Ende.

Vornehmlich aber in der letzten Todesstunde, treib von uns den Satan mit allen seinen Anfechtungen und vermehre uns den Glauben an Deinen Sohn Jesum, daß wir überwinden alle Schrecken des Todes.

70 Wann dann unsere Ohren nicht mehr hören können, so laß Deinen heiligen Geist Zeugniß geben unserm Geiste, daß | wir, als Deine Kinder und Christi Miterben, bald sollen mit Jesu bei Dir im Paradiese seyn.

Wenn auch unsere Augen nicht mehr werden sehen können, so thue unsere Glaubensaugen auf, daß wir alsdann vor uns Deinen Himmel offen sehen, und den Herrn Jesum zu seines Vaters Rechten; auch wir seyn sollen, wo er ist.

Wenn auch unsere Zunge nicht mehr wird sprechen können, dann laß sonderlich Deinen Geist uns vor Dir vertreten mit unaussprechlichem Seufzen und einen jeden lehren in seinem Herzen rufen: Abba, lieber Vater! Vater in Deine Hände befehle ich meinen Geist.

Gieb also, getreuer Gott! daß wir leben in Deiner Furcht, sterben in Deiner Gnade, dahinfahren in Deinem Frieden, ruhen im Grabe unter Deinem Schutz, auferstehen durch Deine Kraft, und darauf ererben die selige Hoffnung, das ewige Leben! Um Deines lieben Sohnes willen, Jesu Christi unsers Herrn, welchem sammt Dir und dem heiligen Geist, sey Lob und Preis, Ehre und Herrlichkeit, jetzt und immerdar. Amen! Amen! |

71 Das hier folgende Gebet, im Kirchengebet des heil. Chrysostomus, ist wegen seiner vielfachen Uebereinstimmung mit unserem sogenannten allgemeinen Gebete, als etwas merkwürdig Alterthümliches, hier aufgenommen worden[19].

Laßt uns in Frieden den Herrn anrufen!

Um den Frieden der von oben kömmt, und das Heil unserer Seelen;

Um den Frieden der ganzen Welt, die Dauer seiner heiligen Kirche, und um die ewige Seligkeit aller;

Für dieses ihm geheilige Haus und für alle die mit Glauben, Unschuld und der Furcht Gottes in dasselbe eingehen;

Für unsere Bischöfe und Geistlichen, und daß sie das Wort Deiner Wahrheit recht lehren; für die ganze christliche Gemeinschaft und für das ganze Volk, laßt uns zum Herrn beten.

Herr erbarme Dich.

Wir beten auch für unsern sehr frommen, Gott fürchtenden König und sein ganzes Königliches Haus, um Gesundheit und Erhaltung.

---

[19] Dies Kirchengebet ist hier so eingerichtet, wie es sich für unsere Liturgie passen möchte, um es, wenn man es wünschen sollte, gelegentlich hierzu gebrauchen zu können.

Für seine Macht und seine Heere, für den Sieg und die Dauer seiner Herrschaft, und daß der Herr unser Gott ihm in allem beistehen und in allem geleiten möge, (und seine Feinde zu seinen Füßen werfe)[20]. |

Gieb ihm, o Herr, eine friedliche Regierung, damit wir unter seinem   72
5 Schutz ein ruhiges und stilles Leben führen mögen in aller Gottseligkeit und Ehrbarkeit.

Für diesen Ort, das ganze Land und alle Gläubigen, die darin wohnen, laßt uns zum Herrn beten,

Um Gesundheit der Luft, Fruchtbarkeit der Erde, und friedliche Zeiten.
10 Für alle Schiffende, Reisende, Kranke, Arbeitende, Gefangene, und für ihr Heil, und

Daß er uns vor jedem Trübsale, Gewalt, Gefahr und Noth bewahre, laßt uns zum Herrn beten.

Nimm Dich unser gnädig an, o Herr, erbarme Dich, rette und erhalte
15 uns, denn Dir gebührt allein der Ruhm und die Ehre und die Anbetung, dem Vater und dem Sohne und dem heiligen Geiste jetzt und immerdar, und von Ewigkeit zu Ewigkeit, Amen.

Ein Gebet um Vergebung der Sünden aus der Brandenburgschen Agende vom Jahre 1572, das, wenn man will, vor oder nach dem allgemeinen Gebet, oder auch kurz vor
20 den Einsetzungsworten gesprochen werden kann.

Barmherziger Gott, himmlischer Vater, dessen Barmherzigkeit kein Ende hat, der Du langmüthig, gnädig und von großer Güte und Treue bist, und vergiebst alle Missethat, Uebertretung und Sünde; wir haben, leider! gesündigt mit unsern Vätern, wir haben mißhandelt und sind gottlos gewesen und
25 haben Dich | oftmals erzürnt, an Dir allein haben wir gesündigt und übel   73
vor Dir gethan. Aber Herr gedenke nicht an unsere vorige Missethat! Laß bald Deine Barmherzigkeit über uns groß seyn, denn wir sind elend worden. Hilf uns, Gott unsers Heils, um der Ehre willen Deines Namens, erlöse uns, und vergieb uns unsere Sünde durch Deinen Sohn, Jesum Christum. Amen.

30 Wird das Unser Vater nicht unmittelbar vor den Einsetzungsworten gesprochen, so kann der Geistliche eines der folgenden Gebete diesen vorangehen lassen.

Barmherziger Gott! Wir vermessen uns nicht im Vertrauen auf unsere eigene Gerechtigkeit, sondern nur im Vertrauen auf Deine mannigfaltige und große Gnade zu dieser Deiner Tafel zu kommen. Wir sind nicht würdig, auch nur
35 die Brosamen zu sammeln, die von Deinem Tische fallen; aber Du bist der

---

[20] Die eingeklammerte Stelle, die allenfalls in Kriegszeiten Anwendung finden möchte, würde auszulassen seyn.

Herr, der stets geneigt ist Barmherzigkeit zu beweisen. Darum verleihe, o gnädigster Gott! daß wir das Fleisch Deines Sohnes so essen, und sein Blut so trinken, daß unsere sündhaften Leiber durch seinen Leib gereinigt, und unsere Seelen durch sein allertheuerstes Blut gewaschen werden; und daß wir unaufhörlich in ihm wohnen mögen, und er in uns.   5

Oder:

Allmächtiger Gott, himmlischer Vater! der Du nach Deiner großen Barmherzigkeit Deinen einigen Sohn dahin gabst, den Tod am Kreuze zu unserer Erlösung zu dulden, wo er, (durch die einmal geschehene Aufopferung sei-
74 ner selbst), ein völliges, | vollkommenes und genügendes Opfer für die   10
Sünden der ganzen Welt brachte, nachdem er ein bleibendes Denkmahl seines theuern Todes eingesetzt und in seinem heiligen Evangelio befohlen hatte, es zu erhalten, bis er komme: demüthig bitten wir Dich, barmherziger Vater, erhöre uns und verleihe, daß wir, die wir der heiligen Vorschrift Deines Sohnes, unsers Heilandes, Jesu Christi, gemäß diese Deine Gaben, Brod und   15
Wein, zum Gedächtniß seines Todes und seiner Leiden empfangen, auch seines gesegneten Leibes und Blutes theilhaftig werden mögen. Amen.

In einer der ältesten Brandenburgischen Liturgien findet man nach den Einsetzungsworten und dem Unser Vater folgendes Gebet:
Gieb Frieden in unsern Zeiten, o Herr, auf daß wir mit Hülfe Deiner gro-   20
ßen Barmherzigkeit, auf immer befreiet bleiben mögen von der Sünde Herrschaft und von aller Unruhe der Seele, durch Deinen Sohn Jesum Christum unsern Herrn.
Der Friede des Herrn etc.

In der Brandenburgischen Kirchen-Agende vom Jahre 1572 finden sich 3 Gebete verzeich-   25
net, die nach obigem Segenswunsche: der Friede des Herrn etc. vermuthlich abwechselnd gesprochen werden sollen:

1.

Herr Jesu Christ! der Du mit Deinen Aposteln gesagt hast: meinen Frieden
75 gebe ich euch, meinen Frieden lasse ich | euch; sieh nicht auf unsere Sün-   30
den, sondern auf den Glauben Deiner Kirche, und ertheile mit ihr auch uns, nach Deinem Willen, Frieden und Einigkeit; der Du etc.

2.

Herr Jesus Christ! Du Sohn des lebendigen Gottes, der Du nach dem Willen des Vaters, und in Mitwirkung des heiligen Geistes, durch Deine Geburt und   35
durch Deinen Tod dem Menschengeschlechte das Leben wieder gegeben

hast, befreie uns durch den gläubigen Genuß Deines heiligen Sacraments
von allen unsern Sünden und von allen Uebeln; verleihe uns die Kraft, Deinen Geboten treu zu bleiben, und gieb nicht zu, daß wir uns jemals von
Dir trennen; der Du mit dem Vater und dem heiligen Geiste lebest und
5   regierest von Ewigkeit zu Ewigkeit. Amen.

> Dies Gebet wird man leicht für das nämliche erkennen, das in unserer Liturgie den Einset-
> zungsworten folgt, wenn gleich es dort abgekürzt erscheint. Luther sagt in seiner Ord-
> nung des Gottesdienstes vom Jahre 1523: „So aber der Priester dies Gebet: Herr Jesu
> Christ, du Sohn des lebendigen Gottes, der Du nach dem Willen des Vaters etc. vor der
10   Communion sprechen wollte, thut er nicht unrecht daran, etc." Will man es also hier in
> Anwendung bringen, so thue man es.

3.

Gieb, o Herr, daß der Genuß Deines heiligen Sacraments, uns, die wir uns
dieser Gnade unwerth bekennen, nicht ins Gericht und zur Verdammniß
15   führen möge, gieb vielmehr gnädig|lich, daß es uns gereiche zum schützen-   76
den Mittel gegen alle Uebel, Leibes und der Seele, der Du etc.[21]

> Nicht unangemessen möchte es vielleicht seyn, wenn der Geistliche den Zeitpunkt des
> Hinzutretens zum Altar und zum Empfange des heiligen Abendmahls mit folgenden Wor-
> ten bezeichnete:
20   So laßt uns nun mit gebührender Andacht hinzutreten und dabei der Worte
unsers Heilandes Jesu Christi gedenken.

Kommt her zu mir alle, die ihr mühselig und beladen seyd, ich will
euch erquicken.

> Oder durch einen der nachfolgenden Sprüche:
25   Also hat Gott die Welt geliebet, daß er seinen eingebornen Sohn gab, auf
daß alle, die an ihn glauben, nicht verloren werden, sondern das ewige
Leben haben.

Gott ist die Liebe, und wer in der Liebe bleibet, der bleibet in Gott,
und Gott in ihm.

30   Bittet, so wird euch gegeben; suchet, so werdet ihr finden; klopfet an,
so wird euch aufgethan, denn wer da bittet, der nimmt, und wer da suchet,
der findet; und wer da anklopfet, dem wird aufgethan.

---

[21] Bei etwaniger Anwendung dieses Gebets würde es angemessen seyn, statt der Worte:
„Uebel, Leibes etc." folgende zu gebrauchen: „dem Heile unserer Seele drohende Ge-
35   fahren, der Du etc."

Ich bin ein guter Hirt, und erkenne die Meinen, und bin bekannt den Meinen, und ich lasse mein Leben für die Schaafe. |

77   Bei Austheilung des heiligen Abendmahls soll nach Luther der Geistliche sprechen:
Der Leib (das Blut) unsers Herrn Jesu Christi[22] bewahre Deine Seele zum ewigen Leben.

Luther drückt sich darüber so aus: „Mag[23] auch dies Gebet sprechen: (d. h. der Geistliche):
Der Leichnam unsers Herrn etc. bewahre meine oder deine Seele zum ewigen Leben, und das Blut unsers Herrn bewahre etc. etc.

Man könnte auch sagen:
Nehmet hin und esset: spricht unser Herr und Heiland Jesus Christus, das ist mein Leib etc.
Nehmet hin und trinket alle daraus: spricht unser Herr und Heiland Jesus Christus, dieser Kelch ist das neue Testament etc.

Oder: Nehmet hin und esset, und gedenket dabei der Einsetzungsworte unsers Herrn Jesu Christi.
Nehmet hin und trinket etc.

Ob und wie der Geistliche diese Bemerkungen anwenden will, dieß bleibt ganz seinem eigenen Ermessen überlassen. |

78   Hier folgen einige Gebete, die gesprochen oder vom Chore gesungen werden können, und in Luthers Ordnung des Gottesdienstes, von ihm, als beizubehalten und zu gebrauchen, angeführt werden, aber seitdem fast gänzlich in Vergessenheit gekommen sind. Um sie nun dieser unverdienten Vergessenheit zu entziehen, sind sie, als eine Auswahl unter mehreren, hier wieder aufgenommen worden. Der Gebrauch bleibt jedoch gleichfalls dem Ermessen der Geistlichen überlassen.

---

[22] In mehreren Agenden findet sich der Zusatz: „der für dich in den Tod gegeben u. s. w. (und für dich vergossen u.s.w.)
[23] Das Wort „mag" ist hier keinesweges unwichtig, sondern läßt vielmehr vermuthen, daß Luther die darauf folgenden, bei der Austheilung zu sprechenden Worte nicht für
78   so wichtig gehalten haben würde, um ihnen den Vorzug | vor denen zu geben, womit der Herr und Heiland sein heiliges Abendmahl einsetzte, und welche deshalb in die erneuerte Agende aufgenommen worden sind. Daß jene Worte: der Leib etc. nicht überall im Gebrauch geblieben sind, bezeugen viele der spätern Agenden, nach welchen bei Austheilung des Sakraments die Worte gesprochen wurden: „Nimm hin und iß, das ist der Leib Christi, der für dich gegeben ist." Und: „Nimm hin und trink, das ist das Blut des Neuen Testaments, das für deine Sünden vergossen ist." Daß also diese letztern Worte nicht durch Luther selbst vorgeschrieben worden sind, erhellet aus dem Gesagten. Dies ist um deswillen zu bemerken, da manche Geistliche sich daran stoßen, und, wie man sieht, mit Unrecht.

1.

Zum Beschluß des Frühgottesdienstes (das Benedictus.) Der Lobgesang des Zacharias Luc. 1, 68. Von Luther verdeutscht.

Gelobt sey der Herr, der Gott Israel; denn er hat besuchet und erlöset sein
5 Volk.

Und hat uns aufgerichtet ein Horn des Heils in dem Hause seines Die-
ners David,

Als er vor Zeiten geredet hat durch den Mund seiner heiligen Propheten,

10 Daß er uns errette von unsern Feinden und von der Hand aller, die uns
hassen, |

Und die Barmherzigkeit erzeigte unsern Vätern, und gedächte an sei-   79
nen heiligen Bund,

Und an den Eid, den er geschworen hat unserm Vater Abraham, uns
15 zu geben,

Daß wir, erlöset aus der Hand unserer Feinde, ihm dieneten ohne
Furcht unser Lebenlang,

In Heiligkeit und Gerechtigkeit, die ihm gefällig ist.

Und du, Kindlein, wirst ein Prophet des Höchsten heißen,

20 Du wirst vor dem Herrn hergehen, daß du seinen Weg bereitest,

Und Erkenntniß des Heils gebest seinem Volk, die da ist Vergebung
ihrer Sünden,

Durch die herzliche Barmherzigkeit unsers Gottes, durch welche uns
besuchet hat der Aufgang aus der Höhe;

25 Auf daß er erscheine denen, die da sitzen in Finsterniß und Schatten
des Todes, und richte unsre Füße auf den Weg des Friedens.

Lob und Preis sey Gott dem Vater und dem Sohne und dem heiligen
Geiste,

Wie es war von Anfang, jetzt und immerdar, und von Ewigkeit zu Ewig-
30 keit, Amen.

Unser Vater etc.

Lasset uns den Herrn benedeyen! (Benedicamus Domino.)

Das Chor: Gott hab' Dank. |

2.   80

35 Zum Beschluß des Nachmittags-Gottesdienstes (das Magnificat.) Der Lobgesang Mariä. Luc. 1, 46. (Es soll der Lieblingsgesang Luthers gewesen seyn.)

Meine Seele erhebet den Herrn, und mein Geist freuet sich Gottes, meines
Heilandes.

Denn er hat die Niedrigkeit seiner Magd angesehn.

40 Siehe, von nun an werden mich selig preisen alle Kindeskinder.

Denn er hat große Dinge an mir gethan, der da mächtig ist, und des
Name heilig ist.

Und seine Barmherzigkeit währet immer für und für, bei denen die ihn fürchten.

Er übet Gewalt mit seinem Arm, und zerstreuet die hoffärtig sind in ihres Herzens Sinn.

Er stößet die Gewaltigen vom Stuhl, und erhebet die Niedrigen.

Die Hungrigen füllet er mit Gütern, und läßet die Reichen leer.

Er denket der Barmherzigkeit, und hilft seinem Diener Israel auf.

Wie er geredet hat unsern Vätern, Abraham und seinem Saamen ewiglich; Lob und Preis sey etc. |

81

3.

(Nunc dimittis.) Gebet des heil. Simeon, Luc. 2, 29.

Herr nun lässest Du Deinen Diener in Frieden fahren, wie Du gesagt hast;

Denn meine Augen haben Deinen Heiland gesehen,

Welchen Du bereitet hast vor allen Völkern,

Ein Licht zu erleuchten die Heiden, und zum Preis Deines Volks Israel.

Lob und Preis sey etc.

Oder:

Nun lässest Du, Herr, Deinen Diener in Frieden fahren.

Denn meine Augen haben Deinen Heiland gesehen.

Allmächtiger, ewiger Gott, wir bitten Dich herzlich, gieb uns, daß wir Deinen lieben Sohn erkennen und preisen, wie der heil. Simeon ihn leiblich in Armen genommen, und geistlich gesehen und bekannt hat, durch denselbigen Deinen Sohn Jesum Christum unsern Herrn. Amen.

(Grates nunc omnes.) Auf Weihnachten vor dem Evangelio.

Danksagen wir alle unserm Herrn Christo, der uns erleuchtet hat mit seinem Worte, und uns erlöset mit seiner Geburt (seinem Blute) von des Teufels (Bösen) Gewalt. Denselben lobsingen wir mit den Engeln. Ehre und Preis sey Gott in der Höhe. |

82   Die Litanei, wie sie in den ältesten evangelischen Kirchenbüchern gefunden wird.

Kyrie	Eleison!
Christe	Eleison!
Kyrie	Eleison!
Christe	Eleison!

| Herr Gott Vater im Himmel, | |
| Herr Gott Sohn der Welt Heiland, | Erbarme Dich über uns! |

Herr Gott heiliger Geist.   Verschon uns, lieber Herr Gott!

Sey uns gnädig!   Hilf uns, lieber Herr Gott!

Sey uns gnädig!

Vor allen Sünden,

5 Vor allem Irrsal,

Vor allem Uebel,

Vor des Teufels Trug und List,

Vor bösem, schnellen Tod,

Vor Pestilenz und theurer Zeit.

10 Vor Krieg und Blutvergießen,   Behüt uns, lieber Herr Gott!

Vor Aufruhr und Zwietracht,

Vor Hagel und Ungewitter,

Vor Feuer und Wassersnoth,

Vor dem ewigen Tod,

15 Durch Deine heilige Geburt,   Hilf uns, lieber Herr Gott!

Durch Deinen Todeskampf, und

blutigen Schweiß, |

Durch Dein Kreuz und Tod   83

Durch Dein heiliges Auferstehn

20 und Himmelfahrt,

In unsrer letzten Stund

Am jüngsten Gericht.

Wir armen Sünder bitten,   Du wollest uns erhören, lieber

Und Deine heilige christliche Kirche   Herr Gott!

25 regieren und führen,

Alle Bischöfe, Pfarrherrn und

Kirchendiener im heilsamen

Wort und heiligen Leben behalten,

Allen Rotten und Aergernissen

30 wehren,

Alle Irrige und Verführte wieder

bringen,   Erhöre uns, lieber Herr Gott!

Den Satan unter unsre Füße

treten,

35 Treue Arbeiter in deine Erndte

senden,

Deinen Geist und Kraft zum

Worte geben,

Allen Betrübten und Blöden

40 helfen und sie trösten,

Allen Königen und Fürsten

Fried und Eintracht geben,   Erhöre uns, lieber Herr Gott! |

Unserm Könige die Erkenntniß   84

der Wahrheit und steten Sieg
wider seine Feinde gönnen und
geben, und ihn mit allen seinen
Gewaltigen leiten und schützen,
Unsern (Patron) Rath und Gemeinde   5
segnen und behüten   Erhöre uns, lieber Herr Gott!
Allen, so in Noth und Gefahr sind,
mit Hülfe erscheinen,
Allen Schwangern und Säugenden
fröhliche Frucht und Gedeihen   10
geben,
Aller Kinder und Kranken pflegen
und warten.   Erhöre uns, lieber Herr Gott!
Alle unschuldig Gefangene los
und ledig lassen,   15
Alle Wittwen und Waisen vertheidi-
gen und versorgen.
Die Seefahrenden und Reisenden
vor allem Unglück bewahren,
Aller Menschen Dich erbarmen.   Erhöre uns, lieber Herr Gott!   20
Unsern Feinden, Verfolgern
und Lästerern vergeben und
sie bekehren, |

85 Die Früchte auf dem Lande
    geben und bewahren,   25
    Und uns gnädiglich erhören.
    O Jesu Christe, Gottes Sohn.
    O Du Gottes Lamm, das der
    Welt Sünde trägt,   Erbarme Dich über uns!
    O Du Gottes Lamm, das der   30
    Welt Sünde trägt,
    O Du Gottes Lamm, das der
    Welt Sünde trägt,   Verleihe uns steten Frieden!
    Christe   Erhöre uns,
    Kyrie   Eleison,   35
    Christe   Erhöre uns!
                        (Beide Chöre zusammen:)
    Kyrie, Eleison. Amen.

Das zweite Gebet der Taufhandlung, wie Luther
es vorgeschrieben.[24]

Allmächtiger, der Du hast durch die Sündfluth nach Deinem gestrengen
Gericht die ungläubige Welt verdammet und den gläubigen Noah selb acht
5 nach Deiner großen Barmherzigkeit erhalten, und den verstockten Pharao
mit allen Seinen im rothen Meer ersäuft, und Dein Volk Israel trocken
hin | durch geführt, damit dies Bad Deiner heiligen Taufe zukünftig bezeich-   86
net, und durch die Taufe Deines lieben Kindes, unsers Herrn Jesu Christi
den Jordan und alle Wasser zur seligen Sündfluth und reichlicher Abwa-
10 schung der Sünden, geheiliget und eingesetzt, wir bitten durch dieselbige
Deine grundlose Barmherzigkeit, Du wollest diesen N. gnädiglich ansehen,
und mit rechtem Glauben im Geist beseligen, daß durch diese heilsame
Sündfluth an ihm ersaufe und untergehe, alles was ihm von Adam angebo-
ren ist, und er selbst dazu gethan hat, und er aus der ungläubigen Zeit
15 gesondert, in der heiligen Arca der Christenheit trocken und sicher behalten, allezeit brünstig im Geist, fröhlich in Hoffnung, Deinem Namen diene,
auf daß er mit allen Gläubigen Deiner Verheißung ewiges Leben zu erlangen würdig werde, durch Jesum Christum unsern Herrn. Amen.

––––––––––

[24] Es stand an der Stelle des Gebets S. 4. Th. 2. d. K. Ag. welches mit den Worten anfängt:
20 Allmächtiger, der Du durch Deinen lieben Sohn u. s. w.

Nachtrag
zu der erneuerten Kirchen-Agende,
insbesondere für die Provinz Brandenburg.

———— |

Vorrede.

Des Königs Majestät, auf der einen Seite fest entschlossen, der zerstören-   5
den, die Gemüther verwirrenden, Indifferentismus erzeugenden, Zweifel-
sucht und Unglauben mit sich führenden Willkühr und Ordnungslosigkeit
in der öffentlichen Erbauung Ihrer Unterthanen ein Ende zu machen, sind
doch auf der andern Seite weit davon entfernt, dasjenige, was aus der großen Zeit der Reformation in die alten biblischen Provinzial-Agenden und   10
damit in das kirchliche Leben der evangelischen Gemeinden übergegangen,
von den Vätern auf die Kinder und Enkel als ein Heiligthum gekommen,
durch festen Gebrauch ehrwürdig geworden, bis auf den heutigen Tag er-
baulich, ja in dieser liebgewordenen Form unentbehrlich geblieben ist, ver-
4 drängen zu wollen. Höchstdieselben wünschen vielmehr dessen | Beibehal-   15
tung, sobald es nur an die gegebene feste kirchliche liturgische Norm sich,
verwandt und in Einem Geiste, anschließt.

In diesem Sinne haben Se. Majestät aus den, von mehreren Mitgliedern
der evangelischen Geistlichkeit der Provinz Brandenburg, bei Gelegenheit
der eingeführten Kirchen-Agende, geäußerten Wünschen diejenigen, wel-   20
che der eben ausgesprochenen Ansicht gemäß waren, dem geistlichen Ministerio übergeben, um sie dem Consistorio der Provinz Brandenburg, mit
Zuziehung mehrerer der achtbarsten Geistlichen der Provinz, zur Prüfung
und Bearbeitung vorlegen zu lassen, und nachdem das daraus hervorge-
gangene Resultat sorgfältig geprüft worden ist, haben des Königs Majestät,   25
so sehr geneigt, jeden frommen, mit dem Geiste des Christenthums und
dem Lehrbegriff der Kirche vereinbaren, Wunsch zu erfüllen – gern genehmigt, daß das Ganze in eine Sammlung gebracht werde und wie hiemit
nachstehend geschiehet, erscheine: als Nachtrag zu der erneuerten Agende,
insbesondere für die Provinz Brandenburg.   30

Unter den darin aufgenommenen und dem beliebigen Gebrauche der
Geistlichen überlassenen Gegenständen befinden sich einige, die nicht von
dem Consistorio zu Berlin, sondern von andern Seiten in Antrag gebracht
5 und zur Vervollstän|digung hier aufgenommen worden sind, indem Se. Ma-
jestät die wohlwollende Absicht hegen, auch andern Provinzen des Preußi-   35
schen Staats ähnliche Nachträge zukommen zu lassen, wenn sie es wünschen sollten.

Zum Schluß folgen mit Genehmigung Sr. Majestät Nachrichten und Bemerkungen über einige Gebete, Formulare und Chöre, die ihrer Alterthümlichkeit wegen aufbewahrt zu werden verdienen.

Möge es auf diesem Wege, mit Gottes Hülfe, gelingen, der verderbli-
5 chen Verschiedenheit immer glücklicher entgegen zu wirken und, bei größerer Mannigfaltigkeit, doch diejenige Gemeinschaft des Geistes zu befördern, in welcher die evangelische Kirche nach der Absicht unsers Erlösers allein ihre hohe Würde behaupten und ihre unendlichen Segnungen entwickeln kann.

———————— |

10 Nachtrag 7
zu der erneuerten Kirchen-Agende,
insbesondere für die Provinz Brandenburg.

I. In Betreff der Liturgie.

A. Statt des Spruches nach dem Sündenbekenntniß S. 10. „Wo ist ein Gott
15 etc." können außer den S. 30. des Anhangs sub C. aufgeführten 12 Sprüchen auch noch die 7 vorgeschlagenen gebraucht werden. (Siehe Beilage I.)

B. Statt des Gebets: „Herr Gott, lieber Vater, wir bitten Dich etc." vor der Epistel S. 12. der Kirchen-Agende, hätten können außer den S. 32. des Anhangs sub D. aufgeführten 16 Gebeten, noch andere in Vorschlag gebracht
20 werden, da es indessen nicht geschehen, so bleibt es bei den oben angeführten. No. 7. und 8. mit einander zu verbinden, hat kein Bedenken.

C. Statt des Spruches: „Der Herr beschützt alle die etc." vor dem Alleluja S. 13. können außer den S. 37. des Anhangs sub E. angeführten 12 Sprüchen noch die 8 vorgeschlagenen gebraucht werden. (Siehe Beilage II.) |

25 D. Statt des Spruches nach dem Glauben S. 14.: „Es segne uns Gott etc." 8
können außer den S. 40. des Anhangs sub F. aufgeführten 12 Sprüchen, noch die 3 in Vorschlag gebrachten gebraucht werden. (Siehe Beilage III.)

E. Wo der alte Gebrauch etwa noch bestehen sollte, sich zu Zeiten statt des apostolischen Glaubensbekenntnisses, auch des Nicänischen und
30 Athanasianischen zu bedienen, mag dies auch ferner geschehen.

F. Statt des sogenannten allgemeinen Gebets, S. 15 bis 17 der Kirchen-Agende, hätte können ein zweites Formular zur Prüfung eingereicht werden; da es jedoch unterlassen worden, so bleibt es bei diesem, indem durch die S. 42 des Anhangs nach Belieben einzulegenden Stellen auch in der
35 That kein sonderliches Bedürfniß zu einer weiteren Ausdehnung desselben fühlbar seyn kann.

In denjenigen Kirchen, wo der Gebrauch besteht, die Fürbitte für den Kirchen-Patron ins allgemeine Gebet aufzunehmen, ist diese, in einfachen

Worten abgefaßt, auch ferner beizubehalten. Sie erhält ihre Stelle S. 16. nach den Worten: „zu Deiner Ehre und des Vaterlandes Bestem."

G. Will der Geistliche nach der Predigt das Unser Vater noch einmal beten, so ist dabei kein Bedenken.

H. Wünscht man nicht die öfteren Wiederholungen des in der Liturgie 5 vom Chor zu singenden Amen, so kann es auch weggelassen werden; die Amen nach dem Sündenbekenntnisse, dem Glauben, dem Unser Vater,

9 [wenn die Liturgie mit dem|selben abschließt] und dem Segen werden indessen jedenfalls beizubehalten seyn.

J. Sollte man sich etwa bei gewissen Gelegenheiten statt des alt-testa- 10 mentarischen Segens: „Der Herr segne Dich" etc. irgend noch eines andern bedienen wollen, so könnte dies auch ferner geschehen, wenn darüber zuvor Anzeige gemacht und das Formular desselben zur Entscheidung eingereicht worden wäre, da es indessen nicht begehrt wird, so bleibt es bei diesem. 15

Wo der Gebrauch bestehet, den Segen nicht von der Kanzel sondern nachher vor dem Altar zu sprechen, kann er fortbestehen; hierbei wird freigestellt, ob man den Schlußgesang der Gemeinde diesem will vorgehen lassen; auch können nach Umständen, vor dem Segen, die im Anhange der Agende S. 48 bis 52 und die in der Beilage IV. dieses Nachtrags enthaltenen 20 Intonationen und Collecten (Gebete) nach Maaßgabe ihres Inhalts gelesen oder gesungen werden, die außerdem auch, in so fern sie dahin passen, vor der Epistel zu gebrauchen sind; eben so können die vor der Epistel bestimmten ihren Platz vor dem Segen erhalten.

K. Das sogenannte Intoniren oder Singen des Geistlichen kann da, wo 25 es gewünscht wird, beibehalten werden, als z. B. bei folgender Stelle: „Der Herr sei mit Euch" und anderen mehr. (Siehe S. 28. der Agende.)

L. Ueber die Stelle, welche den Aufgeboten, Fürbitten etc. anzuweisen ist, hat nach den jedesmaligen Localverhältnissen das Consistorium zu bestimmen. | 30

10　　M. In der Anrede vor der Communion kann, wenn es gewünscht wird, der Ausdruck S. 20. „und an die empfangenen Zeichen" wegbleiben, und S. 19. anstatt: „für uns erfülle" – gesagt werden: „uns zu gute erfülle." Auch kann statt der Anrede selbst, die in der Beilage V. enthaltene kurze Ermahnung an die Communicanten gebraucht werden. 35

N. Es wird nachgegeben, das „Unser Vater" unmittelbar vor oder nach den Einsetzungsworten zu beten, in welchem Falle es in der Anfangs-Liturgie, nach dem allgemeinen Gebet, wegfallen kann, dann aber noch besonders vor oder nach der Predigt von der Kanzel zu sprechen ist.

Wird gewünscht, die Einsetzungsworte mit „Unser Herr Jesus Christus" 40 anheben zu lassen, so hat dies kein Bedenken.

O. Statt des Dankgebets nach der Communion S. 23. „Allmächtiger, ewiger Gott" etc. wird besonders da, wo diese Danksagung vom Geistlichen

pflegt gesungen zu werden, der Gebrauch eines kürzeren Formulars freigestellt. (S. Beilage VI.)

    P. Die Stellen in der Erläuterung zu der Liturgie S. 27 und 32, wo zum
Theil von einem abzuhaltenden Gottesdienst, zum Theil von einer Abendmalsfeier ohne Predigt die Rede ist, sind keinesweges so zu verstehen, als
ob in einem gewöhnlichen Gottesdienste an den Sonn- und Festtagen in
Civil-Gemeinen die Predigt fehlen könne, sondern sie beziehen sich nur auf
solche Orte, wo es schon immer üblich gewesen ist, daß zuweilen an gewissen Tagen, wie z. B. am Grünen Donnerstage, Communion ohne Predigt
gehalten wird. |

    Q. Die Privat-Beichte und Privat-Absolution kann da, wo sie mit Nutzen   11
Anwendung findet, auch ferner beibehalten werden.

    R. Die Beichtrede nach den Umständen oder Localitäten vor dem Altar,
statt auf der Kanzel, zu halten, ist unbedenklich.

II. In Betreff der Tauf-Form.

Statt der Eingangsworte: „Die Gnade unsers Herrn Jesu Christi etc." können
auch diese gebraucht werden: „Im Namen des Vaters etc." Die Formel: „der
Geist des Unreinen" etc. kann, wo es gewünscht wird, wegbleiben.

    Zu den Worten: „Nimm an das Zeichen des Kreuzes an Stirn und Brust",
können auch noch die erklärenden Worte hinzugefügt werden: „zum Zeichen, daß du durch den gekreuzigten Jesus Christus erlöset bist."

    Statt der Worte: „durch die Taufe Deines lieben Sohnes etc. eingesetzt"
kann auch gesagt werden: „der Du durch Deinen lieben Sohn Jesum Christum unsern Herrn die Taufe eingesetzt und zu einem Bade der Wiedergeburt und Erneuerung im heiligen Geiste geordnet hast." Die Pathen können,
anstatt bei der wirklichen Taufhandlung, während des Unser Vater zugleich
mit dem Geistlichen die Hand auf das Kind legen. Das statt des Gebets nach
der Taufe S. 36. „der allmächtige Gott" etc. in Antrag gebrachte, ist in das
angehängte Formular S. 60 dieses Nachtrags aufgenommen worden. –
Hierauf kann der Geistliche, falls er nicht schon in der Rede vor der Taufe
den Pathen | ihre Pflicht ans Herz gelegt, die in der Beilage VII. befindliche   12
Anrede an dieselben halten.

III. In Betreff der Trauungs-Form.

In der Trauungs-Form kann man nach den Worten: „in Leid und Freude"
hinzusetzen: „bis daß der Tod Euch scheidet." Auch kann die in Vorschlag
gebrachte Anrede, (siehe Beilage VIII.) gewählt werden. Daß statt Du, Sie gesagt
werden muß, wo es passend ist, versteht sich von selbst, so wie auch, daß
die Worte bei dem Trauungsacte S. 38. „Da nun N. N. etc." in eine direkte
Anrede an das Brautpaar verwandelt werden können.

    Statt der Worte: „so heilige ich diesen Bund" kann gesagt werden: „so
spreche ich, als ein verordneter Diener der Kirche, Euch ehelich zusammen."

Anstatt des Gebets S. 39. „Ewiger Gott" etc. kann auch das in der Beilage IX. befindliche gebraucht und vor dem Segen auch noch das „Unser Vater" gesprochen werden, welches sodann da, wo es früher stand, wegbleiben muß.

IV. In Betreff der Ordination.

Wo es die Localität nicht gestattet, die Ordination am Sonntage vorzunehmen, kann dazu auch ein Wochentag gewählt werden, welcher am Sonntage vorher von der Kanzel bekannt zu machen ist. (Siehe ferner: Nachrichten und Bemerkungen über einige Gebete etc. S. 47 dieses Nachtrags.) |

V. Betreffend die Confirmation der Kinder.

Wo es Sitte ist, daß die öffentliche Prüfung der Confirmanden in der Kirche an einem der Confirmation vorhergehenden Tage besonders vorgenommen wird, da kann es auch ferner so bleiben.

Die 8 an die Confirmanden zu richtenden einzelnen Fragen können auch in 2 Hauptfragen zusammengezogen werden. (Siehe Beilage X.)

Will der Geistliche vor dem „Unser Vater" noch ein kurzes, freies Schlußgebet hinzufügen, so bleibt ihm dies überlassen.

VI. In Betreff der Kranken-Communion.

Die Kranken-Communion ist in der Agende, der Schwerkranken wegen, nur auf die kürzeste Weise eingerichtet, es steht aber dem Geistlichen völlig frei, ihr, in Gemäßheit des eigentlichen Communion-Formulars, eine größere Ausdehnung zu geben, je nachdem die Kräfte des Kranken es gestatten.

VII. In Betreff des Begräbnisses.

Wo es üblich ist, daß nach dem Begräbniß die Versammlung noch in die Kirche geht, mag es auch so bleiben.

VIII. In Betreff des Gebrauchs des Auszugs aus der Liturgie.

Ueber den Gebrauch des Auszugs der Liturgie, sowohl dessen, welcher im Anhange zur Kirchen-Agende S. 44. als | dessen, der in der Beilage XI. befindlich ist, enthalten die dem letztern beigefügten Bestimmungen das Nähere.

Hierbei ist zu bemerken, daß wenn das Kyrie nicht gesungen, sondern gesprochen wird, es hinlänglich ist, „Herr, erbarme Dich unser und erhöre uns gnädiglich" zu sprechen.

———— |

Beilagen. 15

I. Sprüche nach dem Sündenbekenntniß.

13.

Was betrübst du dich, meine Seele, und bist so unruhig in mir? Harre auf
Gott; denn ich werde ihm noch danken, daß er meines Angesichts Hülfe,
und mein Gott ist. (Ps. 43, 5.)

14.

Es sollen wohl Berge weichen und Hügel hinfallen; aber meine Gnade soll
nicht von dir weichen, und der Bund meines Friedens soll nicht hinfallen,
spricht der Herr, dein Erbarmer. (Jes. 54, 10.)

15.

Lobe den Herrn, meine Seele, und was in mir ist, seinen heiligen Namen.
Lobe den Herrn, meine Seele, und vergiß nicht, was er dir Gutes gethan
hat! Der dir alle deine Sünden vergiebt, und heilet alle deine Gebrechen,
der dein Leben vom Verderben erlöset, der sich krönet mit Gnade und
Barmherzigkeit. (Ps. 103, 1–4.)

16.

Selig sind, die da Leid tragen; denn sie sollen getröstet werden. Selig sind,
die hungert und dürstet nach der Gerechtigkeit; denn sie sollen satt werden. Selig sind, die reines Herzens sind; denn sie werden Gott schauen.
(Matth. 5, 4. 6. 8.) |

17.

16

Kommt her zu mir Alle, die ihr mühselig und beladen seid, ich will euch
erquicken. Nehmet auf euch mein Joch, und lernet von mir: denn ich bin
sanftmüthig und von Herzen demüthig, so werdet ihr Ruhe finden für eure
Seelen; denn mein Joch ist sanft und meine Last ist leicht. (Matth. 11, 28–30.)

18.

Also hat Gott die Welt geliebt, daß er seinen eingebornen Sohn gab, auf
daß Alle, die an ihn glauben, nicht verloren werden, sondern das ewige
Leben haben. (Joh. 3, 16.)

19.

Ob jemand sündiget, so haben wir einen Fürsprecher bei dem Vater, Jesum
Christum, der gerecht ist, und derselbe ist die Versöhnung für unsere Sünde,

nicht allein aber für die unsere, sondern auch für der ganzen Welt. (1. Joh. 2, 1. 2.)

II. Sprüche vor dem Alleluja.

13.

Ich danke Dir von rechtem Herzen, daß Du mich lehrest die Rechte Deiner 5 Gerechtigkeit. O, daß mein Leben Deine Rechte mit ganzem Ernst hielte! (Ps. 119, 7. 5.)

14.

Ich habe Lust zu Deinen Rechten und vergesse Deiner Worte nicht. Oeffne mir die Augen, daß ich sehe die Wunder an Deinem Gesetz. (Ps. 119, 16. 18.) | 10

17

15.

Zeige mir, Herr, den Weg Deiner Rechte, daß ich sie bewahre bis ans Ende. (Ps. 119, 33.)

16.

Großen Frieden haben, die Dein Gesetz lieben und werden nicht straucheln. 15 (Ps. 119, 165.)

17.

Selig sind, die Gottes Wort hören und bewahren. (Luc. 11, 28.)

18.

Herr, wohin sollen wir gehen? Du hast Worte des ewigen Lebens; und wir 20 haben geglaubt und erkannt, daß Du bist Christus, der Sohn des lebendigen Gottes. (Joh. 6, 68. 69.)

19.

Nehmet das Wort an mit Sanftmuth, das in euch gepflanzt ist, welches kann eure Seelen selig machen. (Jac. 1, 21.) 25

20.

Seid Thäter des Worts, und nicht Hörer allein, damit ihr euch selbst betrüget. (Jac. 1, 22.)

III. Sprüche nach dem Glauben.

13.

Wachet, stehet im Glauben, seid männlich, und seid stark. (1. Cor. 16, 13.) |

14.

5   So wendet allen Fleiß daran, und reichet dar in eurem Glauben Tugend, und in der Tugend Bescheidenheit, und in der Bescheidenheit Mäßigkeit, und in der Mäßigkeit Geduld, und in der Geduld Gottseligkeit, und in der Gottseligkeit brüderliche Liebe, und in der brüderlichen Liebe gemeine Liebe. Denn wo solches reichlich bei euch ist, wird es euch nicht faul noch unfruchtbar
10   seyn lassen in der Erkenntniß unsers Herrn Jesu Christi. (2. Petri 1, 5.)

15.

Wie ihr nun angenommen habt den Herrn Jesum Christum, so wandelt in ihm, und seid gewurzelt und erbauet in ihm, und seid fest im Glauben, wie ihr gelehret seid, und seid in demselben reichlich dankbar. (Col. 2, 6. 7.)

------

15   ### IV. Intonationen und Collecten,
nach der Predigt am Altare vor dem Segen zu sprechen oder zu singen.

1.

Der Geistliche. Selig sind, die Gottes Wort hören und bewahren.
  In einem feinen Herzen, und Frucht in Geduld bringen.
20   Lasset uns beten:
Herr Gott, himmlischer Vater, wir danken Dir von Herzen, daß Du uns Dein heiliges Wort hast verkündigen und | hören lassen, und bitten Deine Barmherzigkeit, Du wollest uns den heiligen Geist mildiglich verleihen, daß wir Dein Wort zu Herzen nehmen, unsern schwachen Glauben daraus stärken,
25   das Leben danach richten, und ewig selig werden, durch Jesum Christum Deinen Sohn, unsern Herrn.

2.

Geistlicher. Unsere Hülfe kommt vom Herrn.
  Der Himmel und Erde gemacht hat.
30   Allmächtiger Gott, himmlischer Vater, der Du bist ein Helfer und Beschützer aller, die auf Dich hoffen, ohne dessen Hülfe und Gnade Niemand etwas vermag, noch vor Dir gilt, laß Deine Barmherzigkeit uns reichlich wiederfahren, auf daß wir durch Dein heiliges Eingeben denken, was recht ist, und durch Deine Hülfe dasselbe vollbringen, um Jesu Christi Deines lieben Soh-
35   nes unsers Herrn willen.

3.

Geistlicher. Herr, nimm nicht von meinem Munde das Wort der Wahrheit. Denn ich hoffe auf Deine Rechte.

Wir danken Dir, himmlischer Vater, von Grund unsers Herzens, daß Du uns Dein heiliges Evangelium gegeben hast; und bitten Deine grundlose Barm- 5 herzigkeit, Du wollest solch selig Licht Deines Worts uns gnädiglich erhalten, und durch Deinen heiligen Geist uns also leiten und führen, daß wir 20 nimmermehr davon abweichen, sondern fest daran halten | und endlich dadurch selig werden, durch Jesum Christum Deinen Sohn, unsern Herrn.

4.

10

Geistlicher. Gnädig und barmherzig ist der Herr.
Geduldig und von großer Güte.

O, Herr Gott, himmlischer Vater, wir armen Sünder bitten Dich von Grund unsers Herzens, Du wollest uns unsere Sünden aus Gnaden vergeben, und uns Deinen heiligen Geist verleihen, daß wir unser sündhaftes Leben und 15 Wesen bessern, uns von Herzen zu Dir bekehren und ewig selig werden, durch Jesum Christum Deinen Sohn, unsern Herrn.

5.

Geistlicher. Schaffe in uns, Gott, ein reines Herz.
Und gieb uns einen neuen gewissen Geist. 20

Herr Gott, himmlischer Vater, wir bitten Dich, Du wollest Deinen heiligen Geist in unsre Herzen geben, uns in Deiner Gnade erhalten und in aller Anfechtung behüten, auf daß wir durch Hülfe Deines Geistes nach Deinem Willen wandeln und in aller Noth uns Deiner Güte trösten mögen, durch Jesum Christum Deinen Sohn, unsern Herrn. 25

6.

Geistlicher. Gott will, daß allen Menschen geholfen werde.
Und daß alle zur Erkenntniß der Wahrheit kommen.

O, allmächtiger, barmherziger Gott und Vater, wir bitten Dich von ganzem Her- 21 zen, Du wollest die, so vom wahren | Glauben abgewichen und in Irrthum ver- 30 führt sind, väterlich heimsuchen, und sie wieder bringen zur Erkenntniß ihres Irrthums, daß sie Lust und Gefallen gewinnen an Deiner beständigen, einfältigen, ewigen Wahrheit durch Jesum Christum, unsern Herrn.

7.

Geistlicher. Wirf dein Anliegen auf den Herrn, der wird dich versorgen. 35
Und wird den Gerechten nicht ewiglich in Unruhe lassen.

O, allmächtiger, ewiger Gott, ein Tröster der Traurigen und eine Stärke der Schwachen, laß vor Dein Angesicht gnädiglich kommen die Bitte aller derer, so in Kümmerniß und Anfechtung zu Dir seufzen, daß Jeder Deine Hülfe merke und Deinen Beistand in der Noth empfinde, durch Jesum Christum, 40 unsern Herrn.

8.

Geistlicher. Herr lehre uns thun nach Deinem Wohlgefallen.

Dein guter Geist führe uns immerdar auf ebener Bahn!

O, allmächtiger Gott, der Du der Elenden Seufzer nicht verschmähest, und
5 der betrübten Herzen Verlangen nicht verachtest, sieh an unser Gebet und
erhöre uns, daß alle Versuchungen zum Bösen an uns zu nichte werden,
und wir in Deiner Gemeinschaft beständig bleiben, Dir danken und Dich
allezeit loben, durch Jesum Christum, unsern Herrn. |

9.   22

10 Geistlicher. Sei getreu bis in den Tod.

So will ich dir die Krone des Lebens geben.

Allmächtiger, barmherziger Gott, wir bitten Dich herzlich, Du wollest uns im
Glauben stärken, damit wir in Deinem Gehorsam wandeln, und das Ende
des Glaubens, welches da ist der Seelen Seligkeit, davon bringen mögen,
15 um Jesu Christi Deines Sohnes willen.

10.

Geistlicher. Ich weiß daß mein Erlöser lebt.

Und er wird mich hernach aus der Erden auferwecken.

Barmherziger, ewiger Gott, der Du willst daß wir hier mit Christo leiden und
20 sterben sollen, damit wir einst mit ihm zur Herrlichkeit erhoben werden,
verleihe uns gnädiglich, daß wir uns alle Zeit in Deinen Willen ergeben, im
rechten Glauben bis an unser Ende beständig bleiben, und uns der zukünftigen Auferstehung und Herrlichkeit getrösten und freuen mögen, durch Jesum Christum, unsern Herrn.

25   V. Ermahnung an die Communikanten.

Lieben Christen, auf daß ihr das heilige, hochwürdige Sakrament des Leibes
und Blutes Jesu Christi nicht zum Gericht, sondern zur Seligkeit eurer Seelen
empfangen möget, so ermahne ich euch im Herrn, daß ihr zum ersten in
wahrer | Gottesfurcht eure Sünden erkennet, sie euch lasset von Herzen   23
30 leid sein und euch im heiligen Geiste von Herzen zu Gott bekehret.

Zum andern, daß ihr der gnadenreichen Zusage des Evangelii fest glaubet, daß euch Gott der Vater durch seinen einigen Sohn, Jesum Christum,
unsern Mittler, alle Sünden aus Gnaden vergeben wolle, den heiligen Geist
und das ewige Leben schenke.

35   Zum dritten, darauf sollet ihr das heilige Sakrament unsers Herrn Jesu
Christi empfangen, Gott dem Vater danken, daß er seinen lieben Sohn für

euch in den Tod gegeben hat, und bitten, daß er durch den heiligen Geist in dem Glauben euch erhalte bis ans Ende.

Zum vierten, gehet auch zum heiligen Sakrament mit dem Vorsatz, daß ihr im heiligen Geist, Gott zu ehren, euer sündliches Leben gerne wollet bessern, Gott fürchten, sein heiliges Wort gern hören, gern beten, in eurem 5 Stande gottselig leben, in Trübsal geduldig seyn, dem heiligen Geiste gehorsam in der Liebe zu Gott und dem Nächsten. Das verleihe euch allen Gott der Vater, im Namen seines lieben Sohnes Jesu Christi, durch den heiligen Geist. Amen.

——————— |

24   VI. Dankgebet nach der Communion.   10

Der Geistliche. Danket dem Herrn, denn er ist freundlich. Alleluja!
          Und seine Güte währet ewiglich. Alleluja!
Lasset uns beten:
Wir danken Dir, allmächtiger Herr Gott, daß Du uns durch das heilige Sakrament Deines Sohnes hast erquicket, und bitten Deine Barmherzigkeit, daß 15 Du uns solches gedeihen lassest zum starken Glauben an Dich, und zu herzlicher Liebe unter uns allen, durch Jesum Christum Deinen Sohn, unsern Herrn. Amen.

——————

VII. Anrede an die Pathen.

Geliebte in dem Herrn, Taufzeugen und Freunde, nehmet euch nun mit 20 Ernst des Kindes an, daß es ein lebendiges Glied unsers Herrn Jesu Christi bleibe, und viele Früchte der Gottseligkeit bringe, zum ewigen Leben. Amen.
Der Herr segne dich etc.

——————

VIII. Trauformel.   25

Anrede an den Bräutigam.
N. N. Ihr stehet allhier vor Gottes Angesicht und vor dieser christlichen
25 Versammlung, und begehret mit dieser Eurer | Braut ehelich getraut zu seyn, demnach frage ich Euch, ob es Euer Wille sei, Eure Braut als Ehegattin mit unverbrüchlicher Treue zu lieben und zu ehren, mit ihr zu theilen Glück 30 und Unglück, Freude und Leid, wie es Euch Gott nach seinem väterlichen

Willen zu Eurer Seligkeit zuschicken wird, und sie in keinem Wege verlassen, Euch auch nicht von ihr scheiden; es scheide Euch denn der allmächtige Gott durch den zeitlichen Tod wieder von einander. So Ihr das in Euerm Herzen beschlossen habt, wollt Ihr es mit einem Ja-Wort bekräftigen?

5 „Ja."

Anrede an die Braut.

Desgleichen frage ich Euch N. N., ob Ihr Euern gegenwärtigen Bräutigam N. N. als Euern Ehegatten und Herrn annehmen, mit unverbrüchlicher Treue lieben, ehren und ihm gehorsam seyn, mit ihm Glück und Unglück, Freude
10 und Leid, wie es Euch Gott, nach seinem väterlichen Willen zuschicken und geben wird, theilen, ihn auch nicht verlassen, noch Euch von ihm abwenden und scheiden wollt, es scheide Euch denn der allmächtige Gott durch den zeitlichen Tod wieder von ihm. So Ihr dies gleichfalls in Euerm Herzen beschlossen habt, wollet Ihr es mit einem Ja-Wort bekräftigen:
15 „Ja."

——————— |

IX. Schluß-Gebet nach der Trauung. 26

Lasset uns beten:

Allmächtiger Vater, ewiger Gott, Schöpfer Himmels und der Erden! Du, der Du bei Erschaffung aller Dinge auch den Menschen schufest, um dar-
20 über ein Herr zu seyn, und ihm, da es für den Mann nicht gut war, allein zu seyn, das Weib zur Hülfe gabst; o Gott! der Du Mann und Weib vereinigt und ihnen Deinen Segen gegeben hast, siehe nun mildiglich auf diese Personen, welche sich in den Ehestand begaben, und erheischen, von Dir beschützt zu werden. Wir bitten Dich, daß Du dieser Deiner Diener Herzen mit
25 Deinem heiligen Geiste erfüllen, und sie mit jedem geistigen und leiblichen Segen gnädiglich umfassen mögest! Segne den Bund, den sie heute vor Dir eingegangen sind. Gieb Gnade, daß Güte und Treue sich stets in ihrem Hause begegnen, Einigkeit und Liebe ihre Mühen versüßen und Tugenden der Nachkommen erfreuen ihr Alter! Höre, gütiger Gott, ihre Gebete und
30 sei ihr Schutz, wenn sie Dich anrufen. Leite sie nach Deinem Rath, damit sie nach vollendeter Wallfahrt zu den ewigen Wohnungen der Seligen mögen entrückt werden, durch Deinen Sohn Jesum Christum, unsern Herrn. Amen.

——————— |

X. Die acht Fragen im Confirmations-Formular 27
in zwei Fragen zusammengezogen.

35 Glaubet Ihr an Gott den Vater, allmächtigen Schöpfer etc.? so antwortet „Ja."
Wollet Ihr auch die Pflichten erfüllen, zu welchen dieses Glaubensbekenntniß Euch verbindet, Euerm Erlöser lebenslang nachfolgen, Gott lieben

von ganzem Herzen, von ganzer Seele und von ganzem Gemüthe, und
Euern Nächsten als Euch selbst, und gewissenhaft die Mittel benutzen, die
Euch Gott gegeben hat, um Euch im wahren Christenthum zu stärken? so
antwortet „Ja."

Bei der Confirmation selbst, kann sich der Geistliche, wenn er es wünscht, der folgenden   5
Formel bedienen:

Nachdem Ihr so durch Ablegung Eures Glaubensbekenntnisses und Gelübdes Euern Taufbund erneuert habt, so ertheile ich als ein verordneter Diener
der christlichen Kirche, Euch die Befugniß, das Abendmahl des Herrn zu
feiern, und an allen Rechten und Segnungen der Gemeinde Theil zu neh-   10
men, deren Haupt und Herr Jesus Christus ist, im Namen des Vaters etc.

———————— |

28   XI. Abgekürzte und mit Chören versehene Liturgie,
nach Anleitung des Auszuges aus der Liturgie[1].

Geistlicher. Im Namen etc.
Unsere Hülfe etc.   15

[Folgt eins der Sündenbekenntnisse S. 10. und 30. der Kirchen-Agende und S. 28. bis 30.
des Anhangs zu derselben nach eigener Wahl des Geistlichen[2].]

Chor. Kyrie Eleison! Christe Eleison! Kyrie Eleison![3] |
29 Geistlicher. Ehre sei Gott in der Höhe.
Chor. Und Friede auf Erden und den Menschen ein Wohlgefallen. Amen,   20
Amen, Amen.
Geistlicher. Der Herr sei mit euch.
Chor. Und mit deinem Geiste.

———————————

[1] Die Chöre sind kurz und einfach, damit sie, nach Belieben der Gemeinde, von dieser
und dem Chore, unter Orgelbegleitung, gemeinschaftlich gesungen werden können.   25
[2] Es steht dem Geistlichen frei, das Sündenbekenntniß S. 30. der Kirchen-Agende und
No. 1. S. 28. des Anhangs zu derselben, mit folgenden Worten einzuleiten: „Geliebte
in Christo. Lasset uns in tiefer Demuth vor dem Herrn unsere Unwürdigkeit und unsere
Sünden bekennen und mit einander sprechen:" Oder: „Kommt laßt uns anbeten, und
knien und niederfallen vor dem Herrn, der uns gemacht hat, und mit einander spre-   30
chen: Allmächtiger Gott, barmherziger Vater etc." In diesem Falle würden bei No. 1. der
Sündenbekenntnisse (s. S. 28. d. Anh. z. K.-A.) die Worte: „Erhöre, o Herr," bis „zu Dir
flehen" weggelassen. Auch kann der Geistliche das Sündenbekenntniß mit folgenden
Worten beschließen: „Der allmächtige, ewige Gott, verzeihe uns um seiner unergründlichen Barmherzigkeit und des Erlösers Jesu Christi Verdienstes willen alle unsre Sünden,   35
und gebe uns Gnade unser Leben zu bessern und mit ihm ein ewiges Leben zu empfangen. Amen." Hier würde sodann bei oben angeführtem Sündenbekenntnisse das
Schlußgebet: „o Herr, vergieb etc." wegzulassen seyn.
[3] Oder: Kyrie Eleison! nur allein. Oder: „Herr, erbarme Dich über uns" dreimal oder auch
nur einmal.   40

Geistlicher. [Folgt eins der vorgeschriebenen Gebete vor der Epistel (Collecten) nach eigener Wahl des Geistlichen.]

Die Epistel steht geschrieben: [Vorlesung derselben.]

[Folgt einer der Sprüche die vor dem Alleluja vom Geistlichen zu sprechen bestimmt
5   sind, nach dessen eigner Wahl.]

Chor. Alleluja. Alleluja. Alleluja.

Geistlicher. Das heilige Evangelium steht geschrieben: [Vorlesung desselben.]
Gelobt seist Du, o Christus[4].

[Unter welchen Bedingungen nur eine Perikope zu lesen ist, siehe Anhang z. K. Ag. S. 45
10   u. 46.]

Ich glaube etc.

Chor. Amen, Amen, Amen.

Geistlicher. Herr Gott, himmlischer Vater, wir bitten Dich etc. Unser Vater etc.

15 Chor. Amen, Amen, Amen.

[Gesang der Gemeine.]

Dann folgt die Predigt u. s. w.

[Hätte man den Wunsch, der Predigt das allgemeine Gebet folgen zu lassen, wie solches,
nach einem ziemlich allgemein gewordenen | kirchlichen Herkommen, im Gebrauch war,   30
20   so kann gestattet werden, daß beim Gebrauch dieses Auszugs aus der Liturgie und des
S. 44. des Anhangs z. K. Ag. befindlichen, der Gesang der Gemeinde vor der Predigt
(Predigtlied) unmittelbar nach Ablesung des Glaubens und des vom Chor gesungenen
dreimaligen Amens anheben kann. Diesem folgt, die Predigt, das allgemeine Gebet, das
Gebet des Herrn und der Segen, mit dem dreimaligen Amen.

25   Zum Schlusse folgt dann noch ein kurzer Gesang der Gemeine. Soll der Segen vor
dem Altar gesprochen werden, so geschieht dies nach den bereits darüber gegebenen
Bestimmungen im Nachtrage zur Agende S. 9.

        Wird das heilige Abendmahl gefeiert, so werden die Nichtkommunikanten mit dem
oben erwähnten Segen entlassen. Der zur Administration des heiligen Abendmahls be-
30   stimmte Geistliche ist, während des Gesanges der Gemeinde, vor den Altar getreten und
verliest nach Beendigung desselben, einen der Sprüche nach dem Glauben, aus der Kirchen-Agende, am passendsten: „Es segne uns Gott etc." S. 14. der K.-Ag. oder No. 5. des
Anhangs S. 40. Ferner das Dankgebet: „Richtet auf eure Herzen etc." S. 14. d. K.-Ag. mit
seinem Chor, die Anrede an die Communikanten u. s. w.

35   Der Gebrauch beider Auszüge aus der Liturgie, wird ganz unbeschränkt freigestellt,
nur ist zu beachten, daß, wo gute Sänger-Chöre vorhanden sind, oder noch gebildet
werden, die größere Liturgie, in der Regel wenigstens an den hohen Festen Anwendung
finden möge.]

——————— |

---

[4] Oder: Ehre sei Dir, o Herr, Ehre sei Dir! Oder das Chor singt: „Ehre sei Dir Herr."

31   Nachrichten und Bemerkungen
über einige Gebete, Formulare und Chöre, die sich in den ältesten
evangelischen Agenden vorfinden und nicht in der erneuerten enthalten
sind.

Nach altem Kirchengebrauch wurde das Dankgebet vor dem „Heilig, heilig etc." auf fol-   5
gende Weise vom Geistlichen intonirt:

Erhebet eure Herzen.

Das Chor antwortete:

Wir erheben sie zum Herrn.

Der Geistliche: 10

Lasset uns dem Herrn unserm Gotte danken.

Das Chor:

Recht und würdig ist es.

Der Geistliche:

Recht ist es etc.   15

In einer der ältesten Brandenburgischen Liturgien findet man nach den Einsetzungsworten und dem Unser Vater folgendes Gebet:

Gieb Frieden in unsern Zeiten, o Herr, auf daß wir mit Hülfe Deiner großen
Barmherzigkeit, auf immer befreiet bleiben mögen von der Sünde Herrschaft und von aller Unruhe der Seele, durch Deinen Sohn Jesum Christum   20
unsern Herrn.

Der Friede des Herrn etc. |

32   In der Brandenburgischen Kirchen-Agende vom Jahre 1572 finden sich 3 Gebete verzeichnet,
die nach obigem Segenswunsche: der Friede des Herrn etc. vermuthlich abwechselnd gesprochen werden sollen: 25

1.

Herr Jesu Christ! der Du mit Deinen Aposteln gesagt hast: meinen Frieden
gebe ich euch, meinen Frieden lasse ich euch; sieh nicht auf unsere Sünden,
sondern auf den Glauben Deiner Kirche, und ertheile mit ihr auch uns, nach
Deinem Willen, Frieden und Einigkeit; der Du etc.   30

2.

Herr Jesus Christ! Du Sohn des lebendigen Gottes, der Du nach dem Willen
des Vaters, und in Mitwirkung des heiligen Geistes, durch Deine Geburt und
durch Deinen Tod dem Menschengeschlechte das Leben wieder gegeben
hast, befreie uns durch den gläubigen Genuß Deines heiligen Sacraments   35
von allen unsern Sünden und von allen Uebeln; verleihe uns die Kraft, Deinen Geboten treu zu bleiben, und gieb nicht zu, daß wir uns jemals von

Dir trennen; der Du mit dem Vater und dem heiligen Geiste lebest und regierest von Ewigkeit zu Ewigkeit. Amen.

Dies Gebet wird man leicht für das nämliche erkennen, das in unserer Liturgie den Einsetzungsworten vorangeht, wenn gleich es dort abgekürzt erscheint. Es scheint jedoch richtiger hier auf seinem Platz zu stehen; denn Luther selbst sagt in seiner Ordnung des
Gottesdienstes vom Jahre 1523: „So aber der Priester dies Gebet: Herr Jesu Christ, du
Sohn des lebendigen Gottes, der Du nach dem Willen des Vaters etc. vor der Communion
sprechen | wollte, thut er nicht unrecht daran, etc." Will man es also hier in Anwendung
bringen, so thue man's und spreche dagegen das folgende Gebet vor den Einsetzungsworten:

Allmächtiger Gott, himmlischer Vater! der Du nach Deiner großen Barmherzigkeit Deinen einigen Sohn dahin gabst, den Tod am Kreuze zu unserer
Erlösung zu dulden, nachdem er ein bleibendes Denkmal seines theuren
Todes eingesetzt und in seinem heiligen Evangelio befohlen hatte, es zu
erhalten bis er komme. Demüthig bitten wir Dich, o barmherziger Vater,
erhöre uns und verleihe, daß wir, der heiligen Vorschrift Deines Sohnes
unsers Heilandes Jesu Christ gemäß, dies heilige Sacrament in rechtem
Glauben empfangen, auch seiner gesegneten Wirkungen theilhaftig werden
mögen. Amen.

3.

Gieb, o Herr, daß der Genuß Deines heiligen Sacraments, uns, die wir uns
dieser Gnade unwerth bekennen, nicht ins Gericht und zur Verdammniß
führen möge, gieb vielmehr gnädiglich, daß es uns gereiche zum schützen-
den Mittel gegen alle Uebel, Leibes und der Seele, der Du etc.[5]

Nicht unangemessen möchte es vielleicht seyn, wenn der Geistliche den Zeitpunkt des
Hinzutretens zum Altar und zum Empfange des heiligen Abendmahls mit folgenden Worten bezeichnete:

So laßt uns nun mit gebührender Andacht hinzutreten und dabei der Worte
unsers Heilandes Jesu Christi gedenken. |
Kommt her zu mir alle, die ihr mühselig und beladen seyd, ich will euch erquicken.

Oder durch einen der nachfolgenden Sprüche:

Also hat Gott die Welt geliebet, daß er seinen eingebornen Sohn gab, auf
daß alle, die an ihn glauben, nicht verloren werden, sondern das ewige
Leben haben.

Gott ist die Liebe, und wer in der Liebe bleibet, der bleibet in Gott,
und Gott in ihm.

---

[5] Bei etwaniger Anwendung dieses Gebets würde es angemessen seyn, statt der Worte:
„Uebel, Leibes etc." folgende zu gebrauchen: „dem Heile unserer Seele drohende Gefahren, der Du etc."

Bittet, so wird euch gegeben; suchet, so werdet ihr finden; klopfet an, so wird euch aufgethan, denn wer da bittet, der nimmt, und wer da suchet, der findet; und wer da anklopfet, dem wird aufgethan.

Ich bin ein guter Hirt, und erkenne die Meinen, und bin bekannt den Meinen, und ich lasse mein Leben für die Schaafe.

Bei Austheilung des heiligen Abendmahls soll nach Luther der Geistliche sprechen:

Der Leib (das Blut) unsers Herrn Jesu Christi bewahre Deine Seele zum ewigen Leben.

Luther drückt sich darüber so aus: „Mag [6] auch dies Gebet sprechen: (d. h. der Geistliche):

Der Leichnam unsers Herrn etc. bewahre meine oder deine Seele zum ewigen Leben, und das Blut unsers Herrn bewahre etc. etc. |

35   Man könnte auch sagen:

Nehmet hin und esset: spricht unser Herr und Heiland Jesus Christus, das ist mein Leib etc.

Nehmet hin und trinket alle daraus: spricht unser Herr und Heiland Jesus Christus, dieser Kelch ist das neue Testament etc.

Oder: Nehmet hin und esset, und gedenket dabei der Einsetzungsworte unsers Herrn Jesu Christi.

Nehmet hin und trinket etc.

Ob und wie der Geistliche diese Bemerkungen anwenden will, dieß bleibt ganz seinem eigenen Ermessen überlassen.

Hier folgen einige Gebete, die gesprochen oder vom Chore gesungen werden können, und in Luthers Ordnung des Gottesdienstes, von ihm, als beizubehalten und zu gebrauchen, angeführt werden, aber seitdem fast gänzlich in Vergessenheit gekommen sind. Um sie nun dieser unverdienten Vergessenheit zu entziehen, sind sie, als eine Auswahl unter mehreren, hier wieder aufgenommen worden. Der Gebrauch bleibt jedoch gleichfalls dem Ermessen der Geistlichen überlassen. |

36   1.

Zum Beschluß des Frühgottesdienstes (das Benedictus.) Der Lobgesang des Zacharias Luc. 1, 68. Von Luther verdeutscht.

Gelobt sey der Herr, der Gott Israel; denn er hat besuchet und erlöset sein Volk.

---

[6] Das Wort „m a g" ist hier keinesweges unwichtig, sondern läßt vielmehr vermuthen, daß Luther die darauf folgenden, bei der Austheilung zu sprechenden Worte nicht für so wichtig gehalten haben würde, um ihnen den Vorzug | vor denen zu geben, womit der Herr und Heiland sein heiliges Abendmahl einsetzte, und welche deshalb in die erneuerte Agende aufgenommen worden sind. Daß jene Worte: der Leib etc. nicht überall im Gebrauch gewesen, bezeugt unter andern die Brandenburgische Agende von 1572, nach welcher der Geistliche bei Austheilung des Sakraments folgende Worte sprach: „Nimm hin und iß, das ist der Leib Christi, der für dich gegeben ist." Und: „Nimm hin und trink, das ist das Blut des Neuen Testaments, das für deine Sünden vergossen ist." Dies ist um deswillen zu bemerken, da manche Geistliche sich daran stoßen, und, wie man sieht, mit Unrecht.

Und hat uns aufgerichtet ein Horn des Heils in dem Hause seines Die-ners David,

Als er vor Zeiten geredet hat durch den Mund seiner heiligen Pro-pheten,

5 Daß er uns errette von unsern Feinden und von der Hand aller, die uns hassen,

Und die Barmherzigkeit erzeigte unsern Vätern, und gedächte an sei-nen heiligen Bund,

Und an den Eid, den er geschworen hat unserm Vater Abraham, uns

10 zu geben,

Daß wir, erlöset aus der Hand unserer Feinde, ihm dieneten ohne Furcht unser Lebenlang,

In Heiligkeit und Gerechtigkeit, die ihm gefällig ist.

Und du, Kindlein, wirst ein Prophet des Höchsten heißen,

15 Du wirst vor dem Herrn hergehen, daß du seinen Weg bereitest,

Und Erkenntniß des Heils gebest seinem Volk, die da ist Vergebung ihrer Sünden,

Durch die herzliche Barmherzigkeit unsers Gottes, durch welche uns besuchet hat der Aufgang aus der Höhe;

20 Auf daß er erscheine denen, die da sitzen in Finsterniß | und Schatten 37 des Todes, und richte unsre Füße auf den Weg des Friedens.

Lob und Preis sei Gott dem Vater und dem Sohne und dem heiligen Geiste,

Wie es war von Anfang, jetzt und immerdar, und von Ewigkeit zu Ewig-

25 keit, Amen.

Unser Vater etc.

Lasset uns den Herrn benedeyen! (Benedicamus Domino.)

Das Chor: Gott hab' Dank.

2.

30 Zum Beschluß des Nachmittags-Gottesdienstes (das Magnificat.) Der Lobgesang Mariä.
Luc. 1, 46. (Es soll der Lieblingsgesang Luthers gewesen seyn.)

Meine Seele erhebet den Herrn, und mein Geist freuet sich Gottes, meines Heilandes.

Denn er hat die Niedrigkeit seiner Magd angesehn.

35 Siehe, von nun an werden mich selig preisen alle Kindeskinder.

Denn er hat große Dinge an mir gethan, der da mächtig ist, und des Name heilig ist.

Und seine Barmherzigkeit währet immer für und für, bei denen die ihn fürchten.

40 Er übet Gewalt mit seinem Arm, und zerstreuet die hoffärtig sind in ihres Herzens Sinn.

Er stößet die Gewaltigen vom Stuhl, und erhebet die Niedrigen. |

38   Die Hungrigen füllet er mit Gütern, und läßet die Reichen leer.
Er denket der Barmherzigkeit, und hilft seinem Diener Israel auf.
Wie er geredet hat unsern Vätern, Abraham und seinem Saamen ewiglich;
Lob und Preis sey etc.

3.

(Nunc dimittis.) Gebet des heil. Simeon, Luc. 2, 29.

Herr nun lässest Du Deinen Diener in Frieden fahren, wie Du gesagt hast;
Denn meine Augen haben Deinen Heiland gesehen,
Welchen Du bereitet hast vor allen Völkern,
Ein Licht zu erleuchten die Heiden, und zum Preis Deines Volks Israel.
Lob und Preis sey etc.

Oder:

Nun lässest Du, Herr, Deinen Diener in Frieden fahren.
Denn meine Augen haben Deinen Heiland gesehen.
Allmächtiger, ewiger Gott, wir bitten Dich herzlich, gieb uns, daß wir Deinen lieben Sohn erkennen und preisen, wie der heil. Simeon ihn leiblich in Armen genommen, und geistlich gesehen und bekannt hat, durch denselbigen Deinen Sohn Jesum Christum unsern Herrn. Amen. |

39   (Grates nunc omnes.) Auf Weihnachten vor dem Evangelio.

Danksagen wir alle unserm Herrn Christo, der uns erleuchtet hat mit seinem Worte, und uns erlöset mit seiner Geburt (seinem Blute) von des Teufels (Bösen) Gewalt. Denselben lobsingen wir mit den Engeln. Ehre und Preis sei Gott in der Höhe.

Das zweite Gebet der Taufhandlung, wie Luther es vorgeschrieben:

Allmächtiger, der Du hast durch die Sündfluth nach Deinem gestrengen Gericht die ungläubige Welt verdammet und den gläubigen Noah selb acht nach Deiner großen Barmherzigkeit erhalten, und den gläubigen Noah selb acht nach Deiner großen Barmherzigkeit erhalten, und den verstockten Pharao mit allen Seinen im rothen Meer ersäuft, und Dein Volk Israel trocken hindurch geführt, damit dies Bad Deiner heiligen Taufe zukünftig bezeichnet, und durch die Taufe Deines lieben Kindes, unsers Herrn Jesu Christi den Jordan und alle Wasser zur seligen Sündfluth und reichlicher Abwaschung der Sünden, geheiliget und eingesetzt, wir bitten durch dieselbige Deine grundlose Barmherzigkeit, Du wollest diesen N. gnädiglich ansehen, und mit rechtem Glauben im Geist beseligen, daß durch diese heilsame Sündfluth an ihm ersaufe und untergehe, alles was ihm von Adam angeboren ist, und er selbst dazu gethan hat, und er aus der ungläubigen Zeit gesondert, in der heiligen Arca der Christenheit trocken und sicher behalten, allezeit brünstig im Geist, fröhlich in Hoffnung, Deinem Namen | diene,
40   auf daß er mit allen Gläubigen Deiner Verheißung ewiges Leben zu erlangen würdig werde, durch Jesum Christum unsern Herrn. Amen.

Das allgemeine Kirchen-Gebet,

wie es im Jahre 1713 von des Königs Friedrich Wilhelm I. Majestät
an Sonn- und Festtagen vorzubeten verordnet worden[7].

Allmächtiger, ewiger Gott, barmherziger Vater in Jesu Christo, wir danken
5 Dir von Herzen, daß Du uns in diesem zeitlichen Leben bisher gnädiglich
erhalten, und durch Dein Evangelium von Deinem Sohne auch zu dem ewigen Leben berufen und zubereiten lässest, wie wir denn eben jetzo Dein
heiliges Wort in Friede und Ruhe zu dem Ende anhören können.

Wir bitten Dich demüthiglich, siehe uns ferner in Gnaden an, vergieb
10 uns unsre Sünden und Uebertretung, und erneuere uns im Geist unsers
Gemüths, daß wir Dir dienen in Heiligkeit und Gerechtigkeit, die Dir gefällig ist.

Erhalte unter uns die Predigt Deines Worts, sammt | dem reinen Ge- 41
brauch Deiner heiligen Sakramente, und gieb treue Hirten und Lehrer uns
15 und unsern Nachkommen.

Steure und wehre mächtiglich allen Verführungen und Verleitungen
von der Kraft der Gottseligkeit; damit also Dein Name einmüthiglich, wie in
der ganzen Christenheit, also auch in diesem unsern Lande geheiliget, Dein
Reich vermehret, und des Satans Reich mehr und mehr gestöret werde.

20 Nimm Dich allenthalben gnädiglich Deiner Kirchen an, sonderlich der
Verfolgten, und schaffe ihnen Pfleger und Säugammen, an allen Herrschaf-
ten und Regenten.

Absonderlich laß Dir, o Gott! in Deinem Schutz und Gnade befohlen
seyn: Alle mit uns verbündete Kaiser, Könige und Fürsten, damit sie alles
25 befördern mögen, was zum allgemeinen Wohl und Frieden ersprießlich ist.

Zu dem Ende laß Dir, o Gott! in Deinem Schutz und Gnade befohlen
seyn alle christliche Potentaten. Fürnehmlich laß Deine Barmherzigkeit groß
werden über unsern allertheuersten König und Herrn, über die königlichen
Prinzen und Prinzessinnen, und alle die dem königlichen Hause anverwandt
30 und zugethan sind.

Setze sie bei gesundem und langem Leben, zum beständigen Segen
und christlichen Vorbilde Deinem Volke für und für. Sonderlich wollest Du,
o Herr, unserm Könige zu seiner Regierung geben und verleihen ein weises
Herz, königliche Gedanken, heilsame Rathschläge, gerechte Werke, einen
35 tapfern Muth, starken Arm, verständige und getreue Räthe zu Krieges- |

---

7 Dieses schöne, aber unverhältnißmäßig lange und deshalb ermüdende Gebet, welches,
mehr oder weniger abgekürzt, länger als ein volles Jahrhundert im Gebrauche geblieben war, erhält hier, als etwas historisch denkwürdiges, seinen Platz, wenn gleich es,
wenigstens in seiner ganzen Ausdehnung niemals Anwendung finden darf. Ueberdies
40 sind die wesentlichsten Stellen desselben für die Liturgie benutzt worden, insbesondere in dem allgemeinen Gebete selbst (S. 15. 16. d. Ag.) wie auch bei den in dieses
allgemeine Gebet nach Belieben einzuschaltenden Stellen.

42   und Friedenszeiten, sieghafte Kriegesheere, getreue Diener und gehorsame
     Unterthanen, damit wir noch lange Zeit unter seinem Schutz und Schirm
     ein geruhiges und stilles Leben führen mögen in aller Gottseligkeit.

     Nimm auch in Deinem väterlichen Schooß alle hohe und niedrige Offi-
     ziere und Soldaten, bewahre sie auf ihren Wegen und Stegen; regiere ihre   5
     Herzen jederzeit, daß sie dem Eid, welchen sie so theuer geleistet, fleißig
     und gehorsamlich nachleben. Behüte sie vor Krankheiten und anstecken-
     den Seuchen, und allem andern Uebel. Lasse sie Deine väterliche Liebe und
     Fürsorge dergestalt erkennen, daß ihre Dienste gereichen zu Deiner Ehre,
     zum Schutz der Kirchen und des Vaterlandes, wie auch zu ihrer zeitlichen   10
     und ewigen Wohlfahrt.

     Wir befehlen Dir auch alle hohe und niedrige Civilbediente, die sowohl
     anderswo, als hier, insonderheit des Königs und des Vaterlandes Bestes treu-
     lich suchen und befördern; wie auch einen hochweisen Rath und verord-
     nete Gerichte dieser Städte.   15

     Lehre sie alle einmüthig dahin trachten, daß Recht und Gerechtigkeit
     gehandhabet, und hingegen alles ungerechte Wesen durch ihren Dienst
     getilget werde. Stehe ihnen bei mit Deiner väterlichen Hülfe, daß der Sün-
     den und Seufzer des Landes weniger, und Dein Segen unter uns vermeh-
     ret werde.   20

     O Du Gott der Heerschaaren! Zieh' allenthalben aus mit des Königs
     Armee und Truppen, verleihe ihnen Glück und Sieg, damit ein redlicher
     allgemeiner Friede beständig erhalten werde. |

43   Segne, liebreicher Gott, uns und alle Königliche Länder, die christliche
     Kinderzucht, alle ehrliche Handthierung und Nahrung zu Wasser und zu   25
     Lande. Hilf einem jeden in seiner Noth, und erbarme Dich aller, die wo zu
     Dir schreien. Behalte uns in Deiner Liebe, und laß uns alles in der Welt zum
     Besten dienen.

     Wende von uns in Gnaden ab alle wohlverdiente Landplagen, Krieg,
     Hunger und theure Zeiten, Feuer- und Wassersnoth, Pestilenz und andere   30
     Seuchen an Menschen oder Vieh, oder was wir sonst mit unsern Sünden
     verdienet haben. Gieb gedeihliches Gewitter, und laß wohlgerathen die
     Früchte der Erden. Sey ein Heiland aller Menschen, sonderlich Deiner Gläu-
     bigen.

     Du heiliger Gott! bewahre uns vor Sünden und Schanden, und stehe   35
     uns bei mit Deinem guten Geiste, damit wir nicht durch Uebertretung Dei-
     nen Segen verscherzen und Deine gerechte Strafe uns zuziehen.

     Wir erkennen, o Herr, wenn Du uns nach Deiner Langmuth damit ver-
     schonest, daß es nicht ist unsere Gerechtigkeit, die Dich hierzu beweget,
     denn wir sind unnütze Knechte vor Dir, sondern allein Deine grundlose   40
     Barmherzigkeit. Nach derselben sei uns ferner gnädig, und lenke unsere
     Herzen auch zur Liebe gegen den Nächsten, und Mitleiden gegen alle Noth-

leidende, daß wir nie vergessen jedermann, auch unsern Feinden, Gutes zu thun, damit wir erweisen, daß wir Deine Kinder sind. |

Bewahre uns vor einem bösen und schnellen Tode, und bereite uns 44
mehr und mehr durch Deinen Geist und Gnade zu einem seligen Ende.

5 Vornemlich aber in der letzten Todesstunde, treib von uns den Satan mit allen seinen Anfechtungen und vermehre uns den Glauben an Deinen Sohn Jesum, daß wir überwinden alle Schrecken des Todes.

Wann dann unsere Ohren nicht mehr hören können, so laß Deinen heiligen Geist Zeugniß geben unserm Geiste, daß wir, als Deine Kinder und
10 Christi Miterben, bald sollen mit Jesu bei Dir im Paradiese seyn.

Wenn auch unsere Augen nicht mehr werden sehen können, so thue unsere Glaubensaugen auf, daß wir alsdann vor uns Deinen Himmel offen sehen, und den Herrn Jesum zu seines Vaters Rechten; auch wir seyn sollen, wo er ist.

15 Wenn auch unsere Zunge nicht mehr wird sprechen können, dann laß sonderlich Deinen Geist uns vor Dir vertreten mit unaussprechlichem Seufzen und einen jeden lehren in seinem Herzen rufen: Abba, lieber Vater! Vater in Deine Hände befehle ich meinen Geist.

Gieb also, getreuer Gott! daß wir leben in Deiner Furcht, sterben in
20 Deiner Gnade, dahinfahren in Deinem Frieden, ruhen im Grabe unter Deinem Schutz, auferstehen durch Deine Kraft, und darauf ererben die selige Hoffnung, das ewige Leben! Um Deines lieben Sohnes willen, Jesu Christi unsers Herrn, welchem sammt Dir und dem heiligen Geist, sei Lob und Preis, Ehre und Herrlichkeit, jetzt und immerdar. Amen! Amen!

———————— |

25 Das hier folgende Gebet, im Kirchengebet des heil. Chrysostomus, ist wegen seiner vielfa- 45
chen Uebereinstimmung mit unserem sogenannten allgemeinen Gebete, als etwas merkwürdig Alterthümliches, hier aufgenommen worden[8].

Laßt uns in Frieden den Herrn anrufen!

Um den Frieden der von oben kömmt, und das Heil unserer Seelen;
30 Um den Frieden der ganzen Welt, die Dauer seiner heiligen Kirche, und um die ewige Seligkeit aller;

Für dieses ihm geheiligte Haus und für alle die mit Glauben, Unschuld und der Furcht Gottes in dasselbe eingehen;

Für unsere Bischöfe und Geistlichen, und daß sie das Wort Deiner Wahr-
35 heit recht lehren; für die ganze christliche Gemeinschaft und für das ganze Volk, laßt uns zum Herrn beten.

_____

[8] Dies Kirchengebet ist hier so eingerichtet, wie es sich für unsere Liturgie passen möchte, um es, wenn man es wünschen sollte, gelegentlich hierzu gebrauchen zu können.

Herr erbarme Dich.

Wir beten auch für unsern sehr frommen, Gott fürchtenden König und sein ganzes Königliches Haus, um Gesundheit und Erhaltung.

Für seine Macht und seine Heere, für den Sieg und die Dauer seiner Herrschaft, und daß der Herr unser Gott ihm in allem beistehen und in   5
allem geleiten möge, (und seine Feinde zu seinen Füßen werfe[9]). |

46   Gieb ihm, o Herr, eine friedliche Regierung, damit wir unter seinem Schutz ein ruhiges und stilles Leben führen mögen in aller Gottseligkeit und Ehrbarkeit.

Für diesen Ort, das ganze Land und alle Gläubigen, die darin wohnen,   10
laßt uns zum Herrn beten,

Um Gesundheit der Luft, Fruchtbarkeit der Erde, und friedliche Zeiten.

Für alle Schiffende, Reisende, Kranke, Arbeitende, Gefangene, und für ihr Heil, und

Daß er uns vor jedem Trübsale, Gewalt, Gefahr und Noth bewahre, laßt   15
uns zum Herrn beten.

Nimm Dich unser gnädig an, o Herr, erbarme Dich, rette und erhalte uns, denn Dir gebührt allein der Ruhm und die Ehre und die Anbetung, dem Vater und dem Sohne und dem heiligen Geiste jetzt und immerdar, und von Ewigkeit zu Ewigkeit, Amen.   20

---------- |

47   Ordination der Prediger.

[Die Ordination der Prediger geschiehet in der Regel an einem Sonntage (oder Festtage) nach geendigtem Haupt-Gottesdienst, wo nach der Predigt, zunächst vor dem Segen, die bevorstehende Handlung bekannt gemacht, und für die Ordinanden gebetet wird, folgendermaßen]:   25

Nach geendigtem Gottesdienst wird in diesem Hause des Herrn eine feierliche Einweihung zum heiligen Predigt-Amt vollzogen werden. Die christliche Gemeine wolle daher im vereinten Gebet den Allmächtigen um Gnade und Segen für die, welche nun eingeweiht werden sollen, anrufen. Barmherziger Gott, liebreicher Vater! Wir danken Dir von Herzen, daß Du durch Deinen   30
Sohn, Jesum Christum, das Predigtamt auf Erden eingesetzt und bisher gnädiglich unter uns erhalten hast.

---

[9] Die eingeklammerte Stelle, die allenfalls in Kriegszeiten Anwendung finden möchte, würde auszulassen seyn.

Wir bitten Dich, Du wollest durch Deinen heiligen Geist alle treuen Lehrer in Deiner Kirche leiten und regieren, auf daß die lautere Wahrheit Deines Wortes überall verkündigt werde. Verleihe Wahrheit, Kraft und Gnade denen, welchen nun dieses Amt zu Theil werden soll, damit durch
5 ihren Dienst das | Evangelium Jesu Christi viele Seelen erleuchte, zur wah- 48
ren Bekehrung und zu einer ewigen Seligkeit führe, auf daß Dein großer Name recht geehrt, und unser Heiland Jesus Christus in seiner Kirche immer mehr verherrlicht werde. Amen.

[Nach Endigung des Hauptgottesdienstes wird von der Gemeine das Lied: Komm heiliger
10   Geist etc. oder: Der du uns als Vater etc. gesungen, unter welchem der weihende Geistliche, die Assistenten und die Ordinanden zum Altar treten, letztere diesem gegenüber.
Nachdem der Gesang geendigt ist, spricht der weihende Geistliche vom Altar]:

Im Namen des Vaters und des Sohnes und des heiligen Geistes.

[Dann hält er eine Rede, die sich auf die Ordinanden individuell bezieht; und spricht das
15   folgende Gebet]:

Allmächtiger Gott, himmlischer Vater, wir bitten Dich, Du wollest durch Deinen heiligen Geist diese Deine Diener mit allen nöthigen Gaben zu Ausrich-
tung ihres Amtes reichlich und gnädiglich erfüllen, auf daß sie in Lehre und Leben sich unsträflich halten mögen, Dir zu Ehren und uns allen zur Besse-
20 rung um Christi unsers Herrn willen. Amen.

[Nun folgt die Vorlesung der Namen der Ordinanden, wobei auch der Dienst, zu dem sie
berufen sind, genannt wird, worauf der ordinirende Geistliche fortfährt]:

Dieweil ihr berufen seyd zu dem heiligen Predigt-Amt, und bereit, dasselbe anzutreten: so höret an mit Aufmerksamkeit und bewahret in euern Herzen
25 die theuren Lehren, die euch aus Gottes Wort jetzt sollen vorgelesen wer-
den. |

[Die assistirenden Geistlichen lesen nun abwechselnd, einige der folgenden Stellen, Matth. 49
28, 18. 20. Apostelgesch. 20, 28 etc. 1. Timoth. 3, 1 etc. Titus 1, 7 bis 9. 1. Tim. 5, 21. 22.
Joh. 20, 21 bis 23. 1. Tim. 4, 7 bis 11. 1. Tim. 4, 12 bis 16. Matth. 5, 16. 2. Tim. 2, 24. 25.
30   2. Tim. 2, 22. 2. Tim. 2, 15. 1. Petri 5, 2 bis 4. worauf der weihende Geistliche nun noch
einmal in kurzen und kräftigen Worten, am besten in Bibelsprüchen, ermahnt und zur
Ablegung des apostolischen Glaubensbekenntnisses auffordert, welches der Ordinandus
abliest, worauf der weihende Geistliche ausruft]:

„Der Herr gebe euch Gnade, in diesem Glauben zu beharren bis ans Ende,
35 und darin zu stärken die Brüder. Aus dem was ihr jetzt gehört, habt ihr
ersehen, daß ihr berufen seyd, die Gemeine Jesu Christi, die er durch sein eigen Blut erworben, mit dem reinen Worte Gottes zu weiden, auch darauf zu wachen und Acht zu haben, daß nicht Wölfe und Rotten sich in die Heerde einschleichen, darum es der Apostel Paulus ein köstlich Werk nennt;

---

29 Matth.] Math.

nicht aber euch mit Dingen befassen sollt, die eures Amtes nicht sind. Auch sollt ihr züchtig leben und euer Haus, Weib, Kind und Gesinde christlich halten und ziehen.

Hiernach wird euch Folgendes vorgehalten:

„Erstens keine andere Lehre predigen und ausbreiten zu wollen als die, 5
welche gegründet ist in Gottes lauterem und klarem Worte, den prophetischen und apostolischen Schriften des alten und neuen Testaments, unserer alleinigen Glauben-Norm, und verzeichnet in den drei Hauptsymbolen, dem Apostolischen, dem Nicänischen und Athanasianischen (hier werden, wie her-
50 kömmlich, die Symbolischen Schriften genannt,) und in deren | Geiste die Agende 10
unserer evangelischen Landeskirche abgefaßt ist und der zu folgen euch obliegt. Zweitens habt ihr mit allem Fleiß und Treue die Catechismuslehre bei der christlichen Jugend zu treiben, sie zu würdigen Mitgliedern der evangelischen Kirche zu bilden, sie als solche aufzunehmen, eure Zuhörer in Gotteswort zu unterweisen, nach der Einsetzung und Anordnung Jesu 15
Christi die heiligen Sakramente auszutheilen, und alle abweichende und willkührliche Lehren als Gift der Seele zu fliehen.

„Drittens habt ihr dahin zu streben, in der euch anvertrauten Gemeine die rechte und gehörige kirchliche Ordnung aufrecht zu erhalten, den von Seiner Majestät unserm rechtmäßigen Könige und großmächtigsten Lan- 20
desherrn publicirten Gesetzen gemäß; sie zu ermahnen zur Uebung der Gottseligkeit, des Landesfriedens, eines frommen Lebens und Umganges und gegenseitiger Liebe und Einigkeit; ihr habt zu Gott zu beten für den König und alle Obrigkeit, und alle eure Gemeindeglieder zu erinnern an die ihnen obliegende Ehrfurcht und Treue, und zu Gehorsam und Folgsamkeit 25
sie zu ermahnen; eben so euren geistlichen Vorgesetzten gebührende Ehre und Gehorsam zu erweisen und allem, was euch in eurem Amte auferlegt wird, getreulich nachzukommen.

„Viertens, fortwährend habt ihr dahin zu trachten, in Erkenntniß des Wortes Gottes und der Glaubensartikel, und in den andern euch nothwendi- 30
gen Wissenschaften fortzuschreiten und habt euch zu verpflichten mit Got-
51 tes Gnade das Wort | der Wahrheit recht auszutheilen und euer Amt redlich auszurichten, auch euch zu befleißigen eines rein frommen, nüchternen, schicklichen und einem rechtschaffenen Lehrer anständigen Lebens, also daß ihr darin mit einem guten Beispiele Andern vorgehen könnt, euch auch 35
nicht in weltliche und für euer Amt sich nicht passende Sachen, die einem Geistlichen und Lehrer nicht wohl anstehen, zu mengen. Diesen Zusagen und allem, was sonst die Kirchenordnung vorschreibt, habt ihr nun nach aller eurer Kraft und der Gnade, die Gott euch verleihet, getreulich nachzukommen, wie es einem aufrichtigen und rechtschaffenen Geistlichen ge- 40
ziemt und es vor Gott und Menschen zu verantworten ist.

„Noch haben wir euch darauf hinzuweisen, daß ihr die euch, als Unterthanen, in eurem Amte obliegenden Pflichten durch euren Amtseid zu bekräftigen habt, der euch besonders vorgelegt wird. Ich frage euch nun, seyd
ihr bereit dies alles zu geloben und williget ihr ein, über euch zu nehmen
5 das theure Predigt-Amt mit allen seinen Pflichten?

Ja.

„Verbindet ihr euch, diesem Amte aufzuopfern alle Kräfte eurer Seele
und eures Leibes?

Ja.

10 „Verbindet ihr euch nach Gottes Wort, die Versöhnung durch Christum
zu predigen zur Weisheit, zur Gerechtigkeit, zur Heiligung und zur Erlösung?

Ja.|

„Verbindet ihr euch, durch Gottes Gnade Anderen ein Vorbild zu seyn   52
in Rechtschaffenheit und Tugend?

15 Ja.

„Ihr erkennt also eure Pflichten, ihr habt erklärt euren ernsten Vorsatz,
sie zu erfüllen.

„Gott der Allmächtige stärke und helfe euch, solches alles zu halten!
Und ich, Kraft der Vollmacht, die mir von Gotteswegen, von seiner Kirche
20 und dem Könige zu diesem Geschäft ist anvertraut worden, überantworte
euch hiermit das Predigtamt im Namen des Vaters † und des Sohnes † und
des heiligen Geistes †.

„Es verleihe der Höchste, daß solches gereiche zu eurer und derer ewigen Seligkeit, die euch anvertraut sind. Darum wollen wir Gott bitten, Ihn,
25 von dem alle gute und vollkommene Gabe kommt, indem wir jetzt unser
Flehen vereinigen, in dem Gebete, welches uns unser theurer Heiland gelehrt hat.

Unser Vater, der Du bist im Himmel! Geheiliget werde Dein Name; Dein
Reich komme; Dein Wille geschehe, wie im Himmel, also auch auf Erden;
30 unser täglich Brodt gieb uns heute; vergieb uns unsere Schulden, wie auch
wir vergeben unsern Schuldigern; führe uns nicht in Versuchung, sondern
erlöse uns vom Uebel; denn Dein ist das Reich, die Kraft und die Herrlichkeit, in Ewigkeit. Amen.

[Sämmtliche Geistliche legen jetzt ihre Hände auf die Häupter der Ordinirten, und der
35 weihende spricht]: |

„Der Herr segne dich, daß du viel Frucht schaffest in dem Weinberge des   53
Herrn und diese Frucht bleibe ewiglich. Amen.

„Barmherziger Gott, himmlischer Vater, Du hast durch den Mund Deines lieben Sohnes unsers Herrn Jesu Christi zu uns gesagt: die Erndte ist
40 groß, aber wenig sind der Arbeiter. Bittet den Herrn der Erndte, daß er
Arbeiter in seine Erndte sende. Auf solch Deinen göttlichen Befehl, bitten

wir von Herzen, Du wollest diesen Deinen Diener, sammt uns und allen die zu Deinem Worte berufen sind, Deinen heiligen Geist reichlich geben, daß wir es als Deine wahren Diener, erkennen und bekennen, treu und fest bleiben unter allen Versuchungen, damit Dein Name geheiligt, Dein Reich gemehrt, Dein Wille vollbracht werde. Wollest auch allen Widersachern, wel- 5 che dahin trachten, Deinen Namen zu lästern, Dein Reich zu zerstören, Deinem Willen zu widerstreben, mächtiglich steuern und ein Ende machen. Solch unser Gebet, welches Du uns geheißen, gelehrt und damit vertröstet hast, wollest Du gnädiglich erhören, wie wir glauben und trauen, durch Deinen lieben Sohn unsern Herrn Jesum Christum, der mit Dir und dem 10 heiligen Geiste lebt und herrschet in Ewigkeit. Amen.

So gehet nun hin und weidet die Heerde Christi, so euch befohlen ist, und sehet wohl zu, nicht gezwungen, sondern williglich, nicht um schändlichen Gewinnes willen, sondern von Herzensgrunde; nicht als die über das Volk herrschen, sondern werdet Vorbilder der Heerde. So werdet ihr, wenn | 15
54 der Erzhirte erscheinen wird, die unverwelkliche Krone der Ehre empfahen. (1. Petri 5, 2. 3. 4.) Beuget eure Herzen und Kniee zu Gott und empfanget den Segen: Der Herr segne und behüte u. s. w."

[Schließlich werden noch einige Verse aus einem passenden Liede gesungen, worauf sämmtliche Geistliche sich mit den Ordinirten in die Sakristei zurückbegeben. Wo es 20 üblich ist, daß den Ordinanden, unmittelbar nach der Ordination, das heil. Abendmahl gereicht werde, kann dies auch ferner geschehen.]

———————— |

55   Vorerinnerung.

Die folgenden Formulare, deren Entstehung schon in die Zeit der Reformation fällt, fanden Eingang in einigen Gegenden und einzelnen Oer- 25 tern Deutschlands, in denen sie sich theilweise bis auf den heutigen Tag erhalten haben.

Jetzt erscheinen sie von Neuem dem Geiste nach als dieselben, nur dem Sprachgebrauche gemäßer eingerichtet und in etwas gedrängterer Kürze als früher. 30

Obschon die in der Kirchen-Agende enthaltenen Formulare genügen dürften, so soll es dennoch, in sofern es besonders gewünscht wird, den Geistlichen überlassen bleiben, auch von den nachfolgenden Formularen beliebig Gebrauch zu machen.

———————— |

Tauf-Formular. 56

Unsere Hülfe sei im Namen des Herrn, der Himmel und Erde gemacht hat[10].

Dieweil unser Herr und Heiland, Jesus Christus, spricht, daß wir anders nicht in das Reich Gottes mögen kommen, es sey denn, daß wir von neuem 5 geboren werden, so zeiget es da|mit deutlich an, wie groß das Elend und 57 die Verderbniß unserer Natur sei, und vermahnet uns, daß wir vor Gott uns demüthigen und Mißfallen haben sollen an uns selbst, damit wir die Gnade Gottes suchen lernen, deren wir erst fähig werden, wenn alles Vertrauen auf unser eigenes Vermögen, Weisheit und Gerechtigkeit aus unsern Herzen 10 genommen ist.

Nachdem uns aber Christus unser Elend also vor Augen gestellt, tröstet er uns auch nach seiner Barmherzigkeit, indem er uns und unsern Kindern verheißt, daß er uns von unsern Sünden reinigen und durch seinen heiligen Geist uns zu dem neuen Leben erwecken wolle, welches der Eintritt ist in 15 sein Reich. |

Diese Wohlthat empfangen wir, wenn er uns durch die Taufe in die 58 Gemeinschaft der Kirche aufnimmt. Denn in diesem Sakramente macht er uns der Vergebung unserer Sünden gewiß. Wie nämlich durch das Wasser

---

[10] Zöge der Geistliche vor, statt der folgenden, eine selbst verfaßte Rede zu halten, so 20 ist ihm dies unbedingt zu gestatten, sobald sie dem Wesen nach mit derselben, die nun wegbleibt, übereinstimmt. Nach dieser kann der Geistliche, wenn er es wünscht, einige Schriftstellen in Beziehung auf die Taufe hinzufügen und mit den Worten be-ginnen: „Erhebet eure Herzen zu Gott!" Unser Herr Jesus Christus hat die heilige Taufe selbst gestiftet, als er zu seinen Jüngern sprach: Matth. 28, 18. 19. Mir ist gegeben 25 alle Gewalt im Himmel u. s. w. Marc. 16, 16. Wer da glaubet und getauft wird, der wird selig werden, wer aber nicht glaubet, der wird verdammet werden. Joh. 3, 5. Es sei denn, daß Jemand geboren werde aus dem Wasser und Geiste, so kann er nicht in das Reich Gottes kommen. Will der Geistliche diese Bibelsprüche seiner Rede zum Grunde legen, so thut er nicht Unrecht daran. Eben so steht ihm frei, seiner Rede 30 nachstehendes Gebet folgen zu lassen, und dagegen das im Formulare befindliche: „Herr Gott, ewiger und allmächtiger Vater" u. s. w. zu übergehen. | Allmächtiger, ewiger 57 Gott, liebreicher Vater! Wir bitten Dich, daß Du dieses Kind, welches Du zur Theil-nahme an Jesu Christo berufen hast, mit Deiner Gnade umfassen wollest. Nimm es durch die heilige Taufe an zu Deinem Kinde und zu einem Mitgliede in dem Reiche 35 Deines Sohnes. Erleuchte es mit Deiner Weisheit! Heilige sein Herz und verleihe ihm durch Deinen heiligen Geist Kraft, die Sünde zu fliehen und Dir in Heiligkeit und Gerechtigkeit zu dienen, durch Jesum Christum, unsern Herrn. Amen. Hier bleibt es der Wahl des Geistlichen überlassen, ob er nach obigem Formulare fortfahren, oder zu dem in der Kirchen-Agende verzeichneten übergehen will. Im letzteren Falle fährt 40 er fort: (s. S. 35. d. K.-Ag.) Lasset uns hören das Evangelium St. Marci u. s. w. bis zu Ende. Auch können daselbst, wenn es gewünscht wird, die Worte (S. 35. d. K.-Ag.) Entsagest Du u. s. w. weggelassen werden, und es ist gestattet, als Variante zu sagen nach den Worten: „bis zu ewigen Zeiten." Er bewahre Dich vor der Gewalt der Sünde und erhalte Dich in seiner Wahrheit und Furcht. Desgleichen können die hierauf fol-45 genden Fragen in die eine zusammengezogen werden: Wollet ihr (die Taufzeugen) daß gegenwärtiges Kind auf diesen Glauben getauft werde?

die Befleckungen des Leibes hinweggethan werden, will er auch unsere
Seele reinigen und entsündigen. Ueberdies bietet er uns auch in diesem
Sakramente die Erneuerung dar, welche in der Tödtung unsers Fleisches
und in dem geistlichen Leben besteht, das er in uns hervorbringt. Also
werden wir in der Taufe einer doppelten Wohlthat theilhaftig; (nur daß wir   5
nicht durch Vergessenheit und Undank die Kraft dieses Sakramentes auslö-
schen:) denn wir haben in demselben das gewisseste Zeugniß, Gott wolle
uns ein gnädiger Vater seyn und uns unsere Sünden nicht zurechnen, dann
aber auch mit seinem Geiste uns beistehen, daß wir dem Teufel, der Sünde
und den Begierden unsers Fleisches so lange widerstehen können, bis wir   10
endlich den Sieg erlangen.

Es leidet keinen Zweifel, daß auch unsere Kinder Erben des Heils und
Lebens sind, welches Christus uns verheißen hat, denn Marci 10. stehet
geschrieben: „und sie brachten Kindlein zu ihm, daß er sie anrührte. Die
Jünger aber fuhren die an, die sie trugen. Da es aber Jesus sahe, ward er   15
unwillig und sprach zu ihnen: lasset die Kindlein zu mir kommen, und wehret ihnen nicht, denn solcher ist das Reich Gottes. Wahrlich ich sage euch,
wer das Reich Gottes nicht empfänget als ein Kindlein, der wird nicht hin-
59 ein|kommen. Und er herzte sie und legte die Hände auf sie und segnete
sie."   20

Darum lasset uns auch dieses Kind der Gnade Gottes empfehlen und
also für dasselbe beten:

Herr Gott, ewiger und allmächtiger Vater, da Du nach Deiner grenzenlosen Barmherzigkeit uns verheißen hast, Du wollest unser und unserer Kinder Gott seyn, so bitten wir Dich, Du wollest dieses Kind solcher Wohlthat   25
theilhaftig machen. Nimm es in Deine Obhut, erweise Dich als seinen Gott
und Helfer, vergieb und erlaß ihm die Sünde, heilige es durch Deinen heiligen Geist, daß es, wenn es zum Alter des Verstandes wird gekommen seyn,
Dich, den einigen Gott und Helfer, erkenne und verehre und sein ganzes
Leben hindurch Dich lobe und verherrliche. Damit es aber diese Wohlthaten   30
empfangen könne, so nimm es in die Gemeinschaft unsers Herrn Jesu Christi auf, daß es als ein Glied seines Leibes an allen seinen Gütern Theil habe.
Erhöre uns, Vater der Barmherzigkeit, und laß die Taufe, welche wir ihm
nach Deiner Anordnung ertheilen, an ihm die Kraft beweisen, welche die
Lehre Deines Evangeliums ihr zuschreibt.   35

Unser Vater, der Du bist u. s. w.

Lasset uns nun die Artikel des christlichen Glaubens, auf welchen dieses Kind getauft werden soll, mit einander bekennen:

Ich glaube an Gott den Vater u. s. w. Dies ist der christliche Glaube, zu
dem wir uns bekennen, und der sich dadurch thätig erweiset, daß wir nach   40
60 dem Gebote unsers Heilandes | leben: Matth. 27, 37–39. „Du sollst lieben
Gott deinen Herrn, von ganzem Herzen, von ganzer Seele, und von ganzem

Gemüthe. Das ist das vornehmste und größte Gebot. Das andere aber ist
dem gleich, Du sollst Deinen Nächsten lieben als Dich selbst."
Begehret ihr nun, daß dieses Kind auf diesen Glauben getauft werde?

Die Taufzeugen antworten: Ja!

5   Der Geistliche tauft das Kind und spricht:

Ich taufe Dich N. N. im Namen des Vaters und des Sohnes und des heiligen Geistes.

Zum Schlußgebet kann man das in der Kirchen-Agende S. 36 befindliche oder das nachfolgende anwenden.

10   Daß mit dem Segen geschlossen wird, bedarf keiner Erwähnung.

Gebet nach der Taufe.

Lasset uns Gott dem Herrn danken!
Allmächtiger, barmherziger Gott und Vater, wir sagen Dir Lob und Dank,
daß Du uns und unsern Kindern um Christi willen alle unsere Sünde verge-
15 ben, uns durch Deinen heiligen Geist zu Gliedern Deines eingebornen Sohnes, und also zu Deinen Kindern gemacht, und dies alles uns mit der heiligen Taufe versiegelt und bekräftigt hast. Wir bitten Dich durch denselben
Deinen Sohn, Du wollest dieses Kind mit Deinem heiligen Geiste allezeit
regieren, auf daß es christlich und gottselig erzogen werde, und in dem
20 Herrn Jesu Christo wachse | und zunehme, Deine väterliche Güte und Barm-   61
herzigkeit, die Du uns allen bewiesen hast, bekenne, und ritterlich wider
die Sünde, den Teufel und sein ganzes Reich streiten und siegen möge, zu
Deinem ewigen Preise, der Du mit Deinem Sohne und dem heiligen Geiste
lebest und regierest in Ewigkeit. Amen.

25   Abendmahls-Formular.

[Ein Formular, für die eigentliche Vorbereitung zum heiligen Abendmahle bestimmt,
schien hier um deswillen nicht nöthig aufzunehmen, da in denjenigen Gemeinden, in
welchen bereits bewährte, erweislich autorisirte, und aus ältern Zeiten herstammende
Vorbereitungs-Formulare im Gebrauche geblieben sind, sie es auch ferner bleiben mö-
30 gen, wenn zuvor das Consistorium über ihre Brauchbarkeit, auch ob sie in ihrer ganzen
Ausdehnung oder nur im Auszuge anzuwenden sind, entschieden haben wird. Jedenfalls
dürfen die in der Agende S. 30. angegebenen Hauptmomente nicht darin fehlen, und es
kann in sie auch die in der Anmerkung zu dem nachfolgenden Abendmahls-Formulare
befindliche Abmahnung der groben Sünder aufgenommen werden.]

35 Geliebte in dem Herrn! Höret an, was der heilige Apostel Paulus in der
1sten Epistel an die Corinther im 11ten Kapitel schreibet von dem würdigen
Genusse des heiligen Abendmahls unsers Herrn Jesu Christi: „So oft ihr von

diesem Brodte esset, und von diesem Kelche trinket, sollt ihr des Herrn Tod
verkündigen, bis daß er kommt. Welcher nun unwürdig von diesem Brodte
62   isset oder von dem Kelch des Herrn trinket, | der ist schuldig an dem Leibe
und Blute des Herrn. Der Mensch prüfe aber sich selbst, und also esse er
von diesem Brodte und trinke von diesem Kelch; denn, welcher unwürdig   5
isset und trinket, der isset und trinket ihm selber das Gericht, damit, daß er
nicht unterscheidet den Leib des Herrn."

In Befolgung dieser Vorschrift, mahnen wir alle, welche in ihren Sünden
und Missethaten beharren, ein lasterhaftes, unbußfertiges Leben führen
und Anstoß und Aergerniß geben, von diesem hochheiligen Sakramente   10
ab, damit sie dasselbe, welches der Herr allein seinen Gläubigen und Hausgenossen bereitet hat, nicht zu ihrer eigenen Verdammniß entweihen[11].

So prüfe denn nach dem Rathe und der Ermahnung des Apostels ein
jeder sich selbst und sehe zu, ob er seine Sünden bereue, über sie einen
tiefen Schmerz empfinde, und begehre künftighin sein Leben heilig und   15
unsträflich zu führen, vornehmlich aber, ob er auf die Barmherzigkeit Gottes
sein Vertrauen setze, sein ganzes Heil bei Jesu Christi suche und dabei aller
Feindschaft und allem Groll entsage, und beflissen sey, fortan seinen Nächsten mit brüderlicher Liebe zu umfassen.

Mögen wir nun auch hierbei viel Schwachheit, Elend und Verderben in   20
63   uns antreffen, so lasset uns dennoch uns | versichert halten, daß unsere
Gebrechen den Herrn nicht hindern, uns zuzulassen und würdig zu machen,
dieses allerheiligste Sakrament zu empfangen, da es den kranken und betrübten Herzen zum Heilmittel gegeben ist; vielmehr daß alle Würdigkeit,
die Gott bei uns sucht, darin besteht, daß wir uns selbst auf die rechte Art   25
erkennen, Schmerz und tiefe Traurigkeit über unsere Sünden fühlen und
alle Lust und Freude bei ihm finden. Lasset uns demnach den Verheißungen
Glauben schenken, welche Jesus Christus, die ewige unveränderliche Wahrheit selbst, uns vorhält, er wolle uns nämlich sein Fleisch und sein Blut
wahrhaft mittheilen, daß wir ihn ganz und vollständig besitzen, und er in   30
uns lebe und wir in ihm. Und obgleich wir nichts sehen als Brodt und Wein,
lasset uns doch nicht zweifeln, daß er dies alles in uns vollbringt und das
himmlische Brodt ist, welches uns nährt zum ewigen Leben. Denn indem
er sich uns dahingiebt, bezeugt er, daß er alles was er hat, über uns ausgieße. Darum lasset uns dies Sakrament empfangen als ein Pfand der Ge-   35

---

[11] Im Original werden namentlich vom Sakramente ausgeschlossen: alle Götzendiener,
Gotteslästerer, Gottesverächter, Frevler, alle, welche Sekten und Irrlehren anhangen, die
Gemeinschaft der Kirche zu schwächen, alle Meineidigen, Widerspenstigen gegen Eltern
und Vorgesetzte, alle, welche Partheiung und bürgerliche Unruhen anzurichten suchen,
alle Meuchelmörder, Jähzornigen, Ehebrecher, Hurer, Diebe, Räuber, Geitzige, Trunken-   40
bolde und Schwelger.

rechtigkeit, welche uns in der Kraft seines Todes und der von ihm erdulde-
ten Strafe zugerechnet werden soll, als wenn wir selbst die Strafe erduldet
hätten. Lasset uns unsere Herzen hinauf erheben, wo Christus ist in der
Herrlichkeit des Vaters, und woher wir ihn zu unserer Erlösung erwarten!

5   Nach dieser Anrede spricht der Geistliche die Einsetzungsworte und fügt die hier fol-
     gende Betrachtung, mit dem sich ihr anschließenden Gebete oder nur dieses allein hinzu,
     worauf das | Unser Vater etc. folgen kann. Es steht dem Geistlichen auch frei, statt dessen,   64
     nach den Einsetzungsworten, das Gebet, S. 22 der Kirchen-Agende, mit dem vorherge-
     henden Segenswunsche zu sprechen und ihr gemäß fortzufahren.

10   Aus dieser Einsetzung des heiligen Abendmahles unsers Herrn Jesu Christi
     sehen wir, daß er unsern Glauben und unser Vertrauen hinweiset auf sein
     vollkommenes Opfer, einmal am Kreuz geschehen, als auf den einzigen
     Grund unserer Seligkeit. Er ist unsern hungrigen und durstigen Seelen
     Speise und Trank des ewigen Lebens geworden, hat durch seinen Tod die
15   Ursach unsers ewigen Elendes, nämlich die Sünde, hinweggenommen und
     uns den lebendigmachenden Geist erworben, der in ihm, als dem Haupte,
     und in uns, seinen Gliedern, wohnet, damit wir mit unserm Heilande und
     Herrn wahre Gemeinschaft haben, und aller seiner Güter, des ewigen Le-
     bens, der Gerechtigkeit und Herrlichkeit theilhaftig werden mögen. Lasset
20   uns aber auch bedenken, daß er durch diesen seinen Geist uns unter einan-
     der zu Gliedern eines Leibes in brüderlicher Liebe verbinden will, denn nach
     dem Ausspruche des heiligen Apostels: Ein Brodt ist es, so sind wir viele Ein
     Leib, dieweil wir alle Eines Brodtes theilhaftig sind, sollen wir alle, die wir
     durch wahren Glauben Christo einverleibt sind, durch herzliche Liebe, um
25   Christi willen, zusammen Ein Leib seyn, und solches nicht allein mit Wor-
     ten, sondern auch durch die That gegen einander beweisen. Dazu helfe uns
     der | allmächtige, barmherzige Gott und Vater unsers Herrn Jesu Christi   65
     durch seinen heiligen Geist. Amen. – Lasset uns beten:
     Barmherziger Gott und Vater, wir bitten Dich, Du wollest in diesem
30   Abendmahle, in welchem wir das herrliche Gedächtniß des bittern Todes
     Deines lieben Sohnes Jesu Christi begehen, durch Deinen heiligen Geist in
     unsern Herzen wirken, daß wir uns mit wahrem Glauben Deinem Sohne je
     länger je mehr ergeben, damit unsere mühseligen und zerschlagenen Her-
     zen mit seinem wahren Leibe und Blute, als dem ewigen Himmels-Brodte
35   gespeiset und erquicket werden. Gieb denn, daß wir nicht mehr in unsern
     Sünden, sondern Er in uns, und wir in Ihm leben, und, aufgenommen in
     den neuen und ewigen Bund der Gnade, nicht zweifeln, Du wollest ewiglich
     unser gnädiger Vater seyn, und uns unsere Sünden nimmermehr zurechnen,
     sondern uns an Leib und Seele versorgen, als Deine lieben Kinder und Er-
40   ben. Verleihe uns auch Deine Gnade, daß wir getrost unser Kreuz auf uns
     nehmen, uns selbst verläugnen, unsern Heiland bekennen, und in aller
     Trübsal mit aufgerichtetem Haupte unsers Herrn Jesu Christi warten, wel-

cher unsern sterblichen Leib seinem verklärten Leibe ähnlich machen und
uns zu sich in den Himmel aufnehmen wird in Ewigkeit. Amen.
Unser Vater etc.

Die Austheilung folgt hierauf.

———————— |

66   Dankgebete nach dem Abendmahle.   5

Himmlischer Vater, wir sagen Dir Lob und Dank in Ewigkeit, für die große
Wohlthat, welche Du uns jammervollen Sündern erwiesen, da Du uns zur
Gemeinschaft Deines Sohnes Jesu Christi geführt, welchen Du für uns in
den Tod dahin gegeben und nun zur Nahrung des ewigen Lebens uns mit-
theilst. Fahre fort mit Deiner Gnade gegen uns und gieb, daß wir das nie-   10
mals vergessen, sondern es beständig im Herzen tragen und in dem Glauben wachsen, welcher zu allen guten Werken sich kräftig erweiset, durch
denselben Deinen lieben Sohn, welcher vereint mit dem heiligen Geiste mit
Dir lebet und regieret in Ewigkeit. Amen.

Oder: 15

Lobe den Herrn, meine Seele, und was in mir ist, seinen heiligen Namen.
Lobe den Herrn, meine Seele, und vergiß nicht, was er dir Gutes gethan
hat, der dir alle deine Sünden vergiebt, und heilet alle deine Gebrechen,
der dein Leben von dem Verderben erlöset, der dich krönet mit Gnade und
Barmherzigkeit. Barmherzig und gnädig ist der Herr, geduldig und von gro-   20
ßer Güte. Er handelt nicht mit uns nach unsern Sünden und vergilt uns
nicht nach unserer Missethat. Denn so hoch der Himmel über der Erde ist,
läßt er seine Gnade walten über die, so ihn fürchten. So fern der Morgen
ist vom Abend, läßt er unsere Uebertretung von uns seyn. |

67   Wie sich ein Vater über seine Kinder erbarmet, so erbarmet sich der   25
Herr über die so ihn fürchten. Welcher auch seines eigenen Sohnes nicht
hat verschonet, sondern hat ihn für uns alle dahin gegeben; wie sollte er
uns mit ihm nicht alles schenken? Darum beweiset Gott seine Liebe gegen
uns, daß Christus für uns gestorben ist, da wir noch Sünder waren; so werden wir vielmehr durch ihn behalten werden vor dem Zorn, nachdem wir   30
durch sein Blut gerecht worden sind.

Denn so wir Gott versöhnet sind, durch den Tod seines Sohnes, da wir
noch Feinde waren, vielmehr werden wir selig werden durch sein Leben,
nachdem wir ihm versöhnet sind.

Darum soll mein Mund und Herz des Herrn Lob verkündigen von nun   35
an bis in Ewigkeit. Amen.

————————

Trauungs-Formular.

Unsere Hülfe sey etc.
Nachdem Gott, unser Vater, den Himmel und die Erde und alles, was darinnen ist, erschaffen hatte, schuf er auch den Menschen nach seinem Bilde,
5 daß er herrsche über alle Thiere, die auf der Erde, im Wasser und in den
Lüften sich bewegen. Darauf aber sprach er: es ist nicht gut, daß der Mensch
allein sey, und schuf ihm das Weib zu einer Gehülfin, die um ihn wäre,
indem er zugleich deutlich zu erkennen gab, daß Mann und Weib nach
seinem Willen Eins seyn sollen. Darum wird der Mensch seinen Vater und
10 seine Mutter ver|lassen, und seinem Weibe anhangen, das er lieben soll   68
gleich wie Christus auch geliebet hat die Gemeine und sich für sie hingegeben. Das Weib dagegen soll dem Manne, der ihr Haupt ist, gleichwie Christus das Haupt der Gemeine, in der Furcht des Herrn ergeben und folgsam
seyn. Beide sollen das Gelübde der Treue, das sie abgelegt haben, unver-
15 brüchlich halten und in Frieden und Eintracht mit einander leben, damit sie
der göttlichen Segnungen theilhaftig werden, und ihre Ehe, wie es einem
Stande, den Gott eingesetzt hat, gebührt, unwandelbar sey.
    Da ihr nun die göttliche Einsetzung der Ehe und eure Pflichten in der-
selben kennt: habt ihr nach ernstlicher Ueberlegung beschlossen, in diesem
20 heiligen Stande mit einander zu leben, wie ihr es durch euer Erscheinen vor
dieser Versammlung kund thut: so sprechet: Ja!
    Der Herr befestige den guten Vorsatz, den er in euch gewirket hat, und
euer Anfang sey im Namen des Herrn, der Himmel und Erde gemacht hat.
    Bekennest Du N. N. vor Gott und dieser christlichen Versammlung, daß
25 Du die hier gegenwärtige N. N. zu Deiner Gattin und Ehefrau nimmst, gelobst Du, sie zu lieben und zu beschützen, wie es einem frommen, rechtschaffenen Ehemanne geziemt, heilig mit ihr zu leben und ihr Treue und
Glauben zu halten in allen Dingen nach dem Worte Gottes und seinem
heiligen Evangelio? Ist das Dein wohlbedachter, fester Wille, so sprich: Ja! |
30   Bekennest Du N. N. vor Gott und dieser christlichen Versammlung, daß   69
Du den hier gegenwärtigen N. N. zu Deinem Gatten und Ehemann nimmst:
gelobst Du ihn zu lieben und ihm folgsam zu seyn, wie es einer frommen,
rechtschaffenen Ehefrau geziemt, heilig mit ihm zu leben, und ihm Treue
und Glauben zu halten in allen Dingen und nach dem Worte Gottes und
35 seinem heiligen Evangelio? Ist das Dein wohlbedachter, fester Wille, so
sprich: Ja!
    Hier werden die Trauringe gewechselt und die rechten Hände zusammengelegt.
Da nun N. N. und N. N. einander zu ehelichen entschlossen sind und solches
hier öffentlich vor Gott und der Welt bekennen und sich darauf die Hände
40 gegeben, so spreche ich, als ein verordneter Diener der Kirche, sie hiermit
ehelich zusammen im Namen des Vaters etc. Amen.

Der Vater aller Barmherzigkeit, der euch nach seiner Gnade in diesen heiligen Ehestand geführt hat, verleihe euch um seines Sohnes, Jesu Christi, willen, welcher durch seine heilige Gegenwart den Ehestand geheiligt hat, seinen heiligen Geist, daß ihr in diesem preiswürdigen und edlen Stande ihm dienen und ohne Aufhören ihm zur Ehre leben möget. Amen.   5

70   Daß der Ehestand heilig gehalten werden und fest und unauflöslich bestehen soll, lehrt uns unser Herr selber, denn | er spricht Matthäi 19. Was Gott zusammen gefügt hat, soll der Mensch nicht scheiden.

Glaubet diesen heiligen Worten, die, wie der Evangelist bezeuget, Jesus, unser Herr, selbst gesprochen, und haltet euch versichert, daß Gott   10
euch selbst nach seiner Gnade in diesem Stande vereinigt hat. Führet demnach euer Leben zusammen ehrbar und heilig, in Liebe, Friede und Eintracht, und bewahret einander die angelobte Treue, wie Gottes Wort es vorschreibt.

Lasset uns einmüthig Gott anrufen!   15

Allmächtiger, guter und weiser Gott, wir bitten Dich demüthig, daß Du diesen Beiden, die Du zum Ehestande berufen hast, nach dem Reichthum Deiner Gnade Deinen heiligen Geist verleihest, auf daß sie im wahren, beständigen Glauben Deinem Willen gehorchen, ihr Leben unsträflich führen und allem Bösen Widerstand thun, zu ihrer gegenseitigen, so wie des Näch- 20
sten Erbauung.

Segnest Du ihre Ehe mit Kindern, so gieb ihnen die Gnade, daß sie dieselben zum Glauben und zur Gottseligkeit erziehen mögen: auf daß durch ihre Verbindung Dein Name gepriesen, Dein Ruhm vermehrt und Dein Reich verbreitet werde.   25

Erhöre uns, Vater der Barmherzigkeit, durch Jesum Christum, Deinen Sohn.

Unser Vater u. s. w. |

71   Hier verliest der Geistliche, wenn es gewünscht wird, den 128. Psalm.

Der Herr erfülle euch mit allen Gütern seiner Gnade und gebe, daß ihr   30
unter seinem Schutze lange und friedlich mit einander leben möget. Amen.

Der Herr segne Dich u. s. w.

Gehet hin im Frieden des Herrn!

Verzeichnisse

Editionszeichen und Abkürzungen

Das Verzeichnis bietet die Auflösung der Editionszeichen und der Abkürzungen, die von Schleiermacher und dem Bandherausgeber sowie
in der zitierten Literatur benutzt worden sind, soweit die Auflösung
nicht in den Apparaten oder im Literaturverzeichnis erfolgt. Nicht
verzeichnet werden die Abkürzungen, die für Vornamen stehen. Ferner sind nicht berücksichtigt Abkürzungen, die sich von den aufgeführten nur durch das Fehlen eines Abkürzungspunktes, durch Klein-
bzw. Großschreibung oder die Flexionsform unterscheiden. Schließ-
lich sind nicht aufgenommen die in den Texten des Bandanhangs vorkommenden Abkürzungen.

|	Seitenwechsel
/	Zeilenwechsel, Markierung zwischen Band und Teilband, zwischen mehreren Editoren, zwischen Erscheinungsorten, zwischen Reihengliedern
//	Absatzwechsel
[ ]	Ergänzung des Bandherausgebers
]	Lemmazeichen
⟨ ⟩	Streichung
⟨⟨ ⟩⟩	versehentlich nicht durchgeführte Streichung
⌊ ⌋	unsichere Lesart

a. d. W.	an der Warthe
Abk.	Abkürzung
Abt.	Abteilung
Adv.	Advent
Act.	Die Apostelgeschichte des Lukas
Anm.	Anmerkung
Antw.	Antwort
Apg	Die Apostelgeschichte des Lukas
Apr.	April
Aufl.	Auflage
Aug.	August
Autogr.	Autograph
Bd.	Band
Bl.	Blatt
bzw.	beziehungsweise

ca.	*circa*
Cand.	*Candidat*
Cant.	*Cantate*
2 Chr / 2. Chr. /	*Das zweite Buch der Chronik*
2. Chron.	
Churfürstl.	*Churfürstlich*
cm	*Zentimeter*
Col.	*Der Brief des Paulus an die Kolosser*
conf.	*confer*
1. Cor.	*Der erste Brief des Paulus an die Korinther*
2. Cor.	*Der zweite Brief des Paulus an die Korinther*
d.	*den*
D.	*Doktor*
D. H.	*Der Herausgeber*
d. h.	*das heißt*
Deut.	*Das fünfte Buch Mose (Deuteronomium)*
Dienst.	*Dienstag*
Doct.	*Doktor*
Donnerst.	*Donnerstag*
Dr.	*Doktor*
Dtn	*Das fünfte Buch Mose (Deuteronomium)*
Ebr.	*Der Brief an die Hebräer*
Eccl. / Eccles.	*Der Prediger Salomo (Kohelet / Ecclesiastes)*
ed. / edd.	*edidit / ediderunt*
Eph / Ephes.	*Der Brief des Paulus an die Epheser*
Epiph. / Epiphan.	*Epiphanias*
EPMB	*Evangelisches Pfarrerbuch für die Mark Branden-burg*
Erst.	*Erster*
etc.	*et cetera*
Evang.	*Evangelium*
Ex	*Das zweite Buch Mose (Exodus)*
Ez	*Der Prophet Hesekiel (Ezechiel)*
Febr.	*Februar*
flgd.	*folgend*
FP	*Frühe Predigten*
Freit.	*Freitag*
Gal	*Der Brief des Paulus an die Galater*
geb.	*geboren*
Gen	*Das erste Buch Mose (Genesis)*

h	*hora (Stunde)*
H.	*Herr*
Hab	*Der Prophet Habakuk*
Hebr	*Der Brief an die Hebräer*
I.H. / Inv.H.	*Invalidenhaus*
Invoc.	*Invocavit*
Jac. / Jacob. / Jak	*Der Brief des Jakobus*
Jan.	*Januar*
Jer	*Der Prophet Jeremia*
Jes	*Der Prophet Jesaja*
Jg.	*Jahrgang*
Joh	*Das Evangelium nach Johannes*
1Joh	*Der erste Brief des Johannes*
Jos	*Das Buch Josua*
Jubil.	*Jubilate*
Jul.	*Julius*
Jun.	*Junius*
K.	*Kirche*
KGA	*Schleiermacher, Kritische Gesamtausgabe*
Kj	*Konjektur*
Kol	*Der Brief des Paulus an die Kolosser*
1Kön	*Das erste Buch der Könige*
Königl.	*Königlich*
1Kor	*Der erste Brief des Paulus an die Korinther*
2Kor	*Der zweite Brief des Paulus an die Korinther*
korr.	*korrigiert*
k. V.	*keine Versangabe*
Laet.	*Laetare*
Landsb.	*Landsberg*
Lev	*Das dritte Buch Mose (Leviticus)*
Lk / Luc.	*Das Evangelium nach Lukas*
m. a. Fr.	*meine andächtigen Freunde*
m. a. Z.	*meine andächtigen Zuhörer*
m. Fr.	*meine Freunde*
m. g. Fr.	*meine geliebten Freunde*
m. l.	*meine lieben*
m. l. Fr.	*meine lieben Freunde*
m. Th.	*meine Theuren*
m. th. Z.	*meine theuren Zuhörer*

Marc.	*Das Evangelium nach Markus*
Matth.	*Das Evangelium nach Matthäus*
Miser. Dom. /	*Misericordias Domini*
Miseric. Dom.	
Mittw.	*Mittwoch*
Mk	*Das Evangelium nach Markus*
Mont.	*Montag*
Mt	*Das Evangelium nach Matthäus*
n.	*nach*
NB.	*notabene*
Neuaufl.	*Neuauflage*
NM. / Nachm./	*Nachmittag*
Nachmitt.	
N.N.	*Nomen Nominandum*
No.	*Numero*
Nov. / Novemb.	*November*
Nr.	*Nummer*
o. J.	*ohne Jahr*
Oct. / Octob.	*Oktober*
Offb	*Die Offenbarung (Apokalypse) des Johannes*
p.	*perge / post*
Palm. / Palmar.	*Palmarum*
1 Petr	*Der erste Brief des Petrus*
2 Petr	*Der zweite Brief des Petrus*
Pfingstt.	*Pfingsttag*
Phil / Philip.	*Der Brief des Paulus an die Philipper*
pp.	*perge perge*
Pred. / PredSal	*Der Prediger Salomo (Kohelet / Ecclesiastes)*
Prov. / Proverb.	*Die Sprüche / Sprichwörter Salomos (Proverbia)*
Preuß.	*Preußisch*
Ps	*Der Psalter (Psalmen)*
Qasim. / Quasi-	*Quasimodogeniti*
mod.	
Quinquag.	*Quinquagesimae*
Rec.	*Recensent*
1. Reg.	*Das erste Buch der Könige*
Reminisc.	*Reminiscere*
Rep.	*Repositum*

Röm	*Der Brief des Paulus an die Römer*
rth.	*Reichsthaler*
S.	*Seite / Siehe / Sonntag*
1Sam	*Das erste Buch Samuel*
SAr	*Schleiermacher-Archiv, Staatsbibliothek Berlin Preußischer Kulturbesitz, Depositum 42a*
SB	*Schleiermachers Bibliothek*
sc.	*scilicet (nämlich)*
Schl's.	*Schleiermachers*
sel.	*selig*
Sept. / Septemb.	*September*
Septg. / Septuag. / Septuages.	*Septuagesimae*
Sexag. / Sexages.	*Sexagesimae*
SiA	*Sonntag im Advent*
SN	*Schleiermacher-Nachlass im Archiv der Berlin-Brandenburgischen Akademie der Wissenschaften in Berlin / Nachlass F. D. E. Schleiermacher*
SnE	*Sonntag nach Epiphanias*
SnN	*Sonntag nach Neujahr*
SnT	*Sonntag nach Trinitatis*
SnW	*Sonntag nach Weihnachten*
Sonnab.	*Sonnabend*
Sonnt.	*Sonntag*
Sp.	*Spalte*
Spr / Spr. Sal.	*Die Sprüche / Sprichwörter Salomos (Proverbia)*
sqs.	*sequens / sequentes*
Sr.	*Seiner*
SW	*Schleiermacher, Sämmtliche Werke*
Th.	*Theil*
1Thess	*Der erste Brief des Paulus an die Thessalonicher*
1Tim	*Der erste Brief des Paulus an Timotheus*
Tit	*Der Brief des Paulus an Titus*
Tr. / Trin. / Trinit. / Trinitat.	*Trinitatis*
u. a.	*und andere*
u.	*und*
Univ.	*Universität*
usw.	*und so weiter*

V. / v.	Vers / versus / von
Vf.	Verfasser
Vgl.	Vergleiche
VM. / Vorm. / Vormitt.	Vormittag
VorbA	Vorbereitung auf das Abendmahl
WoPr	Wochenpredigt
Z.	Zeile
z. B.	zum Beispiel
z. E.	zum Exempel

Literatur

Das Literaturverzeichnis führt die Schriften auf, die in Schleiermachers Text sowie in den editorischen Beigaben zu den Predigten (Apparaten und Kopftext) sowie in der Einleitung des Bandherausgebers genannt sind. Die jeweiligen Titelblätter werden nicht diplomatisch getreu reproduziert. Folgende Grundsätze sind besonders zu beachten:

1. Die Verfassernamen werden in der heute gebräuchlichen Schreibweise angegeben. In gleicher Weise wird bei den Ortsnamen verfahren.

2. Ausführliche Titel werden in einer sinnvollen Kurzfassung wiedergegeben, die nicht als solche gekennzeichnet wird.

3. Werden zu einem Verfasser mehrere Titel genannt, so werden die Gesamtausgaben vorangestellt. Alle anderen Titel (Werkausgaben in Auswahl, Einzelausgaben, Beiträgen in Sammelwerken und Zeitschriften) werden chronologisch angeordnet.

4. Bei anonym erschienenen Werken wird der Verfasser in eckige Klammern gesetzt. Lässt sich kein Verfasser nachweisen, so erfolgt die Einordnung nach dem ersten Titelwort unter Übergehung des Artikels.

5. Bei denjenigen Werken, die für Schleiermachers Bibliothek nachgewiesen sind, wird nach den bibliographischen Angaben in eckigen Klammern die Angabe „SB" (vgl. unten Meckenstock: Schleiermachers Bibliothek) mit der Listennummer hinzugefügt.

*   *   *

Adelung, Johann Christoph: Versuch eines vollständigen grammatisch-kritischen Wörterbuches der Hochdeutschen Mundart, mit beständiger Vergleichung der übrigen Mundarten, besonders aber der oberdeutschen, Bd. 1–5,1, Leipzig 1774–1786   [SB 8: Bd. 1 4 (A–V), 1774–1780]

Agende für die evangelische Kirche in den Königlich Preußischen Landen. Mit besonderen Bestimmungen und Zusätzen für die Provinz Brandenburg; Nachtrag zu der erneuerten Kirchen-Agende, insbesondere für die Provinz Brandenburg, Berlin 1829

Allgemeine Literatur-Zeitung, Halle / Leipzig 1785–1849   [vgl. SB 2234]

Auswahl noch ungedruckter Predigten von Ammon, Bartels, Diterich, Löffler, Marezoll, Sack, Schleiermacher, Spalding, Teller, Zöllner, Zollikofer, [ed. Philipp Karl Buttmann], [Zweittitel:] Predigten von protestantischen Gottesgelehrten, 7. Sammlung, Berlin 1799 (Nachdruck unter dem Titel:

Predigten von protestantischen Gottesgelehrten der Aufklärungszeit, ed.
Wichmann von Meding, Darmstadt 1989)

Bauer, Johannes: *Schleiermacher als patriotischer Prediger. Mit einem Anhang*
von bisher ungedruckten Predigtentwürfen Schleiermachers, Studien zur
Geschichte des neueren Protestantismus, Bd. 4, Gießen 1908
Berliner Intelligenz-Blatt, Berlin 1727–1922
Biblia, das ist die gantze Heilige Schrifft Alten und Neuen Testaments, nach
der Uebersetzung und mit den Vorreden und Randglossen D. Martin
Luthers, mit neuen Vorreden, Summarien, weitläuffigen Anmerckungen
und geistlichen Abhandlungen, auch Gebeten auf jedes Capitel, wobey
zugleich noethige Register und eine Harmonie des Neuen Testaments
beygefueget sind, edd. C. M. Pfaff / J. C. Klemm [Neues Testament], Tü-
bingen 1729   *[SB 206]*
Bollhagen, Laurend David: s. Heiliges
Bulling, Karl: *Die Rezensenten der Jenaischen Allgemeinen Literaturzeitung*
im ersten Jahrzehnt ihres Bestehens 1804–1813, Claves Jenenses 11,
Weimar 1962

Geistliche und Liebliche Lieder, Welche der Geist des Glaubens durch Doct.
Martin Luthern, Joh. Hermann, Paul Gerhard, und andere seine Werk-
zeuge, in den vorigen und jetzigen Zeiten gedichtet, und die bisher in
Kirchen und Schulen Der Königl. Preuß. und Churfürstl. Brandenburgi-
schen Landen bekandt, und mit Königl. allergnäd. Approbation und Pri-
vilegio, zum 21sten mal mit grosser Schrift, und zwar völlig nach der
kleinen Edition, gedruckt und eingeführet worden; Nebst Einigen Gebe-
ten und einer Vorrede von Johann Porst, Berlin 1798 (Digitalisat Göttin-
gen 2011)
Gerber, Simon: *Seelsorge ganz unten – Schleiermacher, der Charité-Prediger,*
in: Wissenschaft und Geselligkeit. Friedrich Schleiermacher in Berlin
1796–1802, ed. Andreas Arndt, Berlin / New York 2009, S. 15–41
Gesangbuch zum gottesdienstlichen Gebrauch in den königlich-preußischen
Landen, [edd. Johann Samuel Diterich / Johann Joachim Spalding / Wil-
helm Abraham Teller,] Berlin (bei August Mylius) 1781
[SB 756: Magdeburg]
Grommelt, Carl / Mertens, Christine von: *Das Dohnasche Schloß Schlobitten*
in Ostpreußen, 2. Aufl., Stuttgart 1965

Heiliges Lippen- und Herzensopfer einer gläubigen Seele, oder vollständiges
Gesangbuch, enthält in sich die neuesten und alten Lieder des sel. Dr.
Luther und anderer erleuchteten Lehrer unserer Zeit, zur Beförderung
der Gottseligkeit, bei öffentl. Gottesdienst in Pommern und anderen Or-
ten zu gebrauchen eingerichtet. Nebst einem geistreichen Gebet-Buch,
ed. L. D. Bollhagen, Alt-Stettin 1791   [SB 758]
Hering, Hermann: *Der akademische Gottesdienst und der Kampf um die*
Schulkirche in Halle a.S. Ein Beitrag zur Geschichte der Friedrichs-Uni-
versität daselbst von ihrer Gründung bis zu ihrer Erneuerung durch
Friedrich Wilhelm III., Halle 1909 (im Anhang: Dokumente, mit eigener
Paginierung)

Jenaische Allgemeine Literatur-Zeitung nebst Intelligenzblatt, Jena / Leipzig
   1804–1841   *[vgl. SB 986]*

Kant, Immanuel: Gesammelte Schriften, Akademie-Ausgabe, Bd. 1–29 in bis-
   her 36, Berlin 1900 ff (Nachdruck Bd. 1–9, 1968)
   : Critik der practischen Vernunft, Riga 1788   *[SB 1017]*
Kirchen-Agenda, Das ist: Gebeth, und andere Formulen, Welche bey denen
   Evangelisch-Reformirten Gemeinden, in Sr. Königl. Majestät in Preussen
   Königreich, und andern Landen gebrauchet werden, Samt beygefügten
   Symbolis, oder Glaubens-Bekänntnissen der alten Christlichen Kirchen,
   Berlin o.J. [von Schleiermacher auf 1713 angesetzt; in der Staatsbiblio-
   thek Berlin mit Kirchen-Gebethe 1741 zusammengebunden und im Ka-
   talog auf 1720–1722 vermutet]
Kirchen-Gebethe, Welche Von Seiner Königlichen Majestät in Preussen, in
   allen Evangelisch-Reformirten und Evangelisch-Lutherischen Gemeinen
   Dero Königreichs und anderen Landen; Und zwar An denen Sonn- und
   hohen Fest-Tagen vor und nach der Predigt, So dann Bey denen Wochen-
   Predigten, und In denen Bethstunden und Bußtagen, vorzubethen ver-
   ordnet seynd, Neuaufl. [= 3. Aufl.], Berlin 1741
Königlich privilegirte Berlinische Zeitung von Staats- und gelehrten Sachen.
   Vossische Zeitungs-Expedition, Berlin 1704–1934

Meckenstock, Günter: Kalendarium der überlieferten Predigttermine Schleier-
   machers, in: Schleiermacher, Kritische Gesamtausgabe, III. Abt., Bd. 1,
   S. 769–1034
   : Schleiermachers Bibliothek nach den Angaben des Rauchschen Auk-
   tionskatalogs und der Hauptbücher des Verlages G. Reimer, Zweite Auf-
   lage, in: Schleiermacher, Kritische Gesamtausgabe, I. Abt., Bd. 15,
   S. 637–912
   : s. Schleiermacher-Archiv (Depositum 42a)
Meisner, Heinrich: Schleiermachers Lehrjahre, ed. Hermann Mulert, Berlin /
   Leipzig 1934
Mertens, Christine von: s. Grommelt

Neue homiletisch-kritische Blätter, Bd. 1–25, Stendal 1799–1811

Porst, Johann: s. Geistliche und Liebliche Lieder
Predigten von protestantischen Gottesgelehrten, Bd. 1–6, [ed. Johann Peter
   Bamberger], Berlin 1771–1776; Bd. 7, [ed. Philipp Buttmann], Berlin
   1799

Rezension von „Auswahl noch ungedruckter Predigten von Ammon u.a.", in:
   Allgemeine Literatur-Zeitung 1800, Nr. 235, Samstag 16. August, Bd. 3,
   Sp. 396–398
Rezension von „F. Schleiermacher, Predigt bei Eröffnung des akademischen
   Gottesdienstes der Friedrichs-Universität", in: Neue homiletisch-kriti-
   sche Blätter, Stendal 1807, Quartalheft 1, Bd. 17, S. 166–178

Rezension von „F. Schleiermacher, Predigten, Erste Sammlung, 2. Aufl., Berlin 1806", in: Jenaische Allgemeine Literatur-Zeitung 1808, Nr. 28, Sp. 217–220 [Der Autor der Rezension ist Johann Friedrich Haberfeldt.]

Rezension von „F. Schleiermacher, Predigt bei Eröffnung des akademischen Gottesdienstes der Friedrichs-Universität" in: Heidelbergische Jahrbücher der Literatur, Jg. 2, Heidelberg 1809, Erste Abteilung. Theologie, Philosophie und Pädagogik, Bd. 2, Heft 7, S. 33–34

Schleiermacher, Friedrich Daniel Ernst: Sämmtliche Werke, 3 Abteilungen, 30 Bände in 31, Berlin 1834–1864

    : Kritische Gesamtausgabe, edd. Hans-Joachim Birkner / Hermann Fischer / Günter Meckenstock u.a., bisher 4 Abteilungen, 32 Bände in 36, Berlin / New York bzw. Boston 1980ff

    : [Predigt] Die Gerechtigkeit ist die unentbehrliche Grundlage des allgemeinen Wohlergehens, in: Auswahl noch ungedruckter Predigten von Ammon, Bartels, Diterich, Löffler, Marezoll, Sack, Schleiermacher, Spalding, Teller, Zöllner, Zollikofer, [ed. Philipp Karl Buttmann], Predigten von protestantischen Gottesgelehrten, 7. Sammlung, Berlin 1799 (Nachdruck unter dem Titel: Predigten von protestantischen Gottesgelehrten der Aufklärungszeit, ed. Wichmann von Meding, Darmstadt 1989), S. 231–256

    : Predigten. [Erste Sammlung], Berlin 1801; 2. Aufl., Berlin 1806; 3. Aufl., Berlin 1816

    : Predigt bei Eröffnung des akademischen Gottesdienstes der Friedrichs-Universität. Am Geburtstage des Königes den 3ten August 1806 gesprochen, Berlin 1806

    : Predigten. Zweite Sammlung, Berlin 1808; 2. Auflage, Berlin 1820

    : [Briefe] Aus Schleiermacher's Leben. In Briefen, Bd. 1–2, 2. Aufl., Berlin 1860; Bd. 3–4, edd. Ludwig Jonas / Wilhelm Dilthey, Berlin 1861–1863 (Nachdruck Berlin / New York 1974)

    : Predigtentwürfe aus Friedrich Schleiermacher's erster Amtsthätigkeit, ed. Friedrich Zimmer, in: Zeitschrift für Praktische Theologie, Bd. 4, Frankfurt am Main 1882, S. 281–290 und 369–378

    : Predigtentwürfe aus dem Jahre 1800, ed. Friedrich Zimmer, Gotha 1887

    : Ungedruckte Predigten Schleiermachers aus den Jahren 1820–1828, ed. Johannes Bauer, Leipzig 1909

Schleiermacher-Archiv (Depositum 42a). Verzeichnis, entstanden in Zusammenarbeit der Schleiermacher-Forschungsstelle der Theologischen Fakultät der Christian-Albrechts-Universität zu Kiel und der Handschriftenabteilung der Staatsbibliothek zu Berlin Preußischer Kulturbesitz, bearbeitet von Lothar Busch in Berlin und Elisabeth Blumrich, Katja Kretschmar, Kirsten Kunz, Günter Meckenstock, Simon Paschen, Wilko Teifke in Kiel, Redaktion: Günter Meckenstock, Berlin 2009

Schmidt, Bernhard: Lied – Kirchenmusik – Predigt im Festgottesdienst Friedrich Schleiermachers. Zur Rekonstruktion seiner liturgischen Praxis, Berlin / New York 2002

Staats- und gelehrte Zeitung des Hamburgischen unpartheyischen Correspondenten, Hamburg 1731–1868 (mit Lücken 1811–1814)

Virmond, Wolfgang: Schleiermachers Predigttermine zur Charité-Zeit (1796–1802), in: Wissenschaft und Geselligkeit. Friedrich Schleiermacher in Berlin 1796–1802, ed. Andreas Arndt, Berlin / New York 2009, S. 121–141
Vossische Zeitung: s. Königlich privilegirte Berlinische Zeitung

*   *   *

Berlin-Brandenburgische Akademie der Wissenschaften zu Berlin
Zentrales Archiv

Nachlass Friedrich Schleiermacher
Nr. 51	*Predigtentwürfe in Landsberg (1794–1796)*
Nr. 52	*Predigtentwürfe 1797*
Nr. 53	*Predigtentwürfe 1800*
Nr. 54	*Predigtentwürfe Stolpe 1802*
Nr. 55	*Predigtentwürfe Stolpe 1803*
Nr. 56	*Predigtentwürfe beim Akademischen Gottesdienst (1806)*
Nr. 58	*Predigtentwürfe*
Nr. 437	*Tageskalender 1808*
Nr. 641	*Briefe an Jonas von verschiedenen Personen*

Geheimes Staatsarchiv Preußischer Kulturbesitz, Berlin

HA X, Rep. 40, Nr. 876	*Acta betreffend die Vereinigung der lutherischen und reformirten Gemeinde der Dreifaltigkeitskirche, 1820*

Staatsbibliothek Berlin Preußischer Kulturbesitz

Autogr. I/4573	*Schleiermacher: Predigten und Predigtentwürfe (1806–1808)*

Schleiermacher-Archiv (Depositum 42a)

Mappe 9	*Predigten aus der Kandidatenzeit (1790–1794)*
Mappe 10	*Predigten in Landsberg 1794*
Mappe 11	*Predigtanfänge in Landsberg 1794–1795*
Mappe 12	*Predigten in Landsberg 1795*
Mappe 14	*Vier Predigtdispositionen*

Universitätsarchiv Halle an der Saale

Rep. 4, Nr. 691	*Conclusa concilii generalis 1806–1820*
Rep. 27, Nr. 1004	*Acta den Universitäts-Gottesdienst betreffend; Ergänzung anno 1804 sequens*

Namen

Das Namensregister verzeichnet die in diesem Band genannten historischen Personen in der heute gebräuchlichen Schreibweise. Der Bandanhang ist nicht berücksichtigt.

Nicht aufgeführt werden die Namen biblischer, literarischer und mythischer Personen, die Namen von Herausgebern und Übersetzern, soweit sie nur in bibliographischen oder archivalischen Angaben vorkommen, die Namen der an der vorliegenden Ausgabe beteiligten Personen und der Name Friedrich Daniel Ernst Schleiermachers.

Bei Namen, die in Schleiermachers Text oder die sowohl im Text als auch im zugehörigen Apparat vorkommen, sind die Seitenzahlen recte gesetzt. Bei Namen, die in der Einleitung oder den Mitteilungen des Bandherausgebers genannt werden, sind die Seitenzahlen kursiv gesetzt.

Adelung 4.60.73.171.263.284.291. 339.407.427.456.475.477.485. 572.586.641.724.776. 829.891. 898.906
Ammon *XIX–XX.XXXIII*.591

Bartels *XIX*
Bauer *XVI.XVIII–XIX.XXVII*
Bollhagen *XXVIII*
Bulling *XXXIII*
Buttmann *XIX–XX*.591

Diterich *XIX.XXI.XXIII*.609
Dohna *XV*.337

Elisabeth Christine von Braunschweig 534

Fawcett *XX–XXI*
Fischer *XXXVII*
Freylinghausen *XXIX*.815.875
Friedrich II. (der Große) von Preußen 534
Friedrich Ludwig Karl (Prinz Louis) von Preußen 532.534
Friedrich Wilhelm III. von Preußen *XXXVIII*
Fritze 738

Gerber *XVIII*
Gerhard 610
Gerlach *508*
Grommelt *X*
Grunert *XXXI*

Haberfeldt *XXXIII*
Haken *XXV–XXVI*
Hering *XXX*
Hermann 610
Herz, Henriette *XIX*
Herz, Markus *XV*
Herzog 574
Hintze *105.113*
Hoßbach *XXXV*

Kant 217
Kieter *508*
Krüger *XXIV*.756
Küster *XXXVII*

Löffler *XIX*
Louis s. Friedrich Ludwig Karl von Preußen
Luther 399.*XXVIII*.581.610

Marezoll *XIX*
Marot *XXXVII*

Meisner   X
Mertens   X
Mylius   XXIII.XXVIII.609

Pauli   574
Paulus   XXVI.766
Porst   XXII.XXVIII.610

Reimer   XXX–XXXI
Rothenburg   456

Sack   XIX–XX
Schleyermacher   X
Schmidt   VIII
Schumann, Johann Lorenz   XI–XIII.
   XV.105.113
Schumann, Sophie Luise   105.113
Siegert   222

Spalding, Georg Ludwig   XXVI
Spalding, Johann Joachim   XIX.
   XXIII.609
Stubenrauch, Samuel Ernst Thimo-
   theus   X–XI.XIX
Stubenrauch, Sophie Luise   s. Schu-
   mann, Sophie Luise
Sydow   XI–XII.XIV–XV.XXXV–
   XXXVI.136

Teller   XIX.XXIII.609

Vater   XXX

Zimmer   XVI.XVIII.XXII.XXVII.
   XXIX
Zollikofer   XIX
Zöllner   XIX

Bibelstellen

Halbfett gesetzte arabische Seitenzahlen weisen Bibelstellen nach, über die Schleiermacher gepredigt hat. Die in Schleiermachers Texten vorkommenden Bibelstellenangaben werden durch recte gesetzte arabische Seitenzahlen verzeichnet. Kursiv gesetzte römische oder arabische Seitenzahlen geben solche Bibelstellen an, die im Sachapparat und in der Bandeinleitung genannt sind. Die Abfolge der biblischen Bücher ist an der Lutherbibel orientiert. Die in den Texten des Bandanhangs erwähnten Bibelstellen werden nicht aufgeführt.

Das erste Buch Mose (Genesis)

Gen 1,27	**36**
1,31	**187**
3,19	**185**
22,2	**128**
42,36–38	**538**

Das zweite Buch Mose (Exodus)

Ex 2,10	55
3,1	55
3,10	55

Das dritte Buch Mose (Leviticus)

Lev 19,18	259.611

Das fünfte Buch Mose (Deuteronomium)

Dtn 5,33	121–122
6,5	259
30,11–13	732
30,11–14	**296–302.391–393**
30,14	732

Das Buch Josua

Jos 24,16	181

Das erste Buch Samuel

1Sam 15,22	316

Das erste Buch der Könige

1Kön 3,5–12	**557–558**
21	**579–580**

Das zweite Buch der Chronik

2Chr 1,10	**611.856–857.** *736–737*

Das Buch Hiob (Ijob)

Hiob 1,21	892
14,1–3	532–533
14,5	535–536

Der Psalter (Psalmen)

Ps 1,1–3	740
1,2–3	**621–622.839–842**
6,7	**612**
7,12–14	**418–419**
7,18	**614**
8,5–7	**615–616.741**
9,8	*331*
10,10–12	**649–650**
10,17	**617–618**
12,2	**625–626**
12,4	**619–620**
13,6	**651–652**
14,1	**628–629.293**
15,1–2	**638–639**
15,1–3	*762*

15,1–4	768–769.XXV–XXVI.744
15,4	648.762–763.XXV
16,10	122.125.897
19,13	627–628.834–835
23,1–4	517
23,4	672–673
24,1	660–661.881
25,10	675–676
26,8	287–295.386–387.678.735
26,9	680–681
27,10	681–682
28,1	688–689
29,4	531
30,6	684–685
32,5	653–654
32,10	691
33,4–5	693–694
33,9	696–698
33,13	331
34,2–3	698–699
34,20	700–702
37,1	703–704
37,3	706–708.712–713.715
37,5–6	717–718
37,8	708–709
37,16	704.722–723
37,19–20	716
37,25	730–731.711
37,30	725–726
39,14	733
50,15	251
50,16–17	734
51,3–5	734
55,7–8	737–738.740
56,5	740
56,12	585–586.588.589
56,14	586
57,8	741
62,2	741
66,10	568–569
71,9	589
73,25	891
84,7	187.841

90	470–471
90,4	908
90,5	56
90,10	52–65.56.272
91,6	599
100,4–5	306–316.425–426
103,14	293
104,13–15	829–832
104,14	453–454.713–715
104,14–15	531–532
104,21–23	713
104,27–28	583–584
104,28	364–365
119,90	315
133,1	538
139,2	36
139,14	514
143,10	665–667
144,15	35

Die Sprüche Salomos (Proverbia)

Spr 3,28	577–578.578
3,30	570.586–587
4,18	797
12,14	569–570
13,7	458–459.571–572.572
14,32	536
14,34	498–499.593–606
15,1	454–456.586
15,2	450–451
16,24	497–498
16,31	567–568.568
17,22	785–787
18,14	460–461
21,25	373–374.718–720
23,26	93
24,29	580–581.581

*Der Prediger Salomo
(Kohelet / Ecclesiastes)*

PredSal 1,4	855–856
1,8–9	388–389.529–530.530
1,9	63

2,11	**468–469**
3,1	225
3,17	225
3,19–21	296–297
7,11 [7,10]	**891–894**
7,29	543

Der Prophet Jesaja

Jes 3,10	**534–535**
22,13	93
38,10–20	122
42,2–4	83
42,3	895
49,15	32
54,13	267.780
58,7	715.830

Der Prophet Jeremia

Jer 17,10	**374–376**.584. 828–829
31,33–34	124.429

Der Prophet Hesekiel (Ezechiel)

Ez 33,11	78

Der Prophet Habakuk

Hab 2,4	225.906

Das Evangelium nach Matthäus

Mt 3,9	838
4,1–11	**400–401**
5,8	**797–798**
5,9	258.351
5,16	95.619
5,20	**344–345.837–839**
5,33–37	**519–520**
5,43–44	**520–521**
5,45	92.278–279.844
5,48	390–391.188.472
6,3	798
6,4	883
6,5–6	101.110
6,9–13	139

6,12	292
6,13	123
6,18	883
6,24	618
6,28	478
6,33	35.742
6,34	**448–450.727–730**
7,1	**447–448**.150.890
7,1–5	770
7,6	**445–446**
7,11	**29–37**
7,14	254
7,15	**515–516**
7,15–17	**347–348**
7,15–18	**238–244.832–834**
7,21	385.501.581
7,24–27	381
7,26–27	890
8,19–20	**396–397**.576
8,20	543
8,26	194
9,27–31	**353–354**
9,30–31	**815–817**.353
10,13	757
10,14	**756–757.793– 795.XXIV**
10,16	137.225
10,22	**213–221**.94.137. 643
10,28	**889–891**
10,33	101.110
10,34	879
11,2–6	**377–379.847–848**
11,3	**12–19**.X
11,4–5	13–14
11,5	17.329
11,7	785
11,15	746
11,16–19	**847**
11,25	25.768
11,28–29	17
11,29	85
11,29–30	86
12,19–20	**82–89.379–381**
12,24	844
12,27	844
12,34	104.833

12,41–42	443–444.*800*	26,47–50	**633–635**
13,7	*291*	26,47–51	**404–405**
13,9	*746*	26,50–52	**484–485**
13,12	**537–538**	26,52	*105*
13,24–30	**742–744**	26,67–68	**545–547**
13,31–32	*391*	26,69–73	**485–486**
13,33	**439–440.***799–800*	26,69–74	*100*
13,45–46	*391*	26,69–75	**405–407**
15,11–14	*798*	26,72	*109*
16,21–23	**402**	26,74	*109*
16,24	*912*	26,75	**487–488**
17,20	*88*	27,3–5	**486–487.***549*
18,15–17	*771*	27,15–25	**407–409**
18,20	*96.289.911*	27,38–44	**549–550**
18,22	*771*	27,39–44	**639–640**
18,23–35	**770–771.***XXIV*	27,45–54	**640–641**
19,16–22	**518**	28,10	*129*
19,19	*611*	28,18–20	**501–502**
20,1–16	**539–540.***540*	28,19–20	*137*
22,16–21	**845–846**	28,20	*665.123–124*
22,19–21	*102.111*		
22,35–40	**317–325.***585.586*	*Das Evangelium nach Markus*	
22,36–40	**446**		
22,37–39	*259*	Mk 1,24	*897*
22,39	*611*	1,40–45	**200–208.***XIV–*
23,12	*133*		*XV.196*
23,27	*5*	4,7	*291*
24,1–2	*742*	7,18–23	**393–394.***564*
24,5	*129*	12,28–35	**510–511**
24,13	*94.643*	12,30–31	*259*
25,21	*194.538.627*	12,31	*259–***260.355–**
25,23	*627*		**356.***XVII.446.611*
25,26	*695*	12,34	*88*
25,40	*640*	13,21–22	*129*
26,24	**541–542.***542*	13,33–37	*633.***836–837**
26,26–28	**451–452**	14,25	*539.***547–548**
26,27–28	**559.***817–819*	14,66–71	*100*
26,29	**631–632.***827–*	14,71	*109*
	828.791	16	**490–491**
26,31	**630–631**	16,1–8	**552–553**
26,36–44	**637–638**	16,10–14	**127–134**
26,36–46	**403–404.***542–*	16,14–20	**662–663**
	*543.***635–637**	23,12	*133*
26,39	*140.906*		
26,39–46	**482–484**	*Das Evangelium nach Lukas*	
26,41	*64.216.837.884*	Lk 1,49	*99.108*
26,42	**435–437.***906*	2,6–7	**466**

2,14	383–384.28.50.306	16,3	575–576
		16,8	516–517.277
2,15–19	850–851	16,10	442–443.788–790
2,15–20	384–386	16,19–34	433–435
2,25.27–32	848–850	16,23	251
2,25–32	38–51	16,29	129
2,49	825	16,31	129
5,29–32	3–11	17,11–19	356–358.450.830
5,30–32	437–438	17,12–19	844
6,36	279	17,20–21	261–269.359–362.846–847
6,38	448		
6,41–42	509	18,9–14	365–367
7,47	10	18,11	645
7,50	581–582.584	18,11–13	10
8,4–5.11–12	303–305.397–399.744–746	18,14	367
		18,31–34	399–400.481–482
8,4–15	66–77.XIII.340	18,35–43	540–541
8,7	291	19,12–26	181
8,7.14	478–480	19,20–26	456
8,12	337–340.XV	19,26	746
8,13	540.545	19,41–42	561.755
8,18	68	21,19	369–370
8,45	910	21,34	464
9,58	543	22,15	749.790
9,62	397.785	22,15–16	494–495
10,23	456	22,19	790–791
10,25–37	456–457.821–824	22,20	790
10,27	611	22,21	790
10,42	611	22,31–34	913
11,1–4	139	22,47–48	543–544.545
11,28	178–186.376–377.463	22,47–54	746–748
		22,56–60	100
11,30–32	800–803	22,57	109
11,31–32	758–759.XXV.801	23,34	743
		24,5	897–902.898
12,13–20	824–826	24,13–27	409–411
12,15	196–199.351–352.XIV	24,21	901
		24,25	132.844
12,19–20	198	24,25–26	907
12,24	351	24,32	15
12,42–43	251	24,34	913
12,48	184.581	24,44–49	907
13,6–9	92	24,46–49	421–423
13,25	839	24,49	129
14,16–24	272–273.367–368		
14,27	587–588	*Das Evangelium nach Johannes*	
15,18	87.411	*Joh* 1,29	749

1,43–51	764.XXV	20,22	912
1,45–51	464–466	20,22–23	885
1,46	171	20,24–29	413–416.913
3,8	561–562	20,25	125.909
3,10	563	20,26	911
3,12	429–430	20,27	909.912
3,16	78	20,29	132
4,23	861	21,7	903
4,23–24	845	21,15	496.644–
5,5–16	XIV–XV		646.646–647
6,45	267.429.780	21,18–19	416–418.885
6,68	17.880	21,20	903
8,37	274–283.370–371	21,21–23	420–421.650–651
8,40	283		
8,46	228		
10,27	901	*Die Apostelgeschichte des Lukas*	
12,24	103.111		
12,32	125	Apg 1,6	417
13,34	39.51	2,1–13	503–504
13,34–35	794	2,12–16	562
13,35	585.586	2,16–21	667–668
13,37	122	2,27	122.125.897
14,2	18.122.881	2,37	668–669
14,2–3	93	2,39	669–670
14,23–26	504–505	3,6	780
15,12	51.794	4,32	267
15,13	38.642	5,29	213.412.748.813
15,15	560.810–811.	5,34–39	512–513.424
	878–880	7,48	861
15,16	877	10,34	328
15,17	794	13,35	122.125.897
16,5–7	423–424	17,24	861
16,13	169.176	17,24–27	731–733
16,14	427–429	17,28	732.779
16,23	135–145		
17,20–21	426–427.778–780	*Der Brief des Paulus an die Römer*	
17,24	664.93–94		
18,17	109.122	Röm 1,16	775–778.861–
18,36	900		872.XXXII–
19,1–5	749–751		XXXIII
19,25–27	548–549	1,17	225.906
19,26	903	1,19–20	802.91
19,30	488–490	2,10–23	657
20,1–10	491–493	2,15	82
20,17	558–559.93	3,10	293
20,19	493–494.911	5,10	38
20,19–23	411–412.553	6,3–5	903–914.XXXVI

6,19–22	231–237.345–347. 440	2,2–5	870
6,20–22	791–793	2,4	663
6,23	897	3,7	690
7,19	163	3,16	687–688.733
8,7	652–653.792	4,5	670
8,14	649	4,15	670–672
8,15	648–649	5,6–7	699–700
8,16	627	6,7	695–696
8,18	701	6,12	622–625
8,27	292	7,28–31	679–680.741
8,28	894.17.399.507. 855	8,9–12	146–156
8,31	769	9,22	630
8,34	643–644	10,12	396
8,38–39	644	10,13	245–251.349– 350.656–658.62. 217
11,22	395–396		
11,33	51	10,15–17	412–413
12,2	858	10,17	438–439
12,4–5	394–395	10,31	821
12,7	475–476	11,26	98–115
12,8	721–722	11,27	270–271.362–364
12,10	723–725	11,29	686–687
12,11	480–481.715–716	12,[k.V.]	474–475
12,12	473–474.523–525	12,4–5	626–627
12,15	582.302.312.623. 691	12,4–6	875–878
12,16	476–478	12,5	780
12,18	252–258.350– 351.811–814	12,6–7	689–690
		12,8–10	876
12,21	499–500.554. 556–557.565– 566.842–845	12,27	474–475
		12,28	876
		12,31	876
13,12	536–537	12,31–13,1	676–678
13,5	661–662	13	876
14	150	13,1	626
14,3	150	13,4–7	876
14,4	283	13,7	702–703.734
14,7–8	81	13,8	673–674
14,13	462–463	13,11	705–706
14,17	92.210.663	14,33	578–579.808– 810.884
14,23	154.882–884. 820.906		
		15,12–15	551–552.552
		15,14	116
Der erste Brief des Paulus an die Korinther		15,17	116
		15,24–25	124
1Kor 1,13–17	692–693	15,26	116–126
1,23	175	15,32	93

15,42	93.841
15,56	**710–712**

Der zweite Brief des Paulus an die Korinther

2Kor 1,3–4	**326–336**
1,12	797
5,7	132
5,12	**78–81.XIII**
5,14	81
5,20	107.115
5,21	897
6,14	769
7,8–10	555
8,11–12	**683–684**
12,9	17.106.115.217. 558.848.911

Der Brief des Paulus an die Galater

Gal 1,8	129
3,11	906
3,13	24
4,1–7	**381–383**
4,4	**20–28.467.851– 852.XII**
4,4–5	895–896.742
4,5	24

Der Brief des Paulus an die Epheser

Eph 1,22	427
2,19	734.793.**806– 808.880–882**
2,19–21	**572–574**
4,22	276
5,16	471
6,7	**284–286.372– 373.819–821**
6,16	188

Der Brief des Paulus an die Philipper

Phil 2,4	715.830
2,5	94
2,6–11	123

2,6–7	417.20
2,7	85
2,9	533
2,12	**157–166.**584.184
2,13	65
3,1	787
3,13	88
3,13–14	220
3,14	221
3,17–18	**459**
3,20	211
4,4	**209–212.**787
4,5	605
4,8	226

Der Brief des Paulus an die Kolosser

Kol 1,18	427
2,20	751
3,2	734.188
3,18–22	**804–806**

Der erste Brief des Paulus an die Thessalonicher

1Thess 5,6	188
5,11	96
5,12–13	574.578
5,21	**167–177.**430
5,22	225

Der erste Brief des Paulus an Timotheus

1Tim 5,8	**461–462.**804
6,6	478.691
6,16	732

Der zweite Brief des Paulus an Timotheus

2Tim 1,10	93
2,8	343–344.533.577
2,16	**616–617**
3,5	**620–621**
3,17	**471–472.**89.234. 610.624

Der Brief des Paulus an Titus

Tit 2,11–15	**90–97**
2,14	*751*
3,4–7	*736–737*

Der erste Brief des Petrus

1Petr 1,18–19	*582–583*
2,11	**555**
2,12	**222–230**.*795–*
	797.802
2,19–23	*553–554*
3,13	*228*
3,15	**618–619**
3,15–16	*505–506*
3,17	*502–503*
4,17–19	*742*
5,5	*217*
5,7	**609–610**
5,8	*195*

Der zweite Brief des Petrus

2Petr 1,3–4	*506–507*
1,5	**612–614**.*760–*
	761.XXV
3,8	*908*

Der erste Brief des Johannes

1Joh 3,2	*94.903*
3,15	**432–433**
3,21	**780–783**
4,16	**430–432**.*513–*
	514.517

4,18	*507–508*
4,19	*90.99.108*
4,20	**564–565**.**787–788**
5,3	*217*
5,4	**187–195**.*450.*
	XIII.845

Der Brief an die Hebräer

Hebr 2,3	*533*
2,14–15	*885*
2,15	*93*
4,15	*86*
5,8–9	**642**
6,6	*80*
10,38	*906*
11,3	*883*
11,14–16	*187*
12,1–2	**642–643**
12,5–6	**655–656**
12,6	*34.230*
13,9	**441**.*521–523.*
	783–785.882
13,17	*335*

Der Brief des Jakobus

Jak 1,12	**845**
1,13–14	**571**
1,20	*554*
1,22	**500–501**.*558.560*
1,22–27	**658–660**

Die Offenbarung des Johannes

| Offb 14,13 | *895* |

Predigten
(in zeitlicher Anordnung)

Die 41 vollständigen oder partiellen Predigtverschriftungen (Schleiermachers ‚Concepte') und die zwei gedruckten Predigten, alle 43 durch * gekennzeichnet, sowie die 364 Dispositionen (Schleiermachers ‚Entwürfe') sind zeitlich gemäß dem Vortragstermin angeordnet.

1790–1794

*Am 15.07.1790 (Donnerstag) Lk 5,29–32   3
*Am 12.12.1790 (3. SiA) Mt 11,3   12
*Am 25.12.1790 (1. Weihnachtstag) Gal 4,4   20
*Am 01.01.1791 (Neujahrstag) Mt 7,11   29
*Am 25.12.1791 (1. Weihnachtstag) Lk 2,25–32   38
*Am 01.01.1792 (Neujahrstag) Ps 90,10   52
*Am 12.02.1792 (Sexagesimae) Lk 8,4–15   66
*Am 29.03.1793 (Karfreitag) 2Kor 5,12   78
*Am 29.12.1793 (SnW) Mt 12,19–20   82
*Am 06.04.1794 (Judica) Tit 2,11–15   90
*Am 18.04.1794 (Karfreitag) 1Kor 11,26   98
*Vor 26.07.1794 (Ostern) 1Kor 15,26 116
*Vor 26.07.1794 (Ostern) Mk 16,10–14 127
*Vor 26.07.1794 über Joh 16,23 135
*Vor 26.07.1794 über 1Kor 8,9–12 146
*Vor 26.07.1794 über Phil 2,12 157
*Vor 26.07.1794 über 1Thess 5,21 167
*Vor 26.07.1794 über Lk 11,28 178
*Vor 26.07.1794 über 1Joh 5,4 187
*Vor 26.07.1794 über Lk 12,15 196
*Vor 26.07.1794 über Mk 1,40–45 200
*Vor 26.07.1794 über Phil 4,4 209
*Vor 26.07.1794 über Mt 10,22 213
*Vor 26.07.1794 über 1Petr 2,12 222
Am 26.07.1794 (Samstag; VorbA) 2Tim 2,8 343
Am 27.07.1794 (6. SnT) Mt 5,20 344
Am 03.08.1794 (7. SnT) Röm 6,19–22 Entwurf 345
*Am 03.08.1794 (7. SnT) Röm 6,19–22 Concept 231
Am 10.08.1794 (8. SnT) Mt 7,15–17 Entwurf 347
*Am 10.08.1794 (8. SnT) Mt 7,15–18 Concept 238
Am 17.08.1794 (9. SnT) 1Kor 10,13 Entwurf 349
*Am 17.08.1794 (9. SnT) 1Kor 10,13 Concept 245
Am 24.08.1794 (10. SnT) Röm 12,18 Entwurf 350

Am 24.08.1794 (10. SnT) Röm 12,18 Concept 252
Am 31.08.1794 (11. SnT) Lk 12,15 351
Am 07.09.1794 (12. SnT) Mt 9,27–31 353
Am 14.09.1794 (13. SnT) Mk 12,31 Entwurf 355
Am 14.09.1794 (13. SnT) Mk 12,31 Concept 259
Am 21.09.1794 (14. SnT) Lk 17,11–19 356
Am 28.09.1794 (15. SnT) Lk 17,20–21 Entwurf 359
Am 28.09.1794 (15. SnT) Lk 17,20–21 Concept 261
Am 04.10.1794 (Samstag; VorbA) 1Kor 11,27 Entwurf 362
Am 04.10.1794 (Samstag; VorbA) 1Kor 11,27 Concept 270
Am 05.10.1794 (16. SnT) Ps 104,28 364
Am 12.10.1794 (17. SnT) Lk 18,9–14 365
Am 19.10.1794 (18. SnT) Lk 14,16–24 Entwurf 367
Am 19.10.1794 (18. SnT) Lk 14,16–24 Concept 272
Am 26.10.1794 (19. SnT) Lk 21,19 369
Am 02.11.1794 (20. SnT) Joh 8,37 Entwurf 370
Am 02.11.1794 (20. SnT) Joh 8,37 Concept 274
Am 09.11.1794 (21. SnT) Eph 6,7 Entwurf 372
Am 09.11.1794 (21. SnT) Eph 6,7 Concept 284
Am 16.11.1794 (22. SnT) Spr 21,25 373
Am 23.11.1794 (23. SnT) Jer 17,10 374
Am 30.11.1794 (1. SiA) Lk 11,28 376
Am 07.12.1794 (2. SiA) Mt 11,2–6 377
Am 14.12.1794 (3. SiA) Mt 12,19–20 379
Am 21.12.1794 (4. SiA) Gal 4,1–7 381
Am 25.12.1794 (1. Weihnachtstag) Lk 2,14 383
Am 26.12.1794 (2. Weihnachtstag) Lk 2,15–20 384
Am 28.12.1794 (SnW) Ps 26,8 Entwurf 386
Am 28.12.1794 (SnW) Ps 26,8 Concept 287

1795

Am 01.01. (Neujahrstag) PredSal 1,8–9 388
Am 04.01. (SnN) Mt 5,48 390
Am 11.01. (1. SnE) Dtn 30,11–14 Entwurf 391
Am 11.01. (1. SnE) Dtn 30,11–14 Concept 296
Am 17.01. (Samstag; VorbA) Mk 7,18–23 393
Am 18.01. (2. SnE) Röm 12,4–5 394
Am 25.01. (3. SnE) Röm 11,22 395
Am 01.02. (Septuagesimae) Mt 8,19–20 396
Am 08.02. (Sexagesimae) Lk 8,4–5.11–12 Entwurf 397
Am 08.02. (Sexagesimae) Lk 8,4–5.11–12 Concept 303
Am 15.02. (Estomihi) Lk 18,31–34 399
Am 22.02. (Invocavit) Mt 4,1–11 400
Am 01.03. (Reminiscere) Mt 16,21–23 402
Am 08.03. (Oculi) Mt 28,36–46 403

Am 15.03. (Laetare) Mt 26,47–51   404
Am 22.03. (Judica) Mt 26,69–75   405
Am 29.03. (Palmarum) Mt 27,15–25   407
Am 06.04. (Ostermontag) Lk 24,13 27   409
Am 12.04. (Quasimodogeniti) Joh 20,19–23   411
Am 18.04. (Samstag; VorbA) 1Kor 10,15–17   412
Am 19.04. (Misericordias Domini) Joh 20,24–29   413
Am 26.04. (Jubilate) Joh 21,18–19   416
Am 29.04. (Bußtag) Ps 7,12–14   418
Am 03.05. (Cantate) Joh 21,21–23   420
Am 10.05. (Rogate) Lk 24,46–49   421
Am 14.05. (Himmelfahrtstag) Joh 16,5–7   423
Am 17.05. (Exaudi) Ps 100,4–5 Entwurf   425
*Am 17.05. (Exaudi) Ps 100,4–5 Concept   306
Am 24.05. (Pfingstsonntag) Joh 17,20–21   426
Am 25.05. (Pfingstmontag) Joh 16,14   427
Am 31.05. (Trinitatis) Joh 3,12   429
Am 07.06. (1. SnT) 1Joh 4,16   430
Am 14.06. (2. SnT) 1Joh 3,15   432
Am 21.06. (3. SnT) Lk 16,19–34   433
Am 28.06. (4. SnT) Mt 26,42   435
Am 05.07. (5. SnT) Lk 5,30–32   437
Am 11.07. (Samstag; VorbA) 1Kor 10,17   438
Am 12.07. (6. SnT) Mt 13,33   439
Am 26.07. (8. SnT) Hebr 13,9   441
Am 02.08. (9. SnT) Lk 16,10   442
Am 09.08. (10. SnT) Mt 12,41–42   443
Am 16.08. (11. SnT)   444
Am 23.08. (12. SnT) Mt 7,6   445
*Am 30.08. (13. SnT) Mt 22,35–40   317
Am 06.09. (14. SnT) Mt 7,1   447
Am 13.09. vorm. (15. SnT) Mt 6,34   448
Am 27.09. (17. SnT) Spr 15,2   450
Am 03.10. (Samstag; VorbA) Mt 26,26–28   451
Am 04.10. (18. SnT) Ps 104,14   453
Am 11.10. (19. SnT) Spr 15,1   454
Am 25.10. (21. SnT) Lk 10,25–37   456
Am 01.11. (22. SnT) Spr 13,7   458
Am 08.11. (23. SnT) Phil 3,17–18   459
Am 15.11. vorm. (24. SnT) Spr 18,14   460
Am 22.11. (25. SnT) 1Tim 5,8   461
Am 29.11. (1. SiA) Röm 14,13   462
Am 13.12. (3. SiA) Lk 21,34   464
Am 20.12. nachm. (4. SiA) Joh 1,45–51   464
Am 25.12. (1. Weihnachtstag) Lk 2,6–7   466
Am 26.12. (2. Weihnachtstag) Gal 4,4   467
Am 27.12. (SnW) PredSal 2,11   468

1796

Am 01.01. (Neujahrstag) Ps 90 470
Am 03.01. (SnN) 2Tim 3,17 471
Am 10.01. (1. SnE) Röm 12,12 473
Am 16.01. (Samstag; VorbA) 1Kor 12,[k.V.] 474
Am 17.01. (2. SnE) Röm 12,7 475
Am 24.01. (Septuagesimae) Röm 12,16 476
Am 31.01. (Sexagesimae) Lk 8,7.14 478
Am 07.02. (Estomihi) Röm 12,11 480
Am 14.02. (Invocavit) Lk 18,31–34 481
Am 21.02. (Reminiscere) Mt 26,39–46 482
Am 28.02. (Oculi) Mt 26,50–52 484
Am 06.03. (Laetare) Mt 26,69–73 485
Am 13.03. (Judica) Mt 27,3–5 486
Am 20.03. (Palmarum) Mt 26,75 487
Am 25.03. (Karfreitag) Joh 19,30 488
Am 27.03. (Ostersonntag) Mk 16 490
Am 28.03. (Ostermontag) Joh 20,1–10 491
Am 03.04. (Quasimodogeniti) Joh 20,19 493
Am 09.04. (Samstag; VorbA) Lk 22,15–16 494
Am 10.04. (Misericordias Domini) Joh 21,15 496
Am 17.04. (Jubilate) Spr 16,24 497
Am 20.04. (Bußtag) Spr 14,34 Entwurf 498
*Am 20.04. (Bußtag) Spr 14,34 Druck 591
Am 24.04. (Cantate) Röm 12,21 499
Am 01.05. (Rogate) Jak 1,22 500
Am 05.05. (Himmelfahrtstag) Mt 28,18–20 501
Am 08.05. (Exaudi) 1Petr 3,17 502
Am 15.05. vorm. (Pfingstsonntag) Apg 2,1–13 503
Am 15.05. nachm. (Pfingstsonntag) Joh 14,23–26 504
Am 16.05. (Pfingstmontag) 1Petr 3,15–16 505
Am 22.05. (Trinitatis) 2Petr 1,3–4 506
Am 29.05. (1. SnT) 1Joh 4,18 507
Am 19.06. (4. SnT) Lk 6,41–42 509
Am 26.06. (5. SnT) Mk 12,28–35 510
Am 02.07. (Samstag; VorbA) ohne 511
Am 03.07. (6. SnT) Apg 5,34–39 512
Am 10.07. (7. SnT) 1Joh 4,16 513
Am 17.07. (8. SnT) Mt 7,15 515
Am 24.07. (9. SnT) Lk 16,8 516
Am 24.07. (9. SnT) Ps 23,1–4 517
Am 31.07. (10. SnT) Mt 19,16–22 518
Am 07.08. (11. SnT) Mt 5,33–37 519
Am 14.08. (12. SnT) Mt 5,43–44 520
Am 21.08. (13. SnT) Hebr 13,9 521

Am 28.08. (14. SnT) Röm 12,12 523
*Am 18.09. vorm. (17. SnT) 2Kor 1,3–4 326

1797

Am 01.01. vorm. (Neujahrstag) PredSal 1,8–9 529
Am 03.01. (Dienstag; WoPr) Ps 23,4 531
Am 08.01. nachm. (1. SnE) Lk 8,12 Entwurf 337
*Am 08.01. nachm. (1. SnE) Lk 8,12 Concept 339
Am 10.01. (Dienstag; WoPr) Ps 104,14–15 531
Am 15.01. nachm. (2. SnE) Hiob 14,1–3 532
Am 21.01. (Samstag; VorbA) 2Tim 2,8 533
Am 22.01. vorm. (3. SnE) Jes 3,10 534
Am 22.01. nachm. (3. SnE) Hiob 14,5 535
Am 24.01. (Dienstag; WoPr) Spr 14,32 536
Am 29.01. nachm. (4. SnE) Röm 13,12 536
Am 05.02. vorm. (5. SnE) Mt 13,12 537
Am 07.02. (Dienstag; WoPr) Gen 42,36–38 538
Am 11.02. (Samstag; VorbA) Mk 14,25 539
Am 12.02. vorm. (Septuagesimae) Mt 20,1–16 539
Am 21.02. (Dienstag; WoPr) Lk 8,13 540
Am 26.02. nachm. (Estomihi) Lk 18,35–43 540
Am 05.03. vorm. (Invocavit) Mt 26,24 541
Am 12.03. nachm. (Reminiscere) Mt 26,36–46 542
Am 19.03. vorm. (Oculi) Lk 22,47–48 543
Am 26.03. nachm. (Laetare) Mt 26,67–68 545
Am 01.04. (Samstag; VorbA) Mk 14,25 547
Am 04.04. (Dienstag; WoPr) Joh 19,25–27 548
Am 09.04. nachm. (Palmarum) Mt 27,3–5 549
Am 14.04. nachm. (Karfreitag) Mt 27,38–44 549
Am 16.04. vorm. (Ostersonntag) 1Kor 15,12–15 551
Am 17.04. vorm. (Ostermontag) Mk 16,1–8 552
Am 30.04. vorm. (Misericordias Domini) 1Petr 2,19–23 553
Am 07.05. nachm. (Jubilate) 1Petr 2,11 555
Am 14.05. vorm. (Cantate) Röm 12,21 556
Am 16.05. (Dienstag; WoPr) 1Kön 3,5–12 557
Am 25.05. nachm. (Himmelfahrtstag) Joh 20,17 558
Am 27.05. (Samstag; VorbA) Mt 26,27–28 559
Am 28.05. vorm. (Exaudi) Joh 15,15 560
Am 30.05. (Dienstag; WoPr) Lk 19,41–42 561
Am 04.06. nachm. (Pfingstsonntag) Joh 3,8 561
Am 05.06. nachm. (Pfingstmontag) Apg 2,12–16 562
Am 11.06. vorm. (Trinitatis) Joh 3,10 563
Am 13.06. (Dienstag; WoPr) ohne 564
Am 18.06. vorm. (1. SnT) 1Joh 4,20 564
Am 25.06. (2. SnT) Röm 12,21 565
Am 09.07. vorm. (4. SnT) Spr 16,31 567

Am 11.07. *(Dienstag; WoPr) Ps 66,10* 568
Am 16.07. *nachm. (5. SnT) Spr 12,14* 569
Am 23.07. *(6. SnT) Spr 3,30* 570
Am 25.07. *(Dienstag; WoPr) Jak 1,13–14* 571
Am 30.07. *vorm. (7. SnT) Spr 13,7* 571
Am 05.08. *(Samstag; VorbA) Eph 2,19–21* 572
Am 08.08. *(Dienstag; WoPr) 1Thess 5,12–13* 574
Am 13.08. *nachm. (9. SnT) Lk 16,3* 575
Am 17.08. *(Donnerstag; WoPr) Mt 8,19–20* 576
Am 20.08. *vorm. (10. SnT) Spr 3,28* 577
Am 27.08. *nachm. (11. SnT) 1Kor 14,33* 578
Am 05.09. *(Dienstag; WoPr) 1Kön 21* 579
Am 10.09. *vorm. (13. SnT) Spr 24,29* 580
Am 22.09. *(Freitag; WoPr) Lk 7,50* 581
Am 24.09. *nachm. (15. SnT) Röm 12,15* 582
Am 30.09. *(Samstag; VorbA) 1Petr 1,18–19* 582
Am 01.10. *vorm. (16. SnT) Ps 104,27–28* 583
Am 01.10. *nachm. (16. SnT) Phil 2,12* 584
Am 14.10. *(Samstag; VorbA) Joh 13,35* 585
Am 15.10. *vorm. (18. SnT) Mt 22,35–40* 585
Am 17.10. *(Dienstag; WoPr) Ps 56,12* 585
Am 22.10. *nachm. (19. SnT) Spr 15,1* 586
Am 29.10. *vorm. (20. SnT) Spr 3,30* 586
Am 05.11. *nachm. (21. SnT) Lk 14,27* 587
Am 12.11. *vorm. (22. SnT) Ps 56,12* 588
Am 14.11. *(Dienstag; WoPr) Ps [k.St.]* 589

1800

Am 01.01. *vorm. (Neujahrstag; Betstunde) 1Petr 5,7* 609
Am 01.01. *nachm. (Neujahrstag) 1Petr 5,7* 610
Am 05.01. *vorm. (SnN) 2Chr 1,10* 611
Am 12.01. *vorm. (1. SnE; Betstunde) Ps 6,7* 612
Am 12.01. *nachm. (1. SnE) 2Petr 1,5* 612
Am 14.01. *(Dienstag; Betstunde) Ps 7,18* 614
Am 26.01. *vorm. (3. SnE; Betstunde) Ps 8,5–7* 615
Am 26.01. *nachm. (3. SnE) 2Tim 2,16* 616
Am 28.01. *(Dienstag; Betstunde) Ps 10,17* 617
Am 02.02. *vorm. (4. SnE) 1Petr 3,15* 618
Am 02.02. *vorm. (4. SnE; Betstunde) Ps 12,4* 619
Am 02.02. *nachm. (4. SnE) 2Tim 3,5* 620
Am 04.02. *(Dienstag; Betstunde) Ps 1,2–3* 621
Am 09.02. *vorm. (Septuagesimae) 1Kor 6,12* 622
Am 23.02. *vorm. (Estomihi; Betstunde) Ps 12,2* 625
Am 23.02. *nachm. (Estomihi) 1Kor 12,4–5* 626
Am 25.02. *(Dienstag; Betstunde) Ps 19,13* 627
Am 09.03. *vorm. (Reminiscere; Betstunde) Ps 14,1* 628

Am 09.03. *nachm. (Reminiscere) Mt 26,31* 630
Am 11.03. *(Dienstag; Betstunde) Mt 26,29* 631
Am 15.03. *(Samstag; VorbA) Mk 13,33–37* 633
Am 16.03. *vorm. (Oculi) Mt 26,17–50* 633
Am 23.03. *vorm. (Laetare; Betstunde) Mt 26,36–46* 635
Am 23.03. *nachm. (Laetare) Mt 26,36–44* 637
Am 25.03. *(Dienstag; Betstunde) Ps 15,1–2* 638
Am 06.04. *vorm. (Palmarum; Betstunde) Mt 27,39–44* 639
Am 06.04. *nachm. (Palmarum) Mt 27,45–54* 640
Am 11.04. *vorm. (Karfreitag; Betstunde) Hebr 5,8–9* 642
Am 11.04. *nachm. (Karfreitag) Hebr 12,1–2* 642
Am 13.04. *nachm. (Ostersonntag) Röm 8,34* 643
Am 20.04. *vorm. (Quasimodogeniti) Joh 21,15* 644
Am 20.04. *nachm. (Quasimodogeniti) Joh 21,15* 646
Am 23.04. *(Mittwoch; Betstunde) Ps 15,4* 648
Am 27.04. *vorm. (Misericordias Domini) Röm 8,15* 648
Am 27.04. *vorm. (Misericordias Domini; Betstunde) Ps 10,10–12* 649
Am 27.04. *nachm. (Misericordias Domini) Joh 21,21–23* 650
Am 04.05. *vorm. (Jubilate; Betstunde) Ps 13,6* 651
Am 04.05. *nachm. (Jubilate) Röm 8,7* 652
Am 07.05. *vorm. (Bußtag; Betstunde) Ps 32,5* 653
Am 07.05. *nachm. (Bußtag) Hebr 12,5–6* 655
Am 11.05. *vorm. (Cantate) 1Kor 10,13* 656
Am 18.05. *vorm. (Rogate) Jak 1,22–27* 658
Am 18.05. *vorm. (Rogate; Betstunde) Ps 24,1* 660
Am 18.05. *nachm. (Rogate) Röm 13,5* 661
Am 22.05. *vorm. (Himmelfahrtstag) Mk 16,14–20* 662
Am 22.05. *vorm. (Himmelfahrtstag; Betstunde) Joh 17,24* 664
Am 22.05. *nachm. (Himmelfahrtstag) Mt 28,20* 665
Am 01.06. *vorm. (Pfingstsonntag; Betstunde) Ps 143,10* 665
Am 01.06. *nachm. (Pfingstsonntag) Apg 2,16–21* 667
Am 02.06. *vorm. (Pfingstmontag; Betstunde) Apg 2,37* 668
Am 02.06. *nachm. (Pfingstmontag) Apg 2,39* 669
Am 08.06 *vorm. (Trinitatis) 1Kor 4,15* 670
Am 15.06. *vorm. (1. SnT; Betstunde) Ps 23,4* 672
Am 15.06. *nachm. (1. SnT) 1Kor 13,8* 673
Am 17.06. *(Dienstag; Betstunde) Ps 25,10* 675
Am 22.06. *nachm. (2. SnT) 1Kor 12,31–13,1* 676
Am 29.06. *vorm. (3. SnT; Betstunde) Ps 26,8* 678
Am 29.06. *nachm. (3. SnT) 1Kor 7,28–31* 679
Am 02.07. *(Mittwoch; Betstunde) Ps 26,9* 680
Am 13.07. *vorm. (5. SnT; Betstunde) Ps 27,10* 681
Am 13.07. *nachm. (5. SnT) 2Kor 8,11–12* 683
Am 17.07. *(Donnerstag; Betstunde) Ps 30,6* 684
Am 19.07. *(Samstag; VorbA) 1Kor 11,29* 686
Am 20.07. *vorm. (6. SnT) 1Kor 3,16* 687
Am 27.07. *vorm. (7. SnT; Betstunde) Ps 28,1* 688

Am 27.07. nachm. (7. SnT) 1Kor 12,6–7 689
Am 01.08. (Freitag; Betstunde) Ps 32,10 691
Am 03.08. nachm. (8. SnT) 1Kor 1,13–17 692
Am 10.08. vorm. (9. SnT; Betstunde) Ps 33,4–5 693
Am 10.08. nachm. (9. SnT) 1Kor 6,7 695
Am 14.08. (Donnerstag; Betstunde) Ps 33,9 696
Am 17.08. vorm. (10. SnT; Betstunde) Ps 34,2–3 698
Am 17.08. nachm. (10. SnT) 1Kor 5,6–7 699
Am 26.08. (Dienstag; Betstunde) Ps 34,20 700
Am 31.08. vorm. (12. SnT) 1Kor 13,7 702
Am 07.09. vorm. (13. SnT; Betstunde) Ps 37,1 703
Am 07.09. nachm. (13. SnT) 1Kor 13,11 705
Am 14.09. vorm. (14. SnT; Betstunde) Ps 37,3 706
Am 21.09. vorm. (15. SnT; Betstunde) Ps 37,8 708
Am 21.09. nachm. (15. SnT) 1Kor 15,56 710
Am 22.09. (Montag; Betstunde) Ps 37,3 712
Am 05.10. vorm. (17. SnT) Ps 104,14 713
Am 05.10. nachm. (17. SnT) Röm 12,11 715
Am 07.10. (Dienstag; Betstunde) Ps 37,5–6 717
Am 12.10. vorm. (18. SnT) Spr 21,25 718
Am 12.10. nachm. (18. SnT) Röm 12,8 721
Am 19.10. vorm. (19. SnT; Betstunde) Ps 37,16 722
Am 19.10. nachm. (19. SnT) Röm 12,10 723
Am 21.10. (Dienstag; Betstunde) Ps 37,30 725
Am 26.10. vorm. (20. SnT) Mt 6,34 727
Am 02.11. vorm. (21. SnT; Betstunde) Ps 37,25 730
Am 02.11. nachm. (21. SnT) Apg 17,24–27 731
Am 04.11. (Dienstag; Betstunde) Ps 39,14 733

1801

Am 04.01. nachm. (SnN) Tit 3,4–7 736
Am 11.01. vorm. (1. SnE; Betstunde) Ps 55,7–8 737
Am 13.01. (Dienstag; Betstunde) ohne 738
Am 17.01. (Samstag; Betstunde) Ps 55,7–8 740

1802

Im Januar – Mai über Lk 19,41–42 755
Am 06.06. vorm. (Pfingstsonntag) Röm 1,16 775
Am 07.06. nachm. (Pfingstmontag) Joh 17,20–21 778
Am 12.06. (Samstag; VorbA) 1Joh 3,21 780
Am 13.06. vorm. (Trinitatis) Hebr 13,9 783
Am 20.06. nachm. (1. SnT) Spr 17,22 785
Am 21.06. (Montag) 1Joh 4,20 787
Am 27.06. vorm. (2. SnT) Lk 16,10[b] 788
Am 03.07. (Samstag; VorbA) Lk 22,19 790

Am 04.07. (3. SnT) Röm 6,20–22 791
Am 11.07. vorm. (4. SnT) Mt 10,14 Einzelblatt 756
Am 11.07. vorm. (4. SnT) Mt 10,14 Heft 793
Am 18.07. nachm. (5. SnT) 1Petr 2,12 795
Am 24.07. (Samstag; VorbA) Mt 5,8 797
Am 25.07. vorm. (6. SnT) Mt 13,33 799
Am 01.08. nachm. (7. SnT) Lk 11,31–32 Einzelblatt 758
Am 01.08. nachm. (7. SnT) Lk 11,31–32 Heft 800
Am 08.08. vorm. (8. SnT) Kol 3,18–22 804
Am 14.08. (Samstag; VorbA) Eph 2,19 806
Am 15.08. vorm. (9. SnT) 1Kor 14,33 808
Am 16.08. (Montag) Joh 15,15 810
Am 22.08. vorm. (10. SnT) Röm 12,18 811
Am 29.08. nachm. (11. SnT) Mt 9,30–31 815
Am 04.09. (Samstag; VorbA) Mt 26,27–28 817
Am 05.09. vorm. (12. SnT) Eph 6,7 819
Am 12.09. nachm. (13. SnT) Lk 10,25–37 821
Am 19.09. vorm. (14. SnT) Lk 12,13–20 824
Am 25.09. (Samstag; VorbA) Mt 26,29 827
Am 26.09. (15. SnT) Jer 17,10 828
Am 03.10. vorm. (16. SnT) Ps 104,13–15 829
Am 10.10. nachm. (17. SnT) Mt 7,15–18 832
Am 11.10. (Montag) Ps 19,13 834
Am 16.10. (Samstag; VorbA) Mk 13,33–37 836
Am 17.10. vorm. (18. SnT) Mt 5,20 837
Am 24.10. (19. SnT) Ps 1,2–3 839
Am 31.10. (20. SnT) Röm 12,21 842
Am 21.11. nachm. (23. SnT) Mt 22,16–21 845
Am 28.11. vorm. (1. SiA) Lk 17,20–21 846
Am 05.12. nachm. (2. SiA) Mt 11,16–19 847
Am 12.12. vorm. (3. SiA) Mt 11,2–6 847
Am 19.12. nachm. (4. SiA) Lk 2,25.27–32 848
Am 25.12. vorm. (1. Weihnachtstag) Lk 2,15–19 850
Am 26.12. nachm. (2. Weihnachtstag) Gal 4,4 851

1803

Am 01.01. vorm. (Neujahrstag) PredSal 1,4 855
Am 02.01. nachm. (SnN) 2Chr 1,10 856
Am 09.01. (1. SnE) Röm 12,2 858
Am 07.08. (9. SnT) Röm 8,7 Randnotiz 653
Nach 04.09. über 2Petr 1,5 Randnotiz 613
Nach 04.09. über 2Petr 1,5 Einzelblatt 760
Am 06.11. (22. SnT) Ps 30,6 Randnotiz 685
Am 04.12. (2. SiA) Ps 15,4 Einzelblatt 762

1804

Nach 21.01. über Joh 1,43–51 Einzelblatt 764
Am 29.01. (Septuagesimae) Einzelblatt 765
Nach 11.02. Einzelblatt 766

1806

*Am 03.08. vorm. (9. SnT) Röm 1,16 Druck 859
Am 10.08. vorm. (10. SnT) 1Kor 12,4–6 875
Am 17.08. vorm. (11. SnT) Joh 15,15 878
Am 24.08. vorm. (12. SnT) Eph 2,19 880
Am 23.11. (25. SnT) Röm 8,28 894
Am 07.12. (2. SiA) 1Kor 14,33 884
Am 28.12. (SnW) PredSal 7,11 891

1807

Am 01.01. (Neujahrstag) Mt 10,28 889
Am 29.03. (Ostersonntag) Lk 24,5 897
Am 14.06. vorm. (3. SnT) Röm 14,23 882
Am 26.12. vorm. (2. Weihnachtstag) Gal 4,4–5 895

1808

Am 07.02. vorm. (5. SnE) Mt 13,24–30 742
Am 14.02. vorm. (Septuagesimae) Ps 15,1–4 Einzelblatt 768
Am 21.02. vorm. (Sexagesimae) Lk 8,4–5.11–12 744
Am 06.03. vorm. (Invocavit) Lk 22,47–54 746
Am 19.03. (Samstag; VorbA) Lk 22,15 749
Am 20.03. vorm. (Oculi) Joh 19,1–5 749
Am 17.04. vorm. (Ostersonntag) Röm 6,3–5 903
Am 13.11. vorm. (22. SnT) Mt 18,23–35 770